Andreas Mairhofer
Formalisierungen in der Sozialen Arbeit

Andreas Mairhofer

Formalisierungen in der Sozialen Arbeit

Zur Institutionalisierung methodischer
Modernisierungen in den sozialen Diensten

Der Autor
Dr. Andreas Mairhofer forscht zu Angeboten und Strukturen der Kinder- und Jugendhilfe und zu Modernisierungsprozessen in der Sozialen Arbeit.

Dissertation am Fachbereich Humanwissenschaften der Universität Kassel.
Datum der Disputation: 09. Mai 2018

Das Werk einschließlich aller seiner Teile ist urheberrechtlich geschützt. Jede Verwertung ist ohne Zustimmung des Verlags unzulässig. Das gilt insbesondere für Vervielfältigungen, Übersetzungen, Mikroverfilmungen und die Einspeicherung und Verarbeitung in elektronische Systeme.

Dieses Buch ist erhältlich als:
ISBN 978-3-7799-6084-3 Print
ISBN 978-3-7799-5384-5 E-Book (PDF)

1. Auflage 2020

© 2020 Beltz Juventa
in der Verlagsgruppe Beltz · Weinheim Basel
Werderstraße 10, 69469 Weinheim
Alle Rechte vorbehalten

Herstellung: Ulrike Poppel
Satz: Helmut Rohde, Euskirchen
Druck und Bindung: Beltz Grafische Betriebe, Bad Langensalza
Printed in Germany

Weitere Informationen zu unseren Autor_innen und Titeln finden Sie unter: www.beltz.de

*Mein Dank gilt allen,
die die vorliegende Arbeit möglich gemacht,
begleitet und unterstützt haben.*

Inhalt

Einleitung 15

Teil I
Konzeptioneller Rahmen 21

1. **Soziale Arbeit und soziale Dienste** 22
1.1 Makroebene der gesellschaftlichen Funktion und Einbettung Sozialer Arbeit 23
1.2 Mesoebene der (doppelten) Organisation Sozialer Arbeit 27
1.3 Mikroebene der Dienstleistungserbringung 32

2. **Fachliche Formalisierungen als methodische Modernisierungen** 41
2.1 Fachliche Formalisierungen I – Deskription 41
    2.1.1 Formalisierte Instrumente 41
    2.1.2 Formalisierte Verfahren/Prozeduralisierungen 43
    2.1.3 Die Verknüpfung von Instrumenten und Verfahren 45
    2.1.4 Fachsoftware 45
    2.1.5 Fachliche Formalisierungen in Diskurs und Forschung der Sozialen Arbeit 47
    2.1.6 Fachliche Formalisierungen als eigenständiges Phänomen 48
2.2 Standards, Standardisierung und Formalisierung 49
    2.2.1 Standards im Fachdiskurs der Sozialen Arbeit 50
    2.2.2 Die Perspektive der „Soziologie der Standards" 52
2.3 Das Konzept der Formalisierung 54
    2.3.1 Gegenstandbestimmungen 55
    2.3.2 Koordination und Kontrolle als Kernfunktionen 58
    2.3.2 Formalisierungen zwischen Kontrolle und Abweichungen 61
    2.3.3 Formalisierungen zwischen Management und Profession 66
    2.3.4 Exkurs: Red Tape 67
    2.3.5 Effekte von Formalisierungen 69
2.4 (Praxis-)Methoden der Sozialen Arbeit 73
    2.4.1 Methodengeschichte der Sozialen Arbeit 73
    2.4.2 Gegenstandbestimmungen von Methoden der Sozialen Arbeit 75
    2.4.3 Methodenverständnisse unterschiedlicher Reichweite 77
    2.4.4 Methoden als Dienstleistungstechnologien 79

		2.4.5 Differenzierungen und Trends	83

        2.4.5   Differenzierungen und Trends   83
        2.4.6   Methodisierung und Professionalität   85
        2.4.7   Evidenzbasierung der Sozialen Arbeit   89
2.5   Fachliche Formalisierungen II – Definition   92
        2.5.1   Die Funktionen fachlicher Formalisierungen   93
        2.5.2   Die Charakteristika fachlicher Formalisierungen   94
        2.5.3   Die Struktur fachlicher Formalisierungen   95
        2.5.4   Fachliche Formalisierungen als methodische Modernisierung   97

3.   Exkurs: Befunde und Reflexionen zu den Effekten fachlicher Formalisierungen   99
3.1   Auswirkungen fachlicher Formalisierungen auf den Dienstleistungsprozess   99
3.2   Umgangsweisen von Fachkräften mit fachlichen Formalisierungen   105
3.3   Auswirkungen fachlicher Formalisierungen auf das Dienstleistungsergebnis   107
3.4   Reflexionen zur Standardisierbarkeit von Dienstleistungen   115

4.   Institutionalisierung und (Neo-)Institutionalismus   118
4.1   Institutionelle Umwelten, rationalisierte Elemente und Rationalitätsmythen   119
4.2   Der soziologische Neo-Institutionalismus   122
        4.2.1   Institution – (k)ein Kernbegriff des Neo-Institutionalismus   124
        4.2.2   Legitimation – die Basis der Institutionalisierung   126
        4.2.3   Felder – (mehr als) eine Analyseebene   129
        4.2.4   Akteure – (k)ein Problem des Neo-Institutionalismus   134
4.3   Das Konzept der Institutionalisierung   140
        4.3.1   Institutionalisierung als Prozess und Zustand   140
        4.3.2   Makroperspektiven auf Institutionalisierung und Diffusion   145
        4.3.3   Mikrofundierungen von Institutionalisierungsprozessen   151
        4.3.4   Dimensionen der Institutionalisierung   173
4.4   Das Konzept der (Ent-)Kopplung   175
        4.4.1   Definitorische Bestimmungen   176
        4.4.2   Neo-institutionalistische Lesarten   178
        4.4.3   Formen der Entkopplung   179
        4.4.4   Kopplung als Prozess   184
        4.4.5   Perspektiven auf Kopplung   186

5. **Die Institutionalisierung fachlicher Formalisierungen in der Sozialen Arbeit** 187
5.1 Perspektiven auf die Institutionalisierung fachlicher Formalisierungen 188
5.2 Fachliche Formalisierungen und gesellschaftliche Rationalisierung 191
    5.2.1 Professionswandel und Formalisierung 191
    5.2.2 Organisationswandel und Formalisierung 200
    5.2.3 Formalisierung und institutioneller Wandel 210
    5.2.4 Formalisierung als Rationalisierung 211

Teil II
Die Institutionalisierung fachlicher Formalisierungen in den Allgemeinen Sozialen Diensten der Jugendämter 218

6. **Das untersuchte Feld: Struktur – Organisation – Arbeitsbereiche** 220
6.1 Die Kinder- und Jugendhilfe 220
6.2 Die Jugendämter/Allgemeinen Sozialen Dienste (ASD) 224
6.3 Hilfeplanung und Kinderschutz als Kernaufgaben des ASD 230
    6.3.1 Hilfeplanung 231
    6.3.2 Kinderschutz 236

7. **Zur Geschichte der (Allgemeinen) Sozialen Dienste** 241
7.1 Die Armenfürsorge als Vorläuferin der sozialen Dienste 242
7.2 Entwicklung der rechtlichen Rahmenbedingungen bis 1924 245
7.3 Die Familienfürsorge als Vorläuferin der ASD 247
7.4 Soziale Diagnosen I: Mary Richmond und Alice Salomon 249
7.5 Die Jugendhilfegesetzgebung zwischen 1933 und 1990 251
7.6 Soziale Diagnosen II: Psychosoziale Diagnosen und Hilfeplanung 252
7.7 Die Neuorganisation Sozialer Dienste 253
7.8 Das Neue Steuerungsmodell 258
7.9 Rechtliche und fachliche Entwicklungen im Horizont des SGB VIII 260
    7.9.1 Phase I – Fokus Hilfen zur Erziehung: Soziale Diagnose III & Ökonomisierungstendenzen 260
    7.9.2 Exkurs: SGB VIII-Reformpläne 265
    7.9.3 Phase IIa: Fokus Kinderschutz Standardisierung und (Risiko-)Diagnostik 267
    7.9.4 Exkurs: Die Entwicklung formalisierter Instrumente in den USA 274
    7.9.5 Phase IIb: Fokus Kinderschutz (Fortsetzung) Die Diskussion um Standardisierungen 277

7.10 Übergreifende Trends der (rechtlichen) Entwicklung	279
7.11 Fazit: Die Geschichte des ASD als Geschichte der Formalisierung	281

8. Der Forschungsstand zu fachlichen Formalisierungen im ASD 283

8.1 Klassische Studien zu den ASD	283
8.2 Befunde zu Aktenführung und Dokumentation	287
8.3 Befunde zu EDV im ASD	289
8.4 Befunde zu Arbeitsinhalten und zur Arbeitssituation in den ASD	291
8.5 Befunde zu (allgemeinen) Modernisierungsprozessen im ASD	294
8.6 Befunde zum organisationalen Feld der ASD	298
8.7 Studien zur Neuen Steuerung und zu Ökonomisierungsprozessen im ASD	301
8.8 Befunde zu fachlichen Formalisierungen in der Hilfeplanung	308
8.9 Befunde zu fachlichen Formalisierungen im Kinderschutz	314
8.10 Befunde zu Nutzungsweisen von fachlichen Formalisierungen	324
8.11 Fazit zum Forschungsstand zu fachlichen Formalisierungen im ASD	333

9. Forschungskonzept 336

9.1 Forschungsfragen und empirische Zugänge	337
9.2 Sozialtheoretischer Rahmen der empirischen Studien	341
9.3 Forschungsdesign und Umsetzung der quantitativen Teilstudie	343
9.3.1 Fragestellung und Perspektive der Befragung	344
9.3.2 Umsetzung der Befragung	345
9.3.3 Beschreibung der Stichprobe	348
9.3.4 Aufbau des Fragebogens und Auswertungsstrategie	350
9.4 Forschungsdesign und Umsetzung der qualitativen Teilstudie	355
9.4.1 Analyseperspektiven der qualitativen Fallstudie	356
9.4.2 Feldzugang und Umsetzung	357
9.4.3 Konzept und Prozess der Materialgenerierung	359
9.4.4 Konzept und Prozess der Aufbereitung und Auswertung	373

10. Die quantitative Onlinebefragung 386

10.1 Befunde zur Verbreitung fachlicher Formalisierungen in den ASD	386
10.2 Befunde zu standardisierten Instrumenten	388
10.2.1 Standardisierungsgrad	388
10.2.2 Verbindlichkeit	389
10.2.3 Kontrolle	390

10.2.4 Verhältnis von Verbindlichkeit und Kontrolle	392
10.2.5 Erfolgsmessung bei Hilfen zur Erziehung	393
10.3 Befunde zu Prozessstandards	394
10.3.1 Ausgestaltung der Prozessstandards	394
10.3.2 Verbindlichkeit	395
10.3.3 Kontrolle	396
10.3.4 Arbeitsbereichsübergreifende Kontrollmuster	397
10.3.5 Case Management in der Hilfeplanung	398
10.4 Befunde zu Fachsoftware	401
10.5 Zwischenfazit I: Muster der Standardisierung	403
10.5.1 Standardisierungsgrad	404
10.5.2 Verbindlichkeitsmuster	405
10.5.3 Kontrollmuster	405
10.6 Befunde zu den Impulsen für die Implementierung fachlicher Formalisierungen	407
10.6.1 Interne Impulsgeber	407
10.6.2 Externe Impulsgeber	408
10.7 Befunde zur Beurteilung fachlicher Formalisierungen	410
10.7.1 Beurteilung des Beitrags zur Erhöhung der fachlichen Qualität der Arbeit	411
10.7.2 Beurteilung des Beitrags zur Erhöhung der Effizienz	413
10.7.3 Beurteilung des Beitrags zur Kostensenkung	414
10.7.4 Beurteilung des Beitrags zur Legitimation der Arbeit	416
10.8 Zwischenfazit II: Muster der Beurteilung	416
10.9 Fazit zur Onlinebefragung: Fachliche Formalisierungen zwischen Homogenisierung und Differenzierung	420
10.9.1 Strukturelle Homogenisierung	421
10.9.2 Normative Homogenisierung	422
10.9.3 Unterschiedliche Fachlichkeitskulturen	423
10.9.4 Unterschiedliche Organisationskulturen	424
10.9.5 Resümee	426
11. Die qualitativen Fallstudien	**427**
11.1 Fallskizze Kommune 1: Die Vorreiter	429
11.1.1 Hintergrundinformationen zur Kommune	429
11.1.2 Fachliche Formalisierungen als Qualitätsentwicklung	430
11.1.3 Konkrete Verfahren und Instrumente	433
11.1.4 Begründung und Orientierung	435
11.1.5 Akzeptanz und Nutzung durch die Basiskräfte	439
11.1.6 Weiterentwicklungen	444

11.2	Fallskizze Kommune 2: Die Nachzügler	450
	11.2.1 Hintergrundinformationen zur Kommune	450
	11.2.2 Fachliche Formalisierungen im Kinderschutz	451
	11.2.3 Fachliche Formalisierungen in der Hilfeplanung	455
	11.2.4 Begründung und Orientierung	457
	11.2.5 Akzeptanz und Nutzung durch die Basiskräfte	463
	11.2.6 Kritik des Standardisierungstrends	469
	11.2.7 (Ausstehende) Weiterentwicklungen	472
11.3	Fallskizze Kommune 3: Die Modernisierer	474
	11.3.1 Hintergrundinformationen zu Kommune	474
	11.3.2 Implementierungsprozesse fachlicher Formalisierungen und deren Hintergründe	475
	11.3.3 Begründung und Orientierung	485
	11.3.4 Fachliche Formalisierungen und Ökonomisierung	492
	11.3.5 Akzeptanz und Nutzung durch die Basiskräfte	496
	11.3.6 Die Baustelle Fachsoftware	507
11.4	Zusammenfassung: Fachliche Formalisierungen in den Fallstudienkommunen	510
11.5	Konzept der vergleichenden und integrierten Analyse	513
11.6	Prozesse der Implementierung fachlicher Formalisierungen im ASD	515
	11.6.1 Impulse für die Entwicklung und Implementierung fachlicher Formalisierungen	516
	11.6.2 Funktionszuschreibungen und Orientierungen der Leitungskräfte	524
	11.6.3 Kernprozesse der Implementierung fachlicher Formalisierungen im ASD	532
11.7	Die Bedeutung fachlicher Formalisierungen für die Alltagspraxis im ASD	541
	11.7.1 Nutzungsweisen von fachlichen Formalisierungen im ASD	541
	11.7.2 Einflussfaktoren auf die Nutzung fachlicher Formalisierungen im ASD	553
	11.7.3 Der (direkte) Einfluss des büro-professionellen Komplexes auf die Nutzungsweisen	567
	11.7.4 Resümee zur Nutzung von fachlichen Formalisierungen	569

Teil III
Diskussion der Ergebnisse 570

12. Die Makroperspektive: Zur Institutionalisierung fachlicher Formalisierungen im Feld der ASD 571
12.1 Der Diffusions-Prozess: Kontinuierlicher Wandel mit Folgen 572
12.2 Die Institutionalisierung: Ein professioneller Selbstversuch 574

13. Eine Mikrofundierung: Zur Institutionalisierung fachlicher Formalisierungen in der Organisation ASD 580
13.1 Zum Implementierungs-Sensemaking: Institutionelle Einflüsse hier wie dort 580
13.2 Zum Orientierungs-Shift: Legitimation durch Optimierung 582
13.3 Zum institutional work: Strukturierung hier und Kontingenz dort 586
13.4 Zur Beteiligung der Basiskräfte: Tayloristische Demokratisierung 589

14. Das Phänomen der (Ent-)Kopplung: Zur Institutionalisierung fachlicher Formalisierungen in der ASD-Praxis 593
14.1 Perspektiven der (Ent-)Kopplung: Wer (ent-)koppelt? 593
14.2 Formen der (Ent-)Kopplung: Was wird (ent-)koppelt? 596

15. Fazit und Ausblick 600
15.1 Gebrochene und polyvalente Institutionalisierung 600
15.2 Institutionalisierung im Kontext 602
15.3 Die Irrationalität der Rationalisierung 616

Literatur 620

Verzeichnis der Abbildungen und Tabellen 667

Der legte die vorüberziehenden Wanderer auf ein Bette,
und wenn Einer zu lang war, so hieb er ihm die Füße ab, so weit sie überragten;
war er zu klein, so streckte er sie ihm in die Länge.
Daher nannte man ihn Prokrustes [den Ausstrecker].
(Diodor von Sizilien, 1. Jh. v. Chr./1827, S. 452)

Einleitung

Die Soziale Arbeit als Profession und als organisationales Feld ist aufgrund ihrer spezifischen politischen, sozialen und kulturellen Einbettungen in besonderem Maße von gesellschaftlichen Wandlungsprozessen beeinflusst. Diese führen, in Interaktion mit professions- und organisationsinternen Entwicklungen, zu einer hohen Dynamik in diesem gesellschaftlichen Sektor. Gegenstand solcher Modernisierungsprozesse ist auch das methodische Instrumentarium der Profession, häufig eingebunden in weitergehende organisationale Umstrukturierungen. Eine solche methodische Modernisierung stellen fachlich begründete Standardisierungen bzw. Formalisierungen dar. So gewinnen in vielen sozialpädagogischen Arbeitsfeldern stärker strukturierte bzw. formalisierte Instrumente, beispielsweise Diagnose- und Dokumentationsbögen, sowie standardisierte Verfahren bzw. Proceduralisierungen, wie das Case-Management-Verfahren, an Bedeutung. Diese Entwicklung ist insofern interessant, als in sozialwissenschaftlichen Dienstleistungstheorien „Nicht-Standardisierbarkeit" als ein wesentliches Charakteristikum personenbezogener sozialer Dienstleistungen bestimmt wird: Dies meint nicht nur, dass sich Dienstleistungen aufgrund ihres adressatenbezogenen und interaktiven Charakters faktisch nur bedingt standardisieren lassen – also immer Interpretations- und Handlungsspielräume verbleiben – sondern auch, dass Versuche, Dienstleistungen zu standardisieren, zu negativen Ergebnissen führen (vgl. z. B. Badura/Gross 1976; Offe 1984; Berger/Offe 1984; Böhle 2006; 2011).

So verwundert es wenig, dass das Thema „Standardisierungen" in der Sozialen Arbeit kontrovers diskutiert wird. Befürworter sehen in einer stärkeren Strukturierung von Arbeitsprozessen und Arbeitsinstrumenten einen Weg, die professionelle Praxis rationaler zu gestalten und hierüber deren Qualität, Effektivität und Effizienz zu steigern. Standardisierte Instrumente und Verfahren werden als Garanten einer bedarfsgerechten, wissensbasierten, transparenten, zielgerichteten und wirtschaftlichen Leistungsgewährung und Leistungserbringung gesehen. Gleichzeitig seien solche Instrumente und Verfahren, insbesondere zum Nachweis von Wirksamkeit, angesichts begrenzter öffentlicher Ressourcen aus legitimatorischen Gründen notwendig (vgl. für viele Brack/Geiser 2009; BLJA 2009; Heiner 2010; Macsenaere 2004; Adler 2004; Wendt 2010a).

Kritiker zweifeln dagegen den Nutzen und die Angemessenheit derartiger Instrumente und Verfahren in sozialpädagogischen Kontexten an. Dabei werden einerseits negative Auswirkungen von Formalisierungen auf den interaktiven Kern der Dienstleistungsproduktion problematisiert, andererseits wird eine grundlegende Verschiebung des Selbstverständnisses und der Ziele der Profession befürchtet, wonach klassische professionelle Handlungsmuster und Orientierungen durch ein effizientes People-Processing zur Realisierung neosozialer und neoliberaler Zielsetzungen ersetzt wird (vgl. z. B. Hansen 2011; Beckmann 2009; Galuske 2007b; Polutta 2011; Dewe 2009). In diesem Kontext werden fachlichen Formalisierungen – insbesondere im internationalen Diskurs – nicht selten als Elemente einer umfassenden, an ökonomischen Kriterien ausgerichteten Re-Orientierung und Re-Strukturierung der Sozialen Arbeit diskutiert (vgl. für viele Harris 1998; 2003; Blomberg/Petersen 2010; Dustin 2007; Kirkpatrick 2006; Bode 2012).

Obgleich Standardisierungsprozesse im (nationalen wie internationalen) sozialpädagogischen Diskurs präsent sind und trotz der auf sie bezogenen Kontroverse, werden fachlich begründete Formalisierungen bislang kaum als eigenständiges Phänomen wahrgenommen und empirisch untersucht. Vielmehr fokussiert der sozialpädagogische Diskurs entweder auf einzelne Instrumente und Verfahren (z. B. konkrete Diagnoseinstrumente) oder Formalisierungen werden als Teil von etwas – z. B. als Element von Ökonomisierungsprozessen – verhandelt. Werden Formalisierungen dagegen als eigenständiges Phänomen thematisiert, so erfolgt dies selten in systematischer Form – Ausnahmen bilden die Reflexionen von Hansen 2010 und Merchel 2005 sowie von Ponnert und Svensson (2016). Empirische Untersuchungen zur Formalisierung der Praxis der Sozialen Arbeit fehlen dagegen (vgl. Abschnitt 3.1.7).

Erkenntnisinteresse und Perspektive

Während in Fachdiskursen der Sozialen Arbeit Fragen nach den Chancen und Risiken, mithin der praktischen Effekte und Wirkungen formalisierter Instrumente und Verfahre dominieren, wird in der vorliegenden Studie – bildlich gesprochen – ein Schritt zurück getreten und der grundsätzlicheren Frage nachgegangen, wie und warum es überhaupt dazu kommt, dass solche fachlichen Formalisierungen ein für die Soziale Arbeit relevantes Thema sind. Diesem Erkenntnisinteresse folgend hat diese Arbeit die Bedeutung bzw. den Bedeutungsgewinn von formalisierten Instrumenten und Verfahren in der Sozialen Arbeit zum Gegenstand. Entsprechend wird vor allem danach gefragt, wie und warum verantwortliche Leitungsakteure in sozialen Organisationen – empirisch konkretisiert am Beispiel der Jugendämter – formalisierte Instrumente und Verfahren implementieren und diesen damit Bedeutung für die sozialpädagogische Praxis verleihen. Theoretisch sensibilisiert für die Möglichkeit eines Auseinanderfallens der formalen Strukturen der Organisationen und der Alltagspraxen der Mitarbeitenden, soll zudem herausgefunden werden, wie die Basiskräfte mit diesen Formalisierungen umgehen und was diese Umgangsweisen bestimmt[1]. Neben der formalen Bedeutung soll also auch die praktische Bedeutung (jedoch nicht die Wirkung) solcher Formalisierungen in der Sozialen Arbeit herausgearbeitet werden.

Zur begrifflich-konzeptionellen Fassung dieses Erkenntnisinteresses wird das Konzept der Institutionalisierung genutzt, das – sowohl einen Zustand als auch einen Prozess bezeichnend – geeignet ist, die Frage der Bedeutung bzw. des Bedeutungsgewinns von formalisierten Instrumenten und Verfahren in der Sozialen Arbeit einzufangen. Als theoretische Rahmung wird auf den soziologischen (Neo-)Institutionalismus rekurriert. Im Zentrum dieser Perspektive stehen der Einfluss von gesellschaftlichen Faktoren auf kollektive Akteure (Organisationen) sowie, in der Weiterentwicklung des Ansatzes, zunehmend der Umgang von individuellen Akteuren mit gesellschaftlichen Einflüssen (vgl. Kapitel 4).

Formalisierte Instrumente und Verfahren in der Sozialen Arbeit werden in dieser Studie als eine Form der methodischen Modernisierung analysiert – also als ein Beispiel für sozialpädagogische Interventionsmethoden, die dem „Zeitgeist" folgend, als besonders modern, innovativ und rational gelten (vgl. Michel-Schwartze 2010). Mit der Perspektive auf die Institutionalisierung – also die Faktoren, Prozesse und Mechanismen hinter der Bedeutung und dem Bedeutungsgewinn – von formalisierten Instrumenten und Verfahren nimmt diese Studie Entwicklungen in der Sozialen Arbeit in den Blick, die bislang in der professionellen und disziplinären Selbstbeobachtung und Reflexion weitgehend unberücksichtigt geblieben sind. Dort dominiert – häufig als Folge eines verkürzten Theorie-Praxis-Verständnisses – das Interesse an den unmittelbaren Umsetzungsmöglichkeiten (anwendungsbezogenes Rezeptwissen) und vor allem den Effekten konkreter methodischer Modernisierungen (Wirkungsforschung/Evidenzbasierung). Folglich ist ein Mangel an reflexionsrelevantem Wissen zu fachlich inspirierten Modernisierungsprozessen im sozialen Sektor zu konstatieren, den die vorliegende Studie begegnen will.

---

1   Die beiden primär fokussierten Perspektiven der vorliegenden Studie sind einerseits die der *Leitungskräfte*, also von Akteuren, die in verantwortlicher Position mit Leitungs- bzw. Steuerungsfunktionen in sozialen Diensten betraut sind. Empirisch handelt es sich bei diesen Leitungsakteuren überwiegend um Professionelle der Sozialen Arbeit, häufig mit managementbezogenen Zusatzqualifikationen. Der Perspektive der Leitungsakteure gegenübergestellt wird die Perspektive der *Basiskräfte*. Mit diesem Begriff werden jene sozialpädagogischen Fachkräfte bezeichnet, die – meist in der Form von personenbezogener sozialer Dienstleistungsarbeit (z. B. Beratung, Therapie und Unterstützung der AdressatInnen oder Aufgaben der Einzelfallführung) – die Organisationsziele durch ihre Alltagspraxis realisieren.

Inhalt und Aufbau der Studie

Die Untersuchung der Institutionalisierung von fachlich begründeten Formalisierungen in den sozialen Diensten erfolgt in drei Schritten, denen die Gliederung dieser Arbeit folgt.

Im ersten Teil der Arbeit werden die *zentralen Gegenstände dieser Studie* definiert, verortet und relationiert, angefangen bei der *Sozialen Arbeit* als relevantem Feld (Kapitel 1), gefolgt von *fachlichen Formalisierungen* als fokussierter methodischer Modernisierung und damit materiellem Gegenstand der Studie (Kapitel 2) sowie Prozessen und Gestalten der *Institutionalisierung* als konzeptionellem Gegenstand (Kapitel 4). Zur Stützung der Gesamtargumentation werden diese definitorischen Kapitel ergänzt durch Ausführungen zu den Effekten der Formalisierung sozialer Dienstleistungen (Kapitel 3) und eine Verortung der Institutionalisierung fachlicher Formalisierungen in der Sozialen Arbeit im Kontext übergreifender gesellschaftlicher Rationalisierungstrends (Kapitel 5).

Der zweite Teil der Studie hat mit der Analyse der Institutionalisierung von fachlichen Formalisierungen in den Arbeitsbereichen Kinderschutz und Hilfeplanung der Allgemeinen Sozialen Dienste (ASD) der Jugendämter eine *exemplarische Vertiefung* zum Inhalt. Hierzu werden zunächst das Feld der Kinder- und Jugendhilfe, der sozialen Dienste sowie die Arbeitsbereiche Kinderschutzes und Hilfeplanung vorgestellt (Kapitel 6), eine Geschichte der Sozialen Dienste als Geschichte der Formalisierung rekonstruiert (Kapitel 7) sowie der einschlägige Forschungsstand aufgearbeitet (Kapitel 8). Damit wird die Basis für die Entwicklung der konkreten Fragestellungen der empirischen Teilstudien gelegt. An die Beschreibung des methodischen Vorgehens (Kapitel 9) anschließend, erfolgt eine Vorstellung und Interpretation der Ergebnisse der beiden empirischen Untersuchungen:

- Eine *bundesweite Onlinebefragung der Jugendämter* im Frühjahr 2013, an der sich 144 Ämter (29%) beteiligt haben. In dieser wurden einerseits Daten zur Verbreitung, Ausgestaltung und organisationalen Einbettung von formalisierten Instrumenten und Verfahren sowie von Fachsoftware erhoben, andererseits sollten die befragten Leitungsakteure die unterschiedlichen Formalisierungen beurteilen (Kapitel 10).
- *Qualitative Fallstudien in Allgemeinen Sozialen Diensten* (ASD) von drei Großstadtjugendämtern mit insgesamt 29 qualitativen Interviews im Jahr 2013. Auf der Basis von Interviews mit Leitungskräften sowie der Auswertung organisationaler Dokumente wurden in den Fallstudien die Hintergründe und Prozesse der Implementierung von formalisierten Instrumenten und Verfahren in den Diensten rekonstruiert. Eine Analyse der Formen des Umgangs mit diesen Formalisierungen und der diese beeinflussenden

Faktoren erfolgte auf der Grundlage von Interviews mit Basiskräften und Teamleitungen der Jugendämter (Kapitel 11). Die Auswertung der problemzentrierten und verstehenden Interviews (vgl. Witzel 1982; Kaufmann 1999) erfolgte in Anlehnung an die Prinzipien und Techniken der Grounded Theory (vgl. Corbin/Strauss 1990; Strauss/Corbin 1991).

Im dritten und letzten Teil erfolgt schließlich eine Diskussion der empirischen Ergebnisse. Hierzu werden diese mit den Inhalten des ersten Teils der Studie zu einer *theoriebezogenen Re-Analyse* der empirischen Befunde (Kapitel 12–14) sowie einem die Ergebnisse zuspitzenden und einordnenden *Fazit* (Kapitel 15) verknüpft.

Zentrale Ergebnisse der Studie

Die wesentlichen Ergebnisse dieser Untersuchung lassen wie folgt zusammenfassen: Obgleich die Allgemeinen Sozialen Dienste auf eine lange Geschichte der Formalisierung zurückblicken können, erfolgte in den letzten Jahren eine deutliche Zunahme fachlicher und nicht-fachlicher Formalisierungen. Diese Entwicklung wird wesentlich durch die Profession der Sozialen Arbeit selbst forciert. Sie basiert einerseits auf einem verbreiteten Vertrauen in das fachliche Potenzial formalisierter Instrumente und Verfahren, andererseits wird die Implementierung von Formalisierungen zunehmend organisationspolitisch als Strategie genutzt, um Umwelterwartungen zu entsprechen und dadurch die Handlungsspielräume der Dienste auszuweiten. Während diese Prozesse zu einer deutlichen Expansion von Formalisierungen im Feld der sozialen Dienste und damit zu einer Homogenisierung des Feldes geführt haben, werden diese Formalisierungen von den Basiskräften differenziert beurteilt und in unterschiedlicher Weise genutzt.

Auf der Ebene der adressatInnenbezogenen Dienstleistungsarbeit ist der Formalisierungstrend demnach Basis für neue Differenzierungen der sozialpädagogischen Alltagspraxen. Die Heterogenität des Umgangs mit Formalisierungen ist darauf zurückzuführen, dass die Basiskräfte unterschiedlich mit den Herausforderungen ihrer Alltagspraxis – und darin eingeschlossen auch mit den mit formalisierten Instrumenten und Verfahren verknüpften Anforderungen und Ambivalenzen – umgehen. Während die Fachkräfte durchaus kreative und überzeugende Nutzungsweisen thematisieren, führt die organisationsinterne Expansion und Intensivierung von Formalisierungen, verknüpft mit einer zunehmenden Ausrichtung an externen und nicht-fachlichen Anforderungen, einerseits zu einer Verschiebung der Relevanzstrukturen in den sozialen Diensten, andererseits zu einer partiellen Entkopplung der Formalisierungen von den fachlichen Inhalten der ASD-Arbeit: So bindet die Fokussierung auf Formalisierungen, die nicht nur fachlichen Zwecken dienen, in nicht unbedeutendem Umfang zeitliche Ressourcen. Diese Verschiebung der Arbeitsinhalte ist jedoch lediglich Symptom einer Verschiebung der Sinngehalte in den sozialen Diensten, bei denen die Bedeutung nicht-fachlicher Informations-, Steuerungs- und Legitimationsanforderungen gegenüber genuin sozialpädagogischen Aufgaben und Prinzipien stetig wächst. Somit verselbstständigen sich auch fachliche Formalisierungen zunehmend gegenüber ihren genuin fachlichen Funktionen.

Das Bett des Prokrustes besteht demnach nicht nur darin, dass durch formalisierte Instrumente und Verfahren zunehmend angestrebt wird, Abläufe und Inhalte sozialpädagogischer Arbeit unabhängig von der Spezifik des Einzelfalls in ein normiertes Korsett zu pressen – solche Standardisierungen scheitern regelmäßig an den kreativen Praxen der Fachkräfte oder an den Zwängen des Arbeitsalltags in den Diensten. Vielmehr besteht das Prokrustesbett in den über Formalisierungen transportierten Zwängen, nicht-fachlichen Anforderungen zu entsprechen sowie den Verbiegungen, die dies von den Fachkräften in den sozialen Diensten verlangt. Trotz der Risiken die diese Transformation birgt, ist es eher unwahrscheinlich, dass Theseus den Weg in die sozialen Dienste und Einrichtungen finden wird.

Teil I
Konzeptioneller Rahmen

In diesem ersten Teil erfolgen die Bestimmung, Einordnung und Verknüpfung der zentralen Konzepte der Studie. Dem Titel dieser Studie folgend, haben die drei Hauptkapitel die Soziale Arbeit bzw. die sozialen Dienste, fachliche Formalisierungen als methodische Modernisierungen sowie das Konzept der Institutionalisierung und die Analyseperspektive des Neo-Institutionalismus zum Gegenstand. Die drei definitorischen Hauptkapitel werden durch zwei Kapitel ergänzt, in denen jeweils Verknüpfungen zwischen den Themen der Hauptkapitel erfolgen: Zum einen werden Befunde und Reflexionen zu den Konsequenzen der Formalisierung sozialer Dienstleistungsarbeit vorgestellt, zum anderen werden Perspektiven auf die Institutionalisierung fachlicher Formalisierungen in der Sozialen Arbeit beschrieben sowie diese Institutionalisierung mit weitergehenden sektoralen und gesamtgesellschaftlichen Rationalisierungsprozessen verknüpft. Die Ausführungen und Einschätzungen in diesem ersten Teil der Studie basieren auf einer intensiven Beschäftigung mit einschlägiger nationaler wie internationaler Fachliteratur theoretischen, empirischen und praxisbezogen-konzeptionellen Inhalts.

1. Soziale Arbeit und soziale Dienste

Die vorliegende Studie hat Formalisierungsprozesse im Feld der Sozialen Arbeit bzw. der sozialen Dienste zum Gegenstand. In diesem Kapitel wird daher das Praxisfeld der Sozialen Arbeit vorgestellt. Auf eine differenzierte Aufarbeitung der zahlreichen Theorien Sozialer Arbeit wird jedoch verzichtet[2]. Stattdessen wird das Feld mit Blick auf gesellschaftliche Funktion und Einbettungen (Makroebene), als doppelt organisierte Praxis (Mesoebene) und als personenbezogenes soziales Dienstleistungshandeln (Mikroebene) in den Blick genommen. Eine an die Ausführungen dieses Kapitels anschließende Vorstellung der Kinder- und Jugendhilfe als dem Feld der Sozialen Arbeit, das Gegenstand der empirischen Studie ist, erfolgt in Kapitel 6.

Der Begriff Soziale Arbeit gilt als Oberbegriff der ehemals getrennt konstruierten Felder Sozialarbeit und Sozialpädagogik. Der Fokus ersterer lag eher auf der Bearbeitung sozialer und materieller Notlagen, während letztere eher auf Fragen der Bildung und Erziehung fokussierten, wobei eine strikte Trennung beider Bereiche zu keinem historischen Zeitpunkt bestand (vgl. z. B. grundlegend Mühlum 2001)[3].

Die International Federation of Social Workers (IFSW 2014) bestimmt Soziale Arbeit wie folgt:

> Social work is a practice-based profession and an academic discipline that promotes social change and development, social cohesion, and the empowerment and liberation of people. Principles of social justice, human rights, collective responsibility and respect for diversities are central to social work. Underpinned by theories of social work, social sciences, humanities and indigenous knowledges, social work engages people and structures to address life challenges and enhance wellbeing.

---

2   Auf eine Aufarbeitung von Theorien und disziplinären Diskursen der Sozialen Arbeit wird nicht zuletzt auch deshalb verzichtet, weil dies angesichts der Heterogenität der analytischen Perspektiven und disziplinären Interessenlagen den Rahmen dieser Arbeit sprengen würde (vgl. hierzu z. B. Engelke et al. 2014; Erath/Balkow 2016 oder die entsprechenden Beiträge in Thole 2010).

3   Da es zum Begriff der Sozialen Arbeit kein Adjektiv gibt, werden sozialarbeiterisch und sozialpädagogisch im Weiteren synonym verwendet. Zur Bezeichnung der disziplinären Perspektive wird in Anlehnung an die Position von Pfaffenberger (2009) das Adjektiv „sozialpädagogisch/sozialarbeitswissenschaftlich" genutzt.

Die Definition nennt allgemeine Ziele, Prinzipien und Handlungsgrundlagen Sozialer Arbeit. Während sich Soziale Arbeit abstrakt über diese Parameter – etwa als Institution zur Realisierung sozialer Gerechtigkeit (vgl. Schrödter 2007) oder der Bearbeitung sozialer Probleme (vgl. Staub-Bernasconi 2007) – konzipieren lässt, fokussiert die vorliegende Studie auf das konkrete Handlungsfeld der Sozialen Arbeit. Dieses lässt sich bestimmen als jener gesellschaftliche Bereich, in dem originär Fachkräfte der Sozialen Arbeit – v. a. SozialpädagogInnen und SozialarbeiterInnen – beruflich tätig sind und das Gegenstand empirischer Untersuchungen und theoretischer Reflexionen von Akteuren ist, die sich als der Sozialen Arbeit zugehörig begreifen. Die Soziale Arbeit umfasst somit – korrespondierend mit der IFSW-Definition – ein Feld beruflicher Praxis (Profession) sowie ein Wissenschaftssystem (Disziplin). Hinzu kommt das Feld der Ausbildung im Überlappungsbereich von Profession und Disziplin (vgl. Pfaffenberger 2004). Im Zentrum der weiteren Darstellung steht die berufliche Praxis Sozialer Arbeit als einem zentralen Element des wohlfahrtsstaatlichen Systems (vgl. Kaufmann 1973; 2005).

1.1 Makroebene der gesellschaftlichen Funktion und Einbettung Sozialer Arbeit

Aus der Makroperspektive ist die Soziale Arbeit ein Instrument gesellschaftlicher Selbstgestaltung (vgl. Bode 2013; Mairhofer 2014). Soziale Arbeit wird von der Gesellschaft dazu genutzt, soziale Probleme über die Handlungsformen der (Re-)Sozialisation, sozialen Kontrolle und sozialen Integration zu bearbeiten. Der Gegenstand sozialarbeiterischen Handelns – soziale Probleme – ist historisch-gesellschaftlich kontingent[4]. Gesellschaftliche Verhältnisse und individuelle Verhaltensweisen werden erst dadurch zu einem sozialen Problem, dass sie von Akteuren aufgrund von Konflikten zu Normen und Werten als solche gesehen werden (vgl. Blumer 1971; Best 2008).

> A social problem is a condition which is defined by a considerable number of persons as a deviation from some social norm which they cherish. Every social problem thus consists of an objective condition and a subjective definition. The objective condition is a verifiable situation which can be checked as to existence and magnitude (…). The subjective definition is the awareness of certain individuals that the condition is a threat to certain cherished values (…). The objective condi-

---

4 Der Begriff der „Kontingenz" wird in dieser Studie genutzt zur Bezeichnung von „etwas Wirkliche[m] (…), sofern es auch anders möglich ist. (…) Kontingent ist demnach alles, was zwar möglich, aber nicht notwendig ist" (Luhmann 1977, S. 187).

tion is necessary but not in itself sufficient to constitute a social problem. (...) Social problems are what people think they are. (Fuller/Myers 1941a, S. 320)

In pluralen Gesellschaften impliziert eben dieser Wertbezug, dass soziale Probleme gesellschaftlich kontrovers sind:

That is exactly this disagreement in value-judgments that is the root cause of all social problems, both in the original definition of the condition as a problem and in subsequent efforts to solve it. (Fuller/Myers 1941b, S. 27)

Das soziale Element bezieht sich nicht nur auf die soziale Konstruktion (Konstitution und Anerkennung) sozialer Probleme, sondern – in Abgrenzung zu technischen oder medizinischen Problemen – auch darauf, dass die Ursachen der Probleme als in gesellschaftlichen Strukturen liegend und damit gesellschaftlich veränderbar gelten (vgl. ebd.). Aus der Spezifik des Gegenstands „soziale Probleme" resultiert nicht nur, dass die Inhalte, Ziele und Interventionsformen einer hohen Dynamik unterliegen, sondern auch, dass sozialarbeiterisches Handeln in hohem Maße von Ambivalenzen und Paradoxien geprägt ist (vgl. Schütze 2000)[5]. Indem Soziale Arbeit auf gesellschaftliche Problemkonstruktionen reagiert, spiegelt sie gesellschaftliche Entwicklungen und Widersprüche wider.

Über die Bearbeitung sozialer Probleme durch Angebote und Interventionen der Sozialen Arbeit gestalten sich moderne (demokratisch kapitalistische) Gesellschaften entsprechend ihres Selbstverständnisses, ihrer Normen und Werte selbst. Im „dualen Wohlfahrtsstaat" (Tennstedt 1992) erfolgt diese Selbstgestaltung vermittelt über staatliche und zivilgesellschaftliche Akteure: Einerseits bestimmen politische Gremien – beeinflusst durch zivilgesellschaftliche Institutionen (z. B. Medien, Öffentlichkeit, Verbände) – welche Lebenslagen als problematisch gelten und durch sozialpädagogische Interventionen bearbeitet werden sollen. Andererseits erfolgen Problemkonstruktionen, Durchsetzungen und die Entwicklung von Interventionsstrategien auch im zivilgesellschaftlichen Feld, etwa in Verbänden oder Selbsthilfegruppen. Ebenso werden Angebote der Sozialen Arbeit einerseits von öffentlichen Trägern, beispielsweise von Jugend- und Sozialämtern, andererseits von freien Trägern (z. B. Wohlfahrtsverbände, Kirchen, Initiativen oder Unternehmen) – die sich in der Regel als Teile der Zivilgesellschaft verstehen – erbracht (vgl. Mairhofer 2014).

5　Schütze (2000, S. 49) konstatiert, dass die Praxis Sozialer Arbeit von verschiedenen unaufhebbaren Paradoxien geprägt ist, „die auf dem notwendigen Widerstreit divergierender Orientierungstendenzen bei der Bewältigung von Klientenproblemen beruhen". Beispiele hierfür sind die Einschränkung der Autonomie in Hilfeprozessen oder die Spannung zwischen Ganzheitlichkeit und Spezialisierung.

Diese doppelte gesellschaftliche Einbettung in Staat und Zivilgesellschaft macht die Soziale Arbeit in besonderem Maße abhängig von gesellschaftlichen Kräfteverhältnissen und kulturellen Denk- und Deutungsmustern – sowohl hinsichtlich der Problemkonstitution und Interventionsziele als auch bezogen auf die Interventionsstrategien.

Die gesellschaftliche Beauftragung legitimiert Soziale Arbeit mit weitreichenden Eingriffen in die Privatsphäre und Persönlichkeitsrechte ihrer AdressatInnen. Gleichzeitig schränkt sie die Handlungsmöglichkeiten auf gesellschaftlich akzeptierte Interventionsformen und Zielsetzungen ein. Das gesellschaftliche Mandat ermöglicht und beschränkt zugleich – und zwar in sehr unterschiedliche Richtungen, denn es werden sowohl disziplinierende als auch emanzipatorische Impulse gesellschaftlich ermöglicht und beschränkt. Dem paradoxalen Charakter gesellschaftlicher Strukturen und Entwicklungen folgend sind auch die (gesellschaftlichen) Zwecke der Sozialen Arbeit ambivalent. So lässt sich Soziale Arbeit ebenso als Instrument der Pazifizierung und Stabilisierung bestehender gesellschaftlicher Verhältnisse rekonstruieren, wie sie auch eine Strategie der Emanzipation und Durchsetzung sozialer Rechte darstellt (vgl. Mairhofer 2014).

Disziplinierung und Emanzipation bilden dabei nicht (nur) Pole eines Kontinuums auf dem sich einzelne sozialpädagogische Angebote und Interventionen verorten lassen, vielmehr vereinen alle Angebote der Sozialen Arbeit gleichzeitig beide Orientierungen, da sie darauf abzielen, gesellschaftliche Normen – die in modernen Gesellschaften widersprüchlich sind – in einer für das Individuum akzeptierbaren Art und Weise durchzusetzen (vgl. Müller 1978; Olk 1986; Wakefield 1994). Diese für Soziale Arbeit konstitutive Gleichzeitigkeit von Hilfe und Kontrolle wird im Fachdiskurs der Sozialen Arbeit prominent unter dem Label des „doppelten Mandats" (Böhnisch/Lösch 1973) diskutiert, wobei neuere Analysen zeigen, dass die klassische Gleichsetzung des gesellschaftlichen Auftrags mit Kontrolle und Formen der Nutzerorientierung mit Hilfe eine unzutreffende Simplifizierung darstellen (vgl. Mairhofer 2014)[6].

---

6   Strukturell und funktional zählt die Soziale Arbeit zum Bereich der Dienstleistungsarbeit. Das doppelte Mandat im Diskurs der Sozialen Arbeit kann hierbei als eine Sonderform einer für Dienstleistungsarbeit insgesamt typischen Spannung gelten. Da Dienstleistungen die Funktion der „Gewährleistung gesellschaftlicher Normalzustände" (Offe 1984, S. 295) erfüllen – und die Bearbeitung sozialer Probleme stellt nichts anderes als die Beseitigung einer nicht akzeptierten Normabweichung dar – besteht eine Notwendigkeit zur interaktiven Vermittlung von Einzelfall und sozialen Normen. „Das Problem der Normalität, mit deren Erzeugung Dienstleistungsarbeit beschäftigt ist, hat also die beiden Seiten, dass einerseits die Besonderheit, Kontingenz, Variabilität (der Lagen und Bedürfnisse…) gewahrt, respektiert und bestätigt werden muss, während andererseits doch im Ergebnis ein Zustand herbeizuführen ist, der bestimmten allgemeinen Regeln und Kriterien, Ordnungs- und Wertvorstellungen entspricht. Demgemäß ist es ein Gütekriterium aller Dienstleistungsar-

Die Gegenstände und Ziele der Sozialen Arbeit sind gesellschaftlich bestimmt. Aufgrund der staatlichen Vermittlung zwischen Gesellschaft und Sozialer Arbeit erscheinen diese gesellschaftlichen Vorgaben mitunter als staatlich verordnet. Derber (1982) qualifiziert eine solche staatliche (bzw. gesellschaftliche) Bestimmung der zu bearbeiteten Problembereiche, der Problemdefinitionen und der Ziele sozialpädagogischer Interventionen und Angebote – also den gesellschaftlichen Auftrag – als Enteignung der sozialarbeiterischen Profession. Diese Fremdbestimmung – Derber spricht im Anschluss an Marx von einer „ideologischen Proletarisierung" – werde von vielen Akteuren der Sozialen Arbeit nicht in Frage gestellt (vgl. Abschnitt 2.3.2). Dies begründet er damit, dass staatliche bzw. gesellschaftliche Zielsetzungen weitgehend mit dem professionellen Selbstverständnis und den konzeptionell-methodischen Präferenzen der Akteure der Sozialen Arbeit korrespondieren. Soziale Arbeit wird überwiegend – orientiert am klinischen Modell der Einzelfallhilfe – als personenbezogene soziale Dienstleistung (Sozialisation, Therapie, Beratung, Unterstützung etc.) konzipiert und erbracht (vgl. auch Peters 1973). Damit realisiert Soziale Arbeit im Modus der persönlichen Hilfe eine Anpassung ihrer AdressatInnen an gesellschaftliche Normen und Normalitätsvorstellungen[7]. Von dieser verbreiteten ideologischen Proletarisierung unterscheidet Derber eine „technische Proletarisierung", in der auch die Mittel bzw. Techniken der Problembearbeitung, also die Handlungsansätze, Konzepte und Methoden Sozialer Arbeit, staatlich bzw. gesellschaftlich vorgegeben werden (vgl. ebd.). Damit wird der besondere gesellschaftliche Charakter Sozialer Arbeit unmittelbar relevant für

---

beit, daß weder die Individualität und situative Besonderheit des Falles zugunsten einer allgemeinen Bezugsnorm des Handelns wegschematisiert werden dürfen, noch umgekehrt die Besonderheiten so maßgeblich werden können, daß auch von Dritten erwartete Normalzustände nicht zustande kommen" (ebd., S. 295). Im Anschluss an Offe bestimmt Olk (1986) Soziale Arbeit als Normalisierungsarbeit, die mit dem doppelten Vermittlungsproblem von Normrestitution und Wiederherstellung von Autonomie (Kontrolle und Hilfe) über widersprüchliche Beziehungsmodi (technologisch indizierte Personenänderung versus kommunikative Verarbeitung) konfrontiert ist." (vgl. ebd., S. 171)

7   Während soziale Probleme immer auf ein Missverhältnis zwischen individuellen und strukturellen Aspekten verweisen und sich daher – wie auch die IFSW-Definition unterstreicht – sowohl über Strategien der Verhaltens- wie der Verhältnisänderung bearbeiten lassen, dominiert in der Sozialen Arbeit (auch international) eine Problembearbeitung im Modus der personenbezogenen sozialen Dienstleistung, in dem die AdressatInnen an gesellschaftliche Normen angepasst werden, anstatt soziale Strukturen an die Bedürfnisse der AdressatInnen anzupassen (vgl. Mairhofer 2014). In modernen und pluralen Gesellschaften kann die Anpassung an gesellschaftliche Normen durchaus in weiten Korridoren akzeptierter Lebensentwürfe erfolgen.

Fragen der Institutionalisierung von methodischen Modernisierungen in sozialen Diensten[8].

1.2 Mesoebene der (doppelten) Organisation Sozialer Arbeit

Auf der Mesoebene besteht eine Doppelstruktur der Organisation der Praxis Sozialer Arbeit. Zum einen wird Soziale Arbeit überwiegend durch formale Organisationen (soziale Dienste und Einrichtungen) erbracht, zum anderen versteht sich die Soziale Arbeit als eine Profession. Perrow (1991) beschreibt formale bzw. bürokratische Organisationen als Kernelemente moderner Gesellschaften und als bevorzugte Strategie zur Lösung gesellschaftlicher Probleme. Weber (1922/1980) sieht Bürokratien mit ihrer klaren Struktur und Regelgebundenheit als technisch-rationalste Form der Herrschaftsausübung. Während Bürokratien als ideale Organisationsform zur Bearbeitung typischer, standardisierter Probleme gilt, gelten Professionen als ideale Form zur Bearbeitung komplexer, nicht-standardisierter Aufgaben. Auch Professionen stellen eine typisch moderne Problembearbeitungsstrategie dar. Die für Professionen charakteristische Anwendung allgemeinen wissenschaftlichen Wissens auf konkrete Einzelfälle verweist auf das Vertrauen in das Problemlösungspotenzial wissenschaftlicher Erkenntnis, das für die Moderne typisch ist (vgl. z. B. Parsons 1939; McDonald 2006). Auch wenn beide Organisationformen, besonders die Professionen, in der Post- oder Hochmoderne in Frage gestellt werden und sich wandeln (vgl. z. B. Greenwood/Lachman 1996; Pfadenhauer 2006; Leicht/Fennell 2008; Noordegraaf 2016), so sind sie für die Struktur Sozialer Arbeit konstitutiv.

Das Verhältnis der beiden Formen der Handlungskoordination wird unterschiedlich bestimmt. Parsons (1939) argumentiert, dass die Gemeinsamkeiten von Professionen, Bürokratien und Wirtschaftsunternehmen dominieren. Als Gemeinsamkeiten benennt er Rationalität, funktionale Spezialisierung und Universalismus, wobei sich diese Charakteristika jeweils unterschiedlich ausbuchstabieren. Rationalität kann auf rationale Regeln (Bürokratie) oder rationales Wissen (Profession) verweisen. Funktionale Spezialisierung kann durch

---

8 Während Derber (1981) für den englischsprachigen Kontext vor allem in der Ausbreitung von Fachsoftware ein Potenzial für eine Expansion technischer Ideologisierung der Professionen sieht, bestätigt sich die Prognose zunehmender staatlicher Einflussnahmen auf die methodische Umsetzung sozialpädagogischer Programme in Deutschland aktuell in der Bestimmung von „Case Management" als verpflichtend zu nutzendem Handlungsansatz in den Fördervorgaben zahlreicher wohlfahrtsstaatlicher Programme, besonders der Jugendsozialarbeit (vgl. z. B. BMFSFJ/BMUB 2014).

eine Begrenzung professioneller Autorität auf einen bestimmten Wissens-/ Lebensbereich oder aber die Begrenzung hierarchischer Weisungsbefugnisse in Bürokratien erfolgen. Universalismus schließlich bezieht sich auf die wissensbasierte oder regelkonforme Problembearbeitung ohne Ansehen der Person des Adressaten (vgl. ebd.).

Für die Soziale Arbeit beschreibt Flösser (1994) eine Rationalisierung als gemeinsame Basis bürokratischer und professioneller Steuerungsmodi (vgl. ähnlich schon Montagna 1968). Gleichzeitig spricht sie aber von einer „widersprüchlichen Einheit von bürokratischen und professionellen Handlungselementen" (ebd., S. 42) und verweist damit auf die dominierende Verhältnisbestimmung, in der bürokratische und professionelle Handlungslogiken als gegensätzlich und inkompatibel beschrieben werden (vgl. grundlegend Hall 1968; Blau/Scott 1971). Dies gilt besonders für die Dimensionen der Koordination, Kontrolle und Orientierung. Während das Handeln von professionellen Fachkräften idealtypisch am Professionswissen sowie der Professionsethik ausgerichtet ist, erfolgt die Handlungskoordination in Bürokratien durch formale Regeln. Autorität – sowohl innerhalb der Organisation als auch gegenüber Dritten – basiert demnach bei Professionen auf Expertise, während sie in Bürokratien aus der Amtsposition resultiert. Für Bürokratien konstitutiv ist dementsprechend das Prinzip hierarchischer Vorgaben und Kontrollen durch Vorgesetzte. Für Professionen gelten dagegen Formen der individuellen und kollektiven Selbstkontrolle als angemessen. Diese werden mit der hohen wissensbezogenen Spezialisierung begründet, wonach nur Professionsangehörige über die Angemessenheit professioneller Urteile befinden können. Die Autorität rationalen Wissens und praktischer Erfahrung wird folglich als Grund für kollektive Diskussions- und Entscheidungsstrukturen in professionellen Organisationen beschrieben, im Gegensatz zu hierarchischen Entscheidungswegen in Bürokratien (vgl. auch Freidson 2001).

Schließlich geht bereits Gouldner (1957) davon aus, dass Professionsangehörige eher an ihrer Profession als überorganisationaler Bezugsgruppe orientiert sind, während formale Organisationen auf lokale Loyalitäten verweisen[9]. Letztlich kumulieren die Gegenüberstellungen in der Annahme, dass professionelle Autonomie – also eine auf die professionelle Expertise und Ethik gegründete Unabhängigkeit in der Wahl der Ziele und Mittel in der Problembearbeitung – durch organisationale bzw. bürokratische Strukturen, Regeln und Kon-

---

9 Gouldner (1957) unterscheidet zwischen zwei latenten Identitäten in Organisationen:
„(1) Cosmopolitans: those low on loyalty to the employing organization, high on commitment to specialized role skills, and likely to use an outer reference group orientation.
(2) Locals: those high on loyalty to the employing organization, low on commitment to specialized role skills, and likely to use an inner reference group orientation" (ebd., S. 290).

trollen begrenzt werden. Eben diese Autonomie sei aber aufgrund der Komplexität und Einmaligkeit der zu bearbeitenden Fallkonstellationen eine zwingende Voraussetzung für gelingendes professionelles Handeln (vgl. z. B. Oevermann 1996). Daher werden eine Bürokratisierung, Formalisierung und hierarchische Kontrollen professioneller Tätigkeiten als unangemessen und dysfunktional beschrieben[10]. Entsprechend gilt besonders die abhängige Beschäftigung von professionellen Fachkräften in formalen Organisationen als eine Basis von Ambivalenz.

Bezugnehmend auf Überlegungen von Marx beschreibt Derber (1982), wie schon erwähnt, einen doppelten Kontrollverlust von Professionsangehörigen im Lohnarbeiterstatus. Diese verlören einerseits die Kontrolle über die Mittel der Produktion, das heißt die Gestaltung ihrer Arbeitsprozesse (technische Proletarisierung) und andererseits die Kontrolle über die Zwecke und Ziele ihrer Arbeit, also die Verfügungsrechte über die Arbeitsergebnisse (ideologische Proletarisierung; grundlegend Braverman 1974). Gegen die These eines gravierenden Autonomieverlusts der Professionen (in formalen Organisationen) führt Freidson (1983; 1984) an, dass eine Zunahme formaler Kontrollen nicht einer stärkeren fachfremden, bürokratischen Kontrolle, sondern einer internen Differenzierung und Stratifizierung innerhalb der Professionen geschuldet ist (vgl. Abschnitt 5.2). Zudem beschränken formale Organisationen nicht nur professionelle Handlungsspielräume, sondern sind ebenso ein Mittel, über das Professionen ihre (politischen wie fachlichen) Interessen durchsetzen und die vielfach eine Voraussetzung professionellen Handelns darstellen (vgl. z. B. Suddaby/Viale 2011). Entsprechend nennt Ortmann (2005, S. 290) formale Organisationen auch „Einrichter und Zerstörer von Professionen."

In einem besonderen Verhältnis stehen Profession und Organisation bei den sogenannten „new model professions" (Ackroyd 1996), deren Mitglieder – im Gegensatz zu den klassischen Professionen wie der Jurisprudenz oder der Medizin – schon immer in Organisationen beschäftigt waren und die aus Organisationen heraus etabliert wurden (vgl. ebd.). Neben vielen Ingenieursberufen zählt auch die Soziale Arbeit zu diesem Typ von Profession. Als „wohlfahrtstaatlich mit-konstituierte Profession" (Olk 1986, S. 104) wurden entsprechenden Funktionen schon vor der Etablierung der Profession von staatlichen Bürokratien und gemeinnützigen Organisationen erfüllt. Und auch heute bilden formale Organisationen eine wichtige Voraussetzung und nicht zu hinterge-

---

10 Flösser (1994) weist darauf hin, dass in den Debatten zum Verhältnis von Professionen und Bürokratien nicht nur dysfunktionale Effekte bürokratischer Regulierung auf professionelle Praxen, sondern auch – umgekehrt – negative Effekte professioneller Elemente auf die Funktion bürokratischer Organisationen thematisiert werden. Entsprechend spricht sie von „inversen Argumentationen" (ebd., S. 32; vgl. bereits Organ/Greene 1981).

hende Rahmenbedingung professionellen sozialarbeiterischen Handelns. Typisch für diesen Handlungstyp, der vor allem für die Soziale Arbeit in öffentlicher Trägerschaft konstitutiv ist, ist eine „duale Steuerung", in der sich Elemente professioneller Autonomie, vor allem individuelles Ermessenshandeln und kollektive Kontrolle, einerseits sowie bürokratische Regulierung andererseits wechselseitig begrenzen und ergänzen. Im britischen sozialpolitischen und sozialarbeiterischen Diskurs wird dieser Handlungstyp als „Büro-Professionalismus" bzw. „büro-professionelles Regime" bezeichnet (vgl. Parry/Parry 1979; Newman/Clarke 1994; Clarke 1996)[11]. Aus organisationswissenschaftlicher Sicht handelt es sich bei sozialen Diensten um „heteronome professionelle Organisationen" (Scott 1965). Sie sind professionelle Organisationen, weil „professional groups play the central role in the achievement of the primary organizational objectives" (ebd., S. 65). Die Organisationen unterliegen jedoch – im Gegensatz zu „autonomen professionellen Organisationen" – einer heteronomen Steuerung, da die Professionsangehörigen administrativen Strukturen untergeordnet sind (vgl. ebd.).

Die für weite Teile der Sozialen Arbeit konstitutive Doppelstruktur aus bürokratischer und professioneller Regulation gilt als Ursache zahlreicher Spannungen. In ihrer bereits erwähnten Auseinandersetzung mit dem doppelten Mandat gehen Böhnisch und Lösch (1973) davon aus, dass gesellschaftliche Erwartungen und Kontrollimperative über die bürokratischen Strukturen, unter denen Soziale Arbeit realisiert wird, wirksam werden (vgl. kritisch Lau/Wolff 1981; Olk 1986). Auch klassische organisationswissenschaftliche Untersuchungen belegen Spannungen zwischen beiden Modi der Handlungskoordination. So verweist Scott bereits 1965 in einer Studie in einer US-amerikanischen öffentlichen Wohlfahrtsorganisation auf verbreitete Vorbehalte der Fachkräfte gegenüber administrativen Vorgaben und dem Ausmaß administrativer Tätigkeiten („paperwork") (vgl. ebd., S. 69). Hall (1968) zeigt in einer Studie zu 11 Berufsgruppen (10% der StudienteilnehmerInnen waren SozialarbeiterInnen), dass bürokratische und professionelle Charakteristika in den untersuchten Organisationen häufig in einem inversen Verhältnis stehen. Besonders Arbeitsteilung und Proceduralisierungen korrelierten negativ mit Attributen professioneller Organisationen (vgl. ebd., S. 102). Spannungen zwischen bürokratischen und professionellen Elementen bestätigt auch eine Studie von Blau und Scott (1971).

---

11 Britische AutorInnen unterstreichen dabei, dass die Verknüpfung von professioneller Sozialarbeit und bürokratischem Staat, die wesentlich mit der Etablierung generalistischer „Social Service Departments" als Element der Kommunalverwaltung ab den 1970er-Jahren erfolgte, eine Voraussetzung für die Konsolidierung und Expansion der Profession Soziale Arbeit in Großbritannien war (vgl. z. B. Parry/Parry 1979).

In einer quantitativen Studie an der Uni Bielefeld zum Verhältnis von manageriellen und professionellen Organisationselementen, in der circa 1.850 Fachkräfte von Einrichtungen der Kinder- und Jugendhilfe in freier Trägerschaft befragt wurden, kommt Mohr (2015, S. 414) zu dem Ergebnis, dass „alle Merkmale des professionellen Organisationstyps sowie der Index selbst negativ mit den Dimensionen sowie dem Index zur managerialistischen Organisation (korrelieren)"[12]. Auf der Basis weitergehender Analysen, unter anderem zum Professionsverständnis, der Arbeitszufriedenheit sowie zu Unterstützung und Kollegialität, folgert er, dass ein „professioneller Organisationstyp eine Ermöglichungsbedingung professioneller Sozialer Arbeit" ist (Mohr 2017, S. 176 ff.).

Hasenfeld (2010a) reformuliert das Verhältnis von professionellen und bürokratischen Elementen aus der Gender-Perspektive als Spannung zwischen weiblicher Care-Arbeit und männlicher Bürokratie. Während die direkte Interaktionsarbeit mit den AdressatInnen – fundamentalen kulturellen Schemata folgend – primär von weiblichen Fachkräften ausgeführt wird, dominiert auf den höheren (stärker bürokratisch geprägten) Leitungsebenen männliches Personal. Damit verschmelzen Wert- und Statuskonflikte in der Form, dass sowohl weibliche Fachkräfte als auch deren Care-Logik mit Elemente wie Empathie, Kooperation etc. männlichen Leitungskräften und bürokratisch-instrumentellen Rationalitäten untergeordnet werden (vgl. ebd.).

Die benannten Charakteristika und Spannungen des büro-professionellen Settings treffen vor allem auf Formen der Sozialen Arbeit in der öffentlichen Sozialbürokratie – so in Jugendämtern – zu. In anderen Diensten und Einrichtungen in öffentlicher Trägerschaft spielen bürokratische Einflüsse häufig eine geringere Rolle. Wiederum anders stellt sich das organisationale Gefüge bei Einrichtungen und Diensten in freier Trägerschaft dar. Zwar gelten die zentralen Charakteristika der Sozialen Arbeit – etwa die Gleichzeitigkeit von Hilfe und Kontrolle – auch für Angebote freier Träger, die Wohlfahrtsverbände verfügen jedoch als intermediäre Instanzen zwischen Staat, Ökonomie und Lebenswelt über eine eigene Struktur (Bauer 2012; Heinze et al. 1997). Neben bürokratischen Elementen ist die Struktur der Verbände vor allem durch die Idee der Dienst- bzw. Wertegemeinschaft geprägt. Diese spiegelt sich einerseits im ideologischen Überbau wider, andererseits führt sie zu spezifischen Strukturen und Regelungen der Beschäftigungsverhältnisse. Diese zielen – zumindest

---

12 Der Begriff des „Managerialismus" wird in dieser Studie als analytische Kategorie zur Bezeichnung einer ideologisch aufgeladenen Überhöhung betriebswirtschaftlicher Denk- und Handlungsmuster genutzt. Das darauf bezogene Adjektiv ist „managerialistisch", während der Begriff „manageriell" für managementbezogen bzw. betriebswirtschaftliche Aspekte steht. Zum Konzept des Managerialismus vgl. Abschnitt 5.2.2.

der Idee nach – darauf ab, hierarchische Strukturen durch gemeinschaftliche Elemente (jenseits professioneller Regulationsmodi) zu ergänzen (vgl. ebd.).

Die beiden Formen der Organisation Sozialer Arbeit sind für die Fragestellung dieser Studie von besonderer Relevanz, da sich die Institutionalisierung von Formalisierungen als Prozess der Modernisierung der Profession sowie der formalen Organisationen Sozialer Arbeit rekonstruieren lässt. Besonders interessant ist dieser Veränderungsprozess bei sozialen Diensten mit einem büroprofessionellen Regime. Hier haben Formalisierungen als Element der bürokratischen Komponente eine lange Tradition. Während diese als bürokratische Vorgaben mit professionellen Handlungselementen in Konflikt stehend beschrieben wurden, werden Formalisierungen im Zuge aktueller Modernisierungsprozesse zu Elementen der professionellen Steuerung (s. Kapitel 5).

1.3 Mikroebene der Dienstleistungserbringung

Auf der Mikroebene lässt sich Soziale Arbeit überwiegend als personenbezogene soziale Dienstleistung bestimmen. Dienstleistungsarbeit wird aus unterschiedlichen Perspektive beschrieben: Zum einen erfolgten ab den 1970er-Jahren sozialwissenschaftliche Analysen von Dienstleistungen (Badura/Gross 1976; Gartner/Riesman 1978; Offe 1984; Olk 1986; Schaarschuch 1999), zum anderen wurden Dienstleistungen als Gegenstand von „Human Service Organizations" (HSO) untersucht (Hasenfeld/English 1974; Hasenfeld 1972; 1999; 2010), schließlich erfolgten ab Mitte der 2000er-Jahre arbeitssoziologische Untersuchungen des Typus „Interaktionsarbeit" (Böhle et al. 2006) bzw. „Interaktiver Arbeit" (Dunkel/Weihrich 2012)[13].

Ergänzend zu gesellschaftlichen Bestimmungen von Dienstleistungsarbeit als Normalisierungsarbeit (Sozialisation, Kontrolle und Integration; vgl. grundlegend Offe 1984; Abschnitt 1.1) definiert Hasenfeld (1983) die Funktion der Arbeit von Dienstleistungsorganisationen als „to protect, maintain, or enhance the personal well-being of individuals by defining, shaping, or altering their personal attributes" (ebd., S. 1). Konkrete Dienstleistungen lassen sich danach einerseits nach dem Status der AdressatInnen (normal vs. abweichend) sowie nach der angewandten Transformationsfunktion – Hasenfeld spricht von „Transformation Technology" (ebd., S. 5) – bestimmen. Bei letzterer unterscheidet er zwischen drei Typen (vgl. Hasenfeld 1972; 1983; 2010a):

---

[13] Die arbeitssoziologischen Konzepte widerholen im Grunde bekannte Perspektiven von Dienstleistungsarbeit, wobei zentrale Wurzeln der Dienstleistungstheorie – besonders die Arbeiten zu den HSO – ignoriert werden.

- *People-Processing* bezeichnet Dienstleistungen, die darauf abzielen, den sozialen Status von Personen zu ändern, indem diese durch Klassifikation und Vermittlung als KlientInnen Sozialer Arbeit adressiert werden. Die Funktion des People-Processing wird etwa in der Hilfeplanung realisiert und beinhaltet dort die Bedarfsprüfung und psychosoziale Diagnose, die Entscheidung über eine Hilfe und die Suche nach einem Hilfeangebot sowie die Vermittlung, Administration und Kontrolle der Hilfe (Fallmanagement).
- *People-Sustaining* – eine Funktion, die Hasenfeld erst in späteren Publikationen anführt – umfasst Dienstleistungen, die darauf abzielen, den aktuellen Zustand von AdressatInnen durch Prävention, Unterstützung und Pflege zu erhalten.
- *People-Changing* umfasst schließlich all jene Dienstleistungen, die darauf abzielen, AdressatInnen – etwa durch Bildung, Erziehung oder Therapie – in eine gewünschte Richtung zu verändern. Zu diesem Bereich zählt das Gros der Leistungen der Sozialen Arbeit, beispielsweise Beratungs-, Bildungs- und Trainingsangebote, Erziehungshilfen oder Angebote der Persönlichkeitsbildung (z. B. offene Jugendarbeit).

Hasenfeld und English (1974; Hasenfeld 1983; 2010a) haben verschiedene Charakteristika von Dienstleistungsarbeit herausgearbeitet, die nachfolgend unter Hinzuziehung weiterer Quellen vorgestellt werden.

Als zentrales Charakteristikum von Dienstleistungsarbeit gilt die Arbeit an und mit Menschen. Hasenfeld und English (1974) sprechen davon, dass *Menschen das „Rohmaterial"* (Perrow 1967) darstellen, das im Dienstleistungsprozess in den drei oben genannten Modi „bearbeitet" wird. Die Arbeit mit Menschen hat weitreichende Konsequenzen, denn „unlike innate raw material, people do react und respond to the processes they experience, and by doing so; they influence what happens to them in the organization" (Hasenfeld 2010a, S. 12). Diese „widerständige Beschaffenheit des Rohmaterials" (Olk 1986, S. 112), d. h. die Bedeutung der Mitwirkung der AdressatInnen für das Ergebnis des Dienstleistungsprozesses, bildet eine wesentliche Säule sozialwissenschaftlicher Dienstleistungstheorien. Badura und Gross (1976, S. 69) unterstreichen die Bedeutung der Kooperation, das heißt der Kooperationswilligkeit und der Kooperationsfähigkeit der AdressatInnen für die Qualität von Dienstleistungsarbeit. Gartner und Riesman (1978, S. 195) weisen darauf hin, dass die AdressatInnen nicht nur kooperieren müssen, sondern als „gleichberechtigter Produktivfaktor" (Ko-Produzenten) aktiv an der Dienstleistungserstellung mitwirken. Schaarschuch (1999, S. 554) führt diese Perspektive fort und beschreibt die AdressatInnen als eigentliche Produzenten. Den Professionsangehörigen kommt dagegen die Funktion von Ko-Produzenten zu, die die AdressatInnen bei ihrer Selbst-Veränderung unterstützen:

Was auf der Seite des Professionellen als Erziehung, Bildung, Unterstützung, Beratung etc. erscheint, ist auf der Seite der Subjekte Aneignung, d. h. Produktion von Verhalten, Bildung, Gesundheit.

In gleicher Weise unterstreicht Luhmann (2004, S. 95), dass „Sozialisation nur als Eigenleistung des sozialisierten Systems" möglich ist. In der sozialwissenschaftlichen, besonders in der sozialpädagogischen/sozialarbeitswissenschaftlichen Literatur werden Nutzerorientierung (im Sinne einer Orientierung an den subjektiven Interessen, Bedürfnissen und Deutungen der AdressatInnen) sowie AdressatInnen-Beteiligung (im Sinne von Mitsprache, Mitwirkungs- und Entscheidungsrechten) als notwenige Konsequenz der besonderen Rolle der AdressatInnen im Dienstleistungsprozess benannt, da diese geeignet sind, die Kooperation und (Ko-)Produktion der AdressatInnen zu stärken. Strategien zur Steigerung der Position der NutzerInnen werden auch deshalb als notwendig angesehen, weil das sozialpädagogische Erbringungsverhältnis von Dienstleistungen – anders als dies der Begriff der Ko-Produktion suggeriert – von starken Machtungleichgewichten zuungunsten der AdressatInnen geprägt ist (vgl. zusammenfassend Mairhofer 2014)[14].

In den arbeitswissenschaftlichen Konzepten wird aus der aktiven Rolle der AdressatInnen – bzw. dem „Konzept des arbeitenden Kunden" (Dunkel/Weihrich 2012, S. 31) – etwa die Notwendigkeit einer kontinuierlichen, interaktiven Abstimmung von Koordinationsproblemen (Ziele und Wege), Beitragsproblemen (wer leistet was) und Verteilungsproblemen (wer erhält was/ist verantwortlich für was) abgeleitet (vgl. ebd.). Auch alle weiteren Spezifika von Dienstleistungsarbeit lassen sich letztlich auf den Umstand zurückführen, dass mit und an Menschen gearbeitet wird.

Besondere Prominenz – vor allem im sozialpädagogischen/sozialarbeitswissenschaftlichen Diskurs – nimmt das Dienstleistungscharakteristikum der *unsicheren Technologien* ein. Weil die AdressatInnen aktiv an der Realisierung der Ziele von Dienstleistungen mitwirken müssen, kann die Zielerreichung nicht zuverlässig gesteuert und garantiert werden. Vielmehr haben die AdressatInnen die Möglichkeit, „to react and influence the course of the service technology [and] the potential capacy to neutralice the effects of service technology" (Hasenfeld 2010a, S. 19). Aufgrund der Unmöglichkeit, ein fremdes Bewusst-

---

14 Die Macht der Professionsangehörigen gegenüber den AdressatInnen ist konstitutiv für Dienstleistungsbeziehungen. Sie beruht unter anderem auf dem Angewiesen-Sein der AdressatInnen auf Hilfe, dem Wissensvorsprung der professionellen Fachkräfte oder auch der moralischen Autorität, die den Professionsangehörigen zugesprochen wird. Diesen strukturell verankerten Machtquellen der Fachkräfte stehen lediglich episodische Machtressourcen der NutzerInnen gegenüber (vgl. z. B. Hasenfeld 1983; Urban-Stahl 2009; zusammenfassend Mairhofer 2014).

sein gezielt zu steuern, sprechen Luhmann und Schorr (1999) von einem „strukturellen Technologiedefizit" sozialer und pädagogischer Prozesse (vgl. auch Luhmann 2004). Da Personen zudem durch den Kontakt mit ihrer Umwelt ihren persönlichen und sozialen Status kontinuierlich aktualisieren, ist es nicht möglich, den Einfluss intentionaler Praktiken auf personale und soziale Transformationsprozesse zu bestimmen. Da somit Ursache-Wirkungs-Relationen ungewiss sind, lassen sich auch keine verlässlichen Zweck-Mittel-Relationen formulieren (vgl. Hasenfeld 2010a; Luhmann 2004). Somit fehlt die Basis für die Entwicklung von zuverlässigen Technologien zur Transformation, Veränderung oder Stabilisierung von Menschen. In sozialstaatlichen Programmen und sozialen Diensten werden zwar zahlreiche soziale Technologien (z. B. methodische Ansätze, Verfahren und Instrumente) genutzt, die auch in der Lage sein können, gewünschte Veränderungen und Entwicklungsprozesse auszulösen, dies aber kann im Einzelfall nie garantiert werden. Entsprechend werden Ursache-Wirkungs-Zusammenhänge unterstellt, während „in reality, the linkages between cause and effect are complex, contextual, and uncertain" (Hasenfeld 2010b, S. 410).

Eine Strategie im Umgang mit diesen Unsicherheiten ist die *Anstellung von professionellen Fachkräften*. Einerseits wird erwartet, dass Professionelle auf Basis ihrer fachlichen Expertise Komplexität und Unsicherheit interaktiv im Prozess der Dienstleistungserbringung bearbeiten können (vgl. Hasenfeld/English 1974; Böhle 2006), andererseits wird das gesellschaftliche Vertrauen in das Problemlösungspotenzial von akademisch ausgebildeten Professionsangehörigen als Legitimationsstrategie genutzt, um Vorbehalte hinsichtlich der Wirksamkeit von Interventionen zu begegnen (vgl. Meyer/Rowan 1977). Die Problembearbeitung der professionellen Fachkräfte basiert – aufgrund des Fehlens verlässlicher Technologien – in der Regel auf Annahmen über die AdressatInnen, deren Bedürfnisse und angemessenen Interventionen. Diese Annahmen sind das Ergebnis individueller sowie kollektiver Erfahrungen und durch die Kultur, Rationalität und Strukturen der Dienstleistungsorganisation geprägt. Dieses erfahrungsbasierte Professionswissen lässt sich bestimmen als „repertoire of knowledge, experience, values, and intuition" (Hasenfeld 2010b, S. 418)[15]. Es versorgt die Professionsangehörigen mit Heuristiken in Entscheidungsprozessen, es gibt Sinn und Handlungssicherheit und ermöglicht damit

---

15 Hasenfeld (1983; 2010a) bezeichnet dieses erfahrungsbasierte Professionswissen auch als „Praxisideologie", weil es normativ geprägt ist und auch stereotype Vorannahmen über die AdressatInnen enthält, die die Wahrnehmung und das Handeln der Professionsangehörigen prägen und daher – sofern sie nicht zum Gegenstand professioneller Reflexion gemacht werden – in der Praxis beständig reproduziert und verstärkt werden.

professionelles Handeln auch unter komplexen und unsicheren Handlungsbedingungen (vgl. ebd.).

Eine andere Strategie im Umgang mit dem strukturellen Technologiedefizit liegt in dem paradoxen Unterfangen, unter Ausblendung der strukturellen Grundprinzipien sozialer Dienstleistungsarbeit die Wirksamkeit durch immer ausgereiftere Sozialtechnologien durchzusetzen. Der Trend zur Evidenzbasierung, Wirkungsorientierung und letztlich auch zur Entwicklung und Verbreitung von jenen formalisierten Instrumenten und Verfahren, die Gegenstand dieser Studie sind, zeugt hiervon. Anstrengungen zur Steigerung der Wirksamkeit bzw. Zielgenauigkeit stehen zudem vor der Herausforderung, dass sich soziale Dienstleistungen durch vage und ambivalente Ziele auszeichnen. Dabei können nicht nur gesellschaftliche Erwartungen, Ziele der Organisation und persönliche Ziele der NutzerInnen in Konflikt geraten, vielmehr sehen sich sowohl die Dienstleistungsorganisationen als auch einzelne Professionsangehörige meist mit komplexen und widersprüchlichen Umwelterwartungen konfrontiert (vgl. Hasenfeld/English 1974; Hasenfeld 2010a).

Die Erwartungen an Dienstleistungsorganisationen und Dienstleistungsprozesse sind auch deshalb heterogen, weil sie auf gesellschaftlichen Werten basieren, die sich in pluralen Gesellschaften zunehmend ausdifferenzieren. Die Arbeit mit Menschen ist in besonderem Maße wertbezogen. Hasenfeld (2010a) beschreibt Dienstleistungsarbeit daher als *Moral Work* und konstatiert „work on people is guided and driven by moral values" (ebd., S. 12). Dies beginnt bei der Bestimmung der zu bearbeitenden Problemlagen. Wie in Abschnitt 1.1 beschrieben, werden durch soziale Dienstleistungen Verhältnisse und Verhaltensweisen bearbeitet, die von gesellschaftlichen Werten und Normalitätsvorstellungen abweichen (vgl. Hasenfeld 2010c). Des Weiteren unterliegen die angewandten Technologien moralischen Restriktionen. Aufgrund des besonderen Status, der Menschen zugeschrieben wird, müssen Technologien sozial akzeptiert sein. Auch die Ziele und angestrebten Wirkungsbereiche sozialer Dienstleistungen lassen sich nur mit Bezug auf Normen und Werte setzen (und nicht – wie häufig in der Wirkungsforschung suggeriert – wissenschaftlich-objektiv bestimmen). Schließlich erfolgen auch im Interaktionsprozess zwischen Professionsangehörigen und NutzerInnen unablässig Wertbezüge. So implizieren AdressatInnen-Bilder und professionelle Kategorien immer auch moralische Annahmen über den Wert, die Aufrichtigkeit, die Verantwortung der AdressatInnen. Diese Werturteile – etwa Schuld- bzw. Verantwortungszuweisungen – beeinflussen die Beziehungsgestaltung und die Handlungen der

Professionsangehörigen und wirken damit auf die Einflusschancen der AdressatInnen und das Ergebnis der Dienstleistung[16].

> The moral criteria applied by caseworkers in determining the worthiness of a client may vary greatly and encompass anything from the willingness or ability to change, the motivation to improve one's condition, taking responsibility for one's own life, active participation in society, human dignity, human need, and so on. Here again, different caseworker values may have different outcomes in terms of the scope and kinds of benefits that citizens receive from the welfare state. (Rice 2012, S. 1045)

Hasenfeld (2010b) unterstreicht in diesem Zusammenhang, dass diese moralischen Urteile selten explizit erfolgen. Vielmehr seien sie in Routinen und Techniken eingelassen, sodass sie als rationale Entscheidungen erscheinen (vgl. ebd.).

Bedeutsam ist weiter, dass *Interaktionen als „Kernoperation"* der Dienstleistungsarbeit fungieren (vgl. Hasenfeld 1983). Die angestrebten Veränderungen sollen in „produktiven Interaktionen" (Müller/Otto 1980, S. 14) zwischen AdressatInnen und Professionsangehörigen realisiert werden. Entsprechend basieren auch die Technologien der Dienstleistungserstellung auf kommunikativ-interaktiven Strategien wie Aufklärung/Überzeugung, Überredung/Manipulation und Zwang (vgl. Hasenfeld 1983). Da Interaktionen dynamisch sind und sich nur bedingt steuern und kontrollieren lassen, wird die Unsicherheit der Technologie im Dienstleistungsprozess verstärkt. Interaktionen implizieren hierbei das Eingehen einer Beziehung. Diese Dienstleistungsbeziehung gilt als „most important tool with which each ogranization attempts to achiev its service goals" (Hasenfeld/Englisch 1974, S. 6). Schon Richmond (1922, S. 159) betont die „formative power" der Professionellen-AdressatInnen-Beziehung.

Die *Interaktionsbeziehung* im Dienstleistungsprozess hat dabei eine spezifische Doppelstruktur: Sie ist einerseits soziale Kommunikation und andererseits Strategie zur Personenveränderung. So verweisen bereits Badura und Gross (1976) auf „einen fließenden Übergang von Arbeit und Interaktion" (1976, S. 69). Rauschenbach und Treptow (1984) sowie Olk (1986) beschreiben für Dienstleistungsbeziehungen das Vermittlungsproblem zwischen einer instru-

---

16 Zu moralische Beurteilungen der „deservingness" von AdressatInnen sozialer Dienste durch Professionsangehörige liegen besonders aus den USA, Großbritannien und Skandinavien zahlreiche empirische Studien und konzeptionelle Reflexionen vor. Diese haben in der Regel den Umgang von Basiskräften mit Ermessensspielräumen in der Gewährung zum Gegenstand (vgl. z. B. Egelund 1996; Ellis et al. 1999; Brodkin/Majmundar 2008; Hasenfeld 2010b; Ellis 2011; Rice 2012; Kallio/Kuovo 2015). Diese Studien sind meist durch das (1980) Konzept der „street-level bureaucracy" von Lipsky (1980) konzeptionell gerahmt (s. u.).

mentell-technischen, asymmetrischen Beziehungsdimension, in der eine zielbezogene Personenänderung angestrebt wird (strategisch-zweckrationale Rationalität), und einer auf wechselseitiges Verstehen und Verständigung ausgerichteten, symmetrisch angelegten, sozial-kommunikativen Beziehungsdimension (verstehensorientiert-kommunikative Rationalität). Rauschenbach und Treptow (1984) beschreiben diese doppelte Interaktionslogik, an Habermas (1981) anschließend, als eine Konsequenz der Funktion Sozialer Arbeit, die in der Vermittlung zwischen Lebenswelt und System gesehen wird. Olk (1986) schließt an Überlegungen von Oevermann an, der konstatiert, dass professionelle Handlungsformen, die auf die Verwirklichung von Normalitätsentwürfen abzielen, die Problematik der Gleichzeitigkeit einer vordefinierten, spezialisierten und asymmetrischen Rollenbeziehung und einer diffusen und symmetrischen Sozialbeziehung implizieren (vgl. z. B. Oevermann 1996). Die unterschiedlichen Facetten dieser dualen Struktur der Beziehung – etwa zwischen instrumenteller Arbeit am Menschen und sozialer Interaktion, zwischen zweckrationaler Tauschbeziehung und solidarischer Hilfebeziehung sowie zwischen organisationalen Vorgaben und Kooperationsnotwendigkeiten – werden auch in arbeitssoziologischen Konzepten der Interaktionsarbeit aufgegriffen (vgl. Böhle 2006; Böhle et al. 2006).

Eine Konsequenz dieser spezifischen Struktur der Dienstleistungsarbeit besteht darin, dass es sich bei diesem Typ der Arbeit um *„subjektivierendes Arbeitshandeln"* handelt. Dies meint, dass objektivierendes und zweckrationales Arbeitshandeln aufgrund der beschriebenen Charakteristika von Dienstleistungen situativ durch subjektivierendes, das heißt erfahrungsgeleitetes, intuitives und empathisches Arbeitshandeln ergänzt werden muss (vgl. Böhle et al. 2006). Mit dem interaktiven Charakter von Dienstleistungsarbeit verknüpft ist zudem das Konzept der *Emotionsarbeit* (emotional work). Sowohl Professionsangehörige als auch AdressatInnen nutzen Emotionen zur Beeinflussung des Gegenübers und versuchen daher eigene Gefühle im Interaktionsprozess zu steuern. Gegenstand dieses „Gefühlsmanagements" können sowohl authentische (deep acting) als auch vorgespielte (surface acting) Gefühle sein (vgl. Hochschild 1979; Hasenfeld 2010a). In Konzepten der *Interaktionsarbeit* wird neben der Steuerung eigener Gefühle (Emotionsarbeit) auch die Beeinflussung der Gefühlslage des Interaktionspartners – etwa die Herstellung von Vertrauen – als wesentliche Komponente von Interaktionsarbeit bestimmt. Böhle et al. (2006, S. 32) bezeichnen diese Arbeit an den eigenen Gefühlen als „Gefühlsarbeit" (sentimental work).

Die Bedeutung der Qualität der Beziehung bzw. des „Arbeitsbündnisses" (Oevermann 2009) für das Gelingen bzw. die Wirksamkeit personenbezogener sozialer Dienstleistungen ist auch Gegenstand zahlreicher empirischer Studien, vor allem im Feld der Psychotherapie. So zeigt eine Meta-Analyse von über 100 Wirkungsstudien durch Lambert und Barley (2001, S. 357 f.), dass sich etwa 30% der Wirkungen auf sogenannte „common factors"[17], besonders die Professionellen-Klienten-Beziehung, zurückführen lassen. Die eingesetzten Methoden und Techniken erklären dagegen nur 15% der Wirkung, ebenso viel wie die Wirkungserwartungen der KlientInnen (Placebo-Effekte)[18]. Den größten Wirkfaktor stellen schließlich „extratherapeutische Veränderungen" dar, das heißt von der Intervention unabhängige Veränderungen im Leben der AdressatInnen. Entsprechend folgern die Autoren, dass „the common factors, or client-therapist relationship factors, are most significant in contributing to positive therapy outcome" (ebd., S. 358).

Dieser Befund wird durch weitere Meta-Analysen gestützt (vgl. z. B. Luborsky et al. 2002; Horvath 2001; Horward/Symons 1991; Marsh et al. 2012). Es ist anzunehmen, dass sich die Ergebnisse aus der Psychotherapie auch auf psychosoziale Dienstleistungen der Sozialen Arbeit übertragen lassen. So zeigen Marsh et al. 2012 in einer Metastudie zu sozialarbeiterischen Angeboten in den Feldern Drogenhilfe, Kinder- und Jugendhilfe sowie Sozialpsychiatrie, dass die Qualität der Arbeitsbeziehung zwischen professioneller Fachkraft und AdressatIn ein zuverlässiger Prädiktor für einen gelingenden Dienstleistungsprozess (intermediate outcome) ist sowie, allerdings weniger ausgeprägt, für das angestrebte Ergebnis des Dienstleistungsprozesses (ultimate outcome) ist (vgl. ebd.). Für sozialarbeiterische Angebote, deren Fokus nicht auf interaktiven Tätigkeiten, sondern auf der Erschließung von Ressourcen liegt (‚nonrelationship' Elemente), zeigen Studien dagegen eine geringe Bedeutung von Common Factors (vgl. Reid et al. 2004).

---

17 Das Konzept der „common factors" geht auf Rosenzweig (1936) zurück, der die These aufstellt, dass die Wirkung von Therapien weniger von konkreten Techniken bzw. therapeutischen Konzepten, sondern eher von allgemeinen Faktoren, die allen Ansätzen gemeinsam sind, abhängt. Diese These einer relativen Gleichwertigkeit unterschiedlicher therapeutischer Ansätze ist auch als „Dodo-bird verdict" bekannt, da Rosenzweig seinen Aufsatz mit nachfolgendem Zitat aus der Geschichte Alice im Wunderland einleitet: „At last the Dodo said, ‚Everybody has won, and all must have prizes'." (ebd., S. 412).

18 Bei den Ergebnissen der Meta-Studie von Lambert und Barley (2001, S. 357 f.) handelte es sich um „painstakingly derived, albeit crude, estimate of the relative contribution of a variety of variables that impact outcome", also um sorgfältige aber grobe Schätzungen auf der Basis von 100 Studien.

Die beschriebenen Merkmale personenbezogener sozialer Dienstleistungen auf der Mikroebene sind im Kontext dieser Studie insofern relevant, als sie das Feld charakterisieren, in dem standardisierte Instrumente und Verfahren, als spezielle Dienstleistungstechnologien, zum Einsatz kommen. Nachdem im folgenden Kapitel mit fachlichen Formalisierungen der materielle Gegenstand dieser Studie hergeleitet, vorgestellt und diskutiert wird, erfolgt in Kapitel 3 eine Darstellung von empirischen Befunden und theoretischen Reflexionen zur Wirkung von Formalisierungen auf personenbezogene soziale Dienstleistungen. Es erfolgt also eine Verknüpfung der beschriebenen Charakteristika von Dienstleistungen mit Überlegungen und Strategien zu deren Formalisierungen.

2. Fachliche Formalisierungen als methodische Modernisierungen

Materieller Gegenstand der vorliegenden Studie sind formalisierte Instrumente und Verfahren in der Sozialen Arbeit, die fachlich als methodische Modernisierungen begründet werden. Es erfolgt zunächst eine Beschreibung von solchen fachlicher Formalisierungen. Daran schließt sich eine Abgrenzung von den Konzepten des Standards und der Standardisierung an. Des Weiteren werden einerseits organisationswissenschaftliche Formalisierungsdiskurse und andererseits sozialpädagogische Methodendiskurse vorgestellt. Das Kapitel endet mit einer zusammenfassenden Definition fachlicher Formalisierungen.

2.1 Fachliche Formalisierungen I – Deskription

Fachliche Formalisierungen lassen sich als Schnittmenge aus Formalisierungen der Praxis Sozialer Arbeit einerseits und methodisch-fachlichen Instrumenten und Verfahren andererseits bestimmen. Die Formalisierungsdimension verweist auf die *Form* des Gegenstandes. Diese liegt in der Präskription von Arbeitsinhalten und Arbeitsabläufen. Die Dimension der Fachlichkeit verweist auf die *Funktion* des untersuchten Gegenstands. Es geht um solche Formalisierungen, die die sozialpädagogische Praxis der Sozialen Arbeit unterstützen oder optimieren sollen. Das hier genutzte Verständnis fachlicher Formalisierungen ist anschlussfähig an internationale Bestimmungen. Berrick et al. (2015, S. 367) etwa nutzen den Begriff der Formalisierung zur Bezeichnung von „written documents, legislation, instructions, guidelines and procedures that are made by legislators and administrative managers to organize, streamline and make uniform an approach to a social problem or issue".

Mit formalisierten Instrumenten und mit Prozessformalisierungen lassen sich zunächst zwei Grundtypen fachlicher Formalisierungen unterscheiden. Die Grundformen werden häufig verknüpft, etwa über eine Integration in Fachsoftware.

2.1.1 Formalisierte Instrumente

Formalisierte Instrumente sind objektgebundene Präskriptionen von Arbeits*inhalten*. Hierzu zählen etwa Diagnosebögen, Checklisten, Dokumentationsvorlagen, Evaluationsinstrumente oder Hilfeplanformulare (für weitere vgl. Geiser 2009; Ley 2010). Gemein ist diesen Instrumenten, dass sie eine materielle, gegebenenfalls auch virtuelle Substanz haben. Es handelt sich also um Objekte (Formulare, Bögen) auf Papier oder in digitaler Form. Sie zielen darauf ab, die Inhalte konkreter professioneller Aufgaben vorzugeben.

Der Bezug zwischen Instrument und Handlung kann dabei unterschiedlich konzipiert sein. Die Instrumente können die Funktion haben, auf die Zukunft gerichtete Entscheidungen vorzubereiten, etwa wenn Diagnoseraster vorgeben, welche Aspekte bei einer sozialpädagogischen Entscheidung zu berücksichtigen sind. Dokumentations- und Evaluationsinstrumente sind demgegenüber in die Vergangenheit gerichtet. Durch sie sollen Handlungen sowie handlungsbegründende Faktoren ex post festgehalten werden. Wieder andere Instrumente, etwa Checklisten und Hilfeplanformulare, dienen dazu, Interaktionssituationen zu strukturieren, sind also gegenwartsbezogen.

Zudem werden mit Instrumenten unterschiedliche Zwecke verfolgt. Zentrale Funktionen sind die Rationalisierung von Entscheidungen, eine Legitimation von Handlungen und Entscheidungen oder die Förderung von (Selbst-)Reflexion der Fachkräfte. Allein für Instrumente der Dokumentation nennt Merchel (2004) schon diverse professions- und organisationsbezogene, nach innen sowie nach außen gerichtete Funktionen, darunter rechtliche, fachliche und ökonomische Handlungslegitimation, Transparenz und Zurechenbarkeit von Verantwortung, Professionalisierung, Reflexion und Qualitätssicherung, Speicherung von Organisationswissen und Strukturbildung, um nur einige zu nennen. Bei konkreten Instrumenten erfolgt jedoch konzeptionell häufig keine Trennung der unterschiedlichen Orientierungen und Funktionen, etwa zwischen Diagnose und Dokumentation.

Instrumente basieren auf unterschiedlichen epistemologischen Grundannahmen, wissenschaftlichen und professionellen Schulen sowie Handlungslogiken, wobei besonders hochstandardisierten Instrumenten häufig ein objektivistisches Wirklichkeitsverständnis zugrunde liegt. Mit der Vorgabe von konkreten Arbeitsinhalten korrespondiert nicht nur eine Vorgabe von Relevanzkriterien für die sozialpädagogische Arbeit. Die Inhalte der Instrumente implizieren zudem spezifische Menschenbilder, Gesellschaftsverständnisse sowie Normalitätskonstruktionen, und setzen damit für die Arbeit gültige Normen, Werte und Wirklichkeiten fest.

Schließlich lassen sich konkrete Instrumente nach zahlreichen weiteren Merkmalen differenzieren, so nach dem Umfang, dem Grad bzw. der Art der Standardisierung oder dem Modus der Erfassung relevanter Informationen. Diese kann in semiotischer Form (Texte, Stichworte etc.) operationalisiert und symbolbasiert über das Setzen von „Häkchen" bei entsprechenden Items oder über eine nummerische oder skalenbasierte Einwertung erfolgen. Zur Differenzierung von Formen der (formalisierten) sozialpädagogischen Diagnose wurden zahlreiche Systematisierungsmodelle vorgelegt. Hansen (2010) differenziert Standards/Standardisierungen – darunter auch Diagnoseinstrumente – entlang der Achsen Steuerungsparadigma und Operationalisierungsgrad. Für die Dimension des Steuerungsparadigmas unterscheidet er eine sozialtechnologisch-zweckrationale Steuerungslogik sowie eine orientierende kommunikative Logik als Endpunkte eines Kontinuums. Unabhängig vom Steuerungsparadigma verfügen standardisierte Instrumente über unterschiedliche Operationalisierungs- bzw. Abstraktionsgrade zwischen den Polen abstrakt und konkret (vgl. ebd., S. 77 ff.).

Schrödter (2009) schlägt ebenfalls zwei Dimensionen zur Klassifikation von (standardisierten) Diagnoseinstrumenten vor. Zum einen differenziert er Instrumente danach, ob sie den (Diagnose-)Prozess oder das Ziel, das heißt die Diagnosekategorien, normieren. Zum anderen schlägt er vor, Instrumente danach zu unterscheiden, wie stark sie die Urteilskraft der Professionsangehörigen einschränken. Aus der Kombination dieser beiden Achsen lassen sich, nach Schrödter, vier Typen der Formalisierung von Diagnosen unterscheiden: Standardisierung, Routinisierung, Programmierung und Algorythmisierung, wobei sich letztere auf die Prädiktion, Subsumption sowie Indikation beziehen kann (vgl. ebd.). Stärker auf der Handlungsebene liegt der Differenzierungsvorschlag von Heiner (2010), die funktional zwischen einer Orientierungsdiagnostik, einer Zuweisungsdiagnostik, einer Gestaltungsdiagnostik und einer Risikodiagnostik unterscheidet, die jeweils unterschiedliche Reichweiten und Präzisionsgrade aufweisen können (vgl. ebd.).

2.1.2 Formalisierte Verfahren/Prozeduralisierungen

Die zweite Gruppe fachlicher Formalisierungen bilden formalisierte Verfahren bzw. Prozeduralisierungen. In diesem Fall erfolgt eine Präskription der Handlungs*schritte* zur Umsetzung einer Arbeitsaufgabe. Auch Prozessformalisierungen können unterschiedlich ausgestaltet sein. Es können einzelne Teilaufgaben vordefiniert sein. Darüber hinaus kann aber auch die Reihenfolge, in der die Teilschritte zu vollziehen sind, vorgegeben werden. Ein Beispiel für Prozessformalisierungen ist das Case Management – ein strukturiertes Verfahren zur einzelfallbezogenen Administration und Koordination von Hilfen (vgl. grundlegend Lowy 1988; Moxley 1989; Wendt 1992; 2010a; kritisch Hansen 2005; 2009)[19]. Die Vorgabe klar definierter Handlungsschritte gilt – zumindest im

---

19 Case Management als ein spezifischer Handlungsansatz, zunächst in der Sozialen Arbeit und späterer in weiteren Humandiensten, entwickelte sich ab Ende der 1960er-Jahre in den USA (vgl. z. B. Weil/Karls 1985; Amado et al. 1989). Zuvor wurde der Begriff unspezifisch

deutschen Diskurs – als methodischer Kern dieses aus den USA stammenden Arbeitsansatzes in Diensten des Sozial- und Gesundheitswesens. So konstatiert etwa Wendt (2011, S. 6), dass „in der Durchführung eines Case Managements (…) die Einhaltung der Schrittfolge mit den Kernelementen (essenziell ist)". Auch wenn die konkrete Betitelung und Anzahl der Schritte in den einschlägigen Veröffentlichungen zum Thema variiert, so gelten eine Zugangssteuerung mit Erstberatung und Auftragsklärung (Intake), eine Situationsanalyse (Assessment), eine Zielbestimmung und Interventionsplanung (Planning), die Implementierung von Hilfen (Linking) sowie die Ergebniskontrolle (Evaluation) als typische Prozessschritte (vgl. z. B. Wendt 1992; 2010a; Neuffer 2009; Klie 2011).

Prozessstandardisierungen existieren sowohl im Bereich des People-Processing, etwa im Rahmen von Hilfeplanungs- und Fallsteuerungsfunktionen oder für Prozesse zur Abklärung von Gefährdungen im Kinderschutz, als auch für Formen der direkten pädagogischen oder therapeutischen Arbeit mit AdressatInnen, also im Bereich des People-Changing. Beispiele für letztere sind manualisierte therapeutische Ansätze (vgl. z. B. Duncan/Miller 2009), aber auch Prozessstandards für die Aufnahme oder Entlassung von AdressatInnen in stationären Einrichtungen oder das Führen von Telefonaten (vgl. z. B. Fischbach 2011). Es liegt in der Logik des Gegenstands, dass Prozessformalisierungen immaterieller Natur sind. Es handelt sich um Regeln, die meist schriftlich, gegebenenfalls auch visuell in Form von Flussdiagrammen, niedergelegt sind.

---

zur Bezeichnung von Formen der sozialarbeiterischen Fallführung genutzt (vgl. z. B. Jacob 1958; Mannino/Rooney 1965). Als spezifischer Ansatz bezeichnet Case Management die einzelfallbezogene Organisation und Koordination von Leistungen unterschiedlicher Hilfeanbieter für eine/n NutzerIn. Der Ansatz entstand im Zuge der Enthospitalisierungsbewegung der Psychiatrie. Er war ein Element des Assertive Community Treatment, einem Ansatz der gemeindenahen Versorgung von psychisch kranken Menschen am Mendota Mental Health Institute in Madison, Wisconsin (vgl. Marx et al. 1973; Test/Stein 1978). Zudem gilt er als eine Reaktion auf die zersplitterten, unübersichtlichen und unkoordinierten Dienstleistungsstrukturen in den USA (vgl. z. B. Weil/Karls 1985; kritisch Moore 1990; 1992). Mit der Funktion der einzelfallbezogenen Koordination unterschiedlicher Leistungen schließt der Ansatz inhaltlich an sozialarbeiterische Strategien der Vermittlung, Kontrolle und Fallführung – etwa durch die Charity Organization Societies – an, welche die Anfänge der Sozialen Arbeit in den USA und andernorts markieren (vgl. ebd.; Netting 1992; Richmond 1917; 1922).

2.1.3 Die Verknüpfung von Instrumenten und Verfahren

Während Instrumente und Verfahren unabhängig voneinander konzipiert und genutzt werden können, finden sich häufig Kombinationen der beiden Typen von Formalisierungen. Dabei werden zu einzelnen definierten Arbeitsschritten auch die zur Umsetzung dieser Schritte zu nutzenden Instrumente vorgegeben. Durch diese Verknüpfung erhalten Prozeduralisierungen eine materielle Dimension, da die Einhaltung der Prozessschritte über die Nutzung der vorgegebenen Instrumente nachweisbar und kontrollierbar wird. Im Gegenzug erhalten Instrumente einen verbindlichen Ort der Nutzung.

Auch für eine Verknüpfung von Instrumenten und Verfahren kann das Case Management als ein Beispiel benannt werden. So konstatiert etwa Neuffer (2007, S. 114): „Case Management ohne ein standardisiertes Dokumentationswesen wäre ein Geschehen ohne stabilisierendes Gerippe" und in den „Rahmenempfehlungen zum Handlungskonzept Case-Management" der Deutschen Gesellschaft für Care und Case Management (DGCC 2008) werden zu jedem der einzelnen Prozessschritte standardisierte Instrumente empfohlen. Schließlich wird die Einbindung standardisierter Elemente, vor allem eines standardisierten Assessments (Diagnose/Bedarfsfeststellung), auch international als Qualitätsaspekt (z. B. Geron/Chassler 1994 für die USA) oder als ein dominantes Element des Case Management Verfahrens beschrieben (vgl. z. B. Simic 1995; Ellis et al. 1999 und Dustin 2007 für Großbritannien; vgl. auch Hansen 2011).

2.1.4 Fachsoftware

Einen besonderen Charakter erhalten formalisierte Instrumente und Prozeduralisierungen, wenn diese in eine Fachsoftware eingebunden sind. Elektronische Fallakten, in denen Prozesse und Instrumente abgelegt sind, können einen spezifischen „Zwang zur Exaktheit" (Ley 2010, S. 222) erzeugen, wenn beispielsweise die Einleitung eines neuen Arbeitsschritts technisch erst freigegeben wird, wenn der vorherige Arbeitsschritt abgeschlossen ist. Zudem „fordert" Fachsoftware eine „vordefinierte Form der Eingabe und Entscheidung" (Janatzek 2011, S. 23). Dabei halten mit dem über Fachsoftware realisierten „electronic turn" in der Sozialen Arbeit (Garrett 2005) auch die Logiken digitaler Kommunikation Einzug in die sozialpädagogische Arbeit, etwa wenn die Zeichenzahl von Freitextfeldern in Erhebungsinstrumenten begrenzt ist (vgl.

Schnurr 1998)[20]. Vor allem aber verändert sich die Form des Wissens in der Sozialen Arbeit. Parton (2008) konstatiert an Lash (2001) anschließend eine Verdrängung (sozialen) Wissens durch (datenbasierte) Informationen (vgl. auch Aas 2004; Garret 2005):

> Whereas knowledge is mental, not yet objectified and very much associated with ideas and requires a degree of commitment and understanding, information is much more disembodied, decontextualized and objectified. While knowledge usually involves a knower, information is usually treated as an independent and self-sufficient entity which is much more transportable and useable in different ways. (Parton 2008, S. 262)

Eine Verschiebung von Narrationen zu entkontextualisierten Informationen erfolgt aber nicht erst mit der Einbindung in Informationstechnologien, sondern schon mit der Einführung von formalisierten Instrumenten. So beschreiben Ley und Seelmeier (2008) eine zunehmende Formalisierung und damit verknüpfte Selektion, Komplexitätsreduktion und Entkontextualisierung über die Stufen der Semiotisierung (Vertextlichung), Operationalisierung und Algorythmisierung. Die Algorythmisierung als typisches Merkmal von auf Informationstechnologien basierenden Verfahren, zeichnet sich dadurch aus, dass sie sich in weiten Teilen dem Bewusstsein, der Nachvollziehbarkeit und damit auch der Reflexion der Fachkräfte entzieht (vgl. z. B. Ley/Seelmeyer 2008; Gillingham 2011a; Janatzek 2011). Entsprechend konstatieren Ley und Seelmeier (2014, S. 55), dass „die sich mit dem Einsatz von Fach-Software vollziehende Mediatisierung und Informatisierung von Sozialer Arbeit (…), nicht nur auf einer vordergründigen Ebene strukturierend in Arbeitsprozesse ein(greift), sondern (…) auch zu einer Transformation professioneller Wissensformen sowie Wahrnehmungs- und Verarbeitungsmuster (führt)".

Schließlich ermöglichen elektronische Systeme neue Möglichkeiten der Kontrolle – sowohl der Fachkräfte als auch der NutzerInnen – wenn Administratoren und Leitungskräfte auf Daten zu Personen, Arbeitsinhalten und Fortschritten des Hilfeprozesses zugreifen können, ohne dass die Betroffenen das mitgekommen (vgl. z. B. Garrett 2005). Fachsoftware ist demnach sowohl Arbeitsmittel als auch Organisationstechnologie und hat das Potenzial, die Inhalte der Dienstleistungsarbeit und Beziehungen zwischen den relevanten Akteuren im Feld der Sozialen Arbeit (Fachkräfte, AdressatInnen, Organisationen, Wissenschaft, Politik etc.) nachhaltig zu verändern.

---

20 Devlieghere und Roose (2018, S. 655) sprechen aufgrund des durch Fachsoftware in der Sozialen Arbeit über die Vorgabe der Zeichenzahl bei Textfeldern technisch forcierten Zwangs zu knappen Beschreibungen anschließend an Lipskys Konzept der „street-level bureaucracy" (s. Abschnitt 2.3.2) von einer „tweet-level bureaucracy".

2.1.5 Fachliche Formalisierungen in Diskurs und Forschung der Sozialen Arbeit

Den verschiedenen Ausformungen fachlicher Formalisierungen ist gemeinsam, dass über sie eine Präskription von Inhalten und Prozessen sozialarbeiterischen Praxishandelns erfolgt. Sie implizieren eine spezifische Strukturierung, Fokussierung und Eingrenzung der Handlungsspielräume der professionellen Fachkräfte in der Sozialen Arbeit. Als eine (unzulässige) Beschränkung professioneller Ermessensspielräume werden „Formalisierungen" oder „Standardisierungen" im Allgemeinen im disziplinären und professionellen Diskurs der Sozialen Arbeit relativ einheitlich und undifferenziert skeptisch angesehen[21]. Im Gegensatz dazu werden konkrete Formalisierungen in fachlichen Diskursen der Sozialen Arbeit einerseits differenzierter, andererseits kontroverser erörtert. Diese Spaltung der Auseinandersetzung in einen eher ablehnenden Generaldiskurs und in eher affirmative Spezialdiskurse reproduziert sich auch auf konkreteren Ebenen. So ist auch der Diskurs um das Case Management oder eine standardisierte Diagnostik in der Sozialen Arbeit im Allgemeinen deutlich skeptischer und weniger differenziert als die Debatten um spezifische Fragen des Case Managements oder konkrete diagnostische Ansätze oder Instrumente (vgl. z. B. die Beiträge in Heiner 2004 zur Diagnostik oder Funk 2008 zum Case Management).

Konkrete Formalisierungen – insbesondere das Case Management, Konzepte einer sozialpädagogischen Diagnose oder Instrumente und Verfahren im Kinderschutz – nehmen in den Debatten um und in der Sozialen Arbeit eine durchaus prominente Stellung ein. Dies zeigt sich auch daran, dass die Zahl der thematisch einschlägigen Publikationen in den vergangenen Jahren deutlich angestiegen ist (vgl. Kapitel 8). Des Weiteren werden Formalisierungen als ein Element – unter vielen – im Rahmen von Organisationsanalysen oder als Teilaspekte übergreifender Entwicklungen empirisch sichtbar gemacht und diskutiert. So wurden Formalisierungen als ein typisches Element der Struktur von Organisationen untersucht (vgl. Abschnitt 2.3). Sie sind zudem Gegenstand vieler Studien und Reflexionen zum Verhältnis von Profession und Bürokratie (vgl. Abschnitt 1.2).

In aktuellen Studien werden Formalisierungen weiter als Element von Verfahren des Qualitätsmanagements (vgl. z. B. Beckmann 2009; Fischbach 2011) oder als Elemente einer evidenzbasierten Praxis untersucht (vgl. z. B. Albus et

---

21 Diese Einschätzung beruht auf einer intensiven, aber nicht methodisch-systematisch durchgeführten Aufarbeitung des veröffentlichten sozialpädagogischen Fachdiskurses zu Standardisierungen und zu konkreten formalisierten Instrumenten und Verfahren (z. B. Diagnoseverfahren oder Case Management).

al. 2009a; Polutta 2014). Zudem werden Formalisierungen als Elemente von Hilfeplanungsprozessen (vgl. Haselmann 2010 für die Behindertenhilfe) oder von Arbeitsabläufen im Kinderschutz (vgl. z. B. Bode/Turba 2014; Klatetzki 2014; Böwer 2012; Ackermann 2017) analysiert. Schließlich sind Formalisierungen ein verbreiteter Gegenstand von Studien zu Modernisierungs- und Ökonomisierungsprozessen in der Sozialen Arbeit bzw. zum Zusammenspiel fachlicher und ökonomischer Modernisierungen – z. B. in Feldern der Kinder- und Jugendhilfe (vgl. z. B. Grohs 2010; Krone et al. 2009; Dahme et al. 2005), der Behindertenhilfe (Dahme/Wohlfahrt 2009; Fischbach 2011) oder bei freien Trägern der Sozialen Arbeit (vgl. Mohr 2017) (vgl. Kapitel 8). Zudem sind Formalisierungen Elemente vieler internationaler, vor allem auf Großbritannien bezogener Studien zu den managerialistischen, neo-konservativen, neo-liberalen und neo-sozialen Restrukturierungen des Wohlfahrtsstaats und seiner Institutionen und Organisationen (vgl. für viele Clarke/Newman 1997; Harris 2003; Dustin 2007).

2.1.6 Fachliche Formalisierungen als eigenständiges Phänomen

Es liegen – national wie international – dagegen kaum Studien vor, die fachliche Formalisierungen in sozialen Diensten als eigenständiges Phänomen – also zum einen jenseits konkreter Instrumenten und Verfahren, zum anderen nicht als Segment übergreifender Modernisierungsprozesse – einer wissenschaftlichen Analyse unterziehen. Eine Ausnahme bildet die Studie von Hansen (2010), der konkrete Standards und Standardisierungen diskutiert. Seine Analyse beschränkt sich jedoch auf die Konzepte der untersuchten Standards/Standardisierungen, also auf konzeptionelle Positionierungen der für die Standards verantwortlichen Akteure und nicht auf empirische Befunde zur tatsächlichen Implementierung und Nutzung. Entsprechend bleiben praktische Effekte und Dysfunktionalitäten unberücksichtigt. So gelangt Hansen teilweise zu Einschätzungen, die in Widerspruch zu empirischen Befunden zur Nutzung der von ihm untersuchten Standards/Standardisierungen stehen. Ponnert und Svensson (2016) haben eine theoretisch informierte Analyse von Standardisierungsprozessen in der Sozialen Arbeit vorgelegt. Interessanterweise nutzen die beiden Autorinnen dabei nicht nur ebenfalls einen neo-institutionalistischen Zugang, sondern verorten Formalisierungsprozesse, ebenso wie dies im Rahmen der vorliegenden Studie vorgeschlagen wird bzw. wurde, im Rahmen professioneller und managerieller Modernisierungen (vgl. Abschnitt 5.1). Eine Untersuchung, die fachliche Formalisierungen als eigenständiges Phänomen fasst und einer empirischen Analyse unterzieht, steht bislang noch aus. Dies ist nicht nur angesichts der Kontroversen, sondern auch der latenten Omnipräsenz formalisierter Instrumente und Verfahren in Einrichtungen und Diensten der Sozialen Arbeit erstaunlich.

2.2 Standards, Standardisierung und Formalisierung

Formalisierte Instrumente und Verfahren werden in Fachdiskursen – auch in der Sozialen Arbeit – in der Regel als standardisierte Instrumente und Verfahren bzw. Standardisierungen bezeichnet. Standardisierung steht dabei für eine Vereinheitlichung, die sich auf unterschiedliche Gegenstände – unter anderem auch auf professionelles Handeln – beziehen kann. Ein solches Begriffsverständnis liegt der Definition von Harriman aus dem Jahr 1928 zugrunde:

> Standardization may be defined as the unification of the methods, practices, and technique involved in the manufacture, construction, and use of materials, machines and products, and in all lines of endeavour which present the necessity of performing repetitive work. (zitiert nach Vec 2012, S. 16)

Standardisierung kann sowohl den Prozess der Vereinheitlichung als auch dessen Resultat, also einen Zustand der Standardisierung bzw. etwas Standardisiertes bezeichnen. Neben einer Vereinheitlichung von Handlungsvollzügen, vor allem im Kontext von industriellen Produktionsprozessen, werden Standardisierungen auch mit Prozessen der Staatenbildung, der Verrechtlichung und der Verwissenschaftlichung verknüpft. In allen Fällen erfolgt eine Definition, Klassifizierung und Normierung der jeweils interessierenden Gegenstände (z. B. Recht, Wissen). Damit gelten Standardisierungen als zentrales und typisches Merkmal moderner (westlicher) Gesellschaften (vgl. Vec 2012; Timmermans/Epstein 2010; Jacobsson 2005; grundlegend Weber 1922/1980). Als solche waren Standardisierungen eindeutig positiv konnotiert, bis vor wenigen Jahrzehnten eine Wahrnehmungsverschiebung erfolgte und zunehmend problematische Aspekte von Standardisierungen hervorgehoben wurden: „Je höher das Wohlstands- und Standardisierungsniveau ist, umso empfindlicher werden wir gegen die Zumutungen neuer Standardisierungen, desto kritischer gegen weitere Vereinheitlichungen" (Vec 2012, S. 33).

Das Konzept der Standardisierung, im Sinne einer Vereinheitlichung, lässt sich nun in zwei unterschiedlichen Weisen auf den Gegenstand dieser Arbeit beziehen:

- Zum einen stellen fachliche Formalisierungen eine Standardisierung dar, das heißt: Die Präskription von Arbeitsinhalten und Prozessen impliziert eine Vereinheitlichung der Arbeitsinhalte und Arbeitsweise der einzelnen

Fachkräfte innerhalb der Organisationen, die diese Instrumente und Verfahren nutzen.
- Zum anderen führt der Trend zu einer verstärkten Implementierung fachlicher Formalisierungen, etwa eine territoriale und arbeitsfeldbezogene Expansion von Risikoeinschätzungstools im Kinderschutz oder von Case-Management-Verfahren im Sozial- und Gesundheitswesen, zu einer organisations- oder sogar sektorenübergreifenden Vereinheitlichung der Arbeitsweisen von Fachkräften.

In dieser zweiten Bedeutung könnte von einem Trend zu einer methodischen Monokultur gesprochen werden. Eine solche kann problematisch sein, da nach dem Gesetz der „requisite variety" (Ashby 1956) in komplexen Systemen ein breites Spektrum unterschiedlicher Reaktionsmöglichkeiten bzw. methodischer Zugänge das Problemlösungspotenzial steigert (vgl. z. B. Jessop 2003; Lillrank 2003).

2.2.1 Standards im Fachdiskurs der Sozialen Arbeit

In Diskursen der Sozialen Arbeit ist eine Verknüpfung der Konzepte Standardisierung und Standard verbreitet, wobei in der Regel keine definitorische Abgrenzung oder gar Verhältnisbestimmung der beiden Konzepte erfolgt (z. B. Hansen 2010), vielmehr bleibt das Verhältnis implizit und damit unscharf. So zeigt etwa Merchel (2005) anhand einer exemplarischen Vorstellung verschiedener Diskursbeiträge ein breites Spektrum an Bedeutungsgehalten des Standard-Begriffs in der Sozialen Arbeit und formuliert für eine systematische Aufarbeitung der Begriffsnutzung Folgendes: „Die Vermutung, dass sich eine Tendenz zu einer fast babylonischen Sprachverwirrung zeigt, hat hohe Chancen verifiziert zu werden" (ebd., S. 179). Die von ihm identifizierten Bedeutungen von Standards liegen zwischen den Polen allgemeiner Leitorientierungen und sozialtechnologischer Handlungsanweisungen (vgl. ebd.).

Diese Breite vertritt auch Hansen (2010, S. 33), der unter der terminologischen Klammer von „Standards in der Sozialen Arbeit" sowohl orientierende Ethik-, Professions- bzw. Praxisstandards als auch hoch formalisierte Diagnoseinstrumente verhandelt und versucht, diese Bandbreite über die nachfolgende (Arbeits-)Definition einzufangen.

> Standards sind als Orientierungsrahmen zu verstehen, als mehr oder minder einengende Handlungskorridore, die im Einzelfall in Koproduktion zwischen den verschiedenen beteiligten Akteuren im sozialen Feld durchschritten werden.

Die beiden verknüpften Funktionen der Orientierung und Einengung der Handlungsoptionen haben hierbei für alle Standards und Standardisierungen Gültigkeit, gleichzeitig markieren sie das implizite Spannungsverhältnis zwischen Standards als Orientierungen und Standardisierungen als Handlungsvorgaben, auf das Merchel (2005) hinweist. Beide können – wie Hansen (2010) es herausarbeitet – unterschiedlich abstrakt sein und beiden können unterschiedliche Geltungsansprüche und Rationalitäten zwischen einer kommunikativen und einer zweckrationalen Logik zugrunde liegen (vgl. ebd.). Der Fokus von Standards liegt darin, dass sie Orientierung bieten. Diese kann entweder sachlich-deskriptiv (z. B. Produktstandards) oder wertbezogen-normativ (z. B. Ethikstandards) sein. Die Herausforderung für die NutzerInnen besteht formal in der Entscheidung für einen Standard – im Falle deskriptiver Standards als Nutzungsentscheidung, im Falle normativer Standards als Abwägungsprozess zwischen unterschiedlichen Prinzipien.

Im Falle von Standardisierungen, bestimmt als Präskription der Inhalte und Schritte von Arbeitsprozessen, liegt eine solche grundsätzliche Entscheidung nicht mehr beim Nutzenden. Dieser steht vielmehr vor der Herausforderung der richtigen Umsetzung der Vorgaben. Somit besteht zumindest idealtypisch ein grundlegender Unterschied zwischen den Konzepten Standard und Standardisierung. Faktisch kann dagegen durchaus von einem Kontinuum und unscharfen Grenzen zwischen Standards und Standardisierungen ausgegangen werden. So können etwa Ethik- oder Professionsstandards so konkret und differenziert formuliert werden, dass sie kaum Entscheidungsräume bieten, sondern den Charakter konkreter Handlungsanweisungen einnehmen. Diesen, besonders im angloamerikanischen Kulturkreis verbreiteten Trend[22] qualifiziert Banks (2011, S. 8 f.) als neoliberale Unterwanderung der Sozialen Arbeit (vgl. auch Bromley/Orchard 2016; Evetts 2013):

> The proliferation of more prescriptive standards and rules in codes of ethics mirrors the trend in practice for more detailed and standardized systems of monitoring and assessment in social work, which is one of the features of what has been termed the ‚New Public Management'.

Ebenso können Standardisierungen Strategien zur Sicherstellung professioneller Standards darstellen, etwa wenn Hilfeplanformulare die AdressatInnenbe-

---

22 Beispiele für Professionsstandards, die teilweise den Charakter von konkreten administrativen Prozessstandards und Benimmregeln haben, stellen der Code of Ethics von 2010 und vor allem die ‚Practice Standards" von 2013 der Australian Association of Social Workers dar. So wird dort beispielsweise auch eine Verpflichtung zur regelmäßigen Aktualisierung von PC-Antivirenprogrammen als Ethikstandard formuliert (vgl. www.aasw.asn.au).

teiligung erhöhen sollen, indem sie eine differenzierte Darstellung der Sichtweisen von Professionellen und AdressatInnen verlangen.

2.2.2 Die Perspektive der „Soziologie der Standards"

Die konzeptionelle Differenz zwischen Standards als Orientierung und Standardisierung als Handlungsvorgabe wird deutlich, wenn der – in der deutschen Sozialen Arbeit bislang nicht rezipierte – internationale (kultur- und organisations-)soziologische Diskurs zu Standards mitberücksichtigt wird. Eine sich seit den 2000er-Jahren konstituierende ‚Soziologie der Standards" (Timmermans/ Epstein 2010) sieht Standards als eine Form sozialer Regeln neben internalisierten Normen und hierarchischen Direktiven (vgl. Brunsson/Jacobsson 2005). Als das zentrale, Standards kennzeichnende Merkmal werden Freiwilligkeit – und damit die Optionen einer Entscheidung zur Nutzung – beschrieben: „A standard can be defined as a rule for common and voluntary use, decided by one or several people or organizations" (Brunsson et al. 2012, S. 616; Brunsson/ Jacobsson 2005). Definiert werden Standards als Form der Regulation, die der Koordination und Kooperation dienen, zu Homogenität führen und ein Element der Kontrolle beinhalten (Brunsson/Jacobsson 2005, S. 1)[23].

Standards repräsentieren eine akzeptierte Lösung eines Problems und gelten als „expert knowledge stored in the form of rules" (Jacobsson 2005, S. 41). Weil Standards über den Einzelfall hinausgehende Gültigkeit beanspruchen und daher allgemein formuliert sind, bieten sie immer Spielräume der Nutzung und der Anpassung an konkrete Situationen. Gleichzeitig implizieren sie immer ein evaluatives Element, bieten also einen Orientierungspunkt zur Bewertung (Timmermans/Epstein 2010) – in diesen beiden Punkten unterscheiden sie sich ebenfalls von Standardisierungen, die technische Handlungsvorgaben darstellen. Auch im internationalen soziologischen Diskurs wird vor allem auf die Heterogenität von Standards, etwa im Hinblick auf die sozialen Prozesse ihrer

---

23 Auch Standards gelten als ein zentrales Merkmal der Moderne, das unter post-modernen Verhältnissen noch an Bedeutung gewinnt. Sie bieten Orientierungen, an denen sich Akteure im Rahmen ihrer „gouvernmentalen Selbststeuerung" (Foucault) ausrichten. Daher werden Standards als zentrale Elemente einer neoliberalen Governance beschrieben (vgl. Timmermans/Epstein 2010; Meyer 2010). Das besondere Steuerungspotenzial von Standards wird damit begründet, dass diese als neutrale bzw. objektive Größen gelten, wohingegen die politischen Prozesse und Interessen hinter der Standardformulierung wenig berücksichtigt werden. Dies liegt vor allem daran, dass den Autoren und Promotoren von Standards – vor allem der Wissenschaft, Nichtregierungsorganisationen und Supranationalen Organisationen – anders als Staaten und Privatunternehmen, kein Eigeninteresse unterstellt wird (vgl. Brunsson/Jacobson 2005; Timmermans/Epstein 2010).

Entwicklung[24] oder auf ihre Reichweite, Spezifität, Flexibilität, Exaktheit, Kosten und Nutzen, verwiesen. Als Ebenso vielfältig werden die Effekte von Standards beschrieben: „Countless standards do nothing. Some, however, obtain majestic results" (ebd., S. 81).

Zur Strukturierung der Heterogenität wurden diverse Differenzierungen von Standards vorgeschlagen. Brunsson und Rasche (2012, S. 615 f.) differenzieren zwischen

- technischen und nicht-technischen Standards,
- Prozess- und Ergebnisstandards sowie
- de jure und de facto Standards.

Hier wären fachliche Formalisierungen als technische Prozessstandards zu qualifizieren[25].

Timmermans und Epstein (2010, S. 52) differenzieren zwischen

- *design standards* (Bestimmung von Eigenschaften),
- *terminological standards* (geteilte Sprache),
- *performance standards* (Bestimmung von Ergebnisgrößen) und
- *procedural standards* (Regulation von Prozessen).

Somit lassen sich fachliche Formalisierungen, ebenso wie sozialpädagogische Prinzipien (z. B. Partizipation) oder professionelle Standards (z. B. kollegiale Entscheidungsstrukturen), als procedural standards definieren, da sie vorgeben, wie bestimmte Prozesse zu gestalten sind. Im Falle fachlicher Formalisierungen ist somit eine Standardisierung als Standard gesetzt.

Allerdings besteht auch im internationalen sozialwissenschaftlichen Diskurs keine eindeutige Verhältnisbestimmung zwischen den Konzepten Standard und Standardisierung. So wird einerseits Standardisierung als Prozess der Durchsetzung oder Anwendung eines Standards definiert, andererseits wird Standardisierung als ein Effekt der Vereinheitlichung durch Standards bestimmt (vgl. ebd.; Brunsson et al. 2012; Brunsson/Jacobsson 2005). Wird eine solche enge Relationierung von Standards und Standardisierung unterstellt – und nicht von

---

24 Die Bedeutung sozialer bzw. kommunikativer Prozesse für die Entwicklung von Standards bzw. Standardisierungen unterstreichen auch Hansen (2010) und Alberth/Eisentraut (2012). Letztere konzipieren aus einer interaktionistischen Perspektive „Standardisierungsprozesse als interaktiv ausgehandelte Ordnungen" (ebd., S. 427).

25 Während de jure Standards verhandelbar sind, werden de facto Standards unhinterfragt akzeptiert (vgl. Brunsson/Rasche 2012, S. 617). Die Differenzierung verweist somit auf den Institutionalisierungsrad eines Standards (vgl. Abschnitt 4.3).

einer eigenständigen Qualität von Standardisierungen ausgegangen – so muss das Auseinanderfallen der Beurteilung beider Begriffe verwundern. So konstatieren auch Timmermanns und Epstein, dass Standards gemeinhin positiv beurteilt werden, während Standardisierung als plumpe Gleichmacherei meist negativ beurteilt wird (Timmermans/Epstein 2010, S. 71).

Dieses Auseinanderfallen der Beurteilung verweist auf eine zentrale Differenz zwischen Standards und Standardisierungen: Standards können nicht nur als Bezugspunkt für Beurteilungen herangezogen werden, Standards sind vielmehr – trotz häufig technischer Konnotationen – per se positiv als wünschbare Zustände oder Eigenschaften definiert. Standards vereinen damit immer normative und deskriptive Elemente. Das Konzept Standardisierungen steht zwar in Zusammenhang mit Standards, teilt aber nicht deren normative Implikation. Vielmehr beschreiben Standardisierungen deskriptiv einen Prozess oder Zustand.

Um die skizzierten Unschärfen zu vermeiden, wird in dieser Studie auf Bezüge zum Konzept der Standards verzichtet. Stattdessen erfolgt eine Bestimmung über das Konzept der Formalisierung, bestimmt als deskriptive Eigenschaft der Präskription von Inhalten und Abläufen sozialarbeiterischer Arbeitsprozesse. Zur sprachlichen Auflockerung werden der Begriff der „Standardisierungen" (als deskriptive Kategorie) sowie das Adjektiv „standardisiert" (zur Charakterisierung entsprechender Instrumente und Verfahren) ebenfalls genutzt.

2.3 Das Konzept der Formalisierung

„Formalisierung" gilt als eine zentrale – sowohl konzeptionelle wie empirische – „Strukturvariable" formaler Organisationen, besonders von Bürokratien (vgl. z. B. Pugh et al. 1968; Blau/Scott 1971; Pierce/Delbeq 1977; Perrow 1991; Mintzberg 1992)[26]. Sie wird sowohl für Organisationen im Allgemeinen als auch für öffentliche Verwaltungen diskutiert – teilweise mit unterschiedlichen Schwerpunkten: So fokussieren Analysen aus organisations- und arbeitswissenschaftlichen Perspektiven eher auf die Steuerung von Arbeitsprozessen, während aus verwaltungswissenschaftlicher Perspektive auch die Entscheidungs-

---

26 Der Begriff der Bürokratie wird hier im Sinne von Weber (1922/1980) zur Bezeichnung einer hierarchisch strukturierten formalen Organisation genutzt. Staatliche Verwaltungen sind daher ebenso Bürokratien wie Wirtschaftsunternehmen. „Die Entwicklung ‚moderner' Verbandsformen auf allen Gebieten (Staat, Kirche, Heer, Partei, Wirtschaftsbetrieb, Interessentenverband, Verein, Stiftung und was immer es sei) ist schlechthin identisch mit Entwicklung und stetiger Zunahme der bureaukratischen Verwaltung" (Weber 1922/1980, S. 128).

freiräume der Beschäftigten im öffentlichen Dienst („discretion") von Interesse sind. Letztlich geht es aus beiden Perspektiven um das Verhältnis von Vorgaben und Handlungsautonomie, es werden also lediglich unterschiedliche Seiten derselben Medaille beleuchtet.

2.3.1 Gegenstandbestimmungen

Hall (1963) beschreibt die Prozeduralisierung von Arbeitssituationen als idealtypisches Element von bürokratischen Organisationen, sowie als valide Kategorie zur empirischen Beschreibung dieses Organisationstyps. Das Konstrukt Formalisierung wird in organisationswissenschaftlichen Beiträgen jedoch unterschiedlich definiert und unterschiedlich zum Konzept der Standardisierung relationiert (vgl. Bodewes 2002). Die Inhalte der Kategorie Formalisierung bewegen sich zwischen den Dimensionen der „Schriftlichkeit" und einer „Präskription und Kontrolle von Arbeitsprozessen". Ein Beispiel für den erstgenannten Bedeutungsinhalt bietet die Definition von Pugh et al. (1968, S. 74) „Formalization denotes the extent to which rules, procedures, instructions, and communications are written" (ebd., S. 74; vgl. ähnlich Adler/Borys 1996)[27]. Auf den Bedeutungsgehalt einer Präskription von Arbeitsinhalten und -prozessen verweisen beispielsweise die Ausführungen von Blau und Scott (1962, S. 240) zu bürokratischen Formalisierungen.

> Bureaucratic formalization is one method for reducing uncertainty in formal organizations. Official procedures provide precise ‚performance programs' which prescribe the appropriate reactions to recurrent situations and furnish established guides for decision-making.

Ähnlich konstatieren Pierce und Delbeq (1977, S. 31):

> Formalization, a form of control employed by bureaucratic organizations, refers to the degree to which a codified body of rules, procedures or behaviour prescriptions is developed to handle decisions and work processing.

---

27 Neben Formalisierungen bestimmen Pugh et al. (1968) auch Standardisierung als eine der Kerndimensionen der Organisationsstruktur und definieren diese als die Detailliertheit organisationaler Regulierungen von Arbeitsprozessen. Weitere Kerndimensionen sind Spezialisierung, Zentralisierung und Konfiguration (vgl. ebd.). An anderer Stelle werden Formalisierung und Standardisierung als Elemente der Strukturierung von Aktivitäten in Organisationen beschrieben. Diese Strukturierung von Aktivitäten wird neben der Zentralisierung von Weisungsbefugnissen, der Linienkontrolle und der relativen Größen von Unterstützungseinheiten unter die Kategorie der Strukturvariablen von Organisation subsummiert (vgl. auch Pugh et al. 1969).

Die Definitionen verknüpfen inhaltliche Bestimmungen (z. B. die Vorgabe von Arbeitsinhalten) mit unterschiedlichen Funktionen. Neben einer Reduktion von Unsicherheit (Blau/Scott 1962) wird vor allem organisationale Kontrolle als Funktion von Formalisierungen benannt. So definieren auch Organ und Greene (1981, S. 238) Formalisierungen als „the control of job activities by administrative rules and procedures". Weitere typische Funktionen sind die Ermöglichung und Sicherstellung der Kooperation organisationaler Akteure (z. B. Ouchi 1979) bzw. die Koordination arbeitsteiliger Arbeitsprozesse.

Damit kommt Formalisierungen eine zentrale Rolle für das Funktionieren von Organisationen und damit für die Erfüllung des Organisationszwecks zu. Allerdings gelten Formalisierungen nicht als einziger Mechanismus zur Koordinierung von Arbeitsaufgaben. Mintzberg (1992) nennt gegenseitige Abstimmung, persönliche Weisung, eine Standardisierung von Arbeitsprozessen, die Standardisierung von Arbeitsprodukten und die Standardisierung von MitarbeiterInnenqualifikationen als weitere organisationale Koordinationsmechanismen. Dabei gelten die unterschiedlichen Mechanismen als grundsätzlich substituierbar, aber in unterschiedlicher Weise für verschieden komplexe Arbeitsprozesse geeignet. Während eine Standardisierung von Arbeitsprozessen besonders für einfache Routineaufgaben geeignet ist, werden hochkomplexe Arbeitsabläufe idealerweise über eine Standardisierung der Qualifikation, also über die Anstellung speziell qualifizierter (professioneller) MitarbeiterInnen koordiniert (vgl. ebd., S. 19 ff.). „Formalisierung und Ausbildung sind somit im Grunde genommen austauschbar" (ebd., S. 69). Ähnlich konstatiert schon Simon (1944, S. 25):

> If a welfare agency can secure trained social workers as interviewers and case workers, broad discretion can be permitted them in determining eligibility, subject only to a sampling review and a review of particularly difficult cases.

Mintzberg nutzt zur Bestimmung von Koordinationsmechanismen den Begriff der Standardisierung, während er den Formalisierungsbegriff zur Bezeichnung der Effekte von Standardisierungen (ebd., S. 21) verwendet. Als „Verhaltensformalisierung" beschreibt er organisationale Strategien, die das Verhalten der MitarbeiterInnen reglementieren sollen. Eine solche kann erfolgen nach Position (z. B. über Arbeitsplatzbeschreibungen), nach Arbeitsablauf (z. B. über persönliche Weisungen) oder durch Regeln, etwa „Vorschriften und Verfahrensrichtlinien in Organisationshandbüchern von der Kleiderordnung bis zu Formularen" (ebd., S. 57).

Verhaltensformalisierungen, die nach Mintzberg vor allem den Typus der bürokratischen Organisation kennzeichnen, dienen dazu „Ungewissheiten zu reduzieren, um letztlich Verhalten voraussagen und kontrollieren zu können" (ebd.). Nach Mintzberg erfolgt also die Realisierung der oben genannten organisationalen Ziele von Formalisierungen (Kontrolle, Unsicherheitsreduktion etc.) über eine Verhaltensformalisierung. Diese zielt auf eine „quasi-maschinelle Gleichförmigkeit" der Arbeitserledigung, welche eine „effiziente Produktion" sowie „Fairness im Umgang mit Kunden" sicherstellen soll (ebd., S. 58). Während in ökonomischen Zusammenhängen besonders das effizienzsteigernde Potenzial von Formalisierungen unterstrichen wird (vgl. Lillrank 2003)[28], gelten Fairness, Gleichbehandlung und die Eindämmung von Mitarbeitendenwillkür in der Diskussion um öffentliche Verwaltungen als wichtige Funktion der Formalisierung von Arbeitsprozessen (vgl. z. B. Buchanan 1975).

Aiken und Hage (1966) verweisen auf den Umstand, dass die formale Vorgabe von Regeln nicht mit deren Umsetzung gleichgesetzt werden kann. Entsprechend beinhaltet ihre Formalisierungsdefinition neben dem Regelungsaspekt auch den Aspekt der Abweichung. „The degree of work standardization and the amount of deviation that is allowed from standards" (ebd., S. 499). Als konzeptionelle Kategorie interessiert nicht die empirische Abweichung, sondern deren Akzeptanz durch die Organisation. An anderer Stelle präzisieren die Autoren diese Perspektive, indem sie die Existenz bzw. die Anzahl von Regulierungen, die bestimmen, wie eine Arbeit zu erledigen ist (job codification), die Kontrolle der Regelbefolgung (rule observation) und die Explizitheit der Regel (specifity of jobs) als (weitere) das Konstrukt der Formalisierung bestimmende Elemente definieren (vgl. Aiken/Hage 1968).

Insgesamt legen die angeführten Definitionen nahe, dass es sich bei der Formalisierung um eine graduale Eigenschaft handelt, also unterschiedliche Formalisierungsgrade bestehen. Damit verknüpft ist die Annahme, dass Formalisierungen keine Sache, sondern eine Eigenschaft von Organisationen sind. Da formalisierte Instrumente und Verfahren die materiellen Gegenstände dieser Studien darstellen, ist eine substanzielle Bestimmung nötig, die Formalisierungen nicht (nur) als organisationale Eigenschaft, sondern als substanziellen Gegenstand fasst. Dies tun Malik und Wilson (1995), die Formalisierungen definieren als „the rules and procedures designed to handle the contingencies faced by the organizational members" und ergänzen, „there is a conceptual overlap between job formalizations and the degree to which standardized procedures are followed in performing a task" (zitiert nach Bodewes 2002, S. 220). Für die weiteren Überlegungen werden Formalisierungen als Arbeitsvorgänge und -inhalte vorgebende Instrumente und Verfahren in Organisationen be-

---

28 Wie verbreitet die Annahme ist, die Formalisierung von Arbeitsprozessen sei per se effizienzsteigernd, zeigt das vom BMBF geförderte Projekt „Dienstleistungs-Check auf Standardisierungen" in dem eine Checkliste entwickelt wurde, die helfen soll, die Formalisierbarkeit von Dienstleistungen einzuschätzen, denn „ohne Zweifel bietet eine Standardisierung, ob unternehmensintern oder unterübergreifend eine Möglichkeit zur Effizienzsteigerung" (Mörschel/Beyer 2004, S. 1).

stimmt, die von außen betrachtet als Eigenschaft der Organisationen wahrgenommen und auch prozesshaft in ihrer gradualen Veränderung beschrieben werden können.

2.3.2 Koordination und Kontrolle als Kernfunktionen

Als die primären organisationalen Funktionen von Formalisierungen gelten die Koordination und die Kontrolle von Arbeitsprozessen. Diese Doppelfunktion verweist auf zwei spezifische Dimensionen von Arbeitsprozessen in modernen Ökonomien. Zum einen zeichnen sich Arbeitsprozesse in funktional differenzierten Gesellschaften durch ein hohes Maß an Arbeitsteilung aus (vgl. Marx 1867/1969, S. 56 f.). Die Zusammenarbeit unterschiedlicher Personen im Arbeitsprozess macht eine Abstimmung bzw. Koordination von Arbeitsprozessen nötig. Diese Koordinationsnotwendigkeit gilt überhaupt erst als Grund für die Etablierung formaler Organisationen (vgl. Simon et al. 1950). Die Koordinationsleistung stellt eine zentrale Funktion von Leitungsrollen (Management) in Organisationen dar (vgl. Marx 1858/1983). Zum anderen unterstreicht Marx (1867/1969), dass Arbeitsprozesse unter kapitalistischen Produktionsverhältnissen einerseits als „nützliche Arbeit" (ebd., S. 57) anthropologisch notwendige, gebrauchswertbildende Auseinandersetzungen mit der Natur sind, andererseits „Verwertungsprozesse" (ebd., S. 200) zur Bildung abschöpfbaren Mehrwerts darstellen. Insofern lassen sich auch administrative organisationale Funktionen dual bestimmen, als einerseits notwenige Koordination arbeitsteiliger Arbeitsprozesse, andererseits als Kontrolle des Verwertungsprozesses.

Marx (1858/1983, S. 397) spricht von einer „doppelter Natur" der Oberaufsicht und Leitung[29], wobei sich die doppelte Funktion von Leitung auch auf

---

29 „Einerseits in allen Arbeiten, wo viele Individuen kooperieren, stellt sich notwendig der Zusammenhang und die Einheit des Prozesses in einem kommandierenden Willen dar, und in Funktionen, die nicht die Teilarbeiten, sondern die Gesamttätigkeit der Werkstatt betreffen, wie bei dem Direktor eines Orchesters. Es ist dies eine produktive Arbeit, die verrichtet werden muß in jeder kombinierten Produktionsweise. Andrerseits – ganz abgesehn vom kaufmännischen Departement – entspringt diese Arbeit der Oberaufsicht notwendig in allen Produktionsweisen, die auf dem Gegensatz zwischen dem Arbeiter als dem unmittelbaren Produzenten und dem Eigentümer der Produktionsmittel beruhn. Je größer dieser Gegensatz, desto größer die Rolle, die diese Arbeit der Oberaufsicht spielt. Sie erreicht daher ihr Maximum im Sklavensystem. Sie ist aber auch in der kapitalistischen Produktionsweise unentbehrlich, da hier der Produktionsprozeß zugleich Konsumtionsprozeß der Arbeitskraft durch den Kapitalisten ist. Ganz wie in despotischen Staaten die Arbeit der Oberaufsicht und allseitigen Einmischung der Regierung beides einbegreift: sowohl die Verrichtung der gemeinsamen Geschäfte, die aus der Natur aller Gemeinwesen hervorgehn, wie die spezifischen Funktionen, die aus dem Gegensatz der Regierung zu der Volksmasse entspringen" (Marx 1858/1983, S. 297).

deren Instrumente – also auch auf Formalisierungen – übertragen lässt. Hinsichtlich der Verwertungsfunktion obliegt dem Leitungshandeln die Aufgabe, die formal über den Arbeitsvertrag erworbene Verfügung über die Arbeitskraft in Mehrwert produzierende Arbeit zu transformieren und damit nicht nur das formale Arbeitsverhältnis, sondern auch den Arbeitsprozess dem kapitalistischen Verwertungsregime zu unterstellen („reelle Subsumption" Marx 1867/ 1969, S. 472, 878 ff.). Ein Arbeitsprozess ist dann „real (faktisch, maschinell) den Kapitalinteressen unterworfen, weil sich die Disziplinierung über gegenständliche Technik und unpersönliche Organisationsregeln versachlicht und materialisiert" (Neuberger 1995, S. 232). Die Transformation von Arbeitskraft in Arbeit kann also auf unterschiedliche Weise geschehen. Eine Möglichkeit ist die Kontrolle des Arbeitshandelns der lohnabhängig Beschäftigten.

Als ein Managementansatz, der in besonderer Weise sowohl mit der reellen Subsumption als auch mit Formalisierungen verknüpft wird, gilt das *Scientific Management* nach Taylor (1911). Taylor weist einen Interessensgegensatz zwischen Arbeit und Kapital zurück und unterstreicht stattdessen Fortschritt und Wohlstand als gemeinsame Ziele von ArbeitnehmerInnen und ArbeitgeberInnen. Dieses gemeinsame Ziel setze maximale Effizienz von Produktionsprozessen voraus. Ineffizientes Arbeiten sei dagegen „the greatest evil", das zu beseitigen sei. „The elimination of soldiering and of the several causes of slow working would so lower the cost of production" (ebd., S. 4). Dieses Ziel soll vor allem durch eine Zerlegung von Arbeitsprozessen in einzelne Arbeitsschritte und eine auf wissenschaftlichen Methoden basierende Optimierung der einzelnen Arbeitsschritte erfolgen. Dazu sei eine Trennung von Kopf- und Handarbeit nötig.

Nach Taylor nutzen Arbeit(nehm)erInnen ihr handwerkliches Wissen dazu, sich vor der Arbeit zu drücken. Daher wird eine wissensbezogene Enteignung der ArbeiterInnen angestrebt. So solle sich das Management einerseits das Wissen der ArbeiterInnen durch Beobachtungen aneignen und dieses systematisieren, andererseits das praktische Wissen der ArbeiterInnen durch nach wissenschaftlichen Kriterien in Arbeits- und Zeitstudien generiertes Managementwissen ersetzen. Somit beschränkt sich die Aufgabe der ArbeiterInnen auf die korrekte Ausführung von kleinteilig definierten Arbeitsschritten. Die Vorgesetzten dagegen haben die Funktion, die ArbeiterInnen anzuleiten und zu unterstützen. Damit erfolge eine Versöhnung zwischen Arbeit und Kapital/Management, da die Beziehung zwischen beiden auf rationalen wissenschaftlichen Regeln und nicht mehr auf der Willkür der ArbeitgeberInnen beruhe. Entsprechend konstatiert Taylor, die ArbeiterInnen sollten „recieve most friendly help", und er führt fort, dass eine „close, intimate, personal cooperation" zwischen Vorgesetzten und ArbeiterInnen die „essence of scientific management" darstellt (ebd., S. 9). Zur Umsetzung dieses Konzeptes schlägt Taylor unterschiedliche Vorgesetztenrollen (Funktionsmeister) vor. Weitere Elemente des Ansatzes sind finanzielle Anreize über die Definition eines (Tages-)Pensums und Boni für darüber hinausgehende Leistungen sowie eine gezielte Auslese der Arbeitenden (vgl. ebd.).

Der Taylorismus impliziert somit eine starke Formalisierung der Arbeitsschritte und Inhalte, verknüpft mit einem hohen Maß an Arbeitsteilung und direkter Kontrolle der Arbeitsleistung. In Fachdebatten gilt er als „Sammelbegriff für betriebliche Rationalisierungsmaßnahmen des Managements" (Marrs 2010, S. 337). Noch durchgreifender als direkte persönliche Kontrollen sind Formen der Automatisierung und Technisierung dazu geeignet, eine Transformation von Arbeitsvermögen in Arbeit zu erzwingen (vgl. schon Marx 1867/1969, S. 478). So bestimmten Fließbänder – zuerst in Schlachthöfen, dann in der Automobilindustrie – schon vor Taylors Scientific Management den Rhythmus und damit das Volumen der zu leistenden Arbeit (vgl. Kieser 2006). In der Regel bedeutet diese Rhythmisierung der Produktion zudem eine Definition von Inhalten bzw. ist – analog zum Taylorismus – auf die veranschlagte Zeit zur Realisierung vordefinierter Arbeitsschritte abgestimmt. Insofern erfolgt eine technische Kontrolle der Arbeit, in der die Kontrolle in die physikalische Struktur der Organisation inkorporiert ist (vgl. Edwards 1981).

Im Zuge der technischen Entwicklung wurden auch die Anwendungsfelder technischer Kontrollen ausgeweitet. Mit Einführung von Informationstechnologien sind in die technische Infrastruktur inkorporierte Formalisierungen von Arbeitsprozessen auch für Dienstleistungen möglich. Über entsprechende Softwareanwendungen können, sowohl konkrete Arbeitsinhalte detailliert vorgegeben als auch kontrolliert werden. Insofern stellen Organisationstechniken eine „Bedingung und zugleich vergegenständlichtes Ergebnis der dem Taylorismus immanenten Optimierungs- und Standardisierungsorientierung" dar (Pfeiffer 2010, S. 247; empirisch für die Arbeit in Call-Centern vgl. Matuschek et al. 2007).

Vorbehalte gegenüber dem Taylorismus und, eher indirekt, auch gegen den Fordismus, setzten häufig am Menschenbild der Konzepte an. So werden Arbeit(nehm)erInnen als Menschen beschrieben, die passiv und faul sind sowie vor allem nach materiellem Konsum streben. Daher stehen Kontrollen und materielle Anreize im Zentrum der Ansätze. Demgegenüber setzten jüngere Management-Ansätze (z. B. Human Relations, Human Resources) vor allem auf die Motivation der ArbeitnehmerInnen, um deren Potenziale und Verwirklichungsinteressen zur Realisierung des Organisationszwecks zu nutzen, mithin also die freiwillige Selbstausbeutung der MitarbeiterInnen zu fördern (vgl. z. B. Schreyögg 2008). Diese Strategie sei einerseits grundsätzlich effizienter und produktiver (vgl. McGregor 1971), vor allem aber würde sie besser den heutigen, flexibilisierten und subjektivierten, Arbeitsanforderungen entsprechen (vgl. Moldaschl 2010; Marrs 2010; emp. Matuschek et al. 2007). Entsprechend wird in der organisationswissenschaftlichen Literatur ein Wandel organisationaler Kontrolle konstatiert, von Formen der Detailkontrolle in Form von „persönlichen über technische Kontrollen" (Edwards 1981) zu Formen der formalregelbasierten „bürokratischen Kontrolle" (ebd.) oder „verantwortlicher Autonomie" (Friedman 1977) (vgl. zur Übersicht Marrs 2010).

Vor dem Hintergrund der skizzierten Entwicklung kann konstatiert werden, dass die mit fachlichen Formalisierungen verknüpften Modernisierungen in der Sozialen Arbeit, aber auch in anderen Dienstleistungssektoren, offensichtlich an Ansätze anknüpfen, die in ökonomischen sowie arbeits- und organisationswissenschaftlichen Reflexionen als wenig effektiv und „veraltet" gelten. Da fachliche Formalisierungen nicht primär mit Kontrollinteressen – sondern eher der Nutzbarmachung kollektiver und wissenschaftlicher Expertise – begründet werden, werden Kontrolleffekte und deren Implikationen von deren ProponentInnen kaum reflektiert. Faktisch – und zumindest implizit auch intendiert – stellen Formalisierungen Formen der Kontrolle der Arbeit dar und haben daher auch Kontrolleffekte zur Folge. Sofern diese in sozialpädagogischen Diskursen reflektiert werden, erfolgt dies regelmäßig unter Rückgriff auf die dargestellten klassischen Ansätze von Marx und Taylor (vgl. z. B. Beckmann et al. 2009). Dabei wird die Differenz zwischen kapitalistischer Güter-Produktion sowie wohlfahrtsstaatlicher und gemeinnütziger Dienstleistungsarbeit zwar erwähnt, aber in der Regel unter Verweis auf das vereinende Prinzip der Lohnarbeit nicht weiter reflektiert (vgl. Abschnitt 2.3.2).

2.3.2 Formalisierungen zwischen Kontrolle und Abweichungen

Die kontrollierende Funktion von Leitungspositionen und Steuerungsinstrumenten unterstreicht den politischen Charakter von Organisationen als Orte der Ausübung von Macht und Herrschaft (vgl. bereits Marx 1867/1969; 1858/1983; Weber 1922/1980). Machtfragen lassen sich jedoch nicht nur mit Blick auf Leitung und Management diskutieren, sondern sind mit Blick auf alle Organisationsmitglieder relevant. Auch Mitarbeitende sind keine passiven Objekte organisationaler Koordinations- und Kontrollstrategien, sondern streben durch unterschiedliche offensive und defensive mikro-politische Strategien an, eigene Handlungsspielräume auszuweiten bzw. zu schützen sowie Kontrolle über andere auszuüben (vgl. Burns 1961; Crozier/Friedberg 1993; Neuberger 1995; Lawrence/Robinson 2007)[30]. Als Machtquellen in „mikropolitischen Spielen"

---

30 Crozier und Friedberg (1993) konzipieren Organisationen als (Kampf-)Arenen, in denen Akteure strategische Spiele um Macht austragen. Aus der freiwilligen Teilnahme am Spiel (Organisationsbeitritt) folgt eine Verpflichtung auf die Regeln des Spiels. Innerhalb dieser Strukturen, die aufgrund der Selbstverpflichtung der Mitspieler eine integrative Funktion haben, streben die einzelnen Akteure danach, ihre eigene Macht bzw. die eigenen Kontrollbereiche zu sichern (defensive Strategie) oder zu vergrößern (offensive Strategie) (vgl. Neu-

aufseiten der Mitarbeitenden beschreiben Crozier und Friedberg (1979/1993) für den Organisationszweck relevante fachliche Expertise sowie die Kontrolle über zentrale organisationale Unsicherheitszonen, vor allem Umweltnahtstellen und Informationenflüsse. Die zentrale Machtquelle der Organisation und deren Leitung stellen dagegen Organisationsregeln dar.

Wenn Formalisierungen implementiert werden, um Unsicherheiten zu verringern, bedeutet dies aus mikropolitischer Perspektive demnach eine Machtverschiebung von den Basiskräften zur Organisation bzw. deren Leitung, da nicht mehr die Mitarbeitenden an der Basis, sondern die Organisation relevante Unsicherheitszonen kontrolliert. Dasselbe gilt, wenn Expertise – wie von Taylor vorgeschlagen – zentralisiert und systematisiert wird oder wenn angestrebt wird, Umweltschnittstellen – etwa die Professionellen-AdressatInnen-Interaktion oder die Beziehung zu Kooperationspartnern – zu formalisieren. Allerdings unterstreichen Crozier und Friedberg (1993), dass Basiskräfte Formalisierungen auch schätzen, weil diese die Macht und Willkür von Vorgesetzten begrenzen können. Weiter argumentieren die Autoren, dass organisationale Strategien der Kontrolle zu immer neuen mikro-politischen Strategien motivieren (vgl. Bonazzi 2014).

Mikro-politischen Reaktionsformen der Basiskräfte – im englischsprachigen sozialwissenschaftlichen Diskurs wird häufig von „Resistance" gesprochen (vgl. Thomas/Davies 2005; Lawrence 2008) – sind vielfältig. Thomas und Davis (2005) rekonstruieren solche Widerstände als „constant process of adoption, subversion and resciption of dominant discourses" (ebd., S. 687). Diese Widerstandhandlungen beruhen auf den Identitätskonstruktionen der Basiskräfte und darauf bezogenen Selbstpositionierungen (vgl. ebd.). Hieran anschließend präsentieren Mumby et al. (2017) eine Typologie von Formen der Resistance entlang der Dimensionen Offenheit und Handlungsebene (Mikro/Makro). Diese verknüpfend unterscheiden sie zwischen „individual infrapolitics" und „collective infrapolitics" als versteckten sowie „insubordination" (Ungehorsam) und „insurrection" (Aufstand) als öffentliche Formen des Widerstands[31].

---

enberger 1995, S. 204 ff.; Türk 1989, S. 124 ff.). Eine umfassende politische Sicht auf Organisationen schlägt Türk (1989) vor. Überlegungen zur Mikropolitik ergänzt er durch eine meso- und eine makropolitische Perspektive. Er unterstreicht einerseits die Rolle von Organisationen als Akteure in gesellschaftlichen Konflikten, andererseits weist er auf den prägenden Einfluss, den kapitalistisch-gesellschaftliche Strukturen auf die Strukturen in Organisationen ausüben (vgl. ebd., S. 124 ff.).

31 Die AutorInnen gehen von einem dialektischen Verhältnis von Macht und Widerstand aus, weshalb Widerstand in Arbeitsorganisationen (aufgrund des Problems der reellen Subsumption) immer relevant ist. Zudem unterstreichen sie den situativen und kontextgebundenen Charakter von Resistance und verweisen mit Blick auf Prozesse der Subjektivierung von Arbeit und Kontrolle auf ein komplexes Verhältnis von Autonomie und Widerstand (vgl. Mumby et al. 2017). Als eine Sonderform des Widerstands in Organisationen gilt

Besonderes Interesse wird der Abweichung von formalen Regeln im Feld der öffentlichen Dienste (Public Administration) zugemessen. Hier bedeutet die Umsetzung formaler Regeln durch Basiskräfte öffentlicher Dienste – Lipsky (1980) spricht von „street-level bureaucrats" – (auch) die Ausführung politischer Entscheidungen und bestimmt damit, welche Politik bei den BürgerInnen ankommt. „[T]he decisions of street-level bureaucrats, the routines they establish, and the devices they invent to cope with uncertainties and work pressures effectively become the public policies they carry out" (ebd., S. xii). Als Basis einer solchen „Politikgestaltung von unten" gelten Ermessensspielräume („discretion") der Basiskräfte. Ermessensspielräume resultieren einerseits aus der Ambiguität und Vagheit politischer Vorgaben, andererseits setzt die Anwendung allgemeiner Regeln auf spezifische Einzelfälle immer ein Element des Ermessens voraus und gilt daher auch als notwendige Voraussetzung einer responsiven Politikgestaltung (vgl. schon Marshall 1949/1992; Achinger 1963). Diese Ermessensspielräume können unterschiedlich genutzt werden. So können Basiskräfte anstreben, politische oder rechtliche Vorgaben möglichst exakt umzusetzen, Ermessensspielräume können aber auch für kreative Anpassungen oder ein Unterlaufen formaler Regeln genutzt werden. Dabei – so eine Grundannahme des Ansatzes von Lipsky (1980) – nutzen Basiskräfte bestehende Handlungsspielräume, um ihre Aufgaben unter den bestehenden, häufig ungenügenden Rahmenbedingungen (z. B. knappe Ressourcen, hohe Fallbelastung) zu bewältigen. Ermessensspielräume ermöglichen die Nutzung informeller Strategien der Arbeitsbewältigung durch eine Manipulation von AdressatInnen, Arbeitssituationen und Programmen (vgl. ebd., S. 71). Diese können dazu führen, dass BürgerInnen von den Basiskräften aufgrund individueller anstelle formaler Regeln unterschiedlich beurteilt und behandelt werden, mit einer Tendenz zur Reproduktion sozialer Ungleichheiten (vgl. ebd., S. 54 ff.; vgl. auch Ellis et al. 1999).

Dabei zeigen neuere Studien, dass Fachkräfte auch Formalisierungen zur Fallsteuerung und Leistungsabwehr nutzen. In einer Studie zur Gewährung von Leistungen der Grundsicherung in den USA (TANF-Programm) wurde gezeigt, dass durch den Aufbau bürokratischer Hürden („bureaucratic proceduralism")

„Workplace Deviance" (Robinson/Greenberg 1998; Lawrence/Robinson 2007; vgl. auch Nerdinger et al. 2011). Diese ist definiert als bewusste Verletzung organisationaler Regeln, die als Schädigung der Organisation wahrgenommen werden. Als Grund für solche Verhaltenswesen wie Abwesenheit (produktion deviance), Agitation (political deviance), Sabotage (property deviance) bis hin zu Beleidigungen (personal aggression) nennen sie Frustration aufgrund von Verletzungen der Autonomie, der Identität oder des Gerechtigkeitsempfindens in organisationalen Kontexten. Eine aktuelle Studie unterstreicht schließlich die Synthese von verdeckten Aktionen des Widerstands und öffentlicher Beschwerde (Ybema/Horvers 2017).

die Kooperationsbereitschaft der AdressatInnen ermittelt und die Fallbelastung durch Abschreckung gesenkt werden sollte, wobei eine Reproduktion von Benachteiligungen erfolgte, denn

> the empirical analysis indicates that bureaucratic proceduralism did have differential effects on differently-situated subgroups of claimants. Claimants with socio-economic characteristics associated with disadvantage, including characteristics that one may associate with administrative disadvantage, were more likely to leave welfare for procedural reasons ostensibly unrelated to substantive eligibility or need. (Brodkin/Majmundar 2008, S. 15)

Allerdings zeigen empirische Studien auch, dass der politische, ökonomische, kulturelle und soziale, vor allem aber der organisationale Kontext die Handlungsweisen der Basiskräfte stark beeinflusst (vgl. Rice 2012).

Die Ausnutzung bestehender Handlungsspielräume sowie eine Abweichung der Basiskräfte von formalen Regeln – Gofen (2014) spricht von „street-level divergence" – wird in den an Lipsky anschließenden Arbeiten unterschiedlich beurteilt und auch unterschiedlich begründet. Einerseits wird eine bewusste Entscheidung bzw. Wahl der Fachkräfte unterstellt, die auf Egoismus, ethischen Verpflichtungen oder professionellen Orientierungen basieren kann, andererseits wird die Regelabweichung aufgrund der oben genannten Charakteristika öffentlicher Dienstleistungsarbeit (z. B. vage Ziele, Einzelfallbezug) als unvermeidbar angesehen. Dabei ermittelt Gofen (2014) in einer qualitativen Studie zu LehrerInnen, Krankenschwestern und SozialarbeiterInnen in Israel unterschiedliche Ausformungen der Abweichung zwischen Eigennutz und AdressatInnenorientierung, zwischen offenen und verdeckten Abweichungen sowie zwischen individuellem und kollektivem Handeln. Er führt weiter aus, dass Politik in der Regel durch ein „management-by-compliance" versucht, Abweichungen durch stärkere Regulierung zu verhindern (vgl. ebd.). Auch diese Versuche der Begrenzung (professioneller) Ermessensspielräume – vor allem durch eine stärkere Formalisierung der Dienstleistungsarbeit – wird unterschiedlich beurteilt. Brodkin (2011) – wieder mit Bezug auf das TANF-Programm – verweist insbesondere auf dysfunktionale Effekte managerieller Steuerungsversuche, beispielsweise auf eine Orientierung an Kennziffern anstelle von Hilfebedarfen, auf die Einleitung von Standardinterventionen anstelle einzelfalladäquater Hilfen oder auf eine ritualisierte Abarbeitung formaler Vorgaben ohne Bezug zu den Problemlagen der AdressatInnen („favoring speed over need" und „substituting ritual for resources"; ebd., S. 73).

Demgegenüber plädieren Evans und Harris (2004) für eine differenzierte Sichtweise, die einerseits anerkennt, dass Ermessensspielräume nicht per se positiv zu beurteilen sind, da sie für Professionsangehörige und AdressatInnen auch Risiken bergen, und die andererseits berücksichtigt, dass auch verstärkte

Regulierungen Handlungsspielräume nicht automatisch einschränken: Zum einen, da formale Regeln (weiterhin) durch eine Vielzahl subversiver Strategien unterlaufen, verändert oder pervertiert werden können, zum anderen, da zusätzliche Regulierungen neue Ermessensspielräume eröffnen, etwa bei der Wahl der im Einzelfall anzuwendenden Regel oder bei der Umsetzung und Interpretation neuer Regeln. Durch eine stärkere Regulierung und Formalisierung der Praxis erfolge vielmehr eine Verschiebung von harten zu weichen Ermessensspielräumen (vgl. ebd.; Evans 2009).

Unbeschadet dieser Position, wird die Abweichung von formalen Regeln im britischen Fachdiskurs der Sozialen Arbeit überwiegend als gebotene Reaktion auf zunehmende Formalisierungs- und Managerialisierungs-Prozesse gesehen und mit dem positiv konnotierten Konzept des „Deviant Social Work" beschrieben. Dieses ist definiert als „minor, hidden, subtle, practical, shrewd or moderate acts of resistance, subterfuge, deception or even sabotage that are embroiled in parts of the social work labour process" (Carey/Foster 2011, S. 578). In diesem Kontext wird die Abweichung von formalen Regeln als Strategien der Fachkräfte angesehen, auch angesichts prekärer Rahmenbedingungen handlungsfähig zu bleiben, klassische wohlfahrtstaatliche bzw. sozialpädagogische Werte und Prinzipien gegen neoliberalen und neosozialen Trends zu bewahren (vgl. White 2009; Rogowski 2012) oder sie gelten, marxistischen Traditionen folgend, als natürliche Reaktion auf Unterdrückungsmechanismen in Arbeitsorganisationen (vgl. z. B. Mumby et al. 2017). In der Arbeitssoziologie werden die immer neuen und ausgefeilteren mikropolitischen Strategien der Basiskräfte auch als Grund für eine ständige Weiterentwicklung organisationaler Kontrollmechanismen benannt (vgl. Marrs 2010).

Ältere organisationswissenschaftliche Ansätze fokussieren eher auf die Akzeptanz, denn auf Konflikte um Formalisierungen, wobei die Betonung des einen die Existenz des anderen bereits einschließt. Formalisierungen stellen, wie von Mintzberg beschrieben, eine Form der Koordination (und Kontrolle) von Arbeitsprozessen neben anderen dar. Entsprechend lassen sich auch Charakterisierungen, die typischerweise eher mit anderen (meist mit direkteren) Koordinationsmechanismen verknüpft sind, auch auf Formalisierungen übertragen. Simon (1944) unterscheidet verschiedene Mechanismen der Einflussnahme (er verzichtet begründet auf den Begriff der Steuerung) auf Mitarbeitende durch Organisationen. Hierzu zählen etwa Strategien zur Förderung der Identifikation mit der Organisation (organizational loyalities) oder Überzeugungsversuche (advice and information). Vor allem aber gilt Leitungsautorität, das heißt die Akzeptanz von Leitungshandeln, als wichtig Basis für die Beeinflussung von OrganisationsmitgliederInnen. Simon (1944, S. 21) geht dabei von unterschiedlichen „zones of acquiescence" aus, das heißt von Abstufungen in der Akzeptanz organisationaler Vorgaben. Auch für den Umgang von Basiskräften mit Formalisierungen dürfte zentral sein, inwieweit sich diese im Rahmen von

Zonen der Akzeptanz – Barnard (1938) spricht von „zones of indifference" – bewegen[32].

2.3.3 Formalisierungen zwischen Management und Profession

Formalisierungen, also die Vorgabe von Inhalten und Abläufen von Arbeitsprozessen, lassen sich in unterschiedlicher Weise – als direkte Anweisungen, inkorporiert in Technologien oder über bürokratische Regel und Formulare – organisational umsetzen und kontrollieren. Die an Marx anschließenden Überlegungen zur Kontrollfunktion von Leitung und Leistungsinstrumenten in Organisationen beziehen sich zunächst vor allem auf die industrielle Warenproduktion in kapitalistischen Unternehmen. Dennoch wurden die skizzierten Überlegungen auch auf (professionelle) Dienstleistungen übertragen. Vor allem Braverman (1974) konstatiert einen universellen Trend zu einer Ausweitung managerieller Vorgaben und Kontrollen und in diesem Zusammenhang eine Ausweitung tayloristischer Prinzipien auf weitere gesellschaftliche Sektoren, unter anderem auch durch die stärkere Nutzung von Informationstechnologien. Als zentrales Argument für eine Übertragbarkeit der Analysen zur manageriellen Kontrolle in kapitalistischen Unternehmen und zum Taylorismus auf öffentliche Dienstleistungen bzw. auf die Soziale Arbeit wurde vor allem angeführt, dass es sich ebenfalls um Lohnarbeit – Kunstreich (1980, S. 159) spricht präzisierend von „in Staatsapparaten verrichteter Lohnarbeit" – handle und daher ein spezifisches Verwertungsinteresse an der Arbeitskraft und entsprechend ein organisationales Kontrollinteresse bestehe (vgl. Harris 1998; Offe 1984; Derber 1982).

Allerdings wird einerseits den Professionsangehörigen, andererseits den im öffentlichen Dienst tätigen Personen eine spezifische, gemeinwohlorientierte intrinsische Arbeitsmotivation unterstellt[33] – zumal in der Sozialen Arbeit (vgl. schon Flexner 1915 zum „professional spirit"). Insofern wäre eine organisationale Kontrolle überflüssig. Für Professionen wird eben diese spezifische Orientierung und Ethik – neben dem Bezug auf exklusives Spezialwissen – als Grund

---

32 Barnard (1938, S. 167, 169) beschreibt Indifferenzzonen als Bereiche „within which orders are acceptable without conscious questioning of their authority. (...) The zone of indifference will be wider or narrower depending upon the degree to which the inducements exceed the burdens and sacrifices which determine the individual's adhesion to the organization. It follows that the range of orders that will be accepted will be very limited among those who are barely induced to contribute to the system."
33 In der englischsprachigen Public Administration Forschung und Diskussion ist die „Public Service Motivation" (PSM) ein prominenter Gegenstand (vgl. zusammenfassend Bozeman/Su 2015).

für eine auf professioneller Selbstkontrolle und Kollegialität basierende eigenständige Organisationsform jenseits von Management und Bürokratie benannt (vgl. Freidson 2001; Klatetzki 2012). Gleichzeitig werden die sozialen Dienstleistungen inhärenten Spannungen – zwischen Fall und Norm, Hilfe und Kontrolle, Verhaltens- und Verhältnisänderungen oder (zunehmend) fachlichen und ökonomischen Kalkülen – als Grund für eine bürokratische oder (zunehmend) auch managerielle Kontrolle von Dienstleistungsarbeit angeführt. Das organisationale Kontrollinteresse erschöpft sich also nicht in einer möglichst umfassenden ökonomischen Verwertung der Arbeitskraft, sondern zielt ebenso auf die (aus Sicht der jeweils Verantwortlichen) „richtigen" Prioritätensetzungen bzw. Balancen zwischen den konkurrierenden Prinzipien und Zielen von Dienstleistungsarbeit. Eben darum fokussiert organisationale Kontrolle lange Zeit vor allem auf die Ziele und erst allmählich auch auf die Arbeitsprozesse büro-professioneller Dienste (vgl. Derber 1982; Offe 1984; Olk 1986).

Schließlich wird – besonders für den angelsächsischen Kulturraum – ein massiver, teilweise staatlich forcierter Reputationsverlust gemeinwohlorientierter Professionen beschrieben, der eine Anzweiflung eines Public Service Ethos impliziert (vgl. Pfadenhauer 2006; Leicht/Fennell 2008; emp. Clarke/Newman 1997; Kirkpatrick et al. 2005; Evetts 2011). Damit verlieren auch Argumente gegen managerielle und bürokratische Organisationsmodi, mithin auch Vorbehalte gegen eine stärkere Formalisierung professioneller Arbeitsabläufe, an Gewicht (vgl. ebd.).

2.3.4 Exkurs: Red Tape

Besonders die an Marx anschließenden Perspektiven auf Formalisierungen fokussieren auf dysfunktionale Aspekte der Kontrolle von Arbeit. Unbeschadet dessen gelten Formalisierungen in der Organisationswissenschaft zunächst als eine neutrale Eigenschaft von bzw. neutrales Element in Organisationen, das spezifische Funktionen (Koordination und Kontrolle) und Zwecke (z. B. Effizienz, Gleichbehandlung) erfüllt. Im Diskurs um öffentliche Dienste werden diese Funktionen von Formalisierungen von jenen dysfunktionalen Aspekten abgegrenzt, die die Basis von (vor allem alltagsweltlichen) Vorbehalten gegen öffentliche Bürokratien und Bürokratisierungsprozesse darstellen (vgl. Bozeman 1993). Solche „guidelines, procedures, form, and government interventions that are perceived as excessive, unwieldy, or pointless in relation to decision making or implementation of decisions" (Rosenfeld 1984, S. 603) werden im Public-Administration-Diskurs als „Red Tape" bezeichnet (vgl. Bozeman 1993; Pandey/Scott 2002). Dabei sind unterschiedliche Relationierungen zwischen den „conceptional cousins" (Bozeman 1993, S. 274) Formalisierungen und Red Tape möglich. So bestimmt etwa Hall (1968) ein hohes Maß an Formalisierung und Zwang – unabhängig von der inhaltlichen Bedeutung oder den Effekten – als Red Tape. Er legt damit nahe, dass sich nicht nur einzelne Formalisierungen als inhaltlich irrelevant oder dysfunktional bestimmen lassen, sondern auch das Ausmaß organisationaler Formalisierungen einen Grad erreichen kann, der als pathologisch zu qualifizieren ist. Dabei gilt die Expansion von Formalisierungen als ein typisches Merkmal von Bürokratien. So konstatiert Gottschalk bereits in den 1940er-Jahren, dass „[i]t seems that paper work has a life circle on its own, constantly reproducing and expanding" (Gottschalk 1944, S. 287). Ein Fokus auf die kumulativen Effekte von Formalisierungen ist auch insofern naheliegend, als Formalisierung – wie bereits erwähnt – gerade in klassischen Beiträgen als graduell bestimmbare Eigenschaft von Organisationen definiert ist.

Red Tape wird über pathologische Effekte definiert. Es handelt sich um Regeln, die keinen sozialen Wert besitzen, aber dennoch beachtet werden, das heißt: „rules, regulations, and procedures that remain in force and entail a compliance burden for the organization but have no efficacy for the rules' functional object" (Bozeman 1993, S. 283). Allerdings ist keine eindeutige Abgrenzung von neutralen Formalisierungen und dysfunktionalem Red Tape möglich (vgl. ebd.). Dies liegt vor allem daran, dass Beurteilungen immer eine subjektive Komponente beinhalten; somit ist auch Red Tape als normative Kategorie subjektiv gefärbt. Waldo konstatiert bereits 1946 entsprechend, dass „one man's red tape is another man's system" (zitiert nach Bozeman 1993, S. 283). Die Einschätzung von Regulierungen als Red Tape wird durch verschiedene Faktoren beeinflusst. Bozeman (1993, S. 280 ff.) nennt unter anderem die Zahl von Formalisierungen (rule sum), die den MitarbeiterInnen zur Befolgung einer Regel zur Verfügung stehenden Ressourcen (compliance requirement), die tatsächlich für die Regeleinhaltung eingesetzten Ressourcen (compliance burden), die zur Umsetzung aller Regeln eingesetzten Ressourcen (rule desity), die von einer konkreten Regel betroffenen organisationalen Akteure (rule incidence), der (ursprüngliche) Zweck der Regulierung (functional object) sowie das Potenzial der Regel zur Realisierung ihres Zwecks (rule efficacy). Unter der Bedingung ausreichender Ressourcen können demnach auch weniger effiziente Regeln nicht als Red Tape wahrgenommen werden.

Die Dysfunktionalität kann sowohl innerhalb als auch außerhalb der Organisation liegen, bzw. von Organisationsmitgliedern oder externen Akteuren wahrgenommen werden. Ebenso können die Ursachen in internen wie externen Entwicklungen liegen (vgl. ebd.). Bozeman (1993, S. 273) unterscheidet ursachenbezogen zwei Typen des Red Tape: Einerseits Regeln, die schon bei ihrer Einführung dysfunktional sind (rule-inception red tape), andererseits Regeln, die im Zeitverlauf dysfunktional werden (rule-evolved red tape). Gründe für erstere können fehlendes Wissen über die adressierten (Ursache-Wirkungs-)Zusammenhänge, unangemessene Ziele, Kompromisse und zu viel

Beteiligung [sic!] sowie übertriebene Regelkontrollen sein. Als Gründe für das Veralten von Formalisierungen werden unter anderem Fehlinterpretationen durch Basiskräfte gesehen sowie die Inkompatibilität konkurrierender Regulierungen, eine zunehmende Erhöhung der Regelungsdichte, veränderte soziale Verhältnisse oder politische Zielsetzungen, fehlerhafte Implementierung oder ein „rule drift", bei dem die ursprüngliche Bedeutung einer Regel, etwa durch Personalwechsel, verloren geht (vgl. ebd.). Buchanan (1975) sieht den Grund – für beide Formen des Red Tape – im politischen Charakter öffentlicher Bürokratien: Regeln werden von Politikern ohne verwaltungsbezogenen Sachverstand gesetzt und (daher) zu starr formuliert. Der Effekt hiervon seien Regeln, die zum Selbstzweck werden. In diesem Fall ist die Befolgung der formalen Regeln und nicht die Orientierung an den BürgerInnen und deren Bedürfnissen Grundsatz des Verwaltungshandelns. Buchanan (1975, S. 442) konstatiert zusammenfassend[34], dass

> heavy rule emphasis can have undesirable consequences. It may promote goal displacement, a transference of rules into ends-in-themselves. It may retard innovative risk-taking and encourage the avoidance of personal responsibility. And it may undermine the adaptive flexibility of organizations by fostering undue rigidity in operations.

2.3.5 Effekte von Formalisierungen

Gegen verbreitete Vorbehalte gegenüber Formalisierungen und anderen bürokratischen Regeln bringt DeHart-Davis (2009) das Konzept des „Green Tape" in Stellung, das auf die positiven Funktionen von Formalisierungen fokussiert. Green Tape wird definiert als effektive Regeln, die sich durch schriftliche Fixierung, valide Zweckbezüge, optimale Kontrollstrukturen, kompetente Umsetzung sowie Nachvollziehbarkeit für Stakeholder auszeichnen (vgl. auch DeHart-Davis et al. 2015).

Die Konzepte des Red Tape und des Green Tape stehen exemplarisch nicht nur für divergierende Einschätzungen von Formalisierungen, sondern auch für divergente empirische Befunde, etwa zum Verhältnis von Formalisierungen zu organisationalen Innovationen (z. B. Pierce/Delbeq 1977). Auch der Zusammenhang zwischen Formalisierungen und der Arbeitsmoral wird in machen Studien negativ (z. B. Aiken/Hage 1966), in anderen positiv (z. B. Organ/

---

34 Empirische Befunde zur Verselbständigung bürokratischer Regeln in öffentlichen Organisationen legen beispielsweise Broadhurst et al. (2010) für den britischen Kinderschutz oder Ames (2008) für die deutsche Arbeitsverwaltung vor.

Greene 1981; Michaels et al. 1988; Podsakoff et al. 1996) beschrieben. So zeigen beispielsweise Aiken und Hage (1966) in einer Befragung von 500 Professionsangehörigen (v. a. aus dem Sozial- und Gesundheitswesen) einen deutlichen Zusammenhang zwischen den organisationalen Strukturmerkmalen Zentralisierung (negativer Grad der MitarbeiterInnenbeteiligung) und Formalisierung (Grad der Regulierung von Arbeitsinhalten und Regelüberwachung) einerseits und einer Entfremdung der MitarbeiterInnen vom Arbeitsprozess und den KollegInnen andererseits[35].

Organ und Greene (1981) untersuchen ebenfalls professionelle Organisationen (Entwicklungsabteilungen von Industrieunternehmen) mit einer besonderen Fokussierung auf mögliche Konflikte zwischen administrativen Formalisierungen und professionellen Normen. Sie gelangen zu dem Befund, dass Formalisierungen das Entfremdungsempfinden eher verringern, da sie nicht nur zu Rollenkonflikten (role conflict) führen, sondern auch Rollenunsicherheiten (role ambiguity) reduzieren und die Identifikation mit der Organisation (organizational commitment) stärken (vgl. ebd.; bestätigt durch Podsakoff et al. 1986 und Michaels et al. 1996). Zur Messung der Entfremdung wurde in beiden Studien die gleiche Skala genutzt. Allerdings unterschieden sich die Samples deutlich, was die divergierenden Befunde plausibilisieren kann. Organ und Greene (1981, S. 251) verweisen dagegen insbesondere auf die Form und Ausgestaltung der Formalisierungen als Erklärungsfaktor. Verschiedene Modelle versuchen die ambivalenten Effekte von Formalisierungen auf Arbeitsprozesse und Arbeitsergebnisse durch Ausdifferenzierungen entweder der Formalisierungen (z. B. Adler/Borys 1996) oder der betrachteten Arbeitsprozesse (z. B. Lillrank 2003; 2004) differenzierter und damit angemessener zu erfassen.

Adler und Borys (1996) unterscheiden ermächtigende (enabling) und restringierende (coercive) Formalisierungen (workflow formalization). Hinter diesen beiden Formen stehen, so die Autoren, unterschiedliche mentale Modelle und Rationalitäten. Ermächtigende Formalisierungen zeichnen sich dadurch aus, dass sie von den Betroffenen verstanden und daher kontrolliert und modifiziert werden können. Restringierende Formalisierungen werden – wie

---

35 Aiken und Hage (1966) beziehen sich explizit auf den Entfremdungsbegriff von Marx. Während dieser in den Pariser Manuskripten von 1844 zwischen vier Formen der Entfremdung – vom Arbeitsprodukt, vom Arbeitsprozess, vom Mitmensch, von der menschlichen Gattung – unterscheidet (vgl. Marx 1844/1968), beschränkten sich Aiken und Hage (1966) auf die Entfremdung von Arbeitsprozess und den KollegInnen. Der Grad der Arbeitsformalisierung (job codification) korreliert in ihrer Studie mit .51 mit einer Entfremdung von Arbeitsprozess aber lediglich mit .23 mit einer Entfremdung von den KollegInnen. Kollegiale Beziehungen scheinen also auch unter formalisierten Arbeitsbedingung möglich. Die Kontrolle der Regeleinhaltung korrelierte dagegen hoch mit beiden Entfremdungsdimensionen (.55 und .65) (vgl. ebd., S. 503).

im Falle der Trennung von Hand- und Kopfarbeit bei Taylor (1911) – den Ausführenden zur exakten Umsetzung vorgegeben, ohne dass die Prinzipien hinter der Formalisierung verstanden werden[36]. Diese Differenzierung lässt sich für die Ausgestaltung bzw. die Eigenschaften der Formalisierung, deren Entwicklungsprozess sowie deren Implementierung ausbuchstabieren. Ermächtigende Formalisierungen beziehen sich auf Probleme der Praxis, die ihnen zugrunde liegenden Annahmen werden offengelegt und notwendige Informationen zur Verfügung gestellt. Schließlich bestimmen die NutzerInnen über die Art der Anwendung. Mit restringierenden Formalisierungen wird dagegen auf von Leitungskräften oder Externen formulierte Probleme reagiert. Es wird kein Wert darauf gelegt, dass die Regeln verstanden werden, stattdessen wird deren unhinterfragte Exekution erwartet. Mit Blick auf die Entwicklung der Formalisierungen stellt die Beteiligung der Basiskräfte das zentrale Unterscheidungskriterium dar. Damit verknüpft beziehen sich restringierende Formalisierungen nur auf technische bzw. inhaltliche Aspekte, während ermächtigende Formalisierungen auch Fragen der Benutzerfreundlichkeit (usability) mitberücksichtigen. Ermächtigende Formalisierungen resultieren aus der Anforderung, Alltagspraxen zu verbessern. Häufig handelt es sich um eine Konservierung bewährter Praxen oder Entwicklungen innerhalb der Organisation (Organisationstechniken). Bei restringierenden Formalisierungen handelt es sich dagegen häufig um extern eingekaufte Produktionstechniken, die top-down implementiert und durchgesetzt bzw. kontrolliert werden[37]. Da ermächtigende Formalisierungen zu mehr Arbeitszufriedenheit und weniger Stress führen, gehen Adler und Borys (1996) davon aus, dass sie zu positiven Einstellungen und zu einem hohen Commitment der Basiskräfte zur Umsetzung der Formalisierungen führen und daher letztlich effizienter sind.

Die praktische Relevanz der Überlegungen von Adler und Borys (1996) zeigt eine qualitative Studie von Poksinska (2007) zum Einfluss von Formalisierungen – die Autorin spricht von Standardisierungen und untersucht Qualitätsmanagementverfahren – auf die Arbeitsbedingungen in technischen Industriebereichen. Zunächst wird gezeigt, dass Formalisierungen häufig nur aus

---

36 Auf ermächtigende und restringierende Formalisierungen verweisen die von McGregor (1971) herausgearbeiteten Menschenbilder in Organisations- bzw. Managementansätzen: Im Falle ermächtigender Formalisierungen werden die MitarbeiterInnen als zu fördernde Ressource, bei restringierenden Formalisierungen als zu kontrollierendes Problem angesehen (vgl. Adler/Borys 1996, S. 69).
37 Adler und Borys (1996, S. 78) definieren den Typ der Formalisierung (ermächtigend vs. restringierend) und den Formalisierungsrad (hoch vs. gering) als Dimensionen einer Matrix und unterscheiden organische (ermöglichend und niedrig), automatische (restringierend und niedrig), ermöglichende Bürokratien (ermöglichend und hoch) sowie mechanische (restringierend und hoch) Formalisierungen bzw. Organisationen.

Legitimationszwecken, etwa weil das Zertifikat von Stakeholdern erwartet wird, eingeführt und daher nur oberflächlich implementiert werden, sodass sich die Arbeitsbedingungen – abgesehen von zusätzlichen Dokumentationsaufgaben, von denen vor allem Leitungskräfte betroffen sind – nur wenig verändern. Dennoch differenziert die Autorin – anschließend an Adler/Borys (1996) – zwei Relationierungen zwischen Formalisierungen und Arbeitspraxen: als „standardizing practices" bezeichnet sie die Festschreibung etablierter Praxen als Standards, während „practicing the standard" für eine Anpassung der Arbeitspraxen an extern entwickelte und implementierte Standards steht. Zudem folgt sie, dass die Beurteilung von Formalisierungen durch MitarbeiterInnen letztlich abhängig ist vom Inhalt und Gegenstand der Formalisierung, dem Verlauf des Implementierungsprozesses sowie dem Standardisierungsgrad. Dabei stellt sie fest, dass zu detaillierte Formalisierungen die MitarbeiterInnen dazu nötigen, den Vorgaben entsprechende Lösungen zu entwickeln, anstatt ihre eigentlichen Arbeitsaufgaben zu erfüllen (vgl. Poksinska 2007). Das Qualitätsmanagement wird also zum Red Tape der untersuchten Industrieunternehmen.

Neben unterschiedlichen Formen der Formalisierung gilt der Typ des formalisierten Handelns als wichtiges Kriterium zur Begründung divergierender Effekte von Formalisierungen. So erklärt Lillrank (2003) unterschiedliche Effekte von Formalisierungen – auch er spricht von Standardisierungen bzw. Qualitätstechniken – mit unterschiedlichen Typen von Arbeitsprozessen. Er bestimmt Arbeitsprozesse als ein „Assessment-Algorithm-Action"-System mit unterschiedlich weitreichenden Variationsmöglichkeiten zur Zielerreichung und differenziert zwischen Standard-Prozessen, Routine-Prozessen und Nicht-Routine-Prozessen:

- *Standard-Prozesse* folgen einer einzigen Problembearbeitungsstrategie mit definierten Auslösungsbedingungen, auf die konditional mit präzise vordefinierten Handlungsabläufen reagiert wird (binary logic).
- Auf Erfahrung und Wiederholung basierende *Routine Prozesse* haben ein bestimmtes Set von Auslösebedingungen, auf die je nach Situationsdefinition erfahrungs- bzw. regelbasiert in ähnlicher aber nicht identischer Weise reagiert wird (fuzzy logic).
- Bei *Nicht-Routine-Prozessen* bleiben die Auslösebedingungen offen, es folgt eine interpretative Situationsdefinition sowie ein an allgemeinen Regeln und Heuristiken orientierter, nicht-repetitiver Bearbeitungsprozess (interpretative logic).

Während sich Formalisierungen zur Rationalisierung von Standard- und Routine-Prozessen eignen, sind sie für Non-Routine-Prozesse ungeeignet, da sie die zur Erfüllung komplexer Aufgaben nötige Variabilität in unzulässiger Weise beschränken. Entsprechend lassen sich Standard-Prozesse durch Manuale und Automatisierung effizient steuern, während für Routine-Prozesse Leitfäden und Checklisten angemessen sind. Die Koordination von Nicht-Routine-Prozessen sollte dagegen auf Basis geteilter Werte, personaler Kompetenzen und ausreichender Ressourcen – also einem professionellen Steuerungsmodus entsprechend – erfolgen (vgl. dazu auch Oevermann 2000). Somit findet Lillrank (2003, S. 215) eine Erklärung dafür, warum Formalisierungen unterschiedliche Effekte erzielen:

> Quality and productivity improvement through standardization and statistical process control is a modern success story. (...) Quality Management in professional organizations frequently meets resistance that tends to reduce it to empty formalism. (vgl. Lillrank/Miukko 2004)

Lillrank liefert damit eine weitere – in ihrer Komplexität hier nur sehr verkürzt dargestellte – inhaltlich-gegenstandbezogene Begründung für verbreitete Vorbehalte gegen eine Formalisierung professioneller Arbeitsaufgaben (vgl. Mintzberg 1992; Noordegraaf/Abma 2003; vgl. Kapitel 3).

2.4 (Praxis-)Methoden der Sozialen Arbeit

Auch Methoden dienen – wie auch Formalisierungen – der Strukturierung praktischer Handlungen. Während Formalisierungen eine organisationale Steuerungsform darstellen, sind (Praxis-)Methoden eine professionelle Form der Handlungssteuerung.

2.4.1 Methodengeschichte der Sozialen Arbeit

Methoden sind seit der Etablierung der Sozialen Arbeit als Beruf auf zweierlei Weise eng mit dem Projekt der Professionalisierung verknüpft (vgl. Galuske/Müller 2012). Zum einen wurde angestrebt, durch die Entwicklung von Praxismethoden Anerkennung als Profession und die damit verknüpften Privilegien zu erlangen. Methoden sollten also das „Professionalisierungsprojekt" (Larson 1977) der Sozialen Arbeit unterstützen. So war Richmonds Publikation „Social Diagnosis" von 1917 – eine Systematisierung, Strukturierung und theoretische wie empirische Fundierung sozialarbeiterischer Handlungselemente – auch eine direkte Reaktion auf Flexner (1915), der den Professionsstatus der Sozialen Arbeit skeptisch einschätzte und dies unter anderem mit einer fehlenden Wissensbasierung begründete (vgl. Rothmann/Mizrabi 2014). Zum anderen zielten schon die frühen Methodisierungsbemühungen auf eine Qualifizierung sozialarbeiterischer Handlungsvollzüge – weg von lediglich guten Motiven, hin zu begründeten fachlichen Standards (vgl. Richmond 1917, S. 25).

Auch Salomon (1926) konstatiert: „Aller Fortschritt der sozialen Fürsorge hängt nicht nur von den zu Gebote stehenden Mitteln ab, sondern mehr noch von den zu Gebote stehenden Kräften und den Methoden der Arbeit" (zitiert nach Galuske 2007a, S. 20). Als klassische Methoden der Sozialen Arbeit etablieren sich in den USA bereits früh die Einzelfallhilfe (Social Case Work), die Gruppenarbeit (Social Group Work) sowie gemeinwesensorientierte und/oder politisch-sozialreformerische Ansätze (Community Organizing, Social Action, Social Reform). Neben diesen drei klassischen Praxismethoden wird in den USA regelmäßig auch Sozialforschung (Social Research) als sozialarbeiterische Methode benannt (vgl. z. B. Richmond 1922; Hamilton 1940). Unter den Praxismethoden dominiert seit ehedem die Einzelfallhilfe (vgl. Richmond 1917; Rothmann/Mizrabi 2014), gleichzeitig wurde und wird regelmäßig die Notwendigkeit einer doppelten Orientierung an Verhaltens- und Verhältnisänderung und daher die Bedeutung von sowohl einzel- und gruppenbezogenen Methoden als auch sozialpolitischen Strategien hervorgehoben (vgl. z. B. Richmond 1922; Salomon 1926; Hamilton 1940). Faktisch haben gesellschaftsbezogen-politische Strategien im Zuge der Verwissenschaftlichung und Professionswerdung jedoch zunehmend an Bedeutung verloren (vgl. z. B. Hugman 2009; Peters 1973).

Die (amerikanischen) Methoden der Sozialen Arbeit wurden bereits ab den 1920er-Jahren in Deutschland aufgegriffen, bevor nach dem Zweiten Weltkrieg – vor allem im Rahmen des „European Recovery Program" (Marshall-Plan) – durch die USA eine gezielte Verbreitung der klassischen Methoden forciert wurde (vgl. Staub-Bernasconi 1995; Krauß 1996; Neuffer 2011; Müller, C. W. 2005). Nachdem die klassischen Methoden der Sozialarbeit im Kontext der Reform- und Akademisierungsbewegung der 1970er-Jahre als unwissenschaftlich und konservativ zurückgewiesen wurden und sich viele SozialarbeiterInnen im Folgenden „fachfremden Methoden", besonders psychologischen und psychotherapeutischen Ansätzen und Konzepten der Beratung und Therapie, zuwandten, erleben Methoden der Sozialen Arbeit – parallel mit einer stärkeren Beschäftigung mit Fragen der Handlungskompetenz und Professionalität – ab den 1990er-Jahren zunehmend an Beachtung und Weiterentwicklung (vgl. ebd.). So wurden neben den klassischen „primären" Methoden weitere sekundäre Methoden, beispielsweise Supervision oder planerische und administrative Ansätze, in der Sozialen Arbeit aufgegriffen oder entwickelt (vgl. Pfaffenberger 1991a, S. 207).

Das Interesse an sozialarbeiterischen Methoden hält auch aktuell an. Es äußert sich in zahlreichen Methodenhandbüchern (z. B. Galuske 2007a; von Spiegel 2006; Michel-Schwarze 2009; 2010; Wendt 2017) ebenso wie im Interesse an bzw. Boom von einzelnen Methoden, etwa sozialpädagogischen

Diagnosen, der Sozialraumorientierung oder dem Case Management sowie schließlich aktuellen Trends der Evidenzbasierung. Die nachfolgende Darstellung zielt darauf ab, einen allgemeinen Überblick zu Methoden in der Sozialen Arbeit zu geben. Da konkrete Methoden nur aus der Logik des Arbeitsfeldes, in dem sie genutzt werden, sinnvoll dargestellt, eingeordnet und diskutiert werden können (vgl. z. B. Michel-Schwartze 2009), erfolgt eine Vorstellung der konkreten, in dieser Studie fokussierten methodisch-fachlichen Formalisierungen erst im Rahmen der exemplarischen Fallstudien im Teil II.

2.4.2 Gegenstandbestimmungen von Methoden der Sozialen Arbeit

Methoden sind „Arbeitsformen und Arbeitsweisen der sozialarbeiterischen Praxis" (Pfaffenberger 1991a, S. 207), die sich durch bestimmte Merkmale auszeichnen. Krauß (1996) definiert sie als normative, wissenschaftlich oder erfahrungsbasierte „Handlungskonzepte zur beruflichen Lösung sozialer Probleme" und hebt als besondere Eigenschaften hervor, dass sie „zielgerichtet, prozessorientiert und systematisch" sind (ebd., S. 396). Ähnlich schlägt auch Galuske (2007a, S. 31) auf Basis einer Zusammenschau verschiedener Begriffsbestimmungen vor, Methoden als „planvolle, nachvollziehbare und damit kontrollierbare Gestaltung von Hilfeprozessen" zu definieren. Als weitere Merkmale definiert Deutscher (1978) eine wissenschaftliche Fundierung, begriffliche Fassbarkeit, bewusste Steuerung sowie Lehr- und Lernbarkeit.

Gemeinsam ist den Bestimmungen von Praxismethoden der Sozialen Arbeit zum einen der Aspekt der Zielorientierung; sie werden angewandt, um damit (wie auch immer konkret definierte) Effekte zu erzielen, zum anderen beinhalten sie eine Strukturierung, das heißt eine Bestimmung und Relationierung von Annahmen und Handlungselementen. Methoden müssen also Kausalbeziehungen zwischen Ursachen und Wirkungen bzw. zwischen Handlungen (z. B. Interventionen) und deren Folgen (Interventionswirkungen) unterstellen. Damit steht das Konzept der Methode in einem gewissen Widerspruch zu den Grundcharakteristika des Gegenstands Sozialer Arbeit. So verhindert das Technologiedefizit von sozialen Dienstleistungen verlässliche Kausalaussagen, ebenso stehen die Spezifik des Einzelfalls, die Ko-Produktion und der fluide Charakter von Interaktionen verallgemeinerbaren Annahmen oder gar Handlungsrezepten entgegen. Diese Inkompatibilitäten wurden bereits von Richmond (1917) und Salomon (1926) reflektiert und prägen auch die aktuelle Debatten um Methoden und Grenzen der Methodisierbarkeit (vgl. z. B. Galuske 2007a, S. 36 ff.; Müller, K. 2005).

Aus sozialkonstruktivistischer Perspektive führt Michel-Schwartze (2009, S. 12) entsprechend aus, Methoden hätten die „Funktion, Wiederholbarkeit zu konstruieren", da die Illusion der Wiederholbarkeit jene Regelmäßigkeiten und

Verlässlichkeit suggeriert, auf die sich Fachkräfte, NutzerInnen und Gesellschaft verlassen. Ähnlich meint auch Krauß (1996), dass Methoden keine Wirkungen garantieren könnten, aber dafür die Handlungssicherheit der Fachkräfte erhöhen würden. Mit Methoden verknüpft sind somit institutionalisierte Annahmen über Möglichkeiten der gezielten und geplanten Beeinflussung der sozialen Wirklichkeit, die so empirisch nicht immer gegeben sind, aber ein wesentliches Fundament der Legitimation Sozialer Arbeit als Instrument der gesellschaftlichen Selbstgestaltung darstellen.

Der institutionelle Charakter professioneller Methoden zeigt sich auch darin, dass (anstelle eines spezifischen Problembezugs) von einem universellen, letztlich auf der Arbeitsweise der Medizin, beruhenden Interventionsmuster ausgegangen wird. So weisen Ausführungen zu Methoden und methodischem Handeln in der Sozialen Arbeit regelmäßig auf einen (teilweise erweiterten) „methodischen Dreischritt" (vgl. z. B. Deutscher 1978; Pfaffenberger 1991a; Krauß 1996; Müller, C. W. 2005), den bereits Richmond (1917, S. 38) als für sozialarbeiterische Arbeitsprozesse typisch beschreibt:

> The process which lead up to social diagnosis and then to the shaping of a plan of social treatment may be divided into the collection of evidence and the drawing of inference therefrom. (ebd., S. 38)

Abbott (1988, 1992) beschreibt Diagnose, Inferenz und Behandlung als die „Modalitäten professionellen Handelns". Dabei stellt jeder der Schritte spezifische Herausforderungen an die professionellen Fachkräfte. Für die Diagnose sind relevante Aspekte zu ermitteln, zu ordnen und die KlientInnen gegebenenfalls entsprechend zu klassifizieren. Bei der Behandlung sind unter anderem die Spezifika der Dienstleistungen zu berücksichtigen. Als Inferenz bezeichnet er schließlich die Regelbildung über Zusammenhänge zwischen Diagnose und Behandlung. Hier sieht Abbott nicht nur die Herausforderung, Entscheidungen auf der Basis unsicherer Diagnosen und angesichts unklarer Wirkungszusammenhänge zu treffen, sondern auch das Risiko, dass zu triviale Verknüpfungen von Diagnosen und Interventionen – über Standardisierungen und Routinisierungen – zu einer De-Professionalisierung führen könnten.

Die Inferenzbildung, mithin die Vermittlung von Wissenschaft und Praxis, bildet den Kern professionellen Handelns (vgl. ebd.). Schon Richmond (1917) setzte sich intensiv mit der Inferenzbildung und den Risiken der Urteilsbildung (z. B. unzutreffende Kausalitätsannahmen, Gewohnheiten oder Vorurteile) auseinander (vgl. Abschnitt 7.4)[38]. Und auch heute gilt die Inferenzbildung, also

---

38 Richmond (1917, S. 99) definiert die Inferenzbildung wie folgt: „The reasoning process by which we pass from known fact to fact that is unknown. From many particular cases we

die Entscheidung über die richtige Hilfe im Einzelfall, als zentrale Herausforderung sozialarbeiterischer Professionalität, wobei eine „Inferenzlücke" ein zentrales Motiv für Methodisierungen und auch für die Implementierung von formalisierten Instrumenten und Verfahren zur Unterstützung professioneller Entscheidungen darstellen (vgl. Egelund 1996; Palinkas 2014).

2.4.3 Methodenverständnisse unterschiedlicher Reichweite

Während sich die vorgestellten Bestimmungen auf ein enges Methodenverständnis bezogen, wird im sozialpädagogischen Fachdiskurs häufig auf ein weites bzw. integriertes Methodenverständnis verwiesen, das Methoden in den Kontext von Problemen, Zielen und Rahmenbedingungen stellt (vgl. z. B. Galuske 2007a; Krauß 1996). So beschreibt Pfaffenberger (1991b, S. 206) gesellschaftliche Werte, sozialarbeiterische Prinzipien, berufliche Haltungen sowie Verfahrensschritte (Befundsammlung, Diagnose, Behandlungsplan, Intervention und Auswertung) als die entscheidenden Elemente von Methoden. Auf einen weiteren Rahmen verweist auch Galuske (2007a, S. 31), wenn er die Sach-, Ziel-, Personal-, Arbeits-, Situations-, Planungs- und die Evaluationsebene als für eine Methodenreflexion relevant beschreibt.

Eine Grundlage der sozialpädagogischen Methodendiskussion ist bis heute die Ende der 1970er-Jahre entwickelte Konzeption von Geißler und Hege (vgl. z. B. Olk 1986; Galuske 2007a; Michel-Schwartze 2009). Die AutorInnen unterscheiden darin Konzepte, Methoden und Techniken. Die umfassendste Kategorie des Modells stellen Konzepte dar. Diese bezeichnen

> ein Handlungsmodell, in welchem die Ziele und Inhalte, die Methoden und die Verfahren in einen sinnhaften Zusammenhang gebracht sind. Dieser Sinn stellt sich im Ausweis der Begründung und der Rechtfertigung dar. (Geißler/Hege 1999, S. 23)

Konzepte bezeichnen also eine Einbettung professioneller Handlungsvollzüge in ein weiteres System aus Weltsichten, epistemologischen Perspektiven, fachlichen Prinzipien, Normen und Werte. Als Beispiele nennen die AutorInnen psychoanalytische Konzepte oder klientenorientierte Beratungsansätze[39]. „Methoden sind – formal betrachtet – (konstitutive) Teilaspekte von Konzepten. Die Methode ist ein vorausgedachter Plan der Vorgehensweise" (ebd., S. 24).

---

may infer a general truth, or, as happens more often in case work, from a general truth we may infer some new fact about a particular case."

[39] Galuske (2007a) wählt zur Veranschaulichung das Konzept der Lebensweltorientierung, die Methode des Streetwork und Verfahren zur Kontaktaufnahme oder Gesprächsgestaltung.

Methoden zeichnen sich also durch eine zielbezogene Handlungsstrukturierung aus. Techniken oder Verfahren stellen demgegenüber Einzelelemente von Methoden dar, die von übergeordneten Zielen und Inhalten weitgehend entkoppelt sind (vgl. ebd.). Die in dieser Studie relevanten formalisierten Instrumente und Verfahren sind demnach im Modell von Geißler/Hege (1999) den Verfahren zuzurechnen. Sie zeichnen sich dadurch aus, dass sie formalisiert sind, also Inhalt und Struktur vorgegeben werden.

Michel-Schwartze (2009, S. 13) differenziert anschließend an Geißler und Hege zwischen Methoden und Instrumenten. Erstere bestimmt sie als eine Verknüpfung von Handlungsimperativen oder Realisierungsformen theoretischer Grundsätze. Instrumente sind dagegen „ideelle Planungshilfen oder materialisierbare Verfahrensweisen" und tragen zur Steigerung der Praktikabilität von Methoden bei. Michel-Schwartze (2009) schlägt demnach eine Differenzierung von Instrumenten vor, die deutliche Parallelen zu der in Abschnitt 2.1 eingeführten Unterscheidung zwischen Instrumenten und Verfahren zeigt. So lassen sich formalisierte Verfahren als konzeptionelle Regelungen den ideellen Planungshilfen zuordnen, in denen Handlungsabläufe oder Handlungselemente beschrieben und verknüpft werden. Formalisierte Instrumente sind dagegen materialisierbare Verfahrensweisen, da ein Artefakt genutzt wird oder generiert werden kann (etwa ein Hilfeplanformular oder ein Diagnosebogen). Michel-Schwartze verzichtet auf eine weitere Detaillierung ihrer Definition von Instrumenten. Stattdessen bestimmt sie unterschiedliche Funktionen von Instrumenten.

> Instrumente geben Denkhilfen und veranschaulichen Zusammenhänge (z. B. Genogramm), oder ermöglichen verbindliche Vereinbarungen (z. B. Hilfepläne). Instrumente tragen damit zur Strukturierung des Hilfeprozesses bei. (ebd., S. 14)

Diese Strukturierung kann in Abhängigkeit von den jeweiligen Kontextbedingungen sehr unterschiedlich ausfallen. So sind die einzelnen wohlfahrtstaatlichen Felder durch unterschiedliche Systemlogiken geprägt, die sich in rechtlichen Regulierungen, dominanten Normen etc. ausdrücken. Michel-Schwartze (2009) zeigt exemplarisch am Beispiel des Case Management, wie unterschiedlich ein und dasselbe Konzept für die gleiche Zielgruppe, aber in unterschiedlichen Rechtskreisen umgesetzt werden kann[40]. Während das Verfahren im Rahmen der Jugendberufshilfe als Teil der Kinder- und Jugendhilfe zur Realisie-

---

40 Während Michel-Schwartze (2009) auf unterschiedliche wohlfahrtstaatliche Systeme und Rechtskreise verweist – Kinder- und Jugendhilfe nach SGB VIII und Grundsicherung und Arbeitsförderung nach SGB II/III – kann ergänzt werden, dass Soziale Arbeit häufig an der Grenze oder im Einflussbereich anderer Systeme (z. B. Medizin, Strafvollzug, Schule) agiert. Daher wirken auch innerhalb der Sozialen Arbeit unterschiedliche Logiken und Prinzipien.

rung einer bedarfsorientierten und beteiligungsorientierten Hilfe mit dem Ziel der selbstbestimmten Lebensführung eingesetzt werden kann, ist es in der Arbeitsförderung – als beschäftigungsorientiertes Fallmanagement – ein auf Sanktionen basierendes Instrument zur möglichst zügigen Arbeitsmarktintegration der AdressatInnen (vgl. auch Reis/Kolbe 2005).

2.4.4 Methoden als Dienstleistungstechnologien

Auch Reis (2009) nutzt das Beispiel des Case Managements, um unterschiedlichen Realisierungsmöglichkeiten von methodischen Verfahren unter divergierenden Kontextbedingungen darzustellen. Er spricht hierbei von unterschiedlichen Dienstleistungstechnologien, das heißt unterschiedlichen Ausgestaltungen von Interaktionssituationen in Anhängigkeiten von den institutionell und organisatorisch geprägten Praxisideologien, also den Weltsichten, Moralvorstellungen, Zielen der Fachkräfte. Reis (2009) bezieht sich in seinen Ausführungen auf Hasenfeld (2010b, S. 412), der die Service Technologie als Folge der Service Logik einer Organisation beschreibt: „The logic consists of rules and practices that constitute the rational, content, and structure of the service. It is selected among possibly contending and different logics that claim legitimacy".

Hasenfeld (1983; 2010a, b) vertritt also ein sehr umfassendes Verständnis von (Dienstleistungs-)Technologie. Dieses geht einerseits über den Konzept-Begriff bei Geißler und Hege (1999) hinaus, andererseits liegt es quer dazu, da Hasenfeld auf die Techniken der Organisation und nicht auf die Konzepte, Methoden und Verfahren der Fachkräfte abhebt. Anschließend an Perrow (1965) subsummiert Hasenfeld unter den Begriff der Technologie alle organisationalen Strategien zur gezielten Bearbeitung des „Rohmaterials" einer Organisation (vgl. Hasenfeld 1983; 2010a) und differenziert diese grob in die bereits beschriebenen Transformationstechnologien (people-processing, people changing etc.). Entsprechend lassen sich Dienstleistungstechnologien als „inherently indeterminate, ambigous, and complex" (Sandford 2010, S. 270) charakterisieren.

Ein Methodenverständnis, welches das breite Feld der Dienstleistungstechnologien umfasst, schlagen auch Perlinski et al. (2013) vor. In einer Studie zur Methodennutzung durch Fachkräfte der Sozialen Arbeit differenzieren sie zwischen unspezifischen und spezifischen Methoden. Unspezifische Methoden bestimmen sie als Kombination aus methodischen Elementen, Erfahrung, Intuition etc. (z. B. Beziehungsarbeit). Spezifische Methoden sind dagegen Ansätze, die einen Namen tragen und inhaltlich definiert sind. Letztere Sichtweise entspricht weitgehend dem im deutschen Diskurs der Sozialen Arbeit verbreiteten Methodenverständnis (z. B. Galuske 2007a; Michel-Schwartze 2009). Mit der Verknüpfung von unspezifischen und spezifischen Methoden nehmen Perlinski et al. (2013) das gesamte Spektrum der Dienstleistungstechnologien in den Blick.

Dieser weite Methoden- und Technologie-Begriff ist anschlussfähig an das Konzept von Orlikowski (1992; 2000), das zwar vor allem auf Informationstechnologien und materielle Gegenstände bezogen wird (z. B. Gillingham 2011a; Monteiro/Nicolini 2015), aber konzeptionell ebenfalls an Perrow (1967) anschließt. Aufbauend auf der Strukturationstheorie von Giddens (1986) entwirft Orlikowski (1992) ein Modell der „Dualität von Technologie", das auch zur Beschreibung von Instrumenten und Verfahren in der Sozialen Arbeit aufschlussreich ist[41]. Sie sieht Technologien als ein Ergebnis menschlichen Handelns. Dabei sind Technologien physisch bzw. inhaltlich und sozial konstruiert.

> Human agents build into technology certain interpretive schemes (rules reflecting knowledge of the work being automated), certain facilities (resources to accomplish that work), and certain norms (rules that define the organizationally sanctioned way of executing that work). (Orlikowski 2000, S. 405)

Die Technologien spiegeln damit, vermittelt über ihre Entwickler, nicht nur bestimmte technische Eigenschaften, sondern auch die institutionelle Ordnung (z. B. Weltbilder, Normen, Werte) wider. Solch entwickelte Technologien dienen in ihrer organisationalen Anwendung als Medien menschliche Handelns – im Falle von Dienstleistungstechnologien also als Medien zur Gestaltung und Strukturierung der Interaktion mit und über AdressatInnen sowie auf die AdressatInnen bezogene Entscheidungen[42]. Dabei wird die physische, vor allem

---

41 Mit der Strukturationstheorie will Giddens (1986) die in dem meisten Sozialtheorien vertretene Dichotomie von Handeln und Struktur überwinden und eine vermittelte Position zwischen voluntaristischen (z. B. Rational Choice) und objektivistischen (z. B. Strukturalismus oder Funktionalismus) Positionen einnehmen. Mit dem Konzept der „Dualität der Struktur" entwirft er die Annahme, dass „die Strukturmomente sozialer Systeme sowohl Medium wie Ergebnis der Praktiken (sind), die sie rekursiv organisieren" (Giddens 1986 zitiert nach Walgenbach 2006, S. 411). Giddens setzt reflexionsfähige und intentional handelnde Akteure voraus, deren Handeln durch soziale Bedingungen (Struktur) ermöglicht und begrenzt wird. Indem Akteure innerhalb der bestehenden Strukturen intentional handeln, (re-)produzieren und verändern sie unbewusst die bestehenden Strukturen. Struktur ist also Medium bzw. Voraussetzung und Resultat intentionalen Akteurshandelns. Strukturen im Sinne von Giddens sind Regeln und Ressourcen. Regeln konstituieren Sinn (Signifikation) und definieren Rechte und Verpflichtungen (Legitimation). Als wesentliche Ressourcen bestimmt Giddens Macht und Herrschaft, also die Verfügung über Dinge (allokative Ressourcen) und Herrschaft über Personen (autoritativen Ressourcen). Diese Elemente der Struktur sind nach Giddens virtuell, d. h. sie haben jenseits ihres Einflusses auf das Handeln der Akteure keine gesellschaftliche Relevanz (vgl. Walgenbach 2006; Neuberger 1995).
42 Kallinikos et al. (2013, S. 395) unterstreichen, dass über die in Artefakte eingeschriebenen Bedeutungen neben den primären technischen Funktionen hinaus über die Definition von

aber die soziale Konstruiertheit von Technologie selten reflektiert, vielmehr ist davon auszugehen, dass

> once developed and deployed, technology tends to become reified and institutionalized, losing its connection with the human agents that constructed it or gave it meaning, and it appears to be part of the objective, structural properties of the organization. (ebd., S. 406)

Diese Entkopplung ist umso wahrscheinlicher, je weiter die Entwicklung und Nutzung der Technologie räumlich und zeitlich getrennt sind. Sie führt dazu, dass „users of a technology often treat it as a closed system or ‚black box' " (ebd., S. 407). Indem die Technologien aber genutzt werden, (re-)produzieren sie die institutionelle Ordnung. Da aber Technologien immer Handlungsspielräume in der Umsetzung aufweisen – Orlikowski (1992, S. 407) spricht von einer „interpretive flexibility of technology" und daher je nach NutzerIn und Nutzungskontext in unterschiedlicher Weise angewandt werden, wird die institutionelle Ordnung entweder reproduziert oder verändert.

Übertragen auf die Soziale Arbeit kann das Modell von Orlikowski (1992) zum einen dafür sensibilisieren, dass Technologien und Technologienutzung zwei unterschiedliche Dinge sind. Orlikowski (2000, S. 408) differenziert entsprechend zwischen dem „technological artefact" und der „technology-in-practice":

- *technology as artifact* (the bundle of material and symbol properties packaged in some socially recognizable form, e. g., hardware, software, techniques) (…) an identifiable, relatively durable entity, a physically, economically, politically, and socially organized phenomenon in space-time (…)
- the *use of technology*, or what people actually do with the technological artifact in their recurrent, situated practices. (…) use of the technology involves a repeatedly experienced, personally ordered and edited version of the technological artifact, being experienced differently by different individuals and differently by the same individuals depending on the time or circumstance (…) the specific structure routinely enacted as we use the specific machine, technique, appliance, device, or gadget in recurrent ways in our everyday situated activities.

Statuspositionen auch soziale Beziehungen reguliert werden: „Technological artifacts or systems epitomize operational couplings that extend beyond the human-technology interface. Such couplings entail multiple, unobtrusive, backstaged links that evade human interpretation yet are critically involved in the reproduction and control of social relations. Cast in this light, technologies emerge as complex rationalized embodiments for structuring social relationships".

Dabei verdeutlicht die Autorin, dass nicht das Konzept (Artefakt), sondern die Nutzung das gesellschaftlich relevante Element ist, denn „it is only when this technology is used in recurrent social practices that it can be said to structure users' actions" (ebd., S. 9). Entsprechend führen weder die formale Analyse methodischer Konzepte (z. B. Hansen 2010) noch die Einwände akademischer ExpertInnen gegen eine „falsche" Umsetzung methodischer Konzepte (z. B. Fixsen et al. 2005, 2009; Löcherbach 2003) weiter. Ausschlaggebend – für wissenschaftliche Analysen, Evaluationen oder Anregungen zur Praxisentwicklung – sind die empirischen Nutzungsweisen durch Fachkräfte in ihren jeweiligen Handlungskontexten.

Zum anderen sensibilisiert das Modell von Orlikowski (1992) dafür, dass Methoden sowie Instrumente und Verfahren in einem bestimmten Kontext entstanden sind und dabei neben gegenstandbezogen-inhaltlichen Elementen auch institutionelle Elemente eingeflossen sind und transportiert werden. Während sich Konzepte durch eine Explikation von Hintergrundannahmen auszeichnen, werden diese bei Methoden und Verfahren zunehmend implizit. Besonders konkrete (formalisierte) Instrumente können als Artefakte (z. B. als Diagnosebogen) völlig von den Weltsichten, Menschenbildern und Ideologien, epistemologischen Perspektiven und fachlichen Prinzipien ihres Entstehungskontexts entkoppelt sein und daher als scheinbar neutrale, objektive Instrumente zur Realisierung einer bestimmten sozialpädagogischen Arbeitsaufgabe erscheinen.

Dieses Phänomen wurde besonders für die Entwicklung von Fachsoftware reflektiert, da hier die physischen und sozialen Konstruktionsprozesse durch nicht-professionelle Programmierfachleute und daher nicht nach fachlichen Prinzipien erfolgen (vgl. z. B. Gillingham 2011a; Janatzek 2011). Die gleiche Problematik besteht jedoch auch bei anderen methodischen Elementen. So wurden und werden etwa auch im Kinderschutz viele Instrumente von medizinischen und psychologischen Fachkräften etc., also von Nicht-SozialarbeiterInnen, (mit-)entwickelt. Schließlich stehen auch in der Sozialen Arbeit als einer multi-paradigmatischen Disziplin zahlreiche weltanschauliche, epistemologische, ethische und praktische Perspektiven nebeneinander – von persönlichen Einflüssen ganz zu schweigen. Die Rationalitäten hinter den Konstruktionsprozessen dürften, wie Orlikowski argumentiert, vor allem dann in Vergessenheit geraten, wenn Techniken genutzt werden, die vor langer Zeit oder an entfernten Orten entwickelt wurden Insofern hat auch der für die Soziale Arbeit konstitutive und sich zunehmend verstärkende internationale Wissens- und Methodentransfer spezifische Effekte, die nur teilweise systematisch reflektiert werden (vgl. Harris et al. 2015)[43]. Wobei Sahlin-Andersson und Engwall (2002) nahelegen, dass gerade Methoden mit wenig komplexem Überbau, dafür aber mit klarer und universeller Zweckbestimmung und griffigem Label international Verbreitung finden.

2.4.5 Differenzierungen und Trends

Die internationale Verbreitung von spezifischen sozialarbeiterischen Methoden ist auch Gegenstand einer Studie von Schnurr und Slettebø (2015). Die Autoren sprechen nicht von Methoden, sondern übergreifend von Programmen, die sie definieren als

> a consolidated body of knowledge, including theories, principles, values, methods and objectives that is organized in order to guide practice in achieving desired outcomes when addressing acknowledged social problems and meeting the needs of defined service user groups. (ebd., S. 585)

Obgleich diese Bestimmung sehr weitgehend ist und zentrale Aspekte dessen, was bei Geißler und Hege Konzepte auszeichnet beinhaltet, treffen Schnurr und Slettebø weitere Differenzierungen, die auf einer sehr konkreten Ebene angesiedelt sind. So unterscheiden sie Programme einerseits danach, ob diese manualisiert sind und andererseits ob diese lizensiert sind. Manualisiert sind Programme, bei denen Arbeitsschritte und Arbeitsinhalte präzise definiert sind. Schnurr und Slettebø benennen die Multisystemic Therapy (MST) als Beispiel. Ebenfalls manualisiert sind etwa formalisierte Diagnosebögen. Nicht-manualisiert sind dagegen Programme, bei denen lediglich zentrale Elemente und/oder Prinzipien vorgegeben sind. Als Beispiel nennen die Autoren das Case Management oder die Familienkonferenzen[44]. Lizensiert sind Programme, die als Marke geschützt sind und die daher auch kostenpflichtig vermarktet werden können. Auch hierfür wird die MST als Beispiel benannt.

---

43 Eine Ausnahme bildet der Import des Case Managements aus den USA. Die Übertragung eines Ansatzes zur Koordination von Leistungen in einem völlig anders strukturierten Dienstleistungssystem und unter einer anderen wohlfahrtsstaatlichen Logik wurde sowohl in den USA selbst (z. B. Cnaan 1994) als auch in Großbritannien (Huxley 1993) und Deutschland (z. B. Ewers 1996; Hansen 2005; 2006) immer wieder kritisch reflektiert.
44 Family Group Conferencing ist ein Verfahren zur Situationsklärung und Hilfe-/Interventionsplanung, das im Wesentlichen auf einem moderierten Dialog zwischen Familienmitgliedern und externen Akteuren (z. B. Hilfeanbietern) basiert. Das Verfahren wurde in der Sozialen Arbeit mit Maori in Neuseeland entwickelt und findet mittlerweile international – auch in Deutschland – Anwendung.

Da viele sozialpädagogische Ansätze sich über längere Zeiträume in und aus der Praxis entwickelten und daher keinen Urheber haben, sind lizenzierte Konzepte oder Methoden selten. Häufiger erfolgt eine Lizensierung und Vermarktung von konkreten Instrumenten oder von Softwarelösungen. Ein Beispiel hierfür ist etwa die Software zum Stuttgarter (und Düsseldorfer) Kinderschutzbogen (s. Kapitel 7 & 8). Schnurr und Slettebø (2015) arbeiten heraus, dass die benannten Charakteristika der Programme Einfluss auf die Art und Weise der Verbreitung haben. Nicht-manualisierte Programme können an lokale Herausforderungen angepasst werden und sich somit im Verbreitungsprozess ausdifferenzieren, was als Vorteil dieser Programme beschrieben wird. Im Falle von manualisierten Programmen wird dagegen eine programmgetreue Implementierung angestrebt, während Anpassungen als Problem gelten. Dies ist besonders dann der Fall, wenn die Wirksamkeit des Originalprogramms wissenschaftlich erwiesen wurde (Evidenzbasierung). Die „Transportsicherheit" von Programmen wird noch weiter erhöht, wenn diese lizensiert sind und der Lizenzgeber daher eine konzeptgetreue lokale Umsetzung durchsetzen und kontrollieren kann. Insgesamt konstatieren Schnurr und Slettebø eine Zunahme von evidenzbasierten und manualisierten „ready-to-use"-Programmen (ebd., S. 586).

Wenngleich auch manualisierte Ansätze über einen großen konzeptionellen Überbau verfügen können, so verweisen Trendaussagen eher auf einen Bedeutungsgewinn von Instrumenten und Verfahren auf Kosten von Konzepten und Methoden. Eben diesen Trend beschreiben schon Geißler und Hege (1999), die eine „Verschiebung der professionellen Problemsicht von den Zielen und Inhalten auf die Methoden und Verfahren" (ebd., S. 20) konstatieren. Diese „Verlagerung von konzeptionellen Fragen auf methodisch-technische" (ebd., S. 22) begründen sie unter anderem mit einem, auch durch veränderte Rahmenbedingungen in der Sozialen Arbeit geförderten, Interesse der Fachkräfte an schnellen Wirkungen. Die Fachkräfte verzichten also auf weitergehende Selbstpositionierungen, übergeordnete Ziele und Reflexionen und damit auf das, was letztlich professionelles Handeln ausmacht und werden zu „technischen Experten" (Derber 1982, S. 318) bzw. „unreflective people-processors" (White 2009, S. 129).

Diese „Verselbständigung von Verfahren" (Geißler/Hege 1999, S. 29) gehe einher mit einem „unübersichtlichen Methodenpluralismus" (ebd., S. 21) von nicht explizit an übergeordnete Konzepte und Fachlichkeitsverständnisse rückgebundene Verfahren, der aufseiten der Fachkräfte zu einem „additiven Methodenpluralismus" (ebd.) führe. Methodische Spezialisierungen und eine allgemeine Ausweitung der praktisch-methodischen (bzw. verfahrensbezogenen) Kompetenzen der Fachkräfte – wie sie etwa Krauß (1996) als Trends in der Sozialen Arbeit beschreibt – sehen Geißler und Hege (1999) als Prozess der Entprofessionalisierung. Ähnlich wie Derber (1982) in seiner Diagnose der ideologischen Proletarisierung konstatieren auch Geißler und Hege (1999, S. 20) eine „Scheinfreiheit der Methodenvariabilität", da sich Wahlmöglichkeiten lediglich auf Methoden und Verfahren beziehen, aber die Bestimmung der Ziele und Inhalte des Handelns den Fachkräften zunehmend entzogen wird.

2.4.6 Methodisierung und Professionalität

In der Diskussion um Methoden und Methodisierbarkeit kristallisieren sich letztlich zwei zentrale Relationisierungen heraus: einerseits das Verhältnis zwischen Methoden und professionellem Handeln, andererseits die Frage der Methodisierbarkeit sozialer Dienstleistungen. Beide Relationisierungen sind miteinander verknüpft und verweisen letztlich auf ein Spannungsverhältnis zwischen Offenheit, Einzelfallbezug, und professionellen Handlungsspielräumen einerseits sowie Strukturierung, Universalismus und Handlungsformalisierung andererseits. Ein Spannungsverhältnis zwischen dem Streben nach Professionalisierung und einer stärkeren Methodisierung scheint zunächst irritierend. Schließlich zielte die Methodenentwicklung seit jeher auf eine Professionalisierung, auch im Sinne einer Optimierung der sozialarbeiterischen Handlungspraxis. Dennoch weisen die sich vor allem ab den 1990er-Jahren vollziehenden Trends in der Methodenentwicklung und der konzeptionellen Schärfung von Modellen sozialpädagogischer Professionalität in gegenläufige Richtungen.

Im sozialpädagogischen Diskurs um professionelle Handlungskompetenz und Professionalität konnte sich in Abgrenzung von einem sozialtechnologisch verkürzten ExpertInnenverständnis („Sozialingenieur") und einem paternalistisch-altruistischen Berufsverständnis („professioneller Altruist") ein an die strukturtheoretische Professionstheorie (v. a. Oevermann) anschließendes, als lebensweltorientiert, hermeneutisch aufgeklärt oder reflexiv betiteltes Professionsverständnis („stellvertretender Deuter") durchsetzen, das noch heute den „state of the art" der sozialpädagogischen Professionalitätsdiskussion in der Bundesrepublik darstellt (Dewe et al. 1992, 1995; Dewe/Otto 2001, 2005, 2010)[45]. Unbeschadet von Differenzen im Detail wird professionelles Handeln dort beschrieben als die

> jeweils situativ aufzubringende Fähigkeit, einen lebenspraktischen Problemfall kommunikativ auszulegen, indem soziale Verursachungen rekonstruiert werden,

---

45 Einen Einblick in die internationale Diskussion zu einem reflexiven Professionalitätsverständnissen in der Sozialen Arbeit bietet das Heft 3/2009 des „European Journal of Social Work". Zum Konzept der ‚Reflexiven Praxis' sei grundlegend auf Schön (1983) verwiesen.

um dem Klienten aufgeklärte Begründungen für selbst zu verantwortende Entscheidungen anzubieten und subjektive Handlungsmöglichkeiten zu steigern. (Dewe/Otto 2005, S. 188)

Professionalität konstituiert sich demnach primär als personale Kompetenz der Fachkraft, einzelfallbezogen und kommunikativ unterschiedliche Wissens- und Urteilsformen kreativ zu verknüpfen. Professionelles Handeln realisiert sich damit im „Spannungsfeld zwischen Wissensapplikation und Fallverstehen unter Unsicherheitsbedingungen" (ebd., S. 187). Diese Fähigkeit der dialogischen und mäeutischen Vermittlung bzw. Relationierung – und nicht die Anwendung wissenschaftlichen Wissens – wird als zentrales Element von Professionalität verstanden[46]. Diese Vermittlungskompetenz gilt zwar als routinisierbar, kann aber nicht formalisiert und zu Methoden verdichtet werden (vgl. Dewe et al. 1993; Dollinger 2007)[47].

> Die Entscheidungsfindung kann also nie alleine durch den Rekurs auf das professionsspezifische kognitiv-rationale Wissen fundiert werden, sondern erfordert ebenso den Einsatz von Intuition, Erfahrungswissen, Deutungen etc.; Kompetenzen, die keineswegs lückenlos im Vorhinein produziert, kontrolliert und vorgehalten werden können, sondern auf deren angemessene situative Anwendung allenfalls vertraut werden kann. (Olk 1986, S. 158)

Da Professionswissen entweder als dem Handlungswissen (vgl. Dewe et al. 1993) zugehörig oder als eigenständige Kategorie zwischen alltagslogischem Handlungswissen und wissenschaftlichem Wissen (vgl. Dewe/Otto 2005) bestimmt wird, gelten Strategien der Verwissenschaftlichung als Einfallstor der Bürokratisierung und Standardisierung und bergen paradoxerweise die Gefahr der Entprofessionalisierung (vgl. Dewe et al. 1993). Professionelles Handeln setzt vielmehr Handlungsspielräume zur Realisierung einer situativ an die Spezifik des Einzelfalls angepassten und dialogisch gesteuerten Interaktionspraxis

---

[46] Die Bedeutung einer Verknüpfung unterschiedlicher Wissensformen als angemessene Reaktion auf die Komplexität und Unsicherheit in der Sozialen Arbeit unterstreicht auch Trevithick (2008). Sie beschreibt theoretisches Wissen (Theorien zu Problemursachen, Lösungen etc.), feldbezogenes Wissen (factual knowledge: z. B. rechtliches, politisches oder infrastrukturbezogenes Wissen) sowie personal-praktische Kompetenzen zur Wissensaneignung, Wissensnutzung und Wissensgenerierung als relevante Basis professionellen sozialarbeiterischen Handelns (ebd.).

[47] Die Routinisierung der Vermittlung oder Relationierung von Fall- und Theorieverstehen („knowing how") wird als Grund für die Notwendigkeit einer kontinuierlichen Reflexion des eigenen Handelns und dessen Folgen beschrieben („knowing that") (vgl. Dewe et al. 1993, S. 199). Entsprechend gilt Selbstreflexion und nicht technologische Kontrolle und Standardisierung als „wesentliches Qualitätsmerkmal (…) professionellen Handelns" (Dewe 2005, S. 259).

voraus (vgl. z. B. Oevermann 2009). Konzepte reflexiver sozialpädagogischer Professionalität stehen damit in Konkurrenz zu Methoden, die eine mehr oder weniger deutliche Einschränkung oder Fokussierung professioneller Ermessensspielräume bedeuten[48]. Reflexive Professionalitätskonzepte bilden somit einen Gegenpol zu einer sich dynamisierenden Methodenentwicklung bzw. einer Expansion verschiedener Instrumente und Verfahren, wie es exemplarisch der Boom diagnostischer sozialpädagogischer Verfahren, der Partizipationsförderung[49] oder des Case Managements zeigt – wobei sich die Methodenexpansion keinesfalls auf formalisierte Instrumente und Verfahren beschränkt. Eine Konkurrenz zwischen auf personaler Kompetenz basierender Professionalität und methodischen Strukturierungen besteht nicht nur auf der konzeptionellen Reflexionsebene, sondern zeigt sich auch empirisch. Fook et al. (1997) zeigen in einer qualitativen Studie, dass berufserfahrene, als kompetent geltende PraktikerInnen vor allem intuitiv, erfahrungsgeleitet und situativ handeln. Dabei kommen Routinen für einzelne Arbeitsaufgaben zur Anwendung, die kreativ an sich verändernde Situationen angepasst werden. BerufsanfängerInnen agieren demgegenüber bewusst analytisch und regelgeleitet und sind bestrebt, in ihrem Handeln lineare Theoriebezüge herzustellen. Während BerufsanfängerInnen demnach vor allem nach konkreten Methoden und Verfahren arbeiten, stellt das Handeln von professionellen ExpertInnen eine intuitive und kreative Kunstfertigkeit dar. Theoriebezüge sowie definierte Methoden – Fook et al. (1997, S. 407) sprechen von allgemeinen und abstrakten Plänen – werden von den berufserfahrenen ExpertInnen als der Komplexität der bearbeiteten Fälle unangemessen zurückweisen.

Eine vermittelnde Position zwischen auf personale Kompetenzen und Ermessensspielräume setzenden Professionalitätskonzepten einerseits und diese beschränkende bzw. strukturierende Methodenorientierungen andererseits nehmen Ansätze des methodischen Handelns oder der Handlungskompetenz ein (z. B. Heiner 2004; Staub-Bernasconi 2004; von Spiegel 2006; Michel-Schwartze 2009). In diesen Ansätzen werden Elemente bzw. Kompetenzberei-

---

48 Freidson (2001, S. 23) differenziert verschiedene Formen der Beeinflussung professioneller Ermessensspielräume: Eine Einschränkung professioneller Entscheidungsspielräume bezeichnet er als „mechanical specialisation". Ferner unterscheidet er zwischen zwei spezifischen Fokussierungen: „manual discretionary specialisation" beschreibt eine Fokussierung von Entscheidungen auf praktische Wissensinhalte, während er „mental discretionary specialisation" für eine Fokussierung auf formale Wissenselemente bezeichnet.

49 Besonders in der Kinder- und Jugendhilfe kommt es Anfang der 2000er-Jahre zu einem „Partizipations-Boom" (Stork 2007, S. 38), der von intensiven Methodisierungsbemühungen begleitet wurde. Zum prominenten Konzept der Partizipationspädagogik von Stange/Tiemann stellt Stork aber fest, dieses sei zwar für die Praxis durchaus inspirierend, letztlich aber lediglich Methodik, bei der „weder von Demokratie noch von Erziehung viel übrig bleibt. Beides wird auf erfolgreiches Projektmanagement reduziert" (ebd., S. 83).

che für professionelles Handeln definiert, die über die reine Methodenanwendung hinausgehen, aber klarer umrissen sind als die vorgestellten strukturtheoretisch orientierten Professionsmodelle. Der anvisierte Spagat äußert sich in der Begriffsbestimmung von Spiegels (2006, S. 9), die konstatiert, „[m]ethodisches Handeln bedeutet, die spezifischen Aufgaben der Sozialen Arbeit strukturiert und kontextbezogen, kriteriengeleitet und eklektizistisch, zielorientiert und offen zu bearbeiten". Dieses Handeln basiere auf der individuellen personalen Kompetenz der Verknüpfung unterschiedliche Wissenskomponenten (z. B. Beobachtungs- und Beschreibungswissen, Wertewissen) und müsse ein

> Set aus Analyse-, Planung- und Reflexionsstrategien [umfassen], die helfen können ‚Lesarten' jeweiliger Fallkonstruktionen zu entwickeln und den Informationsbearbeitungs- und Deutungsprozess zu unterstützen. (ebd., S. 119)

Eine solche konzeptionelle Perspektive verknüpft von Spiegel mit der Bereitstellung eines „Werkzeugkastens" methodischer Hilfsmittel, gefüllt unter anderem mit formalisierten und entkontextualisierten Instrumenten.

Heiner (2004, S. 41) wählt den Begriff der „Expertise", den sie als „Wissen und Können zur Bewältigung der beruflichen Aufgaben" definiert. Neben technischen Kompetenzen bestimmt sie diverse Reflexionsleistungen als notwendige Elemente sozialpädagogischer Handlungskompetenz. So müssten ExpertInnen der Sozialen Arbeit in ihrem Handeln u. a. eine Vermittlung zwischen Individuum und Gesellschaft, AdressatInnen-Autonomie, eine doppelte Orientierung auf Verhalts- und Verhältnisänderung sowie Reflexivität leisten. Zudem entwickelt sie Kriterien methodisch strukturierten Handelns (ressourcenorientiert, mehrdimensional, mehrperspektivisch, vernetzend, umfeldbezogen und partizipativ)[50]. An anderer Stelle plädiert sich jedoch für die Nutzung formalisierter Instrumente der sozialen Diagnose.

Staub-Bernasconi (2004) schließlich plädiert für eine Integration von Analyse-, Erklärungs-, Interventions-, Begründungs- und Reflexionswissen zu einem Komplex systematischen, wissenschaftlich fundierten Wissens und verweist damit zwar einerseits auf die Relevanz unterschiedlicher Wissensbereiche, reduziert diese jedoch auf den Typ wissenschaftlichen Wissens und plädiert damit letztlich für ein sozialtechnologisches Fachlichkeitsverständnis.

---

50 Heiner (2004) entwickelt ihr Kompetenzmodell nicht nur als Konzept professionellen Handelns, sondern als Kriterienkatalog zur qualitativ-empirischen Erfassung der Professionalität von Fachkräften unterschiedlicher Arbeitsfelder der Sozialen Arbeit.

2.4.7 Evidenzbasierung der Sozialen Arbeit

Ausdruck einer sozialtechnologischen Rationalität ist auch der internationale Trend zur Evidenzbasierung. Er gilt als eine Triebfeder für die Entwicklung konzeptionell-methodisch entkoppelter Instrumente und Verfahren. Zudem wird eine Evidenzbasierung als Gegenmodell einer reflexiven Sozialpädagogik beschrieben (vgl. Dewe/Otto 2010). Das Konzept einer evidenzbasierten Praxis wurde in den 1990er-Jahren am Krankenhaus der McMaster Universität in Kanada als Strategie zur Verbesserung der Ausbildung von medizinischen Fachkräften entwickelt und später am Centre for Evidence-based Medicine an der Oxford University fundiert. Seit Anfang der 2000er-Jahre wird das Konzept als „Evidence-based Practice" (EBP) auch als Strategie zur Qualifizierung der Praxis Sozialer Arbeit diskutiert (vgl. Struhkamp Munshi 2007)[51].

Nach dem Konzept der EBP werden bei Interventionsentscheidungen professioneller Expertise und die Werthaltungen der AdressatInnen mit der besten verfügbaren empirischen Evidenz zu den Wirkungen möglicher Interventionen verknüpft. Hierzu wurde ein mehrstufiger Prozess entwickelt: Im Anschluss an eine erste Situations- und Problemanalyse soll der Professionsangehörig über geeignete Informationssysteme (Online-Datenbanken) einzelfallbezogen wissenschaftliche Studien zu Interventionsformen recherchieren, die zu der spezifischen Problemlage der AdressatInnen „passen". Diese Rechercheergebnisse werden sodann mit Blick auf die Effekte der Intervention (gewünschte Wirkungen und unterwünschte Nebenwirkungen), die Qualität der Studien und die Übertragbarkeit der Befunde auf den aktuellen Einzelfall skeptisch beurteilt. Anschließend soll der Professionsangehörige den/die AdressatIn(en) über Art, Inhalt und Risiken unterschiedlicher Interventionsformen informieren. Auf dieser Basis sollen KlientIn und professionelle Fachkraft gemeinsam eine Interventionsform auswählen, die eine wissenschaftlich erwiesene hohe Wirkungswahrscheinlichkeit hat und mit den Wertvorstellungen und Interessen der/des AdressatIn vereinbar ist (vgl. Mullen et al. 2007). Während der Prozess der Evidence-based Practice selbst eine geringe methodische Strukturierung aufweist, schlagen etwa Mullen et al. (2007) die Integration stark formalisierter Diagnoseverfahren (ein aktuarialistisches/versicherungsmathematisches Risiko- und Kontext-Assessment) in den Entscheidungsprozess vor.

---

51 Gambrill (2001) argumentiert, dass die bisherige, nicht-evidenzbasierte Soziale Arbeit Ausdruck und Strategie eines autoritätsbasierten und arroganten Selbstverständnisses ist. Die Profession gebe vor, wertorientiert, kompetent und wissenschaftlich zu handeln, tatsächlich sei sie aber selbstbezogen, unkritisch und verlasse sich auf gute Vorsätze, Meinungen, pseudowissenschaftliche Erkenntnisse sowie auf tradierte Zeremonien und Rituale.

Vor allem aber fördert die Logik des EBP-Konzeptes die Verbreitung formalisierter Instrumente und Verfahren. Da sich manualisierte Instrumente und Verfahren leichter evaluieren lassen, liegen zu dieser Gruppe von Interventionsformen mehr empirische Studien vor, die bei der Interventionswahl berücksichtigt werden können. Besonders häufig sind Evaluationen bei spezifischen und lizensierten Instrumenten und Verfahren, da Evaluationsstudien hier auch eine Vermarktungsstrategie darstellen. Somit verschiebt sich der Fokus vom Ursprungskonzept der „Evidence-based Practice" als Modell zur Steigerung der Rationalität individueller professioneller Entscheidungen zu „Evidence-based Practices" (EBPs), worunter Instrumente und Verfahren verstanden werden, deren Wirksamkeit empirisch bestätigt wurde. Diese begünstigen einen „evidence-user approach", indem der Autorität wissenschaftlicher Studien ungeprüft geglaubt wird, ohne die Relevanz und Passung der Intervention für die konkrete Fallkonstellation zu prüfen oder die Interessen der AdressatInnen zu berücksichtigen (vgl. Mullen et al. 2005, S. 68 f.). Spezifische, manualisierte Verfahren eignen sich vor allem deshalb gut für Wirkungsstudien, weil ihre Inhalte klar beschrieben sind und sie sich daher gut von alternativen Interventionsformen abgrenzen lassen. Damit lässt sich die Wirkung der Interventionsverfahren gut in Kontrollgruppenstudien untersuchen[52]. Unspezifische oder nicht-manualisierte Methoden entziehen sich dagegen weitgehend einer solchen Wirkungsmessung über Randomized Controlled Trials (RCTs), da sie nicht klar von Alternativinterventionen abgrenzbar sind. Dies führt zu einer stärkeren Berücksichtigung manualisierter Verfahren, da in Konzepten der Evidence-based Practice wie auch in den großen einschlägigen Datenbanken (z. B. Cochrane und Campbell) RCTs sowie auf RCTs basierende Meta-Analysen als „beste Evidenz" favorisiert werden (vgl. Mullen et al. 2007; McNeece/Thyer 2004). Thyer und Pignotti (2011, S. 239) begründen diese Präferenz mit dem Prestige dieser Verfahren im wissenschaftlichen Mainstream und konstatieren wie folgt:

---

52 Wirkstudien im Kontext der Evidenzbasierung sind meist als Vergleichsstudien (RCT) konzipiert, in denen die AdressatInnen zufällig entweder der Experimentalgruppe, die die evaluierte Intervention erhält, oder der Kontrollgruppe, bei der ein alternativer Interventionsansatz angewandt wird, zugewiesen werden sodass am Ende der Studie die Wirkungen der beiden Interventionen verglichen werden können. In solchen Studien wird also nicht die absolute Wirksamkeit einer Intervention, sondern die Differenz der Wirksamkeit zwischen der evaluierten Interventionsform und einer Alternativintervention – meist die bisherige Standardintervention („Treatment as Usual"; TAU) – ermittelt. Gemessen wird also die relative Effektivität bzw. „differential effectiveness" (Reid et al. 2004, S. 72).

> There is a preference of certain forms of evidence over others. But this preference is based upon commonly accepted standards of science, standards which have proven their usefulness is drawing legitimate conclusions. (ebd., S. 329)[53]

Die Orientierung am Objektivismus und Empirismus sowie die weiteren epistemologischen Grundlagen und methodischen Annahmen der Evidenzbasierung stehen im Zentrum der Kontroversen um das Konzept der Evidenzbasierung. Vor allem VertreterInnen der europäischen Sozialen Arbeit heben die Inkompatibilität des Ansatzes mit dem qualitativ orientierten, hermeneutischen Wissenschafts- und Praxisverständnis der Sozialen Arbeit in Europa hervor (vgl. v. a. Webb 2001). Damit verknüpft ist auch eine Zurückweisung des unterkomplexen Wirkungsverständnisses sozialer Dienstleistungen, einer trivialen Wissenschaft-Praxis-Transfer-Vorstellung sowie einer Verknüpfung von Evidenzbasierung mit manageriellen, effizienzorientierten Zielen (vgl. z. B. ebd.; Otto 2007; Wendt 2007; Petr/Walter 2009). Auch eine Individualisierung sozialer Probleme und die Ausblendung struktureller Problemursachen werden an der EBP bemängelt – sowohl bei der Entwicklung evidenzbasierter Programme als auch im Zuge der Bestimmung zu messender Wirkziele (vgl. z. B. Schrödter/Ziegler 2007; Petr/ Walter 2009). Des Weiteren werden Vorbehalte gegen die Tragfähigkeit des von VertreterInnen der Evidenzbasierung vertretenen Praxisverständnisses erhoben. Dem wird gegenübergestellt, dass Wertbezüge und Ethik sowie Demokratie und Dialog für Soziale Arbeit essenziell sind, weshalb alternative Kriterien der Angemessenheit und nicht objektive Wirkungsnachweise handlungsleitend sein sollten (vgl. Herz/Johansson 2012; Nevo/Slonim-Nevo 2011; Ziegler 2006, 2010).

Wie grundlegend die Perspektivdifferenzen zwischen Befürwortern und Kritikern der Evidenzbasierung sind, zeigt die Reaktion von Thyer (2008), der SozialarbeiterInnen in Europa mit fast schon missionarischem Eifer zu Folgendem auffordert:

> We should willingly embrace the philosophical assumptions and scientific methodologies associated with the evidence-based practice movement and cease our misguided efforts at criticizing such approaches as inherently incompatible with the values and objectives of professional social work. (...) Caring attitudes and liberal views are also essential, but they are not sufficient. I believe that it will be by

---

53 Da EBP auch mit einer Emanzipation von unkritischem Autoritätsglauben begründet wurde (vgl. Gambrill 2001), bedeutet das Vertrauen in die Autoritäten des US-amerikanischen objektivistischen Mainstreams bzw. ein ungeprüftes Vertrauen in evidenzbasierte Verfahren (EBPs) nichts anderes als „the replacement of one system of authority with another" (Upshur/Tracy 2004, zitiert nach Mullen et al. 2005, S. 69).

combining these with an evidence-based practice orientation that we will become truly professional. (ebd., S. 342, 345)

Schließlich kritisieren Skeptiker des Ansatzes, dass mit der Evidenzbasierung eine dem Gegenstand unangemessene Standardisierung der sozialpädagogischen Praxis einhergeht (vgl. z. B. Ziegler 2006, 2016; Otto 2007; Nevo/Slonim-Nevo 2011). Diese zeigt sich einerseits in der Dominanz weniger, evidenzbasierter Verfahren, andererseits im Prozess der Programmumsetzung. Insbesondere bei manualisierten Instrumenten wird davon ausgegangen, dass die im Evaluationsprozess ermittelte Wirkung Resultat der konzeptgetreue Umgesetzten Intervention ist. Daher ist die ermittelte Wirkung auch nur bei einer konzeptgetreuen Umsetzung der Intervention in der Praxis zu erwarten, nicht aber bei einzelfallbezogenen oder situativen Anpassungen. Empirische Studien zeigen dagegen, dass die Idee der konzeptgetreuen Umsetzung mehr Wunsch als Wirklichkeit ist. Interessanterweise wird fehlende Konzepttreue vor allem in der Implementierungsforschung als großes Problem bei der Umsetzung evidenzbasierter Programme in der Alltagspraxis thematisiert (vgl. z. B. Bond et al. 2000; Fixsen et al. 2005, 2009; Mullen et al. 2005; Corley/Kim 2016). Die Möglichkeit, dass schon bei der Wirkungsfeststellung nicht konzepttreu gehandelt wurde und daher möglicherweise nicht die Wirkung des vermeintlich evaluierten Ansatzes gemessen wurde, wird dagegen weitgehend ausgeblendet.

Mit der Evidenzbasierung von Instrumenten und Verfahren verdoppelt sich die von Orlikowski (1992) thematisierte institutionelle Aufladung und Vorstrukturierung sozialarbeiterischer Technologien. „These manuals and systems are based on specific theoretical assumptions regarding both the individual and society" (Herz/Johansson 2012, S. 529). So bleiben den AnwenderInnen evidenzbasierter Programme nicht nur weite Teile der ideologischen, epistemologischen, normativen und fachlichen Annahmen der AutorInnen der Instrumente und Verfahren verborgen, sondern auch die der EvaluatorInnen.

2.5 Fachliche Formalisierungen II – Definition

Die Bestimmung des materiellen Gegenstandes dieser Studie lässt sich auf der Basis der Ausführungen dieses Kapitels präzisieren. So lassen sich aus der Kombination der Konzepte der Formalisierung von Arbeitsprozessen in Organisationen einerseits und (Praxis-)Methoden der Sozialen Arbeit andererseits spezifische Funktionen, Charakteristika sowie Strukturen fachlicher Formalisierungen ableiten.

2.5.1 Die Funktionen fachlicher Formalisierungen

Fachliche Formalisierungen stellen eine Kombination aus einer zentralen organisationalen Struktureigenschaft und einem zentralen Element professioneller Expertise dar. Beiden Elementen werden spezifische Funktionen zugeschrieben: Formalisierungen dienen der Koordination und Kontrolle organisationaler Prozesse, Methoden sollen die sozialpädagogische Praxis qualifizieren und zudem das Professionalisierungsprojekt der Sozialen Arbeit fördern. Fachliche Formalisierungen zielen damit auf eine doppelte Rationalisierung der Praxis Sozialer Arbeit. Diese Rationalisierung soll nach organisationalen wie auch nach professionellen Maßstäben erfolgen.

Mit Kunstreich (1980) kann auch von einer doppelten Effektivierung als Effektivierung der Arbeit und Effektivierung der Kontrolle gesprochen werden, wobei nicht nur oder primär die Fachkräfte, sondern auch die AdressatInnen Gegenstand dieser Kontrolle sind (vgl. ebd.). Diese Funktionen sollen über eine Strukturierung und Präskription von Arbeitsinhalten und Arbeitsabläufen realisiert werden. Sie implizieren also eine spezifische Einschränkung der Handlungsfreiheiten sozialpädagogischer Fachkräfte. Gleichzeitig werden durch fachliche Formalisierungen spezifische Handlungsoptionen eröffnet. Auch wenn in den einschlägigen Fachdiskursen – sowohl um Formalisierungen in der Organisationswissenschaft als auch um Methodisierungen in der Sozialen Arbeit – der Aspekt der Einschränkung von Handlungs- und Ermessensfreiräumen dominiert, so steht außer Frage, dass Formalisierungen und Methoden auch neue Handlungs- und Entscheidungsoptionen – eben im Umgang mit fachliche Formalisierungen – erst eröffnen (vgl. Evans/Harris 2004). Wie alle Strukturen (oder Institutionen) sind auch fachliche Formalisierungen gleichzeitig ermöglichend und restringierend (vgl. z. B. Giddens 1986; Sewell 1991; Fligstein 2001; Scott 2008).

Es erfolgt also eine Neuausrichtung oder spezifische Fokussierung von Handlungs- und Entscheidungsfreiräumen, die Einschränkungen alternativer Vorgehensweisen und die Ermöglichung neuer Handlungsoptionen impliziert. Die spezifische Ausrichtung erfolgt zum einen durch eine Vorgabe jener Aspekte, die in konkreten Handlungs- und Entscheidungszusammenhängen Relevanz besitzen und daher – z. B. bei Diagnosen oder Hilfeplänen – berücksichtigt oder dokumentiert werden sollen bzw. müssen. Zum anderen erfolgt eine Festlegung von Handlungen oder Handlungselementen, die als angemessen oder notwendig für die Umsetzung bestimmter Arbeitsaufgaben gelten, zum Beispiel Prozessschritte bei der Aufnahme einer Gefährdungsmeldung im Kinderschutz oder bei der Umsetzung eines Fallmanagements. Diese spezifische Form der Fokussierung bzw. Neuausrichtung von Handlungs- und Entscheidungsoptionen steht sowohl aus organisationaler als auch professioneller Perspektive neben alternativen Steuerungs- bzw. Beeinflussungsmechanismen, etwa persönlicher Kompetenz und Qualifizierung, kollegialer Abstimmung und Selbstkontrolle, Berufsethik und Motivationsförderung (Human Resources Ansatz) etc. – wobei Formalisierungen und Methodisierungen aus beiden Perspektiven skeptisch beurteilt werden. Unbeschadet dessen ist die sich in fachlichen Formalisierungen vollziehende Integration organisationaler und professioneller Perspektiven ein Hinweis auf eine besondere konzeptionelle Nähe solcher Formalisierungen zu büro-professionellen Handlungskontexten.

2.5.2 Die Charakteristika fachlicher Formalisierungen

Neben der Funktion lassen sich auch die spezifischen Eigenschaften von fachlichen Formalisierungen aus dem Rekurs auf Konzepte und Diskurse zu organisationalen Formalisierungen und sozialarbeiterischen (Praxis-)Methoden ableiten. Formalisierung wird häufig als eine graduale Eigenschaft von Organisationen bestimmt. Dementsprechend ist auch der Grad der Formalisierung fachlicher Formalisierungen gradual bestimmbar. Eine dichotome Unterscheidung zwischen manualisierten bzw. formalisierten und nicht-manualisierten bzw. nicht-formalisierten Methoden und Verfahren ist insofern irreführend. Vielmehr impliziert der Umstand, dass Methoden und Verfahren immer einen gewissen Grad der Strukturierung und Zielorientierung aufweisen, dass keine klare Grenze zwischen formalisierten und nicht-formalisierten Ansätzen gezogen werden kann. Zudem lässt sich auch der Formalisierungsgrad von als formalisiert geltenden Instrumenten und Verfahren differenziert bestimmen. Diese abstufende Differenzierung – im sozialpädagogischen Fachdiskurs häufig als Standardisierungsgrad bezeichnet – kann entlang unterschiedlicher Dimensionen erfolgen, beispielsweise nach dem Operationalisierungsgrad der Items formalisierter Instrumente oder der Kleinteiligkeit von Prozessvorgaben. Des Weiteren lassen sich der Grad der organisationalen Einbindung bzw. die Regeln zur Verbindlichkeit und die realisierten Kontrollstrategien gradual bestimmen.

Für Methoden ist typisch, dass diese auf bestimmten ideologischen, epistemologischen, normativen und fachlichen Annahmen beruhen, die sich in Inhalten, Aufbau und Ausgestaltung der Instrumente und Verfahren widerspiegeln und bei deren Nutzung „wirksam" werden. Anders als bei technischen Standards- und Standardisierungen können diese impliziten Prämissen im Falle von fachlichen Formalisierungen in der Sozialen Arbeit weitreichende Konsequenzen entfalten, da personenbezogene Dienstleistungsarbeit als „moral work" und interaktive Arbeit besonders offen für ideologische und normative Einflüsse sind (vgl. Hasenfeld 2010; Lipsky 1980). Somit können die in Instrumenten und Verfahren inkorporierten Hintergrundannahmen auf die Verteilung von Lebenschancen durch wohlfahrtsstaatliche Angebote und Interventionen der Sozialen Arbeit wirken.

Anders als Konzepte, Methoden und konzeptionell-interaktive Verfahren können fachliche Formalisierungen relativ einfach von den Hintergrundannahmen, auf denen sie beruhen, entkoppelt werden und als ideologisch-normativ entkernte „reine Technik" diffundieren und angewandt werden. Dies gilt in besonderem Maße für „materialisierbare Verfahrensweisen" (Michel-Schwartze 2009). So kann etwa ein Diagnosebogen ohne Wissen um seine Entstehung und ursprüngliche Funktion Anwendung finden. Auch das Beispiel des Case Managements zeigt, dass Ansätze mit differenziertem konzeptionellem, theoretischem und normativem Überbau als Technik zur Realisierung alternativer Zwecke nutzbar sind. So wurde das Verfahren als Reaktion auf den zersplitterten und desorganisierten Wohlfahrtsmarkt der USA entwickelt. In Großbritannien wurde das Konzept 1990 durch die neo-konservative Regierung (als Care Management) implementiert, um die etablierten wohlfahrtstaatlichen Strukturen aufzulösen und, neoliberalen Überzeugungen folgend, einen Wohlfahrtsmarkt zu etablieren. Auch hatte das Case Management in den USA unter anderem die Funktion, anspruchsberechtigten Bürger Zugang zu sozialstaatlichen Leistungen zu ermöglichen, also die Inanspruchnahme wohlfahrtsstaatlicher Leistungen auszuweiten. Auch diese Funktion wurde in Großbritannien negiert, da dort – realisiert über ein standardisiertes Assessment als Kern des Ansatzes – die Funktion der Leistungsabwehr hinzukam (vgl. z. B. Sheppard 1995; Lymbery 1998; Ewers 1996; Hansen 2006).

2.5.3 Die Struktur fachlicher Formalisierungen

Strukturell lassen sich fachliche Formalisierungen schließlich als ein Konstrukt bestimmen, das aus mehreren konsekutiven, mehr oder weniger eng gekoppelten Elementen besteht. Fachliche Formalisierungen im engeren Sinne sind die Artefakte (Instrumente) oder Prozessbeschreibungen, über die Inhalte oder Abläufe des Handelns der Fachkräfte präskribiert werden. Diese Kernelemente sind in der Regel mit Theoretisierungen und Hintergrundannahmen unterschiedlicher Abstraktion verknüpft. Auf einer konkreten Ebene existiert meist eine unmittelbare konzeptionelle Rahmung, in der beispielsweise der Zweck, der Anwendungskontext, die AnwenderInnen und die sozialpädagogischen Zielgruppen bestimmt werden. Zwischen fachlichen Formalisierungen im engen Sinne und dieser konkreten konzeptionellen Rahmung besteht in der Regel eine enge Bindung. Gerade bei Prozeduralisierungen, die nicht an Artefakte gebunden sind, verschmelzen diese beiden Komponenten in Verfahrensbeschreibungen.

Auf einer abstrakteren Ebene der Theoretisierung erfolgt häufig die Formulierung allgemeiner Ziele und Prinzipien, so die Stärkung der Verhaltenssicherheit oder rechtlichen Absicherung der Fachkräfte (im Kinderschutz), Effizienz und Effektivität (in der Hilfeplanung), Legitimität durch Verfahren und Dokumentation oder eine Stärkung der AdressatInnenbeteiligung. Bezugnahmen auf Positionen im sozialpädagogischen Fachdiskurs (etwa zur psychosozialen Diagnostik) oder die Verortung in einem bestimmten Konzept oder Paradigma (z. B. Lebensweltorientierung oder Aktivierungspädagogik) können auf einer weiteren Ebene formuliert sein. Vielfach werden jedoch eher vage Diskursanschlüsse angeboten, wenn (z. B. beim Case Management) über eine starke Betonung der Zielbereiche Kosteneffizienz, Qualitätssicherung und Kundenorientierung eine Nähe zu ökonomischen Modernisierungen, wie dem Sozialmanagement oder dem Neuen Steuerungskonzept suggeriert wird. Schließlich lassen sich die bereits mehrfach erwähnten, jedoch in der Regel implizit bleibenden, basalen ideologischen, epistemologischen, normativen und fachlichen Hintergrundannahmen von AutorInnen, Diffusionsagenten oder Theoretisierenden als Elemente des Konstruktes fachlicher Formalisierungen anführen. Wessen Hintergrundannahmen (z. B. Gesellschaftsverständnis, Menschenbild, Fachlichkeitsverständnis) in formalisierte Instrumente und Verfahren einfließen, ist nicht zuletzt davon abhängig, wie die infrage stehenden Formalisierungen „entstanden" sind. Im Falle von Instrumenten und Verfahren, die in einem bestimmbaren regionalen Kontext, einem Entwicklungsprojekt oder gar am „Reißbrett" in den Büros von Instituten oder Hochschulen entwickelt wurden (z. B. bestimmte Diagnoseinstrumente), kommt den AutorInnen der Formalisierungen eine besondere Rolle zu. Im Falle von sich aus der Praxis entwickelnden Verfahren, haben vor allem jene Akteure, die die Verfahren aufgreifen und als Diffusionsagenten zu transportablen Produkten transformieren die Möglichkeit, die eigene Weltsicht einfließen zu lassen.

Sowohl Entwickler neuer Instrumente und Verfahren als auch Diffusionsagenten versehen fachliche Formalisierungen häufig mit einem Namen. Ebenso bilden sich auch für lediglich lokal genutzte Instrumente und Verfahren nahezu notwendigerweise bestimmte Bezeichnungen heraus, um über sie kommunizieren zu können. Entsprechend lassen sich „Label" als weiteres Element fachlicher Formalisierungen bestimmen. Bezeichnungen stehen hierbei in einem bestimmbaren Verhältnis zu den Kernelementen formalisierten Instrumente und Verfahren. Je verbreiteter und allgemeiner ein Instrument oder Verfahren ist, desto loser ist die Kopplung zwischen Label und darunter subsummierter fachlicher Formalisierung im engeren Sinne. Unter allgemeinen Labeln, wie psychosoziale Diagnose oder Case Management, findet sich eine große Zahl heterogener Instrumente oder Verfahrensbeschreibungen. Bei lokalen Instrumenten oder Verfahren sowie bei lizensierten Ansätzen besteht demgegenüber eine enge Kopplung zwischen Label und den fachlicher Formalisierung im engen Sinne, da der Begriff im jeweiligen Kontext lediglich zur Benennung eines einzigen, konkreten Instruments oder Verfahrens steht.

Schließlich kann die Umsetzung bzw. Nutzung von Instrumenten und Verfahren auf unterschiedliche Weise erfolgen und mitunter deutlich von den konzeptionellen Vorgaben abweichen (vgl. z. B. Orlikowski 1992; Fixsen et al. 2005). Entsprechend lässt sich auch die Praxis im Sinne des Umgangs bzw. der Nutzung des Instruments oder Verfahrens als eigenständige Dimension fachlicher Formalisierungen bestimmen. Die Praxen können unterschiedlich eng mit dem konzeptionellen Kern der Instrumente und Verfahren gekoppelt sein. Zudem ist ein Auseinanderfallen von Praxis, Label und konzeptionellem Kern möglich, wenn Fachkräfte ein Label zur Bezeichnung eigenen Arbeitshandelns nutzen, dieses Handeln aber nicht dem entspricht, was AutorInnen oder selbsternannte ExpertInnen als dem Konzept und Label angemessene Praxis bestimmen. Paradoxerweise wird das Problem der Entkopplung von Label und Praxis gerade für das sich aus der Praxis entwickelte und daher seit jeher heterogen definierte Case Management thematisiert, wenn beispielsweise Löcherbach (2003) die Implementierung substanzloser „Eye-Catcher"-Modelle kritisiert und Wendt mit dem Ausspruch zitiert wird: „[N]icht überall ist Case Management drin, wo Case Management drauf steht" (nach Löcherbach 2008, S. 5).

Abb. 1: Die Struktur des Konstrukts fachlicher Formalisierungen

2.5.4 Fachliche Formalisierungen als methodische Modernisierung

Fachliche Formalisierungen sind ein Beispiel für methodische Modernisierungen in der Sozialen Arbeit. Sie gelten – wie im Weiteren noch differenziert dargestellt und begründet werden wird – als besonders innovativ und ihre Verbreitung stellt aktuell einen (auch internationalen) Trend dar (vgl. z. B. Ponnert/Svensson 2016). Formalisierte Instrumente und Verfahren sind demnach „in" und „modern". Mit dem Begriff der „methodischen Modernisierung" soll diese allgemeine Attraktivität gefasst werden. Michel-Schwartze (2010) beschreibt als „Modernisierung" methodischen Handelns eine Anpassung an den „Zeitgeist". An Goethe anschließend definiert sie diesen als durch die herrschenden Interessen – aktuell die neoliberalen Interessen der Ökonomie – geprägt (vgl. ebd., S. 7). Auf eben diese Orientierung am Zeitgeist soll der Modernisierungsbegriff in der Diskussion um fachliche Formalisierungen verweisen, jedoch ohne diesen bereits inhaltlich zu bestimmen[54]. Vielmehr meint Zeitgeist – im Weiteren wird zu dessen Bezeichnung auch der Begriff des institutionellen Gehalts genutzt – das, was heute als rational, professionell, angemessen, effektiv, effizient, etc. – kurz: richtig und gut *gilt*. Ob fachliche Formalisierungen diesen Ansprüchen genügen, also tatsächlich zielführend *sind*, ist eine andere Frage. Diese steht nicht im Zentrum dieser Studie, ist aber zweifelsohne von hohem Interesse für die sozialarbeiterische Berufspraxis. Daher wird der Frage nach den Effekten formalisierter Instrumente und Verfahren im nachfolgenden Exkurs nachgegangen.

---

54 Es erfolgt also kein Bezug auf soziologische Modernisierungskonzepte (vgl. z. B. Beck 1986), die eine alternative, in dieser Arbeit nicht eingenommene Perspektive auf wohlfahrtsstaatlichen Transformationen bereitstellen (vgl. Clarke et al. 2007).

3. Exkurs: Befunde und Reflexionen zu den Effekten fachlicher Formalisierungen

Standardisierte Instrumente und Verfahren sollen die Dienstleistungserbringung rationalisieren. Ob dies gelingt, ist wesentlich von den Effekten standardisierter Instrumente und Verfahren auf die Interaktionsprozesse zwischen professionellen Fachkräften und AdressatInnen, also vom Verhältnis zwischen Formalisierungen und den in Abschnitt 1.3 beschriebenen Charakteristika personenbezogener sozialer Dienstleistungen, abhängig.

Im Folgenden werden illustrativ und ohne Anspruch auf Vollständigkeit nationale und internationale empirische Befunde zu den Effekten von Formalisierungen auf den Dienstleistungsprozess (intermediate outcomes), zur Nutzung formalisierter Instrumente und Verfahren durch die Basiskräfte sozialer Dienste und zu den Wirkungen fachlicher Formalisierungen (ultimate outcomes) vorgestellt. Diese werden ergänzt um Reflexionen zu den Fallstricken der Wirkungsforschung und zur Standardisierbarkeit von Dienstleistungen. Dabei werden Studien zu fachlichen Formalisierungen in Kinderschutz und Hilfeplanung aus Deutschland weitgehend ausgespart, da diese im Rahmen des einschlägigen Forschungsstandes in Kapitel 8 dargestellt werden.

3.1 Auswirkungen fachlicher Formalisierungen auf den Dienstleistungsprozess

Empirische Befunde weisen auf zahlreiche Auswirkungen von Formalisierung auf den Dienstleistungsprozess hin. So geben Fachkräfte an, sich durch Instrumente und Verfahren sicherer zu fühlen (vgl. z. B. Skillmark/Oscarsson i. E.). Zudem wird in Studien auf positive Effekte für die Konsistenz und Qualität sozialer Dienstleistungen verwiesen (vgl. z. B. Robinson 2003). Ähnlich folgern Skillmark et al. (2019) in einer qualitativen Studie zum Einsatz formalisierter Instrumente zur Risikobewertung bei Fällen häuslicher Gewalt in schwedischen Sozialdiensten, dass „increased standardization can strengthen social workers' ability to perform their professional task". Auf der anderen Seite verweisen Studien auf negative Einflüsse von Formalisierungen auf den Dienstleistungsprozess, besonders auf die Dienstleistungsbeziehung. Ist im Zuge der Dienstleistungserbringung die Nutzung bestimmter Fragebögen zur Situationserfassung vorgeschrieben, so zeigen empirische Befunde – unbeschadet eines weiteren Spektrums unterschiedlicher Nutzungsweisen durch die professionellen

Fachkräfte – Tendenzen zur bürokratischen Abarbeitung dieser Formulare, ohne auf die Anliegen der AdressatInnen einzugehen – besonders unter ungünstigen organisationalen Rahmenbedingungen (vgl. Hasenfeld 2010b; Brodkin 2011; Matarese/Caswell 2018; Phillips 2019)[55]. Entsprechend resümieren Ponnert und Svensson (2016) zur Verbreitung formalisierter Instrumente und Verfahren in der Sozialen Arbeit:

> In the interaction, the tool itself becomes superior to human interaction and conversation, resulting in a rigid conversation and unnecessary questions being asked that gives a notion of professional uncertainty about what kind of information that is actually required. (ebd., S. 592)

Durch fachliche Formalisierungen verändert sich nicht nur der Interaktionsmodus, sondern auch der Gegenstand der Kommunikation. Forciert durch kleinteilig operationalisierte Diagnoseinstrumente gewinnen (vermeintlich objektive) Einzelinformationen an Bedeutung, während ganzheitliche, auf das Verstehen von Zusammenhängen und (subjektiven) Problemsichten gerichtete Zugänge an Bedeutung verlieren. In einer Studie zur Nutzung unterschiedlicher standardisierter Instrumente in Dänemark arbeitet Høybye-Mortensen (2015) heraus, dass die Instrumente vorgeben, welche Aspekte in sozialpädagogischen Entscheidungssituationen relevant sind. Zudem dienen Instrumente als kognitive Raster zu Bestimmung von Normalität und Abweichung. Schließlich bieten die Instrumente Kategorien zur Klassifikation und Bearbeitung der AdressatInnen. Formalisierungen beeinflussen also die Basis des moral work der Fachkräfte (vgl. ebd.).

Besonders für Großbritannien zeigen zahlreiche Studien, dass die in formalisierten Instrumenten vorgegebenen Themen gegenüber den Relevanzsetzungen der AdressatInnen dominieren. Zudem verdeutlichen Studien, dass die Einhaltung formaler Regeln bzw. die Abarbeitung formaler Instrumente zunehmend wichtiger werden, während die problemorientierte Interaktionsarbeit mit den AdressatInnen an Bedeutung verliert. Studien zeigen des Weiteren, dass formalisierte Instrumente und Verfahren Theorieanwendung und Reflexionen der Fachkräfte verringern und aufgrund ihrer Konstruktionslogik einer (weiteren) Individualisierung sozialer Probleme Vorschub leisten, da gesellschaftliche Problemverursachungen in den Instrumenten unberücksichtigt

---

55 Hasenfeld (2010b) spricht in diesem Fall von einem „bureaucratic processing", in dem die AdressatInnen zu passiven Objekten degradiert werden. Die Funktion der AdressatInnen beschränkt sich weitgehend auf die eines Datenlieferanten, während der Professionsangehörige, ausgestattet mit weitreichender Sanktionsmacht, Entscheidungen auf der Basis vordefinierter organisationaler Regeln zur Informationssammlung, Klassifikation und dem Tracking der AdressatInnen trifft.

bleiben. Zudem wird konstatiert, dass formale Instrumente und Verfahren in der Regel nicht dazu in der Lage sind, die Komplexität, Heterogenität und Dynamik sozialarbeiterischer Fallkonstellationen einzufangen, weshalb sie häufig zu problematischen oder dysfunktionalen Arbeitsweisen führen (vgl. z. B. Egelund 1996; Jones 2001; Dustin 2007; Burton/van den Broek 2009; Shaw et al. 2009; Pithouse et al. 2009; White et al. 2009; Broadhurst et al. 2010; Munro 2011a, b; Rogowski 2012).

Dysfunktionale Effekte werden noch verstärkt, wenn fachliche Formalisierungen mit Formen der Leistungsbeurteilung anhand formalen Erfolgskriterien verknüpft werden. Untersuchungen zu formalisierten Performance-Management-Systeme zeigen, dass diese Systeme besonders dann zu negativen Effekten führen, wenn die genutzten Indikatoren nicht direkt auf die Kernprozesse der Organisation bezogen sind. Da sich Interaktionen einer formalisierten Messung entziehen, werden im Bereich sozialer Dienstleistungen in der Regel nur indirekt auf die Kernprozesse bezogene Indikatoren – etwa Fallzahlen – genutzt. Unabhängig vom Typus der Arbeit zeigen Studien zudem, dass MitarbeiterInnen von Organisationen dazu neigen, sich der Logik, das heißt den Prioritäten von Performance-Management-Systeme anzupassen oder diese zu manipulieren (vgl. z. B. Thiel/Leeuw 2002; Noordegraaf/Abma 2003; Power 2004; McDonald 2006; Bevan/Hood 2006; Hood 2006; Hood et al. 2009; Brodkin 2011; Pollitt/Sorin 2011; Kristiansen et al. 2019). Organisationen reagieren auf solche Manipulationsversuche häufig mit einer Ausweitung der Performance-Messung und mehr Kontrollen, wodurch eine „responsibility spiral" (Sahlin/Wedlin 2008, S. 233) angestoßen wird.

Empirische Befunde, die denen aus Großbritannien ähneln, wurden in Deutschland bislang vor allem für das ebenfalls hoch formalisierte, semi-sozialarbeiterische Feld der Arbeitsvermittlung generiert. Die Verknüpfung aus formalisiertem Profiling und Handlungsprogrammen sowie ein prozessorientiertes, kennzahlenbasiertes Controlling wirken hier spezifisch steuernd auf die Handlungspraxis der persönlichen Ansprechpartner nach § 14 SGB II. Die Handlungsspielräume der (Fach-)Kräfte bewegen sich innerhalb klar umgrenzter Korridore, wobei organisationale Anweisungen die Optionen „angemessenen" Handelns weiter einschränken. Die vorgegebenen Dokumentationsinhalte und Handlungsvorgaben stoßen bei den Fachkräften vielfach auf Unverständnis, was auf die Dominanz fachfremder, managerialistischer Vorgaben verweist. Diese verhindern ein am Einzelfall orientiertes und „zweckmäßiges" Handeln. Stattdessen forcieren sie die Etablierung dysfunktionaler, die Arbeitsmarktintegration der Klienten eher verhindernder Praxen. So werden formale Vorgaben ohne Bezug zum Organisationszweck exekutiert; dominiert die Einhaltung formaler Regeln und Kennziffern gegenüber produktiver Interaktionsarbeit mit den AdressatInnen, erfolgt eine Einpassung der AdressatInnen an vorgegebene Kategorien und es werden nicht-partizipative Interaktionsmuster praktiziert (vgl. z. B. Kolbe 2012; Ames 2008; Behrend 2007; Ludwig-Mayerhofer et al. 2007). Auf diese Weise werden die arbeitslosen AdressatInnen „zu Objekten der Systemlogik" (Behrend 2007, S. 109) mit entsprechend negativen Auswirkungen auf die Interaktionsqualität und die wesentlichen Gelingensfaktoren personenbezogener sozialer Dienstleistungen. Andererseits verweisen diese Studien auf verschiedene Strategien der Fachkräfte, sich den Steuerungszugriffen des formalisierten Kontextes zu entziehen, was jedoch nicht zwangsläufig im Interesse fachlicher Prämissen geschieht. Stattdessen werden Tendenzen deprofessionalisierter Willkür identifiziert (vgl. z. B. Ludwig-Mayerhofer et al. 2007).

Auswirkungen auf die Beziehungsqualität, die AdressatInnenbeteiligung und die Kooperationsbereitschaft legen auch die wenigen Studien zur Nutzung von formalisierten Instrumenten und Verfahren in Feldern der Sozialen Arbeit in Deutschland nahe (vgl. z. B. Schnurr 1998, 2005; Macsenaere et al. 2009; Albus et al. 2009b; Haselmann 2010; Polutta 2014). So beschreibt Nauerth (2003, S. 12), dass Interaktionsbeziehungen in der Sozialhilfe durch die Einführung von Wettbewerbselementen „formaler und sachlicher" werden. Schnurr (2005) konstatiert Deprofessionalisierungstendenzen, da sich neue Arbeitsweisen, Instrumente und Aufgabenkompositionen unter anderem negativ auf die pädagogische Fallarbeit auswirken. Diese Befunde beziehen sich primär auf büro-professionelle Arbeitskontexte des people-processing, vor allem in Jugendämtern (s. Kapitel 8).

Ferner liegen einige Studien zu Formalisierungen in leistungserbringenden Organisationen, also aus dem Bereich des people-changing oder people-sustaining, vor. In einer Studie zum Qualitätsmanagement in der Sozialpädagogischen Familienhilfe untersucht Beckmann (2009)[56] unter anderem die Arbeitsbedingungen (Autonomie und Ganzheitlichkeit der Tätigkeiten) der Fachkräfte vor dem Hintergrund divergierender organisationalen Strukturen und Qualitätspraxen. Er gelangt zu dem Schluss, dass im untersuchten Praxisfeld insgesamt Formen der ermächtigenden Formalisierung, also der Festschreibung bewährter Routinen, gegenüber Formen der restringierenden Formalisierung, die die professionelle Handlungsautonomie einschränken, dominieren. Daher könne nicht von einer Überformung der professionellen Logik durch eine ökonomische Rationalität ausgegangen werden.

---

56 Die Studie entstand im Kontext des DFG-Projektes „Dienstleistungsqualität in der Sozialen Arbeit", einem Kooperationsprojekt der Universitäten Bielefeld und Wuppertal. Vor dem Hintergrund des Defizits an unabhängiger Forschung zielte das Projekt darauf, den „Zusammenhang zwischen Qualitätsmanagement und Interaktionsverhältnis zwischen Professionellen und Nutzern" zu untersuchen (Projektskizze; zu den Ergebnissen vgl. auch Beckmann et al. 2007).

Anhand der Ergebnisse kann gezeigt werden, dass es bislang nicht zu einer flächendeckenden Taylorisierung oder Standardisierung professioneller Arbeitsbedingungen gekommen ist (...). Die Auswertung auf der Ebene einzelner Items zeigt aber, dass sich in einigen Einrichtungen Tendenzen einer Einschränkung der Ganzheitlichkeit und einer Verringerung von Ermessensspielräumen abzeichnen. (ebd., S. 154)

Deprofessionalisierungstendenzen seien dagegen insbesondere für Formen des datenbasierten Controllings feststellbar (ebd.). Darüber hinausgehend folgert er, dass die „Qualitätspraxen (...) insgesamt weitgehend folgenlos für Arbeitsbedingungen der Fachkräfte" bleiben (ebd., S. 192). Aufgrund des quantitativen Designs der Studie – die Arbeitsbedingungen werden anhand des „Job Diagnostic Surveys" und des „Ashfort Personal Control in Organizations Scale" ermittelt – bleiben Einblicke in die Auswirkungen von Formalisierungen auf die konkrete Alltagspraxis verwehrt (vgl. Fischbach 2011). In ihrer zentralen Aussage bestätigt die Untersuchung von Beckmann frühere Ergebnisse. Auch Dahme et al. (2005) kommen auf der Basis einer arbeitsfeldübergreifenden quantitativen und qualitativen Studie zu dem Ergebnis, dass die Arbeitsvollzüge selbst bislang wenig von formalisierten Steuerungsinstrumenten beeinflusst sind. Sie stellen jedoch eine Arbeitsverdichtung fest, unter anderem wegen zunehmender Dokumentationspflichten, sowie eine Arbeitsanreicherung durch zusätzliche, managementbezogene Tätigkeiten, wobei die Befragten der Studie die neuen Techniken und Verfahren (Qualitätsmanagement, Controlling) überwiegend begrüßen (vgl. auch Dahme 2008; Seckinger et al. 2008).

Aus der Spannung zwischen Zustimmung einerseits, sowie Ablehnung, insbesondere aufgrund von Mehrbelastungen, andererseits, leiten Schnurr (1998) und Langer (2007) ab, dass effizientes Handeln und die dieses scheinbar ermöglichenden Formalisierungen als Teil des professionellen Selbstverständnisses akzeptiert werden, auch wenn diese negative Konsequenzen für die Arbeitssituation haben. Langer sieht dementsprechend eine Versöhnung professioneller und managerieller Ansprüche. Dieser Deutung widerspricht Fischbach (2011) auf Basis ihrer Befunde aus einer qualitativen Einzelfallstudie in einer Einrichtung der Behindertenhilfe. Für diese rekonstruiert sie, wie eine an betriebswirtschaftlich Prinzipien orientierte Reorganisation nicht nur zu betriebswirtschaftlichen, sondern auch zu fachlichen Veränderungen führen. Dies Veränderungen verschärfen die ohnehin schon bestehende Spannung zwischen betriebswirtschaftlichen und fachlichen Ansprüchen – die Autorin spricht in Anlehnung an Türk (1989) von einer „konfliktären Konfiguration" (ebd.,

S. 199)⁵⁷. Fischbach rekonstruiert einerseits eine stärkere fachliche und methodische Fundierung der Dienstleistungsarbeit auf Kosten direkter Betreuungstätigkeiten, andererseits eine Zunahme von administrativen Aufgaben, besonders der Dokumentation, die interaktive Arbeitsanteile zunehmend verdrängt.

Zudem gewinnen Fragen der AdressatInnenorientierung im untersuchten Arbeitsfeld der Behindertenhilfe stark an Bedeutung. Die Orientierung an den NutzerInnen der Dienstleistungsangebote erfolgt jedoch nicht über eine interaktive Abstimmung der Interventionen und Ziele mit den AdressatInnen, sondern anhand vorgegebener Kennzahlen. Weiter arbeitet Fischbach heraus, dass die beschriebenen Prozesse mit einer Spaltung professioneller Aufgaben verknüpft sind (vgl. dazu auch Dahme et al. 2008): Paradoxerweise wird die professions- und dienstleistungstheoretisch anspruchsvollere Interaktionsarbeit zunehmend von gering qualifizierten Hilfskräften übernommen, während sich höher-qualifizierte Fachkräfte zunehmend auf diagnostische und administrative Aufgaben zurückziehen⁵⁸. Als Effekte dieses Trends identifiziert Fischbach nicht nur eine Absenkung der Dienstleistungsqualität, sondern auch eine Entfremdung der höher qualifizierten professionellen Fachkräfte von ihrer Arbeit und ihren AdressatInnen. Diese wird noch verstärkt, da den Fachkräften zugemutet wird, in ihrer Alltagspraxis die Unzulänglichkeit der implementierten standardisierten Qualitätsmanagementsysteme aufzufangen (vgl. ebd.).

Zu ähnlichen Befunden gelangen auch Flad et al. (2008), die (sich wandelnde) Arbeitsanforderungen und darauf bezogene Bewältigungsstrategien von Fachkräften der stationären Erziehungshilfe in Trägerschaft der Diakonie untersuchten. Auch sie beschreiben unter anderem eine stetige Zunahme von Aufgaben bei sinkenden Ressourcen. Zudem zeigen sie ein Anwachsen von „Peripherieaufgaben" (ebd., S. 78) wie Dokumentation, Evaluation oder Publikation zu Lasten der interaktiven Kernaufgaben der Erziehungshilfe (vgl. ebd.).

---

57 Die von Fischbach (2011) für die Behindertenhilfe identifizierten Spannungen zwischen fachlichen und managerialistischen Dimensionen entsprechen in ihrer Grundstruktur den von Messmer (2007) für stationäre Einrichtungen der Kinder- und Jugendhilfe rekonstruierten Konflikten zwischen Effizienzerwartungen und pädagogischen Zielen. Allerdings analysiert Messmer keine Formalisierungen, sondern thematisiert diese nur im Ausblick seiner Studie.

58 Die Gefahr, dass eine zunehmende Qualifizierung der Fachkräfte zu einem Rückzug von der direkten personenbezogenen Dienstleistungsarbeit führt, formulieren bereits Badura/Gross (1976) und ist nach Abbott (1981) typisch für Professionalisierungsprozesse („professional regression").

3.2 Umgangsweisen von Fachkräften mit fachlichen Formalisierungen

Andere Studien haben die Umgangsweisen der Fachkräfte mit formal implementierten Instrumenten und Verfahren zum Gegenstand. Das Spektrum reicht von der programmgetreuen Nutzung über Formen der Manipulation bis hin zur Nicht-Nutzung[59]. Im Rahmen ihrer Studie zur Nutzung von unterschiedlichen formalisierten Instrumenten in der dänischen Sozialarbeit resümiert Høybye-Mortensen (2015) zum bisherigen Forschungsstand, dass Instrumente in der Regel nicht – wie konzeptionell vorgesehen – als Entscheidungsbasis, sondern zur nachträglichen Entscheidungsbegründung genutzt werden (z. B. Gillingham 2009); zudem würden sie von den Fachkräften als zeitraubende bürokratische Bürde angesehen und sich negativ auf die Qualität der Falldokumentation auswirken (z. B. Shaw et al. 2009); ferner führten sie zu fragmentierten und weniger umfassenden Falleinschätzungen und Hilfeentscheidungen (z. B. Gillingham and Humphreys 2010).

Diese Befunde beziehen sich vielfach auf Instrumente im Kinderschutz (vgl. Abschnitt 8.9), werden aber auch durch Studien zu anderen Arbeitsfeldern gestützt. So zeigen beispielsweise Miller und Maloney (2013) in einer quantitativen Studie zur Nutzung von formalisierten Instrumenten des Risk/Needs-Assessment in der Bewährungshilfe, dass manche Fachkräfte die implementierten Instrumente „gewissenhaft" als Entscheidungsbasis zu nutzen versuchen, während andere Fachkräfte ihre Entscheidungen nicht auf der Basis von Instrumenten treffen. Als Erklärungsfaktoren für die unterschiedlichen Nutzungsweisen identifizieren die ForscherInnen persönliche Einstellungen, organisationale Kontrollen und Trainings, die wahrgenommene Gerechtigkeit des eigenen Dienstes sowie die den Instrumenten organisational zugeschriebenen Funktionen (vgl. ebd.).

Auch McCallum et al. (2017) zeigen in einer quantitativen Studie zu Gefährdungseinschätzungen bei Sexualstraftätern in Colorado/USA, dass Entscheidungen primär auf der Grundlage von Faktoren jenseits obligatorisch zu nutzender formalisierter Risikoeinschätzungsverfahren getroffen werden (vgl. ebd.). Während aus den Analyseperspektiven der Resistance oder des „Deviant Social Work" solche Abweichungen von formalen Regeln als im Interesse der AdressatInnen erfolgen und als Strategie zur Realisierung professioneller Prin-

---

59 Differenzierte Einblicke in die Heterogenität der Nutzungsweisen von Formalisierungen und deren jeweilige Funktionen und Begründungen liefern die in der Einleitung bereits erwähnten aktuellen Studien zur Nutzung von IT-gestützter Formalisierungen in Flandern (z. B. Devlieghere/Rose 2018) und Schweden (z. B. Skillmark/Oscarsson i.E. sowie Assadi/Lundin 2018).

zipien und Werte beschrieben werden, zeigen empirische Studien, dass Regelabweichungen auch Ausdruck von Willkür und Element dysfunktionaler Arbeitsroutinen sein können (vgl. z. B. Brodkin 2011; Broadhurst et al. 2010; Ludwig-Mayerhofer et al. 2007).

Eine breitere Perspektive nehmen Perlinski et al. (2013) ein, die SozialarbeiterInnen in Schweden zu deren Methodennutzung befragt haben. Die AutorInnen unterscheiden – wie bereits erwähnt – zwischen spezifischen und unspezifischen Methoden. Während spezifische Methoden einen definierten Titel haben und auch formalisierte Diagnosetools mit einschließen, werden unter die Kategorie der unspezifischen Methoden alle verbleibenden Handlungsformen und Handlungsorientierung subsummiert, zum Beispiel die Beziehungsarbeit, Intuition, Erfahrung aber auch konkrete Handlungsroutinen. Ein zentrales Ergebnis der Studie lautet, dass unspezifische Methoden deutlich dominieren, was die Befragten mit dem Ziel eines holistischen Zugangs zu den AdressatInnen begründen. Insgesamt machen die Fachkräfte den Methodeneinsatz vom konkreten Einzelfall abhängig. In diesem Kontext werden auch spezifische Methoden, z. B. manualisierte Verfahren, lediglich eklektizistisch genutzt und an die Bedarfe des Einzelfalls angepasst. Mit diesem unkonventionellen Handeln versuchen die Fachkräfte ein Gegengewicht zu einseitigen organisationalen Formalisierungen und Methodisierungen aufzubauen[60].

Die Befragten der Studie von Perlinski et al. (2013) zeigen insgesamt ein Fachlichkeitsverständnis, das durchaus zu Konzepten einer reflexiven Professionalität passt: „It is perhaps that a professional experience-based combination of unspecific and specific work methodology is itself the core of the studied social workers' professional competence" (ebd., S. 524). Entsprechend differenzieren die AutorInnen lediglich zwischen zwei Gruppen von Fachkräften: Improvisierende nutzen lediglich unspezifische Methoden. Eklektizierende wenden neben unspezifischen auch selektiv spezifische Methoden an. Vor allem aber sehen die Praktizierenden die Beziehungsgestaltung, Vertrauen und ein Arbeitsbündnis als die zentralen Erfolgsfaktoren sozialpädagogischen Handelns: „Relationship comes before methods" (Fachkraft zitiert nach Perlinski et al. 2013, S. 524).

---

60 Auf Anstrengungen zur Ausbalancierung unterschiedlicher, mit der Nutzung von Formalisierungen verknüpfter, Ansprüche – mithin eine Subjektivierung der Widersprüche formalisierter Dienstleistungsarbeit – verweisen mehrere Studien (vgl. z. B. Fischbach 2011; Bode/Turba 2014). Auch Ponnert/Svensson (2016, S. 596) konstatieren entsprechend: „This balancing act puts very high demands on the individual professional social worker as well as on social work professionalism at a collective level".

3.3 Auswirkungen fachlicher Formalisierungen auf das Dienstleistungsergebnis

Neben dem Einfluss von Standardisierungen auf den Prozess der Dienstleistungserbringung und diese moderierenden Nutzungsweisen lässt sich auch nach deren Beitrag zum Ergebnis der Dienstleistung, mithin zur Wirksamkeit Sozialer Arbeit, fragen. Entsprechende Studien sind jedoch mit spezifischen Unsicherheiten belastet. So gelten viele Herausforderungen der Dienstleistungserbringung nicht nur für die Praxis, sondern auch für die Wissenschaft (vgl. schon Vinter 1963/1974). D'Aunno (1992) verweist auf mehrere Problembereiche von Wirkungsstudien zu sozialen Dienstleistungen. Zunächst bestehen in der Arbeit mit Menschen unklare Ursache-Wirkungs-Beziehungen und schwer zu kontrollierende dienstleistungsexterne Einflüsse. Die beiden Elemente des Technologiedefizits sozialer und pädagogischer Prozesse sind also auch für Wirkungsstudien relevant. Zudem ist von einer losen Kopplung organisationaler Elemente auszugehen und daher unklar, ob und wie implementierte Technologien praktisch genutzt werden. Schließlich erschweren heterogene und sich wandelnde Werte und Umwelterwartungen in modernen pluralen Gesellschaften die Entwicklung akzeptierter Wirkungsziele. Hinzu kommen unterschiedliche Organisationsverständnisse, nach denen sich Wirkungen in unterschiedlicher Weise definieren und bestimmen lassen (vgl. ebd.; vgl. Forbes 1998; McDonald 2006)[61]. Pollitt und Dan (2011) betonen dazu Folgendes:

> If goals are multiple, conflicting or ambiguous then it will be difficult to determine effectiveness which will, in effect, become a ‚contested concept'. Unfortunately for the analysts, policy goals frequently are multiple, conflicting or ambiguous. (ebd., S. 12)

Dieses generelle Problem der Wirkungsmessung politischer Programme konkretisieren sie weiter für soziale Dienstleistungen, die ihrer Ansicht nach in besonderem Konflikt zu aktuellen Bemühungen der Standardisierung und der standardisierten Wirkungsmessung stehen (vgl. ebd.). Entsprechende Vorbehalte lassen sich auch zu den vorliegenden Studien zu Formalisierungen in der Sozialen Arbeit vorbringen; so sind die Zielkategorien häufig nicht begründet, die Zuschreibung von Wirkungen an die Formalisierungen nicht oder nur bedingt nachvollziehbar, externe Einflussfaktoren bleiben unberücksichtigt oder

---

61 Zu den spezifischen methodischen und methodologischen Problemen der Wirkungsforschung sei hier auf entsprechende Abhandlungen im Kontext des sozialpädagogischen Diskurses um eine Evidenzbasierte Praxis in der Sozialen Arbeit verwiesen (vgl. z. B. Micheel 2013; Ziegler 2010; Schrödter/Ziegler 2007; Webb 2001).

die Konzepttreue bzw. die Nutzungsweisen der Formalisierungen im untersuchten Setting werden nicht kontrolliert.

Zudem besteht bei vielen der Studien eine offensichtliche Nähe bzw. Sympathie der ForscherInnen zum untersuchten Gegenstand. Luborsky et al. (1999) kommen in einer Meta-Analyse von 29 Evaluationsstudien zu dem Ergebnis, dass Forscherloyalitäten (researcher's allegiance) 69% der Varianz der Studienergebnisse erklären, also einen sehr bedeutenden „Wirkfaktor" darstellen (vgl. auch Mullen et al. 2005, S. 73 zum Problem der „investigator allegiance"). Entsprechend sind die durchweg positiven Befunde zu den Effekten bzw. der Wirksamkeit standardisierter Instrumente und Verfahren im Einzelfall zu hinterfragen.

Dies soll exemplarisch am Beispiel der Evaluation der Sozialpädagogischen Diagnosetabellen des Bayerischen Landesjugendamts (BLJA) (EST!)[62] verdeutlicht werden (vgl. Macsenaere et al. 2009). Diese Studie kann auch als Beispiel dafür dienen, wie (Auftrags-)Forschung als Institutionalisierungsstrategie instrumentalisiert wird. Das Beispiel wurde hierbei nicht willkürlich gewählt, vielmehr ist die Auswahl damit begründet, dass die Evaluation eine breite Würdigung erfahren hat (vgl. z. B. Kindler/Suess 2010). Zudem wurden durch dasselbe Institut in den vergangenen Jahren zahlreiche ähnlich angelegte Evaluationsstudien zu unterschiedlichen fachlichen Formalisierungen realisiert. Schließlich ist die EST!-Studie auch insofern bedeutsam, als sie die Diagnosetabellen des BLJA zum ersten „evidenzbasierten" Diagnoseinstrument in der deutschen Kinder- und Jugendhilfe adelt (vgl. Deegener 2014; BLJA 2009).

Die 2001 veröffentlichten Tabellen wurden von ASD-Fachkräften, MitarbeiterInnen des BLJA unter Nutzung externer Expertisen entwickelt. Sie haben zum Ziel, angesichts der „Kostenexplosion bei den Hilfen zur Erziehung" Leistungsvoraussetzungen zu klären und den erzieherischen Bedarf zu bestimmen (Hillmeier/Sauter 2001, S. 3). Daneben sollen sie die Dokumentation, Wahrnehmung und Reflexion unterstützen – Kinderschutz war zum damaligen Zeitpunkt kein vorrangiges Ziel der Tabellen. Das Instrument besteht aus je 75 Items zu Ressourcen und Risiken im Erleben und Handeln des jungen Menschen sowie 71 Items zu den Erziehungs- und Entwicklungsbedingungen. Somit umfasst die Kurzfassung 221 und die Langfassung 664 ankreuzbare und ergänzend in Freitextfeldern beschreibbare Items. Mit dem Instrument wurde der Anspruch erhoben, eine „systematische Erfassung aller [sic!] relevanten und beobachtbaren Merkmale individueller Entwicklung und ihrer familiären und

---

62 EST! steht einerseits für „Evaluation der Sozialpädagogischen Diagnose-Tabellen", gleichzeitig steht die Abkürzung im angelsächsischen Diskurs um Evidenzbasierung für „empirically supported treatments", also Interventionen, deren Wirksamkeit empirisch bestätigt wurde (vgl. z. B. Thyer/Pignotti 2011).

sozialen Bedingungen als Grundlage und Ausgangspunkt einer sozialpädagogischen Diagnose" zu erfassen (ebd.). Die Evaluation sollte die Güte der Items, die Anwendbarkeit, die Zuweisungsqualität und die Wirkung des Instruments überprüfen. Der Evaluation lag dabei die Hypothese zugrunde, dass die Diagnosetabellen in unterschiedlichen Dimensionen, etwa hinsichtlich ihrer Zuverlässigkeit und Gültigkeit, ihrer Effektivität und Effizienz sowie der Akzeptanz bei den AdressatInnen, anderen Verfahren überlegen ist. Die Evaluation ist als Kontrollgruppenstudie angelegt und soll die Wirksamkeit des Diagnoseinstruments im Vergleich zu bestehenden Praxen in Jugendämtern eruieren. Hierzu arbeitete ein Teil der Fachkräfte in den an der Studie teilnehmenden Jugendämtern mit den Diagnosetabellen (Experimentalgruppe), andere Fachkräfte arbeiteten weiterhin mit den etablierten Instrumenten/Standardverfahren der Ämter (Kontrollgruppe) – wobei in einem der Ämter die Diagnosetabellen das Standardverfahren darstellte (vgl. Macsenaere et al. 2009).

Die Güte der Items wurde durch Vergleiche mit anderen Instrumenten, statische Analysen ausgefüllter Bögen und Rückmeldungen der Fachkräfte erhoben und fiel relativ positiv aus. Die EvaluatorInnen kommt zu dem Schluss, dass das Instrument geeignet ist, „Risiken und Ressourcen des jungen Menschen und der Erziehungs- und Entwicklungsbedingungen weitgehend erschöpfend zu beschreiben" (ebd., S. 96). Die Erfassung der Alltagstauglichkeit der Tabellen erfolgte durch eine schriftliche Fachkräftebefragung. Diese zeigte, dass die Tabellen häufiger als andere Instrumente zusammenmit den Erziehungsberechtigten oder den Jugendlichen bearbeitet wurden (vgl. ebd., S. 98). Die Tabellen führten somit zu einer Formalisierung der Interaktionsbeziehung. Der Zeitaufwand zur Bearbeitung der Tabellen wurde mit durchschnittlich 3,7 Stunden beziffert. Über die Hälfte der befragten Fachkräfte hielt die Tabellen für nicht zuverlässig, 38% hielt die Tabellen für teilweise und nur 10% für eher oder völlig zuverlässig. Die skeptische Einschätzung der Alltagstauglichkeit, Nützlichkeit und Zuverlässigkeit durch die Fachkräfte werden von den EvaluatorInnen jedoch als „kritisch-subjektive Empfindungen" (ebd., S. 103) eingestuft und angesichts der positiven objektiv-empirischen Evaluationsergebnisse relativiert.

Ein weiteres Element der Evaluation ist die Messung der Zuweisungsqualität. Hierzu wurden auf der Basis von Daten zu über 10.000 Fallverläufen aus dem Projekt EVAS[63] Modelle entwickelt, nach denen sich bestimmen lässt,

---

63 Das EVAS ist ein System zur Messung der Wirkung von stationären Hilfen zur Erziehung, das bundesweit von Einrichtungen der Erziehungshilfe (v.a. in katholischer Trägerschaft) genutzt wird. Über eine standardisierte Erfassung von Defiziten und Ressourcen der AdressatInnen sollen Veränderungen im Hilfeverlauf gemessen und verglichen werden. (vgl. Macsenaere/Knab 2004).

welche Hilfeformen bei einer über wenige soziodemografische, jugendhilfeerfahrungsbezogene und anamnestische Aspekte ermittelten Ausgangslage geeignet sind. Fachkräfte, die die Tabellen nutzten, realisierten mit 74% gegenüber 69% mehr „passende" Interventionen, erreichten also eine höhere Zuweisungsqualität, wobei die Gruppendifferenz nicht signifikant ausfiel (vgl. Macsenaere et al. 2009, S. 104–128).

Den Kern der Evaluation bildete die Erhebung der Ergebnisqualität, das heißt der Effektivität sowie der Effizienz der Diagnose-Tabellen (bzw. Hilfen). Hierzu wurde eine prospektive Erhebung im Kontrollgruppen-Design angewandt. Die Messung der Wirkung erfolgte anhand eines sogenannten „Effekt-Index". Dieser wurde anhand der Defizite (40%) und Ressource (40%) des jungen Menschen und seiner Umwelt sowie der Hilfeplanzielerreichung (20%) errechnet. Der Defizitindex umfasst einerseits einen Symptomindex, in dem z. B. schulische Leistungsschwäche, dissoziales Verhalten oder Delinquenz erfasst werden sowie einem Diagnoseindex, in dem psychische Störungen (z. B. ADHS, Bindungsstörungen, Phobien) erhoben werden. Der Ressourcenindex umfasst Items wie körperliche Gesundheit, Selbstständigkeit oder soziale Attraktivität. Im Zielerreichungsindex werden schließlich der Grad der Erreichung der entsprechend ihrer Priorität gewichteten Hilfeplanziele erfasst (vgl. Macsenaere et al. 2009, S. 38).

Für Fälle der Experimentalgruppe (EG) und der Kontrollgruppe (KG) wurden einzelfallbezogenen Defizite und Ressourcen bei der Aufnahme des Kindes/Jugendlichen bzw. einem ersten Stichtag (t1), einem zweiten Stichtag (t2) sowie am Ende der Hilfe bzw. einem dritten Stichtag (t3) durch die Jugendämter, die Leistungserbringer und teilweise zudem durch externe ExpertInnen erhoben. Zur Erfassung der Nettowirkung wurden die aggregierten Effekte (zu Defizitreduktion Ressourcenaufbau und Zielerreichung) für beide Gruppen verglichen. Zur Errechnung der Effizienz wurden die Effekte zudem auf die Kosten der Hilfen bezogen. Schließlich wurden zu unterschiedlichen Zeitpunkten Kinder und Jugendliche, Eltern sowie Fachkräfte der Leistungserbringer und der Jugendämter zu ihren Einschätzungen des Diagnose- und Hilfeprozesses befragt.

Die Evaluationsstudie kommt zu dem Ergebnis, „dass es diverse empirische Evidenzen gibt, die belegen, dass der Einsatz der Sozialpädagogischen Diagnose-Tabellen in der Praxis weitgehend zu effektiveren Hilfen führt" (ebd., S. 151). Die EvaluatorInnen berichten von einem signifikant stärkeren Rückgang der Defizite in der Experimentalgruppe (EG: 21%; KG: 13%) (vgl. ebd., S. 128). Während, wie oben beschrieben, die formal ermittelte Zuweisungsqualität bei Hilfen der Experimentalgruppe höher war, zeigen die empirischen Ergebnisse, dass der Anteil wirkungsloser Hilfen in beiden Gruppen nahezu gleich ist (EG: 8,9%; KG: 8,7%). Dieser Befund bedeutet streng genommen, dass das Konzept der Zuweisungsqualität durch die EST!-Studie empirisch widerlegt wurde. Des

Weiteren wurde den Hilfen der Experimentalgruppe eine höhere Effizienz beschieden, wobei dieses Ergebnis nicht signifikant ausfiel. Ebenso heterogen waren die Ergebnisse zu den subjektiven Einschätzungen (impacts). Während die Jugendlichen der Experimentalgruppe die erhaltenen Hilfen positiver beurteilen, fallen bei den Sorgeberechtigten der Kontrollgruppe die Einschätzungen positiver aus. Aus Sicht der ASD-Fachkräfte war die Beteiligung und Zufriedenheit der AdressatInnen in der Experimentalgruppe deutlich geringer[64]. Auch diese Einschätzungen weisen die EvaluatorInnen als unbegründet zurück und geben zu bedenken, dass die Fachkräfte die Praktikabilität der Diagnosetabellen äußerst negativ beurteilt haben und „dass diese kritischen Haltungen hier auf die Bewertung des Einflusses des diagnostischen Verfahrens auf die Kooperationsbereitschaft ‚durchgeschlagen' haben" (ebd., S. 199).

Allerdings beurteilen auch die Kinder und Jugendlichen sowie die Sorgeberechtigten den Hilfeplanungsprozess in der Kontrollgruppe signifikant positiver. Dies gilt besonders für die Einschätzungen der Kinder und Jugendlichen zur Hilfenotwendigkeit (EG: 71%/55%; KG: 85%/82%)[65], zu einer geteilten Problemsicht mit den Jugendamt (EG: 57%/55%; KG: 72%/60%) und zur eigenen Beteiligung am Hilfeplanungsprozess (EG: 65%/76%; KG: 76%/78%) (ebd., S. 196). Aus Sicht der AdressatInnen gelingt es den Fachkräften der Kontrollgruppe demnach deutlich besser, die AdressatInnen zu beteiligen und im Hilfeprozess „mitzunehmen"[66]. Auch diese Befunde versuchen die AutorInnen zu relativieren. Nun mit dem Argument, dass „sich die Vorbehalte gegen die Diagnose-Tabellen über die Prozesse im Ergebnis dann auch auf die Bewertungen der HilfeadressatInnen ausgewirkt haben (können)", schließlich komme den „ASD-Fachkräften in den betreffenden Prozessabläufen eine genuine Schlüsselposition" zu (ebd., S. 196). Dennoch kommen die EvaluatorInnen nicht umhin festzustellen, dass es Indizien dafür gebe, dass „die Sozialpädagogischen Diagnose-Tabellen im Hinblick auf die Partizipation und Kooperation der HilfeadressatInnen kritische Eigenschaften aufweisen" (ebd.).

Die Ergebnisdarstellung der EST!-Studie zeigt, dass das Evaluationsprojekt durchaus auch als Strategie zur Durchsetzung der Diagnosetabellen, mithin als

---

64 Aus Sicht der ASD-Fachkräfte waren die Jugendlichen zum Zeitpunkt t1.2 in der EG zu 34% und in der KG zu 77% mit dem Diagnoseverfahren zufrieden. Noch deutlicher fallen die Differenzen bei der Kooperation (EK: 19%; KG: 73%), bei der Hilfeakzeptanz aus (EG: 20%; KE: 74%) sowie bei den entsprechenden Einschätzungen für die Eltern aus (vgl. Macsenaere et al. 2009, S. 190).

65 Im Evaluationsbericht werden die Werte zur Zufriedenheit differenziert bezogen auf Ziele für sich selbst und Ziele bei der Familie differenziert, daher werden je Item zwei Werte angegeben (vgl. Macsenaere et al. 2009, S. 196).

66 Weniger deutlich fallen die Differenzen mit größerem Abstand zum Diagnoseprozess zu den Zeitpunkten t2 und t3 aus.

Werbung im Gewand vermeintlich neutraler Wissenschaft, fungiert. Eine detaillierte inhaltliche Auseinandersetzung mit der Evaluationsstudie würde den Rahmen dieser hinführenden Darstellung sprengen, daher sei lediglich auf drei problematische Aspekte hingewiesen:

- Der genutzte Effekt-Index umfasst eine willkürliche Zusammenstellung von meist psychopathologischen Aspekten, die weder hergeleitet noch begründet werden. Da diese Kriterien keinen Bezug zu den normativen Grundlagen der Kinder- und Jugendhilfe (z. B. SGB VIII; UN-KRK; Lebenswelt-, Dienstleistungs- oder Subjektansatz) haben, können die Ergebnisse allenfalls bedingt Relevanz für die Kinder- und Jugendhilfe beanspruchen.
- Die Diagnosetabellen werden in den Jugendämtern zur Erfassung der Lebenssituation junger Menschen genutzt. Dabei sollen sie eine Auswahl geeigneterer Hilfen unterstützen. Veränderungen bei den AdressatInnen erfolgen jedoch durch die eingeleiteten Hilfen zur Erziehung – nicht durch den diese anbahnenden Hilfeplanungsprozess, in dem die Diagnosetabellen zum Einsatz kommen. Entsprechend werden in der Studie die Effekte des People-Changing (Erziehungshilfen) fälschlicherweise dem People-Processing (Hilfeplanung) zugeschrieben.
- Gegen diesen Einwand könnte vorgebracht werden, dass die leicht positiven Effekte der Experimentalgruppe auf die höhere Zuweisungsqualität zurückzuführen sind, also die Fachkräfte aufgrund der Nutzung der Diagnosetabellen geeignetere Hilfen auswählen. Dafür spricht zunächst, dass die Fachkräfte der Experimentalgruppe sich weniger auf die eigene berufliche Erfahrung oder „geliehene Expertise" durch fachfremde Gutachten beziehen. Allerdings konnte eine höhere Zuweisungsqualität anhand der empirischen Ergebnisse nicht bestätigt werden. Zudem steht einer solchen Argumentation der empirische Befund entgegen, dass die Diagnosetabellen von den Fachkräften der Experimentalgruppe nur in 2% (!) der Fälle die „überwiegende Grundlage der Hilfeentscheidung" (ebd., S. 207) darstellten. An anderer Stelle wird entsprechend darauf hingewiesen, dass „berücksichtigt werden (muss), dass der Einfluss des diagnostischen Verfahrens im Hinblick auf die Effektivität der Hilfen eher keine bzw. nur eine untergeordnete Rolle spielt" (ebd., S. 190). Der Studie liegt demnach ein „Type III Error" (Dobson/Cook 1980) zugrunde, da ein formal eingeführtes aber praktisch nicht wie erwartet genutztes Instrument evaluiert wird.

Die Ergebnisse der Studie verdeutlichen, dass sich die Nutzung formalisierter Instrumente negativ auf die Hilfebeziehung sowie auf die Kooperation und Beteiligung der AdressatInnen, mithin also auf die zentralen Wirkfaktoren sozialer Dienstleistungen (vgl. z. B. Albus et al. 2009b; Schrödter/Ziegler 2007), auswirken kann. Insofern ist Deegener (2014, S. 190) zuzustimmen, der mahnt, dass

> die Gefahr besteh[t], dass in den extrem umfangreichen Diagnose- und Einstufungsverfahren zwar ‚quantitativ' sehr differenziert und umfassend die Risiko- und Schutzfaktoren ‚inventarisiert' werden, dabei aber die Kunst der ‚qualitativen' Bewertung sowie der psychodynamische Prozess des ‚Umgangs' mit der Datensammlung und den hilfebedürftigen Familien zu kurz kommt.

Die hier angeführten Einwände an der EST!-Studie finden im Ergebnisbericht keine Beachtung, vielmehr werden die Diagnosetabellen als geeignetes Instrument zur Qualifizierung der Hilfeplanung beschrieben. Dennoch erfolgte auf Basis der Evaluation eine grundlegende Überarbeitung (Re-Strukturierung und Kürzung) des Instruments. Neben das Ziel der Kostenkontrolle treten nun wirksamer Kinderschutz und die rechtliche Absicherung der MitarbeiterInnen als neue Zieldimensionen. Die 2009er-Version umfasst lediglich 80 Items, von denen die Hälfte den Bereichen Grundversorgung und Familiensituation zugeordnet ist und zur Klärung einer Kindeswohlgefährdung dienen soll. Die andere Hälfte der Items dient der Prüfung der Leistungsvoraussetzungen und ist den Bereichen Kindeswohl und Erziehungssituation zugeordnet. Die Evaluation führte also zur Konstruktion eines völlig neuen Instruments und obgleich dieses neue Instrument selbst keiner neuerlichen Evaluation unterzogen wurde, wird es vom Bayerischen Landesjugendamt als „evidenzbasiertes Instrument" beschrieben (vgl. BLJA 2009, S. 9). Demgegenüber macht die EST! Studie darauf aufmerksam, dass neben (oder anstelle) der Güte bzw. dem Potenzial von Instrumenten letztlich Fragen der Nutzung ausschlaggebend für die Art und Qualität von Arbeitsprozessen sind – ein Befund, den Studien zum Kinderschutz noch bestätigen (s. Kapitel 8).

Hinsichtlich der Wirkung von Formalisierungen ist generell zu berücksichtigen, dass spezielle Dienstleistungstechnologien – und hierzu zählen auch standardisierte Instrumente und Verfahren – verglichen mit dienstleistungsexternen Faktoren oder sogenannten „Common Factors", einen lediglich geringen Einfluss auf die Dienstleistungsergebnisse haben (vgl. Abschnitt 1.3). So zeigen Meta-Studien, dass die herausragende Bedeutung sogenannter Common Factors, besonders der Beziehung zwischen Fachkraft und AdressatIn (Alliance), weitgehend unabhängig von der genutzten Interventionstechnik ist. Auch formalisierte und evidenzbasierte Interventionen reduzieren also die Bedeutung der Common Factors nicht (vgl. Flückiger et al. 2012)[67]. Marsh et al.

---

67 Das Konzept der (Arbeits-)Beziehung – (Working) Alliance – in der psychotherapeutischen Forschung umfasst in der Regel mehrere Elemente. Zahlreiche Studien orientieren

(2012) oder auch Schrödter und Ziegler (2007, S. 23) geben daher zu bedenken, dass im Rahmen von Wirkungsstudien zu konkreten Instrumenten und Verfahren „vieles, was real Wirkung beeinflusst, (…) experimentell ausgeschlossen (wird)".

Den Einfluss spezieller Dienstleistungstechnologien stellt auch Palmer (1995) in Frage. Für Maßnahmen im Strafvollzug weist er auf der Basis einer Meta-Analyse darauf hin, dass für eine angemessene Beurteilung von Interventionsstrategien Merkmale der AdressatInnen, Merkmale der Professionsangehörigen und Merkmale des Settings sowie schließlich Merkmale der realisierten Programme zu berücksichtigen sind. Die letztgenannten Programmfaktoren erschöpfen sich nicht in den angewandten Methoden bzw. Instrumenten und Verfahren. Vielmehr sind diese mit weiteren Aspekten, etwa Interventionszielen, Betreuungsschlüsseln, Ressourcen und Kulturen verknüpft (vgl. ebd.).

Aus verwaltungswissenschaftlicher Perspektive gelangen Pollitt und Sorin (2011) auf der Basis einer Meta-Studie zu New-Public-Management-Reformen in Europa zu einer sehr ähnlichen Einschätzung, wenn sie konstatieren:

> It is not programmes that work: rather it is the underlying reasons or resources that they offer subjects that generate change. Whether the choices or capacities on offer in an initiative are acted upon depends on the nature of their subjects and the circumstances of the initiative. The vital ingredients of programme ontology are thus its ‚generative mechanisms' and its ‚contiguous' context. (ebd., S. 21)

Während sich nach Lambert und Barley (2001) 15% der Wirkeffekte von Psychotherapien auf die Interventionstechnik zurückführen lassen, gehen Messer und Wampold (2006) sowie Duncan und Miller (2009) von noch geringen Wirkeffekten spezieller Interventionsinstrumente aus. Sie wenden sich daher deutlich gegen manualisierte, also hoch formalisierte Interventionsansätze, da diese aufgrund negativer Einflüsse auf die Arbeitsbeziehung und auf die interpersonalen Kompetenzen von TherapeutInnen eher zu schlechteren Ergebnissen führen.

> In effect, therapists who do therapy by the book develop better relationships with their manuals than with clients and seem to lose the ability to respond creatively. Little evidence, therefore, exists that manualized treatments have any impact on outcome, although there is some indication of negative effects. (…) Manualization neither explains nor capitalizes on the sources of variance known to effect treatment outcome. Indeed, as Wampold (2001) notes, ‚manuals focus attention toward a wasteland and away from the fertile ground' (p. 212). Given the data, we

---

sich an der Bestimmung von Bordin (1979), der drei Elemente der Beziehung definiert: „agreement on goals, assignment of tasks, and the development of bonds".

believe that continuing to invest precious time and resources in the development and dissemination of treatment manuals is misguided. A simpler path to effective, efficient, and accountable intervention exists. Rather than attempting to fit clients into manualized treatments via ‚evidence-based practice', we recommend that therapists and systems of care tailor their work to individual clients through ‚practice-based evidence'. (Duncan/Miller 2009, S. 145, 147; vgl. auch Horvath 2001)

3.4 Reflexionen zur Standardisierbarkeit von Dienstleistungen

Die empirischen Befunde zu den Effekten von Formalisierungen sind insofern nicht verwunderlich, als „Nicht-Standardisierbarkeit" als ein zentrales Charakteristikum personenbezogener sozialer Dienstleistungen gilt – sowohl in unterschiedlichen Dienstleistungs- und Organisationstheorien, als auch in der strukturtheoretischen Professionstheorie von Oevermann. Nicht-Standardisierbarkeit meint dabei einerseits, dass eine vollständige Standardisierung von Dienstleistungen aufgrund des offenen und dynamischen Charakters von Interaktionen nicht möglich ist, andererseits, dass Versuche den interaktiven Kern von Dienstleistungen dennoch zu Standardisierungen negativ auf die Qualität und den Erfolg von Dienstleistungsarbeit wirken.

So konstatieren bereits Badura und Gross (1976, S. 68) eine „Nicht-Rationalisierbarkeit im Sinne einer Nicht-Maschinisierbarkeit der persönlichen Dienstleistung" und begründen diese damit, dass „die kommunikative Beziehung, die Interaktion, die Ansprache (…) sich nicht maschinisieren" lassen. Daher führten Standardprogramme und Diagnosebögen zu zusätzlichen Koordinations- und Integrationsproblemen, da sie die Mitwirkung der AdressatInnen vermindern und dazu führen, die „Bedürfnisse der Klienten [zu] vernachlässigen" (ebd., S. 277). Auch Offe (1984) äußert sich skeptisch gegenüber Standardisierungsbemühungen. Er begründet dies mit einer

> immanenten Rationalität von Dienstleistungen [nach der] das gedachte Ergebnis des Handlungsablaufs umso besser erreicht (wird), je weniger schematisch Ziele und Mittel vorgeschrieben sind, je größer Dispositions- und Interpretationsspielräume offengehalten werden, je weniger die Eigenmotivation des Dienstleistenden unter äußere Kontrolle gestellt wird und je größer daher die Möglichkeit ist, auf die Besonderheiten eines prinzipiell nicht völlig (…) standardisierten Umweltausschnittes ad hoc einzugehen. (ebd., S. 296 f.)

Ähnlich gibt Olk (1986) zu bedenken, dass eine gelingende, da nutzerorientierte Dienstleistungsarbeit einen Verzicht auf Formalisierungen verlangt. Entsprechend führt er aus:

> Je mehr die Organisation auf die Besonderheiten ihres Arbeitsmaterials Rücksicht nimmt, (...) desto unklarer werden die Kriterien richtigen Vorgehens, desto weniger sind hierarchische Entscheidungskontrollen und Vorab-Dispositionen über simultane und konsekutive Teilprozesse (Arbeitsteilung) durchsetzbar. (ebd., S. 9, 113)

Für die neue Dienstleistungstheorie stellt bspw. Baethge (2011, S. 57) fest, dass „Dienstleistungsarbeit aus ihrem interaktiven Charakter heraus Grenzen für Arbeitsteilung, Standardisierung und Dequalifizierung" hat, während Böhle (2011) auf die Konsequenzen dieser Grenzen der Standardisierung verweist:

> Durch die Standardisierung von Arbeitsabläufen und Zeitvorgaben werden (...) das notwendige situative Handeln behindert und die Qualität der Dienstleistung beeinträchtigt sowie auch zusätzliche Kosten erzeugt. (ebd., S. 459)

An anderer Stelle konkretisiert er, dass die „Ko-Produktion mit Klienten (...) eines individuellen, situativen Vorgehens" bedürfe (Böhle et al. 2006, S. 38). Als ein weiterer Effekt der Formalisierung von Dienstleistungsarbeit werden Entfremdungsprozesse aufseiten der Fachkräfte beschrieben. Diese resultieren u. a. aus einer Einschränkung subjektiver Handlungsfreiheiten und haben ebenfalls negative Konsequenzen auf den Prozess und das Ergebnis der Dienstleistungsarbeit:

> Aufgrund des interaktiven Charakters von Dienstleistungsarbeit gewinnt das Entfremdungs-Menetekel eine neue Qualität der Bedrohlichkeit, weil hier entfremdete Arbeit nicht die Arbeitenden alleine betrifft, sondern ebenso die Konsumenten ihrer Arbeit. (Baethge 2011, S. 56)

Ähnlich bezweifelt auch Mintzberg (1992) die Sinnhaftigkeit einer Standardisierung von professionellen Arbeitsprozessen; vielmehr dienten Standardisierungen insbesondere dazu

> die professionellen Mitarbeiter in ihrer Arbeit zu behindern und zu frustrieren. Solche Maßnahmen können nur Schaden anrichten – falsche Verhaltensweisen programmieren und falsche Ergebnisse messen, die professionelle Mitarbeiter zwingen, das maschinenbürokratische Spiel mitzumachen und Standards zu erfüllen, anstatt Kunden und Klienten zu betreuen. (ebd., S. 283)

Die vorgestellten dienstleistungstheoretischen und organisationswissenschaftlichen Vorbehalte gegenüber einer Formalisierung von sozialen Dienstleistungen werden auch aus professionstheoretischer Perspektive geteilt. So argumentiert Oevermann (2000, S. 59), wie folgt:

[Es] sind alle Dienstleistungen nicht standardisierbar, die sowohl (1) diagnostisch die nur fallverstehend, d. h. rekonstruktionslogisch erschließbare Erfassung der je einzigartigen Charakteristik und Prägnanz der Fallstruktur des jeweiligen Klienten erfordern als auch (2) in der interventionspraktischen Anwendung von methodisiertem Problemlösungs-Wissen nicht nur (a) die fallangemessene, ihrerseits Rekonstruktion statt Subsumption erzwingende Übersetzung der allgemeinen Lösungsmodelle zur Voraussetzung haben, sondern (b) vor allem auch die je fallspezifisch zu vollziehende Weckung der krisenbewältigenden Eigenkräfte des Klienten notwendig machen.

Dass personenbezogene soziale Dienstleistungen, wie sie die Soziale Arbeit erbringt, demnach strukturlogisch nicht standardisierbar sind, heißt indes nicht, dass diese praktisch nicht standardisiert werden können.

Entsprechend kann (…) eine faktisch standardisierte Problemlösung unangemessen sein, weil sie gewissermaßen einer nicht standardisierbaren Praxis von außen aufgezwungen wird aus Gründen der formalen Rationalität, und dabei das Problem als solches dogmatisierend ‚um- und wegdefiniert' wird. (ebd., S. 60)

Somit impliziert eine Standardisierung sozialpädagogischer Dienstleistungen eine „dogmatische Zerstörung von interventionspraktischen Vorgehensweisen" (Oevermann 2009, S. 118).

4. Institutionalisierung und (Neo-)Institutionalismus

Angesichts der ambivalenten empirischen Befunde und Reflexionen zur Angemessenheit und Nützlichkeit von Formalisierungen in der Praxis der Sozialen Arbeit stellt sich die Frage, warum fachliche Formalisierungen dennoch über nationale und arbeitsfeldbezogene Grenzen hinweg in sozialen Diensten und Einrichtungen implementiert werden. Eine Antwort kann im „institutionellen Gehalt" fachlicher Formalisierungen gesehen werden: Offensichtlich sind formalisierte Instrumente und Verfahren – unabhängig von konkreten Befunden und Reflexionen – anschlussfähig an gesellschaftlich verbreitete, d. h. institutionalisierte Annahmen darüber, wie unsere Welt funktioniert, das heißt, wie die Dinge – konkret: Arbeitsprozesse in sozialen Organisationen – sind und sein sollten (vgl. Berger/Luckmann 1966/1977; Meyer/Rowan 1977). Eine solche These lässt sich im Anschluss an die Basisannahmen des soziologischen Neo-Institutionalismus formulieren.

Im Prozess der Arbeit an der vorliegenden Studie haben sich neo-institutionalistische Perspektiven bzw. Konzepte als plausible und anregende Reflexions- und Erklärungsfolie für mit fachlichen Formalisierungen verknüpfte Phänomene erwiesen, weshalb diese zur theoretischen Rahmung dieser Studie genutzt werden[68]. Für die Wahl dieser Perspektive spricht weiter, dass der Ansatz nicht nur als empirisch wie theoretisch robust gilt (vgl. z. B. Lounsbury/Hirsch 2008), sondern sich zudem als produktive Basis – häufig empiriebasierter – Theorieentwicklung erwiesen hat (vgl. z. B. Scott 1987, 1991, 2008a). So wurden die zunächst vagen Basisannahmen des Ansatzes in den vergangenen gut 40 Jahren stark ausdifferenziert. Heute gilt der Neo-Institutionalismus international als „perhaps the dominant approach to understanding organizations" (Greenwood et al. 2008, S. 2; vgl. Tolbert/Zucker 1996; Suddaby et al. 2010). Da der Ansatz dennoch nicht als bekannt vorausgesetzt werden kann, hat dieses Kapitel eine Einführung in den Neo-Institutionalismus zum Inhalt. Dazu erfolgt zunächst eine Darstellung der Kernannahmen des Ansatzes, wie sie Meyer und Rowan (1977) in ihrem grundlgenden Artikel „Institutionalized Organizations: Formal

---

68 Die Entscheidung für eine neo-institutionalistische Rahmung war eine Reaktion auf die Erkenntnis aus den ersten Feldkontakten, dass die ursprünglich favorisierte Perspektive auf Fragen der Steuerung und Governance die Einführung fachlicher Formalisierungen nur bedingt erklären können. Dagegen legten Verweise auf Fassaden, Legitimationsnotwendigkeiten und vermeintliche Selbstverständlichkeiten in den Interviews eine neo-institutionalistische Rahmung nahe (vgl. Abschnitt 9.4.4).

Structure as Myth and Ceremony" formulieren. Hieran schließt sich eine Vorstellung der Konzepte Institution und Legitimation sowie des Feldkonzeptes an. Zudem erfolgen Reflexionen zum Akteursverständnis des Neo-Institutionalismus. Im Zentrum dieses Kapitels steht sodann eine Auseinandersetzung mit Konzepten bzw. Perspektiven der Institutionalisierung. Diese bildet nicht nur den Kern neo-institutionalistischer Forschung und Reflexion, „Institutionalisierung" stellt zudem den konzeptionellen Gegenstand der vorliegenden Studie dar. Die Vorstellung von Institutionalisierungskonzepten beschränkt sich nicht auf Aspekte, die im weiteren Verlauf der Studie wieder aufgegriffen werden. Damit soll verdeutlicht werden, welche Aspekte der Institutionalisierung in der vorliegenden Studie nicht weiter berücksichtigt werden. Das Kapitel endet mit einigen Überlegungen zum Konzept der losen Kopplung bzw. Entkopplung, da Formen und Prozesse der (Ent-)Kopplung – wie es sich im Laufe der empirischen Studie zeigte – ein wichtiges Phänomen der Institutionalisierung fachlicher Formalisierungen in sozialen Diensten darstellen.

4.1 Institutionelle Umwelten, rationalisierte Elemente und Rationalitätsmythen

Im Mittelpunkt des Neo-Institutionalismus steht die Annahme, dass Organisationen bzw. organisationale Strukturen und Regeln nicht (nur) Resultat rationaler Entscheidungen sind, sondern vielfach Effekte von institutionellen, das heißt kulturellen und normativen Umwelteinflüssen. So formulieren Meyer und Rowan (1977) die These, dass „institutional rules function as myths which organizations incorporate, gaining legitimacy, resources, stability, and enhanced survival prospects". Die Autoren gehen also davon aus, dass organisationale Strukturen nicht nur, wie in Abschnitt 2.3.2 beschrieben, der Koordination und Kontrolle von Arbeitsprozessen dienen, sondern auch Ausdruck verbreiteter Umwelterwartungen darüber sind, was als rational gilt (vgl. ebd., S. 353)[69]. Diese verbreiteten Annahmen darüber, wie Dinge sind und sein sollten, bezeichnen Meyer und Rowan als „Rationalitätsmythen" (ebd., S. 340 u. a.).

> [F]ormal structures of many organizations in postindustrial society (Bell 1973) dramatically reflect the myths of their institutional environments instead of the demands of their work activities (...) Such elements of formal structure are mani-

---

69 Meyer und Rowan (1977) relativieren und spezifizieren die Gültigkeit ihrer Aussagen ungewöhnlich häufig, indem sie unterstreichen, dass neben institutionellen auch technische Faktoren für die Organisationsgestaltung relevant sind. Diese auffallend defensive Orientierung wird in Rezeptionen und Kritiken in der Regel übersehen.

festations of powerful institutional rules which function as highly rationalized myths. (ebd., S. 341, 343)

Die Autoren sprechen von Mythen, weil eine Überprüfung der den Elementen zugeschriebenen Eigenschaften ausbleibt oder nicht möglich ist. Dennoch wird an die Rationalität, Nützlichkeit und Angemessenheit etc. der Elemente geglaubt. Diese Rationalitätsannahmen, die unterschiedlich abstrakt formuliert sein können, und auf diesen basierende Konzepte, Praxen oder Techniken – Meyer und Rowan sprechen von „rationalisierten Elementen" – sind aufgrund übergreifender gesellschaftlicher Rationalisierungsprozesse in modernen Gesellschaften weit verbreitet. „In modern societies, the elements of rationalized formal structure are deeply ingrained in, and reflect, widespread understandings of social reality" (ebd., S. 343). Daher können solche Elemente von Organisationen leicht aufgegriffen und implementiert werden.

The building blocks for organizations come to be littered around the societal landscape; it takes only a little entrepreneurial energy to assemble them into a structure. And because these building blocks are considered proper, adequate, rational, and necessary, organizations must incorporate them to avoid illegitimacy. (ebd., S. 345)

Organisationen tendieren dazu, solche rationalisierten Elemente einzuführen, um als rational und legitim zu gelten. Legitimität wiederum wird, wie schon im ersten Zitat dieses Abschnittes erwähnt, als Basis für Ressourcenzuflüsse aus der Umwelt und damit das Überleben der Organisation angesehen[70]. Indem sie rationalisierte Elemente implementieren, nähern sich Organisationen den sie umgebenden Umwelten an (Isomorphie). Mit rationalisierten Elementen übernehmen Organisationen häufig zudem externe Beurteilungskriterien. Auch dies kann einerseits die Legitimation der Organisation steigern und die Stabilität erhöhen, da organisationsinterne Unsicherheiten weniger sichtbar werden. Andererseits können externe Erwartungen – rationalisierte Elemente und Bewertungsmaßstäbe – in Konflikt mit den primären Zielen und Prozessen der Organisation treten (vgl. ebd., S. 349 f.). Daher werden diese Elemente häufig nur oberflächlich bzw. formal implementiert. „Institutionalized products, services, techniques, policies, and programs function as powerful myths, and many or-

---

[70] Meyer und Rowan (1977) differenzieren zwischen institutionellen und technischen Organisationen: Während erste vor allem auf Legitimation angewiesen sind, hängt der Erfolg letzterer eher von technischer Effizienz und Markterfolgen ab. Allerdings unterstreichen die Autoren auch, dass die Zuordnung von Organisationen zu einer dieser Gruppen bzw. die Bestimmung von Technologisierbarkeit sozialen und historisch kontingenten Konstruktionsprozessen unterliegt und damit variiert (vgl. ebd., S. 355).

ganizations adopt them ceremonially" (ebd., S. 340). In diesem Fall werden rationalisierten Elemente nur lose mit den tatsächlichen Koordinations- und Arbeitsaufgaben, also der Aktivitätsstruktur, in der Organisation gekoppelt.

> [I]nstitutional rules tend to buffer their formal structures from the uncertainties of technical activities by becoming loosely coupled, building gaps between their formal structures and actual work activities. (ebd., S. 341)

Ähnlich können auch unterschiedliche rationalisierte Elemente voneinander entkoppelt werden. Grund für nur lose Kopplungen von organisationalen Elementen kann ein Widerspruch zwischen divergierenden Umwelterwartungen und Rationalitätsmythen sein, die in pluralen Gesellschaften nicht unüblich sind. Zudem können die auf Rationalitätsmythen basierenden Elemente in Konflikt mit dem Zweck oder der zentralen Technologie der Organisation (also den eigentlichen Arbeitsprozessen) treten. Insofern kann die Entkopplung als eine notwendige Strategie gesehen werden, um sowohl überlebensnotwendigen Umwelterwartungen zu entsprechen als auch den eigentlichen Organisationszweck zu erfüllen[71]. Organisationen wird dabei eine aktive Rolle im Umgang mit institutionellen Umwelterwartungen eingeräumt: Einerseits produzieren sie selbst rationalisierte Elemente bzw. Rationalitätsmythen, andererseits treffen sie Entscheidungen über die Auswahl der Elemente, die diese implementieren und über die Art derer Kopplung (vgl. ebd., S. 346 f.).

Zeremonielle Implementierungen von rationalisierten Elementen und der Aufbau von Legitimationsfassaden sind dabei keine arglistigen Täuschungen, sondern dienen dazu, die gesellschaftliche Funktion der Organisation zu bewahren. Sie basieren auf einer „logic of confidence and good faith" (ebd., S. 340) und zielen nach außen auf den Aufbau von Vertrauen, dieses korrespondiert nach innen mit einer besonderen Selbstverpflichtung der Organisationsmitglieder, durch Formen der informellen Koordination und Selbstkontrolle den Organisationszweck zu realisieren. „The committed participants engage in informal coordination that, although often formally inappropriate, keeps technical activities running smoothly and avoids public embarrassments" (ebd., S. 358).

---

71 Als Strategien der losen Kopplung nennen Meyer und Rowan (1977, S. 357) professionelle Ermessensentscheidungen, zeremonielle Überprüfungen von Arbeitsergebnissen, vage Ziele oder eine Überbewertung von Beziehungsaspekten (Human Relations) – also für Dienstleistungen typische Charakteristika.

4.2 Der soziologische Neo-Institutionalismus

Der Artikel von Meyer und Rowan (1977) zählt zusammen mit einem Artikel von Weick (1976) zur losen Kopplung, einer experimentellen Studie von Zucker (1977) zur Beharrlichkeit von Kultur, einem Artikel von Alford und Friedland (1987) zu institutionellen Logiken sowie einem Beitrag von DiMaggio und Powell (1983) zu den Mechanismen hinter Homogenisierungsprozessen in strukturierten organisationalen Feldern, zu den „Basisdokumenten" des sogenannten *soziologischen Neo-Institutionalismus*[72]. Hinter diesem Label steht kein geschlossener Ansatz, sondern eher ein „set of very general sociological explanatory ideas" (Meyer 2008, S. 798)[73]. Als integrierendes Element kann ein Interesse an dem Einfluss von Kultur und sozialen Regulierungsmechanismen auf soziale Prozesse gelten. Die VertreterInnen wandten sich gegen den damaligen (organisations-)soziologischen Mainstream, der Organisationen bzw. organisationale Strukturen als Ergebnisse rationaler Entscheidungen, funktionaler Erfordernisse oder ökonomischer Austauschprozesse sah (vgl. z. B. Tolbert/ Zucker 1996; Hasse/Krücken 2005; Greenwood et al. 2008).

Während neo-institutionalistisches Denken vor allem auf der Beobachtung und Reflexion von Heterogenität und Abweichung (z. B. Formen loser Kopplung) auf der Mikroebene von (zunächst vor allem Bildungs-)Organisationen beruhte, wurde der Ansatz zunehmend zu einer Perspektive zur Analyse und Erklärung von Homogenisierungsprozessen auf der Makroebene. Erst im Zuge einer zunehmenden Ausdifferenzierung in den vergangenen Jahrzehnten ist der Ansatz wieder zu seinen „Wurzeln", das heißt zu Phänomenen der Heterogenität und zur Inblicknahme von Mikroprozessen, zurückkehrt. Der Grund für die Entwicklung zu einem Ansatz zur Analyse von Makroprozessen liegt vor allem im „Erfolg" des von DiMaggio und Powell (1983) eingeführten Konezptes der institutionellen Isomorphie (vgl. Lounsbury/Hirsch 2008)[74]. Paradoxerweise wollten DiMaggio und Powell (1983) die Analyse von Meyer und Rowan (1977)

---

[72] Neben dem primär kultur- und organisationssoziologisch ausgerichteten soziologischen Neo-Institutionalismus haben sich weitere Institutionalismen in der Politik-, der Geschichts- und den Wirtschaftswissenschaften etabliert (vgl. Mayntz/Scharpf 1995).

[73] Allerdings ist vor allem in den letzten Jahren eine deutliche Ausweitung der mit dem Neo-Institutionalismus verknüpften Perspektiven zu verzeichnen, sodass sich der Eindruck aufdrängt, Studien und Reflexionen werden zunehmend weniger über geteilte Hintergrundannahmen oder inhaltliche Kriterien als vielmehr über entsprechende Selbstverortungen dem Neo-Institutionalismus zugeordnet.

[74] Als Beleg für den „Erfolg" der Perspektive von DiMaggio und Powell (1983) wird immer wieder die Zahl der Zitationen in renommierten Fachzeitschriften angeführt. Besonders ab Beginn der 2000er-Jahre stieg diese für Artikel von DiMaggio und Powell deutlich an und lag 2008 bei 2.600 – als „erfolgreich" gelten bei der gewählten Vergleichsbasis Artikel mit über 50 Zitationen (vgl. Greenwood et al. 2008, S. 2; Greenwood/Meyer 2008, S. 248).

konkretisieren, indem sie die Mechanismen hinter der Übernahme rationalisierter Elemente herausarbeiten. Dabei ignorierten sie jedoch das Posulat von Meyer und Rowan (1977, S. 341), wonach „a sharp distinction should be made between the formal structure of an organization and its actual day-to-day work activities". Während Meyer und Rowan zwar eine formale Isomorphie zwischen Organisationen und deren Umwelt konstatieren, jedoch den Fokus auf Entkopplungen legen und heterogene Alltagspraxen hinter homogenen Legitimationsfassaden hervorheben, weisen DiMaggio und Powell (1983, S. 155) die Entkopplungsthese explizit zurück.

> Meyer and Rowan posit a loose coupling between legitimated external practices and internal organizational behavior. From an ecologist's point of view, loosely coupled organizations are more likely to vary internally. In contrast, we expect substantive internal changes in tandem with more ceremonial practices. Thus greater homogeneity and less variation and change. Internal consistency of this sort is an important means of interorganizational coordination. It also increases organizational stability.

Entsprechend konstatieren DiMaggio und Powell (1983) eine symbolische und strukturelle Homogenisierung der Organisationen eines organisationalen Feldes. Als dafür verantwortliche Mechanismen beschreiben sie soziale, politisch-rechtliche und organisationsstrukturelle Zwänge, von Professionen forcierten normativen Druck und mimetische Imitation zur Unsicherheitsbewältigung (vgl. ebd., S. 150 ff.).

Auch der Neo-Institutionalismus ist also – ebenso wie seine Gegenstände – durch Heterogenität geprägt. So spricht Meyer (2010, S. 3) im Plural von „Institutionalisms" und unterscheidet stark vereinfachend zwischen einer phänomenologischen und eine realistische Perspektive:

- Die unter anderem von Meyer selbst (z. B. 2008; 2010; Meyer et al. 1997; Meyer/Jepperson 2000) vertretene phänomenologische Perspektive ist sozialkonstruktivistisch geprägt und nimmt vor allem kulturell-kognitive Aspekte, das heißt unhinterfragt akzeptierte Annahmen darüber, wie die Dinge sind und sein sollten, in den Blick. Die Idee autonomer Akteure oder von Rationalität werden als für die westliche Kultur zentrale soziale Konstruktionen und damit als kontingente soziale Modelle angesehen.
- Realistische Perspektiven, wie sie etwa DiMaggio und Powell (1983) oder Streeck und Thelen (2005) vertreten, fokussieren demgegenüber eher auf den Einfluss von institutionellen Regulierungen auf mehr oder weniger autonome Akteure, wobei weniger kulturell-kognitive Muster als vielmehr normativer Druck und machtbasierte Zwänge betrachtet werden (vgl. Meyer 2008; 2010).

Die unterschiedlichen Basisannahmen führen zu unterschiedlichen theoretisch-konzeptionellen Anschlüssen, Fragestellungen, empirischen Zugängen und Befunden sowie Selbstverständnissen. So beschreibt Meyer (2008) den Neo-Institutionalismus in der phänomenologischen Ausrichtung als gesellschaftskritische Perspektive auf moderne liberale Gesellschaften, während realistische Positionen gerade durch eine Thematisierung von Zwängen, Akteuren und Macht beanspruchen, gesellschaftskritisch zu sein (vgl. z. B. Seo/Creed 2002; Hirsch/Lounsbury 2015). Neben unterschiedlichen epistemologischen Grundorientierungen lassen sich Gegenstände und Perspektiven des Neo-Institutionalismus auch chronologisch sortieren. Während frühere Ansätze eher auf die Effekte der institutionellen Ordnung und damit auf Stabilität, Homogenisierung und Diffusion fokussierten, rückten im Laufe der Zeit zunehmend Formen des institutionellen Wandels und damit der Heterogenität bzw. Heterogenisierung sowie Akteursstrategien zur Beeinflussung der institutionellen Ordnung und des Umgangs mit institutionellen Anforderungen in den Fokus des Interesses. Dies äußert sich unter anderem in neueren Konzepten des „institutional work" (DiMaggio 1988; Lawrence/Suddaby 2006), der „institutional logics" (Friedland/Alford 1987/1991; Thornton/Ocasio 1998; 2008; Thornton et al. 2012) oder der „institutional complexity" (Greenwood et al. 2011; Kodeih/Greenwood 2014; Fossestøl et al. 2015). Diese Heterogenität berücksichtigend soll der Neo-Institutionalismus in diesem Kapitel nicht über eine integrierende Konzeption, sondern über eine knappe Vorstellung und Diskussion zentraler konzeptioneller Elemente erschlossen werden.

4.2.1 Institution – (k)ein Kernbegriff des Neo-Institutionalismus

Die Heterogenität und Vielfalt neo-institutionalistischer Positionen zeigt sich schon daran, dass der Begriff der Institution vielfach unbestimmt bleibt oder aber Institutionen je nach Studien- oder Reflexionsgegenstand als Situationen, Rollen, Organisationen, Rechtssysteme, Normen oder Managementkonzepte bestimmt werden (vgl. Senge 2011, S. 84). Eine Definition, auf die häufiger zurückgegriffen wird, stammt von Berger und Luckmann (1966/1977, S. 77), die Institutionen bestimmen als „habitualisierte Handlungen [die] durch Typen von Handelnden reziprok typisiert werden", also als sozial geteilte Handlungsmuster für bestimmte Situationen (vgl. z. B. auch Meyer/Rowan 1977; Tolbert/Zucker 1996). Institutionen regulieren und koordinieren also Handlungen. So definiert Lepsius (2013, S. 11) Institutionen als „jede auf Dauer gestellte Handlungsorientierung, die nicht situativ, spontan, einmalig oder abweichend ist".

Ebenfalls häufig zitiert wird die Definition von Selznick (1957), der Institutionalisierung als eine normative Aufladung bestimmt: „ ‚to institutionalize' is to infuse with value beyond the technical requirements of the task at hand" (zitiert nach Scott 1987, S. 4). Eine Integration explizit neo-institutionalistischer Perspektiven auf Institutionen schlägt Scott (2001; 2008a, S. 48) vor. Er definiert diese als „multifaced, durable social structures made up of symbolic elements, social activities, and material ressources". Scott konzipiert Institutionen also als aus Symbolen und Strukturen, das heißt aus Denkmustern und Handlungen bestehend. Er schließt damit beispielsweise an Friedland und Alford (1987/1991) an, die Institutionen einerseits als „supraorganizational patterns of activity through which humans conduct their material life in time and space" (Handlungsmuster), andererseits als „symbolic systems through which they categorize that activity and infuse it with meaning" (Deutungsmuster) definieren (Friedland/Alford 1991, S. 323).

Des Weiteren konstatiert Scott (2001, 2008a) – wie zuvor etwa Friedland und Alford (1991) und vor allem Giddens (1986) – eine Dualität von Institutionen: Einerseits beeinflussen Institutionen (kausal) menschliches Handeln, andererseits werden sie durch menschliches Handeln erst (re-)produziert. Die Mechanismen, Scott spricht von Säulen, hinter der handlungsgenerierenden Kraft von Institutionen stehen im Zentrum des mehrdimensionalen Institutionen-Konzeptes von Scott (2008a, S. 58): „Institutions are comprised of regulative, normative and cultural-cognitive elements that, together with activities and resources, provide stability and meaning to social life". Die regulative Säule umfasst auf Autorität und Zwang basierende Verhaltenssteuerung durch formelle und informelle Regeln, Überwachung und Sanktionen. Werte, Normen, Rollen oder Standards konstituieren die normative Säule von Institutionen. Die kulturell-kognitive Säule besteht schließlich aus unhinterfragt gültigen objektiven Deutungsinhalten und subjektiven Interpretationen, also aus Annahmen über und Konzepte von Welt, von den Dingen in ihr sowie von verfügbaren Handlungsoptionen. Scott (2001, S. 58) verweist zur Konkretisierung der kulturell-kognitiven Säule unter anderem auf „wider belief systems and cultural frames", „common scripts", „common beliefs" und „meaning systems". Den drei Säulen liegen unterschiedliche Legitimationsmuster zugrunde. Zudem sind nicht alle Institutionen von allen drei Säulen getragen. Scott integriert mit seinem Konzept sowohl die phänomenologische Perspektive (kulturell-kognitive Säule) als auch die realistische Perspektive (regulative und normative Säule).

Während Scott die drei Säulen gleichwertig konzipiert, verweisen KritikerInnen auf die herausragende Stellung der kulturell-kognitiven Säule, die über die Bestimmung von Realität regulative und normative Handlungsnormierungen erst möglich macht (vgl. z. B. Senge 2011). Diese herausragende Stellung von Denk- und Deutungsmustern unterstreichen schon Berger und Luckmann (1966/1977, S. 100), wenn sie den Vorrang von Wissen gegenüber Werten hervorheben:

Legitimation erhält die institutionelle Ordnung dadurch, dass sie ihrem objektivierten Sinn kognitive Gültigkeit zuschreibt. (...) Legitimation sagt dem Einzelnen nicht nur, warum er eine Handlung ausführen soll und die andere nicht ausführen darf. Sie sagt ihm auch, warum die Dinge sind, was sie sind. Mit anderen Worten: bei der Legitimierung von Institutionen geht das Wissen den Werten voraus.

Von VertreterInnen eines realistischen Institutionalismus wird die Einbeziehung kulturell-kognitiver Elemente in das Institutionenkonzept gerade wegen ihres umfassenden Charakters abgelehnt. Mayntz und Scharpf (1995) oder auch Streeck und Thelen (2005) definieren Institutionen ebenfalls über die Funktion der Handlungsregulation, beschränken diese aber auf absichtsvoll gestaltete und gegebenenfalls sozial sanktionierte Regeln, die Handeln ermöglichen und restringieren, aber nicht determinieren. Die phänomenologische Perspektive des Neo-Institutionalismus weisen Mayntz und Scharpf (1995, S. 4) dagegen als „krypto-deterministisch" zurück.

Bei aller Heterogenität können somit eine stabilisierende und koordinierende Beeinflussung menschlichen Handelns sowie ein – wie auch immer gearteter – gesellschaftlicher Charakter als konstitutive Elemente von Institutionen bestimmt werden. Dass der Bestimmung des Gegenstands „Institution" im Neo-Institutionalismus relativ wenig Interesse geschenkt wird, ist nicht zuletzt darauf zurückzuführen, dass nicht die Institution, sondern die Institutionalisierung das Kernkonzept des „Ansatzes" bildet. So bezogen sich schon die drei oben angeführten Begriffsbestimmungen von Berger und Luckmann (1966/1977), Selznick (1954) und Lepsius (1995/2013) eigentlich auf den Begriff der Institutionalisierung und nicht auf den Begriff der Institution. Bevor jedoch das Kernkonzept der Institutionalisierung differenziert diskutiert und in diesem Kontext auch neue Perspektiven des Ansatzes in den Blick genommen werden, erfolgt zunächst eine Vorstellung der klassischen institutionalistischen Konzepte Legitimation und Feld sowie eine Beschreibung des Akteursverständnissen im Neo-Institutionalismus.

4.2.2 Legitimation – die Basis der Institutionalisierung

Nach Meyer und Rowan (1977) inkorporieren Organisationen auf Rationalitätsmythen beruhende rationalisierte Elemente, um damit Legitimität zu erhalten, weil dies Ressourcenflüsse sichert und damit die Überlebenschancen der Organisation erhöht: „Organizations that incorporate societally legitimated rationalized elements in their formal structures maximize their legitimacy and increase their resources and survival capabilities" (ebd., S. 352). Das Streben nach Legitimation wird also als kausaler Grund für organisationales Handeln bestimmt. Ihm wird eine so hohe Wichtigkeit eingeräumt, dass Organisationen zum Zwecke der Rationalitätssicherung sogar Effizienzverluste und Konflikte riskieren sowie Strategien der Entkopplung realisieren:

> Because attemps to control and coordinate activities in institutionalized organizations lead to conflict and loss of legitimacy, elements of structure are decoupled from activities and from each other. (ebd., S. 357)

Entsprechend sieht Senge (2011, S. 117) Legitimität als das „Kernkonzept des Neo-Institutionalismus". Die besondere Bedeutung von Legitimität kann auch auf die besondere Stellung dieses Konzepts bei Weber (1922/1980) sowie bei Berger und Luckmann (1966/1977), also zentralen Vorläufern neo-institutionalistischen Denkens, zurückgeführt werden[75]. Legitimität wird dort als Voraussetzung für die bzw. gleichbedeutend mit der Institutionalisierung von Entitäten beschrieben. Berger und Luckmann (1977, S. 100) konzipieren Legitimität dabei als ein Konzept, das aus einer kognitiven und einer normativen Seite (Wissen und Werte) besteht, wobei sie – wie eben schon erwähnt – besonders die Bedeutung der kognitiven Komponente hervorheben: „Legitimation erklärt die institutionelle Ordnung dadurch, daß sie ihrem objektivierten Sinn kognitive Gültigkeit zuschreibt" (ebd.).

Eine enge Verknüpfung zwischen Institutionalisierung und Legitimität unterstreicht auch Suchman (1995, S. 576), der meint, „legitimacy and institutionalization are virtually synonymous". Weiter konstatiert er, dass Legitimität trotz der Zentralität für den Neo-Institutionalismus nur über „surprisingly fragile conceptional moorings" (ebd., S. 572) verfügt. Auch heute stützt sich die Diskussion um Legitimität nahezu ausschließlich auf einen Aufsatz von Suchman. Legitimität wird dort definiert als „a generalized perception or assumption that the actions of an entity are desirable, proper, or appropriate within some socially constructed system of norms, values, beliefs, and definitions" (ebd., S. 574). Legitimität wird demnach beschrieben als eine soziale Konstruktion, die auf subjektiven Zuschreibungen beruht. Suchman konzipiert Legitimität ebenfalls als Verknüpfung einer evaluativen und kognitiven Dimen-

---

75 Weber (1922) beschreibt in „Wirtschaft und Gesellschaft" „drei reine Typen legitimer Herrschaft", deren „Legitimitätsgeltung" auf Traditionen (traditioneller Charakter), Charisma (charismatischer Charakter) oder Rationalität (rationaler Charakter) beruhen kann (vgl. ebd., § 2). Berger und Luckmann (1977) unterstreichen die Bedeutung von Legitimität als Voraussetzung für die soziale Weitergabe der Elemente der institutionellen Ordnung. In diesem Zusammenhang heben sie besonders die Bedeutung von Sprache hervor: „Das Gebäude unserer Legitimationen ruht auf der Sprache" (ebd., S. 69). Des Weiteren schlagen sie vier Stufen bzw. Formen der Legitimierung vor: 1) in Begriffe eingeschriebene Bedeutungen, 2) theoretische Postulate, 3) explizite Legitimationstheorien, 4) symbolische Sinnwelten (Traditionen) (ebd., S. 100 f.).

sion. Konzeptionell unterscheidet er drei Typen der Legitimität von Organisationen:

- *Pragmatische Legitimität* basiert auf der Beurteilung, ob die Organisation oder deren Handeln den egoistischen Interessen des fokussierten Akteures, z. B. in Austausch- oder Beteiligungsprozessen, entspricht. Sie hat demnach Stakeholder-Beziehungen zur Basis.
- *Moralische Legitimität* basiert auf Urteilen über die „Richtigkeit" von Organisationen und/oder deren Praktiken. Diese kann sich auf Konsequenzen und Ergebnisse (z. B. technische Effizienz), auf Techniken und Prozesse, auf Kategorien und Strukturen oder aber auf Persönlichkeitsmerkmale organisationaler Akteure (z. B. Charisma) beziehen.
- *Kognitive Legitimität* kann entweder auf der Annahme basieren, dass die Organisation und ihre Handlungen allgemeinen Vorstellungen entsprechen und daher berechenbar sind. Vor allem besteht kognitive Legitimität aber dann, wenn die Organisation und ihr Handeln als selbstverständlich gelten. Diese unhinterfragte Gültigkeit ist nach Suchman die subtilste und machtvollste Form der Legitimität (vgl. ebd., S. 578 ff.).

Auch Scott (2001, 2008a, S. 59 f.) unterscheidet drei grundlegende Legitimationsmodi. Er identifiziert für jede der drei Säulen seines Institutionenkonzepts (s. Abschnitt 4.2.1) eine spezifische Legitimationsbasis: Die *regulative* Säule beruht auf Gesetzen, die *normative* Säule auf Moral und die *kognitive* Säule auf dem „Common Sense". Neben externen Zuschreibungen kann Legitimation auch durch die Mitglieder der Organisation zugeschrieben oder aberkannt werden. Brown und Toyoki (2013) sprechen in diesem Zusammenhang von „internal legitimacy", die sie als Element und Resultat subjektiver Identitätskonstruktionen von Organisationsmitgliedern – konkret der Häftlinge einer Justizvollzugsanstalt – rekonstruieren. Individuals do not simply accept or reject the legitimacy of their organizations but construe it in multiple and often contradictory ways through their narrativizations of self (ebd., S. 891; vgl. auch He/Brown 2013).

Suchman (1995) führt für die von ihm konzipierten Formen der Legitimation unterschiedliche weitere Differenzierungskriterien ein, etwa die Unterscheidung zwischen episodischer und permanenter Legitimität und stellt Strategien des Legitimitätsmanagements zur Erlangung, Bewahrung oder Wiederherstellung von Legitimität vor. Schließlich geht er davon aus, dass für verschiedene gesellschaftliche Sektoren bzw. Felder unterschiedliche organisationale Legitimitätsprofile zu erwarten sind (vgl. ebd.).

4.2.3 Felder – (mehr als) eine Analyseebene

Auch organisationale Felder sind ein für den Neo-Institutionalismus zentrales Konzept[76]. Da Organisationen als von ihrer institutionellen Umwelt geprägt angesehen werden, gilt die „Beschaffenheit" eben dieser Umwelt als wichtiger Faktor zur Erklärung von Eigenschaften und Prozessen in Organisationen. Während Meyer und Rowan (1977) allgemein auf institutionelle Umwelterwartungen verweisen, bezeichnen DiMaggio und Powell (1983) die relevanten Umwelten als organisationale Felder (organizational fields) und rücken diese ins Zentrum ihrer Analyse, da sie davon ausgehen, dass die von ihnen beschriebenen Mechanismen der institutionellen Isomorphie in strukturierten Feldern wirksam sind. Felder fungieren dabei als „intermediate level between organization und society" (Greenwood et al. 2002, S. 58). DiMaggio und Powell (1983, S. 148) definieren „organisationale Felder" als

> those organizations that, in the aggregate, constitute a recognized area of institutional life: key suppliers, resource and product consumers, regulatory agencies, and other organizations that produce similar services or products.

Die ein Feld konstituierenden Organisationen zeichnen sich DiMaggio und Powell (1983) zufolge durch eine besondere Verbundenheit aus. Diese zeigt sich unter anderem in interorganisationalen Strukturen (z. B. Netzwerken, Kooperationen), häufigeren Interaktionen und verstärkter wechselseitiger Wahrnehmung. Sobald sich organisationale Felder etabliert haben, führen formelle und informelle Zwänge durch mächtige Organisationen, Politik und Öffentlichkeit sowie ein von Professionen des Feldes ausgehender normativer Druck sowie die Orientierung an anderen Organisationen zu Homogenisierungsprozessen (institutionelle Isomorphie) in diesen Feldern[77].

---

76 Für eine Zusammenfassung und differenzierende Diskussion unterschiedlicher Konzepte von Feldern im Neo-Institutionalismus sowie deren Verhältnis zu weiteren soziologischen Feldkonzepten, etwa bei Bourdieu, sei auf Machado-da-Silva et al. (2006) sowie Wooten/Hoffman (2008) verwiesen.

77 Schon Meyer und Rowan (1977) unterscheiden – wie in Anmerkung ##70## angeführt – zwischen institutionellen und technischen Umwelten. Während für Organisationen in institutionellen Umwelten auf Rationalitätsmythen beruhende rationalisierte Elemente zu Legitimationszwecken eingeführt, aber von den organisationalen Kernprozessen entkoppelt werden, dominieren in Technik-Umwelten effizienzorientierte technische und marktliche Mechanismen. Analog dazu differenzieren auch DiMaggio und Powell (1983) zwischen den genannten Mechanismen der institutionellen Insomorphie und durch materielle Austauschprozesse forcierter wettbewerblicher Insomorphie. Allerdings relativieren Meyer und Rowan (1977) eine klare Abgrenzbarkeit, indem sie zu bedenken geben, dass auch technische Kriterien, etwa Effizienz, sozial konstruiert und damit institutionell geprägt sind. Eine dichotome Differenzierung zwischen institutionellen und technischen Umwelten weisen

Während DiMaggio und Powell (1983) Felder aus einer realistischen Perspektive vor allem über verstärkte immaterielle Austauschbeziehungen und Machtverhältnisse bestimmen, heben phänomenologische Perspektiven vor allem geteilte Bedeutungssysteme hervor. Eine entsprechende Definition schlägt beispielsweise Scott (1994, S. 74) vor:

> The notion of field connotes the existence of a community of organizations that partakes of a common meaning system and those participants interact more frequently and fateful with on another than actors outside of the field.

Anschließend an das Feldkonzept von Scott konzipiert Hoffman (1999, S. 351) Felder nicht über Strukturen, sondern über gemeinsame Themen.

> Fields form around issues, not markets or technologies; within fields, competing institutions may simultaneously exist; as institutions evolve, connections between their regulative, normative, and cognitive aspects arise.

Dieses Konzept der „issue fields" basiert auf den Befunden einer Studie zum Thema Umweltschutz in der Chemieindustrie, in der Hoffman feststellte, dass sich im zeitlichen Verlauf zwischen Organisationen unterschiedlicher Bereiche (z. B. Chemieunternehmen, Umweltschutzorganisationen) ein eigenständiger Diskurszusammenhang mit geteiltem Problemverständnis und Interaktionsformen herausbildete.

Während die vorgestellten Feld-Konzepte – unabhängig, ob sie auf Akteure, Bedeutungssysteme oder Themen fokussieren – Aspekte der Homogenität hervorheben, unterstreichen Scott und Meyer (1991) in ihrer Bestimmung „gesellschaftlicher Sektoren" (societal sectors) vor allem Aspekte der Heterogenität. Sie definieren gesellschaftliche Sektoren, ähnliche wie DiMaggio und Powell ihre organisationalen Felder, als

> (1) a collection of organizations operating in the same domain, as identified by similarity of their services, products or functions, (2) together with those organizations that critically influence the performance of the focal organizations: for example, major suppliers and customers, owners and regulators, funding sources and competitors. (Scott/Meyer 1991, S. 177)

Heterogenität und Komplexität entstehen nach Scott und Meyer einerseits durch die vertikale Differenzierung gesellschaftlicher Sektoren, die „strech from

---

auch Scott und Meyer (1991, S. 123) zurück. „It is important to stress that technical and institutional environments should not be viewed as mutually exklusive states: they can and do coexist".

local to national or even international actors" (ebd.), wobei vertikale Strukturen häufig nicht klar identifizierbar sind[78]. Andererseits schlagen sie funktionale Äquivalenz als Basis zur Bestimmung von Akteuren eines Feldes vor, was komplexe Strukturen impliziert, denn „functions are performed by multiple structural arrangements and particular structures perform multiple functions" (ebd., S. 120). Schließlich führen sie aus, dass sich Organisationen in komplexeren und unsicheren Umwelten durch komplexere interne Strukturen auszeichnen, womit sie auch den „administrativen Wasserkopf" vieler öffentlicher Bürokratien erklären.

In aktuellen Diskussionen werden institutionelle Umwelten bzw. Felder häufig mit Blick auf die dort wirksamen Rationalitäten bzw. Logiken diskutiert (vgl. z. B. McPerson/Sauders 2013; Greenwood et al. 2011). Das Konzept der institutionellen Logiken (institutional logics) geht auf Friedland und Alford (1991) zurück. Die Autoren gehen davon aus, dass Gesellschaften über ein bestimmbares, kulturell-historisches kontingentes Set von Kerninstitutionen (institutional orders) konstituiert werden, die das Denken und Handeln der Menschen prägen. Für moderne westliche Gesellschaften sind dies der Kapitalismus, der bürokratische Staat, die Demokratie, die Kleinfamilie und die christliche Religion[79]. Diesen Kernsituationen liegen jeweils spezifische institutionelle Logiken zugrunde. Diese definieren Friedland und Alford (1991, S. 248 f.) folgendermaßen:

> A set of material practices and symbolic constructions which constitutes its [der Kerninstitutionen; Anm. A.M.] organizing principles and which is available to organizations and individuals to elaborate. (...) These institutional logics are symbolically grounded, organizationally structured, politically defended, and technically and materially constrained, and hence have a specific historical limit.

Nach Friedland und Alford (1991) sind Organisationen und auch Dynamiken in organisationalen Feldern über die in den Feldern wirkenden institutionellen Logiken, also mittels übergreifender kultureller Muster, erklärbar[80]. Auch Thornton und Ocasio (1999; 2008), die das Konzept der institutionellen Logiken aufgegriffen haben, gehen davon aus, dass sich institutionelle Logiken der

---

78 Scott und Meyer (1991) nutzen die Metapher eines Kuchens und führen aus, dass sich die formale als Schicht-Kuchen (layer cake) konzipierte föderale Ordnung empirisch häufig eher als Marmorkuchen (marble cake) darstellt.
79 „The Western experience of individuality, of choice, of freedom, has been institutionally and historically shaped by the emergence of capitalism, state, democracy, the nuclear family, and the Christian religion" (Friedland/Alford 1991, S. 239 f.).
80 Frieland und Alford (1991) wenden sich gegen die Annahme von DiMaggio und Powell, wonach feldinterne Mechanismen und Dynamiken ausschlaggebend für organisationale Eigenschaften und Prozesse sind.

gesellschaftlichen Ebene auf der Ebene organisationaler Felder in Feld-Logiken (industry level) konkretisieren und organisational wirksam werden. Institutionelle Logiken wirken, so Thornton et al. (2012, S. 2), auf individuelle Akteure (in Organisationen), indem „logics represent frames of reference that condition actors' choices for sensemaking, the vocabulary they use to motivate action, and their sense of self and identity"[81].

Aus der ‚institutional logic'-Perspektive stellt sich institutioneller Wandel vor allem als eine Veränderung der relativen Bedeutung einzelner institutioneller Logiken für Organisationen bzw. Felder dar. Thornton und Ocasio (1999) rekonstruieren etwa für das Feld der Wissenschaftsverlage einen Wandel von einer Verlegerlogik zu einer Marktlogik. Dabei zeigen sie, wie institutionelle Logiken unterschiedlicher Ebenen die Machtquellen und Machtverhältnisse innerhalb und zwischen den untersuchten Organisationen beeinflussen[82]. Gleichzeitig gelten Widersprüche und Unbestimmtheiten zwischen und innerhalb institutioneller Logiken – sowohl auf der gesellschaftlichen Ebene als auch in einzelnen Feldern – als eine wesentliche Voraussetzung bzw. Erklärung für die institutionelle Ordnung veränderndes Akteurshandeln und damit auch für gesellschaftlichen und organisationalen Wandel (vgl. Sewell 1991; Seo/Creed 2002). So werden im Überlappungsbereich divergierender institutioneller Logiken handelnden Akteuren soziale Selbstverständlichkeiten eher bewusst. Gleichzeitig steigt mit der Zahl der wirkenden Logiken auch die Anzahl der wahrgenommenen Handlungsoptionen, während vermeintliche unhintergehbare Handlungszwänge relativiert werden. Entsprechend konstatieren Fried-

---

81 Thonton und Ocasio (1999, S. 804) definieren institutionelle Logiken als „the socially constructed, historical patterns of material practices, assumptions, values, beliefs, and rules by which individuals produce and reproduce their material subsistance, organize time and space, and provide meaning to their social reality". Die AutorInnen formulieren den Wunsch, die „institutional logics perspective" als eigenständigen Ansatz neben dem Neo-Institutionalismus zu etablieren. Hierzu greifen sie die „rudimentary idea" [sic!] (Thornton et al. 2012, S. 66) von Friedland und Alford auf, unterfüttern diese empirisch, konkretisieren sie (Thornton/Ocasio 1999; 2008) und blähen sie (wenig überzeugend) zu einer eigenständigen Theorie auf (Thornton et al. 2012).
Im Grunde reproduzieren die Ansätze der institutional logics klassische Ideen zur gesellschaftlichen Differenzierung, wie sie schon Weber mit seinem Konzept der Wertsphären und beispielsweise Luhmann mit seiner Idee gesellschaftlicher Subsysteme vertreten. Internationale Beachtung finden zunehmend auch Ansätze im französischen Pragmatismus (Boltanski/Thevenot 1991), die ebenfalls unterschiedliche „Welten" mit je eigenen Werten und Rationalitätsprinzipien unterscheiden: die Welt der Ästhetik, der Bürgerlichkeit, der Industrie, des Marktes, des Ruhmes und der Familie (vgl. Cloutier/Langley 2013).
82 Indem sie auf die Denk- und Deutungsmuster sowie Werte und Normen von Individuen wirken, bestimmen sie die Legitimität von Machtquellen, die Relevanz von Themen und die Verfügbarkeit von Lösungen organisationaler Akteure (Thonton/Ocasio 1999).

land und Alford (1991, S. 256), dass „institutional contradictions may be politicized and institutions transformed", und führen Folgendes weiter aus:

> Without actors, without subjectivity, there is no way to account for change. And without multiple institutional logics available to provide alternative meanings, subjects are unlikely to find basis for resistance. (…) Thus the sources of change and resistance within institutions are just as likely to be found in the contradictions between them. (ebd., S. 254 f.)

Die Existenz und Wirkung unterschiedlicher institutioneller Logiken in einem Feld wird als „institutionelle Komplexität" bezeichnet: „Organizations face institutional complexity whenever they confront incompatible prescriptions from multiple institutional logics" (Greenwood et al. 2011, S. 317). Institutionelle Komplexität stellt Organisationen und Organisationsmitglieder einerseits vor besondere Herausforderungen, etwa weil heterogene oder konfligierende Erwartungen bestehen, andererseits bietet sie zusätzliche Optionen, denn „logics serve as tools that can be used by actors in a contested environment to influence decisions, justify activities, or advocate for change" (McPherson/ Saunders 2013, S. 165; vgl. Pache/Santos 2010; Bjerregaard/Jonasson 2014; Blomgreb/Waks 2015; Ramus et al. 2017). Die institutionelle Komplexität wird dabei als eine Größe konzipiert, die von der Struktur des untersuchten Feldes abhängig ist.

> The nature and extent of institutional complexity facing organizations is fundamentally shaped by the structure of the organizational fields within which they are located. (…) It is at this level that overarching sets of meaning and normative criteria become encoded in ‚local' logics that are manifested in rituals, practices and day-to-day behaviour. (Greenwood et al. 2011, S. 236)

Als zentrale Differenzierungsmerkmale gelten dabei

- der Entwicklungsstand des Feldes, also ob es sich um ein entstehendes oder etabliertes Feld handelt,
- die institutionellen Infrastrukturen, z. B. relevante Professionen, staatliche Akteure, Kontrollorgane etc.
- die Stabilität (die vor allem vom Entwicklungsstand abhängt),
- der Grad der Unsicherheit (vor allem bei entstehenden Feldern),
- der Grad der Fragmentierung, also die Anzahl der nicht koordinierten Beziehungen,
- die formale Strukturierung und Rationalisierung des Feldes, vor allem die Formalisierung von Beziehung sowie
- die Zentralisierung der Felder, also seine vertikale Strukturierung.

Diese Dimensionen „affect not only the number but also the nature of institutional demands imposed upon organizations" (ebd., S. 338).

4.2.4 Akteure – (k)ein Problem des Neo-Institutionalismus

Akteure, also weitgehend autonome, reflexive, intentional und (begrenzt) rational handelnde Individuen, Organisationen oder Staaten markieren ein von Spannungen gekennzeichnetes Thema neo-institutionalistischen Denkens. Einerseits bestehen unterschiedliche Auffassungen zum ontologischen Status von Akteuren, zum anderen – und damit verknüpft – bestehen unterschiedliche Perspektiven hinsichtlich des (kausalen) Verhältnisses von Institutionen und Akteuren.

Realistische Positionen sehen Akteure und Akteurseigenschaften wie Autonomie, Handlungsfähigkeit, Interessengebundenheit, Identität, Reflexivität und vor allem Rationalität – dem philosophischen, politischen, soziologischen und ökonomischen Mainstream folgend – als natürliche Eigenschaften von Individuen an und hinterfragen diese nicht[83]. Vielmehr werden „actors and their purposes are prior to and autonomous from the limited institutional rules, that constrain and empower them" angesehen (Meyer 2010, S. 2). Akteure gelten demnach als „universal telos of human or social nature" (Meyer/Jepperson 2000, S. 101) und moderne Gesellschaften bzw. das Soziale als „made up of purposive, bounded, fairly rational, and free actors" (Meyer 2008, S. 789).

Demgegenüber unterstreichen phänomenologische Positionen, dass die moderne Vorstellung von Akteuren und entsprechend auch von Akteurseigenschaften (actorhood) eine Institution, also eine historisch und gesellschaftlich kontingente soziale Konstruktion, darstellt. „The emergence of the individual as a category and the content of selfhood and rationality itself have all been historically and institutionally transformed" (Friedland/Alford 1991, S. 238). Akteure gelten also als Elemente und Effekte der institutionellen Ordnung, mithin

---

83 Zur wissenschaftlichen Verankerung des Akteurskonzepts meinen Meyer und Jepperson (2000, S. 109) Folgendes: „The liberal model legitimates an actor (a self or an interest) as an abstract, rather contentless, entity in social space. It also constructs a standardized agent who manages, elaborates, and standardizes that self, employing the latest cultural recipes: elaborate psychological theories for individuals (e. g., self-development […]), organizational theories for firms (participatory management, budgeting systems), development theories for nation-states (neoclassical economics […], science management […], and welfare policies […])." Und auch Friedland und Alford (1991, S. 259) geben zu bedenken, dass in dem Fall, indem „social scientists import the dominant institutional logics into their analysis of individuals and organizations in unexamined ways, they unreflectively elaborate the symbolic order and social practices of the institutions they study. (…) The power of theory in part reflects the dominance of the institutions from which it derives its models".

als der zentrale Rationalitätsmythos der Moderne. Meyer und Jepperson (2000, S. 101) unterstreichen entsprechend den „highly constructed, scripted, and legitimated character of modern actorhood".

Individuen sind hiernach nicht Akteure, sondern orientieren sich in ihrem Handeln und ihren Erwartungen gegenüber anderen Individuen an dem kulturell-bestimmten Akteurskonzept. Dieses Akteurskonstrukt wird als der menschlichen Natur entsprechend anerkannt und nicht hinterfragt, es besitzt also ein hohes Maß an kognitiver Legitimität (vgl. Friedland/Alford 1991; Meyer/Jepperson 2000; Meyer 2008; 2010). Akteure sind somit Produkt der institutionellen Ordnung. „[E]xpansisive institutionalized systems construct actors as well as their activities" (Meyer 2010, S. 2). Gleichzeitig unterstreichen Friedland und Alford (1991), dass Akteure – auch wenn sie eine soziale Konstruktion darstellen – unter Ausnutzung institutioneller Widersprüche und Unschärfen auch verändernd auf die institutionelle Ordnung einwirken können. Mit Meyer ließe sich argumentieren, dass intentionales Handeln und Gestaltungswillen eben Elemente des sozial konstruierten Akteursmodells sind, an dem sich Individuen orientieren und an das sie sich (gouvernemental) selbst anpassen, weshalb sie transformierend auf die institutionelle Ordnung einzuwirken versuchen, wobei dies in vordefinierter (gescripteter) Weise geschieht.

Die Thematisierung von Akteuren in der neo-institutionalistischen Diskussion setzt häufig an dem Umstand an, dass die starke Fokussierung auf gesellschaftliche Aspekte früher neo-institutionalistischer Arbeiten eine De-Thematisierung von Akteuren zur Folge hatte. Individuen oder Organisationen erschienen allenfalls als passive und institutionell determinierte Objekte (vgl. z. B. Battilana et al. 2009; Powell/Colyvas 2008; Powell 1991; Fligstein 2001; Seo/Creed 2002)[84]. Als Reaktion auf dieses „people-problem" des Neo-Institutionalismus (Hallett/Ventresca 2006 nach Walgenbach/Meyer 2008, S. 132) erfolgte ab den späten 1980er-Jahren eine Re-Orientierung nach dem Motto „bring individuals back into institutional theory" (Hwang/Colyvas 2010, S. 62), die im Konzept des „institutional work" (s. u.) mündete. Im Zentrum dieser Akteursorientierung steht eine Umkehrung der Beobachtungsperspektive und damit implizit auch der unterstellten Kausalbeziehung (vgl. Hwang/Colyvas 2010). Während in klassischen Arbeiten der (top-down) Einfluss der institutionellen Ordnung auf kollektive und individuelle Akteure im Zentrum der Betrachtung standen, fokussieren akteursorientierte Arbeiten entweder auf den

---

84 Als Beleg für ein deterministisches Akteurskonzept gilt vor allem die ursprüngliche Version des Isomorphie-Artikels von DiMaggio und Powell aus dem Jahr 1983, den die Autoren selbst für den Abdruck im sogenannten „Orange Book" – einer Sammlung von Klassikern des Neoinstitutionalismus aus dem Jahr 1991 – hinsichtlich des Akteurskonzeptes durch praxistheoretische Anleihen revidiert haben.

interessengeleiteten Umgang mit institutionellen Anforderungen (z. B. Oliver 1991) oder auf eine intentionale Veränderung der institutionellen Ordnung durch Akteure (bottom-up).

> This reverses the main causal structure of institutional explanation (…). That is, actors, rather than being the creatures and derivatives of larger institutional forces, are creators, maintenance workers, and destroyers of institutions. (Hwang/Colyvas 2010, S. 62)

Als grundlegend für diese Perspektive gilt das von DiMaggio (1988) in die neoinstitutionalistische Diskussion eingebrachte Konzept des „institutional entrepreneurs" (zuerst Eisenstadt 1980).

> New institutions arise, wenn actors with sufficient ressources (institutional entrepreneurs) see in them an opportunity to realize interests that they value highly. (…) [T]he institutionalization of an organizational form required institutional work to justify that form's public theory: legitimating accounts that organizational entrepreneurs advance about labour markets, consumer markets, expertise, and distinctive products or services. (DiMaggio 1988, S. 14, 25)

Dieser „strong agentic emphasis" (Greenwood et al. 2008, S. 19) liegt auch dem Konzept des „institutional work" zugrunde. Dieses wird definiert als „the purposive action of individuals and organizations aimed at creating, maintaining and disrupting institutions" (Lawrence/Suddaby 2006, S. 215; Lawrence et al. 2013; 2014; 2015). Diese Arbeit an, für und mit Institutionen kann auf unterschiedliche Weise erfolgen. Für die Arbeit zur Schaffung von Institutionen unterscheiden Lawrence und Suddaby (2006, S. 221; vgl. auch Perkmann/Spicer 2008, S. 825 ff.) folgende Formen:

- *Political work* „in which actors reconstruct rules, property rights and boundaries that define access to material resources" (advocacy, vesting, defining),
- *Technical work* „in which the boundaries of meaning systems are altered" (mimicry, theorizing, educating),
- *Cultural work* „as the reconfiguration of believe systems" (constructing identity, changing normative associations, constructing normative networks)[85].

---

85 Für die Strategien zur „Schaffung" neuer Institutionen (political, cultural & technical work) kommen Perkmann und Spicer (2008) in einer Metaanalyse von Untersuchungen zur Institutionalisierung von Managementkonzepten zu dem Schluss, dass Institutionalisierungsprozesse „erfolgreicher" sind, d. h. eher zu nachhaltigen Implementierungen führen, wenn

Institutional work zur Bewahrung bestehender Institutionen kann sich beziehen auf Strategien zur:

- *Sicherung von Regelsystemen* (enabling, policeing, deterring) und
- *Reproduktion von Normen, Werten, Denk- und Deutungsmustern* (valourizing/demonizing, mythologizing, embedding and routinizing) (vgl. ebd., S. 230 ff.).

Eine *De-Institutionalisierung* kann schließlich durch Arbeit an einer Entkopplung einer Institution von ihrer regulativen, normativen oder kognitiven Basis realisiert werden (vgl. ebd., S. 235 ff.).

Mit dem Konzept des institutional work wird vor allem eine Mikrofundierung von Institutionalisierungsprozessen angestrebt (vgl. Lawrence/Suddaby 2006). Es sollte also erklärt werden, woher Institutionen kommen und was Änderungen der institutionellen Ordnung auslöst. Dabei dominieren zunächst eher Vorstellungen von „heroic entrepreneurs", die offenbar außerhalb institutioneller Einflüsse stehend, institutionelle Logiken zur Realisierung eigener Ziele nutzen (Lawrence et al. 2014, S. 57; vgl. z. B. DiMaggio 1988; Fligstein 2001; Seo/Creed 2002; Lawrence et al. 2004; Levy/Scully 2007). Gegen diese Ausrichtung wurde eingewandt, dass „the celebration of entrepresurs has perhaps gone too far" (Powell/Colyvas 2008, S. 277; vgl. Hwang/Colyvas 2010). Die Konzeption von Akteuren als „Change Agenten" stellen letztlich die Grundlagen des Neo-Institutionalismus, besonders dessen phänomenologischer Variante, in Frage: Wenn Institutionen unhinterfragt gültige und akzeptierte Annahmen über die Welt darstellen, können sie nicht infrage gestellt und verändert werden.

> If actors are embedded in an institutional field and subject to regulative, normative and cognitive processes that structure their cognitions, define their interests and produce their identities (...), how are they able to envision new practices and then subsequently get others to adopt them? (Garud et al. 2007, S. 961)

Holm (1995, S. 398) spricht von einem „fundamental paradox of new institutional theories of organizations: How can actors change institutions if their actions, intentions, and, rationality are all conditioned by the very institution they wish to change?" Als Lösung dieses „paradox of embedded agency" (Battilana et al. 2009; Garud et al. 2007) wird einerseits, wie bereits erwähnt, auf Handlungs-

---

verschiedene Formen des institutional work zum Einsatz kommen, unterschiedliche Akteure auf unterschiedlichen Ebenen beteiligt sind und die beteiligten Akteure über unterschiedliche Fähigkeiten verfügen (ebd., S. 831 ff.).

optionen aufgrund institutioneller Komplexität verwiesen. Andererseits wird eine rekursive Verhältnisbestimmung von Institutionen und Akteurshandeln vorgeschlagen. Es wird also davon ausgegangen, dass die institutionelle Ordnung das Resultat von Akteurshandeln ist, aber dieses Akteurshandeln gleichzeitig durch die institutionelle Ordnung ermöglicht und beschränkt, nicht aber determiniert wird (vgl. Friedland/Alford 1991, S. 256). So arbeitet Holm (1995) in einer Studie zur Transformation der Fischerei in Norwegen heraus, dass

> the problem of institutional change can be solved if institutions are seen as nested systems, that is, interconnected, multilevel systems in which each action-level or arena simultaneously is a framework for action and a product of action. (ebd., S. 398)

Während Holm vor allem auf das Verhältnis unterschiedlicher politischer und praktischer Ebenen anspielt, verweisen andere AutorInnen – wie im letzten Abschnitt beschrieben – auf die Komplexität, Fragmentiertheit, Abstraktheit, Dynamik und Widersprüchlichkeit der horizontal und vertikal gestaffelten institutionellen Ordnung, die es Akteuren erlaubt, die institutionelle Ordnung zumindest partiell zu transzendieren und somit Anknüpfungspunkte für auf Institutionen bezogenes Veränderungshandeln bietet (vgl. Seo/Creed 2002; Fligstein 2001; Friedland/Alford 1991). Diesen Zusammenhang unterstreicht Sewell (1991), wenn er feststellt, dass die konkreten Inhalte akteurhafter Eigenschaften (z. B. Interessen, Ziele) nicht durch die übergreifende institutionelle Ordnung, sondern durch vielfältige und heterogene sektorale und lebensweltliche Strukturen geprägt werden, wodurch Brüche, Widersprüche und andere Reflexions- und Handlungsgelegenheiten wahrscheinlicher und unterschiedlich in den wahrgenommenen Optionsmöglichkeiten erklärbar werden.

> What kinds of desires people can have, what intentions they can form, and what sorts of creative transpositions they can carry out vary dramatically from one social world to another depending on the nature of the particular structures that inform those social worlds. Structures, in short, empower agents differentially, which also implies that they embody the desires, intentions, and knowledge of agents differentially as well. Structures, and the human agencies they endow, are laden with differences in power. (ebd., S. 20 f.)

Aus einer phänomenologischen Perpektive auf Akteure konstatieren Hwang und Colyvas (2010, S. 65) ähnlich: „Institutional contexts determine what sorts of actors would perform what kinds of institutional work". Akteure handeln also institutionell strukturiert – also durch Institutionen beschränkt sowie institutionelle Möglichkeiten nutzend – bezogen auf die institutionelle Ordnung, stehen aber nicht außerhalb dieser Ordnung. Entsprechend ist auch ihr institutional work institutionell bestimmt. „Institutional forces shape individual interests and desires, framing the possibilities for action and influencing whether behaviors result in persistance or change" (Powell/Colyvas 2008, S. 277). Die institutionelle Einbettung von Akteuren (embedded agency) wird daher von manchen AutorInnen nicht nur als ein Problem, sondern auch als eine Bedingung von Akteurshandeln gesehen:

> Culture, institutions, and social relations are not just toolkits for actors; they influence actors' cognition and actions in important and often unconscious ways. Their status as social facts implies a need to account for institutions and social relations that constrain and enable, but do not determine, the choices of actors, and for the recursive nature of relations between institutions and actions. (Battilana et al. 2009, S. 75; vgl. Garud et al. 2007)

Verknüpft mit einer stärkeren Berücksichtigung institutioneller Einbindungen ist auch eine Ausweitung der Perspektive, mithin eine „Veralltäglichung" oder „Normalisierung" von institutional work festzustellen (vgl. Suddaby et al. 2010, S. 1236; Lawrence et al. 2013; 2014; Smets et al. 2017). Diese wird damit begründet, dass institutioneller Wandel über viele Wege erfolgen kann, wobei die Bedeutung von alltäglichen – nicht unbedingt strategischen – Wandlungs- und Anpassungsprozessen meist übersehen wird (vgl. z. B. Hallett 2010; Lok 2010). Powell und Colyvas (2008, S. 276) stellen hierzu Folgendes fest: „Most micromotives are fairly mundane, aimed at interpretation, alignment, and muddling through". Weiterhin wird unterstrichen, dass es vor allem alltägliche, routinisierte Praxen sind, über die Institutionen permanent rekursiv reproduziert aber auch verändert werden (vgl. ebd.). In einer aktuelleren Veröffentlichung wird institutional work daher deutlich weiter gefasst:

> The efforts of individuals and collective actors to cope with, keep up with, shore up, tear down, tinker with, transform, or create anew the institutional structures within which they live, work, and play, and which give them their roles, relationships, resources, and routines. (…) Institutional work highlights how and why actors work to interpret, translate, transpose, edit, and recombine institutions, and how those actions lead to unintended adaptations, mutations, and other institutional consequences. (Lawrence et al. 2014, S. 53, 55)

Die Diskussion um Agency und institutional work verweist direkt auf das Konzept der Institutionalisierung. Einerseits gilt Akteurshandeln als Ausgangspunkt von Prozessen des institutionellen Wandels, verweist also auf Institutionalisierung in der Prozessdimension. Andererseits wirken Institutionen auf Akteure und deren Handlungen bzw. konstituieren diese und verweisen damit auf eine Institutionalisierung als Zustand.

4.3 Das Konzept der Institutionalisierung

Institutionalisierung ist das zentrale Konzept des Neo-Institutionalismus. Nachfolgend werden das Institutionalisierungskonzept definiert und unterschiedliche Modelle der Institutionalisierung vorgestellt. Der zweite Hauptabschnitt hat das Konzept der Diffusion zum Inhalt. Dieses steht für die Verbreitung einer Entität, beobachtet aus der Makroperspektive. Im dritten Abschnitt erfolgt ein Wechsel auf die Meso- bzw. Mikroebene. Dort werden zum ersten Institutionalisierungsprozesse mit Blick auf die Angebotsseite, also auf die Akteure, die die Verbreitung und Legitimation rationalisierter Elemente fördern, thematisiert. Zum zweiten wird die Nachfrageseite der Organisationen, die rationalisierte Elemente implementieren und damit Prozesse organisationalen Wandels, in den Blick genommen. Zum dritten wird die Sphäre des „Dazwischen" beschrieben. Das Teilkapitel endet mit einer Zusammenschau verschiedener Perspektiven der Institutionalisierung.

4.3.1 Institutionalisierung als Prozess und Zustand

Der Begriff der „Institutionalisierung" bezeichnet einerseits den *Zustand* kognitiver Legitimität, in dem etwas als natürlich gegeben akzeptiert und nicht hinterfragt wird, also eine Institutionen darstellt; andererseits steht der Begriff für den *Prozess*, in dem Entitäten diesem Zustand entgegenstreben (vgl. Zucker 1977; Colyvas/Jonsson 2011). Berger und Luckmann (1966/1977, S. 57) definieren Institutionen als reziproke Typisierungen von Akten und Akteuren, also als Handlungsmuster für bestimmte Situationen. Als Voraussetzung für eine Institutionalisierung sehen sie zunächst die Entwicklung von Handlungsroutinen für bestimmte Aufgaben. Aus intersubjektiv geteilten Routinen entstehen Institutionen, sobald diese Handlungsmuster an Dritte, nicht an deren Entwicklung beteiligte Akteure, als normale und adäquate Form des Umgangs mit einem Handlungsproblem weitergegeben werden – wobei die Autoren vor allem auf Prozesse der intergenerationalen Übermittlung verweisen. Eine Institutionalisierung liegt vor, wenn diese Dritten das Handlungsmuster als selbstverständliches bzw. natürliches Element der sozialen Wirklichkeit ansehen, dieses also kognitive Legitimität besitzt. Berger und Luckmann gehen demnach von der Stufenabfolge der Externalisierung (Entwicklung einer Routine), der Objektivation (Verallgemeinerung und Legitimierung eines Handlungsmusters) und der Internalisierung (Aneignung bzw. Einverleibung des Handlungsmusters) aus (vgl. ebd., S. 49 ff.). Diese werden ergänzt durch eine Sedimentation, im Sinne einer Ablagerung von Erfahrungen und zeichenvermittelten Handlungsmustern im Bewusstsein der Individuen (vgl. ebd., S. 72 ff.).

Modelle des institutionellen Wandels: An die Überlegungen von Berger und Luckmann (1977) anschließend entwickeln Tolbert und Zucker (1996; S. 180 ff.; vgl. Zucker 1977) ein ebenfalls mehrstufiges Konzept der Institutionalisierung bzw. des institutionellen Wandels:

- *Habitualisierung* bezeichnet die mehr oder weniger bewusste Entwicklung oder Übernahme sowie zunehmend routinierte Anwendung einer problemlösenden Praxis durch Akteure, die mit einem konkreten Handlungsproblem konfrontiert sind (Phase der Prä-Institutionalisierung),
- *Objektivierung* bezeichnet den Prozess, in dem eine Praxis oder Technik eine allgemeine soziale Bedeutung erhält. In Theoretisierungsprozessen werden spezifische, kontextualisierten Praktiken in abstrakte, übertragbare Modelle transformiert, denen allgemeine Problemlösungskapazitäten zugeschrieben werden. In diesem Prozess werden individuelle Muster zu sozialen, den Akteuren objektiv und äußerlich erscheinenden, Tatsachen – Tolbert/Zucker sprechen auch von „Exteriority" (ebd. S. 181) (Phase der Semi-Institutionalisierung).
- *Sedimentierung* bezeichnet den Zustand der weiten qualitativen und quantitativen (width & depht) Verbreitung und (politischen) Unterstützung von Modellen. In dieser Phase werden Elemente als natürlich gegeben akzeptiert und nicht (mehr) kritisch hinterfragt (Phase der Voll-Institutionalisierung).

Die Gründe für die Entwicklung neuer Routinen oder Techniken (rationalisierte Elemente) stellen Tolbert und Zucker dem Institutionalisierungsprozess voran. Der Prozess der Institutionalisierung fokussiert demnach auf die quantitative Verbreitung einer Entität und vor allem auf deren Legitimierung.

Auch Greenwood et al. (2002) stellen Legitimierungsprozesse in das Zentrum ihres Modells zur Erklärung institutionellen Wandels. Sie argumentieren, dass rationalisierten Elementen (z. B. neue Techniken, Routinen etc.) im Verlauf von Institutionalisierungsprozessen unterschiedliche Formen von Legitimität (vgl. Suchman 1995) zugeschrieben werden, über die sich die Institutionalisierung letztlich realisiert. Greenwood et al. gehen davon aus, dass der Institutionalisierung neuer Elemente eine Verunsicherung der bestehenden institutionellen Ordnung vorangeht (Deinstitutionalisierungsphase), die durch externe Ereignisse ausgelöst wird. In dieser Phase treten neue Akteure auf, die Innovationen als Antwort auf die bestehende Verunsicherung anbieten (Prä-institutionalisierungsphase). Es folgt eine Phase der Theoretisierung, in der abstrakte Modelle des rationalisierten Elements entwickelt werden, die dessen Vorteile hervorheben und dessen Angemessenheit rechtfertigen. In diesem Prozess wird den rationalisierten Elementen also moralische und/oder pragmatische Legitimität zugeschrieben. In der anschließenden Phase der Diffusion, also der zunehmenden Verbreitung des Elements, erhält dieses zunehmend pragmatische Legitimität, indem seine Nützlichkeit und sein Problemlösungspotenzial herausgehoben werden. Zudem geht die Verbreitung mit einer Objektivierung einher, da das rationalisierte Element zunehmend als normales Handlungsmuster und als normaler Organisationsbestandteil gilt. Der Zustand der vollständigen Institutionalisierung – Greenwood et al. (2002, S. 20) sprechen von der Phase der Reinstitutionalisierung – ist schließlich erreicht, wenn das Element als unhinterfragter Teil der Wirklichkeit gilt, es also kognitive Legitimität („taken-for-grandedness") besitzt. Diese Phase erreichen jedoch nicht alle rationalisierten Elemente. Ein Teil der Innovationen gilt zwar vorübergehend also normal und nützlich, verliert aber mit der Zeit an Bedeutung und lässt sich daher (im Nachhinein) als Modeerscheinung bestimmen (vgl. Greenwood et al. 2002, S. 60 ff.). Der Bezug auf unterschiedliche Formen der Legitimität ist insofern wegweisend, als Greenwood et al. (2002) damit implizit unterstreichen, dass pragmatische und moralische Legitimität lediglich Vorbedingungen auf dem Weg zur Institutionalisierung darstellen. Eine Institutionalisierung im eigentlichen Sinne erfolgt dagegen erst, wenn kognitive Legitimität dafür sorgt, dass das infrage stehende Element auch praktisch im Alltagshandeln von Akteuren unhinterfragt reproduziert wird. Entsprechend konstatieren auch Colyvas und Jonsson (2011):

> Legitimacy alone, however, is insufficient for institutionalization, as evidenced by the numerous ways fads and fashions are authorized or culturally supported. Rather, institutionalization relies on some means by which a practice or structure is reproduced. (ebd., S. 43)

Gemein ist den beiden vorgestellten Modellen nicht nur, dass sie unter dem Begriff des „institutionellen Wandels" letztlich die Diffusion und Institutionalisierung von rationalisierten Instrumenten in organisationalen Feldern und eben nicht den Wandel klassischer gesellschaftlicher Institutionen beschreiben. Allerdings lassen sich Veränderungen der kulturell-symbolischen sowie der materiell-strukturellen Ebene nicht trennen, wenn Institutionen als komplexe und mehrdimensionale Einheit bestimmt werden. So argumentieren auch Friedland und Alford (1991, S. 246): „Institutional transformations are simultaniously material and symbolic transformations of the world."

Während das Modell von Tolbert und Zucker (1996) konzeptioneller Natur ist und im Rahmen einer Diskussion von Grundfragen des Neo-Institutionalismus entwickelt wurde, basiert das Modell von Greenwood et al. (2002) auf einer empirischen Studie zur Rolle von Berufsverbänden (professional associations) für einen Wandel im Feld der Unternehmensberatungen (Accountance). Neben einem ähnlichen Stufenmodell teilen beide Konzepte die Annahme, dass externe Faktoren, wie technologischer Wandel, veränderte Gesetzgebungen oder Marktkräfte (Tolbert/Zucker 1996, S. 182) bzw. „soical, technological, regulatory jolts" (Greenwood et al. 2002, S. 20) Auslöser institutionellen Wandelns sind. Mit Blick auf solche vermeintlich externen Ereignisse geben Walgenbach und Meyer (2008, S. 103 f.) zu bedenken, dass derartige Grenzziehungen problematisch sind, da „äußere" Faktoren erst nach „interner" Sinngebung Relevanz erlangen. Auch die Analyseebene organisationaler Felder impliziert, dass relevante Umweltfaktoren qua Definition Elemente des untersuchten Feldes und somit keine externen Größen darstellen.

Solche Probleme stellen sich nicht, wenn theorie-endogene Faktoren als Ursachen institutioneller Wandlungsprozesse herangezogen werden. Dies können etwa innere Widersprüche zwischen den unterschiedlichen Elementen/Säulen einer Institution, institutionelle Komplexität, also konkurrierender Logiken, abstrakte und unrealistische institutionelle Anforderungen, eine Verschiebung von Feldgrenzen oder das Eindringen neuer Logiken sein (vgl. z. B. ebd.; Friedland/Alford 1991; Powell/DiMaggio 1991; Scott/Meyer 1991; Sewell 1991; Pache/Santos 2010; Greenwood et al. 2011). So konstatieren Greenwood und Hinnings (1996) in einem Konzept zum organisationalen Wandel (vgl. Abschnitt 4.3.3):

> Institutional fields may have multiple pressures providing inconsistent cues or signals, opening the possibility for idiosyncratic interpretation and either deliberate or unwitting variation in practices. (ebd., S. 29)

In diesem Kontext wird auch Akteuren, die angesichts institutioneller Komplexität pragmatisch handeln oder diese gar strategisch ausnutzen, eine gesteigerte Bedeutung für Institutionalisierungsprozesse zugeschrieben. So benennen Micelotta et al. (2017) in einer systematischen Literaturanalyse, exogenen Wandel auf der gesellschaftlichen Makroebene, institutionelle Entrepreneure sowie alltägliche Mikroprozesse im Sinne von „mundane activities of practitioners struggling to accomplish their work" (ebd., S. 1893) als in empirischen Studien dominierende Gründe institutionellen Wandels.

Formen des institutionellen Wandels: Micelotta et al. (2017) schlagen eine Klassifizierung von Prozessen des institutionellen Wandels entlang der Differenzierungskriterien Geschwindigkeit (revolutionär vs. evolutionär) und Reichweite (Entwicklung vs. Transformation) vor (vgl. ebd., S. 1895 f.). Damit integrieren und aktualisieren sie ältere Modelle zur Differenzierung von Typen institutionellen Wandels[86]:

---

86 Greenwood und Hinnings (1996) unterscheiden in ihrem Modell zu organisationalen Wandlungsprozessen ähnlich zwischen radikalem Wandel, konvergentem Wandel, evolutionärem Wandel und revolutionärem Wandel.

- *Institutional Accomodation* steht für einen plötzlichen, aber sich erst etablierenden Übergang der institutionellen Ordnung.
- *Institutional Displacement* bezeichnet einen plötzlichen, triefgreifenden Wandel der institutionellen Ordnung.
- *Institutional Alignment* bezeichnet eine langsame und schleichende Anpassung der institutionellen Ordnung.
- *Institutional Accretion* beschreibt einen langsamen aber tiefreifenden Wandel der institutionellen Ordnung.

Eine weitere Differenzierung von Formen des Wandels der institutionellen Ordnung haben Streeck und Thelen (2005) vorgelegt. Sie unterscheiden die nachfolgenden Prozesse:

- *Displacement*: Eine alte Institution wird durch eine neue ersetzt und bedeutungslos (defection).
- *Layering*: Bestehende Institutionen werden durch neue Institutionen ergänzt, wobei die Bedeutung der neuen Institutionen schnell steigt (differential growth).
- *Drift*: Institutionen verlieren an Bedeutung, da sie nicht an sich wandelnde Umweltbedingungen angepasst werden (deliberate neglects).
- *Conversion*: Bestehende Institutionen erhalten eine veränderte Zielsetzung oder bestehende Ziele werden durch neue Institutionen verfolgt (redirection and redefinition).
- *Exhaustion*: Bestehende Institutionen verlieren langsam an Bedeutung (depletion).

Auch Streeck und Thelen (2005) wenden sich gegen die Annahme, nur radikale oder revolutionäre Wandlungsprozesse würden tiefgreifende Folgen zeitigen[87]. Stattdessen vertreten sie mit Blick auf die institutionelle Ordnung moderner kapitalistischer Demokratien die Position, dass auch die kumulativen Effekte andauernder, inkremenzieller Wandlungsprozesse weitgehende Transformationen nach sich ziehen können[88].

---

[87] Wie bereits erwähnt vertreten Streeck und Thelen (2005, S. 16) ein „realistisches" Institutionenverständnis, mit dem sie sich sowohl gegen neo-institutionalistische als auch gegen ökonomistische (rational choice) Positionen wenden. Sie sehen Institutionen an als „continously created and recreated by a great number of actors with divergent interests, varying normative commitments, different powers, an limited cognition."

[88] Streeck und Thelen (2005) schlagen ebenfalls eine Differenzierung von Prozessen institutionellen Wandels entlang von zwei Achsen vor, nämlich die Art der Wandlungsprozesse (abrupt vs. inkrementiell) und die Effekte des Wandels (Kontinuität vs. Diskontinuität). Als Typen des Wandels bestimmen sie „reproduction by adaption" (inkremenziell und kon-

4.3.2 Makroperspektiven auf Institutionalisierung und Diffusion

Diffusion bezeichnet den „socially mediated spread of some practice within a population" (Strang/Meyer 1993, S. 487; vgl. Strang/Soule 1998). Die Diffusion, also der Verbreitung rationalisierter Elemente gilt neben oder verknüpft mit Veränderungen des Arrangements institutioneller Logiken als eine Form institutionellen Wandels (vgl. z. B. Greenwood et al. 2011; Brown et al. 2012; Kodeih/Greenwood 2014[89]).

Diffusion – als Prozess und Zustand – lässt sich als logisches Element von Institutionalisierungsprozessen bestimmen. Wenn Elemente kognitive Legitimität erlangen und als natürlich anerkannt werden bzw. wenn Organisationen rationalisierte Elemente zur Legitimationssicherung oder aufgrund institutionellen Drucks implementieren, führt dies zu einer Verbreitung, also zu einer Diffusion der entsprechenden Elemente im untersuchten Feld. „In the process of institutionalization, rational myths, which are embodied in structures, practices, and meaning systems, spread through an organizational field" (Zilber 2006, S. 282).

Nicht selten wird Diffusion nicht nur als Element der Institutionalisierung angesehen, sondern Diffusion und Institutionalisierung werden gleichgesetzt (vgl. kritisch Zilber 2006). Damit verschiebt sich der Fokus der Analyse von dem qualitativen Moment der Erlangung kognitiver Legitimität zu dem Aspekt der quantitativen Verbreitung eines Elements. Besonders verbreitet ist diese Verschiebung bei Studien oder Reflexionen, die die Verbreitung rationalisierter Elemente – besonders von Managementtechniken – zum Gegenstand haben (vgl. z. B. Süss 2009; Hafner 2009; Edelmann et al. 2001; zum Überblick: Perkmann/Spicer 2008, S. 820 ff.).

Institutionalisierung vs. Diffusion: Für eine Differenzierung zwischen Diffusion und Institutionalisierung sprechen sich Colyvas und Jonsson (2011) aus. Sie arbeiten heraus, dass die beiden Prozesse und Zustände mit unterschiedlichen, ja gegenläufigen Aspekten verknüpft sind: Während Diffusion auf Dynamik setzt („things that flow") fokussiert Institutionalisierung auf Konsoli-

---

tinuierlich), „gradual transformation" (inkremenziell und diskontinuierlich), „survival and return" (abrupt und kontinuierlich) sowie „breakdown and replacement" (abrupt und diskontinuierlich) (ebd., S. 9).

[89] Verschiebungen der dominierenden Logik eines Feldes oder einer Organisation rekonstruiert Zilber 2002; 2006). Für ein Frauenhaus rekonstruiert sie empirisch, wie durch die Anstellung professionellen Personals die ursprüngliche emanzipativ-feministische Logik durch eine kurativ-psychotherapeutische Logik verdrängt wird (vgl. Zilber 2002). Für das israelische High Tech-Feld rekonstruiert sie einen institutionellen Wandel als Veränderung der relativen Bedeutung unterschiedlicher übergeordneter institutioneller Logiken bzw. ein verändertes Framing von technologischen Entwicklungen (vgl. Zilber 2006).

dierung („things that stick"). Des Weiteren zielt Diffusion auf eine Übernahme durch Subjekte, während Institutionalisierung die Beeinflussung von Subjekten zum Inhalt hat. Schließlich zielen beide Prozesse auf andere Aspekte des Menschseins: Bei der Diffusion stehen Verhaltensweisen und damit materielle Dimensionen im Zentrum („how widespread a practice or organizational structure has become"). Bei der Institutionalisierung dominieren dagegen Denk- und Deutungsmuster und damit die symbolische Dimension („how legitimate it is"). Entsprechend folgern sie:

> In contrast to diffusion, which is characterized by contagion and reinforcement, institutionalization is contingent on legitimacy and reproduction. Notable characteristics of institutionalization include the presence of cultural or regulatory forms of authorization, particularly legal mandates or deeply valued conventions. (ebd., S. 43)

Allerdings räumen die Colyvas und Jonsson ein, dass die Kerndimensionen Verbreitung und Legitimität sich nicht ausschließen. Daher plädieren sie anstelle einer dichotomen Differenzierung zwischen Institutionalisierung und Diffusion für eine Einordnung konkreter Zustände und Prozesse in einem zweidimensionalen Raster entlang der Dimensionen Legitimität und Verbreitung. Entsprechend können sowohl akzeptierte wie auch nicht akzeptierte Elemente sowohl verbreitet als auch partikular auftreten.

Konzepte der Diffusion: Unbeschadet solcher Einwände gilt Diffusion als ein weiteres Kernkonzept der neo-institutionalistischen Organisationssoziologie (vgl. Walgenbach/Meyer 2008, S. 97). Daneben ist das Konzept unter anderem auch in der (international vergleichenden) Politikwissenschaft (vgl. z. B. Stone 2012) oder der (Kultur-)Soziologie verbreitet (vgl. Katz et al. 1963; Katz 1999). Linton (1936) fasst mit dem Begriff der Diffusion die freiwillige Übernahme kultureller Elemente und bestimmt diese als die Basis menschlichen Fortschritts und menschlicher Zivilisation.

> The comparatively rapid growth of human culture as a whole has been due to the ability of all societies to borrow elements from other cultures and to incorporate them into their own. This transfer of culture elements from one society to another is known as diffusion. (ebd., S. 324)

Er konzipiert Diffusion dabei als ein Zusammenspiel von drei unterschiedlichen Prozessen:

1) Kennenlernen eines neuen kulturellen Elements (presentation),
2) Annahme dieser Praxis (acceptance) sowie
3) Einbindung des neuen Elements in die bestehende kulturelle Ordnung (integration) (vgl. ebd., S. 334).

Als wichtige Voraussetzung für Diffusionsprozesse beschreibt er die Kommunizierbarkeit der in Frage stehenden Praxis. Zudem differenziert er zwischen der Form und der Bedeutung kultureller Elemente und konstatiert, dass häufig nur die Form übertragen wird und später die Bedeutung – bezogen auf den neuen kulturellen Kontext – ergänzt wird (vgl. ebd., S. 403 ff.).

Neben der Verbreitung allgemeiner kultureller Elemente wird das Diffusions-Konzept besonders im Rahmen von Analysen zur Verbreitung von Innovationen herangezogen[90]. Katz et al. (1963, S. 237) konstatieren, dass die „diffusion of innovation is one of the major mechanisms for social and technical change". Ihr Modell der Diffusion integriert sieben konzeptionelle Elemente:

The process of diffusion is defined as the
(1) acceptance,
(2) over time,
(3) of some specific item – an idea or practice,
(4) by individuals, groups or other adopting units, linked to
(5) specific channels of communication,
(6) to a social structure, and
(7) to a given system of values, or culture. (ebd., S. 240)

Jedes der Elemente lässt sich weiter ausdifferenzieren. So kann etwa die Akzeptanz (1) einer Innovation oberflächlich oder tiefergehend erfolgen. Im ersten Fall sprechen Katz et al. von Diffusion, im zweiten Fall von Akkulturation. Auch der Gegenstand (3) lässt sich unterschiedlich bestimmen, wobei nicht nur die Differenz zwischen materiellen und immateriellen Innovationen diskutiert wird, sondern auch eine Abgrenzungsproblematik thematisiert wird, da konkrete Gegenstände – zumal Ideen – immer in weitere Zusammenhänge eingebunden sind. Schließlich werden mit der Sozialstruktur (6) die verfügbaren Kommunikationswege und mit dem Wertesystem (7) der zentrale Bezugspunkt zur Bestimmung kultureller Passung als Basis für eine gelingende Annahme und Integration von Innovationen („comparabolity") beschrieben (vgl. ebd.).

Eine differenzierte Analyse der Diffusion von Innovationen hat Rogers (1983) vorgelegt. Er bestimmt die Innovation, verfügbare Kommunikationskanäle, den Faktor Zeit sowie das Sozialsystem als Elemente seines Diffusions-

---

90 Innovation bezeichnet neue, d. h. in der fokussierten Population bislang noch nicht verbreitete Ideen, Handlungsmuster oder Objekte, die als eine Optimierung des bisherigen Status Quo gelten – Rogers (1983, S. 211) spricht von „relativem Vorteil". Der Begriff der Innovation impliziert demnach eine Verknüpfung zweier Zuschreibungen: 1) der Eigenschaft Neuartigkeit, 2) einer positiven Beurteilung. Eine klassische Definition von Innovation stammt von Schumpeter (1947), der damit „the doing of new things or the doing of things that are already being done in an new way" bezeichnet (zitiert nach Gillwald 2000, S. 10).

modells. Entsprechend definiert der Diffusion als „the process by which an innovation is communicated through certain channels over time among the members of a social system" (ebd., S. 5). Im Rahmen seiner Diffusionstheorie ergänzt Rogers diese vier Elemente noch um die Analyseeinheit der „Adopter", also jener Akteure, die die Innovation aufgreifen. Als diffusionsrelevante Charakteristika von Innovationen – Ideen, Praktiken und Objekten – beschreibt Rogers (1983, S. 15 ff., 211 ff.) deren relativen Vorteil gegenüber bestehenden Elementen (relative advantage), deren Kompatibilität mit den Erfahrungen, Werten und Bedürfnissen potenzieller NutzerInnen (compatibility), deren Komplexität hinsichtlich der Nutzung und der Funktionsweise (complexity), die Möglichkeit einer zunächst nur versuchsweisen Implementierung (triability) sowie die Sichtbarkeit der Effekte und damit auch der Vorteile (observability). Kommunikationswege stehen bei Rogers für die Medien, über die ein Informationsaustausch, nach Rogers (1983, S. 17) die „essence oft he diffusion process", erfolgt. Diese sind wesentlich durch die Sozialstruktur – beispielsweise formelle und informelle Strukturen, (Kommunikation-)Normen etc. – geprägt. Weiter beschreibt Rogers den Prozess der Implementierungsentscheidung als zweistufigen Prozess der Informationssuche sowie der Informationsverarbeitung, der autoritär, kollektiv oder interessengeleitet-optional erfolgen kann und die fünf Stufen (Wissen, Überzeugung, Entscheidung, Einführung und Bestätigung) umfasst.

> The innovation-decision process is the process through which an individual (or other decision-making unit) passes from first knowledge of an innovation to forming an attitude toward the innovation, to a decision to adopt or reject, to implementation of the new idea, and to confirmation of this decision. (ebd., S. 20)

Schließlich beschreibt Rogers (1983, S. 247 ff.) Typen und Charakteristika der potenziellen NutzerInnen (Adopter). Er unterscheidet die Idealtypen des (risikobereiten) Innovators, des frühen Implementierers (early adopter), des Mainstream-Implementierers (early majority), des Skeptikers (late majority), des Modernisierungsverweigerer (laggards) sowie der Akteure, die sich erst spät zu einer Implementierung entscheiden, dann aber sogleich die neueste Version der Innovation implementieren (leapfroggers).

Neo-institutionalistische Perspektiven auf Diffusionsprozesse: Diese Differenzierung unterschiedlicher Typen von Implementierenden wird auch in den neo-institutionalistischen Diffusionsstudien aufgegriffen und re-interpretiert. Dabei wird davon ausgegangen, dass Organisationen, die rationalisierte Elemente zu einem frühen Zeitpunkt implementieren (early adopters), dies vor allem zum Zwecke einer Optimierung des Organisationszwecks tun und daher die Innovation an die spezifischen lokalen bzw. organisationalen Gegebenheiten anpassen. Organisationen, die als erfolgreich geltende Innovationen erst spät implementieren (late adopters), tun dies überwiegend, weil sich die Innovation als normales Element in einem organisationalen Feld durchgesetzt hat und die Einführung von der Umwelt erwartet wird. Sie nehmen daher auch keine Anpassungen an lokale Besonderheiten vor, sondern führen eine Standardversion ein. So zeigen Tolbert und Zucker (1983) für die Reform von US-Kommunalverwaltungen (Civil Service Reform) im späten 19. und frühen 20. Jahrhundert, dass

> early adoption of civil service by cities is related to internal organizational requirements, with city characteristics predicting adoption, while late adoption is related to institutional definitions of legitimate structural form, so that city characteristics no longer predict the adoption decision. (ebd., S. 22)

Ähnliche Befunde liefern Westphal et al. (1997) für die Einführung von Qualitätsmanagementkonzepten in Krankenhäusern. Auch sie zeigen, dass Organisationen, die das Total Quality Management-Konzept zu einem frühen Zeitpunkt implementieren, Anpassungen an lokale Gegebenheiten vornehmen, was bei einem unspezifischen Konzept wie dem Total Quality Management, leicht möglich ist. Diese Organisationen profitieren von der Einführung des Qualitätsmanagements in sozialer sowie technischer Hinsicht, das heißt, sie verzeichnen Legitimitäts- und Effizienzgewinne. Organisationen, die das Modell erst später einführen, implementieren lediglich das als legitim geltende Standardmodell. Dadurch erreichen sie Legitimitätsgewinne, müssen aber Effizienzverluste in Kauf nehmen (vgl. ebd.).

Insgesamt unterscheidet sich die neo-institutionalistische Diffusionsdiskussion Ende des 20. Jahrhunderts vom soziologischen Mainstream vor allem dadurch, dass nicht Akteure, Netzwerke, formale und informelle Austauschbeziehungen sowie (direkte) Interaktionen (z. B. Granovetters [1973] „weak ties") im Fokus der Aufmerksamkeit stehen und als Erklärungsfaktoren herangezogenen werden, sondern die kulturell-kognitive Ebene von Modellen und Symbole fokussiert wird (vgl. Strang/Soule 1998; Strang/Meyer 1993). Besondere Bedeutung wird dabei dem Konzept der Theoretisierung zugemessen. Theoretisierung meint die Entwicklung und Begründung abstrakter Modelle und Beziehungen:

> By theorization we mean the self-conscious development and specification of abstract categories and the formulation of patterned relationships such as chains of cause and effect. (Strang/Meyer 1993, S. 492)

Die „diffusion-generating power of theoretical models" (ebd., S. 494) resultiert zum einen daraus, dass sich lokale Praktiken erst nachdem sie in abstrakte Modelle transformiert wurden, über enge räumliche und zeitliche Grenzen hinweg verbreiten können. Zum anderen werden soziale Praktiken oder Techniken erst durch entsprechende Kategorisierungen, Kontextualisierungen und Begründungen zu rationalen Elementen, deren Übernahme für unterschiedliche Akteure sinnvoll und/oder angemessen erscheint. Daher gilt Theoretisierung auch als eine wichtige Voraussetzung für die Legitimierung rationaler Elemente (vgl. ebd.). Über Theoretisierungen werden also erst jene abstrakten und hinreichend entkontextualisierten Modelle bzw. Kopien faktischer Praktiken hergestellt, die in Diffusionsprozessen verbreitet werden können und deren Implementierung auch in neuen Kontexten nützlich erscheint. Für die Diffusion rationalisierter Elemente gelten besonders die nachfolgenden Theoretisierungen als bedeutsam (vgl. Strang/Meyer 1993, S. 495 ff.):

- Die *Theoretisierung der Anwender*, also eine Bestimmung der potenziellen Zielgruppe und deren Probleme mit dem Ziel der Vereinfachung und Negierung von Vielfalt:

  All theorizations propose homogenities within the populations or categories they analyze, because all models simplify the real diversity of social life. (...) Theories thus predict that similar practices can be adopted by all members of a theoretically defined population, with similar effects. (ebd., 495)

- Die *Theoretisierung der rationalisierten Elemente/Praktiken*, worunter die Entwicklung eines allgemeinen, übertragbaren und universell anwendbaren Praxis-Modells, die Spezifizierung von Zwecken dieses Modells und die Beschreibung von kausalen (Lösungs-)Mustern verstanden wird:

  Theoretical accounts of practices simplify and abstract their properties and specify and explain the outcomes they produce. Such accounts make it easier to perceive and communicate about the practice. (...) The theorization of the adopting population and that of the diffusing practice could have separate, additive effects. But in fact, the two are often theorized jointly. This has the powerful effect of matching the adopter to the practice, and the practice to the adopter. (ebd., S. 497)

- Der *Theoretisierungsprozess* an sich, also die wissenschaftliche Beschäftigung mit und der (fachliche) Diskurs über eine Praktik oder Technik, die diffusionssteigernd wirken.

  Most concretely, theorists may become central conduits of diffusion. (vgl. ebd.)

Theoretisierungen sind, wie Strang und Meyer (1993, S. 493) unterstreichen, „a strategy for making sense of the world". Über die Konstruktion von Sinn und den Bezug auf übergeordnete Institutionen und institutionelle Logiken, Mythen und Ideologien – vor allem auf die „Meta-Institution Rationalität"[91] – sind Theoretisierungsprozesse die Basis für die Legitimation von kulturellen Elementen, Praktiken und Techniken (vgl. Greenwood et al. 2002, S. 61; Berger/ Luckmann 1977, S. 98 ff.).

4.3.3 Mikrofundierungen von Institutionalisierungsprozessen

Während Diffusion ein „population-level phenomenon" (Etzioni 2014, S. 424) ist, lassen sich Institutionalisierungsprozesse auch mit Blick auf individuelle und kollektive Feldakteure analysieren. Strang und Meyer (1993, S. 494) konstatieren, dass die Theoretisierung rationaler Elemente sowohl top-down durch VertreterInnen der Professionen oder der Wissenschaft als auch bottom-up, durch potenzielle Anwender-Organisationen erfolgen kann. Scott (2008a, S. 104) trifft eine ähnliche Unterscheidung institutionalisierungsrelevanter Gruppen, wenn er auf zwei gegenläufige Erklärungsmodi für Institutionalisierungsprozesse verweist:

- *Demand-Side-Erklärungen* fokussieren auf Institutionalisierungsprozesse, die von prominenten Diffusionsagenten (z. B. Staaten, Professionen) ausgehen. Rationalisierte Elemente werden hier relativ unabhängige von den Bedarfen der Praxisorganisationen entwickelt und verbreitet. Das hat zur Folge, dass „these purveyors of solutions must often begin their work by convincing potentional adopters that they have a problem" (ebd., S. 105). Auch die Entwicklung von Modernisierungen und Moden durch „fashion-setting communities" (Abrahamson 1996) kann diesem Bereich zugewiesen werden.
- *Supply-Side-Erklärungen* haben demgegenüber die Beeinflussung institutioneller Arrangements und die Entwicklungen rationalisierter Elemente in und durch Praxisorganisationen zum Gegenstand. In diesem Fall sind „Institutions (...) craftetd by actors in response to recurrent problems for which no existing off-the-shell solutions are available" (ebd., S. 104).

Je nach Perspektive lassen sich Institutionalisierungsprozesse unterschiedlich fassen: Mit Blick auf EntwicklerInnen und PromotorInnen der Angebotsseite stehen Strategien zur Durchsetzung rationalisierter Elemente – beispielsweise des Theoretisierens und Framings – im Mittelpunkt. Werden dagegen poten-

---

91 Unter Bezugnahme auf die Rationalisierungsthese von Weber identifizieren Suddaby und Greenwood (2005, S. 59) Rationalität als „Metanarrativ", auf das Akteure in diskursiven-rhetorischen (Theoretisierungs-)Bemühungen zurückgreifen (vgl. ebd., S. 95 f.).

zielle NutzerInnen rationalisierter Elemente – also die Nachfrageseite – betrachtet, so lässt sich dieselbe Entwicklung als Auseinandersetzung mit der institutionellen Umwelt und (gegebenenfalls) als Organisationswandel rekonstruieren.

Vor allem Positionen, die dem sogenannten Skandinavischen Institutionalismus zugerechnet werden, unterstreichen, dass Institutionalisierungsprozesse als institutionell eingebettete Interaktionen zwischen Akteuren der Angebots- und Nachfrageseite zu verstehen sind. In diesen Interaktionen verändern sich nicht nur Organisationen und die institutionelle Ordnung, sondern auch die rationalisierten Elemente (vgl. Sahlin/Wedlin 2008). Schließlich lassen sich für jede der Perspektiven (Angebot, Nachfrage und Dazwischen) unterschiedliche Ebenen in den Blick nehmen. Bei Organisationen der Nachfrageseite etwa die Ebene der Implementierung und die Ebene der praktischen Nutzung rationalisierter Elemente. Indem einzelne Perspektiven hervorgehoben werden, geraten konkrete Akteure stärker in den Blick. Diese handeln in Institutionalisierungsprozessen mehr oder weniger bewusst gegenüber rationalisierten Elementen und den sie rahmenden Logiken, indem sie diese (re-)produzieren, verändern, begründen etc. Entsprechend lassen sich Institutionalisierungsprozesse immer auch als institutional work – sowohl in dessen „heroischer" als auch in dessen veralltäglichter Form – rekonstruieren (vgl. Perkmann/Spicer 2008; Abschnitt 4.3.4).

Die Angebotsseite: Als zentrale Akteure der „Angebotsseite" gelten Wissenschaft und Professionen. Schon DiMaggio und Powell (1983) beschreiben von Professionen ausgehenden normativen Druck als einen der Mechanismen hinter institutioneller Isomorphie. Darüber hinaus sind professionelle Akteure aufgrund ihrer besonderen gesellschaftlichen Position als Repräsentanten der dominanten wissenschaftlich-rationalen Ordnung sowie in ihrer Funktion als scheinbar ohne Eigeninteressen höheren Werten (z. B. Wahrheit, Fortschritt) verpflichtete „rationalized others" (Meyer et al. 1997, S. 162)[92] in besonderem Maße dazu prädestiniert, institutional work zu betreiben (vgl. z. B. Meyer 2010; Meyer/Jepperson 2000; Scott 2008a: 100 f., 2008b; Leicht/Fenell 2008; Suddaby/Viale 2011; Edelman et al. 2001; Strang/Meyer 1993; Meyer/Rowan 1977;

---

92 Meyer et al. (1997, S. 162) definieren „Others" als „social elements such as the sciences and professions (for which the term „actor" hardly seems appropriate) that give advice to nation-state and other actors about their true and responsible natures, purposes, technologies, and so on". An anderer Stelle konkretisiert Meyer (2010, S. 6, 10) „their social authority derives from their disinterested reflection of transcending purposes, not from their own interests. (…) Otherhood, rather than successfully interested actorhood, ranks at the top of the prestige system, worldwide. These Others parallel high priests in a knowledge society." Sahlin und Wedlin (2008, S. 229) führen daran anschließend aus, es handle sich um Verbreiter neuer Ideen (carriers), die „teach – more or less directly – other organizations how to act in order to be acknowledged as legitimate".

DiMaggio/Powell 1983). Entsprechend konstatiert Scott (2008b, S. 223): „More so than any other social category, the professions function as institutional agents – as definers, interpreters, and appliers of institutional elements".

Das institutional work von professionellen Akteuren kann sowohl nach außen als auch nach innen orientiert sein: Einerseits sind professionelle Fachkräfte dazu legitimiert, in ihrem praktischen Handeln Wirklichkeiten herzustellen und die institutionelle Ordnung der Gesellschaft zu (re-)produzieren, etwa durch die Definition von Normalität und die Diagnose und Behandlung von Abweichungen. Andererseits wirken Professionen auf sich selbst, etwa durch die Definition des „State of the Art" der eigenen Profession (vgl. Suddaby/Viale 2011; Leicht/Fennell 2008; Scott 2008a, 2008b; Meyer/Jepperson 2000; DiMaggio/Powell 1983).

Eine differenzierte Beschreibung der Einflüsse von Professionen auf die institutionelle Ordnung legen Suddaby und Viale (2011, S. 423) vor. Sie konstatieren, dass Professionalisierungsprojekte immer institutional work und damit Institutionalisierungsprojekte implizieren:

> Because professions are so embedded in organizational fields, their projects of professionalization reverberate throughout the field and influence, either directly or indirectly, the institutionalization project of other entities. (ebd., S. 426)

Suddaby und Viale identifizieren vier Wege, über die Professionen die institutionelle Ordnung beeinflussen. (vgl. ebd., S. 428 ff.): 1) Professionen definieren neue gesellschaftliche Räume (z. B. neue Themen, Handlungsbedarfe), 2) sie besetzten neu geschaffene Räume mit legitimen Akteuren, 3) sie entwickeln neue Regelsysteme bzw. institutionelle Ordnungen und Logiken, wodurch sie auch Systemgrenzen verschieben, und 4) sie steuern die Reproduktion professionellen Kapitals, d. h. „professionals use their unique access to social, cultural and symbolic capital to change the social order within a field" (ebd., S. 343). Daher resümieren Suddaby und Viale, dass Professionen die „key drivers" (ebd., S. 436) institutionellen Wandels sind.

Neben VertreterInnen aus Wissenschaft und Professionen benennt Scott (2008a, S. 100 ff.) staatliche Akteure aus Politik und Verwaltung, unterschiedlichste Verbände und Vereinigungen sowie „Eliten" als weitere institutional work betreibende Akteure der Angebotsseite. Dieser Gruppe lassen sich auch die von Abrahamson (1996) für die Entwicklung bzw. Verbreitung von Managementmoden wichtigen „fashion setting communities" zurechnen (vgl. auch

Edelman/Fuller 2001; Süss 2009)[93]. Zu den mächtigen Feldakteuren zählen ferner einflussreiche Praxisorganisationen oder Unternehmen (vgl. z. B. Edelman 1992). So zeigen beispielsweise Gawer und Phillips (2013), wie Microsoft durch nach außen (external practice work and legitimacy work) und nach innen (internal practice work and identity work) gerichtete Formen des institutional work einen Wandel der dominierenden Logik ihres Feldes realisieren und ausnutzen konnten[94]. Schließlich gelten soziale Bewegungen als wichtige InitiatorInnen institutionellen Wandels (vgl. z. B. Scott 2008a; Fligstein 2001; Seo/Creed 2002).

Die Nachfrageseite: Auf der Nachfrageseite von Institutionalisierungsprozessen stehen einerseits die Entwicklung von Innovationen und Routinen durch Praxisorganisationen, andererseits der Umgang von Praxisorganisationen mit institutionellen Umwelterwartungen bzw. die Institutionalisierung rationalisierter Elemente. Bereits Oliver (1991) verweist auf unterschiedliche Formen des organisationalen Umgangs mit institutionellen Umwelterwartungen. Sie spannt dabei einen Bogen von der Akzeptanz solcher Erwartungen über Kompromisse-, Vermeidungs- und Verteidigungshaltungen bis hin zur aktiven Manipulation des institutionellen Kontextes (vgl. ebd.). Hieran anschließend analysieren Pache und Santos (2010), welche intra-organisationalen Mechanismen die Art der Reaktion beeinflussen. Unterschiedliche Formen, Effekte und gegebenenfalls auch Rückwirkungen organisationaler Positionierungen zu und Implementierungen von rationalisierten Elementen werden im Rahmen zahlreicher Diffusionsstudien in den Blick genommen, etwa die bereits erwähnten Makro-Studien von Tolbert und Zucker (1983) zur Diffusion der Civil Service Reform, die Studie von Westphal et al. (1997) zur Implementierung des Total Quality Managements in Krankenhäusern oder aber die Studien von Edelman (1992) zur organisationalen Umsetzung der Gleichstellungsgesetzgebung (vgl. auch Edelman 1999, 2001) sowie Untersuchungen zur Implementierung von Management-Moden in Wirtschaftsunternehmen (Staw/Epstein 2000).

Daneben wurde der Umgang von Praxisorganisationen mit institutionellen Erwartungen sowie die Institutionalisierung rationalisierter Elemente auch in verschiedenen vorwiegend qualitativen Studien untersucht. Ein Beispiel hierfür ist die Studie von Blomberg (2008) zur Institutionalisierung von Case Mana-

---

93 Abrahamson (1996, S. 254) definiert „Management fashion setters" als Akteure, die Managementmoden verbreiten und den Glauben stützen, bei diesen Moden handele es sich um rationale bzw. effiziente und fortschrittliche Techniken.
94 Auch Lawrence und Suddaby (2006, S. 239 ff.) unterstreichen, dass institutional work stark sprachbasiert ist und empfehlen daher Formen der Diskursanalyse bzw. die Analyse von rhetorischen, narrativen und dialogischen Praxen als geeigneten empirischen Zugang.

gement in schwedischen kommunalen Sozialdiensten[95]. Die Studie zeigt eine, wenn auch zeitversetzte, Konvergenz von fachlichen Diskursen und den Motiven zur Implementierung bei den untersuchten Kommunen. In den frühen 1990er-Jahren wurde das Case Management, an neoliberale Diskurse anschließend, als ein Instrument zur Durchsetzung von Marktmechanismen (purchaser-provider-split) vor allem durch konservative und liberale Kommunalregierungen eingeführt. Mitte der 1990er-Jahre galt das Verfahren als rechtlich korrekte Praxis, da es vor allem mit einem einheitlichen Bedarfsfeststellungsverfahren (needs assessment) assoziiert wurde, das die Gleichbehandlung aller Bürger sichern sollte. Nach dieser Entkopplung von der neoliberalen Ideologie wurde das Verfahren als büro-professionelle Optimierungsstrategie vor allem von linken Kommunalregierungen implementiert. Ende der 1990er-Jahre wurde das Verfahren als Element umfassender New Public Management-Reformen eingeführt und sollte durch eine rigide Zugangssteuerung (gate keeping) und effiziente Hilfekoordination vor allem die kommunalen Haushalte entlasten. In dieser Phase wurde das Verfahren zunehmend standardisiert und mit weitreichenden Dokumentationsanforderungen und Ergebniskontrollen verknüpft. Ab den 2000er-Jahren war das Case Management als ein modern, rational und effizient geltendes Standard-Verfahren etabliert und wurde implementiert, um Legitimitätsverluste zu vermeiden. Das Case Management fungiert im Laufe der Zeit demnach als Lösung für unterschiedliche Probleme und zur Sicherung von Legitimation. Zur Institutionalisierung – und Übersetzung – von Case Management sowie weiteren manageriellen Verfahren konstatieren Blomberg und Petersson (2010),

> these components direct public bodies to focus on means, i. e. resources/procedures, and less on goals/outcome. This is another way of observing that the political sphere (goal formulation) is weakened and administrative considerations (means used) are strengthened in the public sector. (ebd., S. 76)

Gegenstand weiterer Studien ist die Reaktion von organisationalen Akteuren auf einen Wandel der dominierenden Feldlogiken, vor allem auf die Einführung ökonomischer Denk- und Handlungsmuster in Non-Profit Feldern. Townley (2002) untersucht beispielsweise die Einführung ökonomischer Instrumente (Business Planning und Performance Measurement) in Museen. Dabei arbeitet sie detailreich Konflikte zwischen professionellen und ökonomischen Perspektiven entlang unterschiedlicher Rationalitätstypen (substanziell,

---

95 Die Studie basiert auf qualitativen Fallstudien in neun schwedischen Kommunen, in deren Rahmen 89 ExpertInneninterviews mit administrativen und politischen Leitungs- und Basiskräften geführt sowie Dokumente analysiert wurden (vgl. Blomberg/Petersson 2010, S. 72 f.).

praktisch, theoretisch und formell; vgl. Abschnitt 5.2) heraus und zeigt, dass die Akteure Konflikte in Abhängigkeit von den in Frage stehenden Rationalitätsformen unterschiedlich wahrnehmen und bearbeiten (ebd.).

Die Effekte von Akteurskonstellationen auf die dominierende Rationalität und die genutzten Praktiken in Organisationen untersuchen auch Zilber (2002) für fachliche Orientierungen im Frauenhaus sowie Hwang und Powell (2009) für managerielle Techniken in gemeinnützigen Organisationen. Für das Kanadische Gesundheitssystem zeigen Novotna (2014) sowie Reay und Hinnings (2005) wie aufgrund von Kostensteigerungen implementierte managerielle Denk- und Handlungsmuster auf etablierten Feldlogiken wie eine medizinisch-professionelle oder eine klientenorientierte Rationalität treffen und Spannungen hervorrufen.

Fossestøl et al. (2015) rekonstruieren für den Umgang öffentlicher Dienste in Norwegen mit divergierenden Umwelterwartungen (ökonomistisches New Public Management vs. bürgerorientiertes Post New Public Management) unterschiedliche Formen der Bezugnahme und Hybridisierung von Logiken. Sie unterscheiden zwischen einer einseitigen Bezugnahme auf eine Logik (non hybridity), eine Separierung (negative hybridity), eine situative Ausbalancierung von Aspekten beider Logiken (ad hoc hybridity) sowie einer Integration beider Logiken (positive hybridity) (vgl. ebd.).

Mair et al. (2015) nutzen ebenfalls das Konzept der hybriden Organisation und untersuchen die Gestaltung von Steuerungsmodi in Sozialunternehmen im Spannungsfeld zwischen einer wohlfahrtstaatlichen und betriebswirtschaftlichen Logik. Sie differenzieren konforme Hybride, die sich auf eine Logik festlegen und sich stark mit dieser identifizieren, von abweichenden Hybriden, die selektive einzelne Elemente beider Logiken auswählen und nutzen bzw. zurückweisen. Institutionelle Anforderungen werden hier also als Werkzeugkasten zur Organisationsgestaltung aktiv genutzt (vgl. ebd.; vgl. ähnlich auch Greenwood et al. 2010 für Familienunternehmen).

Selektive Übernahmen rationalisierter Modelle belegen verschiedene weitere Studien (vgl. Scott 2008a, S. 109 ff.; Pache/Santos 2013). Eine konzeptionelle Rahmung für derartige Befunde legten Jansen und Vogd (2013) vor. Sie bestimmen Organisationen als polykontextuelles „Arrangement logischer Räume". Entscheidungssituationen zeichnen sich durch eine bestimmte Struktur, eine bestimmte Zusammensetzung logischer Räume bzw. institutioneller Logiken aus (Verbundstruktur). Im Verhältnis mit konkurrierenden Logiken können Organisationen entweder Entkopplungen vornehmen oder aber transjunktionale (temporäre Selektivität) oder transkontextuelle (verknüpfende) Praktiken entwickeln.

Wie die Einführung rationalisierter Elemente bzw. die Implementierung sozialpolitischer Reformen in Organisationen konkret erfolgt, untersuchen Cloutier et al. (2016). Sie fokussieren dabei auf Leitungskräfte als Vermittlungsinstanz zwischen Politik und Basiskräften. Die Befunde zeigen, dass die Leitungsakteure politische top-down Vorgaben mit eigenen Interessen (Missionen) sowie bereits existierenden organisationalen Regeln und Praktiken verknüpfen und ausbalancieren. Hierzu nutzen die Leitungsakteure unterschiedliche Formen des institutional work:

- *Structural work* (die Einführung formaler Strukturen, Rollen und Verfahren etc.)
- *Conceptual work* (die Verankerung von Normen, Überzeugungen oder Intrpretationsschemata etc.)
- *Operational work* (die Etablierung von Praktiken zur Erfüllung der Aufgaben)
- *Relational work* (die Festigung von Beziehungen, die Schaffung von Vertrauen etc.).

Diese Strategien des institutional work gewinnen dabei in der dargestellten Abfolge an Bedeutung, wobei sie jeweils mit unterschiedlichen Hürden verknüpft sind. „Over time, the culmination of this mix becomes the ‚enacted' or ‚real' reform" (ebd., S. 278).

Schließlich lassen sich auch die Übernahme sowie eine Anpassung rationalisierter Elemente an eigene Anforderungen oder der strategische Aufbau von Legitimationsfassaden – einschließlich diverser Formen der Entkopplung (vgl. Abschnitt 4.4) – als Formen des institutional work durch Organisationen auf der Nachfrageseite qualifizieren. Für die Übernahme rationalisierter Instrumente konstatieren Sahlin und Wedlin (2008, S. 223 f.), dass auch vermeintliche passive Reaktionsweisen (z. B. Nachahmung) unter Umständen bewusste und strategische, in jedem Fall aber performative Akte darstellen (vgl. auch Scott 2008a, S. 223 ff.). Entsprechend folgert Lounsbury (2008, S. 353): „Isomorphism (…) is not a mindless, structurally determined process, but an effortful accomplishment". Zudem gilt es zu berücksichtigen, dass auch nicht-strategisches Handeln bzw. Handeln, das zunächst nicht primär darauf abzielt in die institutionelle Ordnung einzugreifen (mehr oder weniger indirekt) institutionelle Effekte zeitigen kann. Als ein wichtiger Aspekt zum Verständnis organisationaler Reaktionen auf institutionelle Erwartungen werden schließlich Identitätsfragen betont (vgl. z. B. Bévort/Suddaby 2016; Lok 2010; Sveningsson/ Alvesson 2003).

Übernehmen Organisationen rationalisierte Elemente, so lassen sich die dadurch angestoßenen Diffusion- bzw. Institutionalisierungsprozesse organisationsseitig als Prozesse des Organisationswandels beschreiben. Aus institutionalistischer Perspektive haben Greenwood und Hinings (1996) ein Modell zur Erklärung (radikalen) Organisationswandels entwickelt, in dem sie institutionalistische und akteursbezogene Perspektiven verknüpfen und anstreben, to provide a more complete account for understanding organizational interpretations of, and responses to, contextual pressures, by stressing the political dynamics of intraorganizational behavior and the normative embeddedness of organizations within their contexts. (ebd., S. 1024)

Im Zentrum des Modells steht die Interaktion zwischen Organisationskontext (exogene Dynamiken) und Organisationshandeln (endogene Dynamiken) Als Auslöser organisationalen Wandels identifizieren Greenwood und Hinings einen Konflikt zwischen institutionellen oder marktlichen Kontextfaktoren einerseits[96] sowie organisationalen Interessen und Wertbeziehungen relevanter Gruppen innerhalb der Organisation andererseits. Dabei fokussieren die Autoren weniger darauf, ob rationalisierte Elemente bzw. Neuerungen den Interessen und Werten relevanter organisationaler Akteure entsprechen, sondern eher auf die Frage, inwiefern die bestehenden organisationalen Strukturen im Interesse der Organisationsmitglieder sind und zu deren Werthaltungen passen[97]. Etwaige Spannungen zwischen den eben beschriebenen Elementen (precipitating dynamics) führen jedoch nur dann tatsächlich zu einem Organisationswandel, wenn die einen Wandel befürwortenden Akteursgruppen in der Organisation über ermöglichende Faktoren (enabling dynamics) verfügen. Dies ist zum einen Macht in der Organisation und zum anderen die für einen Organisationswandel nötige Handlungsfähigkeit. Mit dem Bezug auf den Faktor Macht unterstreichen die Autoren den politischen Charakter organisationaler Entscheidungen. Als Handlungsfähigkeit beschreiben die Autoren die „ability to manage the transition process from one template to another" (ebd., S. 1039). Diese Fähigkeit umfasst zwei Aspekte: Sie ist zum einen davon abhängig, ob entsprechende Kompetenzen und Ressourcen in der Organisation verfügbar sind, zum anderen, ob verfügbare Kompetenzen und Ressourcen auch mobilisiert werden können, um eine Strukturveränderung zu verstehen, zu planen und umzusetzen (vgl. ebd.).

---

[96] Greenwood und Hinings (1996) sehen – wie andere Institutionalisierungskonzepte auch – politischen, regulatorischen und technischen Wandel als zentrale Impulse hinter organisationalen Wandlungsprozessen; sie sehen diese aber über marktliche und institutionelle Mechanismen vermittelt.

[97] Greenwood und Hinings (1996, S. 1035 ff.) differenzieren vier Typen von Bewertungen bestehender Strukturen in Organisationen („pattern of value commitments"): „Status quo commitment" bezeichnet eine geteilte Präferenz für die bestehende Struktur, „Indifferent commitment" bezeichnet den Zustand von Unsicherheit oder Gleichgültigkeit bezüglich der organisationalen Präferenz, ein „Competitive commitment" liegt vor, wenn ein Konflikt innerhalb der Organisation vorliegt, während bei einem „Reformotive commitment" alle relevanten Akteursgruppen für einen Organisationswandel sind. Einen radikalen Organisationswandel halten Greenwood und Suddaby (1996, S. 1038) nur im Falle der beiden letztgenannten Konstellationen für wahrscheinlich.

Um Prozesse des Organisationswandels zu verstehen, sind also einerseits die Machtverhältnisse innerhalb der Organisation bzw. zwischen den Gruppierungen in der Organisation zu rekonstruieren, andererseits müssen die Interessen und Deutungen der Gruppen und ihrer Mitglieder sowie deren Verhältnis zu exogenen Dimensionen verstanden werden:

> The action of values, interests, power, and capacity within an organization must be brought into play. However, this action has to be located in the groups that make up any particular organization. Action is not disembodied; it comes from organizational actors who have positions, skills, commitments, and histories that are primarily round in the groups or which those actors are members. Change and stability are understood through the ways in which organizational group members react to old and new institutionally derived ideas through their already existing commitments and interests and their ability to implement or enforce them by way of their existing power and capability. (ebd., S. 1048)

Schließlich wirkt ein Organisationswandel auf die institutionelle und die marktliche Organisationsumwelt zurück und kann zu einem institutionellen Wandel und Diffusionsprozess beitragen. Organisationshandeln erscheint bei Greenwood und Hinings (1996) letztlich als das Handeln konkreter Organisationsmitglieder bzw. es kann auf die Denk- und Deutungsmuster sowie Kompetenzen konkreter individueller Akteure zurückgeführt werden. Besonders heben Greenwood und Hinings (1996) jedoch kollektive Sinngebungsprozesse hervor. Ein solches „sensemaking" steht im Zentrum der Evolutionstheorie von Weick (1995). Er beschreibt darin, wie Menschen in Organisationen Handeln koordinieren und agieren.

Sensemaking in Organisationen: Weick (1986) will Organisationshandeln über die Identifizierung von Prinzipien und Prozessen des interdependenten Zusammenspiels von Denk- und Handlungsprozessen organisationaler Akteure erklären. Der Ansatz eignet sich damit zur Beleuchtung jener Sinngebungsprozesse, in die institutional work in und von Organisationen eingebunden ist. Aus diesem Grund wird das Konzept des sensemaking in dieser Untersuchung als ein Analysekonzept genutzt – besonders im Kontext der Rekonstruktion von Implementierungsentscheidungen verantwortlicher Jugendamts-Akteure (vgl. Kapitel 11 & 13). Für Weick lässt sich das Handeln von Organisationen letztlich auf das Handeln von konkreten individuellen Akteuren bzw. deren Interaktionen zurückführen[98], er wendet sich jedoch gegen die Vorstellung, in Organisationen handelten rationale Akteure.

---

98 „Wann immer Organisationen handeln […], dann sind es Individuen, die handeln. Und jede Behauptung über das Handeln von Individuen kann zerlegt werden in eine Reihe von Interakten zwischen Individuen von der Art, daß, wenn diese Leute nicht einen bestimm-

Weick (1986) fasst das Organisieren in Organisationen konzeptionell als mehrstufige zyklische, nicht-lineare Prozesse: Organisationen stehen einer sich ständig veränderten Umwelt gegenüber. Parallel zum organisationalen Routinehandeln werden aus dem Strom unzähliger Umweltereignisse einzelne Ereignisse herausgegriffen und wahrgenommen (noticing & bracketing). Dabei werden besonders solche Ereignisse aufgegriffen, die Unsicherheit und Mehrdeutigkeit provozieren. Sozialkonstruktivistischen Annahmen folgend bezeichnet Weick diese selektive Wahrnehmung der Umwelt als „Gestaltung" (enactment). Er verweist damit auf einen aktiven, sozialen Konstruktionsprozess, in dem Akteure ihre Umwelt interpretierend herstellen, indem sie Ereignissen retrospektiv Sinn zuschreiben, also Sensemaking betreiben. Anschließend erfolgt in Organisationen in einem Wechselspiel aus Reflexion und Aktion, aus „talk" und „action", eine zunehmende Reduktion und Verfestigung einzelner Sinnentwürfe (selection). Diese Denk- und Handlungsmuster werden „gespeichert" und dienen – beispielsweise inkorporiert in die Organisationsidentität und -kultur – als Grundlage zukünftiger, retrospektiver Sinngebungsprozesse (retention). Zu den Prozessschritten Gestaltung, Selektion und Retention erläutert Weick (1986):

> Da die Gestaltung Mehrdeutigkeit produziert, statt sie zu reduzieren, ist sie nicht im gleichen Sinn ein Prozeß wie die beiden anderen. Gestalten ist Handeln, das Rohmaterialien produziert, die *anschließend* mit Sinn belegt werden können. Man erinnere sich, daß Sinngebung in der Regel retrospektiv ist. Vergangene Handlungen, Dinge, die schon geschehen sind, werden mit Sinn belegt. Gestaltung produziert die Geschehnisse, die dann durch den Selektionsprozess sinnvoll gemacht werden können (...) Die mit Retention und Selektion verbundenen spezifischen Regeln und Zyklen werden als organisationsspezifisch angesehen. (...) An dieser Stelle ist der entscheidende Punkt einfach, daß all diese Regeln und Prozesse sich darauf richten, das wahrgenommene Mehrdeutigkeitsniveau, wie es in von den Mitgliedern ernst genommenen Gestaltungen vorliegt, zu reduzieren. (ebd., S. 194)

Diese organisationale Sensemaking erfolgt nach Weick (1995) kontinuierlich, ist sozial und systematisch, ist kommunikativ und sprachvermittelt, ist zyklisch und handlungsbezogen, wirkt aktiv Wirklichkeit konstruierend, ist orientiert an

---

ten Satz von Handlungen hervorgebracht und ineinander verzahnt hätten und wenn diese Handlungen nicht auch von anderen Leuten hervorgebracht und zwischen ihnen verzahnt worden wäre, die Organisation den ihr zugeschriebenen Akt nicht ausgeführt hätte." (Weick 1986, S. 53)

Plausibilität statt Angemessenheit[99], erfolgt retrospektiv und ist identitätsbezogen[100] (vgl. Weber/Glynn 2006, S. 1642; Weick et al. 2005, S. 410 ff.). Auch die Konzeptionen von Weick werden als in Konkurrenz zu institutionalistischen Positionen stehend diskutiert bzw. es besteht Uneinigkeit über das Verhältnis zwischen Institutionen und organisierendem Sensemaking (vgl. Weick et al. 2005, S. 417; Powell/Colyvas 2008, S. 282 ff.; Weber/Glynn 2006). Verhältnisbestimmungen heben hierbei entweder einen ermöglichenden und beschränkenden Einfluss institutioneller Makrostrukturen auf Sensemaking-Prozesse (Scott 1995) hervor oder sehen Sensemaking-Prozesse auf der Mikro- und Mesoebene als „feedstock for institutionalization" (Weick et al. 2005, S. 417). Zunehmend erfolgt jedoch eine Verknüpfung beider Perspektiven und eine Auflösung linearer Verhältnisbestimmungen. Einerseits wird konstatiert, dass

> Sensemaking can provide micromechanisms that link macrostates across time through explication of cognitive structures associated with mimetic processes, agency, the mobilization of resistance, (…) and ways in which ongoing interaction generates the taken for granted. (Weick et al. 2005, S. 417)

Zudem wird – jenseits abstrakter Determinationsannahmen – der Einfluss der institutionellen Ordnung auf die einzelnen Elemente von Sensemaking-Prozessen expliziert[101]. Zudem bestehen, gerade mit Blick auf Diffusionsprozesse und Strategien des institutional work, deutliche Parallelen – beispielsweise eine Fokussierung auf Fragen der Identität. Einerseits bestimmt das Selbstbild eines Akteurs wesentlich dessen Sensemaking sowie welche Strategien des institutional work er oder sie wählt (vgl. Weick et al. 2005, S. 415 ff.). Andererseits stellt die Konstruktion von potenziellen Nutzeridentitäten eine wichtige Strategie

---

99 Die Orientierung von Akteuren an einer „Logik der Angemessenheit" (March 1981) anstelle klassischer, instrumenteller Rationalitätsmuster ist für Weick nicht nur empirisch zutreffend, sondern auch sinnvoll: „People do not need to perceive the current situation or problems accurately to solve them; they can act effectively simply by making sense of circumstances in ways that appear to move toward general long-term goals." (Weick et al. 2005, S. 415)

100 Die Identität individueller und kollektiver Akteure ist nach Weick der Schlüssel zum Verständnis von Sensemaking-Prozessen: „From the perspective of sensemaking, who we think we are (identity) as organizational actors shapes what we enact and how we interpret, which affects what outsiders think we are (image) and how they treat us, which stabilizes or destabilizes our identity. Who we are lies importantly in the hands of others, which means our categories for sensemaking lie in their hands." (Weick et al. 2005, S. 416)

101 Weber und Glynn (2006, S. 1644) gehen von einem multi-dimensionalen Einfluss aus, in dem „institutions prime sensemaking, by providing social cues; (…) edit sensemaking through social feedback processes; […] trigger sensemaking, [by] posing puzzles for sensemaking through endogenous institutional contradiction and ambivalence.

von Theoretisierungen als Form des institutional work dar (Strang/Meyer 1993, S. 495 ff.).

Wenngleich das organisierende Sensemaking bestimmbaren Prozessen und Prinzipien zu folgen scheint, so verdeutlicht das Konzept, dass organisationale Entscheidungen nicht dem Ideal rationaler Entscheidungen folgen, sondern allenfalls ex post als rational rationalisiert werden. Auch formal rationales Akteurshandeln, ja Rationalität an sich, stellt einen Rationalitätsmythen der Moderne dar, der fest mit dem Ideal des aktiven, eigenverantwortlichen Akteurs verknüpft ist (vgl. Abschnitt 2.5.4). Dass das (Entscheidungs-)Handeln reeller Akteure in Organisationen nur bedingt dem Akteursbild des wissenschaftlichen Mainstreams – allen voran der neo-klassischen Ökonomie, der Rational-Choice-Soziologie und der Public-Choice-Politologie – entspricht, unterstreicht schon Simon (1945/1976) mit seinem Konzept der „bounded rationality" (vgl. auch Simon 1972, 1995; Jones 1999; Mehta 2013)[102].

> The economic man represents the objective rationality in an ideal model. In reality there are of course limitations to this model. You are limited by unconscious skills, habits, and reflexes; by your values and conceptions of purpose, which may diverge from the organization goals; and by the extent of your knowledge and the information available. (Simon 1976, S. 241)

Während Simon (1976) auf der individuellen Ebene von spezifischen Rationalitätsdefiziten ausgeht, schreibt er Organisationen aufgrund von Arbeitsteilung, (Entscheidungs-)Spezialisierung, Koordinations- und Kommunikationsstrukturen etc. ein theoretisch höheres Rationalitätspotenzial zu, das jedoch durch spezifische Spannungen und Dysfunktionalitäten bei ungünstigem Informationsfluss und Entscheidungsstrukturen gefährdet ist (vgl. ebd.). Cohen et al. (1972) stellen mit ihrem ‚garbage can'-Konzept die Idee rationaler Organisationsentscheidungen in Frage. Organisationale Entscheidungen werden vielmehr als Resultat des zufälligen Zusammentreffens von Akteuren, Problemen und Lösungen in Entscheidungssituationen konzipiert. Organisationsentscheidungen sind demnach ein Effekt des komplexen Zusammenspiels bzw. der Kreuzung von vier unabhängigen und entscheidungsexternen Strömen der Problemgenerierungen, der MitarbeiterInnenaktivität, der Produktion von Lösungen und von Wahloptionen.

---

102 Für Simon (1945/1976, S. xxviii) stehen Entscheidungen und damit auch der begrenzten Rationalität im Zentrum der wissenschaftlichen Beschäftigung mit Fragen der Administration: „The central concern of administrative theory is with the boundary between the rational and the nonrational aspects of human social behavior. Administrative theory is peculiarly the theory of intended and bounded rationality – of the behavior of human beings who satisfice because they have not the wits to maximize."

> The garbage can process is one in which problems, solutions, and participants move from one choice opportunity to another in such a way that the nature of the choice, the time it takes, and the problems it solves all depend on a relatively complicated intermeshing of elements. (ebd., S. 16)

Die so entstehenden organisationalen Entscheidungen fallen zwar zufällig, sind aber nicht beliebig, sondern durch Aspekte der Organisationsstruktur geprägt[103]. Das Konzept fokussiert aus einer eher distanzierten Makroperspektive auf Entscheidungsprozesse in Organisationen. Somit kann es Prozesse identifizieren, die erst aus einer gewissen Distanz zu konkreten Handlungs- und Sensemaking-Prozessen erfasst werden können[104].

Das Dazwischen: Die Schwäche klassischer Diffusions- und Institutionalisierungskonzepte liegt in der Annahme linearer Diffusionsprozesse, bei denen sich Innovationen bzw. rationalisierte Elemente ausgehend von einer bestimmbaren Quelle verbreiten, indem sie von immer mehr (Praxis-)Organisationen aufgegriffen und konzeptgetreu implementiert werden. Demgegenüber ist von komplexen, interaktiven und interdependenten sozialen Zirkulationsprozessen auszugehen, in denen unterschiedliche Akteure in unterschiedlichen Feldpositionen auf unterschiedliche Weise und mit unterschiedlichen Zielen und Ambitionen institutional work betreiben[105].

Suddaby und Greenwood (2001, S. 940 ff.) beispielsweise stellen ein empiriebasiertes Kreislaufmodell für die Institutionalisierung von Managementtechniken vor, das dieser Komplexität Rechnung trägt. Den Ausgangspunkt bilden in der Praxis entwickelte Lösungsstrategien. Diese werden in einer *Legitimationsphase* von „Management-Gurus" aufgegriffen, abstrahiert und popularisiert. Hierauf folgt eine *Phase der Kommodifizierung*, in der die ursprünglichen Praktiken in abstrakte, entkontextualisierte (massen-)konsumfähige (Stan-

---

103 Zum Einfluss der Organisationsstruktur führen Cohen et al. (1972, S. 7) Folgendes aus: „Organizational structure influence outcomes of a garbage can decision process (a) by affecting the time pattern of the arrival of problems choices, solutions, or decision makers, (b) by determining the allocation of energy by potential participants in the decision, and (c) by establishing linkages among the various streams".
104 Das Garbage-Can-Modell wurde für organisierte Anarchien entwickelt. Dabei handelt es sich um Organisationen mit unklaren Zielen und Präferenzen, unsicheren Technologien und fluider Mitgliedschaft. Cohen et al. beziehen ihr Modell explizit auf Universitäten, doch auch soziale Dienste teilen einige dieser Charakteristika (z. B. unklare, erst im Prozess konkretisierte Ziele sowie unsichere Technologien). Das Modell wurde durch eine Computersimulation zu organisationalen Entscheidungen durch Cohen et al (1972) bestätigt.
105 Auch eine programmgetreue Implementierung universeller wissenschaftlich entwickelter Praxiskonzepte, wie sie triviale Konzepte des Wissens- oder Theorie-Praxis-Transfers nahelegen und immer wieder fordern (vgl. die Debatte um Evidenzbasierung in Kap. 2.1), sind nicht nur angesichts der Ubiquität von institutional work weder realistisch noch erfolgversprechend (vgl. z. B. auch Beck/Bonß 1989).

dard-)Produkte transferiert werden. Die Transformation wird im Bereich von Managementtechniken häufig durch Unternehmensberater realisiert:

> The ultimate goal of this stage is to routinize management knowledge by converting esoteric professional expertise into procedures, manuals or checklists that can be administered by relatively inexperienced junior consultants. (ebd., S. 941)

Für diese Phase der Kommodifizierung identifizieren Suddaby und Greenwood drei Sub-Prozesse:

- *Kodifizierung*: Die Umwandlung persönlicher Erfahrung in etwas, das gespeichert, transportiert und zurückgewiesen werden kann.
- *Abstraktion*: Umwandlung der kodifizierten Roh-Informationen in ein einfach nachvollziehbares und umsetzbares Konzept.
- (Rück-)*Übersetzung* von abstrakten Konzepten in neue konkrete Praxiskontexte (vgl. ebd., S. 939).

Einflussreiche Großkonzerne bewirken schließlich eine weitläufige Diffusion bzw. Durchsetzung der Managementtechniken in unterschiedlichen Bereichen – Suddaby und Greenwood sprechen hierbei von einer *Phase der Kolonialisierung*. Den vorläufigen Endpunkt des Institutionalisierungszyklus bildet eine *Phase der Evaluation, Weiterentwicklung* und *curricularen Verankerung* der neuen Managementmodelle. Diese Phase wird wesentlich durch VertreterInnen der Wissenschaft bzw. der Hochschulen getragen. Wenngleich für Institutionalisierungsprozesse in der Sozialen Arbeit im konkreten Einzelfall teilweise andere Phasen und andere Akteursgruppen zentral sein dürften, so hat das Modell von Suddaby und Greenwood durchaus einen heuristischen Wert. So werden auch in der Sozialen Arbeit methodische Modernisierungen zunächst in Praxiskontexten entwickelt und anschließend von Wissenschaft und Verbänden aufgegriffen, theoretisiert und propagiert sowie schließlich evaluiert und in der Ausbildung verankert. Dabei nehmen einzelne Akteure der Sozialen Arbeit durchaus den Status von „Gurus" für einzelne Arbeitsgebiete oder Ansätze ein[106]. Zudem ist das Modell geeignet, die Komplexität von Institutionalisierungsprozessen zu verdeutlichen, indem der Beitrag unterschiedlicher Akteursgruppen in den Blick genommen wird. Dabei wird auch die Differenzierung in

---

[106] Beispielhaft kann hier verwiesen werden auf Hinte für die Sozialraumorientierung, Kindler für den Kinderschutz oder Wendt für das Case Management, die in ihrer Bedeutung und ihren Einflusschancen bezogen auf ihr Schwerpunktthema Management-Gurus in keiner Weise nachstehen.

angebots- und nachfragedominierte Prozesse aufgehoben und beide Perspektiven verschränkt.

> The production and consumption of management knowledge involves complex interactions between sets or communities of organizational actors. These interactions define not only what management knowledge is but also how it is produced, legitimated, distributed and, ultimately, consumed. (ebd., S. 934)

Während das Modell von Suddaby und Greenwood (2001) auf den Institutionalisierungs*prozess* und die unterschiedlichen involvierten Akteure fokussiert, kann weiterhin untersucht werden, wie die diffundierenden rationalisierten Elemente in einem solchen Prozess verändert, transformiert, redefiniert, kurz „übersetzt" werden[107]. Denn es ist davon auszugehen, dass „both those seeking to be imitated and those imitation translate ideas and practices to fit their own wishes and the specific circumstances in which they operate. [Therefore] models or prototypes that were seen as successes were formulated and reformulated as they circulated" (Sahlin/Wedlin 2008, S. 225). In solchen „Translations- bzw. Editierprozessen", erfolgen ähnliche Transformationen, wie sie für Theoretisierungen in Diffusionskonzepten beschrieben werden (vgl. Abschnitt 4.3.2) – etwa die Verknüpfung von rationalisierten Elementen mit bekannten und akzeptierten Kategorien und Rationalitätsmythen. So benennen Sahlin und Wedlin (2008, S. 226) kontext-, rationalitäts- und sprachbezogene Editierprinzipien um die Überzeugungskraft, Kommunizierbarkeit und damit die Verbreitung rationalisierter Elemente zu erhöhen[108]. Diese Transformationen stehen jedoch nicht nur als Voraussetzung für eine Diffusion am Beginn des Institutionalisierungsprozesses. Vielmehr wird davon ausgegangen, dass diese zu jedem Zeitpunkt und potenziell durch alle am Diffusionsprozess beteiligten Akteure geschehen können. Neben typischen Diffusionsagenten wie Professio-

---

[107] Vor allem VertreterInnen des sogenannten scandinavian institutionalism streben danach, die durch institutionalistische Klassiker beschriebenen Makrophänomene mit Analysen von Mikrophänomenen auf der Organisations- und Akteursebene zu verknüpfen (vgl. Sahlin/Wedlin 2008; Blomberg 2008).

[108] 1. Kontext: „When models are applied in a setting that is different from that of the prototype, time- and space-bounded features tend to be excluded. Specific local features tend to be excluded or omitted. In such a way widely circulated ideas tend to be formulated in general and abstract terms" (Sahlin/Wedlin 2008, S. 226)
2. Logik: „Developments may acquire a more rationalistic flavour. Effects are presented as resulting from identifiable activities, and processes are often described as following problem-solving logic" (ebd.).
3. Formulierung: „Concepts, categories, prototypical examples, counter-examples, references and ideologies are used to structure, narrate and make sense of a certain procedure or to draw attention to a certain development" (ebd.).

nen, staatlichen Akteure oder sozialen Bewegungen, sind auch individuelle Akteure oder Akteursgruppen auf verschiedenen Hierarchieebenen innerhalb von (Praxis-)Organisationen an solchen Transformations- und Institutionalisierungsprozessen beteiligt (vgl. Greenwood/Hinings 1996; Scott 2008a). Dies gilt zunächst für Akteure in verantwortlichen Leitungspositionen, wenn diese Handlungsspielräume für strategisches Managementhandeln gegenüber institutionellen Umwelterwartungen nutzen (vgl. schon Child 1972). Daneben kann auch „rank and file staff" (Scott 2008a, S. 103) – also „einfache" MitarbeiterInnen – über kleine, mehr oder weniger strategische Abweichungen in der rekursiven Re-Produktion rationalisierter Elemente langfristig zu einem institutionellen Wandel beitragen. Handlungsspielräume zur Transformation institutioneller Anforderungen am unteren Ende der hierarchischen Leiter von Dienstleistungsorganisationen werden – wie in Abschnitt 2.3.2 bereits erwähnt – im Konzept der street-level bureaucracy beschrieben (vgl. Lipsky 1980 und z. B. Garrow/Grunsky 2013; Rice 2012; Ellis 2011). Da institutional work grundsätzlich politisches Handeln ist (vgl. Lawrence/Suddaby 2006; Levy/Scully 2007), ist in Alltagspraxen eingelassenes institutionelles Arbeiten in Organisationen zudem als mikropolitisches Handeln oder Spiel in Organisationen zu qualifizieren (vgl. Crozier/Friedberg 1993; Süss 2009; Abschnitt 2.3.2)[109].

Des Weiteren wird hervorgehoben, dass rationalisierte Elemente nicht unverändert diffundieren, sondern im Zuge von Institutionalisierungsprozessen nachhaltige Transformationen erfahren können. Solche Transformationen können auf der symbolischen Ebene oder auf der praktisch-materiellen Ebene erfolgen. Campbell (2004) verweist auf unterschiedliche Formen der Entkopplung von Labeln und Praktiken. So kann beispielsweise ein Label „erfolgreich" diffundieren, während sich die mit dem Label verknüpfte Praxis nachhaltig ändert. Ebenso kann eine Technik im Laufe von Diffusionsprozessen mit neuen Labeln verknüpft werden (vgl. Walgenbach/Meyer 2008, S. 110). Ferner können rationalisierte Elemente und deren Ziele entkoppelt werden, indem eine bekannte Technik als Mittel zur Lösung neuer Probleme propagiert wird (vgl. Bromley/Powell 2012; Dick 2015). „The editing may also change not only the

---

109 Eine interessante Verknüpfung von Neo-Institutionalismus und dem Micropolitik-Ansatz stellt die Studie von Süss (2009) zur Institutionalisierung von Managementkonzepten (Diversity-Management) dar. Süss kombiniert einen neo-institutionalistischen Makrozugang – aufgrund eines Mangels institutionalistischer Mikrokonzepte (sic!) – mit einer Mikroperspektive, in der er die Strukturationstheorie nach Giddens (1986) mit dem Mikropolitik-Ansatz von Croizer und Friedmann (1993) verknüpft. Er konzipiert „Institutionalisierungsprozesse als mikropolitische Spiele" (ebd., S. 147) und geht für die drei Stufen von Institutionalisierungsprozessen nach Tolbert und Zucker (1983) von spezifischen Spielen aus, in denen die drei Strukturdimensionen nach Giddens (1986) – Signifikation, Legitimation, Herrschaft – reproduziert und rekonfiguriert werden (vgl. Süss 2009).

form of the idea or account but also its focus, content, and meaning (…). When an idea is translated, it may be reframed in terms of its supporting ideology" (Sahlin/Wedlin 2008, S. 226 f.).

Die Entwicklung von abstrakten, übertragbaren Modellen impliziert zudem eine Abkopplung der diffundierenden Praxis von ihrem Entstehungskontext (vgl. ebd.; Strang/Meyer 1993). Dies kann bedeuten, dass die Konzepte auch von ihrer Bedeutung und ideologischen Rahmung entkoppelt werden und als ideologisch-entkernte, „reine Technik" diffundieren. Solche inhaltlich unbestimmten Praxen können leicht mit völlig neuen Bedeutungen und Ideologien verknüpft werden. Ebenso ist es aber möglich, dass scheinbar neutrale Techniken sich nach ihrer Implementierung als „trojanisches Pferd" herausstellen, da mit ihnen (unbeabsichtigt) auch neue Referenzgrößen oder Ideologien eingeführt werden: „New comparisons, frames of reference, assuptions, and overall objectives were invoked by the newly introduces techniques" (Sahlin/Wedlin 2008, S. 227)[110].

Während die Verbreitung rationalisierter Elemente und eine Verschiebung der Ordnung institutioneller Logiken als die beiden Elemente von Institutionalisierungsprozessen gelten, differenzieren Sahlin und Wedling (2008, S. 230 ff.) rationalisierte Elemente weiter aus und unterscheiden Prototypen und Templates: *Prototypen* stehen für konkrete Konzepte, die übertragen und in Praxiskontexten implementiert und genutzt werden können. Die Autorinnen nennen das Total Quality Management als Beispiel. Andere Beispiele im Feld der Sozialen Arbeit können Konzepte wie das Case Management oder manualisiertes Diagnoseinstrumente sein. *Templates* bezeichnen dagegen allgemeine Orientierungsrahmen, Kriterien oder Ziele, auf die hin Organisationen evaluiert werden können. Die Autorinnen konstatieren, dass diese im Zuge des Bedeutungsgewinns von Formen der „soft regulation", also der an Standards orientierten (gouvernmentalen) Selbststeuerung, zunehmend Verbreitung finden: „Templates for assessing and evaluating practices are also circulating among organisation and between contexts" (ebd., S. 231). Für die sozialen Dienste können etwa AdressatInnenbeteiligung, Effizienzkennziffern oder Kooperationsbeziehungen als Templates dienen. Auch eine Orientierung an solchen

---

110 Sahlin und Wedlin (2008) beschreiben diesen Effekt anhand der Einführung von Konzepten der Kundenorientierung im Öffentlichen Dienst. Auch das Case Management erfuhr im Zuge seiner Diffusion und Verbreitung sowohl im US-amerikanischen Ursprungskontext als auch nach seiner Verbreitung in Europa nachhaltige inhaltliche, zielbezogene und ideologische Transformationen (vgl. z. B. Hansen 2005; 2006). Ebenso verweist die von Geißler und Hege (1999, S. 29) attestierte „Verselbständigung von Verfahren gegenüber den Veränderungszielen und den Veränderungsinhalten" auf jene Entkopplungen, die als Elemente von Translations- und Editierprozessen im Zuge von Institutionalisierungsprozessen beschrieben werden.

Templates kann die Implementierung formalisierter Instrumente und Verfahren fördern, wenn diese Formalisierungen mit der Hoffnung verknüpft werden, Beteiligung, Effizienz etc. zu steigern. Die Prozesse hinter der Zirkulation von Templates entsprechen denen der Diffusion und Institutionalisierung anderer rationalisierter Elemente: Sie werden eingefordert, erwartet oder gewünscht, weil sie als rational, sinnvoll oder schlicht normal gelten (vgl. ebd., S. 232 f.).

Editier- und Translationsprozesse sind nicht voraussetzungslos. „Institutions do not emerge in a vacuum; they always challenge, borrow from, and, to varying degrees, displace prior institutions" (Scott 2008a, S. 94). Dies gilt sowohl für „natürliche" Institutionalisierungsprozesse auf der Basis nicht-geplanter, alltäglicher Interaktions- und Sinngebungsprozesse als auch für intentionale Strategien. Aus der ‚institutional logic'-Perspektive sind Widersprüche innerhalb des komplexen, differenzierten und fragmentierten Systems institutioneller (Teil-)Logiken die Voraussetzung und gleichzeitig das Material institutionellen Wandels (vgl. Meyer/Rowan 1977; Friedland/Alford 1991, S. 258; Thornton/Ocasio 2008, S. 114 f.; Greenwood et al. 2011)[111]. Erst widersprüchliche oder unklare institutionelle Anforderungen oder folgenreiche Fehlinterpretationen von Handlungssituationen lassen die natürliche Einstellung lebensweltlicher Gewissheiten brüchig und krisenhaft werden (vgl. Berger/Luckmann 1977; Friedland/Alford 1991).

Widersprüche und Unklarheiten ermöglichen es, die ansonsten quasi hinter dem Rücken der Akteure wirkende institutionelle Ordnung als solche zu erkennen, zu reflektieren und kritisch zu hinterfragen. So kommt Sewell (1991, S. 19) zu dem Schluss, dass institutioneller Wandel nicht unwahrscheinlich sei, „because structures are multiple and intersecting, because schemas are transposable, and because resources are polysemic and accumulate unpredictably". Andererseits bietet die institutionelle Ordnung das „Rohmaterial" für die Entwicklung, Legitimierung, Bearbeitung und Re-Formulierung neuer institutioneller Elemente. So argumentieren Seo und Creed (2002, S. 236), dass „no institution is created entirely anew; instead, institutions are created and transformed within socially accepted frames or models" (vgl. auch Fligstein 1991; Friedland/Alford 1991; Sewell 1991; Holm 1995; Battilana et al. 2009).

Als eine typische Form institutionellen Wandels gilt der Transfer einer bekannten institutionellen Logik – und mit dieser verknüpfter Praxen – in neue Felder. So folgen etwa Ökonomisierungsprozesse diesem Muster, da eine dem

---

111 Greenwood et al (2011, S. 322) geben zu bedenken, dass – obwohl institutionelle Komplexität (unklare oder konfligierende Umwelterwartungen, konkurrierende institutionelle Logiken etc.) seit Langem thematisiert werden – in Studien aber noch immer häufig auf die Transformation einer Kernlogik oder die Verdrängung einer Logik durch eine andere Logik fokussiert wird.

Feld zunächst fremde Logik „importiert" und anschließend über Strategien des institutional work verbreitet wird. Wenn institutionelle Logiken über Mechanismen der Identifikation/Identitätskonstruktion, der selektiven Wahrnehmung, der Definition von Ressourcen und Machtmitteln sowie über die Bereitstellung von Klassifikationen und Kategorien auf Akteure wirken, so führen neue institutionelle Logiken zur Veränderung von Kategorien, Wahrnehmungen, Machtmittel und Identitäten im neuen Feld (vgl. z. B. Sewell 1991; Zilber 2002). In Diffusionsprozessen muss also sowohl in der pre-institutionellen Phase der Entstehung oder Entwicklung rationalisierter Elemente als auch in Prozessen der Theoretisierung, Diffusion und Implementierung von Bezügen zu und Bezugnahmen auf etablierte Elemente der institutionellen Ordnung ausgegangen werden. Diese Verknüpfung unterschiedlicher, etablierter und neuer, institutioneller Elemente, mithin die „creative combination of symbolic and structural elements garnered from varying sources and traditions" (Scott 2008a, S. 142) wird als bricolage bezeichnet (vgl. Thornton/Ocasio 2008, S. 117; Scott 2008a, S. 142; zuvor Levi-Strauss 1966).

Die institutionellen Strukturen einzelner Felder sowie die Position einzelner Akteure gelten als weitere wichtige Variablen für Institutionalisierungsprozesse. Hinsichtlich der Charakteristika organisationaler Felder wird konstatiert, dass Innovationen und Wandlungsprozesse in heterogenen, wenig integrierten Feldern wahrscheinlicher sind (vgl. z. B. Scott 2008a, S. 142 f.; Greenwood et al. 2011, S. 322 ff.). Die Homogenität und Integration eines Feldes lassen sich hierbei unter anderem über dessen Zentralisierung, den Grad verbindlicher Regulierung und Kontrolle, die Anzahl und Qualität formeller und informeller Vernetzungen zwischen Feldakteuren, die Dominanz einer institutionellen Logik, eines Organisationstyps, einer Profession etc. fassen (vgl. Scott/Meyer 1991; Greenwood et al. 2011, S. 337 f.). Allerdings muss institutionelle Heterogenität nicht zwangsläufig zu Widersprüchen und zum Wandel führen. Vielmehr können sich in einem Feld auch unterschiedliche Logiken gegenseitig stabilisieren und dauerhaft koexistieren, indem sie beispielsweise zur Entwicklung hybrider Praxen oder hybrider Logiken führen (vgl. Hoffman 1999; Greenwood et al. 2011, S. 322 ff.).

Neben der (Gesamt-)Struktur organisationaler Felder werden auch die Feldposition und Strukturen einzelner Akteure als für Institutionalisierungsprozesse relevant erachtet (Scott 2008a, S. 142 f.; Greenwood et al. 2011). Schon DiMaggio und Powell (1983) schreiben mächtigen Organisationen mit einer exponierten Feldstellung (Mutterkonzerne, staatliche Organisationen, Trendsetter) eine wichtige Rolle in Institutionalisierungsprozessen zu. Generell gelten etablierte und zentrale Organisationen einerseits als Faktoren, die Felder stabilisieren, andererseits aber auch als Organisationen, die in besonderem Maße institutionellem (Veränderungs-)Druck ausgesetzt sind. Im Gegensatz dazu werden Organisationen mit eher peripheren Feldpositionen einerseits als besonders innovativ beschrieben[112], andererseits wird davon ausgegangen, dass es ihnen leichter fällt, Nischen zu besetzten und sich institutionellen Anforderungen zu entziehen (vgl. Scott 2008a: 142 f.; Greenwood et al. 2011, S. 339 f.; Powell 1991, S. 198; Greenwood/Hinings 1996, S. 86 f.). Neben der Feldposition benennen Greenwood et al. (2011) weitere organisationale Faktoren, die den Einfluss institutioneller Umwelterwartungen und Komplexität auf die Organisation moderieren:

- Strukturen, besonders Entscheidungsstrukturen in Organisationen[113]
- Besitzverhältnisse und Governance-Modi
- Organisationsidentität[114] (vgl. ebd., S. 342 ff.).

Institutionalisierung als alltägliches Enactment: Zu Beginn dieses Unterkapitels wurde Institutionalisierung als Prozess und Zustand beschrieben. Die sich anschließenden Darstellungen hatten die Prozessdimension zum Gegenstand. Daneben wurden Formen des institutional work von kollektiven und individuellen Akteuren gegenüber Elementen der institutionellen Ordnung thematisiert. Eine Leerstelle bildet somit die Inblicknahme des Einflusses und der Effekte der institutionellen Ordnung auf die Alltagspraxen organisationaler Akteure. Die Effekte von Institutionen – etwa das routinisierte Enactment institutioneller Logiken oder die Nutzung rationalisierter Elemente im Organisationsalltag – stellen ein zentrales Element der Institutionalisierung in der Zustandsdimension dar. So unterstreichen vor allem phänomenologische Positionen, dass erst

---

112 Ein hohes Innovationspotenzial wird besonders jenen peripheren Organisationen zugesprochen, die Grenzpositionen zwischen unterschiedlichen organisationalen Feldern einnehmen, denn „a network position that bridges fields lessens institutional embeddedness by exposing actors to inter-institutional incompatibilities, increasing their awareness of alternatives" (Greenwood/Suddaby 2006, S. 38).

113 Greenwood et al. (2011, S. 341) verweisen vor allem auf den Einfluss individueller Akteure oder Gruppen (z. B. Professionsangehörige), die ihre spezifische Weltsicht, Prioritäten, Strategien etc., also spezifische institutionelle Logiken, in organisationale (Entscheidungs-) Prozesse einbringen. Diese Einschätzung spitzen Suddaby und Viale (2011, S. 427) weiter zu: Sie gehen davon aus, dass Professionen „ihre" Praxisorganisationen instrumentell als „Vehikel" nutzen, um institutional work zu betreiben.

114 Zum Umgang mit Spannungen zwischen der Organisationsidentität und institutionellen Anforderungen führen Kraatz/Block (2008) folgende Strategien von Organisationen an: „1. resist or eliminate the tensions of complexity by deleting or marginalizing one or more institutionally-derived identities [...] 2. strive to balance the various institutional demands by increasing the cooperativeness among identities and forging links among them [...] 3. emerge as ‚institutions in their own right', building durable identities that immunize the organization against external and multiple pressures for compliance. (...) 4. relate to various institutional constituencies by ‚compartmentalizing' identities" (zitiert nach Greenwood et al. 2011, S. 348).

im Falle einer Akzeptanz und Nutzung institutionalisierter Elemente im eigentlichen Sinne von Institutionalisierung gesprochen werden kann. Entsprechend argumentieren Tolbert und Zucker (1996, S. 177): „To be institutional, structure must generate action. As Giddens (1979) argues, structure that is not translated into action is in some fundamental sense not ‚social' structure."

Trotz dieser für das Konzept der Institutionalisierung zentralen Bedeutung der alltagspraktischen Prozessierung institutioneller Logiken und rationalisierter Elemente, liegt diese Ebene allenfalls am Rande neo-institutionalistischen Interesses bzw. findet nur dahingehend Berücksichtigung, als die Umsetzung auf die fokussierten Elemente (zurück-)wirkt und/oder als institutioneller bzw. organisationaler Wandel rekonstruiert wird (vgl. z. B. Zilber 2002; Townley 2002; Tilcsik 2010; Pache/Santos 2013). Eine Ausnahme stellt beispielsweise die ethnografische Studie von McPherson und Saunders (2013) zur Nutzung unterschiedlicher institutioneller Logiken durch die VertreterInnen verschiedener Professionen in einem multi-professionellen Arbeitskontext dar[115]. Ein Beispiel für eine Untersuchung, die zwar auch Prozesse des institutionellen Wandels beschreibt, dies aber mit einem Fokus auf die Alltaxpraxen von Fachkräften tut, ist die qualitative Studie von Novotna (2014). Für das Feld der sozialpsychiatrischen Versorgung und der Drogenhilfe in Kanada arbeitet die Autorin auf der Basis von Fachkräfteinterviews heraus, wie die Einführung betriebswirtschaftlicher Elemente und eine am Ziel der Effizienz orientierte Evidenzbasierung in Konflikt mit dem klientenorientierten und ganzheitlichen Professionsverständnis von SozialarbeiterInnen und anderen helfenden Berufsgruppen geraten. Obgleich Novotna zeigt, dass auch das klassische professionelle Selbstverständnis primär rhetorischer Art ist, führt die neue Logik zu Unsicherheiten und hat Konsequenzen für die KlientInnenversorgung

> [T]he clash of different rationalities brings inconsistencies to the process of developing and implementing integrated treatments for concurrent disorders. (...) Despite the ideological commitment to comprehensive, individually tailored and continuous treatment for concurrent disorders, there has been tension between such

---

115 McPherson und Saunders (2013) zeigen in der Studie, wie die VertreterInnen unterschiedlicher Professionen in interdisziplinären Fallbesprechungen im Kontext der Bearbeitung von Suchtmitteldelikten auf unterschiedliche institutionelle Logiken zugreifen. Während die VertreterInnen etablierter Professionen (Medizin) in der Regel ihre eigene Rationalität unhinterfragt als gültig ansehen und nutzen, beziehen sich die VertreterInnen anderer Professionen (z. B. Bewährungshelfer) nicht nur auf die mit der eigenen Profession verknüpfte institutionelle Logik, sondern wenden zur Zielerreichung auch die Logiken anderer Systeme instrumentell an. „We provide evidence of the discretionary use of these logics, specifying the procedural, definitional, and dispositional constraints that limit actors' discretion and propose an explanation for why professionals stray from their ‚home' logics and ‚hijack' the logics of other court actors" (McPherson/Saunders 2013, S. 165).

commitment and the emphasis on abbreviated, manual-based, routinized treatments associated with cost-containment and resource efficiency. This, however, can have serious consequences for treatment planning and treatment delivery, the client-clinician relationship and the displacement of client-centered care by program-centered approaches. (Novotna 2014, S. 260)

Auch die Studien von Fischbach (2011) zum Qualitätsmanagement in der Behindertenhilfe sowie von Bode und Turba (2014) zum Kinderschutz gehen den Einflüssen manageriell ausgerichteter rationalisierter Elemente bzw. institutioneller Logiken auf die Alltagspraxis der Akteure in wohlfahrtsstaatlichen Organisationen nach (vgl. Bode 2013; vgl. Anschnitt 10.9).

Die Beispiele verweisen darauf, dass Praxishandeln im Neo-Institutionalismus an Bedeutung gewinnt. Wie in Abschnitt 4.3.3 beschrieben, findet im Kontext von Analysen zum institutional work zunehmend auch alltägliches Praxishandeln als Ausgangspunkt und Motor für Prozesse des institutionellen Wandels Beachtung. Damit geraten auch Formen der Auseinandersetzung von Basiskräften mit der institutionellen Ordnung (z. B. institutionelle Logiken, institutionelle Komplexität) und die Effekte institutioneller Elemente auf Praxisakteure und deren Handeln in den Blick. Hieran anschließend konstatieren Smets et al. (2017), dass sich in den vergangenen Jahren aus der Verknüpfung von institutionalistischen und praxistheoretischen Perspektiven ein „practice-driven institutionalism" konstituiert hat, „in which the everyday work of practicionners ‚on the ground' is the engine room of the social order and the practices by which jobs get done ist driving force" (ebd., S. 385)[116]. Ein besonderer Fokus dieser Perspektive liegt zudem auf dem „understandig of how institutions play out on the ‚coalface' of everyday life" (ebd., S. 384).

Daneben ist die Umsetzung institutioneller Elemente Gegenstand vieler nicht-institutionalistisch gerahmter Studien, etwa zur steet-level bureaucracy oder der Implementierungsforschung. So gilt die Frage danach, „what happens between the establishment of policy and its impact in the world of action" nach O'Toole (2000) als die „core question of implementation" (zitiert nach Pemer/Skjølsvik 2018, S. 139). Eine Analyse der faktischen Umsetzung institutionalisierter Elemente ist schließlich auch Basis für eine empirische Durchdringung

---

[116] Als die drei zentralen Perspektiven des Practice-Driven Institutionalism bestimmen Smets et al. (2017, S. 385 f.):
  (i) foreground the collective performance of institutions through situated, emergent and generative practices,
  (ii) acknowledge the institutional significance of praxis, the everyday work performed by and in organizations, and
  (iii) draw attention to the role of frontline practitioners, ordinary people doing ordinary work in the constitution of institutional orders.

des für den Neo-Institutionalismus zentralen Konzepts der Entkopplung (vgl. Abschnitt 4.4).

4.3.4 Dimensionen der Institutionalisierung

Das Konzept der Institutionalisierung wird in unterschiedlicher Weise bestimmt und mit Blick auf verschiedene Aspekte diskutiert. Institutionalisierung kann zunächst einen Prozess und einen Zustand bzw. eine Eigenschaft bezeichnen. In diesem Sinne kann einerseits die institutionelle Ordnung, etwa das Arrangement institutioneller Logiken in einem Feld, in ihrer Verfasstheit oder ihrem Wandel analysiert werden. Andererseits kann die Bedeutung oder auch der Bedeutungsgewinn einzelner rationalisierter Elemente Gegenstand der Betrachtung sein. Schließlich lassen sich beide Perspektiven kombinieren, beispielsweise wenn hinter rationalisierten Elementen liegende Rationalitätsmythen in ihrer konkreten Bedeutung und ihrer Verankerung in übergreifenden institutionellen Strukturen und Prozessen in den Blick genommen werden.

Die Bedeutung rationalisierter Elemente lässt sich mit Blick auf deren kulturell-kognitive Legitimität, auf deren regulierendes Potenzial sowie auf deren (quantitative) Verbreitung analysieren. Dabei kann einerseits die quantitative Verbreitung in einem Sektor oder Feld als Momentaufnahme oder in ihrer Entwicklung nachgezeichnet werden (Diffusion). Zudem kann rekonstruiert werden, welche Hintergründe, Ausgestaltungen und Effekte institutionalisierte Elemente auf die Denk- und Handlungsmuster kollektiver und individueller Akteure haben. Dabei lässt sich Institutionalisierung einerseits auf der Ebene kollektiver Deutungsmuster über eine Analyse öffentlicher Diskurse und Theoretisierungen, organisationaler Strukturen und Handlungen oder aber individueller Denk- und Handlungsmuster rekonstruieren. Andererseits lässt sich unter diesen Perspektiven auch die Transformation und Editierung rationalisierter Instrumente analysieren. Werden Mikroprozesse der Institutionalisierung fokussiert, so lassen sich – auf der Angebotsseite – die Strategien kollektiver und individueller Akteure zur Stabilisierung oder Veränderung der institutionellen Ordnung bzw. zur Verbreitung, Stabilisierung oder Diskreditierung rationalisierter Elemente untersuchen. Spiegelbildlich kann – auf der Nachfrageseite – rekonstruiert werden, wie Akteure mit institutionellen Erwartungen umgehen bzw. wie Institutionalisierungsprozesse (z. B. Implementierung, Entwicklung, (Ent-)Kopplung rationalisierter Elemente) in Organisationen erfolgen.

Mit Blick auf einzelne Akteure oder rationalisierte Elemente lässt sich Institutionalisierung auf der Makroebene als Diffusion, Translation- und Theoretisierung, auf der Mesoebene als Organisationswandel und auf der Mikroebene als institutional work oder institutionell geprägtes Alltagshandeln rekonstruieren.

Auf der individuellen oder kollektiven Akteursebene lassen sich zahlreiche Formen des auf Institutionen bezogenen Handelns unterscheiden, wobei die von Lawrence und Suddaby (2006) entwickelte Differenzierung der Formen des institutional work (vgl. Abschnitt 4.3.3) keine Vollständigkeit beanspruchen kann bzw. zahlreiche weitere Arten des institutional work vorgeschlagen oder rekonstruiert wurden, z. B. interpretative work (Strang/Soule: 1998), internal und external practice work, (Gawer/Phillips 2013), legitimation work (ebd.; Rueede/Kreutzer 2015), identity work (Lok 2010), symbolic work (Suddaby/Greenwood 2005) oder discursive work (Vogel 2012). Diese verschiedenen Formen des institutional work werden von unterschiedlichen Akteuren in unterschiedlichen Organisationspositionen, in unterschiedliche Richtungen (nach innen in die Organisation hinein oder nach außen gegenüber der Organisationsumwelt) und gegenüber unterschiedlichen Zielgruppen, mit unterschiedlichen Bewusstheits- und Reflexionsgarden (zwischen bewusst-strategischem Handeln und routiniertem Verhalten) sowie entsprechend unterschiedlicher Aktivitätsmodi (zwischen offensiver oder reaktiver Gestaltungen und passiver Anpassung) realisiert.

Mit Blick auf das Verhältnis von Makro- und Mesoebene ist zu konstatieren, dass Diffusion und institutioneller Wandel einerseits sowie Prozesse des Organisationswandels andererseits eng miteinander verknüpft und auf einander bezogen, aber eben nicht identisch sind. Dabei lassen sich Institutionalisierungsprozesse, je nachdem, ob Felder oder Organisationen im Zentrum der Analyse stehen, als gegenläufige Trends bzw. Befunde rekonstruieren:

- Liegt der Fokus auf ganzen Feldern, werden eher Homogenisierungstendenzen beschrieben.
- Liegt der Fokus dagegen auf einzelnen Organisationen, so stehen deren heterogene Reaktionen auf institutionelle Umwelteinflüsse im Zentrum (vgl. Powell 1991, S. 194 f.; Greenwood/Hinings 1996).

Diese scheinbar widersprüchlichen Beobachtungen lassen sich durch unterschiedliche Detailgenauigkeit der Untersuchungen sowie durch diverse Entkopplungsmechanismen erklären: So mag sich beispielsweise ein rationalisiertes Element in einem organisationalen Feld verbreiten, wobei dessen konkrete Implementierung in einzelnen Organisationen in unterschiedlicher Weise und auf Basis unterschiedlicher Prozesse erfolgen kann. Während manche Organisationen das Element nach einem Entscheidungsprozess „bewusst" einführen, mögen sich andere Organisationen, etwa weil sie Umwelterwartungen anders interpretieren, „alternativlos" zur Einführung genötigt sehen. Und während manche Organisationen lediglich ein neues Label oder formales Elemente (als

Legitimationsfassade) einführen, ohne Veränderungen der Organisationspraxis zu intendieren (vgl. Meyer/Rowan 1977), mögen andere Organisationen eine umfassende, konzeptgetreue Implementierung oder eine substanzielle Übersetzung und Anpassung an die spezifische Situation der Organisation anstreben (vgl. z. B. Sahlin/Wedlin 2008).

In welchem Verhältnis schließlich Implementierungsintentionen und -prozesse zu den organisationalen Alltagspraxen stehen, ist eine weitere Frage und eine Quelle weiterer Heterogenität. Schließlich können Akteure auf unterschiedlichen Ebenen der Organisationshierarchie bewusst oder unbewusst Ent- und Rekopplungen von Formal- und Aktivitätsstruktur forcieren und realisieren (vgl. z. B. Sahlin/Wedlin 2008; Edelmann 1992; Hallett 2010; Dick 2015). All diese Differenzen, mithin also die Heterogenität konkreten institutional work, mögen bei einer feldbezogenen Analyse aus der Vogelperspektive (mittels quantitativer Zugänge) schlicht untergehen. Folgerichtig werden also (allgemeine) Homogenisierungsprozesse beschrieben, denen jedoch Heterogenisierungsprozesse (im Detail) zugrunde liegen (vgl. Becker-Ritterspach/Becker-Ritterspach 2006).

4.4 Das Konzept der (Ent-)Kopplung

Die für neo-institutionalistischen Analysen konstitutive Dualität von Homogenisierung und Differenzierung verweist auf das Konzept der Kopplung bzw. auf Phänomene der losen Kopplung und der Entkopplung (vgl. Bromley et al. 2012; Bromley/Powell 2012). Wie zu Beginn dieses Kapitels beschrieben, gehen Meyer und Rowan (1977) davon aus, dass organisationale Akteure sowohl rationalisierte Elemente voneinander als auch lediglich zu Legitimationszwecken eingeführte rationalisierte Elemente und Praxen zur Realisierung des Organisationszwecks voneinander entkoppeln, um damit Konflikten zwischen konkurrierenden institutionellen Erwartungen bzw. Konflikten zwischen institutionellen Erwartungen und den technischen Anforderungen organisationaler Arbeitsprozesse zu begegnen. Mit dem Konzept der Entkopplung sowie der Differenzierung zwischen Formal- und Aktivitätsstruktur bestimmen Meyer und Rowan (1977) zumindest implizit eine Gleichzeitigkeit von Homogenisierungsprozessen (aus der Formalebene) und Heterogenisierungsprozessen (auf der Aktivitätsebene) als nahezu notwendige Folge von Prozessen der Institutionalisierung rationalisierter Elemente.

4.4.1 Definitorische Bestimmungen

Meyer und Rowan (1977) nutzen den konzeptionellen Begriff der „Entkopplung" zur Fassung des eben beschriebenen Sachverhalts und damit zur Benennung eines der zentralen Elemente ihrer Institutionalisierungstheorie.

> Because attempts to control and coordinate activities in institutionalized organizations lead to conflict and loss of legitimacy, elements of structure are decoupled from activities and from each other. (ebd., S. 343)

Den Begriff der „losen Kopplung" verwenden sie dagegen eher zur Benennung empirischer Phänomene, wie das nachfolgende Zitat zeigt.

> [F]ormal organizations are often loosely coupled (March and Olsen 1976; Weick 1976): structural elements are only loosely linked to each other and to activities, rules are often violated, decisions are often unimplemented, or if implemented have uncertain consequences, technologies are of problematic efficiency, and evaluation and inspection systems are subverted or rendered so vague as to provide little coordination. (ebd., S. 343)

In dieser zweiten Bedeutung beziehen sich Meyer und Rowan u. a. explizit auf Weick (1976), der Bildungsorganisationen als lose gekoppelte Systeme beschreibt. Er stellt fest, dass formale Organisationen zwar über Regeln, Pläne und Konzepte verfügen, diese aber häufig wenig Relevanz für die organisationale Praxis haben. In Organisationen existieren demnach eigenständige und klar abgrenzbare Elemente, die unterschiedlich stark miteinander verknüpft sind. Dabei stehen hoch rationalisierte und wenig rationalisierte Elemente in Organisationen nebeneinander. Weick identifiziert verschiedene Aspekte, die sowohl fest als auch lose gekoppelt sein können. So sind Intentionen und Handlungen meist lose gekoppelt, ebenso wie Ziele und Mittel, da einerseits über eine Strategie verschiedene Ziele verfolgt werden können, andererseits ein Ziel in der Regel mithilfe verschiedener Mittel erreicht werden kann.

Des Weiteren nennt Weick unterschiedliche Bezüge, auf die die Idee der losen Kopplung anwendbar ist, zum Beispiel fehlende Feedbackmechanismen, ein Auseinanderfallen von Struktur und Aktivität oder vom Organisationshandeln unabhängige Organisationsergebnisse. Schließlich verweist er auf den Umstand, dass die Homogenität des Bildungssystems weniger dessen Funktion als vielmehr sozialen Konventionen und Erwartungen geschuldet ist. Weick (1976) nimmt demnach zentrale Annahmen von Meyer und Rowan vorweg, jedoch ohne diese auf Institutionen zu beziehen. Stattdessen steht eine Diskussion der

Funktionen und Dysfunktionen loser Kopplungen im Zentrum der Analyse Weicks (vgl. ebd.)[117].

In der organisationswissenschaftlichen Diskussion dient das Konzept der Kopplung und seiner Negationen der Beschreibung des Verhältnisses, in dem die Elemente einer Organisation zueinanderstehen. Der Begriff der Kopplung benennt dabei eine Verbindung relativ klar abgrenzbarer Elemente. Gekoppelte Elemente sind „linked and preverve some degree of determinancy" (Orton/ Weick 1990, S. 204). Für weitere Kopplungsformen schlagen Orton und Weick (1990, S. 205) eine Differenzierung entlang der Dimensionen Abgrenzbarkeit (distinctiveness) und Beeinflussung (responsiveness) vor:

- *Feste Kopplungen* (tight coupling) stehen für eine starke wechselseitige Beeinflussung nicht abgegrenzter Elemente (responsiveness without distinctiveness).
- *Lose gekoppelt* (loose coupling) sind Elemente, die sich beeinflussen aber abgrenzbar sind (responsiveness and distinctiveness).
- *Entkopplungen* (decouplings) bestehen zwischen Elementen, die klar abgrenzbar sind und sich nicht wechselseitig beeinflussen (distinctiveness without responsiveness)[118].

Während Kopplungen das Verhältnis zwischen organisationalen Elementen beschreiben und daher als Eigenschaft von Organisationen gelten, unterstreichen Orton und Weick, dass Kopplungsweisen in erster Linie auf Handlungen beruhen. Sie sind „something that organizations do, rather than (...) something they have" (ebd., S. 218).

---

117 Weick (1976) hebt zahlreiche Vorteile lose gekoppelter Systeme hervor: So wird das Gesamtsystem vor Problemen in einzelnen Teilsystemen geschützt, Teilsysteme können sich ohne Auswirkungen auf das Gesamtsystem an lokale Besonderheiten anpassen, lose Kopplungen implizieren sensiblere Wahrnehmungsmechanismen und größere Autonomie, auch bei der Entwicklung von Lösungen und Innovationen etc.
118 Orton und Weick (1990) setzten sich differenziert mit dem Konzept der losen Kopplung auseinander. Dieses unterscheidet sich von der Entkopplung vor allem durch seinen dialektischen Charakter: Elemente stehen zwar in Beziehung und beeinflussen sich, aber nicht fest. Weick (1982) führt dazu aus, dass die wechselseitigen Einflüsse „suddenly (rather than continously), occasionally (rather than constantly), negligibly (rather than significantly), indirectly (rather than directly), and eventually (rather than immediately)" sind (zitiert nach Orton/Weick 1990, S. 203 f.).

4.4.2 Neo-institutionalistische Lesarten

Als ein „Kernkonstrukt" des Neo-Institutionalismus (Westphal/Zajac 2001, S. 202) sind mit dem Konzept der (Ent-)Kopplung verschiedene grundlegende konzeptionelle Annahmen und Spannungen verknüpft. So verweisen Kopplungen auf eine zentrale Differenz zwischen phänomenologischen und realistischen Perspektiven. Zudem verdeutlicht das Konzept die Unschärfen des Akteurskonzepts. Wie bereits beschrieben, legen die Ausführungen von Meyer und Rowan ein hyper-rationales Akteursverständnis nahe: Wenn die Autoren von einer strategischen Entkopplung von Formal- und Aktivitätsstruktur ausgehen, so impliziert dies, dass Akteure jenseits der institutionellen Ordnung stehen und daher Rationalitätsmythen durchschauen können. Tolbert und Zucker (1996) führen dementsprechend aus, dass Institutionen im phänomenologischen Sinne nicht entkoppelt werden können, da sie kognitive Legitimität besitzen und daher als akzeptierte Realität nicht hinterfragt werden. Sie konstatieren dem Konzept von Meyer und Rowan daher eine spezifische Ambiguität, da die Autoren gerade das, was entkoppelt wird, als Institution bezeichnen.

> This creates an inherent ambiguity in their underlying phenomenological argument, because the definition of ‚institutionalized' itself contradicts the claim that institutional structures are apt to be decoupled from behavior. To be institutional, structure must generate action. (ebd., S. 177)

Eine zwingende Wirkung unterstellen dagegen DiMaggio und Powell (1983), eben weil sie die Option der losen Kopplung zurückweisen und ein deterministisches Bild quasi unentrinnbarer Homogenisierungsprozesse, denen alle Organisationen eines Feldes ausgeliefert sind, zeichnen. Entsprechend gelangen sie zu dem Schluss, dass institutionelle Einflüsse als „stahlhartes Gehäuse" wirken. Meyer (2010) reinterpretiert die Frage der Kopplung später in inverser Weise, indem er Entkopplungen aus phänomenologischer Perspektive als einen zwingenden Effekt des Umstands beschreibt, dass abstrakte und überhöhte institutionelle Erwartungen unter den faktisch gegebenen Realisierungsbedingungen nie erreicht werden können „Actors adopt high form but are unable to carry them out in practice" (Meyer 2000, S. 244; vgl. auch Meyer et al. 1997, S. 157 f.; Meyer/Jepperson 2000, S. 112). Bewusste Entkopplungen weist Meyer (2010, S. 14) dagegen als nur theoretisch bestehende Option und als Ausdruck einer realistischen Perspektive zurück.

Neben der Frage, wie bewusst Entkopplungen realisiert werden, bilden die Auswirkungen eingeführter rationalisierter Elemente auf die Organisationspraxen eine zweite zentrale Spannungslinie zwischen Meyer/Rowan (1977) und DiMaggio/Powell (1983). Eine vermittelnde Position geht hier davon aus, dass formale Elemente, selbst wenn sie entkoppelt werden können, Auswirkungen auf die Handlungspraxis haben:

> While Meyer and Rowan clearly emphasized the decoupling of ceremonally adopted ideas from organization practices, research has, over time, clearly shown the consequential effects of such adopted ideas on formal structures as well as on day-to-day organizational practices (...) even if instances of decoupling repetedly occur, in many instances the introduced language and models did have clar consequences in terms of how the organizations and practices came to be identified, assessed and presented. (Sahlin/Wedlin 2008, S. 220 f.)

4.4.3 Formen der Entkopplung

Vorwiegend in empirischen Studien wurden unterschiedliche Formen und Mechanismen der Entkopplung identifiziert. Bereits Meyer und Rowan (1977) sowie Weick (1976) verweisen auf zahlreiche Mechanismen, über die eine Entkopplung von Formal- und Aktivitätsstruktur erfolgen kann (z. B. fehlende Kontrollen, kein Feedback). Bromley und Powell (2012) schlagen eine Differenzierung in zwei Grundformen der Entkopplung vor. Neben das dominierende Konzept der Entkopplung von Formal- und Aktivitätsstruktur (*policy-practice-decoupling*) stellen sie die Entkopplung von Zwecken und Mittel. Auch dieses *means-ends-decoupling* wurde bereits von Weick (1976) sowie Meyer und Rowan (1977) als eine verbreitete Form der Entkopplung thematisiert. In neoinstitutionalistischen Analysen dominieren dagegen Reflexionen und Untersuchungen zum policy-practice-decoupling, im Sinne einer nur formalen bzw. oberflächlichen Implementierung rationalisierter Elemente ohne weitergehende Praxisrelevanz. Dem halten Bromley und Powell (2012) dagegen, dass gerade Organisationen in institutionellen Umwelten zunehmend elaborierteren Überwachungsmechanismen und Kontrollen unterworfen sind. Dies erschwere eine Entkopplungen von Formal- und Aktivitätsstruktur und führe dazu, dass Organisationen „deceremonialized" (Cole 2012, S. 1133) werden. Als einen Effekt dieser Entwicklung beschreiben Bromley und Powell (2012) die Zweck-Mittel-Entkopplung. Implementierte rationalisierte Elemente werden dabei umgesetzt und sind somit praxisrelevant. Der Beitrag der rationalisierten Elemente zur Erreichung der Organisationsziele bleibt aber – etwa aufgrund von unklaren Kausalbeziehungen („causal determinancy"; Bromley et al. 2012, S. 471) – unklar oder die rationalisierten Elemente werden für andere als die formal vorgegebenen Zwecke genutzt. So zeigt etwa Dick (2015), wie formale Vorgaben zur Teilzeitarbeit als Strategie der Frauenförderung in der Polizei nicht als Mittel zur Erreichung des offiziellen Ziels der Stärkung weiblicher Expertise, sondern als Mittel zur Bearbeitung von Personalengpässen genutzt wird.

Bromley und Powell (2012) spitzen ihre Analyse dahingehend zu, dass sie gerade auch Mechanismen, die Entkopplungen verhindern sollen, beispielsweise Formen des externen Monitorings, der Evaluation und der Performance-Messung als Formen der Zweck-Mittel-Entkopplung entlarven. So werden formal implementierte Evaluations- und Kontrollmechanismen zwar bedient, Monitoring und Performance-Management dienen aber nicht der Erfüllung des Organisationszwecks, sondern werden zum Selbstzweck. Werden die empirischen Befunde zur Nutzung und zu den Effekten von Strategien des Performance-Managements herangezogen, so ist die These der Zweck-Mittel-Entkopplung zu bestätigen. Ebenso verweisen empirische Befunde aber auch auf Entkopplungen von Formal- und Aktivitätsstruktur.

Bromley und Powell (2012) gehen vor allem dann von Zweck-Mittel-Entkopplungen aus, wenn Ziele schwer messbar, die Technologien unsicher sowie Umwelterwartungen heterogen sind. Sie benennen also Faktoren, die als typisch für soziale Dienstleistungsorganisationen gelten, weshalb diese Form der Entkopplung vor allem dort zu erwarten ist. Schließlich gehen Bromley und Powell (2012, S. 20 ff.) von drei organisationalen Haupteffekten der Zunahme von Zweck-Mittel-Entkopplungen aus:

- Eine Zunahme interner Komplexität, vor allem durch die Implementierung immer neuer „Mittel", die Zwecke neben dem eigentlichen Organisationszweck erfüllen (z. B. Evaluationsinstrumente).
- Die Ausweitung von Kontrollen und Evaluationen machen immer neue Reformen als Reaktion auf vermeintliche Defizite wahrscheinlicher (endemic reform).
- Die Fokussierung auf Evaluationen und Reformen bindet dabei Ressourcen, die nicht mehr zur Erfüllung des Organisationszwecks eingesetzt werden können (diverting ressources). Dies kann die Kernaufgaben der Organisation verändern und schließlich dazu führen, dass Evaluationen bzw. die Produktion von Zahlen über die Aufgabenerfüllung dominieren: „A focus on information and procedure rather than directly on ultimate goals is at the core of means – ends decoupling" (ebd., S. 25).

Bromley et al. (2012) verdeutlichen ihre konzeptionelle Differenzierung zwischen policy-practise- und means-end-decouplings anhand einer qualitativen Studie zur Einführung von Managementtechniken („strategic planning") in gemeinnützigen Organisationen. Sie differenzieren darin zwischen zwei Formen die Einführung entsprechender Techniken. Als *„symbolic adoption"* bezeichnen sie die nur oberflächliche und von der Organisationspraxis entkoppelte Einführung, also das policy-practice-decoupling („window dressing"). Als Gründe für die Entkopplung unterscheiden Bromley et al. (2012, S. 480) zwischen einer bewussten Entkopplung als Akt des aktiven Widerstands gegen (erzwungene) Managerialisierungstendenzen, sowie Entkopplungen aufgrund manageriellen Unvermögens der Leitungskräfte. Dem stellen sie eine *„symbolic implementation"* gegenüber, in der die Technik eingeführt und zum Element organisationaler Routinen wird, jedoch nicht direkt der Erreichung der Organisationsziele dient, also ein means-end-decoupling erfolgt. In diesem Fall haben die rationalisierten Elemente zwar Auswirkungen auf die Organisationspraxen, die Implementierung ist jedoch symbolisch, da die Nutzung der Managementinstrumente nicht nach innen, auf eine Optimierung des Organisationszwecks gerichtet ist, sondern nach außen orientiert der Legitimation dienen soll. Somit zielen beide Typen der Einführung bzw. Entkopplung auf eine Legitimierung der Organisation ab.

Unter den von Bromley et al. (2012) untersuchten Organisationen mit strategischer Planung[119] dominierte symbolische Implementierung (Zweck-Mittel-Entkopplung) mit 61% deutlich gegenüber symbolischen Übernahmen (oberflächliche Einführung) mit nur 30%. Als Gründe für die Einführung gaben die Befragten entsprechende Vorgaben externer Stellen, vor allem von Geldgebern (opportunistic rational: 89%), managerielle Steuerungsambitionen (managerial rational: 15%) sowie fachliche Ziele bzw. Optimierungen (associational rational: 29%) an[120]. Auch wenn die Organisationen unterschiedliche Entkopplungsstrategien realisieren, so hat die Einführung einer formalen Strategieplanung Rückwirkungen auf die Organisation, wobei die AutorInnen eine Tendenz der Verselbstständigung der Symbole konstatieren, die Nutzung des Managementinstruments also zum Selbstzweck wird. Insgesamt folgern Bromely et al. (2012), dass die Diversifizierung von Entkopplungen unterhalb der Ebene der Diffusion auf der formalstrukturellen Ebene zu einer zunehmenden Heterogenisierung führt.

> The prevalence of strategic planning increases field-level homogeneity by creating a common language in the nonprofit sector. However, organizationlevel research shows that different rationales and responses (re)produce heterogeneity as participants find ways to translate this common, yet foreign language. (ebd., S. 488)

---

119 Insgesamt hat gut die Hälfte der 200 untersuchten Organisationen eine strategische Planung eingeführt. Als Kriterien, mit denen eine Einführung der Managementtechnik typischerweise verknüpft ist, nennen Bromley et al. (2012, S. 477 f.) unter anderem die Größe der Organisation, managerielle Fortbildungen von Führungskräften, die Art der Finanzierung und die Zahl der Fördermittelgeber oder auch die Nutzung quantitativer Evaluationsinstrumente.
120 Die Motive für die Implementierung verknüpfen die AutorInnen mit den institutionellen Säulen von Scott (2008a): Opportunismus verweist auf Zwänge, fachliche Optimierung auf normativem Druck und Managerialismus auf kognitive Legitimität, da die Nutzung managerieller Instrumente nicht hinterfragt wird.

Zur *Begründung für Entkopplungen* von Formal- und Aktivitätsstrukturen rekurrieren Bromley et al. auf eine verbreitete Differenzierung zwischen fehlendem Willen und fehlenden Fähigkeiten. Cole (2012) sowie Lim und Tsutsui (2012) stellen in ihren Analysen zu internationalen Vereinbarungen (diverse Menschenrechtsabkommen und globale Corporate Social Responsibility [CSR] Frameworks) fest, dass diese von einzelnen Staaten aufgrund fehlender Ressourcen und Kompetenzen nicht umgesetzt werden können, während andere Staaten nicht dazu bereit sind, die Vereinbarungen umzusetzen. Für Menschenrechte sieht Cole (2012) zwar eine Tendenz zu festeren Kopplungen bzw. zur Dezeremonialisierung aufgrund von verstärkten Kontrollen, verweist aber auch auf die Option des *„radical decoupling"* (ebd., S. 1132), wonach eine symbolische Einführung die Spielräume für abweichende Praxen noch ausweiten, da der Aufbau einer Legitimationsfassade dabei hilft, faktische Handlungen besser zu verbergen. Lim und Tsutsui (2012) stellen dagegen fest, dass formale CSR-Vorgaben von Entwicklungsländern häufig aufgrund eines *„lack of capacity"*, vor allem wegen fehlender Ressourcen, nicht umgesetzt werden. Den Industriestaaten bescheinigen sie dagegen *„organized hypocrisiy due to lack of will"* (ebd., S. 81)[121].

Kern et al. (2019) untersuchen die Entkopplungsstrategien unterschiedlicher Organisationseinheiten am Beispiel des Umgangs verschiedener Abteilungen eines Krankenhauses mit Instrumenten der Kostensteuerung (DRGs). Dabei unterstreichen sie – ebenso wie Lim und Tsutsui (2012) – die Bedeutung von *Macht (Abhängigkeiten und Sanktionspotenziale)* für die Art der Entkopplung. Sie zeigen, dass offensive Entkopplungen von Formal- und Aktivitätsstruktur in Form offener Widerstand gegen politische Vorgaben von Akteuren in machtvollen Positionen erfolgen. Akteure in schwächeren Positionen weichen dagegen auf verdeckte Zweck-Mittel-Entkopplungen aus.

Unterschiedliche Umgangsweisen mit institutionellen Erwartungen konstatieren auch van Wieringen et al. (2017), führen diese aber primär auf die Gruppenzugehörigkeit der Akteure zurück. In einer Studie zu Pflegediensten in den Niederlanden untersuchen sie, wie sich VertreterInnen unterschiedlicher Berufsgruppen gegenüber Angehörigen hinsichtlich fachlicher und ökonomischer Ansprüche positionieren. Während Leitungskräfte widersprüchliche Anforderungen offen thematisieren und offene managerielle Praktiken vermeiden, handeln Pflegekräfte nach fachlichen Logiken und beziehen sich nur symbolisch auf ökonomische Elemente. Sie entkoppeln also verdeckt ökonomische Vorgaben von ihrer Alltagspraxis (vgl. ebd.).

---

121 Die besondere Brisanz dieses Verhältnisses besteht darin, dass die Industriestaaten aufgrund ihrer ökonomischen Macht den Entwicklungsländern die Verpflichtung auf CSR-Prinzipien aufdrängen, an die sie sich selbst lediglich formal, nicht aber faktisch halten (vgl. Lim/Tsutsui 2012, S. 69).

Die Bedeutung von Machtressourcen für die Möglichkeiten der Entkopplung von Policy und Praxis unterstreichen auch Westphal und Zajac (2001) in einer Studie zur Umsetzung formal implementierter Strategien zur Kontrolle des Managements. Aus einer *„sociopolitical perspective on decoupling"* zeigen sie, dass Manager einerseits Macht über ihre Aufsichtsgremien haben, andererseits Erfahrungen mit der Entkopplung von Formal- und Aktivitätsstruktur in anderen Organisationsbereichen („script-shift") zur Unterwanderung unliebsamer formaler Organisationsregeln nutzen.

Machtaspekte thematisiert auch Tilscik (2010) in einer Studie zu den Arbeitsweisen in einer post-kommunistischen Regierungsorganisation, die unter anderem für die Vergabe öffentlicher Mittel an soziale Organisationen zuständig ist. Er zeigt, wie die Administratoren der Behörde nach dem Zusammenbruch des „realexistierenden Sozialismus" an ihrer auf Ermessensentscheidungen basierende Mittelvergabepraxis festhalten. Daran ändert sich auch nichts, als auf externen Druck durch Wissenschaftler, Beraterfirmen und supranationale Akteure (z. B. Weltbank, IWF) formal ein mathematisches Modell zur Vergabe von Mitteln eingeführt wird. Vielmehr entscheiden sich die Administratoren für eine nur oberflächliche Implementierung und handeln weiter wie zuvor.

> In 1995, the Old Guard reluctantly decided to adopt an algorithmic budgeting system. Although these bureaucrats thought that formally adopting an algorithmic system was necessary to preserve the Agency's legitimacy, they also believed that implementing algorithmic budgeting in practice would jeopardize the Agency's ability to fulfill its duties. (ebd., S. 1481)

Einen weiteren Typus der Entkopplung beschreiben Pache und Santos (2013). In ihrer Analyse sozialer Beschäftigungsunternehmen in Frankreich zeigen die AutorInnen, dass die zwischen wohlfahrtsstaatlichen und ökonomischen Denk- und Handlungsmustern stehenden Organisationen nur selten Praktiken unterschiedlicher Rationalitäten kombinieren oder Formal- und Aktivitätsstruktur entkoppeln, sondern vor allem *selektive Kopplungen* vornehmen. Dabei werden für bestimmte Funktionen entweder betriebswirtschaftliche oder sozialwesenbezogene Praktiken implementiert und genutzt.

> [S]elective coupling refers to the purposeful enactment of selected practices among a pool of competing alternatives. Selective coupling allows hybrids to satisfy symbolic concerns, just as decoupling does. (ebd., S. 993)

Die unterschiedlichen Logiken fungieren demnach als „cultural toolkits" (ebd.) aus denen sich die Organisationen bedienen, wobei die selektive Kopplung eine passgenaue Anpassung an spezifische Umwelterwartungen ermöglichen, weniger innere Spannungen produzieren und die Anzahl verfügbarer Handlungsalternativen ausweiten[122].

Unter Bezugnahme auf Snellman (2011) verweisen Bromley und Powell (2012) schließlich zudem auf die Option eines „reverse decoupling" als eine unkonventionelle Form der (Ent-)Kopplung, bei der Organisationen aufgrund entsprechender Erwartungen der Organisationsmitglieder gesellschaftliche Erwartungen erfüllen, ohne diese nach außen zu zeigen.

4.4.4 Kopplung als Prozess

Verschiedene Studien unterstreichen eine *Dynamik organisationaler Kopplungsprozesse*. Bromley et al. (2012, S. 490) stellen bei 10% der von ihnen untersuchten Organisationen einen Wechsel von einer symbolischen Übernahme zu einer symbolischen Implementierung fest. Vor allem aber werden Prozesse der „Re-Kopplung" (Espeland 1998) beschrieben. Hallett (2010) zeigt, wie „Mythen lebendig werden", wenn eine zunehmende *Re-Kopplung von Formal- und Aktivitätsstruktur* erfolgt. In einer ethnografischen Einzelfallstudie in einer Schule zeigt er auf, wie ein System zur Messung und Kontrolle von Schülerleistungen, das zunächst zwar formal eingeführt, aber vom pädagogischen Schulalltag entkoppelt wurde, im Zuge personeller Veränderungen als Steuerungsinstrument durchgesetzt und damit praxisrelevant wird. Diese Re-Kopplung löste bei den betroffenen Lehrenden einerseits Unsicherheit und Stress aus, die zu verschiedenen mikropolitischen Reaktionen (von der Vergangenheitsverklärung über Kritik bis zu öffentlichem Protest) führten, was andererseits einen deutlichen Abfall der gemessenen Schülerleistungen mit negativen Effekten für die Schule zur Folge hatte (ebd.; vgl. ähnlich auch Spillane et al. 2011).

Auch Tilcsik (2010) unterstreicht die Bedeutung von Personalwechseln für Re-Kopplungen. In der oben beschriebenen Behörde führte die formale Implementierung des neuen Modells zur Mittelvergabe dazu, dass zu dessen Umsetzung vermehrt Ökonomen, Statistiker und IT-Experten eingestellt wurden. Diese vertraten grundlegend andere Werte und Interessen als die altgedienten Administratoren. Im Laufe der Zeit konnten diese neuen Akteure ihre Machtbasis durch den Aufbau von Koalitionen und die Besetzung wichtiger Positionen in der Behörde soweit ausbauen, bis sie schließlich auch die praktische Umsetzung des formal implementierten Fördermodells durchsetzen konnten –

---

122 Welcher Rationalität die implementierten Praxen entsprechen, machen die AutorInnen dabei vom Ursprung der Organisationen abhängig: Während Organisationen mit wohlfahrtsstaatlichem Ursprung Praxen beider Logiken einführen, bevorzugen Organisationen mit unternehmerischem Ursprung wohlfahrtsstaatliche Praxen.

mit dem Effekt, dass „actual funds became tightly coupled with the figures derieved from the algorithmic system" (ebd., S. 1487).

Neben expliziten und gezielten Re-Kopplungen in einzelnen Organisationen berichten Studien auch darüber, dass sich zunächst entkoppelte Elemente in ganzen Feldern nach und nach verselbstständigen können. So richteten Organisationen in den USA ab den 1960er-Jahren Stellen für Gleichstellungsbeauftrage ein, um den zunächst vagen, aber in den 1970er-Jahren zunehmend staatlich geforderten Antidiskriminierungsbestimmungen (Equal Employment Opportunity und Affirmative Action; EEO/AA) gerecht zu werden. Zum einen haben die Akteure auf diesen zunächst rituell eingerichteten Stellen zunehmend ein *„Eigenleben"* entwickelt. Da sie ihre Aufgabe ernst nahmen, wirkten sie aktiv auf organisationale Abläufe ein. Zum anderen realisierten sie eine grundlegende Selbsttransformation. Nachdem die Regierung Reagan den staatlichen Druck zur Realisierung von Gleichstellungsmaßnahmen reduzierte, retheoretisierten die Gleichstellungsbeauftragten die eigene Funktion und transformierten sich zu ExpertInnen für ein Diversity Management, das nicht mehr über ethische Normen und staatlichen Zwang, sondern mit Effizienzvorteilen begründet wurde.

> EEO and AA managers constructed new goals for the practice they shepherded. They downplayed legal compliance and amphasised first the goal of rationalizing human resources and later the gaol of increasing profits by expanding diversity in the workforce and customer base. (Kelly/Dobbin 1998, S. 961 f.; vgl. Dobbin et al. 1993; Edelman 1992)

Es erfolgte also in großen Stil eine Re-Kopplung von Policy und Praxis sowie eine Zweck-Mittel-Ent- bzw. Re-Kopplung.

Die *Implementierungsforschung* verweist schließlich darauf, dass unterschiedliche Kopplungsgrade im Zeitverlauf für Prozesse der Implementierung von Innovationen bzw. rationalisierten Elementen typisch sind. Während institutionalistische Perspektiven zwischen unterschiedlichen Mustern der (permanenten) Kopplung differenzieren, verweisen Zeitz et al. (1999) darauf, dass neue Praxen häufig zunächst nur oberflächlich implementiert werden und erst im Laufe der Zeit eine organisationale Einbindung erfolgt. Erst mit dieser organisationalen Einbindung und Stabilisierung – die AutorInnen sprechen von „Entrenchment" – überwindet die Praxis den Status der vorübergehenden Mode (fad) und wird zu einem festen, akzeptierten und umgesetzten Element der Organisationsstruktur.

> Entrenchement is the critical gateway between the decision to adopt a practice and the pervasive, consistent, and assiduous use of the practice within an organization. (…) an entreched practice implies involvement in many aspects of the organization,

connection with cognitive structures and deeply held values, and the committment of considerable resources. (ebd., S. 743)

Ein Entrenchment basiert nach Zeitz et al. (1999) auf den Elementen Modelorientierung (Orientierung an Vorbildern), Kultur (kognitive und normative Legitimierung), Erziehung (formale kognitive/wissensbezogene Legitimierung), Regulation (Zwang und Kontrolle der Nutzung) und technischer Rationalität (messbare Wirkung).[123]

4.4.5 Perspektiven auf Kopplung

Die Beispiele zeigen, wie ein „empty institutional commitment" (Bromley/Powell 2012, S. 495) Effekte entfalten und auf die Organisation zurückwirken kann. Bromley und Powell (2012) sprechen hier auch von *Boomerang-Effekten*. Insgesamt konstatieren sie, dass nicht nur unterschiedliche Formen und Dynamiken von Entkopplungen möglich sind, sondern auch, dass Entkopplungen auf unterschiedlichen Ebenen erfolgen können. Dies macht eine große Vielfalt von Prozessen der Ent-/Kopplung in Organisationen möglich: „More broadly, we stress that all levels of an organization are subject to pressures from the environment; therefore, organizational and institutional changes are often uneven and irregular" (ebd., S. 490). Dabei gehen sie davon aus, dass Formen der Entkopplung aufgrund gesellschaftlicher und sektoraler Pluralisierungs- und Entgrenzungsprozesse, die eine Steigerung institutioneller Komplexität implizieren, immer weiter zunehmen.

Sofern die vorgestellten Analysen zutreffen und einerseits von einer Ausweitung organisationaler Ent- und Rekopplungen auszugehen ist, andererseits sich die Formen, Richtungen, Orte und Effekte dieser Ent-/Re-/Kopplungsprozesse zunehmend pluralisieren, dann bedeutet dies, dass eine formale „surface isomorphy" (Zucker 1983) auf der Feldebene von einer kaum überschaubaren Heterogenität auf diverse organisationalen Ebenen begleitet wird. Diffusions- und Homogenisierungsprozesse auf der Makroebene evozieren dann zwangsläufig immer neue Heterogenisierungsprozesse auf der Mikroebene.

---

123 Die hinsichtlich der einzelnen Grundlagen des Entrenchment von Zeitz et al. (1999) vorgeschlagenen Relevanzeinschätzungen für eine nachhaltige Institutionalisierung widersprechen allerdings zahlreichen empirischen Befunden neo-institutionalistischer Studien und sind auch logisch nicht immer nachvollziehbar.

5. Die Institutionalisierung fachlicher Formalisierungen in der Sozialen Arbeit

Fachliche Formalisierungen, wie sie im Kapitel 3 hergeleitet und definiert wurden, sind keine Institutionen im klassischen Sinne. Vor dem Hintergrund der großen Erwartungen, die formalisierten Instrumenten und Verfahren vonseiten der Wissenschaft, Politik und Praxis der Sozialen Arbeit entgegengebracht werden, sowie den im Kapitel 4 dargestellten ambivalenten Befunden und Reflexionen zu Nutzungsweisen, Messbarkeit und schließlich den Effekten von Formalisierungen, lassen sich fachliche Formalisierungen als auf Rationalitätsmythen beruhende rationalisierte Elemente im Sinne von Meyer und Rowan (1977) bestimmen.

Wird von einer Institutionalisierung fachlicher Formalisierungen ausgegangen, so lässt sich diese im Prinzip für sämtliche in Abschnitt 4.3 aufgeführten Bezüge und Perspektiven rekonstruieren. Aus pragmatischen Gründen muss sich die (empirische) Analyse dieser Studie auf einzelne Perspektiven und Aspekte des Institutionalisierungsprozesses beschränken. Diese Perspektiven werden im Abschnitt 5.1 knapp vorgestellt.

Da für die empirische Analyse exemplarisch das Feld der Allgemeinen Sozialen Dienste (ASD) der Jugendämter in den Blick genommen und die Institutionalisierung mit einem starken Fokus auf die Handlungsebene als Organisationswandel rekonstruiert wird, bleiben die übergreifenden Rationalitätsmythen, auf denen die Institutionalisierung fachlicher Formalisierungen aufbaut, weitgehend im Dunkeln. Diese Lücke soll – trotz des damit zweifelsohne verknüpften Risikos des „Aufwärtsreduktionismus" (vgl. Klatetzki 2006, S. 58)[124] – in Abschnitt 5.2 durch eine theoretisch angeleitete Verortung des Bedeutungsgewinns fachlicher Formalisierungen in übergreifenden gesellschaftlichen Rationalisierungsprozessen erfolgen. Dabei wird die Institutionalisierung formalisierter Instrumente und Verfahren als Element und Ausdruck eines Wandels von zwei zentralen Institutionen moderner Gesellschaften – Professionen und Organisationen – rekonstruiert.

---

124 Klatetzki (2006) beschreibt mit dem Begriff des Aufwärtsreduktionismus ein Vorgehen, bei dem institutionelle Gehalte bzw. Rationalitätsmythen auf der gesellschaftlichen Makroebene behauptet und als Erklärung individuellen Verhaltens herangezogen werden, ohne solche Einflüsse empirisch auf der Individualebene zu rekonstruieren. Ähnlich mahnen auch Corbin und Strauss (1990) an, konkrete Verknüpfung von Makro- und Mikroebene aufzuzeigen, anstatt lediglich auf die Bedeutung gesellschaftlicher Hintergründe zu verweisen.

5.1 Perspektiven auf die Institutionalisierung fachlicher Formalisierungen

Während Institutionen jene mehrdimensionalen Grundelemente der kulturellen Ordnung sind, die interaktiv hervorgebracht und als soziale Tatsachen tradiert die Gesellschaft und ihre Elemente (Akteure, Beziehungen, Ressourcen etc.) konstituieren und strukturieren und damit menschliches Denken- und Handeln ermöglichen und beschränken (vgl. Abschnitt 4.2.1), wird der Begriff der Institutionalisierung in dieser Studie weniger grundlegend verwendet. Er steht wesentlich für die soziale Bedeutung bzw. für den Prozess des Bedeutungsgewinns von etwas – konkret, von fachlichen Formalisierungen. Die vorliegende Studie zielt nicht auf eine Gesellschaftsanalyse, sondern auf eine wissenschaftliche Durchdringung der Institutionalisierung von fachlichen Formalisierungen in der Sozialen Arbeit, also einer bestimmten Gruppe rationalisierter Elemente in einem bestimmten gesellschaftlichen Sektor. Konkret werden am Beispiel der Allgemeinen Sozialen Dienste (ASD) der Jugendämter fachliche Formalisierungen in den Arbeitsbereichen Kinderschutz und Hilfeplanung untersucht. Die Institutionalisierung meint in diesem Kontext, dass solche Formalisierungen für die Praxis bedeutsam sind bzw. werden. Wie diese Bedeutsamkeit faktisch aussieht, ist eine der zu untersuchenden empirischen Fragen.

Eine Voraussetzung von Bedeutsamkeit ist die Existenz bzw. Präsenz von formalisierten Instrumenten und Verfahren in der Praxis der Sozialen Arbeit. Daher stellt die quantitative Verbreitung, also die Diffusion fachlicher Formalisierungen eine erste Dimension der Institutionalisierung dar, der in dieser Studie nachgegangen wird. Hinweise auf eine weite und weiter zunehmende Verbreitung wurden schon in den bisherigen Ausführungen nahegelegt. Für das Feld der ASD und dort vor allem für die Bereiche Kinderschutz und Hilfeplanung wird die Verbreitung formalisierter Instrumente und Verfahren einerseits über die Aufarbeitung des Forschungsstandes (vgl. Kapitel 10), andererseits über eine quantitative Erhebung bei Jugendämtern (vgl. Kapitel 12) eruiert.

Da sich Institutionalisierung nicht in der quantitativen Verbreitung (Diffusion) erschöpft, sondern zudem ein qualitatives Element voraussetzt (vgl. Abschnitt 4.3), wird im Rahmen der quantitativen Erhebung auch die Beurteilung fachlicher Formalisierungen durch Akteure in den ASD erhoben, um hierüber Rückschlüsse auf deren Legitimität im untersuchten Feld zu erhalten. Vor allem aber wird der Frage nach der Legitimität fachlicher Formalisierungen im Rahmen der qualitativen Fallstudienuntersuchung in drei Jugendämtern nachgegangen. Hierzu werden von Akteuren unterschiedlicher Hierarchieebenen der untersuchten Organisationen Einschätzungen zu und Positionierungen gegenüber fachlichen Formalisierungen erhoben.

Im Zentrum der qualitativen Studie stehen jedoch andere Dimensionen der Institutionalisierung. So wird der Prozess der Institutionalisierung, also der Implementierung fachlicher Formalisierungen in den ASD aus der Mikroperspektive im Zeitverlauf, in den Blick genommen. Dabei stehen die Implementierungsimpulse und deren Verarbeitung durch organisationale Akteure sowie die Begründungen und übergreifenden Orientierungen der verantwortlichen Leitungsakteure im Mittelpunkt des Interesses. Die Analyse der Implementierungsprozesse zielt neben einer Beantwortung der Frage nach den Gründen für die Implementierung formalisierter Instrumente und Verfahren (warum) auch auf Fragen nach deren Umsetzung (wie), also nach dem implementierungsbezogenen institutional work der Leitungsakteure sowie nach den mit der Implementierung verknüpften organisationalen Dynamiken.

Da Institutionalisierung Handlungsrelevanz impliziert – „to be institutional, structure must generate action" (Tolbert/Zucker 1996, S. 177) – werden in den qualitativen Fallstudien nicht nur Institutionalisierungsprozesse, sondern auch die Nutzungsweisen von formalisierten Instrumenten und Verfahren durch die Fachkräfte in den ASD aus der Mikroperspektive in den Blick genommen. Neben den Formen des Umgangs, also dem alltäglichen institutional work der Fachkräfte (wie), zielt die Analyse auch auf eine Rekonstruktion der hinter den Handlungsweisen stehenden Einflussfaktoren. Aus der Relationierung der Praxen der Basiskräfte einerseits und dem im Kontext der Implementierungsstudien resümierten Status Quo andererseits lassen sich schließlich Formen der (Ent- und Re-)Kopplung von Aktivitäts- und Formalstruktur in ihren verschiedenen Ausprägungen identifizieren und analysieren (vgl. Abschnitt 4.4).

Die Institutionalisierung fachlicher Formalisierungen wird in dieser Studie, besonders über die empirischen Zugänge – einerseits feldbezogen als Zustand der Diffusion und Institutionalisierung, andererseits organisationsbezogen als Institutionalisierungsprozess und Institutionalisierung auf der Handlungsebene – untersucht. Im empirischen Fokus steht somit die Nachfrageseite der Institutionalisierung. Diese wird im Wesentlichen als Prozess des organisationalen Wandels bzw. der Relationierung organisationaler Perspektiven und Ebenen analysiert.

Von den zahlreichen in Abschnitt 4.3 vorgestellten Perspektiven auf Institutionalisierung werden in dieser Studie demnach nur wenige Institutionalisierungsdimensionen und -perspektiven empirisch in den Blick genommen. Dieser begrenzte Fokus wird partiell durch die nicht-empirischen Teile dieser Studie ausgeweitet. So wird die Prozessperspektive durch eine literaturbasierte Aufarbeitung der Geschichte der Sozialen Dienste (als Geschichte der Formalisierung) ergänzt (vgl. Kapitel 9). Sowohl die Geschichtsschreibung als auch der referierte Forschungsstand (Kapitel 10) sind, ebenso wie die Ausführungen zu den fachlichen Formalisierungen in den Kapiteln 2 bis 4, Teil des Fachdiskurses der Sozialen Arbeit und damit – z. B. als Othering, Theoretisierungen oder Framings – Element der auf fachliche Formalisierungen bezogenen Herstellungen von Wirklichkeit und damit auch Element der Institutionalisierung selbst. Diese Perspektive wird jedoch nicht systematisch und explizit entfaltet – etwa durch eine Rahmen- oder Diskursanalyse – sondern bleibt im Vollzug der Darstellung implizit.

Zu den zahlreichen Perspektiven, die unbearbeitet bleiben müssen, zählt auch eine Rekonstruktion des „Dazwischen" (vgl. Abschnitt 4.3.5), also der Transformation (z. B. Translation und Editing) von fachlichen Instrumenten und Verfahren in Institutionalisierungsprozessen. Dies ist nicht nur eine Folge des gewählten empirischen Zugangs, sondern auch dem Umstand geschuldet, dass es sich bei den konkreten Formalisierungen, die im Zentrum der empirischen Vertiefung stehen, überwiegend um lokal entwickelte Instrumente und Verfahren handelt und nicht um Prototypen im Sinne von Sahling und Wedlin (2008), bei denen Veränderungen im Zeitverlauf und im Prozess der räumlichen und intersektoralen Diffusion nachgezeichnet werden können (vgl. Kapitel 7).

Abbildung 2 zeigt grafisch die im Rahmen dieser Studie empirisch in den Blick genommenen Dimensionen der Institutionalisierung fachlicher Formalisierungen in der Sozialen Arbeit bzw. in den ASD.

Abb. 2: In dieser Studie berücksichtigte Perspektiven auf die Institutionalisierung fachlicher Formalisierungen im ASD

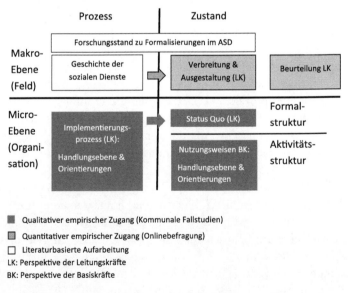

■ Qualitativer empirischer Zugang (Kommunale Fallstudien)
▩ Quantitativer empirischer Zugang (Onlinebefragung)
☐ Literaturbasierte Aufarbeitung
LK: Perspektive der Leitungskräfte
BK: Perspektive der Basiskräfte

5.2 Fachliche Formalisierungen und gesellschaftliche Rationalisierung

In Abschnitt 1.2 wurden Professionen und formale Organisationen als für moderne westliche Gesellschaften typische Formen der Bearbeitung gesellschaftlicher Aufgaben beschrieben. Organisationen und Professionen vereint dabei der Anspruch rationaler Problemlösung. Während die Rationalität von Organisationen vor allem auf klare Regeln und effiziente Strukturen zurückgeführt wird, liegt das Rationalitätspotenzial von Professionen in der Anwendung rationalen wissenschaftlichen Wissens auf konkrete Einzelfälle begründet. In diesem Abschnitt wird der Bedeutungsgewinn fachlicher Formalisierungen als Element und Ausdruck eines Professions- und Organisationswandels, der in übergreifende gesellschaftliche Rationalisierungsprozesse eingelassen ist, beschrieben. Entsprechend lassen sich die dargestellten Transformationen von Professionen und Organisationen auch als eine spezifische Rationalisierung dieser beiden als rational geltenden Formen gesellschaftlicher Problembearbeitung beschreiben[125].

5.2.1 Professionswandel und Formalisierung

Im Anschluss an eine knappe Verhältnisbestimmung von Professionen und Institutionen, werden die Entwicklung und Einführung von formalisierten Instrumenten und Verfahren durch Professionen und der damit verknüpfte Professionswandel beschrieben.

Professionen und Institutionen: Professionen sind institutionelle Akteure par excellence (vgl. z. B. Scott 2008b; DiMaggio/Powell 1983). So konstatieren Suddaby und Viale (2011), dass Veränderungen der Professionen in der Regel auch Prozesse des institutionellen Wandels implizieren. Das Verhältnis von Professionen und Institutionen lässt sich dabei unterschiedlich bestimmen.

(1) Zunächst sind Professionen eine (Kern-)Institution moderner westlicher Gesellschaften. Sie sind, ebenso wie der Staat, die Kleinfamilie oder die christliche Religion, konstitutiv für den Typus der demokratisch-kapitalistischen Gesellschaft (vgl. z. B. Thornton/Ocasio 2008)[126].

---

125 Der Fokus dieses Abschnitts liegt in einer möglichst einfachen und prägnanten Darstellung des interessierenden Gesamtzusammenhangs. Dieser geht zwangsläufig auf Kosten der Genauigkeit. Ein Beispiel hierfür ist die undifferenzierte Rede von „der Profession" oder „den professionellen Zielen", wohl wissend, dass hierüber kein Konsens besteht.
126 Friedland und Alford (1991) bestimmen den Markt, staatliche Bürokratien, die Demokratie, die Kleinfamilie und die christliche Religion als zentrale Institutionen in kapitalistisch westlichen Gesellschaften. Thornton et al. (2012, S. 66) führen hierzu aus, dass „Professio-

(2) Des Weiteren wird Professionen eine herausragende Rolle bei der Aufrechterhaltung und Gestaltung der institutionellen Ordnung zugeschrieben. „More so than other types of social actors, the professions in modern society have assumed leading roles in the creation and tending of institutions" (Scott 2008b, S. 219). Sie gelten als uneigennützige VertreterInnen höherer Güter („Others"), vor allem wissenschaftlicher Rationalität und gesellschaftlicher Werte. Dieser Status und ihr „scientific outlook" (Meyer 2000, S. 102) verleihen ihnen eine besondere Glaubwürdigkeit und eine herausragende Position bei der sozialen Konstruktion der Wirklichkeit. Professionen wird aufgrund ihres privilegierten Zugriffs auf rationales wissenschaftliches Wissen zugestanden, ontologische Wahrheiten zu definieren, also zu bestimmen, wie die Dinge und Zusammenhänge in der Welt sind („cultural authority"; Scott 2008a, S. 224). Der Bezug auf gesellschaftliche Werte legt zudem normative Autorität nahe. Professionen wird also auch Kompetenz in Wertfragen, also wie die Dinge und Zusammenhänge in der Welt sein sollten, zugeschrieben (vgl. Scott 2008a).

> More so than any other social category, the professions function as institutional agents – as definers, interpreters, and appliers of institutional elements. (...) They have displaced earlier claimants to wisdom and moral authority – prophets, sages, intellectuals – and currently exercise supremacy in today's secularized and rationalized world. (ebd., S. 223)

Entsprechend kommt Scott (2008b, S. 233) zu dem Schluss, dass „their primary social function can be described as variously specializing in creating, testing, conveying, and applying cultural-cognitive, normative, and/or regulative frameworks that govern one or another social sphere" (ebd.).

(3) Schließlich folgt aus der rekursiven Struktur der institutionellen Ordnung aber auch, dass Professionen durch die institutionelle Ordnung konstituiert, beeinflusst und verändert werden sowie institutionellen Erwartungen gegenüberstehen (vgl. Leicht/Fennell 2008). Die Umweltbezüge und die gesellschaftliche Bedeutung von Professionen werden hierbei durchaus ambivalent beschrieben.

Einerseits wird ein großer Bedeutungsgewinn der Professionen konstatiert. Dieser basiert zum einen auf einer zunehmenden wissenschaftsbasierten Rationalisierung der Gesellschaft, zum anderen auf einer zunehmenden Humanisierung und Emanzipation (vgl. Flynn 1999). Meyer und Jepperson (2000) verknüpfen diese beiden Aspekte mit dem Konzept des modernen Akteurs. Das

---

nen" in dieser Zusammenschau „mysteriously absent" sind und definieren dies zusammen mit Unternehmen, dem Staat, der Demokratie, der Familie, der Religion und der Gemeinschaft (Community) als Kerninstitutionen moderner Gesellschaften (vgl. ebd.; Thornton/Ocasio 2008).

Ideal des modernen Akteurs unterstellt, wie in Abschnitt 4.2.4 schon beschrieben, Attribute wie Handlungsfähigkeit, Rationalität und Verantwortlichkeit: „Responsible individual and social actors are to take scientific knowledge into account in their activities" (ebd., S. 103). Die Ansprüche an moderne Akteure expandieren dabei mit der Ausweitung wissenschaftlichen Wissens und einer damit verknüpften sozialen Konstruktion neuer Rechte (z. B. die Expansion von Menschenrechten) und neuer Verantwortlichkeiten (z. B. für das Klima oder den Lebensraum von Walen). „[T]he enriched analysis of nature, in this broad sense, also provides agendas for expanded rational human activity: new analyses create a constant flow of new social problems and possibilities" (ebd., S. 104). Zur Umsetzung dieser Ansprüche sind moderne Akteure auf sogenannte „Others" – vor allem Professionsangehörige – angewiesen, die Orientierung und Unterstützung zur Ausfüllung der Anforderungen des Akteurseins bieten (vgl. ebd.; Meyer et al. 1997; Meyer 2010). So konstatiert Meyer (2010, S. 8), dass „the late twentieth century established the principle that the social world was similarly lawful and that social scientific others [v. a. Professionen; A.M.] could advise anyone anywhere in the world independent of what used to be celebrates as local culture". Die Bedeutung der Professionen steigt entsprechend mit der zunehmenden Verwissenschaftlichung der Gesellschaft. „Arenas subject to scientific authority and inspection have grown to include every aspect of natural and social life" (Meyer 2010, S. 8). Damit verknüpft wird eine stetige Professionalisierung beschrieben – Wilensky spricht von der „professionalization of everyone" (vgl. Noordegraaf 2007, S. 261) –, da Professionen das expandierende Wissen praktisch anwenden bzw. praktisch verfügbar machen.

Andererseits wird eine tiefgreifende Krise der Institution Profession konstatiert, die unter anderem auf technologische Entwicklungen (z. B. neuen Informationsoptionen), eine Emanzipation der AdressatInnen, Vertrauensverlusten und Skandale etc. zurückgeführt wird (vgl. z. B. Voß 2012; Fennell/Leicht 2008; Noordegraaf 2007; Pfadenhauer 2006) sowie auf eine umfassende De-Legitimierung von Professionen durch neo-konservative und neo-liberale Ideologien und Politiken (vgl. z. B. Newman/Clarke 1994; Clarke/Newman 1997; Bode 2013). Vieles deutet darauf hin, dass diese ambivalenten Entwicklungen nicht zu einer Erosion des Typus Profession führen, sondern zu dessen Wandel (vgl. Evetts 2011; 2013; Noordegraaf 2007).

Professionen und methodische Modernisierungen: Die Sektoren des Sozial- und Gesundheitswesens gelten als in besonderem Maße durch (Semi-)Professionen konstituierte und gestaltete Felder. Die für Professionen konstitutive kulturelle und normative Autorität bzw. deren Deutungsmacht beschränkt sich jedoch nicht auf die Herstellung und Beurteilung von Wirklichkeit in den professionell okkupierten gesellschaftlichen Sektoren und Lebensbereichen. Daneben definieren Professionen auch nach innen ihre eigene Wirklichkeit (vgl. z. B. Greenwood et al. 2002). Sie bestimmen also auch für die individuellen Professionsangehörigen, professionelle Organisationen und damit schließlich auch die entsprechenden organisationalen Felder, wie die Dinge sind und sein sollten (vgl. DiMaggio/Powell 1983). Je nach dem gesellschaftlich zugestandenen Professionsstatus wird der auf kulturell-kognitiver und normativ-moralischer Autorität beruhende Einfluss auch durch regulative Kompetenzen – etwas Gremien der professionellen Selbstkontrolle – ergänzt. Somit erstreckt sich auch der nach innen gerichtete Zugriff von Professionen auf alle drei von Scott (2001, 2008a) beschriebenen Säulen.

Die interne Strukturierung, Normierung und Regulierung beziehen sich nicht zuletzt auf die Frage, wie professionelles Handeln erfolgt bzw. erfolgen soll. In diesem Rahmen werden auch Technologien und Werkzeuge der Professionen entwickelt und verbreitet. Diese Formen der methodischen Modernisierung, können – wie in Abschnitt 2.4 beschrieben – sowohl auf eine Festigung der gesellschaftlichen Stellung sowie auf die Optimierung der fachlichen Praxen abzielen. Insofern lässt sich die Entwicklung, Verbreitung und Nutzung fachlicher Formalisierungen als eine Form der „professionalization from within" (McClelland 1990 nach Evetts 2013, S. 203) beschreiben.

Spätestens an dieser Stelle ist eine differenzierte Betrachtung von Professionen bzw. professionellen Akteuren nötig. Scott (2008b, S. 227 ff.) unterscheidet drei Akteursrollen in Professionen:

- *Creative Professionals* entwickeln neue rationalisierte Elemente,
- *Carrier Professionals* sorgen für die Weitergabe dieser Innovationen, etwa über Bildungsangebote oder Publikationen,
- *Clinical Professionals* wenden diese rationalisierten Instrumente schließlich in ihrer beruflichen Praxis fallorientiert an.

Während die letztgenannte Gruppe professionelle Fachkräfte in ihrer Berufspraxis umfasst, werden die beiden zuvor benannten Rollen auch von Akteuren aus dem Feld der Wissenschaft bzw. Disziplin (z. B. Forschungs- und Beratungsinstitute, Hochschulen) übernommen[127]. Als Creative Professionals und Carrier Professionals treten – in teilweise wechselnden Rollen – verschiedene individuelle und kollektive Akteure des vertikal und horizontal komplex gegliederten sozialen Sektors und seiner Felder auf. Im Kontext der Entwicklung und

---

127 Im Gegensatz zu klassischen Differenzierung zwischen Profession (Praxis) und Disziplin (Wissenschaft) – sowie ggf. der akademischen Ausbildung als vermittelndes Element – (vgl. z. B. Pfaffenberger 2004; Gängler 2002; Dewe/Otto 2001), wird der Professionsbegriff in institutionalistischen Studien eher undifferenziert gebraucht, wobei klare Grenzen auch empirisch verschwimmen. Deutlich wird dies daran, dass Scott (2008a) zwischen Professionen und Frontline-MitarbeiterInnen unterscheidet, obwohl letzte in professionell dominierten Feldern in der Regel Professionsangehörige sind.

Verbreitung formalisierter Instrumente und Verfahren sind dies beispielsweise die dienstleistungserbringenden Praxisorganisationen, deren verbandliche und/ oder fachliche Zusammenschlüsse (z. B. der Deutsche Verein, diverse Fachverbände oder die Kommunalen Spitzenverbände), übergeordnete verbandliche oder staatliche Stellen (Wohlfahrtsverbände, Ministerien oder Landesjugendämter), wissenschaftliche Institutionen (v. a. Hochschulen), fachlich einschlägige Institute (z. B. DJI, IKJ), kommerzielle Unternehmen (z. B. Softwareanbieter), Gewerkschaften oder die – im sozialen Sektor weitgehend bedeutungslosen – Berufsverbände.

Dimensionen des Professionswandels: Auf der praktisch-inhaltlichen Ebene impliziert der Bedeutungsgewinn fachlicher Formalisierungen einen tiefgreifenden Wandel der Normen professionellen Handelns. Professionalität – im Sinne angemessenen beruflichen Handelns – wird nicht länger als situative Anwendung abstrakten (wissenschaftlichen) Wissens auf einen konkreten Einzelfall durch den individuellen Professionsangehörigen bestimmt, sondern als die versierte Anwendung formalisierter, idealerweise evidenzbasierter, Instrumente und Verfahren. Anstelle des individuellen Professionsangehörigen und dessen Professionswissen in Form erfahrungsbasierten inkorporierten kulturellen Kapitals, rücken mit wissenschaftlich fundierten oder auf kollektiven Anstrengungen beruhende Technologien abstrakte und formalisierte Formen kollektiv-kulturellen Kapitals in das Zentrum professionellen Handelns (vgl. Abschnitt 2.4). Begründet wird eine solche Neuorientierung – dies zeigen entsprechende Positionen im veröffentlichten sozialpädagogischen Fachdiskurs ebenso wie die Selbstpositionierungen auf Tagungen der Profession – an erster Stelle mit dem Ziel, professionelle Praxen zu optimieren bzw. zu rationalisieren: So sollen Diagnosen zuverlässiger, Entscheidungen objektiver, Hilfen wirksamer, Hilfeprozesse effizienter oder Wirkungen nachhaltiger werden (vgl. Abschnitt 2.1).

Die mit fachlichen Formalisierungen verknüpfte Transformation des technischen Kerns sozialpädagogischen Handelns korrespondiert sowohl auf der inhaltlich-praktischen als auch auf der ideologisch-zielbezogenen Ebene mit dem Trend zu einer stärkeren Evidenzbasierung bzw. der Entwicklung evidenzbasierter Diagnose- und Interventionsformen (EBPs). Beide Entwicklungen zielen auf eine Optimierung fachlicher Praxen, unterstellen eine Überlegenheit wissenschaftlichen Wissens, implizieren eine Schwerpunktverlagerung vom individuellen Professionsangehörigen zum professionellen Verfahren und eine Formalisierung sozialpädagogischer Praxen – eben weil auch die Evidenzbasierung aus ideologischen wie methodischen Gründen manualisierte, lizensierte oder zumindest formalisierte Instrumente und Verfahren präferiert (vgl. Abschnitt 2.4).

Mit dieser Verschiebung des Fokus professioneller Expertise vom Individuum zu professionellen bzw. wissenschaftlich fundierten Instrumenten und

Verfahren korrespondiert auch eine grundlegende Re-Definition des Verhältnisses der professionellen Fachkräften zu ihren AdressatInnen bzw. zur Gesellschaft. Grundlage der Beziehung ist nicht länger das Vertrauen der AdressatInnen auf die Kompetenz und Wertorientierung der Profession und ihrer Mitglieder, sondern die Nutzung (wissenschaftlich fundierter) Expertise zur effektiven Lösung von Problemen. Die Verbreitung fachlicher Formalisierungen kann als eine Begleiterscheinung dieser Verschiebung – Evetts (2011, S. 412) spricht von einem „epochalen Wandel" – hin zu einem neuen Professionstyp angesehen werden, der mit weiteren Transformationen professioneller Identitäten, Strukturen und Praktiken einhergeht (vgl. ebd.).

Als unmittelbare Gründe für eine zunehmende Formalisierung der professionellen Wissensapplikation führt Scott (2008b) unter anderem eine zunehmende Ausdifferenzierung, Spezialisierung und Fragmentierung der Professionen an. Diese führt zu einer deutlichen Expansion des verfügbaren Wissens, auf das mit Mechanisierung und Routinisierung der Praxen sowie einer Konsolidierung und Formalisierung des Wissens reagiert wird.

> Increases in knowledge give rise to higher levels of commodification, mechanization, and routinization. (...) [E]fforts to demystify, formalize, and routinize knowledge lead variously to the development of computer-aided diagnosis, protocols to guide practitioner decision-making, or to self-care manuals. Such efforts can supplement, but can also undermine or replace the judgments of individual clinicians. (ebd., S. 230)

Daneben verweisen Ponnert und Svensson (2016) auf mit (evidenzbasierten) Formalisierungen verknüpfte Legitimationsgewinne, da an institutionelle Umwelterwartungen, etwa das Vertrauen in wissenschaftliche Problemlösungspotenziale und Objektivität, angeschlossen wird.

> If social workers are to correspond to existing social norms, using standardised manuals might, from the perspective of professionals, also be seen as a way to regain trust in a professional field that is frequently questioned as lacking a solid knowledge base, and for being a semi-profession. (...) The use of manuals may for example at least appear to demonstrate a new scientific professional style free from moral and subjective judgements and thus supposed to be more client oriented. (ebd., S. 594)

Die Verbreitung formalisierter methodische Elemente impliziert nicht nur eine grundlegende Transformation der Logik und Praxis der professionellen Problembearbeitung, sie geht auch einher mit einem Wandel von (Macht-)Strukturen innerhalb der Professionen und im Außenverhältnis der Profession. So verweist die Unterscheidung von Professionsrollen bei Scott (2008a) bereits auf eine mit der Entwicklung von (methodischen) Modernisierungen verknüpfte

Binnendifferenzierung der Profession. Diese ist nicht lediglich funktional, sondern impliziert eine auf Funktionen beruhende Stratifizierung. Klassische Professionsmodelle differenzieren Positionen nach dem Grad professioneller (Berufs-)Erfahrung, indem zwischen Novizen und Vollmitgliedern unterschieden wird (vgl. z. B. Waters 1989). Mit der Institutionalisierung methodischer Modernisierungen (formalisierter oder nicht-formalisierter Art) werden weitergehende vertikale Differenzierungen sichtbar und formalisiert. Bereits Freidson (1983; 1984) beschreibt eine Reorganisation der Professionen, die mit einer internen Stratifizierung verknüpft ist. Er konstatiert eine Spaltung der Professionen in PraktikerInnen, die die eigentlichen gesellschaftlichen Funktionen der Professionen erfüllen, und professionellen Eliten, die Funktionen der Regulation der Profession übernehmen. Die Eliten differenziert er weiter in eine administrative Elite, der die Funktion zukommt, die PraktikerInnen in professionellen Organisationen zu steuern und zu kontrollieren, sowie in eine wissenschaftliche Elite, die Regeln setzen und professionelle Techniken definieren. Das Verhältnis zwischen PraktikerInnen und Eliten ist gekennzeichnet durch eine Verschiebung von Entscheidungs- und Handlungsautonomie von den PraktikerInnen zu den Eliten. Innerhalb professioneller Organisationen führt diese Verschiebung zu einer Ausweitung von Hierarchisierungen, Formalisierungen und bürokratischer Kontrolle.

Das Verhältnis zwischen administrativer und wissenschaftlicher Elite beruht primär auf einer funktionalen Differenzierung. Allerdings sieht Freidson (1984) auch in der Beziehung zwischen den Eliten ein Machtungleichgewicht zugunsten der wissenschaftlichen Elite. Dieses resultiert daraus, dass die VertreterInnen der administrativen Elite zur Durchführung organisationaler Kontrolle und Steuerung auf Standards, Techniken und Kontrollverfahren angewiesen sind, die von der wissenschaftlichen Elite entwickelt und bereitgestellt werden. PraktikerInnen nehmen somit wissenschaftliche Entwicklungen in der Regel vermittelt über bzw. in Form von Formalisierungen und bürokratische Regeln der administrativen Elite wahr. Dies führt, so Freidson (1984), zu einer zunehmenden Wissenschaftsskepsis der PraktikerInnen in professionellen Organisationen. Vor dem Hintergrund der aktuellen Entwicklungen unter dem Stichwort der Evidenzbasierung sowie der Ausweitung manualisierter Verfahren ist davon auszugehen, dass sich die beschriebenen Machtdifferenziale sowohl zwischen PraktikerInnen und Eliten als auch zwischen administrativen und wissenschaftlichen Eliten in den vergangenen Jahren verstärkt haben.

Freidson (1983, 1984) diskutiert den beschriebenen Wandel der Binnenstruktur und Regulation der Profession vor dem Hintergrund der Debatten um eine Proletarisierung und Deprofessionalisierung der Professionen (vgl. Abschnitt 2.3). Mit seiner Argumentation wendet sich Freidson (1983, 1984) gegen Positionen, die von einem Prestige- und vor allem einem Autonomieverlust der Professionen durch die Einbindung von den Professionsangehörigen in bürokratischen Organisationen ausgehen. Dem hält er entgegen, dass lediglich professionelle Basiskräfte von Autonomieverlusten betroffen seien, da Entscheidungsbefugnisse innerhalb der Profession neu verteilt werden. Ebenso handle es sich bei Formen der organisationalen Kontrolle in professionellen Organisationen nicht um bürokratische Fremdkontrollen, sondern um eine veränderte Form professioneller Selbstkontrolle, da die kontrollierenden Vorgesetzten in der Regel ebenfalls Professionsangehörige sind. Schließlich seien auch Formalisierungen und Bürokratisierungen nicht fachfremde Einflüsse, sondern neue Formen professioneller Expertise (vgl. ebd.).

Unbeschadet dieser professionstheoretischen Einordnung verweist die Analyse von Freidson (1983, 1984) auf eine Neujustierung des Verhältnisses von Professionellen und Organisationen: Instrumente mögen von der Profession bzw. der Disziplin entwickelt worden sein, implementiert werden sie von Organisationen. Formalisierte Instrumente und Verfahren sind also – trotz ihrer professionellen Gehalte – auch und vor allem Organisationstechniken. Als solche kommen ihnen neben fachlich-inhaltlichen Funktionen auch organisationale Funktionen der Koordination und Kontrolle zu. Indem fachliche Formalisierungen Entscheidungen sowie die Interaktion mit AdressatInnen und Dritten strukturieren, haben sie zumindest das Potenzial, organisationale Unsicherheitszonen zu verkleinern. Somit tragen sie dazu bei, dass die Kontrolle über solche Zonen von den individuellen Professionellen auf die Organisation übergeht. Da die Kontrolle über Unsicherheitszonen eine wichtige Quelle organisationaler Macht darstellt, impliziert der Einsatz fachlicher Formalisierungen als Organisationsinstrument eine Machtverschiebung von den individuellen Professionsangehörigen auf die Organisation (vgl. Abschnitt 2.3).

Sofern es sich also um professionelle Organisationen handelt, mag eine Verschiebung von Macht- und Einflussfaktoren aus professionstheoretischer Perspektive wenig Auswirkungen auf die Profession haben. Wie die in Kapitel 4 vorgestellten Befunde zeigen, hat die mit der Implementierung von fachlichen Formalisierungen in sozialen Organisationen verbundene Transformation professionellen Handelns aber sehr wohl Auswirkungen den Prozess und das Ergebnis der Dienstleistungsproduktion.

Eine andere professionstheoretische Einschätzung ergibt sich dann, wenn fachliche Formalisierungen in nicht (ausschließlich) professionellen Settings, etwa in büro-professionellen Diensten, eingeführt werden, oder wenn die Organisationen ihrerseits eine Transformation erleben, in der neue Rationalitäten, Praxen und Zielsetzungen an Bedeutung gewinnen – etwa im Rahmen sektoraler Ökonomisierungsprozesse. In diesem Fall stellen jene Teile der Profession, die Freidson (1983, 1984) als wissenschaftliche Elite bezeichnet (z. B. Institute, Verbände und Hochschulen), fachliche Instrumente bereit, die als Organisationstechnologien auch für Zwecke genutzt werden können, die professionellen

Zielen und Werten entgegenstehen. In diesem Sinne wäre von einer „proletarization from within" zu sprechen.

Resümee zum Professionswandel: Resümierend kann somit festgehalten werden, dass die Institutionalisierung formalisierter Instrumente und Verfahren in sozialen Organisationen Ausdruck und Element eines Professionswandels der Sozialen Arbeit ist. Dieser erfolgt im Wesentlichen als Selbsttransformation der Profession, ist also überwiegend endogen motiviert. Der Professionswandel setzt am technischen Kern an, also an einer Re-Definition dessen, was als professionelle Soziale Arbeit – im Sinne von „guter" Sozialer Arbeit (vgl. Voß 2012) – angesehen wird und daher als Standard in sozialen Diensten und Einrichtungen gilt. Damit hat der Professionswandel Konsequenzen für die Prozesse und Ergebnisse sozialer Dienstleistungsarbeit. Er ist damit folgenreich für die Professionellen, die AdressatInnen sowie die Gesellschaft. Zudem impliziert der Professionswandel eine Umgestaltung der Binnenstruktur der Profession, wie auch Veränderungen des Verhältnisses zu professionsexternen Akteuren.

Der beschriebene Professionswandel beschränkt sich mitnichten auf die deutsche Soziale Arbeit. So wird international von einer zunehmenden Formalisierung der Praxis Sozialer Arbeit und einem damit verknüpften Professionswandel berichtet, vor allem in Großbritannien, den USA und den skandinavischen Staaten, aber beispielsweise auch in Afrika (vgl. z. B. Harris 1998; Jones 2001; Brodkin 2011; Berrick et al. 2015; Kitenge/Govender 2015; Ponnert/Svennon 2016; Baines/Van der Broek 2017). Zudem gewinnen formalisierte Instrumente und Verfahren auch in anderen (personenbezogenen) Dienstleistungssektoren an Bedeutung, etwa in der Pflege (vgl. z. B. Pfau-Effinger et al. 2008), dem Bildungssystem (vgl. z. B. Bellmann/Waldow 2012; Bilstein/Ecarius 2009) oder auch der Arbeit in Call Centern (vgl. Matuschek et al. 2007).

Damit führen die mit der Institutionalisierung fachlicher Formalisierungen verknüpften Transformationen beruflicher und professioneller Praxen zu multiplen Homogenisierungsprozessen. Dabei gleichen sich nicht nur die sozialpädagogischen Praxen innerhalb jener Organisationen an, die ein bestimmtes Instrument oder Verfahren als Organisationstechnik nutzen, sondern auch die professionellen Arbeitsweisen bzw. die Dienstleistungstechnologien (vgl. Hasenfeld 2010) in einzelnen Feldern der Sozialen Arbeit sowie teilweise auch darüber hinaus. Ein Beispiel hierfür ist die Verbreitung von Case Management in unterschiedlichen Feldern des Sozial- und Gesundheitswesens – von der Arbeitsverwaltung (vgl. z. B. Reis 2009; Ames 2008) über die Migrationsarbeit (vgl. z. B. Müller 2006; Schulz 2011), Jugendsozialarbeit (vgl. z. B. Lex et al. 2006; Burkova et al. 2008) oder Drogenhilfe (vgl. z. B. Oliva 2001) bis zum Krankenhaus (vgl. z. B. Bostelaar/Rape 2008; Graefe 2011) oder bei Apotheken (vgl. Schaefer/Schmid-Sroka 2004) (vgl. zusammenfassend Wendt 2010) – und zwar ebenfalls national wie international. Diese Entwicklung zeugt von einer

Isomorphie der formalen Praxen des Sozial- und Gesundheitswesens und seiner Felder und Sektoren (strukturelle Homogenisierung) sowie von einer normativen Homogenisierung im Sinne einer Vereinheitlichung der Ideale und Standards professionellen Handelns.

5.2.2 Organisationswandel und Formalisierung

Auch Organisationen stellen wichtige institutionelle Akteure dar. Wie in Kapitel 5 beschrieben, beziehen sich neo-institutionalistische Analysen von Institutionalisierungsprozessen in der Regel auf Organisationen. Dieses gelten – ebenso wie Professionen – selbst als Institutionen, gleichzeitig werden sie durch die institutionelle Ordnung geprägt oder sie versuchen auf diese verändernd einzuwirken. Dabei werden Formen des Organisationswandels – etwa die Implementierung rationalisierter Elemente in Organisationen – regelmäßig als Formen des institutionellen Wandels beschrieben. Anstatt diese Aspekte nochmals aufzurufen, wird in diesem Abschnitt eine spezifische Form des institutionellen bzw. organisationalen Wandels in den Blick genommen, die im Fachdiskurs häufig mit dem Bedeutungsgewinn fachlicher Formalisierungen verknüpft wird: Die Managerialisierung sozialer Organisationen. Dieser Organisationswandel wird – an neo-institutionalistische Positionen anschließend – nicht (nur) als Reaktion auf diverse Krisendiagnosen des Wohlfahrtstaats und gesellschaftlicher Transformationsprozesse angesehen (vgl. z. B. Jessop 1986; 1996; Lessenich 2008; Bode 2013; zusammenfassend auch Mairhofer 2014), sondern als institutionelle Isomorphie beschrieben.

Expansion und Transformation von Organisationen: Auch den Organisationen kommt in modernen Gesellschaften eine herausragende Stellung zu. Perrow (1991) spricht beispielsweise von Organisationsgesellschaften, da Organisationen das „key phenomenon of our time" (ebd., S. 725) sind. Dies begründet er vor allem damit, dass das Soziale bzw. Gesellschaftliche (z. B. Politik, Klassenstruktur, Ökonomie, Religion und Familie sowie das Denken der Menschen) zunehmend durch Organisationen organisiert, vermittelt und strukturiert wird. Damit absorbieren Organisationen zunehmend das Soziale bzw. Gesellschaftliche („organizational imperialism").

> I argue that organizations are the key to society because large organizations have absorbed society. They have vacuumed up a good part of what we have always thought of as society, and made organizations, once a part of society, into a surrogate of society. (...) By ‚large organizations absorbing society' I mean that activities that once were performed by relatively autonomous and usually small informal groups (e. g. family, neighbourhood) and small autonomous organizations (small

businesses, local government, local church) are now performed by large bureaucracies. (ebd., S. 726)

Mit diesem strukturellen und kulturellen Bedeutungsgewinn einher geht eine Expansion formaler Organisationen. Hinter dieser Ausweitung von Organisationen steht, so Perrow (1991), ein selbstverstärkender Kreislauf: Die Bearbeitung gesellschaftlicher Aufgaben erfolgt zunehmend durch formale Organisationen. Diese Organisationen produzieren jedoch neue gesellschaftliche Probleme (z. B. die Externalisierung sozialer Kosten). „The solution, of course, was more organizations" (ebd., S. 750).

Auch neo-institutionalistische Reflexionen konstatieren einen Bedeutungsgewinn formaler Organisationen. Dieser wird ebenfalls auf eine Ausweitung gesellschaftlicher Aufgaben – vor allem im Zuge einer technischen und normativen Rationalisierung, also der wissenschaftlichen und moralischen Durchdringung der Welt – zurückgeführt. So sehen Bromley und Meyer (2017) den Bedeutungsgewinn von Organisationen als

> characterized by features that reflect these twin cultural pillars of rationalistic, science-like principles combined with expanded individual rights und capacities. The cultural principles of rationalized science und individual empowerment constitute organizations. (ebd., S. 940, 950)

Die Expansion formaler Organisationen ist Ausdruck und Effekt einer Transformation klassischer Sozial- und Organisationsformen. Brunsson und Sahlin-Andersson (2000) konstatieren die Existenz eines abstrakten Idealtyps der formalen Organisationen. In diesem werden Organisationen (ebenso wie Individuen und Nationalstaaten) als intentionale und zielorientierte Akteure konzipiert, die über die Charakteristika Identität, Hierarchie und Rationalität verfügen. Klassische Sozial- und Organisationsformen, etwa staatliche Bürokratien, Wohlfahrtsverbände, Kirchen oder auch Handwerksbetriebe orientieren und vergleichen sich mit diesem Idealtyp der „complete organization" bzw. werden von ihrer Umwelt mit diesem Idealtypus verglichen und erscheinen gegenüber dem Ideal als unvollständig und daher defizitär. So sind beispielsweise staatliche Bürokratien nicht autonom und klar abgrenzbar gegenüber der Politik (fehlende Identität), professionelle Organisationen verfügen nicht über formale Koordinations- und Kontrollmechanismen (fehlende Hierarchie) oder die Ziele von Wohlfahrtsverbänden oder Kirchen sind unklar, es fehlen klare Ursache-Wirkung-Beziehungen und Technologien, eine Zukunftsplanung und Ergebniskontrollen finden nicht statt (fehlende Rationalität) etc. (vgl. Brunsson/Sahlin-Andersson 2000; Meyer/Bromley 2013). Institutionalisierte Bilder typischer Organisationen haben daher zur Folge, dass diese „incomplete organizations" danach streben, sich „into more complete organizations" zu transformieren (Brunsson/Sahlin-Andersson 2000, S. 721).

> The resulting organizations are constructed to be proper social actors as much as functionally effective entities. They are painted as autonomous and integrated but depend heavily on external definitions to sustain this depiction. So expansion creates organizations that are, whatever their actual effectiveness, structurally nonrational. We advance institutional theories of social organization in three main ways. (Meyer/Bromley 2013, S. 266)

Der Typus der formalen Organisation fungiert also als mächtiger Rationalitätsmythos. Es wird nicht nur institutionell bestimmt, was Organisationen sind und über welche rationalisierten Elemente sie verfügen müssen, sondern auch wie Organisationen sich sehen und agieren sollen, d. h. „contemporary rationalization constructs not only components of organizations but also the core purposes and agentic identity of modern organization itself" (ebd., S. 369).

Meyer und Bromley (2013) bezeichnen den Idealtypus der „complete organizations" als „managed organizations", da die verbreitete Annahme besteht, dass die Realisierung der benannten Akteurseigenschaften (z. B. Strategie, Handlungs- und Entscheidungsfähigkeit) ein aktives Management voraussetzt.

> The modern system of distinct states and firms and churches and schools of the early postwar period is transforming into a late modern world in which all these once-unique entities become parallel instances of something more abstract and universal-managed organizations. (ebd., S. 368)

Nach Meyer und Bromley (2013) sowie Brunsson und Sahlin-Andersson (2000) lässt sich dieser Trend zur complete oder managed organization, gerade für öffentliche Dienste, als Prozess der Managerialisierung bzw. Ökonomisierung beschreiben. Da die Transformation im Wesentlichen auf einer Implementierung ökonomischer Denkmuster und betriebswirtschaftlicher Instrumente (z. B. Wettbewerb, Kundenorientierung, strategische Planungen oder Prozess- und Ergebniskontrollen) beruht, sprechen Brunsson und Sahlin-Andersson (2000, S. 738) auch von einer „company-ization" öffentlicher Dienste und Einrichtungen.

Unbeschadet weitergehender Entgrenzungen[128] lassen sich die Transformationen der tradierten Formen der Organisation des sozialen Sektors – vor allem

---

[128] Bromley und Meyer (2017) argumentieren später, dass der Trend zur Standardorganisation nicht einseitig als Verbetriebswirtschaftlichung bzw. Ökonomisierung bislang nicht-ökonomischer Sektoren angesehen werden kann, weil das Ideal der formalen Organisation auch Elemente enthält, die ursprünglich aus dem nicht-ökonomischen Bereich, etwa staat-

von büro-professionellen Diensten, professionellen Organisationen sowie Wohlfahrtsverbänden und Kirchen – im Wesentlichen als Prozess der Managerialisierung beschreiben, wie sie vor allem mit der Idee des „New Public Management" verknüpft werden.

New Public Management und Managerialismus: In sozial-, politik- und verwaltungswissenschaftlichen Diskursen werden die Begriffe des New Public Management (NPM) und des Managerialismus in der Regel miteinander verknüpft (vgl. z. B. Pollitt 1990; Clarke/Newman 1997). New Public Management bezeichnet ökonomisch orientierte Reformen öffentlicher, vor allem sozialer Dienste und Einrichtungen, die ab den 1970er-Jahren zunächst in den USA und Großbritannien angestoßen wurden (vgl. Pollitt 1990) und sich aufgrund mimetischer Prozesse, wissenschaftlicher und verbandlicher Unterstützung sowie des Drucks supranationaler Organisationen, wie des Internationalen Währungsfonds und der Weltbank, international verbreiteten, wenn auch mit erheblichen lokalen Variationen (vgl. Larbi 1999; Pollitt/Bouckaert 2005; Homburg et al. 2007).

Der Begriff „Managerialismus" steht dagegen für eine Ideologie, die – bei aller Unterschiedlichkeit der Konzeptionen – darauf abzielt, die soziale Position und den Einfluss von Managern zu sichern und das Handeln von Managern zu rechtfertigen[129]. Enteman (1993), der den Ideologiebegriff wertfrei zur Beschreibung des „set of principles upon which the political, social, and economic order of the society is based" (ebd., S. 8) nutzt, schließt an Überlegung der Organisationsgesellschaft an und definiert eine „managerialist society" als eine Gesellschaft, die das Ergebnis individuellen Managerhandelns ist: „society (...) is nothing more than the summation of the decisions and transactions which have made by the managements of the organizations" (ebd., S. 159).

Scott und Hart (1991, S. 40) definieren Managerialismus formal als „the ideology, the belief system of ends and values managers follow and management is designed to fulfil". Für die USA rekonstruieren sie – ausgehend von President Wilsons Überlegungen zur Reform öffentlicher Institutionen Ende des 19. Jahrhunderts entlang der Prinzipien von Rationalität, Wissenschaftlichkeit und Integrität, über die Positionen von Managementklassikern wie Barnard und Drucker zur moralischen Verantwortung des Managements bis zur manageriellen Kriegsführung von McNamarra in Vietnam (z. B. Budgetierung oder

---

lichen Bürokratien und dem Militär, stammen; „[T]hat sector blurring is not simply a transfer of new practices into the world of nonprofits and government. All sectors are changing in similar ways in the current period" (ebd., S. 639).

129 Der Begriff des „Managerialismus" geht auf Berle und Means (1932) zurück, die damit eine Machtverschiebung von Eigentümern zu angestellten Managern in Unternehmen beschreiben. Burnham (1941) beschreibt unter dem Begriff eine Verlagerung gesellschaftlichen Einflusses von klassischen Eliten auf Manager.

das Performance-Measurement der Body Counts) – die inhaltliche Bestimmung von Managerialismus als den Glauben daran, dass „institutions should be managed rationally to increase their efficiency, and that science should be used to find methods and concepts that based rationality in general laws" (ebd., S. 41).

Während Scott und Hart (1991) für die Zeit ab den 1970er-Jahren einen Niedergang des Managerialismus als gesellschaftliche Ideologie konstatieren[130], analysiert Pollitt (1990) das Phänomen in öffentlichen Diensten für die Zeit ab den 1970er-Jahren. Er definiert die Ideologie wie folgt:

> Managerialismus is a set of beliefs and practices, at the core of which burns the seldom-tested assumption that better management will prove an effective solvent for a wide range of economic and social ills. (ebd., S. 1)

Konkretisierenden differenziert er einerseits zwischen unterschiedlichen Charakteristika, andererseits zwischen unterschiedlichen Ebenen. Anschließend an Hartley (1983) bestimmt er Ideologien als allgemeine Werte und Denkmuster sowie kognitive und affektive Systematisierungen bzw. Vorurteile, über die soziale Beziehungen bestimmt, eigene Interessen gewahrt und konkretes Verhalten bewertet wird (vgl. ebd., S. 7 ff.). Als Ebenen von Ideologien benennt er:

- Allgemeine Basisannahmen zum Management
- Theorien und Modelle darüber, wie Management funktioniert
- Konkrete Management-Techniken (vgl. ebd.).

Auf der ersten Ebene stehen grundlegende Glaubenssätze, etwa dass Management den gesellschaftlichen Fortschritt sichert. Auf der zweiten Ebene verortet Pollitt unterschiedliche Schulen oder Ansätze, etwa die Scientific Management oder Human Relations-Ansätze (vgl. Abschnitt 2.3.2). Auf der dritten Ebene stehen Managementtechniken wie Performance-Kontrollen oder auch Formalisierungen. Die empirische Analyse von Pollitt (1990) bezieht sich sodann auf die frühen Ansätze des New Public Management in den USA und Großbritannien. Nicht nur für Pollitt ist das New Public Management (NPM) somit eine bzw. die Konkretisierung des Managerialismus.

Während die erste ideologische Ebene der Managerialismus-Definition von Pollitt (1990) quasi die Hintergrundannahme des New Public Management

---

130 Als Gründe für den Niedergang des Managerialismus als gesellschaftliche Ideologie führen Scott und Hardt (1991, S. 47) folgende Erklärung an: „The failure of rationality and science notwithstanding, the collapse of leadership morality is the crucial factor behind the fall of managerialism."

bildet, sind die anderen beiden Ebenen Gegenstand zahlreicher Bestimmungen des New Public Managements. Hood (1991, S. 5) beschreibt das NPM etwa auf der Inhaltsebene als „marriage of opposites", da es anspruchsvolle Managementtheorien der neuen Institutionenökonomik mit primitiven Managementtechniken (business-like managerialism) verknüpft. Als zentrale Komponenten („doctrial components") des NPM benennt er:

- Aktives Management
- Standards und Leistungsmessungen
- Ergebniskontrollen
- Dezentralisierung und Hierarchieabbau
- Wettbewerb
- Wirtschaftlichkeit
- Privatwirtschaftliche Managementtechniken

Auch Pollitt (2007) definiert NPM später als „two level phenomenon", wobei er an der ideologischen Komponente seiner Managerialismus-Definition ansetzt, diese aber konkretisiert und mit der dritten Ebene des oben genannten Konzepts von 1990 kombiniert:

- it is a general theory or doctrine that the public sector can be improved by the importation of business concepts, techniques and values
- at the more mundane level it is a bundle of specific concepts and practices (Pollitt 2007, S. 110).

Als typischerweise mit dem NPM verknüpfte Techniken der zweiten Ebene benennt Pollitt (2007) – ähnlich wie Hood (1991) – Leistungsmessungen, Spezialisierung, vertragliche Beziehungsgestaltung, marktliche Steuerungsmechanismen, Kundenorientierung sowie Arbeit in Netzwerken. Allerdings ist das NPM ein rhetorisches und konzeptionelles Konstrukt und entsprechend flexibel ausgestaltbar. Auch wenn es sich beim NPM um einen internationalen Trend handelt, so wurde die NPM-Idee lokal in heterogener Weise umgesetzt. „Although basic mechanisms and principles are comparable, the structure, functioning and implementation of principles and mechanisms of public administration differ considerably" (Diefenbach 2009, S. 3). Angesichts der Heterogenität der empirischen Ausgestaltungen spricht Diefenbach auch von einer „chameleon-like and paradoxical creature" (ebd., S. 5). Den Kern des Trends fasst er schließlich wie folgt zusammen:

NPM is a set of assumptions and value statements about how public sector organizations should be designed, organized, managed and how, in a quasi-business manner, they should function. The basic idea of NPM is to make public sector organizations – and the people working in them! – much more business-like' and ‚market-oriented', that is, performance-, cost-, efficiency- and audit-oriented. (ebd., S. 983)

Das NPM basiert also auf der Annahme einer Überlegenheit sowie umfassenden Angemessenheit von betriebswirtschaftlichen Managementstrategien und impliziert daher deren universellen Einsatz. Betriebswirtschaftlichen Instrumenten und Verfahren wird demnach ein sektorenübergreifendes Rationalisierungspotenzial zugeschrieben (vgl. Schnurr 2005). Für die Soziale Arbeit bedeutet diese eine Verdrängung oder zumindest Ergänzung und Überlagerung der klassischen, politischen, bürokratischen und professionellen Steuerungsformen. Diese wurden/werden als rückständig und manageriellen Steuerungsformen unterlegen delegitimiert. Das NPM gilt demgegenüber sowohl als modern als auch als normativ überlegen, wie Clarke und Newman (1997) bezogen auf Diskurse um die managerielle Modernisierung der britischen (Sozial-)Verwaltung aufzeigen (vgl. Tab. 1).

Tab. 1: Ideologie des Managerialismus

Bureaucracy is	rule bound	Management is	innovative
	inward looking		externally oriented
	compliance centred		performance centred
	ossified		dynamic
Professionalism is	paternalist	Management is	customer centred
	mystique ridden		transparent
	standard oriented		results oriented
	self regulating		market tested
Politicians are	dogmatic	Managers are	pragmatic
	interfering		enabling
	unstable		strategic

(nach Clarke/Newman 1997, S. 65)

New Public Management impliziert demnach vor allem eine Managerialisierung, also eine Verbetriebswirtschaftlichung öffentlicher bzw. sozialer Organisationen. Es ist damit – neben Prozessen der Vermarktlichung, der Kommodifizierung sowie der Ansprache der BürgerInnen als KundInnen – Element einer Ökonomisierung der Sozialen Arbeit (vgl. z. B. Harris 2003). Diese wiederum ist Teil übergreifender gesellschaftlicher Ökonomisierungsprozesse. Schimank und Volkmann (2008, S. 382) definieren diese wie folgt:

Ökonomisierung bezeichnet einen Vorgang, durch den Strukturen, Prozesse, Orientierungen und Effekte, die man gemeinhin mit einer modernen kapitalistischen Wirtschaft verbindet, gesellschaftlich wirkmächtiger werden.

Während im internationalen Diskurs Ökonomisierungsprozesse der Soziale Arbeit häufig mit dem New Public Management gleichgesetzt werden, ist die Entwicklung in Deutschland komplexer:

Aufgrund der dualen Struktur des Wohlfahrtsstaates ist das ab 1993 kommunal umgesetzte „Neue Steuerungsmodell (NSM)" als die deutsche Version des NPM nur für einen Teilbereich der Sozialen Arbeit, eben der öffentlichen Träger, relevant (vgl. ausführlich Abschnitt 7.8). Bei freien Trägern werden ähnliche Managerialisierungsprozesse seit den späten 1980er-Jahren unter dem Label „Sozialmanagement" diskutiert (vgl. Grohs/Bogumil 2011; Mairhofer 2014). Sowohl das Neue Steuerungsmodell als auch Konzepte des Sozialmanagements zielen auf managerielle Binnenreformen, vor allem die Einführung betriebswirtschaftlicher Denk- und Handlungsmuster, in den sozialen Organisationen. Wettbewerbliche Elemente, zumal die Etablierung von Quasi-Märkten zur Regulierung des Verhältnisses zwischen sozialen Organisationen, basieren dagegen auf rechtlichen Reformen jenseits des NSM (vgl. ebd.). Dieser „Sonderweg" ist ein Grund dafür, dass die ökonomisch orientierten Reformen in Deutschland in international-vergleichenden Studien eher als Modernisierungen des bürokratischen Systems, denn als Systemwechsel beschrieben werden (vgl. Pollitt/Bouckaert 2005; 2011).

New Public Management, Managerialismus und fachliche Formalisierungen: Der mit den beschriebenen Ökonomisierungs- bzw. Managerialisierungsprozessen verknüpfte Organisationswandel ist auf verschiedene Weise mit fachlichen Formalisierungen verknüpfen. So stellen Formalisierungen, wie in Abschnitt 2.3 beschrieben, eine Organisationstechnik zur Koordination und Kontrolle von Arbeitsabläufen und damit eine Managementstrategie dar. Und auch fachliche Formalisierungen können zur manageriellen Steuerung genutzt werden. Dabei meint managerielle Steuerung zunächst lediglich eine Steuerung zur Erreichung des Organisationszwecks, der durchaus fachlich-professionell bestimmt sein kann. So konstatieren Ponnert und Svensson (2016, S. 589) Folgendes: „The profession's arguments for improving social work correspond with the [NPM; A.M.] arguments for transparency, evaluation and accountability". Allerdings impliziert betriebswirtschaftliches Denken, dass fachliche Sachziele möglichst effizient erreicht werden sollen. Das Formalziel der Effizienz ist hierbei durchaus anschlussfähig an die Organisationinteressen sozialer Dienste und Einrichtungen, zumal unter ökonomisierten Rahmenbedingungen und knappen Ressourcen. Im Gegensatz zu organisationalen Prozessen in vielen anderen Sektoren zeichnet sich die Dienstleistungserbringung in der Sozialen Arbeit jedoch dadurch aus, dass fachliche Sachziele und das Formalziel der Effizienz in einem Spannungsverhältnis stehen und die Verfolgung des Formalziels nur auf Kosten des Sachziels realisiert werden kann (vgl. Mairhofer 2014). Finis-Siegler (2009, S. 182) beschreibt diese Spezifik der Dienstleistungsökonomik wie folgt:

> Die gleichzeitige Verfolgung von Wirtschaftlichkeits- und Qualitätszielen ist nur so
> lange möglich, wie bei der Realisierung von Qualitätszielen noch Wirtschaftlich-
> keitsreserven vorhanden sind (Rationalisierung). Werden die Qualitätsziele bereits
> effizient erreicht, gehen Ressourceneinsparungen zu Lasten der Qualität (Rationie-
> rung) (...). Zwischen Qualität und Wirtschaftlichkeit besteht ein trade off.

Dieser Zusammenhang scheint für typische Rationalisierungsstrategien sozialer Organisationen, wie Absenkungen des Personalschlüssels oder der Qualifikation, plausibel. Er gilt aber gleichermaßen auch für formalisierte Instrumente und Verfahren, wenn diese dabei helfen sollen, eine managerielle Rationalisierung umzusetzen – etwa indem Arbeitsabläufe und Arbeitsprozesse stringenter und effizienter gestaltet oder eine stärkere Zielorientierung durchgesetzt werden. Des Weiteren können fachliche Formalisierungen als Basis zur Generierung von Kennzahlen für eine managerielle Steuerung sozialer Organisationen genutzt werden. So lassen sich über formalisierte Instrumente (z. B. Dokumentationsbögen) Fallzahlen, Fallkosten, Bearbeitungszeiten oder Arbeitsinhalte erfassen, die zu Zwecken der strategischen Planung, der Ermittlung von Bedarfen, zur Verteilung von Ressourcen, für Vergleiche zwischen Fachkräften oder zur Kontrolle der Mitarbeitenden manageriell genutzt werden können (vgl. z. B. Bachert/Pracht 2004; kritisch Bode 2013; Beckmann et al. 2009; Ames 2008) – wobei im Zuge einer solchen Funktionserweiterung auch fachfremde Informationen und Erfolgskriterien eingeführt und gegenüber fachlichen Dimensionen dominant werden können (vgl. Beckmann 2009; Schnurr 2005). Schließlich ermöglichen es fachliche Formalisierungen, wie bereits erwähnt, organisationale Unsicherheitszonen, die bislang von den professionellen Fachkräften kontrolliert wurden, zu verringern und organisationale Einflussmöglichkeiten von den Mitarbeitenden auf die Organisation und deren Management zu verlagern. Auch werden mit der Implementierung fachlicher Formalisierungen organisationsweite Standards für die Erledigung von Arbeitsaufgaben und Arbeitsprozessen geschaffen, deren Einhaltung durch Leitung kontrolliert werden kann, was ebenfalls eine Verschiebung organisationaler Macht von den Basiskräften zur Leitung der Organisation impliziert (vgl. Abschnitt 2.3.2).

Im Feld der Sozialen Arbeit setzt eine Managerialisierung dabei nicht voraus, dass die Leitung von Ökonomen übernommen wird. Vielmehr können auch Professionsangehörige managerielle Denk- und Handlungsmuster vertreten, zumal betriebswirtschaftliche Elemente häufig auch Element fachlicher Ausbildungen oder aber spezieller Fort- und Weiterbildungen für sozialpädagogische Führungskräfte sind (vgl. Meyer/Bromley 2013, S. 374)[131].

---

131 Neben der Fülle einschlägiger Publikationen und Fachtagungen zeugt auch die Dominanz betriebswirtschaftlich orientierter Masterstudiengängen für die Soziale Arbeit von der

Angesichts dieser Nutzungsmöglichen formalisierte Instrumente und Verfahren für managerielle Zwecke verwundert es wenig, dass (fachliche) Formalisierungen als ein typisches Element des NPM gelten. So konstatiert Pollitt (1990, S. 16) dem britischen NPM einen „certain neo-Taylorian charakter", den er weiter spezifiziert als

> a concentration on the immediate, concrete, controllable things which go on within one's organization and an avoidance of entanglement with wider-value questions of the fairness, equity or social usefulness of the product. (ebd., S. 65)

Diefenbach (2009) identifiziert einerseits eine Standardisierung und Prozeduralisierung, andererseits Leistungsmessung und Performance Management als zwei von fünf typischen Charakteristika von NPM-Reformen. Diese hätten weitreichende Effekte für die Akteure der betreffenden Organisationen, denn sie seien

> engaged in contract specification and monitoring, quality control, inspection, audit and review and diverting the energies of professional staff away from service and program delivery into a regime of form-filling, report writing and procedure following which is arguably even more extensive than that which existed during the former bureaucratic era. (ebd., S. 898)

Den Forschungsstand zum Performance Management fasst Diefenbach (2009) dann wie folgt zusammen.

> Such control systems and procedures are in direct line from the very direct managerial control that operated in the early days of capitalism. This includes technological control along the assembly line and elaborated bureaucratic control systems up to and including today's sophisticated electronic performance management and performance measurement systems (…), forming an ‚electronic panopticon' (…) on top of the traditional systems still in use. (ebd., S. 899)

---

wachsenden Bedeutung managerieller Denk- und Handlungsmuster in der Sozialen Arbeit. Buttner (2007) verweist darauf, dass von 97 Masterstudiengängen der Fachbereiche des Sozialwesens 24, also ein Viertel, Sozialmanagement zum Inhalt haben (vgl. ebd., S. 319 ff.). Nodes (2007), der 120 Masterstudiengänge für die Soziale Arbeit (auch an Fachbereichen/ Instituten außerhalb der Sozialen Arbeit) zusammenstellt, zählt 29 Masterstudiengänge für Sozialmanagement (ebd., S. 158). Er verweist darauf, dass diese Studiengänge selten ein spezifisches Managementprofil für die Soziale Arbeit vertreten oder explizit für die Soziale Arbeit relevante Managementfelder thematisieren. Stattdessen sind sie in der Regel an der allgemeinen Betriebswirtschaftslehre und deren Inhalten orientiert (vgl. ebd., S. 159).

Skeptisch beurteilt auch Pollitt (1990) das frühe NPM, wenn er die Frage nach der Angemessenheit eines Neo-Tayloristischen Ansatzes in Dienstleistungssektoren stellt und auf Verselbstständigungstendenzen managerieller Instrumente hinweist.

> Efficiency, speed, precise measurement, rationality, productivity, and technical improvement become ends in themselves, applied obsessively to areas in life in which they would previously been rejected as inappropriate (...) The attempt to impose a largely generic and neo-Taylorian model of management on the public services seems to have been either an act of culpable ignorance on the part of those concerned or an exercise in (possibly unwitting) ideological imperialism, or some mixture of the two. (ebd., S. 143 f.)

Deutlich differenzierter und heterogener aber dennoch überwiegend skeptisch fallen aktuelle Bestandsaufnahmen zu den Effekten des NPM aus. Auf der Basis einer Analyse von über 500 (Evaluations-)Studien gelangen Pollitt und Dan (2013, S. 7) zu dem Schluss, dass „the identified impacts were distinctly mixed, with many studies indicating that specified outputs or outcomes were unchanged or down", wobei die konzeptionellen und methodologischen Schwächen vieler Studien keine sinnvolle Einordnung zulassen (vgl. Pollitt/Dan 2011).

In Anbetracht der skizzierten Schwerpunkte des NPM ist gut nachvollziehbar, dass besonders in Großbritannien und Skandinavien fachliche Formalisierungen, etwa das Case Management oder Assessment-Verfahren, regelmäßig als Elemente des NPM diskutiert werden (vgl. für viele Matarese/Caswell 2017; Ponnert/Svensson 2016; Baines et al. 2014; Höjer/Forkby 2011; Blomberg 2008; Carey 2008; Dustin 2007; Kirkpatrick 2006; Farrell/Morris 2003; Harris 1998, 2003; Clarke/Newman 1997). Direkte, zumal empirische, Verknüpfung von Managerialisierungs- und Ökonomisierungsprozessen und fachlichen Modernisierungen stellen im deutschen Fachdiskurs zur Managerialisierung der Sozialen Arbeit demgegenüber eher die Ausnahme dar (vgl. z. B. Beckmann 2009; Dahme 2008; vgl. auch Kapitel 4).

5.2.3 Formalisierung und institutioneller Wandel

Die Institutionalisierung fachlicher Formalisierungen in sozialen Diensten, so lässt sich an dieser Stelle resümieren, ist Element und Ausdruck eines doppelten institutionellen Wandels, in dem zwei zentrale gesellschaftliche Institutionen – Professionen und Organisationen – einen grundlegenden Wandel erfahren. Dieser impliziert eine doppelte, normative wie strukturelle Homogenisierung, da sich sektorenübergreifend die Vorstellungen dessen, was professionelle Dienstleistungsarbeit sowie angemessene Organisationsstrukturen sind, angleichen. Dabei stehen fachliche Formalisierungen im Zentrum dieser Transformations- und Homogenisierungsprozesse. Sie sind das materielle Substrat eines modernisierten, auf Evidenzbasierung und Formalisierung beruhenden Professionsverständnisses. Ebenso können sie, – wenn sie als managerielle Organisationstechnik genutzt werden – Teil der Transformation sozialer Organisationen zu „managed organizations" sein.

Fachliche Formalisierungen stehen jedoch nicht nur im Zentrum der jeweiligen Einzelprozesse, vielmehr bilden sie eine Brücke, über die der Professions- und der Organisationswandel miteinander verbunden sind: Einerseits ist eine modernisierte professionelle Praxis auf die Implementierung von formalisierten Instrumenten und Verfahren durch die Organisation angewiesen, andererseits setzt deren Nutzung als Organisationstechnik voraus, dass entsprechende Instrumente und Verfahren durch die Profession entwickelt und bereitgestellt werden.

5.2.4 Formalisierung als Rationalisierung

Beide Modernisierungsprozesse – der Professions- sowie der Organisationswandel – zielen auf eine Rationalisierung ab. Professionelle Praxen sollen durch die Anwendung kollektiv bzw. wissenschaftlich entwickelter und/oder wissenschaftlich evaluierter Instrumente und Verfahren rationaler, d. h. transparenter, zielorientierter und wirksamer gestaltet werden. Ebenso sollen managed organizations – besser als andere Sozialformen – eine rationale, das heißt legitime, effektive und effiziente Aufgabenerledigung sicherstellen. Daher konstatieren Ponnert und Svensson (2016), dass der „Rationalitätsmythos standardisierter Instrumente" sowohl ein Mythos der Profession als auch ein Mythos der Organisation ist.

Die Institutionalisierung formalisierter Instrumente und Verfahren lässt sich also als eine Re-Rationalisierung der Sozialen Arbeit beschreiben. Wie in diesem Abschnitt aufgezeigt, gelten Professionen und Organisationen als die bevorzugten Strategien zur Bearbeitung gesellschaftlicher Aufgaben, da ihnen eine besondere Rationalität zugesprochen wird. Sie verkörpern das für die Moderne konstitutive Vertrauen in das Problemlösungspotenzial von Wissenschaft und Organisationen. Während dieses Vertrauen einerseits (post-modernen Perspektiven zufolge) erodiert, erfolgt andererseits eine neuerliche, quasi hochmoderne Re-Rationalisierung der Sozialen Arbeit, bei der an den modernen Problembearbeitungsmodi Profession und Organisation festgehalten wird, diese jedoch eine spezifische Rationalisierung erfahren. Es erfolgt also kein Bruch, sondern eine Verstärkung und Modernisierung des Bezugs auf wissenschaftliche und organisationale Kompetenzen – eben eine Fokussierung auf sozialtechnologische und managerielle Strategien der Problembearbeitung.

Bei beiden Modernisierungen beruht die Rationalisierung auf der Anwendung technisch-wissenschaftlichen Wissens, um damit technologische Ziele (z. B. Kontrolle, Sozialisation) sowie humanistische Ziele (z. B. Emanzipation, Persönlichkeitsentwicklung) zu erreichen (vgl. Meyer et al. 2005; Meyer 2010; Bode 2015). Sowohl das modernisierte, evidenzorientierte Professionsverständnis als auch ein modernes, managerialistisches Organisationsverständnis rekurrieren zum Zwecke der Erreichung ihrer Ziele auf eine instrumentelle Rationalität bzw. sind durch eine solche geprägt. Das heißt, sie folgen den Prinzipien der Berechenbarkeit, Planbarkeit, Kontrollierbarkeit und Effizienz. Eben diesen Prinzipien folgen mit ihrer mehr oder weniger sozialtechnologischen Ausrichtung auch fachliche Formalisierungen. Diese rationalitätsbezogene Konvergenz zwischen modernem Professionalismus, Managerialismus und fachlichen Formalisierungen macht die beschriebene Verknüpfung der beiden Formen des institutionellen Wandels und die diese verbindende Brückenfunktion fachlicher Formalisierungen erst möglich.

Gesellschaftliche Rationalisierung: Ein Bedeutungsgewinn der Prinzipien instrumenteller Vernunft – Vorhersagbarkeit, Berechenbarkeit, Kontrollierbarkeit und Effizienz – in „praktisch sämtliche[n] (...) gesellschaftliche[n] Bereiche[n]", von der Ernährung über das Ausbildung-, Erziehung- und Gesundheitswesen sowie die Freizeitgestaltung und den Strafvollzug bis hin zum Familienleben, führt Ritzer (1995, 2006) zur These von einer McDonaldisierung der Gesellschaft. Er beschreibt damit, anschließend an die Bürokratisierungsthese von Weber[132], wie „die Prinzipien der Fast-food-Restaurants immer mehr Gesellschaftsbereiche in Amerika und auf der ganzen Welt beherrschen" (ebd., S. 15)[133]. Im Kern dieser Entwicklung steht eine Standarisierung menschlichen Handelns, die als Voraussetzung für Planbarkeit, Berechenbarkeit, Effizienz und Kontrolle gilt.

> Man läßt also nicht zu, daß der Einzelne sich seiner eigenen Hilfsmittel bedient, wenn er nach dem besten Weg sucht, um eine Aufgabe zu erfüllen, sondern es gibt Regeln, Vorschriften und Verfahrensweisen, welche die optimale Methode entweder vorherbestimmen oder bei ihrer Entdeckung helfen. (Ritzer 1995, S. 43)

---

132 Weber (1922/1980) konstatiert, dass Bürokratien in modernen Gesellschaften eine unentrinnbare, entindividualisierende Macht entfalten können.

133 Im Zentrum der Darstellung von Ritzer (1995, 2006) stehen neben Illustrationen von Standardisierungsprozessen in unterschiedlichen gesellschaftlichen Bereichen vor allem die negativen Effekte dieser Entwicklung. Ritzer hebt dabei besonders die zerstörerischen Effekte einer „Kultur der Effizienz" auf lebensweltliche Institutionen und Werte wie Familie, Beziehungen, Vertrauen oder Emotionalität hervor. Zudem führt er zahlreiche Belege für „irrationale" Effekte der Rationalisierung an

Eine analoge Standardisierung – bezogen auf professionelle Arbeitsvorgänge – wird durch fachliche Formalisierungen angestrebt. Die Formalisierung der Praxis Sozialer Arbeit ist somit offensichtlich Teil einer übergreifenden gesellschaftlich-kulturellen Entwicklung – eben jener Entwicklung, die Weber (1920/1986) und im Anschluss an diesen beispielsweise Ritzer (1995), Berger et al. (1987), Habermas (1981a) oder Meyer et al. (1997, 2005) als „westliche Rationalisierung" beschrieben haben.

Die Rationalisierungsthese: Weber (1920/1986, S. 11) rekonstruiert die westliche Kulturgeschichte als eine Geschichte der Rationalisierung, die zu einem „spezifisch gearteten ‚Rationalismus' der okzidentalen Kultur" führt. Diesen Rationalismus sieht Weber aber gerade nicht als das Ergebnis eines linearen Fortschrittsprozesses, sondern als kumulativen Effekt unterschiedlicher, zufälliger Prozesse in verschiedenen gesellschaftlichen Bereichen. Kern dieses Prozesses ist eine Rationalisierung der Natur und des Glaubens[134]. Der modernen Wissenschaft wird dabei eine herausragende Rolle bei der „Entzauberung" und der rationalen Durchdringung der Natur zugesprochen. Das Ergebnis ist eine zunehmend geordnete und damit verstehbare Welt. Daneben stützt sich der westliche Rationalismus auf eine Ausdifferenzierung und Rationalisierung unterschiedlicher gesellschaftlicher Bereiche, geht also mit der funktionalen Differenzierung moderner Gesellschaften einher (vgl. z. B. Schimank 2010). Indem die einzelnen gesellschaftlichen Bereiche wie Wissenschaft, Staat, Ökonomie oder das Recht – Weber spricht auch von Wertsphären – zunehmend eigene Logiken herausbilden und zunehmend klare Kriterien und Regeln zur Beurteilung von Rationalität entwickeln, sind Systematisierung, Berechenbarkeit, Vorhersagbarkeit und intersubjektive Kalkulierbarkeit möglich.

> Für Weber scheint dies das ‚eherne Gesetz der Rationalisierung' zu umschreiben. Jede etablierte soziale Ordnung, gleichgültig in welcher Sphäre, ob in Technik, Wirtschaft, Politik, Wissenschaft, Kunst, Musik oder Kultur allgemein angesiedelt, funktioniert nach diesem Muster der Folgen von Rationalisierung: Differenzierung, Spezialisierung, Sachlichkeit, Unpersönlichkeit, Systematisierung, Intellektualisierung, Kalkulierbarkeit (also Rechenhaftigkeit wie Berechenbarkeit) und Vorhersehbarkeit. (Müller 2012, S. 50)

---

[134] So erfolgte beispielsweise eine zunehmende Rationalisierung des Glaubens, indem zunächst unberechenbare und unerklärliche Naturgewalten durch das Wirken launischer Götter erklärt wurde. Diese wurden durch einen prinzipiengeleiteten und damit berechenbaren Gott mit universellen religiösen Regeln, die immer weiter ausdifferenziert wurden, ersetzt. Schließlich mündet die Rationalisierung und Verdiesseitigung in einer Sakralisierung des modernen Individuums, dem als beseeltes Wesen und später als rationaler und autonomer Akteur uneingeschränkte moralische Autorität zugesprochen wird (vgl. Meyer et al. 2005).

Dabei konstatiert schon Weber, dass die Rationalisierung nicht auf kognitive Gegenstände (Weltbilder, Handlungen) beschränkt bleibt, sondern auch Bewusstseinsstrukturen rationalisiert werden (vgl. dazu auch Berger et al. 1987). Die Rationalisierung gesellschaftlicher Bereiche sowie der okzidentale Rationalismus lässt sich als eine spezifische Rationalisierung unterschiedlicher Formen der Rationalität beschreiben (vgl. Schimank 2010). Kalberg (1980) arbeitet verschiedene Arten – im Sinne von Idealtypen – der Rationalität aus Webers Werken heraus, deren Entfaltung als eine Form der Rationalisierung angesehen werden kann (vgl. auch Schimank 2010; Müller 2012).

- *Theoretische Rationalität* – auch intellektuelle oder kognitive Rationalität – beschreibt abstrakte Modelle zur Beschreibung und Erklärung von Welt (Weltbilder), etwa Bedeutungen, Kausalbeziehungen, logische Schlüsse. Sie ist umso rationaler, je allgemeiner und konsistenter die Erklärungen sind.
- *Formale Rationalität* steht für formale und als legitim geltende Handlungsregeln für Routineaufgaben, d. h. die Subsumtion eines Falls unter eine Regel (z. B. Gesetze, mathematische Kalkulationen). Diese entlasten von einer abwägenden Entscheidungsfindung im Einzelfall, da sie Handlungen oder Entscheidungsregeln vorgeben. Formale Rationalität ist – anders als etwa theoretische Rationalität – an einen bestimmten gesellschaftlichen Bereich und an eine bestimmte Epoche gebunden und nicht auf andere Sphären übertragbar. Formale Regeln sind umso rationaler, je institutionalisierter sie sind.
- *Praktische Rationalität* steht – im Gegensatz zu traditionalem und affektuellem Handeln – für pragmatisches, zweckrationales Handeln, also eine situative Abwägung von Mitteln zur Erreichung von (egoistischen) Interessen. Dabei wird auf formale und theoretische Rationalität – etwa Aussagen zu Wirkungszusammenhängen – zurückgegriffen. Pragmatische Rationalität ist umso rationaler, je effektiver oder effizienter der Zweck-Mittel-Einsatz ist.
- *Substanzielle Rationalität* steht schließlich für wertrationales Handeln. Sie steht für eine Ausrichtung des Handelns an bestimmten Wertstandards. In seiner extremen Form geht substanzielle Rationalität in gesinnungsethischem Handeln auf, das – unabhängig der Konsequenzen – lediglich an bestimmten Werten orientiert ist.

Schimank (2010) spricht der substanziellen Rationalität eine herausragende Rolle zu. Einerseits sind zweckrationale Abwägungen an Präferenzen und damit letztlich an Werten orientiert, andererseits ist sie Basis der gesellschaftlichen Differenzierung und damit auch die gesellschaftliche Rationalisierung.

> Der für die funktionale Differenzierung der modernen Gesellschaften entscheidende Vorgang war allerdings eine eigentümliche Kultivierung der Wertrationalität. Die Zielkomponenten zweckrationalen Handelns schälten sich immer eindeutiger heraus, was eine unabdingbare Voraussetzung für die Rationalisierung der Mittelwahl darstellt. Denn man kann unter seinen Handlungsalternativen zur Verwirklichung eines angestrebten Ziels nur in dem Maße eine rationale Abwägung treffen, wie das Ziel präzisiert ist. (ebd., S. 231)

Während Rationalität ein primär auf der Handlungsebene angesiedeltes Konstrukt ist, verweist Rationalisierung auf die Mesoebene der Organisationen und Ordnungen, Rationalismus wiederum auf die kulturelle Makroebene (vgl. Müller 2012, S. 47). Rationalisierung und Rationalismus werden dabei vor allem mit einer Ausweitung theoretischer und formaler Rationalität verknüpft und verweisen auf die Prinzipien der Systematisierbarkeit, Berechenbarkeit, Vorhersagbarkeit und Kontrollierbarkeit.

Fachliche Formalisierungen und westliche Rationalisierung: Wissenschaftlich gegründete Instrumente und Verfahren lassen sich entsprechend zunächst als eine Transformation theoretischen Wissens in Artefakte formaler Rationalität bestimmen, die in der Praxis Sozialer Arbeit praktisch-rationales Handeln anleiten und sicherstellen sollen, das an den Wertmaßstäben der Sozialen Arbeit – vor allem an Problemlösungen (technische Rationalisierung) und Empowerment (moralische Rationalisierung) – orientiert ist.

Die professions- und organisationsbezogenen Modernisierungen verweisen – wie bereits angesprochen – auf einen spezifischen Entwicklungspfad. Zum einen erfolgt über fachliche Formalisierungen eine Ausweitung formaler Rationalität, zum anderen aber zielen formalisierte Instrumente und Verfahren auf eine zunehmend direktere und ausschließliche Bezugnahme auf theoretische Rationalität ab. Auch damit folgt die Soziale Arbeit einem übergreifenden Trend. So konstatiert Müller (2010, S. 53):

> Der theoretische Rationalismus, wie er kognitiv im wissenschaftlichen Weltbild zum Ausdruck kommt, hat evaluativ einen ungeheuer fleißigen, unaufhörlich praktischen Rationalismus hervorgebracht, der die Welt nach wissenschaftlich-technisch-ökonomischen Standards stets und ständig umschafft mit dem ambivalenten Ziel des ‚Fortschritts'.

Die sich über fachliche Formalisierungen bahnbrechende theoretische Rationalisierung der Sozialen Arbeit impliziert Transformationen auf zwei Ebenen. Hinsichtlich des Professionswandels ist zum einen zu konstatieren, dass, dem internationalen (sozial- und human-)wissenschaftlichen Mainstream folgend, eine sozialtechnologische Rationalität gegenüber alternativen Ausformungen der theoretischen Rationalität an Bedeutung gewinnt. Zum anderen dominiert diese Form der theoretischen Rationalität über alternative, vor allem kommunikativ-orientierte Weltbezüge, die bis dato für sozialpädagogische Professionalität – als Vermittlungsinstanz zwischen Lebenswelt und System (vgl. z. B. Blaug 1995; Rauschenbach/Treptow 1984) – konstitutiv waren. Mit Blick auf den Trend zur Managerialisierung der Sozialen Arbeit gewinnt analog eine ökonomisch-technische Rationalität gegenüber wertbezogenen und kommunikativen Steuerungsformen an Bedeutung. Sowohl der Professions- als auch Organisationswandel sind also geprägt durch eine Ausweitung instrumenteller Rationalität – das eine Mal in Form einer sozialtechnologischen Rationalität, das andere Mal als managerielle Rationalität.

Die sich so realisierende Rationalisierung der Sozialen Arbeit durch das Dominantwerden von Formen der instrumentellen Rationalität kann dabei als „Kolonialisierung" (Habermas 1981b), „Intrusion" (Bourdieu 1998) oder als „Zerbrechen der ‚Sinngrenze' zwischen den ‚Wertsphären'" (Weber zitiert nach Schimank/Volkmann 2008, S. 383) bestimmt werden, da historisch fachfremde Rationalitäten im Feld der Sozialen Arbeit Relevanz erlangen. Dies birgt das Risiko, dass fachliche Formalisierungen von der substanziellen Rationalität des sozialen Feldes entkoppelt werden und als rationale bloße Technologie entweder zur Realisierung nicht-fachlicher Zwecke eingesetzt oder zum Selbstzweck werden[135]. So gibt schon Weber zu bedenken, dass nicht alle Möglichkeiten der Umweltbeherrschung auch sinnvoll bzw. auch der jeweiligen Wertperspektive rational sind.

> Alle Naturwissenschaften geben uns Antwort auf die Frage: Was sollen wir tun, wenn wir das Leben technisch beherrschen wollen? Ob wir es aber technisch beherrschen sollen und wollen, und ob das letztlich eigentlich Sinn hat: – das lassen sie ganz dahingestellt oder setzen es für ihre Zwecke voraus. (zitiert nach Müller 2012, S. 53)

Wenn formalisierte Instrumente und Verfahren und die mit diesen verknüpften Transformationen der Profession und Organisation Sozialer Arbeit als Element und Ausdruck gesamtgesellschaftlicher Rationalisierungsprozesse sind, die als normale Entwicklung nicht hinterfragt oder als sozialer Fortschritt befürwortet werden, so verwundert es wenig, dass fachliche Formalisierungen als

---

[135] Das Risiko einer Verselbstständigung besteht vor allem dann, wenn die intendierte Rationalisierung an Berechenbarkeit orientiert ist und daher zahlenbasiert erfolgt. So stellen „Quantifizierungen ein Kommunikationsmedium [dar], das Aussagen mit Objektivität versieht und das vor allem dann zum Einsatz kommt, wenn andere konsensbildende Mechanismen nicht mehr greifen" (Heintz 2007, S. 65). Zahlen ermöglichen also Kommunikation und erzeugen Akzeptanz über Wertgrenzen hinweg, da sie als objektiv und neutral gelten. Gleichzeitig suggerieren sie Konsens, weil sie von inhaltlichen und sozialen Aspekten und Diskrepanzen entkoppelt werden können (vgl. ebd.; Vormbusch 2012; Ruppert 2017).

rational, sinnvoll und angemessen gelten. Dieser „institutionelle Gehalt" stellt eine logische Konsequenz der Kongruenz von fachlichen Formalisierungen mit dominierenden gesellschaftlichen Rationalitätsvorstellungen dar.

Teil II
Die Institutionalisierung fachlicher Formalisierungen in den Allgemeinen Sozialen Diensten der Jugendämter

In diesem zweiten Teil der Studie wird die Innenperspektive der Institutionalisierung fachlicher Formalisierungen beleuchtet. Zu diesem Zweck erfolgen diverse *Konkretisierungen*. Gegenstand dieses Kapitels ist die Institutionalisierung *konkreter fachlicher Formalisierungen* – insbesondere von Instrumenten und Verfahren in den Bereichen Kinderschutz und Hilfeplanung – in einem exemplarisch ausgewählten *konkreten Feld* der Sozialen Arbeit – nämlich der Kinder- und Jugendhilfe – und dort in einem *konkreten Organisationstyp* – nämlich in den kommunalen Allgemeinen Sozialen Diensten (ASD) der Jugendämter. Diese Konkretisierungen implizieren Selektionen[136]. Diese Selektionen haben Konsequenzen für die Reichweite der Aussagen, die auf der Basis dieser Studie getroffen werden können. Trotz zum Teil deutlichen Differenzen

---

136 So ist zum ersten festzuhalten, dass die Kinder- und Jugendhilfe ein relativ gefestigtes und autonomes Feld darstellt, das mit dem Kinder- und Jugendhilferecht über einen eigenständigen normativen Bezugspunkt verfügt und in dem – trotz seines interprofessionellen und interdisziplinären Charakters – eine sozialpädagogische Logik dominiert und in dem die Soziale Arbeit die unbestrittene Leitprofession darstellt. Damit unterscheidet sich die Kinder- und Jugendhilfe deutlich von anderen Arbeitsfeldern, in denen die Soziale Arbeit zwar agiert, die aber von anderen Leitdisziplinen dominiert sind und in denen daher (aus Sicht der Sozialen Arbeit) fachfremde Logiken handlungsleitend sind. Beispiele für solche Felder sind die Krankenhaussozialarbeit, Soziale Arbeit im Strafvollzug oder in der Psychiatrie sowie die Behindertenhilfe. Innerhalb des Feldes der Kinder- und Jugendhilfe nehmen die Jugendämter bzw. Allgemeinen Sozialen Dienste (ASD) eine besondere Stellung ein. Als öffentliche Träger und Teil der Kommunalverwaltung befinden sie sich in einer besonderen (Macht-)Position. Zudem repräsentieren sie geradezu prototypisch den büro-professionellen Organisationstyp. Insofern sind bürokratische Elemente und somit auch Formalisierungen immer schon Teil des Feldes, was auch in der Dominanz von Funktionen des people processing begründet liegt. Damit unterscheiden sich die ASD deutlich von Organisationen mit Funktionen des people changing, in denen Formalisierungen lange Zeit keine Rolle spielten und deren Implementierung daher eine viel stärkere Veränderung markiert – etwa wenn in einem Jugendhaus oder in einer Jugendwohngruppe ein Qualitätsmanagementsystem implementiert wird und plötzlich Vorgaben für zahlreiche Prozesse vorliegen, deren Einhaltung dokumentiert werden muss, oder wenn Angebote für Jugendmigrationsarbeit, die in der Vergangenheit vor allem ein gelegenheitspädagogisches Profil hatten (z. B. Jugendclubs, freizeitpädagogische Maßnahmen; vgl. König 1999) zu Case Management-Diensten umgestaltet werden.

zu anderen Arbeitsfeldern und Organisationen der Sozialen Arbeit deuten sowohl neuere, vor allem internationale Studien als auch eigene Untersuchungen im Feld der Jugendmigrationsarbeit darauf hin, dass die Befunde dieser Studie zu den grundlegenden Mechanismen und Dynamiken der Implementierung fachlicher Formalisierungen, wie auch zu den Nutzungsweisen fachlicher Formalisierungen durch Basiskräfte auch auf andere Arbeitsfelder bzw. die Sozialen Arbeit insgesamt übertragbar sind.

Mit diesen Konkretisierungen verschiebt sich nicht nur die Betrachtungsebene, es erfolgt zudem ein Perspektivwechsel: Anstelle eines Wandels zentraler gesellschaftlicher Institutionen, der mit einem Bedeutungsgewinn fachlicher Formalisierungen verknüpft ist, fokussieren die Analysen dieses Kapitels auf jene *konkreten Strukturen, Prozesse und Handlungsweisen*, in denen sich dieser „Bedeutungsgewinn" fachlicher Formalisierungen in der Sozialen Arbeit realisiert und konstituiert. Anstelle konzeptioneller, empirisch und sozialtheoretisch informierter Antworten auf die Frage nach dem Grund eines Bedeutungsgewinns fachlicher Formalisierungen, also nach dem „WARUM", wird in diesem Kapitel vor allem gefragt, „WIE" diese Institutionalisierung konkret erfolgt. Hierzu werden zunächst das untersuchte Feld und dessen Entwicklung sowie der einschlägige Forschungsstand vorgestellt, bevor das Forschungskonzept und die Ergebnisse der empirischen Untersuchungen vorgestellt werden.

6. Das untersuchte Feld: Struktur – Organisation – Arbeitsbereiche

Für eine erste Rahmung der empirischen Befunde werden zunächst die allgemeinen Strukturen der Kinder- und Jugendhilfe in Deutschland beschrieben, anschließend werden die ASD bzw. die Jugendämter als zentrale Institution dieses Feldes vorgestellt. Unter den zahlreichen Funktionen der Jugendämter nehmen die Hilfeplanung und der Kinderschutz eine herausragende Stellung ein. Da Formalisierungsprozesse in den Jugendämtern vor allem im Kontext dieser beiden Kernfunktionen erfolgen, werden diese zur Komplettierung der Feldbeschreibung ebenfalls skizziert.

6.1 Die Kinder- und Jugendhilfe

Die Kinder- und Jugendhilfe gilt als das zentrale Arbeitsfeld der Sozialen Arbeit in Deutschland und ist eine etablierte Säule des wohlfahrtsstaatlichen Systems der Bundesrepublik. Das Arbeitsfeld konnte sich aus den Traditionen der Fürsorge und Erziehung seit dem Mittelalter (vgl. Sachße/Tennstedt 1981, 1998; Rauschenbach 2010) und besonders im vergangenen, „sozialpädagogischen Jahrhundert" (Thiersch 1992; Rauschenbach 1999) in professioneller, disziplinärer sowie institutioneller Hinsicht zu einem komplex strukturierten gesellschaftlichen Sektor ausdifferenzieren und expandieren. Im Jahr 2014 waren circa 873.000 Menschen im Feld der Kinder- und Jugendhilfe beschäftigt (Statistisches Bundesamt 2016a). Die Ausgaben von Bund, Ländern und Kommunen für die Kinder- und Jugendhilfe lagen 2014 bei knapp 38 Milliarden Euro, das entspricht circa 4% des Sozialbudgets der Bundesrepublik Deutschland (vgl. BMAS 2015).

Als identitätsstiftender Kern der Kinder- und Jugendhilfe gilt das 1990/1991 mit dem Kinder- und Jugendhilfegesetz (KJHG) in Kraft gesetzte SGB VIII. Als modernes, dienstleistungsorientiertes Sozialleistungsrecht mit individuellen Rechtsansprüchen löste es das stärker eingriffs- und ordnungspolitisch ausgerichtete Jugendwohlfahrtsgesetz (JWG) ab. Das SGB VIII galt bei seiner Einführung als „sozialpädagogisches Gesetz" (Jordan 2001, S. 88), das den seinerzeit aktuellen Stand der fachlichen Debatten innerhalb der Kinder- und Jugendhilfe widerspiegelte[137].

Nach § 1 (1) SGB VIII hat „jeder junge Mensch ein Recht auf Förderung seiner Entwicklung und auf Erziehung zu einer eigenverantwortlichen und gemeinschaftsfähigen Persönlichkeit". Entsprechend zielen Leistungen der Kinder und Jugendhilfe darauf ab, Kinder und Jugendliche in ihrer Entwicklung zu stärken und zu fördern, Benachteiligungen zu vermeiden, Eltern in ihren Erziehungsaufgaben zu unterstützen, das Wohl von Kindern und Jugendlichen zu schützen sowie positive Lebensbedingungen für Kinder, Jugendliche und Eltern herzustellen (vgl. § 1 (3) SGB VIII). Das SGB VIII beschreibt hierzu zwei Gruppen von Aufgaben der Kinder- und Jugendhilfe: Einerseits „Leistungen", worunter Angebote zur allgemeinen Förderung von Kindern, Jugendlichen und Familien sowie Hilfen bei erzieherischen Problemen gefasst werden (§ 2 (1) SGB VIII), andererseits „andere Aufgaben", worunter nach § 2 (2) SGB VIII diverse hoheitliche Aufgaben fallen, unter anderem Interventionen zum Schutz von Kindern und Jugendlichen, Beteiligung an jugend- und familiengerichtlichen Verfahren oder die Zulassung und Kontrolle von leistungserbringenden Einrichtungen. Während „Leistungen" – vielfach als subjektive Rechtsansprüche – Kinder, Jugendliche und Familien adressieren, handelt es sich bei den „anderen Aufgaben" überwiegend um objektive Rechtsansprüche, deren Adressat die Gesellschaft ist (vgl. z. B. Wabnitz 2010). Somit verweist die Grundstruktur des Kinder- und Jugendhilferechts auf jene doppelte Orientierung am Individuum des Adressaten und an der Gesellschaft, die als „doppeltes Mandat" (vgl. z. B. Böhnisch/Lösch 1973) bzw. Gleichzeitigkeit von „Hilfe und Kontrolle" (vgl. Müller 1978) zu den Kerncharakteristika Sozialer Arbeit zählt (vgl. Kapitel 1). Die Relationierung der Leitziele Schutz/Kontrolle einerseits und Förderung/Hilfe andererseits gilt dementsprechend auch als ein zentrales Spannungsfeld der Kinder- und Jugendhilfe (vgl. z. B. AGJ 2010; 2014).

Neben grundsätzlichen Zielperspektiven und Aufgaben werden in SGB VIII auch zentrale Prinzipien des Handlungsfeldes normiert. Hierzu zählen zum einen sozialpädagogisch-fachliche Grundprinzipien wie Beteiligung, Mitbestimmung oder Gleichberechtigung. Zum anderen definiert das Gesetz zentrale Parameter der Grundkonfiguration des Feldes, etwa einen bedingten Vorrang freier Träger (Subsidiaritätsprinzip), Trägerpluralität sowie eine Gesamtverantwortung des öffentlichen Trägers der Jugendhilfe. Schließlich sind im SGB VIII die zentralen Leistungsbereiche der Kinder- und Jugendhilfe normiert.

---

137 Jordan (2001) vertritt die Auffassung, dass die rechtlichen Vorgaben des SGB VIII für die Kinder- und Jugendhilfe den Status bzw. die Funktion professionell-fachlicher Standards haben.

Neben dem SGB VIII unterliegt die Kinder- und Jugendhilfe einer Vielzahl weiterer rechtlicher Regulierungen, die von normsetzenden Institutionen aller Ebenen des politischen Systems bestimmt werden – angefangen von der Verfassung (z. B. Art. 6 GG zum Wächteramt), über diverse Bundesgesetzte (z. B. BGB, FGG, SGB X) bis hin zu Landesgesetzten, so die Ausführungsgesetze zu SGB VIII oder die Schulgesetzgebung der Länder (vgl. DV 2000)[138]. Auf kommunaler Ebene schließlich bestimmen politische Schwerpunktentscheidungen, Programme, Dienstanweisungen oder Sozialplanungen die Rahmenbedingungen der Kinder- und Jugendhilfe. Die Regulierung des Feldes ist demnach in nicht unbedeutendem Maße ein Ergebnis der Interaktion von Legislative und Exekutive auf den Ebenen des Bundes und der Länder sowie spezifischer Interaktionen im kommunalen politisch-administrativen System. Neben den originär zuständigen Institutionen (BMFSFJ, Landesfamilienministerien und kommunale Behörden/Jugendämtern) beeinflussen auf allen Ebenen zudem Entscheidungen und Organe anderer Politikfelder die Rahmenbedingungen der Kinder- und Jugendhilfe – beispielsweise die Bildungs-, Innen-, Aufenthalts-, Gesundheits- oder Arbeitsmarktpolitik.

Auch die Finanzierung von Angeboten der Kinder- und Jugendhilfe erfolgt über unterschiedliche Quellen. Das Gros der Aufwendungen wird aus Haushaltsmitteln der Kommunen finanziert, die 68% der öffentlichen Kosten der Kinder und Jugendhilfe tragen (Stand 2011). Die kommunalen Mittel werden ergänzt durch Landes- (29%) und Bundesmittel (3%)[139]. Nicht wenige Bundes- und Landesprogramme greifen darüber hinaus auf Mittel der EU zurück (vgl. BMFSFJ 2014).

Für das Feld der Kinder- und Jugendhilfe relevante Akteure lassen sich entsprechend der grundgesetzlich definierten Mehrstufigkeit des Staatsaufbaus den drei Ebenen des föderalen Systems (Bund – Länder – Gemeinden) zuordnen[140]. Die beschriebenen Institutionen der formal-legalen Regulation und Finanzierung sind dabei Element einer komplex horizontal und vertikal gegliederten Feldstruktur. Während die Akteure des politisch-administrativen Systems (PAS) primär mit regulierenden, koordinierenden und qualifizierenden Funktionen betraut sind, sind öffentliche Einrichtungen, besonders auf der lokalen

---

138 Zudem ist die Kinder- und Jugendhilfe durch supranationale Abkommen, vor allem die UN-Kinderrechtskonvention und die UN-Behindertenrechtskonvention, beeinflusst.
139 Die Bundesmittel (Stand 2011) stammen mehrheitlich aus dem „Sondervermögens für den Ausbau der Angebote für unter 3-Jährige". Das Sondervermögen macht etwa 2% der Aufwendungen für die Kinder- und Jugendhilfe aus (vgl. BMFSFJ 2014).
140 Die Bundesrepublik gliedert sich als zweistufiges Staatssystem formal in Bund und Länder. Die Kommunen sind dabei Teil der Länder und keine eigenständige Ebene. Auch ihre Selbstverwaltungsrechte nach Art 28 Abs. 2 GG leitet sich aus dem Selbstverwaltungsrecht der Länder ab (vgl. DIJuF 2011).

Ebene, auch Träger zahlreicher Angebote. Dem für die deutsche Sozialgesetzgebung seit den 1920er-Jahren paradigmatischen Subsidiaritätsprinzip folgend, werden die meisten Angebote der Kinder- und Jugendhilfe von Einrichtungen in frei-gemeinnütziger Trägerschaft erbracht. Daneben agieren in geringerem Umfang auch privat-gewerbliche Anbieter in Bereichen der Kinder- und Jugendhilfe (vgl. Gadow et al. 2013). Die meisten Dienste und Einrichtungen in frei-gemeinnütziger Trägerschaft sind in übergeordnete verbandliche Strukturen eingebunden. So haben sich ab dem Ende des 19. Jahrhunderts, analog zur Konstituierung des Nationalstaats und der Institutionen des PAS, auch Einrichtungen in freigemeinnütziger Trägerschaft auf den Ebenen der Länder und des Nationalstaats zu den sechs großen Wohlfahrtsverbänden zusammengeschlossen, die die wohlfahrtstaatliche Landschaft bis heute prägen und denen schon früh weitgehende Rechte und Privilegien eingeräumt wurden (vgl. z. B. Tennstedt 1992; Heinze et al. 1997; Merchel 2008). Die Strukturhomologie zwischen öffentlichen und freien Trägern gilt als Voraussetzung und Effekt der neo-korporativen Verbindung im „dualen Wohlfahrtsstaat" (Tennstedt 1992), da sie sowohl wechselseitige Beeinflussungen als auch enge Kooperationen von PAS und Verbänden bei der Politik- bzw. Programmformulierung, wie auch bei der Umsetzung wohlfahrtstaatlicher Programme ermöglichen[141]. Entlang und quer zu diesen vertikalen Strukturen der Verbände und des PAS haben sich im Laufe der Zeit zahlreiche Fachverbände und Arbeitsgemeinschaften etabliert (z. B. AGJ, BAG ASD/BSD). Die duale Struktur öffentlicher und freier Anbieter in der Kinder- und Jugendhilfe wird durch ein ausdifferenziertes Netz von Jugendverbänden und Jugendringen als Institutionen der Selbstorganisation von Kindern und Jugendlichen ergänzt (vgl. Gadow et al. 2013).

Weitere Akteure im Feld der Kinder- und Jugendhilfe sind einschlägige Forschungs- und Beratungsinstitute, die über Fortbildungen, Fachpublikationen und die Evaluationen einen Einfluss auf die sozialpädagogischen Praxen in dem

---

141 Neo-Korporatismus wird definiert als „die Formierung und Inkorporierung gesellschaftlicher Großgruppen und Interessenträger mit staatlicher Politik in liberal-demokratischen und kapitalistischen Industriestaaten" (Ahlemann 1986, S. 265). Dieses Modell kann als eine zentrale Basis für die Stabilität des deutschen Wohlfahrtsstaates gelten. Der Staat profitiert von diesem Modell durch den Zugriff auf die fachliche Expertise der Verbände und kann öffentliche Kontroversen umgehen, da potenzielle Konflikte aus der öffentlichen und politische Sphäre in die Verbände – die ihrem Selbstverständnis nach unterschiedliche Funktionen und Interessen vertreten – verlagert werden. Im Gegenzug erhalten die Verbände politischen Einfluss und finanzielle Ressourcen, da sie bei der Leistungserbringung privilegiert werden. NutzerInnen und Gesellschaft profitieren schließlich von einer effektiven Implementierung und Umsetzung wohlfahrtstaatlicher Programme. Skeptisch wird dagegen ein Demokratie- und Transparenzdefizit, die Exklusion schwacher Interessen, ein Mangel an klaren Verantwortlichkeiten sowie die Interessensverquickung aufseiten der Verbände gesehen (vgl. Ahlemann 1986; Heinze et al. 1997; Grohs 2010).

Feld haben (vgl. Hansbauer 2012; Gissel-Palkovic et al. 2015). Fachhochschulen und Universitäten bieten schließlich ein breites Spektrum von unterschiedlichen Bachelor- und Masterstudiengängen, die für die Aufgaben in der Kinder- und Jugendhilfe qualifizieren. VertreterInnen der Hochschulen prägen zudem maßgeblich die fachlichen Diskurse in und über die Kinder- und Jugendhilfe[142].

Quer zu den Strukturen des Feldes lassen sich unterschiedliche *inhaltliche Bereiche der Kinder- und Jugendhilfe* identifizieren – für Übersichten vgl. beispielsweise Jordan und Sengling (1994), Chassé und Wensierski (1999) oder Gadow et al. (2013). Beispiele hierfür sind präventive (Frühe) Hilfen, die Kindertagesbetreuung, Angebote der Kinder- und Jugendarbeit oder des Jugendschutzes, die sich potenziell an alle Kinder, Jugendliche und Familien richten, sowie Interventionen und Hilfeleistungen, die Kinder, Jugendliche und Familien in besonderen Problemlagen fokussieren, wie die Hilfen zur Erziehung, Interventionen im Kinderschutz oder Angebote der Jugendsozialarbeit und der Jugendhilfe im Strafverfahren. Hinzu kommt ein breites und differenziertes Beratungsangebot für AdressatInnen in unterschiedlichen Lebenslagen.

Die skizzierten Strukturen des Feldes, wie auch die Inhalte der Kinder- und Jugendhilfe sind dabei das Ergebnis des komplexen Zusammenwirkens von „ökonomischen Zwängen (…), politischen Interessen (…) und geistigen Strömungen (…), die wiederum in Anhängigkeit von epochalen Umwälzungen des ökonomischen Unterbaus gesehen werden müssen" (Jordan/Sengling 1994, S. 18).

6.2 Die Jugendämter/Allgemeinen Sozialen Dienste (ASD)

In dem heterogenen und komplexen Feld der Kinder- und Jugendhilfe nehmen die Jugendämter eine herausragende Stellung ein. Die AutorInnen des 14. Kinder- und Jugendberichts bezeichnen diese als das „organisatorische ‚Herzstück' der (deutschen) Kinder- und Jugendhilfe" (BMFSFJ 2013, S. 50, 290). Nach § 69

---

142 Im Feld der Kinder- und Jugendhilfe arbeiten neben Akademikerinnen und Akademikern auch zahlreiche auf Fachschulebene qualifizierte Fachkräfte, v.a. ErzieherInnen, KinderpflegerInnen und SozialassistentInnen (vgl. Buttner 2006; Küster/Schoneville 2010; Oelerich/Kunhenn 2015). Von den insgesamt 206.734 am 31.12.2014 in der Kinder- und Jugendhilfe (ohne Kindertageseinrichtungen) beschäftigten Fachkräften (pädagogisches oder Verwaltungspersonal) entfallen 85.908 (42%) auf akademisch ausgebildete Fachkräfte der Sozialen Arbeit und (Sozial-)Pädagogik, 54.721 (26%) auf nichtakademische sozialpädagogische Fachkräfte. Das restliche Drittel entfällt auf eine breite Spanne von medizinischen, therapeutischen, kaufmännischen und administrativen Berufen unterschiedlicher Qualifikationsniveaus (Statistisches Bundesamt 2016a).

SGB VIII sind die örtlichen und überörtlichen Träger der Jugendhilfe, d. h. in der Regel die Kommunen und Länder, dazu verpflichtet, zur Wahrnehmung der Aufgaben des Kinder- und Jugendhilferechts (Landes-)Jugendämter einzurichten, die nach § 70 SGB VIII zweigliedrig aufgebaut sind. Sie bestehen aus dem Jugendamt als Teil der öffentlichen Kommunal- bzw. Landesverwaltung, das für die Umsetzung der laufenden Aufgaben des öffentlichen Trägers zuständig ist und aus dem Jugendhilfeausschuss, einem politischen Gremium, dem VertreterInnen der öffentlichen und freien Träger der Jugendhilfe angehören und dem grundlegende Richtungs-, Planungs- und Förderungsentscheidungen obliegen (vgl. § 71 SGB VIII)[143]. Innerhalb des kommunalen PAS nimmt die Kinder- und Jugendhilfe durch diese bundesgesetzlich bestimmte Doppelstruktur bzw. Zweigliedrigkeit eine besondere Rolle ein (vgl. ebd.).

Im Jahr 2013, dem Jahr, in dem die empirischen Erhebungen der vorliegenden Studie durchgeführt wurden (vgl. Kapitel 9 ff.) und das daher im Folgenden auch als Referenzjahr bei der Vorstellung von Daten der amtlichen Statistik herangezogen wird[144], gibt es in Deutschland 581 kommunale Jugendämter, wobei deren Zahl ständig leicht variiert[145]. Träger der Ämter sind Landkreise, kreisfreie Städte sowie vor allem in NRW auch kreisangehörige Kommunen. Die Jugendämter beschäftigten 2014 insgesamt 46.054 Personen. Nach Jahren der Stagnation ist die Zahl der Beschäftigten zwischen 2010 und 2014 um 32%, die Zahl der Vollzeitäquivalente um 40% angestiegen, wobei die Entwicklung in den einzelnen Bundesländern sehr unterschiedlich ist (vgl. Mühlmann 2016; Rauschenbach/Schilling 2016). Die Hälfte der in den Jugendämtern tätigen pädagogischen Fachkräfte und VerwaltungsmitarbeiterInnen (22.664) verfügt über einen (Fach-)Hochschulabschluss in Sozialer Arbeit bzw. Sozialpädagogik und/oder Sozialarbeit, 2.309 Fachkräfte haben einen (sozial-)pädagogischen Universitätsabschluss erworben, 10.516 der Beschäftigten besitzen einen Verwaltungsabschluss (vgl. Statistisches Bundesamt 2016a).

---

143 Obgleich formal zwei Fünftel der VertreterInnen der Jugendhilfeausschüsse von den freien Trägern vorgeschlagen werden und drei Fünftel VertreterInnen des öffentlichen Trägers sind, gelten die Ausschüsse als häufig durch freie Träger dominiert (vgl. Grohs 2010). Dies wird mit der ideologischen und organisatorischen Nähe vieler kommunal- bzw. landespolitischer Akteure zu freien Trägern, besonders zu den Wohlfahrtsverbänden, begründet (vgl. ebd.).

144 Sofern für das Jahr 2013 keine Veröffentlichung amtlicher Daten erfolgte, weil die entsprechenden Daten nur in mehrjährigen Abständen erhoben oder publiziert werden, werden in der Regel Daten für 2014 vorgestellt.

145 Die Gründe für die Dynamik in der Zahl der Jugendämter resultieren vor allem aus regionalen Umstrukturierungen, etwa Gebietsreformen oder der „Abgabe" von Jugendämtern kreisangehöriger Kommunen an ihre Landkreise. Hinzu kommen unterschiedliche Zählweisen, besonders der Bezirksämter der Stadtstaaten oder der Metropolregion Hannover (vgl. Mamier et al. 2002).

Von den insgesamt 45.874 pädagogischen und in der Verwaltung tätigen Personen der Jugendämter werden in der amtlichen Statistik 14.644 Personen (32%) dem Allgemeinen/Regionalen/Bezirklichen Sozialen Dienst zugerechnet (vgl. Statistisches Bundesamt 2016a). Den Fachkräften der sozialen Dienste wird hierbei ein hohes Qualifikationsniveau attestiert. So verfügen im Jahr 2014 90% der west- und 83% der ostdeutschen ASD-MitarbeiterInnen über einen einschlägigen Hochschulabschluss. Besonders in den ostdeutschen ASD ist die Akademikerquote in den vergangenen Jahren deutlich gestiegen (vgl. Fendrich et al. 2016, S. 45)[146].

Obgleich das Jugendamt als behördlicher Arm des öffentlichen Trägers der Jugendhilfe im SGB VIII explizit benannt wird, sind die rechtlich definierten Aufgaben des Jugendamtes aufgrund grundgesetzlich verbürgter Selbstbestimmungsrechte der Kommunen bei der Gestaltung lokaler behördlicher Strukturen (vgl. Art 28, 83, 84 Grundgesetz) sehr unterschiedlich organisiert. Dies gilt besonders für die in dieser Studie interessierenden sozialpädagogischen Aufgaben der Hilfeplanung und des Kinderschutzes. Diese sind teilweise auf unterschiedliche Dienste oder Abteilungen der Kommunalverwaltung verteilt, teilweise werden diese Jugendhilfeaufgaben und weitere kommunalen Aufgaben, etwa der Sozial- und Gesundheitshilfe, in einem Dienst kombiniert. Insgesamt dominiert die Zusammenfassung der sozialpädagogischen Aufgaben der Jugendhilfe in einem dem Jugendamt zugeordneten Dienst (vgl. z. B. Mamier et al. 2003; Landes 2010; Landes/Keil 2012; Merchel 2012a). Ähnlich vielfältig sind die Bezeichnungen für diese Dienste, wobei der Begriff „Allgemeiner Sozialer Dienst" (ASD) dominiert (vgl. ebd.). Folglich konstatiert Gissel-Palkovich (2011, S. 54) eine „große Vielfalt beim organisatorischen und aufgabenbezogenen Zuschnitt der ASD". Dem DJI-Jugendhilfebarometer aus dem Jahr 2008 zufolge sind 41% der ASD ausschließlich für Jugendhilfeaufgaben zuständig, 95% davon in umfassender Weise. Von diesen Jugendamts-ASD nehmen 46% zudem Aufgaben nach anderen Rechtskreisen war, vor allem Aufgaben der Sozialhilfe (SGB XII: 30%), der Grundsicherung (SGB II: 19%) sowie der Krankenversicherung (SGB V: 5%) (vgl. Seckinger et al. 2008)[147]. Der Anteil der ASD mit ausschließlich Jugendhilfeaufgaben ist hierbei in den vergangenen Jahren

---

146 Im Jahr 2002 verfügten lediglich 59% der ostdeutschen ASD-MitarbeiterInnen über einen einschlägigen Hochschulabschluss, währen die Quote in den westdeutschen ASD bei über 80% lag (vgl. Fendrich et al. 2016, S. 45).
147 Das DJI-Jugendhilfebarometer ist eine Onlinebefragung des Projekts „Jugendhilfe und sozialer Wandel" am Deutschen Jugendinstitut (DJI) zu wechselnden Themen. Das Jugendhilfebarometer 2008 hatte die Arbeitsorganisation im ASD zum Gegenstand. Befragt wurden dazu alle Jugendämter. An der Onlinebefragung beteiligt haben sich 328 Jugendämter beteiligten, was einer Teilnahmequote von 54% entspricht (vgl. Seckinger et al. 2008).

sehr konstant (vgl. Mamier et al. 2002)[148]. Neben einer großen Heterogenität in der Aufbauorganisation wird auf eine große Variation der Ablauforganisation verwiesen, also der Art und Weise, wie die Umsetzung der Jugendhilfeaufgaben organisiert ist (ebd.; Landes/Keil 2012; Gissel-Palkovich 2011; Landes 2010). Diese Unterschiede begründet Merchel (2012a, S. 48) als „eine Form (…), in der die örtlichen Akteure die an sie gestellten Anforderungen in ihrer jeweils örtlich und organisational erzeugten Logik verarbeiten".

Ungeachtet aller organisationaler Unterschiede verkörpert der ASD wie kein anderer (sozialpädagogischer) Dienst das Modell der büro-professionellen Organisation (vgl. Abschnitt 1.2), er kombiniert als professionelle und bürokratische Elemente. Einerseits, mit Blick auf die sozialpädagogisch-fachlichen Aufgabenanteile, haben die Fachkräfte – ganz im Sinne des Konzeptes street-level bureaucracy (vgl. Lipsky 1980) – nicht unerhebliche Ermessensspielräume bei ihrer Aufgabenerfüllung. Dies gilt umso mehr, als die Leistungen der Kinder- und Jugendhilfe zweckprogrammiert sind, d. h. sie zielen auf eine bedarfsorientierte Problemlösung und nicht auf einen konditional programmierten Vollzug standardisierter Reaktionen auf spezifische Auslösungsbedingungen (vgl. Luhmann 1973; Gissel-Palkovich 2011). Andererseits stellt das Handeln im ASD (öffentlich-rechtliches) Verwaltungshandeln dar. Daher unterliegt die ASD-Praxis formal klaren dienstrechtlichen Rahmenbedingungen wie Verwaltungsakten, Dienstwegen, Dienstanweisungen oder Aktenmäßigkeit (vgl. Landes/Keil 2012; Gissel-Palkovich 2011). Als Formen legal-bürokratischer Steuerung sind somit auch bürokratische Prozessformalisierungen und Dokumentationsmodi – obgleich sie in Widerspruch zu klassischen Professionalitätskonzepten stehen – konstitutive Elemente des Organisationstyps des ASD. Die Gleichzeitigkeit professioneller Einzelfallorientierung und bürokratischer Standardisierung ist für Landes (2010, S. 140) „ein nicht auflösbares und deshalb auszuhaltendes und zu gestaltendes Dilemma in der Organisation der Leistungserbringung im ASD".

Angesichts der dualen Organisationsstruktur des ASD liegt nahe, dass die mit dem büro-professionellen Modell verknüpften inhaltlichen Spannungen – etwa das „doppelte Mandat" – auch im ASD präsent sind (vgl. Abschnitt 1.2). So ist der ASD zum einen eine Leistungsbehörde, die im Zuge eines formalen Verwaltungsverfahrens Leistungen für die BürgerInnen erbringt. Zum anderen

---

148 Eine postalische Befragung der Jugendämter (Vollerhebung) im Jahr 2000 durch das Projekt „Jugendhilfe und sozialer Wandel" zur organisatorischen Verortung von Jugendhilfeaufgaben in der Kommunalverwaltung und zur Verwaltungsmodernisierung hatte zum Ergebnis, dass 93% der ASD den Jugendämtern angegliedert sind. Auch damals übernahmen 41% der Dienste ausschließlich Jugendhilfeaufgaben, 29% übernehmen Aufgaben aus anderen Bereichen. Lediglich 5% der Kommunen verfügten dagegen über keinen ASD (vgl. ebd.; Mamier et al. 2002, S. 294 ff.).

übernimmt der ASD funktional auch Aufgaben einer Eingriffsverwaltung, wobei nicht primär die individuellen Bedarfe der BürgerInnen, sondern das öffentliche Interesse leitend ist. In diesem Kontext – vor allem im Kinderschutz – ähnelt die Funktionsweise des ASD dabei faktisch nicht selten dem Muster der konditional programmierten Eingriffsverwaltung (vgl. Gissel-Palkovich 2011). Das grundsätzliche Spannungsverhältnis der Angebote und Interventionen der Kinder- und Jugendhilfe zwischen Förderung/Hilfe einerseits und Schutz/Kontrolle andererseits prägt somit auch in besonderem Maße die Arbeit in den ASD. Sie kondensiert in den beiden Kernaufgaben der Dienste: Einerseits in der Aufgabe, Hilfen – und hier insbesondere Hilfen zur Erziehung – anzubieten (Leistungsverwaltung), andererseits Kindern und Jugendlichen vor Gefährdungen zu schützen und hierzu gegebenenfalls auch in die elterlichen Erziehungsrechte sowie in die Privatsphäre der BürgerInnen einzugreifen (Eingriffsverwaltung).

Während Selbst- wie Fremdbeschreibungen des ASD nach Einführung des SGB VIII in den 1990er-Jahren vor allem eine beteiligungsorientierte Hilfeplanung und die Gewährung von Erziehungshilfen als Kernaufgaben des ASD bestimmten, wird aktuell vor allem der Kinderschutz als Hauptaufgabe der ASD benannt (kritisch: AGJ 2010, 2014). Dabei wird konstatiert, dass der zunächst dominierende Dienstleistungsgedanke mit einer Fokussierung auf eine partnerschaftliche Zusammenarbeit unterschiedlicher Akteure im Zuge diverser Gesetzesänderungen zunehmend durch eine stärkere bzw. offenere Kontroll- bzw. Schutzorientierung verdrängt wird (vgl. ebd.; Abschnitt 7.10)[149].

Die Funktionen und Aufgaben der ASD erschöpfen sich jedoch nicht in Hilfeplanung und Kinderschutz. So bestimmt die Arbeitsgemeinschaft Kinder- und Jugendhilfe (AGJ 2014, S. 5) folgende weitere Kernaufgaben:

- Sozialpädagogische Beratung
- Krisenintervention
- Mitwirkungen bei familien- und jugendgerichtlichen Verfahren
- Beratung in Fragen des Familienrechts
- Mitgestaltung der Daseinsfürsorge im Sozialraum
- Controlling-Aufgaben.

---

149 Dienstleistungen der Sozialen Arbeit sind immer gleichzeitig sowohl als Hilfe als auch Kontrolle zu qualifizieren. Wenn daher von einer Verschiebung zu einer stärkeren Kontrollorientierung gesprochen wird, so meint dies eine Verschiebung der Modi der Kontrolle (von sozialisierenden zu punitiv-sanktionierenden Strategien) sowie der Ziele der Kontrolle (von Lebensbewältigung und Teilhabe zur Einpassung an normative Vorgaben) (vgl. Mairhofer 2014).

Neben einem Bedeutungsgewinn kontrollierender Handlungslogiken, besonders im Kinderschutz, verweisen aktuelle Gegenwartsbeschreibungen auf weitere Trends in den ASD. Landes (2010) benennt eine zunehmende Spannung zwischen der Orientierung am Ideal des generalistischen Basisdienstes und fachlichen Spezialisierungen (z. B. im Kinderschutz), einen Trend zu einer stärkeren Sozialraumorientierung als fachliches, organisationales und finanzierungsbezogenes Konzept[150] sowie eine Entwicklung von der Begleitung der AdressatInnen (Fürsorge) zur Administration extern erbrachter Erziehungshilfe (Fallmanagement) als die drei „Megathemen" im ASD. Gissel-Palkovich (2011) ergänzt diese um einen Trend zur Arbeitsteilung innerhalb der ASD, besonders der Zugangssteuerung – z. B. über Formen des Eingangs- und des Case Managements. Auch Merchel (2012a) verweist auf diese Entwicklungen, pointiert diese jedoch leicht abweichend, wenn er die Arbeitsteilung und Kooperation sowie die Zentralität und Dezentralität als organisationale Spannungsfelder anspricht. In diesem Zusammenhang verweist er zudem auf die Bedeutung von Formalisierungen als Strategie zur Überbrückung neu entstehender Schnittstellen (vgl. ebd.). Damit spricht er eine Entwicklung an, die in zahlreichen Studien und Gegenwartsbeschreibungen zu den ASD erwähnt wird: Eine zunehmende Formalisierung und Standardisierung von Prozessen und Aufgaben in den ASD (vgl. z. B. Gissel-Palkovich, 2011, Merchel 2012a). Bei diesen Trends handelt es sich allerdings keinesfalls um „neue" Themen. So wurden Standardisierungstendenzen sowie die Spannung zwischen Generalisierung und Spezialisierung oder Prinzipien wie Dekonzentration, Dezentralisierung und Regionalisierung auch schon vor 25 Jahren als Herausforderungen der ASD-Arbeit beschrieben (vgl. z. B. Flösser 1991, 1994)[151].

---

150 Sozialraumorientierung (SRO) stellte ein vor allem von Hinte (Hinte/Treeß 2007) vertretendes Konzept der Sozialen Arbeit dar, in dem nicht das einzelne Individuum mit seinen Problemen, sondern der soziale Nahraum als Ressource für die dort lebenden Menschen als primärer Bezugspunkt Sozialer Arbeit dient. Die SRO stellt vermutlich die in den letzten 20 Jahren am breitesten diskutierte und implementierte methodische Modernisierung in der Sozialen Arbeit dar – ein Befragter dieser Studie sprach von der „Hintisierung der Sozialarbeit" – nicht zuletzt, weil sie hochgradig anschlussfähig an allgemeine sozialpolitische Trends wie Ökonomisierungstendenzen (NSM), den Hypes um Prävention und Vernetzung sowie vor allem eine aktivierende Sozialpolitik ist. Das Konzept wird auch als Korrektur von Fehlentwicklungen des SGB VIII (z. B. Versäulung, Individualisierung) beschrieben. Anstelle individueller Hilfen stehen präventive Strategien zur Förderung und Aktivierung von Einzelnen und Gruppen, zur Stärkung lokaler Infrastrukturen sowie zur Vernetzung und zum Sozialraummanagement im Fokus des Ansatzes (vgl. Hinte/Treeß 2014; Krone et al. 2009). Das Konzept gilt seinen Befürwortern als Weiterentwicklung der klassischen sozialarbeiterischen Methode der Gemeinwesenarbeit (kritisch Oelschlägel (2004).

6.3 Hilfeplanung und Kinderschutz als Kernaufgaben des ASD

Die Planung und Administration von Erziehungshilfen nach §§ 27 ff. und § 36 sowie die Gefährdungseinschätzung zum Schutz von Kindern und Jugendlichen vor Gefahren für ihr Wohl nach § 8a SGB VIII gelten als zentrale Aufgaben des ASD. Die Hilfeplanung und der Kinderschutz sind auch hinsichtlich der Institutionalisierung von fachlichen Formalisierungen besonders interessant, da sie als hoch standardisierte Arbeitsbereiche gelten – eine Einschätzung, die auch in den qualitativen Interviews bestätigt wurde[152].

Die Unterscheidung und Abgrenzung der beiden Arbeitsbereiche Kinderschutz und Hilfeplanung ist im Fachdiskurs der Kinder- und Jugendhilfe üblich. Sie spiegelt historische, rechtliche, theoretische und praktische Entwicklungen, Strukturierungen und Selbstverständnisse wider. Gleichwohl ist die Unterscheidung auch analytischer Natur und mit Blick auf praktische Prozessierungen konkreter Fälle in den ASD insofern künstlich, als die Grenzen zwischen den beiden Bereichen fließend sind: So münden einerseits Kinderschutzfälle häufig in Hilfeplanungsprozesse/Hilfen zur Erziehung ein und lassen sich daher aus der Kinderschutzperspektive als Element der Fallprozessierung im Kinderschutz bestimmen (vgl. z. B. Bode/Turba 2014). Andererseits sind in vielen Jugendämtern Fragen des Kinderschutzes strukturell mit dem Prozess der Hilfeplanung verknüpft. Dies ist etwa der Fall, wenn Fälle entlang der Dimension Kindeswohlgefährdung klassifiziert werden (Grau-, Gefährdungs- und Leistungsbereich) und hieraus weitere Konsequenzen für die Fallbearbeitung und Leistungserbringung (z. B. die Formulierung von Schutzkonzepten und Auflagen) folgen. Und auch rechtlich besteht in der Kinder- und Jugendhilfe insofern eine Verknüpfung, als der Rechtsanspruch auf Erziehungshilfen nach § 27 (1) SGB VIII von Defiziten hinsichtlich einer dem „Wohl des Kindes oder des Jugendlichen entsprechende Erziehung" abhängig gemacht wird.

Wenn daher in dieser Studie konsequent über alle Perspektiven auf den Gegenstand hinweg – das heißt: sowohl im historischen Rückblick und bei der

---

151 Eine differenzierte Darstellung der weiteren Grundlagen, Aufgaben und Herausforderungen der ASD-Arbeit würde den Rahmen dieser Arbeit unnötig ausweiten. Daher sei zu diesem Zweck auf die verschiedenen, in den letzten Jahren entstandenen Grundlagenwerke zu den ASD verwiesen: Merchel (2012); Gissel-Palkovich (2011); Institut für Sozialarbeit und Sozialpädagogik (ISS) (2010).

152 In den qualitativen Interviews mit Fach- und Leitungskräften der ASD wurde zur Einleitung des thematisch auf Formalisierungen bezogenen Gesprächsteils offen nach Standardisierungen im ASD gefragt, worauf die Interviewten durchgängig die Bereiche Kinderschutz und/oder Hilfeplanung benannten.

Vorstellung des Forschungsstanden als auch in den beiden empirischen Teilstudien – zwischen den Bereichen Kinderschutz und Hilfeplanung unterschieden wird, so ist damit eine Differenz konstituiert, die in dieser Ausprägung nicht zwingend ist. Besonders imperativ ist diese Distinktion naturgemäß bei der quantitativen Teilstudie, wo eine scharfe Abgrenzung durch eine entsprechende Konstruktion der Befragungsitems erzwungen wurde. Durch die Abgrenzung der beiden Felder war es jedoch möglich, spezifische Differenzen erst sichtbar zu machen.

6.3.1 Hilfeplanung

Nach § 27 (1) SGB VIII haben Erziehungsberechtigte einen *subjektiven Rechtsanspruch* auf Hilfen zur Erziehung, sofern eine dem Kindeswohl entsprechende Erziehung nicht gewährleistet ist und eine Hilfe geeignet und notwendig ist[153]. Die Anspruchsvoraussetzung auf Erziehungshilfen ist durch zahlreiche unbestimmte Rechtsbegriffe geprägt. Dies räumt den Rechtsanwendern, also den ASD-Fachkräften, breite Ermessensspielräume ein. Zudem handelt es sich um eine „unvollständige Rechtsnorm", da eine Vermischung von Tatbeständen und Folgen erfolgt (vgl. Schimke 1994). Abgesehen von der Erziehungsberatung werden Hilfen zur Erziehung in der Regel auf der Basis einer Hilfeplanung erbracht. Das SGB VIII sieht in den §§ 28–35 SGB VIII verschiedene familienunterstützende, -ergänzende und -ersetzende bzw. ambulante, teilstationäre und stationäre Hilfen zur Erziehung vor. Zudem können nach § 27 (2) SGB VIII flexible Hilfen quer zu den Standardleistungen entwickelt werden[154].

Das *Entscheidungsverfahren zur Hilfegewährung* ist in § 36 SGB VIII geregelt. Er bestimmt die Beteiligung der Betroffenen sowie eine Teamentscheidung als zentrale fachliche Standards der Hilfeentscheidung. Zudem ist bei vermutlich längerfristigen Hilfen unter Mitwirkung der Betroffenen sowie eventueller externer Leistungserbringer ein Hilfeplan aufzustellen, der eine Bedarfsfeststellung, die Art der Hilfe sowie die notwendigen Leistungen enthält. Das SGB VIII gibt demnach lediglich eine grobe Standardisierung des Hilfeplans

---

153 Die grundlegenden Inhalte und Verfahrensregeln für Hilfen zur Erziehung nach § 27 SGB VIII lassen sich im Wesentlichen auch auf Hilfen für junge Volljährige nach § 42 SGB VIII sowie für Kinder mit seelischer Behinderung nach § 35a SGB VIII übertragen. Allerdings sind bei diesen beiden Hilfeformen die Kinder und Jugendlichen und nicht die Eltern leistungsberechtigt. Zudem gelten ergänzende Regelungen. So muss das Jugendamt beispielsweise im Falle von Leistungen nach § 35a SGB VIII ein medizinisch-psychologisches Gutachten einholen.
154 Im Jahr 2014 waren 1.037.728 Kinder und Jugendliche, dies entspricht 6,7% der Bevölkerung unter 21 Jahren, AdressatInnen einer Hilfe zur Erziehung (vgl. Fendrich et al. 2016).

vor, verzichtet jedoch auf eine Formalisierung des Hilfeplanungsprozesses. In der Fachdiskussion wurde bzw. wird jedoch kontrovers diskutiert, ob die Bedarfsfeststellung und Hilfeentscheidung nicht auf Basis einer sozialpädagogischen bzw. psychosozialen Diagnostik erfolgen sollte (vgl. Abschnitt 7.6). Neben bzw. verknüpft mit der Kontroverse um eine (standardisierte) Diagnostik ist die Frage der angemessenen Beteiligung der AdressatInnen. Diese wurde vor allem während des „Partizipationsbooms" (Stork 2007) in den 1990er- und 2000er-Jahren als zentrale Herausforderung der Hilfeplanung diskutiert.

Bei der Hilfeplanung handelt es sich um einen *mehrstufigen Prozess*, in dem an verschiedenen Stellen fachliche Formalisierungen zum Einsatz kommen können. Der Hilfeplanprozess beginnt mit der Kenntnisnahme eines etwaigen Hilfebedarfs durch das Jugendamt. Dies kann durch freiwillige oder angeratene Kontaktaufnahme der Eltern geschehen, meist wird das Jugendamt aber durch Dritte auf einen Hilfebedarf aufmerksam gemacht. Dieser führt zu einer Kontaktaufnahme des ASD mit der Familie und einer sondierenden Beratung und Information der Eltern, in deren Rahmen gegebenenfalls auch eine Abklärung möglicher Kindeswohlgefährdungen erfolgen kann. Des Weiteren erfolgt die Klärung der örtlichen, sachlichen und fachlichen Zuständigkeit und gegebenenfalls eine Weitervermittlung an die zuständige Stelle. Sofern die ASD-Fachkraft zuständig ist, erfolgt in einem nächsten Schritt eine vorläufige Feststellung des Hilfebedarfs. An dieser Stelle können – sofern vorgesehen – gegebenenfalls Instrumente der Diagnose/Anamnese zum Einsatz kommen.

Sofern ein erzieherischer Bedarf besteht, wird bei den leistungsberechtigten Eltern auf eine Antragstellung von Hilfen zur Erziehung hingewirkt. Erfolgt keine Antragstellung, so kommen (abgesehen von gerichtlichen Weisungen im Falle einer Kindeswohlgefährdung) auch keine Erziehungshilfen zum Einsatz. Nach der Antragstellung erfolgt eine differenzierte Situations- und Bedarfsklärung bzw. eine sozialpädagogische Diagnostik mit der Familie, bei der – sofern vorgesehen – entsprechende Instrumente genutzt bzw. fortgeschrieben werden können. Nach Feststellung des erzieherischen Bedarfs durch die fallführende Fachkraft, erfolgt die Entscheidung über die geeignete Hilfe. Dabei soll sowohl die Art der Hilfe als auch deren Intensität dem Einzelfall angemessen, d. h. geeignet sein. Nach § 36 Abs. 2 SGB VIII soll diese Entscheidung im Zusammenwirken mehrerer Fachkräfte zu erfolgen. Daher sind hier meist kollektive Beratungs- und Entscheidungsprozesse vorgesehen. Der Charakter dieses Zusammenwirkens mehrerer Fachkräfte kann sehr unterschiedlich ausfallen. Dies zeigen auch die Befunde der qualitativen Teilstudie (vgl. Kapitel 11)[155]. Unter-

---

155 Wie über Hilfen entschieden wird, war Gegenstand aller Interviews, die im Rahmen der qualitativen Fallstudien mit VertreterInnen unterschiedlicher Hierarchieebenen in den ASDs durchgeführt wurden. Da die Darstellung der Studienergebnisse ab Kapitel 10 auf

schiede bestehen beim Kreis der Akteure, die in kollegiale Beratungen einbezogen werden. Dies können einzelne Personen sein, eine Kollegin/ein Kollege oder der/die Vorgesetzte, oder es kann sich um ein Gremium handeln, beispielsweise ein ASD-Team. Möglicherweise sind an entsprechenden Gremien auch externe Akteure (z. B. VertreterInnen von Spezialdiensten oder Leistungsanbieter) oder anderer Hierarchieebenen beteiligt (z. B. bei kostenintensiven Hilfen die Amtsleitung). Dieses Zusammenwirken der Fachkräfte kann unterschiedliche Funktionen erfüllen. Es hat entweder den Charakter der Beratung, während die letztliche Entscheidung bei der fallführenden Fachkraft verbleib. Das kollegiale Zusammenwirken kann aber auch als Entscheidungsgremien konzipiert sein, in dem für die Fachkraft verbindlich über Hilfen entschieden wird. In beiden Fällen kann die Teamberatung methodisch strukturiert und unter Nutzung entsprechender Formulare zur Falldarstellung, Ergebnissicherung etc. erfolgen. Die Ergebnisse der vorliegenden Studie zeigen dabei, dass die Zusammensetzung, Zwecke und auch die Verbindlichkeit der Nutzung der kollegialen Beratungen nicht nur zwischen unterschiedlichen ASD variiert, sondern auch innerhalb eines ASD unterschiedlich geregelt sein kann. So können etwa Unterschiede in Abhängigkeit von der Art oder den Kosten der anvisierten Hilfe bestehen.

Nach der jugendamtsinternen Entscheidung für eine Hilfe erfolgt die Hilfeplankonferenz, in der den Betroffenen eine notwenige und geeignete Hilfe vorgeschlagen wird und über deren Ausgestaltung diskutiert wird. In diesem Rahmen könnten die Eltern das ihnen nach § 5 SGB VIII zustehende Wunsch- und Wahlrecht hinsichtlich des Hilfeerbringers ausüben. Bei der Hilfeplanungssitzung werden jedoch vor allem Hilfeziele unterschiedlicher Abstraktheit (z. B. Leitziele und konkrete Ziele), Terminierungen (langfristige, mittelfristige und kurzfristige Ziele), Arbeitsaufträge (für Leistungserbringer, Eltern und/oder Kinder und Jugendliche) sowie weitere Absprachen vereinbart. Die Verhandlungsspielräume der Beteiligten im Hilfeplangespräch sind somit aufgrund der zahlreichen vorgelagerten Prozesse – an denen die Betroffenen möglicherweise bereits beteiligt waren – eingeschränkt.

Das Ergebnis der Hilfeplanung wird schließlich in einem schriftlichen Hilfeplan, einem mehr oder weniger ausdifferenzierten und standardisierten Formular, fixiert, der den Betroffenen zur Kenntnis bzw. Gegenzeichnung übermittelt wird. Sodann erfolgt die Gewährung der Hilfe durch einen Verwaltungsakt seitens des Jugendamtes. Für die mit der Erbringung der Hilfe beauf-

---

fachliche Formalisierungen fokussiert ist und daher z. B. Entscheidungsprozessen nur insofern dargestellt werden, als sie mit fachlichen Formalisierungen verknüpft sind, werden interessante „Nebenbefunde" in Ausnahmefällen in den nicht-empirischen Teil der Studie eingestreut.

tragten Träger stellt der schriftliche Hilfeplan die Arbeitsgrundlage für die Zusammenarbeit mit der Familie bzw. dem Kind oder Jugendlichen dar. Im weiteren Verlauf sollen die Hilfen regelmäßig, meist im Abstand von einem halben bis zu einem Jahr, überprüft und gegebenenfalls angepasst werden. Hierzu findet eine neuerliche Hilfeplankonferenz statt, meist unter Mitwirkung der hilfeerbringenden Träger, die zur Vorbereitung des Gesprächs für gewöhnlich einen (Entwicklungs-)Bericht einreichen. Gegenstand der Hilfeplankonferenz sind dann meist die gemeinsame Reflexion der bisherigen Entwicklung, neu auftretende Probleme/Bedarfe sowie eine Überprüfung der Zielerreichung. Andererseits erfolgt eine Planung (Zielformulierung etc.) für die weitere „Leistungsperiode" (vgl. z. B. BLJA 2008, S. 65 ff.; BLJA 2009, S. 14 ff.; Schimke 1994; Schrapper 2014).

Während das formale Grundgerüst der Hilfeplanung sowohl in Publikationen als auch in den Interviews dieser Studie mit Fach- und Leitungskräften ähnlich beschrieben wird, zeigen die Interviews zahlreiche Abweichungen von der formal vorgegebenen Struktur. So findet die Entscheidung für eine Hilfe mitunter schon beim ersten Gespräch statt und es wird versucht, diese Entscheidung im weiteren Prozessverlauf durchzuhalten bzw. zu „verteidigen". Ebenso können Hilfeentscheidungen von den verfügbaren Angeboten in der Kommune abhängig gemacht werden, weshalb schon zu Beginn des Verfahrens Absprachen mit potenziellen Leistungserbringern erfolgen und der weitere Prozess zur verfügbaren Hilfe „passend gemacht" wird.

Schließlich erfolgen – nicht nur im Falle akuter Krisen – an den unterschiedlichen Stellen des Prozesses Abkürzungen oder (seltener) auch Umwege. Neben dem offiziellen Hilfeplanungsprozess ist die Einleitung und Administration von Erziehungshilfen, quasi auf der Hinterbühne, mit weiteren Aufgaben für die ASD-Kräfte verbunden. Hierzu zählt unter anderem die Recherche und Auswahl eines Hilfeangebots und Trägers, die Verhandlung der Konditionen des Angebots mit den Trägern, die Organisation von Zusatzleistungen (z. B. von Diagnosen/Clearings, Therapien oder Fahrdiensten zu einem Angebot), die Aufstellung eines Kostenplans, der mit der für die Finanzierung der Leistungen zuständigen Stelle („Wirtschaftliche Jugendhilfe") abgestimmt und eventuell nachverhandelt werden muss. Zudem sind jeweils verschiedene, teilweise sehr differenzierte Statistikbögen für jede Einzelhilfe zu erstellen sowie Handlungen und Entscheidungen zu dokumentieren (Aktenführung) (vgl. auch Bode/Turba 2014).

Während im Rahmen der einzelnen Aufgaben der Hilfeplanung immer wieder formalisierte Instrumente zum Einsatz kommen, wird teilweise auch der Hilfeplanungsprozess selbst formalisiert, d. h. die Reihenfolge der Schritte oder aber deren Ausgestaltung wird ex ante vorgegeben. Dies ist etwa dann der Fall, wenn der Hilfeplanungsprozess als ein formales Case-Management-Verfahren konzipiert wird. Wie bereits beschrieben wird den deutschen Veröffentlichungen zum Thema Case Management die Abfolge klar definierter Arbeitsphasen – also eine Prozessstandardisierung – als Kern des Konzeptes bestimmt. Entsprechend beschreibt auch das Bayerische Landesjugendamt (BLJA) den Hilfeplanungsprozess nach § 36 SGB VIII als Case Management-Prozess mit den Prozessschritten Intake, Assessment, Planning, Monitoring und Evaluation (BLJA 2008, S. 65).

In der Case Management-Literatur wird die Hilfeplanung nach § 36 SGB VIII häufig als „idealer Einsatzort" für das Case Management benannt (vgl. z. B. Remmel-Faßbender 2007; Löcherbach et al. 2009; Neuffer 1993; 2009; Gissel-Palkovic 2011; 2012a; Wendt 2010a; 1991). Nach Gissel-Palkovich (2007, S. 262) gilt das Case Management „geradezu als prädestiniert für die fachlichen Anforderungen einer systematischen Hilfeplangestaltung nach § 36 SGB VIII". Dies wird zum einen damit begründet, dass die „bestehenden Arbeitsabläufe" der Hilfeplanung im ASD „ohnehin schon viele Komponenten" des Case Managements umfassen (Neuffer 2009, S. 58; vgl. auch Wendt 1992). Zum anderen lässt sich das Case Management mit dem durch das neue Steuerungsmodell und die Einführung von Quasi-Märkten assoziierten Rückzug des öffentlichen Trägers auf die Gewährleistungsverantwortung und Delegation der Vollzugsverantwortung an freie Träger (Grohs 2010, S. 77) begründen, da diese eine Fokussierung des ASD auf die Administration bzw. das Management von Hilfen impliziert. Damit verknüpft wird auch ein verändertes Selbstverständnis der Fachkräfte. So führt Gissel-Palkovich (2006, S. 92) aus, das Case Management stehe für eine „Abkehr von einem eher beraterisch-therapeutischen Selbstverständnis, hin zu einem Selbstverständnis, das Managementanteile integriert".

Von der Umsetzung eines Case Managements wird erwartet, dass es den ASD dazu befähigt, „auf der methodischen Ebene (…) seine professionelle Handlungsfähigkeit und sein fachliches Niveau auch in ökonomisch schwierigen Zeiten zu sichern und zu erhalten" (Gissel-Palkovich 2011, S. 210). Dies soll vor allem durch eine effektive und effiziente Prozess- und Fallsteuerung geschehen. „Steuerung in Case Management bedeutet: eine Gesamtausrichtung, standardisierter Organisationsabläufe, das Einführen verbindlicher Verfahrensanweisungen und die Sicherung von Kommunikations- und Entscheidungsstrukturen" (Remmel-Faßbender 2007, S. 265). Der Bezug auf das Konzept des Case Managements impliziert dabei häufig nicht nur eine Formalisierung des Gesamtprozesses der Fallbearbeitung sondern mitunter auch der einzelnen Teilschritte. So wird der Ansatz von seinen BefürworterInnen als ein „integratives Konzept" beschrieben, das die Integration unterschiedlicher (auch standardisierter) Methoden, Verfahren und Techniken erlaubt (Gissel-Palkovich 2011, S. 210).

6.3.2 Kinderschutz

Neben der Hilfeplanung und der Administration von Erziehungshilfen zählt die Umsetzung des Schutzauftrags nach § 8a SGB VIII zu den zentralen Aufgaben der ASD. Hiernach hat das Jugendamt die Aufgabe, Hinweisen auf eine Gefährdung des Kindeswohls nachzugehen, diese zu überprüfen und gegebenenfalls eine Gefahr für das Wohl des Kindes abzuwehren, wofür ein breites Spektrum von Interventionen vorhanden ist, angefangen von der Beratung der Eltern, über das Angebot diverser ambulanter und (teil-)stationärer Hilfen, bis zur Anrufung des Gerichts oder der unmittelbaren Inobhutnahmen (vgl. z. B. Schone 2012).

Innerhalb der Fachdiskussion nimmt die *Gefährdungseinschätzung* eine herausragende Rolle ein. Nach § 8a (1) SGB VIII soll die Einschätzung des Gefährdungsrisikos im Zusammenwirken mehrerer Fachkräfte erfolgen. Zudem sind, sofern dies den Schutz des Kindes oder Jugendlichen nicht gefährdet, die Eltern einzubeziehen und sofern dies fachlich geboten erscheint, das Kind und seine Lebensumstände (im Rahmen eines Hausbesuchs) in den Blick zu nehmen. Wenngleich hinsichtlich der Gefährdungsabschätzung keine weiteren bundesrechtlichen Vorgaben bestehen, wird gerade für den Prozess der Gefährdungsabschätzung der Einsatz standardisierter Instrumente und Verfahren diskutiert und empfohlen (vgl. z. B. Kommunale Spitzenverbände 2009).

Nach § 1666 BGB bezeichnet eine *Gefährdung des Kindeswohls* die formale Schwelle, an welcher der Staat zum Schutz des körperlichen, geistigen, seelischen und ökonomischen Wohls des Kindes in das grundgesetzlich geschützte elterliche Sorgerecht (Art. 6 GG) einzugreifen hat. Zur näheren inhaltlichen Bestimmung dieser Schwelle wird zum einen noch immer auf eine über 60 Jahre alte Konkretisierung des Bundesgerichtshofs verwiesen (vgl. für viele Klees/Wiesner 2014). Dieser bestimmt eine Kindeswohlgefährdung als „eine gegenwärtig, in einem solchem Maße vorhandene Gefahr, dass sich bei der weiteren Entwicklung eine erhebliche Schädigung mit ziemlicher Sicherheit voraussehen lässt" (BGH FamRZ 1956, S. 350). Zum anderen müssen die Eltern nicht gewillt oder in der Lage sein, die Gefährdung (ggf. durch entsprechende Hilfen) abzuwehren.

Auch beim Begriff der Kindeswohlgefährdung handelt es sich um einen unbestimmten Rechtsbegriff. So ist zur Bestimmung der zahlreichen Formen und Dimensionen einer Gefährdung eine Bezugnahme auf und Einbeziehung von außerjuristischen Wissensbeständen nötig und vorgesehen (vgl. Wiesner 2005). Diese unterschiedlichen Dimensionen verweisen auf verschiedene Einzelentscheidungen im Zuge der Bearbeitung von Fällen der Kindeswohlgefährdung. Kindler (2003) nennt hier unter anderem eine Dringlichkeitsabschätzung bezüglich weiterer Schritte, eine vorläufige Sicherheitsabschätzung, eine langfristige Risikoeinschätzung, eine Einschätzung der möglichen Folgen bereits vorgefallener Misshandlungen, eine Abschätzung der bei Eltern und sozialem Umfeld des Kindes liegenden Risiken und Ressourcen sowie eine Abschätzung der Kooperationsbereitschaft und -fähigkeit der Sorgeberechtigten. Die Bestimmung einer Gefährdung im rechtlichen Sinne ist somit doppelt unsicherheitsbelastet, da sie Prognosen über zukünftige Entwicklungen auf Basis meist unvollständiger Informationen erfordert (vgl. Schone 2012; Klees/Wiesner 2014; Kindler/Lillig 2005). Somit stellt sich die Frage,

> wie angesichts komplexer, nie ganz zu durchschauender Lebensverhältnisse und angesichts der strukturellen Unsicherheiten sozialpädagogischer Prognosen und Prozesse dennoch ein zuverlässig fachlich begründetes Handeln möglich gemacht werden kann. (Schone 2012, S. 270)

Angesichts dieser Komplexität und Unsicherheit wird die Gefährdungsabschätzung als eine der zentralen fachlichen Herausforderungen für Fachkräfte in den ASD beschrieben (vgl. ebd.). Zudem ist die Aufgabe der Gefährdungseinschätzung auch mit einem strafrechtlichen Risiko für die Fachkräfte verknüpft[156], wenngleich dieses nach Ansicht einiger ExpertInnen überbewertet wird (vgl. z. B. Meysen 2006).

Für die Gefährdungseinschätzung nach § 8a SGB VIII wurden im Rahmen von Empfehlungen sowie in empirischen Studien (ideal-)typische Prozesse konzipiert bzw. rekonstruiert (vgl. z. B. Kommunale Spitzenverbände 2009; Bode/Turba 2014). Eröffnet wird der Prozess der Risikoeinschätzung in der Regel mit der Kenntnisnahme des Jugendamtes von einer möglichen Gefährdung. Eine solche Gefährdungsmeldung, kann den Jugendämtern auf unterschiedlichste Weise (telefonisch, persönlich, schriftlich per Email oder Fax) und durch unterschiedliche Melder zugehen. Die Form der Meldung variiert dabei in Abhängigkeit vom Melder[157]. Für institutionelle Melder bestehen häufig definierte Routinen und Formalisierungen. Andere Organisationen (Schulen, Jugendhilfeträger, Polizei, Spezialdienste etc.) können angehalten sein, zur

---

156 Als ein Schlüsselereignis in der Kinderschutzdiskussion gilt dabei der sogenannte „Osnabrücker Fall", in dem sich zwischen 1994 und 1996 eine ASD-Fachkraft wegen des Todes eines Kindes aufgrund elterlicher Vernachlässigung wegen unterlassener Hilfeleistung (§ 13 StGB) vor Gericht verantworten musste (vgl. Kreft/Weigel 2012; Schrapper 2012).

157 Im Referenzjahr der Studie 2013 stammten 14% der Meldungen aus dem Feld der Sozialen Arbeit, darunter 6% aus dem ASD/Jugendamt selbst. Weitere 12% der Melderungen kamen aus dem Bildungs- und Erziehungssystem (Kita und Schule) sowie 7% aus dem Gesundheitswesen. Mit 19% stellt die Polizei/Justiz den häufigsten institutionellen Melder dar. Aus dem lebensweltlichen Umfeld stammen dagegen 41% der Meldungen, darunter 7% von den Eltern selbst, 2% von den betroffenen Kindern/Jugendlichen sowie 11% anonyme Melder (vgl. Statistisches Bundesamt 2014).

Meldung einer Gefährdung definierte Wege und Formulare zu nutzen. Dies gilt umso mehr, wenn die Melder bereits erste Schritte zur Gefährdungsabwehr unternommen und dokumentiert haben. Meldungen von Akteuren, die nicht direkt in Verantwortung für den Kinderschutz stehen (z. B. Nachbarn), gehen dagegen in der Regel telefonisch ein und werden mithilfe von Meldebögen von den ASD Mitarbeitenden dokumentiert.

Auf der Basis derart dokumentierter Meldungen erfolgen – in der Regel im Zusammenwirken mehrerer Fachkräfte – zentrale Grundsatzentscheidungen für den weiteren Fallverlauf. Insofern gilt die Meldung als „basale Orientierungsgrundlage im Prozedere des organisierten Kinderschutzes" (Bode/Turba 2014, S. 169). Zunächst erfolgt die grundlegende Entscheidung, ob die Meldung als möglicher Hinweis auf eine Gefährdung codiert wird und damit weitere Aktionen auslöst, oder aber ob sie als unbegründet „zu den Akten" gelegt wird. Im ersten Fall erfolgt zudem eine Entscheidung über das weitere Vorgehen, insbesondere über die Dringlichkeit weiterer Schritte. Schließlich erfolgt bereits nach Eingang der Meldung in der Regel eine Information der oder des Vorgesetzten.

Sofern eine Gefährdung nicht ausgeschlossen werden kann, erfolgt als unmittelbare Reaktion häufig ein Hausbesuch zur weiteren Klärung des Verdachtes, der meist von zwei ASD-Fachkräften durchgeführt wird. Je nach Einschätzung der Situation, kann der Hausbesuch angemeldet oder unangemeldet erfolgen. Alternativ dazu können die Eltern zu einem Gespräch ins Jugendamt eingeladen oder das Kind/der Jugendliche an einem anderen Ort (Schule, Kita) aufgesucht werden. Der Hausbesuch – wie auch die alternativen Settings – dienen in dieser Situation vor allem der weiteren Informationsgewinnung. Zur Dokumentation dieser Informationen bzw. Eindrücke werden häufig formalisierte Instrumente (Dokumentations-/Einschätzungsbögen) genutzt. Neben der direkten Kontaktaufnahme mit der Familie werden Informationen auch über Gespräche mit professionellen Fachkräften aus dem Umfeld der Familie eingeholt (Schule, Kita etc.).

Sollte sich der Verdacht auf eine Kindeswohlgefährdung im Rahmen dieser Recherchen bzw. beim Hausbesuch aus Sicht der Fachkräfte erhärten, so kann das Kind/der Jugendlich nach § 42 SGB VIII vorübergehend in Obhut genommen und bei einer „geeigneten Stelle" untergebracht werden. Sofern die Sorgeberechtigten der Inobhutnahme nicht zustimmen und nicht bereit oder in der Lage sind, Hilfen zur Abwehr der Gefährdung anzunehmen, erfolgt zudem eine Anrufung des Familiengerichts (vgl. § 8a (2) SGB VIII). Auch der Inhalt und das Ergebnis dieser Erstintervention, mithin die getroffenen Entscheidungen, sind meist kollektiv zu treffen, zu dokumentieren und vorgesetzten AkteurInnen mitzuteilen. An diese Erstinterventionen schließt sich in der Regel ein weiterer Diagnoseprozess an, der neben der Klärung der aktuellen Situation auch der Entwicklung von Zukunftsperspektiven dienen soll. Neben weiteren Gesprächen/Besuchen mit den direkt Betroffenen, können auch hierzu weitere Akteure (ggf. nach Einholung einer Schweigepflichtentbindung auch Ärzte/ Ärztinnen) konsultiert werden. Bode und Turba (2014, S. 170) berichten zudem im Rahmen ihrer Rekonstruktion des Kinderschutz-Standardprozesses im ASD davon, dass die Entwicklung von Zukunftsperspektiven auch als Clearingauftrag (in ambulanten oder stationären Settings) an freie Träger „outgesourced" werden kann (vgl. Bode/Turba 2014, S. 170).

Sofern eine Gefährdung nicht ausgeschlossen werden kann und/oder ein Hilfebedarf besteht, mündet das Kinderschutzverfahren in ein Hilfeplanverfahren. Im Falle von Gefährdungen enthalten die Hilfepläne dann meist entsprechende Auflagen und Kontrollregelungen (Schutzkonzepte). Ebenso wie bei Hilfeplanung finden auch bei der Bearbeitung von Kinderschutzmeldungen in der ASD-Praxis zahlreiche Abweichungen von dem beschriebenen Standardprozess statt. So kann beispielsweise in akuten Fällen zunächst eine Intervention erfolgen, die erst im Nachhinein entschieden, begründet und kollektiv beraten wird.

Mit Inkrafttreten des Bundeskinderschutzgesetzes (BKiSchG) im Jahr 2012 wurde auch eine differenzierte *statistische Erfassung der Gefährdungsabschätzung* implementiert. Im Jahr 2013, dem Jahr der Erhebungen dieser Studie, lag die Zahl der Verfahren zur Gefährdungseinschätzungen nach § 8a SGB VIII bei 115.678 (vgl. Statistisches Bundesamt 2016c). Im Zeitverlauf ist die Zahl der Verfahren seit 2012 kontinuierlich angestiegen und lag 2017 bei 143.275 (vgl. Statistisches Bundesamt 2018). Allerdings muss berücksichtigt werden, dass gerade „neu eingerichtete" Statistiken mit einer erhöhten Fehlerquote behaftet sind (vgl. Schilling 2002). Zudem weisen auch die später referierten Ergebnisse der quantitativen Studie auf zahlreiche verzerrende Effekte hin, wobei organisationale Anreizmuster eher Übererfassungen nahelegen[158].

Von den erfassten Meldungen endeten über die Jahre hinweg relativ konstant jeweils ein Drittel der Fälle mit dem Befund einer Kindeswohlgefährdung, mit einem Hilfebedarf jedoch keiner Kindeswohlgefährdung sowie mit weder einer Kindeswohlgefährdung noch einem Hilfebedarf. Von den Gefährdungsfällen entfielen im Jahr 2013 etwa 15% auf eine akute Gefährdung, 19% auf eine latente Gefährdung; auch dieses Verhältnis ist im Zeitverlauf recht konstant. Schließlich werden in der Statistik die Reaktionen auf die Gefährdungseinschätzungen erfasst. Im Referenzjahr 2013 wurde bei etwa zwei Drittel der Fälle, in

---

158 Nach den Vorgaben des Statistischen Bundesamtes sollen zur 8a-Statistik jene Fälle gemeldet werden, in denen den Jugendämtern „gewichtige Anhaltspunkte für die Gefährdung des Wohls eines Kindes oder Jugendlichen bekannt werden, es sich daraufhin einen unmittelbaren Eindruck von dem/der Minderjährigen und seiner/ihrer persönlichen Umgebung verschafft und die Einschätzung des Gefährdungsrisikos anschließend im Zusammenwirken mehrerer Fachkräfte erfolgt" (Statistisches Bundesamt 2016c).

denen eine Gefährdung oder ein Hilfebedarf festgestellt wurden, eine neue Hilfe eingesetzt, wobei in über einem Drittel der Fälle zum Zeitpunkt der Gefährdungsmeldung bereits eine Hilfe lief. Von den neuen Hilfen entfielen 19% auf familienunterstützende Hilfen nach den §§ 16–18 SGB VIII, 24% auf eine ambulante oder teilstationäre Hilfe zur Erziehung (ohne Erziehungsberatung) sowie 5% auf eine stationäre bzw. familienersetzende Erziehungshilfe. In 28% der akuten sowie 12% der latenten Gefährdungen erfolgte eine Anrufung des Familiengerichts (vgl. Statistisches Bundesamt 2016c)[159].

Weitere Hinweise zur Bedeutung von Aufgaben des Kinderschutzes liefert schließlich die Statistik zu den vorläufigen Schutzmaßnahmen nach § 42 SGB VIII. Zu diesen Inobhutnahmen liegen amtliche Daten seit Mitte der 1990er-Jahre vor. Ihre Anzahl ist ab dem Inkrafttreten des § 8a SGB VIII im Jahr 2005 deutlich von 25.442 auf 41.22 im Referenzjahr 2013 angestiegen (vgl. Statistisches Bundesamt 2016b). Für eine angemessenen Interpretation der Daten gilt es jedoch zu berücksichtigen, dass mit dem Kinder- und Jugendhilfeweiterentwicklungsgesetz (KICK) von 2005 auch die Inobhutnahme unbegleitete eingereister Minderjähriger/Geflüchteter explizit in § 42 SGB VIII normiert wurde, deren Anzahl vor allem ab den 2010er-Jahren deutlich angestiegen ist. Doch auch ohne den Grund der unbegleiteten Einreise ist die Anzahl der Inobhutnahmen zwischen 2005 und 2013 um 39% angestiegen (vgl. ebd.; eigene Berechnungen). Vor dem Hintergrund, dass Dunkelfeldstudien eher auf einen Rückgang von Vernachlässigung, Missbrauch, Misshandlung und Gewalt gegen Kinder- und Jugendliche hinweisen (vgl. Mairhofer/Pooch i. V.), kann der Anstieg der Fallzahlen bei den Inobhutnahmen durchaus als ein Effekt der Kinderschutzdebatte interpretiert werden – also als eine Folge höherer gesellschaftlicher Sensibilität gegenüber Formen der Gewalt gegen Kinder und Jugendliche einerseits sowie einem größeren Aktionismus und veränderten organisationale Reaktionsmuster aufseiten der Jugendämter andererseits.

---

159 Interessant ist, dass auch in knapp 3% der Fälle, in denen keine Gefährdung des Kindeswohls vorlag, eine Anrufung des Familiengerichts erfolgte (vgl. Statistisches Bundesamt 2016c).

7. Zur Geschichte der (Allgemeinen) Sozialen Dienste

Der nachfolgende Abriss der Geschichte fokussiert vor allem auf die Entwicklung der Struktur und der Regulation der sozialen Dienste. Die Entwicklungen ab Einführung des SGB VIII im Jahr 1990/1991 bzw. der „Neuen Steuerung" (ab 1993) bilden dabei den unmittelbaren Hintergrund, vor dem die in den kommunalen Fallskizzen (s. Kapitel 11) beschriebenen Modernisierungsprozesse erfolgten. In der nachfolgenden Beschreibung von Angeboten und Strukturen, rechtlichen und politischen Rahmenbedingungen sowie Programmen und Diskursen wird die Geschichte der ASD bzw. Jugendämter – durchaus kontingent – als Geschichte der Fürsorge erzählt und nicht etwa als Geschichte der (öffentlichen) Erziehung. Diese Wahl liegt vor allem darin begründet, dass nicht nur die Entwicklung des Feldes der empirischen Untersuchungen nachgezeichnet werden soll, sondern die Geschichte der sozialen Dienste auch als eine „Geschichte der Formalisierung" der Jugendhilfe rekonstruiert wird. Diese Ausrichtung legt eine Orientierung an der kommunalen Fürsorge bzw. der Tradition der Sozialarbeit anstelle der (Sozial-)Pädagogik nahe[160].

Zu dem historischen Rückblick ist anzumerken, dass die „Geschichtsschreibung", also die Thematisierung von Formalisierungen in den Texten, die dieser Darstellung zugrunde liegen, selbst Teil des Fachdiskurses und damit Elemente des Institutionalisierungsprozesses sind. Dies gilt besonders für die Texte zu jenen fachlichen Formalisierungen, auf die sich die empirischen Analysen dieser Studie beziehen. Da auch diese formalisierten Instrumente zur Diagnose und Dokumentation eine Geschichte haben, wird deren Vorstellung in den historischen Abriss eingewoben. Die Rekonstruktion der historischen Entwicklung fachlicher Formalisierungen in den sozialen Diensten erfolgt dabei exemplarisch am Beispiel der „sozialen Diagnose" und deren Vorläufern. Dies liegt darin begründet, dass deren Entwicklung einerseits hinreichend aufgearbeitet wurde und diesen andererseits für das Professionalisierungsprojekt der Sozialen Arbeit eine besondere Bedeutung zugeschrieben wird (vgl. Abschnitt 2.4). Die Darstellung der Entwicklung der sozialen Dienste, der dort eingesetz-

---

160 Zur fürsorgerischen Tradition der Sozialarbeit vgl. grundlegend Sachße/Tennstedt (1981). Für eine „alternative" Geschichte der Jugendämter als aus dem Erziehungsgedanken bzw. kindlicher Erziehungsbedürftigkeit resultierende Organisation vgl. Vogel (1960) – für eine Diskussion der beiden Traditionen vgl. Schrapper et al. (1987). Zum Verhältnis der Traditionslinien der Sozialarbeit und der Sozialpädagogik vgl. grundlegend: Mühlum (1981).

ten Formalisierungen des Kinderschutzes und der Hilfeplanung erfolgt in grober chronologischer Ordnung, die sich an den interessierenden Prozessen und Gegenständen orientiert. Mit dem Ziel, in der gebotenen Knappheit ein möglichst detailreiches Bild zu zeichnen, wird auf eine Differenzierung zwischen politischen, rechtlichen, fachpraktischen und unterschiedlichen wissenschaftlichen Positionen und Perspektiven verzichtet. Stattdessen erfolgt eine Verknüpfung von konzeptionellen Überlegungen, empirischen Beobachtungen, Theoretisierungen und normativen Perspektiven (unterschiedlicher Provenienz) mit analytischen und evaluativen Folgerungen.

7.1 Die Armenfürsorge als Vorläuferin der sozialen Dienste

Die städtische Armenfürsorge, die sich ab dem späten Mittelalter entwickelte und zunehmend ausdifferenzierte, gilt als Vorläuferin der kommunalen Sozialpolitik und damit auch der Jugendämter und der Allgemeinen Sozialen Dienste (vgl. Sachße/Tennstedt 1981; 1998). Ab der zweiten Hälfte des 15. Jahrhunderts erfolgte eine zunehmende Rationalisierung des Verständnisses von Armut. Diese wurde nicht länger als gottgegeben angesehen, sondern als soziales Problem bestimmt und als Bedürftigkeit objektiviert und individualisiert. In Reaktion auf diese soziokulturelle Entwicklung wurden in den Städten administrative Apparate zur Durchsetzung des neuen Verständnisses etabliert, die fortan neben die private und organisierte religiöse Mildtätigkeit traten. Diese kommunalen Stellen sollten auf rationale Weise zwischen Spendern und Empfängern von Almosen vermitteln, indem sie die Vergabe von Ressourcen an eine Bedarfsprüfung sowie an Verhaltensauflagen knüpften, die es zu kontrollieren galt. So sollten die Armen „sich ruhig, ordentlich und gehorsam benehmen, nicht trinken und spielen und vor allem: Sie sollen arbeiten" (Sachße/Tennstedt 1981, S. 11).

Wenngleich im 15. Jahrhundert zahlreiche Städte entsprechende Strategien entwickelten, herrschte eine große Heterogenität in der Ausgestaltung der Programme. Als ein verbindendes Prinzip kann jedoch die Verknüpfung von Erziehung und Repression bzw. von Hilfe und Kontrolle gelten. Erste rechtliche Kodifizierungen der kommunalen Armenfürsorge erfolgten mit der Reichspolizeiordnung von 1530 (vgl. Hammerschmidt/Uhlendorff 2012). Die kommunalen Strategien waren in den folgenden Jahrhunderten durch Tendenzen der Freisetzung und Vertreibung der Armen einerseits sowie der Einschließung und Disziplinierung der Armen andererseits geprägt. Vor allem im 17. Jahrhundert verbreiteten sich – als Reaktion des Zusammenspiels religiöser Vorstellung (protestantische Arbeitsethik), ökonomischer Interessen (Merkantilismus) sowie rechtlicher Entwicklungen (Abschaffung von Körperstrafen) – zunehmend Zucht- und Arbeitshäuser, in denen unterschiedliche „abweichende" Personengruppen – unter anderem auch das Klientel der Armenfürsorge – hospitalisiert und diszipliniert wurden[161].

Vor dem Hintergrund der Erosion feudaler Gesellschaftsstrukturen sowie den sozialen Folgen der Industrialisierung gewannen ab dem späten 18. Jahrhundert Fragen der Armut und Fürsorge zunehmend an wissenschaftlicher, politischer und öffentlicher Bedeutung. In der Folge wurden in vielen deutschen Kommunen neue Strategien im Umgang mit Armut gesucht. Hamburg führte beispielsweise 1788 ein neues, auf den beiden Säulen Arbeitspflicht (in der städtischen Armenanstalt) und Hausarmenpflege beruhendes Modell ein. Hierzu wurde die Stadt in Bezirke und Quartiere unterteilt, in denen Bürger als ehrenamtlicher Armenpfleger für 15 bis 20 Familien zuständig waren[162]. Die Reform wurde „durch eine umfangreiche Erhebungsaktion eingeleitet, in der die Armenpfleger mittels standardisierter Fragebögen die Lebensverhältnisse und die spezifische Bedürftigkeit der ihnen anvertrauten Familien zu ermitteln suchten" (Sachße/Tennstedt 1981, S. 19). Sowohl im direkten Hilfeprozess als auch aggregiert auf kommunaler Ebene erfolgte somit eine umfassende „Vermessung der Armut" (ebd.).

Die Nutzung formalisierter Instrumente zur Erfassung, Prüfung und Dokumentation des (zunächst primär ökonomischen) Bedarfs der AdressatInnen zählte fortan zum Standard der kommunalen Armenfürsorge. So nutzen auch die ehrenamtlichen Armenpfleger der Stadt Elberfeld ab Mitte des 19. Jahrhunderts „Abhörbögen" zur Dokumentation der Bedarfsprüfung im Rahmen von Hausbesuchen vor Hilfebeginn und bei Kontrollbesuchen im Hilfeverlauf. Dabei handelte es sich um „detaillierte Fragebögen (um) die vorgefundenen wirtschaftlichen Verhältnisse, die individuelle Notlage und den individuellen Bedarf festzustellen" (vgl. Hammerschmidt 2012, S. 855). Zu dieser Formalisie-

---

161 Sachße und Tennstedt (1981, S. 14) beschreiben die Armenhäuser dieser Zeit als „quantitativ wie qualitativ heterogene Einrichtungen mit einem hohen Grad lokaler und regionaler Verschiedenheit. Arbeitsscheue Bettler, gerichtlich abgeurteilte Verbrecher, unbotmäßiges Gesinde, aufsässige Kinder, gebrechliche Alte, verarmte Witwen, Waisenkinder und Prostituierte, Wahnsinnige und venerisch Kranke: keine ‚Randgruppe' der absolutistischen Gesellschaft, die nicht ihr Kontingent zur Belegung der Zwangsanstalten beigesteuert hätte, die Elemente der Armenfürsorge, medizinischer Versorgung, des Strafvollzugs und merkantiler Wirtschaftsförderung in eigentümlicher Weise verknüpften".

162 Das Statut des Ehrenamtes fand im 18. Jahrhundert verbreitet Einzug in die Gesetzgebung der deutschen Staaten. Die Übertragung öffentlicher Aufgaben/Ämter – etwa in der Armenfürsorge – auf die Bürger erfolgte dabei nur bedingt freiwillig. Die Ablehnung konnte höhere kommunale Abgaben und sogar den (vorübergehenden) Verlust der Bürgerrechte zur Folge haben (vgl. Hammerschmidt 2012).

rung der Fürsorge heißt es in § 13 der Armenordnung für die Stadt Elberfeld vom 9. Juli 1852 (Revidiert am 4. Januar 1861 und am 21. November 1876):

> Die Grundsätze, nach welchen die Armenhilfe zu gewähren ist, und der zulässige Umfang derselben sind in einer, von der städtischen Armen-Verwaltung unter Genehmigung der Stadtverordneten-Versammlung erlassenen besonderen Instruktion bezeichnet. Dieselbe enthält auch die nötigen Anordnungen über die Führung der Protokolle, sowie den Geschäftsgang überhaupt. (zitiert nach Sachße/Tennstedt 1998, S. 288)

Schließlich hatten auch die professionellen Armenpfleger des Straßburger Modells von 1905 Abhörbögen über die von ihnen betreuten Familien auszufüllen, auf deren Basis die Entscheidung über die Bedürftigkeit und Würdigkeit der Armen getroffen wurde (vgl. Hering/Münchmeier 2005). Die stärker professionalisierten Systeme der Fürsorge in Straßburg oder auch Frankfurt am Main waren dabei eine Reaktion auf die Schwächen des Elberfelder Systems. Trotz Erfolgen – insbesondere eine Senkung der Zahl der Fürsorgeempfänger sowie eine deutliche Kostensenkung – stellten sich vor allem die dezentralen Entscheidungsstrukturen und die fehlende Professionalität der Armenpfleger als Schwächen des Ansatzes heraus. Dennoch galt das Elberfelder System seinerzeit als wichtige Innovation und wurde von vielen Kommunen übernommen. Somit verbreitete sich auch die pietistisch individualisierende und bürgerlich-proletarierfeindliche Haltung der Elberfelder Bürger um den Kommerzienrat Daniel von der Heydt, die das System entwickelten[163]. Ebenso diffundierte die Nutzung formalisierter Instrumente zur Bedarfserhebung als fachlicher Standard der Armenfürsorge und als Basis zur Beurteilung der Moral der Armen, mithin zur Differenzierung in „würdige" und „unwürdige" Arme[164].

Allerdings beschränkte sich die kommunale Sozialpolitik im 19. Jahrhundert nicht auf die moralisierende und repressiv orientierte Fürsorge. Vor allem

---

163 Hiernach muss die Armenpflege „aggressiv sein: Man muß die Armen aufsuchen und nicht warten, bis sie sich melden (Besuchsprinzip); [sie] muß lokal begrenzt bzw. dezentralisiert sein: Jeder Bürger bekommt als Armenpfleger nur einen sehr kleinen Pflegebezirk; [sie] muß kasuistisch bzw. individualisierend sein: Der Verschämte und der Freche, der arbeitswillige Arbeitslose und der Arbeitsscheue, der arbeitsunfähige Greis und das verwahrloste Kind erfordern eine verschiedene Behandlung und verschiedene Gaben; und schließlich muß sie erzieherisch sein: Es soll nicht nur Unterstützung gereicht, sondern auch Liebe erheischt und zur Arbeit und Sparsamkeit angehalten werden. Dauerleistungen werden vermieden" (Sachße/Tennstedt 1998, S. 23).
164 Hausbesuche, standardisierte Bedarfserhebung und Aktenführung waren nicht nur Elemente der Fürsorge des 19. Jahrhunderts in Deutschland. In Großbritannien bedienten sich sowohl die auf die Selektion von würdigen und unwürdigen Armen fokussierende öffentliche Fürsorge nach dem Poor Law als auch die 1869 gegründete Charity Organisation Society (COS) dieser Instrumente (vgl. Parry/Parry 1979; Richmond 1917).

ab der (Neu-)Gründung des Deutschen Reiches 1871 wurde kommunale Sozialpolitik zunehmend als öffentliche Gestaltung der lokalen Lebensbedingungen verstanden und durch eher hilfeorientierte und präventive Maßnahmen der Gesundheits- und der Familienfürsorge erweitert. In diesem Zusammenhang entstanden um 1900 auch die ersten Jugendämter, z. B. in Hamburg und Mainz, als kommunale Zentralen der Jugendfürsorge (vgl. Hammerschmidt/Uhlendorff 2012)[165]. Mit dieser Ausweitung, Ausdifferenzierung und Verrechtlichung der lokalen sozialpolitischen Aktivitäten expandierten auch Formen der Dokumentation, Aktenführung und Sozialstatistik. So waren Armenärzte, Verwaltungsfachleute, Ehrenamtliche oder auch Fürsorgerinnen angehalten, die ökonomischen und zunehmend auch sozialen und gesundheitlichen Lebensbedingungen und Bedarfe der von ihnen betreuten und kontrollierten Menschen, mehr oder minder standardisiert, schriftlich zu erfassen. Damit sollte zum einen die Informationsbasis der Verwaltungsbeamten im Innendienst, auf die zunehmend die Kompetenz für Hilfeentscheidungen übertragen wurde, verbessert werden. Zum anderen sollte der Einsatz öffentlicher Mittel legitimiert werden (vgl. Uhlendorff 2012).

7.2 Entwicklung der rechtlichen Rahmenbedingungen bis 1924

Neben kulturellen und ökonomischen Entwicklungen (v. a. Liberalismus, Protestantismus, Industrialisierung und Kapitalismus) wurde die Entwicklung der kommunalen Fürsorge von einer Ausdifferenzierung und Konkretisierung der rechtlichen Rahmenbedingungen begleitet und gefördert, wobei der Gesetzgebung in Preußen eine „Vorreiterrolle" zugesprochen wird (vgl. Hammerschmidt 2012, S. 582). So wurde mit dem Allgemeinen Landrecht für die Preußischen Staaten (ALR) von 1794 die Zuständigkeit der Kommunen für die Armenfürsorge sowie die Einrichtung von Armendeputationen vereinheitlicht (vgl. ebd.). Mit der preußischen Städteordnung von 1808 – dem „Gründungsdokument der modernen kommunalen Selbstverwaltung" (Hammerschmidt/Uhlendorff 2012, S. 12) – wurde nicht nur die bis heute gültige Grundstruktur des kommunalen politisch-administrativen Systems bestimmt, sondern auch kommunale Zuständigkeiten – unter anderem für Fürsorge, Schulwesen und Infrastrukturentwickelung – sowie deren Finanzierung vereinheitlicht.

---

165 Während die Jugendämter zu Beginn des 20. Jahrhunderts an Bedeutung gewannen, wurde deren Zuschnitt im Spannungsfeld zwischen Jugend- und Familienfürsorge sowie deren Trägerschaft als Koordinationsinstanz zwischen öffentlichen und freien Trägern kontrovers diskutiert (Euteneuer et al. 2014).

Die Ablösung des Heimat- durch das Unterstützungswohnsitzprinzip aufgrund des Preußischen Armenpflegegesetz von 1842 sowie Unterstützungswohnsitzgesetz von 1870 hatte zur Folge, dass sich die prosperierenden Industriestädte bereits nach kurzer Aufenthaltsdauer (3 Jahre) in der Verantwortung für die im Zuge der Verstädterung zugezogenen Armen sahen. So entfiel in der Industriestadt Elberfeld vor Einführung des oben erwähnten Fürsorgesystems etwa die Hälfte der kommunalen Ausgaben auf die Armenfürsorge. Dies förderte die Entwicklung neuer, vermeintlich wirksamerer und kostengünstigerer, Unterstützungsstrategien, vor allem ambulanter Interventionen (vgl. Sachße/Tennstedt 1998)[166]. Die Ausdifferenzierung und Expansion weniger repressiver Leistungen der Familienfürsorge wurde unter anderem durch die Einführung des Reichsstrafgesetzbuchs (1871), des Bürgerlichen Gesetzbuchs (1900) sowie in dessen Folge der Jugendfürsorgegesetze der Länder vorangetrieben (vgl. Hammerschmidt/Uhlendorff 2012; Hammerschmidt 2012).

In der Weimarer Republik erfolgte schließlich zunächst ein deutlicher Ausbau des Sozialstaats – sowohl der Sozialversicherung auf Reichsebene als auch der kommunalen sozialen Dienste – bevor der Sozialinterventionismus im Zuge der wirtschaftlichen und später politischen Krisen erlahmte. Dabei regulierte die Reichsregierung in hohem Maße die Kommunen und setzte diese durch die Setzung von Vorgaben und Standards (nicht nur finanziell) unter Druck (vgl. Sachße/Tennstedt 1981). Ein Beispiel für diese Politik ist das Reichsgesetz für Jugendwohlfahrt (RJWG) als erstem deutschlandweiten Sammelgesetz für die Jugend- und Familienfürsorge. Nach entsprechenden Vorläufern in den Ländern wurde ein Entwurf für ein Gesetz, das den gesamten Bereich der Jugendpflege und der Jugendfürsorge in Reich, Ländern und Gemeinden regeln sollte, im Jahr 1920 durch das Reichsinnenministerium in das Kabinett eingebracht und (nach heftigen Kontroversen um die Verteilung der durch das Gesetz entstehenden zusätzlichen Kosten) schließlich im Juli 1922 verkündet. Das geplante Inkrafttreten des Gesetzes zum 1. April 1924 wurde jedoch durch die Notstandsgesetzgebung („Verordnung über das In-Kraft-Treten des RJWG" vom 14.02.1924) konterkariert[167], weshalb wesentliche Elemente des Gesetzes erst im Jahr 1953 in Kraft traten. Nach § 1 RJWG hat „jedes deutsche Kind (...) ein Recht auf Erziehung zur leiblichen, seelischen und gesellschaftlichen Tüch-

---

166 Arbeitshäuser verloren bereits ab dem frühen 19. Jahrhundert an Bedeutung – nicht etwa, weil die Einweisung von Armen rechtlich erschwert wurde (diese wurde bis zur Mitte des 19. Jahrhunderts sogar noch erleichtert), sondern weil die Zwangsarbeit aufgrund veränderter demografischer und ökonomischer Rahmenbedingungen ökonomisch unrentabel wurde (vgl. Hammerschmidt 2012).
167 Die Verordnung entband Länder und Kommunen von der Umsetzung jener Elemente des Gesetzes, die über den bereits geltenden Status Quo hinausgingen (vgl. Gedrath/Schröer 2012).

tigkeit". Aus diesem Recht des Kindes resultieren ein Erziehungsrecht und eine Erziehungspflicht der Eltern. Wird dieser Pflicht nicht nachgekommen, so tritt die öffentliche Jugendhilfe (unter Mitarbeit der freien Träger) ein. Somit können das Recht auf Erziehung sowie die Gewährleistungsverantwortung der öffentlichen Träger als die Kernsäulen des Gesetzes benannt werden. Zur Umsetzung dieser öffentlichen Verantwortung schreibt das Gesetz die Einrichtung von Jugendämtern auf kommunaler Ebene sowie auf Landes- und Reichsebene vor (§§ 2, 8, 12 RJWG)[168]. Diese Jugendämter waren als „kollegiale Behörde" (BMJFG 1972, S. 28) konzipiert. Nach § 9 RJWG sollte die Leitung kollegial – im Jugendwohlfahrtsausschuss – durch die leitenden Beamten der Jugendwohlfahrt sowie durch „erfahrene und bewährte" VertreterInnen der Öffentlichkeit, vor allem aus den freien Trägern und den Jugendverbänden, erfolgen (vgl. Euteneuer et al. 2014; BMJFG 1972).

7.3 Die Familienfürsorge als Vorläuferin der ASD

Der schon vor dem Ersten Weltkrieg einsetzende Bedeutungsgewinn von Spezialdiensten, besonders der Gesundheits- und Jugendfürsorge, sowie der Auf- und Ausbau der Sozialversicherungen führte zu Beginn des 20. Jahrhunderts zu einer Transformation und Diversifikation der Dienste der kommunalen Armenfürsorge. So wurden in den Kommunen heterogene lokale soziale Dienstleistungslandschaften ausgebildet. Es existierten beispielsweise Wohlfahrtsämter für alle anfallenden Aufgaben, getrennte Wohlfahrts- und Gesundheitsämter, selbstständige Wohlfahrts-, Jugend- und Gesundheitsämter etc., wobei die Heterogenität durch unterschiedliche Formen der Einbindung freien Träger verstärkt wurde. Unbeschadet der weiterhin bestehenden Heterogenität setzte sich ab den 1920er-Jahren – trotz Verabschiedung des RJWG – die Familienfürsorge als Methode, Prinzip und Organisationsprinzip der kommunalen Sozialdienste durch. Anknüpfend an die Annahme, dass ökonomische, soziale,

---

168 Als zentrale Aufgaben dieser „Erziehungsbehörden" (BMJFG 1972, S. 28) gelten die Amtsvormundschaft für unehelich geborene Kinder, die Durchführung der Fürsorgeerziehung, die Unterstützung jugendpflegerischer Aktivitäten und die Jugendgerichtshilfe. Die Jugendpflege umfasst Leistungen zur Förderung und Pflege aller Kinder und Jugendlichen. Im Zentrum der Arbeit sollten jedoch Leistungen der Fürsorgeerziehung für hilfebedürftige, gefährdete oder verwahrloste Kinder und Jugendliche stehen, also Interventionen im Falle von Normabweichungen. Formen der (öffentlichen) Heimerziehung expandierten vor allem ab der Mitte des 19. Jahrhunderts. Dies wurde durch unterschiedliche rechtliche Regelungen gefördert, etwa der Pädagogisierungen des Strafrechts in den Jahren 1851 (Preußen) und 1871 (reichsweit), das Gesetz betreffend die Unterbringung verwahrloster Kinder von 1878 oder das eher präventiv ausgerichtete preußische Gesetz über die Fürsorge-Erziehung Minderjähriger von 1901 (vgl. Gedrath/Schröer 2012).

erzieherische und gesundheitsbezogene Probleme des Individuums miteinander verknüpft sind und in der Regel als familiale Probleme auftreten, wurde die Familienfürsorge als ganzheitliche Bezirksfürsorge konzipiert, teilweise auch als gemeinsamer Außendienst mehrerer Ämter (vgl. Hammerschmidt/Uhlendorff 2012)[169].

Somit entstand ein Organisationstyp, der inhaltlich und strukturell modernen Konzeptionen des ASD als regionalisiertem sozialpädagogischem Basisdienst entspricht. Auch wenn in den familienfürsorgerischen (Außen-)Diensten sozialpädagogische Kompetenz gebündelt wurde, so verblieb die Entscheidungskompetenz über die Gewährung von Hilfen in der Regel bei im Innendienst tätigen Verwaltungsbeamten. „[L]etztlich erbte damit die berufliche Fürsorge die Nicht-Entscheidungsbefugnis des Straßburger Armenpflegers" (ebd., S. 24) – ein Problem, das auch noch lange in der Bundesrepublik fortbestehen sollte. Diese Strukturprobleme des sozialen Außendienstes wurden ab Mitte der 1920er-Jahre offensichtlich. Viele der zunehmend höher qualifizierten (Familien-)Fürsorgerinnen haderten einerseits mit dem Mangel an eigener Entscheidungskompetenz und dem fehlenden Fachwissen der entscheidungsbefugten BeamtInnen des Innendienstes[170]. Andererseits waren sie häufig angesichts der Vielfalt von Problemlagen überfordert. In Hamburg wurde in den 1920er-Jahren versucht, diesem Problem durch eine Qualifizierung der Fürsorgetätigkeit zu begegnen. Hierzu wurde ein Konzept der sozialen Diagnose als Basis für die Aufstellung eines Hilfeplans eingeführt. Diese Diagnose sollte sich nicht auf eine Erfassung der sozialen und ökonomischen Situation hilfebedürftiger Familien beschränken, sondern – so der Direktor der Hamburger Jugendbehörde Herz – auch das „seelische Portrait des Minderjährigen und seiner Eltern (…) erfassen, (…) [was] nur bei starker Vertiefung in soziologisch-psychologische Einzelheiten gelingen kann" (zitiert nach Hammerschmidt/Uhlendorff 2012, S. 26) – ein Unterfangen, das jedoch an amtsinternen Blockaden und mangelnder Kompetenz scheiterte (vgl. ebd.).

---

169 Diese Bildung ganzheitlicher sozialer Dienste wurde von VertreterInnen der Jugendhilfe, z. B. Klunker, als Angriff auf die Einheit der Jugendhilfe angesehen und daher zurückgewiesen (vgl. Hammerschmidt/Uhlendorff 2012; Euteneuer et al. 2014).
170 Nachdem ab Mitte des 19. Jahrhunderts erste Ausbildungseinrichtungen für Kindergärtnerinnen (Fröbel) und männliche Erziehungsgehilfen (Wichern) eingerichtet wurden, entstanden zu Beginn des 20. Jahrhundert zunehmend Frauenschulen für Fürsorgerinnen, unter anderem die 1908 von Alice Salomon gegründete Soziale Frauenschule in Berlin (vgl. Wendt 2005; Sachße/Tennstedt 1981).

7.4 Soziale Diagnosen I: Mary Richmond und Alice Salomon

Eine wesentliche Inspiration der methodischen Modernisierung in den Jugendämtern waren die Arbeiten von Salomon (vgl. Hammerschmidt/Uhlendorff 2012). Mit ihrem 1926 veröffentlichten Werk „Soziale Diagnose" strebte Salomon eine grundlegende Revision des Diagnoseverständnisses in der Fürsorge an. Anstelle der bisherigen Ausrichtung als Instrument zur Feststellung ökonomischer Bedarfe und zur Beurteilung der Armen, mithin also als Instrument der Leistungsabwehr, sollten Diagnosen in der Sozialen Arbeit – dem medizinischen Modell von Diagnose-Befund-Behandlung („Methodischer Dreischritt" vgl. Abschnitt 2.4) folgend – eine Grundlage für die Auswahl der richtigen Hilfe bieten. Zu diesem Zweck forderte Salomon eine multiperspektivische und ganzheitliche Diagnose. Zentral war dabei die Unterscheidung zwischen sachlichen und persönlichen Problemen sowie entsprechende materiellen/strukturbezogenen und beratenden/erzieherischen Interventionen. Diese ganzheitliche, aber differenzierte Betrachtung war für Salomon konstitutiv für das Fallverstehen und Handeln in der Sozialen Arbeit, das sie sowohl als Kunst als auch als Wissenschaft ansah (vgl. Kuhlmann 2004; Althans 2011).

Die Arbeit zur sozialen Diagnose von Salomon beruht in wesentlichen Teilen auf dem Buch „Social Diagnosis" von Richmond (1917). Diese nutzte gezielt den aus der Medizin stammenden Begriff der „Diagnose" – anstelle des in der Sozialen Arbeit damals üblichen Begriffs der Untersuchung („investigation") – um die Soziale Arbeit auch begrifflich neben etablierte Felder wie die Medizin, Erziehung oder Justiz zu stellen (vgl. ebd.). Insofern strebte Richmond einerseits an, die spezifische Expertise der Sozialen Arbeit gegenüber Dritten herauszustellen und damit deren Professionalisierungsprojekt zu fördern, andererseits ist ihr Werk als Lehrbuch für angehende Einzelfallhelfer gedacht und zielt auf eine Qualifizierung der sozialarbeiterischen Praxis (vgl. Abschnitt 2.4). Als Basis für die Beschreibungen, Reflexionen und Empfehlungen zur Diagnose dienten Richmond empirische Daten guter Praxen der Einzelfallhilfe, die sie über Interviews, Fallbesprechungen, Aktenanalysen sowie mittels einer kleinen quantitativen Institutionenbefragung generiert hat. Ihre Überlegungen bauen auf der Annahme auf, dass jede Intervention zunächst der Bestimmung der Ausgangslange und eines Problems bedarf:

> Social evidence may be defined as consisting of all facts as to personal or family history which, taken together, indicate the nature of a given client's social difficulties and the means to their solution. Depending as it does less upon conspicuous acts than upon a trend of behaviour, social evidence often consists of a series of facts anyone of which would have slight probative value, but which, added together, have a cumulative effect. (ebd., S. 59)

Entsprechend beschreibt Richmond detailliert, welche Informationen wie erhoben, beurteilt und zusammengeführt werden sollen[171]. Basis sozialarbeiterischer Entscheidungen sollte nach Richmond eine „kumulative Evidenz" (ebd., S. 39) sein, die sich auf unterschiedliche Quellen stützt und unterschiedliche Sichtweisen einbezieht. Daher diskutiert Richmond verschiedene Formen und Quellen der Erkenntnis, beschreibt Inferenzprozesse und setzt sich differenziert mit Wahrnehmungsfehlern und Verzerrungen auseinander. Den Kern ihrer Arbeit bilden jedoch detaillierte Beschreibungen von Formen der Ermittlung diagnoserelevanter Informationen, beispielsweise Erstgespräche, Gespräche mit Familienangehörigen, Nutzung von Akten sowie Variationen in der Erhebung im Falle von Behinderungen. Zudem beschreibt sie differenziert den Inferenzprozess als Kombination aus Vergleichen und Interpretationen: „First we collect our material, next we compare each part with all the other parts, and then we interpret it. This last is diagnosis" (ebd., S. 363). Zur Unterstützung bietet Richmond zu jeder von ihr beschriebenen Erhebungsform einen Leitfaden mit möglicherweise relevanten Fragen an. Diese Formalisierung versieht sich jedoch mit zahlreichen Warn- bzw. Nutzungshinweisen. So sollten die Fragen vor allem der Orientierung und Selbstreflexion im Arbeitsprozess dienen. Keinesfalls sollten die Bögen formal in Gesprächen mit den AdressatInnen abgearbeitet oder gar den AdressatInnen zum Ausfüllen ausgehändigt werden.

> The purposes and limitations of the questionnaires are bound to be misunderstood by some who attempt to use them, no matter how clearly it is set forth that non are sets of questions to be asked of clients and that none are schedules the answers to which are to be filled in by anyone. They are merely lists of queries which, when gone over by the social case worker with a particular case in mind, may bring to his attention, out of the many presented, a possible four or five that may contain suggestive leads. (ebd., S. 373)

Im Zuge einer Psychologisierung der US-amerikanischen Sozialen Arbeit, gewannen ab den 1920er-Jahren dann vermehrt psychologisch orientierte Diagnoseansätze an Bedeutung (vgl. z. B. Hamilton 1940).

---

171 Dabei unterscheidet Richmond (1917) – wie von Salomon übernommen – die ökonomische Situation und eine ganzheitliche Analyse als die beiden Dimensionen sozialer Diagnosen, wobei im historischen Verlauf – und hier stellt sich Richmond und die Charity Organisation Society (COS) in die Tradition des Elberfelder Modells aus Deutschland – ganzheitliche Diagnosen, nicht zuletzt aufgrund der Entwicklung diverser Teilfelder der Sozialen Arbeit, zunehmend an Bedeutung gewonnen haben (vgl. ebd., S. 29 ff.).

7.5 Die Jugendhilfegesetzgebung zwischen 1933 und 1990

In Deutschland verlagerten sich während der nationalsozialistischen Diktatur sowohl das diagnostische Interesse als auch die Zuständigkeiten – der rassenhygienischen Ideologie folgend – von der Sozialen Arbeit zur Medizin. Es erfolgte eine Aufwertung und teilweise Aufgabenverlagerung zu den Gesundheitsämtern. Aufgaben der Jugendpflege fielen den NS-Vereinigungen (z. B. Hitlerjugend, Nationalsozialistische Volkswohlfahrt) zu. Für die Jugendämter verblieben die hoheitlichen Aufgaben für „erbkranke Kinder", die unter Kontrolle der Nationalsozialistische Volkswohlfahrt (NSV) ausgeführt wurden (vgl. Gedrath/Schröer 2012; Jordan/Sengling 1994)[172]. Der nationalsozialistischen Ideologie folgend, dominierte in dieser Zeit eine rassentheoretisch informierte Selektionsdiagnostik, die darauf abzielte „erziehbare" und „nicht-erziehbare" Jugendliche sowie „wertes" und „unwertes" Leben zu scheiden und entsprechend zu fördern oder zu vernichten (vgl. Schrapper 2004; Kuhlmann 2004).

Nach dem Zweiten Weltkrieg wurde zunächst in allen Besatzungszonen wieder an das Reichsjugendwohlfahrtsgesetz (RJWG) angeknüpft. In der DDR erfolgte eine sukzessive Verlagerung der Jugendhilfeaufgaben in den Gesundheits- und Bildungsbereich (vgl. Münchmeier 2013). Als übergreifende Koordinationsinstanz für die Jugendförderung wurde beim Ministerrat ein Amt für Jugendfragen eingerichtet, das der SED-Jugendorganisation FDJ (Freie Deutsche Jugend) nahestand. Zudem wurden Referate für Jugendhilfe als Fachorgane der Räte der Kommunen eingerichtet, die mit weitreichenden jugendfürsorgerischen Eingriffsrechten ausgestattet waren (vgl. Jordan/Sengling 1994).

In der BRD wurde mit der Novelle von 1953 – entsprechend der ursprünglichen Intention des RJWG – die Verpflichtung zur Einrichtung von Jugendämtern als eigenständige, zweigliedrige (Jugendwohlfahrtsausschuss und Jugendamtsverwaltung) Institutionen der kommunalen Selbstverwaltung eingeführt (vgl. BMJFG 1972). Mit der JWG-Novelle von 1961 erfolgte nicht nur eine Umbenennung des Gesetzes, sondern auch eine Stärkung der Jugendämter, indem deren Gesamtverantwortung für die Kinder- und Jugendhilfe bestätigt wurde. Zudem wurden die Aufgaben und Leistungen der Jugendhilfe ausgeweitet (vgl. ebd.)[173]. Insgesamt blieb die Reform jedoch hinter sozialreformeri-

---

172 Zur Durchsetzung des „Führerprinzips" wurde zudem 1939 die kollegiale Leitung des Jugendamtes (Jugendwohlfahrtsausschuss) durch eine Amtsleitung ersetzt, die beim Bürgermeister bzw. Landrat lag (vgl. Jordan/Sengling 1994).
173 Die Fürsorgeerziehung wurden durch freiwillige Erziehungshilfen und die Erziehungsbeistandschaft ergänzt. Zudem wurde in § 5 JWG die Verantwortung für Angebote der präventiven Jugendwohlfahrt als Pflichtaufgabe gestärkt. Schließlich erhielten der Bundesju-

schen Erwartungen zur Etablierung eines modernen Leistungsrechts zurück. So meinen die AutorInnen des Dritten Jugendberichts, das JWG sei in erster Linie als ein

> Organisations- oder Jugendamtsgesetz konzipiert [und] (…) noch völlig durch seine Herkunft aus dem Polizeirecht (Pflegekinderschutz) und dem Strafrecht (Fürsorgeerziehung) und durch obrigkeitliche Vorstellungen einer eingreifenden Verwaltung geprägt. (BMJFG 1972, S. 31)

Die seit Ende des Zweiten Weltkriegs formulierte Forderung nach einer grundlegenden Jugendrechtsreform wurde durch die sozialliberale Koalition Anfang der 1970er-Jahre schließlich als „zentrales jugendpolitisches Vorhaben" postuliert. Auf die Positionen des Dritten Jugendberichts aufbauend legte das zuständige Familienministerium im August 1973 einen Referentenentwurf für ein neues Jugendhilfegesetz vor, der jedoch bereits im Dezember auf Druck der Länder wieder zurückgezogen wurde. In den nachfolgenden 15 Jahren folgen mehrere erfolglose Versuche für eine Reform des Jugendhilferechts (1977, 1980, 1985)[174]. Am 11. Mai 1989 wurde das „Gesetz zur Neuordnung des Kinder- und Jugendhilferechts" nach Anpassungen im parlamentarischen Prozess vom Bundesrat angenommen und trat in den neuen Bundesländern zum 03.10.1990 und in den alten Ländern zum 01.01.1991 in Kraft. Mit ihm wurde in Art. 1 das SGB VIII als modernes Leistungsgesetz für die Kinder- und Jugendhilfe eingeführt (vgl. Jordan/Sengling 1994).

7.6 Soziale Diagnosen II: Psychosoziale Diagnosen und Hilfeplanung

Die fachpolitische Diskussion um die Jugendhilferechtsreform hatte – wie Merchel (1994) rekonstruiert hat – auch Fragen der angemessenen Hilfeplanung zum Gegenstand. In diesem Kontext wurde unter anderem auch diskutiert, inwiefern eine psychosoziale Diagnostik und damit nach damaligem Verständnis ein standardisiertes Verfahren nötig sei. So sah der erste Referentenentwurf aus dem Jahr 1974 in § 55 verpflichtend eine psychosoziale Diagnostik als Grundlage der Hilfeentscheidung vor. Im nachfolgenden Referentenentwurf

---

gendplan, die Jugendberichte oder auch die Heimaufsicht im JWG eine rechtliche Grundlage (vgl. Jordan/Sengling 1994).
174 Als zentrale Hürden im Gesetzgebungsprozess benennen Jordan und Sengling einerseits „ideologische Fragen", besonders um das Verhältnis von Eltern- und Kinderrechten sowie das Subsidiaritätsprinzip, andererseits die Befürchtung von Ländern und Kommunen vor finanziellen Mehrbelastungen (vgl. ebd., S. 66).

von 1977 war in § 41 „Untersuchung und Gesamtplan" eine „vollständige" diagnostische Erfassung der Entwicklung und des Umfelds des jungen Menschen als Basis für den Hilfeplan vorgesehen. Aufgrund von Einwänden gegen den medizinisch geprägten Diagnosebegriff in sozialpädagogischen Kontexten wurde im Gesetzestext auf den Begriff der „Diagnose" zugunsten des neutraleren Begriffs der „Untersuchung" verzichtet. In der Gesetzesbegründung wird dagegen mehrfach der Diagnosebegriff genutzt: „Durch fachgerechte Diagnostik soll so genau wie möglich geklärt werden, welche Hilfe in Betracht kommt" (zitiert nach Merchel 1994, S. 46). Die geplanten Vorgaben zu einer psychosozialen Diagnose im Kontext der Hilfeplanung spiegelten, so Merchel, verbreitete Vorstellungen und Praxen wieder. Dementsprechend waren in den 1970er-Jahren „Diagnosebögen zur fachlichen Qualifizierung der Erziehungshilfe (…) weit verbreitet" (ebd., S. 47). Sie sollten sicherstellen, dass die Entwicklung des Kindes hinreichend berücksichtigt wird, also Hilfeentscheidungen dem Einzelfall gerecht werden. Weiter sollte eine Objektivierung von Hilfeentscheidungen erfolgen. Schließlich wurde auch eine „Drosselung der Gesamtkosten" erwartet (Stadt Dortmund 1979 zitiert nach Merchel 1994, S. 48). Formalisierte Vorgaben für eine Diagnostik in der Jugendhilfe wurden dabei auch von Landesbehörden vorgeschrieben. So erließ das niedersächsische Kultusministerium im Jahr 1976 „Richtlinien für die Erstellung psychosozialer Diagnosen" als Voraussetzung für freiwillige Erziehungshilfen. Daneben wurden Diagnosen auch von Fachorganisationen – etwa dem Bundesjugendkuratorium (BJK) – vorgeschlagen (vgl. ebd.; Uhlendorff 2012; Oechler 2009).

Obgleich sich der Gesetzgeber mit den Regelungen zum Hilfeplan nach § 36 SGB VIII letztlich bewusst gegen eine (psychosoziale) Diagnostik entschieden hat und stattdessen einen Aushandlungsprozess zwischen den Beteiligten verlangt (vgl. Merchel 1994; 1999), wurden und werden weiterhin von unterschiedlichen Akteuren der Kinder- und Jugendhilfe (Landesjugendämter, Institute, Hochschulen etc.) Modelle der (standardisierten) sozialpädagogischen oder psychosozialen Diagnose entwickelt und beworben (vgl. dazu Abschnitt 7.9.1 ff.).

7.7 Die Neuorganisation Sozialer Dienste

Neben der Entwicklung der rechtlichen Rahmenbedingungen wurde die Organisation der Jugendämter bzw. der ASD auch von fachpolitisch-konzeptionellen Debatten und Positionierungen beeinflusst. Eine wichtige (empirische) Vergewisserung und programmatische Grundlage der Entwicklung der Jugendämter bot der Dritte Jugendbericht (BMJFG 1972), der sich intensiv mit dem Jugendamt und dessen Organisation auseinandersetzte. Einen Höhepunkt erreichte die Diskussion um die Organisation der Jugendämter Mitte der 1970er-Jahre, als unter dem Schlagwort „Neuorganisation Sozialer Dienste" (NOSD) alternative Organisationsmodelle diskutiert wurden (vgl. Krieger 1994). Hintergrund der Entwicklung war einerseits eine zunehmende Ausdifferenzierung, Zersplitterung und Unübersichtlichkeit der Angebotslandschaft, insbesondere durch die Einführung des Bundessozialhilfegesetztes (BSHG) im Jahr 1961 (vgl. Badura/Gross 1976; Seckinger et al. 2008). Andererseits herrschte angesichts von übergreifenden Reformen in vielen Ländern (z. B. Gebietsreformen und Verwaltungsrestrukturierungen in NRW) ein allgemeines Reformklima (vgl. Hard 1991). Schließlich wuchs vor dem Horizont der Studentenbewegung aufseiten der zunehmend akademisch ausgebildeten SozialarbeiterInnen die Kritik an herrschaftlichen und bürokratischen Strukturen der Jugendämter (vgl. Hammerschmidt/Uhlendorff 2012)[175].

Vor diesem Hintergrund forderte die Kommunale Gemeinschaftsstelle für Verwaltungsvereinfachung (KGSt)[176] in ihrem Bericht 6/1975 „Organisation des Jugendamtes: Allgemeiner Sozialdienst" auf der Basis von Erfahrungen aus zahlreichen Modellprojekten die Einrichtung integrierter sozialer Dienste als beratende sowie Hilfen gewährende und koordinierende Basisdienste in den Kommunen. Dabei wurde – wie schon bei der klassischen Familienfürsorge zu Beginn des 20. Jahrhunderts – die in Problemlagen geratene Familie als zentraler Bezugspunkt konzipiert, die über den ASD Zugang zu Leistungen der Kinder- und Jugendhilfe (JWG), der Sozialhilfe (BSHG) sowie der Gesundheitshilfe (für psychische Kranke) erhalten sollte (vgl. Krieger 1994). Die zentrale Differenz zwischen den neuen ASD und der Weimarer Familienfürsorge bestand darin, dass die Fachkräfte der Sozialen Arbeit nach Zusammenlegung von Innen- und Außendienst tatsächlich mit weitreichenden fallbezogenen Entscheidungsbefugnissen ausgestattet werden sollten[177].

---

175 Die Akademisierung der Sozialen Arbeit erfolgte zum einen ab 1969 durch die Etablierung von Diplomstudiengängen für Erziehungswissenschaft mit dem Schwerpunkt Sozialpädagogik/Sozialarbeit an Universitäten und Pädagogischen Hochschulen, zum anderen ab 1971 durch die Verlagerung der Höheren Fachschulen für Sozialpädagogik und Sozialarbeit an die neu eingerichteten Fachhochschulen (vgl. Gängler 2002, S. 16 ff.).
176 Die KGSt ist ein Beratungs- und Praxisentwicklungsinstitut in Trägerschaft der Kommunen und öffentlicher Verwaltungsorganisationen, das seit 1949 Empfehlungen und Konzepte zu unterschiedlichen Themen der öffentlichen Verwaltung erstellt. Aufgrund seiner politischen Unabhängigkeit und fachlichen Expertise konnte die KGSt in den Nachkriegsjahren ein großes Prestige und große Überzeugungskraft bei den deutschen Kommunen entwickeln (vgl. Wollmann 2002).
177 Diese Verlagerung sozialfachlicher Handlungskompetenz in die ASD war dadurch möglich geworden, dass die neu geschaffenen Fachhochschulen den angehenden ASD-Fachkräften das „erforderliche Fachwissen in den Bereichen Recht, Organisation und Verwaltung vermittelten" (Hammerschmidt/Uhlendorff 2012, S. 29).

Diese Grundorientierung des KGSt-Berichts 6/1975 wurde einerseits im KGSt-Bericht 18/1978 „Ziele der Sozial- und Jugendhilfe" weitergeführt, indem unter anderem Entbürokratisierung, Verwaltungsvereinfachung, Dekonzentration (Regionalisierung) und Bürgernähe als übergreifende Zieldimensionen für Restrukturierungen der Kinder- und Jugendhilfe formuliert wurden (vgl. differenziert Hard 1991), andererseits wurden diese Prinzipien in den Berichten 6/1982 und 4/1985 weiter konkretisiert und ausdifferenziert. Im Jahr 1983 legte zudem der Deutsche Verein für öffentliche und private Fürsorge (DV)[178] Empfehlungen zur Organisation kommunaler Sozialdienste vor, in denen Aufgabenbereiche und Rechtsgrundlagen differenziert beschrieben wurden (vgl. Krieger 1994).

Insgesamt zielten die Modellprojekte zur NOSD vor allem auf eine Abflachung von Hierarchien, Bürokratieabbau, Zusammenlegung von Innen- und Außendienst, eine größeren Nutzerorientierung und einen Wechsel von einer konditionalprogrammierten zu einer zweckprogrammierten Logik. Die Substanz dieser Initiativen der Organisationsentwicklung für eine inhaltliche Weiterentwicklung der Jugendhilfe wurde in der Sozialen Arbeit eher skeptisch eingeschätzt (vgl. z. B. Müller/Otto 1980; Hard 1991; Flösser 1994). Dennoch lassen sich deutliche organisationale Verschiebungen erkennen. So hält Hard (1991) als Fazit ihrer empirischen Studie fest[179], dass „insbesondere die Neuordnung der Arbeitsteilung durch die Zusammenführung von Innen- und Außendienst sowie die Etablierung generalistisch orientierter Arbeitsbereiche innerhalb des Jugendamtes (...) in Nordrhein-Westfalen als flächendeckend implementiert angesehen werden (können)" (ebd., S. 49). Zudem konstatiert sie „radikale Veränderungen (...) in bezug [sic] auf die Entscheidungsbefugnisse der zuständigen SozialarbeiterInnen" sowie „einen drastischen Rückgang von Verwaltungspersonal" (ebd.). Diese Veränderungen führten jedoch, so Hard, weder zu mehr Bürgernähe noch zu mehr Bürgerkontakt (vgl. ebd., S. 23). Zudem führe die formale Ausweitung professioneller Handlungskompetenzen nicht zu einer fachlichen Neuausrichtung der Jugendhilfe, weil gewonnene Handlungsspielräume durch konservative (organisationale) Programmierungen wieder eingeschränkt würden (vgl. ebd., S. 50).

Auf ähnliche organisationale Veränderungen – jedoch ohne die von Hard (1991) formulierten Vorbehalte – verweist auch ein von Boeßenecker (2000) vorgestellter Vergleich der Befunde der beiden Jugendamtsbefragungen von

---

178 Der 1880 gegründete Deutsche Verein (DV) ist der zentrale Zusammenschluss von Akteuren aus Wissenschaft und Praxis der Sozialpolitik, der Sozialen Arbeit und dem Sozialrecht in Deutschland und ist an zahlreichen Debatten beteiligt.
179 Die Auswertungen von Hard sind Teil einer von Otto et al. (1991) Ende der 1980er-Jahre in NRW durchgeführten multi-methodischen Studie zur Kinder- und Jugendhilfe.

Vogel aus dem Jahr 1958/1959 und von Kreft und Lukas im Jahr 1988/1990. Dieser zeige eine Zunahme von Teamarbeit, präventiven Orientierungen, ambulanten und flexiblen Angeboten, AdressatInnenbeteiligung sowie AdressatInnen- und Sozialraumorientierung (vgl. ebd., S. 27). Zudem belegt auch der Studienvergleich durch Boeßenecker zwei weitere Trends: Zum einen hat die Verbreitung von ASD bundesweit deutlich zugenommen. Zum anderen werden die ASD zunehmend bei den Jugendämtern angesiedelt. Während Ende der 1950er-Jahre nur für 5% der ASD den Jugendämtern zugeordnet waren, waren es Ende der 1980er-Jahre bereits 78% (vgl. Hammerschmid/Uhlendorff 2012), wobei sich dieser Trend in den Folgejahren noch fortsetzte.

Aktenführung und EDV: Mit dem ASD setzte sich ein büro-professioneller Organisationstyp durch, in dem sich professionelle und bürokratische Steuerungsformen und Logiken gegenseitig ergänzen und begrenzen. Die Zusammenführung von Innen- und Außendienst machte die ASD zu „aktenführenden Dienststellen" (Lau/Wolff 1981, S. 199). Im Zuge der Ausweitung der (letztlich administrativen) Entscheidungsbefugnisse der SozialarbeiterInnen in den ASD, wurde die Führung von Akten – neben der sozialpädagogischen Interaktionsarbeit – zu einem zentralen Element des Tätigkeitsprofils der ASD-Fachkräfte (vgl. ebd.; Hammerschmidt/Uhlendorff 2012). Dementsprechend wurden die Akten bzw. die Aktenführung auch zum Gegenstand der wissenschaftlichen Beschäftigung mit dem ASD (vgl. Lau/Wolff 1981) sowie fachlicher Reflexionen und Optimierungsversuche (vgl. z. B. Blüml/Lillig 2006; Brack/Geiser 2009). Empirische Studien berichten seit der Etablierung der ASD von Vorbehalten vieler SozialarbeiterInnen gegenüber der Aktenführung berichten, da sie diese von der „eigentlichen Sozialarbeit", also der Interaktionsarbeit mit den AdressatInnen abhalte (vgl. Wolff 1983; Lauf/Wolff 1981). FachvertreterInnen aus der Sozialarbeit heben dagegen die verschiedenen Funktionen von Akten hervor. So diene die prozess- und ergebnisbezogene Dokumentation als Tätigkeitsbeleg und Beweismittel (Legitimationsfunktion) zur Sicherung der Kontinuität der Fallbearbeitung und als Basis der Leistungsbeurteilung (vgl. Schimke 2012, S. 257; Merchel 2004).

Während die Führung von Akten in Form von Aktenvermerken und Protokollen – abgesehen von bestimmten Mindeststandards zum Aufbau (vgl. ebd.) – keine Formalisierung im Sinne der Präskription von Arbeitsprozessen und -inhalten darstellt, zielen Strategien zur Weiterentwicklung der Aktenführung vielfach auf deren Formalisierung, indem Strukturen und Inhalte der Dokumentation vorgegeben oder Dokumentationsbögen entwickelt werden (vgl. Brack et al. 2002; Blüml/Lillig 2006). Im Zuge dieser Formalisierung verschwimmt die Grenze zwischen der Aktenführung als bürokratischem Akt zur Legitimation von Entscheidungen und formalisierten Instrumenten zur Optimierung der Sozialen Arbeit. Indem die Aktenführung somit zur fachlichen Formalisierung wird, wird sie auch formal von einer Aufgabe der Verwaltungsarbeit, die neben der Sozialarbeit stehet, zu einem Teil der Sozialarbeit selbst. Mit dieser Verschiebung verknüpft ist eine deutliche Ausweitung der Funktionen der Aktenführung. So werden dieser auch weitere fachliche Funktionen zugeschrieben, etwa als Basis für die professionelle Selbstreflexion oder als „Grundlage für die Überprüfbarkeit und Nachvollziehbarkeit von Einschätzungs-, Bewertungs-, Entscheidungs-, Beratungs- und Hilfeprozessen im Rahmen der Fallbearbeitung" (Blüml/Lillig 2006)[180].

Die zunehmende Standardisierung der Dokumentation und Aktenführung kann dabei auch als ein Effekt der zunehmenden Nutzung von EDV-Systemen in den ASD gesehen werden (vgl. Santen 2004; Gadow et al. 2013; vgl. Abschnitt 8.3). Die Etablierung von Softwarelösungen in den ASD verlief – Kreidenweis (2011, S. 15 ff.) folgend – in drei Schritten:

- Ab den 1980er-Jahren wurden (Office-)Anwendungen zur Unterstützung administrativer Standardprozesse genutzt.
- Ab Mitte der 1990er-Jahre erfolgte die Entwicklung und Implementierung von Fachsoftware zur Unterstützung der Arbeitsprozesse im ASD (z. B. Falldokumentation, Statistik).
- Ab den 2000er-Jahren wurden zudem Programme zur Prozessdokumentation und Evaluation entwickelt, die später durch Managementinformationssysteme ergänzt wurden (vgl. ebd.).

Dabei konstatiert Kreidenweis (2008; 2010), dass EDV-Programme mit fortlaufender Entwicklung zunehmend stärker auch in die fachlichen Kernprozesse der Sozialen Arbeit einwirken. Die Verbreitung entsprechender IT-Systeme wurde durch die Etablierung verschiedener Entwicklungsprojekte auf Bundessowie Landesebene gefördert (vgl. Gadow et al. 2013, S. 54). Schließlich wird die Ausweitung formalisierter, besonders kennzahlenbasierter Dokumentationssysteme auch als Effekt einer zunehmenden Managerialisierung der Sozialen Arbeit angesehen (vgl. Ley/Seelmeyer 2014), die vor allem mit dem Neuen Steuerungsmodell ab dem 1990er-Jahren forciert wurde.

---

180 Obgleich die Aktenführung empirisch ein bedeutender Bestandteil sozialarbeiterischer Tätigkeitsprofile in nahezu allen Arbeitsfeldern ist, erfährt sie in Fachdiskursen der Sozialen Arbeit nur wenig Beachtung. Zu den spärlichen aktuellen fachlichen Diskursen um Dokumentation und Aktenführung – nicht nur im ASD – führt Merchel (2004) aus, dass diese in der Regel weit hinter das Reflexionsniveau der 1970er-Jahre zurückfallen, in denen vor allem die Realitätskonstruktionen und Funktionen von Akten diskutiert wurden (vgl. ebd.).

7.8 Das Neue Steuerungsmodell

Öffentliche Diskussionen über einen Mangel an Wirksamkeit, Wirtschaftlichkeit, Bürgerorientierung und Legitimation sowie eine zunehmende Bürokratisierung der Verwaltung waren auch der Hintergrund, vor dem die KGSt Mitte der 1990er-Jahre eine weitere, diesmal die gesamte Kommunalverwaltung fokussierende Reformoffensive startete. Mit dem Bericht 5/1993 „Das Neue Steuerungsmodell" legte die KGSt die Blaupause für eine radikale Neuorientierung der öffentlichen Kommunalverwaltung in Anlehnung an internationale Debatten und Konzepte des New Public Management vor (vgl. Abschnitt 5.2.2).

Wollmann (2002, S. 30) konstatiert eine „kopernikanische Wende der KGSt". Anstelle der bis dato von der Fachstelle präferierten politik- und verwaltungswissenschaftlichen Perspektive auf kommunale Aufgaben, favorisierte die KGST nun vermeintlich „bewährte" Strategien aus dem Feld der Ökonomie zur Bewältigung der Herausforderungen der lokalen politisch-administrativen Systems. Durch die Implementierung betriebswirtschaftlicher Denk- und Handlungsmuster sollte das von der KGSt konstatierte „Führungs-, Steuerungs- und Organisationsdefizit" (KGSt 1993, S. 8) der klassischen Kommunalverwaltung überwunden werden und diese sich in ein effizientes und effektives sowie nachfrage- und kundenorientiertes „Dienstleistungsunternehmen" verwandeln (vgl. ebd., S. 14).

Als konkrete Instrumente schlug die KGSt Dezentralisierung, integrierte Fach- und Ressourcenverantwortung, Output-orientierte Steuerung, betriebswirtschaftliches Controlling, Personalmanagement und Personalentwicklung sowie eine klare Verantwortungstrennung zwischen Politik und Verwaltung vor. Obgleich das neue Steuerungsmodell für alle Bereiche der Kommunalverwaltung – von der Kfz-Zulassungsstelle bis zum Jugendamt – Geltung beanspruchte, wählte die KGSt Jugendämter als bevorzugtes Beispiel aus, woraufhin viele Kommunen besonders die Jugendhilfe reformierten (vgl. Bogumil et al. 2007). Entsprechend legte die KGSt in den Folgejahren weitere Berichte mit explizitem Jugendhilfebezug vor, beispielsweise der Bericht 9/1994 zur Outputorientierten Steuerung der Jugendhilfe, der Bericht 3/1995 zur Aufbauorganisation der Jugendhilfe, der Bericht 3/1996 zur integrierten Fach- und Ressourcenplanung in der Jugendhilfe oder der Bericht 12/1998 zum Kontraktmanagement zwischen öffentlichen und freien Trägern in der Jugendhilfe, in dem eine Verknüpfung des NSM mit dem Fachkonzept der Sozialraumorientierung vorgeschlagen wurde. Im Bericht zur Output-orientierten Steuerung wird die Entwicklung detaillierter Produktbeschreibungen angeraten, die als Basis für eine umfassende Standardisierung der Aufgaben und Leistungen der öffentlichen Jugendhilfe dienen sollen. Insgesamt identifiziert die KGSt 51 Produkte der Kinder- und Jugendhilfe, die sie in vier Produktbereichen mit 16 Produktgruppen zuordnet (vgl. KGSt 1994, S. 15 ff.).

Der Studie von Bogumil et al. (2007) zufolge haben in den 1990er-Jahren 92% der Kommunen Maßnahmen der Verwaltungsmodernisierung vorgenommen. Der Großteil dieser Kommunen (81%) hat sich bei seinen Reformbemühungen am Modell der KGSt orientiert, doch lediglich in 15% der Kommunen erfolgte eine Orientierung am Gesamtkonzept. Zu den verbreitetsten Reformelementen zählen Hierarchieabbau/neue Strukturen, dezentralisierte Fach- und Ressourcenverantwortung, Budgetierung und die Einstellung betriebswirtschaftlich geschulten Personals. Für die Jugendhilfe konkretisieren Bogumil et al. (2007) sowie Grohs (2010) diese Ergebnisse dahingehend, dass 73% der befragten Jugendämter von einer am NSM orientierten Modernisierung berichten. Zentrale Reformelemente waren die Entwicklung von Produktkatalogen, dezentrale Fach- und Ressourcenverantwortung und die Einführung von Budgets. Jedes dieser Reformelemente wurde in etwa 40% der Kommunen eingeführt (vgl. ebd.).

Vertiefende Analysen des NSM in der Kinder- und Jugendhilfe legen auch Schnurr (1998) und van Santen (1998) vor. Während die qualitative Studie von Schnurr vor allem die Einbindung und die (überwiegend positive) Beurteilung des NSM durch Jugendamtsakteure zum Gegenstand hat, zeigen die von van Santen vorgestellten quantitativen Befunde unter anderem, dass Produktbeschreibungen, wie sie Ende der 1990er-Jahre vor allem von Großstadtjugendämtern eingeführt wurden, wenig zur Überbrückung der Schnittstellen zwischen öffentlichen und freien Trägern der Jugendhilfe beitragen können, da beide Akteure Produktkataloge unabhängig voneinander entwickelten. Zudem verdeutlicht die Studie, dass das NSM vor allem in Kommunen mit Kostensenkungsambitionen implementiert wurde. So sind Kürzungen im Personal- und/ oder Sachmittelhaushalt in Kommunen mit NSM deutlich weiterverbreitet und die Anzahl nicht besetzter Stellen ist in den NSM-Kommunen signifikant höher, weshalb van Santen (1998) resümiert, dass „das innovative Potential der Neuen Steuerung nicht ausgeschöpft wird und selektiv einzelne Elemente für die Durchsetzung von vorhandenen Sparzwängen instrumentalisiert werden" (ebd., S. 46). Ob eine nicht-selektive Nutzung tatsächlich zu positiveren Resultaten geführt hätte, sei dahingestellt. So zeichnen evaluativ angelegte Studien ein ambivalentes Bild der Effekte des NSM. Bogumil et al. (2007) zeigen, dass die Hauptziele Kostensenkung und verbesserte Steuerung vor allem bei einer umfassenden Implementierung des Modells nicht erreicht werden (vgl. Bogumil et al. 2007; Grohs/Bogumil 2011). Trotz ihres weitreichenden strukturellen, inhaltlichen und zielbezogenen Transformationspotenzials haben die Überlegungen zur neuen Steuerung kaum Reaktionen der Verbände der Kinder- und Jugendhilfe hervorgerufen[181], ganz anders als die diversen Modernisierungen des Jugendhilferechts der vergangenen Jahre.

7.9 Rechtliche und fachliche Entwicklungen im Horizont des SGB VIII

Die rechtliche und fachliche Entwicklung der öffentlichen Kinder- und Jugendhilfe nach Inkrafttreten des SGB VIII in den Jahren 1990/1991 lässt sich in zwei grobe Phasen unterteilen: Das erste Jahrzehnt nach der Einführung war geprägt von den fachlichen Herausforderungen des neuen Gesetzes sowie deren ökonomischen Konsequenzen. Im neuen Jahrtausend gewannen dann Fragen des Kinderschutzes zunehmend an Bedeutung und dominierten spätestens mit dem „Fall Kevin" (2007) Diskussionen um den ASD (vgl. Kreft/Weigel 2012).

7.9.1 Phase I – Fokus Hilfen zur Erziehung: Soziale Diagnose III & Ökonomisierungstendenzen

Die fachlichen Debatten der 1990er-Jahre waren vor allem von dem Anspruch einer adressatInnen-, dienstleistungs- und beteiligungsorientierten Kinder- und Jugendhilfe geprägt, als deren Kernstück die Hilfeplanung nach § 36 SGB VIII galt. Kriener (2001) sieht diesen fachlichen Anspruch als Ausdruck der „‚Entscheidungs-Philosophie' des KJHG, die Entscheidungen als Aushandlungen im Rahmen eines demokratisch-rechtsstaatlich verbindlichen Verfahrens" konzipiert (ebd., S. 137; kritisch Wabnitz 2010, S. 45). Diese im Vergleich zum JWG deutlich veränderte Ausrichtung stellte offensichtlich – in methodischer Hinsicht, wie auch die fachliche Haltung und das Berufsverständnis betreffend

---

181 Ein Beispiel für die wenigen Kommentierungen stellt die gemeinsame Stellungnahme des Städtetages (DST) und der Arbeitsgemeinschaft für Jugendhilfe (AGJ) (1999) zur Neuen Steuerung in der Jugendhilfe dar. Das Papier zielt auf einen Bogenschlag zwischen Kinder- und Jugendhilfe und Verwaltungsreform. Folglich werden in dem Papier vor allem Gemeinsamkeiten von NSM und Jugendhilfe unterstrichen. So heißt es beispielsweise zu den NSM-Zielen: „Diese Zielvorstellungen einer zeitgemäßen und kundenorientierten Verwaltung entsprechen dem Verständnis moderner Jugendhilfe" (ebd., S. 8). An anderer Stelle werden die Planungsinstrumente der Jugendhilfe (Hilfeplan und Jugendhilfeplanung) neben die „Instrumente der Neuen Steuerung, die auf eine an Output und Kosten orientierte Steuerung zielen", und neben das „Qualitätsmanagement" gestellt; dabei wird konstatiert, „diese Ansätze zur Steuerung der Jugendhilfeleistungen sollten als sich ergänzende und aufeinander abgestimmte Bausteine eines übergeordneten Steuerungszusammenhangs gesehen werden" (ebd., S. 3).

– eine große Herausforderung für die Fachkräfte der ASD dar. Dies legen die zahlreichen Publikationen zum Thema Hilfeplanung aus den 1990er-Jahren nahe (vgl. für viele ISA 1994). Zudem wurden von zahlreichen institutionellen Akteuren Handlungsempfehlungen zur Hilfeplanung entwickelt. Ein Beispiel hierfür sind die 1994 vom Deutschen Verein veröffentlichten „Empfehlungen zur Hilfeplanung nach § 36 SGB VIII", in denen zentrale Fachlichkeitskriterien (z. B. AdressatInnenbeteiligung und Aushandlung, Teamentscheidung, Kooperation mit Dritten, Zielorientierung) beschrieben wurden und die der Deutsche Verein 2006 in Empfehlungen zur Weiterentwicklung der Hilfeplanung konkretisierte (vgl. DV 1994; 2006). Die Zentralität der Hilfeplanung und auch die Herausforderungen und Unsicherheiten, die damit offensichtlich für die Fachkräfte verknüpft sind, zeigt sich auch darin, dass die Bundesarbeitsgemeinschaft der Landesjugendämter (BAGLJA) im Jahr 2015, also 25 Jahre nach Inkrafttreten des SGB VIII, eine Empfehlung zur Umsetzung des Hilfeplanverfahrens herausgegeben hat (vgl. BAGLJA 2015)[182].

Der für § 36 SGB VIII zentrale Anspruch auf AdressatInnenbeteiligung und Aushandlung kann als „normatives Gegenmodell" zu einer von ExpertInnen bestimmten Diagnostik verstanden werden (Merchel 1999, S. 85; vgl. auch z. B. BMFSFJ 1998, S. 262; Mairhofer 2014). Unbeschadet dessen wird die mit dem SGB VIII implementierte Ausweitung der Handlungs- und Ermessensspielräume nicht nur als (notwendiger) Rahmen für Aushandlungsprozesse zwischen AdressatInnen und Fachkräften gesehen, sondern – paradoxerweise – auch als Begründung für die Etablierung einer (formalisierten) psychosozialen Diagnostik in den ASD angeführt. So konstatiert Harnach (2011) mit Blick auf die Aufgabenerweiterung der ASD nach Einführung des SGB VIII Folgendes:

> Auf diagnostisches Arbeiten kann die Fachkraft nun weniger denn je zuvor verzichten. Insbesondere die Ermittlung des Bedarfs für individuelle Hilfen zur Erziehung (§§ 27 ff. KJHG [sic!]) und die Überprüfung der Wirksamkeit der Hilfe machen das

---

182 Unbeschadet dieser Bemühungen wurde und wird die Umsetzung der Hilfeplanung und vor allem des Anspruchs auf AdressatInnenbeteiligung gemeinhin als verbesserungsbedürftig eingeschätzt (dazu grundlegend: Pluto 2007). Einer repräsentativen Befragung von Bewohnern stationärer Jugendhilfeeinrichtungen zufolge fühlen sich lediglich 43% der Klienten an der Hilfeplanung wirklich beteiligt (vgl. Sierwald/Wolff 2008) und 29% der Jugendämter und 42% der Leistungserbringer der aktuellen DJI-Studien geben an, die Jugendlichen seien mit dem Partizipationsanspruch im Hilfeplanverfahren überfordert (vgl. Gadow et al. 2013, S. 261). Als Hürde für eine Beteiligung der AdressatInnen werden zahlreiche strukturelle, professionelle und persönliche Gründe benannt (vgl. Pluto 2007; Stork 2007; Strehler 2005; Schrapper 2005). Während die Studien der letzteren Jahre Hinweise auf eine Ausweitung der AdressatInnenbeteiligung gaben, scheint diese aktuell aufgrund managerieller Begrenzungen eher wieder abzunehmen (vgl. Gadow et al. 2013).

Erstellen einer sozialpädagogischen/sozialarbeiterischen Gesamtbeurteilung (herkömmlich als ‚psychosoziale Diagnose' bezeichnet) erforderlich. (ebd., S. 15 f.)

Diese Sichtweise ist offensichtlich verbreitet, denn zu einer sozialen, psychosozialen oder sozialpädagogischen Diagnostik im Kontext der Hilfeplanung wurden nach Einführung des SGB VIII von zahlreichen Verbänden und Behörden der Kinder- und Jugendhilfe Empfehlungen und Konzepte erarbeitet. So hat der Deutsche Verein im Jahr 2005 Minimalanforderungen und Anregungen für die Umsetzung einer Sozialpädagogischen Diagnose im ASD entwickelt (DV 2005, S. 7) – nicht zuletzt als Reaktion auf das im Elften Kinder- und Jugendbericht mehrfach bemängelte Fehlen verbindlicher Diagnosekonzepte für die Hilfeplanung (vgl. DV 2005, S. 9; BMFSFJ 2002, S. 254)[183]. Auch das Bayerische Landesjugendamt (BLJA) legte 2001 eine Arbeitshilfe zur sozialpädagogischen Diagnose vor. Den Kern des Konzepts bilden formalisierte Diagnosetabellen, die – als Checkliste – vor allem als Basis der Bedarfsfeststellung (Leistungsvoraussetzungen) dienen, daneben aber auch die Wahrnehmung, Reflexion, Hilfeplanung und Dokumentation unterstützen sollten (vgl. ebd.). Im Anschluss an eine Evaluation im Jahr 2005 (vgl. Abschnitt 3.3) wurden die Diagnosetabellen stark komprimiert und neu strukturiert, um nicht nur den erzieherischen Bedarf, sondern auch eine Gefährdung des Kindeswohls zu erfassen (BLJA 2009). Zudem wurden ab den 1990er-Jahren von Instituten, Hochschullehrenden oder Kommunen zahlreiche Konzepte und Instrumente zur sozialpädagogischen Diagnose entwickelt (vgl. Heiner/Schrapper 2010)[184]. Diese folgen unterschiedlichen epistemologischen und methodischen Basisannahmen und Traditionen und dienen der Verfolgung unterschiedlicher Ziele. Schrapper (2005) differenzierte grob zwischen entscheidungsorientiert-legitimatorischen, biografisch-

---

183 Bei dem vom DV (2005) vertretenen Instrument handelt es sich um ein differenziertes Konzept für eine ganzheitliche sozialpädagogische Diagnostik, das auf dem theoretischen Konzept der Systemische Denkfigur (Staub-Bernasconi) aufbaut. Die Diagnose ist dabei konzipiert als dialogischer, multiperspektivischer und mehrdimensionaler Prozess des Wahrnehmens und Beobachtens, des Verstehens, Erklärens, Bewertens, Prognostizierens sowie des Schlussfolgerns, jedoch nicht des Entscheidens, das in kollegialen Gremien erfolgen soll. In dem Konzept wird bewusst auf die Vorgabe formalisierter Instrumente (Diagnosebögen) verzichtet. Bei aller Offenheit und Fundierung werden jedoch auch bei diesem Instrument sozialtechnologische Denkmuster sichtbar, etwa wenn kausale Problem-Ursache-Lösungs-Ketten vertreten werden (vgl. ebd., S. 12).
184 Für Übersichten aktueller Diagnoseinstrumente in der Sozialen Arbeit bzw. Kinder- und Jugendhilfe sei auf Hansen (2010), Harnach (2011), Schrapper (2012) sowie auf die Beiträge in Heiner (2004), Verein für Kommunalwissenschaften (2005), Pantucek/Röh (2009), Schrapper (2010) oder auf die Ausgabe 4/2010 des Archivs für Wissenschaft und Praxis der Sozialen Arbeit verwiesen.

rekonstruktiven und beziehungsanalytisch-inszenierten Verfahren. Weitere Differenzierungen wurden bereits in Abschnitt 2.2 vorgestellt.

Der „Diagnose-Boom" rief in der (akademischen) Sozialen Arbeit um die Jahrtausendwende eine kontroverse Debatte um das Für und Wider (standardisierter) psychosozialer bzw. sozialpädagogischer Diagnosen („Neo Diagnostik") hervor. Dabei lassen sich zwei Konfliktlinien identifizieren. Zum einen wurde die Notwendigkeit einer sozialpädagogischen Diagnostik mit Verweis auf das Aushandlungsmodell kategorisch abgelehnt (vgl. z. B. Widersprüche 88/2003; Schrapper 2010); zum anderen wurde über die Art, Logik und Standardisierung von Diagnosekonzepten diskutiert, wobei sich vor allem Befürworter standardisierter-klassifikatorischer und hermeneutischer Konzepte gegenüberstanden (vgl. z. B. Uhlendorff 2012; Hansen 2010; Heiner 2010; Harnach 2011)[185]. Die Debatten um Diagnosen waren einerseits geprägt von inhaltlichen Fragen nach der richtigen Interventionsgrundlage, angemessenen Handlungsverständnissen sowie den fachlichen Chancen und Risiken, andererseits von Profilierungsthemen, wobei – wie schon von Richmond und Salomon – die Notwendigkeit einer eigenen sozialpädagogischen Diagnostik und damit eine Emanzipation von „geliehener Autorität" (Schrapper 2004) medizinischer, psychologischer oder juristischer Provenienz, als Voraussetzung für die Fortentwicklung des sozialpädagogischen Professionalisierungsprojektes unterstrichen wurden. Insgesamt kann resümiert werden, dass es den ProponentInnen einer (standardisierten) Diagnostik gelang, Diskurshoheit im Feld der Sozialen Arbeit bzw. der Kinder- und Jugendhilfe zu erlangen – unter anderem durch Strategien der Verknüpfung von unterschiedlichen diagnostischen Zugängen bzw. Elementen einer objektiven Diagnose mit Formen des subjektiven Fallverstehens (vgl. z. B. Heiner/Schrapper 2010). Mit Verweis auf die normative Kraft des Faktischen hat Heiner (2010) dann auch die Grundsatzdebatte im Sinne der Diagnosebefürworter für beendet erklärt.

Neben Bestrebungen, die Hilfeplanung inhaltlich-fachlich zu qualifizieren, gab es nach Einführung des SGB VIII Bestrebungen, die nach der Etablierung subjektiver Rechtsansprüche und der Ausdifferenzierung der Hilfeleistungen stark angestiegenen Kosten von Erziehungshilfen zu reduzieren. So erfolgte bereits 1995 vorübergehend eine teilweise Deckelung der Kosten, bevor 1999

---

185 Eine Zusammenstellung von Argumenten für und gegen eine sozialpädagogische Diagnose bietet Harnach (2011, S. 30 ff.). Während die Optimierung fachlicher Entscheidungen sowie die Entwicklung einer „gemeinsamen Sprache" als die entscheidenden Argumente für eine soziale/sozialpädagogische Diagnosen angeführt werden, nennt sie unter anderem Stigmatisierungsprozesse, unangemessene Komplexitätsreduktionen oder eine Individualisierung sozialer Probleme als Gegenargumente (vgl. ebd.). Für eine differenzierte Nachzeichnung der konkurrierenden Positionen sei auf die Beiträge in Heft 88 der Zeitschrift Widersprüche (2003) verwiesen.

mit der Novellierung von §§ 77 ff. SGB VIII eine Neuregelung der Finanzierung erfolgte. Neoliberalen Annahmen folgend, wonach marktorientierte Steuerungsformen anderen Regulationsmodi überlegen sind, wurden in Abstimmung mit den Leistungserbringern wettbewerbliche Elemente eingeführt (vgl. Wiesner 2009, S. 35 ff.)[186]. Diese zielten darauf ab, das bis dato vorherrschende partnerschaftliche Verhältnis zwischen dem Jugendamt als Kostenträger und den Leistungserbringern in eine strukturierte und transparente, quasi-marktorientierte Auftraggeber-Auftragnehmer-Beziehung zu transformieren (vgl. Dahme et al. 2005, S. 50). Zudem wurden die öffentlichen Träger mit weitreichenden Kontrollbefugnissen bezüglich der betrieblichen Abläufe der Leistungserbringer ausgestattet (vgl. Möhring-Hesse 2008). Schließlich sollten Leistungserbringer unterschiedlicher Art in einen (Qualitäts-)Wettbewerb um Leistungen der Kinder- und Jugendhilfe treten (vgl. Buestrich et al. 2008, S. 40 ff.; Messmer 2007, S. 10; Pluto et al. 2007, S. 297). Mit dieser Neugestaltung des Verhältnisses zwischen freien und öffentlichen Trägern kreuzen sich sozialrechtliche Entwicklungen mit dem Prozess der Verwaltungsmodernisierung: Zum einen ist der rechtlich forcierte Rückzug des öffentlichen Trägers auf eine gewährleistende und steuernde Funktion ein Element der NPM-Doktrin (vgl. Buestrich et al. 2008, S. 47 f.). Zum anderen werden Kontrakte, Budgets und Kennzahlen, die im NSM als Instrumente der Binnenreform vorgeschlagen werden, nun zu Instrumenten der Gestaltung interorganisationaler Beziehungen genutzt (zusammenfassend Mairhofer 2014)[187].

Die skizzierte ökonomische Modernisierung ist dabei nicht von fachlichen Überlegungen zur Hilfeplanung abgekoppelt. So gilt die Hilfeplanung als „zentrale Verfahrensvorschrift des SGB VIII für die Einzelfallsteuerung" (DV 2006, S. 1). Diese Steuerungsfunktion bleibt aber nicht auf fachliche Aspekte beschränkt. Vielmehr wird in einer objektiven Diagnostik und in einer zielgerichteten Hilfeplanung auch ein Schlüssel zur Steigerung der Effektivität und Effizienz von Hilfen und somit zu langfristigen Kostensenkungen gesehen (vgl. z. B. Hillmeier 2004; 2005). Außerdem wurden verschiedene Instrumente zur

---

186 Anstelle des früher praktizierten Selbstkostendeckungsprinzips werden die Kosten für Hilfen zur Erziehung nur dann und nur in der Höhe getragen, wenn und wie dies vorab vertraglich vereinbart wurde. Hierfür ist der Abschluss von Vereinbarungen über Art, Inhalt, Umfang, Kosten und Qualität von Leistungen sowie für Maßstäbe zur Qualitätsbewertung vorgesehen (vgl. Wiesner 2003; Messmer 2007).
187 Die Einführung marktorientierter Steuerungsformen darf hierbei nicht als (rationale, wenn auch ideologisch geprägte) Reaktion auf ein simples Kostenproblem angesehen werden. Vielmehr sind die Entwicklungen in der Kinder- und Jugendhilfe vor dem Hintergrund zahlreicher Krisendiagnosen des Sozialstaats sowie internationaler und sektorenübergreifender Ökonomisierungstrends zu sehen (vgl. Mairhofer 2014).

Verknüpfung von Leistungs-, Wirkungs- und Finanzsteuerung entwickelt (vgl. z. B. Macsenaere/Paries 2006).

7.9.2 Exkurs: SGB VIII-Reformpläne

Wie verbreitet die Vorstellung oder die Hoffnung ist, Hilfeentscheidungen in der Kinder- und Jugendhilfe mittels einer differenzierten Diagnostik zu qualifizieren, um hierüber die Zielgenauigkeit, Effektivität und letztlich auch Effizienz von Hilfeangeboten und Interventionen zu steigern, zeigen die Debatten um eine grundlegende Reform des Kinder- und Jugendhilferechts aus den Jahren 2016/2017. Im „Entwurf eines Gesetzes zur Stärkung von Kindern und Jugendlichen" vom 07.06.2016 (SGB VIII-E; BMFSFJ 2016) wird die Hilfeplanung nach § 36 als linearer Prozess der Bedarfsermittlung bzw. Diagnose, darauf aufbauender Bedarfsfeststellung und hiervon abgeleiteter Hilfeauswahl konzipiert[188]. Grundlage dieser Bedarfsermittlung sollten

> eine umfassende Klärung der Lebens-, Entwicklungs- und Erziehungssituation des Kindes oder des Jugendlichen oder der Lebens- und Entwicklungssituation des jungen Volljährigen unter Einbeziehung seines sozialen Umfelds [sein]. Dabei kommen systematische Arbeitsprozesse und standardisierte Arbeitsmittel (Instrumente) zur Anwendung. (§ 36 SGB VIII-E)

Schrapper (2016) meint hierzu, dass die „Hilfeplanung (…) auf eine ‚technokratische' Planungsprozedur verkürzt (wird), einerseits formal aufgebläht (§§ 36a bis 36e SGB VIII-E), andererseits inhaltlich ‚entkernt' ". Offene, dialogische Verfahren der Bedarfsermittlung, wie sie der bisherigen Philosophie des § 36 SGB folgen, sollten durch den Verweis auf „standardisierte Instrumente" de facto verunmöglicht werden. Entsprechend konstatiert Wiesner (2016, S. 6) einen „Paradigmenwechsel weg von Interaktion und Verstehensprozessen als Grundlage sozialpädagogischen erfolgreichen Handelns hin zu bürokratischen, standardisierten Verfahren". Begründet wird die stärkere Formalisierung der Hilfeplanung vor allem mit einer Ausweitung der Ermessensspielräume für die

---

[188] Die unterstellte Linearität und Kausalität des Hilfeplanverfahrens kommt in den Ausführungen zu den zukünftig geforderten Inhalten des Hilfeplandokuments sehr deutlich zum Vorschein: „Der Hilfeplan enthält mindestens 1. die Beschreibung der Lebens-, Entwicklungs- und Erziehungssituation des Kindes oder des Jugendlichen (…), 2. die dadurch begründete Feststellung des individuellen Bedarfs des Kindes, des Jugendlichen oder des jungen Volljährigen, 3. die daraus abgeleitete Auswahl der geeigneten und notwendigen Hilfearten und Leistungen hinsichtlich Ziel, Art und Umfang, 4. das Gesamtziel der Hilfe, 5. Beginn und voraussichtliche Dauer der Hilfe (…)" (§ 36d SGB VIII-E).

Fachkräfte, die durch differenzierte Vorgaben und Regeln technokratisch wieder „eingehegt" werden sollen. So heißt es in der Gesetzesbegründung zum Prozess der Bedarfsfeststellung, es seien

> systematische Arbeitsprozesse und standardisierte Arbeitsmittel zu verwenden, aufgrund derer die Ermittlung des erzieherischen Bedarfs bei dem jeweiligen örtlichen Träger der öffentlichen Jugendhilfe einheitlich und nachprüfbar durchgeführt werden kann. Hierfür wird der Begriff ‚Instrumente' als übergeordnete Bezeichnung der Arbeitsprozesse und Arbeitsmittel definiert. Arbeitsprozesse können beispielsweise Erhebungen und Analysen sein. Arbeitsmittel sind Hilfsmittel, die den Arbeitsprozess unterstützen, wie Fragebögen, Check-Listen oder IT-Anwendungen. (BMFSFJ 2016, S. 34)

Für Leistungen für Kinder und Jugendliche mit (drohender) Behinderung wird die Diagnosevorgabe weiter präzisiert, indem die „Internationale Klassifikation der Funktionsfähigkeit, Behinderung und Gesundheit" (ICF) als „Diagnoseinstrument bei der Ermittlung des individuellen Bedarfs" bestimmt wird – verknüpft mit dem Hinweis, dass diese „bei allen Kindern und Jugendlichen Orientierungshilfe hinsichtlich der bei der Bedarfsfeststellung zu berücksichtigenden Lebensbereiche geben" (BMFSFJ 2016, S. 46) kann.

Die Ausführungen in der Gesetzesbegründung fordern nicht nur standardisierte Diagnoseinstrumente, sie legen zudem die Nutzung „etablierter Produkte", also bekannter fachlicher Formalisierungen nahe. Dies zeigt nicht nur die explizite Benennung des ICF, sondern auch der Verweis auf entsprechende PC-gestützte Tools oder Checklisten. Schließlich war geplant, die zur Bedarfsfeststellung genutzten Instrumente im Hilfeplandokument aufzuführen, was eine Präferenz für manualisierte und lizensierte Instrumente nahelegt. Das dieser Ausrichtung entsprechende sozialtechnologische Gegenstandsverständnis wird schließlich in den Ausführungen zum Bedarf deutlich. Hierzu heißt es in der Gesetzesbegründung:

> Der Begriff ‚Bedarf' beschreibt eine objektivierte, beschaffungsbezogene Konkretisierung von Bedürfnissen (…). Die diesbezügliche ‚Ermittlung' eines Bedarfs ist ein Verfahren der Erfassung von aussagekräftigen Parametern, deren Auswertung Erkenntnis darüber liefert, welche konkreten Unterstützungsleistungen ein Leistungsberechtigter in seiner jeweiligen Lebenssituation mit Blick auf seine individuellen Unterstützungsziele braucht und in Anspruch nehmen will. (BMFSFJ 2016, S. 33)

Wenngleich das zuständige Ministerium von den geplanten Änderungen der Hilfeplanung aufgrund massiver Vorbehalte aus Wissenschaft und Praxis (zwischenzeitlich) abgerückt ist[189], so verdeutlicht die gesetzgeberische Initiative, wie verbreitet sozialtechnologische Steuerungsphantasien im Feld der Kinder- und Jugendhilfe sind.

7.9.3 Phase IIa: Fokus Kinderschutz Standardisierung und (Risiko-)Diagnostik

Neben Ökonomisierungstendenzen zielten die Reformen im Feld der Kinder- und Jugendhilfe während der letzten Jahre vor allem auf eine Stärkung und Ausweitung des Schutzes von Kindern und Jugendlichen vor Gefahren. Als wichtiger normativer Impuls für diese Fokussierung auf den Schutz von Kindern gilt die 1989 in Kraft getretene UN-Kinderrechtskonvention, die mit ihren Grundprinzipien „protection – provision – participation" besonders in Art. 18 von den Vertragsstaaten explizit den Schutz von Kindern fordert (vgl. Trisch 2015; Spratt et al. 2015). Als treibende Kraft für Veränderungen der rechtlichen Grundlagen und der Praxis des Kinderschutzes gelten jedoch vor allem medial skandalisierte Todesfälle von Kindern, besonders von Kindern, die den Jugendämtern bereits bekannt waren (vgl. BMFSFJ 2004).

Mit dem Kinder- und Jugendhilfeweiterentwicklungsgesetz (KICK) von 2005 wurde durch die Einführung des § 8a SGB VIII der Schutzauftrag der Jugendämter im Falle von Kindeswohlgefährdungen expliziter und präziser als zuvor bestimmt. Zudem wurde die Inobhutnahme als unmittelbare Krisenintervention zum Schutz von Kindern in § 42 SGB VIII neu geordnet. Schließlich wurden verschiedene Normen zur Ausweitung der Kontrolle von Akteuren in der Kinder- und Jugendhilfe eingeführt, die den Schutz von Kindern verbessern sollten (§§ 45, 65, 72a SGB VIII) (vgl. Wiesner 2006). Die im Gesetz geforderte Risikoabschätzung durch die Fachkräfte der Jugendämter nach § 8a SGB VIII wurde von manchen VertreterInnen der Kinder- und Jugendhilfe als (gesetzliche) Aufforderung zur Nutzung standardisierter Erhebungs- und Risikoeinschätzungsinstrumente interpretiert (vgl. z. B. Strobel et al. 2008; Metzner/ Pawlis 2011). Leitner und Campe (2007) legen etwa einen rechtlichen Zwang zur Nutzung formalisierter Instrumente nahe, wenn sie argumentieren, dass

> um bestimmten rechtlichen und fachlichen Anforderungen der Risikoabschätzung gerecht werden zu können, (...) es grundsätzlich erforderlich (ist), verbindliche Indikatoren zu bestimmen, die es neben der unmittelbaren Risikoabschätzung ermög-

---

189 Sowohl die Gesetzesentwürfe und -begründungen als auch darauf bezogene Stellungnahmen und Kommentierungen können der Plattform „DIJUF-Interaktiv – Information und Austausch zur SGB VII-Reform" entnommen werden: http://kijup-sgbviii-reform.de/.

lichen, die Fälle im Prozess dahin gehend zu bewerten, ob einmal ‚diagnostizierte' Risiken abgewendet bzw. sich neue ergeben haben. (ebd., S. 7)

Solche Instrumente erfuhren – wie noch zu zeigen sein wird – ab 2005 einen deutlichen Boom[190]. In der Gesetzesbegründung wird das KICK als Reaktion auf „spektakuläre Fälle von Kindeswohlgefährdung (Vernachlässigung, sexueller Missbrauch)" sowie auf die große Unsicherheit unter den Fachkräften beschrieben (BMFSFJ 2004). Beide „Probleme" sollten durch eine eindeutige Auftragsklärung und Verfahrenswege behoben werden. Doch auch nach Inkrafttreten des KICK wurden weitere Todesfälle von den Jugendämtern bekannten Kleinkindern bundesweit medial skandalisiert. Fegert et al. (2010) identifizieren im Zeitraum zwischen 2007 und 2008 insgesamt 133 medial problematisierte Kinderschutzfälle. Besonders die Todesfälle des zweijährigen Kevin in Bremen sowie der in Schwerin misshandelten und an Unterernährung verstorbenen Lea-Sophie erregten große Aufmerksamkeit. Das mediale Interesse für das Thema Kinderschutz führte schließlich dazu, dass das Thema Kinderschutz in den Jahren 2007 und 2008 auf die Agenda der regelmäßigen Treffen zwischen der Bundeskanzlerin und der MinisterpräsidentInnen der Länder gelangte (sogenannte Kinderschutzgipfel) und dort Strategien für einen besseren Schutz von Kindern durch einen Ausbau von Netzwerkstrukturen, eine Absenkung von Datenschutzstandards und vermehrte Armutsbekämpfung vereinbart wurden (vgl. Bundesregierung 2015).

Ende 2008 legte das Familienministerium (BMFSFJ) schließlich den Referentenentwurf eines – ohne eine Einbindung der Fachverbände der Kinder- und Jugendhilfe erstellten – Bundeskinderschutzgesetztes (BKiSchG; BT-Drs. 16/12429) vor (vgl. Turba 2012). Nachdem der Entwurf im parlamentarischen Verfahren scheiterte[191], legte das Familienministerium im Jahr 2011 einen

---

190 Die Entwickler des „Stuttgarter Kinderschutzbogens", einem Instrument zur Einschätzung des Gefährdungsrisikos, berichten von einem starken Anstieg der Anfragen infolge des KICK. So hätten im Zeitraum zwischen Oktober 2005 und Anfang 2009 fast 800 Anfragen beim Jugendamt Stuttgart zu dem mittlerweile datenbankbasierten und kommerziell vertriebenen Bogen stattgefunden (Reich et al. 2009).
191 Der Gesetzentwurf der Ministerin von der Leyen wurde Anfang 2009 sowohl im Bundestag und Familienausschuss als auch in der Fachöffentlichkeit kontrovers diskutiert. Im Zentrum der Diskussion stand die geplante Regelverpflichtung zur Durchführung eines Hausbesuchs vonseiten des Jugendamts im Zuge der Gefährdungseinschätzung. Dieser „Zwang zum Hausbesuch" wurde von VertreterInnen aus Wissenschaft und Praxis der Kinder- und Jugendhilfe zurückgewiesen. Stattdessen seien im Einzelfall die Ergiebigkeit und die möglichen dysfunktionalen Effekte abzuwägen (vgl. z. B. AGJ 2008; DJI 2009). Tatsächlich war der Hausbesuch nur das Medium, über das eine grundlegende Auseinandersetzung um das Verhältnis zwischen dem Familienministerium einerseits und Praxis und Wissenschaft der Kinder- und Jugendhilfe andererseits ausgetragen wurde. Dabei dominierten Fragen nach der Einbeziehung der Fachverbände in das Gesetzgebungsverfahren, mithin die Relevanz

überarbeiteten und mit den Fachverbänden abgestimmten Entwurf vor, der alle parlamentarischen Hürden nahm. Das Bundeskinderschutzgesetz trat sodann am 01.01.2012 in Kraft. Das Gesetz zielte vor allem auf eine Ausweitung von Beratungs-, Beteiligungs- und Beschwerdemöglichkeiten für Kinder und Jugendliche, auf eine Intensivierung interdisziplinärer und intersektoraler Kooperationen und Zusammenarbeit (u. a. auch Informationsweitergabe) sowie auf zusätzliche Beratungs- und Entwicklungsangebote der (Landes-)Jugendämter für Akteure, die mit Kindern und Jugendlichen arbeiten. Abgesehen von der in das Ermessen der Fachkräfte gestellten Regelverpflichtung zur Durchführung eines Hausbesuchs, sieht das Gesetz keine Veränderungen oder Konkretisierung des Prozesses der Gefährdungseinschätzung durch die MitarbeiterInnen des Jugendamtes vor. Dennoch hatte das Gesetz – auch wegen seiner langen Entstehungsgeschichte – starke Auswirkungen auf das Selbstverständnis und auch auf die Entwicklung von Standards und Standardisierungen im Kinderschutz (vgl. Bode/Turba 2014; Pluto et al. 2016).

Die Entwicklungen im Kinderschutz wurden stark von Positionierungen und Konzepten übergeordneter Akteure beeinflusst. Von besonderer Bedeutung sind die Empfehlungen des Städtetags (DST 2003) „Strafrechtliche Relevanz sozialarbeiterischen Handelns", mit denen erstmals bundesweite Standards zur Bearbeitung von Fällen der Kindeswohlgefährdung durch die Jugendämter formuliert wurden. Wie der Titel schon zeigt, bestand das primäre Ziel der seit 1999 von JugendamtsmitarbeiterInnen erstellten Empfehlung darin, Fachkräfte in den ASD strafrechtlich abzusichern. Das vor dem Hintergrund der Präzisierung des Schutzauftrags durch das KICK im Jahr 2005 und durch die Änderung des § 1666 BGB im Jahr 2008 vonseiten der Bundesvereinigung der Kommunalen Spitzenverbände (2009) und weiterer Verbände veröffentlichte „Nachfolgepapier" wiederholt zwar ebenfalls das Ziel der Absicherung der MitarbeiterInnen, stellt diesem aber die Zielsetzung voran, „in bestmöglicher Weise das Kindeswohl zu sichern" (ebd., S. 3). Hierzu wird in dem Dokument eine Doppelstrategie vorgeschlagen: Zum einen eine nach innen gerichtete Stärkung bürokratisch-organisationalen Kontroll- und Entscheidungsstrukturen (z. B. Einbindung Vorgesetzter, standardisierte schriftliche

---

des neo-korporatistischen Modells. Zudem wurde ein Konflikt um die Deutungsmacht im Feld der Kinder- und Jugendhilfe deutlich. Dies zeigt auch die nachfolgende Passage aus einem offenen Brief der Fachverbände: „Seit Beginn der Erarbeitung eines Kinderschutzgesetzes vermissen wir das Bemühen, sich ernsthaft mit den Argumenten derjenigen auseinander zu setzen, die tagtäglich in der unmittelbaren Verantwortung und vor der Aufgabe stehen, den Zugang zu belasteten Kindern und deren Eltern herzustellen." (AFET et al. 2009, S. 2) Durch eine frühzeitige Einbeziehung der Fachverbände gelang der nachfolgenden Familienministerin dagegen eine relativ konfliktfreie Verabschiedung des Gesetzes (vgl. Turba 2012).

Dokumentation), zum anderen, nach außen gerichtet, der Abschluss von Kontrakten mit und die Kontrolle von Erziehungsberechtigten. Auf die Empfehlung eines standardisierten Risikoeinschätzungstools, wie dies im Vorgängerpapier von 2003 erfolgte, wird nun verzichtet[192].

Als weiteres, bundesweit beachtetes Dokument zum Kinderschutz gilt das über 800 Seiten starke „Handbuch Kindeswohlgefährdung nach § 1666 BGB und Allgemeiner Sozialer Dienst (ASD)" (Kindler et al. 2006), das in 130 Fragen/Kapiteln für ASD-Fachkräfte relevante Informationen zum Kinderschutz auf der Basis wissenschaftlicher Erkenntnisse und Praxiserfahrungen bündelt. Das Handbuch wurde in einem Projekt am DJI unter Mitarbeit zahlreicher WissenschaftlerInnen und PraktikerInnen erstellt und nach Inkrafttreten des KICK aktualisiert. Neben diesen bundesweiten Empfehlungen wurden in den 2000er-Jahren auf Landesebene unter anderem in Bayern, Brandenburg, Thüringen sowie dem Saarland Handlungsempfehlungen für die Kinderschutzarbeit der Jugendämter erstellt (vgl. Leitner/Campe 2007).

Neben Handlungsempfehlungen wurden zahlreiche formalisierte Instrumente zur Unterstützung der Risikoeinschätzung entwickelt. So hat etwa das Landesjugendamt Baden-Württemberg zusammen mit PraktikerInnen eine Arbeitshilfe/Checkliste zur Umsetzung des Schutzauftrags erarbeitet (vgl. Köckeritz/Dern 2012). Zudem wurden zahlreiche lokale (Diagnose-)Instrumente zur Risikoeinschätzung im Kinderschutz entwickelt, häufig unter Mitwirkung von Akteuren aus der Wissenschaft. Metzner und Pawlis (2011, S. 258), die 138 fachliche Formalisierungen aus dem Bereich des Kinderschutzes analysiert haben, kommen zu dem Ergebnis, dass 57% der Instrumente unter „wissenschaftlicher Begleitung" entwickelt, und 20% der Instrumente wissenschaftlich evaluiert wurden[193]. Die Bedeutung der lokalen Jugendämter für die Entwicklung entsprechender Tools zeigt sich darin, dass ein Drittel der Instrumente der

---

192 Der Städtetag-Empfehlung von 2003 hängen als Anlagen zwei Instrumente des Stadtjugendamtes Recklinghausen zur Gefährdungseinschätzung an. Neben Feldern zur Erhebung von Basisdaten sowie der Familienstrukturen (Genogramm und Beziehungsmap) und bisherigen Hilfen enthalten die Instrumente sogenannte „Ampelbögen" mit denen getrennt für Vater und Mutter jeweils über mehrere Items die Befriedigung der Grundbedürfnisse des Kindes, Problemlagen, Kompetenzen und Kooperationsbereitschaft über ein dreistufiges Schema (grün = gut, gelb = unklar, rot = schlecht) erfasst werden (vgl. DST 2003).
193 Für die Studie von Metzner und Pawlis wurden mit dem Kinderschutz betraute Akteure um Zusendung der von ihnen genutzten Instrumente zur Gefährdungseinschätzung gebeten, die von den beiden Forscherinnen nach formalen und inhaltlichen Kriterien analysiert wurden. In die Analyse konnten 138 Instrumente einbezogen werden. Diese stammten zu je etwa der Hälfte von Jugend- und Gesundheitsämtern, 37% der Instrumente werden (zudem) von freien Trägern der Jugendhilfe genutzt. Weitere Befunde der Studie werden auch in Abschnitt 8.9 vorgestellt.

Studie nur regional begrenzt (Kommune oder Land) Anwendung findet (vgl. ebd., S. 258 f.).

Verglichen mit Konzepten der sozialpädagogischen Diagnose, die unterschiedlichen Grundlogiken folgen (von verstehensorientiert-rekonstruktiv bis entscheidungsorientiert klassifikatorisch), ist das Feld der Risikoeinschätzungsinstrumente im Kinderschutz eher homogen. So handelt es sich bei 96% der von Pawlis und Metzner (2011) untersuchten Instrumente um Bewertungsbögen, also um formalisierte Instrumente. Dennoch bestehen auch zwischen diesen fachlichen Formalisierungen im Kinderschutz Unterschiede. Die Instrumente können etwa an unterschiedlichen Stellen im Kinderschutzprozess zum Einsatz gelangen, sich also beispielsweise auf die Beurteilung/Dokumentation einer eingehenden Gefährdungsmeldung, auf die Entscheidung über das Vorliegen einer Gefährdung oder auf eine Entscheidung über angemessene Hilfen beziehen (vgl. Bastian 2012). An jedem dieser Zeitpunkte können zahlreiche unterschiedliche Einschätzungsaufgaben Gegenstand der Instrumente sein (vgl. Kindler 2015; Kindler/Lillig 2005[194]). Schließlich lassen sich unterschiedliche Grade der Standardisierung und Detailliertheit sowie unterschiedliche Konstruktionsprozesse und Logiken von Instrumenten unterscheiden (vgl. Bastian 2015; Hansen 2010). Allerdings sind diese Differenzierungen im Falle konkreter Instrumente selten klar bestimmbar (vgl. Kindler 2015).

Unbeschadet dessen wurden auch für Instrumente zur Risikoeinschätzung im Kinderschutz verschiedene Klassifikationsraster entwickelt. Deegener und Körner (2006) differenzieren zwischen kurzen Screening-Instrumenten und ausführlichen Diagnose-Verfahren. In einer Meta-Analyse zur Vorhersagekraft von Instrumenten zur Risikoeinschätzung benennen van der Put et al. (2017) zudem die Länge des Instruments (Anzahl der Items) und die fokussierte NutzerInnengruppe (Professionelle Fachkräfte, AdressatInnen, Wissenschaftler) als relevante Differenzierungskriterien. Verbreitet ist vor allem aber eine Unterscheidung nach der Art der genutzten Items in den Instrumenten. Hierbei wird zwischen einerseits empirisch bestätigten und andererseits plausiblen Indikatoren unterschieden. Besonders verbreitet ist die Differenzierung zwischen aktuarialistischen (statistischen bzw. versicherungsmathematischen) Instrumenten und konsensbasierten Instrumenten. Erste basieren auf Items, die regressionsanalytisch auf der Basis von Daten früherer Kinderschutzfälle gebildet werden.

---

194 Kindler und Lillig (2005) verweisen darauf, dass in konkreten Fallkonstellationen sehr unterschiedliche Kombinationen von Einschätzungen erforderlich sein können. Sie unterscheiden dabei zwischen der ersten Gefährdungseinschätzung, einer Sicherheitseinschätzung, der Einschätzung des Risikos wiederholter Gefährdung, der Einschätzung der Veränderungsbereitschaft und -fähigkeit sowie den Erziehungsfähigkeiten bzw. -defiziten von Eltern, der Erhebung familiärer Ressourcen, einer Verdachtsabklärung und einer Erhebung der Förderbedürfnisse beim Kind (vgl. ebd., S. 6).

Die so erzeugten Items haben zwar für sich genommen wenig Aussage- oder gar Erklärungskraft, als gewichtete Elemente eines abgestimmten Instruments tragen sie jedoch zu einer hohen Vorhersagekraft solcher Instrumente bei[195]. So zeigen zahlreiche Studien, dass aktuarialistische Instrumente bei der Vorhersage zukünftiger Gefährdungen anderen Formen der Risikoeinschätzung überlegen sind (vgl. z. B. van der Put et al. 2017; Baird/Wagner 2000)[196]. Dem wird entgegengehalten, dass die Instrumente wenig flexibel sind und relevante Kontextfaktoren ausblenden. Als konsensbasiert gelten dagegen Instrumente, deren Items auf der Basis von Plausibilitätsannahmen und vor allem auf der Basis der Erfahrung von Fachkräften gebildet werden. Entsprechend weisen auch die Einzelitems einen logischen und begründbaren Bezug zu Gefährdungen auf. Allerdings ist der Nutzen bzw. die Vorhersagekraft häufig unklar (vgl. für viele: Baird/Wagner 2000; Gambrill/Shlonsky 2000; D'Andrade et al. 2005; Shlonsky/Wagner 2005; Mendoza et al. 2016; van der Put et al. 2017). Zwischen diesen beiden Typen lassen sich weitere Instrumente verorten, beispielsweise wissenschaftsbasierte Instrumente, deren Items in empirischen Studien als Risiko- oder Schutzfaktoren bestätigt wurden – van der Put et al. (2017, S. 72) sprechen hier von „Structured Clinical Judgements" (SCJ) – oder (konsensbasierte) Instrumente, die (wissenschaftlich) evaluiert wurden. Diese Vielfalt aufgreifend differenziert Kindler (2015) auch zwischen konsensbasierten, forschungsbasierten sowie schlussfolgernden Verfahren. In Deutschland dominieren dabei deutlich konsensbasierte Instrumente (vgl. Metzner/Pawlis 2011).

Als erstes in Deutschland entwickeltes standardisiertes Tool zur Risikoeinschätzung im Kinderschutz gilt das „Glinder Manual" (vgl. Schone et al. 1997). Dieses formalisierte Instrument soll eine arbeitsökonomisch sinnvolle sowie intersubjektiv nahvollziehbare Status- und Prozessdokumentation im Kinderschutz ermöglichen. Hierzu ist eine mehrdimensionale Beschreibung des familiären Kontextes, der Situation des Kindes sowie der Eltern-Kind-Interaktion vorgesehen, die in Verlaufs- bzw. Nacherhebungsbögen durch eine Bewertung zwischen „+ +" und „– –" beurteilt werden sollen. Das Instrument soll der rechtlichen Absicherung, der Qualitätsentwicklung im Kinderschutz und als

---

195 Bei aktuarialistischen Instrumenten werden die einzelnen Items je nach Ausprägung mit Zahlenwerten versehen. Diese werden addiert und der konkrete Einzelfall aufgrund seines „Risikoscores" einer Risikogruppe zugeordnet. Häufig sind den Risikogruppen konkrete Handlungsempfehlungen bzw. Interventionen zugeordnet.
196 Da diese Instrumente auf der Basis von Daten vergangener (bestätigter) Gefährdungsfälle gebildet wurden, liegt nahe, dass sie in der Anwendung auf neue Fälle – also quasi in der Umkehrfunktion – eine hohe Verlässlichkeit bei der Vorhersage von Gefährdungen gleichen Typs haben. Allerdings verlangen sie einerseits Daten und Gefährdungen bekannten Typs, andererseits reproduzieren sie all jene Verzerrungen (z. B. Vorurteile), die den Fällen, auf deren Basis sie gebildet wurden, zugrunde lagen.

Diskussionsgrundlage für Gespräche mit den Familien dienen. So unterstreichen Schone et al. (1997, S. 239): „Keinesfalls kann dieses Instrument einen offenen Dialog mit den Familien ersetzen".

Unter den zahlreichen Instrumenten zur Gefährdungseinschätzung (für eine Strukturierung und Übersicht vgl. Metzler/Pawlis 2011; Leitner/Campe 2007) nehmen folgende Instrumente eine besondere Stellung ein (vgl. Metzner/Pawlis 2011): Die bereits erwähnten Diagnosetabellen des Bayerischen Landesjugendamtes (vgl. Kapitel 3.3), die vom Deutschen Jugendinstitut als Element des oben genannten „ASD-Handbuchs" entwickelte Bögen[197], die Münchner Gefährdungseinwertungsliste[198] sowie der „Stuttgarter Kinderschutzbogen" als das bislang „ausdifferenzierteste Instrument" in Deutschland (Strobel et al. 2008, S. 2). Beim Stuttgarter Kinderschutzbogen „handelt es sich um ein strukturiertes, aus mehreren Modulen bestehendes Instrument zur Abschätzung des Gefährdungsrisikos bei möglicher Kindeswohlgefährdung" (ebd.). Eine erste Version des Instruments wurde zwischen 2000 und 2002 im Rahmen des Projektes „Weiterentwicklung der Kinderschutzarbeit in den Sozialen Diensten des Jugendamtes Stuttgart" entwickelt und seit 2002 verbindlich im Jugendamt Stuttgart eingesetzt. In einem gemeinsamen Weiterentwicklungsprozess der Jugendämter Stuttgart und Düsseldorf erfolgte mit Beratung durch das DJI eine Überarbeitung des Instruments. Die überarbeitete Version des Kinderschutzbogens wurde ab 2007 durch das DJI evaluiert[199]. Das Instrument besteht aus den folgenden zwölf Modulen:

---

197 Dem ASD-Handbuch hängen ein sechsseitiger Meldebogen zur Erfassung und Beurteilung von Meldungen über (potenzielle) Gefährdungen sowie Prüfbögen zur Erfassung diverser Risikobereiche (17 Seiten) sowie der Erziehungsfähigkeit der Eltern (11 Seiten) an (vgl. Kindler et al. 2005). Die Bögen sehen hierbei jeweils eine freie Beschreibung der abgefragten Aspekte vor, wobei der Umfang aufgrund ausführlicher Erläuterungen wesentlich geringer ausfällt, als es die angegeben Seitenzahlen vermuten lassen.

198 In dem Münchner Modell erfolgt nach einer Bewertung eingehender Meldungen auf der Basis standardisierter Kategorien eine Festlegung auf einen von drei „Standardprozessen", für die das weitere Vorgehen definiert ist (vgl. Kindler 2003).

199 Die Evaluation des Kinderschutzbogens bezog sich auf mehrere Beurteilungsdimensionen (Strobel et al. 2008). Die Inhaltsvalidität wurde durch einen Vergleich der Items mit den im DJI-Handbuch „Kinderschutz und ASD" ermittelten Kriterien verglichen. Die Zuverlässigkeit (Reliabilität) wurde durch den Vergleich der Beurteilung von Fallvignetten durch unterschiedliche Fachkräfte und Wissenschaftler erhoben, wobei die Ergebnisse für viele der Module teilweise nur wenig über der Zufallsverteilung liegen. Die Vorhersagekraft (prädiktive Validität) wurde durch einen unechten Längsschnitt ermittelt. Für das Modul Risikofaktoren konnte gezeigt werden, dass das „Risiko einer ernsthaften Verletzung bzw. Schädigung von Kindern aus einer Familie mit vier oder mehr relevanten Risikofaktoren gegenüber Kindern aus einer Familie mit maximal einem Risikofaktor mindestens 50-fach erhöht" ist (ebd., S. 41). Zur Ermittlung der Kriteriumsvalidität erfolgt ein Vergleich der Einschätzungsergebnisse mit einem evidenzbasierten US-amerikanischen Instrument. Hier korrelierten die Ergebnisse hoch mit Werten bis zu $r=.93$. Hinweise zur Effizienz und An-

- Meldebogen
- Familienbogen
- Erscheinungsbild des Kindes
- Eltern-Kind-Interaktion
- Grundversorgung und Schutz
- Sicherheitseinschätzung
- Risikoeinschätzung
- Ressourcen und Prognosen
- Erziehungsfähigkeit
- Gesamteinschätzung der Kindeswohlgefährdung
- Hilfe- und Schutzkonzept.

Die einzelnen Bögen enthalten jeweils Listen von Themen, die von den Fachkräften beschrieben und über eine Quantifizierung (-2 bis +2) zu bewerten sind. Zudem sind diverse Sammelbewertungen als „Zwischenergebnisse" vorgesehen. Zur Verringerung der intersubjektiven Variabilität wurden zu verschiedenen Bögen Ankerbeispiele für unterschiedliche Altersgruppen formuliert. Das Instrument soll gleichermaßen der Prozesssteuerung sowie der Dokumentation dienen und das sozialpädagogische Handeln der ASD-Fachkräfte qualifizieren (vgl. Reich et al. 2009).

7.9.4 Exkurs: Die Entwicklung formalisierter Instrumente in den USA

Der Ursprung von Instrumenten zur Gefährdungseinschätzung im Kinderschutz liegt in den USA. In den Child Protection Services wurden in den 1980er-Jahren zunächst konsensbasierte Erfassungs- und Dokumentationsbögen entwickelt, teilweise mit beachtlichem Umfang (bis zu vierzig Seiten). Parallel dazu erfolgten die Entwicklung und Evaluation von Instrumenten durch Akteure aus der Wissenschaft, allen voran das von Milner (1980) entwickelte „Child Abuse Potential Inventory", das auch heute noch in praktischen und

---

wendbarkeit wurden aus einer Analyse der Nutzung und einer Anwenderbefragung erhoben. Die Fachkräfte nutzen das Instrument überwiegend zur Informationssammlung, Meinungsbildung und Fundierung eigener Entscheidungen. Dabei wurde der Nutzen der einzelnen Module unterschiedlich, überwiegend jedoch positiv beurteilt. Skeptisch äußerten sich die befragten Fachkräfte zur Praktikabilität des umfangreichen Instruments. So lag der durchschnittliche Zeitaufwand für das Zusammentragen der nötigen Informationen bei einer bis 10 Stunden und auch das Ausfüllen des Bogens dauerte zwischen einer und anderthalb Stunden (vgl. ebd.). Zu berücksichtigen ist zudem der Umstand, dass die Evaluation durch ein Institut erfolgte, das auch an der Entwicklung des Instruments beteiligt war. Es bestand somit auch bei dieser Evaluationsstudie eine große Loyalität der Forschenden gegenüber dem evaluierten Instrument.

wissenschaftlichen Kontexten genutzt wird (vgl. Laulik et al. 2015)[200]. Ab 1984 wurden durch Johnson und L'Esperance klinische (also erfahrungsbasierte, nicht-formalisierte) und statistische Risikoeinschätzungsverfahren verglichen. Damit fanden aktuarialistische Instrumente, die ab den 1950er-Jahren kontrovers im Feld der Psychologie diskutiert wurden, Eingang in das Feld des Kinderschutzes (vgl. Shlonsky/Wagner 2005)[201].

Für die zweite Hälfte der 1980er-Jahre berichtet Baird, Direktor des Children's Research Center in den USA, in einem Interview, von der zufälligen Entwicklung des Michigan-Instruments, das zu einem der führenden aktuarialistischen Instrumente im internationalen Kinderschutz werden sollte. So habe Baird 1986 für das National Council on Crime and Delinquency (NCCD) an der Entwicklung eines statistischen Risikoeinschätzungsinstrumentes für die Bewährungshilfe gearbeitet. Zufälligerweise sind in dem Bundestaat, in dem das Entwicklungsprojekt angesiedelt war, die Aufgaben der Bewährungshilfe und des Kinderschutzes in einem Dienst organisiert. So erfuhren mit Kinderschutzaufgaben betraute Fachkräfte von dem Projekt und regten die Entwicklung eines entsprechenden Instruments für die Gefährdungseinschätzung im Kinderschutz an. Daraufhin wurde in einem mehrjährigen Prozess auf der Basis der Daten von knapp 2.000 Familien der amtlichen Statistik ein aktuarialistisches Instrument zur Gefährdungseinschätzung entwickelt und Anfang der 1990er-Jahre im Auftrag des Michigan Department of Social Services (MDSS) evaluiert (vgl. Kindler/Baird 2003; Baird et al 1995). Bei diesem Instrument handelt es sich um ein einseitiges Tool zur Einschätzung des Risikos zukünftiger Gefährdungen einer Misshandlung oder einer Vernachlässigung. Hierzu sind jeweils 11 bzw. 12 kurze Fragen zu beantworten. Die Antwortmöglichkeiten sind mit Zahlenwerten versehen, die aufaddiert werden. Je nach Höhe des Risiko-Scores werden die Familien/Fälle einer von vier Risikogruppen zugeordnet.

Die Evaluation zeigte, dass bei Familien, die auf Basis des Instruments höheren Risikogruppen zugewiesen wurden, in der Folgezeit – trotz erfolgter Kinderschutzintervention – deutlich häufiger eine erneute Gefährdungsmeldung und/oder eine bestätigte Gefährdung auftraten. Im Zeitverlauf wurden ähnliche Instrumente auch für andere Bundesstaaten erstellt. Mit der Entwicklung des „Michigan Instruments" gelang es Baird und seinen Kollegen im Jahr 1993 am

---

200 Bei dem „Child Abuse Potential Inventory" handelt es sich um ein 160 Items umfassendes psychometrisches Instrument zur Einschätzung des Risikos von physischen Misshandlungen, das zur Unterstützung von Kinderschutzfachkräften entwickelt wurde (vgl. Milner 1980; Laulik et al. 2015).
201 Zur Geschichte aktuarialistischer Instrumente zur Risikoeinschätzung ab dem frühen 19. Jahrhundert und einer Beschreibung von Phasen unterschiedlicher Ausgestaltung und Zielsetzung vgl. Miller und Maloney (2013) oder Viglione et al. (2015).

NCCD das Children's Research Center (CRC) zu etablieren und dort weitere aktuarialistische und konsensbasierte Instrumente zu unterschiedlichen Entscheidungs- und Priorisierungsaufgaben zu enzwickeln und zum Konzept des „Structured Decision Making" (SDM) zusammenzuführen. Das SDM besteht heute aus den nachfolgenden Instrumenten (vgl. www.nccdglobal.org):

- Intake assessment (zur Entscheidung ob eine Gefährdungsabschätzung nötig ist und wie zügig diese erfolgen muss)
- Safety assessment (zur Klärung ob eine unmittelbare Herausnahme des Kindes aus der Familie nötig ist)
- *Risk assessment* (das o. g. aktuarialistische Tool zur Bestimmung des Risikos zukünftiger Gefährdungen)
- *Family strengths and needs assessment* (ein konsensbasiertes Instrument zur Unterstützung der Auswahl geeigneter Interventionen/Hilfen und der Hilfeplanung)
- *Risk reassessment* (ein aktuarialistisches Tool zur Beurteilung, ob durch eine Intervention das Gefährdungsrisiko verringert werden konnte)
- *Reunification assessment* (zur Überprüfung, ob ein Kind nach einer familienersetzenden Maßnahme sicher und langfristig in seine Familie zurückkehren kann).

In der Folgezeit wurden durch das CRC weitere SDM Konzepte für unterschiedliche Arbeitsfelder (z. B. Jugendgerichtshilfe, Arbeitsverwaltung, Pflegekinderdienste) entwickelt und unter der Trademark SDM vermarktet. Das Kinderschutz-SDM oder einzelne seiner Elemente werden in 40 US-Staaten, 3 Staaten Australiens, vier kanadischen Provinzen sowie in Taiwan und auf den Bermudas genutzt (vgl. www.nccdglobal.org)[202]. Ob die „Geschichte" der zufälligen Entwicklung des Michigan-Instruments und damit die Grundsteinlegung der heute am Weitesten verbreiteten, lizensierten fachlichen Formalisierung im Kinderschutz so zutreffend ist, lässt sich nicht eruieren. Sollte sie zutreffen, so ist sie ein Beleg für die Kontingenz organisationaler bzw. feldspezifischer Entwicklungen: Nicht der Wunsch nach einer Rationalisierung bzw. Optimierung der Kinderschutzarbeit, sondern die kontingente Organisation der sozialen Dienste im Staat Michigan war letztlich ausschlaggebend für die Erfolgsgeschichte des Instruments und SDM-Verfahren. Gewiss hätten prinzipiell auch andere Zufälle zu demselben Effekt führen können, ob dies jedoch geschehen wäre, bleibt offen.

---

202 Für Australien sind hierbei zahlreiche Probleme in der Nutzung durch die MitarbeiterInnen der für den Kinderschutz zuständigen Dienste belegt (vgl. z. B. Gillingham/Humphreys 2010).

Die Konstellation erinnert an das „Garbage Can" Konzept von Cohen et al. (1972), wonach organisationale Entscheidungen nicht Effekt von äußeren Umständen, Transaktionsprozessen oder gar zielorientierten rationalen Entscheidungen sind, sondern das Ergebnis des eher zufälligen, situativen Zusammentreffens von Problemen, Lösungen, Personen und Entscheidungsarenen. So sehen sie

> a choice opportunity as a garbage can into which various kinds of problems and solutions are dumped by participants as they are generated. The mix of garbage in a single can depends on the mix of cans available, on the labels attached to the alternative cans, on what garbage is currently being produced, and on the speed with which garbage is collected and removed from the scene. (ebd., S. 2)

In der Garbage Can der Sozialdienste des Staates Michigan trafen zufällig die Lösung „aktuarialistische Instrumente (für die Bewährungshilfe)" und das Problem „verunsicherte (und interessierte) Sozialarbeiter im Kinderschutz" sowie „ambitionierter Entwickler von Instrumenten" zusammen und führten zum beschriebenen „Erfolgsprozess". Vermutlich wäre es früher oder später angesichts der übergreifenden gesellschaftlichen und sektoralen Entwicklungen zur Entwicklung aktuarialistischer Instrumente im Kinderschutz gekommen, wann und wo diese jedoch faktisch erfolgte, lässt sich als Effekt von Zufällen beschreiben.

7.9.5 Phase IIb: Fokus Kinderschutz (Fortsetzung) Die Diskussion um Standardisierungen

Die skizzierten Prozesse in den USA hatten offensichtlich einen nicht unbedeutenden Einfluss auf die Entwicklung von formalisierten Instrumenten im Kinderschutz in Deutschland. So gewannen an „amerikanische" Selbstverständnisse anschließende Positionen – etwa Plädoyers für Evidenzbasierung, eine Präferenz für sozialtechnologisch-standardisierte Instrumente oder naturwissenschaftlich-empiristische Perspektiven auf soziale Phänomene – auch im deutschen Kinderschutzdiskurs an Bedeutung (vgl. Abschnitt 2.4.7). Aus einer solchen Orientierung heraus werden verbreitete fachliche Selbstverständnisse der Kinder- und Jugendhilfe und Vorbehalte gegen Formalisierungstendenzen als Ausdruck „grundlegend empiriekritischer Denkansätze, die die geisteswissenschaftlich geprägte Theoriedebatten in der Sozialarbeit [sic!] teilweise bestimmen" (Kindler 2007, S. 112) problematisiert (vgl. z. B. auch Kindler/Süss 2010, S. 14).

Die Frage nach den „richtigen" epistemologischen Perspektiven und praktischen Handlungsstrategien, mithin der Stellenwert, der fachlicher Formalisierungen eingeräumt wird, ist auch Ausdruck und Element von Auseinandersetzungen um Deutungshoheit und Praxiszugänge im Kinderschutz. Hier stehen sich eher an einem naturwissenschaftlich-medizinischen Selbstverständnis orientierte Positionen und sozialwissenschaftlich-sozialpädagogische Positionen gegenüber (vgl. Abschnitt 2.4.7). Aus der Perspektive ersterer argumentiert ersterer Deegener (2014) in Bezug auf formalisierte Instrumente wie folgt:

> Von der empirischen Forschung entwickelte und validierte Screening-Verfahren oder die Erforschung der Effektstärken von Risikofaktoren können durchaus als wichtige Hilfemittel im Kinderschutz ihren Platz finden – dosiert angewendet, kompetent interpretiert, in umfassende, weitere diagnostische Maßnahmen eingebettet sowie die Beziehungsarbeit und Psychodynamik aller Beteiligten nie vernachlässigend. (ebd., S. 189; vgl. ähnlich Kindler 2007)

Vorbehalten aus den Reihen der Sozialen Arbeit hält er sodann „positivere, differenziertere und abgewogenere Stimmen" entgegen. Er wendet sich beispielsweise gegen Gerber (2011), die als Vertreterin der Praxis der Kinder- und Jugendhilfe argumentiert, dass

> Checklisten und standardisierte Verfahren (...) Fachkräfte in ihrer Arbeit im Kinderschutz unterstützen (können) – Gefahren und Risiken beseitigen können sie nicht. Ohne zu verstehen, was Eltern bewegt, was ihnen Angst und Sorge bereitet und was Widerstände produziert, kann es zwar sein, dass man zu einer qualifizierten Risikoeinschätzung kommt, dass jedoch der Hilfeprozess scheitert. (zitiert nach Deegener 2014, S. 189)

Etwas allgemeiner gibt Merchel (2012a) zu bedenken, dass formalisierte Instrumente verschiedene Gefahren, etwa eine Kategorisierung des Denkens oder eine Orientierung an Regeln statt an den Besonderheiten des Falls bergen (vgl. ebd., S. 59). Diese Risiken sehen auch Klees und Wiesner (2014, S. 89), die unter Bezug auf angelsächsische Studien argumentieren, dass „Arbeitsanweisungen und Verfahrensregelungen, die Eindeutigkeit und Sicherheit im Umgang mit Gefährdungen herstellen sollen, (...) paradoxerweise auch die Gefahr einer schematischen Anwendung der Vorgaben zu(lassen)". Zudem führen sie aus:

> Auch die gängigen Diagnosen mit Bewertungs- und Beurteilungsinstrumenten können die erwünschte Sicherheit nicht herbeiführen. Bei dem Prozess der Gefährdungseinschätzung handelt es sich nicht um einen technologisch plan- und beherrschbaren Vorgang, sondern um ein Handeln in Unsicherheit mit begrenzten Möglichkeiten der Information, Bewertung und Prognose. (ebd., S. 88)

Während der Nutzen von formalisierten Instrumenten zur Unterstützung der Gefährdungseinschätzung somit kontrovers diskutiert wird (vgl. auch Kindler 2014), konstatiert Stöbe-Blossey (2008) einen Konsens hinsichtlich der Vorteile einer formalisierten Dokumentation:

> Die Vorteile einer standardisierten Falldokumentation – wie sie auch der Deutsche Städtetag (2003) empfiehlt – liegen insbesondere bei der Bearbeitung von Gefährdungsfällen in der Vereinfachung, eine Fülle von Informationen, Ereignissen, Prozessen, Vereinbarungen, Kooperationen übersichtlich und systematisch festzuhalten; Strukturierung von notwendigen Einschätzungs-, Bewertungs- und Entscheidungsaufgaben sowie von Arbeitsabläufen und professionellen Kooperationen; Nutzung bestimmter Teile der Dokumentation für die Hilfeplanung; Vereinheitlichung der Falldokumentation innerhalb einer Organisation. (ebd., S. 10)

Allerdings bezieht sich die Autorin bei ihrer Einschätzung nicht auf empirische Quellen, sondern auf das ASD-Handbuch des DJI. Zudem gilt zu berücksichtigen, dass die gängigen Instrumente im Kinderschutz sowohl der Entscheidungsunterstützung als auch der Dokumentation dienen und somit sehr wohl Gegenstand anhaltender Kontroversen sind.

Soll die Diskussion um standardisierte Instrumente und Verfahren im Kinderschutz im weiteren Rahmen der Diskussion um fachliche Formalisierungen in der Sozialen Arbeit bzw. in der Kinder- und Jugendhilfe verortet werden, so ist einerseits zu konstatieren, dass es sich (noch immer) um einen Spezialdiskurs handelt. Dieser zeichnet sich dadurch aus, dass er – aufgrund des spezifischen Charakters des Kinderschutzes als quer zu den etablierten gesellschaftlichen Sektoren liegendes issue field (Hoffman 1999) – nicht auf die Soziale Arbeit begrenzt bleibt, sondern auch VertreterInnen anderer Sektoren und Disziplinen als Sprecher auftreten. Andererseits finden die Diskurse um fachliche Formalisierungen im Kinderschutz erst langsam Eingang in den übergreifenden Diskursen zu Formalisierungen und Standarisierungen in der Kinder- und Jugendhilfe und der Sozialen Arbeit. Ein Beleg hierfür ist der Umstand, dass das Feld des Kinderschutzes während der Debatten um die „Neo-Diagnostik" in der Sozialen Arbeit keine Rolle spielte – obgleich Kinderschutz zu jener Zeit durchaus ein gesellschaftlich problematisiertes Thema darstellte.

7.10 Übergreifende Trends der (rechtlichen) Entwicklung

Mit Blick auf die aktuelle rechtliche wie fachliche Entwicklung in der Kinder- und Jugendhilfe im Allgemeinen und den Aufgaben des ASD im Besonderen lässt sich zusammenfassend ein Trend zu einer stärkeren Formalisierung und Kontrollorientierung feststellen: Sowohl die eher ökonomisch orientierte Novelle des SGB VIII von 1999 als auch das eher kinderschutzzentrierte KICK und schließlich das BKiSchG folgen insofern der gleichen Logik, als sie einen Steuerungsoptimismus teilen, wonach soziale und institutionelle Probleme durch eine stärkere Formalisierung, Kontrolle sowie zahlenbasierte managerielle bzw. sozialtechnologische Steuerung erfolgreich bearbeitet werden können (vgl. Bode 2012; Turba 2012). Dabei werden je nach Gegenstandsbereich freigemeinnützige und gewerbliche Leistungserbringer, Erziehungsberechtigte oder aber die Fachkräfte der Jugendämter zu Objekten dieser Steuerung und Kontrolle. Mit Blick auf die Position der Eltern im Recht der Kinder- und Jugendhilfe konstatiert Czerner (2012) eine

> Kehrtwende von einem staatlich geduldeten bzw. sogar gewollten Laissez-faire-Verhalten in Bezug auf elterliches Erziehungsfehlverhalten bis hin zu einem engmaschigen, punktuell sogar überregulierten Kontrollautomatismus im Hinblick auf potenziell gefährdete Kinder, der nach der inneren Logik der neueren gesetzlichen Bestimmungen ein staatliches Überprüfungsverfahren hinsichtlich elterlicher Erziehungskompetenzen in Gang setzt. Bildlich gesprochen ist das Pendel von einem Extrempunkt zum anderen Extrempunkt ausgeschlagen und ein ‚Einpendeln im Reich der Mitte' ist derzeit – auch bzw. gerade angesichts der jüngst erfolgten Novellierungen durch das Bundeskinderschutzgesetz – mittel- bis langfristig nicht absehbar. (ebd., S. 48)

Für die Fachkräfte der Kinder- und Jugendhilfe, allen voran für jene im ASD, konstatiert Wazlawik (2013, S. 116), dass „[i]m Zuge der gesetzlichen Neuregelungen (...) auch die Kinder- und Jugendhilfe dahingehend adressiert [wird], dass sie auf bestimmte methodische Vorgehensweisen und auf eine ‚aktenförmige' Bearbeitung der ‚Fälle' verpflichtet wird". Ähnlich folgert auch Merchel (2013, S. 14), dass durch die rechtlichen Konkretisierungen „ein gesetzlicher Eingriff in professionelles methodisches Handeln vollzogen (werde), um dadurch einen neuen Präzisionsgrad in der Steuerung von Qualität zu erreichen". Dieser sei Ausdruck eines „unreflektierten und überhöhten Steuerungsoptimismus" (ebd.). Als vorläufiger Höhepunkt dieser Entwicklung kann schließlich der (zunächst) gescheiterte Entwurf für eine umfassende SGB VIII-Reform in den Jahren 2016/2017 gelten (vgl. Abschnitt 7.9.2). Diese kontrollierende und formalisierende Orientierung wird – nicht nur auf der rhetorischen Ebene – begleitet von einer zunehmenden Fokussierung auf eine Stärkung und Ausweitung der Rechte und Chancen von Kindern und Jugendlichen[203].

---

203 Dieser doppelten – moralischen wie technischen – Rationalisierung (vgl. Meyer et al. 2005; Bode/Turba 2014; Abschnitt 5.2.4) im Kinderschutz liegen vor allem Veränderungen gesellschaftlicher Eltern- und Familienbilder, mithin eine Neujustierung des Verhältnisses

7.11 Fazit: Die Geschichte des ASD als Geschichte der Formalisierung

Die sozialen Dienste und die Profession der Sozialen Arbeit emergierten zum Ende des 19. Jahrhundert aus dem rechtlich, organisational und fachlich strukturierten Feld der Fürsorge (vgl. Abbott 1995). Teil dieser Strukturierung waren fachliche Formalisierungen als methodische Hilfsmittel für die zunächst noch ehrenamtlichen FürsorgerInnen. Mit der Professionalisierung der Sozialen Arbeit veränderten sich die unmittelbare Funktion, die Ausrichtung und damit auch die Komplexität dieser Hilfsmittel. Als Instrumente einer sozialen Diagnostik sollten sie nun einerseits ganzheitlich die Situation der AdressatInnen (und nicht nur deren ökonomische Situation) erfassen und als verlässliche Basis für die Auswahl der richtigen Hilfe dienen (und nicht zur Leistungsabwehr und moralischen Beurteilung der Armen); andererseits sahen zentrale Akteurinnen der Sozialen Arbeit in den Diagnoseinstrumenten ein Mittel zur Profilierung der jungen Profession. Im Zuge dieser „Aneignung" erhielten die Instrumente eine eher qualitativ-hermeneutische Ausrichtung.

Im Kontext psychiatrischer, rassenhygienischer und psychologischer Einflüsse und Trends gewannen im 20. Jahrhundert naturwissenschaftlich und (sozial-)technologische Orientierung an Bedeutung. Mit der Konstitution des Allgemeinen Sozialen Dienstes (ASD) als aktenführende, sozialpädagogische Dienststelle ab den 1970er-Jahren wurden die professionellen Formalisierungen durch bürokratische Formalisierungen ergänzt (vgl. Lau/Wolff 1981). Nachdem sowohl die formalisierte Diagnostik (vgl. Merchel 1994) als auch bürokratische Zwänge (vgl. Flösser 1994) mit dem SGB VIII überwunden zu sein schienen, amalgierten beide Trends in den Folgejahren zu einer Neo-Diagnostik, in denen diagnostische und bürokratische bzw. sozialtechnologische und legitimatorische Zielsetzung und Funktionen (z. B. fachliche Entscheidungsbasis, Reflexionsgrundlage, Dokumentation und rechtliche Absicherung) verknüpft wurden. Der Bedeutungsgewinn dieser modernen fachlichen Formalisierungen lässt sich auch durch die Integration bzw. Verknüpfung mit managerialistischen, fachlichen und organisationalen Strategien (Case Management, Qualitätsmanagement), mit denen sie eine instrumentelle Logik teilen, erklären. Damit wurden fachliche Formalisierungen zum „Teil der Lösung" der Finanzierungskrise der Kinder- und Jugendhilfe. Zudem erscheinen sie als eine angemessene Reaktion auf die mit dem Kinderschutz assoziierte Legitimationskrise der ASD. Hier lässt sich die Zuschreibung von Lösungspotenzialität auch damit erklären, dass fachliche Formalisierungen an das sozialtechnologische Grundverständnis der

---

von Eltern, Kindern und dem Staat zugrunde (vgl. z. B. Baader 2015; Mierendorff/Ostner 2014; Seckinger et al. 2018).

Medizin anschlussfähig sind, die im Kinderschutz zunehmend an Bedeutung gewinnt. Wobei die zuletzt genannten Trends eben nicht auf das Feld des ASD beschränkt sind, sondern einen übergreifenden Trend in der Sozialen Arbeit darstellen[204].

---

[204] Die Anschlussfähigkeit fachlicher Formalisierungen an die Logik der Medizin zeigt sich auch darin, dass formalisierte Instrumente in sozialarbeiterischen Arbeitsfeldern mit besonderer Nähe zur Medizin (z. B. Psychotherapie, Frühe Hilfen und Behindertenhilfe) besonders verbreitet sind (vgl. z. B. Haselmann 2010; Bastian 2011; Kindler/Süss 2010).

8. Der Forschungsstand zu fachlichen Formalisierungen im ASD

Der ASD ist spätestens mit dem Boom des Themas Kinderschutz in den späten 2000er-Jahren ein stark beforschtes Feld der Sozialen Arbeit geworden. Doch auch davor gab es empirische Untersuchungen, etwa die bereits erwähnten Studien von Vogel (1960) sowie von Kreft und Lukas (1991), in denen auf der Basis von Vollerhebungen der deutschen Jugendämter zentrale Strukturdimensionen erhoben wurden. Der Fokus dieser Übersicht liegt bei Studien, die die Implementierung, Verbreitung, Nutzung oder Funktion von fachlichen Formalisierungen in den ASD in Deutschland in den Blick nehmen. Dieser Schwerpunkt wird ergänzt durch Befunde, die dazu beitragen, Institutionalisierungsprozesse von fachlichen Formalisierungen besser zu verstehen.

Nach (auch klassischen) Befunden zu den Strukturen, Funktionen und Arbeitsinhalten der ASD folgen aktuelle Studien zur Verbreitung von Formalisierungen. Hieran schließen sich Studien zu Modernisierungsprozessen im Rahmen des NSM und zur Hilfeplanung an, bevor Studien zu fachlichen Formalisierungen im Kinderschutz diese Forschungsübersicht vervollständigen. Hinweise zum internationalen Forschungsstand werden teilweise – meist in Fußnoten – ergänzt.

8.1 Klassische Studien zu den ASD

Als ein Klassiker der empirischen Forschung zu Jugendämtern gilt die ethnomethodologische Studie von Wolff (1983), in der der Autor die „Produktion von Fürsorglichkeit" – d. h. des gesellschaftlichen Gefühls, dass in angemessener und rationaler Weise geholfen, interveniert und sanktioniert wird – als Gegenstand der Arbeit im ASD rekonstruiert[205]. Wolff beschreibt „gesellschaftliche Tatbestände wie Rationalität, Effektivität, Kompetenz oder Bürgernähe (...)

---

205 Wolff (1983) wendet sich in seiner Studie gegen Formen des „mundanen Denkens", bei denen empirisch erhobene Daten vor dem Hintergrund bestimmter Vorannahmen und Konzepte evaluierend als rational, professionell oder angemessen interpretiert werden. „Anstatt die ‚Intersubjektivität', ‚Vernünftigkeit', oder auch ‚Regelgeleitetheit' sozialen Handelns als objektive und feste Größe zu behandeln, (...) [fragt Wolff vielmehr danach], wie Gesellschaftsmitglieder durch ihr Handeln eben diese sozialen Tatsachen zustande bringen und wie sie damit Schwierigkeiten in ihrer Arbeitssituation praktisch lösen" (ebd., S. 7).

[als] Lösungen für strukturelle und situative Schwierigkeiten, die die organisatorische Arbeitssituation bzw. das Organisation-Umweltverhältnis ausmachen" (ebd., S. 65). Zieldimensionen existieren somit nicht per se, sondern sind Resultat der Interaktion interner Handlungsanforderungen und externer Erwartungen: „Rationalität wird zu einem Produkt organisatorischen Handelns. (...) Über Art, Qualität und Abnahme dieses Produkts müssen sich die an diesem Produktionsprozess Beteiligten politisch einigen und tun das auch in der organisatorischen bzw. sozialpolitischen Praxis permanent" (ebd., S. 64).

Übertragen auf die Nutzung fachlicher Formalisierungen würde dies zunächst ganz allgemein bedeuten, dass auch die mit formalisierten Instrumenten und Verfahren verknüpften Zwecke und deren nähere Beschreibung das Resultat kommunikativer Relevanzsetzungen sind, während die Art und Weise der Nutzung von Instrumenten einer Folge der konkreten Herausforderungen sind, mit denen sich die ASD-Fachkräfte in ihrem Arbeitsalltags konfrontiert sehen, die Handlungsweisen aber dennoch an übergreifende Relevanzsetzungen zurückgekoppelt sind. Somit sind „Abweichungen" von den ursprünglichen mit fachlichen Formalisierungen verknüpften Intentionen – eben in Interaktion mit den Herausforderungen der Alltagspraxis – zu erwarten. Wolff unterstreicht diesen Aspekt, wenn er mit Blick auf rechtliche Vorgaben – ähnlich wie Lipsky (1980) – darauf hinweist, dass die ASD keine „passiven Kopierapparate" sind. „Sie registrieren, reagieren auf und transformieren die in dieser Ordnung erzeugten Widersprüche und entwickeln neue Lösungen und neue Konflikte" (ebd., S. 69). Vor allem aber sind fachliche Formalisierungen mit Wolff als Strategien zur Produktion von Effektivität, Rationalität etc. zu qualifizieren. Damit erfüllen sie wichtige Organisationszwecke, denn „Organisationen und ihre Mitglieder sind offensichtlich permanent damit beschäftigt, Rationalität, Effektivität oder Effizienz aktiv zu produzieren: Sie verfassen Jahresberichte, erarbeiten Statistiken (...). Entsprechende Maßnahmen sind soziologisch gesehen weniger gültige und zuverlässige Abbildungen dessen, was passiert, sondern organisatorische Aktivitäten der Datenproduktion mit einer eigenen Vollzugslogik" (ebd., S. 60 f.). Wolff differenziert demnach zwischen einer (eher nach innen gerichteten) Auseinandersetzung mit den Anforderungen des Arbeitsalltags und einer – hiervon mitunter abgekoppelten – eigenlogischen Produktion (von der Organisationsumwelt) nachgefragter Gütekriterien.

Für die Fragestellung der vorliegenden Studie ebenfalls relevant ist eine von Otto und KollegInnen durchgeführte Studie zu der Frage, „wie sich Professionalität unter der Bedingung von Organisation entwickelt" (Otto 1991a, S. 9). Hierzu wurden 1986/1987 an 28 Großstadtjugendämter in NRW 375 Fachkräfte quantitativ zu ihren Aufgaben, Arbeitsbedingungen sowie Präferenzen befragt sowie Zeitbudgetstudien durchgeführt (n= 287) und 97 ExpertInneninterviews mit Leitungskräften geführt. Im Zentrum des konzeptionellen Gerüsts der Studie steht das institutionelle Setting der Jugendhilfe, das als Zusammenwirken professioneller Steuerungsformen (fachliche Kompetenzprofile) und organisationaler Steuerungsformen (Organisationsstruktur) konzipiert ist und die Rationalität sozialarbeiterischen Handelns zwischen präventiven und interventionistischen Problembearbeitungsmodi moderiert (vgl. ebd., S. 10 f.)[206]. Ein Schwerpunkt der Analysen besteht in der Identifikation von unterschiedlichen Relationierungen professioneller und organisationaler/bürokratischer Steuerungsformen, also unterschiedlicher Ausgestaltungen des büro-professionellen Regimes:

Flösser (1991, S. 81) konstatiert eine „Interdependenz professioneller und administrativer Rationalität" (vgl. auch Flösser 1994). Sie verknüpft Ebenen und Modi der organisationalen Programmierung – einen hochprogrammierten (circa 25%), einen niedrig programmierten (circa 50%) und sowie einen kollegial (aber nicht schriftlich) programmierten Typus (25%) – mit drei Typen der professionellen Identität und Handlungsorientierung – Semi-Profession, passive Professionalität und aktive Professionalität. Hierdurch gelangt sie zu drei Typen der Relationierung professioneller und bürokratischer Elemente:

- Beim semi-professionellen Typ dominieren rechtliche und organisationale Regulierungen. Diese beschränken professionelle Ermessensspielräume stark und führen zu standardisierten Modi der Problembearbeitung. Zudem dominieren hier administrative Aufgaben, vor allem die der Aktenführung. Das Verhältnis zwischen Bürokratie und Professionalität wird als konflikthaft beschrieben.
- Beim Typ des bürokratischen Professionellen erfolgt keine direktive organisationale Steuerung. Die Fachkräfte haben bereite Ermessensspielräume, die sie in ihrer individuellen, adressatInnenbezogenen Praxis nutzen, jedoch ohne diese zu reflektieren oder weiterzuentwickeln.
- Bei der professionellen Bürokratie treffen Fachkräfte mit starker professioneller Identität auf starke organisationale Strukturen. Hier ergänzen sich kollegiale und hierarchische Steuerungsmodi mit dem Effekt einer Ausweitung professioneller Handlungsmodi (vgl. ebd., S. 100 ff.).

Hardt (1991) stellt Programmierungen[207] als jene zentrale organisationale Dimension, die professionelle Handlungsspielräume maßgeblich vorstrukturiert, in das Zentrum ihrer Auswertung. Unter Programmierung versteht sie das Aus-

---

206 Im Rahmen des Projektes wurden weitere Studien durchgeführt, die nachfolgend nicht dargestellt werden, beispielsweise die Analyse der Wissensbestände und (Handlungs-)Orientierungen von JugendamtsmitarbeiterInnen durch Wellinger (1991).
207 Bei der Programmierung geht Hardt (1991) von der Frage aus, ob Anlässe-, Maßnahmen- und/oder Ziele durch organisationale oder rechtliche Regel vorgegeben sind.

maß, in dem Anlässe-, Maßnahmen- und/oder Ziele der ASD-Arbeit durch organisationale oder rechtliche Regeln vorgegeben sind. Dabei differenziert sie zwischen einem bürokratischen (hoch programmierten; 49%), einem situativen (wenig programmierten; 9%) Typ sowie verschiedenen Mischtypen (42%). Bei dem hochprogrammierten Typ erfolgt nicht nur eine starke Formalisierung der Arbeitsvollzüge, sondern auch eine starke Binnenorientierung der Fachkräfte. Formen der professionellen (kollegialen) Abstimmung fungieren sowohl als funktionales Äquivalent für eine fehlende organisationale Programmierung als auch als funktionale Ergänzung zu einer organisationalen Steuerung. Den Fokus auf organisationale Programmierungen begründet Hard damit, dass im Rahmen der NOSD eine Enthierarchisierung der Arbeitsvollzüge und damit eine Verlagerung von Entscheidungskompetenz auf die Fachkräfte erfolgte. Somit stellt sich die Frage, welche Optionen der Organisation verbleiben, Einfluss auf ihre Entscheidungen zu nehmen. Die empirischen Daten stützen dabei eine deutliche Ausweitung der Handlungsspielräume der ASD-Fachkräfte: 64% der befragten ASD-Mitarbeitenden konnten eigenverantwortlich handeln, 18% nach kollegialer, 7% nach bilateraler Abstimmung mit dem Vorgesetzten. Zudem erfolgten kaum direkte Kontrollen durch Vorgesetzte: 60% der Befragten gaben an selten, 22% sogar nie kontrolliert zu werden (vgl. ebd.).

Brönstrup (1991) führt im Kontext desselben Projektes Zeitbudgetstudien durch. Hierzu analysiert er insgesamt 144 Bögen, mittels derer JugendamtsmitarbeiterInnen für die Studie ihre Zeitverwendung erfasst haben. Zwei Drittel der teilnehmenden Mitarbeitenden waren im ASD-tätig. Insgesamt entfielen 26% der Arbeitszeit auf administrative Tätigkeiten (z. B. Erstellung von Berichten, Aktenführung, Post), jeweils 10% der Zeit auf intra-organisationale Kommunikation (z. B. Dienstbesprechungen, Arbeitsgruppen) und inter-organisationale Kommunikation (Kooperationen und Abstimmung). KlientInnenkontakte (z. B. Gespräche, Telefonate, Gruppenangebote, Aufsuchende Arbeit) nehmen 37% der Arbeitszeit in Anspruch, wobei zu berücksichtigen ist, dass auch leistungserbringende JugendamtsmitarbeiterInnen in die Studie einbezogen wurden. Auf Basis der Tätigkeiten generiert Brönstrup drei Arbeitstypen im Jugendamt: einen interaktiven Typus (38%), einen bürokratischen Typus (9%) sowie einen dezentralen Typus (53%) (vgl. ebd.).

Obgleich die Einzelstudien von Flösser, Hardt und Brönstrup (alle 1991) die gleichen Jugendämter zum Gegenstand hatten, zeichnen die Einzelbeiträge dennoch – je nach herangezogenen Differenzierungskriterien – heterogene Verhältnisbestimmungen von organisationalen und professionellen Elementen des büro-professionellen Organisationsmodus. Zudem verweisen sie auf eine Vielfalt organisatorischer Ausgestaltungen der ASD Ende der 1980er-Jahre.

8.2 Befunde zu Aktenführung und Dokumentation

Auch wenn Logik und Grad der Formalisierung der Arbeitsprozesse in den Studien des Projektes um Otto (1991) in NRW stark variieren und ein nicht unbedeutender Teil der Fachkräfte von weiten Ermessensspielräumen berichtet, so ist die Aktenführung im Zuge der Neuordnung von Entscheidungsbefugnissen in den ASD offensichtlich zu einem festen Bestandteil der Sozialarbeit in den Jugendämtern geworden. In der Zeitbudgetstudie entfiel durchschnittlich 10% der gesamten Arbeitszeit der JugendamtsmitarbeiterInnen auf die Aktenführung, weitere 10% auf das Abfassen von Berichten (vgl. Brönstrup 1991, S. 121). Bei der im Rahmen des Projektes durchgeführten quantitativen Fachkräftebefragung von Jugendamtsmitarbeitenden stellte die Aktenführung (64%) nach Hausbesuchen (64%) die zeithäufigste Tätigkeit dar (vgl. Hard 1991, S. 27).

„Die Akte als Kristallisationspunkt bürokratischen Arbeitens" ist auch Gegenstand einer Analyse von Lau und Wolff (1981, S. 199). In Konkretisierung der im vorherigen Abschnitt referierten Ergebnisse der ethnografischen Studie von Wolff werden (auch) Akten als Strategien zur Bewältigung sozialarbeiterischer Arbeitssituationen bzw. zur „Konstitution, Absicherung und Stabilisierung der sozialarbeiterischen Arbeitssituation" (Lau/Wolff 1981, S. 210) beschrieben. Sie dienen nicht der Sicherung legitimen Verwaltungshandelns, sondern der Konstruktion der AdressatInnen, der Demonstration der eigenen Arbeit, der Bestätigung des richtigen Handelns oder der Absicherung. Daneben werden Akten gleichermaßen zur Distinktion von den AdressatInnen sowie zur Darstellung des eigenen Helferverständnisses (in Abgrenzung von der Bürokratie) genutzt. Die Aktenführung spiegelt zentrale Elemente des sozialpädagogischen Arbeitsalltags wider: Unsicherheit und Diffusität. Dabei sind Akten für die Fachkräfte gleichermaßen ein Ärgernis als auch ein entlastendes und zur Bewältigung des Arbeitsalltags und zur Zielerreichung genutztes Hilfsmittel. Akten sind insofern eine Ressource der ASD-Fachkräfte, weshalb die Autoren von „einem ‚insgeheimen Pakt' zwischen Bürokratie und Sozialarbeit" (ebd., S. 209) sprechen[208]. Auf der praktischen Ebene rekonstruieren Lau und Wolff, dass Akten sowohl ihre bürokratischen Funktionen als auch alternative Funktionalisierungen nur erfüllen könnten, wenn ihr Inhalt als „objektiv, verbindlich und wahr" akzeptiert wird (ebd., S. 201). Gleichzeitig liege gerade in der fraglosen Akzeptanz ein Risiko, denn wenn der subjektive Charakter und

---

208 Die Passung von bürokratischer Akte und professioneller Einzelfallorientierung gipfelt schließlich in der Fokussierung auf den AdressatInnen und sein Verhalten sowie der Ausblendung der sozialen Verhältnisse, also der gesellschaftlichen Ungleichheitsstrukturen (vgl. Lau/Wolff 1981, S. 212 f.).

Entstehungskontext von Akten nicht berücksichtigt wird, besteht die Gefahr, dass Akten unkontrollierbaren Einfluss auf das Handeln von Akteuren gewinnen (ebd., S. 212; vgl. dazu auch Ackermann 2017). Allerdings sind sich die Fachkräfte möglicher Risiken des Inhalts ihrer Akten durchaus bewusst. So realisieren die ASD-Fachkräfte eine „doppelte Buchführung" (Amts- und Betreuungsakte), wobei die gegebenenfalls weiterzugebende Amts-Akte wesentliche Informationen zu den AdressatInnen und der komplexen Beziehung zwischen Fachkraft und AdressatIn nicht enthält (vgl. ebd., S. 204 f.).

In einer Studie zur Dokumentation in der Hilfeplanung beschreibt Neuberger (2004) die interne und externe Legitimation als zentrale Funktionen von Akten im ASD. In ihrer qualitativen Analyse von Akten arbeitet sie zudem unter anderem den Einfluss der Persönlichkeit und pädagogischen Orientierung des Dokumentierenden heraus. Diese individuellen Faktoren führten zu „unterschiedlichen Fallabklärung- und diagnostischen Foki, Fallaneignungs- und Fallsystematisierungsstrategien" (ebd., S. 161).

Die Dokumentation im Kinderschutz analysiert Ackermann (2012). Er beschreibt die Arbeit im ASD als Interaktions-, Dokumentations- und Organisationspraxis, wobei er die Dokumentationspraxis als „dirty work" (Hughes 1962) beschreibt, „die ‚eben auch' gemacht werden muss" (Ackermann 2012, S. 129), jedoch von den Fachkräften nicht gemocht wird. Ackermann betont – ähnlich wie Wolff (bei dem Ackermann promoviert) – den selektiven und subjektiven Charakter der Dokumentation, in der „Inkommunikables aussortiert und Kommunikables radikal betont wird" (ebd., S. 130), wobei Akten Begründungs- und Erzählzwänge generieren und damit eine eigene Dynamik entwickeln können[209]. Schließlich verweist Ackermann – besonders für das Feld des Kinderschutzes – auf einen Trend zur zunehmenden Formalisierung der Dokumentation und Aktenführung. Diese Entwicklung ist besonders dann relevant, wenn der Annahme von Merchel (2004, S. 31) zugestimmt wird, dass die Dokumentation in Form, Inhalt und Stil Ausdruck der Organisationsstruktur und -kultur ist und eben diese organisationalen Rahmenbedingungen durch die Ausführung von Dokumentationspraxen (rekursiv) gefestigt werden.

---

[209] Die Selektivität sozialarbeiterischer Aktenführung und Dokumentation betont schon Moore (1934), der psychologisch argumentierend, vor allem auf Grenzen und Verzerrungen der Wahrnehmung und des Behaltens von Informationen hinweist (und anerkennt, dass bereits Richmond entsprechende Verzerrungen reflektiert). Huuskonen/Vakkari (2015) differenzieren weitergehend zwischen intendierten und unintendierten Gründen für selektive Dokumentationen, wobei erstere eher aufgrund normativer und sozialer Erwägungen erfolgten, während letztere häufig Effekte der Arbeitsbedingungen seien. Weiter betonen sie, dass der Zwei-Wege-Charakter der Dokumentationen die Akte des Schreibens und Lesens (iterativ) verknüpft (vgl. ebd.).

8.3 Befunde zu EDV im ASD

Ein Trend zu einer stärkeren „Formalisierung der sozialpädagogischen Wissensapplikation" (Ley 2010, S. 222), wird nicht zuletzt auch als eine Folge des Ausbaus von Informationssystemen in den ASD beschrieben. So impliziert der Einsatz von Fachsoftware zwingend eine Standardisierung der Prozesse und/ oder Inhalte, die in der Software abgebildet werden (vgl. Tenhaken 2012; Kreidenweis 2005). Die DJI-Jugendamtsbefragung 2004 zeigt, dass 81% der Ämter „über ein EDV-gestütztes System zur Dokumentation der Fallbearbeitung und -kontrolle und/oder über eine interne Statistik zu diesem Zweck" verfügen (Santen 2004, S. 4). In der Folgebefragung des Jahres 2009 stieg diese Zahl auf 88% (vgl. Gadow et al. 2013, S. 54 f.). Auch die durch Dokumentationssysteme erfassten Merkmale haben zwischen 2004 und 2009 zugenommen. Fallzahlen und Hilfearten werden 2009 in allen Jugendämtern mit entsprechenden Systemen erfasst, 2004 waren dies 99% bzw. 95% der Dienste. Deutlicher ist der Anstieg bei der Erfassung der Kosten (86%) und Anlässe (76%) von Hilfen. Diese werden 2009 um ca. zehn Prozentpunkte häufiger erfasst also noch fünf Jahre zuvor (77% und 68%). Allerdings erfolgt auch 2009 noch keine durchgängige Synchronisation der organisationsinternen und von der amtlichen Statistik geforderten Datenerfassung[210]. Von den 2009 befragten Ämtern gaben nur 10% (Ost: 22%; West: 4%) an, in der IT-gestützten Dokumentation eine Entlastung der Fachkräfte zu sehen. Demgegenüber gehen 62% von einer höheren Arbeitsbelastung durch die Weiterentwicklung der Dokumentation aus (vgl. auch Seckinger et al. 2008). Angesichts solcher Befunde folgern Gadow et al. (2013), dass entsprechende Dokumentations- und Informationssysteme vermutlich primär Legitimationszwecken dienen (vgl. ebd., S. 56)[211].

In eine ähnliche Richtung verweist eine Studie von Kreidenweis zur Nutzung von IT im Kontext der Hilfeplanung. Hiernach sind die mit der Implementierung verknüpften Ziele entweder unklar oder nicht-fachlicher Natur. Damit korrespondiert der Befund, dass die inhaltlich-strukturierenden Potenziale der implementierten Programme vielfach nicht genutzt werden. Stattdessen steht eine Vereinfachung der Textverarbeitung im Zentrum. Eine Arbeitserleichterung bei der Textverarbeitung und die Handhabbarkeit der genutzten IT-Anwendungen werden von den Fachkräften eher positiv eingeschätzt. Skep-

---

210 Im Jahr 2004 gaben lediglich 24% der Ämter an, ihre organisational erfassten Daten auch zur Bedienung amtlicher Statistiken zu nutzen, 18% gaben dagegen an, dass die erhobenen und von der Statistik geforderten Daten nicht identisch sind (vgl. Santen 2004, S. 4).
211 Tenhaken (2012, S. 301 ff.) differenziert für den ASD die nachfolgenden Einsatzmöglichkeiten von (Fach-)Software: Aufgaben- und Zeitmanagement; Fall- und Prozesssteuerung (z. B. Fachsoftware im Kinderschutz oder zur Diagnostik und Hilfeplanung); Dokumentation; Fallevaluation sowie Planung und Steuerung.

tisch sehen die Fachkräfte dagegen die Bevormundung durch Programmvorgaben sowie vor allem den mit der Bedienung der Software verknüpften Zeitaufwand. Letzterer ist auch ein Resultat einer Verdoppelung der Arbeit im Sinne einer doppelten Buchführung auf Papier und über die elektronischen Systeme[212].

Daneben analysiert Kreidenweis (2005) die Angebotslandschaft und verfügbare Softwareprodukte. Er differenziert Fachsoftwareanwendungen in Programme mit fester Datenstruktur, wie sie vor allem von einschlägigen Softwareanbietern vertrieben werden, und in Programme mit variabler Datenstruktur, die bei allgemeinen IT-Firmen dominieren. Weiter differenziert er Programme, die vor allem für eine deskriptive ex post Dokumentation konzipiert sind und Programme, die darauf abzielen, den Arbeitsprozess zu strukturieren. Schließlich unterscheidet er Grade der Prozessorientierung. Insgesamt dominieren Programme mit fester Datenstruktur zur nachgehenden, prozessorientierten Dokumentation. Im Einzelnen unterzieht Kreidenweis acht Softwareprodukte – eines davon wird auch in einer der Fallstudien-Kommunen genutzt – einer differenzierten Beurteilung hinsichtlich ihrer Datenstruktur, Prozessorientierung sowie der berücksichtigten hilfeplanrelevanten Funktionsbereiche[213]. Die Analyse zeigt, dass das am weitesten verbreitete System – PROSOZ 14plus der Firma PROSOZ – hinsichtlich seiner Funktionstiefe und Prozessorientierung eher im hinteren Mittelfeld rangiert (vgl. ebd.). Leider liegen zum Bereich der ASD-Fachsoftware keine aktuellen Daten vor[214]. Insgesamt dürfte jedoch auch für den ASD die Einschätzung gelten, dass die Software durch eine stärkere

---

212 Die Befunde von Kreidenweis (2005) basieren auf einer teilstandardisierten Befragung von 8 Fachkräfte aus 4 Jugendämtern. Kreidenweis (2005, S. 29) spricht von problemzentrierten ExpertInneninterviews, räumt jedoch selbst eine relativ starke Strukturierung des Leitfadens ein. Differenzierte Befunde zur Beurteilung von IT durch Fachkräfte der Sozialen Arbeit bietet eine qualitative Studie von Dilder/Kreidenweis (2012). Diese zeigt, dass der PC stark in den Arbeitsalltag der Fachkräfte integriert ist. Hinsichtlich der Beurteilung der IT dominieren skeptische Einschätzungen, beispielsweise eine Zunahme von Kontrolle der Arbeit oder eine Behinderung professioneller Kompetenzen. Zudem werden „IT-Werkzeuge [...] nicht selten als Bedrohung oder Ablenkung vom pädagogischen und betreuerischen Alltag empfunden" (ebd., S. 20).
213 Solche Funktionsbereiche sind beispielsweise die Dokumentation entscheidungsrelevanter Fakten, die Dokumentation der Einschätzungen aller Beteiligten zur Situation, die Aufbereitung der entscheidungsrelevanten Fakten und Einschätzungen sowie die Dokumentation von Ergebnissen der Fachteam-Besprechung (vgl. Kreidenweis 2005, S. 21).
214 Die öffentliche Verwaltung und damit auch die ASD werden in den regelmäßig von der Universität Eichstätt herausgegebenen „IT-Reports für die Sozialwirtschaft" nicht berücksichtigt (vgl. z. B. Kreidenweis/Halfar 2010). Eine Analyse von Fachsoftware zur Unterstützung des Case Managements – auch, aber nicht nur im ASD – hat Janatzek (2011) vorgelegt (vgl. dazu auch Abschnitt 2.1.5).

Prozessorientierung zunehmend stärker die inhaltlich-fachlichen Arbeitsabläufe der Fachkräfte beeinflusst (vgl. Kreidenweis 2008).

Einen Bedeutungsgewinn der (zunehmend elektronischen) Aktenführung und Dokumentation sehen Ley und Seelmeyer (2014) als Effekte einer zunehmenden Verrechtlichung und Managerialisierung der Sozialen Arbeit. Mit Blick auf eine zunehmende Digitalisierung der Dokumentation konstatieren sie verschiedene Einflüsse der Form (der Software) auf die Inhalte (der sozialpädagogischen Arbeit). So beinhalteten digitale Akten, etwa durch die Vorgabe von Pflichtfeldern, einen „Zwang zur Exaktheit" (ebd., S. 52; vgl. auch Ley 2010). Zudem schränken EDV-Programme die Möglichkeiten der Dokumentation ein, etwa durch die Begrenzung der Zeichenzahl von Freitextfeldern (vgl. Schnurr 1998). Des Weiteren bieten EDV-Systeme neue Möglichkeiten der Kontrolle der Arbeit durch Vorgesetzte ohne Wissen der Fachkräfte und versetzen diese daher in einen „glass cage of total exposure" (Hughes 2005 nach White 2009, S. 134; vgl. auch Pfeiffer 2010; Marrs 2010). Schließlich erfolge – wie ebenfalls in Abschnitt 2.1.4 schon erwähnt – eine Transformation der Wissensformen und Wahrnehmungsmuster der Fachkräfte, wie Parton (2008) ausführt. Hiernach verschiebe sich die Wissensbasis der Sozialen Arbeit durch die zunehmende Nutzung von Informationstechnologien vom „sozialen" zum „informationalen" Arbeitsmodus. Während die Soziale Arbeit in der Vergangenheit vor allem auf Beziehungen und das Soziale fokussiert war, stehe heute mehr das „gathering, sharing and monitoring of information about the individuals" im Vordergrund der Arbeit (ebd., S. 254).

8.4 Befunde zu Arbeitsinhalten und zur Arbeitssituation in den ASD

Während die Aktenführung und der Einsatz von EDV einen speziellen Ausschnitt der ASD-Praxis darstellen, können im Anschluss an die Studien aus dem Umfeld von Otto (1991) auch die allgemeinen Arbeitsinhalte und die Arbeitssituation im ASD in den Blick genommen werden. So haben Brönstrup (1991) und Hard (1991) bereits auf die große Bedeutung der Aktenführung unter den ASD-Aufgaben hingewiesen. Auch wenn sich die Formen der Dokumentation verändert haben (Formalisierung und Digitalisierung), so spielt Aktenführung auch heute noch eine große Rolle. Dies zeigen etwa die Befunde des DJI-Jugendhilfeb@rometer über die Arbeitsorganisation im ASD (Seckinger et al. 2008)[215].

Die Arbeitsinhalte von Jugendämtern wurden auch im Rahmen des Projekts „Der Allgemeine Soziale Dienst im Wandel" von Gissel-Palkovich et al. (2010) erhoben. Das sogenannte „ASD-Projekt" zielt darauf ab – orientiert am Konzept des CAF bzw. EFQM[216] – Innovationen im ASD, deren Umsetzung und deren Effekte zu rekonstruieren. Gissel-Palkovich und ihre KollegInnen gingen dabei von der Hypothese aus, dass organisationale Innovationen „einen Beitrag zum Gelingen der Praxis leisten und zugleich die Kommunikation des Interaktionssystems den Hilfeprozess positiv beeinflussen" (Gissel-Palkovich/Schubert 2010, S. 45); sie kommen jedoch zu dem Ergebnis, dass letztlich das Gegenteil der Fall ist. Um zunächst die interessierenden organisationalen Innovationen identifizieren zu können, wurde ein „branchenspezifisches Benchmarking" durchgeführt. Hierzu wurden 100 ExpertInnen aus Wissenschaft und Praxis telefonisch unter anderem nach „guten" ASD, nach Kriterien guter ASD-Arbeit sowie nach Merkmalen des organisationalen Feldes ASD gefragt. Auf dieser Basis wurden 16 „Top-ASD" in Deutschland identifiziert, deren Fach- (n=119) und Führungskräfte (n=32) standardisiert befragt wurden und in denen Fallstudien auf der Basis von Interviews (n=64) sowie von Dokumentenanalysen durchgeführt wurden (vgl. Gissel-Palkovich et al. 2010y)[217].

Schließlich wurden die Arbeitsbedingungen im ASD auch im Rahmen einer mehrteiligen Studie zum Kinderschutz in NRW in den Blick genommen (vgl. MGFFI 2010). Hierzu führte das Institut für Sozialforschung und Gesellschaftspolitik GmbH (ISG) im Jahr 2008 eine schriftliche Befragung der Jugendämter in NRW durch, an der sich 67% (n=122) der Ämter beteiligt haben, Zudem

---

215 An der 2007 als Vollerhebung konzipierten Onlinebefragung des DJI haben sich 328 Jugendämter beteiligt, was bei einer Grundgesamtgeit von 605 Ämtern einer Teilnahmequote von 52% entspricht.
216 Das Common Assessment Framework (CAF) ist ein Modell zur Erfassung von Qualitätsdimensionen, das auf dem EFQM-Konzept (European Foundation for Quality Management) basiert, welches wiederum an US-amerikanische Vorbilder anschließt. In dem Konzept werden sogenannte „Befähiger-Kriterien" definiert und beschrieben, die „Ergebnis-Kriterien" positiv beeinflussen sollen (vgl. Bundesverwaltungsamt 2006; Merchel 2013, S. 89 ff.).
217 Zudem erfolgte im Rahmen des Projektes eine quantitative Befragung von NutzerInnen, die jedoch aufgrund des geringen Rücklaufs (n=42) wenig belastbar war. Die nachfolgende Darstellung basiert im Wesentlichen auf dem Ergebnisbericht des Projekts, der – differenziert in mehrere Einzeldokumente – auf der Projekthomepage www.asd-projekt.de bereitgestellt wurde. Die Quelle Gissel-Palkovich et al. 2010 steht dabei für den Gesamtbericht 2010, die Differenzierungen 2010x stehen für den Teilbericht zu den Ergebnissen der telefonischen ExpertInnenbefragung und 2010y für den Teilbericht zum methodischen Vorgehen. Im Jahr 2015 erfolgt zudem eine Buchpublikation (Gissel-Palkovich/Schubert 2015), die jedoch nur selektiv berücksichtigt wurde.

wurden vertiefende Interviews mit Fach- und Leitungskräften in sechs ASD geführt.

Hinsichtlich des relativen Anteils unterschiedlicher Aufgaben an der ASD-Arbeit weisen die Studien in der Gesamtschau auf eine Ausweitung der interaktiven bzw. adressatInnenbezogenen Arbeitsanteile und einen tendenziellen Rückgang administrativer Aufgaben hin (vgl. Tab. 2). Allerdings ist zu berücksichtigen, dass die Studien auf unterschiedlichen Daten beruhen (Zeitbudgetstudie, Institutionenbefragung, Fachkräftebefragungen) und die Inhaltsbereiche unterschiedlich geschnitten sind. So umfasst die Einzelfallarbeit in der Studie von Brönstrup nur die AdressatInnen-Interaktion, während beim ASD-Projekt und der NRW-Studie auch die Fallkoordination (in der NRW-Studie immerhin 11%) zur Einzelfallarbeit gezählt werden. Andererseits wird in der NRW-Studie nur die Dokumentation unter den Punkt Organisation und Verwaltung subsummiert. Somit kann gefolgert werden, dass der höhere Verwaltungsanteil der DJI-Studie darin begründet liegt, dass in den anderen beiden aktuellen Studien einzelfallbezogene Verwaltungsanteile der Einzelfallarbeit zugerechnet werden.

Tab. 2: Arbeitsinhalte im ASD

	Brönstrup (1986/1987)	DJI-Barometer (2007)	ASD-Projekt (2008/2009)	NRW-Studie (2008/2009)
Einzelfallarbeit (inkl. Koordination)	37%	54%	68%	70%
Organisation und Verwaltung (inkl. Doku)	26%	25%	19%	17%
Vernetzung	10%	8%	5%	8%
Fachlicher Austausch	10%	8%	5%	6%
Andere Aufgaben	16%	5%	3%	10%

(Quellen: Brönstrup 1991, S. 121 f.; Seckinger et al. 2008, S. 25; Gissel-Palkovich et al. 2010, S. 26; MFFGI 2010, S. 98)

Die Studien aus den 2000er-Jahren zeigen ein recht einheitliches Bild, wobei es zu berücksichtigen gilt, dass sich hinter den Durchschnittswerten eine beachtliche Steuerung verbirgt. So berichten die im Rahmen des ASD-Projekts befragten Fachkräfte von Dokumentationsanteilen zwischen 5% und 70%, wobei die AutorInnen einen Durchschnittswert von 25% für realistischer halten. Sie unterstreichen dabei, dass nicht nur zwischen den Diensten, sondern auch innerhalb der ASD große Differenzen in den Arbeitsweisen bestehen (vgl. Gissel-Palkovich/Schubert 2010, S. 47)[218]. Insgesamt fällt auf, dass sich die „Muster-

---

[218] Von Arbeitsanteilen bis zu 70% für Verwaltungstätigkeiten berichten auch andere Studien, z. B. Bode/Turba (2014, S. 292).

ASD" nicht wesentlich vom „Durchschnitt" abheben – im Gegenteil: Im Bereich von Kooperation und Vernetzung, der von fast zwei Dritteln der telefonisch befragten ExpertInnen als Merkmal guter ASD-Arbeit benannt wurde (vgl. ASD-Projekt 2010, S. 20), sind die „Muster-Jugendämter" sogar weniger aktiv. Dass es auch in diesem Punkt im Zeitverlauf keine Veränderung gab, ist erstaunlich. Vielmehr deuten die Befunde darauf hin, dass sich die Arbeitsanteile in den letzten 30 Jahren nicht maßgeblich verschoben haben. Dennoch berichten die aktuelleren Studien, von einer deutlichen Ausweitung administrativer Tätigkeiten. So geben 91% der Jugendämter der DJI-Studie an, dass die Dokumentationsanforderungen, besonders nach Einführung des § 8a SGB VIII im Jahr 2005, angestiegen sind (vgl. Seckinger et al. 2008, S. 39)[219]. Zudem wird von einer Mehrarbeit aufgrund der Einführung von EDV berichtet. Insgesamt beschreiben 98% der ASD eine Arbeitsverdichtung, was sich auch in einem Anstieg von Überlastungsanzeigen äußert und wofür eine Ausweitung der Aufgaben sowie fehlende personelle und finanzielle Ressourcen verantwortlich gemacht werden (vgl. ebd., S. 40)[220]:

> Ganz offensichtlich kam es zu einem Job-Enlargement, also zu einer Ausweitung der Aufgaben, aber nicht zu einem Job-Enrichment, also zu einer Verbesserung der Qualität des Arbeitsplatzes durch eine Ausdehnung der Handlungsautonomie und einem Zuwachs an Anerkennung. (Seckinger et al. 2008, S. 34; vgl. auch Dahme 2008)

An anderer Stelle werden Veränderungen aufseiten der AdressatInnen (z. B. mehr psychische Krankheiten), jugendamtsinterne Entwicklungen sowie gesellschaftliche Trends (z. B. Kinderarmut) als besondere Belastungsfaktoren beschrieben, die zu Rückständen, mehr Fehlern und einer hohen Fluktuation im ASD führen (vgl. ebd.).

8.5 Befunde zu (allgemeinen) Modernisierungsprozessen im ASD

Neben gestiegenen Dokumentationsanforderungen benennen Jugendämter permanente Modernisierungsprozesse als weitere jugendamtsinterne Belas-

---

[219] Auch in einer auf Interviews, Aktenanalysen und ethnografischen Beobachtungen beruhenden Studie von Wolff et al. (2013, S. 190 ff.) zum Kinderschutz werden verregelte Verfahren und standardisierte Instrumente neben politischem Druck, Kooperationsanforderungen etc. als bedeutende Belastungsfaktoren im ASD identifiziert.
[220] Zu den Arbeitsbedingungen und -belastungen in den ASD sei auch auf die qualitative Studie von Petry (2013) sowie die Sammlung von Eindrücken von Seithe (2010) verwiesen.

tungsfaktoren (vgl. Gissel-Palkovich/Schubert 2010, S. 49). Auch Seckinger et al. (2008, S. 45) konstatieren, „dass viele der unzähligen Reformen und Veränderungen in den sozialen Diensten, die interne Abläufe, Aufgabendefinitionen oder Controllingprozesse betreffen, eher zu einer Erhöhung der Arbeitsbelastung als zu einer Verbesserung der Qualität beigetragen haben"[221]. Ein wesentliches Element dieser Modernisierungen ist die „Einführung von Standards, Methoden und Instrumenten" (Gissel-Palkovich/Schubert 2010, S. 45).

Als Hintergrund der aktuellen Modernisierungsprozesse im ASD wird ein „erheblicher Entwicklungsdruck" (ebd.) benannt. Dieser resultiere aus steigenden Fallzahlen und zunehmender Fallkomplexität, neuen fachlichen Trends, veränderten gesellschaftlichen Bedarfen und Erwartungen an ganzheitliche, einheitliche und effiziente Dienstleistungen sowie aus den angespannten Haushaltslagen vieler Kommunen. Auf diese Herausforderungen reagierten die Jugendämter durch in der Regel top-down (und ohne Beteiligung der Fachkräfte) durchgesetzte Modernisierungen. Diese bezögen sich zwar primär auf das Organisationssystem, würden aber auch auf die Kommunikationssysteme im ASD durchschlagen[222]. Dabei identifizieren Gissel-Palkovich et al. (2010, S. 47 ff.) fünf übergreifende organisationale Reorganisationsprozesse in den 16 von ihnen untersuchten ASD:

- Horizontale Bündelung von Ressorts (z. B. Fusionen oder multidisziplinare Teams)
- Horizontale Dekonzentration (dezentrale Außenstellen und Vernetzung)
- Arbeitsteilung (arbeitsteilige Zuständigkeiten: z. B. Eingangs- und Fallmanagement)
- Spezialprofile in der Personalentwicklung (z. B. Kindeschutzfachkräfte)
- Begleitende Projekte (zu verschiedenen Themen).

Der Komplexitätszuwachs im Feld der Jugendhilfe soll durch Modernisierungen des Organisationssystems bewältigt werden. Die Reformbemühungen zielen dabei auf eine Erhöhung der Transparenz und eine Steigerung der Steue-

---

221 Diese Einschätzung kann sich etwa auf den Befund stützen, dass 53% der Befragten uneingeschränkt der Aussage, „die vorgenommenen Veränderungen haben auch zu stärkeren Belastungen geführt", zustimmen. Dem Statement: „Es gab häufig eine Veränderung der Bereiche, die von der BSA bearbeitet werden" (BSA steht hier für Bezirkssozialarbeit, also ASD) stimmen 41% zu (vgl. Seckinger et al. 2008, S. 34).
222 Gissel-Palkovich et al. (2010, S. 53) fokussieren auf unterschiedliche Interaktionssysteme der Primärprozessebene in den Blick (z. B. Fachkräfte-AdressatInnen-Interaktion, Interaktionen zwischen Leistungserbringern und AdressatInnen) sowie der Sekundärprozessebene (z. B. Kommunalpolitische Gremien oder Kommunikationen zwischen Akteuren unterschiedlicher Hierarchieebenen im ASD).

rungsmöglichkeiten, wodurch vor allem Anerkennung aufseiten der Politik erworben werden soll:

> Ein Versuch, das Geschehen in den verschiedenen Interaktionssystemen durch Mittel des Organisationssystems zu beeinflussen und transparent zu machen, stellt seine Regulierung durch Instrumente dar. (ebd., S. 55)

Daher werden (top-down) unterschiedliche, letztlich auf die Interaktionssysteme abzielende Regulierungsinstrumente wie fachliche Standards, formale Regeln, Handreichungen und neue Instrumente – kurz fachliche Formalisierungen – implementiert. Konkretisierend wird unter anderem auf Arbeitshilfen, Fallbesprechungsverfahren, Qualitätshandbücher, EDV-gestützte Evaluationsverfahren, Berichterstattungsverfahren und Case Management verwiesen. Neben diesen instrumentellen Techniken erfolgt ein Ausbau kommunikativer Strategien, etwa die Implementierung neuer Gremien und die Intensivierung der Vernetzung mit anderen Akteuren (vgl. ebd., S. 51 ff.).

Die organisationale Präsenz fachlicher Formalisierungen sagt jedoch wenig über deren Relevanz in den Alltagspraxen der Fachkräfte aus. So zeigen die Ergebnisse der quantitativen Fachkräfte-Befragung des ASD-Projekts, dass fachliche Formalisierungen in der Relevanzeinschätzung der Fachkräfte hinter klassische Konzepte zurücktreten. Unter den wichtigsten konzeptionellen Strategien entfallen z. B. nur 11% auf Qualitätshandbücher und 6% auf Case Management. Dagegen dominieren systemische Ansätze mit 27% und Gesprächsführung mit 13%. Auf Sozialraumorientierung als fachliche Handlungsgrundlage entfallen ebenfalls lediglich 7%. Anders gestaltet sich die Einschätzung der Fachkräfte bei der Frage danach, welche Instrumente im ASD-Alltag häufig eingesetzt werden. Hier dominieren mit 28% der Nennungen Diagnose- und Prüfbögen, gefolgt von dem Genogramm, einem Hilfsmittel zur visuellen Erfassung und Reflexion von Familiensystemen. Es folgen Handlungsleitfäden (11%), standardisierte Hilfeplanverfahren (7%), Fallvorstellungsbögen (5%) sowie Netzwerkkarten (vgl. ebd., S. 24).

In ihren qualitativen Fallstudien rekonstruieren Gissel-Palkovich et al. (2010) einen Einfluss von Modernisierungen im Organisationssystem auf die Alltagspraxen der Fachkräfte. So wirkten die Innovationen im Organisationssystem regulierend auf das Interaktionssystem, etwa die Fachkräfte-AdressatInnen-Interaktion. So entstehende Spannungen auf der Ebene der Interaktionssysteme werden dagegen auf die Fachkräfte abgewälzt und individualisiert. Weiter resümieren die AutorInnen:

> Im Rahmen der Veränderungsprozesse ist eine verstärkte Standardisierung von Prozessabläufen zu beobachten, die eine Gefahr der Deprofessionalisierung in sich birgt. Zwar fordern und begrüßen die Fachkräfte nicht selten selbst Standardisie-

rungsprozesse, da sie ihrer persönlichen Absicherung dienen, doch scheint die Balance zwischen persönlicher und fachlicher (Ab-)Sicherung durch Standardisierung und die Notwendigkeit der (relativen) strukturellen Offenheit von sozialpädagogischen Prozessen sowie damit verbundener fachlicher Selbstbestimmung (…) nicht immer ausgeglichen bzw. droht zu kippen. Es scheint, als würde der berechtigte fachliche Anspruch der Entwicklung von Standards zur ‚Standardisierung' von Prozessen verkommen, und es kann gefragt werden, ob der ASD nicht dahingehend Makulatur betreibt, indem er lediglich den Rahmen, nicht aber den fachlichen Ablauf des Kernprozesses selbst gezielter verändert. (ebd., S. 56)[223]

Als Effekt der Formalisierung konstatieren die AutorInnen eine zusätzliche Belastung der Interaktionsebene:

> Für den Austausch mit den Klient/-innen steht nicht mehr Zeit zur Verfügung, gleichwohl soll der Gesprächsverlauf durch Standardisierung effizienter und effektiver gestaltet werden: Das Interaktionssystem Klient/in-Fachkraft gerät unter Optimierungsdruck. (Gissel-Palkovich/Schubert 2010, S. 50)

Strategien von Leitungskräften zum Umgang mit Komplexität stehen im Zentrum einer qualitativen Arbeit von Böwer (2012)[224]. Er rekonstruiert eine „Aufmerksamkeit auf Abläufe" als Leitorientierung von Leitungskräften im ASD. Diese konkretisiert sich unter anderem in einer Orientierung an kontinuierlichen (statt abrupten) Veränderungen, Leitungspräsenz und kooperativen Entscheidungsmodi, einem Fokus auf Wahrnehmungen (u. a. das Bauchgefühl), dem Umgang mit Unsicherheiten (Halbwegs-Wahrheiten), „lokale Erfindungen" zur Organisationsentwicklung und der Implementierung von Werkzeugen bzw. Instrumenten. Diese sollen als „hilfreiche Krücken für mehr Sensibilität, Reflexion und laufende Verbesserung" sorgen (ebd., S. 192). Gleichzeitig wird jedoch auch das Risiko eines schematischen Abarbeitens thematisiert. Als im Kontext der ASD-Arbeit relevante Werkzeuge beschreibt Böwer (2012) klassische Instrumente wie die Akten(-führung), Dienstanweisungen, Hilfeplanung, Hausbesuch oder Supervision. Diese werden durch neue Werkzeuge wie Checklisten, Schutzpläne oder Risikoeinschätzungs- und Dokumentationsin-

---

223 Dieser Befund bzw. diese Interpretation der Ergebnisse ist insofern erstaunlich, als sie von AkteurInnen stammt, die Formalisierungsprozesse bislang befürwortend gegenüberstanden: Gissel-Palkovich ist eine wichtige Befürworterin des Case Managements, Schubert dagegen des Sozialmanagements. So zeigen sich die AutorInnen an anderer Stelle verblüfft, dass auch eine gute EDV-Ausstattung sowie ein hohes Maß an Standardisierung nicht zu weniger Belastungen für die Fachkräfte führen (Gissel-Palkovich/Schubert 2015, S. 185).
224 Die Studie „Kindeswohlschutz organisieren" von Böwer (2012) ist zwar im Feld des Kinderschutzes verortet, der Anlage und den Befunden nach jedoch eher eine Bestandsaufnahme zu Leitungsstrategien im ASD – quer zu konkreten Themen/Arbeitsbereichen.

ventare – also fachliche Formalisierungen – ergänzt. Zu diesen Werkzeugen konstatieren Wolff und Böwer (2010, S. 12), dass „die meisten Maßnahmen auf die engere Verkopplung der Handlung- und Organisationsebenen hinaus(laufen): Dienste sollen stärker vernetzt, Risiken gemeinsam bewertet, Diagnostik standardisiert, Dokumentation und Informationsweitergabe unter möglichst kurzen Reaktionszeiten erfolgen". Die Steigerung der Regulierungsdichte, d. h. die Zunahme rechtlicher, jugendamtsinterner und dienstrechtlicher Regeln sowie die Implementierung neuer, stärker standardisierter Instrumente impliziert – so Böwer und Wolff – jedoch nicht automatisch eine strikte Durchregulierung der ASD-Praxis. Vielmehr verfügten die ASD über Strategien – die bereits erwähnten „lokalen Erfindungen" – zur situativen Ausbalancierung des Verhältnisses zwischen Verregelung und Flexibilität bzw. zwischen fester und loser Kopplung (vgl. Abschnitt 4.4). Hierzu zählten unter anderem Formen der kollektiven Fallreflexion, die Anerkennung und Nutzung der Expertise der Fachkräfte, Überarbeitungsschleifen für neue Regulierungen/Instrumente, eine Einbindung externer Stakeholder (z. B. Politik), eine Zunahme von Statistiken/Zahlen zur ASD-Praxis sowie deren strategische Nutzung zu Zwecken der internen wie externen Legitimation und Ressourcenausweitung (vgl. Wolff/Böwer 2010; Böwer/Wolff 2011).

Die empirischen Studien von Gissel-Palkovich et al. und Böwer beschreiben aus unterschiedlichen Perspektiven die Institutionalisierung methodischer Modernisierungen, unter anderem auch formalisierter Instrumente. Auch wenn beide Studien auf Prozesse anspielen, liegt der Fokus auf der Gestalt und den Effekten organisationaler und methodischer Modernisierungen in den ASD, wobei die beiden Studien übereinstimmend eine Zunahme von Formalisierungen und Regulierungen beschreiben, deren praktische Relevanz jedoch unterschiedlich beurteilen. Die ambivalente Beurteilung bei Gissel-Palkovich et al. kommt durch eine Einbeziehung der Perspektive der Basiskräfte zustande. Die Fachkräfte an der Basis stellen ganz offensichtlich die von Böwer mit Blick auf die Leitungskräfte formulierte Hypothese der variablen Kopplung von Formal- und Aktivitätsstruktur infrage. Wenig belichtet bleiben in den beiden vorgestellten Studien die Implementierungsprozesse, also die Prozessdimension von Institutionalisierungen. Diese wurden unter anderem in Studien zum Neuen Steuerungsmodell fokussiert.

8.6 Befunde zum organisationalen Feld der ASD

Eine im Rahmen des ASD-Projekts von Gissel-Palkovich et al. (2010x) durchgeführte Vorstudie gibt Hinweise auf die „Feldstruktur", d. h. auf Akteure und Themen im (Um-)Feld des ASD, die Einfluss auf die Entwicklungen in den Diensten haben. Hierzu wurden ExpertInnen aus Wissenschaft und Verbänden

(Gruppe A) sowie aus der Praxis (Gruppe B) telefonisch einerseits nach Merkmalen guter ASD-Praxis, andererseits nach für die Entwicklung der ASD-Praxis relevanten Akteuren befragt[225]. Die derart generierten Befunde geben einen relativ aktuellen Einblick in ASD-bezogene Diskurse in Wissenschaft, Verbänden und Praxis sowie zu den zentralen Feldakteuren. Insgesamt nannten die Befragten über 380 Aspekte guter Praxis im ASD. Diese wurden von den ForscherInnen zu 45 Kategorien verdichtet: An oberster Stelle rangieren bei beiden Gruppen die Merkmale Kooperation/Vernetzung (A: 66%; B: 56) und Organisation (A: 59%; B: 52%). Mit 52% an dritter Stelle folgen bei den VertreterInnen aus Wissenschaft und Verbänden Dimensionen des Clusters „Struktur", bei den PraktikerInnen „Konzepte und Methoden". Zu den Kriterien guter ASD zählten weiterhin (neben den verbreiteten fachlichen Qualitätskriterien wie Fachlichkeit, Autonomie, Partizipation, AdressatInnen-Bezug, Ressourcen oder reflexive Verfahren) auch Aspekte mit Bezug zu fachlichen Formalisierungen wie Standards- und Standardisierungsinstrumente/-verfahren, Fallbearbeitung/Fallsteuerung, Steuerung, Management sowie Dokumentation, Prozesse und Instrumente. PraxisvertreterInnen aus Landkreisen nannten dabei signifikant häufiger Standardisierungen als das Qualitätsmerkmal, während VertreterInnen von Stadtjugendämtern vor allem Fachlichkeit nannten. Zudem gelangen die AutorInnen der Studie zu dem Ergebnis, dass vor allem „Zielen" eine wichtige Position zukommt (vgl. Gissel-Palkovich et al. 2010x, S. 18 ff.).

Hinsichtlich der AkteurInnen-Landschaft im Feld der Jugendhilfe ist vor allem die Frage nach „Modellen, Beratungsinstitutionen und Personen, die für die Weiterentwicklung der Organisation und fachlichen Arbeit der ASD von Bedeutung sind" interessant (vgl. Tab. 3). Als wichtigster Impulsgeber für Entwicklungen im ASD gilt bei beiden Gruppen das Institut für Soziale Arbeit (ISA) Münster, dem vor allem in den Bereichen Qualitätsentwicklung und Fortbildungen (v. a. zur Einzelfallarbeit und zur Regionalisierung) eine hohe Kompetenz zugeschrieben wird. Zudem gilt das Institut als besonders praxisorientiert und die spezifischen lokalen Besonderheiten der ASD berücksichtigend[226].

---

225 Telefonisch befragt wurden auf Bundes-/Länderebene 45 ExpertInnen von öffentlichen und freien Trägern, aus Wissenschaft und Verbänden sowie Gewerkschaften (Gruppe A). Zudem wurden 55 PraxisvertreterInnen aus den kommunalen Sozial- und Jugendverwaltungen (je drei VertreterInnen von Landkreisen und Städten je Bundesland) (Gruppe B) befragt. Die Telefoninterviews beinhalteten jeweils einen offenen Teil zur Abfrage guter ASD und Elemente (Methoden, Konzepte etc.) guter ASD-Praxis sowie einen geschlossenen Teil zu Ebenen und Merkmalen von ASDs (vgl. Gissel-Palkovich et al. 2010x).
226 Mit Blick auf das ISA Münster ist sicher auch zu berücksichtigen, dass das Institut während der Erhebungsphase des ASD-Projektes mit weiteren Partnern am Bundesmodellprojekt „Wirkungsorientierte Jugendhilfe" mitwirkte und das Projekt zudem (fach-)öffentlichkeitswirksam koordinierte (vgl. www.wirkungsorientierte-jugendhilfe.de).

Tab. 3: Wichtige Impulsgeber für Entwicklungen im ASD

	Nennung Gruppe A (n=38)	Nennung Gruppe B (n=45)	Nennung gesamt (n=83)
ISA Münster	61%	44%	52%
KISO (Schrapper)	37%	18%	27%
DJI München	21%	22%	22%
ISSAB (Hinte)	27%	16%	21%
Deutscher Verein	8%	22%	16%
ISM Mainz	18%	11%	15%
ISS Frankfurt	16%	13%	1%
INSO Essen			7%
Landesjugendämter			7%
KGSt			6%

(Quelle: Gissel-Palkovich et al. 2010x: 30)

Hinsichtlich der weiteren Akteure fallen die Einschätzungen von Wissenschaft und Praxis auseinander. Die VertreterInnen der Praxis benennen mit je 22% das Deutsche Jugendinstitut sowie den Deutschen Verein als bedeutsame Akteure. Der Deutsche Verein wirkt aus Sicht der Befragten vor allem durch seine Stellungsnahmen und Expertisen sowie seine Fortbildungen. Ihm werden hohe Fach- und Sachkenntnis, ein bundesweiter Überblick sowie Praxisnähe zugeschrieben. Das DJI hat aus Sicht der Befragten vor allem eine große Expertise in den Bereichen Kinderschutz und Qualitätsentwicklung. Zudem wird es als gleichermaßen praxisorientiert als auch wissenschaftlich-distanziert beschrieben und es wird ihm ein guter Überblick über das Gesamtfeld der Kinder- und Jugendhilfe attestiert. Die ExpertInnen aus Wissenschaft und Verbänden benannten dagegen mit 37% das Institut für sozialpädagogische Forschung und Beratung e.V. an der Universität Koblenz-Landau (KISO) als zweitwichtigstes Institut, dessen Kompetenzen vor allem in den Bereichen Evaluation und Qualitätsentwicklung gesehen werden. Aus Sicht der Befragten gilt das Institut als den Fachdiskurs prägend. Interessant ist sicher, dass durchaus bekannte Player im Feld der Jugendhilfe, etwa das DIJuF, nicht benannt werden. Zudem fällt auf, dass die VertreterInnen aus der Wissenschaft Instituten, die an Hochschulen angesiedelten sind, deutlich mehr Bedeutung zuschreiben. Ein sehr geringer Einfluss auf die lokalen ASD wird schließlich den Landesjugendämtern zugemessen. Diesen Befund wiederholen die AutorInnen der Studie an einer weiteren Stelle: So wurden im Rahmen des Projektes auch Landesjugendämter nach Beispielen guter Praxis befragt. Aus den Rückmeldungen schließen Gissel-Palkovich et al. (2010x), dass die Landesjugendämter keine Informationen zu guten Praxen haben und damit solche auch nicht in die Fachwelt kommunizieren können. Weiter scheint, so die AutorInnen, der Kommunikationsfluss zwischen den Landesjugendämtern und den kommunalen [Jugendämtern; A.M.] prinzipiell gehemmt zu sein. Die Mehrzahl der Landesjugendämter hat als überörtliche Träger aufgrund der Verwaltungsstruktur kaum Einfluss in die Arbeit der kommunalen Jugendämter. Demnach fehlt ihnen das Wissen, über deren Qualität Aussagen zu machen. (ebd., S. 21)

Allerdings geben die AutorInnen zu bedenken, dass die Benennung guter Praxisbeispiele auch deshalb unterbleiben kann, weil diese zu Spannungen mit den Jugendämtern führen könnten.

Neben den einschlägigen Beratungsinstituten können die Anbieter von Fachsoftware als relevante Akteure und Impulsgeber für Entwicklungen in den ASD gesehen werden. Dies ist nicht zuletzt dem Umstand geschuldet, dass (Fach-)Software nicht selten als „hybride Produkte", bestehend aus einer IT-Lösung und Dienstleistungen (z. B. Fortbildungen), angeboten werden (vgl. Kreidenweis/Halfar 2010). Insgesamt wird für die Soziale Arbeit von einem Ausgabevolumen für EDV von circa eine Milliarde Euro jährlich ausgegangen. Davon entfallen etwa 200 Millionen Euro auf Fachsoftware (vgl. Kreidenweis 2010, S. 16). Diese wird von circa 100 Firmen mit jeweils circa 20 Beschäftigten angeboten, wobei circa 20 Anbieter eine Marktdominanz über die verschiedenen Felder der Sozialen Arbeit hinweg ausüben (vgl. Kreidenweis/Halfar 2010, S. 24). Fachsoftware in den ASD/Jugendämtern nimmt hierbei insofern eine Sonderrolle ein, als neben den fachlichen Bezügen (zu andern Felder der Sozialen Arbeit) auch starke organisationale Bezüge (zu anderen Teilen der Kommunalverwaltung) bestehen. Somit können die Softwareprodukte auch Teil von Lösungen für die Kommunalverwaltung (und nicht Fachsoftware für die Soziale Arbeit) sein (vgl. Tenhaken 2012). Dies gilt auch für die beiden in den 2000er-Jahren verbreitetsten Softwarelösungen in den ASD: Das Produkt PROSOZ der PROSOZ Herten GmbH ein, das in 160 Jugendämtern genutzt wird, sowie das Produkt OK.JUG der AKDB/kommIT Gesellschaft für Informationstechnik mbH, das circa 75 Ämter nutzen (vgl. Kreidenweis 2005, S. 10 ff.).

8.7 Studien zur Neuen Steuerung und zu Ökonomisierungsprozessen im ASD

Befunde zu Prozessen der Implementierung von Innovationen im Feld der Kinder- und Jugendhilfe liefern die Studien von Grohs (2010) sowie Krone et al. (2009), die Modernisierungsprozesse im Spannungsfeld zwischen dem Neuen Steuerungsmodell (vgl. Abschnitt 5.2.2) und den fachlichen Orientierungen zum Gegenstand haben (v. a. Sozialraumorientierung, SRO). Beide Studien basieren auf qualitativen Fallstudien in vier Kommunen. Der Fokus beider Studien liegt eher auf den Effekten der Reformen des lokalen wohlfahrtsstaatlichen Arrangements. Gleichwohl nehmen beide Studien Implementierungsprozesse in den Blick. In der Studie von Krone et al. (2009) bzw. Langer (2007) erfolgt zudem eine Beschreibung und Analyse von Standardisierungsprozessen im ASD.

Die Studie von Grohs (2010; 2007) schließt an die Evaluation des NSM durch Bogumil et al. (2007) an. Grohs beschreibt das NSM und fachliche Reformimpulse (SRO) dabei als gleichzeitig konkurrierend, wie auch komplementär, weshalb durchaus Verknüpfungen möglich sind. Entsprechend lassen sich betriebswirtschaftliche Strategien (NSM-Umsetzung), fachliche Strategien sowie Verknüpfungsstrategien der Verwaltungsmodernisierung in der Jugendhilfe identifizieren, wobei letztere als besonders anspruchsvoll beschrieben wird (vgl. Grohs 2007, S. 260). Welche Strategien letztendlich im konkreten kommunalen Einzelfall realisiert werden, d. h. wie allgemeine Reformimpulse umgesetzt werden, lässt sich nach Grohs aus dem „Zusammenspiel zwischen institutionellem Kontext, beteiligten Akteuren, Akteurskonstellationen und deren Interaktionen in spezifischen Handlungssituationen" (Grohs 2010, S. 100) erklären. Als zentrale PromotorInnen des NSM identifiziert Grohs Steuerungspolitiker (Ebene der Gesamtkommune), während fachliche Ansätze von Fachpolitikern (Ebene der Jugendhilfe) vertreten werden. Hinter diesen zentralen Akteuren stehen jeweils weitere kommunale Einheiten bzw. Gremien, die „advocacy coalitions" mit konkurrierenden „belief systems" bilden (vgl. ebd., S. 84; 130 ff. unter Bezug auf Sabatier 1993). Meist dominieren zentrale Steuerungspolitiker bzw. Verwaltungsspitzen über die Fachpolitiker und Fachverwaltungen der Jugendhilfe. Besteht vor Ort dagegen eine (parteiübergreifende) Jugendhilfe-Koalition aus Fachpolitikern und Fachabteilungen auf der Basis geteilter Welt-, Problem- und Fachlichkeitsverständnisse, so steigen die Chancen, ökonomisch inspirierte Modernisierungsprozesse fachlich zu wenden (vgl. ebd., S. 241 f.). Als ein bedeutendes Element der lokalen Akteurskonstellation – quasi als Ort der Koalitionsbildung – identifiziert Grohs (2007) die Jugendhilfeausschüsse. Schließlich begünstigen eigenständige Reformimpulse aus dem Jugendamt bzw. der MitarbeiterInnen die Durchsetzung fachlicher Modernisierungen. Unbeschadet dessen unterstreicht Grohs (2007), ebenso wie auch Bogumil et al. (2007), das mit dem NSM verknüpfte positive Reformklima, das ein „window of opportunity", auch für fachliche Modernisierungsprozesse, öffnet[227].

---

227 Das Konzept des „window of opportunity" ist Element des „Multiple Streams Approach" von Kindon (1984), einer politikwissenschaftlichen Weiterentwicklung des Garbage Can Modells von Cohen et al. (1972). Kindon geht davon aus, dass politischer Wandel dann erfolgt, wenn drei unabhängige Ströme zusammenfließen bzw. durch einen Policy-Entrepre-

Auch die Studie von Krone et al. (2009; Langer 2007) nimmt unterschiedliche Relationisierungen fachlicher und ökonomischer Modernisierungsimpulse in den Blick. Sie arbeiten besonders die Heterogenität von lokalen Reformprozessen heraus, wobei sie nicht nur auf unterschiedliche Reformmodelle verweisen, sondern in ihren Fallstudien auch verdeutlichen, dass die Transformationsprozesse im konkreten lokalen Einzelfall zu unterschiedlichen Zeiten, durch unterschiedliche Personen sowie unter Nutzung unterschiedlicher Strategien erfolgen. Anstatt diese komplexe Heterogenität in einem Modell aufzulösen, fokussieren die AutorInnen ihren analytischen Blick vor allem auf Modernisierungsmotive und Modernisierungseffekte. Konzeptionelle Grundlage der Studie ist das auf Annahmen der neuen Institutionenökonomie aufbauende DOPAM-Modell[228]. Gegenstand der drei zentralen Auswertungs-Perspektiven sind 1) lokale Effizienzstrategien, 2) die Governance von Sozialmärkte und 3) die Arbeitsorganisation in den ASD. Zu 1) stellen die AutorInnen dar, dass die befragten Kommunen neben jeweils spezifischen fachlichen Sachzielen auch immer das Formalziel der Effizienz bzw. Kostensenkung anstreben. Die Sachziele können dabei durch Optimierung der Strukturqualität (z. B. durch Standards und Controlling), der Leistungsprozesse (z. B. durch Qualifizierung) oder des Leistungsergebnisses (z. B. durch Budgetierung oder Zielkennziffern) erreicht werden, wobei die AutorInnen letztlich zwischen budget-, netzwerk-, professions- und wirkungsorientierten Effizienzstrategien differenzieren (vgl. ebd., S. 180). Auf der Ebene der interorganisationalen Steuerung (2) führt die Einführung von Wettbewerbselementen zur Ausbildung organisationaler Netzwerke. Innerorganisational bildet sich im Jugendamt und bei den Leistungserbringern eine neue Ebene der Fallkoordination (Case Management)

---

neur verknüpft werden können: Ein Problemstrom in dem sich eine Problemdefinition sozial durchgesetzt hat, ein Politics-Strom, der ein politisches Veränderungsklima beschreibt sowie ein Policy-Strom, in dem politische Lösungen entwickelt wurden. Das Konzept des „window of opportunity" beschreibt eben dieses Zusammentreffen dreier reifer Ströme zu einer „opportunity for advocates of proposals to push their pet solutions, or to push attention to their special problems" (ebd., S. 173).

228 Das Doppelte Prinzipal-Agent-Modell (DOPAM) konzipiert professionelle Fachkräfte als Agenten, die gegenüber den beiden Prinzipalen Organisation und KundIn/AdressatIn (nutzenmaximierend) handeln, wobei die doppelte Beziehung gegenüber Organisation und AdressatInnen den professionellen Fachkräften Freiräume lässt (unvollständige Verträge), die durch unterschiedliche Formen der formalen und informellen Regulierung begrenzt werden sollen. Diese zusätzlichen Abstimmungs- und Kontrollleistungen stellen Opportunitäts- und Transaktionskosten dar, die zu Wohlfahrtsverlusten führen und spezifische Handlungsanreize setzten (vgl. Krone et al. 2009). Die AutorInnen konzipieren Akteure entsprechend als egoistische Nutzenmaximierer. Diese Rahmung ist nicht nur Ausdruck der Ökonomisierung der Jugendhilfeforschung – immerhin wird ein Denk- und Analysemodell aus der Ökonomie auf den sozialen Sektor übertragen/verallgemeinert – sie fördert auch normativ-ökonomisierungsfreundliche Interpretationen der empirischen Befunde.

zwischen der Leitungsebene und der Ebene direkter Dienstleistungserbringung heraus. Die Tätigkeitsprofile dieser Fallmanager zeichnen sich durch einen verstärkten Rückgriff auf managerielle Wissensbestände aus und markieren nach Ansicht der AutorInnen einen (positiv zu beurteilenden) Wandel sozialarbeiterischer Professionalität (3):

> Diese Übernahme der Steuerungs-, Planungs-, Organisations- und Kontrollfunktionen kann durchaus als ein Professionalisierungsschub in der Sozialen Arbeit interpretiert werden, der sich sowohl in den Jugendämtern als auch bei den freien Trägern vollzogen hat. Dieser Professionalisierungsschub ist verbunden mit einer funktionalen Differenzierung innerhalb der Sozialen Arbeit. Die These einer doppelten Professionalität, die im sozialarbeiterischen Sozialmanagementdiskurs verhandelt wird (vgl. Schubert 2001), lässt sich mit diesen Ergebnissen bestätigen und konkretisieren. (ebd., S. 166)

Die Ökonomisierung sozialarbeiterischer Handlungsvollzüge und Ziele wird also nicht als problematische Kolonialisierung, sondern vermeintlich objektiv als (managerielle) Professionalisierung beschrieben. Entsprechend deutlich weisen die AutorInnen ökonomisierungskritische und professionstheoretische Positionen zurück. Dennoch identifizieren Krone et al (2009) bzw. Langer (2007) paradoxe Anreize der Ökonomisierung[229]. Hierzu zählen unter anderem zusätzliche Koordinierungsbedarfe (Transaktionskosten) zur Überbrückung neuer Schnittstellen, die durch Arbeitsteilung und Entdifferenzierung entstehen, ein zusätzlicher Kontroll- und Dokumentationsaufwand, der zwar formal Teil der Qualitätssicherung ist, aber faktisch qualitätsmindernd wirkt, da er aufseiten der Fachkräfte viel Zeit bindet, eine enge Fokussierung auf vereinbarte Ziele, wodurch eine ganzheitliche Fallbearbeitung nicht mehr erfolgt, sowie verschiedene Strategien der Risikovermeidung und Risikoweitergabe, etwa die schnelle Installation von Erziehungshilfen zur Absicherung oder aber die Verzögerung oder Nicht-Gewährung nötiger Hilfen aufgrund hoher formaler Hürden für die Einleitung von Hilfen, wobei Formalisierungsprozesse Teil dieser Hürden sein können (vgl. Langer 2007, S. 239 ff.; Krone et al. 2009, S. 158 ff.).

Schließlich setzten sich Krone et al. (2009) mit Fragen der Standardisierung im Kontext modernisierter Professionalität auseinander, wobei sie offensichtlich primär das Verbindlich-Machen kollektiver Beratungs- und Entscheidungsgremien im Blick haben. Die AutorInnen unterscheiden also nicht zwi-

---

[229] Krone et al. (2009) und Langer (2007) übersehen offensichtlich, dass die identifizierten „Paradoxien" letztlich typische Effekte ökonomischer Steuerungsstrategien sind. Diese rühren daher, dass sich unter ökonomischen Steuerungsimperativen domestizierte Akteure im Laufe der Zeit zunehmend ökonomisch, d. h. egoistisch-nutzenmaximierend verhalten, da alternative Motivationsquellen nicht mehr zur Verfügung stehen (vgl. Mairhofer 2014).

schen fachlichen Formalisierungen als methodischen Modernisierungen und klassischen (kollegialen) fachlichen Standards. Somit bleibt teilweise offen, worauf sich ihre Einschätzungen primär beziehen, wenn sie Folgendes konstatieren:

> Die feststellbaren Verfahren und Standardisierungen stellen so etwas wie eine Grundvoraussetzung dar, in denen professionelle Haltungen und Kompetenzen entwickelt werden und zum Tragen kommen. Wie die weitere Interpretation der Daten zeigt, sind die Standardisierungen allerdings kein Garant für die Sicherung professioneller Kompetenz oder Kooperation. Standardisierte Abläufe der Hilfefälle sowie klar definierte Zielvorgaben, operationalisiert in Teilzielen, lassen immer weniger Spielraum in der Fallgestaltung für die einzelnen Sozialarbeiter/innen. (...) Insofern kann der äußere Rahmen durchaus eine Angleichung der professionellen Haltungen der verantwortlichen ASD-Mitarbeiter/innen sowie der Mitarbeiter/innen bei den Trägern begünstigen. Auf diese Weise können sich eine gemeinsame Fachlichkeit der Sozialarbeiter/innen des Jugendamtes und der freien Träger und damit auch eine höhere Effizienz im Sinne der Zielvorgaben entwickeln. Dieses Potenzial besteht insbesondere dann, wenn eher diskursiv-partizipative Strukturen vorherrschen. (ebd., S. 161)

Hinsichtlich konkreter fachlicher Formalisierungen zeichnen Krone et al. dagegen ein durchgängig ambivalentes Bild. So führen Standardisierungen einerseits zu einer Aufwertung sozialarbeiterischer Tätigkeiten, andererseits aber zu einer Entfernung von den AdressatInnen. Einerseits wird die Dokumentation, die etwa die Hälfte der Arbeitszeit der ASD-Fachkräfte in Anspruch nimmt, als „massiver Druck" und Kontrolle erlebt, andererseits strukturiere die Dokumentation die Arbeit und mache diese daher effizienter und transparenter. Zudem ermögliche sie eine Darstellung der eigenen Arbeit, fördere die Selbstkontrolle und diene als Legitimation gegenüber Dritten. Ähnlich ambivalent werden auch andere mit Formalisierungen verknüpfte Modernisierungen gesehen. So bestehe bei zunehmender Zielorientierung ein Konflikt zwischen ökonomischen und fachlichen Zielen. Da dieser Konflikt von den Fachkräften nicht als solcher erlebt werde, könne – so die AutorInnen – aber nicht von einem grundlegenden Widerspruch ausgegangen werden. Stattdessen wird konstatiert, dass nicht Standards, sondern mangelnde Ressourcen bzw. das Ziel, mangelnde Ressourcen durch Standardisierungen auszugleichen, ein Problem darstellen (vgl. auch Stöbe-Blossey 2008). Entsprechend folgern Krone et al. (2009, S. 173), Standardisierungen seien „keineswegs als Deprofessionalisierung, sondern eher als eine Unterstützung professionellen Handelns zu bewerten – wobei es, wie am Beispiel der Falldokumentationen angesprochen, vor allem auf eine angemessene Gestaltung ankommt". Sie konkretisieren diese These dahingehend, dass Standardisierungen

1) „dem einzelnen Professionellen institutionalisierte Problemlösungen zur Verfügung" (ebd., S. 175) stellen,
2) kooperative Arbeitsvollzüge erleichterten und
3) „die Aufnahme ökonomischer Kriterien in die fachliche Beurteilung von Fällen" (ebd.) gewährleiste – jedoch Risiken der beschriebenen paradoxen Anreize, der Überregulierung und der explodierenden Transaktionskosten berge (ebd.).

Die Motive und Umsetzung von Reformen nach dem NSM sind auch Gegenstand einer frühen Einzelfallstudie von Schnurr (1998). Diese nimmt nicht die vorgeschalteten kommunalpolitischen Prozesse in den Blick, sondern beschränkt sich auf die Perspektive der im untersuchten Jugendamt tätigen Akteure. Für diese arbeitet Schnurr unter Nutzung eines akteursbezogenen, mikropolitischen Ansatzes heraus, dass „Akteure unterschiedliche Rezeptions- und Gebrauchsweisen" (ebd., S. 367) der Modernisierungsprozesse entwickeln, wobei die Beurteilung der Reform von den je spezifischen Interessenlagen abhänge. Die Einführung des NSM bedeute dabei eine „Irritation der je eigenen individuellen Berufsbiographie" (ebd.). Je nachdem, welche Optionen und Effekte für die eigene berufliche Karriere, die Realisierung beruflicher Ziele und Fachlichkeitsverständnisse etc. antizipiert werden, positionieren sie die Jugendamtsakteure als Befürworter, Kritiker, Taktiker oder Unentschiedene, wobei die Reformen von jüngeren ASD-MitarbeiterInnen eher als Chance gesehen und daher positiv beurteilt und umgesetzt werden. Auf der Organisationsebene kommt Schnurr dagegen zu dem Schluss, dass die NSM-Reform nicht in der Lage ist, die aktuell im untersuchten ASD bestehenden Probleme zu lösen, da das NSM einer ökonomischen Rationalität folgt, während die auf der Kommunikations- und Kooperationsebene liegenden Probleme des ASD einer kommunikativen Rationalisierungsstrategie bedürfen. Dies begründet Schnurr damit, dass die ASD-Praxis einen eigenen Effizienzbegriff hat, der neben ökonomischen Dimensionen auch fachspezifische Deutungs- und Handlungslogiken mit einschließen und berücksichtigen muss (vgl. ebd., S. 377). Mit seinen Vorbehalten schließt Schnurr einerseits an verwaltungswissenschaftliche Studien zum NSM an, die die Basisannahmen des Modells als unangemessen und überholt qualifizieren (vgl. Kegelmann 2007). Andererseits spannt Schnurr einen Bogen zu ökonomisierungskritischen Studien der Sozialen Arbeit (vgl. Dahme 2008; Fischbach 2011).

Ökonomisierungsprozesse stehen auch im Zentrum einer Studie von Hielscher et al. (2013). In der Untersuchung werden Prozesse und Effekte der Ökonomisierung und der Aktivierung in den Feldern ASD, Pflege und Kita ermittelt. Für jedes der Felder rekonstruieren die AutorInnen typische Ökonomisierungs- und Aktivierungsprozesse auf der Ebene der gesetzlichen Anforderungen und Rahmenbedingungen, des organisationalen Handelns und des konkreten Arbeitshandelns der Fachkräfte. Für die ASD-Teilstudie wurden Leitungs- und Fachkräfte in vier ASD qualitativ interviewt und eine Onlinebefragung von Fachkräften durchgeführt. Die Befunde zur Arbeitssituation decken sich teilweise mit denen der Studien von Seckinger et al. (2008) und Gissel-Palkovich et al. (2010). Insgesamt konstatieren die Befragten eine Fokusverlagerung vom „Wünschenswerten zum Notwendigen" (Hielscher et al. 2013, S. 162). So geben lediglich 46% der Befragten an, dass sie unter den gegebenen Rahmenbedingungen eine gute Arbeit leisten können. Im ASD-Projekt gaben 58% an, die fachlichen Standards und 78% die rechtlichen Vorgaben annähernd oder vollauf erfüllen zu können (vgl. Gissel-Palkovich et al. 2010z, S. 8). Zudem sind nur circa 40% der an der Onlinebefragung teilnehmenden Fachkräfte der Meinung, „dass es ihnen die zeitliche Situation ermöglicht, die Eltern und Kinder an allen sie betreffenden Entscheidungen zu beteiligen'" (Hielscher et al. 2013, S. 149). Als Hauptproblem wird jedoch von 75% der Befragten die fehlende Zeit angegeben. Zudem wird von einem Anstieg von Kriseninterventionen bzw. schwierigen Fällen berichtet. Weiter bestätigen 91% der Befragten, dass Management- und Koordinationsaufgaben an Bedeutung gewinnen, was sich ebenso mit dem Befund der Studie von Krone et al. (2009) deckt wie der Befund, dass gerade die Installation teurer Hilfen mit „Bewilligungsbarrieren", also einen hohen formalen Aufwand zur Einleitung solcher Hilfen, verknüpft wird. Diese Aspekte kumulieren zu einer „massiven Verdichtung von Arbeit" (Hielscher et al. 2013, S. 173; vgl. Seckinger et al. 2008). Dennoch wird die zeitaufwendige Dokumentation von 90% der befragten ASD-Fachkräfte für sinnvoll erachtet. Gleichzeitig ist sie der Aufgabenbereich, auf den bei hohem Arbeitsdruck – zulasten des persönlichen Risikos – am ehesten verzichtet wird (ebd.). Offensichtlich erfolgt also eine spezifische Subjektivierung der Arbeit (vgl. Voß 2012). Auch Hielscher et al. (2013) berichten für den Bereich der Hilfeplanung, dass aufgrund der hohen Arbeitsbelastung Entscheidungen aufgeschoben und laufende Hilfen ungeprüft verlängert werden müssen. Dies führe zu einem Bugwelleneffekt stetig steigender Kosten für Hilfen aufgrund fehlender Ressourcen in den ASD: „Wenn bei Überlastung die Zeit fehlt, Fälle fachlich und inhaltlich angemessen zu prüfen, werden diese schneller an freie Träger delegiert, um kein unnötiges Risiko für das Kindeswohl einzugehen" (ebd., S. 174). Wenig überraschend ist dabei der Befund, dass eine „Prekarisierung" der ASD-Arbeit (Arbeitsverdichtung, Überlastung, wenig AdressatInnenbeteiligung etc.) bei einem höheren Grad der Ökonomisierung – also in Kommunen mit Kostenkontrolle, Wettbewerbsorientierung und Managerialisierung und kennzahlenbasierte Steuerung etc. – stärker ausgeprägt ist. Dabei konstatieren Hielscher et al. (2013, S. 152 f.) große Unterschiede in der Ressourcenausstattung der Kommunen. Diese sei letztlich ein Effekt unterschiedlicher politischer Prioritätensetzungen, wobei dem Jugendhilfeausschuss eine besondere Bedeutung zukomme.

Anders als die zuvor vorgestellten ASD-Studien kommen Hielscher et al. zu dem Ergebnis, dass in den ASD keine Aufgabendifferenzierung – etwa durch die Einrichtung eines Eingangsmanagements, spezieller Kinderschutzteams etc. – erfolgt. Ebenfalls in Widerspruch zu anderen Studien steht der Befund, dass es in den ASD keine inhaltlichen und zeitlichen Vorgaben zur Dokumentation gibt (vgl. ebd., S. 166). Diese Befunde können als ein Beleg für die große Heterogenität innerhalb der ASD gelten und zeigen, dass auch eine sorgfältige Fallauswahl nicht vor Verzerrungen schützen kann.

8.8 Befunde zu fachlichen Formalisierungen in der Hilfeplanung

Die vorgestellten Studien zu Ökonomisierungsprozessen fokussieren primär auf das Feld der Hilfeplanung, da besonders für diesen kostenintensiven Bereich der Kinder- und Jugendhilfe Einsparungs-, Vermarktlichungs- und Managerialisierungsanstrengungen unternommen wurden (vgl. auch Abschnitt 7.8 f.). Die Studien von Krone et al. (2009) und Hielscher et al. (2013) zeigen, dass diese Modernisierungen der Hilfeplanung direkt mit fachlichen Formalisierungen in Verbindung stehen. Daneben liegen zum Bereich der Hilfeplanung zahlreiche weitere Studien vor (vgl. z. B. Kotthaus 2010; Messmer/Hitzler 2007; Eger 2008; Urban 2004; Schmid 2004), die zwar Aspekte, die auch im Kontext dieser Studie relevant sind, beleuchten (z. B. Diagnoseprozesse), deren Fokus jedoch weniger auf der empirischen Verbreitung und Nutzung formalisierter Instrumente und Verfahren liegt. Daher wird auf eine detaillierte Vorstellung dieser Studien verzichtet.

Eine Quelle empirischen Wissens zu fachlichen Formalisierungen in der Hilfeplanung stellen Wirkungsstudien dar. Die Evaluation konkreter Instrumente, Verfahren oder Programme (z. B. EBPs) trägt jedoch – ebenso wie die Implementierungsforschung (vgl. Bhattacharyya et al. 2009; Fixsen et al. 2004) – wenig zum Verständnis von Institutionalisierungsprozessen sowie zur praktischen Bedeutung und zu den Effekten von formalisierten Instrumenten und Verfahren in der alltäglichen ASD-Praxis bei. Vielmehr stellen Evaluations- und Wirkungsstudien konkreter Instrumente und Verfahren – etwa die in Kapitel 3 vorgestellte EST! Studie – eine offensichtlich wirkmächtige Strategie zur Förderung der Diffusion- und Institutionalisierung eben dieser Instrumente und Verfahren dar.

Einblicke in Praxen der Hilfeplanung bietet dagegen das breiter angelegte Bundesmodellprogramm „Qualifizierung der Hilfen zur Erziehung durch wirkungsorientierte Ausgestaltung der Leistungs-, Entgelt- und Qualitätsvereinbarungen nach §§ 78a ff. SGB VIII" oder kurz, „Wirkungsorientierte Jugendhilfe"

(WOJH). Dort wurden aus wissenschaftlich-distanzierter Perspektive Befunde zur Ausgestaltung, Nutzung und Beurteilung von fachlichen Formalisierungen in der ASD-Praxis generiert. In dem Bundesmodellprojekt wurde im Zeitraum zwischen 2005 und 2008 eruiert, wie die Wirksamkeit, d. h. das Erreichen intendierter Ziele von Hilfen zur Erziehung, erhöht werden kann. Konkret hatte das Projekt folgende Ziele:

- Qualifizierung der Hilfepraxis (Fachcontrolling und Qualitätsentwicklung),
- Optimierung der Leistungserbringung und Wirkung der Hilfe (Effektivität),
- Stärkung der Beteiligung, Mitwirkungsbereitschaft und Eigenverantwortung des Hilfeempfängers (Partizipation und Nutzersouveränität),
- Verringerung von Diskrepanzen zwischen fachlichen und wirtschaftlichen Kriterien (Struktur- und Prozessoptimierung),
- Steigerung der Zielgenauigkeit und Kostensenkung (Effizienz) (vgl. Projekthomepage).

In den elf teilnehmenden Modellkommunen wurden hierzu in den nach §§ 78a ff. SGB VIII obligatorischen Leistungs-, Entgelt- und Qualitätsvereinbarungen zwischen den Jugendämtern und freien Trägern mit Unterstützung einschlägiger Institute Strategien zur Erreichung dieser Ziele entwickelt und festgeschrieben. Im Rahmen der Evaluation des Modellprojekts wurden diese Strategien zunächst rekonstruiert und wie folgt strukturiert (Albus et al. 2010, S. 53 ff.):

- Methoden im Hilfeprozess und Verfahren der Hilfeplanung, unter anderem eine Standardisierung von Diagnose und Hilfegewährung, verbindliche Verfahrensabläufe, die Standardisierung der Dokumentation, eine Stärkung von AdressatInnenbeteiligung oder eine Standardisierung von Hilfezielen und Methoden der Zielformulierung
- Lokale Evaluationsinstrumente, z. B. zur Evaluation der Entwicklung und Situation des Kindes, der Zielerreichung oder der Zufriedenheit der AdressatInnen
- Evaluation von Strukturbedingungen, z. B. Bewertungsverfahren, Trägerrankings oder Bonus-Malus-Verfahren.

Wie die Aufzählung zeigt, haben sich die Akteure vor Ort vor allem unter den Strategien zur Optimierung der Hilfeplanung auf zahlreiche Formalisierungen verständigt. Zudem basieren auch die lokalen Evaluations- bzw. Controlling-Ansätze auf standardisierten Instrumenten. Dieser Befund stellt ein deutliches Indiz dafür dar, dass ein modernisiertes Professionalitätsverständnis und mithin eine eher sozialtechnologisch-instrumentelle Logik in der (reformorientierten) Jugendhilfe weit verbreitet sind.

Die qualitativen und quantitativen empirischen Befunde[230] zur Einschätzung und Nutzung der verschiedenen fachlichen Formalisierungen bestärken die bereits vorgestellten, ambivalenten Befunde: Die standardisierten Instrumente und Verfahren werden von den Fachkräften einerseits inhaltlich überwiegend positiv beurteilt. Standardisierte Instrumente zur Diagnose, zur Zielfindung und Dokumentation tragen aus Sicht der Basiskräfte zu einem Zuwachs an Transparenz, Handlungssicherheit oder Verbindlichkeit bei[231]. Andererseits wird jedoch, vor allem bei der Dokumentation, von Akteuren aller Ebenen der mit den formalisierten Instrumenten und Verfahren verknüpfte Mehraufwand hervorgehoben (vgl. Albus et al. 2009a, S. 26 ff.). Die Gesamtbeurteilung der Fachkräfte – dies zeigen die quantitativen Analysen – ist besonders davon abhängig, ob die neuen, standardisierten (und in der Regel EDV-basierten) Dokumentationsinstrumente als Mehrarbeit oder als Arbeitserleichterung (z. B. gegenüber der klassischen Aktenführung) angesehen werden. Hier zeigen die Daten ein gespaltenes Bild: Eine Hälfte der Befragten (46%) sieht die Dokumentationsinstrumente als Vereinfachung, die andere Hälfte (54%) als Mehrarbeit. Interessant ist dabei der Umstand, dass diese Einschätzung orts- und trägerunabhängig ist, also nicht auf spezifische lokale Instrumente und Vorgaben zurückgeführt werden kann. Dagegen korreliert die Einschätzung, ob die standardisierte Dokumentation als Belastung oder Entlastung gesehen wird signifikant mit der Beurteilung des fachlichen Potenzials der Instrumente (vgl. Polutta 2014, S. 152 ff.).

Zudem wirkt die Nutzung von Formalisierungen auf die Beziehung zwischen AdressatInnen und Fachkräften: Im Falle einer Nutzung fällt die Einschätzung der Kompetenz der Fachkräfte durch die AdressatInnen positiver aus. Damit verknüpft steigt jedoch auch die Dominanz der professionellen Fachkräfte, wohingegen die Beteiligung und Konfliktfähigkeit der NutzerInnen abnimmt. Entsprechend führen die EvaluatorInnen aus:

> In den quantitativen Analysen ist eine leichte Tendenz erkennbar, dass standardisierte Diagnostik auf das subjektive Beteiligungsempfinden von Kindern und Jugendlichen einen negativen Einfluss hat. (Albus et al. 2009a, S. 27)

> Die formalisierte Darstellung verschiedener Sichtweisen birgt also nicht nur die Gefahr ihrer unreflektierten Objektivierung, sie kann auch dazu beitragen, die un-

---

[230] Im Rahmen der Evaluation wurden etwa Gesprächsanalysen von Hilfeplangesprächen, ExpertInneninterviews in den Kommunen, quantitative Befragungen der Fachkräfte öffentlicher und freier Träger durchgeführt (vgl. Albus et al. 2010, S. 12 ff.; Polutta 2014).
[231] Die standardisierten Dokumentationsvorgaben werden von 90% der fallführenden Fachkräfte positiv beurteilt, die Standardisierung von Hilfezielen und Methoden der Zielfindung sehen 85% der befragten Fachkräfte positiv (vgl. Albus et al. 2009a, S. 29, 37).

terschiedliche Verteilung von Deutungs- und Entscheidungsmacht im Hilfeplangespräch zu verschleiern. (ebd., S. 31)

Ziele suggerieren Konsens und Realisierbarkeit, während sie möglichen Widerstand, Dissens oder Zweifel verdecken. (ebd., S. 37)

Die Befunde weisen also auf ein Professionalisierungsparadox hin, wonach eine Qualifizierung professioneller Arbeit die für die Dienstleistungserbringung zentrale AdressatInnenbeteiligung systematisch unterminiert (vgl. bereits: Badura/Gross 1976; Gartner/Riesman 1978). Schließlich zeigen die qualitativen Analysen von Hilfeplangesprächen, dass die genutzten Instrumente selbst dann, wenn sie in Hilfeplangesprächen nicht schematisch abgearbeitet werden, dennoch die Inhalte und Verläufe der Gespräche beeinflussen und die Redeanteile der professionellen Fachkräfte ausweiten (vgl. Albus et al. 2009a, S. 30).

Mit Blick auf Formalisierungsdynamiken ist vor allem der Befund interessant, dass standardisierte Formen der Falldokumentation von 96% der Befragten als Neuerung wahrgenommen werden. Standardisierte Zielfindungen in der Hilfeplanung sind dagegen nur für 70% der Befragten etwas Neues (vgl. Polutta 2014, S. 152 ff.). Die Befunde weisen also darauf hin, dass in vielen ASD – trotz diverser Handreichungen und der akademischen Debatten um eine (formalisierte) Diagnostik – Arbeitsinhalte und Arbeitsprozesse zumindest bis Mitte der 2000er-Jahre lediglich einer geringen Formalisierung unterworfen waren.

Im Kontext dieser Arbeit sind auch die Ergebnisse zu den lokal genutzten Evaluations- bzw. Controlling-Instrumenten, einem gemeinsamen Programmmerkmal des Modellprojektes, relevant. Auch diese zeigen „eine klare Tendenz zur Quantifizierung und Standardisierung" (Albus et al. 2009a, S. 40). Zu den unterschiedlichen Controlling-Instrumenten wird vor allem der hohe Aufwand für die Fachkräfte hervorgehoben. Zudem verweisen die EvaluatorInnen auf Risiken der Pathologisierung der AdressatInnen bei Instrumenten zur Evaluation der kindlichen Entwicklung sowie auf Messprobleme bei der Nachhaltigkeitsbeurteilung oder auf Objektivitätsprobleme bei Instrumenten zur Zufriedenheitsmessung. Vor allem die Evaluation der Zielerreichung wird als problematisch beschrieben. Hierzu haben 60% der Kommunen neue Instrumente im Rahmen des Modellprojekts implementiert, 28% dieser Instrumente arbeiten mit Quantifizierungen von Zielwerten (z. B. Schulnoten oder prozentuale Zielerreichungsquoten) (vgl. Albus et al. 2009a, S. 42 ff.). Das Bundesmodellprojekt bestätigt demnach ebenfalls, dass die „Magie der Zahlen wirkt" (Gadow et al. 2013, S. 17) und ein großes Vertrauen in die Nutzung von Daten aus Dokumentationssystemen zum Zwecke der Steuerung besteht (vgl. ebd.). Diese Einschätzung bestätigt auch die Studie von Bode und Turba (2014, S. 249), relativiert jedoch die Annahme eines ungebrochenen Vertrauens der Akteure vor Ort in entsprechende Systeme. Die Autoren stellen demgegenüber fest, dass

„vorgegebene Kennzahlen (...) z. T. als ‚absurd', ‚merkwürdig', frommer ‚Wunsch' oder ‚billige Kontrollmaßnahmen' gedeutet [werden], bei denen ‚fachlich sinnlose Dinge ausgerechnet' würden". Nach den Analysen aus dem Bundesmodellprogramm führt der Bedeutungsgewinn von Kennzahlen unter anderem zu einer einseitigen Fokussierung auf leicht messbare (meist kindbezogene) Ziele und werde der Komplexität des Hilfegeschehens nur bedingt gerecht. Nicht nur deshalb sehen die ForscherInnen die Gefahr, dass Formen der Wirkungsevaluation im ASD zum Selbstzweck werden (vgl. Albus et al. 2009a, S. 40 ff.):

> Eine Praxis des operativen Controllings, die aus dem Erreichungsgrad von Hilfeplanzielen die Wirksamkeit einer Hilfe ableitet, zwingt die Beteiligten dazu, den in sich widersprüchlichen, eigendynamischen Hilfeverlauf eindimensional und linear zu konstruieren und anhand von vorher festgelegten Erfolgskriterien zu bewerten. Die Komplexität des Hilfeprozesses, seine Eigendynamik, mögliche überraschende Wendungen und alles andere, was nicht messbar ist, haben in der Hilfeplanung dann keinen Platz und können auch nicht mehr pädagogisch fruchtbar gemacht werden, weil sie die Messbarkeit des Erfolges gefährden könnten. In der Folge droht eine Banalisierung der Hilfeplanung, weil die Ziele, die mit Blick auf die anschließende Überprüfung überhaupt bearbeitbar sind, nur noch wenig über den Hilfebedarf aussagen. (ebd., S. 52)

Kern des Bundesmodellprogramms – jedoch für diese Studie nur indirekt relevant – ist die Erfassung der Wirksamkeit der verschiedenen in den Modellregionen genutzten Strategien. Die Wirkung wurde mittels einer quantitativen Längsschnittanalyse im Kontrollgruppendesign erhoben. Hierzu wurden circa 250 Fälle von Kindern und Jugendlichen, Fachkräften und Eltern sowie Jugendamtsakten zu zwei Zeitpunkten zum Hilfeverlauf und zur Lebenssituation der AdressatInnen befragt, um Veränderungen im Zeitverlauf zu erfassen (vgl. Albus et al. 2010, S. 105 ff.). Dabei wurden Wirkungen auf den Ebenen der organisatorisch-institutionellen Strukturen, der Hilfeerbringung sowie bei den AdressatInnen erfasst, wobei der Evaluationsauftrag vor allem auf letztere fokussierte:

> Aus der Vielfalt der in der Erziehungshilfe diskutierten adressatenbezogenen Wirkungskriterien haben (...) [sich die EvaluatorInnen, A.M.] dazu entschieden, einen teilhabeorientierten Zielhorizont auf der Basis des Capabilities Approach als Ausgangspunkt für einen sozialpädagogischen Bewertungsmaßstab für die Wirkungen der Jugendhilfe auf Kinder und Jugendliche heranzuziehen. (ebd., S. 16)

Dabei wurde nicht ein a priori fixiertes „Capability Set" herangezogen, sondern ein solches Set wurde empirisch auf Basis qualitativer Interviews mit Kindern und Jugendlichen gebildet[232]. Dieses enthält die Dimensionen Optimismus/ Selbstwert/Selbstwirksamkeit, Soziale Beziehungen, Selbstbestimmungskompetenzen, Sicherheit und Obhut, materielle Ressourcen, normative Deutungsangebote und die Fähigkeiten zur Selbstsorge (vgl. ebd., S. 120 ff.). Bezogen auf diese Wirkdimensionen konnten positive Wirkungen einzelner der lokal entwickelten Elemente einer wirkungsorientierten Jugendhilfe empirisch bestätigt werden, darunter verbindliche Verfahrensregelungen, AdressatInnenbeteiligung (als zentralen Wirkmechanismus) und Qualitätsdialoge zwischen Jugendämtern und Leitungserbringern. Eine Wirksamkeit anderer Elemente, etwa eine Standardisierung der Zielerreichung oder eine leistungsbezogene Vergütung (Bonus-Malus-Verfahren), wurde dagegen widerlegt. Zudem wurden im Zuge der empirischen Analysen weitere Wirkfaktoren identifiziert.

Zusammenfassend beschreiben die EvaluatorInnen nachfolgende empirisch belegte Wirkungsfaktoren auf den Analyseebenen der institutionellen Rahmenbedingungen, der professionellen Interaktionskompetenzen und Orientierungen. Hierzu zählen unter anderem die Handlungsautonomie und Mitbestimmung der Fachkräfte, die Qualität des Teamklimas, verbindliche Verfahren und Rahmenbedingungen für die Hilfeplanung, ausgewogene Aufgaben- und Ressourcenstrukturen, eine beteiligungsfördernde Gestaltung von Hilfeplangesprächen, Partizipationsrechte der Kinder und Jugendlichen im pädagogischen Alltag, die Qualität der Arbeitsbeziehung sowie eine fachlich-reflexive Ziel- und Handlungskonzeptionen der professionellen Fachkräfte (vgl. Albus et al. 2009, S. 55 ff.; Albus et al. 2010, S. 154 ff.). Die Studie kommt demnach – ebenso wie die In Kapitel 3 referierten (internationalen) Befunde – zu dem Schluss, dass gerade „klassisch-professionsorientierte" Elemente wie Reflexivität, Beziehungsorientierung, Autonomie und Beteiligung etc. positive Wirkungen entfalten – und eben gerade nicht methodische Modernisierungen, insbesondere formalisierte Instrumente und Verfahren. Auch Strategien der Integration fachlicher und ökonomischer Elemente – wie sie Krone et al. (2009) propagieren – stellten sich unter den beschriebenen Evaluationsbedingungen als wenig geeignet heraus. So halten die EvaluatorInnen fest, „dass die Realisierung der einzelnen Aufgaben (Steigerung der Wirksamkeit der Maßnahme, Controlling

---

232 Im Capability Approach, der vor allem durch den Ökonomen Sen und die Philosophin Nussbaum geprägt ist, werden Befähigungs- und Verwirklichungschancen (Capabilities) als Voraussetzungen für ein selbstbestimmtes und gutes Leben bestimmt. Der liberale Ansatz zielt also nicht auf eine Messung der konkreten Umsetzung paternalistisch gesetzter Elemente des well-being, sondern auf Chancen in unterschiedlichen Lebensbereichen (Capabilities), die als Voraussetzung zur Realisierung eigener Lebenspläne (functions) gesehen werden (vgl. Albus et al. 2010, S. 118 ff.; Bonvin 2009; Otto et al. 2010).

und AdressatInnenbeteiligung) gerade dann behindert wird, wenn sie miteinander verknüpft werden" (Albus et al. 2009a, S. 52).

8.9 Befunde zu fachlichen Formalisierungen im Kinderschutz

Auch zum Bereich des Kinderschutzes liegen zahlreiche Evaluationsstudien konkreter Instrumente vor. An dieser Stelle kann abermals auf das EST!-Projekt verwiesen werden, da die Bögen der 2009er-Version auch als Instrument zur Gefährdungsabschätzung im Kinderschutz dienen sollen (vgl. BLJA 2009). Ein weiteres bereits erwähntes Beispiel stellt die Evaluation des Stuttgarter Kinderschutzbogens durch das DJI dar (Strobel et al. 2008). Auch wenn im Rahmen von Evaluationsstudien Befunde zur Implementierung und Nutzung der evaluierten Instrumente und Verfahren generiert wurden, wird auf deren Vorstellung aufgrund des besonderen Charakters von Evaluationsstudien verzichtet. Dies kann damit begründet werden, dass für den Bereich des Kinderschutzes im ASD auch zahlreiche unabhängige Studien vorliegen.

Das Feld des organisierten Kinderschutzes: Für das Feld des Kinderschutzes ist bezeichnend, dass viele dieser Studien entweder standardisierte Instrumente und Verfahren zum Gegenstand haben oder aber Formalisierungen eine wichtige Rolle zukommt. Dies gilt sowohl für Studien zu den ASD als auch für Studien, die den Kinderschutz insgesamt zum Gegenstand haben. Der letztgenannten Gruppe zuzuordnen ist die im Rahmen des DFG-Projektes „Sozialsystem, Kindeswohlgefährdung und Prozesse professioneller Interventionen" (SKIPPI)[233] entstandene umfassende Beschreibung und Analyse der lokalen Strukturen des Kinderschutzes in ihren gesellschaftlichen und kulturellen Einbettungen von Bode und Turba (2014). Im Rahmen der Studie wurden in fünf Kommunen 81 qualitative Interviews mit Akteuren unterschiedlicher Sektoren

---

233 In dem zwischen 2010 und 2013 durch Teams an den Universitäten Kassel und Wuppertal durchgeführten SKIPPI-Projekt wurden sozialpolitische Institutionenanalysen mit Organisations- und Professionsbeobachtungen sowie einzelfallbezogenen Fallrekonstruktionen verknüpft. Aufgrund einer engen Fokussierung auf professionelle Wahrnehmungs- und Deutungsmuster sind die Befunde des Wuppertaler Teilprojekts – abgesehen von interaktionistischen Nebenanalysen zu Formalisierungen (Alberth/Eisenraut 2012) – für diese Arbeit weniger relevant. Die empirischen Befunde werden – nicht immer nachvollziehbar – von den Mitarbeitenden der Wuppertaler Projektes so interpretiert, dass letztlich die Soziale Arbeit für Probleme im interdisziplinär und kooperativ angelegten Feld des Kinderschutzes verantwortlich zu machen ist (vgl. z. B. Alberth et al. 2014; Alberth/Bühler-Niederberger 2015). Entsprechend wird auch die Skepsis von Fachkräften der Kinder- und Jugendhilfe gegenüber einer Nutzung standardisierter Instrumente zur Risikoeinschätzung als „Desinteresse" an Gewalt an Kindern codiert (vgl. Bühler-Niederberger et al. 2014).

– vor allem der Jugendhilfe, der Medizin und der Frühen Hilfen – geführt sowie Fallbesprechungen und Dokumente ausgewertet. Die Studie liefert eine differenzierte Beschreibung und Verknüpfung von Rationalitäten und Regulierungen des Kinderschutzes auf unterschiedlichen Ebenen. Daher werden wesentliche Ergebnisse dieser Studie – quasi als erweiterter Rahmen – auch jenseits von Erkenntnissen zu formalisierten Instrumenten und Verfahren knapp vorgestellt. Hieran schließt sich eine Darstellung von Befunden weiterer Studien zur Verbreitung, Ausgestaltung und organisatorischen Einbettung sowie zur Nutzung fachlicher Formalisierungen im Kinderschutz an.

Die Strukturanalyse von Bode und Turba (2014) hat zum Ziel, Systemzustände des Kinderschutzes in Deutschland mehrdimensional zu erfassen. Hierzu werden relevante Sinnstrukturen (kulturell-gesellschaftliche Erwartungs- und Orientierungsmuster), institutionelle Regulierungen (überorganisationale/sektorale Logiken), organisationale Kodierungen (Regeln und Handlungsmuster in Organisationen) sowie Strukturdynamiken (Veränderungen im Verhältnis institutioneller und organisationaler Logiken) rekonstruiert und aufeinander bezogen. Dabei ist die Annahme leitend, dass Gestalt und Entwicklungen im Kinderschutz das Resultat von unterschiedlichen, oft inkompatiblen Antriebskräften sind. Strukturen und Dynamiken des Feldes werden als Effekte gesamtgesellschaftlicher Strukturen und Trends angesehen – z. B. kultureller Moden, gesellschaftlicher Machtverhältnisse etc. Auch Bode und Turba schließen dabei an die Idee einer doppelten – technologischen und normativen – Rationalisierung an. Diese konkretisiere sich in einer „neuen Wohlfahrtsstaatlichkeit" (ebd., S. 33), die als widersprüchliche Einheit einer Fokussierung auf die Rechte und Würde des Individuums einerseits und einer „humankapitalfokussierten Aktivierungsstrategie" andererseits beschrieben wird. Diese werden begleitet von weitergehenden Kontroll-, Ökonomisierungs- und Technisierungsprozessen (vgl. auch Bode 2012)[234]. Diese Impulse konkretisieren sich in unterschiedlichen, den aktuellen Wohlfahrtsstaat konstituierenden, institutionellen Logiken:

---

[234] Bode (2012) warnt jedoch an anderer Stelle vor der simplifizierenden Annahme, bei den Entwicklungen im Kinderschutz handle es sich um gegenstandbezogene Konkretisierungen übergreifender Rationalitäten. Vielmehr wirkten übergreifende Trends, die über eine Vielzahl von kulturellen und strukturellen Verschiebungen vermittelt werden, die aber wenig mit der Sache des Kinderschutzes zu tun haben. Entsprechend führt er aus, dass die „Quellen des institutionellen und (dann auch) organisationalen Wandels mit dem eigentlichen Gegenstand des Organisationsfeldes (Kinderschutz) und seinen Entwicklungen oft nur wenig zu tun haben. Politisch-ökonomische, aber auch kulturelle und sozialstrukturelle Veränderungen im „Hinterhof" des Organisationsfeldes erklären den beobachtbaren Wandel besser als das, was viele Politiker und Praktiker ins Feld führen: nämlich (vermeintliche) Fehlentwicklungen im Organisationsfeld selbst" (ebd., S. 169).

- Logik der Verrechtlichung
- Logik der Wohlfahrtsbürokratie
- Logik der betriebswirtschaftlichen Effizienz
- Logik der Sozialen Bewegung
- Logik der Fachlichkeit (Professionalität).

Diese allgemeinen Logiken erfahren für unterschiedliche Akteursgruppen spezifische Konkretisierungen („Doktrin"), die ihrerseits immer interpretationsbedürftig bleiben.

Für die sozialpädagogischen Fachkräfte im Jugendamt, das die Autoren als „Herr des Verfahrens" (ebd., S. 52) in einem arbeitsteiligen Interventionszusammenhang beschreiben, identifizieren Bode und Turba über einen abduktiven Zugang eine Dienstleistungsdoktrin (als Nutzerorientierung und Ökonomisierung) und eine Doktrin konsequenten Intervenierens als relevante Rationalitäten (vgl. ebd., S. 63 ff.). Diese Doktrin bilden den Rahmen innerhalb dessen mit anderen Akteuren im Kinderschutz agiert wird und auf deren Basis Routinen und Regulierungen entwickelt werden. Als übergreifende Trends innerhalb des Kinderschutzes rekonstruieren Bode und Turba (2014, S. 142) schließlich eine dreifache Verschiebung hin zu

- mehr Marktlogik
- mehr Kontrolle
- Kooperation als Verpflichtung.

Auf der Handlungsebene manifestiert sich die skizzierte mehrstufige, komplexe und widersprüchliche institutionelle Ordnung in konkreten Paradoxien. Bode und Turba beschreiben detailreich die nachfolgenden widersprüchlichen Grundanforderungen an Akteure im Kinderschutz, denen die Akteure mit spezifischen Deutungs- und Handlungsstrategien begegnen (vgl. ebd., S. 23 6 ff.)[235]:

---

[235] Als übergeordnete „Muster des ‚Coping' " der Fachkräfte im Umgang mit den Ambivalenzen des Feldes rekonstruieren Bode und Turba (2014, S. 358) 1) das „lavierende, taktische, diplomatische, verhandelnde Operieren im Modus des ‚Durchwurstelns' " als ein situatives und spontanes Handeln; 2) das „bewusste oder unbewusste Rekurrieren auf eine instrumentelle Rationalität", d. h. eine Akzeptanz und Unterwerfung unter die dominierende Logik sowie 3) das „psychologische ‚Wegrationalisieren' von Widersprüchen", also die Verminderung kognitiver Dissonanzen durch Uminterpretation – indem ein aus fiskalpolitischen Gründen erzwungenes Ausweichen auf „kostengünstige" ambulante Hilfen als fachlich sinnvoll, da lebensweltnäher, begründet wird.

- „Flexibel und verlässlich": Einerseits steigen die Erwartungen an einen verlässlichen Schutz von Kindern, andererseits sehen sich die Akteure zunehmend mit begrenzten Ressourcen konfrontiert.
- „Passgenau und nach Patentrezept": Einerseits ist ein stetiger Anstieg von Regulierungen, Vorgaben und Kontrollen zu verzeichnen, andererseits verlangen die Spezifika der Dienstleistungsarbeit und knappen Ressourcen ständig individuelle Abweichungen und Anpassungen der Vorgaben, die wiederum zahlreiche Risiken bergen.
- „Gemeinsam und einsam": Einerseits bestehen hohe Erwartungen an Kooperation und Vernetzung, andererseits treffen in Kooperationen konkurrierende Logiken, Professionen und Organisationen aufeinander, was permanent Widersprüche produziert.

Da diese Elemente auch wechselseitig in Konflikt stehen, kommen die Autoren zu dem Schluss, dass eine stabile Ordnung des Kinderschutzsystems in Deutschland nicht möglich ist – denn

> Sicherheit (im Kinderschutz) hat ihren Preis, interaktive Vernetzung verträgt sich schlecht mit permanenter Kostenkalkulation, und der Drang zu nachweisbar kosteneffizienten Operationen schafft potenziell mehr Unsicherheit bezüglich des Outcomes von Interventionen. (ebd., S. 162)

Vielmehr verlangten die Komplexität und die strukturellen Widersprüche ein jeweils situatives Ausbalancieren, das idiosynkratrische Praxen im Kinderschutz nach sich zieht.

Als einen unter mehreren Trends im Kinderschutz identifizieren Bode und Turba Formalisierungen, gerade in den Jugendämtern. Sie konstatieren eine „generelle Ausweitung von Aufsichtsprozessen einhergehend mit einer verstärkten Formalisierung von Verfahrensweisen, die dem (vielfach schon obsolet geglaubten) ‚Eingriffscharakter' der Steuerungsinstrumente wieder mehr Geltung verschafft" (ebd., S. 142). So neigen „moderne Gesellschaften von jeher dazu, soziale Beziehungen regelbasiert zu steuern und in numerische Transaktionen zu übersetzen" (Bode 2012, S. 176).

Formen der Formalisierung: Neben der Ausweitung managerieller Steuerungsimperative werden Formalisierungen im Kinderschutz auch – funktionalistisch – als Effekt bzw. Strategie zur Optimierung von Schnittstellen aufgrund des interdisziplinären und intersektoralen Charakters des Feldes beschrieben. So definieren Alberth und Eisentraut (2012) aus interaktionistischer Perspektive Standardisierungen als

Bemühen (...), durch die Kodifizierung bzw. Vereinheitlichung von Handlungsabläufen und professionellem Wissen Kontingenzen, Heterogenitäten und Komplexitäten von Interventionsprozessen und deren Rahmenbedingungen zu minimieren. (ebd., S. 428)

Sie differenzieren zwischen den Ebenen der gesetzlich-institutionellen Normierungen, der intraorganisationalen Regulierungen und der Bedingungen der interorganisationalen Zusammenarbeit und fragen danach, „welche Standardisierungsprozesse bei unterschiedlichen Akteuren der Kinder- und Jugendhilfe (...) zu beobachten sind und welche Bedeutung diese aus der Sicht der Beteiligten für professionelle Interventionen haben" (ebd., S. 428). Aufseiten der Jugendämter identifizieren Alberth und Eisentraut die Gefährdungseinschätzung nach § 8a SGB VIII auf der rechtlichen Ebene sowie eine Zunahme von Formularen auf der intraorganisationalen Ebene als relevante Standardisierungsprozesse. Im ersten Fall werde der Handlungsablauf nach Erhalt der Meldung (Standardisierungsobjekt) durch juristische Kodifizierung und eine Explikation fachlicher Standards formalisiert (Standardisierungsmodi) mit dem Effekt einer Anerkennung bewährter Praxen und mit zusätzlichem Dokumentationsaufwand (Standardisierungseffekt). Die Zunahme von Formularen beschreiben sie als Veränderung der organisationalen Rahmenbedingungen professioneller Interventionen (Objekt) durch einen Ausbau managerieller und bürokratischer Steuerungs- und Kontrollelemente (Modi) mit dem Effekt einer Veränderung des Interaktionsgefüges zwischen Fachkräften und AdressatInnen, indem der Anteil von Verwaltungsaufgaben auf Kosten direkter AdressatInneninteraktionen zunimmt und die Soziale Arbeit zum „Hilfeverwalter" bzw. Fallmanager wird (ebd., S. 437 f.).

Des Weiteren werden Formalisierungen als zunehmende Sozialtechnologisierung des Kinderschutzes interpretiert. Auch diese wird in Zusammenhang mit dem interdisziplinären Charakter des Kinderschutzes gestellt, da sie als Resultat und Zeichen des Einflusses der naturwissenschaftlich-technologischen Logik von Medizin und Psychologie interpretiert werden (vgl. Bastian 2016). An diesen „Leitprofessionen" orientiert, wird vonseiten unterschiedlicher Professionen und Berufsgruppen angestrebt, Kinderschutzprozesse mittels standardisierter Instrumente zu qualifizieren (vgl. z. B. Kindler 2010; Deegener 2014). Es werden demnach unterschiedliche Erklärungen – die sich letztlich alle auf die Dominanz einer instrumentellen Rationalität zurückführen lassen – für eine Ausweitung von Formalisierungen im Feld des Kinderschutzes angeführt.

Bedeutung fachlicher Formalisierungen: Wie stark der Bedeutungsgewinn von formalisierten Instrumenten und Verfahren in der Kinderschutzarbeit der ASD – zumindest auf der Ebene der Formalstruktur – ist, zeigen verschiedene Studien. Eine zum Jahreswechsel 2008/2009 vom Deutschen Institut für Urbanistik (DIfU) im Auftrag des Nationalen Zentrums Frühe Hilfen (NZFH) durchgeführte Vollerhebung der Jugend- und Gesundheitsämter hatte (noch) zum Ergebnis, dass im Bereich der Frühen Hilfen 47% der Jugendämter Screeninginstrumente zur Einschätzung von Belastungs- und Risikofaktoren nutzen. Weitere 21% der Ämter gaben an, solche Instrumente implementieren zu wollen. Damit lag der Anteil bei den Jugendämtern höher als bei den Gesundheitsämtern (36%/18%) (vgl. Sann 2009, S. 20)[236].

In einer quantitativen Befragung aller Jugendämter in NRW durch das Institut für Sozialforschung und Gesellschaftspolitik GmbH (ISG) im Jahr 2008, gaben 98% der befragten Ämter an, über festgelegte Verfahren zum Vorgehen nach Erhalt einer Gefährdungsmeldung zu verfügen. Lediglich kleine kreisangehörige Kommunen und Landkreise verfügen entsprechend der Studie nicht über solche Verfahren (vgl. MGFFI 2010, S. 102). Weiter wurden die Jugendämter danach gefragt, ob sie eine „einheitliche Indikatoren-Liste zur Feststellung von Kindeswohlgefährdung" nutzen. Von den teilnehmenden Jugendämtern, nutzen 81% (n=99) solche Listen. Hiervon geben 53% der Dienste an, dass die Instrumente nur innerhalb des Jugendamtes zum Einsatz kommen, bei 19% der Dienste werden die Instrumente gemeinsam mit freien Trägern der Jugendhilfe und bei 21% zusammen mit weiteren Institutionen genutzt. Gemäß der Studie verwenden Landkreise die Listen in der Regel lediglich im Jugendamt, währen vor allem kreisfreie Städte die Instrumente zusammen mit anderen Trägern innerhalb und außerhalb der Jugendhilfe nutzen (vgl. ebd., S. 117). Von den durch Kathöfer et al. (2012) befragten Leitungsakteuren nordrheinwestfälischer Jugendämter gaben 88% an, über Kriterienkataloge zur Selektion und Einschätzung von Gefährdungsmeldungen im Kinderschutz zu verfügen. Köckeritz und Dern (2012) haben im Auftrag des Kommunalverbandes Jugend und Soziales Baden-Württemberg (KVJS) schriftliche Handlungsstandards zur Gefährdungseinschätzung der Jugendämter des Landes analysiert[237]. Hiernach fordern alle Handlungsstandards eine schriftliche Dokumentation der Gefährdungseinschätzung, in 86% der Ämter ist die Nutzung eines vorgegebenen Dokumentationsbogens zur Erfassung einer Gefährdungsmeldung vorgesehen. In 79% der Ämter wird eine Bearbeitungsfrist – in der Regel unverzüglich – für Meldungen definiert, 61% der Ämter regeln es zudem, wann eine Meldung weiterzugeben ist. Des Weiteren sehen 89% der Standards eine kollegiale Fall-

---

236 An der Studie nahmen 365 Jugendämter teil, was einer Rücklaufquote von 62% entspricht (vgl. Sann 2009, S. 12).
237 Die Analyse der „Handlungsstandards der Jugendämter für den Umgang mit Gefährdungsmeldungen" ist Teil einer breit angelegten Studie im Auftrag des KVJS-Landesjugendamtes. In diesem Rahmen wurden auch 28 Handlungsstandards aus Jugendämtern des Landes auf der Basis eines vorab entwickelten Beurteilungsrasters analysiert und bewertet. 19 der Standards enthalten formalisierte Einschätzungsinstrumente (vgl. Köckeritz/Dern 2012, S. 65 ff.).

einschätzung (Vier-Augen-Prinzip) vor, 43% der Ämter regeln zudem den TeilnehmerInnenkreis für diese Einschätzung. Das Ergebnis des Einschätzungsprozesses ist in allen befragten Ämtern schriftlich zu dokumentieren. Drei Viertel der Standards enthalten zudem Hinweise zur Durchführung eines Hausbesuchs (vgl. ebd., S. 72 ff.). Die meisten der von Köckeritz und Dern identifizierten Prozessvorgaben zum Kinderschutz, jedoch keine Hinweise zu formalisierten Instrumenten, finden sich auch in einer durch das Institut für Sozialpädagogische Forschung Mainz (ism) im Auftrag der Landesregierung durchgeführte Erhebung zu Kinderschutzpraxen in den Jugendämtern in Rheinland-Pfalz (vgl. Artz et al. 2014)[238].

Bundesweite Befunde zur Nutzung fachlicher Formalisierungen im Kinderschutz wurden schließlich im Rahmen der Evaluation des Bundeskinderschutzgesetztes (BKiSchG) generiert[239]. Eine Jugendamtsbefragung im Mai 2014 durch die TU Berlin zeigte, dass praktisch alle teilnehmenden Jugendämter (99,5%) über einen verbindlichen Ablauf für das Vorgehen der Gefährdungsabschätzung verfügen. In 86% der Ämter ist dieser Ablauf über eine interne Dienstanweisung reguliert. Darüber hinaus verfügen 98% der Ämter über standardisierte, in 99% der Ämter verpflichtend zu nutzende Dokumentationsverfahren im Kinderschutz. Neben verbindlichen Verfahren und standardisierten Instrumenten zählen kollegiale Entscheidungsprozesse zu den zentralen fachlichen und auch rechtlichen Standards der Gefährdungseinschätzung. Zudem sind Zeitvorgaben ein verbreitetes Element der Formalisierung von Prozessen im

---

238 Der Studie zum Kinderschutz in Rheinland-Pfalz lagen 4.836 Fälle des Jahres 2013 zugrunde. In 68% der Fälle wurde eine strukturierte kollegiale Fallberatung durchgeführt, in 64% fand eine Besprechung mit einer weiteren Fachkraft (Vier-Augen-Prinzip) statt. Ein Hausbesuch wurde in 52% der Fälle durchgeführt, in 27% der Fälle wurde die Familie zu einem Gespräch ins Jugendamt eingeladen. Eine Hilfe wurde in 18% der Fälle eingeleitet, in 17% fanden weitere Gespräche mit der Familie und in 16% weitere Kontrollbesuche statt (vgl. Artz et al. 2014, S. 41).

239 Das Projekt „Wirkungen des Bundeskinderschutzgesetzes – Wissenschaftliche Grundlagen" wurde vom Deutschen Jugendinstitut (DJI) in Kooperation mit dem Forschungsverbund der TU Dortmund/DJI und der FU Berlin durchgeführt. Am DJI wurden einerseits Befunde aus diversen Befragungen des Projektes JHSW zu verschiedenen Feldern der Kinder- und Jugendhilfe (vgl. Pluto et al. 2016) sowie Teilstudien zu den Feldern Schule, Gesundheitswesen, Behindertenhilfe, Rechtliche Betreuung und den Landesjugendämtern durchgeführt (vgl. BMFSFJ 2016). Der Schwerpunkt der Teilstudie der TU Berlin lag auf dem „Hausbesuch", der nach langwierigen Kontroversen mit dem BKiSchG als regelhaftes Element der Gefährdungsabschätzung (sofern er fachlich erforderlich ist) in § 8a SGB VIII normiert wurde. Das Projekt „Hausbesuche im Kontext des Schutzauftrags bei Kindeswohlgefährdung" (HaBeK) umfasst neben einer standardisierten Befragung der Jugendämter, mit einer Beteiligung von 68% der Ämter, auch eine Analyse von 133 Dienstanweisungen mit Regelungen zu Hausbesuchen aus 110 Jugendämtern, Aktenanalysen (67 Akten aus 7 Jugendämtern) sowie 20 qualitative Interviews mit ASD-Fachkräften zu Fallroutinen im Kinderschutz (vgl. Albrecht et al. 2016).

Kinderschutz (vgl. Albrecht et al. 2016, S. 111 ff.)[240]. Die verpflichtenden Dokumentationsverfahren im Kinderschutz wurden überwiegend ab Inkrafttreten des § 8a SGB VIII im Jahr 2005 eingeführt. So hatten 2004 nur 6% der Ämter ein verbindliches Dokumentationsverfahren, im Jahr 2008 waren es dagegen schon 51% und 2014, wie erwähnt, 99% (vgl. Albrecht et al. 2016, S. 111 f.). Die Studie verweist auf eine rasche Diffusion von Formalisierungen, besonders zur Dokumentation, und die Bedeutung von rechtlichen Neuerungen für deren Etablierung in den Diensten.

Auch die Jugendamtsbefragung des DJI aus dem Jahr 2009 bestätigt eine deutliche Zunahme von Formalisierungen infolge der Regelungen zu § 8a SGB VIII[241]: So berichten 74% der Jugendämter von einem Anstieg des Dokumentationsaufwands, 72% vom Einsatz spezieller Instrumente zur Risikoeinschätzung und 44% von mehr Verwaltungstätigkeiten. Interessanterweise wurden in den Jugendämtern jedoch – anders als bei Leistungserbringern und Jugendverbänden – keine (neuen) Handreichungen zum Kinderschutz erstellt (Pluto et al. 2012, S. 21 ff.)[242]. Die Befunde der aktuellen Jugendamtsbefragung aus dem Jahr 2014 zeigen, dass bedingt durch die Einführung des Bundeskinderschutzgesetztes (BKiSchG) im Jahr 2012 in 37% der teilnehmenden Ämter

---

240 Von den ihm Rahmen des HaBeK-Projekts standardisiert befragten Jugendämtern (s. vorherige Fußnote) gaben 83% der Ämter an, dass schon die erste Einschätzung eingehender Meldungen in der Regel durch mindestens zwei Fachkräfte erfolgt. Zudem wird den Leitungskräften eine wichtige Rolle zugemessen, diese sind in 53% an den Entscheidungen beteiligt, in 43% werden sie zumindest über die Entscheidungen informiert. Schließlich gilt auch der Hausbesuch, nicht erst seit entsprechenden Diskussionen um das BKiSchG, als fachlicher Standard im Kinderschutz. Auch er ist in 79% der befragten Jugendämter über eine Dienstanweisung reguliert, wobei dieser in 44% der befragten Ämter immer auszuführen sei. Die Dokumentenanalyse zu Dienstanweisungen im Rahmen des HaBeK-Projektes bestätigt zwar die Bedeutung von Hausbesuchen, zeigt jedoch, dass unflexible Vorgaben („immer") eine Ausnahme bilden, ebenso wie strikte Zeitvorgaben für die Durchführung von Hausbesuchen (vgl. Albrecht et al. 2016). Auch bei einer Befragung von ASD-Leitungskräften in NRW gaben 77% der Befragten an, dass auf Meldungen innerhalb von 24 Stunden reagiert werde, 21% gaben an, eine Reaktion erfolge innerhalb von ein bis zwei Arbeitstagen (Kathöfer et al. 2012).
241 Bei der Befragung handelt es sich um eine regelmäßige postalische Stichprobenbefragung des Projekts Jugendhilfe und sozialer Wandel am DJI. Im Jahr 2009 haben sich 163 Jugendämter an der Erhebung beteiligt, was einer Rücklaufquote von 50% entspricht (vgl. Gadow et al. 2013, S. 339).
242 Neben der Zunahme fachlicher Formalisierungen geben 78% der Ämter eine Zunahme von Gefährdungsfällen, 53% eine Neuregelung von Verantwortlichkeiten und 50% eine Zunahme von Aufgaben der ASD-Fachkräfte an. Neben den Jugendämtern berichten auch 30% der im Rahmen des JHSW-Projektes befragten Kitas, 15% der Jugendverbände und 35% der Leistungserbringer von Erziehungshilfen von einer Zunahme des Dokumentationsaufwands. Zudem haben fast die Hälfte der Träger von Hilfen zur Erziehung Instrumente zur Risikoeinschätzung (45%) und Handreichungen zum Umgang mit Kindeswohlgefährdungen (47%) entwickelt (vgl. Pluto et al. 2012).

Veränderungen beim Einsatz spezieller Instrumente zur Risikoeinschätzung und zudem in 22% Umstrukturierungen erfolgten. Zudem geben abermals 74% der Ämter an, dass sich der Dokumentationsaufwand ab 2012 erhöht hat (vgl. Pluto et al. 2016, S. 37 f.)[243].

Ausgestaltung von Instrumenten: Die vorliegenden Befunde weisen auf eine flächendeckende Verbreitung formalisierter Instrumente und verbindlicher Verfahrensstandards im Bereich der Kinderschutzarbeit der ASD hin. Dabei konstatieren Metzner und Pawlis (2011, S. 255), dass die Instrumente „qualitativ und quantitativ in großer Variation umgesetzt" werden, also sehr unterschiedlich gestaltet sind. Für Diagnose- und Dokumentationstools in der Hilfeplanung werden im Bundesmodellprojekt WOJH (vgl. Abschnitt 8.8) drei Standardisierungsgrade unterschieden:

1. Verbindliche schriftliche, aber in der Form individuell gestaltete Texte,
2. Formularvorlagen mit der Vorgabe von Inhaltsbereichen sowie
3. EDV-gestützte Verfahren, die entweder die Bearbeitung einzelner Punkte erzwingen, den Umfang der Beschreibung/Zeichenzahl begrenzen oder quantifizierende Bewertungsskalen vorsehen (vgl. Albus et al. 2009a, S. 29).

In der GIS-Studie zum Kinderschutz in NRW wird zwischen

1. freien Beschreibungen,
2. Ampel- und Skalensystem sowie
3. dichotomen Beschreibungen, in denen das Vorliegen eines Merkmals bejaht oder verneint wird,

differenziert. Von den im Rahmen des NRW-Projektes analysierten Instrumenten basierte die Gesamteischätzung in 13% auf Ampel- bzw. Skalensystemen[244]. Auch im Rahmen der KVJS-Studie wurden in den Jugendämtern genutzte Instrumente analysiert, wobei die Ergebnisdarstellung nicht sehr differenziert erfolgt. So sehen zur Einschätzung der Lebensbedingungen alle 19

---

243 Auch im Jahr 2014 berichten die Jugendämter nochmals über eine deutliche Steigerung der Zahl der Gefährdungsfälle um 66% und eine Zunahme von Krisenintervention nach § 42 SGB VIII um 44% seit 2012 (vgl. Pluto et al. 2016, S. 38). Zudem bestätigen auch die aktuellen Studien aus den Jahren 2014 und 2015 nochmal eine Zunahme des Dokumentationsaufwands bei 47% der HzE-Träger, 18% der Jugendringe und 37% der Kitas. Schließlich berichten die befragten Träger stationärer Erziehungshilfen zu 48% von Veränderungen bei Instrumenten der Risikoeinschätzung und 41% bei der Entwicklung von Handreichungen zum Kinderschutz (vgl. ebd.).
244 Im Rahmen der Studie wurden insgesamt 96, von den Jugendämtern in NRW zur Verfügung gestellte, standardisierte Instrumente analysiert (vgl. MGFFI 2010).

Instrumente „globale Stichworte zur freien Beschreibung der Grundversorgung oder eine entsprechende Schätzskala, auch mit anregenden Stichworten ohne Altersbezug" vor (Köckeritz/Dern 2012, S. 78). In 7 der Bögen werden zudem Operationalisierungen vorgenommen, 12 erwähnen empirisch fundierte Prognosekriterien (vgl. ebd.). Die Studie gibt einen Hinweis darauf, dass in den Instrumenten mitunter unterschiedliche Standardisierungsgrade verknüpft sein können. Eine Gesamteinschätzung wird in 86% der Standards (nicht der Instrumente) gefordert, in 11% soll diese dichotom erfolgen (Gefährdung liegt vor/liegt nicht vor), in 75% erfolgt eine weitere Differenzierung in akute und in latente Gefährdung sowie in einen Erziehungsbedarf ohne Gefährdung (vgl. ebd., S. 82).

Eine umfangreiche Analyse und Differenzierung von formalisierten Instrumenten im Kinderschutz haben Metzner und Pawlis (2011) vorgelegt. Von den insgesamt 138 bei Jugend- und Gesundheitsämtern genutzten Instrumenten waren 83% halb-strukturiert, was in diesem Fall bedeutet, dass Stichworte bzw. Inhaltsbereiche vorgegeben waren, 17% waren strukturiert, d. h. es wurden Aussagen oder Fragen vorgegeben, denen beispielsweise durch Ankreuzen zugestimmt werden kann. Ein weiteres Differenzierungskriterium ist die Länge der Instrumente. Unter den untersuchten Instrumenten hatte etwa die Hälfte weniger als 50 Fragen, allerdings existierten auch Instrumente mit über 350 Fragen. Der Umfang der Instrumente ist nicht unwesentlich von deren Typ abhängig: Nach Metzner und Pawlis handelte es sich in 55% der Instrumente um Dokumentationsbögen, 32% waren ausführliche Diagnoseinstrumente sowie 9% Kurzscreening. Auch in der GIS-Studie für NRW wird auf eine große Heterogenität in der Ausführlichkeit verwiesen. So existierten neben Instrumenten mit bis zu 20 zu erfassenden Bereichen, die weiter – teilweise altersspezifisch – in bis zu 50 Indikatoren je Teilbereich ausdifferenziert werden, auch Instrumente mit 7 Indikatoren ohne weitere Untergliederung. Entsprechend konstatieren die AutorInnen eine „erhebliche Spreizung" hinsichtlich der Anzahl der Indikatoren, deren Sortierung sowie der „Erläuterungsdichte" (MGFFI 2010, S. 101; vgl. auch Köckeritz/Dern 2012).

In der Studie von Metzner und Pawlis (2011) wurde ein Auswertungsschema bei 9% der Instrumente vorgegeben, bei 16% der Instrumente war keine Auswertung vorgesehen (reine Dokumentationsinstrumente). Bei zwei Dritteln der Instrumente sollte die Auswertung durch die Fachkräfte bzw. in Gremien erfolgen. Dennoch geben 62% der Instrumente weitere Maßnahmen vor und in 70% der Fälle erfolgt die Zuweisung zu einer Risikokategorie. Erläuterungen zur Nutzung wurden für etwa die Hälfte der Instrumente entwickelt (vgl. ebd.). Schließlich zeigten sich große Unterschiede in der inhaltlichen Ausrichtung der Instrumente, also den fokussierten Aspekten. Ein Schwerpunkt der Instrumente liegt in einer detaillierten Dokumentation des Vorgangs der Gefährdungsmeldung und -einschätzung. Bei Fragen zur Gefährdungseinschätzung steht die

Kernfamilie im Mittelpunkt. Hier beziehen sich die meisten Items auf die Mutter, das Kind sowie die Beziehung zwischen diesen. Insgesamt werden sowohl empirisch bestätigte als auch plausibel erscheinende Prädiktoren genutzt[245]. Zudem sind Fragen nach der Kooperationsbereitschaft sowie Coping-Strategien der Eltern – obgleich empirisch nicht bestätigt – Element von einem Viertel der Instrumente[246]. Der Fokus liegt zusammenfassend vor allem auf sozialen, verhaltensbezogenen, demografischen und sozioökonomischen Faktoren. Kognitive Risikofaktoren sowie Ressourcen/Schutzfaktoren werden dagegen selten erhoben (vgl. ebd.; vgl. auch Köckeritz/Dern 2012, S. 77 ff.; MGFFI 2010, S. 101).

Im Kontext der Studien zur Ausgestaltung und organisationalen Verankerung wurde teilweise auch der diffusions- und institutionalisierungstheoretisch interessanten Frage nach der Herkunft der Instrumente nachgegangen (vgl. Abschnitt 4.3.2 f.). So verweisen Metzner und Pawlis (2011, S. 258) darauf, dass 57% der Instrumente unter Beteiligung von „Wissenschaft" entwickelt wurden. Die AutorInnen der GIS-Studie arbeiten heraus, dass die in den Jugendämtern NRWs genutzten Instrumente häufig auf „grundlegenden Arbeiten" basieren, etwa einer Arbeitshilfe des ISA, einer Dienstanweisung aus Hamburg oder einer Publikation der Fachstelle Kinderschutz des Landes Brandenburg. Diese wiederum basierten auf grundlegenden Publikationen zu kindlichen Grundbedürfnissen oder zum Kinderschutz, beispielsweise dem ASD-Handbuch des DJI (vgl. MGFFI 2010, S. 101).

8.10 Befunde zu Nutzungsweisen von fachlichen Formalisierungen

Ein weiterer Gegenstand empirischer Studien zum Kinderschutz ist die Beurteilung und Nutzung fachlicher Formalisierungen durch Basiskräfte der sozialen Dienste. Dabei wird etwa der Frage nachgegangen, ob formalisierte Instrumente und Verfahren als sinnvoller Bestandteil der eigenen Arbeit akzeptiert

---

[245] Zu den am Weitesten verbreiteten empirischen Faktoren zählen das Alter des Kindes und elterlicher Betäubungsmittelkonsum (je 70%) sowie soziale Isolation und der Bildungsstand der Eltern (67%). Die häufigsten konsensbasierten Prädiktoren sind das Erscheinungsbild und Delinquenz (vgl. Metzner/Pawlis 2011).

[246] Der Fokus auf die Eltern bzw. die Kernfamilie sowie die große Bedeutung, die der Kooperationsbereitschaft und -fähigkeit der Eltern zugeschrieben wird, findet seine Entsprechung in empirischen Studien zur Grundorientierung von Fachkräften der Kinder- und Jugendhilfe im Kinderschutz. Diese zeichnet sich stark durch eine Orientierung auf die Eltern aus, vor allem auf die Mütter, sowie deren Aufrichtigkeit (Moral) und Veränderungsbereitschaft (vgl. Alberth et al. 2014).

und umgesetzt werden, oder ob Entkopplungen zwischen der formalen Implementierung und der Ebene der alltagspraktischen Aktivitätsstruktur erfolgen. Indirekte Hinweise auf differenzierte Nutzungen geben zunächst die Befunde aus dem HaBeK-Projekt. Die Auswertung von Jugendamtsakten und Fachkräfteinterviews zeigt, dass Entscheidungen für oder gegen einen Hausbesuch sowie dessen Art von zahlreichen moderierenden Faktoren abhängen. Dementsprechend seien die Handlungsweisen im Kinderschutz – hier Hausbesuche, aber vermutlich gilt dasselbe auch für die Nutzung fachlicher Formalisierungen – von fachlich-inhaltlichen Erwägungen ebenso geprägt wie von „institutionellen Verfahren und Routinen, situativen Umständen und verfügbaren Ressourcen" (Albrecht et al. 2016, S. 117).

Die GIS-Studie kommt auf der Basis von qualitativen Interviews mit Fach- und Leitungskräften (n=37) sowie Gruppendiskussionen mit insgesamt knapp 70 Fachkräften zu dem Ergebnis, dass die in den Ämtern genutzten Indikatoren-Listen „durchgängig sehr positiv" beurteilt werden, die Nutzungspraktiken und Erwartungen von Fach- und Leitungskräften in den einzelnen ASD jedoch auseinanderfallen. Während einerseits von Leitungskräften ein „Abarbeiten" der Listen erwartet wird, nutzen viele Fachkräfte die Listen indirekt, indem sie diese zwar im „Hinterkopf" haben aber letztlich auf Basis ihrer Erfahrungen handeln (vgl. MGFFI 2010, S. 101).

Die Nutzung und Beurteilung von formalisierten Instrumenten zur Risikoeinschätzung ist auch Gegenstand einer schriftlichen Befragung von Fachkräften in Jugendämtern in Westfalen-Lippe, die in Kooperation mit dem zuständigen Landesjugendamt als BA-Arbeit an einer niederländischen Hochschule entstanden ist (Sluka/Sieber 2014). Von den 83 Teilnehmenden der Befragung empfinden 66% die Nutzung von Einschätzungsbögen als Entscheidungsgrundlage überwiegend hilfreich und 78% sind mit der Praktikabilität zufrieden. Weiter geben 82% der Befragten an, die Bögen immer zu nutzen, wenn auch nicht immer entsprechend der formalen Vorgaben. So weichen etwa 40% der befragten Jugendhilfeakteure von den vorgesehenen Zeitvorgaben ab. Entsprechend ambivalent – und im Duktus für die Studie symptomatisch – fällt das Fazit der AutorInnen aus: „Insgesamt kann festgestellt werden, dass alle Anweisungen von dem Großteil der Befragten meistens befolgt werden" (ebd., S. 49)[247].

---

247 Interessant an der Studie ist nicht zuletzt, dass die AutorInnen – offensichtlich zutreffend – davon ausgehen, dass formalisierte Instrumente in allen Ämtern genutzt werden.

Befunde zur Nutzung und Beurteilung fachlicher Formalisierungen wurden auch im Rahmen der Evaluation des Stuttgarter Kinderschutzbogens erhoben. Hierzu wurden Fach- und Leitungskräfte der Jugendämter Düsseldorf und Stuttgart anonym schriftlich befragt (vgl. Strobel et al. 2008)[248]. Die dargestellten Befunde basieren auf der Auswertung von 46 Fragebögen. Bei den Fragen wurden in der Regel dichotome Antwortkategorien (stimmt eher/stimmt eher nicht) vorgegeben. Hiernach sehen die Befragten das Instrument am ehesten dafür geeignet, Informationen zu sammeln (64%), sich eine Meinung zu bilden (62%) sowie eigene Urteile zu überprüfen (75%). Weniger geeignet ist das Instrument nach Ansicht der Fachkräfte zur Erleichterung der Dokumentation (39%) oder Vorbereitung von Fallbesprechungen (29%). Über die Hälfte der Befragten gibt weiter an, das Instrument zur Vor- und Nachbereitung von Gesprächen zu nutzen, 35% den Bogen zusammen mit den Familien auszufüllen. Die einzelnen Module des Bogens (s. o.) werden als überwiegend nützlich eingestuft, wobei besonders die Module Grundversorgung und Schutz von 84% der Befragten als sinnvoll beschrieben werden. Die Nützlichkeit für die tägliche Arbeit beurteilen die Befragten dagegen ambivalent. So erreichen die Aussagen, dass das Ausfüllen des Bogens eine unliebsame Aufgabe ist sowie die Zeit für die Arbeit mit den Familien limitiert, mit über 84% die höchsten Zustimmungswerte. Allerdings sehen auch über 80% der Befragten das Instrument als Mittel zur organisationsinternen Begründung und Absicherung des eigenen fachlichen Handelns. Ein Potenzial für fundiertere und sicherere Falleinschätzungen – dem wesentlichen Zweck des Instruments – schreibt allerdings weniger als die Hälfte der Befragten (42%/44%) dem Bogen zu. Dagegen beurteilen zwei Drittel der Fachkräfte den Kinderschutzbogen als eine „sinnlose Erhöhung des Verwaltungsaufwands" (ebd., S. 54). Mit dieser Einschätzung korrespondiert der Befund, dass lediglich 13% der Befragten in der elektronischen Version des Instruments eine Vereinfachung der Aktenführung sehen, wohingegen 87% die Eingabe als umständlich und zeitaufwendig beschreiben. Ähnlich skeptisch fallen auch die Einschätzungen der befragten Leitungskräfte aus (vgl. ebd. 50 ff.).

Auch Bode und Turba (2014) präsentieren in ihrer Studie empirische Befunde zu Formalisierungen und deren Nutzung im Kinderschutz. Schon in den differenzierten Fallstudien wird auf eine große Bandbreite von formalisierten Instrumenten und Verfahren in den untersuchten Jugendämtern hingewiesen, die als Spezifizierungen eines übergreifenden Trends rekonstruiert werden:

---

248 Die Befunde dieser Evaluation besitzen auch insofern eine besondere Relevanz für die vorliegende Studie, als eine der Kommunen der Fallstudienuntersuchung (vgl. Kapitel 12) ein auf dem Stuttgarter Kinderschutzbogen aufbauendes Instrument implementiert hat.

> Ungeachtet des lokalen Charakters vieler organisatorischer Umstellungen ‚schwimmt' die amtliche Jugendhilfe gleichzeitig in einem überörtlichen ‚Innovationsstrom', denn bestimmte Steuerungsinstrumente oder Maßnahmenprogramme werden von anderswo adaptiert oder ‚eingekauft'. (ebd., S. 182)

Allerdings werden diese überregionalen Impulse aufgrund der spezifischen regionalen und organisationalen Eigenheiten lokal unterschiedlich umgesetzt (vgl. ebd., S. 133). Entsprechend stellen die Autoren fest, dass das „lokale Varianzpotenzial (...) beträchtlich" ist (ebd., S. 173). Auf einer tieferen Analyse- bzw. höheren Abstraktionsebene beschreiben Bode und Turba die Formalisierungsprozesse als einen Haupttrend innerhalb des organisierten Kinderschutzes und verorten die Tendenz zur Formalisierung der ASD-Arbeit konzeptionell als einen Aspekt einer zunehmenden Kontrollorientierung[249]. So werde einerseits die Kontrolle der AdressatInnen, vor allem der Eltern, kontinuierlich ausgebaut und ausdifferenziert, andererseits werde auch die Kontrolle der Fachkräfte innerhalb der Organisationen durch Strategien der sozialtechnologischen und manageriellen Steuerung – eben durch eine zunehmende Standardisierung der Arbeitsprozesse – ausgeweitet. Die Kontrollorientierung führe zu paradoxen Handlungsanforderung, etwa einem Spannungsverhältnis zwischen Standardisierungen und Spontanität. In diesem Kontext zeigen Bode und Turba beispielsweise, dass das (subjektive) „Bauchgefühl" der Fachkräfte einerseits als wichtige Ressource der alltäglichen Kinderschutzarbeit gilt, gleichzeitig aber als Risikoquelle durch (objektive bzw. objektivierende) Standardisierungen kontrolliert werden soll, was jedoch aufgrund der Struktur des Gegenstands nicht gelingen kann. So wird Kinderschutz als ein „moving target" (ebd., S. 282) beschrieben, der entgegen allgegenwärtiger Formalisierungstendenzen flexibles und spontanes Agieren jenseits fester Regulierungen erfordere, was von den Akteuren vor Ort durchaus berücksichtigt wird.

> Die Vorstellung eines umfassenden Durchsteuerns von Fällen wird letztlich in das Reich der ‚Illusion' und ‚Größenphantasie' verbannt. Folgt man den Darstellungen

---

[249] Wie die meisten, nicht auf fachliche Formalisierungen beschränkten Studien verwenden auch Bode/Turba (2014) einen weiten Standardisierungsbegriff, der neben Instrumenten und Verfahren auch weitergehende Regelungen, Normen und Beziehungsmuster einschließt. So spezifizieren sie die diskutierten „Patentrezepte" wie folgt: „Formale Arrangements der (Fall-)Zuständigkeit, Diagnosesysteme (z. B. Ampelmodelle), Beauftragungs- und Abklärungsroutinen, Zeittaktungen (die z. B. den Rhythmus von Hilfeplangesprächen betreffen), bestimmte Stundenpakete für intervenierende Dritte (v.a. freie Träger), obligatorische Fallkonferenzen und vieles mehr sind typische Standardisierungen, durch die formale Kontrolle organisational gewährleistet wird bzw. werden soll. Insofern gibt es innerhalb des organisierten Kinderschutzes viel ‚Patentiertes' in Gestalt objektivierender (und unter bestimmten Umständen durchaus willkommener) Formalitäten" (ebd., S. 284).

> der Akteure, so vollziehen sich wesentliche Abläufe – ungeachtet aller Formalitäten – häufig als spontane Arrangements im freien Rückgriff auf institutionelle und organisationsinterne Optionen und gerade nicht in Form einer schematischen Abarbeitung vorgegebener Regularien. (ebd., S. 284)

In diesem Zusammenhang konstatieren die Autoren eine „starke Heterogenität der Arbeitsweisen und ‚Mentalitäten' (auf Organisations- und Individualebene)" (ebd., S. 286). Vorgaben und Trends werden demnach – so ein Befund der Studie – nicht nur lokal in höchst unterschiedlicher Weise ausbuchstabiert, vielmehr erfolgt auch innerhalb der einzelnen lokalen Settings ein höchst heterogener Umgang mit Standardisierungen. Diese kontingenten Nutzungsweisen sind nach Bode und Turba auch ein Effekt der starken Ausweitung von Regulierungen und Formalisierungen, die angesichts begrenzter Ressourcen zu Selektionen zwingen, wobei auch hier wieder die Kodierungen auf Organisationsebene, also die lokalen Strukturen und Formalisierungen, die Art der Sektion – also die alltagspraktischen Formen der (Nicht-)Nutzung fachlicher Formalisierungen – bestimmen. Weiter verweisen die Autoren auf das verbreitete Motiv eines „Trade-off zwischen Beziehungs- und Schreibtischarbeit" (ebd., S. 291) – sowohl hinsichtlich der verfügbaren Ressourcen als auch der Handlungslogiken, was sich etwa in der Beurteilung von EDV-Systemen als Bedrohung der Fachlichkeit äußert (vgl. ebd.). Die Frage, ob die Priorität auf die Interaktion oder die Administration gelegt wird, ist dabei nicht nur von fachlichen Erwägungen abhängt. So sehen die Fachkräfte Standardisierungen nicht nur als Ballast, sondern „jenseits von unmittelbaren Kinderschutzzwecken – auch affirmativ als Quelle von ‚Legitimität' oder willkommene ‚Absicherung' (vor allem: gegenüber möglichen Vorwürfen im Nachhinein), also als Entlastung" (ebd., S. 290). Im Umgang mit dieser Spannung werden zwei zentrale Muster identifiziert (vgl. ebd., S. 295 ff.): Einerseits werde „Dienst nach Vorschrift" verrichtet, worin sich vor allem der Wunsch nach Entlastung, Absicherung und Legitimation zeige, wobei diese Strategie ein Abarbeiten der vorgegebenen Formalisierungen impliziert. Andererseits erfolgen Formen der selektiven Nutzung von Formalisierungen bzw. der selektiven Befolgung von Vorgaben. Bode und Turba (2014, S. 297) konstatieren hierzu: „Das mehr oder weniger bewusste – und oft genug strukturell ‚erzwungene' – Abweichen von Regeln gehört zum Handlungsrepertoire". Diese Einschätzung konkretisieren sie dahingehend, dass

> gerade im Umgang mit Formularen wie den Kinderschutzbögen (…) – selbst dort, wo ihre Nutzung verbindlich vorgesehen ist – viele Akteure ein eher ‚lässiges', selektives Verhalten an den Tag zu legen, indem sie etwa als ‚überflüssig' wahrgenommene Fragen ausblenden oder sogar komplett auf den Einsatz verzichten. Insofern stellen solche Diagnosebögen für viele Praktiker – obwohl sie in bestimm-

ten Situationen als wichtiges fachliches Instrument der ‚Reflexion' (oder der persönlichen ‚Absicherung') gelten – eher ein Hilfsmittel dar, während die wesentlichen Einschätzungen und Entscheidungen ‚nach den Regeln der Kunst' sowie in kollegialer Absprache getroffen werden. (ebd.)

Die Autoren arbeiten also unterschiedliche Modi (bewusst/erzwungen) und Gegenstände (Instrument/Teile des Instruments/Einzelaspekte) der Selektion und Anpassung – bzw. der Entkopplung von Formal- und Aktivitätsstruktur im Umgang mit fachlichen Formalisierungen – heraus (vgl. Abschnitt 4.4) und zwar auf der organisationalen und der individuellen Ebene. Diese spezifische Kontingenz – „vieles wird fallspezifisch oder allgemein abgewandelt und angepasst" – fassen sie mit dem Begriff der „selektiven Permeabilität" (ebd., S. 300).

Selektion ist auch in der ethnografischen Studie von Ackermann (2017) eine Kernkategorie zur Beschreibung des Umgangs von ASD-Fachkräften mit fachlichen Formalisierungen im Kinderschutz. Die auf Dokumentenanalysen, Interviews und Beobachtungen beruhende Studie hat Entscheidungsprozesse zum Gegenstand. Neben der Analyse von Interaktionsprozessen, die Gegenstand zahlreicher ähnlicher Studien sind[250], nimmt Ackermann auch differenziert formalisierte Instrumente in den Blick (vgl. Ackermann 2017, S. 205 ff.). Er beschreibt die formalisierte Dokumentation im Kinderschutz als eine Form der Komplexitätsreduktion auf der Basis einer doppelten Selektion. Einerseits erzwingen formalisierte Instrumente Selektionen, indem sie bestimmte Angaben verlangen, während andere Aspekte nicht berücksichtigt werden (vgl. dazu auch Ley 2010). Die Instrumente bestimmen quasi darüber was im Kinderschutz als relevant gilt und lenken damit den Blick der Fachkräfte. Besonders groß ist die Komplexitätsreduktion hier bei formalisierten Risikoeinschätzungsbögen, die auf einer binären Logik basieren, bei denen also das Vorliegen oder Nicht-Vorliegen eines Merkmals unter Ausblendung des Kontextes durch Ankreuzen zu vermerken ist. Markante Selektionen erfolgen auch durch auf Quantifizierungen basierenden Bögen, in denen weiche Interpretationen in vermeintlich harte Fakten transformiert und „pseudo-mathematisch" aufaddiert werden, wobei die mathematische Logik immer wieder durch die Fachkräfte durchbrochen wird, wenn beispielsweise quantitative Sammelbewertungen lediglich eine weitere interpretative Setzung, aber nicht das Ergebnis einer formalen mathematischen Operation widerspiegeln (z. B. -2 und -2 und +1 ergibt die Sammelbeurteilung -2). Andererseits werden formalisierte Instrumente von den Fachkräften selektiv genutzt. So interpretieren die Fachkräfte

---

250 Interaktionen zu Entscheidungsprozessen im Kinderschutz wurden z. B. von Retkowski/ Schäuble (2012), Schäuble (2012), Retkowski (2012), Hübsch (2012) oder Pothmann/Wilk (2012) untersucht.

die Vorgaben der Instrumente und nehmen auf Basis persönlicher und situativer Maßstäbe Eintragungen und Auslassungen vor. Zudem nutzen sie formalisierte Instrumente zur nachträglichen Legitimation des Handelns. Somit erhält die Falldokumentation „unsicherheitsbewältigende Funktion, indem im Schreiben Realitäten beschrieben (und geschaffen), Selektionen getroffen und Plausibilitäten hergestellt werden" (ebd., S. 217). Insofern stellen fachliche Formalisierungen auch eine Ressource dar, die die Fachkräfte „nutzen, um stimmige Verhältnisse zwischen Fall und Bearbeitung zu schaffen [und] Entscheidungen derart gegen Kritik abzusichern" (ebd., S. 218). Allerdings sind die Fachkräfte hierbei in ihrem Handeln nicht frei, sondern müssen ihr Handeln an vorgängige (kontingente) Dokumentation anschlussfähig halten. „Die Informationen verlangen ab Niederschrift nach Berücksichtigung und sie können von den Sozialarbeiter/innen in der Bearbeitung ihrer Fälle nicht einfach übergangen werden" (ebd., S. 205). Die Selektionen – sowohl durch die Instrumente als auch durch die Fachkräfte – haben somit nicht nur die Funktion der Legitimation von Vergangenem, sondern auch Konsequenzen für die Zukunft, indem sie zukünftiges Handeln sowohl ermöglichen als auch Handlungsoptionen beschränken (vgl. ebd. 218 f.).

Die Spannung zwischen der (kreativen) Nutzung von Instrumenten durch die Fachkräfte einerseits und einer Beeinflussung oder Determination des Handelns der Fachkräfte durch fachliche Formalisierungen andererseits steht auch im Zentrum von Untersuchungen zur Urteilsbildung im Kinderschutz von Bastian und Schrödter (2014/2015; Bastian 2014). Aus Falleingangsbögen rekonstruieren die Autoren in einem multimethodischen Zugang, dass die Fachkräfte ein begrenztes Set von Kategorien – sie sprechen von einer „Inneren Liste" (Bastian/Schrödter 2015, S. 230) von 22 Risiko- und Schutzfaktoren – zur Einschätzung von Fällen nutzen und somit auch ohne standardisierte Instrumente eine klassifikatorische Diagnostik realisieren. Das wesentlich lebensweltliche Kategoriesystem hätten die Fachkräfte internalisiert und würden es routinemäßig auf neue Fälle anwenden. Diesen Befund stellt Bastian (2014) einer Untersuchung in einem Kalifornischen Child Protection Service gegenüber. Die Risikoeinschätzung und Interventionsentscheidungen der dort tätigen Fachkräfte sind in hohem Maße formalisiert, d. h. der Ablauf der Fallbearbeitung, die anstehenden Entscheidungsaufgaben und die zu deren Umsetzung zu nutzenden standardisierten Instrumente werden vorgegeben. Über einen ethnografischen Zugang arbeitet Bastian heraus, dass die Instrumente als Aktanten fungieren, mit denen die Fachkräfte in Verhandlungen treten und „diese Verhandlungspraxis als explizites Mittel zur Herstellung professioneller Urteilsbildung (…) nutzen" (ebd., S. 147). Dies führt Bastian zu dem Schluss, dass Gefährdungseinschätzungen immer komplexe Vermittlungsleistungen beinhalten, die immer zwischen den Polen analytischen und interpretativen Handelns oszillieren, aber nie nach einer Seite aufzulösen sind. Dabei würden

Fachkräfte in Arbeitsumgebungen mit einem besonders großen Ermessensspielraum ihre Urteile anhand innerer Listen klassifizieren, ihre Urteilsbildung selbst standardisieren, während in hochstandardisierten Umgebungen das reflexive und interpretative Denken nicht verdrängt, sondern auf bestimmte Sachverhalte fokussiert wird. (ebd., S. 149)

Die aktuellen ethnomethodologischen Studien von Bastian (2014) und Ackermann (2017) zeichnen ein komplexes Bild zur Nutzung und Wirkung fachlicher Formalisierungen in (Entscheidungs-)Prozessen des Kinderschutzes bzw. der Sozialen Arbeit. Mit ihren Hinweisen auf Interpretations- und Interaktionsprozesse zwischen Instrumenten und professionellen Fachkräften relativieren sie sowohl die vor allem im angelsächsischen Raum verbreitete These eines grundlegenden Wandels der Ziele sowie der Wissens- und Arbeitsformen in der Sozialen Arbeit (vgl. z. B. White 2009; Rogowski 2012; Parton 2008) als auch die Position, fachliche Formalisierungen hätten – abgesehen von indirekten Effekten aufgrund der Absorption zeitlicher Ressourcen – keinen direkten Einfluss auf die inhaltliche Arbeit der Fachkräfte, da sie entsprechend vorherrschender Praxisideologien selektiv, strategisch oder von Entscheidungsprozessen abgekoppelt genutzt werden. Solche „alternativen" Nutzungsweisen wurden in der EST!-Studie (vgl. Kapitel 3), in der Studie von Bode und Turba (2014) sowie in zahlreichen internationalen Studien deutlich.

Gillingham (2009) findet in einer ethnografischen Studie in australischen Kinderschutzdiensten heraus, dass die dort neu implementierten formalisierten Instrumente zur Entscheidungsfindung (Bögen des Structured Decision Making, vgl. Abschnitt 7.9.4) nicht als Entscheidungsbasis dienen, sondern zur nachträglichen Dokumentation und Legitimation von Entscheidungen genutzt oder gezielt manipuliert werden. Entsprechend werden zentrale Ziele der Instrumente, nämlich konsistentere Urteile und eine stärkere Fokussierung auf besonders schwere Fälle, nicht erreicht (vgl. auch Gillingham/Humphreys 2010). In einer ethnografischen Studie zu den Arbeitsweisen von SozialarbeiterInnen in Großbritannien zeigen Broadhurst et al. (2010), wie die Fachkräfte Regeln und Instrumente ausnutzen, instrumentalisieren und sabotieren, um ihre Arbeit bewältigen können – mitunter auch auf Kosten und unter Inkaufnahme von Risiken für die AdressatInnen. So werden etwa vorgegebene Fristen auf Äußerste ausgereizt, Fälle gemäß vorhandener zeitlicher Ressourcen klassifiziert, externe Leistungsanbieter mit unzureichenden Informationen oder inhaltsleeren Floskeln ausgebremst und formale Zugangshürden genutzt, um sich vor KlientInnen abzuschotten (vgl. ebd.). Solche Dysfunktionalitäten gelten als eine verbreitete Folge der Regulierungen und Formalisierungen sowie des Performance Managements, die die Arbeit in den kommunalen Social Service Departments in Großbritannien prägen. So konstatiert Munro (2010) in einer umfassenden Systemanalyse des britischen Kinderschutzsystems:

> The level of increased prescription for social workers, while intended to improve the quality of practice, has created an imbalance. Complying with prescription and keeping records to demonstrate compliance has become too dominant. The centrality of forming relationships with children and families to understand and help them has become obscured. (ebd., S. 7 f.)

Insofern verwundert es wenig, dass Studien von einer großen Unzufriedenheit sowie zahlreichen Strategien der Abweichung bzw. alternativen Nutzung von Regeln, Instrumenten und Verfahren berichten (vgl. z. B. Rogowski 2012; White 2009). Die praktisch-inhaltliche Schlussfolgerung aus Befunden zu eigenwilligen Nutzungsweisen lautet, dass die Qualität formalisierter Instrumente und Verfahren letztlich irrelevant ist, da fachliche Formalisierungen in der Regel nicht konzeptkonform genutzt werden (vgl. Gillingham/Humphreys 2010)[251].

Allerdings weisen internationale Studien auch auf inhaltliche Auswirkungen formalisierter Instrumente und Verfahren auf die sozialarbeiterische Praxis hin – etwa eine oberflächlichere und unterkomplexe Fallarbeit (Garrett 2005; Howe 1996), veränderte Zielsetzungen (Rogowski 2012) oder veränderte Wissensformen (Parton 2008). Zudem zeigen auch die Studien zur devianten bzw. selektiven Nutzungsweisen von Formalisierungen Variationen bzw. Differenzen. Gillingham (2011) beispielsweise rekonstruiert, dass eine abweichend-manipulative Nutzung der SDM-Bögen vor allem durch berufserfahrene Fachkräfte erfolgt, während Fachfremde oder Berufseinsteiger eher dazu neigen, die Instrumente abzuarbeiten (vgl. ebd.). Høybye-Mortensen (2015) weist in einer Studie zur Nutzung eines formalisierten Instruments im Kinderschutz in Dänemark nach, dass die Art der Nutzung davon abhängt, ob die Fachkräfte die „Theorie hinter dem Instrument" kennen und anerkennen. Ist dies der Fall, so wird das Instrument als fachliche Orientierung bei der Situationserfassung, der Bedarfsfeststellung und der Hilfeentscheidung genutzt. Ist die Theorie nicht bekannt, fungiert das Tool lediglich als (bedeutungsloses) Dokumentationsinstrument, das aufgrund organisationalen Drucks ausgefüllt wird (vgl. ebd.). Ähnlich zeigt die Studie von Bastian (2014) zum Kinderschutz in den USA, dass die Fachkräfte „ihre" Instrumente durchaus ernst nehmen und mit diesen in

---

[251] Somit wäre die Ermittlung der Güte formalisierter Instrumente letztlich eine rein akademische Übung ohne jede Praxisrelevanz. Nicht nur soziologisch, sondern auch sozialfachlich (reflexions-)relevant wären dagegen lediglich Studien zur Formen der Nutzung und Begründungen von Instrumenten in konkreten Praxiskontexten. Diese These widerspricht insofern verbreiteten Relevanzsetzungen, als gerade Evaluationsstudien (zu Instrumenten) beanspruchen, praxisrelevant zu sein, während Nutzungsstudien als soziologische Beschreibungen und Rekonstruktionen allenfalls als Reflexionsgrundlage indirekte Praxisrelevanz beanspruchen.

einen Dialog um eine angemessene Instrumentennutzung treten. Die Professionellen sind also darum bemüht, den Anforderungen und Intentionen der Instrumente umfassend gerecht zu werden, weshalb keine blinde Abarbeitung aber auch keine Manipulation o. Ä. erfolgt. Diesen Umgang begründet Bastian damit, dass es sich bei den StudienteilnehmerInnen um Fachkräfte mit einem Masterabschluss in Sozialer Arbeit handelt. Diese könnten, aufgrund der quantitativ-empiristischen Grundorientierung der US-amerikanischen Sozialen Arbeit und einem entsprechend hohen Stellenwert von quantitativen Methoden der Sozialforschung und Statistik im Studium, die Logik der Instrumente nachvollziehen und würden die Tools daher als angemessen bzw. fraglos rational anerkennen.

Abweichende Nutzungsweisen wären entsprechend ein Resultat alternativer oder fehlender empirisch-methodischer Wissensbestände einerseits und/oder alternativer Selbstverständnisse in der Sozialen Arbeit andererseits. Beide Erklärungen scheinen mit Blick auf die bundesdeutsche Soziale Arbeit zutreffend: So dominieren offensichtlich in Europa und besonders in Deutschland (noch immer) hermeneutische Traditionen und qualitativ-dialogisch orientierte Selbstverständnisse, Wissensbestände und Kompetenzen. Allerdings führen diese – dies zeigt die Studie von Ackermann (2017) – weder zu einem naiven Vertrauen noch zu einer strategischen Manipulation der Instrumente, sondern zu einer spezifischen Interpretations- und Interaktionspraxis, die – anders als dies offensichtlich in den USA der Fall ist – nicht instrumentenbezogen-technologisch, sondern fallbezogen-legitimatorisch erfolgt.

8.11 Fazit zum Forschungsstand zu fachlichen Formalisierungen im ASD

Der Forschungsstand zu fachlichen Formalisierungen im ASD ist insgesamt heterogen. Während zu formalisierten Instrumenten und Verfahren im Kinderschutz zahlreiche Befunde vorliegen, stellen solchen Formalisierungen im Bereich der Hilfeplanung einen weitgehend blinden Fleck der Jugendhilfeforschung dar. Dies mag daran liegen, dass bei Studien zur Hilfeplanung in den vergangenen Jahren andere Themen im Fokus standen (z. B. Beteiligungsprozesse vgl. etwa die Beiträge in Schäuble/Wagner 2017; Hartwig/Teuber 2005). Formalisierungen werden dagegen allenfalls als Elemente von Ökonomisierungsprozessen in der Jugendhilfe, die eben auch Hilfeplanungsprozesse erfassen, thematisiert. Insgesamt ist zu konstatieren, dass die Hilfeplanung – es sei denn, sie wird als Element von Kinderschutzhandeln konzipiert (z. B. bei Bode/Turba 2014 oder Ackermann 2017) – aktuell nicht im Zentrum des Interesses empirischer Forschung im Feld der Kinder- und Jugendhilfe steht. Eine

Ausnahme bilden vereinzelte Evaluationsprojekte. Folglich liegen für den Bereich der Hilfeplanung keine aktuellen Befunde zur quantitativen Verbreitung von fachlichen Formalisierungen, zu deren qualitativer Bedeutung für die Praxis der Fachkräfte sowie zu Prozessen der Implementierung formalisierter Instrumente und Verfahren vor.

Deutlich anders gestaltet sich der Forschungsstand im Feld des Kinderschutzes. Als ein zentrales Element aktueller Kinderschutzpraxen stehen formalisierte Instrumente und Verfahren im Zuge des allgemeinen Booms von Forschung zum Kinderschutz im Zentrum des wissenschaftlichen Interesses, nicht nur der Jugendhilfeforschung bzw. Sozialpädagogik/Sozialarbeitswissenschaft, sondern auch der Wohlfahrtsstaats-, Organisations- oder Professionssoziologie (vgl. z. B. Bode/Turba 2014; Alberth/Eisentraut 2012). Auch diverse weitere, neben der Sozialen Arbeit im Praxisfeld des Kinderschutzes engagierte Professionen und Disziplinen, vor allem die Psychologie und die Medizin, nehmen Aspektes des Kinderschutzes empirisch in den Blick, wobei gerade letztere ein offensichtliches Interesse an Formalisierungen zeigen (vgl. z. B. Metzner/Pawlis 2011, Kindler 2010; Goldbeck et al. 2011). Folglich liegen aktuelle empirische Befunde zu zahlreichen Aspekten von fachlichen Formalisierungen im Kinderschutz vor.

Verschiedene Studien zum Kinderschutz – beispielsweise Albrecht et al. (2016) und Pluto et al. (2012; 2016) – nehmen die quantitative Verbreitung fachlicher Formalisierungen in den Blick und geben damit auch Hinweise zur Diffusionsdynamik. Des Weiteren wird die Ausgestaltung und organisationale Einbindung unterschiedlicher Instrumente und Verfahren differenzierten Analysen unterzogen (z. B. Metzner/Pawlis 2011; Köckeritz/Dern 2012). Schließlich sind Nutzungsweisen und Beurteilungen fachlicher Formalisierungen im Kinderschutz durch Akteure in den ASD Gegenstand aktueller qualitativer Studien (z. B. Bode/Turba 2014; Böwer 2012; Gissel-Palkovich et al. 2010). Hinsichtlich des praktischen Umgangs von Basiskräften mit formalisierten Instrumenten und Verfahren sind besonders die Erkenntnisse der ethnografischen Studien von Bastian (2016) und Ackermann (2017) hervorzuheben. Die Befunde weisen insgesamt darauf hin, dass einer umfassenden Verbreitung fachlicher Formalisierungen auf der Ebene der Formalstruktur heterogene und im Kern ambivalente Beurteilungen und Nutzungsweisen auf der Ebene der Aktivitätsstruktur gegenüberstehen.

Ein Forschungsdesidarat stellen dagegen (in beiden Arbeitsbereichen) Prozesse der Implementierung formalisierter Instrumente und Verfahren dar. Zwar wurden mit dem NSM in Zusammenhang stehende Modernisierungsprozesse auf der kommunalen Ebene und damit auch in Jugendämtern differenziert rekonstruiert (vgl. Grohs 2010; Krone et al. 2009; Schnurr 1998), der Fokus der Analysen lag jedoch auf umfassenden Modernisierungskonzepten, sodass fachliche Formalisierungen allenfalls beiläufig in den Blick geraten sind.

Für das Feld des Kinderschutzes haben vor allem Bode und Turba (2014) differenziert die Logiken und Triebkräfte hinter der aktuellen Gestalt des organisierten Kinderschutzes und hierbei auch explizit dessen Formalisierung und Technologisierung rekonstruiert. Wenngleich die Analyse auf der Ebene übergreifender (welt-)kultureller Rationalisierungstendenzen prozesshaft orientiert ist, so beschränken sich die empirischen Analysen im Wesentlichen auf eine Bestandsaufnahme des Status Quo. Insofern liegen bis dato keine empirischen Daten zur organisationalen Implementierung bzw. zur Prozessdimension der Institutionalisierung fachlicher Formalisierungen in den ASD vor.

Da für den Bereich der Hilfeplanung keine aktuellen quantitativen empirischen Daten zur Verbreitung und Ausgestaltung fachlicher Formalisierungen vorliegen, fehlt eine Grundlage, auf der einerseits arbeitsbereichsübergreifende Aussagen möglich wären und andererseits Differenzen zwischen den Arbeitsbereichen Kinderschutz und Hilfeplanung identifiziert werden können. In gleicher Weise beschränken sich auch die vorliegenden empirischen Erkenntnisse zu Nutzungsweisen, Beurteilungen und Effekten formalisierter Instrumente und Verfahren auf der Praxisebene weitgehend auf Befunde aus dem Bereich des Kinderschutzes.

Schließlich führt die Forschungslücke zu Prozessen der Implementierung fachlicher Formalisierungen in sozialen Diensten dazu, dass auch keine empirisch fundierten Aussagen zum Verhältnis zwischen Implementierungshandeln und den Nutzungsweisen (institutional work) sowie den hinter diesen stehenden Orientierungen (institutional logics) möglich sind.

9. Forschungskonzept

Der *Gegenstand* der vorliegenden Studie ist die Institutionalisierung fachlicher Formalisierungen in der Sozialen Arbeit. Das darauf bezogene *Forschungsinteresse* liegt in der möglichst differenzierten Darstellung und Analyse der Aspekte, die dieses Phänomen konstituieren. Auf die Auseinandersetzung mit dem Konzept der Institutionalisierung (vgl. Kapitel 4) aufbauend, werden in der empirischen Studie die nachfolgenden Aspekte in den Blick genommen:

- Institutionalisierung als Zustand sowie als Prozess[252],
- auf den Ebenen der Formal- und Aktivitätsstruktur sowie
- in ihrer strukturellen bzw. handlungsbezogenen und ihrer kulturell-kognitiven Dimension.

Die Studie zielt darauf ab, das Phänomen der Institutionalisierung fachlicher Formalisierungen in der Sozialen Arbeit entlang der beschriebenen Dimensionen zu beschreiben und zu erklären. Anschließend an die Bestimmung von Soziologie als das Bemühen, „soziales Handeln deutend zu verstehen und dadurch in seinem Ablauf und seinen Wirkungen ursächlich zu erklären" (Weber 1922/1980, S. 1), sollen die Dimensionen der Institutionalisierung und deren Zusammenspiel einerseits rekonstruiert und dargestellt werden; andererseits interessieren die „Ursachen" der Institutionalisierung, also der im Handeln der Akteure ausgedrückte subjektiv gemeinte Sinn und dessen institutionelle Prägung. Die Studie zielt also auf ein nicht nur aktuelles, sondern auch auf ein erklärendes Verstehen der Institutionalisierung fachlicher Formalisierungen in der Sozialen Arbeit (vgl. ebd.; Schutz 1981; Albert 2009).

Im Folgenden werden zunächst die Forschungsfragen, die das Erkenntnisinteresse konkretisieren, und die empirischen Zugänge der vorliegenden Studien vorgestellt. Im Anschluss daran, wird eine sozialtheoretische Vorortung vorgenommen, bevor die Forschungsdesigns und das methodische Vorgeben der beiden Teilstudien beschrieben werden.

---

252 Bude (1995) schlägt zur Differenzierung dieser beiden Dimensionen die Begriffe „Prozess" und „Gestalt" vor (vgl. Flick 2006, S. 83).

9.1 Forschungsfragen und empirische Zugänge

Vor dem Hintergrund des zum Abschluss des vorherigen Kapitels resümierten Forschungsstandes lassen sich nachfolgende Forschungsdesiderate hinsichtlich des formulierten Forschungsinteresses bestimmen:

- Es fehlen Befunde zur Verbreitung und Ausgestaltung formalisierter Instrumente und Verfahren in Arbeitsbereichen jenseits des Kinderschutzes und entsprechend auch Befunde zum Verhältnis von fachlichen Formalisierungen in unterschiedlichen Arbeitsbereichen der ASD.
- Es liegen keine Befunde zur Beurteilung und Nutzung von fachlichen Formalisierungen durch Akteure unterschiedlicher organisationaler Ebenen in den ASD vor.
- Prozesse der Institutionalisierung formalisierter Instrumente und Verfahren im sozialen Sektor wurden bislang noch nicht (unabhängig wissenschaftlich) untersucht.
- Aus den benannten Lücken folgt, dass auch keine Befunde zur Tiefe der Institutionalisierung, mithin zum Verhältnis zwischen Struktur- und Aktivitätsdimension vorliegen.

Die benannten Forschungsdesiderate bieten Ansatzpunkte für eine Vielzahl von empirischen Fragestellungen und Forschungsperspektiven. Wie in Abschnitt 5.1 schon vorweggenommen, können im Rahmen der vorliegenden Studie nicht alle relevanten Dimensionen strukturiert und empirisch in den Blick genommen werden. Vielmehr erfolgt eine Fokussierung auf die Angebotsseite, für die sich aus dem Forschungsinteresse dieser Studie nachfolgende *Forschungsfragen* ableiten lassen:

A) Bezogen auf die Formalstruktur in den ASD *(Perspektive der Organisation)*:
1) *Strukturdimension/Zustandsdimension:* Wie verbreitet, ausgestaltet und organisational eingebunden sind fachliche Formalisierungen in den Feldern Kinderschutz und Hilfeplanung in den bundesdeutschen ASD.
2) *Kulturell-kognitive Dimension/Zustandsdimension:* Wie werden fachliche Formalisierungen von verantwortlichen Akteuren in den ASD gesehen und beurteilt?
3) *Strukturdimension/Prozessdimension:* Wie erfolgen Prozesse der Institutionalisierung bzw. Implementierung von formalisierten Instrumenten und Verfahren in den ASD?
4) *Kulturell-Kognitive Dimension/Prozessdimension:* Warum werden fachliche Formalisierungen in den ASD implementiert?

B) Bezogen auf die Aktivitätsstruktur in den ASD *(Perspektive der Fachkräfte)*:
5) *Strukturdimension/Zustandsdimension:* Wie werden formalisierte Instrumente und Verfahren in der ASD-Alltagspraxis genutzt bzw. welche Nutzungsweisen werden von den Fachkräften thematisiert?
6) *Kulturell-kognitive und strukturelle Dimension/Zustandsdimension:* Warum werden die fachlichen Formalisierungen in der thematisierten Weise genutzt?

C) *Bezogen auf das Verhältnis zwischen Formal- und Aktivitätsstruktur:* Wie sind fachliche Formalisierungen mit den ASD-Praxen gekoppelt und mit welchen Konsequenzen?

Als ein diesen Teilfragestellungen angemessener, empirisch-methodischer Zugang wurde eine Kombination von einer quantitativen bundesweiten ASD-Befragung sowie qualitativen Fallstudien in ASD gewählt. Wie die Abbildung 3 (nochmals) zeigt, hat die *bundesweite Onlinebefragung* der Jugendämter das Ziel, repräsentative Befunde zur Verbreitung, Ausgestaltung und organisationalen Einbettung von formalisierten Instrumenten und Verfahren in den ASD sowie zu deren Beurteilung durch verantwortliche Leitungsakteure in den ASD zu generieren (Teilfragestellungen 1 & 2). Die *qualitativen Fallstudien* in den ASD von drei Kommunen sollen demgegenüber einerseits Erkenntnisse zum Prozess der Implementierung von formalisierten Instrumenten und Verfahren in den ASD (Teilfragestellung 3 & 4) liefern und damit zur Mikrofundierung des Fragekomplexes A beitragen. Andererseits hat die qualitative Teilstudie die thematisierten Nutzungsweisen von fachlichen Formalisierungen durch die Basiskräfte und deren Hintergründe zum Gegenstand (Teilfragestellung 5 & 6). Dabei zeichnen die Analysen des Fragekomplexes A die Perspektive der verantwortlichen Leitungs- und Koordinationskräfte in den ASD nach, während die Fragen des Komplexes B primär aus dem Blickwinkel der Basiskräfte betrachtet werden. Die Umsetzung des Fragekomplexes C ist schließlich als Relationierung der vorgängigen Befunde konzipiert.

Abb. 3: Konzept der empirischen Untersuchung

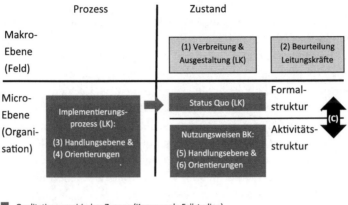

- ■ Qualitativer empirischer Zugang (Kommunale Fallstudien)
- ☐ Quantitativer empirischer Zugang (Onlinebefragung)
- LK: Perspektive der Leitungskräfte
- BK: Perspektive der Basiskräfte

Während die Onlinebefragung demnach auf den Status Quo im Feld der ASD abzielt, also nach dem „Was?" gefragt wird, zielen die Fallstudien sowohl mit Blick auf die Implementierung (Prozess) als auch hinsichtlich der Nutzung fachlicher Formalisierungen (Zustand) jeweils auf das „Wie?" (Struktur- bzw. Handlungsdimension der jeweiligen Akteure) sowie auf die Ebene der Gründe, also das „Warum?" für diese Handlungen. Sowohl in der quantitativen als auch in der qualitativen Teilstudie wurde zur Benennung des materiellen Gegenstands der Studie der im untersuchten Feld geläufige Begriff der Standardisierung verwendet bzw. es wurde von standardisierten Instrumenten und Verfahren gesprochen. Auf den Formalisierungsbegriff wurde dagegen verzichtete.

Konstitutives Element der vorliegenden Studie ist die Herstellung und Nutzung von Perspektivdifferenzen zwischen unterschiedlichen Feldakteuren. In den auf die Rekonstruktion der Formalstruktur abzielenden Studiensegmenten wird primär die Sichtweise der Akteure der Leitungs- und Koordinationsebene in den ASD eingefangen[253]. Dabei fungieren die befragten Jugendamtsakteure in formal unterschiedlichen Rollen. Während sie in der Onlinebefragung als VertreterInnen der Organisation adressiert werden, werden sie in den qualitativen Fallstudien als die für die Gestaltung der Strukturen der Dienste verantwortlichen individuellen Akteure angesprochen. Die Perspektiven der Leitungs-

---

253 Aus Gründen der besseren Lesbarkeit wird nachfolgend auf die differenzierte Nennung von Leitungs- und Koordinationskräften verzichtet und stattdessen nur von *Leitungskräften* gesprochen. Akteure auf Stabstellen (mit Koordinationsaufgaben betraut) sind dabei eingeschlossen.

kräfte beider Teilstudien unterscheiden sich daher nicht nur aufgrund der unterschiedlichen Erhebungsverfahren (z. B. Anonymität, Erzählzwänge), sondern sie sind auch formal auf unterschiedlichen Ebenen angesiedelt und daher nicht direkt vergleichbar. Allerdings legen die Befunde nahe, dass die Leitungsakteure der Onlinebefragung nicht nur als RepräsentantInnen ihrer Organisation, sondern auch als verantwortliche Leitungsakteure antworten. Wird dagegen die Aktivitätsstruktur in den Blick genommen, so geschieht dies primär aus der Perspektive der Fachkräfte an der Basis, die angehalten sind ihre Sinn- und Handlungskonstruktionen in Bezug fachliche Formalisierungen in den Interviews der Fallstudien offenzulegen. Ergänzt wird der Blick auf die Alltagspraxis in den ASD durch die Perspektive der Team- bzw. Gruppenleitungen, die aufgrund ihrer Beratungs-, Koordinations- und Kontrollfunktion über einen privilegierten Blick auf die Praxen „ihrer" Basiskräfte, wie auch „ihrer" Leitungen verfügen. Während diesen Akteuren der mittleren Leitungsebene demnach eine besondere Rolle im Kontext von Institutionalisierungsprozessen zukommt, da sie zwischen Leitung und Basiskräften bzw. Formal- und Aktivitätsstruktur vermitteln, nehmen sie auch als Informationsquelle eine eigenständige Perspektive zwischen den Leitungs- und Basiskräften ein.

Wie die Abbildung 3 weiter zeigt, stehen die beiden Teilstudien des *Mixed Methods Designs* insgesamt in einem „komplementären Verhältnis", das heißt, sie zielen auf unterschiedliche Aspekte des Gegenstands (vgl. Flick 2014, S. 188). Dabei wird durch die beiden Teilstudien eine für die Kombination von qualitativen und quantitativen Perspektiven verbreitete „Arbeitsteilung" realisiert, wonach die quantitative Teilstudie auf Strukturen der Makroebene fokussiert, während die qualitative Teilstudie die Funktion hat, Handlungsaspekte auf der Mikroebene zu analysieren (vgl. Kühl et al. 2009; Bryman 1988). Obgleich der qualitativen Studie (auch) die Funktion einer Mikrofundierung zukommt, sie also Prozesse und Differenzierungen hinter Phänomenen der Makroebene erhellen soll, folgt die Studie dennoch nicht der „Logik der Triangulation" (Bryman 1988 nach Flick 2014, S. 187). Die Kombination der empirischen Zugänge zielt also nicht auf eine wechselseitige Validierung der durch die unterschiedlichen Zugänge generierten Befunde (vgl. auch Kuckartz 2014; Flick 2008). Das komplementäre bzw. parallele Design von zwei nebeneinanderstehenden und auf unterschiedliche Aspekte des interessierenden Phänomens fokussierenden empirischen Zugängen schließt dabei punktuelle Vertiefungen durch qualitative Erklärungen quantitativer Befunde und Verallgemeinerungen qualitativer Befunde durch Bezüge zur quantitativen Teilstudie nicht aus. Die Studie folgt aber keinem sequenziellen Aufbau, in dem konzeptionell systematische Verknüpfungen der beiden Teilstudien vorgesehen sind (vgl. Creswell 1995; Tashakkori/Teddlie 1998).

9.2 Sozialtheoretischer Rahmen der empirischen Studien

Die Wahl der beiden empirischen Zugänge erfolgt pragmatisch in Orientierung am Gegenstand der Studie und den interessierenden (Teil-)Fragestellungen. Im Zuge dieser, für Mixed-Methods Studien verbreiteten „whatever works"-Orientierung (Kuckartz 2014, S. 36), wurde auf eine methodologische und paradigmatische Integration der beiden Teilstudien verzichtet. Unbeschadet dessen liegen den Studien bestimmte Wirklichkeitsvorstellungen zugrunde – wie jeder Interpretation und Wahrnehmung von Welt, sei diese nun wissenschaftlich oder alltäglich. Es handelt sich dabei um ein sozialkonstruktivistisches Wirklichkeitsverständnis, wonach die subjektiv erlebte Wirklichkeit das Resultat interaktiver sozialer Prozesse ist, die den Menschen jedoch als „objektive" Realität erscheint. Somit ist die dem Menschen zugängliche Welt immer schon sozial bzw. kulturell gedeutete Wirklichkeit (Berger/Luckmann 1977; Schutz 1981). Die Aufgabe sozialwissenschaftlicher Forschung besteht folglich darin, die Interpretationen der Welt und ihrer Bedeutungen aus der Perspektive der handelnden Akteure zu rekonstruieren und verstehend zu erklären (vgl. Weber 1922/1980).

Das interpretative Paradigma der verstehenden Soziologie bildet demnach die Basis der vorliegenden Studie – sowohl der qualitativen als auch der quantitativen (Teil-)Untersuchung (vgl. Soeffner 2014a). Die Annahmen der interpretativen Soziologie sind folglich mit den Grundannahmen des diese Studie theoretisch rahmenden Neo-Institutionalismus zu verbinden. Er bedarf also einer Verknüpfung zwischen einem am Individuum bzw. dessen subjektiven Sinngebungen ansetzenden empirisch-methodischen Zugang und einer institutionalistischen Perspektive, die von kulturell vorgeprägten Denk- und Deutungsmustern sowie „gescripteten" Verhaltensmustern ausgeht. Eine solche Brücke bietet das in Abschnitt 4.2.4 eingeführte Konzept der „embedded agency" (vgl. Holm 1995). Demnach wird von Akteuren ausgegangen, die sich aktiv und reflexiv in der Welt bewegen und sich Welt interpretierend aneignen, wobei sowohl die Idee dieses Akteur-Seins als auch die Art und Weise der Auseinandersetzung mit Welt institutionell geprägt sind (vgl. Mayntz/Scharpf 1995). Dabei versorgt die institutionelle Ordnung die Akteure mit Deutungsangeboten und ermöglicht und beschränkt damit Interpretationen und Handlungen. Durch diese aktive – institutionell geprägte und eben nicht determinierte – Auseinandersetzung mit einer vorinterpretierten Welt stellen die Akteure rekursiv die auf sie wirkende Ordnung her, indem sie diese reproduzierenden und/oder verändern (vgl. Giddens 1986; Friedland/Alford 1991; Sewell 1991; Seo/Creed 2002).

Wird diese Position mit der Annahme einer „strukturelle[n] Verknüpfung [von] Handlungs- und Sinnkonstruktionen" (Soeffner 2014a, S. 36) verknüpft, so bildet sie eine Basis dafür, individuelles Handeln im Sinne von Weber als subjektiv sinnhaft und damit prinzipiell verstehbar zu konzipieren, empirisch zu erfassen und zur Basis von Aussagen über gesellschaftliche Phänomene zu machen. Dabei gehen Meyer (2010) ebenso Soeffner (2014b) davon aus, dass Subjektivität im Sinne ihrer modernen Bestimmung als Handlungs- und Reflexionsfähigkeit ein Resultat der spezifischen ideengeschichtlichen Entwicklung des „Sonderweg[s] der europäischen Aufklärung" (ebd., S. 24) und somit historisch-gesellschaftlich kontingent ist. Weil aber dieses Akteurs-Verständnis in unserer Gesellschaft fest institutionalisiert ist, eignen sich seine Grundannahmen – vor allem die Zuschreibung von Handlungsfähigkeit, Rationalität und Reflexivität – als Bezugspunkt für die am individuellen Denken und Handeln einzelner Akteure ansetzenden empirischen Analysen. Denn gerade aufgrund der institutionellen Strukturierung des Akteurs-Konzepts kann davon ausgegangen werden, dass Individuen, die dem Akteurs-Konzept folgen, auf der Basis von Sinngehalten handeln, die ihnen zumindest in Teilen reflexiv verfügbar und damit auch kommunizierbar sind. Entsprechend kann aus dem – über qualitative und quantitative Zugänge erhobenen – empirischen Material Sinn rekonstruiert und vor dem Hintergrund des einbezogenen weiteren (kulturellen) Sinnzusammenhangs ursächlich, das heißt motivationsmäßig nachvollzogen – bzw. mit Weber „erklärend verstanden" – werden (vgl. Schutz 1981). Die institutionalistische Perspektive unterstreicht dabei, dass die Interessen und Motive der Akteure eben nicht frei gewählt, sondern kulturell vorgeprägt sind. So argumentiert schon Weber, dass Institutionen („Ideen") hinter individuellen Handlungsmotiven stehen:

> Interessen (materielle und ideelle), nicht: Ideen, beherrschen unmittelbar das Handeln der Menschen. Aber: die ‚Weltbilder', welche durch ‚Ideen' geschaffen wurden, haben sehr oft als Weichensteller die Bahnen bestimmt, in denen die Dynamik der Interessen das Handeln fortbewegte. Nach dem Weltbild richtete es sich ja: ‚wovon' und ‚wozu' man ‚erlöst' sein wollte und konnte. (zitiert nach Münnich 2011, S. 376)

Der institutionalistischen Perspektive folgend liegt daher ein besonderer Fokus der vorliegenden Studie auf den nicht erfahrungsbasierten sondern kulturvermittelten Annahmen über Welt, auf denen die Handlungs- und Sinnkonstruktionen der Akteure basieren. Meyer und Rowan (1977) sprechen hier von Rationalitätsmythen; im Weiteren wird vor allem der Begriff des *„institutionellen Gehalts"* genutzt.

Wie schon Weber nahelegt, strukturiert bzw. ermöglicht und begrenzt die kulturelle bzw. institutionelle Ordnung menschliches Denken und Handeln, determiniert diese aber nicht (vgl. z. B. Mayntz/Scharpf 1995). Daher liegt ein weiterer Fokus der vorliegenden Studie auf den kollektiven wie individuellen Prozessen des „*Sensemaking*" (Weick 1995) der befragten Akteure in den sozialen Diensten: „Sensemaking is thus a key micro-mechanism of institutionalization" (Powell/Colyvas 2008, S. 283). Dementsprechend soll herausgearbeitet werden, wie die Akteure ihre Umwelt und sich selbst wahrnehmen, interpretieren und gegenüber dieser handeln, ferner inwiefern sie in den retrospektiven Sinngebungsprozessen – auch jenen der qualitativen wie quantitativen Befragungssituationen – auf institutionelle Gehalte rekurrieren (vgl. Weber/Glynn 2006). So wird im Rahmen der qualitativen Fallstudien rekonstruiert, welche Umweltanforderungen wie wahrgenommen werden, welche Funktionen fachlichen Formalisierungen zugeschrieben werden oder wie diese vor dem Hintergrund verbreiteter Rationalitätsmythen beurteilt werden.

Ein sozialkonstruktivistisches, am interpretativen Paradigma orientiertes Wirklichkeitsverständnis liegt dabei nicht nur den qualitativen Fallstudien, sondern auch der quantitativen Befragung zugrunde. Entsprechend folgt die quantitative Studie keinem strengen deduktiv-nomologischen, hypothesenprüfenden Design. Anstelle einer Überprüfung theoretisch relevanter Zusammenhänge steht eine Exploration des Feldes im Zentrum der Onlinebefragung. So wird vor allem eine deskriptive Vermessung des organisationalen Feldes angestrebt. Dabei baut das Untersuchungskonzept auf Kategorien auf, die der einschlägigen sozialpädagogischen Fachdiskussion entliehen sind. Insofern ist die Onlinestudie konzeptionell informiert, jedoch nicht theoretisch fundiert (vgl. Abschnitt 9.3.4). Bei der Auswertung der quantitativen Studie handelt es sich vielfach um Interpretationsarbeit, auch wenn dies im Duktus der Ergebnisdarstellung vielleicht nicht immer explizit wird. Besonders deutlich wird die interpretative Orientierung bei der Darstellung der Befunde zur Beurteilung von formalisierten Instrumenten und Verfahren durch die Leitungskräfte, die nicht als objektive Bestimmung von Qualitäten, sondern als subjektive und institutionell geprägte Äußerungen vorgestellt und diskutiert werden.

9.3 Forschungsdesign und Umsetzung der quantitativen Teilstudie

Obgleich kontrovers über formalisierte Instrumente und Verfahren in den ASD diskutiert wird und sowohl qualitative als auch quantitative Studien von einer zunehmenden Bedeutung formalisierter Instrumente und Verfahren und deren (in der Regel ambivalenten) Effekten berichten (vgl. Kapitel 3 & 8), ist über deren tatsächliche Verbreitung und vor allem über deren konkrete Ausgestaltung relativ wenig bekannt – lediglich für den Bereich des Kinderschutzes wurden bundesweite Befunde zur Verbreitung und Aspekten der Ausgestaltung fachlicher Formalisierungen vorgelegt (Albrecht et al. 2016; Pluto et al. 2016). Insofern ist eine markante Forschungslücke hinsichtlich der Diffusion sowie der Form und Tiefe der organisationalen Einbindung solcher Instrumente und Verfahren zu konstatieren. Dies gilt umso mehr, als Entscheidungen über die Architektur und Ausgestaltung von Handlungsprogrammen und Strukturen zur Erledigung der Aufgaben in den ASD – aufgrund eher allgemein gehaltener bundesrechtlicher Bestimmungen sowie kommunaler Selbstverwaltungsrechte – auf der lokalen Ebene getroffen werden (vgl. Abschnitt 7.3). Daher ist von einer großen Heterogenität im Hinblick auf die Verbreitung und die Ausgestaltung standardisierter Instrumente und Verfahren auszugehen, weshalb sich die vorliegenden – meist qualitativen sowie sektoral oder lokal begrenzten – Befunde nicht verallgemeinern lassen. Des Weiteren liegen keine quantitativ-empirischen Befunde zur normativen und kognitiven Legitimität vor, also zur Frage, wie fachliche Formalisierungen von den Akteuren vor Ort gesehen und beurteilt werden, wobei besonders die Beurteilungen der Leitungskräfte als Akteure mit besonderen Gestaltungskompetenzen interessant sind. Somit fehlen empirische Befunde zu zentralen Dimensionen der Institutionalisierung fachlicher Formalisierungen in den bundesdeutschen ASD.

9.3.1 Fragestellung und Perspektive der Befragung

Angesichts dieses Forschungsdesiderats zielte die im Rahmen dieser Studie durchgeführte Onlinebefragung der deutschen Jugendämter darauf ab, aktuelle Informationen über die Verbreitung, Ausgestaltung und Beurteilung von standardisierten Instrumenten und Verfahren in den beiden ASD-Arbeitsbereichen Kinderschutz und Hilfeplanung zu generieren. Die abgefragten Kategorien und Dimensionen basieren auf einer Aufarbeitung des einschlägigen Diskussions- und Forschungsstands. Die Unterscheidung der beiden berücksichtigten Arbeitsbereiche Hilfeplanung und Kinderschutz ist – wie bereits in Abschnitt 7.4 beschrieben – lediglich formaler und analytischer Natur. Sie wurde durch eine entsprechende Differenzierung der Befragungsitems konstruiert und damit den Befragten vorgegeben.

Die Befragung zielte zum einen auf die Erfassung der Formalstruktur implementierter fachlicher Formalisierungen in den Jugendämtern. Erhoben wurde damit die „offizielle Sicht" auf den Gegenstand bzw. die formalen Regeln in den teilnehmenden Organisationen. Ob und wie diese Instrumente und Verfahren von den Fachkräften in ihrer Alltagspraxis genutzt und somit mit Leben gefüllt werden, entzieht sich dem Blick dieses Teils der Untersuchung. In der Untersuchung ist eine differenzierte Erfassung fachlicher Formalisierungen als Elemente der organisationalen Strukturen angestrebt. So wurde nicht nur – quasi auf der obersten Ebene – erhoben, ob entsprechende Instrumente und Verfahren implementiert sind, sondern auch, wie diese strukturiert und organisational eingebunden sind. Hierzu wurde erfragt, ob die vorhandenen fachlichen Formalisierungen genutzt werden können, sollen oder müssen (Verbindlichkeit) und ob die Nutzung bzw. Befolgung der Vorgaben kontrolliert wird. Schließlich wurde mit der Abfrage von Beurteilungen (auch) erfasst, inwiefern die implementierten Formalisierungen nicht nur auf der formalen Ebene verankert sind, sondern auch normative und/oder kognitive Legitimität bei den befragten Akteuren genießen, also als gut und/oder normal gelten (vgl. Suchman 1995).

Die Erhebung ist als eine Institutionenbefragung konzipiert. Entsprechend interessierten bei der Befragung nicht die persönlichen Handlungen, Haltungen und Einschätzungen der befragten Leitungskräfte. Vielmehr sollten die Befragten als RepräsentantInnen für ihre Organisation „sprechen" und damit einen Zugang zu Wissensbeständen und Deutungen innerhalb der Organisation eröffnen (vgl. Liebold/Trinczek 2009; Mamier et al. 2003). Insofern sollen auch die erhobenen Beurteilungen nicht persönliche Sichtweisen einfangen, sondern Einblicke in die „Grundstimmung" innerhalb der Organisation geben (Mamier et al. 2003, S. 312). De facto ist diese Rollenzuschreibung – wie zu zeigen sein wird – teilweise zu relativieren: Zum einen sind Leitungsakteure gestaltende Akteure und haben daher die untersuchten Strukturen mit zu verantworten. Dies hat Auswirkungen auf das Antwortverhalten, vor allem auf die Beurteilung fachlicher Formalisierungen. Zum anderen war zum Zeitpunkt der Erhebung nicht zu erwarten, wie sehr die Perspektiven von Leitungs- und Basiskräften in Bezug auf fachliche Formalisierungen auseinanderfallen würden.

9.3.2 Umsetzung der Befragung

Die Befragung wurde als webbasierte, *geschlossene Onlinebefragung* mittels der Umfragesoftware „Unipark" der Firma Questback durchgeführt. Der Fragebogen wurde auf der Unipark-Homepage erstellt, getestet und von den Befragten ausgefüllt. Des Weiteren erfolgte die Teilnehmerverwaltung online über das Befragungstool: Nach dem Hochladen der Adressdatei wurden die Befragungsteilnehmenden mittels des Programms zur Befragung eingeladen und erhielten zu späteren Zeitpunkten gegebenenfalls Erinnerungs-E-Mails. Über die Software war es möglich, jedem Befragten einen individuellen Zugangscode sowie einen Zugangslink zu generieren, der automatisch in die Einladungs- und Erinnerungs-E-Mails integriert wurde. Hierdurch konnten zahlreiche typische Probleme von Onlinebefragungen vermieden werden (vgl. Maurer/Jandura 2009; Baur/Florian 2009): Es konnte eine geschlossene Befragung, an der nur die angeschriebenen Jugendämter teilnehmen konnten, realisiert werden. Dabei konnte ein Overcoverage verhindert werden, da pro Zugang/Jugendamt lediglich ein Datensatz generiert werden konnte, selbst wenn die E-Mail mit dem Zugangscode innerhalb der Organisation weitergeleitet wurde. Schließlich ermöglichte das Verfahren ein Unterbrechen und späteres (Wieder-Einloggen und) Fortsetzen der Befragung. Die Nutzung der Software gewährleistet zudem ein hohes Maß an Anonymität, da über die Teilnehmerverwaltung zwar der Teilnahme-Status einzelner Befragter abgerufen werden konnte (z. B. abgebrochen, beendet, noch nicht begonnen), jedoch die Datensätze keine Merkmale enthielten, über die einzelne Teilnehmende identifiziert werden konnten. Weiter bot das System ein umfangreiches Reporting (u. a. zum Nutzerverhalten oder Abbrüchen). Schließlich ermöglichte die Entscheidung für eine webbasierte Onlinebefragung eine maximale Ausnutzung von Angaben der Befragten, da auch die Daten von nur teilweise ausgefüllten bzw. nicht beendeten Fragebögen genutzt werden konnten. Insofern wurde der von den Befragten getätigte Aufwand maximal gewürdigt.

Der *Fragebogen* wurde Ende 2012 vor dem Hintergrund des damals aktuellen Forschungsstandes entwickelt und folgte der Prämisse einer möglichst knappen und wenig zeitaufwendigen Befragung (vgl. Abschnitt 9.3.2 zu den Inhalten). Er wurde mit KollegInnen an der Universität Kassel mit unterschiedlichen Fragestellungen in Einzelgesprächen eingehend diskutiert und mehrfach angepasst. Zudem wurde das Feedback eines einschlägigen externen Experten eingeholt. Die vorläufige Endversion des Erhebungsinstruments wurde über das Befragungstool Uni-Park umgesetzt und einem Pre-Test, an dem Personen aus der Wissenschaft (n=5) sowie ASD-Akteure (n=4) teilnahmen[254], unterzogen. Dieser führte zu weiteren Anpassungen des Erhebungsinstruments. Schließlich wurde die Befragung unter dem Titel „Jugendamtsbefragung. Methodische Modernisierungen und Standardisierungen im ASD" als Studie der Universität Kassel umgesetzt. Aufgrund entsprechender Rückmeldungen einzelner Jugendämter, wurde die Befragung zudem mit den Kommunalen Spitzenverbänden (Landkreistag, Städtetag, Städte- und Gemeindebund) „abgestimmt".[255]

Parallel zur Entwicklung des Fragebogens erfolgte die *Recherche von E-Mail-Adressen* der Befragungsteilnehmenden aller deutschen Jugendämter. Da

---

[254] Der Pre-Test erfolgte über ein entsprechendes Tool in der Unipark Software. Die Teilnehmenden konnten sich wie „reguläre" Studienteilnehmer einloggen und den Fragebogen bearbeiten, hatten jedoch auf jeder Fragebogenseite die Option, über ein Kommentarfeld Anmerkungen zu hinterlassen.

[255] Leider konnte keine Empfehlung der Spitzenverbände erwirkt werden, stattdessen stellten die Spitzenverbände den Jugendämtern die Teilnahme an der Befragung nach Feststellung der inhaltlichen Unbedenklichkeit jedoch mit dem Hinweis auf den nicht unbeträchtlichen Umfang anheim. Ein entsprechendes Dokument wurde ab der ersten Erinnerungs-E-Mail angefügt und war zudem auf der Befragungshomepage abrufbar.

keine frei zugängliche bundesweite Adressdatei aller Jugendämter bzw. Jugendamtsleitungen vorliegt, mussten die Adressen „von Hand" ermittelt werden. Hierzu erfolgte zunächst eine Recherche auf den Webseiten aller Landesjugendämter bzw. der zuständigen Ministerialverwaltungen. Diese hatten zum einen den Zweck, alle Jugendämter in den jeweiligen Zuständigkeitsbereichen zu identifizieren sowie gegebenenfalls schon nutzbare E-Mail-Adressen zu eruieren. In einem weiteren Schritt erfolgte – sofern nötig – die Recherche von E-Mail-Adressen auf den Webseiten der entsprechenden kommunalen Verwaltungen[256]. Die durch die Recherchen bei den überörtlichen Behörden ermittelte Anzahl der Jugendämter wurde im Projektverlauf mit Informationen eines einschlägigen Forschungsinstituts abgeglichen. Über die Adressrecherche sollte im Idealfall die persönliche dienstliche E-Mail-Adresse der Jugendamtsleistung ermittelt werden. War dies nicht möglich oder sinnvoll, etwa weil keine Abteilung „Jugendamt" existierte oder das Jugendamt Teil eines großen Fachbereichs war, wurde nach der persönlichen Dienstadresse der ASD-Leitung gesucht. War auch diese nicht auffindbar, wurde die nicht-persönliche E-Mail-Adresse zur Kontaktierung der Jugendamts-/ASD-Leitung oder aber des Jugendamtes/ASD genutzt. Von den zu Beginn der Befragung versandten Einladungs-E-Mails konnten 37 aufgrund fehlerhafter Adressen nicht zugestellt werden und mussten nachrecherchiert werden. Für vier dieser Jugendämter (zwei Landkreise und zwei Städte in Süd- und Westdeutschland) konnte keine nutzbare E-Mail-Adresse gefunden werden, sodass diese nicht zur Teilnahme an der Befragung eingeladen werden konnten.

Die *Feldphase* wurde bewusst lang konzipiert (vgl. Mamier et al. 2003) und dauerte von Mitte März 2013 bis Anfang Juli 2013. Nach jeweils circa fünf Wochen erfolgte eine Erinnerungs-E-Mail an alle Jugendämter, die noch nicht teilgenommen oder den Fragebogen noch nicht beendet hatten – hiervon ausgenommen wurden Jugendämter, die explizit per E-Mail zurückmeldeten, nicht an der Befragung teilnehmen zu wollen (n=14). In die Auswertung konnten letztlich 166 Datensätze einbezogen werden. Dies entspricht bei einer Grundgesamtheit von 579 Jugendämtern im Frühjahr 2013 einer Beteiligungsquote von

---

256 Die Recherche zeigte einerseits eine große Heterogenität im Informationsangebote der Landesjugendämter bzw. zuständigen Landesbehörden. So bieten die beiden Landesjugendämter in NRW umfassende Verzeichnisse aller ihrer Jugendämter einschließlich der E-Mail-Adressen und Telefonnummern sämtlicher Leitungskräfte, Koordinationsstellen sowie Spezialdienste an. Auf den Webseiten anderer Landesjugendämter konnte nicht einmal eine Auflistung der Jugendämter im Zuständigkeitsbereich, geschweige denn Webadressen der Ämter gefunden werden. Auch auf den kommunalen Seiten bestanden deutliche Unterschiede in der Sichtbarmachung von internen Strukturen und in den Ämtern angestellten (Leitungs-)Personen, sodass letztlich ein nicht unbedeutender Anteil nicht-persönlicher E-Mail-Adressen genutzt werden musste.

29%[257]. Von den einbezogenen Datensätzen beruhen 144 auf abgeschlossenen Befragungsteilnahmen. Dies entspricht 25% der Grundgesamtheit. Die restlichen 22 Datensätze beruhen auf Befragungsteilnahmen, die zu einem Zeitpunkt abgebrochen wurden, zu dem bereits substanzielle Angaben zu fachlichen Formalisierungen gemacht wurden.

Insgesamt wurde die Webseite der Befragung von 261 Teilnehmenden aufgerufen, was 45% der angeschriebenen Grundgesamtheit entspricht. Von den 261 Aufrufen erfolgten 28% innerhalb der ersten Befragungswoche. Der Anteil von Zugriffen stieg in den folgenden fünf Wochen auf 34% an. In der Woche der ersten Erinnerungs-E-Mails (die das Schreiben der Spitzenverbände enthielt) erfolgten weitere 27% der Zugriffe, in der Woche der zweiten Erinnerungs-E-Mail 23%. Auch von den beendeten Fragebögen wurde etwa je ein Drittel in den Zeiträumen nach der Einladungs- und den beiden Erinnerungs-E-Mails abgeschlossen. Von den 261 Personen, die auf die Homepage der Befragung zugegriffen haben, haben etwa 10% lediglich die Startseite aufgerufen, ebenso viele Personen haben nur die allgemeinen Fragen zum Jugendamt (z. B. Größe, Bundesland) ausgefüllt oder angesehen. Die größte Zahl der Abbrüche (13%) erfolgte bei der ersten Pflichtfrage zum Vorhandensein von standardisierten Instrumenten im Kinderschutz. Von den verbleibenden 178 Befragten haben 12 den weiteren Fragebogen nur lückenhaft ausgefüllt, sodass sie aus der weiteren Analyse ausgeschlossen werden mussten. Somit verbleiben – wie erwähnt – 166 Datensätze. Etwa ein Fünftel der Fragebögen wurde nach einer Unterbrechung beendet. Im Frühjahr 2014 erhielten alle Jugendämter, die an der Befragung teilgenommen haben, einen Bericht mit den wesentlichen Ergebnissen der Onlinebefragung zugesandt.

9.3.3 Beschreibung der Stichprobe

Die Beschreibung der Stichprobe ist von mehreren Unsicherheiten geprägt. Da nicht nur die Ergebnisdarstellung, sondern auch die Erhebung und Auswertung anonym erfolgten, ist die Beschreibung auf die Angaben der Befragten angewiesen. Um frühzeitige Abbrüche zu verhindern, handelte es sich bei den Fragen zum Jugendamt, seiner Organisation und zur antwortenden Person nicht um

---

257 Der 14. Jugendbericht geht für das Jahr 2010/2011 von 563 Jugendämtern in Deutschland aus (vgl. BMFSFJ 2013). Werden die 12 Berliner und die 7 Hamburger Bezirksämter als eigenständige Jugendämter gezählt, so ist von 580 deutschen Jugendämtern auszugehen. Eine aktualisierte Liste eines Forschungsinstituts zu den Jugendämtern im Jahr 2013 weist 581 Ämter aus. Im Zuge der Erhebung meldeten jedoch zwei Kommunen zurück, ihr Jugendamt zum 01.01.2013 an den Landkreis abgegeben zu haben. Somit verbleibt eine Grundgesamtheit von 579 Ämtern zum Erhebungszeitpunkt.

Pflichtfelder, entsprechend lückenhaft sind die Antworten. Da die Datensätze zudem kein Merkmal zur Identifikation einzelner Kommunen/Dienste enthielten, konnte weder eine Prüfung noch eine Ergänzung fehlender Angaben erfolgen, etwa zum Bundesland oder zur Art der Gebietskörperschaft. Besonders Angaben zum Bundesland wurden häufig verweigert. Daher war es nicht möglich, über Gewichtungen ein der Grundgesamtheit entsprechendes Sample zu kreieren – zumal unklar ist, inwiefern Merkmale wie das Bundesland oder der Typ der Kommune Einfluss auf die Verbreitung und Ausgestaltung fachlicher Formalisierungen[258] haben. Unter den Jugendämtern, die Angaben zum Typus der Körperschaft gemacht haben, sind (Land-)Kreise unterrepräsentiert, während kreisfreie Städte und vor allem kreisangehörige Gemeinden überrepräsentiert sind (vgl. Tab. 4).

Tab. 4: Repräsentativität der Stichprobe hinsichtlich der Art der Gebietskörperschaft

	(Land-) Kreise	Kreisfreie Städte	Kreiszugehörige Komm.
Grundgesamtheit[259]	50%	19%	32%
Onlinebefragung	39%	24%	37%

Die Haushaltslage wird von über drei Vierteln der die Frage beantwortenden Kommunen als (eher) angespannt beschrieben. Lediglich 5 Kommunen (3%) bezeichnen ihre Haushaltslage als entspannt, die übrigen als eher entspannt. Etwa die Hälfte der teilnehmenden Jugendämter verfügt zwischen 10 und 30 MitarbeiterInnenstellen im ASD (Vollzeitäquivalente), knapp 30% haben weniger als 10, circa 20% über 30 ASD-MitarbeiterInnenstellen. Von den teilnehmenden Jugendämtern arbeiten circa 45% nach einem sozialraumorientierten Ansatz mit dezentralen Außenstellen, wobei kreisfreie Städte und Landkreise signifikant häufiger als kreisangehörige Kommunen sozialraumorientiert arbeiten. In knapp 60% der Ämter bearbeiten die Fachkräfte alle anfallenden ASD-Aufgaben für ihren räumlichen/alphabetischen Zuständigkeitsbereich.

---

258 Hinsichtlich der Zahl implementierter fachlicher Formalisierungen unterscheiden sich Landkreise, kreisfreie Städte und kreisangehörige Kommunen kaum. Differenzen existieren allenfalls im Detail. So weisen kreisangehörige Kommunen beispielsweise eine rigidere organisationale Einbettung von standardisierten Instrumenten (Verbindlichkeit und Kontrolle) auf, während dies in den Landkreisen weniger stark ausfällt. Dafür verfügen kreisangehörige Kommunen seltener über Fachsoftware als Landkreise und kreisfreie Städte.
259 Die Berechnung beruht auf der Differenzierung im 14. Jugendbericht (BMFSFJ 2013, S. 291). Die Bezirksämter von Hamburg und Berlin wurden als kreisangehörige Kommunen gezählt.

Jeweils circa 20% der Ämter praktizieren personale Spezialisierungen und/oder verfügen über Spezialdienste für bestimmte ASD-Aufgaben[260].

Die Befragung war an einen Vertreter der Leitungs-/Koordinationsebene in den Ämtern adressiert. In über 90% der Jugendämter wurde der Fragebogen von der Jugendamts- oder ASD-Leitung ausgefüllt. Die restlichen 10% entfallen auf Akteure diverser Koordinationsstellen. Dies ist bei der Interpretation der Daten zu berücksichtigen. Besonders, weil es in drei Vierteln der Kommunen die Jugendamts- und ASD-Leitungen waren, die als die treibende Kraft hinter der Implementierung formalisierter Instrumente und Verfahren benannt werden bzw. sich selbst als treibende Kraft benennen. Insofern hat die Beurteilung von Formalisierungen in der vorliegenden Befragung Züge einer Selbstevaluation (vgl. Abschnitt 3.4).

9.3.4 Aufbau des Fragebogens und Auswertungsstrategie

Die Befragung hatte einen explorativen Charakter. Aus diesem Grund sollte der Fragebogen möglichst offen gestaltet sein. Allerdings zeigte es sich, dass dieser Grundsatz bei Fragen etwa zu den Standardisierungs-, Verbindlichkeits- und Kontrollgraden verlassen werden musste und die Items sehr konkret und auch differenziert zu gestalten waren. Der Fragebogen und das dahinterstehende Kategoriensystem basieren auf einer Verknüpfung und Strukturierung der in Kapitel 2 des konzeptionellen Teils diskutierten Aspekte fachlicher Formalisierungen und der in den Kapiteln 7 bis 8 vorgestellten Konkretisierungen der Diskussion sowie des empirischen Forschungsstands zur Kinder- und Jugendhilfe. Zum einen wurden Aspekte aus dem sozialpädagogischen Diskurs aufgegriffen, beispielsweise typische sozialpädagogische Funktionen, ferner Raster zur Bestimmung der Standardisierungsgrade oder Bezüge zum Case Management. Zum anderen flossen organisationswissenschaftliche Perspektiven, wie Kategorien zur Verbindlichkeit, zur organisationalen Kontrolle oder zu Steuerungsaspekten ein. Ähnlich heterogen sind die Grundlagen der Items zur Beurteilung fachlicher Formalisierungen.

Insgesamt folgt der Aufbau des Erhebungsinstruments einer einfachen, mehrstufigen Logik: So wurden einerseits – anschließend an die Differenzierung in Abschnitt 2.1 – standardisierte Instrumente und standardisierte Ver-

---

[260] Die hier dargestellten allgemeinen Merkmale der Jugendämter haben überwiegend keine signifikanten oder bedeutsamen Einflüsse auf den Implementierungsgrad sowie auf die Ausgestaltung von Standardisierungen in den teilnehmenden Jugendämtern. Aus diesem Grund erfolgt keine differenzierte Darstellung entlang der eben beschriebenen Dimensionen. In Einzelfällen erfolgen Anmerkungen, in der Regel in Fußnoten.

fahren („über die rechtlichen Mindestvorgaben hinausgehende Prozessvorgaben") als die beiden interessierenden materiellen Gegenstände sowie der Kinderschutz und die Hilfeplanung als die beiden interessierenden ASD-Arbeitsbereiche ausgewählt und miteinander gekreuzt (vgl. Tab. 5). Zu jedem dieser vier Gegenstände erfolgte ein strukturell identisches Set von Fragen, wobei ausgiebig von den besonderen Möglichkeiten der Filtersetzung bei Onlinebefragungen Gebrauch gemacht wurde. So wurde für jede der vier fachlichen Formalisierungen zunächst gefragt, ob diese im Jugendamt implementiert sind. Sofern dies bejaht wurde, erfolgten konkretisierende und beurteilende Nachfragen, andernfalls wurden die Teilnehmenden der Befragung zum „nächsten" Gegenstand weitergeleitet.

Die Konkretisierungen umfassten zunächst Fragen zur Detaillierung der fachlichen Formalisierungen, das heißt zu deren Ausgestaltung. Die hierfür herangezogenen Kategorien wurden aus dem sozialpädagogischen Fachdiskurs abgeleitet. Im Falle von standardisierten Instrumenten waren dies der Standardisierungsgrad und bei standardisierten Verfahren unterschiedliche Arten der Prozessstandardisierung (z. B. feste Handlungsschritte oder Zeitvorgaben). Daran schlossen sich Fragen zur organisationalen Einbettung der infrage stehenden Instrumente und Verfahren an. So wurde nach deren Verbindlichkeit sowie nach dem Grad der Kontrolle der Nutzung/Einhaltung gefragt. Damit wird der in der Organisationswissenschaft als bedeutend erachteten Differenzierung zwischen der Existenz von Regeln und der Durchsetzung von Regeln Rechnung getragen (vgl. Aiken/Hage 1966; Meyer/Rowan 1977). Zu formalisierten Instrumenten und Verfahren im Bereich der Hilfeplanung wurden zudem auf den Ökonomisierungsdiskurs bezogene Aspekte erhoben: Für Instrumente in der Hilfeplanung wurde danach gefragt, ob mit deren Hilfe erhobenen Informationen fortgeschrieben und zur Wirkungsmessung und Steuerung genutzt werden. Bei Verfahren in der Hilfeplanung wurde ergänzend danach gefragt, ob nach dem Case Management-Konzept gearbeitet wird.

Schließlich wurden die Befragten gebeten, die implementierten fachlichen Formalisierungen hinsichtlich ihres Beitrags zur Steigerung der fachlichen Qualität, zur Erhöhung der Effizienz der Arbeit, zu Kosteneinsparungen und zur Legitimation der ASD-Arbeit zu beurteilen. Auch die herangezogenen Beurteilungskategorien sind direkt aus der sozialpädagogischen Fachdebatte abgeleitet. Es handelt sich um eine Zusammenschau und Verdichtung jener Argumente, die von BefürworterInnen zur Begründung fachlicher Formalisierungen vorgebracht werden. Sofern die Befragten die Nutzung von Instrumenten und/oder Verfahren in einem der beiden Arbeitsbereiche angegeben haben, wurde zudem abgefragt, ob diese fachlichen Formalisierungen in eine Fachsoftware eingebunden sind. Wurde dem zugestimmt, wurde das oben genannte Bewertungsraster auch für Fachsoftware wiederholt.

Diesen inhaltlich-gegenstandbezogenen Fragen wurden allgemeine Fragen zu den Jugendämtern (Bundesland, Art der Gebietskörperschaft, Anzahl der MitarbeiterInnen, Einschätzung der kommunalen Haushaltslage) sowie Fragen zur Organisation der ASD-Aufgaben (Spezialisierungen, Sozialraumorientierung) vorangestellt. Zudem wurde die Position des den Fragebogen ausfüllenden Akteurs erhoben. Die Auswahl dieser Fragen erfolgte in Orientierung an verbreitete Differenzierungskriterien, wie sie in zahlreichen Studien genutzt werden (vgl. z. B. Gadow et al. 2013).

Tab. 5: Kategoriensystem der Online-Befragung

	Standardisierte Instrumente	Standardisierte Verfahren/Verfahrensstandards	Fachsoftware
Kinderschutz (KS)	„Standardisierte Instrumente zur Risikoeinschätzung und Dokumentation im Bereich der Abklärung von Kindeswohlgefährdung (z. B. Checklisten, Diagnosebögen oder Risikoscreenings)" Nutzung (ja/nein) Ausgestaltung: – Detaillierung – Verbindlichkeit – Kontrolle Beurteilung	„Über die rechtlichen Mindeststandards hinausgehende Vorgaben für den Prozess der Abklärung von Kindeswohlgefährdung (z. B. zusätzliche Handlungsschritte, feste Abfolgen oder Zeitvorgaben)" Nutzung (ja/nein) Ausgestaltung: – Detaillierung (inkl. Verbindlichkeit) – Kontrolle Beurteilung	„Einbindung der Instrumente und/oder Verfahren im Kinderschutz in eine Fachsoftware" Nutzung (ja/nein) Beurteilung

Hilfeplanung (HP)	„Standardisierte Instrumente zur Diagnose/Bedarfsermittlung und Dokumentation im Kontext der Hilfeplanung (z. B. Checklisten, Diagnosebögen)"
	
	Nutzung (ja/nein)
	Ausgestaltung:
	– Detaillierung
	– Verbindlichkeit
	– Kontrolle
	– Wirkungsmessung/
	  Steuerung
	Beurteilung
		„Über die rechtlichen Mindeststandards hinausgehende Vorgaben für die Gestaltung von Hilfeplanungsprozessen (z. B. zusätzliche Handlungsschritte, Zeitvorgaben oder Anwendung des Case Management-Konzepts)"
		
		Nutzung (ja/nein)
		Ausgestaltung:
		– Detaillierung
		  (inkl. Verbindlichkeit)
		– Case Management
		– Kontrolle
		Beurteilung
			„Einbindung der Instrumente und/oder Verfahren der Hilfeplanung in eine Fachsoftware"
			
			Nutzung (ja/nein)
			Beurteilung

Das Ende des Instrumentes bildeten Fragen zu den internen und externen Impulsgebern für die Implementierung formalisierter Instrumente und Verfahren in den Jugendämtern. Diese Fragen waren durch den Diskurs um kommunale Modernisierungsprozesse (vgl. Kapitel 9.7) inspiriert und sollten zudem einen

Anschluss an die Rekonstruktion von Implementierungsprozessen in den qualitativen Fallstudien herstellen. Die konkreten Antwortmöglichkeiten wurden in Orientierung an den Befunden empirischer Studien zu wichtigen Impulsgebern von kommunalen Modernisierungsprozessen gebildet (vgl. Grohs 2010; Krone et al. 2009; Gissel-Palkovich et al. 2010). Schließlich bestand auch noch die Möglichkeit, ein Feedback zur Befragung zu hinterlassen.

Die Konstruktion des Fragebogens sowie die Gestaltung und Formulierung der einzelnen Items erfolgte entsprechend allgemeiner Empfehlungen zur Fragebogenkonstruktion (vgl. u. a. Porst 2014) sowie spezieller Hinweise zur Gestaltung von Onlinebefragungen (vgl. v. a. Brake/Weber 2009). So wurden logische Folgefragen nach einem Filter auf eine Seite zusammengefasst, jedoch darauf geachtet, dass bei einer üblichen Bildschirmauflösung kein Scrollen nötig ist. Zudem wurden die Items einfach und positiv formuliert. Um die Zahl von Abbrüchen möglichst gering zu halten, wurden lediglich die Filterfragen zum Vorliegen von formalisierten Instrumenten und Verfahren als Pflichtfragen definiert. Alle anderen Fragen konnten „übergangen" werden. Auf Matrixfragen sowie offene Antworten wurde verzichtet, allerdings hatten die Befragten bei jeder erhobenen Formalisierung die Möglichkeit, über ein optionales Freitextfeld Kommentare oder Erläuterungen anzufügen, wovon jeweils ca. 5% der Befragten Gebrauch machten.

Abgesehen von den ein- und ausleitenden Fragen, beschränkte sich der Fragebogen auf drei *Fragetypen*:

1. Dichotome Filterfragen (z. B. ob standardisierte Instrumente implementiert wurden oder Dokumentationsdaten zur Steuerung genutzt werden)
2. Dichotome und trichotome Detaillierungsfragen. Diese sind entweder nominalskaliert (z. B. Formen der Prozessstandardisierung) oder aber ordinalskaliert, indem den konkretisierenden Attributen ergänzende Abstufungen (hoch – mittel – gering) zugeschrieben wurden (z. B. Standardisierungsgrade eines Instruments).
3. Die Beurteilung fachlicher Formalisierungen erfolgt mittels vierstufiger Skalen mit den Polen (1 = stimme voll zu; 4 = stimme gar nicht zu).

Die bereinigten Daten wurden mithilfe des Statistik-Pakets IBM SPSS 14 ausgewertet. Angesichts der grundsätzlichen Repräsentativitätsprobleme geschlossener Onlinebefragungen (vgl. z. B. Baur/Florian 2009; Maurer/Jandura 2009) kann die Befragung trotz einer Rücklaufquote von 29% nicht beanspruchen, ein repräsentatives Bild der deutschen Jugendämter insgesamt zu liefern. Da sich die Befragung ausschließlich auf Standardisierungen bezog und diese im Anschreiben mit dem möglicherweise eher positiv assoziierten Begriff der „methodischen Modernisierung (… zur Optimierung der sozialpädagogischen

Praxis)" gefasst wurden, kann nicht ausgeschlossen werden, dass sich im Wesentlichen Akteure bzw. Ämter beteiligt haben, die Standardisierungen entweder implementiert haben, die sich dafür interessieren oder die diesen insgesamt wohlwollend gegenüberstehen. Insofern ist ein – möglicherweise systematischer – „non-response bias" (Bosnjak/Tuten 2001) aufgrund von Selbstselektionen der Befragten nicht auszuschließen (vgl. ebd.; Maurer/Jandura 2009). Die Ergebnisse der Studie zur *Verbreitung* von Standardisierungen könnten demnach den Eindruck einer größeren Bedeutung fachlicher Formalisierungen erwecken, als diese faktisch in der Grundgesamtheit gegeben ist. Aus diesem Grund werden Befunde zur Verbreitung formalisierter Instrumente und Verfahren zwar knapp vorgestellt, der Schwerpunkt der Datenanalyse und Ergebnisdarstellung liegt jedoch auf der *Ausgestaltung* der Standardisierungen. Die Befragung soll also im Wesentlichen einen Einblick in die Formen, die Verbindlichkeit und die Kontrollmuster standardisierter Instrumente und Verfahren in jenen Jugendämtern bieten, die fachliche Formalisierungen implementiert haben. Für diese Gruppe von Jugendämtern kann die Studie Repräsentativität beanspruchen.

Im Zentrum der Ergebnisdarstellung stehen deskriptiv-statistische Befunde zur Verteilung von fachlichen Formalisierungen und insbesondere deren Merkmale in der Stichprobe. Um den Erklärungsgehalt zu erhöhen, erfolgen – wenn möglich – vergleichende Analysen, wobei die Differenzbildung in der Regel nicht über die Merkmale der Jugendämter, sondern einerseits über unterschiedliche Formen der Formalisierung sowie andererseits über die beiden Arbeitsfelder erfolgt. Aufgrund der variierenden Anzahl von Fällen bei den einzelnen Items – die nicht nur einen Effekte der Filterfragen darstellt, sondern auch Resultat des Verzichts auf Pflichtfragen sowie des Drop-Outs von 22 Fällen im Verlauf der Befragungsteilnahme sind – erfolgt die Berechnung von Verteilungen jeweils auf Basis der Zahl der Antworten der Einzelitems und nicht bezogen auf die Zahl der Teilnehmenden an der Studie. Die jeweils zugrunde gelegte Fallzahl (n) wird für die einzelnen Items angegeben.

Die Berechnung statistischer Zusammenhänge innerhalb des Samples der teilnehmenden Jugendämter mit Standardisierungen erfolgt bei Vorliegen dichotomer Variablen (Kreuztabellen mit 2 × 2 oder 2 × 3 Feldern) mittels des auf dem Chi-Quadrat-Test aufbauenden Koeffizienten Cramérs-V (V). Dieser kann Werte zwischen 0 (kein Zusammenhang) und 1 (maximaler Zusammenhang) annehmen. Im Falle trichotomer (Ordinal-)Skalen wird der Rangkorrelationskoeffizient Kendalls Tau-b (τ_b) genutzt. Auch er kann Werte von 0 bis 1 annehmen. Die Werte der beiden Koeffizienten sind nicht direkt vergleichbar (vgl. Kuckartz et al. 2013). Obgleich die vierstufigen Skalen zur Beurteilung der einzelnen fachlichen Formalisierungen ordinalskaliert sind, werden mit dem Ziel einer besseren Verständlichkeit der Darstellung Maße für intervallskalierte Variablen – Mittelwerte (M), Standardabweichungen (SD), Mittelwertdifferenzen (MD) sowie t-Tests zur Prüfung der Signifikanz – genutzt, denn es kann davon ausgegangen werden, dass sich das Kontinuum zwischen den beiden Antwortpolen gedanklich in gleichgroße Abschnitte unterteilen lässt (vgl. entsprechend Baur 2008; Porst 2014, S. 80 f.). Für Korrelationen wird (dennoch) weiterhin der Rangkorrelationskoeffizient Kendalls-Tau-b genutzt. Das jeweils angelegte Signifikanzniveau wird in der Regel angegeben. Sofern im Text lediglich auf eine Signifikanz von Gruppenunterschieden hingewiesen wird, wurden diese mittels eines Chi-Quadrat-Tests ermittelt. Dabei werden folgende Signifikanzniveaus unterschieden: signifikant: 1%-Niveau; hoch signifikant: 0,1%-Niveau; schwach signifikant: 5%-Niveau.

Im Erhebungsinstrument wurden zunächst Daten zu Instrumenten, Verfahren und Fachsoftware im Kinderschutz und anschließend zu Instrumenten, Verfahren und Fachsoftware in der Hilfeplanung erhoben. Die Ergebnisdarstellung weicht von dieser Strukturierung ab. Zunächst werden knapp Befunde zur Verbreitung aller vier erhobenen fachlichen Formalisierungen (Instrumente und Verfahren zu Kinderschutz und Hilfeplanung) präsentiert. Es folgt die Darstellung der Befunde zu standardisierten Instrumenten in beiden Arbeitsbereichen und anschließend von Befunden zu Prozessstandards in beiden Bereichen, einschließlich der Erweiterungsfragen zur Steuerung und zum Case Management in der Hilfeplanung. Im Anschluss werden Befunde zur Verbreitung von Fachsoftware vorgestellt. Diese Ergebnisse werden sodann strukturiert und diskutiert, bevor die Ergebnisse der Beurteilung der verschiedenen Instrumente und Verfahren vorgestellt werden. Den Abschluss bilden Befunde zu den Impulsen für die Implementierung fachlicher Formalisierungen in den befragten ASD.

9.4 Forschungsdesign und Umsetzung der qualitativen Teilstudie

Qualitative Fallstudien in Organisationen gelten als ein empirischer Zugang, der besonders zur Mikrofundierung von Institutionalisierungsprozessen geeignet ist (vgl. z. B. Sahlin/Wedlin 2008; Greenwood/Hinings 1996). Die qualitativen Fallstudien zielen im Kontext der vorliegenden Arbeit darauf ab, den Prozess und die Qualität der Institutionalisierung fachlicher Formalisierungen in den ASD empirisch einzufangen. Entsprechend wird einerseits der Prozess der Implementierung rekonstruiert, andererseits wird der Umgang der Basiskräfte mit implementierten Instrumenten und Verfahren in den Blick genommen. Beide Institutionalisierungsdimensionen sollen in doppelter Weise verstehend nachvollzogen werden. Zum einen werden die konkreten, von den Akteuren realisierten Handlungsweisen (zur Implementierung und Nutzung fachlicher Formalisierungen) und die sich darüber konstituierenden Prozesse und Mechanismen in den ASD rekonstruiert. Zum anderen interessieren die Motive hinter den Handlungen bzw. die Art und Weise der Auseinandersetzung mit der sozialen, materiellen und kulturellen Umwelt, die ursächlich hinter den Handlungsweisen der Individuen steht.

9.4.1 Analyseperspektiven der qualitativen Fallstudie

Für die Analyse der *Handlungsweisen* – der Implementierung, wie der Alltagspraxen – wird primär auf Interviewmaterial zurückgegriffen. Insofern sind nicht die Praxen der Akteure, sondern die von den Akteuren thematisierten Handlungsweisen Gegenstand der Analyse. Dieser „Umweg" über eine sprachliche Vermittlung aktualen Handelns – im Gegensatz zu dessen ethnografischem Erleben – ist für die Interpretation der Erkenntnisse zu berücksichtigen. Da implizite, kognitiv in der Interviewsituation nicht verfügbare Handlungsweisen nicht kommuniziert werden können, fließen solche nicht in die Analyse ein. Wenn daher immer wieder auf die besondere Bedeutung von impliziten Wissensgehalten (tactic knowledge) für sozialarbeiterische Alltagspraxen hingewiesen wird (vgl. z. B. Juhila et al. 2003), könnte die Beschränkung auf kommunizierte Praxen vor allem bei der Analyse der Nutzungsweisen von fachlichen Formalisierungen durch die Basiskräfte dazu führen, dass relevante Aspekte nicht in die Analyse einbezogen werden. Diesem „Nachteil" einer Interviewstudie gegenüber ethnografischen Zugängen steht jedoch entgegen, dass die interessierenden Motive der Akteure und die Formen ihrer Auseinandersetzung mit der institutionell vorgeprägten (Um-)Welt einer sprachlichen Vermittlung der kognitiven Strukturen und Prozesse bedürfen (vgl. Mayring 2002, S. 66; Kaufmann 1999, S. 96). So konstatiert Witzel (1982, S. 66), dass „beim reinen Beobachtungsverfahren keine Kontrolle der Interpretationen oder offener Probleme durch den Beobachter unmittelbar im Forschungsfeld" möglich ist. Für die Rekonstruktion der Implementierungsprozesse der vergangenen Jahre ist ein Rückgriff auf retrospektive Thematisierungen und Reflexionen der Akteure nicht zu vermeiden. Die mit retrospektiven Zugängen verknüpften „Verzerrungen" sollen durch eine Datentriangulation (vgl. Denzin 1970; Flick 2008) begegnet werden, also durch die Einbeziehung der Perspektiven unterschiedlicher Akteure sowie – sofern möglich – durch eine ergänzende Konsultation organisationaler Dokumente, quasi als Form der Konservierung vergangener aktueller Sinngehalte.

Der Fokus der Fallstudien liegt auf der Auseinandersetzung der Jugendamtsakteure mit ihrer (Um-)Welt, ihren hieran anschließenden Handlungen sowie den daraus resultierenden Prozessen und Strukturen. In diesem Rahmen werden auch die *Sensemaking-Prozesse* und Motive der Akteure in den Blick genommen. Diese will die qualitative Fallstudie Handeln nicht nur „aktuell", sondern auch „erklärend" verstehen, also motivational nachvollziehen (vgl.

Weber 1922/1980; Schutz 1981). Die Analyse der Handlungsbegründungen zielt demnach auf eine Rekonstruktion der „Um-zu Motive", also der kommunizierten Gründe für Handlungen, wie auch der hinter diesen liegenden „Weil-Motive", also jene (häufig impliziten) Grundannahmen, auf die in den Begründungen Bezug genommen wird (vgl. Schutz 1981; Bohnsack 2010). Von besonderem Interesse ist dabei der *„institutionelle Gehalt"* fachlicher Formalisierungen, also Zuschreibungen von Qualitäten (z. B. Funktionen, Zwecke, Effekte), die nicht auf persönlichen Erfahrungen und Lernprozessen beruhen[261].

Nachvollziehbarkeit gilt als eines der zentralen Qualitätskriterien qualitativer Forschung (vgl. z. B. Corbin/Strauss 1990; Helfferich 2011). Aus diesem Grund werden nachfolgend nicht nur die gewählten methodischen und methodologischen Perspektiven begründet, sondern auch die praktische Umsetzung des Forschungsprozesses konkret beschrieben. Die Darstellung gliedert sich in die drei Bereiche Feldzugang, Erhebung und Auswertung. Diese Dreiteilung ist lediglich analytischer Natur. Faktisch waren die Schritte des Forschungsprozesses, wie für qualitative Studien üblich, eng miteinander verwoben (vgl. Glaser/Strauss 1967/2005; Strauss/Corbin 1991).

9.4.2 Feldzugang und Umsetzung

Die Akquise von Kommunen für die qualitativen Fallstudien erfolgte im Rahmen der im vorherigen Unterkapitel 9.3 vorgestellten bundesweiten Onlinejugendamtsbefragung. Sowohl im Einladungsschreiben als auch am Ende des Onlinefragebogens wurden die TeilnehmerInnen der quantitativen Befragung gebeten, eine Teilnahme ihres ASD an der qualitativen Studie zu erwägen. Hierzu wurde jeweils eine knappe Projektskizze präsentiert. Auch das (Empfehlungs-)Schreiben der Kommunalen Spitzenverbände hatte beide Untersuchungen zum Gegenstand.

In den ersten Tagen der Feldphase der Onlinebefragung haben sechs Kommunen Interesse an einer Teilnahme an den Fallstudien bekundet. Nach ersten

---

261 Schutz (1981) bestimmt „Weil-Motive" als in die Vergangenheit gerichtet, auf Erfahrungen basierende motivationale Handlungsgrundlagen, während Um zu-Motive auf die Realisierung eines Plans und damit auf die Zukunft gerichtet sind. „Indessen das Um-zu-Motiv, ausgehend vom Entwurf, die Konstituierung der Handlung erklärt, erklärt das echte Weil-Motiv die Konstituierung des Entwurfes selbst" (ebd., S. 124). Der „institutionelle Gehalt" als auf verbreitete Rationalitätsmythen basierenden Zuschreibungen kann als motivationales „Äquivalent" zu persönlichen Erfahrungen gelten. Sie bilden die Grundlage von Handlungsstrategien, weil an ihre Richtigkeit – ebenso wie an Zusammenhängen, die auf persönlichen Erfahrungen beruhen – geglaubt wird, wobei das Weil-Motiv in der Handlungssituation als fraglos gegeben zu sehen ist.

sondierenden Telefonaten erfolgte eine Festlegung auf drei Großstädte, die sich hinsichtlich verschiedener theoretisch relevanter Merkmale (z. B. Umfang und Standardisierungsrad der Instrumente und Verfahren; Zeitpunkt der Implementierung; Haltungen der Leitungskräfte und kommunale Haushaltslage) deutlich unterschieden. Durch dieses theoriegeleitete „purposeful sampling" (Patton 1990, S. 169) bzw. „qualitative Sampling" (Kelle/Kluge 2010, S. 50) konnten drei geografisch, politisch und strukturell sehr unterschiedliche Kommunen einbezogen werden. Entsprechend heterogen waren die landesrechtlichen Regulierungen sowie die Aktivitäten übergeordneter Stellen. Schließlich umfasste das Sample auch Kommunen mit weiteren methodisch-organisationalen Modernisierungen, die in Zusammenhang mit dem Erkenntnisinteresse der Studie interessante Erkenntnisse versprachen[262]. Diese Differenzierung erschien letztlich deutlich relevanter und zielführender als verbreitete Studiendesigns, die entweder unterschiedliche Kommunen eines Bundeslandes oder ein „Stadt-Land/Ost-West"-Sample realisieren. Das Sample umfasst also drei Jugendämter in Großstädten mit zwischen 100.000 und 400.000 EinwohnerInnen in West-, Ost- und Süddeutschland mit sehr unterschiedlichen lokalen ökonomischen Strukturen, bis zu zehn Prozentpunkten Differenz in den Arbeitslosenquoten und deutlich variierenden kommunalen Haushaltslagen. Zudem unterscheiden sich die politischen Machtverhältnisse und organisationalen Kulturen der Kommunen erheblich voneinander.

Die Teilnahme der Kommune an der Studie wurde jeweils mit den zuständigen ASD-Leitungen oder Koordinationskräften fernmündlich vereinbart, wobei keine weiteren formalen Abrachen getroffen wurden. Die Auswahl der Interviewpartner in den Kommunen erfolgte auf Basis der Auseinandersetzung mit der Literatur. Um die interessierenden Dimensionen der Institutionalisierung (Zustand und Prozess; Aktivitäts- und Formalstruktur) einfangen zu können, umfasste das Sample in den einzelnen Kommunen Akteure unterschiedlicher hierarchischer Ebenen. In dieses „stratified purposeful sampling" (Patton 1990, S. 182) wurden Akteure der Leitungsebene der untersuchten Organisationen (Fachbereichs-, Jugendamts- und ASD-Leitungen), Akteure auf Koordinationsstellen, Team- und Gruppenleitungen sowie ASD-Basiskräfte einbezogen.

Um Vergleichsmöglichkeiten innerhalb der einzelnen Kommunen zu erhöhen und lokale personelle, strukturelle oder kulturelle Einflüsse identifizieren und kontrollieren zu können, umfasste das Sample in den Kommunen jeweils zwei unterschiedliche regionale ASD-Teams, aus denen eine Teamleitung und

---

262 Um die Anonymität der Kommunen zu sichern wird auf eine Darstellung der zusätzlichen methodisch-organisationalen Modernisierungen in den Kommunen in dieser Arbeit verzichtet.

in der Regel zwei Basiskräfte befragt wurden. Die Räumlichkeiten eines der beiden regionalen Teams befanden sich in dem Gebäude, in dem auch die Jugendamts- bzw. Sozialdienstleitung ihre Büros hatte. Bei dem anderen Team handelte es sich jeweils um eine (Außen-)Stelle in einem anderen Stadtteil. Die beiden ASD-Teams sollten sich möglichst stark unterscheiden, insbesondere mit Blick auf die Sozialstruktur der Sozialräume für die die Teams zuständig waren sowie hinsichtlich der Teamstrukturen und Leitungsakteure. Ebenso sollte auch in den Teams ein „maximum variation sampling" (Patton 1990, S. 172) erfolgen. Demnach waren zwei möglichst unterschiedliche Basiskräfte zu befragen. Im Anschluss an einschlägige Diskussionen in der Sozialen Arbeit wurden die Berufserfahrung im ASD, das Geschlecht und das Alter als relevante Differenzierungskriterien bestimmt[263].

Die Auswahl der Teams erfolgte durch die ASD-Leitungen, die Auswahl der Interviewpartner durch die Teamleitungen vor Ort. Dabei wurden die oben genannten Differenzierungskriterien von den lokalen Akteuren durchgängig berücksichtigt. Darüber hinaus erwiesen sich die befragten Basiskräfte auch hinsichtlich ihrer Persönlichkeitseigenschaften (z. B. Impulsivität), fachlichen Orientierung, Qualifikation und Commitment bzw. Loyalität gegenüber dem eigenen Team und Vorgesetzten als sehr unterschiedlich. Wie sich in den Interviews herausstellte, erfolgte die Akquise der Interviewten durch die Teamleitungen auf unterschiedliche Weise und beruhte überwiegend nicht auf Freiwilligkeit.

9.4.3 Konzept und Prozess der Materialgenerierung

Zur Umsetzung der Fallstudien wurden unterschiedliche Typen von Material genutzt. Im Zentrum stehen leitfadengestützte qualitative Interviews mit Akteuren aus dem ASD. Anschließend werden das Konzept und die Umsetzung der Interviews vorgestellt sowie die weiteren genutzten Quellen beschrieben.

Konzept der Interviews: Für die Materialerhebung wurden unterschiedliche Interviewkonzepte integriert. Die Interviews waren in erster Linie problemzentriert im Sinne Witzels (1982; 2000), dabei sowohl auf das Betriebswissen als auch auf das Sensemaking der Befragten orientiert (vgl. Meuser/ Nagel 1991; 1994), verstehend und flexibel im Sinne von Kaufmann (1999) und

---

263 Gillingham (2011b) rekonstruiert beispielsweise Berufserfahrung als wichtiges Differenzierungskriterium hinsichtlich der Nutzungsweisen formalisierter Instrumente im Kinderschutz in Australien. Hasenfeld (2010a) weist auf die Bedeutung von Gendereffekten in sozialen Diensten hin.

in Teilen diskursiv und herausfordernd angelegt (Ullrich 1999). Die Ingredienzien dieser Komposition werden im Folgenden näher bestimmt.

Zunächst handelt es sich um Interviews mit ExpertInnen (vgl. Meuser/ Nagel 1991; 1994; Gläser/Laudel 2006; Liebold/Trinczek 2009). Die Akteure werden für diese Studie befragt, weil sie als Fachkräfte der Sozialen Arbeit – auf unterschiedlichen Positionen – in einem Jugendamt beschäftigt sind und daher Auskunft zu (unterschiedlichen) Aspekten der Institutionalisierung von fachlichen Formalisierungen in diesem Typ von Organisation geben können (sollten). Daher interessieren in den Interviews auch nur die Sichtweisen, Denk- und Handlungsmuster der Akteure als „Funktionsträger" (Meuser/Nagel 1991, S. 443), das heißt als professionelle Fachkräfte und/oder Organisationsmitglieder. Individuelle Aspekte der Persönlichkeit oder Biografie der Befragten sind nur insofern relevant, als sie Einfluss auf die interessierende ExpertInnenrolle nehmen[264]. Über die Interviews wird angestrebt, Zugang zu den „geteilten Wissensbeständen, Relevanzstrukturen, Wirklichkeitskonstruktionen, Interpretationen und Deutungsmuster" (ebd., S. 452) der ASD-Akteure zu erlangen, um hierüber Erkenntnisse zur Institutionalisierung von formalisierten Instrumenten und Verfahren im ASD entwickeln zu können (ebd.). Die Interviews sollen also empirisches Material für die Rekonstruktion von Handlungsstrukturen einerseits sowie von Denkmustern der Akteure (z. B. Orientierungen, Sensemaking, institutionelle Gehalte) andererseits liefern, um hierüber die Institutionalisierung von fachlichen Formalisierungen verstehend nachzuvollziehen. Im Gegensatz zu Meuser und Nagel (1991) interessiert also nicht die Struktur des ExpertInnenwissens als solches, sondern die für die Institutionalisierung von fachlichen Formalisierungen relevanten Wissensgehalte, wobei die Bestimmung dieser Relevanz erst im Forschungsprozess erfolgen kann. Des Weiteren wird in der vorliegenden Studie davon ausgegangen, dass das für Institutionalisierungsprozesse typische gerade in vermeintlich singulären Fallbeispielen zu finden ist. Demgegenüber wird der für ExpertInneninterviews konstitutiven Auffassung gefolgt, dass Vorwissen als Ausdruck des Interesses und Respekts gegenüber den Befragten und als Basis für gezielte Nachfragen eine Voraussetzung für gelingende ExpertInneninterviews ist, ebenso wie eine „strukturierte Offenheit", die es den Befragten erlaubt, eigene Relevanzsetzungen – innerhalb des interessierenden Gegenstandbereichs – zu setzen (vgl. Liebold/Trinczek 2009, S. 37 ff.; Meuser/Nagel 1996). Dementsprechend erfolgt vor der Feldphase

---

264 Meuser und Nagel (1991, S. 442) führen dazu aus, dass nicht „die Gesamtperson mit ihren Orientierungen und Einstellungen im Kontext des individuellen oder kollektiven Lebenszusammenhangs (...), sondern ein organisatorischer oder institutioneller Zusammenhang, der mit dem Lebenszusammenhang der darin agierenden Personen gerade nicht identisch ist und in dem sie nur einen ‚Faktor' darstellen", interessieren.

eine erste orientierende Auseinandersetzung mit dem Forschungsstand und dem sozialpädagogischen Fachdiskurs zu fachlichen Formalisierungen – diese war jedoch deutlich rudimentärer als die in den Kapitel 7 und 8 dargestellte Aufarbeitung.

Bei der Befragung interessierten nicht sämtliche Aspekte der ASD-Praxis. Durch die thematische Eingrenzung des Erkenntnisinteresses auf formalisierte Instrumente und Verfahren im ASD erfolgte eine deutliche Fokussierung der Interviews (Merton/Kendall 1946). Umgesetzt wurde diese thematische Fokussierung vor allem durch die Darstellung des Erkenntnisinteresses zu Beginn des Interviews. Gleichzeitig sollte das Interview den Befragten aber auch die „Chance zu nicht-antizipierten Reaktionsweisen" bieten (Hopf 1978). Die Befragten sollen also innerhalb der thematischen Fokussierung die Möglichkeit haben bzw. dazu animiert werden, auch Aspekte anzusprechen, die sie mit dem fokussierten Thema verknüpfen, die so aber in den konzeptionellen Vorüberlegungen zur Studie nicht mitberücksichtigt wurden (vgl. ebd.). Zudem sollten sie zu einer differenzierenden und differenzierten Auseinandersetzung mit der Thematik angeregt werden und die Möglichkeit erhalten, die Breite und Tiefe der Auseinandersetzung selbst zu bestimmen – solang sie die adressierte ExpertInnenrolle nicht verlassen (vgl. Flick 2006, S. 118 ff.; Hopf 1978). Das für fokussierte Interviews ebenfalls leitende Prinzip der Nichtbeeinflussung wurde dagegen allenfalls zu Beginn der Interviews berücksichtigt. Diese Einschätzung basiert im Wesentlichen auf den Überlegungen von Witzel (1982; 2000) und Kaufmann (1999), deren Interview-Konzepte weitere Grundlagen der vorliegenden Studie bilden.

Das am interpretativen Paradigma ansetzende und theoriegenerierende Konzept des „Problemzentrierten Interviews" eignet sich in besonderer Weise als methodischer Zugang der vorliegenden Studie. Ansetzend am „actor's point of view" (Witzel 1982, S. 13) zielt die Erhebungsmethode darauf ab, „individuelle und kollektive Handlungsstrukturen und Verarbeitungsmuster gesellschaftlicher Wirklichkeit" (ebd., S. 67) zu erfassen. Das methodische Instrumentarium des Ansatzes soll es ermöglichen, einerseits Handlungen, andererseits Wahrnehmung und Denkweisen der befragten Akteure offenzulegen. Damit korrespondiert der Ansatz in hohem Maße mit dem doppelten Fokus der Fallstudien auf einer Beschreibung von Strukturen und Prozesse einerseits („wie") und dem Verstehen der hinter diesen Strukturen liegenden Motive und Sinngebungsprozesse andererseits („Warum"). Diese doppelte Orientierung wird im Problemzentrierten Interview durch eine Verbindung von erzähl- und verständigungsorientierten Kommunikationsstrategien realisiert. Hierzu werden zunächst Narrationen initiiert (Deskription/Wissen über Sachverhalte), an die sich diskursive Kommunikationsstrategien (Verstehen der subjektiven Sichtweise) anschließen.

Die materialgenerierenden Elemente des Problemzentrierten Interviews sind eine die Narrationen herausfordernde Eingangsfrage sowie immanente, also an das erzählte anschließende Nachfragen (allgemeine Sondierungen), in denen die Befragten um eine Spezifizierung von zuvor erwähnten Sachverhalten und Zusammenhängen gebeten werden. Die verständnisgenerierenden Interviewelemente bezeichnet Witzel (1982) dagegen als „spezifische Sondierungen". Es handelt sich dabei einerseits um Bilanzierungen, Verständnisfragen und Konfrontationen des Befragten mit Widersprüchen und ausweichenden Positionen. Diese haben den Zweck, den Befragten dazu zu ermutigen oder zu „zwingen, an seiner Explikation zu arbeiten bzw. seine Konstrukte der Realitätsdarstellung offenzulegen" (ebd., S. 101). Andererseits werden den Befragten bereits im Interview erste Vorinterpretationen der Forschenden zurückgespiegelt und damit zur Diskussion gestellt. Der Befragte soll also nicht nur die Möglichkeit erhalten, durch eine offene Anlage des Interviews eigene Perspektiven einzubringen und Relevanzsetzungen vorzunehmen, er soll zudem auch Einfluss auf die Interpretation seiner Äußerungen erhalten. Dies schließt auch mit ein, „die Explikationsmöglichkeiten des Befragten so zu optimieren, daß sie ihre Problemsicht auch gegen die Forscherinterpretationen und in den Fragen [des Forschenden] implizit enthaltenen Unterstellungen zur Geltung bringen können" (ebd., S. 69). Der Befragte soll also einerseits dabei unterstützt und gegebenenfalls auch dazu gezwungen werden, sich zu positionieren und zu erklären, andererseits soll das Interview so offen und vertrauensvoll gestaltet sein, dass der Befragte seine eigene Sichtweise auch gegen die des Interviewers behaupten kann. Dem Forschenden kommt also eine in doppelter Weise mäeutische Funktion zu (vgl. auch Bourdieu 1997)[265].

Eröffnet wurden die Interviews mit Fragen zur Berufsbiografie, zu den Hauptaufgaben im ASD, zu den eigenen fachlichen Zielen („Mission") sowie zu den aus Sicht des Befragten aktuell zentralen Herausforderungen für die ASD. Die Fragen wurden offen formuliert und auf Nachfragen – abgesehen von Verständnisfragen – verzichtet, um nicht gleich zu Beginn des Interviews in ein Frage-Antwort-Muster zu verfallen. Zudem eigneten sich diese allgemeinen Fragen und intellektuell nicht herausfordernden Fragen gut für den Gesprächseinstieg, da sie es ermöglichten, Unsicherheiten bei den Befragten abzubauen, Interesse an den Befragten zu zeigen und Vertrauen aufzubauen. Schließlich enthielten die Ausführungen zahlreiche Hinweise, an die im weiteren Interviewverlauf angeschlossen werden konnte, um damit Brüche im Gespräch abzumildern. Der thematische Einstieg in das Interview erfolgte über

---

[265] Auf die hier nicht erwähnten weiteren Elemente des Konzeptes Problemzentrierter Interviews wurde verzichtet, beispielsweise auf einen Kurzfragebogen zu soziodemografischen Daten (Witzel 2000).

einen offenen Erzählimpuls. So wurden die Befragten gebeten, zu erzählen, was ihnen zum Thema Standardisierung im ASD einfällt. An diesen ersten Erzählimpuls anschließend wurden Leitungskräfte danach befragt, wie es dazu gekommen ist, dass die erwähnten fachlichen Formalisierungen eingeführt wurden. Die Basiskräfte wurden gebeten, zu erzählen, wie sie in ihrem Berufsalltag mit formalisierten Instrumenten und Verfahren zu tun haben. Diese Erzählungen wurden – anders als dies etwa Kaufmann (1999) rät – nach Möglichkeit nicht unterbrochen, um die materialgenerierende Wirkung von Erzählzwängen nicht zu behindern[266]. Sofern die Darstellung auch beim fortschreitenden Erzählvorgang nicht nachvollziehbar wurde, wurde die Erzählung durch Verständnisfragen unterbrochen.

Die Ausführungen der Befragten wurden – in variierendem Umfang – durch immanente, allgemeine Sondierungen erweitert, also Bitten um Konkretisierungen, Detaillierungen, Begründungen oder konkrete Beispiele. Im Zentrum der Nachfragen standen Begründungen für Handlungen oder Prozesse. Aufgrund des doppelten Fokus auf die Arbeitsbereiche Kinderschutz und Hilfeplanung erfolgten in der Regel – jeweils an den Erzählimpuls anschließend – mindestens zwei „Haupterzählungen" zur Implementierung bzw. Nutzung formalisierter Instrumente und Verfahren. Für die Gruppe der Teamleitungen wurde zudem eine weitere Erzählaufforderung zur Nutzung von Instrumenten und Verfahren durch die Fachkräfte des eigenen Teams formuliert. Sofern einzelne in den Diensten vorhandene fachliche Formalisierungen im Rahmen der Haupterzählung und der allgemeinen Sondierungen von den Befragten nicht angesprochen wurden, erfolgten explizite Nachfragen nach diesen Instrumenten oder Verfahren (Ad-hoc-Fragen).

Zum Ende der darstellenden Erzählung und allgemeinen Sondierung wurden zunächst Verständnisfragen zu unklaren Aspekten der Erzählung oder deren Hintergründen gestellt. Zudem wurden die Befragten gegebenenfalls auf Widersprüche in ihrer Darstellung hingewiesen. Schließlich wurden den Interviewten knappe Bilanzierungen zurückgespiegelt. Diese waren häufig Anlass für – teilweise sehr umfangreiche und äußerst ergiebige – „Klarstellungen" der Befragten in Form von Monologen oder Einstiegen in eine Diskussion. Anlass hierfür waren teilweise inhaltliche Missverständnisse, teilweise wurden in den Zusammenfassungen unangemessene Wertungen gesehen und korrigiert, teilweise führte die Zurückspiegelung offensichtlich zu Reflexionsprozessen und zu einer Re-Positionierung der Befragten.

---

266 Flick (2006, S. 150) nennt einen „Gestaltschließungszwang" (die Geschichte zu Ende bringen), einen „Kondensierungszwang" (die Darstellung verdichten) und einen „Detaillierungszwang" (nötige, auch heikle Hintergrundinfos liefern, um die Erzählung nachvollziehbar zu machen), als typisch für die Dynamik narrativer Interviews.

Im Kontext der auf das Verstehen der Befragten ausgerichteten spezifischen Sondierungen wurde, über die Vorschläge von Witzel hinausgehend, auch auf Kommunikationsstrategien zurückgegriffen, die Ullrich (1999) in der Konzeption des „Diskursiven Interviews", einer Methode zur Erhebung und Rekonstruktion sozialer Deutungsmuster, entwickelt hat. Hierzu zählen zum einen Begründungsaufforderungen in Form offener Warum-Fragen, vor allem aber Aufforderungen zu Stellungsnahmen und Selbstpositionierungen.

> Mit Unterstellungen, Zusammenfassungen und Konfusionen sowie Konfrontationen und v. a. Polarisierungen verfügt das diskursive Interview über ein breites Instrumentarium zur Genese von Stellungnahmen und Begründungen. Die meisten dieser Kunstgriffe sind in anderen qualitativen Interviews tabuisiert und gelten als Interviewfehler. (ebd., S. 441)

Aus dem von Ullrich vorstellten Repertoire an Interviewstrategien wurde selektiv, das heißt in Abhängigkeit von der Interviewsituation, auf „Persilscheine" (beiläufige Hinweise, dass Regelabweichungen völlig normal sind), überspitzte oder selektive Bilanzierungen, pointierte Paraphrasen sowie Konfrontation mit internen, das heißt interviewimmanenten Widersprüchen oder Inkonsistenzen zurückgegriffen. Element aller Interviews waren zudem externe Konfrontationen und Polarisierungen, also die Konstruktion von Widersprüchen zwischen den Positionen des Befragten und vermeintlich in der Fachwelt dominanten Positionen. Die Befragten wurden in den Interviews gebeten, die infrage stehenden fachlichen Formalisierungen zu beurteilen – im Falle der Leitungskräfte auch den Prozess der Implementierung. Diese Beurteilungen bildeten den zentralen Anknüpfungspunkt für eher diskursive spezifische Sondierungen. So erfolgten in der Regel auch zu den Beurteilungen Bilanzierungen, die Klarstellungen und Diskussionen provozierten. Des Weiteren wurden die Befragten in der Regel mit den „offiziellen" Zielen oder Funktionen formalisierter Instrumente und Verfahren in der Organisation konfrontiert. Sofern die Kommunikationsatmosphäre dies zuließ, wurden zudem Widersprüche in den Beurteilungen oder zwischen der Beurteilung und den thematisierten Handlungsweisen (konstruiert und) angesprochen. Die eher diskursive Ausrichtung wurde zum Abschluss der Interviews weiter forciert, indem die Befragten zunächst um eine Einschätzung der Bedeutung von fachlichen Formalisierungen (im ASD) für eine gute bzw. professionelle Soziale Arbeit gebeten wurde; sodann wurde – wie erwähnt – die vorgenommene Positionierung der Befragten, sofern eine solche erfolgte, als mit dem Fachdiskurs oder empirischen Erkenntnissen in Konflikt stehend beschrieben und damit eine Rechtfertigung eingefordert. Allerdings konnte diese Vor-Abschlussfrage häufig nicht gestellt werden, da es vielen Befragten offensichtlich schwerfiel, eine übergreifende Beurteilung fachlicher Formalisierungen vorzunehmen.

Zum Abschluss erhielten die Befragten die Möglichkeit, weitere Aspekte des Themas, die bislang nicht oder nicht hinreichend zur Sprache gekommen sind, zu thematisieren. Interessanterweise wurde diese Option zur subjektiven Relevanzsetzung häufig dazu genutzt, nicht neue Themen aufzurufen, sondern Auswertungshinweise für die Studie zu formulieren.

Die Zurückspiegelungen von Interpretationen an die Befragten während der Interviews implizieren, dass die Auswertung bereits während des Interviews beginnt, indem Zusammenhänge hergestellt, Hypothesen gebildet und Interpretationen gemacht werden. Durch Rückmeldung von Interpretationen sollen Reflexionsprozesse aufseiten der Befragten initiiert werden: „Der Zugang des [Forschenden] zu den Momenten der Alltagsroutine wird also dadurch erreicht, daß diese zum Gegenstand der Selbst- und Verhältnisreflexion der Befragten gemacht werden" (Witzel 1982, S. 93). Nach Möglichkeit wurde in den Interviews versucht, die Befragten unmittelbar in der Interviewsituation – durch Bilanzierungen, Rückfragen, Konfrontationen etc. – zur Validierung des Erzählten und erster Interpretationen anzuregen. Zwar lassen sich kulturelle Denkmuster oder institutionelle Gehalte nicht direkt erfragen, sondern nur aus dem empirischen Material rekonstruieren, der subjektiv gemeinte Sinn und vor allem Sachfragen lassen sich aber über ihre Re-Thematisierung im Interview überprüfen, wodurch das Risiko des unzutreffenden „Hineininterpretierens" von Sinn im späteren Rekonstruktionsprozess reduziert wird. Das aktuelle Verstehen und damit auch die Basis des erklärenden Verstehens werden somit in das Interview verschoben und damit fundiert.

Eine auf das Verstehen der Befragten ausgerichtete Kommunikationsorientierung (vgl. Witzel 2000) korrespondieren mit den Prämissen des verstehenden Interviews nach Kaufmann (1999), das auch mit Blick auf die vorgeschlagenen Kommunikationsstrategien deutliche Parallelen zum Problemzentrierten Interview aufweist. So definiert Kaufmann (1999, S. 39) den Interviewprozess als „in ständige[s] Hin und Her zwischen Verstehen, aufmerksamem Zuhören, Distanzierung und kritischer Analyse". Auch Kaufmann plädiert für eine aktive und kommunikative Interviewer-Rolle. Eine solche Haltung begründet er vor allem strategisch damit, dass sich der Befragte nur in einem offenen und akzeptierenden Gespräch, in dem der Interviewende durch Rückfragen oder Kommentare Interesse zeigt, öffnen und auf das Interview einlassen wird (vgl. ebd., S. 24 ff.). „Der Austausch zwischen Interviewer und Interviewtem soll so intensiv wie möglich werden, so daß man an die wesentlichen Aussagen herankommt" (ebd., S. 70). Demgegenüber steht eine passive Interviewhaltung – Kaufmann spricht von einer „Enthumanisierung der Beziehung" (ebd., S. 71) –

einem ergiebigen Interview im Wege[267]. Ebenso argumentiert auch Bourdieu (1997), allerdings primär aus ethischen Gründen, für eine offene, authentische und aktive Interviewführung, die den Befragten dazu befähigt, sich und seine Sichtweise auf die Welt zu erklären und sich zu positionieren. Nur unter dieser Bedingung sind nach Bourdieu „realistische Konstruktionen" jenseits der artifiziellen Reproduktion von Vorurteilen im Interview möglich. Auch Bourdieu fordert ein „aktives und methodisches Zuhören" (ebd., S. 782) und verweist auf die Bedeutung von „Interviewer-Interventionen" wie Bestätigungen, Zusammenfassungen oder das Zeigen von Einverständnis (ebd., S. 794). Entsprechend fordert er dazu auf, „ständig neue, sinnvolle Fragen zu improvisieren, wahre Hypothesen, die sich auf eine intuitive und provisorische Repräsentation der dem Befragten eigenen Grundmotive stützen, um ihm dazu zu bringen, sich noch vollständiger zu offenbaren" (ebd., S. 787).

An diesen Empfehlungen orientiert und unter Nutzung der hierzu vorgeschlagenen Strategien wurden die Interviews in einer offenen, interessierten und akzeptierenden Gesprächshaltung geführt, in der vor allem versucht wurde, den Befragten zu verstehen und zu Darstellungen der eigenen Sichtweisen und Positionen zu bewegen. Die aktiven Eingriffe in das Gespräch wurden dabei im Gesprächsverlauf, das heißt mit den Übergängen von eher narrativen zu stärker diskursiven Gesprächsformen zunehmend ausgeweitet[268]. Insgesamt waren somit die von Witzel (1982, S. 70 ff.) formulierten drei „Kerndimensionen" Problemzentrierter Interviews für die Gespräche mit den ASD-Akteuren leitend.

- *Problemzentrierung*, als das Ziel, im Spannungsfeld zwischen Themenzentrierung und Kontextualisierung die „komplexe Vermittlung von Handlungs- und Beurteilungsmustern aufzudecken" (ebd., S. 70), sowie eine wechselseitige Problematisierung der Positionen und Interpretationen von Befragtem und Forschenden zu realisieren.

---

[267] Das verstehende Interview nach Kaufmann (1999) liegt auch deshalb als eine Basis der vorliegenden Studie nahe, weil die Analyse des Wissenschaftssystems, auf der aufbauend Kaufmann sein Konzept entwickelt, deutliche Parallelen zum materiellen Gegenstand dieser Studie und damit zu Entwicklungen im analysierten sozialen Sektor aufweist. Ähnlich wie Geißler und Hege (1999) für die Soziale Arbeit konstatiert Kaufmann (1999, S. 17 f.) auch für die Soziologie eine „Industrialisierung der Datenproduktion", in der „Methoden (…) auf Kosten der Theorie zum Instrument der wissenschaftlichen Objektivierung" werden. Diesen „Methodologismus" sieht Kaufmann als Teil einer gesamtgesellschaftlichen Bürokratisierung, die letztlich einer „Rationalisierung ohne Vernunft" (ebd., S. 18) gleichkommt (vgl. Abschnitt 6.2).
[268] Hinsichtlich der zunehmenden Aktivität des Interviewers im Interviewverlauf folgt das Erhebungskonzept der Studie dem Modell des halbstandardisierten Interviews von Scheele und Groeben (1988; vgl. Flick 2006, S. 127 ff.).

- *Gegenstandsorientierung,* im Sinne einer situativen Anpassung der Gesprächsführung und der Nutzung des Leitfadens an die jeweilige Gesprächssituation sowie einer flexiblen Relationierung von narrativen und diskursiven Interviewelementen (vgl. ebd., S. 84 ff.).
- *Prozessorientierung,* d. h. eine schrittweise Gewinnung und Prüfung von Wissen unter Berücksichtigung der Charakteristika von Interaktionen (Prozesshaftigkeit, Verständigungsorientierung etc.).

Umsetzung der Interviews: In den drei Kommunen wurden im Zeitraum zwischen Juni und November 2013 insgesamt 29 Interviews geführt, die hinsichtlich der Kommunikationsstrategien, Zielsetzungen und Haltungen dem eben beschriebenen Konzept des themenzentrierten, verstehenden ExpertInneninterviews folgten. Dabei handelte es sich um acht Interviews mit Leitungs- und Koordinationskräften, sieben Interviews wurden mit Teamleitungen und 14 Interviews mit ASD-Basiskräften. Die Interviews hatten eine durchschnittliche Dauer von 115 Minuten. Insgesamt konnten für diese Studie circa 56 Stunden Interviewmaterial aus den ASD genutzt werden[269]. Ein Leitungskräfteinterview wurde telefonisch geführt. Die anderen 28 Interviews konnten als persönliche Interviews in den ASD realisiert und digital aufgezeichnet werden.

Bereits im Rahmen der telefonischen Vorgespräche, vor allem aber bei der Hinführung zum Interview, wurde den Befragten das Erkenntnisinteresse und der Verwendungskontext der Studie vorgestellt, Anonymität zugesichert und die Option zu Nachfragen angeboten. Die Leitfäden der Studie wiesen für alle Interviews die gleiche, nachfolgend nochmals aufgeführte Grundstruktur auf:

- Hinführung
- Fragen zur Person
- Zentrale Erzählimpulse
- Allgemeine Sondierungen
- Beurteilungen
- Spezielle Sondierungen
- Zusammenfassende Beurteilung und Polarisierung
- Abschlussfrage zu unberücksichtigten Aspekten

---

269 Die Interviews wurden fortlaufend mit Ziffern zwischen 12 und 40 durchnummeriert. Hintergrund dieser Zifferwahl ist der Umstand, dass ursprünglich ein Vergleich von Fallstudien aus den ASD mit Fallstudien zu den Jugendmigrationsdiensten geplant war. Daher wurden zwischen Januar 2012 und März 2013 bereits 11 Interviews mit JMD-Akteuren geführt. Da dies den Rahmen der vorliegenden Studie gesprengt hätte, wurde auf den Fallstudienvergleich verzichtet.

Dieses Raster konkretisierend wurden für jede Akteursgruppe in jeder Kommune spezifische Leitfäden erstellt. Dem iterativen Charakter des Studienkonzeptes folgend flossen in die kontinuierliche (Weiter-)Entwicklung der Leitfänden regelmäßig Aspekte aus bereits geführten Interviews (zumal aus der gleichen Kommune) sowie auf Basis der ersten Auswertungsschritte gebildete Hypothesen ein (vgl. Abschnitt 9.4.4).

Gemäß des beschriebenen Interviewkonzepts wurden die Leitfäden lediglich als grobe Orientierung genutzt. Im Rahmen der faktischen Umsetzung konnten zwar in der Regel alle Elemente des Interviews aufgerufen werden, der relative Stellenwert der einzelnen Fragenkomplexe variierte jedoch[270]. Quer zu dieser Strukturierung und den damit verknüpften Kommunikationsmustern und Kommunikationsstrategien wurde in allen Interviews angestrebt, die Befragten – das heißt die von den Interviewten thematisierten Sachverhalte sowie die Motive und Deutungen – wirklich zu verstehen. Daher wurde eine interessierte und aktive Kommunikationsrolle eingenommen. Es ist überflüssig zu erwähnen, dass die faktische Umsetzung der formulierten Prämissen des Interviewkonzepts immer nur mit Abstrichen realisiert werden konnte, wobei neben den grundsätzlichen Grenzen der kommunikativen Kompetenzen des Interviewers auch zahlreiche situative Faktoren wirkten.

Die Erhebung erfolgte in allen drei Kommunen in mehreren, mehrtägigen Feldphasen. In zwei der Kommunen wurden die Gespräche in den Büros der Leitungs- und Basiskräfte geführt, in einer Kommune wurde für die Dauer der Erhebungen ein Besprechungsraum bereitgestellt. Die mehrtägigen Aufenthalte in den ASD boten auch Raum für informelle Gespräche mit MitarbeiterInnen der Dienste. Zudem wurde die Möglichkeit genutzt, Sachfragen, die in den Basiskräfte-Interviews aufgeworfen wurden, beispielsweise zur Funktion oder den Hintergründen bestimmter Instrumente oder Prozessstandards, direkt mit den zuständigen Leitungsakteuren zu klären. Die Inhalte dieser Gespräche wurden in Gesprächsprotokollen festgehalten. Ebenso wurde im Anschluss an jedes Interview ein „Postskript" (Witzel 1982; 2000) angefertigt. Diese umfassten grundsätzlich Informationen zum persönlichen Eindruck des Interviewers unmittelbar nach dem Interview, Angaben zum Gesprächsverlauf und Gesprächsklima sowie zu den zentralen Themen und Positionen der Befragten. Zudem wurden wahrgenommene Spannungen, Irritationen oder Missverständnisse festgehalten. Ferner wurden in den Postskripten methodische Me-

---

270 Beispielsweise griffen die befragten ASD-Akteure in unterschiedlicher Intensität in das Interview ein. So hatten sich einige Befragte offensichtlich intensiv auf das Interview vorbereitet und bereits klare Vorstellungen davon, welche Struktur und Inhalte das Gespräch haben sollte. Dies wurde teilweise durch eine vorbereitete Mappe mit Formularen, über die zu sprechen wäre, unterstrichen. Dennoch erwiesen sich auch diese Interviews als sehr ergiebig.

mos (etwa zu „verunglückten" Fragen), theoretische Memos zu ersten Auswertungsideen, Sachfragen, die in weiteren Gesprächen zu klären sind oder – wenn die Interviews in den Büros der Fachkräfte geführt wurden – eine knappe Beschreibung der Büros erfasst. Vor allem aber wurden die Inhalte der nicht audio-aufgezeichneten bis zu einstündigen Vor- und Nachgespräche mit den ASD-Akteuren dokumentiert.

Reflexion der Interviewdurchführung: Insgesamt konnten die mit dem Interview-Konzept formulierten Ideal-Anforderungen unabhängig von der Kooperationsbereitschaft der befragten ASD-Akteure – lediglich in Teilen umgesetzt werden. Insbesondere die konfrontativen, verständnisgenerierenden Kommunikationsformen wurden häufig nicht realisiert, da das Kommunikationsklima in der entsprechenden Situation als nicht stabil genug angesehen wurde. Es ist demnach nicht immer gelungen, eine hinreichend offene und vertrauensvolle Gesprächsatmosphäre aufzubauen. Zudem war es häufig nur in begrenzter und unbefriedigender Weise möglich, in der Interviewsituation fundierte und für die Analysen des Gegenstandes zentrale Interpretationen zu entwickeln. Daher erfolgte mitunter eine Verschiebung dergestalt, dass Interpretationen aus einem Interview in einem anderen Interview aufgerufen und diskutiert wurden. Insgesamt bezogen sich Kommunikationsstrategien zum Nachvollzug des subjektiv gemeinten Sinns der Befragten eher auf Nachfragen und Bilanzierungen und weniger auf die Diskussion spontaner Interpretationen. Eine Diskussion von Hypothesen wurden eher auf allgemeine Zusammenhänge bezogen realisiert.

Insgesamt zeigten sich die befragten ASD-Akteure als sehr auskunftsfreudig. Dies ist insofern erstaunlich, als die Teilnahme an den Interviews nicht immer auf Freiwilligkeit beruhte. Dennoch berichteten die Befragten (von wenigen Ausnahmen abgesehen) einerseits offen über ihre Praxis, andererseits haben viele Fachkräfte bereitwillig eine Überschreitung der vereinbarten Interviewzeit akzeptiert oder aktiv forciert. Dies führte sogar dazu, dass ein Interview von einer Adressatin unterbrochen wurde, die verärgert darauf hinwies, vor über einer Stunde einen Gesprächstermin mit der befragten Fachkraft gehabt zu haben. Offensichtlich bestand aufseiten der ASD-Fachkräfte ein Interesse an der Thematik, das dieses Engagement begründete. Von wenigen Phasen in einzelnen Gesprächen abgesehen, bestand das Interesse der Befragten nicht darin, dem eigenem Unmut über die Arbeitssituation im ASD Luft zu verschaffen[271]. Vielmehr zeigte es sich, dass die Befragten die Interviews als Aus-

---

271 Meuser und Nagel (1991, S. 449) nennen die Möglichkeit der Befragten, dem eigenen Ärger Luft zu verschaffen, neben fehlender Expertise und dem Wechsel in die Rolle der Privatperson (anstelle der ExpertInnenrolle), als einen häufigen Grund für misslingende ExpertInneninterviews.

druck des Interesses an ihrer Arbeit würdigten. Teilweise wurde auch die Möglichkeit bzw. Hoffnung erwähnt, die eigene Arbeit positiv darzustellen und damit dem in den Augen vieler Fachkräfte negativ-verzerrten Bild des ASD in der (Fach-)Öffentlichkeit entgegenzuwirken. Dabei waren die meisten Befragten an einer differenzierten und differenzierenden Auseinandersetzung mit fachlichen Formalisierungen und damit zusammenhängenden Themen der ASD-Arbeit interessiert.

Die Art der Gesprächsführung hat – so die Rückmeldung vieler Befragter – dazu beigetragen, sich auf die Interviews einzulassen, diese als Möglichkeit zur Darstellung der Arbeit oder zur Reflexion zu nutzen oder das Gespräch zumindest als interessant empfunden zu haben. Einzelne Befragte gaben auch an, letztlich viel mehr als eigentlich gewollt preisgegeben zu haben, was im Nachhinein nicht immer nur positiv von den Befragten gesehen wurde. Diese Effekte wurden damit begründet, dass die Interviews gerade nicht den Charakter eines „Verhörs" (vgl. Bourdieu 1997), sondern eines offenen Gesprächs oder einer fachlichen Diskussion hatten. Insofern zeigte die Art der Interviewführung Effekte, die gerade nicht intendiert waren. So erfolgte bei der Konzeption der Studie eine bewusste Entscheidung gegen die Position von Kaufmann (1999, S. 81), dass zur Generierung interessanten Materials auch taktisches Handeln zulässig sei. Offensichtlich hatten die von Kaufmann vorgeschlagene Grundhaltung und Gesprächsprinzipien der offenen, nicht-zurückhaltenden, interessierten und interaktiven Interviewführung dieselben Effekte.

Ein strukturelles (Design-)Problem der Interviews lag in der Verknüpfung eines sequenziellen Interviewdesigns, in dem ein Wechsel von zunächst offenen und narrativen zu aktiver gestalteten diskursiven Kommunikationsformen intendiert ist, mit einer Mehrzahl von Interviewgegenständen – besonders von unterschiedlichen Formalisierungen in mehreren Arbeitsfeldern. Diese Konstellation führte unweigerlich dazu, dass nach dem Durchlaufen der Narration-Diskussions-Sequenz für ein Instrument oder einen Arbeitsbereich (Hilfeplanung oder Kinderschutz) ein „Zurückspringen" und ein nochmaliges Durchlaufen der Narration-Diskussions-Sequenz für eine andere fachliche Formalisierung oder den anderen Arbeitsbereich erfolgte. Diese Verknüpfung hatte zur Folge, dass die konzeptionell angestrebte Sequenzierung und Trennung zwischen erzählenden und verstehenden Interviewteilen nicht umgesetzt werden konnte, sondern auf die Deskriptionen von Handlungsweisen abzielende Narrationen durch vorgängige Konfrontationen und Reflexionen „kontaminiert" wurden. Effekt dieser Sprünge war eine Behinderung der Flüssigkeit und Selbstläufigkeit der Narrationen, vor allem durch vorsichtigere, differenziertere und reflektiertere Darstellungen. Dieses Interviewproblem erwies sich insofern als hartnäckig, als nicht erst spezifische Sondierungen, sondern teilweise bereits allgemeine Rückfragen und einfache Beurteilungen Reflexionsprozesse auslösten und damit die Narrationen beeinflussten bzw. behinderten. Der Versuch, das Problem durch einen breiteren und undifferenzierten sachlichen Gegenstandsbezug und damit durch weniger „Zurücksprünge" zu begegnen, kollidierte mit dem Interesse vieler Befragter an einer konkreten und differenzierten Auseinandersetzung mit den einzelnen Instrumenten und Verfahren.

Da diskursive, vor allem konfrontative, Kommunikationsstrategien zudem häufig suggestiv wirkten, wurden diese im Laufe der Untersuchung zunehmend sparsamer eingesetzt. Zudem wurden auf diskursive Impulse folgende Interviewpassagen in der Auswertungsphase nicht zur Rekonstruktion von Handlungen sowie themenbezogenen Positionen und Urteilen herangezogen. Genutzt wurden die Interviewerträge von Konfrontationen oder Polarisierungen jedoch zur Rekonstruktion von allgemeinen Orientierungen wie Fachlichkeitsverständnissen. Interessanterweise waren es letztlich weniger gezielte Provokationen als vielmehr versehentliche Missverständnisse – etwa als unzutreffend oder einseitig angesehene Bilanzierungen –, welche die Befragten dazu bewegten, sich nochmals ausführlich zu erklären und differenziert die eigene Weltsicht und Positionen darzustellen.

Besonders deutlich waren die Effekte diskursiver Interviewstrategien auf die Positionierungen und Beurteilungen der Leitungskräfte. Differenzierende Rückfragen, besonders aber Konfrontationen, lösten hier offensichtlich Reflexionsprozesse aus, die dazu führten, dass zunächst sehr konsistent vertretene Einschätzungen und Positionen zunehmend brüchig wurden und einer differenzierten und damit zunehmend ambivalenteren Darstellung wichen. Dieser Eindruck legt nahe, dass routiniert vorgetragene Positionen oder auch institutionalisierte Denkweisen aufseiten der Befragten im Interview zunehmend reflektiert wurden. Die Interviewführung wirkte hier offensichtlich verändernd und auch Lernprozesse auslösend auf die Befragten. Gerade diese im Interview uno actu erfolgenden Prozessierungen von Inkonsistenzen im Sensemaking der Befragten hatten – ganz wie von Ullrich (1999) und Oevermann (2001) postuliert – durchaus das Potenzial zur Validierung der hintergründigen Deutungsmuster. Dennoch wurden solche durch das Interview veränderten Positionen im Rahmen der Auswertung nur sparsam und vorsichtig genutzt, wenn sie dazu geeignet schienen, bereits thematisierte Aspekte besser verständlich zu machen. In keinem Fall wurden solche durch Interviewprozesse „aufgeklärte" Passagen im Rahmen der Hauptauswertung herangezogen, beispielsweise als Basis zur Erklärung konkreter Handlungen.

Die geschilderte Offenheit sowie die starken Effekte der speziellen Sondierungen – und hier vor allem auch von Polarisierungen, in denen die eigene Position als in Widerspruch zur Fachdiskussion stehend, herausgefordert wurde – können auch ein Effekt der hybriden Rolle des Interviewers im Feld gewesen sein, der gleichermaßen als Forscher und als Sozialarbeiter angesehen wurde. Dies führte dazu, dass gerade Akteuren der Leitungsebene den Interviewer teilweise auch als inhaltlichen Experten, besonders zu formalisierten Instrumenten und Verfahren sowie Forschungs- und Evaluationsfragen angesprochen haben[272].

Weitere berücksichtige Materialien: Die Fallstudien basieren auf einem breiten Spektrum von Quellen. Neben den Interviews mit ASD-Akteuren, den Postskripten sowie Gesprächsprotokollen wurden während der Aufenthalte in den ASD fortlaufend Feldmemos verfasst, in denen aktuelle Themen oder „Aufreger" in den Diensten, Anmerkungen zu den Teamstrukturen und zur Teamkultur festgehalten sowie methodische Hinweise und erste konzeptionelle Verdichtungen und Thesen entwickelt wurden.

Zudem wurden öffentlich zugängliche und interne Dokumente aus den untersuchten Organisationen genutzt. Öffentlich zugängliche Dokumente wie Jahresberichte, Leitfäden oder Positionspapiere wurden teilweise zur Vorbereitung der Feldphasen, teilweise zur Nachbereitung der Interviews auf den Webseiten der Kommunen recherchiert. Daneben wurden alle Leitungsakteure im Zuge der Abstimmung der Interviews gebeten, zur Vorbereitung der Interviews sämtliche in den ASD vorhandenen formalisierte Instrumente und Verfahren bereitzustellen. In diesem Rahmen wurden zwar zahlreiche Instrumente und Prozessvorhaben eingereicht, interessanterweise stellte sich aber in allen Kommunen heraus, dass noch weitere Instrumente und Verfahren vorhanden waren und angewendet wurden.

Des Weiteren wurden von den Leitungsakteuren in unterschiedlichem Umfang auch interne Dokumente zur Verfügung gestellt (z. B. Protokolle des Jugendhilfeausschusses, Strategiepapiere, Ergebnisse interner Organisationsuntersuchungen, Kosten- und Laufzeitregelungen). In einer der Kommunen wurde zudem Einblick in die gesamte (interne) Dokumentation eines mehrjährigen Qualitätsentwicklungsprozesses gewährt. Schließlich wurde auf Publikationen Dritter zurückgegriffen, so auf Veröffentlichen zu in den Kommunen durchgeführten Projekten oder Studien (z. B. zur Verwaltungsreform/NSM). Um die Anonymität der Kommunen und Akteure zu gewährleisten wird in der Ergebnisdarstellung teilweise auf die Belegführung verzichtet. Dies gilt besonders dann, wenn auf öffentlich zugängliche Quellen aus den Kommunen oder empirischen Studien von Dritten Bezug genommen wird, deren Angabe Rückschlüsse auf die Kommunen zulassen würden. Ausgenommen hiervon sind grundsätzlich wörtliche Zitate.

---

272 Dies äußerte sich etwa darin, dass der Interviewer in Flur- und Nachgesprächen auch zu seiner fachlichen Einschätzung von konkreten formalisierten Instrumenten und Verfahren oder nach Literaturhinweisen gefragt wurde. Einem Leitungskräfteinterview ging ein längeres Gespräch zu möglichen Evaluationsstrategien einer neu implementierten (nicht formalisierten) methodischen Modernisierung in der untersuchten Kommune voraus.

9.4.4 Konzept und Prozess der Aufbereitung und Auswertung

Der Prozess der Aufbereitung des empirischen Materials orientierte sich an entsprechenden Vorschlägen zum problemzentrierten und verstehenden Interview. Die Auswertung im engeren Sinne, also die Codierung, Organisation und Verdichtung des empirischen Materials sowie die Typologisierung und Modellentwicklung erfolgte – wie auch von Witzel (2000) für problemzentrierte Interviews vorgeschlagen – in Anlehnung an basale Prinzipien und Vorgehensweisen der Grounded Theory. Bei der vorliegenden Untersuchung handelt es sich jedoch nicht um eine „Grounded Theory-Studie", vielmehr wurden bestimmte Elemente des Ansatzes realisiert, andere bewusst nicht.

Die in diesem Kapitel umgesetzten Differenzierungen zwischen Erhebung, Aufbereitung und Auswertung erfüllen vor allem den Zweck einer sinnvollen Gliederung dieses Textes und entsprechen nur bedingt der Chronologie des Forschungsprozesses. So wird die Beschreibung des konkreten Vorgehens zeigen, dass eine Abgrenzung zwischen Aufbereitung und Auswertung des Materials insofern unzutreffend ist, als mit der Aufbereitung bereits weitreichende Selektionen, Interpretationen und Strukturierungen verknüpft sind. Insbesondere sind die Materialerhebung und die Auswertung eng miteinander verflochten. Dem beschriebenen Interview-Konzept entsprechend, erfolgten bereits während der Interviews erste Interpretationen und Validierungen. Zudem wurden noch während der Feldaufenthalte in den interview- und feldbezogenen Memos Hypothesen formuliert und Interpretationen vorgenommen. Schließlich zählt die Verschränkung von Auswertung und Erhebung (Theoretic Sampling) zu den Kerncharakteristika der Grounded Theory. In der vorliegenden Studie wurden zwar nicht die Interviewpartner auf der Basis bereits erfolgter Auswertungsschritte gezielt, das heißt theoretisch begründet ausgewählt, wohl aber erfolgte – mit dem gleichen Ziel – eine kontinuierliche Weiterentwicklung und Anpassung des Leitfadens und somit der Interviewinhalte in Folge bereits erfolgter Auswertungsschritte.

Bevor die konkreten Schritte der Aufbereitung und Auswertung des Materials beschrieben werden[273], erfolgt zunächst eine Vorstellung der zentralen

---

273 Eine nachvollziehbare Darstellung des Vorgehens der Analyse des Materials zählt zu den zentralen Qualitätskriterien qualitativer Forschung (vgl. Corbin/Strauss 1990). Sie ist dennoch – gerade bei „Grounded Theory-Studien" – eher unüblich, da wesentliche Auswertungsstrategien als bekannt gelten oder der Verweis auf das Konzept lediglich „Legitimationsrhetorik" darstellt (Strübing 2010, S. 28; vgl. auch Suddaby 2006). Sie erfolgt in diesem Kapitel vor allem aus zwei Gründen: Einerseits verbergen sich – wie zu zeigen sein wird – hinter den vermeintlich klaren Labeln zahlreiche konkrete Strategien. Andererseits entziehen sich die kreative Schlüsselprozesse der Auswertung der Darstellung, sodass wenigstens deren Kontext aufgeklärt werden soll.

Prinzipien und Elemente der Grounded Theory, an der die Analyse des empirischen Materials dieser Studie orientiert war, sowie (und damit verknüpft) eine Bestimmung der Rolle von Vorwissen für die vorliegende Studie.

Die Grounded Theory: Bei der Grounded Theory handelt es sich um eine von Glaser und Strauss in den 1960er-Jahren entwickelte Strategie zur Entwicklung von empiriebasierten Theorien in der qualitativen Sozialforschung (vgl. Glaser/Strauss 1967/2005). Die nachfolgende Darstellung bezieht sich vor allem auf die (Weiter-)Entwicklung des Ansatzes durch und im Anschluss an Strauss, die – im Gegensatz zum Konzept Glasers – offener bzw. gegenstandsbezogener und weniger formalistisch ist (vgl. Mey/Mruck 2010).

Theoretische Grundlagen des Ansatzes sind der Symbolische Interaktionismus und der amerikanische Pragmatismus der „Chicagoer Schule", wobei Corbin und Strauss (1990, S. 419) unterstreichen, dass ihr Ansatz auch ohne Bezug auf diese theoretische Basis genutzt werden kann. Lediglich zwei Prinzipien seien nicht hintergehbar. Dies ist die Annahme der Prozesshaftigkeit von Wandel, wobei dieses Prinzip auch für den Forschungsprozess leitend ist. Als zweites Kernprinzip formulieren Corbin und Strauss (1990) eine Absage an strukturdeterministische Positionen. Demgegenüber seien „actors (...) able to make choices according to perceived option" (ebd.). Insofern ist der Ansatz nur unter den in Abschnitt 9.2 formulierten Annahmen mit neo-institutionalistischen Positionen vereinbar.

Zu den zentralen Zielen, Prinzipien und Verfahrensweisen, mithin den „Essentials" der Grounded Theory, wurden zahlreiche Zusammenstellungen vorgelegt (vgl. z. B. Strübing 2010; Suddaby 2006; Alheit 1999; Strauss/Corbin 1991, S. 284). Corbin und Strauss (1990) formulieren im Kontext der Diskussion von Qualitätskriterien qualitativer Forschung insgesamt elf solcher Grundelemente, verknüpfen deren Präsentation aber sogleich mit einer Warnung vor einer proceduralistischen Anwendung. Zu diesen Essentials zählen (1) die wechselseitige Verknüpfung von Datenerhebung und Auswertung. Die Erhebung von neuen Daten nach Beginn der Auswertung soll vor allem bei der Entdeckung von neuen Aspekten helfen. (2) Als zentrale Elemente der Analyse bestimmen die AutorInnen „Konzepte", die auf Basis des empirischen Materials entwickelt, und (3) im Forschungsprozess zu abstrakten „Kategorien" gruppiert und anschließend etwa nach dem Codier-Paradigma ausdifferenziert werden. Konzepte sollen dabei durch Vergleiche der im empirischen Material beschriebenen „Dinge" und die Vergabe von „conceptual labels" entwickelt werden. Anschließend an den zuerst benannten Aspekt, benennen die AutorInnen (4) ein theoretisch begründetes Sampling, das nicht am Kriterium der Repräsentativität, sondern mit Blick auf relevante konzeptionelle Dimensionen gebildet wird als weiteres Merkmal des Ansatzes. Als weitere relevante Aspekte des Ansatzes werden (5) permanente Vergleiche, (6) die gleichzeitige Berücksichtigung von Mustern und Variationen sowie (7) die bereits erwähnte Prozessperspektive genannt. Des Weiteren gelten (8) das Schreiben von Theoriememos, also die fortlaufende Verschriftlichung, sowie die (9) fortlaufende Überprüfung und Überarbeitung von Hypothesen zum interessierenden Gegenstandbereich als essenzielle Elemente des Forschungsprozesses. Ebenso empfehlen die AutorInnen, den Forschungsprozess kollektiv zu gestalten, sowie übergreifende Gesellschaftsstrukturen bei der Mikro-Analyse des Materials zu berücksichtigen (vgl. Corbin/Strauss 1990, S. 419–423; Strauss/Corbin 1991).

Wie bereits erwähnt, wurden nicht alle diese Kriterien im Rahmen der vorliegenden Studie realisiert. Eine kollektive Gestaltung der Auswertung war nur in sehr eingeschränktem Maße möglich und konnte nur in Form von Rückmeldungen zu (Auswertungs-)Texten erfolgen. Auch eine Relationierung des Auswertungs- und Sampling-Prozesses (Theoretical Sampling) wurde nicht umgesetzt. Berücksichtigung fanden dagegen wesentliche Dimensionen, wie die materialbasierte Entwicklung von Konzepten und Kategorien („Themen"), permanentes Vergleichen, fortlaufendes Verfassen und Überarbeiten von Memos – neben Theoriememos auch Auswertungs- und Methodenmemos (vgl. Mey/ Mruck 2010) – sowie ein zumindest theoretisch-konzeptionell begründetes Sampling. Zudem basiert die Auswertung des empirischen Materials der qualitativen Fallstudien im Wesentlichen auf den im Kontext des Ansatzes entwickelten Codier-Strategien als einer methodischen Konkretisierung der beschrieben Grundorientierungen.

In der von Strauss vertretenen Variante des Ansatzes wird zwischen drei Formen des Codierens unterschieden:

- *Offenes Codieren* steht für die Indizierung von Textpassagen mit ad hoc am Material entwickelten konzeptuellen Labeln. Durch diese erste Interpretation soll der Text „aufgebrochen" und einer Analyse zugänglich gemacht werden. Das offene Codieren basiert auf Vergleichen der Daten bzw. der Suche nach Gemeinsamkeiten und Unterschieden und zielt auf eine Gruppierung von Konzepten und auf die Entwicklung von Kategorien (vgl. Strauss/Corbin 1991, S. 43 ff.; Corbin/Strauss 1990).
- *Axiales Codieren* hat eine Ausdifferenzierung von Konzepten zum Ziel. Die Phase ist vor allem über die Adressierung von theoretisch relevanten Fragen an den Text geprägt. Nach dem „Kodier-Paradigma" sind dies Fragen nach Bedingungen, Handlungen (Strategien), Interaktionen, Konsequenzen, Kontext sowie intervenierenden Bedingungen (vgl. Strauss/Corbin 1991, S. 76 ff.; vgl. ähnlich Corbin/Strauss 1990). Hierdurch sollen einzelne Kategorien differenziert beschrieben werden – Strübing (2010, S. 26) spricht von einer Entwicklung von „Miniatur-Theorien".
- *Selektives Codieren* zielt schließlich auf die Festlegung einer zentralen Kernkategorie, zu der alle weiteren Kategorien in Bezug gesetzt werden. Durch diesen Schritt wird der Übergang von einem „konzeptionellen Ord-

nen" des Feldes zur Entwicklung einer dichten gegenstandsbezogenen (materiellen) Theorie vollzogen (Strauss/Corbin 1991, S. 17, 94).

Die Beschreibung der Grundlagen des Ansatzes zeigt, dass sich dieser nicht auf eine technische Umsetzung definierter Auswertungsprozeduren beschränkt. So sieht Suddaby (2006, S. 638) den „neurotic overemphasis on coding" sowie eine starke Fokussierung auf Fachsoftware zur Unterstützung der Auswertung als Zeichen eines „mechanical approach", dem er entgegenhält, dass „a well-executed grounded theory study, however, is the product of considerable experience, hard work, creativity and, occasionally, a healthy dose of good luck" (ebd., S. 639). Der Verweis auf die Bedeutung von Kreativität bei der Umsetzung qualitativer Forschung bezieht sich auch auf den Einbezug von Vorwissen in den Forschungsprozess.

Der Status von Vorwissen im Forschungsprozess: Die Rolle von Vorwissen im Forschungsprozess nimmt sowohl im Problemzentrierten Interview als auch in der Grounded Theory eine wichtige Rolle ein. Mit der Vorverlagerung der Auswertung in das (problemzentrierte) Interview kommt auch dem Vorwissen im Erhebungsprozess eine besondere Rolle zu. So konzipiert Witzel (2000, S. 2) den Interviewprozess als induktiv-deduktives Wechselspiel.

> Das unvermeidbare, und damit offenzulegende Vorwissen dient in der Erhebungsphase als heuristisch-analytischer Rahmen für Frageideen im Dialog zwischen Interviewern und Befragten. Gleichzeitig wird das Offenheitsprinzip realisiert, indem die spezifischen Relevanzsetzungen der untersuchten Subjekte insbesondere durch Narrationen angeregt werden.

Ähnlich wie bereits zum ExpertInneninterview ausgeführt wird Vorwissen als Voraussetzung für tiefgründige Interviews gesehen. So spricht Witzel (2000, S. 2) von dessen Funktion als „heuristisch-analytischer Rahmen für Frageideen im Dialog". Zudem wird das Vorwissen als Ausgangs- und Bezugspunkt für die im Interview angestrebten Theorie- (Weiter-)Entwicklung bestimmt. Diese „doppelte Funktion von Lektüre" unterstreicht auch Kaufmann (1999, S. 53) und spricht sich für ein ausgewogenes Verhältnis zwischen Lektüre und Empirie im gesamten Forschungsprozess aus. Entgegen der verbreiteten gegenläufigen Meinung argumentiert Kaufmann (1999, S. 42), dass gerade breite Literaturbezüge die Kreativität und Freiheit im Forschungsprozess stärken. Damit wendet er sich (implizit) gegen eine Position, die vor allem von Glaser vertreten wurde, wonach Forschende sich ihrem Forschungsgegenstand möglichst unvoreingenommen und ohne (theoretisches) Vorwissen annähern sollten. Neue Theorien würden dann quasi direkt aus dem empirischen Material emergieren (vgl. Strübing 2010). Kelle und Kluge (2010, S. 18) sprechen in diesem Kontext von einem „induktivistischen Selbstmissverständnis", da die Wahrnehmung der Welt immer schon durch Vorwissen und damit durch Erwartungen geprägt ist. Die Welt ist also – wie in Abschnitt 9.2 dargestellt – immer schon gedeutet. Folglich besteht nicht die Frage ob, sondern welches Vorwissen (z. B. theoretisches, alltägliches Wissen) die Wahrnehmung prägt und ob der Einfluss des Vorwissens kontrolliert erfolgt. Das „Emergenzkonzept" (ebd., S. 20) lehnen die AutorInnen daher als „naives empiristisches Modell" (ebd., S. 19) ab. Theoretisches Vorwissen fungiere vielmehr als heuristisches Hilfsmittel bzw. Brille, die dabei hilft, interessante Aspekte zu erkennen, wobei die Perspektive der Theorie bestimmt, was gesehen wird (und was nicht) (vgl. auch Suddaby 2006; Alheit 1999). Kelle und Kluge (2010, S. 28 ff.) argumentieren dabei, dass sich besonders „vage soziologische Konzepte", beispielsweise Rollen, Deutungsmuster oder Rationalität zur Erhöhung der theoretischen Sensibilität eignen. „Solche allgemeinen, abstrakten und empirisch gehaltlosen theoretischen Konzepte sind in idealer Weise als Heuristiken einsetzbar" (ebd., S. 37), da sie im Forschungsprozess auf der Basis des empirischen Materials inhaltlich gefüllt werden können.

Auch Strauss und Corbin (1991, S. 25 ff.) verweisen auf die Bedeutung theoretischen Vorwissens. Dieses könne die „Theoretische Sensibilität" des Forschenden erhöhen, und helfe damit, den Daten – gerade im Prozess des offenen Codierens – besser gerecht zu werden.

> Theoretische Sensibilität bezieht sich auf die Fähigkeit, Einsichten zu haben, den Daten Bedeutung zu verleihen, die Fähigkeit zu verstehen und das Wichtige von Unwichtigen zu trennen. All dies wird eher durch konzeptionelle als durch konkrete Begriffe erreicht. (ebd., S. 25)

Daneben ist eine Auseinandersetzung mit Literatur im Vorfeld des Forschungsprozesses nach Strauss und Corbin (1991, S. 33 ff.) unter anderem auch hilfreich für die Entwicklung von (Interview- und Forschungs-)Fragen. Zudem hilft sie, im Auswertungsprozess Fragen an den Text zu stellen, das theoriegeleitetes Samplings zu inspirieren sowie eigene Befunde zu validieren (vgl. ebd.). Die Entwicklung neuen empirischen Wissens ist als abduktiver Prozess der interaktiven und zyklischen Verknüpfung von bekanntem und neuem Wissen zu konzipieren[274]. Sie setzt damit die Verfügung über relevantes (wissenschaftliches) Vorwissen ebenso voraus wie Offenheit gegenüber dem empirischen Material (vgl. Alheit 1999, S. 6; Kelle/Kluge 2010, S. 23 ff.; Strübing 2010, S. 5 ff.).

---

274 Alheit (1999, S. 5) zitiert zur Charakterisierung des Forschungsprozesses der Grounded Theory Aussieben (1996), der den Forschungsprozess als „eine spiralförmige Hin- und Herbewegung zwischen theoretisch angeleiteter Empirie und empirisch gewonnener Theorie" einschätzt.

Auch im Forschungsprozess der vorliegenden Studie nimmt die Auseinandersetzung mit wissenschaftlicher und professioneller Literatur eine wichtige, wenngleich nicht unbedingt den Empfehlungen der Forschungsliteratur entsprechende Rolle ein. Die Gliederung der vorliegenden Arbeit spiegelt nicht den Ablauf des Forschungsprozesses wider. Daher werden nachfolgend die im Forschungsprozess herangezogenen bzw. wirksamen Literatureinflüsse – auch im Sinne einer Offenlegung und Kontrolle des Vorwissens – dargestellt.

Ausgangspunkt der vorliegenden Studie war die Beschäftigung mit Fragen der Nutzerorientierung in der Sozialen Arbeit, in deren Rahmen eine Auseinandersetzung mit professions- und vor allen dienstleistungstheoretischen Positionen erfolgte (vgl. Mairhofer 2014). Dieses Vorwissen motivierte insofern die vorliegende Studie, als ein vielfach postulierter Standardisierungstrend zentralen professions- und dienstleistungstheoretischen Positionen entgegensteht. Daher sollten zunächst mit Formalisierungen verknüpfte Steuerungshoffnungen und Steuerungswirkungen untersucht werden. Mit diesem Erkenntnisinteresse erfolgte eine erste Sondierung der einschlägigen sozialpädagogischen Literatur. Das so generierte Wissen bildete die Basis für die Entwicklung der Konzepte und Erhebungsinstrumente (Fragebogen und Leitfaden) der beiden Teilstudien. Durch den Kontakt mit VertreterInnen der Praxis Sozialer Arbeit im Rahmen der Konzeptualisierung und Durchführung der empirischen Studien wurde die Notwendigkeit einer deutlichen Ausweitung des praxisbezogenen Wissens deutlich – etwa zu rechtlichen Regulierungen oder Positionen im sozialpädagogischen Fachdiskurs –, besonders um diskursive Interviewstrategien realisieren zu können. Die gegenstandbezogen informierte, jedoch weitgehend „theorielose Perspektive" auf den Gegenstand Formalisierung zeigt sich deutlich in der deskriptiven Ausrichtung der Onlinebefragung. Der zunächst leitende Steuerungsfokus erklärt etwa die Fokussierung auf Fragen der organisationalen Einbettung und der mit fachlichen Formalisierungen verknüpften (Steuerungs-)Hoffnungen, während Institutionalisierungsfragen nicht in operationalisierter Form in die Erhebung eingeflossen sind.

Während der Feldaufenthalte wurde deutlich, dass die enge Fokussierung auf Fragen der Steuerung der Komplexität von Formalisierungen in den ASD und somit letztlich dem (aus der Perspektive der Befragten) Kern des Themas nicht gerecht wird. Daher erfolgte eine Ausweitung der Perspektive, die mit einer Re-Orientierung des Erkenntnisinteresses einherging. Nach einer kurzen Orientierungsphase wurde deutlich, dass neo-institutionalistische Positionen eine solide Grundlage für die Interpretation und das Verstehen der Felderfahrungen bieten. Dementsprechend folgte eine Aufarbeitung neo-institutionalistischer Literatur sowie eine Re-Orientierung des Fokus der Studie: Anstelle von Fragen der Steuerung durch fachliche Formalisierungen fokussierte die Studie nun auf die Institutionalisierung von fachlichen Formalisierungen. Damit verknüpft wurden sukzessive die im Abschnitt 9.1 dargestellten Teilfragestellungen der qualitativen Teilstudie nach Prozessen (wie) und Ursachen (warum) der Implementierung sowie nach Formen (wie) und Ursachen (warum) der Nutzung entwickelt.

Diese Neuausrichtung war begleitet von einem Anstieg der „Bücher-Gefräßigkeit" (Kaufmann 1999, S. 54) während und vor allem im Anschluss an die Feldphase. Dabei dominierten zunächst mit theoretischen und konzeptionellen Grundlagen des Neo-Institutionalismus empirisch nicht gehaltvolle wissenschaftliche Texte (vgl. Abschnitt 5.1 & 5.2). Diese wurden sukzessive durch empirisch gehaltvolle Text, nämlich empirische Studien zu Dimensionen der Institutionalisierung ergänzt, vor allem aus den Sektoren der Ökonomie, des Bildungs- und Gesundheitswesens (vgl. Abschnitt 4.3 f.). Diese neuen Perspektiven flossen zunehmend in den Auswertungsprozess ein. Damit konnten auch vage theoretische Konzepte wie Diffusion, Organisationswandel, Sensemaking oder Entkopplung als Heuristiken für den fortlaufenden Auswertungsprozess genutzt werden. Diese „verspätete" theoretische Fundierung der Analyse kann als Grund für das Nebeneinander theoretischer und alltagsweltlicher Analyse-Konzepte der qualitativen Studie gelten.

Die Erarbeitung des materiellen Gegenstands fachlicher Formalisierungen (Kapitel 2), die Strukturierung des Theoriewissens (Kapitel 4) sowie die grundlegende und differenzierte Aufarbeitung des empirisch gehaltvollen Wissens zum untersuchten Feld der ASD und der dort eingesetzten fachlichen Formalisierungen (Kapitel 6–8) erfolgte erst nach Abschluss der Auswertungsphase und nach der Verschriftlichung der empirischen Befunde. Insofern konnte die dort dargestellte Literatur keinen systematischen Einfluss auf die Ergebnisse dieser Studie nehmen und entsprechend auch kein „Exampling" (Glaser/Strauss 1967 nach Bohnsack 2010, S. 30) der empirischen Befunde erfolgen. Eher haben die empirischen Befunde die Darstellungen der Kapitel 1–8 beeinflusst[275]. Lediglich die Kapitel des Diskussionsteils wurden im Licht der aufgearbeiteten Literatur und der empirischen Befunde verfasst.

Aufbereitung und Auswertung des Materials: Die Aufbereitung und die Auswertung des empirischen Materials erfolgten in mehreren Schritten. Zur Vorbereitung der Auswertung und zur Weiterentwicklung des Leitfadens wurden die Interviews direkt im Anschluss an das Ende des jeweiligen Feldaufenthalts einer „Fallanalyse" (Witzel 2000; 1982) unterzogen. Dabei wurden die Interviews zunächst nach inhaltlichen, in Ausnahmefällen auch interaktionsstrukturellen Gesichtspunkten in logische Abschnitte unterteilt und diese Abschnitte mit einer Überschrift versehen. Diese Überschriften resultierten in der

---

275 Die Auswahl und Darstellung der Inhalte der Kapitel 1–8 in dem Wissen um und daher fokussiert auf die empirischen Ergebnisse der Kapitel 10 ff. erweckt möglicherweise den unzutreffenden Eindruck, viele Befunde dieser Studie seien bereits bekannt.

Regel aus der Relationierung der Stichworte des Leitfadens und den Antworten bzw. den sich in den Antworten widerspiegelnden Relevanzsetzungen der Befragten. In einem weiteren Schritt wurden die wesentlichen Aspekte der Abschnitte zusammengefasst. Neben einer Paraphrase der Inhalte der Interview-Abschnitte und prägnanten Kurzzitate wurden gegebenenfalls auch ergänzende Informationen auf der interaktiven, sozialen und persönlichen Ebene verschriftlicht, beispielsweise Anmerkungen zur affektiven Betroffenheit der Befragten oder Veränderungen des Gesprächsklimas. Zudem wurden allgemeine Kommentierungen etwa zu Widersprüchen oder Wiederholungen, sowie methodische Hinweise, beispielsweise zu suggestiv wirkenden Fragen oder zulangen Frageinleitungen vermerkt. Umgesetzt wurden die Fallanalysen als Tabellen in einem Textverarbeitungsprogramm, in dem die Abschnitte chronologisch entsprechend des Interviewverlaufs zeilenweise und in den Spalten die Überschriften, Zeitmarken, die Inhalte (Paraphrasen) sowie Hinweise, etwa methodische Anmerkungen, eingetragen wurden. Zum Abschluss wurde für jedes Interview unter Hinzuziehung der Postskripte eine ein- bis zweiseitige, nur teilweise ausformulierte Zusammenfassung – Witzel (1982, S. 110) spricht von „Dossiers" – erstellt, in dem nochmals die wesentlichen Interviewinhalte, relevant erscheinende Kontextinformationen sowie Auswertungsideen (Memos) strukturiert verschriftlicht wurden.

Während Witzel vorschlägt, die Fallanalysen auf Basis von Interviewtranskriptionen und Postskripten zu erstellen, erfolgte die Aufbereitung der Interviews in der vorliegenden Studie auf Basis der Audioaufnahmen der Interviews. Hierzu wurden alle Interviews zunächst komplett „durchgehört" und dabei Notizen angefertigt. In einem zweiten Durchgang erfolgte eine schrittweise Erstellung der Fallanalyse auf der Basis der Audioaufnahme. Die Nutzung der Audioaufnahme war einerseits forschungsökonomischen Zwängen geschuldet. So konnten die Interviews nicht komplett transkribiert werden, weshalb bis zur Auswahl von Passagen zur Teiltranskription mit den Audiodateien gearbeitet werden musste. Andererseits bot dieser Zugang auch weitergehende inhaltliche Optionen. So war es möglich, auf eine breitere Informationsbasis zurückzugreifen, zumal die Aufbereitung in der Regel in der Woche, nachdem das Interview geführt wurde, erfolgte. Daher waren die mit den akustischen Äußerungen verknüpften Erfahrungen, beispielsweise nonverbale Gesten, häufig noch in der Erfahrung präsent. Da die mit einer Transkription verknüpften „Übersetzungen bzw. Interpretationen" (Bourdieu 1997, S. 797) sowie die „Verfremdungen einer lebendigen Interaktion zu einem eher statischen Text" (Jaeggi et al. 1998 zitiert nach Mruck/Mey 2000, Art. 4.2) noch nicht erfolgten, konnte auf eine reichhaltigere und komplexere Informationsbasis zurückgegriffen werden (vgl. Kaufman 1999, S. 117 f.). Dies ermöglichte die „Dokumentation" zusätzlicher Informationen zu persönlichen oder sozialen

Aspekten und machte Interviewereffekte stärker sichtbar als dies bei transkribierten Interviews der Fall ist.

Parallel zur Erstellung der Einzelfallanalysen wurden separate Memos zu möglichen Zusammenhängen oder Auswertungsperspektiven erstellt. Zudem wurden die auf die einzelnen Kommunen bezogenen Feldmemos vor dem Hintergrund der Datenaufbereitung fortgeschrieben, das heißt ergänzt und „korrigiert". Schließlich flossen methodische, aber auch inhaltliche Erkenntnisse aus den Fallanalysen in den Prozess der Überarbeitung der Interviewleitfäden ein, insbesondere in die Leitfäden der folgenden Interviews in der gleichen Kommune. So wurden beispielsweise im Falle von Unklarheiten zusätzliche Fragen in den Leitfaden aufgenommen, andererseits wurden „problematische" Fragen – gerade im Rahmen der speziellen Sondierungen – vor dem Hintergrund der Datenaufbereitung gestrichen oder reformuliert. Insofern waren Erhebung und Auswertung während der Feldphasen also eng miteinander verschränkt und inhaltlich aufeinander bezogen.

Neben Erkenntnissen aus den Einzelfallanalysen flossen in die Feldmemos und in die Leitfadenweiterentwicklung zudem Informationen aus organisationalen Dokumenten aus den Fallstudien-Kommunen ein. Diese wurden vor allem während des ersten Feldaufenthalts in den Kommunen zu Verfügung gestellt. Die Auswertung der Dokumente erfolgte in loser Anlehnung an die „Globalauswertung" nach Leggewie (1994). Dabei war die Annahme leitend, dass es sich bei den organisationalen Dokumenten um intentionale Formen der Herstellung sozialer Wirklichkeit handelt (vgl. ebd.; Wolff 2000). Zunächst wurden die Texte aus der Analyseperspektive durchgelesen, und für die Studie relevante Passagen markiert und mit Schlagworten (Codes) versehen. Relevanz erschöpfte sich dabei nicht in direkten Bezügen zu fachlichen Formalisierungen, sondern schloss auch Aspekte wie Identitätskonstruktionen der Organisation oder Macht- und Entscheidungsstrukturen mit ein. Zudem wurden die Texte auf ihre Funktion, ihren Inhalt, ihre Entstehung und ihren Bezug zum Forschungsthema hin befragt. Sofern es sich bei den Dokumenten um formalisierte Instrumente oder Verschriftlichungen von Verfahrensstandards handelte, wurde zudem deren „Einsatzort", Begründung und Zielsetzung sowie – analog zum Erhebungskonzept der quantitativen Studie – deren Formalisierungs-, Verbindlichkeits- und Kontrollgrad erhoben. Die Ergebnisse der Analyse sowie die darauf bezogenen Kommentierungen wurden in Form von Markierungen und Kommentaren in den Texten sowie in auf die Dokumente bezogenen Memos schriftlich fixiert.

Aufgrund der zwischenzeitlich erfolgten Auswertung und Ergebnisdissemination der quantitativen Teilstudie mit gut halbjährigem Abstand zur Feldphase, erfolgte der nächst Schritt zur Aufbereitung der Interviews. Hierzu wurden alle Audioaufzeichnungen ein weiteres Mal – gruppiert nach ASD-Teams und Kommunen – zur Vorbereitung der Transkription durchgehört.

Dabei wurden Passagen für die geplante Teil-Transkription identifiziert. Des Weiteren wurden einzelne, kürzere Passagen oder Schlüsselsätze direkt transkribiert. Mit dem Verzicht auf eine vollständige Transkription des Materials waren zwangsläufig Informationsverluste verknüpft (vgl. Dresing/ Pehl 2010). Diese wurden insbesondere im Kontext der Verschiebungen des Analysefokus auf Fragen der Institutionalisierung deutlich. So machten erst zu späteren Auswertungsphasen an Bedeutung gewinnende Aspekte partielle Nach-Transkriptionen nötig, beispielsweise zu Implementierungsprozessen. Auch erfolgten in dieser Auswertungsphase Ergänzungen und Kommentierungen der Fallanalysen. Zudem wurden Auswertungs-, Theorie- und Feldmemos fortgeschrieben und zum Abschluss der Überarbeitungsphase zusammengefasst und verdichtet sowie einer Relevanzeinschätzung unterworfen (und somit in ihrer Zahl deutlich reduziert).

Insgesamt wurde etwa ein Drittel des Interviewvolumens für eine Verschriftlichung ausgewählt und zur Transkription vergeben. Die Transkription erfolgte, der angestrebten Auswertungsperspektive entsprechend, in „normalem Schriftdeutsch" (Mayring 2002, S. 89; vgl. Dresing/Pehl 2010). Die im Rahmen der Ergebnisdarstellung präsentierten Interviewpassagen wurden zur Sicherung der Anonymität sowie aus Respekt vor den Befragten, teilweise nochmals geglättet – wobei vor allem die Fragen des Interviewers einer Glättung bedurft hätten (vgl. ebenso Bourdieu 1997). Zur Transkription vergeben wurden vorwiegend längere, narrative Passagen aus den Haupterzählungen der Befragten sowie der Sondierungsphasen (etwa die Rekapitulation von Implementierungsprozessen oder die Schilderung von Nutzungsweisen oder Fallbeispielen). Relevante Passagen zu den interviewten Personen wurden – auch aus Gründen der Sicherung der Anonymität – nicht vergeben, sondern gegebenenfalls selbst transkribiert.

Die transkribierten Passagen wurden abschnittweise in die Fallanalysen eingefügt und von den Paraphrasen und Kommentierungen durch eine abweichende Formatierung kenntlich gemacht. Somit blieb – trotz der Teiltranskription – eine Einbettung in den Interviewkontext erhalten. Die auf die transkribierten Passagen bezogenen Paraphrasen wurden ebenfalls kenntlich gemacht, um bei späteren Auswertungsschritten inhaltlichen Dopplungen zu vermeiden. Die dergestalt „erweiterten" Fallanalysen bildeten das Material der Auswertung im engeren Sinne, die auf der formalen Ebene (stark vereinfacht) dem Muster *Code – Synopse – Theorie* folgte (vgl. Kelle/Kluge 2010, S. 59 ff.) und auf der inhaltlichen Ebene ein ständiges Vergleichen und Oszillieren zwischen Theorieentwicklung (Abstraktion, Konzeptentwicklung) und Überprüfungen neuer Erkenntnisse anhand des empirischen Materials darstellte.

Im Rahmen der Auswertung im engeren Sinne wurden in einem ersten Schritt sämtliche erweiterte Fallanalysen (im Weiteren wird von Interviews gesprochen) – sowohl die Paraphrasen als auch die Transkripte – offen codiert.

Bei dieser ad-hoc-Codierung wurde Zeile für Zeile, in dichten Passagen auch Wort für Wort, mit spontan aus dem Material generierten Codes belegt (vgl. Strauss/Corbin 1991, S. 43 ff.). Über die Zusammenschau der Codes und der vergebenen Überschriften wurden – zunächst für die Einzelinterviews und in einem weiteren Schritt für die Interviews einer Kommune – gemeinsame Themen bzw. Kategorien entwickelt. Im Laufe des Auswertungsprozess erfolgte eine zunehmende Ausrichtung der Themen bzw. Code-Familien[276] an Dimensionen der Institutionalisierung. Solche Themen bzw. Kategorien waren etwa Beurteilungen, Fachlichkeitsverständnisse, Nutzungsweisen, Ziele oder Funktionen fachlicher Formalisierungen.

In der Phase des axialen Codierens wurden in explorativ-tentativer Weise verschiedene Strukturierungen, Verknüpfungen sowie Differenzierungen innerhalb und zwischen den Themen bzw. Code-Familien umgesetzt. So wurden erste Überlegungen zu Zusammenhängen der unterschiedlichen Kategorien entwickelt. Hierzu wurde etwa das Codier-Paradigmas auf Nutzungsweisen oder Implementierungsentscheidungen angewandt (vgl. ebd., S. 75 ff.). In diesem Rahmen wurde auch gezielt nach Begründungen (für Handlungen und Urteile) gesucht (vgl. Miles et al. 2014). Zudem erfolgten Differenzierungen, indem nicht nur für die einzelnen Kommunen, sondern auch für jedes einzelne Instrument und jede Prozessvorgabe Zielsetzungen, Nutzungsweisen und Beurteilungen zusammengestellt und strukturiert wurden. Ein Beispiel für eine in dieser Auswertungsphase vorgenommene Strukturierung wird im Abschnitt 11.7.2 präsentiert (vgl. Tab. 16).

Des Weiteren wurden für die einzelnen Kommunen Implementierungsgeschichten verfasst, die in die Fallskizzen der Abschnitte 11.1 bis 11.3 eingeflossen sind und Gegenstand zahlreicher Vergleiche waren (unter anderem entlang der Kategorien des Codier-Paradigmas). Parallel zu den überwiegend explorativen Strategien der Auswertung wurde – vor allem durch eine Verdichtung der in den Memos dokumentierten Ideen sowie zunehmend durch Versuche der visuellen Strukturierung – eine stärkere Verknüpfung und Fokussierung angestrebt (vgl. Corbin/Strauss 1990, S. 424). In diesem Rahmen wurde beispielsweise der Versuch aufgegeben, Einschätzungen und Nutzungsweisen der Fachkräfte auf typisierte Professionalitätsverständnisse zurückzuführen oder Implementierungsentscheidungen über Typen von Leitungsakteuren (Modernisierer, Skeptiker etc.) zu plausibilisieren. Stattdessen erfolgte die Entwicklung von Modellen, in dem nicht Akteure, sondern die mit Blick auf die Institutionalisie-

---

276 Der Begriff wird hier nicht im Sinne von Glaser als definiertes Raster zur Ausdifferenzierung und Strukturierung von Codes – ähnlich dem Codier-Paradigma bei Strauss – genutzt (vgl. Mey/Mruck 2010).

rung interessierenden Handlungen oder Orientierungen typisiert werden (vgl. Kelle/Kluge 2010, S. 84 ff.).

Am Ende des iterativen Prozesses der vergleichenden Differenzierung und Konzentrierung unterschiedlicher Codes und Konzepte standen theoretisch schlüssige und durch das empirische Material bestätigte Kernkategorien der Institutionalisierung fachlicher Formalisierungen in den ASD. Diese Kernkategorien sind auf der Ebene der Implementierungsprozesse (Leitungskräfteperspektive) die Implementierungsimpulse, die realisierten Umsetzungsstrategien und die sich in Funktionszuschreibungen ausdrückenden Orientierungen der ASD-Akteure. Auf der Ebene des Enactment von fachlichen Formalisierungen (Basiskräfteperspektive) wurden unterschiedliche Nutzungsweisen, Funktionszuschreibungen und Beurteilungen sowie weitere (organisationalen und persönlichen) Faktoren, welche den Umgang mit formalisierten Instrumenten und Verfahren beeinflussenden, als Kernkategorien rekonstruiert (vgl. Kapitel 11).

Als Basis für die abschließende kommunen- bzw. organisationsübergreifende Gesamtanalyse erfolgte eine Re-Kodierung des gesamten Interviewmaterials sowie der analysierten Dokumente. Hierzu wurden die Texte in die Analyse-Software MaxQDA 11 eingelesen und erneut codiert. Dabei wurde auf ein abschließend definiertes Kodesystem verzichtet. Vielmehr wurden – vor dem Hintergrund der bereits herausgearbeiteten Fokussierungen – einerseits Kategorien (z. B. Nutzungsweisen, Implementierungsimpulse, Funktionen, Beurteilungen, Konflikte) festgelegt, denen entsprechende Passagen subsumptionslogisch zugeordnet wurden; andererseits wurden Aspekte des Kontextes oder neue Aspekte offen „dazucodiert". Die Digitalisierung des Codier-Prozesses erfolgt vor allem zum Zweck einer „systematischen Fundstellenverwaltung" (Kelle/Kluge 2010, S. 57).

Im Mittelpunkt der weiteren Analyse standen synoptische Vergleiche der den Kernkategorien zugeordneten Interviewpassagen. Diese „kategorienbezogene Synopse" (Kelle/Kluge 2010, S. 79) führte zu einer zunehmenden Ausdifferenzierung der Konzepte und damit zur Bestimmung des interessierenden „Merkmalsraums" (ebd., S. 87). Beispiele hierfür sind die Funktionszuschreibungen zu fachlichen Formalisierungen oder die Ausdifferenzierung der unterschiedlichen Nutzungsweisen (vgl. Kapitel 11.4 & 11.5). Die letztlich in der Ergebnisdarstellung vorgestellten Konzepte sind somit das Resultat eines iterativen Prozesses der Subsumption von codierten Interviewpassagen unter Kategorien sowie der Aggregation von zunehmend abstrakteren Kategorien (vgl. 1st & 2nd order concepts bei Gioia et al. 2012, S. 91 ff.).

Die unterschiedlichen Auswertungsperspektiven – einerseits die auf Vergleichen beruhende Identifizierung von Regelmäßigkeiten, andererseits eine zunehmende Ausdifferenzierung von Kategorien – hat auch Konsequenzen für die Ergebnisdarstellung. So liegt im Falle der Ausdifferenzierung eine Präsentation von Interviewpassagen, Codes und/oder Kategorien zu den unterschiedlichen Ausprägungen einer Kategorie nahe. Im Falle der Beschreibung von Regelmäßigkeiten liegen dagegen eher Verweise auf Fallgeschichten oder Konzepte nahe. Durch die Verknüpfung dieser beiden Auswertungsstrategien soll es schrittweise ermöglicht werden, „to ‚lift' data to a conceptual level" (Suddaby 2006, S. 636).

10. Die quantitative Onlinebefragung

Anschließend an die Ausführungen zum Design und zur Umsetzung der quantitativen Befragung von Jugendämtern in Abschnitt 9.3, hat dieses Kapitel nun die Darstellung und Interpretation der Ergebnisse der Onlinebefragung zum Gegenstand. Dem Studienkonzept folgend werden zunächst Befunde zur Verbreitung sowie zur Ausgestaltung und organisationalen Einbettung von formalisierten Instrumenten und Verfahren vorgestellt. Es folgen Ergebnisse zu Impulsen für die Implementierung fachlicher Formalisierungen sowie zur Beurteilung der verschiedenen Formalisierungen durch die Befragten ASD-Leitungsakteure. Das Kapitel endet mit einer strukturierenden Interpretation der Befunde.[277]

10.1 Befunde zur Verbreitung fachlicher Formalisierungen in den ASD

Für den Bereich *Kinderschutz* geben nahezu alle (99%) teilnehmenden Jugendämter (n=166) an, standardisierte Instrumente zur Risikoeinschätzung und Dokumentation zu nutzen (vgl. Abb. 4). Auch wenn Selektionseffekte nicht ausgeschlossen werden können, so kann von einer (nahezu) flächendeckenden Verbreitung entsprechender Instrumente ausgegangen werden, zumal sich der Befund weitgehend mit dem Ergebnis der zeitgleich erfolgten Jugendamtsbefragung des HaBeK-Projekts deckt (vgl. Albrecht et al. 2016). Im Zeitverlauf ist ein deutlicher Standardisierungstrend zu erkennen: So gaben in der Befragung des NZFH 2007 lediglich 47% der Jugendämter an, formalisierte Instrumente im Kinderschutz zu nutzen (vgl. Sann 2010).

Im Rahmen der *Hilfeplanung* nutzen 82% der teilnehmenden Ämter (n=154) standardisierte Instrumente zur Diagnose/Bedarfsermittlung und Dokumentation. Dieser Wert ist für den Bereich der Dokumentation eher niedrig – verglichen etwa mit den Ergebnissen von van Santen (2004). Möglicherweise bezogen sich die befragten eher auf Instrumente zur Diagnose, während formalisierte Instrumente zur Dokumentation teilweise unberücksichtigt blieben. Unter den teilnehmenden Jugendämtern sind standardisierte Instrumente in

---

277 Der Text dieses Kapitels basiert im Wesentlichen auf einem Ergebnisbericht zur Onlinebefragung, der Anfang des Jahres 2014 allen an der Studie teilnehmenden Jugendämtern zugesandt wurde.

der Hilfeplanung vor allem bei großen Jugendämtern anzutreffen. Dienste mit über 50 MitarbeiterInnenstellen haben einen Implementierungsgrad von 93%, die ASD mit weniger als zehn Mitarbeitenden von 70%. Die Jugendämter setzten also im Bereich des Kinderschutzes nahezu durchgängig auf standardisierte Instrumente, in der Hilfeplanung hingegen spielen diese – trotz jahrzehntelanger Diskussionen und der Entwicklung zahlloser Konzepte und Instrumente – in den Ämtern eine deutlich geringere Rolle.

Abb. 4: Verbreitung formalisierter Instrumente und Verfahren

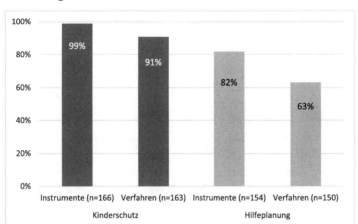

Die Unterschiede zwischen den Arbeitsfeldern spiegeln sich auch bei den Prozessstandards wider. So gibt eine deutliche Mehrheit von 91% der teilnehmenden Jugendämter (n=163) an, für den Prozess der Bearbeitung von Kinderschutzfällen über die rechtlichen Mindeststandards hinausgehende Verfahrensstandards zu besitzen. Für den Bereich der Hilfeplanung wurden dagegen in nur knapp zwei Dritteln der teilnehmenden Jugendämter (n=150) über die rechtlichen Mindeststandards hinausgehende Verfahrensstandards implementiert.

Auch Verfahrensstandards sind unter den teilnehmenden Jugendämtern in Abhängigkeit von der ASD-Größe unterschiedlich verbreitet: Während im Kinderschutz lediglich 83% der ASD mit weniger als 10 MitarbeiterInnen Verfahrensstandards nutzen, tun dies alle teilnehmenden Jugendämter mit 30 und mehr MitarbeiterInnen. Für Verfahrensstandards in der Hilfeplanung zeigt sich ein ähnliches Muster. Auch diese sind in kleinen ASD mit weniger als 10 MitarbeiterInnenstellen weniger verbreitet (43%), wohingegen 76% der Jugendämter mit über 30 MitarbeiterInnen solche Standardisierungen implementiert haben.

10.2 Befunde zu standardisierten Instrumenten

Sofern standardisierte Instrumente genutzt werden, sollte deren Ausgestaltung und deren organisationale Einbettung beschrieben werden.

10.2.1 Standardisierungsgrad

Zur Klassifizierung der Strukturierung bzw. Standardisierung von formalisierten Instrumenten wurden in der Befragung drei Standardisierungsgrade unterschieden:

- Als *geringer* Standardisierungsgrad gilt die Vorgabe offener Themenbereiche bzw. Überschriften, zu denen die Fachkräfte in freier Form dokumentieren.
- Ein *mittlerer* Standardisierungsgrad liegt vor, wenn konkrete Aussagen, Fragen oder Risiko-/Schutz-Dimensionen vorgegeben sind, deren Vorhandensein durch „Ankreuzen" dokumentiert wird.
- Einen *hohen* Strukturierungsgrad haben Instrumente, bei denen die Ausprägung eines (Risiko-/Schutz-)Merkmals durch eine Quantifizierung oder die Nutzung einer Skala einzuschätzen ist[278].

Da nicht ausgeschlossen werden kann, dass in den ASD einerseits mehrere Instrumente genutzt werden, andererseits auch einzelne Instrumente unterschiedliche Strukturierungsgrade verknüpfen, sollte jeweils der höchste, für Instrumente im Jugendamt zutreffende Strukturierungsgrad benannt werden. Dies impliziert, dass die Dienste neben Instrumenten mit dem angegebenen Standardisierungsgrad noch weitere, weniger standardisierte Instrumente nutzen können. Ebenso ist es beispielsweise möglich, dass im Rahmen eines Instruments eine Risikoeinschätzung über Skalen durch eine freie Beschreibung „fundiert" wird. So kommentiert einer der Befragten zu diesem Iten: „Je nachdem welche Ergebnisse ‚mittel' liefert, wird ‚hoch' nachgesteuert".

---

[278] Hintergrund für diese Hierarchisierung ist die Annahme, dass einer offenen Beschreibung grundsätzlich eine eher narrativ-kommunikative Rationalität zugrunde liegt, während konkrete dichotome Kriterien einer eher informationell-technokratischen Logik folgen (vgl. Parton 2008; White et al. 2009). Letztere wird nochmals gesteigert, wenn nicht lediglich das Vorhandensein eines Kriteriums durch Ankreuzen dokumentiert wird, sondern über Skalierungen und Quantifizierungen überdies ein kalkulatorisches Moment eingeführt wird (Gorz 1994; Heintz 2007; Vormbusch 2012; Cevolini 2014; Day et al. 2014; Krause Hansen 2015).

Abb. 5: Standardisierungsgrad der Instrumente

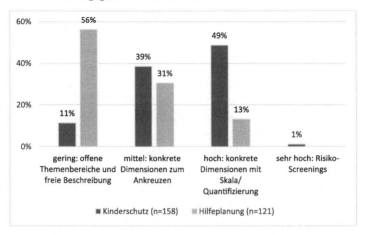

Wie es angesichts des fachlichen Mainstreams und entsprechender Empfehlungen (z. B. Deutscher Städtetag 2003; Bundesvereinigung der kommunalen Spitzenverbände 2009) zu erwarten war, zeichnet sich das Feld *Kinderschutz* durch einen hohen Standardisierungsgrad der Instrumente aus (vgl. Abb. 5). Fast 90% der Jugendämter nutzen Instrumente, bei denen die Gefährdungseinschätzung und Dokumentation über das Ankreuzen vorgegebener Kriterien oder eine Quantifizierung/Skalierung erfolgt. Kompakte, evidenzbasierte Screening-Instrumente nach US-amerikanischen Vorbild, bei denen das Gefährdungsrisiko über einen Summenscore ermittelt wird, spielen dagegen in den teilnehmenden Jugendämtern keine nennenswerte Rolle.

Im Feld der *Hilfeplanung* wird dagegen trotz einschlägiger Entwicklungen und Empfehlungen (vgl. z. B. BLJA 2001, 2009; Harnach 2011) mehrheitlich auf die Nutzung mittel oder hoch standardisierter Diagnose- oder Dokumentationsinstrumente verzichtet. In über der Hälfte der teilnehmenden Jugendämter mit standardisierten Instrumenten werden lediglich Bereiche/Überschriften vorgegeben, zu denen eine freie Dokumentation durch die Fachkräfte erfolgt. Lediglich 13% der Dienste nutzen dagegen hoch standardisierte Instrumente.

10.2.2 Verbindlichkeit

Ungeachtet der grundsätzlichen Möglichkeiten einer „eigenwilligen" Nutzung standardisierter Instrumente durch die Fachkräfte (vgl. Abschnitt 8.10), variiert die Bedeutung solcher Instrumente für die Praxis in Abhängigkeit von deren Verbindlichkeit und deren Kontrolle (vgl. Aiken/Hege 1966). Erstere bezieht sich auf die Frage, ob die Fachkräfte die Instrumente nutzen müssen, sollen oder deren Konsultation in das professionelle Ermessen der Fachkräfte gestellt wird. Während nahezu alle teilnehmenden Kommunen standardisierte Instrumente im *Kinderschutz* implementiert haben, ist deren Nutzung nur in 88% dieser Jugendämter verbindlich (Abb. 6). Immerhin gut ein Zehntel der Kommunen mit standardisierten Instrumenten vertritt demnach die Ansicht, dass den fachlichen und rechtlichen Anforderungen entsprochen wird, wenn die Gefährdungseinschätzung nicht oder nicht immer in einer standardisierten Form erfolgt. Dieser Befund kann auch ein Hinweis darauf sein, dass begründete Ausnahmen von im Prinzip verbindlichen Regeln möglich sind, etwa wenn Gefahr in Verzug ist. Möglicherweise sind geringere formale Verbindlichkeitsgrade auch Ausdruck einer Teamkultur, in der formal auf imperative Vorgaben verzichtet wird, die Einhaltung von Regeln aber dennoch informell erwartet wird. Im Kontext der *Hilfeplanung* ist die Verbindlichkeit zur Nutzung der Instrumente insgesamt geringer. Hier stellen etwa 30% der Jugendämter die Instrumentennutzung in das fachliche Ermessen der professionellen Fachkräfte.

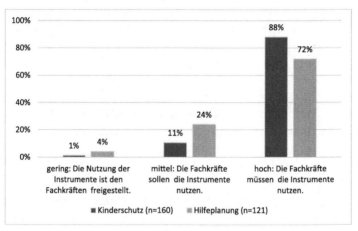

Abb. 6: Verbindlichkeitsgrad der Nutzung der Instrumente

10.2.3 Kontrolle

Ist die Nutzung der Instrumente verpflichtend, lässt sich die Frage anschließen, inwieweit bzw. wie intensiv die Einhaltung dieser Vorgabe auch überprüft wird. Wie der Abbildung 7 zu entnehmen ist, wird die Nutzung von standardisierten Instrumenten im *Kinderschutz* in über der Hälfte der teilnehmenden Jugendämter immer kontrolliert. In einem Drittel der Dienste erfolgt eine Kontrolle über Stichproben. In 7% der Jugendämter wird dagegen auf Kontrollen gänzlich verzichtet. Eine flächendeckende Kontrolle erfolgt in der *Hilfeplanung* in etwas geringerem Umfang. Es dominieren demgegenüber stichprobenartige Kontrollen. Knapp die Hälfte der Jugendämter setzt auf diesen Kontrollmodus.

Auffallend ist, dass ein höherer Anteil von Jugendämtern im Kinderschutz auf Kontrollen verzichtet als in der Hilfeplanung[279].

Abb. 7: Kontrollgrad der Nutzung der Instrumente

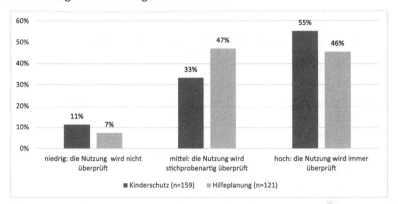

Stichprobenkontrollen als ressourcensparende Alternative zu flächendeckenden Kontrollen sind insbesondere bei großen Jugendämtern verbreitet. Während im Kinderschutz weniger als 30% der Jugendämter mit weniger als 30 MitarbeiterInnen Stichprobenkontrollen durchführen, tut dies die Hälfte der Jugendämter mit über 30 MitarbeiterInnen. Bei den Ämtern mit über 50 Beschäftigten liegt der Anteil sogar bei 60%. Auf Kontrollen im Kinderschutz verzichtet wird demgegenüber vor allem in kleinen ASD mit weniger als 10 MitarbeiterInnen (17%), wobei diese Unterschiede nicht statistisch signifikant sind. Da im Fachdiskurs darauf verwiesen wird, dass Instrumente mit hohem Standardisierungsgrad das fachliche Controlling erleichtern (vgl. z. B. Arnold et al. 2012), wurde überprüft, ob die Kontrollintensität in einem Zusammenhang mit dem Standardisierungsgrad der genutzten Instrumente steht. Für die untersuchten Arbeitsbereiche zeigen sich jedoch keine bedeutenden und statistisch signifikanten Zusammenhänge.

---

279 Bei diesem nicht unbedingt zu erwartenden Verhältnis der Kontrollbemühungen im Kinderschutz und in der Hilfeplanung handelt es sich nicht um einen Verzerrungseffekt aufgrund der unterschiedlichen Beteiligungsraten (n). Ein höherer Anteil von Kontrollverzicht im Kinderschutz besteht auch dann, wenn lediglich jene Jugendämter betrachtet werden, die in beiden Bereichen Instrumente nutzen und Angaben zur Kontrolle gemacht haben. Wie später noch gezeigt wird, sind es überwiegend die gleichen Jugendämter, die in beiden Bereichen keine Kontrollen durchführen.

10.2.4 Verhältnis von Verbindlichkeit und Kontrolle

Sowohl Regeln zur Verbindlichkeit als auch Kontrollen können als Strategien zur Realisierung einer engen Kopplung von Formal- und Aktivitätsstruktur angesehen werden. Bei einem konservativen Steuerungsverständnis besteht ein Zusammenhang zwischen dem Verbindlichkeits- und Kontrollgrad, wonach die Nutzung von Instrumenten dann stärker zu kontrollieren ist, wenn diese für die Fachkräfte verpflichtend sind. Die Analyse der Daten verweist auf entsprechende Zusammenhänge: Jugendämter, in denen die Nutzung freigestellt ist, tendieren eher zu einem Verzicht auf Kontrollen; ist die Nutzung erwünscht, besteht eine Tendenz zu Sichtproben; wird die Nutzung erwartet, dominieren flächendeckende Kontrollen (vgl. Tab. 6).

Der Zusammenhang zwischen Verbindlichkeits- und Kontrollgrad ist für beide Arbeitsfelder schwach, aber statistisch signifikant, wobei die beiden Dimensionen Verbindlichkeits- und Kontrollgrad in der Hilfeplanung stärker korrelieren (KS: τ_b = .226, p = .007; HP: τ_b = .369, p < .001). Wie Tabelle 6 zeigt, handelt es sich bei den Zusammenhängen jedoch nur um eine Tendenz. Besonders deutlich ist dieser Zusammenhang im Feld der Hilfeplanung. Sofern dort die Nutzung von standardisierten Instrumenten verpflichtend geregelt ist (Item „Die Fachkräfte müssen die Instrumente nutzen"), wird nur in 2% der Ämter auf eine flächendeckende Überprüfung verzichtet[280]. Im Kinderschutz ist die Kontrolldichte bei einer Pflicht zur Nutzung der Instrumente dagegen lückenhafter. Immerhin 8% der Dienste verzichten unter der „Pflicht-Bedingung" auf Kontrollen (vgl. Tab. 6, unterste Zeile).

Tab. 6: Verhältnis zwischen Verbindlichkeits- und Kontrollgrad für Instrumente beider Arbeitsfelder

Kontroll-grad	Verbindlichkeitsgrad					
	Kinderschutz (n= 159)			Hilfeplanung (n= 121)		
	hoch	mittel	gering	hoch	mittel	gering
hoch	83 | 52%	5 | 3%	0 | 0%	48 | 40%	7 | 6%	0 | 0%
mittel	44 | 28%	8 | 5%	1 | 1%	37 | 31%	18 | 15%	2 | 2%
gering	13 | **8%**	4 | 3%	1 | 1%	2 | **2%**	4 | 3%	3 | 2%

---

280 Angesichts der Kostenintensität von Hilfen zur Erziehung könnte vermutet werden, dass Instrumente zur Diagnose bzw. Bedarfsfeststellung vor allem in Kommunen, die ihre Haushaltssituation als eher angespannt beschreiben, auch zu Zwecken der Kostenkontrolle genutzt und daher auch konsequent kontrolliert werden. Hierfür finden sich in den Daten jedoch keine Hinweise.

Wenn hier von einer Kontrolllücke o. ä. die Rede ist, so ist dies nicht wertend im Sinne eines Defizits gemeint. Einerseits bezieht sich die Kontrolle lediglich auf die Nutzung standardisierter Instrumente, nicht aber auf die Einhaltung rechtlicher oder fachlicher Mindeststandards. Andererseits ist die direkte Kontrolle von Arbeitsprozessen nur ein Steuerungsmodus in Organisationen, der durch verschiedene funktionale Äquivalente ersetzt werden kann (vgl. z. B. Mintzberg 1992; Ouchi 1979; Marrs 2010) – wobei insbesondere für Professionen klassischer Weise andere Steuerungsmechanismen – vor allem Vertrauen in professionelle Kompetenz und die kollegiale Abstimmung – bevorzugt werden (vgl. ebd.; Hall 1968; Perrow 1968).

10.2.5 Erfolgsmessung bei Hilfen zur Erziehung

Sofern standardisierte Instrumente in der Hilfeplanung implementiert sind, werden diese in drei Vierteln der in Frage kommenden Ämter (n=120) fortgeschrieben und zur Erfolgsmessung und Steuerung im Einzelfall genutzt. Die fachliche Erfolgsmessung wird dabei in 58% der Dienste auf Basis einer Kombination von qualitativen und quantitativen Informationen realisiert: (vgl. Abb. 8; n=90). In einem guten Drittel der Jugendämter erfolgt sie dialogisch auf der Grundlage qualitativer Kriterien. Das verbleibende knappe Zehntel der Jugendämter setzt die fachliche Erfolgsmessung ausschließlich auf Basis quantitativer Kennzahlen um.

Abb. 8: Erfolgsmessung und Steuerung in der Hilfeplanung

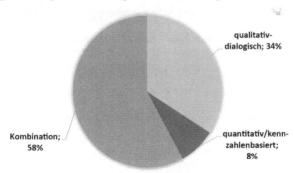

Neben der fachlichen Erfolgsmessung werden die Daten der Hilfeplanung in 59% der Jugendämter auch zur Messung der Wirtschaftlichkeit bzw. zur Kostensteuerung genutzt. Die Verwendung von Daten aus der Hilfeplanung zur wirtschaftlichen Steuerung überwiegt signifikant bei jenen Jugendämtern, bei denen auch die fachliche Steuerung ganz oder teilweise auf Basis von Kennzahlen erfolgt. Während lediglich 35% der Ämter mit dialogisch-fachlicher Erfolgsmessung Hilfeplandaten zur ökonomischen Steuerung nutzen, tun dies 86% der Dienste mit kennzahlenbasierter und 71% der Dienste mit kombinierter fachlicher Erfolgsmessung.

10.3 Befunde zu Prozessstandards

Für die beiden Arbeitsbereiche Kinderschutz und Hilfeplanung wurden die Jugendämter zudem danach befragt, ob sie über die rechtlichen Vorgaben hinausgehende Prozessformalisierungen implementiert haben und welcher Art diese Regulierungen sind. Die Detaillierung erfolgte im Fall der Prozessformalisierungen nicht über eine trichotome Variable mit unterschiedlichen Stufen, sondern über fünf Einzelitems zu Dimensionen von Prozessstandardisierungen. Eine der Dimensionen beinhaltete auch die Verbindlichkeitsvariable. Daneben wurde der Kontrollgrad über eine trichotome Variable erhoben.

10.3.1 Ausgestaltung der Prozessstandards

Bei der Ausgestaltung der Prozessstandards zeigt sich insgesamt – ebenso wie bei den Instrumenten – über alle abgefragten Dimensionen hinweg ein höherer Formalisierungsgrad im Bereich Kinderschutz (vgl. Abb. 9).

Abb. 9: Ausgestaltung von Prozessvorgaben

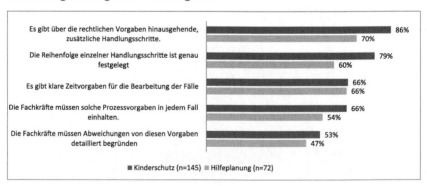

Die große Verbreitung zusätzlicher Handlungsschritte – beispielsweise die Vorgabe, bei Kinderschutzfällen unverzüglich den Vorgesetzten zu informieren oder (trägerübergreifende) Fallkonferenzen in der Hilfeplanung – spiegelt für beide Arbeitsbereiche den Tenor aktueller fachlicher Debatten und Empfehlungen wider. Im Feld des *Kinderschutzes* ist zudem in über drei Vierteln der Jugendämter eine klare Abfolge einzelner Handlungsschritte vorgesehen. In circa zwei Dritteln der Jugendämter gibt es klare Zeitvorgaben für die Bearbeitung von Kinderschutzfällen. In etwa ebenso vielen Jugendämtern wird eine strikte Einhaltung solcher Prozessvorgaben erwartet, es besteht also ein hoher Verbindlichkeitsgrad. Wird von Prozessvorgaben abgewichen, so ist dies in der Hälfte der Jugendämter detailliert zu begründen. Es besteht aber kein statistisch signifikanter Zusammenhang zwischen der Verbindlichkeit der Verfahrensvorgaben und einer Begründungspflicht im Falle von Abweichung. Auch dies legt nahe, dass Abweichungen in einigen Ämtern als in der Praxis nicht unüblich angesehen werden und dies in der organisationalen Regulierung berücksichtigt wird. Der insgesamt hohe Standardisierungsgrad im Kinderschutz war insofern zu erwarten, als viele der benannten Elemente Bestandteil jener Empfehlungen sind, die nach Angabe der Jugendämter als zentrale Orientierungspunkte für die Entwicklung eigener Standards dienten (vgl. z. B. Bundesvereinigung der kommunalen Spitzenverbände 2009; Deutscher Städtetag 2003). Überraschend ist dagegen die hohe Regelungsdichte im Bereich der *Hilfeplanung*, etwa die Festschreibung der Reihenfolge von Schritten der Fallbearbeitung in 60% der Jugendämter oder von Zeitvorgaben in knapp zwei Dritteln der Dienste. Zwischen den einzelnen Prozessdimensionen der Hilfeplanung bestehen dabei – anders als im Kinderschutz – keinerlei statistische Zusammenhänge[281].

10.3.2 Verbindlichkeit

Wird die Verbindlichkeit von Prozessvorgaben mit der Verbindlichkeit der Nutzung standardisierter Instrumente verglichen[282], so ist festzustellen, dass der Verbindlichkeitsgrad von Prozessvorgaben weniger stark ist. Im Kontext der *Hilfeplanung* ist in 71% der Jugendämter die Nutzung bestimmter Instrumente verpflichtend. Verfahrensstandards sind dagegen nur in 54% der Dienste „in jedem Fall" einzuhalten (vgl. Abb. 6 & 9). Noch deutlicher ist die Differenz im *Kinderschutz*: Sind die Fachkräfte in 88% der Ämter zur Nutzung bestimmter Instrumente zur Risikobeurteilung und Dokumentation verpflichtet, so müssen

---

281 Bei Prozessstandards im Kinderschutz bestehen zwischen den Items zur „Begründungspflicht", zu den „Zeitvorgaben" und zu „zusätzlichen Handlungsschritten" leichte (V > .200) aber hoch signifikante statistische Zusammenhänge.
282 Beim Vergleich der Verbindlichkeitsgrad von standardisierten Instrumenten und Prozessstandards ist zu berücksichtigen, dass deren Erhebung nicht in gleicher Weise erfolgte: Bei Prozessstandardisierungen erfolgte die Abfrage der Verbindlichkeit über ein Item unter mehreren im Rahmen der Detaillierung von Prozessstandards. Dabei sollte das Merkmal ausgewählt werden, sofern es auf Prozessstandards zutrifft. Bei standardisierten Instrumenten wurde der Verbindlichkeitsgrad demgegenüber in einer eigenen Frage über eine dreistufige (Ordinal-)Skala erhoben (vgl. Abschnitt 10.2.2).

die Prozessvorgaben im Kinderschutz in nur 66% der Jugendämter zwingend eingehalten werden (vgl. ebd.). Vor dem Hintergrund, dass der Fokus fachlicher Diskussionen und Empfehlungen zu verbindlichen Standards im Kinderschutz eher auf Verfahrensstandards denn auf konkreten Instrumenten liegt, wären andere Ergebnisse zu erwarten gewesen.

10.3.3 Kontrolle

Der höhere Standardisierungsgrad und die höhere Verbindlichkeit von Prozessstandards im *Kinderschutz* im Vergleich zur Hilfeplanung korrespondiert abermals mit einer stärkeren Kontrolle der Einhaltung dieser Standards (Abb. 10): In knapp der Hälfte der Jugendämter wird die Einhaltung von Prozessvorgaben immer überprüft, gut zwei Fünftel der Ämter setzen auf stichprobenartige Kontrollen. Ein knappes Zehntel verzichtet auf direkte Kontrollen der Einhaltung von Prozessstandards. Flächendeckende Kontrollen werden vor allem in den ASD mit weniger als 30 MitarbeiterInnen praktiziert, während in Ämtern mit mehr als 30 MitarbeiterInnen wieder eher auf Stichproben zurückgegriffen wird.

Abb. 10: Überprüfung der Einhaltung von Prozessvorgaben

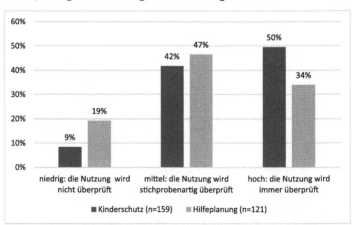

Im Bereich der *Hilfeplanung* überprüft nur ein gutes Drittel der teilnehmenden Jugendämter „immer" die Einhaltung der eigenen Verfahrensvorgaben. Wie schon für die Kontrolle der Instrumentennutzung dominieren in der Hilfeplanung auch für Verfahrensstandards Stichprobenkontrollen (47%). In knapp einem Fünftel der Jugendämter wird nicht überprüft, ob Verfahrensstandards eingehalten werden.

Die Analyse des *Zusammenhangs zwischen der Verbindlichkeit und der Kontrolle* der Einhaltung von Prozessstandards korrespondiert abermals weitgehend (vgl. Tab. 7): Wird die Einhaltung der Prozessstandards zwingend erwartet, so wird die Einhaltung dieser Erwartung auch eher überprüft (KS: $V = .336$, $p < .001$; HP: $V = .275$, $p = .035$). Im Kinderschutz erfolgt unter der „Pflicht-Bedingung" in 61% der Jugendämter immer eine Überprüfung, gegenüber 50% im Falle der „Ermessens-Bedingung". Im Bereich der Hilfeplanung überprüfen circa 40% der Ämter flächendeckend die Einhaltung verbindlicher Prozessvorgaben. Mehrheitlich erfolgt dagegen – unabhängig von Verbindlichkeitsgrad – eine Überprüfung mittels Stichproben.

Tab. 7: Verhältnis zwischen Verbindlichkeits- und Kontrollgrad für Prozessstandards

Kontrollgrad	Verbindlichkeitsgrad			
	Kinderschutz (n= 141)		Hilfeplanung (n= 88)	
	hoch	gering	hoch	gering
hoch	46 I 33%	24 I 17%	20 I 23%	10 I 11%
mittel	26 I 28%	33 I 23%	25 I 28%	16 I 18%
gering	5 I 4%	7 I 5%	5 I 6%	12 I 14%

10.3.4 Arbeitsbereichsübergreifende Kontrollmuster

Im Bereich des *Kinderschutzes* wird die Einhaltung von Prozessstandardisierungen weniger flächendeckend kontrolliert als die Nutzung von Instrumenten (vgl. Abb. 11). Entsprechend ist der Anteil von Jugendämtern mit mittlerem Kontrollgrad bei Prozessstandardisierungen etwas höher. Gleichzeitig ist aber der kontrollfreie Raum bei Verfahrensstandards im Kinderschutz geringer als bei der Instrumentennutzung. In der *Hilfeplanung* dominiert dagegen bei Instrumenten und Verfahren ein mittlerer Kontrollgrad. Dafür werden Instrumente und Verfahren an den beiden Polen des Kontrollkontinuums deutlich unterschiedlich behandelt. Während die Nutzung formalisierter Instrumente über zehn Prozentpunkte häufiger als die Einhaltung von Verfahrensstandards immer kontrolliert wird, wird die Einhaltung von Verfahren über zehn Prozentpunkte häufiger als die Nutzung von Instrumenten überhaupt nicht kontrolliert.

Abb. 11: Kontrolle der Instrumentennutzung und der Einhaltung von Prozessvorgaben

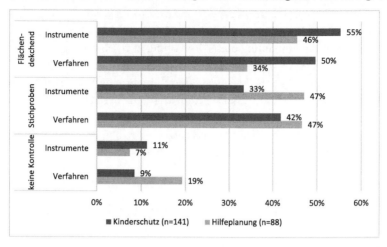

10.3.5 Case Management in der Hilfeplanung

In der einschlägigen Fachliteratur wird das Jugendamt und insbesondere die Hilfeplanung als idealer „Einsatzort" für das Handlungskonzept Case Management (CM) beschrieben (vgl. z. B. Remmel-Faßbender 2007; Löcherbach et al. 2009; Neuffer 2009; Wendt 2010; Gissel-Palkovic 2011; 2012a). Daher wurde im Rahmen der Fragen zur Ausgestaltung standardisierter Verfahren in der Hilfeplanung auch erhoben, ob nach dem Verfahren des Case Management gearbeitet wird. Da das Konzept häufig mit variierenden weiteren „Zugaben" bestückt wird, unter denen der Einbezug von unterschiedlich definierten „Systemebene(n)" besonders verbreitet ist (zum Versuch einer Strukturierung vgl. Gissel-Palkovic 2012b), wurde auch diese „Form" des Case Management berücksichtigt. Entsprechend wurde nicht nur nach der Umsetzung eines Fallmanagements, sondern auch nach der Realisierung eines „systemischen Case Managements" mit formalisierter Netzwerkarbeit gefragt (vgl. Abb. 12).

Abb. 12: Case Management bei Ämtern mit Prozessformalisierungen in der Hilfeplanung

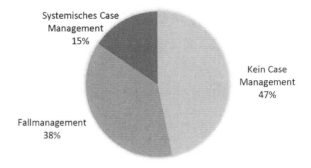

Von den 95 Jugendämtern, mit standardisierten Verfahren in der Hilfeplanung, haben 90 Ämter Angaben zum Handlungskonzept Case Management gemacht. Davon geben 47% an, nicht nach dem Konzept zu arbeiten. Ein „Fallmanagement mit den Case Management-Phasen (Intake, Assessment, Hilfeplanung, Durchführung/Monitoring, Evaluation o. Ä.)" realisieren 38% der Antwortenden. Weitere 16% der Dienste, vor allem in großen ASD, geben an, ein systemisches Case Management umzusetzen. Somit arbeitet über die Hälfte der Jugendämter mit Verfahrensstandards bzw. knapp ein Drittel aller Jugendämter der Untersuchung nach dem Case Management-Konzept. Dieses Ergebnis ist insofern interessant, als unter dem 16 deutschen „Spitzen-Jugendämtern" des ASD-Projektes von Gissel-Palkovich et al. (2010) eine Case Management-Quote von 6% ermittelt wurde[283].

Da eine feste Abfolge klar bestimmbarer Handlungsschritte ein zentrales Element des Case Managements darstellt, wurde überprüft, in welchem Verhältnis Prozessstandardisierungen und Case Management stehen. Vor allem eine klare Reihenfolge von Handlungsschritten ist mit 75% in den Jugendämtern mit Case Management signifikant weiter verbreitet. Darüber hinaus weisen Jugendämter mit Case Management auch in allen anderen abgefragten Dimensionen höhere Grade der Prozessstandardisierung auf. Diese weiteren Unterschiede sind jedoch nicht statistisch signifikant (vgl. Tab. 8).

---

283 ProponentInnen des Ansatzes würden wahrscheinlich einwerfen, dass viele der Jugendämter, die angeben Case Management zu betreiben, tatsächlich nur Elemente des Ansatzes implementiert haben – also eine Entkopplung von Konzept/Praxis und Label erfolgt ist. Dem ist entgegenzuhalten, dass ein Praxiskonzept wie das Case Management realistischer Weise nicht das ist, was in Wissenschaft und Fachverbände modelliert wird, sondern das, was in der Praxis unter diesem Label faktisch getan wird.

Tab. 8: Prozessstandards bei Jugendämtern mit und ohne Case Management

	ASD mit CM (n=48)	ASD ohne CM (n=42)
zusätzliche Handlungsschritte	79%	64%
klare Reihenfolge einzelner Handlungsschritte	75%	48%
klare Zeitvorgaben	67%	55%
Prozessvorgaben sind verbindlich	65%	48%
detaillierte Begründung von Standardabweichung	46%	43%

Darüber hinaus wird in den „Case Management-Jugendämtern" die Einhaltung der Prozessstandards in der Hilfeplanung signifikant stärker überwacht. Während insgesamt in knapp 20% der Jugendämter auf Kontrollen verzichtet wird, ist dies in nur 6% der Jugendämter mit Case Management der Fall. Eine flächendeckende Kontrolle wird dagegen in knapp 40% der Ämter mit Case Management praktiziert, während eine solche nur in etwa 30% der Jugendämter, die nicht nach dem Ansatz arbeiten, erfolgt.

Aufgrund entsprechender Positionen im Fachdiskurs wurde zudem die Verbreitung und Ausgestaltung standardisierter Instrumente in der Hilfeplanung für Jugendämter mit und ohne Case Management untersucht. So wird standardisierten Instrumenten zur Bedarfsfeststellung/Diagnose („Assessment") im Case Management-Diskurs eine große Bedeutung zugemessen (vgl. z. B. DGCC 2009). Diese Position korrespondiert teilweise mit den Ergebnissen dieser Untersuchung: Mit 85% gegenüber 82% im Gesamtsample werden in den Case Management-Jugendämtern etwas häufiger standardisierte Instrumente in der Hilfeplanung genutzt. Sofern Instrumente genutzt werden, weisen diese deutlich höhere Standardisierungsgrade auf: 30% der Jugendämter mit Case Management nutzen hoch-standardisierte Instrumente mit Skalierungen bzw. Quantifizierungen gegenüber lediglich 13% im Gesamtsample. Weitere 35% der Ämter mit Case Management nutzen Instrumente mit einem mittleren Standardisierungsgrad, also Bögen, in denen Merkmale zum Ankreuzen vorgegeben sind. Im Gesamtsample sind es 30% der Dienste[284].

---

284 Werden die Case Management-Jugendämter nicht mit allen teilnehmenden Jugendämtern, sondern nur mit denjenigen, die zwar Prozessstandards, aber kein Case Management nutzen verglichen, fallen die Unterschiede noch größer aus: Dann stehen sich bei hoch standardisierten Instrumenten 30% und 5%, beim mittleren Standardisierungsrad 35% zu 23% gegenüber.

10.4 Befunde zu Fachsoftware

Sofern standardisierte Instrumente und/oder Verfahren in den Jugendämtern genutzt werden, wurde danach gefragt, ob diese in eine Fachsoftware eingebunden sind. Für den Bereich *Kinderschutz* geben über die Hälfte der Jugendämter die Nutzung von Fachsoftware an. Das Vorhandensein von Kinderschutzsoftware ist bei größeren Jugendämtern, gemessen am Personal, wahrscheinlicher. Unter den ASD mit mehr als 50 MitarbeiterInnen geben hier 77% an, Fachsoftware zu nutzen.

Instrumente und/oder Verfahren der *Hilfeplanung* sind in zwei Dritteln der Jugendämter in Fachsoftware eingebunden (vgl. Abb. 13). Für diesen Arbeitsbereich weisen ASD mittlerer Größe (10–30 MitarbeiterInnen) den höchsten Implementierungsgrad auf (75%). Sie liegen damit etwa zehn Prozentpunkte über den größeren und 25 Prozentpunkte über den kleineren ASD.

Abb. 13: Fachsoftware im Kinderschutz (n=150) und in der Hilfeplanung (N=130)

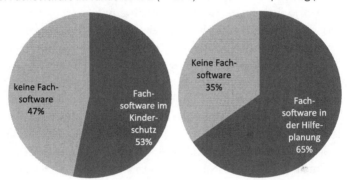

Wenn fachliche Standardisierungen in diesem Umfang in die Fachsoftware integriert sind, so bestätigt dies zunächst die These, dass die Informationstechnologie nicht nur für ergänzende administrative Aufgaben genutzt wird, sondern zunehmend in das Kerngeschäft der Sozialen Arbeit eingreift (vgl. Sapey 1997; Garrett 2005; Kreidenweis 2008). Für den Bereich der *Hilfeplanung* bestätigen die Befunde die bereits in anderen Untersuchungen belegte Bedeutung von Fachsoftware (vgl. z. B. Kreidenweis 2005). Die Daten legen jedoch nahe, dass neben fachlich einschlägigen Programmen (Fachsoftware) noch immer in nicht unwesentlichem Umfang andere (nicht-fachspezifische) Software genutzt wird. So geht aus der DJI-Jugendamtsbefragung 2009 hervor, dass 88% der Jugendämter wesentliche hilfeplanungsrelevante Daten elektronisch dokumentieren (vgl. Gadow et al. 2013). Es ist also anzunehmen, dass die Lücke zwischen dem Ergebnis der DJI-Befragung und den Ergebnissen dieser Studie – immerhin 23 Prozentpunkte – mit klassischen Officeprogrammen überbrückt wird.

Interessant ist vor allem die Verbreitung von Fachsoftware im *Kinderschutz*. Die Daten dieser Untersuchung legen nahe, dass Software-Anbieter auf die Diskussion und den Bedeutungsgewinn von Fragen des Kinderschutzes reagiert, und diesen neuen Markt erfolgreich erschlossen haben[285].

Fachsoftware wird mitunter als ein Motor für eine zunehmende Standardisierung der Praxis sozialer Dienste beschrieben (Sapey 1997; Burton/van den Broek 2009; Parton 2008). Wenn fachliche Praxen nur dann in Software überführt werden können, wenn sie standardisiert sind (vgl. Tenhaken 2012), erzwingt die Einführung von Fachsoftware im Umkehrschluss die Standardisierung der Arbeitspraxen. Diese Standardisierung bezieht sich nicht nur auf Handlungsprozesse, sondern gegebenenfalls auch auf die Nutzung bestimmter standardisierter Instrumente. So können in Fachsoftware-Programmen bereits standardisierte Diagnose-Tools zur Hilfeplanung integriert sein, für spezielle Software im Kinderschutz dürfte Ähnliches gelten. Da in dieser Untersuchung nur Jugendämter mit standardisierten Instrumenten und/oder Verfahren zur Nutzung von Fachsoftware befragt wurden, lässt sich die These, dass Fachsoftware allgemein zu einer stärkeren Standardisierung führt, nicht empirisch überprüfen. Möglich sind lediglich Aussagen darüber, ob sich bei den Jugendämtern, die Standardisierungen nutzen, Unterschiede in der Art und Ausgestaltung dieser Standardisierungen zeigen, sofern Fachsoftware eingesetzt wird. Für Prozessstandards im *Kinderschutz* ist lediglich festzustellen, dass Zeitvorgaben häufiger verlangt werden (mit Fachsoftware: 75%, ohne Fachsoftware 59%). Hoch standardisierte Instrumente sind in diesem Arbeitsbereich im Falle der Fachsoftware-Nutzung etwas häufiger anzutreffen (mit Fachsoftware: 52%, ohne Fachsoftware 44%; n.s.). Auch bei der *Hilfeplanung* sind hoch standardisierte Instrumente im Falle der Nutzung von Fachsoftware – diesmal signifikant – häufiger (mit Fachsoftware: 19%, ohne Fachsoftware 0%). Zudem wird die Nutzung der Instrumente weniger häufig nicht kontrolliert (mit Fachsoftware: 4%, ohne Fachsoftware 16%). Für die Ausgestaltung von Prozessstandards in der Hilfeplanung zeigen sich keine signifikanten Unterschiede zwischen Jugendämtern mit und ohne Fachsoftware.

---

285 Sofern die Annahme zutreffend ist, dass die Jugendämter in der Regel nicht auf Lösungen unterschiedlicher Anbieter zurückgreifen, so legen die Daten nahe, dass Softwarelösungen zur Hilfeplanung zunehmend um Module zum Kinderschutz ergänzt werden. Während die Mehrzahl der Fachsoftware nutzenden Jugendämter der Studie (n=94) EDV-Programme in beiden Arbeitsbereichen (64%) oder lediglich in der Hilfeplanung einsetzt (27%), nutzen lediglich 10% der Jugendämter ausschließlich im Kinderschutz Fachsoftwarelösungen.

10.5 Zwischenfazit I: Muster der Standardisierung

Insgesamt besteht eine hohe Standardisierungsdichte in den teilnehmenden Jugendämtern. Fünfundfünfzig Prozent der Jugendämter haben sowohl im Kinderschutz als auch in der Hilfeplanung standardisierte Instrumente und Verfahrensstandards implementiert. Wie der letzten Spalte von Tabelle 9 zu entnehmen ist, nutzen 28% der Dienste drei und 13% zwei der abgefragten Standardisierungen. Lediglich knapp 3% der Jugendämter haben standardisierte Instrumente ausschließlich im Kinderschutz oder ausschließlich in der Hilfeplanung eingeführt. Die grau hinterlegten Felder der Tabelle 9 geben horizontal gelesen an, wie viel Prozent der Jugendämter welche der vier abgefragten Typen von Standardisierungen implementiert hat. Somit wird ersichtlich, welche Standardisierung wie zur Standardisierungsdichte beiträgt[286].

Tab. 9: Standardisierungsdichte bei den Jugendämtern

Standardisierungsdichte Gruppe	Anteil der Jugendämter mit Standardisierungen je Gruppe				Anteil an allen JA
	Instrumente Kinderschutz	Verfahren Kinderschutz	Instrumente Hilfeplanung	Verfahren Hilfeplanung	
Jugendämter mit 4 Standardisierungen	100%	100%	100%	100%	55% (n=82)
Jugendämter mit 3 Standardisierungen	100%	98%	74%	28%	28% (n=42)
Jugendämter mit 2 Standardisierungen	95%	58%	42%	5%	13% (n=19)
Jugendämter mit 1 Standardisierung	80%	0%	20%	0%	3% (n=5)

Aus den Daten der Tabelle 9 kann ein übergreifendes Muster für Standardisierungen im ASD geschlossen werden: Auf einer ersten Ebene besteht eine starke Tendenz zu Standardisierungen im Feld des Kinderschutzes. Eine klare Mehrheit der teilnehmenden Jugendämter hat hier Standardisierungen (Instrumente und/oder Verfahren) implementiert. Im Feld Hilfeplanung sind Standardisierungen dagegen insgesamt weniger verbreitet. Auf einer nachgeordneten

---

286 Zur Verdeutlichung: Von den 42 Diensten, die 3 Standardisierungen eingeführt haben (vierte Zeile von unten), haben alle 42 Ämter (100%) Instrumente im Kinderschutz implementiert; 41 Ämter (98%) haben zudem Verfahrensstandards im Kinderschutz eingeführt; 31 Ämter (74%) nutzen (zudem) Instrumente in der Hilfeplanung; 12 Dienste (28%) verfügen (stattdessen) über Verfahrensstandards in der Hilfeplanung.

Ebene, dominieren dann standardisierte Instrumente gegenüber Verfahrensstandards.

10.5.1 Standardisierungsgrad

Wird der Standardisierungsgrad der implementierten Standardisierungen als Analyseebene gewählt, so zeigt sich keine statistisch bedeutsame Regelmäßigkeit. Es ist also nicht so, dass etwa in Jugendämtern mit hoch standardisierten Instrumenten im Kinderschutz auch eher hoch standardisierte Instrumente in der Hilfeplanung genutzt werden. Anders ausgedrückt: Es finden sich keine Hinweise darauf, dass bei der Auswahl von standardisierten Instrumenten „Vorlieben" – etwa für freie Beschreibungen oder für das „Setzen von Häkchen" – wirksam sind. Ebenfalls keine bedeutsamen Zusammenhänge lassen sich für die Gestaltung der einzelnen Arbeitsbereiche (Kinderschutz oder Hilfeplanung) bestimmen. Jugendämter, die stärker standardisierte Instrumente in einem der Arbeitsbereiche nutzen, tendieren nicht dazu, in demselben Bereich auch die Verfahren stärker zu strukturieren und umgekehrt. Zusammenhänge bestehen jedoch bei der Ausgestaltung von Verfahrensstandards in den beiden untersuchten Arbeitsbereichen: Für die in der Befragung erhobenen Dimensionen zeigt sich, dass eine Mehrheit der Jugendämter, die in beiden Bereichen (Kinderschutz und Hilfeplanung) Prozessstandards nutzen, dazu tendiert, diese Verfahrensstandards für beide Bereiche gleich zu gestalten. Tabelle 10 zeigt jeweils den Anteil der Jugendämter, die die abgefragten Dimensionen von Prozessstandards in beiden Arbeitsfeldern, in keinem der Felder und nur in einem der Felder implementiert haben.

Tab. 10: Ausgestaltung von Verfahrensstandards in den Arbeitsfeldern

Prozessstandards	Anteil der Jugendämter mit Implementierung in …			
	beiden Bereiche	keinem Bereich	einem Bereich	N
zusätzliche Handlungsschritte	67%	11%	22%	92
klare Reihenfolge	53%	12%	35%	92
klare Zeitvorgaben	50%	12%	37%	92
Prozessvorgaben sind verbindlich	46%	23%	32%	92
detaillierte Begründung	32%	36%	27%	92

10.5.2 Verbindlichkeitsmuster

Die befragten Dienste tendieren dazu, die Verbindlichkeit von Prozessstandards in beiden Arbeitsfeldern ähnlich zu regeln. In 69% der Dienste gelten die gleichen Verbindlichkeitsregeln für Prozessstandards im Kinderschutz und in der Hilfeplanung. Noch deutlicher ist eine solche Tendenz bei standardisierten Instrumenten: In drei Vierteln der Jugendämter gelten für die Nutzung standardisierter Instrumente die gleichen Verbindlichkeitsgrade im Feld Kinderschutz und in der Hilfeplanung (τ_b = .336, p = .006). Die Ausgestaltung von Verbindlichkeitsregeln für Instrumente und Verfahren innerhalb desselben Arbeitsfeldes ist dagegen weniger einheitlich geregelt (KS: V = .221, p = .033; HP: V= .305, p = .025).

Insgesamt tendieren die teilnehmenden Jugendämter in hoch signifikantem Maße dazu, arbeitsfeldunabhängig eher für gleiche Typen von Standardisierungen (Instrumente oder Verfahren) gleiche Verbindlichkeitsregeln aufzustellen. Instrumente und Verfahren innerhalb desselben Arbeitsfeldes (Kinderschutz oder Hilfeplanung) sind demgegenüber seltener mit ähnlichen Verbindlichkeitsregeln belegt. Auch wenn die Aussagen zu den Verbindlichkeitsgraden für Instrumente einerseits und Verfahren andererseits aufgrund einer unterschiedlichen Präsentation der Items und der Nutzung unterschiedlicher Skalen eingeschränkt ist[287], so sind die Befunde bemerkenswert. Da die beiden untersuchten Arbeitsbereiche inhaltliche Differenzen aufweisen und in unterschiedlichem Maße im Fokus der fachlichen und der allgemeinen Öffentlichkeit stehen, wäre zu erwarten gewesen, dass die Regelungen innerhalb der Arbeitsfelder konsistenter und zwischen den beiden Arbeitsfeldern unterschiedlicher ausfallen.

10.5.3 Kontrollmuster

Für die untersuchten Standardisierungen tendieren die teilnehmenden Jugendämter insgesamt zu ähnlichen Kontrollmodi (vgl. Tab. 11). Dies gilt besonders für die Kontrolle von Standardisierungen im Feld *Kinderschutz*: Wird die Nutzung standardisierter Instrumente immer/stichprobenartig/nie kontrolliert, so findet sich dasselbe Kontrollmuster tendenziell auch für die Einhaltung von Verfahrensstandards. Während beispielsweise die Nutzung standardisierter

---

[287] Bei Prozessstandardisierungen erfolgte die Abfrage der Verbindlichkeit über ein Item unter mehreren im Rahmen der Detaillierung von Prozessstandards. Dabei sollte das Merkmal ausgewählt werden, sofern es auf Prozessstandards zutrifft. Bei standardisierten Instrumenten wurde der Verbindlichkeitsgrad demgegenüber in einer eigenen Frage mit drei Antwortoptionen erhoben.

Instrumente im Kinderschutz insgesamt in gut einem Zehntel der Jugendämter nicht kontrolliert wird, verzichten 61% der Jugendämter, die die Nutzung von standardisierten Instrumenten nicht kontrollieren, auch darauf, die Einhaltung der Verfahrensstandards im Kinderschutz zu kontrollieren. Im Feld der *Hilfeplanung* findet sich eine analoge, wenn auch etwas schwächer ausgeprägte Tendenz zu ähnlichen Kontrollmustern für Instrumente und Verfahren. Anders als bei den Regeln zur Verbindlichkeit scheinen die Kontrollmuster in den Jugendämtern somit eher inhaltlich orientiert. Es dominieren vergleichbare Kontrollmuster innerhalb des Kinderschutzes und auch die Kontrollmuster innerhalb des Feldes Hilfeplanung ähneln sich. Wie Tabelle 11 zu entnehmen ist, korrelieren aber auch die Formen der Kontrolle für gleiche Arten von Standardisierungen (Instrumente oder Verfahren) quer zu den beiden Arbeitsfeldern im mittleren Bereich. Insbesondere die Nutzung standardisierter Instrumente unterliegt in den Jugendämtern ähnlichen Kontrollmustern.

Tab. 11: Kontrollmuster in den Jugendämtern

Korrelation der Kontrollgrade			Kinderschutz Verfahren	Hilfeplanung Instrumente	Hilfeplanung Verfahren
Kendall-Tau-b	Kinderschutz Instrumente	Korrelationskoeffizient	.662	.494	.299
		Sig. (2-seitig)	.000	.000	.003
		N	139	119	87
	Kinderschutz Verfahren	Korrelationskoeffizient		.381	.383
		Sig. (2-seitig)		.000	.000
		N		112	86
	Hilfeplanung Instrumente	Korrelationskoeffizient			.450
		Sig. (2-seitig)			.000
		N			76

Die Einheitlichkeit von Kontrollmustern innerhalb der Arbeitsfelder kann auch damit zusammenhängen, dass die Kontrolle der Einhaltung von Verfahrensstandards teilweise über die Kontrolle der Nutzung vorgegebener Instrumente erfolgt, indem also die Einhaltung von Prozessschritten, Zeitvorgaben etc. durch eine Gegenzeichnung entsprechender Dokumentationsbögen umgesetzt wird. Aus einer solchen Verknüpfung folgt naheliegender Weise, dass für das Arbeitsfeld, in dem eine solche gekoppelte Kontrolle stattfindet, vergleichbare Kontrollmuster für Instrumente und Verfahren existieren. Insgesamt lässt sich feststellen, dass das oben beschriebene allgemeine Muster für die Implementierung von Standardisierungen (1. Ebene: Kinderschutz vor Hilfeplanung, 2. Ebene: Instrumente vor Verfahren) auch für Kontrollmuster (Korrelation von

Kontrollstrategien) und somit auch für die Kontrollintensität gilt: Kontrollmuster und Kontrollintensität sind im Kinderschutz ausgeprägter als in der Hilfeplanung, sodann sind sie stärker für die Nutzung von Instrumenten als für die Einhaltung von Verfahrensstandards.

10.6 Befunde zu den Impulsen für die Implementierung fachlicher Formalisierungen

Angesichts der Komplexität von Prozessen der Einführung methodischer Modernisierungen in den ASD bildet die Rekonstruktion von Institutionalisierungsprozessen einen Schwerpunkt der qualitativen Fallstudien. Unbeschadet dessen wurde in der Onlinebefragung erhoben, wer wesentlicher Impulsgeber für die Einführung von standardisierten Instrumenten und Verfahren in Hilfeplanung und Kinderschutz war. Aus forschungsökonomischen Gründen erfolgte diese Abfrage nicht differenziert für die unterschiedlichen Formalisierungen und Arbeitsbereiche, sondern über zwei globale Fragen[288].

10.6.1 Interne Impulsgeber

Abgefragt wurde einerseits der zentrale Impulsgeber für methodische Modernisierungen in der Kommune/im ASD, wobei keine Mehrfachnennungen möglich waren. Wie der Tabelle 12 zu entnehmen ist, benannten sich in knapp drei Vierteln aller Fälle die Jugendamts- oder ASD-Leitungen (selbst) als zentrale Impulsgeber für die Implementierung fachlicher Formalisierungen. Mit deutlichem Abstand werden ASD-Fachkräfte benannt, wobei diese Gruppe auch in den Fallstudien von Krone et al. (2010) als Impulsgeber für fachliche Modernisierungsprozesse (SRO) genannt werden[289]. Das gleiche gilt für die Verwal-

---

288 Angesichts der in den Fallstudien (vgl. Kapitel 11) deutlich werdenden Heterogenität der Impulse und Prozesse hinter der Implementierung fachlicher Formalisierungen in den ASD, muss die Aussagekraft der nachfolgend vorgestellten Befunde relativiert werden, bzw. es ist zu konstatieren, dass – retrospektiv betrachtet – zur Generierung belastender Befunde eine differenzierte Erhebung nötig gewesen wäre. Demgegenüber dürften die Items zu den Impulsgebern vielfach eher zur Nennung von in den Augen der Befragten – jenseits konkreter Prozesse – allgemein gestaltungsmächtigen und/oder als besonders inspirierend wahrgenommenen Akteure geführt haben.
289 Wenn Fachkräfte der ASD als zentrale Impulsgeber benannt werden, zeigen die Daten, dass in den entsprechenden Diensten Instrumente und Verfahren weniger stark standardisiert sind und weniger imperative Regelungen zur Umsetzung der Formalisierungen gelten. Dies könnte ein Hinweis auf eine Präferenz der Fachkräfte für weniger formalisierte Arbeitszusammenhänge sein.

tungsspitze (4% der Nennungen). Diese wird als ebenso bedeutsam eingeschätzt wird wie die Akteure diverser Koordinationsstellen. Der Kommunalpolitik/der Rat sowie der Jugendhilfeausschuss, die in der Studie von Grohs (2010) als wichtige Impulsgeber für fachliche und ökonomische Modernisierungsprozesse (SRO und NSM) in ASD benannt werden, spielen – zumindest in den Augen der Befragten – für die Implementierung fachlicher Formalisierungen innerhalb der Jugendämter keine maßgebliche Rolle.

Tab. 12: Zentrale Impulsgeber für die Implementierung von fachlichen Formalisierungen in der Kommune/im ASD

Zentraler interner Impulsgeber	Nennungen	Prozent
Jugendamtsleitung und/oder Fachbereichsleitung	109	73%
ASD-MitarbeiterInnen	20	13%
Qualitätsbeauftragte(r)/JugendhilfeplanerIn o. Ä.	7	5%
Verwaltungsspitze/Leitung der Kommunalverwaltung	6	4%
Kommunalpolitik/Rat	1	1%
Jugendhilfeausschuss	0	0%
Summe	n=149	100%

Möglicherweise resultiert die geringe Bedeutung, die übergeordneten administrativen und politischen Akteuren zugeschrieben wird, aus dem Umstand, dass fachliche Formalisierungen als verwaltungsinterne, arbeitsprozessbezogene und/oder fachliche Modernisierung angesehen werden und ihnen daher von Akteuren übergeordneter Ebenen nicht die gleiche Relevanz zugemessen wird, wie Konzepten, denen ein umfassendes fachliches und ökonomisches Steuerungspotenzial zugeschrieben wird. Dennoch ist gerade die Unsichtbarkeit des Jugendhilfeausschusses in den Nennungen der Befragten, auch vor Hintergrund der Befunde der Studie von Hielscher et al. (2013), erstaunlich.

10.6.2 Externe Impulsgeber

Zudem wurden die Leitungs- und Koordinationskräfte der Jugendämter danach befragt, welche externen Impulse für die „Einführung und Ausgestaltung" der fachlichen Formalisierungen in der Kommune „zentral" waren (n=148). Anders als die Frage nach den internen Impulsgebern fokussiert die Frage nach den externen Einflüssen – bei der Mehrfachnennungen möglich waren – neben verschiedenen Akteuren auch auf die Art des Impulses, wie es der Abbildung 14 zu entnehmen ist[290]. Am häufigsten nennen die Befragten Empfehlungen und Konzepte übergeordneter Stellen; so sind für sie beispielsweise die Kommunalen Spitzenverbände, Ministerien und Landesjugendämter oder der Deutsche Verein die wichtigsten externen Impulsgeber. Darüber, welches Gewicht die einzelnen Institutionen haben, lässt sich nur spekulieren. Unter den offenen Antworten werden am Häufigsten Beratungen und Projekte der Landesjugendämter (n=4) benannt. Insofern stehen die Befunde in Widerspruch zu den Ergebnissen des ASD-Projekts, aus denen heraus argumentiert wird, die Landesjugendämter hätten „keinerlei Einfluss auf ‚ihre' Jugendämter" (Gissel-Palkovich et al. 2010, S. 30). Wie schon beim ASD-Projekt unterstreichen auch die Daten der Onlinebefragung die große Rolle von fachlich einschlägigen Instituten (vgl. ebd.). Ein Drittel der Befragten nennt zudem Kontakte zu anderen Kommunen als einen Kanal, über den Impulse zur Implementierung von fachlichen Formalisierungen in die eigene Kommune diffundiert sind. Dabei sind vielfältige konkrete Formen des Austauschs denkbar, von persönlichen Kontakten über gemeinsame Tagungsteilnahmen und Projekte bis zu formalen Netzwerken wie beispielsweise den IKO-Netzwerken der KGSt[291]. Dreißig Prozent der Befragten nennen Beiträge aus der Wissenschaft als Impulsgeber. Weiter nennt fast ein Fünftel der Befragten kommerzielle Beratungs- bzw. Softwarefirmen als wichtige Impulsgeber für fachliche Modernisierungen. Dieser Befund stützt die Einschätzung im Fachdiskurs, dass EDV-Produkte und damit auch fachlich nicht-einschlägige EDV-ExpertInnen inhaltlich Einfluss auf die Gestaltung von Arbeitsprozessen in der Sozialen Arbeit nehmen (Kreidenweis 2008; Gillingham 2011a; Janatzek 2011). Schließlich werden von 15% der Befragten Modellprojekteilnahmen als wichtiger externer Impuls für die Entwicklung und/oder Implementierung von fachlichen Formalisierungen in der Kommune/den ASD benannt.

---

290 Die angebotenen Kategorien sind nicht trennscharf gebildet. So können Modellprojekte oder Formen des interkommunalen Austauschs auch von Landesjugendämtern oder fachlichen Instituten ausgehen oder wissenschaftliche Impulse aus den einschlägigen fachlichen Instituten heraus erfolgen. Wichtiger als trennscharfe Kategorien war jedoch der Wunsch, die Breite und Heterogenität möglicher Impulse einzufangen.
291 Bei den IKO-Netzwerken handelt es sich um ein interkommunales (horizontales) Benchmarking „ähnlicher" Kommunen unter Federführung der KGSt.

Abb. 14: Zentrale externe Impulse für die Einführung und Gestaltung von fachlichen Formalisierungen

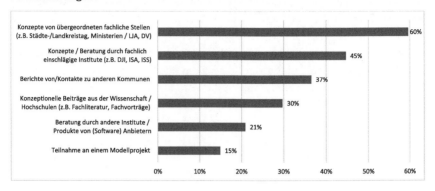

Auch für die Items zu externen Impulsgebern wurden logische Zusammenhänge zu anderen Variablen statistisch überprüft. Hinsichtlich der allgemeinen Differenzierungskriterien der Kommunen zeigt sich neben der größeren Bedeutung von Berater- und Softwarefirmen in den östlichen Bundesländern bei größeren Kommunen eine häufigere Nennung von Beiträgen aus der Wissenschaft als externer Impuls[292]. Möglicherweise ist dies ein Hinweis auf entsprechende Stabstellen oder Koordinationsfunktionen in größeren Kommunen, die als Ressource für einen solchen Wissenstransfer genutzt werden. Kommunen, die Modellprojekte als Impulsgeber nennen, haben in geringerem Umfang fachliche Formalisierungen implementiert als in Kommunen, die nicht auf Modellprojekte verweisen. In Kommunen, in denen Berater- und Fachsoftwarefirmen als wichtige Impulsgeber benannt wurden, war häufiger Fachsoftware in den beiden Arbeitsfeldern implementiert; zudem wurde häufiger angegeben, dass die Daten der Hilfeplanung zu Steuerungszecken genutzt werden.

10.7 Befunde zur Beurteilung fachlicher Formalisierungen

Sofern formalisierte Instrumente und Verfahren implementiert wurden, sollten diese hinsichtlich verschiedener Kriterien beurteilt werden. Dazu sollte auf einer vierstufigen Skala der Grad der Zustimmung zu verschiedenen, positiv formulierten Aussagen angegeben werden[293]. Neben den vier Hauptgegenstän-

---

292 Während knapp die Hälfte der Kommunen mit über 30 MitarbeiterInnenstellen im ASD Beiträge aus der Wissenschaft als wichtigen Impuls nennen, tun dies nur gut ein Viertel der Kommunen mit weniger als 30 Stellen.
293 Die Endpunkte der Skala wurden mit den Positionierungen „stimme voll zu" und „stimme gar nicht zu" überschrieben. Aus Gründen der besseren Les- und Verstehbarkeit, werden in der Legende der Grafiken die beiden Endpunkte mit den Titeln „Zustimmung" und „Ablehnung" belegt (anstatt völlige Zustimmung/völlige Ablehnung). Die beiden dazwischenliegenden Wertausprägungen werden mit „eher Zustimmung" und „eher Ablehnung" betitelt.

den der Studie (Instrumente und Verfahren in Kinderschutz und Hilfeplanung) bezogen sich die Beurteilungen auch auf die Fachsoftware in den beiden Arbeitsbereichen.

10.7.1 Beurteilung des Beitrags zur Erhöhung der fachlichen Qualität der Arbeit

Abb. 15: Beurteilung des Beitrags zur Steigerung der fachlichen Qualität

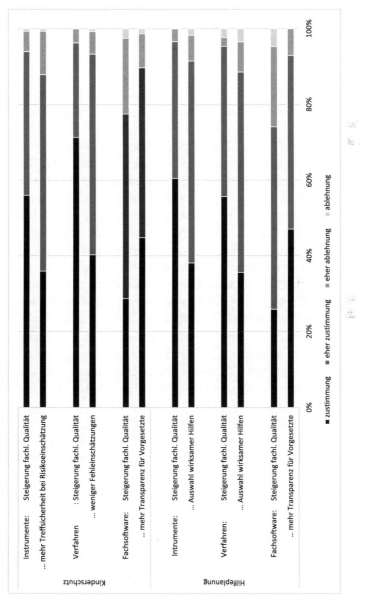

Abbildung 15 gibt wieder, wie die Befragten den Beitrag von standardisierten Instrumenten und Verfahren zur Steigerung der fachlichen Qualität der ASD-Arbeit einschätzen. Neben einem für alle Formalisierungen (Instrumente, Verfahrensstandards, Fachsoftware) in gleicher Weise formulierten allgemeinen Item „Sie erhöhen die fachliche Qualität der Arbeit" (jeweils oberer Balken Abb. 15) wurde zudem eine variierende, ebenfalls auf fachliche Aspekte abzielende Aussagen zu den einzelnen Elementen präsentiert (jeweils zweiter Balken Abb. 15).

Insgesamt wird der fachliche Wert aller Standardisierungen sehr positiv beurteilt. Werden die beiden zustimmenden Wertausprägungen zusammengefasst, so beurteilen mindestens knapp 90% der Befragten die implementierten Instrumente und Verfahren positiv. Fachsoftware wird im Kinderschutz, vor allem aber in der Hilfeplanung in Relation zu den anderen Standardisierungen deutlich ungünstiger beurteilt. Werden lediglich die Zustimmungswerte zur allgemeinen Einschätzung des Beitrags zur Erhöhung der fachlichen Qualität betrachtet, so werden Verfahrensstandards im Kinderschutz am positivsten beurteilt, gefolgt von Instrumenten im Kinderschutz und in der Hilfeplanung. Am skeptischsten beurteilen die Befragten die Fachsoftware, wobei noch immer etwa drei Viertel der Befragten (eher) zustimmende Beurteilungen treffen.

Zu den jeweils spezifischen qualitätsbezogenen Items positionieren sich die Befragten dagegen deutlich vorsichtiger. Im Kinderschutz bezogen sich diese auf den Beitrag zur Erhöhung der Treffsicherheit von Risikoeinschätzungen (Instrumente) und auf deren Potenzial zur Verringerung von Fehleinschätzungen (Verfahren). Obgleich auch diesen Items mehrheitlich zugestimmt wird (jeweils ca. 90%), ist die Anzahl derjenigen Befragten, die die eindeutig positive Antwortoption („stimme voll zu") wählen um 30 (Instrumente) bzw. 20 (Verfahrensstandards) Prozentpunkte geringer als beim allgemein gehaltenen Qualitätsitem. Ein ähnliches Bild zeigt sich für Standardisierungen in der Hilfeplanung: Die Anzahl eindeutig zustimmender Wertungen zum Item „Sie ermöglichen die Auswahl wirksamerer Hilfen" liegt für Instrumente und Verfahren ebenfalls jeweils etwa 20 Prozentpunkte hinter den Zustimmungswerten zum allgemeinen Qualitätsitem. Für Fachsoftware gilt das Gegenteil, wobei das spezifische Item „Sie erhöht die Transparenz für Vorgesetzte" insofern aus der Systematik fällt, als dieses Merkmal nicht zwingend als Element der fachlichen Qualität gelten muss. Für beide Arbeitsfelder wird der Beitrag von Fachsoftware zur Verbesserung der Transparenz mit etwa 90% zustimmenden Werten deutlich günstiger beurteilt als der Beitrag von Software zur Qualität der Arbeit (Zustimmungswerte ca. 75%).

Für das Auseinanderfallen der Urteile für das allgemeine und das spezifische Qualitätskriterium lassen sich unterschiedliche Erklärungen anführen. Für die verschiedenen fachlichen Formalisierungen werden sowohl im akademischen als auch im praxisbezogenen Fachdiskurs zahlreiche Funktionen und damit auch zahlreiche potenzielle fachlich-inhaltliche Qualitätskriterien benannt. Möglicherweise hatten die Befragten solche alternativen Qualitätskriterien in Kopf und haben die Instrumente und Verfahren im Hinblick auf diese alternativen Kriterien beurteilt. Möglich ist auch, dass die allgemeine Frage zur Qualitätssteigerung verbreitete stereotype Denkmuster bzw. Rationalitätsmythen, wonach Standards/Standardisierungen mit Qualität assoziiert werden, unabhängig von gegenstandsbezogenen Abwägungen aktiviert hat, während die konkreten Qualitätsitems zu einer gegenstandbezogenen – und damit differenziertere und skeptischeren – Abwägung geführt haben.

10.7.2 Beurteilung des Beitrags zur Erhöhung der Effizienz

Der Beitrag von Standardisierungen zur Steigerung der Effizienz der Arbeit wird, wie Abbildung 16 zu entnehmen ist, insgesamt etwas vorsichtiger beurteilt als der Beitrag zur Erhöhung der fachlichen Qualität. Es überwiegen jedoch deutlich positive Urteile. Bei Instrumenten und Verfahren in beiden Arbeitsfeldern (Kinderschutz und Hilfeplanung) positionieren sich jeweils etwa 35% bis 40% der Befragten eindeutig positiv („stimme voll zu"), gegenüber 55% bis 75% beim Qualitätsitem. Dennoch beurteilen knapp 95% der Leitungskräfte Verfahrensstandards als (eher) effizienzsteigernd und auch bei den Instrumenten liegt die Quote (eher) zustimmender Positionen bei 87% im Kinderschutz und 92% in der Hilfeplanung. Wiederum wird Fachsoftware mit etwas über 25% völliger Zustimmung und etwa drei Viertel (eher) positiven Wertungen als am wenigsten effizienzsteigernd beurteilt, insbesondere im Kinderschutz.

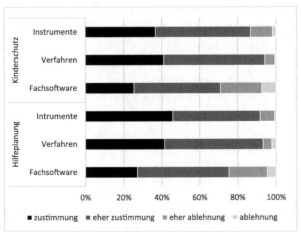

Abb. 16: Beurteilung des Beitrags zur Steigerung der Effizienz

Das höchste Potenzial zur Effizienzsteigerung wird standardisierten Instrumenten in der Hilfeplanung zugeschrieben, gefolgt von Prozessstandards in beiden Arbeitsbereichen. Der Effizienzbegriff wurde für diese Frage nicht konkretisiert. Somit könnte er von den Befragten sowohl eher fachlich als zielorientiertes Handeln als auch eher ökonomisch als ressourcensparendes Handeln interpretiert worden sein. Die Daten deuten insgesamt eher in Richtung der ersten Option, also einer fachlichen Interpretation. Die Beurteilungen der Effizienz korrelieren insgesamt deutlich stärker mit den Items zur Beurteilung der fachlichen Qualität als mit dem Item zur Beurteilung der Kosteneffekte[294].

10.7.3 Beurteilung des Beitrags zur Kostensenkung

Dominierten bislang insgesamt positive Beurteilungen, so zeigt sich für die Items zum Beitrag von fachlichen Formalisierungen zu Kostensenkungen ein deutlich anderes Bild (vgl. Abb. 17). Der Beitrag der sechs Formalisierungen der Studie wird hier insgesamt (eher) skeptisch eingeschätzt. Zudem verläuft die Grenze zwischen eher positiv und eher negativ beurteilten Formalisierungen bei der Beurteilung des Kostensenkungspotenzials nicht mehr zwischen den Typen fachlicher Formalisierungen (Instrumente/Verfahren vs. Fachsoftware), sondern zwischen den Arbeitsfeldern Kinderschutz und Hilfeplanung. Während fachliche Formalisierungen im Kinderschutz von weniger als 15% der Befragten (eher) positiv beurteilt wurden, ist die Quote zustimmender Werte bei der Hilfeplanung mindestens doppelt bis maximal vierfach so hoch. Dies impliziert auch, dass Fachsoftware in Bezug auf mögliche Kostensenkungen in Relation zu den anderen Formalisierungen weniger kritisch beurteilt wird als bei den bereits vorgestellten Beurteilungsdimensionen. Im Bereich des Kinderschutzes wird Fachsoftware als das Element mit dem am ehesten kostensenkenden Potenzial eingeschätzt. Standardisierten Instrumenten und Verfahren im Kinderschutz bestätigt dagegen kein Befragter einen klaren Beitrag zur Kostensenkung und auch eher zustimmend äußert sich nur etwa ein Zehntel der Antwortenden. Fachliche Formalisierungen tragen also nach Meinung der Befragten nicht dazu bei, den Ressourcenaufwand für die Arbeit im Kinderschutz zu senken. Die von manchen VertreterInnen des Fachdiskurses vertretene Hoffnung, standardisierte Instrumente könnten zu einer kosteneffizienten Rationalisierung der Kinderschutz-Arbeit führen, wird von den Befragten demnach mehrheitlich zurückgewiesen.

---

294 Für Instrumente im Kinderschutz etwa korrelieren die Angaben zu den Items Effizienz und fachliche Qualität mit τ_b = .553 und für Effizienz und höhere Treffsicherheit mit τ_b = .554. Die Items Effizienz und Kostensenkung korrelieren demgegenüber nur mit τ_b = .322. Alle Korrelationen sind hoch signifikant (p < .001).

Abb. 17: Beurteilung des Beitrags zur Kostensenkung

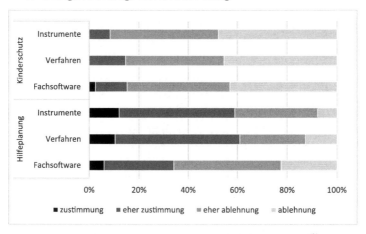

Auch unter Kostengesichtspunkten überwiegend positiv beurteilt werden formalisierte Instrumente und Verfahren in der Hilfeplanung. Da Prozesse der Hilfeplanung die Vorstufe der Einleitung von Hilfen zur Erziehung darstellen, bietet die Frage nach dem Kostensenkungspotenzial zwei Anknüpfungspunkte: Zum einen könnten Standardisierungen den Hilfeplanungsprozess selbst rationalisieren und ökonomisch effizienter gestalten, zum anderen könnten Kostenvorteile mit Blick auf die Entscheidung über die künftige Hilfe entstehen: Entweder, indem Standardisierungen dazu beitragen, geeignetere und damit im Endeffekt kosteneffizientere Hilfen zu installieren, oder weil die Instrumente und Verfahren bzw. ihre Kopplung an Strategien des Fachcontrollings Ausgabendisziplin bei den MitarbeiterInnen fördern. Da die Beurteilung der Kosteneffekte deutlich stärker mit der Beurteilung des Beitrags zur Auswahl geeigneter Hilfen als zur Optimierung der fachlichen Qualität oder Effizienz der Arbeit korreliert, kann vermutet werden, dass Kostenvorteile für viele Befragte eher mit Blick auf einzuleitende Hilfen erwartet werden[295]. Für fachliche Formalisierungen in der Hilfeplanung gilt weiter, dass mit zunehmender Kontrollintensität auch die Wirtschaftlichkeit positiver beurteilt wird. Auch wenn dieses Ergebnis nicht statistisch signifikant ist, so kann es doch als Hinweis darauf gesehen werden, dass in der Verknüpfung von Standardisierungen und Kontrollstrategien ein in wirtschaftlicher Hinsicht disziplinierendes Steuerungsinstrument gesehen wird.

---

295 Die Beurteilungen der Kostenvorteile und des Beitrags zur Auswahl geeigneter Hilfen korrelieren für Instrumente der Hilfeplanung mit τ_b = .409 und für Verfahrensstandards mit τ_b = .610. Dagegen korrelieren die Kostenbeurteilung und Beurteilung des Beitrags zur Steigerung der Qualität und der Effizient nur mit τ_b = .306 bzw. τ_b = .252 für Instrumente und τ_b = .404 und τ_b = .463 für Verfahren. Alle Korrelationen sind hoch signifikant. (p < .001)

10.7.4 Beurteilung des Beitrags zur Legitimation der Arbeit

Die Zustimmungswerte zum Beitrag fachlicher Formalisierungen für Legitimationsgewinne liegen ebenfalls deutlich hinter denen zu den fachlichen Kriterien, fallen jedoch nicht ganz so pessimistisch wie bei den Items zu den Kostengesichtspunkten aus (vgl. Abb. 18). Für Fragen der Legitimation scheinen fachliche Formalisierungen in allen Bereichen, aber vor allem im Bereich Kinderschutz, wichtig zu sein. Über 70% der Befragten sind der Meinung, dass Standardisierungen einen Beitrag zur Legitimation der Kinderschutz-Arbeit leisten, wobei insbesondere Fachsoftware positiv beurteilt wird. Fachlichen Formalisierungen im Bereich der Hilfeplanung wird dagegen nicht in gleichem Maße das Potenzial für eine positive Außendarstellung der Dienste zugesprochen, wenngleich ebenfalls eher positive Einschätzungen überwiegen. Hier scheint auch die Fachsoftware eine andere Funktion zu haben. Während die einschlägige Software im Kinderschutz aus Legitimationserwägungen wichtiger als standardisierte Instrumente und Verfahren eingeschätzt wird, ist sie in der Hilfeplanung weniger bedeutend als andere Standardisierungen. Dabei zeigten sich die Befragten – wie aus den offenen Kommentaren hervorgeht – teilweise irritiert über Legitimationsfragen, vor allem im Kinderschutz. Hier gehe es, so ein Befragter, ausschließlich um den Schutz von Kindern und nicht um Fragen der Legitimation der ASD-Arbeit.

Abb. 18: Beurteilung des Beitrags zur Legitimation der Arbeit

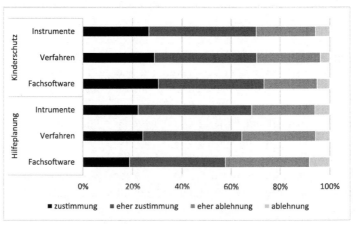

10.8 Zwischenfazit II: Muster der Beurteilung

Im *Kinderschutz* werden Instrumente, vor allem aber Prozessstandards, insbesondere bezogen auf ihren Beitrag zur Verbesserung der fachlichen Arbeit positiv beurteilt. Auch der Vergleich der Mittelwerte macht dies nochmals deutlich (vgl. Tab. 13)[296]: Insgesamt wird am durchschnittlich positivsten der Beitrag von Verfahrensstandards zur Verbesserung der fachlichen Qualität in der Kinderschutzarbeit beurteilt (M 1.32, SD 0.52), an diesem Punkt herrscht auch die größte Einigkeit unter den Befragten. Zudem wird diesen Prozessstandards ein großes Potenzial zur Effizienzsteigerung bescheinigt (M 1.66, SD 0.61). Der Beitrag formalisierter Instrumente und Verfahren zur Kostensenkung dagegen wird überwiegend pessimistisch eingeschätzt. Die Mittelwerte der Kostensenkungsitems gehören zu denjenigen, die sich am weitesten im negativen Bereich des Beurteilungskontinuums befinden (Instrumente M 3.39; Verfahren M 3.31). Die Beurteilung der Kostengesichtspunkte bei Fachsoftware im Kinderschutz (M 3.25) und in der Hilfeplanung (M 2.82) fällt ebenfalls überwiegend negativ aus. Die Beurteilungsdimension, auf der Fachsoftware im Kinderschutz am positivsten beurteilt wird, ist ihr Beitrag zur Steigerung der Legitimation. Für das Legitimations-Item erhält Fachsoftware die größte Zustimmung unter allen fachlichen Formalisierungen im Kinderschutz (M 2.01).

Tab. 13: Mittelwerte und Standardabweichungen der Beurteilungen fachlicher Formalisierungen

		Mittelwert (M)	Standardabweichung (SD)	N
Kinderschutz				
Instrumente	Fachliche Qualität	1.47	0.63	159
	Effizienzsteigerung	1.78	0.72	158
	Bessere Risikoeinschätzung	1.77	0.67	156
	Kostensenkung	3.39	0.64	155
	Legitimation	2.09	0.86	158
Verfahren	Fachliche Qualität	1.32	0.54	136
	Effizienzsteigerung	1.66	0.61	134
	Weniger Fehler	1.67	0.62	134
	Kostensenkung	3.31	0.71	130
	Legitimation	2.05	0.84	132
Fachsoftware	Fachliche Qualität	1.96	0.77	80
	Effizienzsteigerung	2.11	0.88	79
	Mehr Transparenz für Vorgesetzte	1.67	0.70	78
	Kostensenkung	3.25	0.78	79
	Legitimation	2.01	0.86	79

---

296 Die Mittelwerte können Werte zwischen 1 und 4 einnehmen, wobei 1 für eine völlige Zustimmung zu den positiv formulierten Beurteilungsitems und damit eine uneingeschränkt positive Beurteilung, 4 dagegen für eine völlige Zurückweisung der Aussage der Items und damit eine uneingeschränkt negative Beurteilung steht.

		Mittelwert (M)	Standard-abweichung (SD)	N
Hilfeplanung				
Instrumente	Fachliche Qualität	1.43	0.56	119
	Effizienzsteigerung	1.64	0.66	118
	Auswahl wirksamerer Hilfen	1.72	0.67	118
	Kostensenkung	2.37	0.79	117
	Legitimation	2.15	0.84	117
Verfahren	Fachliche Qualität	1.51	0.66	88
	Effizienzsteigerung	1.68	0.67	87
	Auswahl wirksamerer Hilfen	1.79	0.73	87
	Kostensenkung	2.41	0.84	87
	Legitimation	2.17	0.87	87
Fachsoftware	Fachliche Qualität	2.05	0.82	85
	Effizienzsteigerung	2.02	0.82	85
	Mehr Transparenz für Vorgesetzte	1.60	0.62	85
	Kostensenkung	2.82	0.85	85
	Legitimation	2.32	0.88	85

Auch Instrumente und Verfahren in der *Hilfeplanung* werden, insbesondere bezüglich ihres fachlichen Potenzials positiv beurteilt. Bei relativ geringer Streuung der Antworten weisen die Items zum Beitrag zur Steigerung der fachlichen Qualität den zweit- und drittbesten Mittelwert aller Beurteilungen (Instrumente M 1.43; Verfahren M 1.54) aus. Zudem wird formalisierten Instrumenten und Verfahren zur Hilfeplanung das größte Potenzial zu Effizienzsteigerungen (Instrumente M 1.64; Verfahren M 1.68) und zu Kostensenkungen (Instrumente M 2.37; Verfahren: M 2.41) zugeschrieben. Fachsoftware in der Hilfeplanung erreicht mit einer Ausnahme bei keinem der abgefragten Kriterien eine Beurteilung von besser als 2.0 – lediglich ihr Beitrag zur Erhöhung der Transparenz für Vorgesetzte wird sehr positiv beurteilt (M 1.60). Gleichzeitig rangiert Hilfeplanungs-Software aber nur bei einem Einzelkriterium am Ende der Beurteilungen: Dies ist das Item zur Legitimation, also das Kriterium, bei welchem gerade Fachsoftware im Kinderschutz den besten Wert aller Standardisierungen erreicht. Die Items zum Beitrag von Standardisierungen für die Legitimation der Arbeit sind in der Gesamtbetrachtung insofern interessant, als diese Items bei allen Formalisierungen die größte Streuung aufweisen.

Für die untersuchten Instrumente und Verfahren lässt sich weiter danach fragen, ob deren *Ausgestaltung, Verbindlichkeit und der Kontrollmodus* einen Einfluss auf die Beurteilung der Befragten hat. Bei den verschiedenen Formalisierungen fällt die fachliche Beurteilung (Qualitäten und Effizienz) in der Regel etwas günstiger aus, wenn die Instrumente einen höheren Standardisierungs-,

Verbindlichkeits- und Kontrollgrad aufweisen. Für die Beurteilung von Kostenaspekten fällt die Beurteilung gerade gegenläufig aus: Je detaillierter, verbindlicher und kontrollierter die Instrumente sind, desto weniger Kostenersparnis wird von den Befragten erwartet. Eine Ausnahme bilden Verfahrensstandards in der Hilfeplanung. Hier führt ein höherer Standardisierungs-, Verbindlichkeits- und Kontrollgrad auch zu günstigeren Beurteilungen beim Kostenersparnis-Item. Folglich fällt auch die fachliche Beurteilung im Falle des Arbeitens nach dem Case Management-Ansatz günstiger aus. Ein einfaches Fallmanagement wird dabei besser beurteilt als ein systemisches Case Management mit Fall- und Netzwerkarbeit, obgleich gerade letzteres im Fachdiskurs als „State of the Art" gilt (Wendt 2011). Ein systemisches Case Management führt lediglich beim Kostenersparnis-Item zu günstigeren Beurteilungen. Diese Ergebnisse lassen Zweifel daran aufkommen, ob das CM tatsächlich „in besonderer Weise" dazu geeignet ist, fachliche und ökonomische Ansprüche zu verbinden (vgl. z. B. Wendt 2011). Eine notwendige Voraussetzung für kosteneffizientes Handeln ist Case Management nach Einschätzung der Befragten nicht.

Wird abschließend noch der Blick auf die internen *Zusammenhänge im Beurteilungsverhalten* gerichtet, so zeigt sich, dass die einzelnen Befragten dazu tendieren, sowohl für die unterschiedlichen Standardisierungen (Instrumente, Verfahren, Fachsoftware) als auch für die verschiedenen Beurteilungskriterien (fachliche Qualität, Effizienz, Legitimation etc.) in ähnlicher Weise zu urteilen. Für die einzelnen Standardisierungen korrelieren die drei fachlichen Beurteilungskriterien (Qualität allgemein, Qualität spezifisch, Effizienz) hoch signifikant im mittleren bis hohen Bereich, wobei die Beurteilung von Instrumenten und Verfahren in der Hilfeplanung am einheitlichsten ausfällt[297]. Für die verschiedenen Standardisierungen des gleichen Arbeitsbereichs (Kinderschutz oder Hilfeplanung) zeigt sich vor allem für die nicht-fachlichen Dimensionen (Legitimation und Kostensenkung) eine hohe Gleichgerichtetheit im Beurteilungsverhalten: In beiden Arbeitsbereichen korrelieren die Beurteilungen der Instrumente und Verfahren hinsichtlich des Beitrags zur Kostensenkung und zur Legitimation hoch[298]. Quer zu den Arbeitsfeldern tendierten die Befragten

---

297 Für Instrumente in der Hilfeplanung korrelieren etwa die Beurteilungen der fachlichen Qualität und zur Auswahl geeigneter Hilfen mit τ_b = .684 oder die fachliche Qualität und die Effizienz mit τ_b = .583. Für Prozessstandards in der Hilfeplanung korrelieren die Items der fachlichen Qualität und der Effizienz mit τ_b = .821 sowie zur Auswahl geeigneter Hilfen und zur Effizienz mit τ_b = .711. Alle Zusammenhänge sind statistisch signifikant mit $p < .001$.

298 Die Beurteilungen des Legitimations-Items korrelieren bspw. in der Hilfeplanung für Instrumente und Verfahren mit τ_b = .755 sowie für Instrumente und Fachsoftware mit τ_b = .674 und für Verfahren und Fachsoftware mit τ_b = .571. Im Kinderschutz korrelieren die Beurteilungen des Kosten-Items für Instrumente und Verfahren mit τ_b = .777, für In-

dazu, Verfahrensstandards ähnlicher zu beurteilen als Instrumente und Fachsoftware. Da teilweise aber auch Beurteilungen von Dimensionen, zwischen denen sich kein logischer Zusammenhang ausmachen lässt, signifikant auf mittlerem Niveau korrelieren, sollten die zuletzt benannten Zusammenhänge nicht überbewertet werden. Eher sind die starken und hoch signifikanten Korrelationen zwischen vielen der Beurteilungsitems ein Hinweis darauf, dass die einzelnen Befragten zu insgesamt einheitlichen Beurteilungen tendierten. Dies lässt sich dahingehend interpretieren, dass die verantwortlichen Akteure in den ASD über relativ feste und konsistente Grundüberzeugungen hinsichtlich des Themas Standardisierungen verfügen, die sich in ihrem Antwortverhalten niederschlagen.

10.9 Fazit zur Onlinebefragung: Fachliche Formalisierungen zwischen Homogenisierung und Differenzierung

Ziel der Onlinebefragung war die Generierung empirischen Wissens zum Status Quo der Institutionalisierung formalisierter Instrumente und Verfahren in den ASD. Dabei wurde sowohl die strukturelle als auch die normativ-kognitive Dimension in den Blick genommen. Letztere wurde für die Gruppe der Leitungskräfte erhoben. Die strukturelle Dimension umfasst die quantitative Verbreitung sowie die Ausgestaltung und organisationale Einbettung der Formalisierungen.

Die Ergebnisse der Untersuchung vermitteln ein uneinheitliches Bild: Auf einer allgemeinen Ebene ist ein hohes Maß an Einheitlichkeit festzustellen: Es herrscht eine weite Verbreitung bzw. eine hohe Standardisierungsdichte in den teilnehmenden Diensten und die Leitungskräfte beurteilen „ihre" Standardisierungen überwiegend positiv. Unterhalb dieser allgemeinen Ebene zeigen sich jedoch Unterschiede – sowohl bezüglich der organisationalen Ausgestaltung und Einbindung der Standardisierungen als auch hinsichtlich deren Beurteilungen. Während die Ergebnisse zur Verbreitung und Ausgestaltung von Standardisierungen auf die formalen Strukturen in den Diensten verweisen, spiegeln die subjektiven Beurteilungen die Denk- und Deutungsmuster der befragten (Leitungs-)Akteure wider, verweisen also auf eine kulturell-kognitive Ebene. Tabelle 14 soll diese Strukturierung der Ergebnisse verdeutlichen.

---

strumente und Fachsoftware mit τ_b = .541. Alle Zusammenhänge sind statistisch signifikant mit $p < .001$.

Tab. 14: Struktur der Ergebnisse der Onlinebefragung

		Betrachtungsebene	
		Allgemein: Homogenisierung	Konkret: Differenzierung
Dimension	Struktur	1) strukturelle Homogenisierung: Verbreitung und enge Kopplung	3) unterschiedliche Fachlichkeitskulturen: klassische vs. modernisierte Fachlichkeitsverständnisse
	Kultur	2) normative Homogenisierung: Einheitliche (positive) Beurteilung	4) unterschiedliche Organisationskulturen: bürokratische/managerielle vs. professionelle Logik

10.9.1 Strukturelle Homogenisierung (1)

Die empirischen Befunde der Onlinebefragung weisen auf eine strukturelle Homogenisierung im Feld der ASD hin. Die befragten Jugendämter haben in hohem Maße standardisierte Instrumente, Verfahren und Fachsoftware in den Arbeitsbereichen Kinderschutz und Hilfeplanung implementiert. Die breite Diffusion entsprechender fachlicher Formalisierungen zeigt sich sowohl in der Verbreitung der einzelnen Formalisierungen als auch in der hohen Standardisierungsdichte. So hat über die Hälfte der teilnehmenden Jugendämter sowohl Instrumente und Verfahren in der Hilfeplanung und im Kinderschutz eingeführt. Verglichen mit früheren Befragungen deuten die Befunde auf einen ausgeprägten Standardisierungstrend in den vergangenen Jahren hin. Somit folgt die Kinder- und Jugendhilfe in den ASD einem Modernisierungstrend, der sich auch für andere Felder der Sozialen Arbeit[299] – national wie international – beobachten lässt und der sich in den in Abschnitt 5.2 skizzierten übergreifenden, gesamtgesellschaftlichen Entwicklungstrend einfügt.

Die strukturelle Homogenisierung umfasst nicht nur die quantitative Diffusion von fachlichen Formalisierungen im Feld der ASD, sondern hat auch eine qualitative Strukturdimension. So zeigen die Befunde der Onlinebefragung einen hohen Standardisierungsgrad der implementierten Formalisierungen, dies gilt in besonderem Maße für Instrumente im Kinderschutz, aber auch für Verfahrensstandards in der Hilfeplanung. Zudem wird in den Jugendämtern

---

[299] Ein Trend zu einer stärkeren Standardisierung der Praxis wurde bspw. identifiziert für Angebote der Sozialpädagogischen Familienhilfe (Beckmann 2009), für Angebote der stationären Behindertenhilfe (Fischbach 2011) oder für die Jugendberufshilfe (Enggruber 2010). Im Feld der Behindertenhilfe kann auf die Diskussion um den „Integrierten Behandlungs- und Rehabilitationsplan" verwiesen werden (vgl. Haselmann 2010; Peukert et al. 2006).

ganz offensichtlich eine enge Kopplung von Formal- und Aktivitätsstruktur angestrebt. Fachliche Formalisierungen werden den Fachkräften demnach nicht als Hilfsmittel zur Nutzung im Rahmen ihres fachlichen Ermessens zur Verfügung gestellt, vielmehr sind die Fachkräfte aufgefordert, die Instrumente zu nutzen und die Verfahrensvorgaben zu befolgen. Dieser imperative Charakter äußert sich unter anderem darin, dass in etwa zwei Dritteln der Jugendämter die implementierten Standardisierungen verpflichtende Handlungsgrundlage sind (hoher Verbindlichkeitsgrad). Zudem wird in etwa 90% der Ämter die Einhaltung von Prozessstandards bzw. die Nutzung von standardisierten Instrumenten flächendeckend oder zumindest stichprobenartig kontrolliert (hoher Kontrollgrad). Die Jugendämter befinden sich demnach in qualitativer wie in quantitativer Hinsicht auf dem Weg zur „standardisierten Standardorganisation".

10.9.2 Normative Homogenisierung (2)

Die – in der Regel durch VertreterInnen der Leitungsebene angestoßene – breite Implementierung von fachlichen Formalisierungen lässt vermuten, dass die befragten bzw. die in den ASD verantwortlichen Akteure vom Nutzen formalisierter Instrumente und Verfahren überzeugt sind. Diese Vermutung wird durch die empirischen Befunde zur Beurteilung der verschiedenen fachlichen Formalisierungen bestätigt. Diese weisen auf eine starke normative Homogenisierung in den ASD hin. Zum einen beurteilen die befragten Fachkräfte die einzelnen Formalisierungen sehr einheitlich (hohe Korrelationen der Beurteilungs-Items). Zum anderen fällt die Beurteilung – von wenigen Ausnahmen abgesehen – äußerst positiv aus.

Besonders positiv beurteilen die Befragten die fachliche Qualität der verschiedenen Formalisierungen. Dabei erzielen inhaltlich eher unbestimmte und mehrdeutige Konzepte wie „Qualität" und „Effizienz" höhere Zustimmungswerte als konkrete Zielsetzungen. Wie bereits erwähnt, kann das als Hinweis darauf interpretiert werden, dass die Beurteilungen nicht auf der Erfahrung der Befragten beruhen, sondern verbreitete Rationalitätsannahmen – etwa „Standardisierungen sind effizient"; „Standards sind Qualität" oder „Standardisierungen erhöhen die Qualität" – aktiviert werden. Für die Annahme, dass die Urteile der Befragten nicht (nur/primär) auf Erfahrungen beruhen, sondern vor allem Ausdruck institutionell geprägter Deutungsmuster sind, spricht auch, dass die besonders positiv beurteilten Kategorien kaum objektiv bestimmbar sind, besonders für Leitungskräfte, die in der Regel selbst nicht mit den Instrumenten und Verfahren arbeiten.

Der Einfluss kultureller Kräfte bietet einerseits eine plausible Erklärung für die Verbreitung von Standardisierungen. Andererseits lässt sich auch die recht positive Beurteilung von Standardisierungen durch die Leitungskräfte vor diesem Hintergrund interpretieren: Die relative Homogenität der Urteile kann als Hinweis darauf gelesen werden, dass die Befragten zu einem großen Teil jene Denk- und Deutungsmuster teilen, die die kulturelle Basis von Standardisierungen darstellen bzw. für ihre Urteile mit dieser Logik korrespondierende Rationalitätskriterien als Referenzpunkte heranziehen. Allerdings verweist die in den Daten im Detail (bei einzelnen Items als auch zwischen den Items) liegende Heterogenität bei der Ausgestaltung und der Beurteilung darauf, dass Standardisierungen und die diesen zugrundeliegende (sozial-)technisch-instrumentelle Rationalität keinesfalls widerspruchsfrei, unumstritten oder gar unhinterfragt in den Diensten akzeptiert wird.

10.9.3 Unterschiedliche Fachlichkeitskulturen (3)

Unterhalb der Ebene übergreifender Homogenisierungen lassen sich in den Daten der Jugendamtsbefragung auch Hinweise auf Differenzierungsprozesse identifizieren. Diese Unterschiede werden durch die Diffusion und Implementierung von fachlichen Formalisierungen im Feld der ASD erst hervorgebracht. Strukturelle Differenzierungen verweisen dabei – abermals – auch auf unterschiedliche Logiken. Zunächst lassen sich im Feld der ASD (und auch innerhalb der einzelnen untersuchten Dienste) Unterschiede zwischen den beiden Arbeitsbereichen Kinderschutz und Hilfeplanung feststellen, wobei der Kinderschutz in quantitativer wie qualitativer Hinsicht stärker formalisiert ist. Während im Kinderschutz stärker strukturierte und operationalisierte Instrumente zur Gefahreneinschätzung klar dominieren, kommen in der Hilfeplanung vor allem offen gehaltene Instrumente zur Bedarfsfeststellung und Dokumentation zum Einsatz, wobei knapp ein Fünftel der teilnehmenden Jugendämter komplett auf den Einsatz formalisierter Instrumente verzichtet. Wenn also nicht die Identifikation eines „objektiven" Risikos bzw. eines Handlungsbedarfs, sondern die Erarbeitung einer angemessenen Handlungsgrundlage für die (Zusammen-)Arbeit mit den KlientInnen und Leistungserbringern angestrebt wird, bevorzugt die Mehrheit der Jugendämter offene Formen der fachlichen Orientierung und Dokumentation. Dabei werden die in der Regel geringer standardisierten Instrumente in der Hilfeplanung von den Befragten (geringfügig) positiver beurteilt als die höher standardisierten Instrumente im Kinderschutz.

In den Diensten stehen offensichtlich konkurrierende fachliche Logiken nebeneinander: Im historisch zuerst mit Blick auf fachliche Formalisierungen fokussierten Bereich der Hilfeplanung scheinen sich klassische sozialpädagogische Logiken der (fallbezogenen) Offenheit – mithin also auf die subjektiven Kompetenzen, Kooperation und Kommunikation setzende Professionalitätsverständnisse – beharrlich zu halten. Im erst in jüngerer Zeit breit thematisierten und daher erst später strukturell-methodisch ausdifferenzierten Feld des Kinderschutzes dominieren dagegen modernisierte, d. h. sozialtechnologisch-instrumentell orientierte Rationalitäten. Diese „Spaltung" korrespondiert durchaus mit den Positionen wichtiger Umweltakteure in Wissenschaft und Verbänden und kann somit (auch) als Effekt des Mainstreams der (ver)öffentlich(t)en Meinung im sozialpädagogischen Fachdiskurs gelten.

Ein Auseinanderfallen der fachlichen Logiken in den Bereichen Kinderschutz und Hilfeplanung relativiert sich etwas, wenn Verfahrensstandards in den beiden Feldern betrachtet werden. Die an der Untersuchung teilnehmenden Jugendämter tendieren hier dazu, Verfahrensstandards im Kinderschutz und in der Hilfeplanung in ähnlicher Weise auszugestalten. Dies scheint einerseits schlüssig, denn warum sollten Regelungen, die („generell") als sinnvoll für die Gestaltung von Arbeitsverfahren angesehen werden, nicht für alle Arbeitsbereiche gelten. Allerdings unterscheiden sich die beiden untersuchten Felder inhaltlich nicht unwesentlich, sodass der „Gleichklang" der Verfahrensstandards doch verwundert. Dies gilt insbesondere für die Dichte an Verfahrensstandards bei der Hilfeplanung. Gerade angesichts der häufig thematisierten „Eigengesetzlichkeit" und „Eigenzeit" des Lebens bzw. von Entwicklungs- und Erziehungsprozessen (vgl. z. B. Pantucek 2005) ist hier zu fragen, ob diese Formalisierung nicht den inhaltlichen Anforderungen des Hilfeplanungsprozesses, die sich auch in der relativen Offenheit der dort eingesetzten Instrumente widerspiegeln, entgegensteht.

10.9.4 Unterschiedliche Organisationskulturen (4)

Die korrespondierende Gestaltung von Verfahrensstandards in den beiden Arbeitsbereichen verweist auf eine zweite, grundlegende Differenzierung in den Ämtern. So neigen die untersuchten ASD insgesamt dazu, die organisationale Einbettung, d. h. die Regelungen zu Verbindlichkeit und Kontrolle für die unterschiedlichen fachlichen Formalisierungen (Instrumente und Verfahren) beider Arbeitsbereiche (Kinderschutz und Hilfeplanung) ähnlich zu gestalten. Die hohen Korrelationen zwischen den Kontrollgraden (vgl. Abschnitt 10.5.3) sind ein deutlicher Beleg für einheitliche Muster der organisationalen Einbettung. Diese Muster der Einbettung bzw. der angestrebten Kopplung von Formal- und Aktivitätsstruktur bilden das zentrale Differenzierungskriterium zwischen den Diensten der Untersuchung. Unbeschadet des allgemeinen Trends zur Standardisierung und quer zu arbeitsbereichsbezogenen Differenzen existieren in den Ämtern unterschiedliche Ausrichtungen der organisationalen Regulierung, die auf unterschiedliche Steuerungsphilosophien verweisen. Die Jugendämter mit einem hohen Verbindlichkeits- und Kontrollgrad folgen einer eher bürokratischen oder manageriellen Steuerungslogik. Dienste mit niedrigem Verbindlichkeits- und Kontrollgrad konzipieren fachliche Formalisierungen eher als unterstützende Angebote, die die Fachkräfte gemäß ihrem fachlichen Ermessen nutzen können. Dieses Steuerungsmuster korrespondiert mit dem „professioneller Organisationen", in denen der fachlichen Kompetenz der individuellen professionellen Fachkräfte und/oder kollektiven Abstimmungsmodi vertraut wird (vgl. Abschnitt 2.2). In den einzelnen Jugendämtern herrschen somit offensichtlich unterschiedliche Kulturen der Standardisierungen, die auf unterschiedliche Organisationskulturen verweisen. Dabei dominieren unter den an der Studie teilnehmenden Ämtern eher bürokratisch-managerielle Steuerungslogiken[300], was angesichts der büro-professionellen Tradition der ASD nicht weiter verwundert. Eine weitere Differenzierung zwischen bürokratischen und managerial Logiken ist indes auf Basis der Daten der Onlinebefragung nicht möglich.

Eine Dominanz eher bürokratischer oder managerieller Orientierungen zeigt sich auch in den subjektiven Beurteilungen von Standardisierungen durch die verantwortlichen ASD-Akteure: Differenzen im Beurteilungsverhalten lassen sich wesentlich auf den Rahmen zurückführen, in den Standardisierungen eingebunden sind (Verbindlichkeitsgrad, Kontrollmodus). Dass Formalisierungen im Falle eines höheren Verbindlichkeits- und Kontrollgrads günstiger beurteilt werden, könnte ein Hinweis darauf sein, dass die entsprechenden Leitungsakteure bürokratische oder managerielle Steuerungskonzepte bevorzugen. Zudem lassen sich diese Ergebnisse auch dahingehend interpretieren, dass von den Befragten weniger das inhaltliche Potenzial der „fachlichen Formalisierungen an sich" für die Beurteilung ausschlaggebend ist, sondern dass das Wissen darum, dass Standardisierungen in einen verlässlichen Rahmen eingebunden sind, zu positiven Beurteilungen führt. Die Befunde zu den individuellen Beurteilungen von Fachsoftware, die meist deutlich von denen der anderen fachlichen Formalisierungen abweichen, deuten darauf hin, dass EDV – trotz ihrer Verbreitung – noch nicht die gleiche kulturell-kognitive Legitimität im Feld besitzt, über welche die anderen fachliche Formalisierungen verfügen.

---

300 Wie beschrieben, neigen die Jugendämter insgesamt einerseits dazu die organisationale Einbindung für die unterschiedlichen fachlichen Formalisierungen ähnlich zu gestalten, andererseits neigen sie zu einer eher engen Kopplung bzw. imperativen organisationalen Einbettung. Werden bspw. jene ASD betrachtet, zu denen Daten zur Verbindlichkeit und Kontrolle von allen in der Studie berücksichtigten fachlichen Formalisierungen vorliegen (n=75), so sind in 33% dieser Ämter alle Formalisierungen mit einem hohen Verbindlichkeitsgrad (müssen nutzen) und einem hohen Kontrollgrad (flächendeckende Kontrolle oder Stichproben) belegt, während lediglich ein Jugendamt für alle Formen von fachlichen Formalisierungen einen niedrigen Verbindlichkeits- und Kontrollgrad definiert hat. Bei den restlichen 65% handelt es sich um Mischformen (mit überwiegend eher imperativem Charakter).

Es kann abschließend festgehalten werden, dass die Beurteilung von fachlichen und ökonomischen Zielen in der Regel auseinanderfällt: Je positiver die fachliche Beurteilung ausfällt, desto eher wird die Kosteneffizienz negativ beurteilt – et vice versa. Die Befragten vertreten dabei mehrheitlich die Position, dass fachliche Formalisierungen zur fachlichen Optimierung beitragen: Standardisierungen führen in ihren Augen zu einer Steigerung der Qualität, effizienterem Arbeiten, weniger Fehlern, wirksameren Hilfen und – teilweise – auch Legitimationsgewinnen. Jene Positionen im Fachdiskurs, die überdies auch eine unter wirtschaftlichen Gesichtspunkten gewinnbringende Rationalisierung der sozialpädagogischen Arbeit versprechen, finden dagegen – trotz der überwiegend positiven Grundorientierung der Befragten – wenig Unterstützung. Anstatt den für die Soziale Arbeit allgemein postulierten „Trade off" zwischen fachlichen und wirtschaftlichen Zielen (vgl. Finis-Siegler 2009) zu versöhnen, scheint dieser auch für fachliche Formalisierungen zu gelten bzw. über diese vermittelt und sogar noch gesteigert zu werden.

10.9.5 Resümee

Zusammenfassend kann somit konstatiert werden, dass im Feld der Jugendämter eine doppelte – strukturelle und normative – Homogenisierung erfolgt ist, die auf eine weitgehende Institutionalisierung von fachlichen Formalisierungen verweist. Diese Homogenisierungsprozesse können als Indizien für die in Abschnitt 5.2 beschriebenen gesellschaftlichen und sektoralen Transformations- und Modernisierungsprozesse gelten. Allerdings, dies zeigen die Befunde ebenfalls, verlaufen diese Transformationsprozesse weder umfassend noch bruchlos. Vielmehr scheinen im Feld der ASD unterschiedliche Logiken neben- und gegeneinanderzustehen. Hieraus resultieren neue Disparitäten: Indem sich die Jugendämter insgesamt – mit Blick auf die Implementierung von fachlichen Formalisierungen – ähnlicher werden, werden Differenzen im Detail – etwa hinsichtlich der Ausgestaltung und organisationalen Einbettung – erst hergestellt, sichtbar und bedeutend. Vermutlich wird dies für die betroffenen Akteure (Organisationen, professionelle Fachkräfte, AdressatInnen) nicht folgenlos bleiben. Ob und wie diese Transformationsprozesse in konkreten ASD faktisch ablaufen und wie die professionellen Fachkräfte in den Diensten mit den Veränderungen umgehen, ist Gegenstand der nachfolgend dargestellten qualitativen Fallstudien.

11. Die qualitativen Fallstudien

Wie in Kapitel 9 erläutert, soll die Beschreibung und Analyse der Institutionalisierung von fachlichen Formalisierungen in den ASD durch die qualitativen Fallstudien um weitere Perspektiven ergänzt und fundiert werden. Während mit der Onlinebefragung der Status Quo der Verbreitung und organisationalen Einbettung formalisierter Instrumente und Verfahren auf der Ebene der Formalstruktur sowie die Beurteilungen durch Leitungskräfte erhoben wurden, haben die qualitativen Fallstudien vor allem eine Rekonstruktion der Implementierungsprozesse fachlicher Formalisierungen in Jugendämtern sowie deren Nutzungsweisen und Beurteilungen durch die Basiskräfte in den ASD zum Gegenstand.

Die Darstellung der qualitativen Fallstudien gliedert sich in zwei Schritte. Zunächst werden in deskriptiv gehaltenen Fallskizzen, durch Interviewpassagen illustriert, Aspekte der Institutionalisierung fachlicher Formalisierungen in den drei untersuchten ASD dargestellt und erste Interpretationen vorgestellt (Abschnitte 11.1–11.3). Die Fallskizzen haben die regionalen Kontextbedingungen, die Auslöser und die Umsetzungsprozesse der Implementierung von konkreten fachlichen Formalisierungen zum Inhalt. Weiter werden die implementierten Instrumente und Verfahren sowie Begründungen und Orientierungen der für die Implementierung verantwortlichen Leitungs- und Koordinationskräfte beschrieben. Schließlich werden die Umgangsweisen und Beurteilungen der Basiskräfte sowie die aktuellen Entwicklungen in Bezug auf fachliche Formalisierungen in den drei untersuchten Jugendämtern dargestellt. Die deskriptive Darstellung endet – analog zur Onlinebefragung – mit einer integrierenden Beschreibung des Status Quo hinsichtlich der Verbreitung, Ausgestaltung und organisationalen Einbettung von fachlichen Formalisierungen (Formalstruktur) in den Fallstudien-ASD (Abschnitt 11.4).

Auf den deskriptiven Fallskizzen aufbauend, werden in einem zweiten Schritt die Befunde einer integrierenden und systematisierenden Analyse zentraler Dimensionen (Kernkategorien) der Institutionalisierung von fachlichen Formalisierungen in den Jugendämtern vorgestellt (Abschnitte 11.5–11.7). Hierbei wird zum einen auf die Prozessdimension der Institutionalisierung fokussiert. Dies wird vor allem aus der Perspektive bzw. anhand der Darstellungen/Konstruktionen von Akteuren der Leitungs- und Koordinationsebenen erfolgen. Der andere Schwerpunkt liegt auf den Perspektiven der Basiskräfte in den ASD. Hier stehen die Umgangsweisen mit formalisierten Instrumenten und Verfahren (Zustandsdimension) sowie deren Hintergründe im Fokus des Interesses. Schließlich werden die Zusammenhänge zwischen diesen beiden

Perspektiven, mithin Fragen der Kopplung von Formal- und Aktivitätsstruktur, in den Blick genommen.

Den lokalen Fallskizzen der Abschnitte 11.1–11.3 kommt im Rahmen dieser Studie eine doppelte Funktion zu: Zum einen sollen sie einen lebendigen Eindruck von den Hintergründen und Prozessen der Implementierung sowie der Nutzung fachlicher Formalisierungen vermitteln. Aus diesem Grund kommen die befragten Akteure in den Fallskizzen auch ausführlich zu Wort. Zum anderen dienen die Fallskizzen als Material für die Analyse der Institutionalisierung von fachlichen Formalisierungen in den ASD. Dabei wird in der übergreifenden Analyse nicht nur direkt auf empirisches Material und dessen Auswertung (Interviewpassagen, Codes etc.) Bezug genommen. Vielmehr dienen auch die einzelnen Fallskizzen als Material, auf dessen Grundlage übergreifende Prozesse und Mechanismen rekonstruiert wurden. Entsprechend wird im Zuge der Darstellung und zur Plausibilisierung der Befunde der zusammenfassenden Analyse nicht nur auf Interviews oder Codes etc., sondern auch auf die Fallskizzen insgesamt Bezug genommen.

Die Interviewpassagen, die in diesem Kapitel zitiert oder paraphrasiert werden, sind mit einem Kurzbeleg versehen. Dieser setzt sich zusammen aus der Funktion der bzw. des Befragten und der Nummer des Interviews. Wie in Abschnitt 9.1 bereits ausgeführt, wird zwischen Akteuren auf Leitungs- und Koordinationsstellen (LK), Gruppen- und Teamleitungen (TL) sowie Fachkräften an der Basis (BK) unterschieden. Da Teamleitungen in Kommune 3 teilweise mit Anteilen ihres Stellenumfangs als Basiskräfte beschäftigt sind, werden diese mitunter auch zur Perspektive von Basiskräften zitiert. Die Interviewnummern entsprechen der Chronologie, in der die Interviews geführt wurden.

Die zitierten Interviewpassagen sollen die rekonstruierten Befunde plausibilisieren und illustrieren. Dem qualitativen Ansatz folgend, lassen die Anzahl und Länge von Interviewbelegen zu einem thematisierten Aspekt keine Rückschlüsse auf dessen Relevanz zu. Längere und unterschiedliche Interviewpassagen sollen vielmehr die Nachvollziehbarkeit erhöhen und den Facettenreichtum der beschriebenen Aspekte verdeutlichen. Auch die Häufigkeit und Ausführlichkeit, in der einzelne Befragte zitiert werden, folgt dieser Logik. Wenn einzelne Interviewte daher weniger häufig zu Wort kommen, so bedeutet dies nicht, dass deren Perspektive weniger relevant ist oder gar unberücksichtigt bleibt. Vielmehr war der Autor in diesem Fall der Ansicht, dass die interessierenden Aspekte von anderen Befragten in geeigneterer Weise – z. B. prägnanter oder knapper – formuliert wurden und deshalb zitiert werden[301].

---

301 Bei Interview LK 1 handelt es sich um ein sondierendes Telefoninterview, das nicht aufgezeichnet wurde und das daher auch nicht zitiert wird. Auf die Angabe der Zeilennummern der zitierten Interviewpassagen wird in dieser Publikation verzichtet. In den zitierten Inter-

11.1 Fallskizze Kommune 1: Die Vorreiter

11.1.1 Hintergrundinformationen zur Kommune

Kommune 1 ist ein ehemaliger Industriestandort, der von einem tiefgreifenden Strukturwandel betroffen ist. Der untersuchte ASD wurde Ende der 1970er-Jahre als gemeinsamer Außendienst von Jugend-, Sozial und Gesundheitsamt gegründet. Mitte der 1990er-Jahre führte die Kommune weitreichende Modernisierungen nach dem Neuen Steuerungsmodell der KGSt durch. In Fortführung dieser Reformen erfolgte Ende der 1990er-Jahre nach mehrjähriger Vorbereitungsphase die Gründung eines integrierten Fachbereichs, in dem mehrere Abteilungen der Kommunalverwaltung, darunter auch das Jugendamt, fusionierten. Als ein Herzstück dieser Strukturreform gilt die Einrichtung Regionaler Sozialer Dienste (RSD). Mit weitreichenden Kompetenzen (integrierte Fach- und Ressourcenverantwortung) ausgestattet, fungierten die RSD als integrierte Anlaufstelle für alle materiellen und psychosozialen Anliegen belasteter BürgerInnen in den Stadtteilen der Kommune. Mit Einführung der Gesetzte für moderne Dienstleistungen am Arbeitsmarkt im Jahr 2005 wurden diese regionalisierten Dienste einer grundlegenden Neuausrichtung unterzogen, was von den verantwortlichen Akteuren in der Kommune sehr bedauert wird.

> Daher waren wir sehr enttäuscht, als die Bundesregierung dieses Herzstück unserer Reform durch die Einführung des SGB II kaputt gemacht hat. Wir hatten also Sozialhilfe und Jugendhilfe in einer Abteilung vereinbart. Und es gab einen Abteilungsleiter für beide Bereiche, der die Lebensbedingungen der Menschen einheitlich und ganzheitlich denken konnte. Das ist dadurch kaputtgemacht worden. Das Jobcenter nimmt auf sozialräumliche Dinge wenig Rücksicht, sondern sieht seine Fallnummer. (LK 8)

Im Rahmen der Umgestaltung wurden zum einen Funktionen jenseits der Kinder- und Jugendhilfe aus den Diensten herausgelöst und unter anderem in die neu geschaffenen Jobcenter integriert. Zum anderen wurden die Steuerungsverantwortung für Jugendhilfeaufgaben sowie begleitende Funktionen wie die „Wirtschaftliche Jugendhilfe" rezentralisiert. Der räumliche Zuständigkeitsbereich der einzelnen verbleibenden regionalen Dienste wurde auf größere Ge-

---

viewpassagen werden in der Regel lediglich die Äußerungen der befragten ASD-Akteure wiedergegeben. Ausdrücke des aktiven Zuhörens des Interviewers (z. B. Mhm, Hm) werden dabei ausgespart. Sofern (Rück-)Fragen des Interviewers abgedruckt sind, werden diese durch „I:" eingeleitet, vor Äußerungen der befragten ASD-Akteure steht in diesen Fällen ein „B:".

biete ausgeweitet, wodurch – so die Einschätzung der Befragten – Bezüge zu den lokalen Strukturen erodiert sind.

Untersucht wurde somit ein regionalisierter ASD mit den jugendamtlichen Funktionen Kinderschutz, Hilfeplanung und Administration von Erziehungshilfen sowie Trennungs- und Scheidungsberatung. In den verschiedenen RSDs arbeiten zusammen circa 50 Fachkräfte. Nachgezeichnet werden im Folgenden zwei Modernisierungszyklen in der Kommune: Einerseits ein weitreichender Qualitätsentwicklungsprozess in der ersten Hälfte der 2000er-Jahre, andererseits Modernisierungsprozesse Anfang der 2010er-Jahre. Die Kommune gilt in Fachkreisen, etwa bei der KGSt und dem Landesjugendamt, als Vorreiter in Fragen der Qualitätsentwicklung bzw. des auf Standardisierungen basierenden Qualitätsmanagements. Die nachfolgende Fallskizze hat Interviews mit zwei Akteuren der Leitungsebene, zwei Teamleitungen und vier Basiskräften sowie unterschiedliche interne und öffentlich zugängliche Dokumente zur Grundlage.

11.1.2 Fachliche Formalisierungen als Qualitätsentwicklung

Eine weitreichende Standardisierung der Arbeitsprozesse im untersuchten ASD war Element eines umfassenden Qualitätsentwicklungsprozesses. Als Ausgangspunkt dieses Prozesses wird die Gründung eines integrierten Fachbereichs mit regionalisierten Außenstellen Ende der 1990er-Jahre benannt. Diese Strukturreformen förderte ein allgemeines „Reformklima" (vgl. ähnlich Bogumil et al. 2007). So sollten in der neu geschaffenen Organisationseinheit auch fachlich-inhaltliche Modernisierungen realisiert werden. Durch die rechtlichen Reformen Ende der 1990er-Jahre, besonders die Einführung von Leistungs-, Entgelt- und Qualitätsvereinbarungen nach §§ 78a ff. SGB VIII, wurde die allgemeine „Aufbruchsstimmung" im neu gegründeten Fachbereich stark auf das Thema „Qualität in den Hilfen zur Erziehung" gelenkt. Damit schließen die Modernisierungen an ältere Entwicklungen an. So wurden bereits vor Gründung des Fachbereichs im Rahmen der Umsetzung des Neuen Steuerungsmodells Innovationen wie eine Produktorientierung und ein Qualitätsmanagement diskutiert.

Anfang der 2000er-Jahre wurde in Abstimmung mit dem Jugendhilfeausschuss ein Qualitätsentwicklungsprozess angestoßen. Dieser umfasste mehrere Teilprojekte, in denen öffentliche und freie Träger, teilweise unterstützt durch externe Partner wie das Landesjungendamt, die Grundlagen für kundenorientierte, effektive und effiziente Hilfen in der Kommune schaffen wollten. Obgleich die befragten VertreterInnen übereinstimmend einen Einfluss des ökonomisch orientierten Neuen Steuerungsmodells auf die Reformprozesse verneinen, zeigt sich in der weit verbreiteten Verwendung von Management-Jargon (Kunden, Effektivität, Effizienz etc.) im untersuchten Jugendamt eine Präsenz managerieller Denkmuster. Diese Orientierung materialisierte sich auch in einer direkten Verknüpfung der Qualitätsentwicklungsbestrebungen mit einer stärker marktlichen Governance. So sollen die unterschiedlichen Qualitätsprojekte auch die Basis für einen qualitätsorientierten Trägerwettbewerbs in den Hilfen zur Erziehung schaffen. Daneben waren Qualitätsdialoge zwischen öffentlichen und freien Trägern sowie die Entwicklung von Qualitätsstandards für die Jugendhilfe Gegenstand dieser Reformprozesse.

Diese Qualitätsstandards sind das Ergebnis der Teilnahme der Kommune an einem Qualitätsentwicklungsprojekt des Landesjugendamtes. Dieses Projekt wurde initiiert, nachdem die TeilnehmerInnen einer Tagung des Landesjugendamtes zu Instrumenten des Qualitätsmanagements spontan den Wunsch nach einer Begleitung eigener kommunaler Qualitätsentwicklungsbemühungen formulierten. Daraufhin wurde durch das Landesjugendamt ein Kooperationsprojekt zum Aufbau eines umfassenden Qualitätsmanagements im ASD initiiert. Das Projekt wurde unter Beteiligung eines externen, privatgewerblichen Beratungsinstituts umgesetzt. Im Rahmen des Projektes sollten Kernprozesses („Produkte") sowie Schnittstellen identifiziert, beschrieben und mit Standards unterlegt werden. Zudem sollten konkrete Werkzeuge und Instrumente etwa zur Dokumentation und Steuerung des ASD entwickelt werden. Als Ausgangspunkt dienten dabei vorhandene Dokumente und Vorgaben aus den am Projekt teilnehmenden Kommunen. Der Gesamtprozess wurde als offener Suchprozess beschrieben, der zunächst von Ratlosigkeit, Unsicherheit und kontroversen Debatten um einen angemessenen Umgang mit den Thema Qualität in der Jugendhilfe geprägt war. Zentrale Impulse für die Ausrichtung des Projektes wurden letztlich von einem vom Landesjugendamt „eingekauften" externen Berater gesetzt.

> Das waren quälende Diskussionen am Anfang, weil ja auch das Landesjugendamt nicht so richtig wusste, was machen wir eigentlich hier. Das war für alle Neuland. Die hatten sich dann eingekauft den Herrn [Name], und der hat eigentlich gesagt: ‚Leute, so und so könnt ihr das machen'. Und ich glaube, wir haben uns dann irgendwie da durchgehangelt, und am Anfang habe ich gedacht: ‚Was, ist das ein zäher Prozess. Keiner hat richtig Ahnung'. Wir haben eigentlich angefangen und haben erstmal (...) alles gesammelt, was wir an Dokumenten hier haben, was wir an Dienstanweisungen, Vorschriften, Verwaltungssachen hatten, und hatten uns da dann durchgehangelt. (LK 7)

In der weiteren, konkreten Umsetzung beinhaltete das Projekt einerseits Formen des Erfahrungsaustausches und der Schulung der prozessverantwortlichen Akteure aus den teilnehmenden Kommunen durch das Landesjugendamt, andererseits die Erarbeitung lokaler Lösungen in den Kommunen, unterstützt durch das Landesjugendamt. In der Kommune 1 erfolgte die Definition, Beschreibung und Standardisierung von Kernprozessen sowie die Entwicklung von konkreten Formularen für die ASD-Arbeit in einer ASD-internen Arbeitsgruppe, die sich in thematische Subgruppen aufspaltete. An diesen Arbeitsgruppen waren MitarbeiterInnen und Leitungskräfte des ASD auf freiwilliger Basis beteiligt. Die Teilnehmenden begründen ihre Mitwirkung vor allem mit der Chance, die eigenen Arbeitsbedingungen mitgestalten zu können. Teilweise schaltete sich zudem die oberste Leitungsebene ein, selbst bei Detailklärungen (z. B. die Gestaltung einzelner Formulare).

> Die eigentliche Qualitätsentwicklung für [die Qualitätsstandards; A.M.], die habe ich dann später nicht mehr so intensiv mitbegleitet. (...) Wir haben dann intensiv immer noch gerungen um einige Dimensionen der Beobachtungsbögen, von Abläufen. Da bin ich immer wieder mit dabei gewesen, aber habe das nicht selbst unmittelbar operativ mitgestaltet. (LK 8)

Die Ergebnisse der Arbeitsgruppen wurden einerseits mit den VertreterInnen anderer Kommunen, andererseits in verschiedenen kommunalen Gremien (z. B. Jugendhilfeausschuss, AGs nach § 78 SGB VIII) vorgestellt und diskutiert. So wurde dem Jugendhilfeausschuss im Jahr 2002 eine erste Version der Qualitätsstandards für die erzieherischen Hilfen als „eine Art Grundgesetz für einen fachlich qualitativen Wettbewerb" (Protokoll Jugendhilfeausschuss) vorgestellt. In dieser frühen Version waren zwölf Prozesse bzw. Leistungen der Erziehungshilfe aufseiten des ASD und der Leistungsanbieter mit ihren Zielen, Prozess- und Strukturstandards, Beteiligten, Verantwortlichkeiten und Dokumentationsanforderungen sehr knapp (ca. eine halbe Seite pro Prozess) beschrieben. Diese erste Fassung der Qualitätsstandards unterscheidet sich damit in Aufbau, Umfang und Gegenstand deutlich von dem abschließenden Resultat des insgesamt etwa dreijährigen Qualitätsentwicklungsprozesses: Einer weit über einhundert Seiten starken Zusammenstellung von Qualitätsstandards für den ASD sowie zu deren Umsetzung anzuwendende standardisierte Instrumente, die ab 2005 zur verbindlichen Handlungsgrundlage der ASD-Arbeit wurden.

Diese Fokusverlagerung der Qualitätsentwicklung von Akteuren der Erziehungshilfe auf ausschließlich den ASD und die deutliche Ausdifferenzierung der Qualitätsstandards waren offensichtlich einerseits der Ausrichtung und internen Dynamik innerhalb des Projektes des Landesjugendamtes geschuldet. Andererseits wurde in den Interviews auf kommunale Dynamiken verwiesen. Demnach lösten die verschiedenen kommunalen Projekte zur Qualitätsentwicklung, vor allem die in Qualitätszirkeln formulierten Anforderungen an Organisationen, die Erziehungshilfen anbieten, bei den überwiegend freigemeinnützigen Leistungserbringern zahlreiche qualitätsbezogene Modernisierungsprozesse aus. Als Reaktion hierauf wurde von den freigemeinnützigen Leistungsanbietern im Jugendhilfeausschuss die Forderung einer analogen

Verstärkung der Qualitätsentwicklungsbemühungen innerhalb des ASD formuliert. Diese „Revanche" der Leistungsanbieter wurde vom ASD offensichtlich gerne aufgegriffen. So ist deutlich, dass Strategien der Qualitätsentwicklung bzw. die Implementierung eines Qualitätsmanagements in hohem Maße den Fachlichkeitsvorstellungen und Interessen maßgeblicher Akteure im Jugendamt der Kommune entsprachen. Dies äußert sich beispielsweise darin, dass ein maßgeblicher Akteur parallel zu seiner Mitwirkung am Projekt des Landesjugendamtes eine Weiterqualifizierung für Qualitätsmanagement absolvierte.

11.1.3 Konkrete Verfahren und Instrumente

Als zentrale fachliche Formalisierung im ASD der Kommune 1 gelten die *Qualitätsstandards*. Neben einleitenden grundsätzlichen Positionierungen und der Vorstellung übergreifender Prinzipien beinhalten diese Qualitätsstandards im Wesentlichen Beschreibungen von Kernprozessen der ASD-Arbeit, etwa des Kinderschutzes, der Trennungs- und Scheidungsberatung, der Hilfeplanung sowie diverser Hilfen zur Erziehung. Das Konzept folgt dabei der klassischen Qualitätstrias nach Donabedian mit Struktur-, Prozess- und Ergebnisqualität. Für jede der insgesamt zunächst zehn Leistungen werden Kriterien und Indikatoren zur Ergebnisbeurteilung, die Prozesssystematik in Form von Flussdiagrammen, fachliche Standards zu den Prozessen (z. B. Formen der kollektiven Entscheidung) und benötigte Rahmenbedingungen (Strukturqualität) beschrieben. Dabei werden für jeden einzelnen der bis zu sieben Prozessschritte einer Leistung unter anderem Verantwortlichkeiten, Handlungsschritte, Ergebnisindikatoren, Fristen sowie der angesetzte Zeitaufwand bestimmt. Zudem werden die zur Umsetzung und Dokumentation der Leistungen benötigten formalisierten Instrumente, die in Ergänzung zu Aktenvermerken zu nutzen sind, definiert. Die Instrumente wurden zwar ebenfalls im Rahmen des Qualitätsentwicklungsprozesses entwickelt, sind jedoch selbst nicht Teil der Qualitätsstandards, um unabhängig vom Gesamtdokument regelmäßig angepasst werden zu können. Die Anzahl, der Standardisierungsgrad sowie der Umfang der einzelnen Instrumente variieren je nach Leistungsbereich.

Fachliche Formalisierungen im Kinderschutz: Zur Unterstützung und Dokumentation der Gefährdungsabschätzung bei Kindeswohlgefährdung sind acht Dokumente vorgesehen. Neben fachlichen Instrumenten sind unter anderem auch die Bögen zur Meldung bei der amtlichen Statistik sowie ein Kostenbericht aufgeführt. Zu den fachlichen Instrumenten im Kinderschutz zählt ein vierseitiger *Meldebogen*, mit dem eingehende Gefährdungsmeldungen dokumentiert und das weitere Vorgehen vorgegeben werden. Hierzu enthält der Bogen fünf Fragen zur Person des Melders, der Mitteilung, dem Alter des Kindes, der Bekanntheit des Kindes beim Jugendamt und der Einschätzung der

Fachkraft. Die Antwortoptionen zu diesen Fragen sind mit Punktwerten versehen. Je nach Gesamtpunktzahl der Punktewerte (Risikoscore) werden unterschiedliche Fristen und Strategien zur weiteren Fallbearbeitung vorgegeben. Eine Abweichung von diesen Vorgaben bedarf einer expliziten Begründung der Fachkraft. Des Weiteren ist ein knapper, zweiseitiger *Entscheidungsbogen* zu nutzen, in dem das Ergebnis der ersten Gefährdungseinschätzung, die Grundlagen dieser Entscheidung, die an der Entscheidung beteiligten Akteure[302] sowie das weitere Vorgehen zu vermerken sind. Ein weiterer, ausführlicher Entscheidungsbogen (neun Seiten) ist nach einem Ortstermin (z. B. Hausbesuch oder Gespräch in der Schule/Kita) auszufüllen. Hier können neben diversen personenbezogenen Daten zu Eltern und Kindern (z. B. Alter, Nationalität, Beruf) Informationen zur Situation des Kindes entlang von zwölf Bereichen erfasst werden. Hierzu enthält der Bogen jeweils Überschriften (z. B. Wohnen, psychische Störungen, psychische Gewalt, sexueller Missbrauch) sowie mehrere Konkretisierungen. Sofern keine „Probleme" vorliegen oder eine Prüfung nicht möglich ist, ist dies durch Ankreuzen entsprechender Kästen zu vermerken. Die Erfassung der Dimensionen der kindlichen Lebenssituation bzw. Probleme erfolgt im Freitext. In gleicher Weise werden Kompetenzen und Haltungen der Eltern zu vier Bereichen erfasst. Zur Überprüfung von Absprachen mit den Eltern wird ebenfalls ein zweiseitiger Bogen vorgehalten.

Fachliche Formalisierungen in der Hilfeplanung: Im Bereich der Hilfeplanung werden in den Qualitätsstandards 17 Instrumente aufgelistet. Auch hierunter befinden sich verschiedene nicht-fachliche Formulare, z. B. zwei Statistikbögen, ein Kostenbericht, der Hilfeantrag oder ein Informationsblatt für Eltern. Ebenfalls administrative Funktionen erfüllt ein differenzierter Bogen zur Erfassung relevanter personenbezogener Daten (u. a. die rechtlichen und finanziellen Familienverhältnisse). Hinzu kommen Vordrucke, in denen die Zielerreichung von Hilfen anhand von diversen Skalen durch die NutzerInnen und die leistungserbringenden Organisationen einzuschätzen sind. Das zentrale hilfebezogene Instrument des ASD ist ein umfangreicher *Anamnesebogen*. Dieser soll die Grundlage der Hilfeentscheidung bilden und ist daher zu kollektiven Hilfeentscheidungen vorzulegen[303]. Mit dem Instrument werden differenziert die Problemsituation, bisherige Hilfen und Erwartungen sowie vor allem der Entwicklungstand des Kindes und die Lebenssituation der Familie erfasst. Der Bogen bietet dabei Überschriften/Themenbereiche, zu denen Informationen

---

302 Entsprechend den Vorgaben der Kommune soll die Risikoabschätzung im Zusammenwirken von fallführender Fachkraft, deren VertreterIn sowie der Gruppenleitung erfolgen.
303 Über Hilfen wird in der Kommune grundsätzlich kollektiv, unter Einbindung von Leitungskräften, beraten und entschieden. Je nach angestrebter Hilfeform finden Fallberatungen in Teams, Entscheidungsgespräche zwischen Gruppenleitungen und Basiskräften oder Fallberatungen in einem Leitungsgremium statt.

offen, das heißt nicht-standardisiert, vermerkt werden können. Dabei wird der Anspruch formuliert, zur Umsetzung der Anamnese nicht nur auf Gespräche mit den AdressatInnen, sondern auch auf vorliegende ASD-Akten sowie Informationen Dritter (z. B. Schule, Kita) zurückzugreifen. Für die Anamnese ist daher in den Qualitätsstandards ein zeitlicher Aufwand von zehn Stunden vorgesehen. In einem Interview wurde erwähnt, dass der ausgefüllte Anamnesebogen durchaus bis zu vierzig Seiten umfassen kann. Des Weiteren wurden Bögen zur Dokumentation des Ablaufs und der Ergebnisse diverser kollektiver Entscheidungsformate entwickelt.

11.1.4 Begründung und Orientierung

Als Ziele der Qualitätsstandards werden eine Steigerung der Transparenz, eine Erhöhung der Zielgenauigkeit von Hilfen, Zeitersparnis, eine Erhöhung der Arbeitszufriedenheit sowie die Vereinheitlichung der Fallbearbeitung in den unterschiedlichen Regionalen Sozialen Diensten benannt. Diese Ziele werden – abgesehen von dem Ziel der Zeitersparnis und der Arbeitszufriedenheit – von Basis- und Leitungskräften als zumindest in Teilen erreicht angesehen.

Die in den Qualitätsstandards formulierten Ziele spiegeln relativ ungebrochen die Motive der verantwortlich am Qualitätsentwicklungsprozess beteiligten Leitungsakteure der Kommune wider. Die Qualitätsstandards sollen demnach vor allem die Arbeit der Basiskräfte optimieren und damit den „Kunden", also primär Kindern, Jugendlichen und Familien[304], hochwertige und gleichwertige Hilfeleistungen garantieren. Gleichzeitig sollen Basiskräfte in ihrer Arbeit unterstützt werden, indem die Prozessvorgaben Sicherheit, Orientierung und Halt bieten. Diese Ziele werden vor der Negativfolie früherer Praxen formuliert, in denen Kinder in Heimen vergessen, Fachkräfte alleine gelassen und nicht zuletzt auch Kinder zu Tode gekommen sind. Charakteristisch für die Begründungsmuster der Leitungsebene in der Kommune ist die starke Verknüpfung der Qualitätsfrage mit Fragen der Qualifikation der Fachkräfte. So wird zwar angestrebt, Qualität über Prozessformalisierungen und die Setzung von fachlichen Standards herzustellen, als mindestens ebenso wichtig wird jedoch die Qualifizierung der Fachkräfte beschrieben[305]. Dabei werden Formalisierung und Qualifizierung nicht als alternative Strategien der Qualitätsentwicklung angesehen, vielmehr wird konstatiert, dass einerseits Standards

---

304 Im Fall der Mitwirkung bei familiengerichtlichen Verfahren werden durchgängig die Familienrichter als Kunden des ASD adressiert.
305 So leistet sich die Kommune trotz begrenzter finanzieller Mittel langwierige und kostenintensive Weiterbildungen in „systemischer Beratung" für einzelne Fachkräfte.

und Standardisierungen die Fachkräfte in ihrem professionellen Handeln unterstützen sollen, andererseits die „richtige" Umsetzung und Nutzung der Vorgaben und Instrumente qualifiziertes Personal erfordert. Eine Leitungskraft führt hierzu aus:

> Das Problem ist aber, ich muss dann aber auch nicht nur auf die Standardverfahren gucken. Und das ist mir ein ganz, ganz großes Anliegen, auch inhaltlich zu gucken. Das ist ganz wichtig. Inhaltlich zu gucken, die Mitarbeiter auszubilden, die Mitarbeiter zu qualifizieren. (...) Die Qualifizierung von Mitarbeitern, und [die Qualitätsstandards; A.M.] ist nicht voneinander zu lösen. (LK 7)

Allerdings wird, besonders auf der Ebene der Teamleitungen, auch eine mögliche negative Wechselwirkung von Standardisierungen und professioneller Kompetenz gesehen. So wird die Gefahr beschrieben, Formalisierungen könnten dazu führen, dass die Basiskräfte weniger mitdenken.

> Ja, es macht Sinn, wenn man sich nicht nur danach [nach den Qualitätsstandards; A.M.] richtet, sag ich mal. Man muss seine eigenen Ideen im Hinterkopf behalten. Man muss als Sozialarbeiter denken – trotzdem. Auch beim Kinderschutzprozess. Man kann nicht nur die Bögen ausfüllen und sagen, gut, das habe ich jetzt abgefrühstückt und die Sache ist erledigt. Gucken, was der Hintergrund da ist. Auch eine Situation einschätzen, ich denke, das ist wichtig. Da reicht der Bogen nicht dazu, da kann ich nicht nur die Punkte abzählen. Sondern ich muss mir ein persönliches Bild in meinem Kopfe machen. (...) Ich kann nicht nur den standardisierten Prozess sehen, sondern ich muss mir auch Gedanken zu dem Fall machen, muss eine Einschätzung dazu abgeben, das ist wichtig. Ich denke beides ist wichtig: Auf der einen Seite Struktur ist wichtig, andererseits ist auch meine persönliche Einschätzung von der Situation wichtig. (TL 9)

Der Verweis auf die gleichzeitige Bedeutung von Formalisierungen und persönlicher Kompetenz für eine gelingende ASD-Praxis wird von den Leitungskräften – wie auch von den Basiskräften – immer wieder betont.

Wie die vorgestellten Ziele verdeutlichen, fokussieren die Qualitätsstandards in der Kommune 1 zunächst ausschließlich auf die Arbeitsprozesse im ASD. Trotz dieser nach innen gerichteten Orientierung konnten die Qualitätsstandards innerhalb kurzer Zeit zudem Außenwirkungen entfalten. So konnte sich der ASD durch seine Qualitätsstandards auch innerhalb des Fachbereichs profilieren und wurde in seinen Qualitätsentwicklungsbemühungen von anderen Abteilungen nachgeahmt. Zudem konnte sich der Fachbereich gegenüber anderen Fachbereichen der Kommunalverwaltung und gegenüber der Politik positiv darstellen und damit die eigene Interaktionsposition stärken. Schließlich führte der Qualitätsentwicklungsprozess dazu, dass der ASD auch von anderen Kommunen und überkommunalen Akteuren als besonders innovativ anerkannt wurde. Diese Prestigegewinne erfolgten auf zwei Ebenen: Zum einen konnte auch fachfremden Akteuren durch Bezugnahme auf die Qualitätsstandards verdeutlicht werden, dass im ASD qualitativ hochwertige Arbeit geleistet wird. Diese Wirkung dürfte vor allem daher rühren, dass im Zentrum der Qualitätsstandards eben nicht sozialarbeiterisches Spezialwissen, sondern allgemeine Managementinstrumente stehen (Flow-Charts, Zielindikatoren und Zielerreichungsgrade etc.) – also Elemente, die angesichts der Ökonomisierung aller Lebensbereiche den meisten Menschen vertraut sind und die als rational gelten. Somit kann die Akzeptanz der Qualitätsstandards bei Politik und Verwaltung als Beispiel für die Passung und Anschlussfähigkeit fachlicher Formalisierungen an übergreifende gesellschaftliche Logiken und Rationalisierungsprozesse angeführt werden[306]. Zum anderen verweisen die Interviewten auch auf eine Anerkennung des ASD aufgrund der bloßen Existenz der Qualitätsstandards – losgelöst von inhaltlichen Erwägungen. In den Beschreibungen der verantwortlichen Akteure werden diese beiden Perspektiven jedoch nicht immer klar getrennt, wie es nachfolgende Interviewpassage zeigt.

> Das ist auch noch mal wichtig, durch diese ganze Diskussion jetzt auch, durch die Fallzahlsteigerung und Ausgabensteigerung, das ist für mich eine Hilfe [diese Qualitätsstandards; A.M.] zu haben, wo man sagt ‚Also wir arbeiten ja nicht hier einfach nach irgendwelchen – wir machen ja nicht Ringelpiez mit Anfassen –, sondern unsere Leistung ist hier beschrieben, unsere Aufgaben sind hier beschrieben, wir haben hier die Prozesse beschrieben, wir haben auch geguckt, wie hier Fallentscheidungen geführt werden, diese Prozesse sind ja auch beschrieben, und das kann ich dem Jugendhilfeausschuss und auch gegenüber den Haushaltsberatungsgesprächen gut – in Anführungszeichen – verkaufen. Das wird nicht in Frage gestellt. Das wundert mich da auch. Die sagen ‚Ja, nein, hervorragend, haben sie, ist klar' und dann werden die Entscheidungen auch so mitgetragen. Also es ist ja nicht so: Der Mitarbeiter entscheidet mal hier aus dem hohlen Bauch, macht eine stationäre Unterbringung. (Sondern) wir haben die Standardverfahren, wir haben bestimmte Sachen (...). Und da sagen die [gemeint sind Akteure aus Politik und Verwaltung der Kommune; A.M.] ‚Ja, ist okay'. Also das hilft, also das hilft bei diesen Sachen. (LK 7)

Die Qualitätsstandards gelten – aufgrund ihrer Inhalte und/oder ihrer bloßen Existenz – gerade gegenüber fachfremden Akteuren als Beleg dafür, dass „im ASD eine gute Qualität gemacht" (LK 7) wird. Vor diesem Hintergrund scheint

---

306 Aus professionstheoretischer Perspektive bedeutet diese managementbasierte Überzeugungskraft der Qualitätsstandards eine De-Professionalisierung des ASD. So bezeichnet professionelles Handeln ein ExpertInnenhandeln, das sich auf (wissenschaftlich fundiertes) Spezialwissen stützt. Diese spezifische sozialarbeiterische Expertise wird mit den Qualitätsstandards durch eine allgemeine managerielle Expertise ergänzt und teilweise ersetzt.

es durchaus angemessen, die Qualitätsstandards als Institution, also als eine nicht hinterfragte Entität mit kognitiver Legitimität, anzusehen. Auch dieser institutionelle Gehalt der Qualitätsstandards hat zwei Dimensionen: Zum einen werden die in den Qualitätsstandards definierten Prozesse und Standards als gültige bzw. notwendige Voraussetzungen guter Arbeit im ASD angesehen, zum anderen gilt schon die Existenz des Dokuments, in dem die Qualitätsstandards niedergeschrieben sind, als Garant einer guten Arbeit. Dieser institutionelle Gehalt der Qualitätsstandards ist für die interorganisationale Kommunikation durchaus nützlich. Er ermöglicht den Verantwortlichen im ASD organisationspolitische Interessen überzeugender und erfolgreicher durchzusetzen.

Die Akzeptanz der Qualitätsstandards war nicht nur zur passiven Verteidigung gegen Kritik hilfreich, sondern wurde im Laufe der Zeit auch aktiv als mikropolitische Strategie genutzt, etwa um die Ressourcenausstattung des ASD zu verbessern. So führten zwei Organisationsuntersuchungen jeweils zu Stellenaufstockungen, da es gelungen war, die in den Qualitätsstandards formulierten Prozessbeschreibungen als einen nicht zu hintergehenden Mindeststandard bei der Personalbemessung durchzusetzen.

> Die einzelnen Arbeitsschritte sind alle bemessen worden, das heißt, die Mitarbeiter mussten dann Einschätzungen geben – sehr stark auf Mitarbeiterebene und Einbezug der Mitarbeiter basiert die Organisationsuntersuchung. (...) Und wir haben den Vorteil gegenüber der [übergeordneten Stelle; A.M.], dass wir gesagt haben ‚Wir haben [die Qualitätsstandards; A.M.] und wir haben die Prozesse beschrieben und wir haben die Organisationsuntersuchung und die Anzahl von Mitarbeitern brauchen wir noch'. Und da haben die [gemeint ist die Leitung der Kommunalverwaltung; A.M.] gesagt: „Ja, wenn ihr das macht, dann müssen wir die einstellen'. Also insofern ist das schon auch ein Gewinn. (LK 7)

Die Option, die Qualitätsstandards als Grundlage für die Definition von nicht zu hintergehenden Mindeststandards der ASD-Arbeit heranzuziehen, wird von den Verantwortlichen im ASD durchaus pragmatisch genutzt. So erfolgten zeitweise auch Absenkungen der Qualitätsstandards, um die Umsetzung der Leistungsprozesse im ASD auch unter schwierigen Bedingungen – insbesondere hoher Personalfluktuation und vakanter Stellen – zu gewährleisten[307]. Auch wenn Leitungskräfte des ASD im Prinzip ebenfalls vom Potenzial und

---

307 Besonders die Dominanz des Themas Kinderschutz in der zweiten Hälfte der 2000er-Jahre führte zu einer Absenkung der fachlichen Standards im ASD. Aufgrund seiner gesellschaftlichen Prominenz wurde dem Kinderschutz im untersuchten ASD eine prioritäre Stellung gegenüber anderen ASD-Aufgaben eingeräumt. Angesichts fehlender personeller Ressourcen wurde damit „in Kauf genommen, dass andere Aufgaben in Quantität und Qualität zurückstehen müssen" (internes Dokument).

institutionellen Gehalt der Qualitätsstandards überzeugt sind und dazu neigen, die Existenz der Standards mit der Qualität der ASD-Arbeit gleichzusetzen, so schließt dies eine instrumentelle Nutzung offensichtlich nicht aus. Vielmehr wird nicht nur versucht, die Realität im ASD an die (institutionellen) Vorgaben der Qualitätsstandards anzupassen, sondern auch die Qualitätsvorgaben an die Arbeitsrealität im ASD anschlussfähig zu halten.

11.1.5 Akzeptanz und Nutzung durch die Basiskräfte

Die Einführung der Qualitätsstandards Mitte der 2000er-Jahre war von heftiger Kritik vieler Fachkräfte und kontroversen Debatten im ASD begleitet. So bedurfte es nach Aussage der Befragten viel Überzeugungsarbeit, die vor allem von dem am Qualitätsentwicklungsprozess beteiligten Leitungs- und Basiskräften in den Teams geleistet wurde. Zum Zeitpunkt der Erhebung sind die Qualitätsstandards, gerade unter langjährigen ASD-MitarbeiterInnen, aber weitgehend anerkannt. Diese Akzeptanz bezieht sich nicht nur auf die in den Qualitätsstandards beschriebenen Prozesse, sondern auch auf die vorgegebenen Instrumente. Dies schließt Detailkritik selbstverständlich nicht aus. So werden beispielsweise die in den Qualitätsstandards vorgegebenen kollektiven Entscheidungsprozesse als Hürde für bedarfsgerechte Hilfen kritisiert[308]. Ebenso wird Detailkritik an den Inhalten einzelner Formulare geäußert. Es überwiegt jedoch eine positive Beurteilung der Prozessstandards und Instrumente. Dies ist offensichtlich primär dem Umstand geschuldet, dass die Verfahren und Instrumente überwiegend im ASD und unter breiter Beteiligung von Basiskräften, die mit den Herausforderungen der ASD-Praxis vertraut sind, entwickelt wurden. Die am Qualitätsentwicklungsprozess aktiv beteiligten Akteure waren, wie es eine Basiskraft ausdrückt, „also welche, die es wissen mussten" (BK 10).

Inhaltlich begründen die Befragten ihre Zustimmung zu den Qualitätsstandards und deren Instrumenten vor allem mit der Orientierungs- und Absicherungsfunktion sowie der Funktion, qualitativ gleichbleibend hochwertige Dienstleistungen für die AdressatInnen zu gewährleisten. Dabei relationieren die Basiskräfte – mehr noch als die Akteure der Leitungsebene – die fachlichen Formalisierungen mit weiteren, fachlich gute Arbeit konstituierenden Elementen.

---

308 Kritisiert wird etwa der Einfluss übergeordneter Stellen auf Hilfeentscheidungen und vor allem eine Dominanz von finanziellen Erwägungen, die nicht selten fachlich – etwa mit den Vorzügen niederschwelligerer und günstigerer ambulanter Hilfen – begründet werden.

> Da ist ja bei uns eben der Mensch ganz wichtig (lacht). Denke das muss parallel sein, also es muss so eine Synthese sich entwickeln aus den Standards, aus den [Qualitätsstandards; A.M.], wie es vorgeschrieben wird, und den eigenen Arbeitsmöglichkeiten oder der eigenen Motivation, auch mit den Menschen arbeiten zu wollen. Ich denke, wenn man da nicht so empathische Gefühle dann auch hat und auch verstehen will, warum die Menschen so sind, wie sie sind, dann nützt das [die Qualitätsstandards; A.M.], glaube ich, relativ wenig. Das geht Hand in Hand, glaube ich. (…) Sonst wäre das ja rein bürokratisch, denke ich, [und ich] bin kein Verwaltungsbeamter, sondern ich bin Sozialarbeiter, ich bin Mensch. Ich versuche auch die inneren Zusammenhänge zu sehen, ich will wissen, warum ist der Mensch so oder die Familie so geworden, wie sie jetzt ist und da gehört Verstehen, gehört Nachfragen, gehört Neugierde (dazu), das steht nicht [in den Qualitätsstandards; A.M.] drin. (BK 17)

Diese „menschlichen", „empathischen" oder auch „kreativen" Elemente der sozialpädagogischen Praxis fassen die Akteure in Kommune 1 regelmäßig mit dem Begriff des „Bauchgefühls".

> Das Bauchgefühl kann vielleicht ein Weg sein, was ich mir vorstellen kann für die Familie. Das Bauchgefühl kann aber auch sein, Geheimnisse, die die Familie versucht zu verbergen, die Familie versucht vielleicht was zu vertuschen, wo ich denke, da ist irgendwas, ich kann das nur grad nicht greifen, was es ist. (BK 18)

Dieses Bauchgefühl, also erfahrungsbasierte, intuitive Wahrnehmungs- und Handlungskompetenzen, sind für die Basiskräfte – neben fachlichen Standards und Instrumenten – nötig, um gute, im Sinne von gelingender Sozialer Arbeit im ASD realisieren zu können. Entsprechend wird eine Verknüpfung, mithin eine Balance, formalisierter und intuitiver Zugänge als angemessenes Handlungsmuster beschrieben.

> Man muss auch so ein bisschen mit Herz und Bauchgefühl an die Sache gehen, glaube ich. Also (…) alles nur so nach so einem Buch [gemeint sind die Qualitätsstandards; A.M.], das geht, glaube ich, in der Sozialen Arbeit nicht. Das ist so ein Mischmasch irgendwie so, man muss so diesen Mittelweg finden, denke ich. (BK 11)

Allerdings stehen nach Ansicht der Basiskräfte die für gelingende Soziale Arbeit im ASD notwendigen intuitiven Zugänge auch in Konflikt zu Formalisierungen. Entsprechend führt eine Fachkraft aus: „So ein Gefühl setzt sich dann fest und so ist es dann einfach. Und das steht natürlich in Widerspruch zu den ganzen Bögen. So ist es dann einfach" (BK 10). Von den befragten Fachkräften werden jedoch nicht nur Freiräume für eben diese subjektiv-intuitiven Handlungsmodi innerhalb formalisierter Arbeitsprozesse eingefordert, sondern – umgekehrt –

auch die Bedeutung von formalisierten Instrumenten und Verfahren zur Herstellung professioneller Distanz oder zur Reflexion und Objektivierung subjektiver Eindrücke unterstrichen.

> Ich denke, natürlich ist es wichtig, auch so ein Bauchgefühl zu entwickeln: ‚Ist das jetzt eine Gefährdung? Ist da jetzt wirklich das Kind gefährdet?' Das kommt ja immer noch mit dazu. Aber das Bauchgefühl ist subjektiv, deswegen finde ich auch gut, dass man das auch ein bisschen objektivieren kann, durch diesen Bogen, dass man halt eben beides zusammen hat. (BK 17)

Die Bezugnahme auf das „Bauchgefühl", legt nahe, dass auch die Umsetzung der in den Qualitätsstandards beschriebenen Prozesse und die Nutzung der Instrumente alternativen Mustern folgen. Insgesamt ist jedoch zu konstatieren, dass die Basiskräfte darum bemüht sind, den Vorgaben zu folgen. Das gilt besonders im Kinderschutz, wo eine gewisse Tendenz besteht, aus Gründen der Risikominimierung den Formalisierungen unbedingt, das heißt, teilweise auch unreflektiert, zu folgen – unbeschadet des damit verbundenen Aufwands.

> Also ich weiß, dass ich bei einer Gefährdung, bei einer Kindeswohlgefährdung, da gibt es keine Ausnahmen, da würde ich mich wirklich immer an diese Standards halten. Das ist so und Punkt! Obwohl man auch da immer mit Gefühlen, mit dem Bauchgefühl, darangeht, aber trotzdem hält man sich an die Standardprozesse. (…) Also ich habe mir zwar schon mal gedacht: Mensch jetzt musst du einen Hausbesuch innerhalb von einer Woche machen, eigentlich kennst du die Familie und ich weiß, dass da nichts dran sein kann, weil das Kind auch irgendwie in der Gruppe [gemeint ist eine sozialpädagogische Tagesgruppe nach § 32 SGB VIII; A.M.] ist, oder so. Aber ich halte mich trotzdem an diesen Prozess und mache das dann so, wie man es machen muss, auch wenn ich denke, da ist nichts. // Und warum? // Ja weil ich mich da einfach absichern möchte. (BK 11)

Ein grundsätzliches Commitment mit den Qualitätsstandards schließt jedoch Abweichungen von den formalen Vorgaben nicht aus. So zeigt sich in den Interviews, dass die Basiskräfte trotz einer grundsätzlichen Zustimmung einzelne Regeln bewusst und begründet umgehen. Hilfeentscheidungen werden beispielsweise nicht nur auf Basis der hierfür vorgesehenen Instrumente getroffen, sondern die entsprechenden Bögen erst nach einer „bauchgefühlbasierten" Festlegung „passend" ausgefüllt. Ebenso wird erst nach der Aufnahme und Prüfung einer Kinderschutzmeldung entschieden, ob die Meldung überhaupt als solche unter Nutzung der hierfür vorgesehenen Formulare erfasst wird.

Im Bereich der Hilfeplanung wird zudem eine Spannung zwischen den Vorgaben und den vorhandenen zeitlichen Ressourcen als Problem beschrieben. Die hohe Arbeitsbelastung führe regelmäßig dazu, dass Vorgaben nicht eingehalten werden können bzw. vergessen werden. Diese Abweichungen von den Vorgaben wirken offensichtlich sehr belastend auf einzelne Fachkräfte, was vermutlich ein Effekt der großen Identifikation der MitarbeiterInnen mit „ihren" Standards und Standardisierungen ist. Neben entsprechenden offenen Äußerungen zu Belastungen wurde der psychische Druck aufgrund von Rückständen in der Dokumentation auch darin deutlich; dass eine Fachkraft, nachdem sie im Verlauf des Interviews einräumte, dass sie in etwa zehn Prozent ihrer Erziehungshilfefälle den formal geforderten Anamnesebogen aufgrund fehlender zeitlicher Ressourcen (noch) nicht bearbeiten konnte, im weiteren Interviewverlauf mehrfach (!) diesen Rückstand thematisiert und entschuldigend unterstrichen, dass es sich bei dieser Normabweichung lediglich um eine Ausnahme handele.

Unabhängig von individuellen Beurteilungen und Handlungsroutinen ist die Einhaltung von Prozessvorgaben im ASD der Kommune 1 auch dadurch abgesichert, dass Vorgesetzte in viele Arbeitsprozesse eingebunden sind und damit die Einhaltung von Vorgaben im ASD-Alltag kontrollieren können. Daher können die Fachkräfte bestimmte organisationale Regeln nicht oder nur mit hohem Aufwand umgehen. Besonders die Gruppenleitungen konstatieren in diesem Zusammenhang, eine markante Verschiebung ihrer Rolle und Funktion in den ASD. Ursprüngliche Aufgaben der Beratung, Begleitung und Unterstützung der Basiskräfte seien im Zuge der Implementierung fachlicher Formalisierungen durch eine Ausweitung von Funktionen der Kontrolle der Basiskräfte – besonders auch der Kontrolle der Einhaltung von Prozessvorgaben und der Nutzung von Instrumenten – überlagert und dominiert worden.

> Ja auch diese Kontrolle war früher nicht so in dem Maße. Qualitätskontrolle, das ist in den letzten Jahren erst entstanden. Die Standards regelmäßig zu überprüfen, das war früher nicht so. (TL 9)

> I: Sie sagen jetzt, es ist der Teil der Gruppenleiterrolle. Kontrolliert haben Sie früher doch auch schon, oder? // B: Nein, so in dem Maße nicht! Das kann man nicht sagen, dass wir das früher so gemacht haben. (TL 16)

Trotz dieser relativ weitgehenden Kontrolle der Arbeit bestehen Freiräume hinsichtlich der Nutzung vorgesehener Instrumente. So zeigen die Interviews, dass etwa Hilfeentscheidungen „vorläufig" auch ohne das Vorliegen des formal obligatorischen Anamnesebogens auf Basis mündlicher Fallvorstellungen getroffen und vor allem von den Vorgesetzten auch mitgetragen werden. Das nachfolgende Zitat zeigt, wie auch die Arbeitsbelastung der Teamleitungen eine konsequente Kontrolle der Einhaltung organisationaler Vorgaben zur Nutzung fachlicher Formalisierungen verhindert.

> Ich erinnere sie [die Basiskräfte; A.M.] dann daran, aber manchmal kommt es tatsächlich vor, dass es – das sind ja diese berühmten Schlupflöcher – dass sie es [gemeint ist das Erarbeiten des Anamnesebogens; A.M.] dann trotzdem nicht machen, nicht wiederholen oder es nicht ausfüllen anschließend. Aber das ist bei so einem großen Team dann schwierig einzuhalten oder zu kontrollieren. (TL 9)

Schließlich führt die Kontrolle der Nutzung von Instrumenten unter der Bedingung permanent fehlender zeitlicher Ressourcen dazu, dass die Basiskräfte diverse „Abkürzungsstrategien" entwickelt haben. So werden die Diagnoseinstrumente – sowohl im Kinderschutz als auch bei der Hilfeplanung – nur unvollständig genutzt, indem lediglich zu einzelnen Bereichen Angaben gemacht werden, und dies gegebenenfalls nur in Form knapper Stichworte.

Auch der Einschätzungsbogen zur Gefährdungsbeurteilung nach einem Haustermin wird unterschiedlich genutzt. Während eine Fachkraft angibt, sich vor dem Haustermin auf Basis der Gefährdungsmeldung Stichpunkte für zu erfragende oder zu überprüfende Aspekte zu notieren und ihre Eindrücke nach dem Hausbesuch in den Einschätzungsbogen einzutragen, gibt eine andere Fachkraft an, den Bogen grundsätzlich bei Hausbesuchen mitzuführen, um keine relevanten Informationsbereiche vor Ort zu vergessen. Ein solches Vorgehen wäre für eine dritte Fachkraft dagegen ausgeschlossen, da es den bürokratisch-kontrollierenden Charakter von Hausbesuchen noch verstärken und damit die ohnehin verunsicherten Familien unnötig weiter verunsichern würde. Stattdessen wird ein offenes Gespräch mit den Familienmitgliedern bevorzugt.

> Wenn die Klienten sich entschieden haben, Hilfe anzunehmen, dann ist es auch einfacher, mit ihnen zu arbeiten und bestimmte Sachen durchzusprechen und auch anhand eines Bogens das durchzusprechen. Wenn ich jetzt aber zu einem unangemeldeten Hausbesuch erscheine und sage ‚Ich habe eine anonyme Meldung bekommen', dann sind die Leute verunsichert, fühlen sich vielleicht auch kontrolliert oder zu Unrecht beschuldigt. Dementsprechend habe ich eine gewisse Gegenwehr und wenn ich dann wirklich noch mit dieser Checkliste komme und das alles so abchecken würde, glaube ich, würde das nicht so sinnvoll sein, mit den Klienten an dem Teil [gemeint ist der Einschätzungsbogen; A.M.] weiterzuarbeiten. (BK 18)

Das Zitat verdeutlicht nicht nur die Sensibilität der Fachkraft gegenüber dem Bild des Jugendamtes und der Wirkung von formalisierten Instrumenten auf die Interaktion mit den AdressatInnen, es zeigt auch, dass die ASD-MitarbeiterInnen ihre Nutzungsweisen fachlicher Formalisierungen an die jeweiligen situativen bzw. sozialen Gegebenheiten anpassen und entsprechend unterschiedlich verfahren. Dabei werden die Instrumente mit unterschiedlichen Funktionen genutzt. Neben einer Orientierungsfunktion können Einschätzungsbögen im Kinderschutz etwa auch dazu genutzt werden, unangenehme Kontrollaufgaben gegenüber den Familien durch Verweis auf die Vorgaben des Amtes zu legitimieren. Nachfolgendes Zitat verweist gleich auf mehrere der angesprochenen Funktionen.

> Da haben wir dann diesen Einschätzungsbogen. Der von der häuslichen Situation, über eventuellen Drogenkonsum, psychische Probleme – lässt sich schlecht sagen im Erstkontakt – bis hin: Wie gehen die Eltern jetzt überhaupt damit um, dass jetzt diese Meldung gekommen ist. Oder wollen die Hilfen annehmen, wie kann man sich vereinbaren. Der Bogen ist sehr ausführlich und gut, weil man vergisst so schnell nichts. Früher, ohne diese Bögen, hat man schnell mal vergessen, nach dem Kinderarzt zu fragen oder ja, was weiß ich, in den Kühlschrank zu gucken – weil das ist ja furchtbar, sowas tun zu müssen (lacht), finde ich. Aber da wird man dann dran erinnert. Man kann immer noch sagen, ist nicht relevant, mache ich nicht, aber dann guckt die Gruppenleitung drüber und denkt sich: ‚Hm, wäre ja doch relevant ja, weil genau das wurde ja gemeldet. Da fehlt die Kontrolle'. Andererseits können wir sagen: ‚Hier, wir haben diese Bögen, wir müssen jetzt'. Das ist auch so ein bisschen eine Entschuldigung. (BK 10)

Die Fachkräfte pflegen demnach ihren persönlichen Arbeitsstil, der, mehr oder weniger den Regeln entsprechend, einen differenzierten Umgang mit den zur Verfügung stehenden Instrumenten beinhaltet. Insgesamt ist zur Anwendung der Qualitätsstandards anzumerken, dass das Dokument der Qualitätsstandards in seiner materiellen Gestalt für die Praxis der Basiskräfte im ASD eher irrelevant ist. Das Wissen darum, dass es die Qualitätsstandards gibt, ist den Fachkräften zwar präsent, die Qualitätsstandards als materielles Objekt werden jedoch im Arbeitsalltag nicht genutzt bzw. gelesen. Vielmehr geben die langjährigen MitarbeiterInnen an, die definierten Prozesse im Kopf zu haben und routiniert auszuführen. Auch Fachkräfte, die seit wenigen Jahren im ASD arbeiten, geben an, das Dokument der Qualitätsstandards nicht zur Einarbeitung genutzt zu haben, da es für einen Berufsanfänger im ASD zu komplex und unverständlich sei. Die Einarbeitung erfolgt dagegen durch erfahrene Fachkräfte – ohne direkte Nutzung des Textes der Qualitätsstandards – jedoch in der unhinterfragten Annahme, dass die „gelernten" Vorgehensweisen und Regeln den in den Qualitätsstandards definierten Prozessen und Vorgaben entsprechen. Insofern sind die Qualitätsstandards letztlich ein interaktiv vermittelter, wirkmächtiger Mythos in der Organisation.

11.1.6 Weiterentwicklungen

Während die Formulare/Instrumente zu den Qualitätsstandards regelmäßig angepasst wurden, blieben die Standards selbst weitgehend unverändert, wofür die verantwortlichen Leitungskräfte zum einen die Güte und den Vorreisterstatus der Qualitätsstandards, zum anderen fehlende Ressourcen zur Aktualisierung, vor allem aufgrund der Dominanz des Themas Kinderschutz, als Gründe angeben.

> Jetzt die letzten Jahre – leider muss man dazu sagen – (dominierte) das Thema Kinderschutz. Und da war es ja schon fast ein bisschen hysterisch. Also da sind viele Dinge, die wir 2005, 2006 schon sehr gut entwickelt hatten, sind nicht weiterentwickelt worden. Also wir haben uns da sehr viel mit dem Kinderschutz beschäftigt – andere Jugendämter auch – und das andere ist erstmal so stagniert. (LK 7)[309]

Krise des Case Managements: Während der Feldphase, also 2013, wurden die Qualitätsstandards allerdings um ein neues Produkt ergänzt, das darauf abzielt, die Ausrichtung des ASD insgesamt zu „korrigieren". Wie in allen untersuchten Kommunen, führte der von einer parallelen Aufstockung der Personalressourcen abgekoppelte Aufgabenzuwachs im ASD zu einem sukzessiven Rückzug der Fachkräfte auf unvermeidliche Aufgaben wie Kinderschutz, Hilfeplanung und Administration von Erziehungshilfen sowie Trennungs- und Scheidungsberatung. Besonders die sozialpädagogische Beratung und Begleitung von Familien in Problemsituationen durch die Fachkräfte des ASD verlor demgegenüber an Bedeutung. Stattdessen waren die Fachkräfte bestrebt im Falle der Kenntnisnahme von Problemsituationen – sowohl aus Gründen der eigenen Absicherung als auch zur Reduktion der eigenen Arbeitsbelastung – möglichst schnell eine formale, von externen Leistungserbringern umgesetzte Erziehungshilfe in der Familie zu „installieren".

Während dieser Trend zum Fallmanagement andernorts gezielt forciert wurde, handelte es sich im untersuchten ASD um einen nicht gewünschten Nebeneffekt der angespannten Personalsituation. Diese Entwicklung führte dazu, dass teilweise sogar die Fallsteuerung aufgegeben wurde, etwa indem die Diagnose bzw. Anamnese und damit die Basis für Hilfeentscheidungen „fremdvergeben" wurden und sich die ASD-Arbeit auf die Administration von Hilfen beschränkte. Diese Tendenz zum Fallmanagement wurde aus Sicht der Befragten durch die Formalisierungsprozesse innerhalb des ASD noch verstärkt, da die Begleitung von Familien nicht als Prozess bzw. Produkt in den Qualitätsstandards definiert war und daher weder als Arbeitsinhalt gezählt noch entsprechend wertgeschätzt wurde. Somit konnte der Eindruck entstehen, solche Unterstützungsprozesse seien nicht Teil der ASD-Arbeit. Darüber hinaus haben

---

309 In der Kommune wurde bspw. die Stelle der Jugendhilfeplanung – die in der Vergangenheit maßgeblich für die Qualitätsentwicklung zuständig war – in eine Stelle zur Koordination von Kinderschutzaufgaben umgewidmet.

die Standardisierungsprozesse den Trend zum Fallmanagement auch dadurch weiter befeuert, dass der Umfang an Prozessvorgaben und Formularen bzw. der damit verknüpfte zeitliche Aufwand die disponible Zeit der Fachkräfte weiter limitiert hat.

Diesem Trend sollte durch die Einführung eines neuen Produktes mit dem Inhalt der längerfristigen, niederschwelligen Begleitung von problembeladenen Familien („Risikofamilien") entgegengetreten werden. Das neue Produkt wurde ökonomisch als Strategie zur Begrenzung der starken Kostensteigerungen der vergangenen Jahre begründet, die als eine Folge des Anstiegs von Erziehungshilfen sowie von Steuerungsverlusten des ASD angesehen wurden. Als wesentliches Argument wurde jedoch eine Rückkehr zu „echter Sozialarbeit" im ASD angeführt.

> Wir haben erkannt, nachdem wir dieses standardisierte Verfahren eingeführt haben, dass der Beratungsbereich zu kurz gekommen ist. Dass also der Sozialarbeiter die Leute vor Ort berät und auch eigene Prozesse initiiert – was wir in früher Zeit gemacht haben, auch Familien über eine längere Zeit zu begleiten – ist durch dieses Standardverfahren ein Stück weit in den Hintergrund gerückt. Das soll jetzt wieder mehr an die Front und auch die Wertigkeit dieser Aufgabe soll höher eingeschätzt werden. (TL 9)

Obgleich die Neuausrichtung den Wünschen vieler Basiskräfte entspricht, wird das neue Produkt nicht von allen Fachkräften begrüßt. Einerseits wird bezweifelt, dass die gewünschte Ausweitung der ASD-Aufgaben mit den vorhandenen personellen Ressourcen möglich ist, verknüpft mit Ängsten um eine weitere Arbeitsverdichtung. Andererseits wird inhaltlich kritisiert, die neue Aufgabe passe nicht zum ASD, da dieser schon immer Case Management gemacht habe. Diese Einwände werden konkretisiert durch Hinweise auf die notwendige Funktion der Fallsteuerung sowie die Risiken einer zu starken Verstrickung in die Fälle.

> Ich sehe den ASD ganz klar als Case-Work-Management, das [gemeint ist die ASD-Arbeit; A.M.] ist für mich der Klassiker des Case-Work-Management überhaupt, weil ich gar nicht diese ganzen multiplen Funktionen wahrnehmen kann als ASD-Sachbearbeiter. (...) Wir sind verantwortlich für die Installation des SGB VIII, wir können das SGB VIII nicht noch durchführen, sage ich mal. Und da mag ja ein schöner Gedanke dahinterstecken, nämlich dass wir Geld sparen. (Aber) meines Erachtens sind die Anforderungen doch noch ganz andere geworden, auch in den zeitlichen Ressourcen, da frage ich mich, wie soll ich und wann soll ich das durchführen? (BK 17)

Baustelle Fachsoftware: Die zweite wesentliche Neuerung im ASD stellte die Einführung eines EDV-Systems zur Administration und Steuerung der Hilfen zur Erziehung dar. Während die bisher vorgestellten Formalisierungen in der Kommune primär fachlich begründet wurden, zielt die Etablierung eines EDV-Systems vor allem auf eine Optimierung der Steuerung des ASD bzw. der Steuerung von Hilfen. Auch die Einführung der Fachsoftware hat eine längere Vorgeschichte. So wollte die Leitung des ASD eigentlich ein prominentes Verfahren zur wirkungsorientierten Fallsteuerung einführen und hatte dafür bereits MitarbeiterInnenschulungen durchgeführt. Die Einführung musste jedoch aufgrund datenschutzrechtlicher Vorbehalte vonseiten der zentralen Verwaltung der Kommune gestoppt werden. Zudem wurde in der Kommune infrage gestellt, ob man sich die laufenden Kosten von circa 20.000 Euro jährlich leisten könne. Schließlich stellte sich heraus, dass die Kommune bereits über zehn Jahre zuvor eine EDV-Komplettlösung für unterschiedliche kommunale Verwaltungsaufgaben erworben hatte, die auch ein Tool zur Administration von Erziehungshilfen beinhaltet. Daher sollte der ASD nun dieses Instrument nutzen und ließ es an daher an die eigenen Anforderungen, vor allem an die Vorgaben der Qualitätsstandards, anpassen. Diese Eingriffe in das System wirkten sich zunehmend negativ auf die Funktionsfähigkeit des EDV-Tools aus. Dennoch wurde an dem System festgehalten. Es wurde zudem geplant, selbst entwickelte Instrumente, besonders den Anamnesebogen, durch ein bereits in das System integriertes Diagnosetool zu ersetzten. Bei diesem neuen Instrument handelt es sich um die hochgradig standardisierten Sozialpädagogischen Diagnosetabellen den BLJA (vgl. Kapitel 3). Die Übernahme des neuen Tools wurde mit der Überlegenheit eines von ExpertInnen entwickelten Diagnoseinstruments begründet.

> Die bieten ein Falldiagnose-Tool an, was wir eigentlich auch mitgekauft haben, was da schon dabei ist. Das ist eigentlich vom Bayerischen Landesjugendamt mitentwickelt worden. Also wir würden uns dann von unseren alten [Anamnesebogen] verabschieden und würden das dann übernehmen, weil das dann auch im Programm hinterlegt ist und das ist wissenschaftlich ausgearbeitet. (LK 7)

Obgleich mit dem System somit auch fachlich-inhaltliche Optionen verknüpft waren, dominierten zum Zeitpunkt der Feldphase auf Leitungsebene administrative Motive. Dabei wurden vonseiten der Leitung große Hoffnungen in das EDV-System gesetzt, gleichzeitig aber die mangelnde Funktionalität und Zuverlässigkeit kritisiert.

> Eigentlich sollte man da [gemeint ist die Fachsoftware; A.M.] fast alles rausziehen können, was wir brauchen (lacht). Also wir haben eine interne Arbeitsgruppe Fach- und Finanzcontrolling und da haben wir uns überlegt: ‚Was wollen wir da alles aus dem Programm herausziehen?' Das Problem ist, aktuell können wir noch nicht so viel herausziehen. Ich hoffe, dass wir zumindest mal die Fallzahlen herausziehen

können und dass die valide sind. (...) Das haben wir früher zu Fuß erhoben, mit irgendwelchen selbstgebastelten Excel-Tabellen und die haben auch funktioniert. (...) Wir müssen jetzt kucken, ob wir zumindest diese Daten, die für uns schon auch wichtig sind, für die Steuerung, dass wir diese Daten mit dem Programm erheben können. Das wäre ja schon mal was. Die Landesstatistik kann mit diesem Programm noch immer nicht erhoben werden, das heißt, unsere Mitarbeiter müssen die noch immer zu Fuß machen. (...) Das Finanzcontrolling läuft noch nicht so richtig rund. Also da werden Daten eingesteuert in eine Excel-Tabelle (...) und dort probieren wir es seit Anfang des Jahres aus und kucken, ob wir für die einzelnen Sachgruppen Budgets bilden können. Wir haben die Ausgaben vom letzten Jahr hochgerechnet und haben für dieses Jahr dann gesagt: ‚Ok, das ist jetzt erstmal euer Budget, in dem sollt ihr euch bewegen'. (...) Ich weiß nicht, ob das so richtig funktioniert (lacht). Ich kann es ihnen nicht sagen. Es läuft noch nicht so richtig rund. Woran das liegt, weiß ich nicht. Zumindest hoffe, glaube ich, dass wir im nächsten Jahr besser vergleichbare Daten haben. (LK 7)

Die Interviewpassage zeigt nicht nur diverse Schwierigkeiten bei der Umsetzung und Nutzung der Fachsoftware. Die Passage verdeutlicht zudem, dass mit dem System auch neue Formen der Steuerung – konkret, der Budgetierung – eingeführt und umgesetzt werden sollen. Die Fachsoftware soll – so die Hoffnung des befragten Leitungsakteurs – auch als Basis für die Etablierung einer manageriellen, an ökonomischen Kriterien ausgerichteten Steuerung fungieren.

Aufseiten der Basiskräfte wird perspektivisch ebenfalls ein Potenzial der Arbeitserleichterung durch ein EDV-Programm erhofft, zum Zeitpunkt der Befragung dominiert jedoch eine deutliche Ablehnung des Systems. Der Tenor der Kritik besteht darin, dass das Programm letztlich nur mehr bzw. doppelte Arbeit bedeutet, jedoch keinen Nutzen hat. Diese Probleme werden auch von VertreterInnen der (mittleren) Leitungsebene thematisiert.

Wir haben also ein EDV-Programm, das meiner Meinung nach, in meinen Augen nicht so richtig funktioniert. Weil wenn ich die ganze Statistikführung doppelt und dreifach habe, also das heißt, wir führen eigene Excel-Tabellen noch, das auch nicht zu wenig, alleine schon zwei Stück. Dann noch mit einem Block für jeden Mitarbeiter, damit man noch Zahlen raushauen kann, die bei jedem Vorgang halt eben, bei jeder HzE gepflegt werden müssen, diese Sachen einzutragen, monatlicher Bericht an die Abteilungsleitung: was passiert ist, Aktenprüfung, ob die Akten geführt werden. (...) Also die Frage mit dem EDV-System: Das passiert alles doppelt. Wenn da Hilfen installiert sind, ist das da einzutragen, da muss man eigentlich nur ein Häkchen setzen, aber man muss nebenbei eben noch einen Kostenbericht erstellen, dieser Kostenbericht muss wieder noch von der Gruppenleitung unterschrieben werden, in der EDV muss das wieder noch freigegeben werden und dann finde ich halt eben persönlich, dass das alles doppelt gemoppelt ist: Wenn die EDV mir die Zahlen nicht raushauen kann, mir als Gruppenleiter auch nicht, damit ich einen Überblick habe, dann ist das schon ein bisschen komisch. (TL 16)

Gleichzeitig werden von den Akteuren der Leitungsebenen auch Motivationsprobleme und Umsetzungsfehler der Mitarbeitenden konstatiert. Besonders älteren Fachkräften werden Schwierigkeiten im Umgang mit der Software attestiert. Ebenso werden Anwendungsfehler vermutet.

> Also Hilfeplan, Kostenbericht, Anamnesebogen ist, glaube ich, alles schon drin und dann setzt der auch bestimmte Daten automatisch rein. (...) Aber wenn ich das nie richtig pflege, dann setzt das auch die falschen Daten ein, wenn ich auf die falschen Sachen zurückgreife. Das muss man auch erst erkennen. (TL 9)

Von VertreterInnen der verschiedenen Leitungsebenen wird überdies eine Ausweitung der Kontrolle der Arbeit durch Fachsoftware problematisiert:

> Was ich jetzt sehr deutlich sehe, deswegen sage ich Segen und Fluch zugleich, wir sind ziemlich gläsern geworden. Ich habe mir ein neues Verfahren angeguckt, was die jetzt von [Fachsoftware-Anbieter] anbieten und dann: Gute Nacht. Da kann ich diese Qualitätsstandards eins zu eins ablegen, in dem Verfahren. Ich kann das genauso aufbauen, wie diese Qualitätsstandards hier aufgebaut ist, das heißt, die Flow Charts kann ich eins zu eins hinterlegen. Ich kann sämtliche Arbeitsprozesse, die hinterlegt sind, die kleinsten Arbeitsschritte, kann ich dann bemessen. (...) Dann sag ich nur ‚1984, George Orwell lässt grüßen!' (LK 7)

Die Möglichkeit einer Ausweitung der Kontrolle der Arbeit wird von den Basiskräften interessanterweise nicht gesehen. VertreterInnen der Leitungsebene vermuteten entsprechend, dass den Fachkräften bislang nicht bewusst ist, wie umfassend sie kontrolliert werden (können) und welche Folgen dies haben könnte. Dazu passt der Befund, dass von Basiskräften eher positiv hervorgehoben wurde, über die Fachsoftware die eigene Leistungsfähigkeit gegenüber Leitungsakteuren oder der Öffentlichkeit darstellen zu können (vgl. BK 11). So vielfältig die Beurteilungen der Fachsoftware sind, so unterschiedlich ist auch der Umgang der Fachkräfte mit dieser. Während einerseits ein Interesse an der Nutzung der Fachsoftware besteht, das regelmäßig durch fehlende zeitliche Ressourcen begrenzt wird, wird andererseits lediglich das Nötigste eingegeben, das heißt: gerade so viel, dass keine negativen Konsequenzen entstehen (vgl. BK 17).

11.2 Fallskizze Kommune 2: Die Nachzügler

11.2.1 Hintergrundinformationen zur Kommune

Die Kommune 2 ist eine prosperierende Großstadt. Bei der untersuchten Organisationseinheit handelt es sich um einen regionalisierten Sozialen Dienst (RSD). Dieser wurde bereits Anfang der 1970er-Jahre als integrierter Basisdienst zur Sicherung der psychosozialen Grundversorgung der BürgerInnen in den einzelnen Stadtteilen der Kommune eingerichtet. Der ASD sollte Ansprechpartner für alle Problemlagen aller BürgerInnen sein, wobei besonders ein ganzheitlicher Zugang zu den Lebenslagen der AdressatInnen hervorgehoben wurde. Während in den Anfangsjahren Aufgaben der Kinder- und Jugendhilfe weniger als die Hälfte der Arbeitszeit in Anspruch nahmen, sind es heute circa 90%[310]. Die Befragten konstatieren eine feste Einbindung der regionalisierten Dienste in die lokalen Sozialräume. Diese beschränkt sich nicht auf die Teilnahme an Gremien, sondern schließt auch beispielsweise eine Präsenz bei Festen und anderen Veranstaltungen mit ein.

Die Gründung des ASD als sozialpädagogischer Dienst erfolgte vor dem Hintergrund der gesellschaftlichen, politischen und fachlichen Debatten der späten 1960er-Jahre, in bewusster Abgrenzung zur Kommunalverwaltung und deren Ämtern (z. B. Jugend- und Sozialamt). Folglich bestanden von Beginn an Spannungen zwischen dem ASD und anderen Verwaltungseinheiten der Kommune. Die Verwaltung wurde von den ASD-Fachkräften als gemeinsamer Gegner von SozialarbeiterInnen und AdressatInnen gesehen. Daher wurde teilweise aktiv advokatorisch gegen andere Abteilungen der Kommunalverwaltung agiert. Ab den 1990er-Jahren wurde versucht, diese Spannungen abzubauen, was jedoch nur teilweise gelang. Die Tradition der Abgrenzung kann als ein Grund dafür gesehen werden, dass unter dem Dach des ASD weitere sozialpädagogische Angebote etabliert und organisational verankert wurden, gleichzeitig aber die Wirtschaftliche Jugendhilfe und weitere Jugendhilfeangebote in einer separaten Abteilung neben dem ASD verortet sind.

Diese Fallskizze basiert auf einem Interview mit einer Person der Leitungsebene und einer Person, die auf einer Stabstelle unter anderem für die Qualitätsentwicklung im ASD zuständig ist. Zudem wurden wieder zwei Teamleitun-

---

310 Die Dominanz von Jugendhilfeaufgaben wurde einerseits in den Interviews unterstrichen. Andererseits zeigt sie sich auch in der kommunalen Berichterstattung. Dieser zufolge entfiel im Jahr 2012 etwa ein Zehntel der Arbeitszeit des ASD auf die Bearbeitung von Fällen nach SGB II & XII, ein Achtel entfällt auf Interventionen zum Kinderschutz, die Hälfte auf Hilfen zur Erziehung sowie das verbleibende Viertel auf sonstige Aufgaben nach dem SGB VIII.

gen und vier Fachkräfte aus den beiden Teams befragt sowie unterschiedliche Dokumente analysiert. Die auf fachlichen Formalisierungen bezogenen Entwicklungen verliefen – anders als in der Kommune 1 – nicht unter einem integrierenden Dach (Qualitätsentwicklung/Qualitätsstandards), sondern getrennt für die beiden fokussierten Arbeitsfelder Kinderschutz und Hilfeplanung.

11.2.2 Fachliche Formalisierungen im Kinderschutz

Kinderschutz wird in der Kommune als ein Querschnittsthema beschrieben, an dem schon seit Ende der 1990er-Jahre ein abteilungs- und sogar fachbereichsübergreifendes politisches und fachliches Interesse bei Akteuren unterschiedlicher Ebenen besteht – ohne dass es dafür einen konkreten Auslöser, etwa einen spektakulären Kinderschutzfall, gab. So wurde bereits Ende der 1990er-Jahre eine abteilungsübergreifende, multidisziplinäre Arbeitsgruppe eingerichtet, die eine *Arbeitshilfe zum Kinderschutz* entwickelte. Diese Bottom-up-Initiative wurde Anfang der 2000er-Jahre von der auch für den ASD zuständigen Fachbereichsleitung aufgegriffen und die Teilnahme der Kommune an einem mehrjährigen bundesweiten Projekt zum Kinderschutz im ASD forciert. Die in diesem Projektkontext entwickelten Materialien (u. a. Gegenstandsbestimmungen, Checklisten sowie Prüfbögen und Formularsätze) wurden sukzessive in die Arbeitshilfe zum Kinderschutz integriert. Ab Mitte der 2000er-Jahre wurde die Arbeitshilfe, dominanten Diskursen folgend, als Element der Qualitätsentwicklung gerahmt. Obgleich die Fachbereichsleitung die Nutzung der Arbeitshilfe empfiehlt und deren Beitrag zur Steigerung der Handlungssicherheit unterstreicht, bleibt deren Nutzung für Fachkräfte der Kommunalverwaltung – unter anderem des ASD – freiwillig. Verpflichtende Vorgaben werden dagegen, vor allem nach Inkrafttreten des KICK (2005), in Dienstanweisungen bzw. Verfügungen der Abteilungs- und Behördenleitungen definiert, die jedoch nicht über die rechtlichen Mindeststandards hinausgingen.

Während der Erhebungsphase im Sommer 2013 erfolgte eine deutliche Neuausrichtung und Formalisierung der Kinderschutzarbeit im ASD. Für diese waren aus Sicht der befragten Akteure mehrere Faktoren ausschlaggebend: Zum Ersten wurde die Entwicklung maßgeblich durch die Teilnahme an einem (weiteren) bundesweiten Projekt zur Qualitätsentwicklung im Kinderschutz beeinflusst. Bei den im Rahmen des Projektes realisierten Austauschprozessen mit ExpertInnen aus der Wissenschaft sowie mit VertreterInnen anderer Kommunen stellte sich heraus, dass das Ausmaß der Standardisierung der Kinderschutzarbeit in der Kommune deutlich unterhalb des Standardisierungsgrads anderer Kommunen liegt. Diese Differenz wurde von VertreterInnen der Kommune als Defizit interpretiert, was angesichts des fachwissenschaftlichen Mainstreams im Kinderschutz wenig verwundert.

> Also, das ist mein Eindruck, den ich aus diesem Projekt habe, aus den Ergebnissen, die aus dem Projekt kamen, dass eben im Bereich Standardisierung, dass wir da noch nicht so weit sind wie andere Kommunen und ich das persönlich auch immer sehr hemmend fand, dass wir da eben nichts haben, dass wir da nichts hinlegen können, dass immer diese Einzelabsprachen und aus meiner Sicht auch immer viel Aufwand notwendig war, um diese Dinge ständig wieder und wieder zu klären. (…) Das ist der Punkt gewesen, wo ich gesehen habe, da sind uns andere echt auch weit voraus gewesen; die da eben früher schon gesagt haben ‚Da legen wir den Fokus drauf' und da einfach im Prozess viel weiter waren. (LK 2)

Zum Zweiten wurde von externen Akteuren, vor allem freien Trägern der Jugendhilfe, aber auch von der Polizei oder Akteuren aus dem Gesundheitswesen, Kritik an mangelnder Transparenz und an Beliebigkeit im Umgang mit Gefährdungsmeldungen im ASD geäußert.

> Institutionen, die mit uns zusammenarbeiten, die haben auch Druck ausgeübt (…). Weil die hatten manchmal das Gefühl, in jeder Gruppe [gemeint sind die regionalisierten ASD-Teams; A.M.] passiert etwas anderes. Egal ob es stimmt oder nicht, das haben sie propagiert. Und das [gemeint sind neue Standards im Kinderschutz; A.M.] war auch etwas dagegen zu argumentieren und zwar offensiv, also auch das war sicher eine Motivation. (TL 5)

Zum Dritten erfolgten staatsanwaltschaftliche Ermittlungen gegen einzelne Fachkräfte des ASD, nachdem Kinder, die dem ASD bereits bekannt waren, zu Schaden gekommen waren. „Und diese Fälle (…), die haben uns dann praktisch gelernt, dass wir da besser unsere Standards, die verpflichtenden Standards formulieren müssen" (LK 6). Des Weiteren wurden die intensivierte Diskussion und die antizipierten „neuen Anforderungen" des geplanten und schließlich implementierten Bundeskinderschutzes als Anstoß für eine Weiterentwicklung des Kinderschutzes benannt.

> Ich glaube das Bundeskinderschutzgesetz oder nicht nur die Einführung, sondern auch schon die Vorhut quasi, dass man wusste, es wird eingeführt, hat, glaube ich, hier auch noch mal einiges ins Rollen gebracht; wo klar ist, da wurde hinterfragt: ‚Wie machen wir das denn überhaupt? Wie ist es denn überhaupt überprüfbar, was wir machen? Haben wir Standards?' (LK 2)

Schließlich wird die aktuelle Entwicklung im ASD von den Befragten aller Hierarchieebenen in den Kontext einer sich veränderten gesellschaftlichen Sensibilität und medialen Aufmerksamkeit für das Thema Kinderschutz gestellt. So führt eine Fachkraft aus:

> Unser alter Chef, der hat sich in die Öffentlichkeit gestellt und hat einfach gesagt: ‚Wir als Jugendamt haben kein Wächteramt'. Und da ist keiner aufgestanden und hat gesagt der ist verrückt. Heute würde man ihn entlassen. Das ist die Entwicklung und das hat einfach auch mit der gesellschaftlichen Entwicklung zu tun. Die Aufmerksamkeit hat zugenommen und Kinderschutz ist – eben auch wegen dieser Vorfälle [gemeint sind mediale Skandalisierungen von Kinderschutzfällen; A.M.] – ein ganz großes Thema und das führt natürlich auch intern zu Veränderungen. Dass eine Behörde jetzt sagt, also im positiven Sinn: ‚Wie arbeiten wir denn? Machen wir eigentlich alles?'. Und ein Stück weit natürlich auch: ‚Wie können wir uns gut absichern?'. Also dieses ‚Wie können wir gut arbeiten?' und ‚Sind wir auch gut abgesichert?', das sind die zwei Punkte, warum es da heute mehr Vorgaben gibt, ganz klar! (BK 3)

Diese Impulse mündeten Anfang der 2010er-Jahre in der Entwicklung neuer Instrumente und Verfahrensregelungen für das Feld des Kinderschutzes im ASD. Dieser Prozess wurde top-down durch die Leitung des ASD initiiert und durch ein Leitungsgremium, bestehend aus ASD- und Teamleitungen, umgesetzt. Unterstützt wurde das Leistungsgremium durch eine Fachkraft auf einer neu eingerichteten Stabs- bzw. Koordinationsstelle für Qualitätsmanagement im ASD. Die Entwicklung von Standards im Kinderschutz war damit Teil der Qualitätsentwicklung des ASD. In den Entwicklungsprozess flossen zudem erste Ergebnisse einer vom ASD durchgeführten Befragung von Kooperationspartnern (z. B. freie Träger, Polizei) mit ein. Eine Beteiligung von Basiskräften aus dem ASD erfolgte nicht.

Die konkrete Entwicklung neuer fachlicher Formalisierungen knüpfte an die bereits bestehenden, unverbindlichen Standards an, griff Impulse aus dem oben genannten Kinderschutzprojekt auf und basierte wesentlich auf einer Aufarbeitung relevanter Gesetzeskommentare durch Akteure der Leitungs- und Koordinationsebene. Dieser Weg führte dazu, dass sich das Ergebnis des Entwicklungsprozesses deutlich von den Standards in anderen Kommunen unterschied. So lag der Fokus (weiterhin) in einer Konkretisierung der im Gesetz formulierten Vorgaben, die zu einer knappen Bullet-Point-Liste verdichtet wurden. Diese *Standards für den Kinderschutz* enthielten im Wesentlichen Hinweise zum konkreten Vorgehen, den zu beteiligenden Akteuren und den zu dokumentierenden Inhalten in Kinderschutzfällen. Auf Wunsch der Teamleitungen (und gegen den Willen der ASD-Leitung) wurden in diesem Kontext auch ein *Bogen zur Aufnahme von Gefährdungsmeldungen* und ein *Bogen zur ersten Gefährdungseinschätzung* entwickelt und als verbindliche Arbeitsmaterialien vorgeschrieben. Die Teamleitungen begründeten die Vorgabe formalisierter Instrumente mit entsprechenden Erwartungen und Nachfragen neuer, junger ASD-MitarbeiterInnen sowie mit der Hoffnung einer Arbeitsentlastung – sowohl für die Basiskräfte als auch für sich selbst[311].

Das zweiseitige Instrument zur Meldungsaufnahme zeichnet sich dadurch aus, dass es lediglich grobe Bereiche vorgibt (Inhalt der Meldung, Infos zum Kind und zur Familie etc.) jedoch auf die Vorgabe konkreter Inhalte oder Items verzichtet. Das ebenfalls zweiseitige Instrument zur Gefährdungseinschätzung sieht ebenfalls keine differenzierte Situationserfassung vor, sondern dient der Dokumentation zentraler Entscheidungen (z. B. Vorliegen einer Gefährdung, Notwendigkeit eines Hausbesuchs) und deren Basis (z. B. ob die Meldung glaubhaft erscheint oder die Familie dem ASD bereits bekannt ist). Diese Offenheit wird als eine unmittelbare Konsequenz der starken Orientierung an Gesetzeskommentaren begründet, da diese vor allem die Spezifik des Einzelfalls unterstreichen und überwiegend skeptisch gegenüber ex ante definierten Kriterien zur Bestimmung einer Gefährdung sind.

> Also wir haben da schon auch in die ganzen Jugendhilfekommentare geguckt und haben da erstmal nachgeschaut, was sagen denn die Kommentare dazu, was kann man denn daraus filtern, und haben dann für uns beschlossen, wir möchten keine Liste machen, das sind gewichtige Anhaltspunkte, weil das immer gefährlich ist, weil dann nämlich, dann geht man die Liste durch: ‚Oh ist ja keine –, dann ist es nichts', aber in der spezifischen Fallkonstellation ist es dann vielleicht doch eine [Kindeswohlgefährdung; A.M.]. (…) Von daher haben wir Kategorien erarbeitet, mögliche Anhaltspunkte aber eher so: ‚Auf was sollte ich achten? Wo kann ich gucken? Was kann ein sensibler Punkt sein, den ich beachten muss?' So sind wir eher vorgegangen und haben das dann in Kategorien beurteilt mit Erscheinungsbild des Kindes, Verhalten der Erziehungspersonen, also eher Kategorien gesucht und geguckt, dann so Beispiele zu machen, was ein möglicher Anhaltspunkt sein kann, aber noch nicht sein muss, also was sensible Bereiche sein können. (…) Also man sollte hinschauen, sollte das überprüfen, aber es muss nicht automatisch der Punkt sein, weil wir es [gemeint ist die Vorgabe von Indikatorenlisten; A.M.] sehr gefährlich finden. Es gibt ja auch viele Bögen, wir haben da auch viel im Internet recherchiert und mit Kommunen (…) sind ja auch immer viel im Austausch. Es gibt ja auch tatsächlich so Bögen, da wird dann angekreuzt, bei zweimal rot und zweimal orange muss man sofort losrennen, bei dreimal grün und zweimal orange ist es nichts. Also da haben wir gesagt: ‚Das können wir uns nicht vorstellen, so ein Instrument, das so rigoros ist, einzuführen'. Ein Stück weit kann man standardisieren, aber ein Stück weit ist es immer auch so, wie es die Kommentare sagen, die Einzelkonstellation in dieser Familie. (LK 2)

---

311 Mit dem Ziel, das fachliche Controlling weiter zu rationalisieren, wurden von den Teamleitungen auch weitergehende Formalisierungen, etwa die Nutzung von Instrumenten mit Skalierungen, angeregt.

Die Implementierung der neuen Kinderschutzstandards erfolgt über eine hausinterne Fachveranstaltung im ASD, in der den MitarbeiterInnen die neuen Standards vorgestellt wurden. Als verbindliche Arbeitsgrundlage in Kraft gesetzt wurden die Standards schließlich durch eine Verfügung der Fachbereichsleitung. Neben den ASD-Fachkräften wurden externe Kooperationspartner umgehend auf Tagungen, Vorträgen etc. über die neuen Standards der Kinderschutzarbeit im ASD informiert sowie um Rückmeldung und Anregungen zur Weiterentwicklung gebeten.

In einem letzten Schritt wurden die verbindlichen Standards im Kinderschutz sowie die nochmals überarbeitete und aktualisierte freiwillige Arbeitshilfe (einschließlich der dort bereits hinterlegten formalisierten Instrumente) zu einer integrierten Publikation für den Kinderschutz im ASD zusammengefasst.

11.2.3 Fachliche Formalisierungen in der Hilfeplanung

Während im Kinderschutz demnach Mitte der 2010er-Jahre eine weitreichende Modernisierung erfolgten, datieren die letzten grundlegenden Änderungen im Bereich der Hilfeplanung auf Ende der 2000er-Jahre. Damals wurde ein neues Konzept und Formular für die Hilfeplanung entwickelt und im ASD implementiert. Im Anschluss an die Einführung des Hilfeplanverfahrens und die Ausdifferenzierung der Erziehungshilfen mit dem SGB VIII im Jahr 1990, differenzierten sich im ASD der Kommune 2 die Vorgaben und Instrumente zur Hilfeplanung immer weiter aus. Dies führte dazu, dass unterschiedliche Formulare für jede einzelne Hilfeart nach §§ 27 ff. SGB VIII existierten. Gemeinsam war den Formularen nur, dass sie in inhaltlicher Hinsicht lediglich eine minimale Strukturierung vorgaben. Diese Offenheit führte zu einer großen Variabilität der Hilfepläne sowohl in quantitativer als auch in qualitativer Hinsicht, was teilweise als ein fachliches Problem angesehen wurde. Die Qualität (bzw. die Nachvollziehbarkeit) der Hilfepläne wurde zudem regelmäßig von der Wirtschaftlichen Jugendhilfe sowie bei den jährlichen Überprüfungen kommunaler und überkommunaler Kontrollbehörden als ungenügend kritisiert.

> Die [gemeint sind kommunale und überkommunale Kontrollinstanzen; A.M.] ziehen immer zwanzig Akten und dann machen sie ihre Kritik aus diesen Akten. Und da war in früheren Zeiten regelmäßig die Kritik, beispielsweise, dass die Konkretisierung der Ziele larifari wäre, dass auch die Verhältnismäßigkeit des Mitteleinsatzes nicht klar und ausreichend begründet wurde. Und ich habe dann über Jahre hinweg immer geschrieben, dass das halt alles so ist und wir nichts daran ändern können. Ich habe dann aber die Substanz dieser Bemerkungen gesammelt und die wiederum in das Verfahren eingeschleust, nach dem Motto: Wir müssen das Verfahren so umgestalten, dass wir von der Kritik nicht mehr so viel bekommen. (…) Dass wir

da wieder selber das in die Hand bekommen, (...) müssen (wir) denen etwas Futter geben. Weil ich nicht mehr in der Rolle sein wollte bei der Kämmerei, dass ich 30 Millionen fordere und dann 25 Millionen bekam. Der Preis war dann, dass wir mehr Elemente von diesen Prüfungsinstanzen reingenommen haben, als mir einerseits lieb war. Andererseits, pardon, jetzt für mich als Chef hat es sich gelohnt, (...) weil ich habe jetzt Ruhe auf dem Bereich [gemeint sind externe Überprüfungen; A.M.]. Und ich habe, seit wir diese neuen Verfahren haben, keine einzige substanzielle Kritik mehr von Prüfungsinstanzen gehabt. (LK 6)

Als Reaktion auf externe Kritik aber auch interne Unzufriedenheit wurde in der zweiten Hälfte der 2000er-Jahre zunächst eine ASD-interne Arbeitsgruppe bestehend aus Basis- und Leitungskräften der unterschiedlichen Regionalteams gebildet, die ein Konzept und ein *Formular für die Hilfeplanung* entwickelten. Das so entstandene Raster wurde in einer weiteren Arbeitsgruppe, bestehend aus den LeiterInnen der Regionalteams sowie VertreterInnen zahlreicher weiterer kommunaler Abteilungen (z. B. Rechnungsprüfung, Wirtschaftliche Jugendhilfe, Rechtsabteilung) fixiert und trat nach einem mehrmonatigen Probelauf Anfang der 2010er-Jahre in Kraft. Neben allgemeinen Grundsätzen zur Hilfeplanung[312] beinhaltet das Konzept ein einheitliches Hilfeplanformular für alle Hilfearten. In diesem wird die Lebenssituation der Familie entlang von sechs Bereichen erfasst[313]. Anschließend sind die Sichtweisen auf Probleme, Bedarfe und Lösungen differenziert für Eltern, Kinder, ASD und weitere Akteure zu beschreiben. Auf die Angaben zur Bedarfsfeststellung, den Leitungen, Leistungsanbietern und Finanzierungsaspekten folgt dann die Darlegung der Hilfeplanziele. Dabei sind für sieben Zielbereiche jeweils Leitziele, Feinziele und Handlungsvereinbarungen zu formulieren und zu dokumentieren[314]. Schließlich enthält der Hilfeplan Angaben zur Dauer und zu den Beendigungsperspektiven der Hilfen.

---

312 Die Hilfeplanung nach § 36 SGB VIII wird in der Konzeption als „bedeutsamste" und hoch komplexe und anspruchsvolle Aufgabe des ASD bestimmt, die im Spannungsverhältnis zwischen den Interessen der Kinder und Jugendlichen, der Eltern, der Leistungserbringer und des ASD steht. Als Kern der Hilfeplanung wird schließlich die Zielbestimmung definiert. Diese soll einvernehmlich, positiv, realistisch, konkret und messbar sein sowie schriftlich erfolgen (Konzeption Hilfeplan).
313 Die Lebenssituation der Familie soll entlang der allgemeinen familiären Situation, der gesundheitlichen Situation, der Bildungssituation, der finanziellen Situation, der Wohnsituation und des Freizeitverhaltens erfasst werden.
314 Die sieben Zielbereiche sind – analog zu den Bereichen der Problembeschreibung: Familie, Bildung, Gesundheit, Finanzen, Wohnen, Freizeit und Sonstiges.

11.2.4 Begründung und Orientierung

Die konkreten Impulse für die Entwicklung fachlicher Formalisierungen in den Bereichen Kinderschutz und Hilfeplanung erfolgten vor dem Hintergrund einer spezifischen Ausrichtung des ASD und dessen Leitung. Der ASD zeichnet sich durch eine starke Außenorientierung aus. Diese Orientierung liegt einerseits in der Tradition des Dienstes begründet. Sie zeigt sich beispielsweise in der starken Öffnung der Dienste zum Sozialraum und in der großen Bedeutung, die Kooperationen – diese gelten als eine zentrale Strategie zur Bearbeitung gesellschaftlicher Probleme – im ASD eingeräumt wird[315]. Die Außenorientierung ist andererseits dem Leitungsverständnis der zum Zeitpunkt der Erhebung wirkenden ASD-Leitung geschuldet. Frühere Leitungen definierten den ASD nach innen gerichtet über dessen Fachlichkeits- und Aufgabenverständnis. Erwartungen externer Stakeholder, etwa die Forderung nach einer stärker kontrollierenden Ausrichtung im Kinderschutz, wurden von früheren ASD-Leitungen als fachlich unbegründet zurückgewiesen[316]. Mit einem Leitungswechsel in der zweiten Hälfte der 2000er-Jahre erfolgte eine grundlegende Neuausrichtung des ASD und seiner Politik. Die neue ASD-Leitung wird als strategisch und gestaltend sowie vor allem nach außen orientierte Person beschrieben.

> Es gab einen Leitungswechsel. [Name] hat eine ganz andere Ausrichtung. Es wurden sehr viele strategische Dinge angegangen, viele Standards, viel Struktur reingebracht und eine ganz andere Haltung. (...) [Name] hat im Vergleich zu dem Vorgänger einen sehr großen Gestaltungswillen und ist auch sehr kreativ und ist in diesem Steuerungsthema und sieht einfach: ‚Wenn man steuert, dann kann man damit eben auch Dinge bewegen'. Es ist nicht nur: ‚Oh, jetzt müssen wir uns auch noch darum kümmern oder wir lassen alles auf uns zukommen und bearbeiten es dann, wenn es Thema ist'. Und das merkt man schon, dass [Name] da sehr weit denkt und auch die Komplexität der Themen und Zusammenhänge versteht und deshalb auch schon vorher kuckt ‚Wie kann man Dingen auch gegensteuern, ohne dass es einen überrollt'. (LK 2)

---

315 Wie tief die Orientierung an den Bezugspunkten außerhalb des ASD auch bei (langjährigen) Fachkräften verankert ist, zeigt die Einschätzung, dass Standardisierungen als eine Form des Selbstbezugs des ASD und somit als Abwendung von den Familien und ihren Problemlagen angesehen und kritisiert werden. „Das ist viel, denke ich, eine amtsinterne Geschichte, dass es natürlich eine unendliche Menge von Formularen, von Handlungsanweisungen gibt bis hin zu einem Überprüfen: ‚Ist das was man tut hier angemessen'. Also man beschäftigt sich viel mit, ich sage jetzt mal, eigenen Thematiken und nicht mehr an allererster Stelle mit der Tatsache, dass ja Sozialarbeit im Grunde ja schon das ist, was ich vorher versucht habe, klar zu machen, ich versuche mich in den Menschen hineinzuversetzen" (BK 29)
316 Ein Befragter nutzt zur Charakterisierung der früheren ASD-Leitung die Metapher des „Felsens in der Brandung".

Derartige Fremdbeschreibungen decken sich weitgehend mit der Selbstbeschreibung der Leitungskraft. Diese formuliert für die eigene Arbeit das Ziel, die Bedarfe und Interessen des ASD und seiner Mitarbeitenden gegenüber verwaltungsinternen wie -externen Akteuren durchzusetzen. Zur Realisierung der ASD-Interessen wird dabei ein breites Spektrum (mikro-)politischer Strategien angewandt – von der Beziehungspflege über eine Instrumentalisierung dominanter Diskurse bis zur strategischen Nutzung von ASD-Betriebswissen.

Mit dem Führungswechsel verbunden war nicht nur eine deutlich veränderte Ausrichtung der Führungstätigkeit, sondern auch eine Veränderung der internen Umsetzung von Veränderungsprozessen. Unter der früheren ASD-Leitung wurden fachlich-inhaltliche Modernisierungen unter breiter und maßgeblicher Beteiligung der Basiskräfte diskutiert und entschieden, während die administrative Steuerung bis ins Detail über Verfügungen durchgesetzt wurde. Die neue ASD-Führung verlagerte die fachliche und administrative Steuerung dagegen – wie schon erwähnt – in eine Leitungsrunde, bestehend aus der ASD-Leitung und den regionalen Teamleitungen. Die ASD-Leitung bringt Veränderungsimpulse in dieses Gremium ein, wo diese dann diskutiert und entschieden werden. Die Mitwirkung von Basisfachkräften verlagert sich damit auf die Umsetzung vorentschiedener Themen. Die veränderte Steuerung wird unter anderem mit der Zunahme von Steuerungsthemen im ASD begründet. So spricht die ASD-Leitung von durchschnittlich zehn parallel verfolgten Leitungs- und Steuerungsprojekten in den Bereichen der öffentlichen Aufgabenerfüllung, AdressatInnen-Orientierung, Wirtschaftlichkeit und Personalführung. Analog berichten die MitarbeiterInnen des ASD von zahlreichen parallelen Modernisierungsimpulsen, die durch die ASD-Leitung gesetzt werden.

Die nach innen fördernde und nach außen strategische Orientierung der ASD-Leitung steht auch hinter den Formalisierungsprozessen im ASD der Kommune 2. Für die Standards im Kinderschutz werden beispielsweise zum ersten der Schutz der Fachkräfte vor Strafverfolgung und die Herstellung von Handlungssicherheit als Ziele definiert. Zum zweiten sollen die Standards bei externen Kooperationspartnern Transparenz herstellen und damit die Basis für eine gelingende Zusammenarbeit schaffen. Zum Dritten zielen die Standards darauf ab, gegenüber der Politik und anderen Verwaltungseinheiten die Position des ASD zu stärken. Aus den beiden letztgenannten Gründen wird dem „Verkaufen" der Kinderschutzstandards eine wichtige Rolle zugemessen[317].

---

317 Die starke Außenorientierung der ASD-Leitung scheint dabei durchaus mit der Grundorientierung der übergeordneten Fachbereichsleitung zu korrespondieren. So unterhält der Fachbereich eine eigene PR-Abteilung und verfügt über ein eigenes Corporate Design.

> Auch das darzustellen und zu sagen ‚Und wir machen das so', auch das Profil noch mal nach außen darzustellen (...) und dadurch auch eine Profilschärfung hinzukriegen (und) die Arbeit auch transparent zu machen. Und da auch mit den Trägern, den freien Trägern, auch in einen guten Austausch zu kommen, dass die auch wissen, was können sie von uns erwarten, so wie wir es ja auch von ihnen erwarten. Also wir erwarten ja von den freien Trägern auch, dass sie ihre Leistungen beschreiben und dass das so abgerechnet wird, aber auch da ein Stück weit Transparenz und engere Kooperation hinzukriegen, und auch gegenseitige Akzeptanz zu schaffen. (LK 2)

Deutlich wird die strategische Orientierung auch bei der Einführung des neuen Hilfeplanverfahrens und dessen Weiterentwicklungen. Wie bereits gezeigt, wurde das Verfahren – neben fachlich-inhaltlichen Erwägungen – primär mit dem Ziel einer Ausweitung Ressourcen sowie der Sicherung von Gestaltungsfreiräumen und der Abwehr von externen Einflussnahmen begründet.

> Die ganzen Horden von Controllern, von externen Untersuchern, von Besserwissern aus dem wirtschaftlichen Bereich, die wollte ich vom Leibe haben, und zwar ein für alle mal! Also ich (wollte) von diesen Menschen und Berufsgruppen jetzt mal ein paar Jahre nicht geplagt werden. Deswegen war es zunächst mal eine ernsthafte strategische Maßnahme, zu sagen: ‚Dieses Thema [gemeint ist die Steuerung von Hilfeprozessen; A.M.] werde ich jetzt wieder zu unserem Thema erklären', das heißt, wir werden das Thema selber besetzen. (...) Und genau das ist unser Versuch: Ich sage, die Steuerung in den Hilfen zur Erziehung, das ist nicht Aufgabe von Controllern – also wir haben Controller und Wirtschaftliche Jugendhilfe, die dürfen alle mit uns zusammenarbeiten, sind auch in Arbeitsgruppen involviert – aber das ist eine Aufgabe der Sozialarbeit! Und wir sind jetzt auch dabei, ein fachlich integriertes Steuerungsprojekt zu machen, wo die Steuerung praktisch fachlich interpretiert wird. (...) Und was jetzt rauskam als Zwischenergebnis ist, dass (...) praktisch versucht wird, dieses primitive Thema der Laufzeiten mit Qualität zu verknüpfen. Also, das weiß ja jeder, wenn man sich nur an der Länge orientiert, das ist ja sowas von primitiv, aber ich muss mich auch mit so primitiven Sachen – je höher ich gehe in den Ebenen, muss ich mich nur mit so primitivem Blödsinn rumärgern. Und da haben (KollegInnen) sich jetzt ein paar ganz intelligente Methoden einfallen lassen, wie sie auch durch Konkretisierung der Ziele und Überwachung der Ziele dieses Thema Laufzeiten auch inhaltlich zu fassen kriegen. (...) Die strategische Absicht ist: ‚Wir haben unser Thema wieder selber und wir machen was daraus, was fachlich vertretbar scheint'. (LK 6)

Ähnliche Motive werden auch für die Definition von Arbeitsprozessen angeführt. So reagierte die Kommunalverwaltung auf Stellenforderungen aus dem ASD – ebenso wie in der Kommune 1 – mit einer Organisationsuntersuchung. Unter starker Beteiligung der Fachkräfte wurden zusammen mit der beauftragten Kontrollorganisation in einem mehrjährigen Prozess knapp 100 Arbeitsprozesse im ASD in ihren einzelnen Elementen definiert und mit Zeitwerten unterlegt. Dabei wurden etablierte Praxen als fachliche Standards definiert und festgeschrieben. Durch diese Aneignung der Organisationsuntersuchung gelang es einerseits, eine Aufstockung des ASD-Personals um circa 20% durchzusetzen. Andererseits galt es, die definierten Standards in der Alltagspraxis mit Leben zu füllen, was angesichts der Durchsetzung anspruchsvoller Handlungsstandards hohe Anforderungen an die Basiskräfte im ASD stellte. An dieser Stelle zeigt sich eine grundlegende Spannung zwischen der Interessenvertretung für den ASD als Organisation und der Vertretung der Interessen der Basiskräfte. So wird – für unterschiedliche Modernisierungen – der nicht unbedingt im Interesse der Fachkräfte liegende zusätzliche Aufwand, den die Nutzung fachlicher Formalisierungen mit sich bringt, als „Preis" für eine bessere Ressourcenausstattung des ASD gerechtfertigt.

Allerdings werden fachliche Formalisierungen in Kommune 2 nicht nur strategisch, sondern auch inhaltlich-funktional begründet. So sollen die Instrumente und Verfahren im Kinderschutz die Handlungssicherheit erhöhen, und im Bereich der Hilfeplanung werden klare Ziel- und Aufgabenbestimmungen als Voraussetzung für eine effektive fachliche Fallsteuerung beschrieben. Letztere sei besonders aufgrund eines Trends zum Case Management nötig.

> Also da gab es jetzt keine klare Entwicklung oder Definition, dass gesagt wurde, ihr macht das jetzt anders. Und das [der Trend zum Case Management; A.M.] hat sich tatsächlich eingeschlichen. Ich denke durch die zunehmende Belastung. Die Fallzahlenentwicklung hat ja zugenommen (...) und wenn ich wenig Zeit habe, gucke ich halt, dass ich es [die Arbeitsaufgaben; A.M.] irgendwie gemanagt bekomme und alle gut versorgt sind und überlasse es dann den Anbietern [gemeint sich Leistungserbringer für Erziehungshilfen; A.M.]. (BK 3)

> Die [Fachkräfte; A.M.] müssen knallhart – von der Fallrate, von den Standardisierungsanforderungen, die sehr hoch sind, finde ich, von den Dokumentationsanforderungen – die können nicht mehr so nah ran. Die müssen lernen – knallhart – wie komme ich in die Nähe von jemand, möglichst schnell, dass er die Hilfen, die nötig sind, annehmen kann, und wie mache ich mich wieder vom Acker. (TL 5)

Während der Trend zum Case Management in der Kommune 1 überwiegend als Fehlentwicklung interpretiert wird und korrigiert werden soll, wird diese Entwicklung in der Kommune 2 nicht hinterfragt. Vielmehr wird sie, wie nachfolgende Interviewpassagen zeigen, als ein neutraler oder sogar positiv beurteilter Trend in der Sozialen Arbeit gesehen[318].

> Während die Mitarbeiter und Mitarbeiterinnen früher selber auch noch sogenannte Beziehungsarbeit gehabt haben, (...) sind sie heute mehr oder weniger – ich sehe es schon auch als Weiterentwicklung, wobei das nicht alle als Fortschritt sehen – sind sie eher Vermittler von ambulanten und teilstationären Hilfen. (LK 6)

> Man ist von dem Fürsorger, der sich ganz viel auch um die Familie kümmert und da sehr viel Herzblut reinlaufen lässt und viel Zeit damit auch, ist man tatsächlich zum Fallmanager auch geworden (...). Also man hat den Überblick über die Prozesse, die laufen, man vermittelt ganz viel, man macht weniger selbst, aber ist Anlaufstelle, sowohl für die Anbieter als auch für die Leute [gemeint sind die AdressatInnen; A.M.], wenn es dort irgendwie nicht klappt; für Schulen die sich melden, weil es noch irgendwie einen Punkt gibt. Man ist schon Anlaufstelle und Vermittlungsstelle. Wir machen weniger Hilfen selbst, auch weniger Beratungen. Wenn wir merken, das ist ein Fall, den man jetzt intensiv begleiten muss, auch länger, geben wir ihn an die Fachberatungsstellen ab, und von daher hat es schon so ein Stück weit dieses Vermitteln und Managen. (LK 2)

Entsprechend wird versucht, das Fallmanagement methodisch zu optimieren. Die differenzierte Zielbeschreibung in der Hilfeplanung stellt eine solche Optimierungsstrategie für das Fallmanagement dar. Sie gilt den Befragten als geeignet, den externen Leistungserbringern ohne aufwendige kommunikative Abstimmungsprozesse klar zu vermitteln, was sie zu tun haben und woran ihr Erfolg bemessen wird. In ähnlicher Weise wird – durchaus an aktivierungspädagogische Argumentationsmuster anknüpfend – auch den AdressatInnen beteiligungsorientiert und „smart" vermittelt, welche Eigeninitiative von ihnen als Leistungsempfänger erwartet wird.

> Also das habe ich noch sehr im Ohr, dass es auch darum ging, Hilfen auch nicht unendlich lange laufen zu lassen, sondern auch zu gucken, was möchten wir denn auch erreichen, und da auch unter dem Aspekt Beteiligung und Verantwortung derer, die die Hilfe beantragen (zu fragen): ‚Wer kann denn was dazu leisten? Was sind die Ziele des Jugendamts? Was sind die Ziele der Familie? Und was sind sie gewillt auch konkret umzusetzen?' (...) Wo klar ist, wer übernimmt denn was. (...) Es [gemeint sind Hilfeplanziele; A.M.] waren oft auch so Sachen: ‚Zur Stabilisierung der Situation'. ‚Was heißt denn das?' Das kann in der einen Familie etwas völlig anderes sein als in der anderen Familie, um da konkreter zu werden, um konkret

---

318 Kritisch am Trend zum Case Management wird allenfalls die Gefahr gesehen, dass durch den stärkeren Bezug auf managerielle Kompetenzen die klassischen sozialpädagogischen Fähigkeiten der Interaktionsgestaltung verloren gehen könnten.

> zu sagen, auch Dinge messbar zu machen. (…) Um zu sagen: ‚Nein, das wollten wir nicht' oder ‚Bitte konzentrieren Sie sich auf den Bereich oder den Bereich'. (LK 2)

Insgesamt werden auch in der Kommune 2, besonders auf der ASD-Leitungsebene, nicht Standards, Instrumente und Verfahren, sondern die Qualifikation und Kompetenz der Fachkräfte als letztlich für erfolgreiches ASD-Handeln ausschlaggebende Größen gesehen. Dies erklärt, warum Standards vor allem nach außen vertreten bzw. „verkauft" werden, um die fachliche Arbeit der ASD-MitarbeiterInnen so weit als möglich vor externen, fachfremden Eingriffen zu schützen. Daher verwundert es nicht, dass auf der Leitungsebene den Fragen der Qualifikation und Personalführung eine große Bedeutung zugemessen wird[319]. Angesichts zahlreicher Neueinstellungen – sowohl als Folge der erwähnten Stellenaufstockung als auch aufgrund des altersbedingten Ausscheidens von MitarbeiterInnen – avancierte das Thema Personalführung zum Zeitpunkt der Feldphase zur zentralen Leitungsaufgabe im ASD. So wurde ein Konzept zur Mitarbeiterauswahl sowie ein Einarbeitungskonzept zur fachlich-methodischen Qualifizierung und Indoktrination neuer Mitarbeiter entwickelt[320]. Die den MitarbeiterInnen zugeschriebene Bedeutung äußert sich auch in der Beurteilung fachlicher Formalisierungen. So bedürfe es qualifizierter MitarbeiterInnen, um formalisierte Instrumente und Verfahren mit Leben zu füllen.

> Diese Standards auszufüllen, also mit ihnen [gemeint sind (neue) Mitarbeitende im ASD; A.M.] die Standards klar zu kriegen, wie kann man die mit Leben füllen, wie kann man sich absichern, wie kann man aber auch die Situation gut für alle Beteiligten, auch für die Kinder und Eltern, hinbekommen. Das ist so quasi im Moment der Hauptfokus. (TL 5)

Die starke Außenorientierung zielt nicht nur auf eine Abschottung der ASD-Praxis vor externen Erwartungen und Vorgaben. Vielmehr sind die Formalisierungen auch eine Reaktion auf (als legitim codierte) externe Erwartungen. Dies gilt etwa für das häufig vorgetragene Ziel, durch die Formulierung und Veröffentlichung verbindlicher Standards eine Basis für gelingende Kooperationen

---

319 So verbucht die ASD-Leitung eine massive Aufstockung der Mittel für Fortbildungen als einen ihrer größten Erfolge. Das durchschnittliche jährliche Fortbildungsbudget pro ASD-MitarbeiterIn liegt in der Kommune 2 etwa vierzigmal so hoch wie in der Kommune 1. Selbstverständlich lässt sich diese Differenz nicht nur auf das Engagement der ASD-Leitung zurückführen, sondern ist auch Ausdruck deutlich unterschiedlicher kommunaler Haushaltslagen.
320 Der Begriff der Indoktrination wird hier im Sinne von Mintzberg (1992) als bewusste und gezielte Ein-Sozialisation neuer MitarbeiterInnen in die Kultur (Normen, Werte etc.) bestimmt. „Indoktrination bezeichnet den Gestaltungsparameter, der einer Organisation die formale Sozialisierung ihrer Mitglieder zum eigenen Nutzen ermöglicht" (ebd., S. 66).

(nicht nur) im Kinderschutz zu schaffen. Dieses Ziel wird als eine direkte Reaktion auf extern wahrgenommene Verselbständigungsprozesse in den regionalisierten ASD beschrieben. Da die fachliche Steuerung der regionalen Außengruppen im Wesentlichen auf teaminternen bzw. bilateralen Absprachen zwischen Fachkräften und Teamleitungen beruhte, konnten sich in den regionalisierten Teams über knapp vierzig Jahre hinweg sehr heterogene Arbeitsweisen und Organisationskulturen entwickeln. In Zeiten zunehmender externer Verflechtungen und Kooperationsanstrengungen wurde diese Heterogenität externen Partnern zunehmend bewusst und konnte gegenüber der ASD-Leitung problematisiert werden. Somit fungieren Formalisierungsprozesse auch als eine Strategie, um Zentrifugalkräften der Regionalisierung entgegenzuwirken. Daher verwundert es nicht, dass es zunächst vor allem die weitgehend autonomen RegionalleiterInnen waren, die sich gegen kommunale Homogenisierungsbemühungen wandten.

> Der Wunsch aus der Bezirksgruppe war nicht der nach Einheitlichkeit (...). Das kam schon von außen, dass dann auch immer wieder verglichen wird. Und der Druck dann bei uns auch steigt natürlich, zu erklären, warum machen die einen das so und die anderen das so. Also diese Vereinheitlichung, das kam schon eher auch von außen. Das spielt natürlich auch mit rein (...), dass wir sagen ‚Okay es kann jetzt nicht jeder Gruppenleiter so machen, wie er es jetzt gerade für richtig hält und was er für einen Background hat'. Sondern wir versuchen auch da das zu vereinheitlichen, um eine gemeinsame Außenwirkung zu haben und möglichst wenig uns auseinander differenzieren zu lassen. (TL 19)

11.2.5 Akzeptanz und Nutzung durch die Basiskräfte

Auch in Kommune 2 werden die implementierten Standards und Standardisierungen von den MitarbeiterInnen des ASD überwiegend positiv beurteilt. Eine hohe Wertschätzung wird besonders den (Minimal-)Standards im *Kinderschutz* entgegengebracht, die von den Fachkräften als hilfreich und anwendbar beschrieben werden. Dabei wird ein großes, jedoch nicht undifferenziertes Vertrauen in die fachlich-inhaltliche Qualität und Angemessenheit der vorgegebenen Instrumente sichtbar.

> In manchen Situationen finde ich das gut, wenn ich so eine Struktur vorgegeben habe. Und wenn ich weiß, dass, wenn jemand anruft, dass ich dieses Formular aufmache und ihm [dem anrufenden Melder einer Gefährdung; A.M.] die und die und die Fragen stelle. Und das finde ich gut. Also so wie ich in dem Hilfeplangespräch weiß, welche Bereiche ich abfragen will oder welche Bereiche für mich wichtig sind, finde ich es gut, auch in diesen Kinderschutzsachen durch dieses Formu-

> lar die Bereiche vorgegeben zu haben, die wichtig und relevant für mich sind. Damit
> ich nichts vergesse, damit ich ein umfassendes Bild kriege. (BK 3)

Daneben werden arbeitspraktische Vorteile der Standardisierungen beschrieben. So ermöglicht etwa der Meldebogen ein kurzfristiges Umschalten und eine „vernünftige" Meldungsaufnahme, auch wenn die Aufmerksamkeit der Basiskraft gerade auf andere Aufgaben gerichtet ist.

> Gerade solche Meldungen [gemeint sind Gefährdungsmeldungen im Kinderschutz;
> A.M.] kommen ja einfach zwischendurch. Da bin ich vielleicht gerade am Hilfeplan-
> Schreiben, da hatte ich vielleicht vorher ein blödes Gespräch am Telefon (…) oder
> ein doofes Trennungs- und Scheidungsgespräch (lacht). Ja und dann kommt so ein
> Anruf zwischenrein. Und da finde ich es dann schon gut, wenn man ohnehin schon
> so viel im Kopf hat, was zu haben, an dem man sich entlang hangeln kann. Das
> finde ich einfach gut. (BK 20)

Interessanterweise sind es offensichtlich eher die älteren und erfahrenen Fachkräfte, die sich strikt an die Vorgaben halten und dies vor allem mit dem Wunsch der rechtlichen Absicherung begründen. So entgegnet eine langjährig im ASD tätige Fachkraft auf die Frage nach möglichen Abweichungen von den organisationalen Regeln zur Handhabung von Kinderschutzfällen:

> So verrückt bin ich nicht! Also ich bin schon ein Mensch, der frei arbeitet, aber an
> diesem Punkt gibt es eine Grenze. Und da muss ich sagen, da können sie im Detail
> auch wieder das eine oder andere bemängeln, aber wir haben diese Vorgaben, die
> im Detail nicht schlecht sind, und das mache ich. Ganz klar! (BK 3)

Dennoch bestehen auch Vorbehalte gegen eine undifferenzierte Anwendung fachlicher Formalisierungen. So werden auch in der Kommune 2 – entgegen den Vorgaben – nicht alle Meldungen formal als Gefährdungsmeldungen erfasst und bearbeitet. Der Fallkonstitution wird also ein Selektionsprozess vorgeschaltete, der auch fachlich-inhaltlich begründet wird: Wird eine unbegründete Meldung zu einem Fall, so wird die betreffende Familie in spezifischer Weise „aktenkundig". Dies kann weitreichende (negative) Konsequenzen bei späteren Kontakten mit dem ASD haben, selbst dann, wenn sich im Bearbeitungsprozess herausstellt, dass die Meldung unbegründet war. Bei der Bearbeitung der Frage, wann eine Meldung zu einem Kinderschutzfall wird, eröffnen die Formalisierungen im Kinderschutz – das zeigen auch die nachfolgenden Interviewpassagen – neue Ermessensspielräume und neue Unsicherheitszonen.

> Also ich finde sie [die Instrumente und Verfahren im Kinderschutz; A.M.] schon hilfreich, das auf jeden Fall. Manchmal finde ich es ein bisschen schwierig und das
> war auch eine große Diskussion hier bei uns im Team, dass am Anfang nicht so

ganz klar war, wann fülle ich jetzt wirklich so einen Bogen aus. Weil das fällt mir heute manchmal auch noch schwer. Also eigentlich ist jetzt die Einstellung, man füllt das immer aus. Man kann ja dann auch bewerten, es ist eben keine Kindeswohlgefährdung. Aber ich finde, da muss man erst rankommen. Weil ich finde, Kindeswohlgefährdung ist heutzutage so ein Begriff, der so häufig verwendet wird, irgendwie, und wo ich (lachend) irgendwann mal gemerkt habe, dass ich mich da ein bisschen sträube, alles, was jetzt in einer Familie schiefläuft, gleich als Kindeswohlgefährdung hinzustellen. Das finde ich überzogen. Also ich kann es verstehen, (…) einfach auch wegen den Vorfällen, die es schon gab. Das ist für mich auch nachvollziehbar, aber ich habe für mich so diese Einstellung, dass ich das eigentlich nicht so hochhängen möchte. Zum Beispiel bei Familien, die ich schon kenne und wo dann eine Meldung reinkommt, merke ich schon, dass es mir auch schwerfällt, zu diesem Formular [gemeint ist der Meldebogen; A.M.] zu greifen. Weil ich dann denke ‚Naja gut das ist jetzt halt eine Info, die nehme ich jetzt mal so hin und dann mache ich mit denen einen Termin aus und bespreche es mal'. Aber im Endeffekt müsste ich jedes Mal, wenn irgendwas kommt, so einen Bogen ausfüllen, auch zu meiner Sicherheit. (BK 20)

Also das ist klar, das ist genau die Diskussion, die aufgekommen ist und die tatsächlich dazu geführt hat, dass man sich intensiv damit auseinandergesetzt hat: ‚Wo, also an welcher Stelle, macht man es zum Fall?' (…) Und das ist letzten Endes nicht abschließend beurteilt, weil es eine sehr individuelle Sache ist. Der Hinweis war immer: ‚Liebe Leute, macht es!' Also von der Leitung: ‚Macht es zum Fall, es ist zu eurem eigenen Schutz.' (…) ‚Macht es im Zweifelsfall eher, ihr könnt dann ja auch in diesem Verfahren sozusagen mitteilen, dass es kein Kinderschutzfall ist'. Aber das ist jetzt so eine Geschichte, das ist so hintenrum. Du kannst zwar hinterher sagen, es war nichts, aber allein diese Tatsache, dass ich das angefangen habe, gibt eine andere Bedeutung. Aber es ist klar, es bleibt ein gewisser Bereich immer noch dem Einzelnen überlassen: Hier das werte ich jetzt nicht als eine Kindeswohlgefährdung, da gehe ich jetzt nicht in diese Richtung, aber das nehme ich auf meine Kappe. (BK 29)

Kritisch wird auch die Tendenz beurteilt, dass – nicht nur im Kinderschutz – zunehmend mehr Informationen über Familien generiert und ASD-intern dokumentiert werden. Formalisierte Instrumente zur Dokumentation gelten als ein Element dieses Trends. In ihrer Kritik bringen die befragten Basiskräfte Vorbehalte ethischer, beziehungsbezogener und institutionenkritischer Art vor.

Ich finde das auch manchmal total überzogen. Ich habe auch nicht den Anspruch an mich, dass ich von einer Familie bis ins kleinste Detail alles aus der Vergangenheit weiß. Wie gesagt, es ist immer eine Überwindung hierher zu kommen und Hilfe einzufordern. Und wenn man dann noch hier so analysiert wird, das wollte ich selbst auch nicht. (BK 20)

> Da ist natürlich auch immer die Frage, wie tief man reingeht [bei der schriftlichen Dokumentation; A.M.], weil ja zum Beispiel die Wirtschaftliche Jugendhilfe [die ebenfalls Einblick in die Dokumente zur Hilfeplanung hat; A.M.], die muss das nicht so explizit wissen. Das ist ja auch so ein Grund, weil da schon ganz oft – was ich von Kollegen jetzt gehört habe – irgendwie war, wenn man da jetzt reinschreibt, da war früher Missbrauch da, dass dann die Wirtschaftliche Jugendhilfe gleich kuckt: Oh, Opferentschädigungsgesetz. Was kann man da machen [hier wird die Möglichkeit von Regressforderungen gegenüber staatlichen Stellen thematisiert; A.M.]. Und da wird dann zu tief gewühlt. Da muss man ja auch vorsichtig sein. (BK 4)

Neben den verbindlichen Minimalstandards genießt auch die freiwillige Arbeitshilfe zum Kinderschutz eine hohe Wertschätzung bei den Fachkräften, gerade weil ihr Fokus auf der Vermittlung von Informationen, praktischen Anregungen und Reflexionshilfen liegt und nicht auf verbindlichen Verfahrensvorgaben.

> Wir haben das Handbuch und das ist eine gute Sache (...) und das war das erste Mal, wo etwas richtig Gutes eingeführt wurde, also etwas mit Hand und Fuß: Wo man als Mitarbeiter etwas in der Hand hat, womit man arbeiten kann. Wo es nicht nur um Vorschriften geht, sondern wo man sagt: Damit kann ich echt arbeiten, da kann ich was rausziehen (...) und das ist eigentlich das Entscheidende. (BK 3)

Dabei sind es abermals die langjährig im ASD tätigen Fachkräfte, die die Arbeitshilfe kennen, im Bedarfsfall nutzen bzw. genutzt haben und daher wertschätzen, während erst seit kurzer Zeit im ASD tätige Fachkräfte zwar von dem Dokument gehört haben, dessen Inhalte aber (noch) nicht zur Kenntnis genommen haben. Somit steht die hohe Wertschätzung der freiwilligen Arbeitshilfe insgesamt in einem deutlichen Kontrast zur praktischen Nicht-Nutzung durch einen Großteil, gerade der jüngeren, Basiskräfte.

Weniger konfliktfrei als die Implementierung der neuen Standards im Kinderschutz verlief die Implementierung der Regelungen und Formulare zur *Hilfeplanung* – obgleich diese mit deutlich breiterer Einbindung der Basiskräfte erfolgte. Die Einführung des neuen Hilfeplans wurde als tiefgreifender Eingriff in etablierte Arbeitsroutinen kritisiert und retrospektiv von den Befragten als eine große Umstellung der Arbeitsweise beschrieben. Nach der aktuellen Einschätzung befragt, wird das Instrument von den Basiskräften jedoch positiv beurteilt. Die Befragten (aller Hierarchieebenen) loben besonders die klare Zielorientierung sowie die explizite Beteiligungsorientierung des neuen Konzeptes. Besonders berufserfahrene und systemisch zusatzqualifizierten Fachkräfte drücken ihre Wertschätzung für diese Merkmale der neuen Hilfeplanung aus. Insofern hat sich der Hilfeplan nach gut fünf Jahren offenbar als akzeptiertes Instrument der ASD-Praxis etabliert.

> Diese Trennung, was sind die unterschiedlichen Haltungen der Beteiligten, (das ist) etwas sehr, sehr Positives. Ein stückweit eine Schwierigkeit, weil das Abbilden eines Hilfeprozesses im Verlauf in einem Fließtext, der vorher möglich war, einfacher war, als wenn ich das aufteilen muss auf vier verschiedene Personen. Das ist rein von der Machart her schwieriger. Was eher eine positive Geschichte ist, ist, dass auch die Zielformulierungen deutlich konkreter wurden durch dieses Hilfeplan-Raster. Es ist aber auch da natürlich so, dass wir zum Teil in einen Bereich reinschreiben [Vorgaben machen; A.M.], der im Grunde auch in den Einrichtungen und im Alltagsgeschäft stattfindet. (BK 29)

Anstelle von Kritik werden von den Basiskräften eher die Herausforderungen thematisiert, die mit der (neuen) Hilfeplanung verbunden sind. Im vorherigen Zitat werden einerseits die Vervielfachung der Prozessdarstellung durch die Anforderung, die Perspektiven unterschiedlicher Akteure getrennt darzustellen, angesprochen, andererseits die Herausforderung, konkrete Ziele zu formulieren, die de facto vielfach erst im Hilfeprozess, also nach Beendigung der Hilfeplanung, deutlich werden. Besonders die Zielformulierung wird sowohl von den Leitungs- als auch Basiskräften als große fachliche Herausforderung angesehen.

> Es ist eben teilweise wirklich so, dass ich bei der Zielformulierung dann Probleme habe, weil ich es nicht so genau formulieren kann. Aber, da kann man jetzt vom Aufbau nicht so viel ändern, weil eigentlich sind diese einzelnen Ziele [gemeint sind die vorgegebenen Zielbereiche; A.M.] ja auch schon wichtig, so wie es jetzt ist. (BK 4)

Die Formulierung des Hilfeplans wird generell als schwierige Aufgabe, mithin als eine „Kunst", beschrieben, wofür vor allem die unterschiedlichen Funktionen und AdressatInnen des Dokuments (Eltern, Kinder/Jugendliche, Wirtschaftliche Jugendhilfe, Vorgesetzte im ASD[321]) verantwortlich gemacht werden. Dieser Herausforderung begegnen jüngere Fachkräfte teilweise mit der Nutzung von vorformulierten Textbausteinen, was von Akteuren der Leitungsebene aufgrund des dann fehlenden Einzelfallbezugs kritisiert wird. Die Nutzung von Textbausteinen wird zudem durch Erwartungen der Wirtschaftlichen Jugendhilfe gefördert. Aufgrund fehlender fachlicher Expertise orientiere sich deren Prüfung der Hilfepläne primär am Vorhandensein bestimmter Begründungsfloskeln, die regelmäßig wechselnden Moden unterliegen. Die ASD-MitarbeiterInnen bedienen diese Erwartungen strategisch durch eine – von der inhaltlichen Hilfeplanung abgekoppelte – Berücksichtigung der „heimlichen

---

[321] Je nach Hilfeart müssen die Hilfepläne zumindest von der Gruppenleitung, teilweise sogar von der ASD-Leitung gegengezeichnet werden.

Pflichtfelder" und die Verwendung der „gewünschten" Phrasen. Eine Fachkraft erläutert dazu: „Es gibt so ein paar Schlüsselsätze, die müssen je nach Hilfe irgendwie rein, damit alle zufrieden und glücklich sind" (TL 5). Insgesamt erfolgt die Bearbeitung der Hilfeplanformulare sehr unterschiedlich. So werden die Dokumente selektiv und unterschiedlich differenziert ausgefüllt. Dabei variiert einerseits die „Vollständigkeit" der Bearbeitung des Instruments, andererseits erfolgen die Angaben in unterschiedlicher Differenziertheit. So arbeiten manche Fachkräfte mit Stichworten, während andere ausformulierte Texte erstellen.

> Also das [Hilfeplanformular; A.M.] nutze ich relativ individuell. Da habe ich auch überhaupt keine Schwierigkeiten. (...). Ich sorge dafür, dass nur die [Zielbereiche; A.M.] dann auch drinstehen, die ich für relevant erachte und ich definiere die Zielbereiche dann teilweise auch selbst, wenn ich denke, es wäre notwendig, die ein stückweit anders zu formulieren, wenn es nicht passt. Also da versuche ich nach wie vor eher mir die Struktur untertan zu machen als mich der Struktur zu unterwerfen. (BK 29)

Für die Hilfeplanung, wie auch für den Kinderschutz, wird die Problematik thematisiert, dass den Basiskräften die Zeit fehlt, den Vorgaben zur Nutzung der Instrumente und Verfahren nachzukommen. Die Problematik von Rückständen aufgrund fehlender zeitlicher Ressourcen verdeutlicht sehr plastisch eine Fachkraft, die im Interview auf zwei gut dreißig Zentimeter hohe Papierstapel auf ihrem Schreibtisch verweist: Der eine Stapel bestand aus handschriftliche Notizen, überwiegend zu Hilfeplangesprächen, die noch zu verschriftlichen seien – wobei auf diesem Stapel vorübergehend auch Gefährdungsmeldungen landen würden. Den anderen Stapel bildeten überwiegend interne Texten – unter anderem die Handlungsempfehlungen zum Kinderschutz –, die zu lesen die Fachkraft plant, was jedoch angesichts der Arbeitsbelastung bislang noch nicht gelungen ist.

Insgesamt wird in den Interviews relativ wenig Detailkritik an den Standardisierungen im ASD geübt, was angesichts des geringen Formalisierungsgrad in der Kommune 2 wenig erstaunlich ist. Demgegenüber wird das Argumentationsmuster aufgerufen, dass Standards neben persönlichen Kompetenzen einen wichtigen Bestandteil sozialfachlicher Professionalität darstellen. Dieses Denkmuster wird dahingehend präzisiert, dass für die Arbeitssituationen des ASD die implementierten fachlichen Formalisierungen lediglich einen groben Rahmen setzen und/oder im Vorfeld der eigentlichen sozialpädagogischen Arbeit zum Einsatz kommen (sollten).

> Ich denke, dass es auch in dem Rahmen weiterhin möglich ist, dieses professionelle Handeln, die Professionalität an den Tag zu legen. Also die Standardisierun-

gen verunmöglichen das nicht! Sie sind nicht so, dass sie einem die Luft zum Atmen oder die Kreativität im Tun beeinträchtigen würden. Das ist, glaube ich, nicht der Fall. (BK 29)

Wir haben fantastische Regelungen, wie man eine Kindeswohlgefährdungsmeldung aufnimmt, wie man sie dann nachher kollegial versucht so zu gewichten; wie schnell, wie langsam oder überhaupt nicht muss man rangehen und dann fängt genau die sozialarbeiterische Arbeit an, wo die Kollegen dann arbeiten und mit mir es [die Fallbearbeitung; A.M.] immer mal wieder rücksprechen und so weiter oder in Teamsupervision gehen. Also da ist dann eher freies Werkeln da, und da ist genau das Thema, von dem ich rede, die Erfahrung und das Gefühl und Miteinander. (TL 5)

Obgleich in der Kommune 2 – im Vergleich zu den anderen Kommunen dieser Studie – wenige Prozessstandards und kaum verbindlich zu nutzende formalisierte Instrumente existieren, sehen die Befragten einen deutlichen Standardisierungstrend und vertreten die Position, dass das vertretbare Maß an Standardisierung bereits erreicht sei.

Also es gibt da schon einen klaren Trend. Also im Kinderschutz gab es bis vor zehn Jahren keine Vorgaben. Da gibt es eine Standardisierung und diese wird immer verfeinert, ganz klar. Und auch die Hilfeplanung wurde immer mehr verfeinert. Der Hilfeplan selbst hat jetzt viel mehr Details. Das wurde viel stärker standardisiert, also in beiden Bereichen. (BK 3)

Also mir reicht es! Ich habe den Eindruck, die wichtigen Dinge sind abgesichert, also Kinderschutz. Im HzE-Bereich haben wir auch gewisse Vorgaben, das ist so in Ordnung. Es hängt viel damit zusammen, was kann ich frei, also ich für mich und auch in dem Verhältnis zum Vorgesetzten noch aushandeln. (...) Also von Kindeswohlgefährdungen mal abgesehen sind wir ja wirklich im pädagogischen Bereich und das ist – finde ich – noch so der Verhandlungsfreiraum: ‚Wo kann ich mich einbringen?' Da geht es ja wirklich darum, dass wir miteinander sprechen können. (BK 3)

11.2.6 Kritik des Standardisierungstrends

Anstelle von Kritik an den im eigenen ASD implementierten fachlichen Formalisierungen kritisieren die Befragten aller Hierarchieebenen einen allgemeinen, das heißt bundesweiten, Standardisierungstrend im ASD. Mit Blick auf die Leitungsebene kann eine solche standardisierungskritische Haltung die geringe Formalisierung der ASD-Praxis in der Kommune 2 begründen. Wie erwähnt, erfolgte die Vorgabe, formalisierte Instrumente zu nutzen auf Initiative der jüngeren Teamleitungen und gegen den Wunsch der ASD-Leitung. Entsprechend werden Fragen der Formalisierung auch als ein „Generationenproblem" gerahmt.

> Ich finde, es wird total übertrieben, mit diesen Standardisierungen. Aber ich glaube, wenn so Personen wie ich weg sind [d. h. pensioniert werden; A.M.], dann bricht der Damm. Also ich glaube, dass dann eine Standardisierungswelle über die Dienste hereinbricht – wenn man nicht bis dahin erkannt hat, dass das Pendel in die falsche Richtung ausgeschlagen ist – die wird schrecklich sein! Man kann sich auf Tagungen und Veranstaltungen ja nicht dagegen wehren. (LK 6)

In der Kommune 2 nutzen die Akteure aller Hierarchieebenen die Metapher des Pendels in ihren Beschreibungen von Formalisierungsprozessen – teilweise auch zur Beschreibung weiterer Prozesse in der Kinder- und Jugendhilfe, etwa das Verhältnis von Hilfe und Kontrolle. Somit verweisen sie auf eine hohe Dynamik der Entwicklungen im Feld der ASD, deren Richtung nicht linear verläuft, sondern von Trends und Gegentrends geprägt ist. Diese Dynamik wird einerseits als konstitutives Element der Kinder- und Jugendhilfe und besonders der ASD-Arbeit angesehen, andererseits werden Entwicklungen in ASD mit gesellschaftlichen Dynamiken verknüpft.

> Also diese Regelungen reagieren auf gesellschaftliche Veränderungen und das ist das A und O. Wir müssen auf gesellschaftliche Änderungen reagieren, das geht gar nicht anders. Letzten Endes aber erlebe ich auch über die lange Zeit hinweg, dass sich die Diskussion immer wieder so pendelartig bewegt. Und das heißt natürlich, dass dieser Ausschlag hier in Richtung ‚Wir nehmen im Zweifelsfalle lieber erst mal in Obhut', also ‚Erst schießen, dann fragen' sozusagen, das wird, das geht natürlich auch wieder zurück, weil es auch zu Fehlentwicklungen dann führt. (BK 29)

> Der gesellschaftliche Auftrag, den wir als Sozialarbeiter bekommen haben, der ist da schon nochmal ganz anders: Viel deutlicher auf Kontrolle und auf Überwachung. (...) Die Frage ist ja: ‚Wo ist da die Grenze?'. Manchmal geht es ja schon in die moralische Normierung rein. (...) Also ich glaube, es ist auch die gesamtgesellschaftliche Entwicklung. Einerseits diffundiert alles ins Oberflächliche oder ins Offene, aber es gibt auch irgendwie so unterschwellige Gegenbewegung, dass klar normiert ist oder das klar definiert ist, was ist die Norm und was nicht. (TL 19)

Wie die beiden exemplarischen Zitate zeigen, werden Reflexionen zu fachlichen Formalisierungen von den ASD-Akteuren der Kommune 2 immer wieder in den Kontext weiterer gesellschaftlicher Transformationsprozesse gestellt. Möglicherweise begünstigt die vergleichsweise gute Ressourcenausstattung der Kommune ein höheres Maß und eine größere Tiefe der kritischen (Selbst-)Reflexion. Als eine weitere Folge gesellschaftlicher Transformationen konstatieren die Befragten eine starke Beschleunigung und Verdichtung der ASD-Arbeit, also eine deutliche Zunahme von Problemstellungen in den Familien und von Themen der ASD-Arbeit. Diese führen – so die Befragten – zu einer Zunahme der Fallbelastung der Fachkräfte.

> Das ist tatsächlich sehr viel schnelllebiger geworden. (...) Also viel mehr Themen, die auf strategischer Ebene besprochen werden, also auch so Beschwerdemanagement und solche Sachen, da hat früher kein Hahn danach gekräht. (...) Und jetzt gibt es Standards, es gibt Vorgaben. Also das ist schon noch mal eine Einschränkung, die die Kollegen auch erleben: ‚Jetzt muss ich da die Vorgabe noch im Kopf haben' und manche haben das sehr als Belastung erlebt und gesagt: ‚Ich kann gar nicht mehr frei arbeiten'. Und eben auch die Themen, mit denen die Leute kommen, auch Mangelerscheinungen in anderen Bereichen, auch die Jobcenter völlig überlastet sind. (...) Plus das, was im Bereich Kindeswohlgefährdung dazukam, dass da einfach ein höherer Umschlag an Themen ist, mehr Fälle auch ganz andere Fälle noch aufgekommen sind und wo klar ist, es wird im Bereich Prävention angesetzt, also wir steigen nicht erst ein, wenn das Kind in den Brunnen gefallen ist, sondern gucken früher und steigen früher in die Prozesse ein, um Dinge auch zu verhindern, also da ist auch, wie gesagt, der Druck auf die Mitarbeiter gewachsen. (LK 2)

Diese Trends wiederum werden – meist eher implizit – als wesentliche Kraft hinter der zunehmenden Formalisierung der ASD-Arbeit gesehen. So erschwere die Zunahme und Ausdifferenzierung von Problemlagen eine ganzheitliche Fallbearbeitung und lege stattdessen den Rückzug auf eine vermittelnde und fallsteuernde Arbeitsweise nahe. Dieser Trend werde durch eine Zunahme der Fallzahlen noch verstärkt. Zudem führe der Rückzug auf die Funktion der Fallsteuerung und die damit verknüpfte Kooperation mit zahlreichen Akteuren zu Schnittstellen, die mittels Formalisierungen bürokratisch überbrückt werden müssen – die differenzierte Beschreibung von Hilfeplanzielen und Handlungsaufträgen zeugt hiervon.

Zusammenfassend legen die empirischen Befunde nahe, dass die Basiskräfte die Formalisierung der ASD-Arbeit nicht als ein zentrales Problem ihrer Arbeit ansehen. Belastend werden dagegen eher veränderte gesellschaftliche Trends und sich wandelnde Problemlagen sowie, daraus resultierend, eine Beschleunigung der Modernisierungen im ASD beschrieben. Letztere wird durch die strategisch-gestaltungsfreudige Orientierung der ASD-Leitung noch verstärkt. Im Nachgespräch eines Interviews wird diese Leitungsphilosophie – trotz der im Interview durchweg hohen Wertschätzung für die ASD-Leitung – salopp in dem Satz „Unser Chef hat ADHS" gefasst und kritisch ausgeführt, dass die Beschleunigung und die ständige Modernisierung eine Konsolidierung und kritische Reflexion implementierter Neuerung letztlich verhindert.

11.2.7 (Ausstehende) Weiterentwicklungen

In den Interviews mit VertreterInnen der Leitungsebene wurden unterschiedliche Entwicklungsbereiche thematisiert. So war während der Feldphase geplant, Kooperationsstandards im Kinderschutz mit verschiedenen Akteuren zu entwickeln – wobei dies – der Grundausrichtung der ASD-Politik folgend – vor allem damit begründet wurde, die Bedingungen der Zusammenarbeit mit Kooperationspartnern selbst aktiv zu gestalten. Zudem wurden – an die Entwicklungen im ASD anknüpfend – Kinderschutzstandards für weitere Angebote und Dienste des öffentlichen Trägers der Jugendhilfe entwickelt.

EDV im ASD: Als ein weiteres Entwicklungsthema in Kommune 2 gilt die EDV. Im ASD wird bislang keine Fachsoftware genutzt, das heißt sämtliche Formulare und Statistiken werden als Office-Dokumente oder auf Papier bereitgestellt und ausgefüllt. Dabei wurden erst zu Beginn der 2010er-Jahre alle ASD-Arbeitsplätze mit PCs ausgestattet. Zudem verfügen die einzelnen Regionalen Sozialen Dienste (RSD) und die ASD-Leitung über kein gemeinsames Netzwerk bzw. keinen gemeinsamen Server, sodass elektronische Dokumente nur per E-Mail ausgetauscht werden können. Eine Folge dieser Konstellation ist, dass beispielsweise auch der Schriftverkehr zwischen ASD und Wirtschaftlicher Jugendhilfe „auf Papier" erfolgt. Dies hat unter anderem auch zur Konsequenz, dass bei der Hilfeplanung zahlreiche vom ASD erfasste und in entsprechende Formulare eingetragene Daten durch die MitarbeiterInnen der Wirtschaftlichen Jugendhilfe nochmals abgetippt werden müssen. Dieser zusätzliche Aufwand wäre grundsätzlich vermeidbar, da die Wirtschaftliche Jugendhilfe eine Fachsoftware zur Kostenabrechnung eingeführt hat, die auch ein Tool zur Hilfeplanung und damit eine Schnittstelle zwischen Hilfeplanung und Kostenmanagement bereitstellt. Vonseiten des ASD wurde eine Beteiligung an der Nutzung der Fachsoftware explizit gewünscht. Diese wurde jedoch bislang nicht gestattet, wofür letztlich die bereits erwähnten Spannungen zwischen den beiden Abteilungen verantwortlich sein dürften.

> Die Verwaltungsabteilung [gemeint ist die Wirtschaftliche Jugendhilfe; A.M.] hat vor drei Jahren, vier Jahren gesagt ‚Unser Kostenabrechnungssystem funktioniert nur noch zwei, drei Jahre und dann gibt es da kein Update mehr und wir brauchen was Neues'. Und dann haben sie [Name der Software] genommen. Und die haben ja auch Hilfeplaninstrumente vorrätig, sozusagen. Und wir haben damals gesagt: ‚Lasst uns bitte mit reinsitzen, wenn ihr dort arbeitet. Wir möchten das Programm auch kennenlernen. Wir möchten auch sehen, was ihr da macht. Wir möchten mitbeteiligt werden'. Weil, ist doch klar, wenn irgendwann was [eine Fachsoftware; A.M.] kommt, dann kommt das [die bereits implementierte Fachsoftware der Wirtschaftlichen Jugendhilfe; AM]. Das wurde uns nicht gestattet, also weil es natürlich auch dann, wie immer, schnell gehen musste und so. Und dann haben sie [die

Wirtschaftliche Jugendhilfe; A.M.] sich jetzt entschieden und ich warte jetzt eigentlich, dass von dort irgendwas kommt. (...) Nur da kommt nix. (TL 19)

Obgleich das Fehlen einer Fachsoftware als Problem angesehen wird, liegen die Entwicklungsbemühungen im Feld der EDV aktuell eher im Bereich des organisationalen Wissensmanagements, also der Konzeption eines ASD-internen Systems zur Sammlung, Verwaltung und Bereitstellung aktueller Informationen für die ASD-MitarbeiterInnen (z. B. ASD-Wiki o. Ä.).

Sozialpädagogische Diagnose: Als ein weiterer Entwicklungsbereich wird in Kommune 2 das Thema „Sozialpädagogische Diagnose" diskutiert. Im ASD werden keine eigenständigen Instrumente zur Erfassung der Problemlage, Familiensituation etc. als Grundlage für die Hilfeplanung genutzt. Allerdings sieht das Hilfeplanformular – wie beschrieben – eine differenzierte Erfassung der familialen Lebenssituation und der Problemsichten und Lösungsperspektiven der Beteiligten vor. Gegenüber einer stark differenzierten und standardisierten sozialpädagogischen Diagnostik äußern die Befragten über alle Hierarchieebenen hinweg Vorbehalte. Von VertreterInnen der Leitungsebene werden besonders die Diagnosetabellen des Bayerischen Landesjugendamtes als inhaltlich unangemessenes und nicht praktikables Instrument kritisiert. Hermeneutische Verfahren, beispielsweise die Sozialpädagogische Diagnose nach Mollenhauer, werden von den Leitungsakteuren als zwar interessant, aber unter den beschleunigten Verhältnissen des ASD-Alltags nicht realisierbar eingeschätzt. Eine entsprechende Richtungsentscheidung stand zum Ende der Feldphase noch aus.

Charakteristisch für Kommune 2 sind die Begründungen für Überlegungen zur Implementierung einer sozialpädagogischen Diagnostik. So wird von keinem der Akteure eine aufgabenbezogen-inhaltliche Begründung für die Einführung einer Diagnostik angeführt, beispielsweise der Wunsch, passgenauere Hilfen zu finden. Stattdessen wird wieder auf den „Mainstream" im Fachdiskurs verwiesen, wonach „man" heute im ASD eine Form der sozialpädagogischen Diagnostik nutzt. Zudem werden professionspolitische Argumente vorgebracht.

> Ich vermute mal, dass wir in der Hilfeplanung in den nächsten Jahren doch auch nochmal stärker in Richtung Standards gehen werden, weil einfach gesamt so von der Entwicklung her ja diese Diagnose-Geschichten stärker auch gefordert sind. Und wir gehören, glaube ich, zu den wenigen, die noch kein eigenes Computerprogramm haben, für die Hilfeplanung. (...) Und dann wird sich die Frage wieder stellen: ‚Wenn man dann so ein Programm hat, dann ist ja die Frage, wie differenziert nimmt man dann die Diagnosephase?'. Also da kann man ja schön einrichten, was man dann haben will. (...) Wenn man in die Fachveröffentlichung schaut, dann sieht man ja schon ganz häufig, dass Instrumente entwickelt werden, dass man eine eigene sozialpädagogische Diagnose, dass man da auch dann sozusagen, um

> das Profil zu schärfen, auch was Eigenes braucht und nicht nur dann auf die psychologischen, medizinischen Sachen zurückgreift. Also es wird ja schon fachpolitisch auch gefordert. Also es gibt natürlich auch Positionen, die da dagegensprechen, aber so gefühlt würde ich sagen, sind die Gegner eher in der Minderheit und die anderen stark im Aufwind. Es passt ja auch in die Gesamttendenz rein, also insofern glaube ich, wird es eine Entwicklung sein, der man sich auch nicht ganz verschließen kann. (TL 19)

Wiederum erfolgt demnach eine normative Interpretation des (vermeintlich) Faktischen, wonach die Verbreitung von Diagnoseinstrumenten bedeutet, dass solche genutzt werden sollten. Folglich wird die eigene Situation auch mit Blick auf das Thema sozialpädagogische Diagnose als defizitär wahrgenommen.

11.3 Fallskizze Kommune 3: Die Modernisierer

11.3.1 Hintergrundinformationen zu Kommune

Kommune 3 liegt in einer expandierenden urbanen Metropolregion. Der untersuchte ASD ist regionalisiert, wobei die einzelnen regionalen Dienste für im Schnitt über 100.000 Bürger zuständig sind und mit jeweils circa 30 Fachkräften eher den Charakter von eigenständigen Jugendämtern als von Regionalteams haben. Dies zeigt sich auch in der Struktur des ASD. So sind die einzelnen Dienste intern in mehrere Teams mit regionalen Zuständigkeiten gegliedert. Diese Teams werden von Teamleitungen geleitet, die neben ihren Leitungsaufgaben (drei Viertel der Arbeitszeit) auch „normale" Fallarbeit (ein Viertel der Arbeitszeit) leisten. Zu den Aufgaben des ASD zählen im Wesentlichen der Kinderschutz, die Hilfeplanung und Administration von Erziehungshilfen sowie von Eingliederungshilfen nach § 35a SGB VIII, Mitwirkung in familiengerichtlichen Verfahren sowie die Beratung von Familien und Jugendliche. Die ASD sind zusammen mit verschiedenen sozialpädagogischen und administrativen Spezialdiensten Teil des Jugendamtes.

Die Organisation der Kinder- und Jugendhilfe in der Kommune zeichnet sich durch eine hohe Komplexität aus. Nicht nur die Aufbauorganisation und Hierarchie des ASD ist differenzierter, auch die Regulierungsdichte ist größer als in den anderen Kommunen der Studie. Dies liegt im Wesentlichen daran, dass Akteure des politisch-administrativen Systems auf Landesebene über Gesetzgebung und Direktiven nicht nur die Rahmenbedingungen der kommunalen Kinder- und Jugendhilfe bestimmen, sondern auch die konkrete ASD-Arbeit normieren. So ist etwa die Ablauforganisation der ASD-Aufgaben Hilfeplanung und Kinderschutz landesweit reguliert. Diese Vorgaben beziehen sich nicht nur auf allgemeine fachliche Standards, sondern auch auf verbindlich zu nutzende standardisierte Instrumente. Somit sind landesspezifische Regulierungen für diese Studie weit mehr als eine relevante Kontextbedingung. Hinzu kommt, dass auch kommunale (Stab-)Stellen eine Vielzahl von formalisierten Instrumenten für die ASD-Arbeit entwickelt haben.

Auch in Kommune 3 erfolgte in den 1970er-Jahren zunächst eine kleinteilige Regionalisierung der jugendamtlichen Dienste. In den 1990er-Jahren wurde diese zugunsten der Etablierung größerer, zentralisierter und multiprofessioneller Dienste sukzessive aufgelöst. In den 2000er-Jahren orientierte sich die Kommune stark am Konzept der Sozialraumorientierung, ohne jedoch die Dienste zu re-regionalisieren. Während der Erhebungsphase im Herbst 2013 „experimentierte" die Kommune mit aufgabenbezogenen und organisationalen Differenzierungen innerhalb des ASD. Auch wenn diese organisationalen Modernisierungen nur mittelbar auf die Untersuchungsfragen dieser Studie Einfluss nahmen, so sorgten diese doch für große Unruhe, Unsicherheiten und Spannungen innerhalb des ASD und stellten somit eine wichtige Rahmenbedingung der Studie dar.

Die nachfolgende Fallskizze basiert auf Interviews mit drei Akteuren der zentralen und regionalen Leitungsebenen, drei TeamleiterInnen und sechs Fachkräften aus deren Teams sowie einer Analyse unterschiedlicher interner wie externer Dokumente[322].

11.3.2 Implementierungsprozesse fachlicher Formalisierungen und deren Hintergründe

Mitte der 1990er-Jahre wurde in der Kommune 3 eine tiefgreifende Verwaltungsreform nach dem Neuen Steuerungsmodell der KGSt durchgeführt. Diese zielte vordergründig auf eine Steigerung der Effektivität, Effizienz und Bürgerorientierung der Verwaltung. In den entsprechenden Dokumenten wird aber deutlich, dass eine Konsolidierung des Haushalts sowie der Ausweis von Modernität und Fortschrittlichkeit wesentliche Motive für die Reform waren. So werden die realisierten Veränderungen – beispielsweise die Einführung von Produktkatalogen, Kosten- und Leistungsrechnung oder Outputorientierter Steuerung – als Umsetzung des „State of the Art" der Verwaltungswissenschaft und der Betriebswirtschaftslehre beschrieben und als angemessene Reaktion auf

---

322 Die, mit den anderen Fallstudien dieser Studie verglichen, deutlich größere Zahl der Interviews in der Kommune 3 ist ein Resultat der konkreten Abstimmung der Feldphase mit den Akteuren vor Ort.

übergreifende gesellschaftliche Veränderungen dargestellt[323]. Entsprechend wurden Reformen der Verwaltung bzw. der Kinder- und Jugendhilfe ab Mitte der 1990er-Jahre zu einem Dauerzustand in der Kommune. Als maßgeblich dafür verantwortlich gilt ein von allen Fraktionen des Kommunalparlaments geteilter Fortschritts- und Modernisierungsglaube, wonach Stillstand bzw. Konsolidierung als Rückschritt gelten. Insofern folgten die Reformen dem neoliberalen Modernisierungsparadigma, das die politisch-ideologische Hintergrundfolie der Einführung von Spielarten des New Public Management in zahlreichen Staaten bildete (vgl. z. B. Flynn 2002; Clarke et al. 2007). In den Interviews wird zudem deutlich, dass diese Modernisierungsorientierung mit einem tiefgreifenden Steuerungsoptimismus einhergeht, dieser zeigt sich besonders in einem unhinterfragten Vertrauen in Instrumente der Kosten- und Leistungsrechnung. In der Kommune kommt hinzu, dass die wettbewerbsorientierte Ausrichtung neuer Steuerungskonzepte in hohem Maße anschlussfähig an traditionelle Konkurrenzen zwischen den Stadtteilen der Kommune war. Beide Aspekte wurden im Laufe der Zeit zu einer gesamtstädtischen Steuerungsstrategie verbunden, die auf einem Benchmarking von Kostenkennziffern der Stadtteile basierte. Auch diese Steuerungsphilosophie wird als überparteilich getragener Konsens in der Kommune beschrieben.

Die Akteure der Kinder- und Jugendhilfe sehen sich weitgehend machtlos gegenüber diesem Erbe des NSM und konstatieren, dass bei politischen und administrativen Entscheidungen regelmäßig eine fiskalisch-ökonomische Rationalität gegenüber fachlich-inhaltlichen Argumenten dominiert. Die nachfolgenden beiden Interviewpassagen zu den kommunalen Rahmenbedingungen und Entwicklungen im Bereich der Hilfen zur Erziehung zeigen diese Ohnmacht, in der sich VertreterInnen der Jugendhilfe auf kommunaler Ebene angesichts der beschriebenen Rahmenbedingungen sehen.

> Wir haben ganz lange darüber immer wieder informiert und gesagt, pädagogische Prozesse lassen sich nicht so [über ökonomische Kennziffern; A.M.-] abbilden. (...) Und da sind wir unterlegen. Die Kommune zieht dieses Ding [gemeint ist eine managerielle Steuerung; A.M.] durch. (...) Und gibt es in diesem System der Kosten- und Leistungsrechnung viele Anreize? Ja, die gibt es, weil du eine Menge produzie-

---

[323] Retrospektiv betrachtet muss auch die NSM-Reform in der Kommune 3 – ebenso wie in vielen anderen Kommunen (vgl. Bogumil et al. 2007) – als gescheitert gelten. So wurde das materielle Hauptziel der Haushaltskonsolidierung nicht erreicht. Zudem mahnte ein zentrales Kontrollgremium des Landes eine Abkehr von NSM an, um die weitere Etablierung und Verfestigung von Parallelstrukturen in der Verwaltung (zur Umsetzung bzw. Kontrolle der Reform) zu verhindern. Was die Aktualität und Güte der implementierten betriebswirtschaftlichen Instrumente angeht, kann bspw. auf Pollitt (1990) verwiesen werden, der schon früh zeigte, dass die im Rahmen des New Public Management als innovativ und modern propagierten Verfahren in der Ökonomie als längst überholt gelten.

ren musst, und ich sage, ich bin bei den Hilfen zur Erziehung gerade auf dem anderen Weg, ich will keine Menge, ich will keine Fälle, ich will eigentlich die Familie stützen. (…) Und da ist sozusagen dieses System völlig konträr zu unserem Fach und wir kommen nicht raus. Wir sind dem ausgeliefert. (LK 24)

[Und wir müssen mit Akteuren aus der Finanzverwaltung; A.M.] die das [die Logik der Kinder- und Jugendhilfe; A.M.] nicht verstehen wollen oder können – weil es [das System der Kosten- und Leistungsrechnung, A.M:] ist ein stabiles System, womit man auch die Stadtteile ziemlich gut steuern kann, das muss man mal so sagen – immer wieder (…) diskutieren und (…) sagen ‚hier und hier und hier geht das System fehl! Wir werden nicht kostengünstiger, indem ihr uns so steuert', sondern wir selber werden Teil der Perversion. Wir sind Teil des Systems geworden und arbeiten eben damit. (…) Die das erfunden haben und die das einsetzen, wissen um die Macht, die man damit hat, und insofern haben wir da, wie gesagt, überhaupt keine Chance! // Also auch die Politikwechsel die es da gab? // B: Ist völlig egal. (…) Das hat, glaube ich, eher mit der Machtposition zu tun. Also wenn ich so eine Kommune irgendwie ein bisschen strukturiert haben will, muss ich mir was überlegen, wenn ich Anreize schaffen will, muss ich mir was überlegen und ich muss irgendein System haben. Und da wir aber Konkurrenten [die anderen Stadtteile; A.M.] haben – wir sind ja alle immer pausenlos in Konkurrenz (…). Also es ist unabhängig von der politischen Couleur. (LK 24)

Als wichtiger historischer Meilenstein der Modernisierungsprozesse in der Kommune gilt die Erarbeitung einer Reformagenda zur Durchsetzung der Prinzipien des „modernen", d. h. schlanken und aktivierenden Staats durch eine wettbewerbs- und managementaffine externe ExpertInnenkommission Anfang der 2000er-Jahre. Diese zog weitreichenden Reformen in der ersten Hälfte der 2000er-Jahre nach sich. Für die Gesamtverwaltung wurde unter anderem ein Rückzug auf Kernaufgaben (Gewährleistungs- statt Produktionsverantwortung), Kennzahlenvergleiche, integrierte Fach- und Ressourcenverantwortung sowie der Aufbau eines Fach- und Finanzcontrollings gefordert. Einige dieser Forderungen wurden von den externen ExpertInnen explizit für die Kinder- und Jugendhilfe wiederholt und konkretisiert, wobei die Forderungen ausschließlich auf den kostenintensiven Bereich der Hilfen zur Erziehung fokussierten. Unter anderem wurden in diesem Rahmen die Einführung einer Fachsoftware sowie Anreize zur Ausgabenbegrenzung angeregt. Schließlich forderte die Kommission eine Vereinheitlichung des Hilfeplanverfahrens sowie eine stärkere Berücksichtigung von Fragen der Wirtschaftlichkeit (neben fachlichen Erwägungen) bei der Bewilligung von Erziehungshilfen. Hierzu sollten ein einheitliches Hilfeplan-Formular, Leistungs- und Laufzeitkontrollen sowie eine Klärung und Definition des Selbstverständnisses des Jugendamtes beitragen.

Alle drei Forderungen wurden relativ zeitnah umgesetzt. So erarbeiteten die Jugendamtsleitungen und die zuständigen Landesbehörden ein Leitbild für die

Jugendämter, in dem einerseits das spezifische sozialpädagogische Profil des Jugendamtes unterstrichen, andererseits eine Fokussierung auf Kernaufgaben sowie ein Bekenntnis zum Wettbewerb niedergelegt wurden. Auch wenn die zeitliche Ereignisfolge dies nahelegt war die Leitbildentwicklung nicht nur eine Reaktion auf den Bericht der ExpertInnenkommission. Vielmehr erfolgte in Gremien der Kinder- und Jugendhilfe – im Anschluss an die Einführung des SGB VIII – bereits in den 1990er-Jahren ein Prozess der Selbstverständnis- und Zielklärung für den Bereich der Erziehungshilfen. Weiter wurden in den 2000er-Jahren Modellprojekte zur Qualitätsentwicklung und Sozialraumorientierung in der Kinder- und Jugendhilfe aufgelegt. Schließlich wurde Mitte der 2000er-Jahre per Ausführungsvorschrift ein einheitliches Hilfeplanverfahren einschließlich eines einheitlichen Hilfeplanformulars für verbindlich erklärt. Diese Verfahren und die zu nutzenden Instrumente wurden in Zusammenarbeit von Jugendämtern und Landesverwaltung entwickelt.

Die einseitige Ausrichtung der Reformbemühungen auf die, vor allem aus ökonomischen Erwägungen problematisierten, Hilfen zur Erziehung wurden Mitte der 2000er-Jahre kurzfristig durch eine Fokussierung auf den Bereich des Kinderschutzes flankiert. Dabei wurde die Kommune offensichtlich von der bundesweiten öffentlichen und politischen Problemkarriere des Themas Kinderschutz getrieben. Konkrete Standards und Instrumente zum Kinderschutz wurden nach Inkrafttreten des Kinder- und Jugendhilfe-Weiterentwicklungsgesetzes (KICK) im Jahr 2005 entwickelt und den Basiskräften der ASD als Arbeitshilfe zur Verfügung gestellt. Diese *Arbeitshilfe* umfasste verschiedene Instrumente zur Unterstützung von Entscheidungsprozessen und zur Dokumentation. Die Instrumente wurden unter Einbeziehung von Fachkräften aus den ASD entwickelt und im Laufe der Zeit ausdifferenziert und weiterentwickelt. Es wurden einerseits eigenständige Instrumente entwickelt, andererseits wurde – nach einer Prüfung der am „Markt" verfügbaren Instrumente – ein Instrument einer anderen Kommune aufgegriffen, eingeführt und weiterentwickelt. Ende der 2000er-Jahre wurden die bis dato freiwillig nutzbaren Verfahrensstandards im Kinderschutz sowie die zugehörigen formalisierten Instrumente zur Entscheidungsfindung und Dokumentation durch eine Ausführungsvorschrift als verbindliche Handlungsgrundlage für die MitarbeiterInnen im ASD bestimmt[324].

---

324 Die verzögerte Reaktion im Bereich des Kinderschutzes zeigt sich auch darin, dass die kommunalen Vorgaben erst Ende 2013 an die Anfang 2012 in Kraft getretenen Präzisierungen des Bundeskinderschutzgesetzes angepasst wurden. Möglicherweise war dies mit ein Grund dafür, dass das BKiSchG – anders als in den beiden anderen Kommunen – in keinem der Interviews erwähnt wurde.

Die gestiegenen Anforderungen an die ASD-Arbeit im Kinderschutz (z. B. zusätzliche Regeln, Instrumente) sowie der Anstieg von Gefährdungsmeldungen aufgrund zunehmender gesellschaftlicher und professioneller Sensibilisierungen für Gewalt gegen Kinder und Jugendliche, waren ausschlaggebend dafür, dass Ende der 2000er-Jahre Ressourcenfragen abermals die kommunalen Diskussionen um die Kinder- und Jugendhilfe dominierten. Die Zunahme und Ausweitung der Aufgaben im Kinderschutz waren, neben anderem[325], Gründe für eine massive Überlastung zahlreicher Fachkräfte in den durch jahrelange Sparpolitik und Stellenabbau untergrabenen ASD. Das Öffentlich-Werden dieser Probleme führte – anders als in den anderen Kommunen – nicht zu einer Aufstockung der Ressourcen für den ASD. Stattdessen erfolgte, der beschriebenen Logik in Politik und Verwaltung folgend, eine breit angelegte Organisationsuntersuchung, die Potenziale für weitere Effektivitäts- und Effizienzsteigerungen durch Veränderungen der Organisation und Strukturen der öffentlichen Kinder- und Jugendhilfe identifizieren sollten. Parallel dazu wurde vonseiten der Akteure der Kinder- und Jugendhilfe versucht, die Ressourcenlage unter anderem durch eine „Optimierung" der Argumentationsgrundlagen gegenüber der Zentral- und Finanzverwaltung der Kommune zu verbessern. Zu diesem Zweck wurde in einigen Regionen der Kommune ein (Modell-)Programm zur quantifizierenden Wirkungsevaluation in der Kinder- und Jugendhilfe implementiert.

> In der Arbeit mit Finanzlern, (…) also in der Arbeit über die eigene Organisation hinaus, ist es [die Wirkungsevaluation; A.M.] manchmal hilfreich. (…) Es gibt eben Professionen oder die Polizei oder so, die brauchen Facts oder Zahlen. Und wenn man die beliefern will, dann ist das hilfreich, in meiner Erfahrung. (LK 24)

---

325 Als ein die Arbeitsbelastung der ASD-MitarbeiterInnen besonders verstärkender Trend gilt das kontinuierliche Bevölkerungswachstum der Kommune. Diesem wird zwar durch eine kontinuierliche Ausweitung des Budgets für Hilfeleistungen entsprochen, es erfolgt jedoch keine analoge Aufstockung des ASD-Personals. Zudem sieht sich das Jugendamt zunehmend mit den Nebenfolgen der Reformen anderer Leistungssysteme konfrontiert. So führten beispielsweise Reformen im Schulwesen (die Absenkung des Einschulungsalters) zu einem Anstieg der Fallzahlen in der Jugendhilfe. Eine Leitungskraft erläutert dazu: „Also diese regionalen sozialpädagogischen Dienste sind im Grunde genommen so ein Sammelbecken für alle Aufgabenteile von denen man meint, sie nirgendwo anders ansiedeln zu können. Also [wir waren] jetzt grade dazu gekommen die Feststellung des Integrationsstatus in Kitas als Aufgabenbereich, muss nicht zwingend bei uns angesiedelt sein, aber okay. Und die personellen Ressourcen, die wir haben, erweitern sich nicht, sondern die Aufgabenpalette wird immer größer, die individuellen Anforderungen werden immer größer, weil natürlich, wenn je mehr Aufgaben sind, desto mehr Grundlagen und alles Mögliche braucht man" (LK 21)

In den 2010er-Jahren gerät die Kinder- und Jugendhilfe aufgrund „drängenderer Probleme" aus dem Blick kommunaler Modernisierungsbemühungen. Sowohl die Interviews in den ASD als auch andere Studien zeigen relativ deutlich, dass in der Kommune vor allem andere, medial breit problematisierte Themen als relevant gelten und politisch diskutiert und bearbeitet werden. Lediglich temporär – sofern diese medial problematisiert wurden – waren Fragen der Jugendhilfe Gegenstand politischer Diskussionen und Aktivitäten in der Kommune[326]. Entgegen dem propagierten Selbstbild als Modernisierungsvorreiter und aktiver Gestalter der Zukunft, vermitteln die Befunde zu den Entwicklungen in der Kinder- und Jugendhilfe eher das Bild einer Kommune, die von medialen Relevanzsetzungen und übergreifender gesellschaftlicher Trends getrieben ist.

Fachliche Formalisierungen in der Hilfeplanung: Auf die Frage, welche Bereiche der ASD-Arbeit in besonderem Maße standardisiert sind, benannten die befragten Leitungs- und Basiskräfte vor allem die Hilfeplanung und den Kinderschutz. Dabei bewegen sich die fachlichen Formalisierungen auf unterschiedlichen Ebenen. Die Anfang der 2000er-Jahre eingeleitete Entwicklung von einheitlichen *Standards in der Hilfeplanung* umfasste vor allem die Festlegung allgemeiner Fachlichkeitsprinzipien (z. B. AdressatInnenbeteiligung und kollektive Falldiskussionen) sowie die Vorgabe von Arbeitsschritten zur Umsetzung der Hilfeplanung, von einer (eher hilfevermeidend orientierten) Vorklärung über die Aufstellung des Hilfeplans und die Hilfeplankonferenz bis zur Evaluation der Hilfen. Über die Vorgaben zum Hilfeplanverfahren – dessen primäre Funktionen in der Bedarfsfeststellung, Hilfeentscheidung sowie Koordination und Kontrolle von Erziehungshilfen gesehen wird – sollen vor allem fachliche Standards durchgesetzt werden. Im Falle der Kommune 3 sind dies – einem sozialraumorientierten und aktivierungspolitischen Leitbild folgend – unter anderem eine konsequente Ressourcenorientierung, Niedrigschwelligkeit, Hilfe zur Selbsthilfe sowie AdressatInnenorientierung und -beteiligung. Dabei wird das Hilfeplanungsverfahren als zentrales fachliches Steuerungsinstrument sowie als Basis für einen effektiven und effizienten Ressourceneinsatz bestimmt.

Das kommunal einheitliche *Hilfeplandokument* weist eine lediglich geringe Differenzierung und Standardisierung auf. Es sind die Familiensituation, der erzieherische Bedarf, Grob- und Feinziele sowie Handlungsschritte der Beteiligten sowie schließlich eine Begründung der Hilfe und Hilfeart frei und ohne weitere Differenzierung zu dokumentieren. Hinzu kommen ergänzende Hin-

---

[326] Die herausragende Bedeutung der Medien für die Agenda des kommunalen politisch-administrativen Systems könnte auch daran liegen, dass in der Kommune zahlreiche Medienformate mit kommunalem Bezug existieren (vgl. ähnlich Bode/Turba 2014, S. 185).

weise zu Absprachen, einbezogenen Stellen und zur Hilfedauer[327]. Die geringe Differenzierung des Hilfeplans wurde bewusst gewählt, um fachliche Ermessensspielräume der Fachkräfte nicht unnötig einzuschränken. Diese Orientierung spiegelt sich auch in der bewussten und begründeten Entscheidung der Kommune wider, auf ein standardisiertes Verfahren der sozialpädagogischen Diagnose im Vorfeld von Erziehungshilfen zu verzichten. Vielmehr sei für eine passgenaue und effiziente Hilfe lediglich ein am Einzelfall orientiertes systematisches Fallverstehen zielführend, das weder vollständig planbar noch standardisierbar sei.

Neben dem Hilfeplanformular sind in der Kommune *Protokoll-Formulare für verschiedene kollektive Fallberatungs- und Entscheidungskontexte* zu den Hilfen zur Erziehung entwickelt worden. Diese sind zwar wenig differenziert und auch nur teilweise – das heißt nur für bestimmte Hilfearten – eine zwingende Voraussetzung für eine Hilfegewährung, die „betroffenen" Interaktionen erfahren jedoch eine deutliche Formalisierung. Diese bezieht sich sowohl auf den Ablauf und die Inhalte der Fallvorstellungen und Falldiskussionen als auch auf den TeilnehmerInnenkreis und die Funktionen der Teilnehmenden. Schließlich liegen den Konzepten bestimmte Fachlichkeitsverständnisse zugrunde, die über die formalen Vorgaben in der ASD-Praxis durchgesetzt werden sollen[328]. Insofern sind die Formalisierungen kollektiver Interaktionskontexte auch von praktisch-inhaltlicher Relevanz.

Die verschiedenen Instrumente zur Hilfeplanung sind zusammen mit *administrativen Dokumenten* wie dem Hilfeantrag oder dem Formular zur Kostenkalkulation sowie zahlreichen Erläuterungen, Reflexionsanregungen und konsekutiv nutzbaren Arbeitshilfen zu einem gut siebzigseitigen Handbuch für die Hilfeplanung zusammengefasst. Diese Integration verschiedener verpflichtender und freiwilliger Formulare und Anregungen erweckt fälschlicherweise den Eindruck, der Hilfeplanungsprozess in der Kommune 3 sei inhaltlich hochgradig formalisiert. Allerdings ist zu berücksichtigen, dass die schwache inhaltliche Formalisierung der Hilfeplanung nicht gleichbedeutend mit einem geringen administrativen Aufwand ist. Dies gilt nicht zuletzt angesichts des Um-

---

[327] Wenngleich das Hilfeplan-Formular als Einheitsformular konzipiert ist, haben die einzelnen Regionen im Laufe der Zeit eigenständige Erweiterungen des Dokuments vorgenommen.

[328] Die in der Kommune 3 zum Einsatz kommenden Instrumente zur kollektiven Fallberatung und Fallentscheidung werden von den Befragten als dem „systemischen Ansatz" folgend beschrieben. Der systemische Ansatz ist ein verbreiteter Therapie- und Beratungsansatz, der u. a. auf Annahmen der Systemtheorie, der Kommunikationstheorie und des Konstruktivismus aufbaut.

stands, dass weitere, hier noch nicht angesprochene Dokumente zu nutzen sind, z. B. mehrere Statistikbögen[329].

Fachliche Formalisierungen im Kinderschutz: Im Rahmen der Gefährdungseinschätzung nach § 8a SGB VIII haben die Mitarbeiter des ASD zwei Instrumente – einen Melde- und Prüfbogen sowie einen Kinderschutzbogen (s. u.) – verbindlich zu nutzen. Darüber hinaus wurde in der Kommune eine Checkliste zu Risikofaktoren für eine Kindeswohlgefährdung erstellt, deren Nutzung allen in der Kinder- und Jugendhilfe tätigen Akteuren empfohlen wird. Des Weiteren wurde ein Bogen entwickelt, mit dem Fachkräfte der Kinder- und Jugendhilfe sowie weitere Akteure, die mit Kindern, Jugendlichen und Familien arbeiten (z. B. Schulen, Beratungsstellen), Verdachtsfälle auf eine Gefährdung des Kindeswohls erfassen und bewertet sollen. Sofern ein Eingreifen des Jugendamtes für nötig erachtet wird, soll dieser Bogen ausgefüllt beim ASD eingereicht werden und dort als Basis für die weitere Gefährdungsabklärung dienen, das heißt durch ASD-Kräfte weiterbearbeitet werden.

Daneben wurde speziell für den ASD ein *Melde- und Prüfbogen* entwickelt, mit dem die Fachkräfte im ASD eingehende Meldungen sowie eigene Untersuchungen zum Kindeswohl einschätzen und dokumentieren sollen. Dieser von den ASD-Kräften verbindlich zu nutzende Bogen besteht aus zwei Teilen. Im ersten Teil werden die eingehende Gefährdungsmeldung (wer meldet was, wo etc.) sowie Kontextinformationen (z. B. zu familialen Problemlagen) erfasst und zusammen mit einer ersten, kollegial zu treffenden Risikoeinschätzung sowie mit Hinweisen zum weiteren Vorgehen dokumentiert. Sofern eine Gefährdung nach dieser ersten Prüfung nicht ausgeschlossen werden kann, ist die weitergehende Verdachtsabklärung (Hausbesuch, Informationseinholung etc.) mit dem zweiten Teil des Bogens zu dokumentieren. Die Einschätzung der Gefährdungslage in der zweiten Phase erfolgte zunächst offen, das heißt über ein Freitextfeld. Seit einer Revision des Instruments Anfang der 2010er-Jahre sind zudem zum einen verschiedene Aspekte der Grundversorgung des Kindes (z. B. Ernährung, Kleidung) über eine Skala von -2 bis +2 nummerisch zu beurteilen. Zum anderen sind Hinweise auf Gewalterfahrungen der betroffenen Kinder/Jugendlichen und zur Kooperationsbereitschaft der Eltern entlang eines vorgegebenen Rasters frei zu dokumentieren. Auch diese Einschätzung endet mit einer Dokumentation der kollektiv getroffenen und frei zu begründenden

---

329 Eine weitere, das fachliche Handeln der Fachkräfte stark restringierende Formalisierung im Kontext der Hilfeplanung bzw. Hilfegewährung (nicht nur bei Erziehungshilfen) – jedoch keine fachliche Formalisierung im Sinne dieser Studie – ist eine interne Arbeitsanweisung zur Hilfesteuerung, in der Eckwerte einzelner Leistungen – z. B. die maximale Laufzeit, die Intensität (Betreuungsschlüssel, Stundenkontingente) oder Kostensätze – definiert werden. Zwar sind Abweichungen von diesen Hilfestandards im Einzelfall möglich, sie bedeuten für die Fachkräfte jedoch einen zusätzlichen administrativen und argumentativen Aufwand.

Gefährdungseinschätzung sowie einer Dokumentation des geplanten Vorgehens. In Dokumenten der Kommune wird der Bogen mit den Funktionen begründet, den Kinderschutz zu optimieren und fachliche Standards, besonders das „Vier-Augen-Prinzip" bei Entscheidungen, zu sichern.

Sofern nach Abschluss des beschriebenen Einschätzungsverfahrens eine Gefährdung nicht ausgeschlossen werden kann, ist gemäß den kommunalen Vorgaben, ein differenzierter *Kinderschutzbogen* für jedes gefährdete Kind und jeden gefährdeten Jugendlichen verbindlich zu nutzen. Dieser soll im Zuge der weiteren Verdachtsabklärung und Hilfeleistung erarbeitet werden. Dafür seien mehrere Kontakte mit der Familie, unter anderem auch ein Hausbesuch und eine Beobachtung der Eltern-Kind-Interaktion nötig. Das Instrument ist modularisiert aufgebaut, sodass nicht in jedem Fall der gesamte Bogen genutzt werden muss. Diese Offenheit wird jedoch dadurch limitiert, dass eine Pflicht zur Nutzung einer Einschätzungsübersicht besteht, in der die Einzeleinschätzungen der anderen Bögen zusammenzutragen werden. Der Gesamtbogen selbst besteht aus zehn je einseitigen Einzelbögen. Die Bögen haben unter anderem folgende Inhalte: Risikofaktoren, Grundversorgung und Schutz des Kindes, Erscheinungsbild des Kindes, Interaktion zwischen Kind und Bezugsperson oder Ressourcen und Prognosen. Teile des Instruments (Grundversorgung und Schutz des Kindes, Gefährdungseinschätzung sowie Schutzkonzept) sind auch Bestandteil des Melde- und Prüfbogens. Die Einschätzungsbögen beinhalten jeweils Fragebatterien bestehend aus Aussagen unterschiedlicher Abstraktheit. Die Fachkräfte sind hier aufgefordert, das Nicht-/Vorhandensein der jeweils thematisierten Aspekte oder Merkmale zu beschreiben und über eine numerische Skala (-2 bis +2) zu bewerten. Zudem ist bei vielen Items die Quelle der Information anzugeben.

Zur Unterstützung der Fachkräfte bzw. zur Erhöhung der interpersonalen Reliabilität werden zu einzelnen Bögen nach Altersgruppen differenzierte Ankerbeispiele zu den Items vorgehalten. Diese Ankerbeispiele wurden in der Kommune 3 selbst entwickelt, während der Kinderschutzbogen – wie bereits erwähnt – von einer anderen Kommune übernommen wurde. Den für die Einführung des Instruments verantwortlichen Akteuren war es dabei – der fortschritts- und wissenschaftsgläubigen Grundorientierung in der Kommune folgend – wichtig, darauf hinzuweisen, dass das Instrument unter wissenschaftlicher Begleitung entwickelt sowie evaluiert wurde. Der Kinderschutzbogen soll – so ist kommunalen Dokumenten zu entnehmen – als ein Diagnostik-, Bewertungs- und Dokumentationsinstrument einerseits die Qualität im Kinderschutz sichern, andererseits als Kommunikationshilfe bei der Kooperation von Fachkräften, bei Fallvertretungen und Fallübergaben, in Elterngesprächen sowie gegenüber Vorgesetzen und gegebenenfalls Gerichten dienen.

Periphere Instrumente: Neben diesen landesweit verbindlichen vorgegebenen Instrumenten zur Hilfeplanung und im Kinderschutz wurden von verschiedenen Stellen weitere, teilweise nur regional eingesetzte, Instrumente entwickelt. Hierzu zählt ein Bogen zur Erfassung der Problemsituation von AdressatInnen (*Falleingangsbogen*), der beim Erstkontakt mit dem ASD begonnen und im weiteren Fallverlauf kontinuierlich fortgeschrieben werden soll. In dem siebenseitigen Bogen können differenziert, das heißt mit bis zu sechs vorgegebenen Unterpunkten in freier Form die Familiensituation, die Grundversorgung, familiale Beziehungen, der Entwicklungsstand des Kindes, die soziale Integration der Familie sowie die bisherige Hilfegeschichte erfasst sowie zu jedem dieser Bereiche Fragen und Hypothesen formuliert werden. Hinsichtlich der Inhaltbereiche ähnelt dieses Instrument stark dem Kinderschutzbogen. Die Differenz liegt darin, dass der Falleingangsbogen für jede Form der Kontaktaufnahme mit dem ASD – also auch jenseits von Gefährdungsfällen – genutzt werden soll. Zudem ist der Bogen im Beratungs- und Hilfeverlauf ständig fortzuschreiben. Dieses Formular ist insofern interessant, als es in den untersuchten ASD genutzt wird, jedoch der Ursprung des Dokuments nicht rekonstruierbar war. Während die Akteure in den ASD darlegten, das Instrument hätten „die da oben" entwickelt und eingeführt, kannten Akteure der Leitungsebene des Jugendamtes das Dokument nicht und schlossen daraus, dieses sei wohl in den Regionen, gegebenenfalls unter Mitwirkung kommunaler Stabstellen, entwickelt worden. Des Weiteren wird in einem der untersuchten regionalen Dienste ein *Selbstauskunftsbogen* für die AdressatInnen genutzt. Dieser Bogen wird (allen neuen) Besuchern der Sprechstunden des ASD vom Sekretariat des Dienstes ausgegeben. Die Hilfesuchenden sollen den Bogen dann im Wartebereich des ASD ausfüllen und beim Beratungsgespräch abgeben. Über den Bogen werden unter anderem soziodemografische und rechtliche Basisdaten der Familie sowie das dem ASD-Kontakt zugrundeliegende Anliegen erfasst. Die Leitung des ASD verspricht sich von diesem Formular eine Entlastung der Fachkräfte, die die entsprechenden Daten nicht mehr während des Gesprächs erfragen müssen. Diese Rationalisierungsstrategie stößt, in den anderen Regionalteams der Kommune, auf teilweise heftige Kritik, da darin eine zusätzliche und unnötige Zugangshürde zum ASD gesehen wird. Ein weiteres, ebenfalls ambivalent beurteiltes Instrument stellt ein differenzierter und hochgradig standardisierter *Diagnosebogen zur Situationserfassung bei Hilfeleistungen nach § 35a SGB VIII* (Hilfen für seelisch behinderte Kinder) dar. Schließlich berichten die Fachkräfte, dass auf den relevanten Dokumentenservern unterschiedlicher Ebenen (ASD – Jugendamt – Land) immer wieder neue Formulare abgelegt werden – teilweise ohne dass die Basiskräfte über die Existenz dieser Formulare informiert werden und ohne Hinweise zur Nutzungsweise und Verbindlichkeit der Instrumente. Somit steht zu vermuten, dass weitere Formulare in der Kommune entwickelt und gegebenenfalls auch angewandt werden, die die befragten Fachkräfte in den Interviews nicht erwähnt haben.

11.3.3 Begründung und Orientierung

Die landesweit verbindlich vorgegebenen Instrumente zum Hilfeplanverfahren und im Kinderschutz wurden in Arbeitsgruppen, bestehend aus VertreterInnen der Jugendämter und des zuständigen Landesministeriums, in der Regel unter Einbeziehung von Basiskräften aus den ASD, entwickelt und überarbeitet. Der Kommunikationsstruktur interorganisationaler Arbeitsgruppen wird eine hohe Bedeutung zugemessen. So werden diese Gremien – zumindest durch Akteure der Leitungsebene – als eine Voraussetzung für die Akzeptanz der entwickelten fachlichen Formalisierungen gesehen.

> Also es gibt nichts, was man hier einführen kann, was nicht durch diese Gruppen gegangen ist. (Sonst) hat (es) keine Akzeptanz. (…) Wir sind [viele Akteure; A.M.], und da hat schon die eine oder andere fachliche Sicht – spielt schon eine Rolle. Und diese Akzeptanz entsteht nur, wenn diese Sichten auch irgendwo mindestens mehrheitsfähig geworden sind. (LK 24)

Eine Vielzahl fachlicher Formalisierungen wird unterhalb der Landesebene entwickelt. Die Entwicklungsprozesse und Verantwortlichkeiten lassen sich hier teilweise nur schwer rekonstruieren. Dies wird von Akteuren der Leitungsebenen durchaus kritisch gesehen. So wird gemutmaßt, die große Zahl an Formularen sei auch ein Effekt von (überflüssigen) Stabsstellen, die beschäftigt werden müssten bzw. deren Existenz durch möglichst viel Output in Form von immer neuen Instrumenten und Verfahrensstandards legitimiert werden soll. Auch aufseiten der Basiskräfte bestehen offensichtliche Vorbehalte gegen fachliche Formalisierungen, die von Stellen außerhalb der ASD-Teams entwickelt werden. Um die Akzeptanz von Instrumenten zu erhöhen, wird daher versucht, die Einflüsse solcher Stellen zu verschleiern.

> Wir hatten eine Entwicklung, da hieß es: Das Fachcontrolling sollte das machen, was aber in den Regionen nicht akzeptiert wurde. Seitdem machen wir es so: Das Fachcontrolling ist Teil und die Praktizierenden aus der Ebene der Gruppenleiter sind eigentlich die Ansager. Und das funktioniert besser, da haben wir keinen Widerstand. Da kommen wir nicht mit irgendwas von draußen, sondern sie sind Teil des Erarbeiteten oder haben es miterarbeitet und das ist günstiger. (LK 24)

Leitungskräfte höherer Ebenen sehen sich mitunter für die Einführung von Standardisierungen kritisiert, für die sie sich nur bedingt verantwortlich fühlen. Das nachfolgende Zitat bezieht sich zwar auf die kommunale Festlegung von Kostensätzen, Laufzeiten und Intensität von Hilfen, ähnliche Aussagen – wenn auch nicht so deutlich – finden sich aber auch zu den Formularen in den ASD.

Furchtbar! Also das war keine Idee von mir. Ich wollte das alles einfacher und nicht ‚wenn-dann'. Aber es war wirklich mit denen [gemeint sind Leitungskräften niedrigerer Ebenen; A.M.] so erarbeitet in einer Klausur, wo wir gesagt haben: Was müssen wir uns ansehen, wo müssen wir die Kollegen darauf hinweisen, was sollten wir nicht dem Zufall überlassen. (...) Ja. Und dann höre ich sie [gemeint sind wieder die Leitungskräfte niedrigerer Ebenen; A.M.] wieder sagen: ‚So ein Scheiß!'. Obgleich es ja gemeinsam im Team erarbeitet wurde und nicht eine einsame Leitungsvariante ist. (LK 24)

Werden die Instrumente im Kinderschutz und zur Hilfeplanung in den Blick genommen, so fällt eine deutliche Differenz zwischen den beiden Arbeitsfeldern auf: Während im Bereich der Hilfeplanung zwar eine große Zahl von Formularen zu nutzen ist, beschränken sich die fachlichen Formalisierungen letztlich auf das wenig differenzierte und gering standardisierte Hilfeplanformular. Im Kinderschutz sind dagegen gleich mehrere, sehr umfangreiche, stark differenzierte und hochgradig standardisierte Instrumente zu nutzen. Diese Differenz ist insofern interessant, als die Instrumente für beide Felder auf der gleichen Ebene, nämlich in den oben erwähnten Arbeitsgruppen auf Landesebene, entwickelt wurden und anschließend durch den gleichen Akteur, das zuständige Landesministerium, zur Nutzung empfohlen bzw. später verbindlich vorgegeben wurden.

Diese Differenz lässt sich einerseits inhaltlich begründen: Im Kinderschutz soll ein objektives Gefährdungsrisiko ermittelt werden, in der Hilfeplanung wird ein kooperativer Hilfeprozess angebahnt. Andererseits ist nicht schlüssig, warum einmal auf sozialtechnologische Instrumente gesetzt wird und das andere Mal bewusst auf solche verzichtet wird. Wenn im Kinderschutz darauf vertraut wird, mittels standardisierter Instrumente Gefährdungen sicherer zu bestimmen, so ist nicht nachvollziehbar, warum dieses Vertrauen nicht auch in der Hilfeplanung seinen Niederschlag findet, um beispielsweise durch die Nutzung standardisierter Diagnosetools geeignetere und damit auch wirksamere und kosteneffizientere Hilfen einzuleiten.

In einem der Interviews werden die beiden Grundausrichtungen auf unterschiedliche fachliche, politisch-ideologische und generationale Perspektiven in den relevanten Arbeitsgruppen zurückgeführt. Demnach dominierte in der Kommune lange Zeit eine sozialintegrativ orientierte politische Grundhaltung, weshalb die partizipative und aushandlungsorientierte Ausrichtung des SGB VIII aktiv aufgegriffen und umgesetzt wurde. Das Ergebnis war ein bewusster Verzicht auf Formalisierungen in der Hilfeplanung, der noch immer nachwirkt. Das Thema Kinderschutz wurde dagegen erst deutlich später auf die fachliche und politische Agenda gehoben. In den entsprechenden neu zusammengesetzten Gremien engagierten sich andere, meist jüngere Akteure, mit anderen politischen und fachlichen Orientierungen, die sozialtechnologischen Instrumenten weniger kritisch gegenüberstanden.

> Ich für meine Begriffe sehe es in der Geschichte der Stadt. (...) [Die war] von 1945 an sehr, sehr sozialdemokratisch geprägt. Wir haben jetzt, gerade auch die Diskussion um geschlossene Unterbringung (...). Es ist aber für [Stadt] in der Jugendhilfe eine revolutionäre Denkweise, weil eigentlich will auch heute noch niemand eine geschlossene Unterbringung. Und so ähnlich ist es auch mit diesem Hilfeplanverfahren für mich und dieser Offenheit. Es ist beim Kinderschutz, der ja sozusagen in dieser brachialen Gewalt viel später erst kam, da wurde gesagt ‚Nein, da muss es knallen (...) und da gab es auch schon andere Jugendamtsleitungen, von der Arbeitsbiografie her; lebensjüngere, (...) aus anderen Arbeitsbiografien kommend. Die vorhergehende Generation der Leitungskräfte und auch der ministeriellen Mitarbeiter oder so waren noch aus diesem klassischen Herkommen der sozialdemokratischen Haltung zur Jugendhilfe, und so erklärt sich das für mich, dass es immer noch so und so in [Stadt] ist. (...) Das eine reglementiert, ist aber einer jüngeren Generation von Leitungskräften und einer anderen Steuerungsphilosophie unter anderem geschuldet, und das andere ist noch diese klassische Haltung. (LK 24)

Nun zählt es zu den Grundregeln der qualitativen Forschung, Interpretationen der Befragten nicht ungeprüft zu übernehmen. Die in der Kommune befragten TeilnehmerInnen an Arbeitsgruppen zur Entwicklung von Instrumenten zur Hilfeplanung und im Kinderschutz unterscheiden sich jedoch in ihrer grundsätzlichen fachlichen Haltung und ihrer Position gegenüber fachlichen Formalisierungen in der Art und Weise, wie dies in der zitierten Interviewpassage dargestellt wird, jedoch nicht hinsichtlich ihres Alters und ihrer politischen Orientierung.

Mit Blick auf die Beurteilungen von konkreten fachlichen Formalisierungen kann konstatiert werden, dass die Fachkräfte in der Kommune 3 – verglichen mit den anderen Kommunen – weniger befürwortend positioniert sind. Auch die befragten Akteure der Leitungsebenen nehmen eine zumindest ambivalente Position gegenüber Standardisierungen ein. Dies verwundert insofern wenig, als die Leitungskräfte lediglich indirekt – über eine temporäre und selektive Mitarbeit in einzelnen Arbeitsgruppen – an der Entwicklung der Instrumente und Verfahren beteiligt waren, wodurch der Begründungsdruck deutlich geringer ausfällt. Dies gilt umso mehr, als die Vorgaben zur Verbindlichkeit der Nutzung der Instrumente auf übergeordneter Landesebene getroffen wurden. Entsprechend werden die formalisierten Instrumente und Verfahren als etwas „Fremdes" oder „Externes" angesehen, mit dem in den ASD umgegangen werden muss. Die von den regionalen Leitungsakteuren thematisieren Umgangsweisen mit diesen extern gesetzten Rahmenbedingungen bewegen sich zwischen unhinterfragter Exekution, verdeckter Zurückweisung und aktiver Aneignung der Vorgaben. Nachfolgende Passage zeigt, dass im konkreten Umgang mit als extern wahrgenommenen Vorgaben die verschiedenen Reaktionsformen auch verknüpft werden können.

> Also wir sind hier in einem Amt. Da brauche ich nicht darüber nachdenken oder diskutieren, ob das Sinn macht oder nicht. Das sind Vorgaben, die sicherlich davor auf der Landesebene schon lange diskutiert und besprochen sind, die die Jugendamtsleitung dann umgesetzt haben möchte. Und da fängt man an zu überlegen und gleicht ab mit den Möglichkeiten, die wir hier haben, wie das umzusetzen ist. (…) Also es macht da wenig Sinn darüber nachzudenken, ob jetzt das so Sinn macht oder nicht, sondern man überlegt dann nur noch, wie man es umsetzen kann. Und zwar so, dass die Kollegen das auch nachvollziehen können und dass das kompatibel ist zu dem eigentlichen Auftrag, den wir haben. Und dass das möglichst wenig Störungen (macht), und trotzdem ein Effekt eintritt. (TL 13)

In der Praxis kann diese „Anpassung an die lokalen Möglichkeiten" sehr weit gehen. Im Fall des Kinderschutzbogens bedeutete diese Anpassung in machen Teams nicht weniger als die Außerkraftsetzung der landesrechtlichen Verpflichtung zur Nutzung des Instruments. Diese wird einerseits mit fehlenden Ressourcen begründet, andererseits wird von den Leitungskräften auch differenzierte inhaltliche Kritik geübt. So wird beispielsweise bemängelt, dass die Länge und Differenziertheit des Instruments dazu beitrage, sich in Einzelaspekten zu verlieren und die Gesamtsituation aus dem Blick zu verlieren. Zudem wird konstatiert, standardisierte Instrumente seien grundsätzlich unangemessen, da sie der Dynamik von Fällen in der Kinder- und Jugendhilfe – und besonders problematisch verlaufenden Fällen im Kinderschutz – nicht gerecht werden.

> Ich glaube die Masse [gemeint ist die Zahl der Indikatoren des Kinderschutzbogens; A.M.], die einem nicht die Möglichkeit gibt, das Zusammenspiel der einzelnen Faktoren einfach auch zu erleben. (…) In Einzelsituationen kann der ganz nett sein, weil man in der Lage ist, dann auf zwei Seiten einfach sich mit dem emotionalen Zustand oder mit der Interaktion zwischen Kindern und Eltern auseinanderzusetzen. Aber das Highlight eigentlich, ich bin in der Lage die Gesamtsituation im Wesentlichen darzustellen, wird nie erlebt, weil dafür ist es [das Instrument; A.M.] zu umfangreich. (…) Mein Problem ist, dass ich der Meinung bin, zu den dramatischen Fällen kommt es dadurch, dass sich einer dieser Faktoren sprunghaft aufgrund irgendwelcher Verhältnisse verändert. (…) Und zwar emotionale Belastung von Eltern ist eine ganz häufige Angelegenheit, Beziehungsstress, diese Geschichten. Deshalb ist es meines Erachtens schwer, anhand des Kindesschutzbogens bevorstehende katastrophale Kinderschutzfälle vorauszusehen. (LK 12)

Von anderen Leitungsakteuren wird der Kinderschutzbogen dagegen als hilfreiches und die Professionalität im ASD unterstützendes Werkzeug angesehen und seine Nutzung daher von den Basiskräften verlangt. Dem Problem fehlender Ressourcen zur Bearbeitung des Instruments wird in diesem Fall auch damit begegnet, dass die Bearbeitung des Kinderschutzbogens regelmäßig an externe Leistungserbringer „fremdvergeben" wird. Auch diese lokale Strategie stellt eine Abweichung von den landesrechtlichen Vorgaben dar, allerdings auf der Basis völlig anderer Beurteilungen und mit völlig anderen Effekten.

In der Zusammenschau tendieren die Leitungskräfte dazu, fachliche Formalisierungen in der Hilfeplanung – auch wegen des geringeren Standardisierungsgrads – positiver zu beurteilen als die Instrumente im Kinderschutz oder gar zur Fallaufnahme. Betont werden – neben sozialpädagogisch-fachlichen Erwägungen – auch administrativ-pragmatische Begründungen, wonach fachliche Formalisierungen eine Arbeitserleichterung darstellen: Da in einem Ballungsraum mit hoher Mobilität Fallübergaben und Kooperationen weit verbreitet sind, würden gemeinsame Arbeitsmaterialen die Arbeit erleichtern. Zudem wirkten sie der Verselbstständigung und Abgrenzung der einzelnen Regionen integrierend entgegen. Des Weiteren werden auch in der Kommune 3 die gängigen Argumente für fachliche Formalisierungen vorgebracht, besonders der Wunsch nach rechtlicher und fachlicher Absicherung, das Ziel der Orientierung und Strukturierung der Fallarbeit, eine Unterstützung der Reflexion und von Entscheidungen sowie die Hoffnung, Willkür zu verringern und eine Gleichbehandlung der AdressatInnen stärken zu können. Zusammenfassend führt eine Leitungskraft dazu aus:

> Ich halte die [gemeint sind die fachlichen Formalisierungen im ASD; A.M.] für vernünftig und gut. (...) Nicht dass man jedes einzelne Formular immer ausfüllt, aber die Denkanstöße und die Fachlichkeit, die damit implementiert werden, die finde ich wichtig. Ich glaube, dass es einfach eine notwendige Umsetzung von Professionalität ist, wenn man sich zumindest einigermaßen auf demselben Level bewegt und nicht diese willkürliche Bauchsozialarbeit macht. Dazu ist es notwendig eben auch die Fachlichkeit über solche Standardisierungen, wie in der Falleingangsphase Aufnahmebögen und alles Mögliche, auch umzusetzen. (...). Man muss sich aber auch, gerade im Kinderschutz, auf seine sieben Sinne verlassen können. Das kann man gar nicht – auch in tausend Fragebögen nicht – anders fassen. (...) Ich glaube, dass es wichtig ist, das, was man über seine Sinne wahrnimmt, oder sein Bauchgefühl, wie man so schön sagt, dass man das mit Standards überprüft. Das ist ein ganz wichtiger Teil. Wenn man das nicht tut, dann wird man unprofessionell. Ganz eindeutig. Aber diese Standards sind praktisch Ausdruck der Professionalität. (...) Das ist natürlich immer ein Spannungsfeld zwischen Gefühlen und sinnlicher Wahrnehmung und solchen Standards. Aber wir müssen aus der Willkür raus und in die Fachlichkeit rein. (LK 21)

Die hier beschriebene Verknüpfung und Ausbalancierung von Formalisierungen und persönlicher Kompetenz ist auch bei den (Leitungs-)Akteuren in Kommune 3 das dominierende Professionalitätskonzept. Dabei werden von den Leitungskräften für die unterschiedlichen Instrumente je spezifische Nutzen, Risiken und Herausforderungen thematisiert. So wird etwa die Formulierung von Hilfeplänen als besonders herausfordernd und teilweise problematisch beschrieben. Dies wird unter anderem damit begründet, dass Hilfepläne unterschiedliche Funktionen erfüllen, so die Definition von Hilfeleistungen und Hilfezielen, die Begründung für Hilfegewährung etc. Daher würden Hilfepläne vielfach nicht für die eigentlichen AdressatInnen – Familien und Leistungserbringer – sondern für übergeordnete Stellen im Jugendamt formuliert werden, mit dem Effekt, dass ein „Sozialarbeiterdeutsch" (TL 28) zum Einsatz kommt, das für Eltern und Kinder nicht verstehbar ist. Fachliche Argumente für Formalisierungen werden von den Leitungskräften in Kommune 3 – wie auch in den anderen Kommunen – zudem steuerungsbezogen gerahmt.

> Das Führen einer so großen Organisation, auch mit der Ausdifferenziertheit, (wird) dadurch [durch fachliche Formalisierungen; A.M.] leichter. (…) Ich bin schon angetreten in der Leitungsrolle mit einer sehr großen Offenheit und Verantwortungsabgabe an die Mitarbeiter und das hat nur bedingt funktioniert. (…) Und da sind solche Standardisierungen – ob das jetzt auf bezirklicher Ebene, regionaler Ebene oder Landesebene sind – oft hilfreich. Sowohl für den Leiter, finde ich, als auch für den Mitarbeiter. Nicht nur um einen Bösewicht zu haben, ‚Die da oben sind bescheuert', sondern eben auch, um eine gewisse Sicherheit zu empfinden. Weil bei Sozialer Arbeit ist dieses Unsicherheitsempfinden enorm hoch, obwohl es objektiv gar nicht so groß ist. Beim Kinderschutz ist es extrem (…). Und insofern ist das ja in unserer Branche so: Wir arbeiten ganz viel mit Gefühlen der Familie, und haben aber auch selber ganz viel [Gefühle] im System. Und da sind solche Standardisierungen für meine Begriffe gut – besser als ich dachte, muss ich gestehen. (LK 24)

Fachliche Formalisierungen sollen demnach in einem affektiv hoch aufgeladenen Kontext Sicherheit und Orientierung vermitteln, sowohl in der Interaktion mit den AdressatInnen als auch im organisationalen Gefüge des Jugendamtes. Diese emotionale Stabilisierung wird als eine Basis für die Steuerbarkeit der Organisation gesehen. Solche eher zustimmenden Positionen werden jedoch nicht von allen Leitungsakteuren in der Kommune geteilt. Eine Leitungskraft äußert sich grundsätzlich ablehnend gegenüber Standardisierungen, die darauf abzielen, Entscheidungsprozesse zu unterstützen. Diese, so der Vorwurf, würden die für gute Soziale Arbeit unerlässliche Konzept- und Methodenvielfalt zwangsläufig einschränken und zu einer „Mathematisierung der Sozialpädagogik" (LK 12) führen. Die befragte Leitungskraft verknüpft dabei die Gestaltung konkreter Instrumente und Verfahren in der Kommune mit übergeordneten

Trends zu einer Standardisierung des fachlich-konzeptionellen und methodischen Repertoires der Kinder- und Jugendhilfe.

> Wo ich standardisierte Prozesse mag, ist, wo die Nachvollziehbarkeit von Entscheidung dokumentiert werden muss (...). Find ich also total logisch. Wie man zu diesem Ergebnis kommt, also die Voraussetzung dafür, da finde ich es schwierig, weil Standardisierungen eigentlich einengen. Weil sie auf gewissen Denkmustern sich abstützen und weil sie andere Denkmuster schwer zulassen beziehungsweise weil man Schwierigkeiten hat, diese Denkmuster in die Standardisierung reinzukriegen. Also wenn ich hier eine Kollegin habe, die sehr stark, weil sie sich damit intensiv auseinandergesetzt hat, mit Methoden des Psychodramas (arbeitet), muss ich ihr die Möglichkeit geben, ihre Definition einer Bedarfslage auch da herzuleiten. Und ihr nicht sagen: ‚Jetzt musst du komplett umdenken, du hast ein standardisiertes Verfahren, das haben Systemiker entwickelt, probiere mal herauszufinden, wie ein Systemiker dein Problem sieht'. Also ich mag es (...), dass es eine Methodenvielfalt gibt und dass man auch zulassen kann, dass also unterschiedliche Denkmuster, Arbeitshypothesen zu einem guten Ergebnis führen können. Und da ist Standardisierung schwierig. (LK 12)

Unbeschadet der ansonsten überwiegend positiven Beurteilung einzelner Instrumente oder auch von fachlichen Formalisierungen insgesamt, kritisieren nahezu alle befragten Leitungskräfte einen Trend zu einer immer stärkeren Bürokratisierung bzw. Ausweitung von Formularen. Dieser Trend wird für unterschiedliche Arbeitsbereiche thematisiert, vor allem aber für die Hilfeplanung und die Administration von Erziehungshilfen. Die an sich positiv beurteilten fachlichen Formalisierungen gelten den Befragten dabei als Teil dieses Problems.

> Also wenn man sich das mal anguckt, was wir für Papier bewegen, um eine Familienhilfe umzusetzen, ist schon stattlich. Und das geht auf die Dauer so, glaube ich, nicht weiter. Wir hoffen die ganze Zeit auf so eine elektronische Akte, die zwar auch schwierig zu handhaben sind, völlig klar, aber dass wir eben nicht diese Massen von Papieren, Kopien alles Mögliche machen um im Grunde genommen die Dokumentation zu machen und die eigene Absicherung zu betreiben. (LK 21)

Dass in den ASD „irrsinnig viel Verwaltungsarbeit" (TL 28) anfällt, wird dabei einerseits als Problem der Organisation gesehen, die Formalisierungsdynamiken hervorbringt, die letztlich eine Unwucht in das für die ASD-Arbeit konstitutive Nebeneinander von administrativen und interaktiven Arbeitsanteilen bringt. Andererseits wird das Ausmaß an administrativen Tätigkeiten – vor allem der Dokumentation – auch als Effekt einer übertriebenen Absicherungshaltung der Fachkräfte, gerade im Kinderschutz, kritisiert.

> Also mein Gefühl, das Wort dazu ist immer, ‚vom Lesen einer Speisekarte wird man nicht satt'. Das heißt wir können noch so viele Papiere erfinden (...), alle möglichen Arbeitsanweisungen und so weiter. Wichtig ist erstmal die Situation vor Ort zu klären und die Dokumentation hinten anzustellen. Ich habe schon manchmal den Eindruck, dass also grade durch diese Situation, dass wir immer mehr im Fokus auch von Presse, Rundfunk, Fernsehen, Öffentlichkeit stehen, dass einige Kollegen einfach aus der Angst heraus, etwas falsch zu machen, sich eher um die Dokumentation kümmern. Dass da das sauber da ist, anstatt zu sagen, okay da müssen wir aber gucken was sind da jetzt für Handlungsnotwendigkeiten. (LK 21)

Schließlich werden die Informationsinteressen Dritter, vor allem der übergeordneten politischen und administrativen Ebenen, als Grund für eine zunehmende Bürokratisierung gesehen. So führt eine Leitungskraft im Anschluss an Überlegungen zum Verhältnis von Formalisierungen und Professionalität aus:

> Im Verhältnis sehe ich sie [Formalisierung und Professionalität; A.M.] nicht, wenn für andere als für einen selbst oder für die Aktenführung Dinge dokumentiert werden müssen, damit andere sich wieder absichern. (...). Wen man dann alles informieren muss in welchen Zeitrahmen. Um dann diese zu bedienen, das steht manchmal nicht im Verhältnis. Aus deren Sichtweise nachvollziehbar, aus unserer schwer bis gar nicht. Da finde ich, steht es nicht im Verhältnis. (TL 22)

Im Bereich der Hilfeplanung wird die Zunahme von Formularen dagegen primär als innerorganisationales Problem gerahmt und als Effekt der Aktivität über- oder beigeordneter Stellen gesehen. Dabei wird sowohl Kritik geübt als auch Verständnis für und Machtlosigkeit gegenüber organisationalen Eigenlogiken gezeigt.

> Diese Dinge erfordern es, weil wir darüber sprechen, dass es Kosten verursacht. Und demzufolge ist es für andere Stellen wichtig. Ich hätte jetzt, was die Hilfeplanung betrifft, an manchen Stellen bestimmt Idee(n). (Aber) die Arbeitsmaterialien kann man nicht einsparen, weil jeder es aus einer anderen Sichtweise (sieht): Also eine Kostenübernahme ist klar, ein Hilfeplan, irgendwann hat man das Sachliche, irgendwann hat man das Inhaltliche, man hat einen Bescheid, man hat einen Antrag so. (...) Ist unglaublich, was wir an Formularen haben. Und wir haben aber dann noch zwei drei nebenbei und das erschwert das. (...) Das ist Wahnsinn, aber ich glaube, das ist das System, an dem man nichts ändern kann: Die Grundlagen, die Kosten- und Leistungsrechnung, die Statistiken, alles gehört dazu. (TL 22)

11.3.4 Fachliche Formalisierungen und Ökonomisierung

Im Bereich der Hilfeplanung werden Formalisierungen – wie das letzte Zitat zeigt – auch mit den durch Hilfen verursachten Kosten begründet. Über Formalisierungen soll Rechenschaft über die Verwendung öffentlicher Ressourcen abgelegt werden, indem Aufwendungen begründet und nachvollziehbar dokumentiert werden. Dieser Zusammenhang zwischen fachlichen Formalisierungen und der Nutzung öffentlicher Mittel wird in der Kommune 3 an unterschiedlichen Stellen hergestellt.

> Ich glaube, die immensen Kosten steuern die Formulare. Hier gehen zum Teil Gelder über den Tisch, das ist unglaublich. (…) Und wenn man so viel Geld ausgibt, muss man das natürlich auch gut nachweisen, damit nicht irgendwie das in so ganz schräge Kanäle läuft, glaube ich. Dafür braucht man es [die Formulare; A.M.] ein bisschen. Ich weiß nicht, ob man das irgendwie anders gestalten könnte. (TL 28)

Insgesamt ist in Kommune 3 eine ökonomische Sichtweise auf Leistungen der Kinder- und Jugendhilfe weit verbreitet. In den Interviews mit Akteuren aller Hierarchieebenen wird die Notwendigkeit unterstrichen, Aufwendungen der Kinder- und Jugendhilfe gegenüber Dritten zu legitimieren. Entsprechend werden differenzierte Kostennachweise – in Form von formalisierten Instrumenten – als eine legitime öffentliche Erwartung an den ASD gesehen. Darüber hinaus scheint bei Befragten verschiedener Leitungsebenen die defensive Sichtweise durch, dass die Verausgabung von Geld für soziale Zwecke – immerhin Rechtsansprüche der BürgerInnen – besonders begründungsbedürftig ist und daher – etwa über die Fundierung und Dokumentation von Entscheidungen mittel fachlicher Formalisierungen – gerechtfertigt werden muss. Dies wird vor allem bei der Thematisierung von Budgetüberschreitungen deutlich, wo die Befragten von „Schulden haben" (LK 24) oder einer Überschreitung der „Gelder, die uns eigentlich zustehen" (TL 28) sprechen.

Solche ökonomistischen Denkmuster werden in den anderen Kommunen, obgleich deren Haushaltssituation teilweise angespannter war, nicht vertreten. Während die Legitimation von Kosten regelmäßig mit Formalisierungen verknüpft wird, werden diese Formalisierungen eher indirekt mit dem Ziel der Kostenkontrolle in Verbindung gebracht. Dies ist insofern interessant, als fachliche Formalisierungen in 1990er-Jahren im Bereich der Hilfeplanung explizit gefordert wurden, um damit Kostensteigerungen im Bereich der Erziehungshilfen zu beggenen. Ein Beispiel für eine solche Funktion ist die Vermutung, die Bürokratisierung im Bereich der Hilfeplanung sei eine Strategie zur Senkung der Kosten, da sie den Aufwand zur Installierung von Erziehungshilfen künstlich erhöhen.

> Und diese Systeme [gemeint sind die Vorgaben zur Hilfeplanung; A.M.] sind halt, glaube ich, auch ein Stück weit so ausgebaut worden, um Sozialarbeiter zu diszi-

plinieren. [Damit sie] sich davor scheuen, kostenintensive Hilfen auszurechnen (lacht) und sagen: ‚Vielleicht kriegen wir das anders hin'. (LK 21)

Der Mechanismus, dass der hohe formale Aufwand zur Einleitung einer Hilfe dazu führt, Hilfebedarfe nicht, in nur unzureichender Weise (durch formlose Betreuung durch den ASD) oder nur verzögert abzudecken, ist aus anderen Studien bekannt. Langer (2007) beschreibt solche Effekte beispielsweise als Formen von „Paradoxien der Risikoselektion". In den Interviews der vorliegenden Studie konnten – sowohl bei Leitungs- als auch bei Basiskräften – keine weiteren Hinweise auf derartige Effekte gefunden werden. Vielmehr zeigen die Interviews, dass fachliche Formalisierungen auch zur Durchsetzung von Hilfen instrumentalisiert werden. So führt eine Basiskraft an, dass sie Hilfeplanziele gegebenenfalls „dann noch abrechenbar umformulieren" müsse (BK 14). Zudem berichten Leitungskräfte davon, dass die Signalwirkung von Kinderschutzbögen genutzt werde, um Dringlichkeit zu signalisieren und Erziehungshilfen leichter durchzusetzen.

> Das ist, dass man im Prinzip nochmal eine andere Begründung für gewisse Entscheidungen hat. Manche Kollegen setzen gerne den Bogen [gemeint ist der Kinderschutzbogen; A.M.] ein, um eine Hilfe zur Erziehung besser durchzukriegen. Das ist hier ja sehr reglementiert, dass man einfach immer ein gewisses Gremium braucht, das dem zustimmt, damit man Hilfe einsetzen kann. (TL 28)

Die gleiche Botschaft verbirgt sich hinter der Feststellung einer anderen Leitungskraft, die mit Bezug auf die kommunal definierten Leistungsmerkmale meint: „Wenn der übliche Leistungsrahmen verlassen wird, ist das immer im Gefährdungsbereich" (TL 13). Diese Passagen weisen auf eine Leistungsabwehr durch Vorgesetzte hin, die jedoch nicht, wie dies Langer (2007) beschreibt, durch fachliche Formalisierungen durchgesetzt, sondern – im Gegenteil – durch fachliche Formalisierungen unterwandert werden. Anstatt über Formalisierungen Ausgabensenkungen zu realisieren, werden diese Formalisierungen eher dazu genutzt, Ausgaben zu begründen und durchzusetzen. Dies geschieht nicht nur durch eine Instrumentalisierung von Instrumenten und Verfahren durch die Basiskräfte, sondern auch durch entsprechende Strategien der Leitungsebene. So nutzen Leitungsakteure des ASD standardisierte Instrumente zur Wirkungsevaluation, um auf der Landesebene Kosten der Kinder- und Jugendhilfe zu begründen und damit die finanziellen Handlungsspielräume gegenüber der als übermächtig wahrgenommenen Finanzbürokratie zumindest zu sichern.

> Also zu dem Zeitpunkt, als wir die Wirkungsevaluation begonnen haben, vor drei Jahren, waren wir noch Schuldner, also hatten wir noch unsere Budgets tüchtig

> überzogen, und ich brauchte auch Argumentationshilfe: ‚Es wirkt, guckt euch das an. Wir sind nicht nur Verschleuderer von Geld', was ja immer sehr schnell der Jugendhilfe angeheftet wird, sondern wir sind eben auch in der Überprüfung dessen, was wir da machen, sind wir bereit dazu und wir sind auch bereit zu diskutieren. (...) Sowas hilft natürlich immer gegenüber Finanzern. (...) Da muss man Fakten liefern und die sind ja, unter anderem, bei der Wirkungsevaluation, dann da. (LK 24)

Die mit einer quantifizierenden Wirkungsevaluation verknüpften Hoffnungen erschöpfen sich nicht nur in einer Ausweitung der Argumentationsbasis nach außen. Ebenso wird angestrebt, durch die Wirkungsevaluation Reflexionsprozesse innerhalb des ASD anzuregen. Dabei stehen fachliche Dimensionen – vor allem die Nachhaltigkeit und Passgenauigkeit von Hilfen – im Mittelpunkt.

> Das [die Wirkungsevaluation; A.M.] ist einer von diesen versuchten Wegen (...), bei den Kollegen sozusagen Nachdenklichkeit auszulösen, weil die Ergebnisse der Wirkungsevaluation sind schon so, dass man darüber diskutieren kann, fachlich, und die Wirkungsevaluation hat für mich einen Charme gehabt, und das hat sich auch als gut herausgestellt, bestimmte Prozesse oder bestimmte Gedankengänge, Dokumentationen zu strukturieren, besser zu strukturieren. Also ich habe festgestellt, dass wir bei der Dokumentation Schwierigkeiten, also Schwächen haben, in der Organisation. (LK 24)

Schließlich erfolgte auch in der Kommune 3 eine Verschiebung der Tätigkeiten im ASD in Richtung Case Management. Während sich dieser Prozess in den anderen beiden Kommunen als nicht intendierter (Neben-)Effekt der zunehmenden Aufgabenverdichtung und Überlastung der ASD-MitarbeiterInnen „eingeschlichen" hat, stellt sich die Situation in der Kommune 3 insofern anders dar, als in den grundlegenden konzeptionellen Selbstpositionierungen der öffentlichen Kinder- und Jugendhilfe zu Beginn der 2000er-Jahre ein Rückzug auf hoheitliche Kernaufgaben der Gewährleistungsverantwortung explizit als Ziele formuliert wurden. Dabei wurden Kinderschutzaufgaben einerseits und das Fallmanagement von an freie Träger vergebene Leistungen andererseits als die beiden primären Aufgaben des Jugendamtes definiert. Dieses Aufgabenverständnis wird noch immer als Innovation gesehen und unterstützt. Der Begriff des Case Managements wird dagegen von den Leitungsakteuren des ASD gemieden, da er bei den Fachkräften negativ besetzt sei[330].

---

330 Der Bezug auf die Funktion des Fallmanagements unter Verzicht des Labels Case Management ist insofern interessant, als in vielen Arbeitsfeldern der Sozialen Arbeit gerade das Label Case Management offensiv genutzt wird, um Modernität zu zeigen und die eigene Arbeit zu legitimieren, während die Funktion des Fall- und Systemmanagements von nur nachrangiger Bedeutung ist.

> [Wir hatten] in der jüngsten Vergangenheit etliche Entwicklungen, die in unserem Jungendamt ganz gut umgesetzt werden konnten. Die ein bisschen zu tun hatten, für mich, mit diesem Perspektivwechsel von Sozialer Arbeit. Also wir hatten sehr viel fürsorgerische Tätigkeiten als Grundperspektive und jetzt haben wir eben eher sozusagen das, der Versuch des Managements, ohne das darauf zu reduzieren. (…) Die Prozesse die zu organisieren sind, auch Ressourcen, die zu organisieren sind, (…), sind inzwischen so vielfältig, dass man es arbeitsteilig organisieren muss, es geht gar nicht mehr in einer Hand. (LK 24)

Allerdings werden auch Schwierigkeiten des Case Managements gehen. So sei der Versuch, Leistungen in großem Umfang outzusourcen schnell an finanzielle Grenzen gestoßen. Zudem werden, wie nachfolgendes Zitat zeigt, inhaltliche und fachliche Bedenken und Vorbehalte geäußert:

> Case Management würde doch heißen, alle Bedarfssituationen, die ihr seht, die münzt mal bitte schön in eine Hilfe zur Erziehung um und dann gebt ihr das an einen freien Träger ab. Dafür war das Geld nie da, sodass es immer so das Zwischenspiel ist: Was kann ich noch ohne Hilfe zur Erziehung verantworten und wo muss ich eine Hilfe zur Erziehung verantworten und wo muss ich eine Hilfe zur Erziehung einsetzen. Und da unterscheiden sich die Kollegen auch ein Stück weit. Ich kenne niemand der sich hundertprozentig als Case Manager versteht, sondern es gibt immer noch den persönlichen Beratungsansatz und den Versuch, in mehreren Beratungsgesprächen das ohne Hilfen zur Erziehung hinzukriegen oder in andere Hilfesysteme zu überführen. (LK 12)

11.3.5 Akzeptanz und Nutzung durch die Basiskräfte

Obgleich die zentralen Instrumente in den Bereichen Kinderschutz und Hilfeplanung unter Beteiligung von Fachkräften in Arbeitsgruppen entwickelt wurden, können diese Instrumente nicht als allgemein akzeptiert gelten. Selbst Fachkräfte, die persönlich an der Entwicklung beteiligt waren – beispielsweise an der Formulierung von Ankerbeispielen für den Kinderschutzbogen – äußern inhaltliche und die Praktikabilität betreffende Vorbehalte gegen „ihre" Instrumente und Verfahren (vgl. TL 13). Noch deutlicher fällt jedoch die Kritik an Instrumenten aus, die nicht kollektiv, sondern von Akteuren höherer Hierarchieebenen entwickelt wurden.

> Es gibt kluge Leute da oben, die auch alle mal in dem Bereich gearbeitet haben, die dann irgendwas Tolles entwickeln und wir sollen das dann machen. Aber das ist nicht praktikabel. Wir werden hier auch nicht mitgenommen. (…) Also wo man dann angehalten wird, bestimmte Sachen zu tun. (…) Und da werden eben gar nicht die

Bedenken berücksichtigt und vor allem die Erfahrung. (...) Das ist schon ein Problem hier. (BK 14)

Diese Skepsis gegenüber dem Entstehungskontext schlägt sich teilweise auch in der Beurteilung der fachlichen Formalisierungen nieder. Dabei zeigen sich auch in Kommune 3 in mehrfacher Hinsicht differenzierte Beurteilungsmuster. Zum einen unterscheiden sich die Perspektiven und Beurteilungen für die Formalisierungen in den beiden Arbeitsbereichen Hilfeplanung und Kinderschutz. Die wenigen und zudem gering formalisierten Instrumente und Verfahrensvorgaben im Bereich der Hilfeplanung werden von den Basiskräften nicht als relevante Formalisierung der Arbeit gesehen. Stattdessen werden sie als Elemente einer umfassenden Formalisierung der ASD-Arbeit bzw. der Bürokratisierung der Hilfeplanung thematisiert. Fachliche Formalisierungen im Kinderschutz werden demgegenüber zwar auch als Element der Formalisierung der ASD-Arbeit beschrieben, jedoch vor allem als fachliche Instrumente wahrgenommen und als solche einer differenzierten Beurteilung unterzogen.

Auf einer allgemeinen Ebene kritisieren nahezu alle Basiskräfte einen Bürokratisierungstrend im Sinne einer zunehmenden Ausweitung und Dominanz administrativer Tätigkeiten gegenüber adressatInnenbezogenen interaktiven Tätigkeiten. Diese Entwicklung wird als Verdrängung der eigentlichen sozialpädagogischen Arbeit gesehen. Entsprechend konstatiert eine Fachkraft „Insgesamt ufert das einfach aus. Und man verliert den Blick fürs Wesentliche und bedient Statistiken und formale Sachen" (BK 25). Diese Verschiebung bezieht sich nicht nur auf das Verhältnis von administrativen und interaktiven Elementen – das sich in den Augen einiger Fachkräfte verselbstständigt hat – sondern auch auf die Inhalte und Ziele der Arbeit im ASD.

> Das KJHG war damals meine Arbeitsgrundlage und ist es heute. Hat sich nicht geändert, aber trotzdem ist die Situation eingetreten, dass ich mit einem viel höheren Arbeitsaufwand, formal betrachtet, Hilfen bearbeiten kann. (...) Ich glaube, dass eine Entwicklung in Gang gekommen ist, wo Kreativität, Eigenverantwortung, sich überhaupt auf einen Beratungsprozess einzulassen, soweit würde ich inzwischen gehen, Dinge auch mal zu hinterfragen, die da kommen in der Diagnose, sich selbst auch ein Bild machen, dass die immer mehr zu kurz kommen. Sondern ich kann ja da ganz schnell das und das machen und dann weiß ich, ja ich muss den Bogen ausfüllen. (...) Und als ich angefangen habe, waren das Kollegen, die sich sehr intensiv in Beratungsprozesse reinbegeben haben und wo der ‚Hilfeplan', als Wort auch, nur eine dermaßen nachrangige Rolle (gespielt hat), sondern ‚Beratung' war das vorrangige Wort. Und jetzt sind es viel mehr die Strukturen, das Formale. Und sozusagen das Kernstück, was die Qualität der Arbeit ausmacht, nämlich zu sehen, was ist das Problem und was kann unterstützend sein und was braucht es auch in Zukunft, damit es uns hier als Sozialarbeiter auch zur Verfügung steht. Das kommt zu kurz. (...) Also es ist so ein Selbstläufer. (...) Weil man entwickelt Formu-

lare, auf der anderen Seite ist der Formularpool zu einem Teil ein so großes Chaos. Dieses Aufbereiten von Konzepten, eine absolute Katastrophe, die man damit, wie soll ich sagen, toppt, indem man die Sozialarbeiter zuflutet. Und das geht schon in den Bereich von Unverantwortlichkeit, weil es völlig ohne Kontrolle passiert. (BK 25)

Die Kritik der Fachkräfte konzentriert sich primär auf Tätigkeiten und Formulare, die mit der Einleitung von Hilfen verknüpft sind – auch jenseits von Dokumentationsaufgaben. Dabei thematisieren die Befragten nicht nur den großen administrativen und entscheidungsbezogenen Aufwand für die Einleitung von Hilfen zur Erziehung, sondern auch den großen Aufwand für die Organisation einfacher, niederschwelliger Unterstützungsleistungen.

Da ist eine echte Schieflage hier im Amt, da ist eine echte Schieflage. (…) Das ist wirklich Wahnsinn, was hier an Papieren verlangt wird, damit sozialpädagogische Arbeit stattfinden kann. (…) Wenn ich nur Beratung mache, dann rede ich mit den Leuten und dokumentiere das. Dann ist die Welt in Ordnung. Sobald eine weitere Behörde oder ein Fachdienst eingeschaltet wird, muss es mit Formularen verschriftlicht werden. Sobald es nach HzE [Hilfen zur Erziehung; A.M.] riecht, geht es echt ab. Es ist unglaublich, was die sich alles einfallen lassen. (BK 27)

Im weiteren Interviewverlauf schildert die Fachkraft differenziert die zahlreichen Arbeitsschritte und Formulare, die nötig sind um einen Fahrdienst für ein Kind einzurichten, der diesem ermöglicht an einer ambulanten Hilfe teilzunehmen. Schließlich resümiert die Fachkraft:

Also es ist irre! Und oft bin ich bei 30 Seiten und das Kind ist noch nirgendwo gewesen. (…) Und das macht mir Druck. (…) Diese psychische Belastung ist, dass ich Sozialpädagogin bin, dass ich – ich will nicht allen helfen – aber wenn es notwendig ist und bei denen ist eine Not, dann haben wir gefälligst das zu machen. Und mir macht es den Druck, dass ich zu der Mutter nicht sagen kann: Das schaffe ich jetzt nicht. (…) Das macht mir Druck, dass ich mich einerseits verpflichtet fühle, etwas für die Leute zu machen, wenn die das brauchen, und andererseits diesen Rattenschwanz [die bürokratischen Vorgaben, A.M.] bedienen muss. (BK 27).

Die Verdrängung sozialpädagogischer durch administrative Arbeitsanteile sowie der Arbeitsaufwand zur Realisierung von Hilfen und die daraus resultierende Verzögerung oder Verhinderung von Unterstützungsleistungen für die AdressatInnen sind demnach für die Fachkräfte nicht nur ein Ärgernis sondern werden als psychisch belastend erlebt. Ebenso wie die Leitungsakteure problematisieren auch die Fachkräfte der Kommune 3 als fachfremd bzw. nicht der eigentlichen ASD-Arbeit zugehörig wahrgenommene Informationsinteressen

Dritter. Hierzu zählen auch die verschiedenen Statistiken, die die Fachkräfte zu bedienen haben.

> Prozedere, die nicht nachvollziehbar sind, sind die unzähligen Statistiken, die wir führen müssen. Also das heißt, wir haben eine Arbeitsplatzstatistik, eine Statistik für die Bundesanstalt, wir haben eine Statistik für die Mengenerhebung, also wie viele Fälle wir in welchen Bereichen am Tag wie bearbeiten. Und wir hatten bis vor kurzem noch die Wirkungsevaluation. Also all diese Statistiken bringen auch nicht mehr Nachprüfbarkeit. (...) Also das ist etwas, was uns wirklich sehr stark behindert. Und dass wir Formulare ausfüllen müssen, die manchmal, einfach zu viel sind. (BK 26)

Wie bereits erwähnt, werden fachliche Formalisierungen von den Fachkräften zwar als Teil der allgemeinen Bürokratisierung und Aufgabenverschiebung im ASD betrachtet, dennoch werden die einzelnen fachlichen Instrumente und Verfahren, vor allem im Kinderschutz, in den Interviews differenziert beurteilt. Die große Zahl unterschiedlicher Instrumente in den ASD der Kommune 3 zeigt dabei – deutlicher als in den anderen beiden Kommunen – wie spezifisch, differenziert und vor allem ambivalent die Beurteilungen einzelner formalisierter Instrumente und Verfahren ausfallen. So kritisiert beispielsweise eine Fachkraft die im Melde- und Prüfbogen vorgegebenen Items als zu differenziert, während sie die Differenziertheit des ausführlichen Kinderschutzbogens positiv hervorhebt. Diese vermeintlich inkonsistente Beurteilung begründet die Fachkraft jedoch sehr überzeugend mit den unterschiedlichen Funktionen und Nutzungsweisen der beiden Instrumente (vgl. BK 25). Ebenso werden etwa Quantifizierungen bei den Kinderschutzbögen von ein und derselben ASD-Fachkraft einerseits als fachlich problematische Simplifizierung gewertet, andererseits aber hinsichtlich ihrer Funktion der Ermöglichung einer schnellen Orientierung bei Fallübergaben geschätzt (vgl. TL 13). Auch einzelne Instrumente werden demnach entlang verschiedener Funktionen und unter Heranziehung verschiedener Beurteilungskriterien differenziert beurteilt (vgl. Abschnitt 11.7.2).

Die befragten Basiskräfte unterscheiden sich darin, wie differenziert sie die verschiedenen fachlichen Formalisierungen beurteilen. Diese Unterschiede lassen sich unter anderem auf die beruflichen Sozialisationen der Fachkräfte zurückführen. Während in den anderen Kommunen alle Befragten über (mindestens) einen Hochschulabschluss in Sozialer Arbeit verfügten, arbeiteten im ASD der Kommune 3 Fachkräfte mit unterschiedlichen Abschlüssen. So konnten auch MitarbeiterInnen mit nicht-akademischen Abschlüssen sowie Mitarbeitende mit nicht-sozialarbeiterischen Primärsozialisationen (z. B. Medizin) befragt werden. Dabei korrespondierte eine differenzierte Beurteilung fachlicher Formalisierungen – ebenso wie ein differenzierteres Fachlichkeitsverständnis[331] – mit höheren und einschlägigen (sozialarbeiterischen und sozialpädagogischen) Bildungsabschlüssen. An dieser Stelle ist anzumerken, dass die befragten Basiskräfte der Kommune insgesamt über zahlreiche fachliche und überfachliche Zusatzqualifikationen – von Fortbildungen bis zu Master-Abschlüssen – verfügen[332].

Besonders differenziert werden die beiden Instrumente im Kinderschutz – der Melde- und Prüfbogen sowie der Kinderschutzbogen – beurteilt und beschrieben. Beim Melde- und Prüfbogen werden in fachlicher Hinsicht die Funktionen der Orientierung, Sortierung und Fokussierung besonders hervorgehoben. Gerade in angespannten und kritischen Situationen gebe er daher Sicherheit.

> Er [der Melde- und Prüfbogen; A.M.] ist auch hilfreich, weil da kommen ja manchmal echt Hammerdinger [gemeint sind Gefährdungsmeldungen; A,M.] an. Und sich zu sortieren und zuzuhören und abzuschätzen, ist echt schwer, also schreibe ich es lieber auf. (BK 27)

Des Weiteren wird in dem Instrument das Potenzial gesehen, die subjektive Einschätzung zu objektivieren und zu fundieren. Zudem fordere er durch den Zwang zur Verschriftlichung ein vertieftes Maß der Reflexion.

> Ich glaube, dass durch diese Transparenz Dinge vielleicht nochmal anders oder nochmal klarer gesehen werden. Dass man nochmal klarer auf bestimmte Punkte schaut. (…) Durch diese gezielten Fragestellungen, mit der Beantwortung, die man (macht, wo) man merkt ‚Oh, habe ich möglicherweise den Focus auf die eine Richtung gelenkt? ist mir da irgendwie-, muss ich da nochmal nachschauen'. (TL 22)

Auch wird unterstrichen, dass der Melde- und Prüfbogen hilft, zentrale fachliche Standards zu sichern. So erzwinge er das Vier-Augen-Prinzip, da er an verschiedenen Stellen eine zweite Unterschrift „einfordere".

---

331 Als Hinweis für ein weniger differenziertes Fachlichkeitsverständnis werden etwa „Kinder helfen" oder „mit Menschen arbeiten" als Motive für die Arbeit im ASD gewertet. Ein Beispiel für ein differenziertes Fachlichkeitsverständnis ist etwa der Wunsch, die Familien bei der Realisierung ihrer eigenen Ziele zu unterstützen oder Bürgern zu ihrem Recht zu verhelfen.

332 Während fachbezogene Weiterbildungen in den anderen Kommunen vielfach als Teil der Personalentwicklung durch die Ämter zumindest mit-finanziert werden, wurden die zusätzlichen Qualifikationen der Fachkräfte in Kommune 3 überwiegend in der Freizeit und selbst finanziert erworben, um den eigenen Anforderungen an die Alltagspraxis besser genügen zu können.

> Insofern ist es ja schon verankert in dem Kinderschutzbogen, dass man ja auch unterschreiben muss, mit der zweiten Fachkraft. (...) Da gibt es sicher noch Verbesserungsvarianten, aber grundsätzlich mal diese Verpflichtung, sich da ins Gespräch zu begeben, finde ich schon auch sinnvoll. (BK 14)

Mit Blick auf die Funktion als Dokumentationsinstrument wird hervorgehoben, dass er als gemeinsames Arbeitsinstrument eine schnelle Orientierung ermögliche. Dies sei angesichts der vielen Fallübergaben – etwa zwischen Krisendienst und fallführender Fachkraft oder bei Fallweitergaben an andere Regionalteams – von großer Bedeutung.

> Ja, das ist wirklich so ein Standard, der für Kollegen eine Sicherheit bietet, dass man also in jedem beliebigen Büro in jeder beliebigen Akte diesen Bogen findet und ihn auch verarbeiten kann und ihn jeder Kollege auch gleich liest, ist einfach, ist einfach eine Sicherheit. Ja, dass man das auch immer richtig einordnet. (TL 13)

Vergleichsweise selten bzw. nur auf Nachfrage wurde der Wunsch nach strafrechtlicher Absicherung als Begründung für die Nutzung des immerhin durch Landesrecht als verbindlicher fachlicher Standards gesetzten Instruments benannt. In diesem Punkt zeigen sich die Basiskräfte äußerst skeptisch (vgl. BK 14). Auch auf der inhaltlichen Ebene werden zahlreiche Kritikpunkte an dem Instrument formuliert. So wird das Instrument – besonders die Items zur Erfassung der Situation und des Gefährdungsrisikos – teilweise als zu differenziert, teilweise als zu undifferenziert und oberflächlich beschrieben (vgl. Abschnitt 11.7.2). Weiter wird seine einseitige Orientierung auf Kinder bemängelt. So würden andere relevante Bereiche im Kinderschutz, etwa der psychische Zustand der Eltern, nicht berücksichtigt. Weiter wird kritisiert, der Bogen verleite dazu, zu viele Informationen aufzunehmen (vgl. BK 14). Zudem produziere er neue Unsicherheiten, da unklar ist, wann und wie er zu nutzen ist.

> Es ist etwas schwierig: Muss ich das jetzt in jedem Fall ausfüllen, muss ich jetzt zu den Eltern sagen: Entschuldigung, ich habe da jetzt diesen Bogen und da muss ich mal in den Kühlschrak gucken. Also das ist, also da haben wir auch eine Außenwirkung und da finde ich das auch anmaßend und nicht passend. Und da kriege ich auch keinen Kontakt zu den Eltern her. (BK 14)

Auch Aspekte, die in den Augen der einen Fachkräfte für das Instrument sprechen, werden von anderen Basiskräften als irrelevant zurückgewiesen. So sichere etwa eine zweite Unterschrift keinesfalls eine kollegiale Fallberatung, sondern werde gegebenenfalls auch ohne fachlichen Austausch zwischen Tür und Angel eingeholt (vgl. BK 25). Die Beschreibungen von Kinderschutzfällen durch die Fachkräfte legen zudem nahe, dass der Bogen eher im Nachhinein zur Dokumentation und nicht zur Fundierung oder Absicherung von Entscheidungen genutzt wird. Dabei verweisen die Fachkräfte auf unterschiedliche Nutzungsweisen, die teilweise auch durch die jeweiligen Handlungskontexte bestimmt werden (vgl. auch Abschnitt 11.7.3). So beschreibt eine Fachkraft, dass per Fax eingehende Gefährdungsmeldungen immer entsprechend den Vorgaben, also auch unter Nutzung des Melde- und Beurteilungsbogens bearbeitet werden müssen, da eine Kopie jedes Faxes über die Sekretariate immer auch direkt an die ASD-Leitung gehe und die so informierte Leitung die spätere Vorlage des Bogens erwarte und kontrolliere. Telefonisch, direkt bei der Fachkraft eigehende Meldungen können dagegen zunächst geprüft werden. Eine Nutzung des Bogens erfolge hier erst im Nachhinein sofern es sich – aus Sicht der Fachkraft – tatsächlich um einen Gefährdungsfall handelt. Die Basiskraft kommentiert diese Nutzungsweise folgendermaßen:

> Wenn ein Bogen notwendig ist, dann wird er gemacht. Wenn ein Bogen weniger notwendig ist und die Sachen sich anders regeln lassen, regele ich die anders, weil ich dadurch mehr Zeit habe mit den Leuten im Kontakt zu sein. (BK 27)

Sofern eine Meldung zum Kinderschutzfall wird, so bestehen aufgrund der Einbindung von Leitungskräften wenige Spielräume für eine selektive Nutzung des Bogens. Allerdings wird in den Interviews auf eine große Variationsbreite in der Tiefe, Sorgfalt und Reflektiertheit der Nutzung verwiesen. Dabei wird das subjektive Gefühl (als Teil personaler Kompetenz) als dafür ausschlaggebend beschrieben, wie gründlich die Bearbeitung und Dokumentation erfolgt. Somit können fachliche Formalisierungen nicht nur dazu genutzt werden, Gefühle zu objektivieren, offensichtlich „steuern" auch Gefühle die Art der Nutzung der Formalisierungen.

> Also wenn man mal so zurückblickt, die schwierigen Fälle, die jeder in seinem Arbeitsgebiet hat, wo es also dann auch wirklich gefährlich mitunter wird, die sind von Anfang an sehr gut dokumentiert. Woher das kommt, weiß ich nicht. Aber das ist irgendein Gespür, das man entweder hat, wenn man sich sowieso schon für die Arbeit besonders gut eignet oder dass man relativ schnell lernt. Dann ist der Prüf- und Meldebogen nur ein Instrument, um das zu dokumentieren, aber dann ist der Rest auch gut dokumentiert. Das ist einfach so. Man hat ein Gespür für schwierige Fälle. (TL 13)

Neben differenzierten und selektiven Handhabungen finden sich aber auch Anzeichen für ein naives Vertrauen in fachliche Formalisierungen. Der Melde- und Prüfbogen gilt etwa als hilfreich, weil man

> anhand der vorgegebenen Fragen/Indikation nochmals abprüfen kann, handelt es sich wirklich um Kinderschutz oder nicht. Und wenn ich dabei feststelle und alles

mit minus eins oder minus zwei ausfülle, dann weiß ich, dass ich wirklich im Kinderschutz bin. (BK 26)

Hinsichtlich des Nutzens des Melde- und Prüfbogens wird von den MitarbeiterInnen des ASD der Kommune 3 kritisch angemerkt, dieser stünde in Konflikt mit den Prinzipien der klassischen Aktenführung im ASD. Die Fachkräfte geben an, dass sie ihre gesamte Tätigkeit grundsätzlich in Form von Aktenvermerken dokumentieren – und zwar unabhängig davon, ob für einen Arbeitsbereich zudem fachliche Formalisierungen zu nutzen sind oder nicht: In diesem Fall bedeuten verbindlich zu nutzende Instrumente zur Dokumentation eine Dopplung der Dokumentationsarbeit, die von den Befragten als unnötige Mehrarbeit qualifiziert wird[333].

Daher gibt es immer Aktenvermerke: Also immer Datum, kurz den Sachverhalt und Absprachen, die dann da lauten und unten immer nochmals, wie bin ich verblieben und was sind die nächsten Handlungsschritte. Damit das da immer deutlich wird. Also unabhängig davon: alle Gespräche, Termine, Einladung von Eltern. All das landet immer in der Akte. Und zusätzlich wird sozusagen dann dieser Bogen ausgefüllt. Also das ist wirklich auch zusätzlich, das macht die Zeit auch aus. Also das heißt, ich muss hier zusätzlich auch die Daten der Familie, des Kindes und so eintragen (…) und zusätzlich hat man noch die ganzen Aktenvermerke. (BK 14)

Unbeschadet der differenzierten Beurteilungen und Umgangsweisen deutet sich in den Interviews an, dass der Melde- und Prüfbogen – jenseits aller fachlichen Erwägungen – recht häufig, das heißt auch bei völlig abwegigen Meldungen, genutzt wird. Der Grund dafür liegt in einer Verknüpfung des Instruments mit Strategien zur Ressourcensteuerung. Als Gefährdungsfälle statistisch erfasst werden in der Kommune 3 nur mittels des Melde- und Prüfbogens aufgenommene Fälle. Die Personalausstattung der einzelnen regionalen Dienste wird

---

333 Die Kritik einer Inkompatibilität von fachlichen Formalisierungen mit den Regeln der Aktenführung wurde vor allem auch gegenüber dem ab Fallbeginn fortzuschreibenden Anamnesebogen geäußert. Gegen den Bogen wurde zudem vorgebracht, dieser könne in der Systematik der Aktenführung nicht verortet werden und müsste daher „neben der Akte" geführt werden, was den Grundsätzen guter Aktenführung zuwiderlaufe. Eine Basiskraft führt dazu aus: „Und der [gemeint ist der Anamnesebogen; A.M.] soll dann praktisch fortgeschrieben werden. Das ist problematisch, weil der ist nicht praktikabel für uns. Also der wird auch von uns nicht wirklich benutzt (…), weil man ihn nicht in die Akte einsortieren kann. Er müsste sich also irgendwo außerhalb der Akte bewegen. (…) Und wenn man den fortschreiben soll, kann man nicht kenntlich machen, wann man die Information eingefügt hat und woher man die Information hat. Und das ist für eine Aktenführung problematisch, wenn man das mal nachvollziehen will. Also dieser Erfassungsbogen ist praktische eine Zusammenfassung der kompletten Akte – möglicherweise. Und das ist viel zu aufwendig, als wenn man jetzt chronologisch alle Sachen nachschlägt" (TL 13).

auch von der Zahl der statistisch erfassten Gefährdungsfälle abhängig gemacht. Die Anzahl der ausgefüllten Meldebögen hat somit Einfluss auf die personelle Ausstattung der regionalen ASD-Teams. Daher werden die Fachkräfte durch ihre Vorgesetzten aufgefordert, jede Meldung mit dem Melde- und Prüfbogen zu erfassen.

> Es gibt eine ganz große Diskrepanz zwischen den Regionen. Bei uns ist es wahrscheinlich bisher so gewesen, dass wir nur in wirklich heftigen Kinderschutzfällen diesen Bogen ausgefüllt haben und letzten Endes immer zu einer Kindeswohlgefährdung gekommen sind. Bei anderen ist es eben anders, die nehmen ganz viele auf und kommen eben zwischendurch dann mal nicht zu einer Kindeswohlgefährdung. Und da gab es irgendwie so eine Diskrepanz, dass wahrscheinlich jetzt auch in solchen Fällen dieser Melde- und Prüfbogen ausgefüllt wird, was ich manchmal wirklich für unnötige Arbeit finde. (BK 23)

Als besonderes Problem wird dabei beschrieben, dass in anderen Regionen spezialisierte Kinderschutzteams existierten, die schon aus Legitimationsgründen, zahlreiche Gefährdungsmeldungen produzieren. Um bei der Verteilung kommunaler Ressourcen angemessen berücksichtigt zu werden, sei daher eine deutliche Steigerung der Fallzahlen nötig. Auch an dieser Stelle zeigt sich wieder das bereits erwähnte Phänomen der Konkurrenz zwischen den Stadtteilen. Eine Fachkraft meint dazu: „Es ist inzwischen auch so ein Wettbewerb eingetreten: Wer hat die meisten Kinderschutzfälle, weil Personalplanung dranhängt" (BK 25). Die Fachkräfte des ASD sehen sich vor diesem Hintergrund dazu genötigt, zukünftig alle Meldungen mittels des hierzu vorgesehenen Instruments zu erfassen. Dies bedeute in der Konsequenz, dass sie zukünftig auch in unbegründeten Fällen mindestens 30 Minuten in das Ausfüllen des entsprechenden Bogens investieren müssen:

> Wir hatten jetzt neulich eine Gesamtmitarbeiterbesprechung und da fiel das auf – es muss jetzt gerade eine Statistik gegeben haben, stadtweit – wie viele Kinderschutzfälle sind in den einzelnen Regionen vorhanden. Und wir sind wohl das Schlusslicht gewesen. (…) Und das hat nichts damit zu tun, dass wir nicht (.) Wir handeln ja entsprechend dem Bogen, wir füllen den dann nur nicht aus. Und wir wurden jetzt sozusagen. Und ich meine in der Konsequenz bedeutet das, in der Region sind nicht so viele Kinderschutzfälle, die brauchen nicht so viele Sozialarbeiter. (…) Und das ist natürlich schon auch ein Dilemma, weil das mit Finanzen und Personal zu tun hat. Und von daher sind wir hier da schon aufgeschreckt worden. (…) Also wir sind da jetzt wirklich sensibler geworden und wir werden da mal darüber sprechen, wie ist das besser praktikabel. (…) Wie soll ich das schaffen, was mache ich, wenn ich die Meldung habe? Setze ich mich da zuerst hin und fülle eine halbe Stunde den Bogen aus und gehe dann zu einer Kollegin, dann ist es womöglich zu einer Zeit, wo hier keiner mehr ist. Also das sind halt alles so Sachen. (BK 14)

Die Verknüpfung des fachlichen Entscheidungs- und Dokumentationsinstruments mit Strategien der Ressourcenzuweisung führt demnach zu unnötiger Mehrarbeit in den ohnehin überlasteten ASD. Dies verschärft die ohnehin prekäre Arbeitssituation der Fachkräfte. Für die Institutionalisierung fachlicher Formalisierungen zeigt dieser Fall, dass die Frage, ob ein Instrument genutzt wird, völlig von inhaltlichen Erwägungen oder organisationalen Kontrollstrukturen abgekoppelt sein kann. Die organisationale Einbindung von Instrumenten und Verfahren kann unterschiedliche Auswirkungen auf die Art und Weise der Nutzung haben. Dabei legen die Befunde nahe, dass ein Zwang zur Nutzung eines Instruments von den formalen Regeln abweichende Nutzungsweisen fördert. Dies zeigen die thematisierten Nutzungsweisen des Melde- und Prüfbogens. Als verbindlich zu nutzendes Instrument wird der Bogen ambivalent beurteilt und entsprechend selektiv genutzt sowie – etwa zur leichteren Durchsetzung von Erziehungshilfen – manipuliert und instrumentalisiert.

Anders verhält es sich bei dem umfangreichen Kinderschutzbogen. Obgleich ebenfalls durch Landesrecht als verbindliches Instrument im Kinderschutz vorgesehen, hat dieser Bogen (wie beschrieben) in einigen ASD-Teams den Status eines freiwillig und damit optional nutzbaren Werkzeugs, da die regionalen Leitungen der Dienste das Instrument als in der ASD-Praxis nicht praktikabel beurteilen und daher dessen Nutzung nicht erwarten. Stattdessen wird teilweise eine Vergabe der Bearbeitung des Instruments an freigemeinnützige Leitungserbringer empfohlen. Diese Konstellation hat zur Folge, dass der Bogen nur durch wenige Basiskräfte bzw. nur in Einzelfällen genutzt wird. Von denjenigen Fachkräften, die den Bogen als optionales Werkzeug nutzen, wird dieser jedoch durchweg deutlich positiver als der Melde- und Prüfbogen beurteilt. Allerdings weichen in diesen Fällen die Nutzung des Instruments sowie die Funktion von den kommunalen und landesrechtlichen Regelungen ab. So werden etwa Anbieter von Erziehungshilfen damit beauftragt, den Bogen in Zusammenarbeit mit den Eltern zu bearbeiten (vgl. BK 14). Teilweise erfolgt auch ein Auftrag zur Erarbeitung ohne Einbeziehung der Eltern oder aber der Bogen wird den Eltern mit der Bitte um Bearbeitung zur Vorbereitung eines Gesprächs mitgegeben (vgl. BK 25). In allen Fällen soll der Bogen als Kommunikationsbrücke zwischen Fachkräften (des ASD und/oder der Leistungserbringer) und den Eltern dienen. In diesem Kontext werden unterschiedliche Funktionen des Kinderschutzbogens thematisiert. Er fungiert als Gesprächseinstieg, soll den Sorgeberechtigten die Sichtweise und Beurteilungskriterien der Fachkräfte näherbringen und die Eltern ermutigen, ihre Sichtweise darzulegen.

> Ich meine zu sehen, dass die Eltern das auch wirklich als Instrumente verstehen (…). Und dass ich das dann auch mit denen bespreche und dass wir halt gucken, wo kommt was her und wir kommen gut in Kontakt. Das sind nochmals so andere Möglichkeiten. (BK 14)

In diesem Zusammenhang wird beispielsweise auch die quantifizierende Einschätzung als eine Chance für eine objektivierte, nicht persönlich beschuldigende Interaktion zwischen Fachkräften und Eltern gesehen.

> Es [die quantifizierende Einschätzung; A.M.] ist Hinweis gebend und völlig legitim, um dann auch mit Eltern darüber ins Gespräch zu kommen. ‚OK, das ist, was auffällt, darüber müssen wir jetzt mal reden. Sehen sie das genauso?'. Es hat etwas Objektives, was nach meiner Erfahrung auch Eltern, wenn man es dann nochmal mit Beispielen besetzen kann, lässt sich ja so ein Kinderschutzbogen mit Eltern gemeinsam ausfüllen oder dass man Eltern anhält, den auszufüllen und darüber ins Gespräch zu kommen. (BK 25)

Insgesamt wird von den Fachkräften gerade die Differenziertheit, mithin der Umfang des Bogens, als dessen Stärke beschrieben, wohingegen bei pflichtig zu nutzenden Instrumenten gerade der Umfang angesichts der knappen zeitlichen Ressourcen als Problem angesehen wird. Schlussendlich führt somit gerade die Entpflichtung der Fachkräfte zu einer aus Sicht der Fachkräfte sinnvollen und fachlich begründeten Nutzung des Instruments. Die Bearbeitungsweise und Funktion weicht jedoch deutlich von den offiziell bestimmten Zielen und Handhabungsvorgaben ab, da nicht ASD-Fachkräfte, sondern Dritte den Bogen erarbeiten, und da er primär oder ausschließlich als Kommunikationsbrücke und nicht als Wahrnehmungs-, Entscheidungs- und Dokumentationsinstrument für die Fachkräfte dient. Eine Basiskraft führt aus, dass sie den Bogen sogar als Diagnoseinstrument für Hilfeleitungen jenseits des Kinderschutzes nutzt:

> Ich habe den da auch manchmal dazwischengeschoben, einfach weil ich den wirklich gut aufgebaut finde. Und ich war da jetzt nicht im Kinderschutzbereich, sondern wirklich als Steuerungsinstrument. Da mal, also bei einer kompensatorischen Hilfe oder es ging in eine kompensierende Richtung, wo ich gesagt habe: Nein, lass uns mal noch ein bisschen weiter gucken. (BK 14)

Die Befragten in der Kommune 3 üben zwar eine grundlegende Kritik an Bürokratisierungstendenzen, konkrete Instrumente und Verfahren aber werden, bezogen auf unterschiedliche Merkmale, Funktionen und Effekte differenziert beurteilt und von den Basiskräften ebenso vielfältig genutzt. Diese große Heterogenität schlägt sich auch in der Gesamtbeurteilung fachlicher Formalisierungen nieder. Diese werden einerseits als Elemente sozialpädagogischer Professionalität bzw. als ein wichtiges Element für das sozialarbeiterische Professionalisierungsprojekt beschrieben.

> Die Soziale Arbeit sucht – wie andere Professionen auch – nach methodischen Instrumenten. (…) Grundsätzlich finde ich das schon wichtig, dass sich die Soziale

Arbeit professionalisiert und da auch eigene Instrumente nutzt und entwickelt. Also ich finde das schon auch wichtig, aber die Frage der Fülle, das finde ich wesentlich. Also zu gucken: Was sind die Kerninstrumente, was kann verfeinert werden, ist das praktikabel. Also grundsätzlich finde ich das schon eine Auszeichnung. Das zeichnet die Profession auch so aus, da ein methodisches Repertoire zu haben und da gehören bestimmte Formalien, Instrumente genauso dazu wie bestimmte Haltungsfragen. (...) Es macht hier auch Sinn, soziale Phänomene zu erklären, erzieherische Bedarfe genau hier zu erheben. (BK 14)

Andererseits wird aber auch die Gefahr gesehen, dass fachliche Formalisierungen zumindest das Potenzial für eine De-Professionalisierung der ASD-Arbeit bergen.

Und da schaue ich drauf und denke: ‚Aha, Rationalisierung!' Diese Bögen werte ich auch so. Nicht ausschließlich, aber auch. Und da denke ich: Da könnte man auch jemanden, der nicht die Ausbildung hat als Sozialarbeiter einsetzen und dann ist er vielleicht billiger oder macht das von der Verwaltung her und sieht nicht noch so viel. Das ist so schon auch mein Gedanke an der Stelle. (...) Wir sind ja auch ein Kostenfaktor. (BK 15)

Auch in der Kommune 3 werden fachliche Formalisierungen demnach vor dem Hintergrund weitergehender – hier professionsbezogener Horizonte – reflektiert. Dabei korrespondieren die beiden Positionen bzw. Professionalitätsvorstellungen mit Differenzen im Alter und in der Berufssozialisation der Befragten[334].

11.3.6 Die Baustelle Fachsoftware

Als die größte Baustelle und Herausforderung im ASD der Kommune 3 gilt das Thema Fachsoftware. Trotz ihrer Größe verfügt die Kommune nicht über eine integrierte Fachsoftware für das Jugendamt. Lediglich in der Wirtschaftlichen Jugendhilfe und für die Jugendhilfeplanung werden Fachsoftware-Lösungen eingesetzt. Die regionalen ASD sind von diesen Systemen jedoch abgekoppelt und arbeiten stattdessen mit Dokumenten in Office-Formaten (Word, PDF).

---

334 So lässt sich das erste der beiden Zitate, in dem Formalisierungen als Element des Professionalisierungsprojekts der Sozialen Arbeit beschrieben werden, einer Fachkraft zuordnen, die die typischen Merkmale jener ‚professionellen Modernisierer' aufweist, die – wenn sie Leitungspositionen einnehmen – für die Implementierung von fachlichen Formalisierungen verantwortlich sind. Zu diesem Merkmalen zählen unter anderem ein Studienabschluss der Sozialen Arbeit, hochwertige Zusatzqualifikationen, mittleres Berufsalter sowie ein breites theoretisches und methodisches Fachwissen.

Ein Großteil der Dokumente wird dabei nicht am PC bearbeitet, sondern ausgedruckt und handschriftlich ausgefüllt. Die Aufschriebe werden dann später von MitarbeiterInnen in „Schreibstuben" des Jugendamtes abgetippt und damit digitalisiert. Vor allem von Akteuren der Leitungsebene wird die fehlende Fachsoftware als eine Ursache für die zunehmende Bürokratisierung der ASD-Arbeit benannt. „Es wird immer mehr Papierkram, weil zum Beispiel bestimmte IT-Programme nicht laufen" (LK 21). Auch Basiskräfte kritisieren, dass mögliche Arbeitserleichterungen durch Fachsoftware oder zumindest die Verknüpfung von Office-Funktionen nicht realisiert werden. So führt eine Fachkraft zum Hilfeplanverfahren aus:

> Also da gibt es fünf, sechs Formulare, die ich ausfüllen muss. Und jedes Mal wieder Name des Kindes, Adresse, Geburtsdatum, welche Hilfe und so weiter, welcher Träger, oder wie auch immer. (...) Allein beim Bescheid gibt es einen Bescheid für bestimmte HzE-Geschichten, es gibt einen Bescheid für Mutter-Kind-Einrichtungen, es gibt (...). Und ich frage mich: ‚Warum ist das nicht verknüpft?' Es gibt mit Sicherheit Möglichkeiten, bestimmte Dokumente oder Eingabemasken so zu formatieren, dass man Name, Adresse und so weiter einmal eingibt. Und wenn ich klicke ‚Ich will eine 31er Maßnahme', macht es mir den Bescheid auf, die Kostenübernahme auf. Und ich muss noch die ergänzenden Angaben eintragen. (BK 14)

Als ärgerlich wird zudem der Umstand beschrieben, dass es selbst für die von den Fachkräften geforderten diagnostischen Visualisierungen (z. B. Genogramm, Ressourcenlandkarte etc.) keine Spezialprogramme gibt. Daher wird das „Genogramm mit Windows [gemeint ist MS Word; A.M.] gemacht, das ist natürlich Mist" (BK 14)[335].

Das „Fehlen" einer Fachsoftware in der Kommune ist insofern interessant, also die Kommune – entsprechend des Selbstbildes des innovativen Vorreiters – schon Anfang der 2000er-Jahre die Einführung einer komplexen Fachsoftware für alle Bereiche des Jugendamtes geplant und in Auftrag gegeben hat. Bei dem Versuch, das ambitionierte Unterfangen umzusetzen, ist das beauftragte IT-Unternehmen jedoch an den Anforderungen hinsichtlich der Datenmengen und der geforderten Schnittstellen gescheitert, sodass das Projekt nach gut zehn Jahren eingestellt werden musste.

Die Basiskräfte und Teamleitungen eines der beiden untersuchten ASD in der Kommune thematisieren durchgängig ein weiteres EDV-Problem: Die Organisation der im Rahmen der ASD-Arbeit zu nutzenden Dokumente und Formulare. So existieren mehrere lokale und kommunale Dokumentenserver,

---

[335] Ein Genogramm ist eine visuelle Darstellung von Familienstrukturen. Dabei werden die Akteure des Familiensystems sowie die Beziehungen zwischen diesen sowie ggf. weitere relevante Aspekte grafisch dargestellt.

die von Akteuren unterschiedlicher Ebenen administriert werden. Darüber hinaus weisen auch die einzelnen Server redundante Strukturen auf.

> Und es sind massiv ausbaufähig unsere unterschiedlichen Zugänge, wo Formulare von uns sind. Das macht also diesen Formularwust. (…) Man weiß auch gar nicht manchmal, wo man die [gemeint sind Formulare, Instrumente und Verfahrensbeschreibungen; A.M.] findet. Man hat zwei Kinderschutzordner, den einen über den Zugang: da ist das drin, den Anderen über den Zugang: da ist das drin. [die Fachkraft zeigt am PC, welche Dokumente wo abgelegt sind; A.M.]. Also das an sich, das ist absolut ausbaufähig. (TL 22)

Die mangelnde Abstimmung und Integration der Systeme hat zur Folge, dass die Fachkräfte nach eigenen Angaben einen nicht unbedeutenden Teil ihrer Arbeitszeit mit der Suche nach den richtigen Dokumenten verbringen. Teilweise werden die Pfade zu den gängigen Dokumenten in handschriftlichen Aufzeichnungen vermerkt, um die Formulare im Bedarfsfall schneller zu finden. Problematisch sind aber vor allem Formulare für weniger gängige Abläufe, deren Auffinden viel Zeit in Anspruch nimmt. Entsprechend kritisch fallen die Beurteilungen der EDV-Strukturen im ASD aus:

> Also was ich total zum Kotzen finde ist dieses, dass es kein vernünftiges System bei uns gibt. (…) Man sucht sich die Papiere aus unterschiedlichen Ordnern und Laufwerken und so was zusammen, da wird man irre. Und man kann sich das auch gar nicht merken, wo die alle sind. (…) Ist doch völlig bekloppt, oder! // Also müssen Sie auch trotz Ihrer langen Erfahrung noch suchen? // B: Natürlich, wir kriegen ja ständig auch neue Papiere und dann wird das eine da abgelegt und das andere da. Also es gibt kein gutes System. Und das könnte man auf jeden Fall erleichtern, da bin ich mir sicher. (…) Ich (muss) jedes Mal überlegen, wo ist der jetzt und wo finde ich den. Und wenn ich mir das nicht irgendwo aufschreibe – und das ist doch idiotisch, mir eine Liste zu machen, wo ich welche Papiere finde! Also ich glaube, da könnte man eine große Erleichterung für alle Kollegen herbeiführen. Das Problem ist einfach, dass die, die das machen, keine Ahnung haben von den Inhalten, die wir hier machen und deswegen wissen die auch nicht, was zusammengehört und was wohin gehört. Und deswegen sind die froh, wenn sie es überhaupt irgendwo abgelegt haben und dann kriegen wir irgendeine E-Mail, wo man das alles findet und das, ja das müsste eigentlich jemand machen, der wirklich weiß, mit welchen Inhalten wir uns hier beschäftigen und was gehört wozu. (BK 23)

Interessanterweise wird das Dokumentenorganisationsproblem nur von den Fachkräften eines der untersuchten regionalen Dienste thematisiert. Dies kann als Hinweis auf spezifische Kulturen und Problemdiskurse in den einzelnen regionalisierten ASD gedeutet werden. Möglicherweise verfügen die anderen ASD der Kommune auch über Interaktionsstrukturen oder Strategien zur dienstinternen Re-Organisation der Dokumente, die das kommunale Organisationdefizit auffangen.

11.4 Zusammenfassung: Fachliche Formalisierungen in den Fallstudienkommunen

Bevor im nächsten Unterkapitel auf Basis der vorgestellten Fallstudien übergreifende Elemente, Prozesse und Muster der Institutionalisierung von fachlichen Formalisierungen im ASD vorgestellt werden, erfolgt zunächst eine vergleichende und zusammenfassende Darstellung des Status Quo hinsichtlich der Verbreitung, Ausgestaltung und organisationalen Einbettung von fachlichen Formalisierungen in den untersuchten Kommunen. Diese Momentaufnahme nimmt jene Aspekte in den Blick, die auch Gegenstand der Onlinebefragung waren und erlaubt somit eine Relationierung der beiden Teilstudien.

In den ASD der qualitativen Studie lassen sich – den Perspektiven der Akteure in den ASD folgend – fachliche Formalisierungen unterschiedlicher Relevanz differenzieren, wobei sich die diesbezüglichen Einschätzungen von Leitungs-, Koordinations- und Basiskräften weitgehend decken: So ist es möglich, eine Gruppe von „Kern-Formalisierungen" zu identifizieren. Zu dieser zählen die verbindlichen Verfahrensvorgaben und in diesem Rahmen zu nutzenden Instrumente für die Hilfeplanung und für die Arbeit im Kinderschutz. Auch unverbindliche Arbeitshilfen können – zumal wenn diese über eine lange Tradition verfügen – Teil der Kern-Formalisierungen sein.

Daneben existieren zahlreiche formalisierte Instrumente und Verfahren mit eher peripherer Bedeutung. Dabei handelt es sich vor allem um Instrumente, die aufgrund ihrer inhaltlichen Bestimmung weniger häufig zur Anwendung kommen, um unverbindliche Formalisierungen sowie um relative neue Instrumente, deren Status und Verbindlichkeit noch nicht abschließend definiert sind. Auch Fachsoftware wird – sofern vorhanden – den peripheren Formalisierungen zugerechnet, obgleich zu erwarten gewesen wäre, dass angesichts der potenziellen Bedeutung dieser EDV-Anwendungen für die Arbeitsprozesse eine Zuordnung zu den Kern-Formalisierungen erfolgt. Insgesamt scheint das Alter der Instrumente und Verfahren für die ihnen zugeschriebene Bedeutung vonseiten der ASD-Akteure eine große Bedeutung zu besitzen, was als deutlicher Hinweis darauf zu sehen ist, dass fachliche Formalisierungen eine Normalisierung und Institutionalisierung im Zeitverlauf erfahren.

Tab. 15: Kern-Formalisierungen in den drei Kommunen der Fallstudien

Kommune	Hilfeplanung	Kinderschutz
Kommune 1	Qualitätsstandards (2005)	
	Anamnesebogen Hilfeplan-Formular	Meldebogen & Ersteinschätzung Einschätzungsbogen
Kommune 2	Leitfaden (2007) Nutzungsanweisung (2007)	Leitfaden (2000) Kinderschutzstandards (2013)
	Hilfeplan-Formular	Meldebogen & Ersteinschätzungsbogen
Kommune 3	Verordnung (2005) Arbeitshilfe (2007)	Handlungsempfehlung (2006) Verordnung (2008)
	Hilfeplan-Formular Protokoll-Formular	Melde- und Prüfbogen Kinderschutzbogen

Die Tabelle 15 enthält eine Zusammenstellung der Kern-Formalisierungen der Bereiche Kinderschutz und Hilfeplanung der drei untersuchten Kommunen. Die obere Zeile enthält jeweils die zentrale(n) Prozessstandards und Regeln zur organisationalen Einbettung mit dem Jahr, in dem diese jeweils eingeführt wurden. Die zweite Zeile enthält die jeweils mit diesen Formaten eingeführten formalisierten Instrumente.

Für die Gesamtheit der Formalisierungen in den Fallstudien lässt sich resümieren, dass selbst bei einer Eingrenzung auf die beiden Arbeitsfelder Kinderschutz und Hilfeplanung noch immer zahlreiche Instrumente und Verfahrensstandards existieren, teilweise zusammengefasst zu komplexen fachlichen Formalisierungen wie Qualitätshandbüchern, Leitfäden oder Arbeitshilfen. Die einzelnen Instrumente und Verfahren variieren hinsichtlich ihres Standardisierungsgrads, ihrer Verbindlichkeit und des Kontrollgrads. Somit ist anzunehmen, dass über die Onlinebefragung nur ein kleiner Ausschnitt der vielfältigen „Landschaft fachlicher Formalisierungen" in den bundesdeutschen ASD erfasst wurde.

Hinsichtlich der Verbreitung und Ausgestaltung der Instrumente und Verfahren fügen sich die drei Fallstudien-ASD in das Gesamtbild der Onlinebefragung ein. So weisen auch die qualitativ untersuchten ASD im Bereich des Kinderschutzes mehr fachliche Formalisierungen, Instrumente mit höheren Standardisierungsgrad sowie eine imperativere organisationale Einbettung von Instrumenten und Verfahren auf als im Bereich Hilfeplanung: In den Kommunen 1 und 3 kommen im Kinderschutz – als verbindliche Instrumente – (hoch) standardisierte Bögen zum Einsatz, die in Kommune 1 sogar konditional über einen Risikoscore das weitere Handeln der Fachkräfte programmieren (sollen). Etwas weniger formalisiert ist das verpflichtend zu nutzende Instrument in Kommune 2, allerdings werden dort in der unverbindlichen Arbeitshilfe auch stärker standardisierte Tools vorgehalten. Im Bereich der Hilfeplanung wird dagegen nur in Kommune 1 ein Instrument zur Diagnose und Dokumentation genutzt, das zwar sehr umfangsreich ist, aber einen nur geringen Standardisierungsgrad aufweist. In den Kommunen 2 und 3 wird auf Diagnoseinstrumente komplett verzichtet – entsprechend differenzierter fällt dafür in Kommune 2 das Hilfeplanformular aus, in das eine Art multiperspektivischer diagnostischer Ergebnissicherung integriert ist. Der Grad der Formalisierung in der Hilfeplanung ist in den ASD der Fallstudien somit recht gering. In der Onlinebefragung geben dagegen 82% der ASD an, formalisierte Instrumente zur Diagnose und Dokumentation in der Hilfeplanung zu nutzen (vgl. Abschnitt 10.1).

Die Fallstudien verdeutlichen, dass in den ASD weitere, in der Onlinebefragung nicht berücksichtigte Formen der Formalisierung bedeutsam sind. Dies sind zum einen die Hilfeplanformulare, zum anderen die Verfahrensstandards und Präsentations- bzw. Dokumentationsinstrumente, die im Rahmen kollektiver Fallberatungen und Entscheidungen zu nutzen sind. Diese Instrumente, denen ein großer Einfluss auf die inhaltlichen Handlungsoptionen der Fachkräfte attestiert wird, stellen zumindest in Kommune 3 eine Kern-Formalisierung dar.

Mit Blick auf die Verbindlichkeits- und Kontrollgrade lässt sich aussagen, dass die drei Fallstudien-ASD über verbindlich zu nutzende Instrumente und über die rechtlichen Vorgaben hinausgehende Prozessstandards im Kinderschutz verfügen. Die verschiedenen Instrumente der Hilfeplanung (Anamnesebogen, Hilfeplanformulare und Formulare für kollektive Beratungen) sind, sofern vorgesehen, ebenfalls verbindlich zu nutzen. Eine Überprüfung der Nutzung der Instrumente und der Einhaltung der Verfahrensstandards erfolgt relativ flächendeckend durch die Einbindung von Vorgesetzten in die Arbeitsprozesse und eine Verknüpfung der Instrumente mit Entscheidungsprozessen. Neben jährlichen Stichprobenkontrollen existieren in der Kommune 1 zudem auch unterjährig regelmäßige, auf Stichproben basierende Kontrollen der Aktenführung und damit auch der Nutzung der fachlichen Formalisierungen.

Diese Befunde zur organisationalen Einbindung machen die Unterschiede in der Sichtbarmachung empirischer Wirklichkeiten von qualitativen und quantitativen Zugängen deutlich. Während formale Kontrollen der Instrumentennutzung – die so auch quantitativ erhoben werden konnten – in den qualitativen Fallstudien vor allem im Bereich des Kinderschutzes erfolgen, sind die Fachkräfte in der Hilfeplanung dadurch, dass fachliche Formalisierungen mit den Arbeits- und Entscheidungsprozessen im ASD verkoppelt sind, zur Nutzung genötigt. Diese Form der eher indirekten, jedoch durchgreifenden und flächendeckenden Kontrolle wurde in den Beschreibungen von organisationalen Entscheidungsprozessen deutlich. Sie konnte im Rahmen der quantitativen Studie nicht erhoben werden, weil es sich formal nicht um eine benennbare Form der Kontrolle handelt, sondern um Entscheidungsprozesse mit indirektem Kontrollcharakter.

Ein letztes Themengebiet der qualitativen sowie der quantitativen Teilstudie ist die Einbindung formalisierter Instrumente und Verfahren in eine Fachsoftware. Im Rahmen der quantitativen Studie geben im Kinderschutz die Hälfte und für die Hilfeplanung sogar zwei Drittel der Jugendämter an, Fachsoftware zu nutzen. Von den drei Großstadt-Jugendämtern der Fallstudien verfügt nur eine Kommune über Fachsoftware, die zum Zeitpunkt der Befragung nur im Bereich der Hilfeplanung eingesetzt wird (und nicht wirklich funktioniert). Allerdings wird das Thema Fachsoftware in allen Fallstudienkommunen kontrovers diskutiert. Sofern Fachsoftware genutzt wird, fällt deren Beurteilung in beiden Teilstudien kritisch aus, wobei in der Fallstudienkommune die mangelnde Funktionsfähigkeit als besonderes Problem beschrieben wird. Die insgesamt kritischen Einschätzungen von Fachsoftware in beiden Teilstudien dieser Untersuchung decken sich mit Befunden anderer Studien. So berichtet auch Kreidenweis (2005) von Funktionalitätsproblemen, von fachlich nicht nachvollziehbaren Angaben, von einer Verdopplung der Arbeit sowie von einem hohen Zeitaufwand (vgl. ebd.).

11.5 Konzept der vergleichenden und integrierten Analyse

Die zusammenfassende Analyse hat übergreifende Aspekte der Institutionalisierung von fachlichen Formalisierungen im ASD zum Gegenstand: Prozesse, Mechanismen, Orientierungen, Handlungsweisen und Zusammenhänge. Zur Darstellung dieser Aspekte wird einerseits auf das erhobene empirische Material und darauf bezogene Codes und Kategorien Bezug genommen, andererseits dienen die vorgestellten Fallskizzen als Material und Bezugspunkt der Darstellung (vgl. Abschnitt 9.4.4). Gerade die Analyse übergreifender Prozessdynamiken und -muster bewegt sich auf einer Ebene, die über die verbalisierten Perspektiven der befragten Akteure und der dokumentierten Positionen der Organisationen hinausgeht. Daher können diese Aspekte auch nicht direkt über eine Zusammenstellung von Interviewpassagen oder darauf bezogener Codes und Kategorien nachvollziehbar gemacht werden. Diese Zusammenhänge werden dagegen in einer vergleichenden Zusammenschau der Prozesse in den einzelnen Fallstudien identifizierbar. Im Rahmen der zusammenfassenden Analyse wird dementsprechend teilweise auf die Präsentation von Interviewpassagen verzichtet. Dies geschieht vor allem dort, wo die rekonstruierten Aspekte und Prozesse „hinter dem Rücken" der befragten Akteure stattfinden, also den einzelnen Befragten nicht vollständig zugänglich und bewusst sind. Hier soll das in den Fallstudien gezeichnete Bild es ermöglichen die Verdichtungen und Abstrahierungen nachzuvollziehen.

Abb. 19: Dimensionen der Institutionalisierung von fachlichen Formalisierungen im ASD

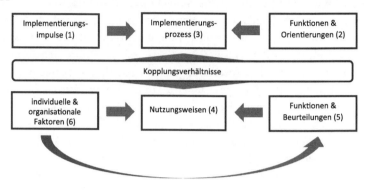

Die Abbildung 19 zeigt die im Rahmen der qualitativen Fallstudien rekonstruierten Kernkategorien der Institutionalisierung von fachlichen Formalisierungen im ASD und die zwischen diesen bestehenden Beziehungen. Das Schaubild beruht auf den Themen bzw. zentralen Kategorien, die auf Basis des empirischen Materials rekonstruiert wurden sowie den zwischen diesen Themen rekonstruierten Zusammenhängen. Die Themenbereiche bzw. Elemente 1–3 auf der oberen Ebene des Schaubildes beziehen sich auf Implementierungsprozesse von fachlichen Formalisierungen im ASD. Die Elemente 4–6 der unteren Ebenen beziehen sich auf die Nutzung dieser formalisierten Instrumente und Verfahren durch die Basiskräfte, also auf die Ebene der Aktivitätsstruktur[336]. Die zwischen beiden Ebenen bestehenden Kopplungsformen sind Gegenstand der Ergebnisdiskussion in Kapitel 14

Die Analyse der Institutionalisierung als Prozesse der Implementierung fachlicher Formalisierungen auf der Ebene der Formalstruktur (obere Ebene Abb. 19) erfolgt mit Blick auf drei Perspektiven. Zunächst werden die Implementierungsimpulse einer Strukturierung unterzogen und ihr Zusammenspiel diskutiert (1). Hieran schließt sich eine Rekonstruktion der Motive der für die Implementierung verantwortlichen Leitungskräfte bzw. der Funktionen, die diese Akteure fachlichen Formalisierungen zuschreiben, an (2). Es folgt eine Darstellung übergreifender Muster und Mechanismen der Implementierung fachlicher Formalisierungen (3).

---

[336] Die Pfeile des Schaubilds könnten den Eindruck erwecken, das Ziel der Analyse sei die Entwicklung eines Kausalmodells. Dies aber wird nicht angestrebt. In den einzelnen Elementen des Modells werden in der Regel Bündel von Faktoren vorgestellt und strukturiert, die Teile des Institutionalisierungsgeschehens sind. Diese stehen in Beziehung bzw. interagieren mit anderen Elementen, die ebenfalls systematisiert werden. Insofern verweisen die Pfeile auf Interaktionen oder Relationen von Elementen, nicht aber auf Kausalitäten.

Die Analyse der Institutionalisierung fachlicher Formalisierungen auf der Ebene der Aktivitätsstruktur (untere Ebene Abb. 19), also der Bedeutung formalisierter Instrumente und Verfahren für die alltäglichen Arbeitsprozessen in den ASD, erfolgt ebenfalls in drei Schritten. Zunächst wird das empirisch eingefangene Spektrum thematisierter Nutzungsweisen fachlicher Formalisierungen einer Systematisierung unterzogen (4). Anschließend werden die Faktoren, die diese Handlungsweisen der Basiskräfte moderieren, vorgestellt. Hierzu werden – analog zu den Einschätzungen der Leitungskräfte (Dimension 2) – die Funktionen beschrieben, die die Basiskräfte fachlichen Formalisierungen zuschreiben. Diese Funktionen korrespondieren mit Beurteilungen der fachlichen Formalisierungen, die die Handlungsweisen der Basiskräfte beeinflussen, aber nicht determinieren (5). Die Funktionen und Beurteilung werden durch individuelle und organisationale Aspekte beeinflusst: Diese sind einerseits – auf der persönlichen Ebene – das Fachlichkeitsverständnis und die Handlungsroutinen der Basiskräfte, andererseits – auf der organisationalen Ebene – die Arbeitsbedingungen und (Regelungs-)Strukturen in den ASD (6). Diese Rahmenbedingungen des büro-professionellen Komplexes wirken nicht nur indirekt, vermittelt über die Beurteilung von Instrumenten und Verfahren auf das Handeln der Basiskräfte, sondern haben auch einen direkten Einfluss darauf, wie fachliche Formalisierungen in den ASD genutzt werden.

11.6 Prozesse der Implementierung fachlicher Formalisierungen im ASD

Eine zusammenfassende Darstellung von Prozessen der Implementierung fachlicher Formalisierungen in den ASD steht vor der Herausforderung, mit der Dynamik von eher evolutionär verlaufenden Entwicklungsprozessen und diversen Ungleichzeitigkeiten umgehen zu müssen. Die Geschichte der ASD ist auch eine Geschichte der Formalisierung (vgl. Kapitel 7). Insofern sind die Institutionalisierungsprozesse, die Gegenstand der empirischen Analysen sind, lediglich ein Ausschnitt langfristiger Entwicklungsprozesse. In den Interviews werden demgegenüber relativ kurze „Implementierungsgeschichten" erzählt, die meist etwa zehn Jahre zurückreichen. In Ausnahmefällen wird die Einführung des SGB VIII im Jahr 1990/1991 als ein früher Impuls für methodische Modernisierungen im Bereich der Hilfeplanung genannt. Die nachfolgend vorgestellten Ergebnisse beziehen sich auf eben diese (kurzen) Implementierungsgeschichten und fokussieren in der Regel auf die Implementierung der im vorherigen Abschnitt vorgestellten Kern-Formalisierungen.

Da dieses Unterkapitel der Generierung von (allgemeinen) Aussagen über Institutionalisierungsprozesse von fachlichen Formalisierungen im ASD (und letztlich in den sozialen Diensten) dient, wird bei den einzelnen Dimensionen nicht zwischen unterschiedlichen Arbeitsfeldern und zwischen Kern-Formalisierungen und weiteren Formalisierungen differenziert, auch wenn die Begründungs- und Handlungsmuster zwischen verschiedenen Formen von fachlichen Formalisierungen variieren können. Sofern eine entsprechende Differenzierung nötig erscheint, wird diese benannt.

11.6.1 Impulse für die Entwicklung und Implementierung fachlicher Formalisierungen (1)

Anschließend an Konzepte des institutionellen bzw. organisationalen Wandels (vgl. Abschnitt 4.3.3) wurden die aus den Interviews rekonstruierten Auslöser für die Implementierung von fachlichen Formalisierungen zunächst nach ihrer Herkunft in interne und externe Impulse differenziert (vgl. Abb. 20), wobei sich diese Unterscheidung als nur bedingt tragfähig erwiesen hat.

Abb. 20: Impulse für die Implementierung fachlicher Formalisierungen

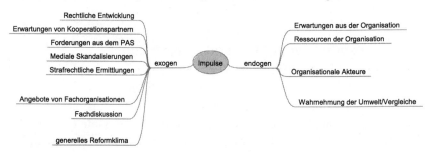

Externe Impulse: Einen Impuls für die Entwicklung von fachlichen Formalisierungen stellen *rechtliche Entwicklungen* dar. Dabei werden von den Befragten nicht nur veränderte Anforderungen an den ASD, beispielsweise an die Konkretisierung des Schutzauftrags mit der Einführung des § 8a SGB VIII im Jahr 2005 oder zusätzliche landesrechtliche Vorgaben als Anlässe für die Beschäftigung mit und die Einführung von formalisierten Instrumenten und Verfahren genannt. Auch die (langwierige) Diskussion um ein Bundeskinderschutzgesetz (BKiSchG) und damit verknüpfte Spekulationen über mögliche Veränderungen der Aufgaben des ASD haben die Entwicklung und Implementierung von fachlichen Formalisierungen in den Kommunen gefördert. Die empirischen Befunde zeigen also, dass „Recht" auf unterschiedliche Weise Entwicklungsprozesse in Jugendämtern auslöst. Interessanterweise sind diese Entwicklungen –

zumindest in den untersuchten Diensten – weniger ein Resultat konkreter gesetzlicher Vorgaben und somit direkter politischer Steuerung, sondern eher indirekte Effekte von Interpretations- und Reflexionsprozessen in den ASD, die durch politische Debatten und Entscheidungen ausgelöst wurden.

Weitere Impulse sind die *Erwartungen von Kooperationspartnern*. Als wichtigste Kooperationspartner benennen die Akteure aus den ASD hierbei die (freigemeinnützigen) Anbieter von Jugendhilfeleistungen, hier vor allem von Erziehungshilfen. Für jüngere Entwicklungen im Kinderschutz werden zudem Akteure aus dem Gesundheitsbereich und dem Bildungswesen sowie Polizei und Strafjustiz als relevante Kooperationspartner benannt. Diese Kooperationspartner formulierten in der Regel nicht explizit die Erwartung einer Einführung von formalisierten Instrumenten und Verfahren an den ASD, sondern regten Vereinheitlichungen an bzw. äußerten sich irritiert darüber, dass einzelne Fachkräfte oder regionalisierte Organisationseinheiten (RSD) unterschiedlich arbeiten. Dabei ist zu berücksichtigen, dass Kooperationen im sozialen Sektor in den letzten Jahren deutlich zugenommen haben (vgl. z. B. Pluto et al. 2016). Vermehrte Rückmeldungen von Kooperationspartnern, die zur Entwicklung von fachlichen Formalisierungen geführt haben, lassen sich somit auch als ein Effekt der Ausweitung von Kooperationsbeziehungen beschreiben. Diese Zunahme von Kooperationen wiederum lässt sich einerseits auf eine deutliche Ausweitung der Aufgaben des ASD zurückführen, andererseits auf einen Kooperations-Fetisch innerhalb der Sozialen Arbeit und Sozialpolitik[337].

Erwartungen von Kooperationspartnern werden in unterschiedlicher Weise an die ASD herangetragen, unter anderem auch über Gremien wie den Jugendhilfeausschuss. Wird die rechtliche Funktion des Jugendhilfeausschusses berücksichtigt, so sind dort formulierte Erwartungen als politische Vorgaben an den ASD zu qualifizieren. Damit stehen sie neben diversen weiteren Arten von *Forderungen aus dem kommunalen politisch-administrativen System (PAS)*, beispielsweise Informationsinteressen lokaler politischer Akteure, kommunale Verwaltungsvorgaben, Erwartungen anderer Abteilungen oder jugendamtsexterner Funktionsstellen (z. B. Revision). Eine spezifische Form der Impulse aus

---

[337] Kooperation ist in den vergangenen Jahren zu einem „Allheilmittel" zur Lösung wohlfahrtsstaatlicher Herausforderungen avanciert (vgl. Santen/Seckinger 2003) Die Ausweitung von Kooperationen stellt eine typische Strategie einer „Sozialpolitik zweiter Ordnung" (Rüb 2004) dar. Sie zielt nicht auf eine Ausweitung sozialer Rechte der BürgerInnen, sondern auf eine Optimierung der bestehenden sozialpolitischen Institutionen. Kooperationen werden dabei vor allem für die Bearbeitung von Themen und Problemen postuliert, die – als issue fields (Hoffman 1999) – in den Zuständigkeitsbereich unterschiedlicher gesellschaftlicher oder wohlfahrtsstaatlicher Systeme fallen und an denen zahlreiche Akteure beteiligt sind. Eine solche Struktur weisen zahlreiche Bereiche der Kinder- und Jugendhilfe auf.

dem kommunalen PAS sind die von übergeordneten Stellen in Auftrag gegebenen (Organisation-)Untersuchungen. Solche waren in allen Fallstudien-Kommunen für die Entwicklung einzelner fachlicher Formalisierungen – besonders in der Hilfeplanung – (mit-)ausschlaggebend.

Im Kinderschutz werden *mediale Skandalisierungen* von problematisch verlaufenden Kinderschutzfällen unter Beteiligung von Jugendämtern (in der Regel nicht des eigenen Amtes) als weiterer Impuls für eine Beschäftigung mit Risiken im Kinderschutz angeführt, an deren Ende die Entwicklung und Einführung von formalisierten Instrumenten und Verfahren standen. Die befragten Jugendamtsakteure zeigten sich insgesamt sehr sensibel gegenüber medialer Aufmerksamkeit und dem medialen Bild des Jugendamtes (vgl. auch Enders 2011).

Im Bereich des Kinderschutzes wurden *Ermittlungen der Strafjustiz gegen MitarbeiterInnen* des eigenen ASD aufgrund von zu Schaden gekommenen Kindern in Kinderschutzfällen sowie in diesem Zusammenhang geführte Gespräche mit Akteuren aus dem Bereich der Jurisprudenz (kommunale Rechtsabteilungen, Anwälte etc.), als Impulse für die Entwicklung und Implementierung von fachlichen Formalisierungen benannt.

Auf einer anderen Ebene liegen *Angebote von Fachorganisationen,* etwa Veranstaltungen oder Projekte von Landesjugendämtern oder von einschlägigen Instituten, die ebenfalls als wichtige Impulsgeber für die Entwicklung von fachlichen Formalisierungen im ASD rekonstruiert werden können. So haben alle Jugendämter der qualitativen Teilstudie an Modellprojekten zur Praxisentwicklung (z. B. zum Kinderschutz oder zur Qualitätsentwicklung) teilgenommen, die zur Implementierung von formalisierten Instrumenten und Verfahren führten. Eine zentrale Bedeutung als externe Impulsgeber weisen auch die Befragten der Onlinebefragung von einschlägigen Fachorganisationen zu, vor allem übergeordneten Stellen und Instituten (vgl. Abschnitt 10.8).

Auf einer anderen Ebene wiederum liegt die Begründung von Anstrengungen zur Entwicklung und Implementierung fachlicher Formalisierungen mit entsprechenden Positionen im *sozialpädagogischen Fachdiskurs*. Die Bezugnahme auf Diskurse in der Sozialen Arbeit erfolgt auf unterschiedliche Weise. Sie oszilliert zwischen dem Bezug auf einen nicht weiter begründeten „Tenor" im Fachdiskurs und der Bezugnahme auf konkrete fachliche Konzepte und Diskurspositionen.

Schließlich wird ein *allgemeines Reformklima* bzw. eine allgemeine Aufbruchsstimmung in der Kommunalverwaltung als Anlass für die Implementierung von fachlichen Formalisierungen benannt (vgl. ähnlich auch Bogumil et al. 2007).

Die vorgestellten „externen" Impulsgeber verdeutlichen, dass eine klare Differenzierung zwischen extern und intern Akteuren aufgrund der Eingebundenheit der ASD in das kommunale PAS nicht immer möglich ist. So sind andere Abteilungen oder Gremien nicht (nur) Umwelt, sondern konstituieren mit dem ASD die Kommunalverwaltung, oder – wie beim Beispiel des Jugendhilfeausschusses oder der Wirtschaftlichen Jugendhilfe – das Jugendamt. Anstelle einer klaren Abgrenzung ist in diesen Fällen von graduellen Abstufungen der Nähe der Orte, an denen Erwartungen o. Ä. formuliert werden, auszugehen.

Interne Faktoren: Neben diesen exogenen Impulsen werden in den Interviews auch endogene Faktoren genannt. Hierzu zählen *Erwartungen von Mitarbeitenden des ASD* unterschiedlicher Ebenen (Leitungs- und Basiskräfte). So wird die Implementierung fachlicher Formalisierungen auch damit begründet, dass diese von neuen MitarbeiterInnen erwartet werden oder dass Gruppenleitungen solche Instrumente und Verfahren wünsche, da sie sich davon eine Erleichterung der eigenen Arbeit – etwa von Steuerungsaufgaben oder Aufgaben der Einarbeitung neuer Fachkräfte – erhoffen.

Von besonderer Bedeutung sind verfügbare *organisationale Ressourcen* im ASD. Diese sind in doppelter Weise für Prozesse der Institutionalisierung von fachlichen Formalisierungen relevant: Einerseits zeigen die Fallstudien, dass formalisierte Instrumente und Verfahren nur dann entwickelt und implementiert werden, wenn hierfür organisationale Ressourcen (freigestellte MitarbeiterInnen, spezielle Stabstellen etc.) zur Verfügung stehen. Andererseits werden fehlende Ressourcen zur Realisierung der Aufgaben im ASD – so durch permanente Aufgabenausweitungen – als Begründung für die Notwendigkeit von Rationalisierungsstrategien genannt, wobei fachliche Formalisierungen Element dieser Rationalisierung sein können.

Entwicklungen in den untersuchten ASD sind maßgeblich von *personalen Konstellationen* geprägt. So führte beispielsweise ein intensives Interesse von ASD-Akteuren an den Themen Kinderschutz oder Qualität zur Teilnahme der Kommunen an Modellprojekten, an deren Ende auch die Entwicklung formalisierten Instrumenten und Verfahren stand. Zudem zeigen die Fallstudien, dass personelle Veränderungen einen großen Einfluss auf Institutionalisierungsprozesse haben. Dies gilt für Personalwechsel auf Leitungsebenen, wenn Akteure mit entsprechenden Fachlichkeitsvorstellungen und Gestaltungsambitionen aktiv werden, sowie für die Einrichtungen von Stabstellen, die über die nötigen zeitlichen Ressourcen zur Beschäftigung mit neuen Themen (z. B. fachlichen Formalisierungen) verfügen. Auch dieser Befund der qualitativen Studie entspricht den Ergebnissen der Onlinebefragung, da auch dort die ASD-Leitungskräfte als zentrale (interne) Impulsgeber für die Entwicklung und Einführung von fachlichen Formalisierungen benannt werden. Allerdings folgen in der quantitativen Erhebung Basiskräfte als ebenfalls wichtige Impulsgeber. In den Fallstudien spielt diese Akteursgruppe jedoch keine Rolle für die Implementierung fachlicher Formalisierungen (vgl. Abschnitt 10.8).

Interaktion externer und interner Faktoren: Auch wenn aus der Binnensicht der befragten ASD-Akteure konkrete Personen als zentrale Impulsgeber wahrgenommen werden, so zeigen die Fallstudien deutlich, dass Akteure im ASD – und seien sie noch so engagiert oder ambitioniert – nicht als alleiniger Erklärungsfaktor für die Implementierung fachlicher Formalisierungen ausreichen. Ebenso können auch die verschiedenen Umweltfaktoren alleine keine Implementierungsprozesse erklären, da exogene Impulse nur dann, wenn sie von Organisationsakteuren aufgenommen werden, organisational wirksam werden. Zentral ist daher das Zusammenwirken externer und interner Faktoren: Es liegt an den organisationalen Rahmenbedingungen und Akteuren, ob und wie Umweltimpulse wahrgenommen werden. Der einschlägige Fachdiskurs zu formalisierten Instrumenten und Verfahren beispielsweise war prinzipiell allen Akteuren des Feldes zugänglich, er wurde jedoch nur aktiv aufgegriffen, wenn Akteure mit entsprechenden zeitlichen Ressourcen in den Organisationen vorhanden waren.

Des Weiteren können Erwartungen aus der Organisationsumwelt unterschiedlich interpretiert und deren Legitimität unterschiedlich beurteilt werden. So nehmen Akteure der Kommune 2 wahr, dass ihr ASD weniger (verbindliche) Instrumente und Verfahren implementiert hat als andere Kommunen. Diese Differenz wird als Defizit interpretiert und die Wahrnehmung, dass „wir da noch nicht so weit sind wie andere Kommunen" (LK 2), wird zu einem zentralen Argument für eine stärkere Formalisierung der ASD-Arbeit: „Da haben wir noch bisschen was aufzuholen und da können wir auch noch was tun" (ebd.). Auch die Einschätzung, dass im Fachdiskurs der Sozialen Arbeit Positionen für eine standardisierte Diagnostik dominieren, sowie die daraus abgeleitete Konsequenz, dass die Entwicklung entsprechender Instrumente anzustreben ist, sind keinesfalls zwingend. So nehmen andere Akteure derselben Kommune diese Trends ebenfalls wahr, leiten daraus aber keine Notwendigkeit für verstärkte Formalisierungsanstrengungen im eigenen ASD ab (vgl. 11.2.6 f.).

Schließlich steht den Verantwortlichen in den ASD prinzipiell ein breites Repertoire von Reaktionsmöglichkeiten auf Umwelterwartungen zur Verfügung. Die Entwicklung von formalisierten Instrumenten und Verfahren stellt dabei lediglich eine mögliche Reaktionsweise dar – beispielsweise auf Hinweise zu unterschiedlichen Handlungspraxen in regionalisierten Diensten, auf Aufforderungen zur Qualitätsentwicklung oder auf strafrechtliche Verfahren gegen MitarbeiterInnen. Daneben stehen zahlreiche alternative Handlungsoptionen, beispielsweise die Zurückweisung von Erwartungen, die Qualifizierung des Personals, die Begründung und Wertschätzung von Unterschieden als Vielfalt etc. Die Implementierung von fachlichen Formalisierungen stellt somit eine – durchaus voraussetzungsvolle – Reaktionsoption auf letztlich inhaltlich unspezifischen Umwelterwartungen dar.

Die Leitungsakteure reagieren auf die beschriebenen Impulse dennoch mit der Implementierung fachlicher Formalisierungen, weil sie darin offensichtlich ein adäquates Mittel der Reaktion auf die Umwelterwartungen sehen. Dabei zeigen die Befunde, dass die ASD-Akteure diese Reaktionsoption einerseits wählen, weil sie diese selbst als angemessene und naheliegende Strategie des Umgangs mit jenen Themen sehen, die relevante interne und externe Anspruchsgruppen aufwerfen. Diese Einschätzungen beziehen sich dabei auf so unterschiedliche Aspekte wie die Rechenschaftslegung für verausgabte Mittel, den Wunsch nach konsistenteren Arbeitsweisen oder die Gestaltung von Kooperationsbeziehungen, wie die nachfolgenden Beispiele zeigen: So führt eine Leitungskraft aus, dass der Umgang mit öffentlichen Mitteln aus Legitimationsgründen Formalisierungen der Arbeit verlangen: „Wo ich diese Selbstständigkeit nicht hundertprozentig zulassen kann, ist der Bereich, wo viel Geld fließt. Und für dieses Geld muss ich sozusagen Rechenschaft ablegen" (LK 24). Formalisierungen sollen zudem die Arbeitsweise von Fachkräften und Teams vereinheitlichen:

> Ja, also das war ja so das Ziel auch des Auftrages des Projektes, dass wir gemeinsam in den Regionalen Sozialen Diensten, zumindest in den wichtigsten Bereichen, ähnlich arbeiten (…), und dass man hier in der Stadt zumindest eine ähnliche Qualität vorfindet. (LK 7)

Schließlich werden fachliche Formalisierungen als Instrumente einer aktiven Gestaltung von Kooperationsbeziehungen beschrieben, da sie Erwartungen aufseiten externer Partner durch die Schaffung von Transparenz und Verlässlichkeit klären und Unsicherheiten verringern sollen:

> Dass wir jetzt auch unsere Kooperationsstandards selber formulieren, dass wir nicht von anderen gesagt bekommen, wie wir denn kooperieren sollen. (…) Und ich glaube das bringt uns auch noch einen Schritt weiter, und damit kommen unsere Mitarbeiter auch bisschen mehr aus der Defensive. (…) Dann müssen sie nicht in jedem Fall, neu erzählen, warum das halt so ist und warum wir, wenn jetzt ein Polizist oder Nachbar anruft, dem nicht drei Tage später erzählen könnten, wie es jetzt in der Wohnung ausgesehen hat, das verstehen die Leute einfach nicht, und das steht da drin, ja. (LK 6)

Andererseits zeigen die Fallstudien, dass fachliche Formalisierungen auch deshalb als Reaktion auf Umwelterwartungen implementiert werden, weil erwartet wird, dass formalisierte Instrumente und Verfahren den Erwartungen relevanter Umweltakteure entsprechen – etwa weil sie als „zeitgemäß" gelten:

> Die [langjährigen MitarbeiterInnen; A.M.] sagen: ‚Egal was da steht in der Akte, die Wirklichkeit ist entscheidend'. Das ist ok, aber in der Zeit leben wir nicht mehr, wo es möglich war, dass dann einfach so zu vertreten. Dann hätten wir drei Millionen weniger Geld gehabt, und so haben wir drei Millionen mehr und können mehr Hilfen machen. (…) Wir brauchen für den Hilfeplan ja auch eineinhalb Stunden (…).

> Dann sag ich gut, aber dafür dokumentiert es unsere Arbeit und wenn ich jedes Jahr paar Millionen mehr will, so ist es ja leider, dann muss ich halt irgendwo auch mich auf einen fachlich zeitgemäßen Standard einlassen. (LK 6)

Dabei ist zu berücksichtigen, dass die Mehrzahl der von den Akteuren benannten externen Implementierungsimpulse aus gesellschaftlichen Sektoren und Systemen jenseits der Sozialen Arbeit stammen (z. B. Politik, Ökonomie, Medien, Bildungssystem, Justiz). Wollen die verantwortlichen Akteure in den ASD den Erwartungen dieser Umweltakteure entsprechen, so wählen sie Reaktionen, von denen sie annehmen, dass sie von Akteuren aus verschiedenen Sektoren und Systemen nachvollzogen und akzeptiert werden können – vor allem weil sie auf übergreifende gesellschaftliche Rationalitätsvorstellungen rekurrieren. So wird in den Qualitätsstandards der Kommune 1 mit Quantifizierungen oder Flowcharts auf in unserer Kultur weit verbreitete und daher für viele leicht nachvollziehbare Elemente zurückgegriffen. Auch gegenüber Medizinern werden Formalisierungen als Strategie zur Legitimierung der ASD-Arbeit beschrieben: „Morgen auch bei Medizinern, die ja zum Thema Standards eine ganz eigene Geschichte haben, ist das [die Vorstellung fachlicher Formalisierungen; A.M.] der Versuch, das Fremdbild zu steuern" (LK 6). Noch deutlicher wird die Orientierung an allgemein geteilten Rationalitätsvorstellungen in Kommune 3, in der auf die Nützlichkeit von (durch eine quantifizierende Wirkungsmessung generierten) Zahlen als vermeintlich objektive und universell nachvollziehbare Argumentationsgrundlage – gerade auch gegenüber Ökonomen – verwiesen wird.

Zusammenfassend lässt sich somit konstatieren, dass die Institutionalisierung von fachlichen Formalisierungen im ASD nur anhand der Interaktionen zwischen einer Vielzahl exogener und endogener Impulse zu erklären ist. Die Akteure in den ASD sehen sich dabei einer komplexen Umwelt mit einer Vielzahl regulatorischer Zwänge und als legitim und/oder relevant angesehener Erwartungen von internen und externen Anspruchsgruppen gegenüber. Daneben werden die verantwortlichen Akteure in den ASD von (widersprüchlichen) Positionen und Prämissen aus der Profession und Wissenschaft beeinflusst. Schließlich orientieren sich die Befragten an anderen ASD bzw. dem vermeintlich normalen Standardisierungsgrad in Feldern der öffentlichen Kinder- und Jugendhilfe. Allerdings zeigt die Analyse der Implementierungsprozesse in den drei ASD, dass nicht die (Umwelt-)Einflüsse an sich, sondern erst deren Wahrnehmung und organisationale Verarbeitung für die Art der organisationalen Reaktion ausschlaggebend sind. Aus der Perspektive der Organisation ist dabei zunächst nicht entscheidend, welche Intentionen oder Qualitäten die Umweltimpulse haben, sondern lediglich, ob und wie diese wahrgenommen, interpretiert und beurteilt werden sowie welche Konsequenzen aus ihnen gezogen werden.

Die Interpretationen exogener und endogener Impulse durch die Koordinations- und Leitungskräfte verweisen – zumindest punktuell – auf ein modernisiertes Fachlichkeitsverständnis, teilweise auch auf ein managerielles Organisationsverständnis[338]. Dies zeigt sich in einem unkritischen Vertrauen in als wissenschaftlich geltende Instrumente und Verfahren: So war beispielsweise in Kommune 1 geplant, langjährig genutzte und bei den Fachkräften akzeptierte Diagnoseinstrumente durch ein neues, evidenzbasiertes Instrument zu ersetzen. Auch die Gleichsetzung von Abweichung oder Konsolidierung mit Rückschrittlichkeit in Kommune 2 zeugt von einer modernisierungsaffinen Haltung. Schließlich war in allen Kommunen die Überzeugung verbreitet, rechtlichen Anforderungen, externen Erwartungen oder fachlichen Unsicherheiten mittels formalisierter Instrumente und Verfahren in angemessener Weise zu begegnen (vgl. Abschnitt 11.6.2). Die verantwortlichen Akteure beziehen sich demnach auf *institutionelle Gehalte* von fachlichen Formalisierungen – also auf Zuschreibungen, wonach fachliche Formalisierungen als geeignet, sinnvoll oder rational gelten. Dabei wird – neben anderem – immer auch auf das fachliche Potenzial von formalisierten Instrumenten und Verfahren abgehoben. So werden Formalisierungen als Garanten für eine qualitativ hochwertige und fachlichen Ansprüchen entsprechende ASD-Arbeit beschrieben, wie die nachfolgenden knappen Interviewpassagen zeigen:

> Also ich glaube, dass die Qualitätsentwicklung schon auch ein ganz wichtiger Baustein ist, Qualitätsstandards zu erstellen, im Sinne von dokumentierten Prozessen. (LK 8)

> Fakten werden erhoben und können nicht so einfach vom Tisch gewischt werden (…). Aus Überzeugung: Ja! Die Bögen tragen dazu bei, dass Willkürlichkeit verringert und Fachlichkeit erhöht werden. (LK 21)

Das große Vertrauen in fachliche Formalisierungen wird noch deutlicher, wenn anstelle der thematisierten Modernisierungsimpulse die quasi spiegelbildliche Dimension der mit der Entwicklung und Implementierung von fachlichen Formalisierungen verknüpften Erwartungen der Leitungskräfte – also die mit der Implementierung verknüpften Ziele – in den Blick genommen werden.

---

338 Beispiel für ein managerielles bzw. ökonomisiertes Selbstverständnis, das sich jedoch nur indirekt auf fachliche Formalisierungen bezieht, ist nachfolgende Aussage aus einem Leitungskräfteinterview: „Aber für mich gehört schon diese Überlegung, ‚Wieviel Geld setzten wir ein' zur Profession der Sozialen Arbeit. Und zwar nicht vordergründig ‚Es darf nicht mehr kosten als …', sondern im Sinne, ‚Was kommt wirklich bei dem vielen Geld, das wir einsetzten, raus' ".

11.6.2 Funktionszuschreibungen und Orientierungen der Leitungskräfte (2)

Funktionen und Ziele von fachlichen Formalisierungen wurden in den Interviews, besonders zur Begründung von Implementierungsentscheidungen thematisiert. Insofern bilden diese eine zentrale Kategorie der Institutionalisierung von fachlichen Formalisierungen im ASD. Die mit „Funktionen", „Zielen" oder „Zwecken" codierten Textpassagen wurden in einer kategorienbezogenen Synopse verglichen und – in Orientierung an der Auswertungsstrategie von Gioia et al. (2012) – zu den nachfolgend dargestellten neun Funktionsbereichen verdichtet. Die Funktionscluster umfassen in der Regel mehrere Einzelfunktionen. Auch bei diesen Einzelfunktionen handelt es sich um das Ergebnis eines Verdichtungsprozesses, in dem funktional ähnlich ausgerichtete Codes, die den Passagen der Interviews induktiv zugewiesen wurden, zusammengefasst und abstrahiert wurden. Da viele der Funktionen bereits in den Fallstudien Erwähnung finden, wird mit dem Ziel einer übersichtlichen und nachvollziehbaren Ergebnisdarstellung an dieser Stelle auf die Anführung von Belegzitaten verzichtet[339].

Optimierung der sozialpädagogischen Arbeit

- Erhöhung der Handlungssicherheit der Fachkräfte
- Orientierung, Strukturierung und Fokussierung der Fallarbeit (z. B. Nicht-Übersehen von Wesentlichem oder Vollständigkeit der Arbeit; Strukturierung von Abläufen)
- Fachliche Vergewisserung und Objektivierung von Einschätzungen und Entscheidungen
- Zwang zur Reflexion und Begründung von Entscheidungen
- Sicherung fachlicher Prinzipien (z. B. Kollegiale Beratung/Entscheidung)
- Sicherung moderner Fachlichkeit (z. B. Zielorientierung, Aktivierung, Beteiligung)
- Mittel zur Regulierung von Nähe und Distanz zu den AdressatInnen
- Kommunikationsbrücke (mit Eltern oder Leistungserbringern)

---

339 Die hier vorgestellten 34 Unterpunkte basieren auf 73 Codes zu Funktionen und Zielen fachlicher Formalisierungen, denen insgesamt 226 Interviewpassagen (Leitungs- und Koordinationskräfte) zugeordnet waren. Die kategoriale Synopse erfolgte in Orientierung an der „Gioia-Methode" (Gioia et al. 2012). Die auf Basis der Codes gebildeten Kategorien entsprechen – konzeptionell und hinsichtlich ihrer Bildung – den „1st order concepts", wohingegen die neun Gruppen von Funktionen den „2nd order themes" entsprechen, die zu den zwei Grundorientierungen Innen- vs. Außenorientierung („aggregate dimensions") verdichtet wurden (vgl. ebd.).

- Strategie, um Fälle präsent zu halten
- Sicherung einer gleichbleibend (hohen) Qualität.

Sicherung einer demokratisch-rechtsstaatlichen Praxis

- Gleichbehandlung der BürgerInnen
- Schutz vor Willkür
- Sicherung der Rechtmäßigkeit des Verfahrens und Entsprechung rechtlicher Vorgaben
- Herstellung von Transparenz (u. a. durch nachvollziehbare Dokumentation).

Optimierung der (bürokratischen) Aufgabenerledigung

- Überbrückung interner Schnittstellen (z. B. bei Vertretungen, Fallübergaben oder Zuständigkeitswechseln)
- Arbeitserleichterung und Entlastung der Fachkräfte (v. a. bei der Dokumentation)
- Vereinfachung der fachlichen Kontrolle (für Vorgesetzte)
- Einbindung der Arbeitskraft der AdressatInnen[340].

(Straf-)Rechtliche Absicherung

- der Fachkräfte
- der Organisation.

(Managerielle) Steuerung der ASD-Arbeit

- Generierung von Daten zu Steuerungszwecken
- Basis zur fachlichen Beurteilung der Arbeit
- Basis der Kostensteuerung.

---

340 Wie bei der Fallskizze zu Kommune 3 erwähnt, wurde dort eigens ein Formular entwickelt, auf welchem die AdressatInnen im Wartebereich Basisdaten zur eigenen Person, Familiensituation sowie zum Anlass für und den Erwartungen an ihre Kontaktaufnahme mit dem Jugendamt selbst erfassen sollten. Für andere Instrumente, die eigentlich durch die Fachkräfte genutzt werden sollten (z. B. Diagnosebögen), wird berichtet, dass diese aus Zeitgründen nicht für oder mit den AdressatInnen ausgefüllt, sondern den AdressatInnen zur Bearbeitung ausgehändigt werden. Formen der Nutzbarmachung der Arbeitskraft der AdressatInnen werden als Trend in zahlreichen gesellschaftlichen Bereichen beschrieben (vgl. z. B. der „arbeitende Kunde" bei Voß 2012).

Legitimation und Ressourcensicherung

- Legitimation der Arbeit
- Legitimation von Ressourcen
- Durchsetzung von Ressourcenaufstockung
- Darstellung und Begründung der Arbeit nach außen.

Außendarstellung des ASD

- Klärung von Erwartungen
- Profilschärfung
- Erhöhung des Prestiges
- Akzeptanz durch Umwelt.

Stärkung der fachlichen Zusammenarbeit

- Basis für Kooperation (Transparenz/Vertrauen)
- Steuerung von Hilfen/Leistungserbringern.

Externe Relationierungen

- Ausgleich wahrgenommener Defizite/Nachholbedarfe.

Neben Funktionen bzw. Zielen, die auch in offiziellen Statements der Kommunen angeführt werden, benennen die Befragten auch verschiedene weitere „inoffizielle" Zielsetzungen, beispielsweise Funktionen der Legitimation und Ressourcensicherung, der manageriellen Kontrolle und Steuerung oder externe Relationierungen. Auch die Funktion der Sicherstellung rechtsstaatlich-demokratischer Praktiken wird in offiziellen Begründungen nur selten als Argument für fachliche Formalisierungen angeführt. In den „offiziellen" Statements wird dagegen vor allem der Beitrag der formalisierten Instrumente und Verfahren zur Steigerung der fachlichen Qualität hervorgehoben. Auch in den Interviews wird diesem Aspekt viel Bedeutung zugemessen, was sich nicht zuletzt darin zeigt, dass die fachlich-inhaltliche Dimension sehr differenziert in den Interviews beschrieben wird. Für die fachliche Optimierungsfunktion lassen sich in den Interviews die meisten Kategorien und die präzisesten Beschreibungen rekonstruieren. Es finden sich zu diesem Thema also mehr Interviewpassagen als zu anderen Funktionsbereichen und aufgrund der differenzierteren Beschreibung ließen sich auch mehr unterschiedliche Codes vergeben. Allerdings gilt es zu berücksichtigen, dass sich die einzelnen konkreten Instrumente in ihren inhaltlichen Funktionen auch am stärksten unterscheiden, weshalb die große Zahl von unterschiedlichen Codes nicht wirklich verwundern kann.

Im Umkehrschluss weist eine geringe Anzahl von Einzelkategorien bei einzelnen der Funktionscluster keinesfalls auf eine geringe Bedeutung oder seltene Nennung hin. So war die Funktion der strafrechtlichen Absicherung eines der meistgenannten Motive für die Einführung formalisierter Instrumente und Verfahren im Kinderschutz[341]. Zudem gilt es zu berücksichtigen, dass die Zuordnung der Kategorien zu den neun Funktionsbereichen nicht immer trennscharf und auf der gleichen Abstraktionsebene erfolgt. So lässt sich etwa die Herstellung von Transparenz als eine Voraussetzung mehrerer der benannten Funktionen anführen. Sie wird neben der Sicherung rechtsstaatlicher Verfahren auch als eine Basis für vertrauensvolle Kooperationsbeziehungen oder als ein Mittel zur Erhöhung der Akzeptanz gesehen. Organisationsintern können transparente Abläufe als Basis für eine bessere Überbrückung interner Schnittstellen sowie als Voraussetzung für eine Optimierung der Steuerung und Kontrolle der Fachkräfte gelten. Hier kann eine Vereinheitlichung der Dokumentation wiederum als Voraussetzung oder Element von Transparenz bestimmt werden.

Schließlich lassen sich verschiedene „Qualitäten" der Begründungen der einzelnen Funktionen unterscheiden, die auf unterschiedliche Institutionalisierungsgrade verweisen. Während für die einzelnen Instrumente und Verfahren in der Regel beschrieben wird, wie sie die jeweiligen Funktionen erfüllen, tendieren die Befragten gerade bei globalen Beurteilungen zu unvollständigen Syllogismen. Anstelle zu begründen, warum oder wie fachliche Formalisierungen bestimmte Funktionen erfüllen, werden diese Funktionen direkt zugeschrieben – etwa nach dem Muster: Standardisierungen gewährleisten (oder sind) Qualität oder Professionalität[342]. So bekennt eine Leitungskraft auf die Frage danach, ob formalisierte Instrumente die ASD-Arbeit auch fachlich verbessern sehr überzeugt „Ja! Ich glaube ja, nämlich wegen der Standardisierung" (TL 16). Ähnlich räsoniert auch eine Basiskraft: „Die Qualitätsstandards sind ja auch ein Stück Qualität. Standard heißt ja auch Qualität" (BK 17). Nach Green et al. (2009) sind solche Verkürzungen der Argumentation ein typisches Zeichen für Institutionalisierungseffekte. Wenn rationalisierte Elemente über kognitive Legitimität verfügen – also als normal und gut gelten – müssen ihre

---

341 Da es das Ziel der Zusammenstellung von Funktionsbereichen ist, die Breite der Funktionen bzw. Motive zu verdeutlichen, wird auf eine Quantifizierung der Nennungen verzichtet – nicht zuletzt auch, um der Gefahr eines Abgleitens in eine methodologisch unangemessene und daher Fehlschlüsse produzierende quantifizierende Logik zu begegnen.
342 Ein syllogistisches Argument besteht nach Aristoteles aus einer 1. Prämisse (allgemeines Gesetz), einer 2. Prämisse (die eine Relation des Besonderen zum Allgemeinen Gesetz beschriebt) und einer Folgerung. Im Zuge von Institutionalisierungsprozessen werden Syllogismen zunehmend verkürzt, bis am Ende nur noch eine unbegründete Behauptung steht, die jedoch allgemein akzeptiert wird (vgl. Green et al. 2009).

Vorzüge nicht mehr expliziert und begründet werden (vgl. ebd.). Die Befragten rekurrieren hier also offensichtlich auf institutionelle Gehalte fachlicher Formalisierungen, die sie selbst nicht hinterfragen.

Hinter den neun vorgestellten Funktionsbereichen bzw. Zielen, die die befragten Leitungskräfte zur Begründung der Implementierung von fachlichen Formalisierungen nennen, lassen sich zwei grundlegende Orientierungen identifizieren (vgl. Abb. 21).

Abb. 21: Funktionen fachlicher Formalisierungen aus der Perspektive der Leitungskräfte

Nach innen gerichtete Funktionen: Die Entwicklung und Implementierung von fachlichen Formalisierungen wird einerseits nach innen gerichtet und mit auf die Organisation des ASD und dessen Aufgaben bezogenen Funktionen begründet: Fachliche Formalisierungen sollen die sozialpädagogische Arbeit optimieren, bürokratische Abläufe rationalisieren, rechtsstaatliche Prämissen der Aufgabenerledigung gewährleisten, die Organisation und ihre MitarbeiterInnen strafrechtlich absichern sowie eine bessere (managerielle) Steuerung der Organisation ermöglichen. Hinter diesen nach innen gerichteten Funktionen steht die Erwartung, dass formalisierte Instrumente und Verfahren ein spezifisches inhaltliches Optimierungspotenzial besitzen, also Dinge, die im ASD geschehen, verbessern können und sollen. Entsprechend sollten die spezifischen Funktionen umso besser realisiert werden, je umfassender die fachlichen Formalisierungen in den Alltagspraxen der ASD umgesetzt werden. Eine Ausnahme bilden jene spezifischen Optimierungshoffnungen, die von vornherein mit eher flexiblen Kopplungen verknüpft sind, beispielsweise wenn hinsichtlich mit Blick auf das fachliche Optimierungspotenzial eine Balance zwischen persönlichen Faktoren (z. B. dem „Bauchgefühl") und formalisierten Instrumenten und Verfahren hervorgehoben wird.

Nach außen gerichtete Funktionen: Andererseits wird die Entwicklung und Implementierung von fachlichen Formalisierungen mit Erwartungen oder Zielen begründet, die außerhalb der Organisation liegen. So sollen formalisierte Instrumente und Verfahren die Arbeit und/oder den Ressourcenverbrauch des ASD gegenüber Dritten – z. B. gegenüber der Politik, gegenüber anderen Verwaltungseinheiten oder ganz allgemein gegenüber der Öffentlichkeit – legitimieren und dazu beitragen, das Ansehen, die Akzeptanz und die Ressourcenausstattung des ASD zu sichern oder auszuweiten. Zudem sollen die Erwartungen von externen Kooperationspartnern aufgegriffen und berücksichtigt werden, um die Zusammenarbeit mit diesen Partnern zu optimieren. Schließlich wird angestrebt, an durch Dritte repräsentierte „Normalitäten" aufzuschließen (vgl. Link 2013), beispielsweise den Formalisierungsgrad in der eigenen Organisation an einen als normal wahrgenommenen Durchschnitt anzugleichen. Die nach außen orientierten Funktionen basieren in erster Linie auf der Legitimität, die fachlichen Formalisierungen zugeschriebenen wird. Für die Erfüllung der externen Funktionen ist das inhaltliche, auf Prozesse und Aufgaben im ASD bezogene Potenzial von nur indirektem Interesse. Zentral ist dagegen, dass die adressierten Umweltakteure davon überzeugt werden bzw. sind, dass formalisierte Instrumente und Verfahren die gewünschten Effekte bringen. Die externen Funktionen können daher ebenso im Falle einer Entkopplung der Instrumente und Verfahren von den Arbeitsabläufen im ASD, also durch den Aufbau einer Legitimationsfassade, realisiert werden.

Verhältnis von Innen- und Außenorientierung: Auch bei den Zwecken von fachlichen Formalisierungen ist keine scharfe Trennung zwischen Innen- und Außenorientierung möglich. Dies zeigt sich etwa bei dem Ziel, Kooperationen zu optimieren. Diese Funktion zielt zwar auf externe Erwartungen, ihre Realisierung legt jedoch auch interne Veränderungen im ASD nahe. Auf einer allgemeineren Ebene verschwimmen die Grenzen zwischen Innen- und Außenorientierung auch dadurch, dass die Mehrheit der Leitungskräfte die (Legitimations-)Funktionen gegenüber Dritten als einen Effekt interner Optimierungsprozesse ansieht: Das Prestige und die Legitimation des ASD steigen, so ihre Annahme, weil die implementierten Instrumente und Verfahren die Arbeitsprozesse im ASD verbessern. Hierbei wird (implizit) unterstellt, dass externe Erwartungsträger den von den verantwortlichen ASD-Akteuren antizipierten Zusammenhang zwischen fachlichen Formalisierungen und fachlichen Optimierungen wahrnehmen und honorieren (können)[343].

Mit den fokussierten Funktionen und Orientierungen rekurrieren die Leitungskräfte – wie im letzten Abschnitt schon ausgeführt – in unterschiedlicher Weise auf *institutionelle Gehalte*, also allgemein akzeptierte Erwartungen an fachliche Formalisierungen. Die Einschätzungen der Befragten beruhen also nicht nur auf Erfahrungen, sondern auch auf Zuschreibungen, womit sie auf die Denk- und Deutungsmuster der befragten Akteure verweisen. Da alle Leitungs-

---

343 Auf Rückfrage zeigen sich die Befragten jedoch skeptisch, gegenüber der Fähigkeit der adressierten Dritten (z. B. Vertretungen der Kommunalpolitik) den Zusammenhang zwischen fachlichen Formalisierungen und den Arbeitsprozessen des ASD nachvollziehen zu können oder zu wollen. Hier wird eine Differenz zwischen sozialarbeiterischen Aufgaben der Kinder- und Jugendhilfe und Feldern wie der Kindertagesbetreuung gesehen: „Das Arbeitsfeld U3-Ausbau, da kann man natürlich auch über Ziele, über Qualitäten und Quantitäten sehr gut diskutieren – das berührt die Leute unmittelbarer. Das sind da so einzelne, spezifische Arbeitsfelder, wo das dann so funktioniert" (LK 8).

kräfte die Einführung von formalisierten Instrumenten und Verfahren (auch) als Strategie zur Verbesserung der sozialpädagogischen Arbeit begründen, gehen sie von einem – im Detail sehr unterschiedlich akzentuierten – fachlichen Potenzial dieser fachlichen Formalisierungen aus. Hier korrespondieren die Beurteilungen der interviewten Leitungsakteure deutlich mit den Urteilen ihrer KollegInnen der Onlinebefragung. Daneben werden formalisierte Instrumente und Verfahren vor allem von Akteuren auf den oberen Leitungsebenen mit (straf-)rechtlichen Absicherungsmotiven und Steuerungshoffnungen begründet. VertreterInnen mittlerer Leitungsebenen unterstreichen dagegen eher das bürokratische Rationalisierungspotenzial sowie rechtsstaatliche Prinzipien.

Auch externe Funktionen werden von den meisten Leitungskräften über interne Optimierungspotenziale von fachlichen Formalisierungen begründet. Die entsprechenden ASD-Akteure reifizieren in ihrem Leitungshandeln demnach den institutionellen Gehalt fachlicher Formalisierungen, indem sie sich – auch nach außen – auf die den Instrumenten und Verfahren zugeschriebenen Potenziale beziehen und diese in ihrer Rolle als ExpertInnen bestätigen und dadurch noch verstärken. So bilanziert eine Leitungskraft zur Implementierung fachlicher Formalisierungen im ASD: „Ich glaube, dass die Professionalität durch die Einführung von Qualitätsstandards oder die Durchführung der Standardverfahren, so wie die hier beschrieben werden, gestiegen ist" (LK 7).

Allerdings geben Akteure auf den oberen Leitungsebenen auch strategisch nach außen gerichtete Motive an. So wird die Implementierung von formalisierten Instrumenten und Verfahren mit dem Ziel der Befriedigung von (als mehr oder weniger legitim beurteilten) Erwartungen relevanter Umweltakteure oder mit dem Zweck einer gezielten Steuerung des Bildes des ASD und seiner Arbeitsprozesse zur Durchsetzung fachlich- und/oder organisationspolitischer Interessen begründet. Inhaltliche Potenziale der fachlichen Formalisierungen treten hierbei hinter die nach außen gerichteten Ziele der Legitimationssicherung, der Prestigeausweitung und der Ressourcenakquirierung zurück und werden teilweise von den Befragten sogar negiert. So führt eine Leitungskraft zu ihren Motiven für die Implementierung fachlicher Formalisierungen aus: „Die wollen das haben, also kriegen sie es! // Es ist strategisch? // Nur strategisch! (…) Es war der Zeitgeist, der hat das gefordert (…) und dann habe ich es eben gemacht" (LK 6).

Die Leitungskräfte gehen im Falle von nach außen gerichteten Strategien davon aus, dass formalisierte Instrumenten und Verfahren von relevanten Umweltakteuren als Elemente sinnvoller bzw. rationaler ASD-Praxen angesehen werden. Daher werden entsprechende Erwartungen durch die Implementierung entsprechender fachlicher Formalisierungen bedient.

> Also ich denke schon, dass auch in der Sozialarbeit, in verschiedenen Bereichen, Grund-/ also minimale Standardisierungen vorgenommen werden müssen, um von

diesem Image der Gutmenschen, der Künstler oder der Geldverschwender praktisch wegzukommen. Denn ‚die Geldverschwender', das kommt ja von den Betriebswirten her und ‚die Gutmenschen', das kommt ja von verschiedenen sozialen Schichten her und das können wir uns nicht erlauben, also die Sozialarbeit oder die soziale Szene generell, dass wir von verschiedenen Seiten so viele Angriffspunkte haben. Und da glaube ich schon, dass da jeder in seinem Arbeitsfeld so ein bisschen gucken muss. (LK 6)

Die Fallstudien zeigen, dass die Leitungskräfte auf institutionelle Gehalte unterschiedlicher Referenzrahmen Bezug nehmen. Einerseits werden fachliche Formalisierungen – einem modernisierten Fachlichkeitsverständnis entsprechend – als aus sozialarbeiterischer Perspektive angemessene und rationale Strukturelemente im ASD angesehen und (auch) zur Außendarstellung und Interessensdurchsetzung genutzt. Eine solche Nutzung zur Außendarstellung ist möglich, weil die instrumentell-sozialtechnologische Ausrichtung von formalisierten Instrumenten und Verfahren übergreifenden Rationalitätsvorstellungen entspricht, die auch von Akteuren aus anderen gesellschaftlichen Sektoren – die Befragten nennen Politiker, Ökonomen, Verwaltungsakteure – „verstanden", d. h. nachvollzogen und/oder honoriert werden.

Dass das schon, ich glaube, noch mal so eine Vorzeigegeschichte war, wo man auch sagen konnte, also hier, da wird hier in der Stadt im ASD eine gute Qualität gemacht, und was da auch ausstrahlte auf die anderen Bereiche. (LK 7)

Zum anderen werden fachliche Formalisierungen auch primär strategisch genutzt, weil ihre Logik den (postulierten oder antizipierten) Rationalitätsvorstellungen der adressierten Umweltakteure – besonders von Ökonomen (wie Buchhaltern oder Rechnungsprüfern) – entspricht, während die Relevanz eben dieser instrumentell-sozialtechnologischen Logik für die ASD-Arbeit skeptisch gesehen wird. Allerdings erfolgt bei keinem Akteur eine komplette Zurückweisung jeglichen inhaltlichen Nutzens. Selbst Akteure, die konstatieren, dass sie fachliche Formalisierungen primär strategisch nach außen gerichtet zur Manipulation Dritter nutzen, erwähnen dennoch – wenn auch gegebenenfalls in anderen Darstellungskontexten – Aspekte des inhaltlichen Nutzens von formalisierten Instrumenten und Verfahren. Das bereits an anderer Stelle angeführte Zitat einer Leitungskraft aus Kommune 3 macht dies deutlich:

Es gibt eben Professionen oder die Polizei oder so, die brauchen Facts oder Zahlen. Und wenn man die beliefern will, dann ist das hilfreich, in meiner Erfahrung. Ich glaube, die Grenzen von [Programm zur Wirkungsevaluation; A.M.] sind mir recht klar, aber eben auch die Möglichkeiten, unter Umständen. (LK 24)

Die Positionierungen der Leitungskräfte weisen eine komplexe Struktur auf. So lassen sich die verantwortlichen Akteure auf einer allgemeinen Ebene durchaus auf einem Kontinuum zwischen eher formalisierungsskeptischen und eher formalisierungsbefürwortenden Positionen verorten. Die Positionierung erschöpft sich jedoch nicht in dieser Eindimensionalität. Vielmehr verweisen alle Befragten auf bestimmte Vorzüge fachlicher Formalisierungen. Zudem verweisen alle Befragten auf Aspekte, die neben oder verknüpft mit formalisierten Instrumenten und Verfahren für eine gelingende Praxis unentbehrlich angesehen werden (z. B. die Qualifikation des Personals). Schließlich beschreiben alle Leitungskräfte neben den unterschiedlichen Begründungen für deren Einführung auch Grenzen und Dysfunktionalitäten von formalisierten Instrumenten und Verfahren. Dabei zeigt sich abermals ein weites Spektrum von Positionen. Befürwortende wie skeptische Positionen sind teilweise fest in den Denk- und Beurteilungsmustern der Befragten verankert und werden relativ konsequent während der Interviews durchgehalten. Dies ist vor allem auf einer abstrakten, von den Befragten in den Interviews selbstgewählten Argumentationsebene der Fall. Hier agieren und positionieren sich die befragten Leitungskräfte relativ konsistent: entweder eher befürwortend, grundsätzlich abwägend oder eher skeptisch. Ebenso finden sich bei den Leitungsakteuren aber auch eher assoziativ wirkende Pendelbewegungen zwischen eher befürwortenden und ablehnenden Positionen gegenüber fachlichen Formalisierungen. Besonders bei Detailaspekten, nach entsprechenden Konfrontationen oder auch im Gesprächsverlauf werden die Positionen der befragten zunehmend differenzierter und damit auch widersprüchlicher (vgl. Abschnitt 9.3).

11.6.3 Kernprozesse der Implementierung fachlicher Formalisierungen im ASD (3)

Bislang wurden Aspekte des Prozesses der Institutionalisierung von fachlichen Formalisierungen bezogen auf statische Dimensionen – Impulse, Funktionen, Orientierungen – analysiert. In diesem Abschnitt ist der Prozess der Implementierung in seiner Dynamik Gegenstand der Analyse. Der Vergleich der Entwicklungen in den drei Fallstudienkommunen zeigt, dass sich bei aller Unterschiedlichkeit der Impulse sowie der Motive und Orientierungen drei übergreifende Phasen der Implementierung identifizieren lassen. In diesen Phasen erfolgen die Entwicklung grundlegender formalisierter Instrumente und Verfahren (1), deren Konsolidierung (2) sowie schließlich deren Differenzierung und (Re-)Orientierung (3). Diese Prozesse beruhen auf unterschiedlichen Modi des institutionellen Wandels und haben eine zunehmende Expansion von formalisierten Instrumenten und Verfahren in den untersuchten ASD zur Folge:

1. *Phase erster Entwicklungen*
- zentrale (externe) Impulse
- partizipative (interne) Umsetzung

2. *Phase der Konsolidierung*
- Ausdifferenzierung und Fokussierung
- imperative Einbettung

3. *Phase der Differenzierung und (Re-)Orientierung*
- (top-down) Diversifizierung
- (Re-)Orientierung nach außen.

Das Phasen-Modell gibt fallübergreifende Aspekte der Implementierungsprozesse von fachlichen Formalisierungen im ASD wieder. Er beruht zwar auf einem Vergleich des empirischen Materials aus den drei kommunalen Einzelfallstudien (vgl. Abschnitt 9.4.4), da es sich aber um eine idealtypische Abstraktion handelt, durchlaufen nicht alle Kommunen für alle Instrumenten und Verfahren alle dargestellten Phasen und Prozesse. Zudem erfolgen die Prozesse mit diversen Ungleichzeitigkeiten. Insofern stellt insbesondere die Zuordnung der sechs zentralen Elemente der Implementierungsprozesse zu den drei Phasen eine strukturierende, von Einzelprozessen abstrahierende Konstruktion dar.

Phase erster Entwicklungen: In den drei Fallstudien-Kommunen wurden in den 2000er-Jahren zentrale Instrumente und Verfahren in den Bereichen Hilfeplanung und Kinderschutz entwickelt und eingeführt. Diese Kern-Formalisierungen (vgl. Tab. 15) sind bis heute Teil der Struktur bzw. Element der Ablauforganisation in den ASD. Sie entstanden im Kontext von Projekten einschlägiger externer fachlicher Stellen (Landesjugendämter oder Beratungsinstitute). Die lokalen ASD-Akteure verfolgen zunächst lediglich bestimmte fachlich-inhaltliche Interessen bzw. Ziele (z. B. die Qualifizierung des Kinderschutzes oder Qualitätsentwicklung im ASD). Zur Realisierung dieser Ziele partizipieren die ASD-Akteure an entsprechenden (Entwicklungs-)Projekten externer fachlicher Stellen. Erst in diesen externen Entwicklungskontexten, also aufgrund von Weichenstellungen, die in der Verantwortung der externen ExpertInnen liegen, werden die fachlich Interessen der ASD-Akteure auf formalisierte Instrumente und Verfahren hin orientiert.

Es ist demnach zu konstatieren, dass die betreffenden externen fachlichen Stellen (Landesjugendämter und Institute) letztlich ausschlaggebend für die Entwicklung von fachlichen Formalisierungen in den Kommunen waren. Der Einfluss dieser einschlägigen Stellen basiert wesentlich auf deren fachlichem Prestige und dem damit verknüpftem Vertrauen, das die kommunalen ASD-Akteure diesen Organisationen daher entgegenbringen. Die inhaltliche Ausrichtung der Projekte basiert einerseits auf den spezifischen fachlichen Ausrichtungen der Institute oder übergeordneten fachlichen Stellen, die die Projekte tragen. Andererseits zeigen die Fallstudien, dass Zufälle, etwa in Form der spontanen Einbindung von externen Referenten, die Ausrichtung in den Projekten beeinflussen. Es bestimmen also sowohl die in den beratenden Organisationen etablierten fachlichen Perspektiven und Ausrichtungen als auch zufällige Bezugnahmen, welche fachlich-inhaltlichen Perspektiven und Trends in den (Entwicklungs-)Projekten aufgegriffen werden. Im Falle der Projekte der Fallstudienkommunen waren dies unter anderem eher objektivistisch orientierte Perspektiven auf den Kinderschutz und managerielle Qualitätsverständnisse[344]. Diese Perspektiven begünstigten (nicht determinierten!) die Entwicklung von Lösungen, die einer sozialtechnologischen Logik folgen, nämlich die Entwicklung von formalisierten Instrumenten und Verfahren.

Die externen fachlichen Stellen (Landesjugendämter und Institute) agieren demnach als „Diffusionsagenten" für fachliche Formalisierungen. Indem sie inhaltlich fokussierte, aber in der Form unbestimmte regionale Impulse auf formalisierte Instrumente und Verfahren hin orientierten, forcierten sie die Entwicklung und Implementierung fachlicher Formalisierungen in den Kommunen und damit die Verbreitung solcher Formalisierungen im Feld der Kinder- und Jugendhilfe. Auf diesem Weg finden – durchaus kontingente – professionelle Impulse unabhängig von einer aktiven Rezeption des Fachdiskurses in den Kommunen Eingang in die ASD. Somit sicherten die Diffusionsagenten die Rückbindung und Einbettung der kommunalen Entwicklungen an/in übergreifende – wenngleich kontingente – Trends in der Kinder- und Jugendhilfe.

Die inhaltliche Umsetzung der Instrumente und Verfahren erfolgte – zumindest für die frühen Kern-Formalisierungen – in allen Kommunen in Arbeitsgruppen unter Beteiligung der Fachkräfte. Somit können die Instrumente und Verfahren (auch) als Resultat partizipativer organisationaler Prozesse beschrieben werden. Die Rückkopplung der durch externe fachliche Stellen angeleiteten Entwicklungsprozesse an die Akteure der kommunalen ASD-Praxis ist dabei in der Regel ein konzeptionelles Element der (Entwicklungs-)Projekte. Diese Möglichkeit der aktiven Mitwirkung an der Gestaltung der eigenen Arbeitsbedingungen wird von den Basiskräften explizit gewürdigt.

In den Projekten zur Implementierung von fachlichen Formalisierungen wirken demnach Einflüsse externer Stellen, der ASD-Leitungen und der beteiligten Basiskräfte zusammen. Die Befunde zeigen, dass in den externen Projektkontexten die grundlegenden Weichenstellungen erfolgen. Diese (externen) Setzungen werden in den Praxiskommunen als „gegeben" vorgestellt und nicht

---

344 Diese Einschätzung basiert einerseits auf entsprechenden Hinweisen in den Interviews, andererseits auf den Publikationen und Selbstdarstellungen (Homepages) der entsprechenden Akteure bzw. Organisationen.

hinterfragt oder diskutiert. Den kommunalen Gremien kommt demgegenüber die Funktion zu, die extern entwickelten Rahmenvorgaben inhaltlich auszugestalten und zu konkretisieren. Diese nachgeordneten Form der Fachkräftebeteiligung ist offensichtlich aber ausreichend, um die Akzeptanz und Nutzung der entwickelten Instrumente und Verfahren zu sichern, wobei den in den kommunalen Entwicklungsgremien mitwirkenden Fachkräften unterschiedlicher Ebenen die Funktion zukommt, bei den „KollegInnen" als „Botschafter" für die formalisierten Instrumente und Verfahren zu fungieren. Diese Funktion war bei den Fallstudien-Kommunen umso bedeutender, als – zumindest für die Instrumente und Verfahren der 2000er-Jahre – auf explizite „Implementierungsstrategien" für die fachlichen Formalisierungen (wie Schulungen, Fortbildungen oder Einarbeitungskonzepte) verzichtet wurde (vgl. Fixsen et al. 2005[345]).

Phase der Konsolidierung: In der Phase der Konsolidierung erfolgt die formale Institutionalisierung der Kernstruktur fachlicher Formalisierungen in den Kommunen. Diese Phase ist durch mehrere miteinander verknüpfte Entwicklungen geprägt: Bestehende Instrumente werden verfeinert und neue Instrumente und Verfahren entwickelt, zudem werden die Instrumente und Verfahren zu verbindlichen Elementen der Formalstruktur der Organisationen gemacht und Vorkehrungen getroffen, diesen imperativen Status durchzusetzen. Schließlich erfolgt eine Zusammenführung von Instrumenten und Regelungen zu deren Nutzung. Hierdurch wird die Zahl der Einzelregelungen und Einzelinstrumente in den Kommunen reduziert, gleichzeitig entstehen kompakte aber intern zunehmend ausdifferenzierte fachliche Formalisierungen. Komplexität wird also aus der organisationalen Struktur in die Struktur der fachlichen Formalisierungen verlagert.

Die Abbildung 22 zeigt die Entwicklung von fachlichen Formalisierungen in den drei Fallstudien-Kommunen. Die der Konsolidierungsphase zugeordneten Prozesse erfolgten im Wesentlichen zwischen den Jahren 2005 und 2010. Zum ersten werden Einzelregelungen und Einzelinstrumente zu komplexen fachlichen Formalisierungen verdichtet, zum zweiten steigt das Volumen formalisierter Instrumente und Verfahren in den ASD, zum dritten werden die diese Formalisierungen zunehmend imperativ ausgerichtet.

---

345 Fixsen et al. (2005) beschreiben Trainings, Beratung und (administrativen) Support – neben anderem – als „Kernelemente" der Umsetzung von Implementierungsprozessen (vgl. ebd., S. 28 ff.).

Abb. 22: Konsolidierungs- und Differenzierungsprozesse in den ASD

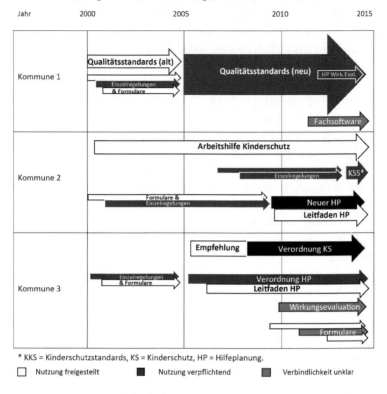

* KKS = Kinderschutzstandards, KS = Kinderschutz, HP = Hilfeplanung.

☐ Nutzung freigestellt ■ Nutzung verpflichtend ▨ Verbindlichkeit unklar

In den ASD wurden Kern-Formalisierungen zunächst als Arbeitshilfen und Handreichungen eingeführt, deren Nutzung zwar empfohlen wurde, aber letztlich dem fachlichen Ermessen der Basiskräfte anheimgestellt war. Dieser freiwillige Charakter wurde in der Konsolidierungsphase zunehmend durch *imperative Regelungen* ersetzt oder ergänzt. Dabei wurden – beispielsweise in der Kommune 1 – bislang freiwillige nutzbare Instrumente und Verfahren zu verbindlichen Elementen der ASD-Praxis erklärt. Im Beispiel der Kommune 2 wurden in dieser Phase dagegen bestehende Arbeitshilfen überarbeitet und weiterentwickelt, verblieben aber weiterhin im Status unverbindlich zu nutzender Hilfemittel. Daneben wurden jedoch neue, verbindlich zu nutzende Instrumente und Verfahren eingeführt. Vorhandene fachliche Formalisierungen wurden also durch „wichtigere" Instrumente und Verfahren überlagert. Die mit diesen Prozessen verknüpfte Expansion des Volumens fachlicher Formalisierungen wird durch Prozesse der Zusammenfassung diverser Regelungen und Instrumente zu komplexeren fachlichen Formalisierungen ergänzt, wodurch die Zunahme von Instrumenten und Verfahren weniger deutlich sichtbar wird. Bei beiden Formen der Transformation – Überlagerung und Statuswechsel (vgl.

Streeck/Thelen 2005; Abschnitt 4.3.1) – verändern sich die Bedeutung und der Status der Kern-Formalisierungen im ASD.

Die Bereitstellung von Instrumenten und Verfahren wird durch Verpflichtungsapelle und Strategien der Kontrolle ergänzt bzw. ersetzt[346]. Mit der imperativen Aufladung der fachlichen Formalisierungen verknüpft ist eine Ausweitung der Kontrolle der Nutzung der Instrumente bzw. der Einhaltung der Verfahrensstandards. Diese Kontrolle wird über unterschiedliche Wege realisiert. Teilweise werden explizite, von den alltäglichen Arbeitsprozessen abgehobene, Kontrollen implementiert, indem Berichte verfasst und „Akten zur Kontrolle gezogen" werden. Überwiegend sind die Kontrollen aber in die alltäglichen Arbeitsroutinen eingelassen: So sind Leitungskräfte einerseits in die Standardverfahren des ASD eingebunden, da sie informiert werden, mitentscheiden und/oder Entscheidungen mitzeichnen (müssen). Andererseits werden relevante Entscheidungen (z. B. die Gewährung von Erziehungshilfen) formal vom Vorliegen entsprechender Instrumente (z. B. Anamnesebogen) abhängig gemacht, sodass die Basiskräfte wichtige Aufgaben ihrer Alltagspraxis nur realisieren können, wenn sie die vorgegebenen formalisierten Instrumente und Verfahren nutzen.

Mit der stärker imperativen Ausrichtung der fachlichen Formalisierungen verändern sich somit auch die Funktion und das Aufgabenprofil der Leitungskräfte. Neben begleitenden, unterstützenden, beratenden und steuernden Tätigkeiten haben die Kontrolle der Einhaltung von Verfahrensstandards und die Kontrolle der Nutzung von Instrumenten an Bedeutung gewonnen. Dies gilt besonders für die Gruppen- und Teamleitungen, die von einer stärkeren und flächendeckenden Einbindung in die konkrete Fallarbeit ihrer MitarbeiterInnen berichten und in diesem Kontext häufig auch explizit Kontrollaufgaben thematisieren. Zudem erfolgt – zumindest in Kommunen mit angespannter Haushaltslage – eine Zentralisierung der Entscheidung über und Kontrolle von „teuren Hilfen". Indem administrative oder politische Leitungsakteure in Einzelfallentscheidungen involviert werden, übernehmen sie auch die Funktion der Kontrolle der Einhaltung formaler Standards im ASD – beispielsweise, wenn sie die Vorlage bestimmter, formal vorgesehener Falldarstellungen, Dokumentationsbögen oder Beratungsprotokolle zur Basis ihrer Entscheidung machen. Ein Bedeutungsgewinn von Kontrollfunktionen aufseiten der Leitungsakteure zeigt sich dabei in allen Fallstudien-Kommunen, wird aber von den betroffenen Akteuren unterschiedlich deutlich wahrgenommen bzw. thematisiert, beurteilt und vermutlich auch praktisch ausgefüllt.

---

346 In der Sprache der Implementierungsforschung sollte also die ursprüngliche „paper implementation" in eine „performance implementation" transformiert werden (vgl. Fixsen et al. 2005).

In der Phase der Konsolidierung erfolgt also eine doppelte Expansion fachlicher Formalisierungen: Zum einen steigt das Volumen der in den ASD vorzufindenden formalisierten Instrumenten und Verfahren. Zum zweiten expandieren die Regeln zur Nutzung dieser Formalisierungen bzw. werden imperativer, um eine engere Kopplung von Formal- und Aktivitätsstruktur herbeizuführen[347].

Phase der Differenzierung und Re-Orientierung: Die letzte Phase ist geprägt durch Differenzierungs- und Re-Orientierungsprozesse. Erstere vollziehen sich vor allem über eine weitere Expansion fachlicher Formalisierungen durch die Entwicklung und Einführung immer neuer Instrumente neben den Kern-Formalisierungen sowie deren technische Umsetzung (vgl. Abb. 22). Diese Tendenz der Ausdifferenzierung zeigt sich beispielsweise in der Kommune 1 an der Einführung einer Fachsoftware oder zusätzlicher, hoch formalisierter Formulare zur Erfolgsmessung in der Hilfeplanung. Sie zeigt sich noch deutlicher in der Kommune 3, in der, scheinbar unkontrolliert, immer neue Instrumente entwickelt und den Fachkräften (bei unklarer Verbindlichkeit) zur Verfügung gestellt werden.

Gemeinsam ist diesen Prozessen der Diversifizierung, dass sie (weitgehend) ohne Beteiligung der Basiskräfte realisiert werden. Vielmehr werden neue Instrumente durch Stabstellen (expertokratisch), durch privilegierte Zirkel von Leitungs- und Koordinationskräften (oligarchisch) oder durch die Leitungskräfte (autokratisch) top-down entwickelt und vorgegeben. Diese Tendenz zeigt sich etwa darin, dass die ASD-Leitungen externe Evaluationssysteme einkaufen, dass Leitungsakteure Formalisierungsziele über Leitungsgremien umsetzen oder dass MitarbeiterInnen auf Stabstellen neue Dokumentationsinstrumente entwickeln. Allerdings bezieht sich dieser Trend nicht auf alle fachlichen Formalisierungen gleichermaßen. So werden Basiskräfte in die (Weiter-)Entwicklung von Kern-Formalisierungen eher einbezogen als in die Entwicklung ergänzender Instrumente. Doch auch bei Kern-Formalisierungen erfolgt die Fachkräftebeteiligung in geringerem Maße als zu früheren Phasen. Insgesamt lassen die Befunde aus den drei untersuchten Kommunen keine Zweifel daran,

---

347 Während die Trends zur Expansion und engeren Kopplung in den Kommunen 2 und 3 gleichermaßen stattfanden, jedoch auf anderen Wegen, wurden diese Entwicklungen in der Kommune 1 im Rahmen der Qualitätsstandards vorweggenommen und quasi in die Implementierungsphase integriert. Hierdurch erfolgte anstelle kontinuierlicher Prozesse der Überlagerung und Konversion ein abrupter Wandel, indem alle bisherigen Formalien und Regeln durch eine grundlegend neue – d. h. einer neuen Logik, Funktion etc. folgenden – Regulation ersetzt wurden.

dass nicht nur die faktische Beteiligung[348], sondern auch die Beteiligungsmöglichkeiten für Basiskräfte im Zeitverlauf zurückgegangen sind.

Des Weiteren zeigt die Zusammenschau der Entwicklungen in den Fallstudienkommunen eine Veränderung der primären Funktionen fachlicher Formalisierungen. So gewinnen im Zeitverlauf Funktionszuschreibungen an Bedeutung, die auf Erwartungen außerhalb des ASD gerichtet sind. Diese (Re-)Orientierung korrespondiert mit einem Bedeutungsgewinn strategischer, besonders ressourcenbezogener Ziele, gegenüber fachlich-inhaltlichen Zwecksetzungen. Auch dieser Trend zeigt sich in verschiedenen Ausbuchstabierungen: Augenfällig ist er in Kommune 2, in der mit dem Leitungswechsel eine konsequente Außenorientierung erfolgte, in der die Entwicklung und Einführung von verbindlich zu nutzenden Instrumenten und Verfahren primär als Strategien zur Stärkung der Position des ASD und damit zur Durchsetzung von strukturellen ASD-Interessen begründet wird.

Andere Ausformungen dieses Trends zur Außenorientierung finden sich in allen drei Kommunen. Dabei adressieren fachliche Formalisierungen im Bereich der Hilfeplanung eher (Umwelt-)Akteure innerhalb des PAS – besonders Kontrollorgane – und zielen darauf ab, die Handlungsspielräume sowie die finanzielle und personelle Ressourcenbasis des ASD zu sichern und auszuweiten. Ein Beispiel hierfür ist die Bezugnahme auf fachliche Formalisierungen als Referenz für extern verantwortete Organisationsuntersuchungen zur Ermittlung von Personalbedarfen in allen drei Beispiel-Kommunen. Demgegenüber zielen fachliche Formalisierungen im Kinderschutz vor allem auf eine Steuerung des Bildes des ASD als aktiver und engagierter Kinderschützer ab sowie auf eine aktive Gestaltung von Kooperationsbeziehungen zu verschiedenen externen Anspruchsgruppen (z. B. Polizei, Schule, Gesundheitswesen). Besonders offensichtlich ist diese Orientierung in den PR-Aktivitäten zu den neuen Kinderschutzstandards in Kommune 2. Sie zeigt sich überdies auch in einer Tendenz – nicht nur der Beispielkommunen –, Formalisierungen und Regulierungen im Kinderschutz öffentlichkeitswirksam in Broschüren und auf Webseiten zu präsentieren.

---

348 Vonseiten der Leitungskräfte wird darauf hingewiesen, dass bei den Basiskräften auch weniger Interesse oder Motivation an einer Beteiligung an gestaltenden Gremien besteht. Dies wird u. a. mit einer höheren Zahl von Teilzeitkräften, die über weniger disponible zeitliche Ressourcen verfügen oder auch durch einen Rückgang der emotionalen Bindung an den Job im ASD (Beruf statt Berufung) begründet. So plausibel diese Begründungen sind, können sie jedoch nicht darüber hinwegtäuschen, dass die strukturellen Beteiligungsmöglichkeiten aufgrund veränderter organisationaler Strukturen (mehr Stabstellen) und veränderter Leitungsphilosophien und Praktiken (aktive Steuerung und Management) zurückgegangen sind.

In Kommune 3 wird eine stärkere Außenorientierung vor allem mit der Einführung einer quantitativen Wirkungsevaluation realisiert. Diese wird zwar auch mit dem Ziel begründet, ASD-intern steuerungs- und reflexionsrelevantes Wissen zu erhalten, im Vordergrund steht jedoch der Wunsch, durch die Generierung und Nutzung vermeintlich objektiver Daten die eigene Argumentationsbasis in Verhandlungen mit kommunalen Akteuren, besonders aus der Finanzverwaltung, zu verbessern. Auch diese Außenorientierung erfolgt mit dem Ziel einer Sicherung der für die fachliche Arbeit als nötig erachteten finanziellen Ressourcen. Daneben werden zahlreiche zusätzliche Regelungen und Formulare mit den gestiegenen Informationsbedürfnissen von Akteuren, die Positionen auf höheren Ebenen des PAS innehaben – also mit externen Informationsinteressen – gegründet.

In der Kommune 1 schließlich wird die Einführung der Qualitätsstandards zunächst mit dem Ziel einer Optimierung der inhaltlich-fachlichen Abläufe im ASD und einer Steigerung der Dienstleistungsqualität begründet. Allerdings entfalteten die Qualitätsstandards als Aushängeschild des ASD bereits früh Außenwirkung und tragen sowohl aus Sicht der Leitungsakteure im ASD als auch in den Augen von Akteuren übergeordneter Ebenen der Kommunalverwaltung zur Steigerung des Prestiges des ASD bei – zunächst innerhalb der Kommunalverwaltung und im Laufe der Zeit auch in interkommunalen Kontexten. Daneben erfolgte eine doppelte Institutionalisierung der Qualitätsstandards. Zum einen werden diese sowohl nach innen als auch nach außen zum Synonym bzw. unhinterfragten Garanten für qualitativ gute ASD-Arbeit. Zum anderen werden auch die in den Standards beschriebenen Abläufe und Handlungsvorgaben als nicht zu hinterfragende Definition der Arbeitsabläufe im ASD akzeptiert. Entsprechend wird berichtet, dass Überprüfungen des ASD oder die Personalbemessung, ohne dass dies zu diskutieren gewesen wäre, in Orientierung an den Vorgaben der Qualitätsstandards erfolgten. Dieser Bezug auf die Qualitätsstandards hatte eine Aufstockung der personellen und finanziellen Ressourcen des ASD zur Folge, ohne dass dies von den verantwortlichen Akteuren strategisch forciert wurde. Die ASD-VertreterInnen argumentieren vielmehr auf der Basis der Qualitätsstandards, die auch sie selbst als unhinterfragten Bezugspunkt der ASD-Arbeit akzeptieren. Die Leitungskräfte des ASD waren in ihrem Handeln sogar so sehr von der institutionellen Kraft der Qualitätsstandards eingenommen, dass die Option einer gezielten instrumentellen Nutzung, also einer vom Ziel der fachlichen Optimierung entkoppelten organisationspolitischen Bezugnahme auf die Qualitätsstandards, außerhalb des wahrgenommenen Möglichkeitsraums lag. Stattdessen zeigten sich die Befragten eher verwundert, dass die Qualitätsstandards auch zu den beschriebenen nicht-fachlichen Effekten führen konnten.

So unterschiedlich die angeführten Beispiele aus den Fallstudien sind, im Kern verweisen sie durchgängig auf das übergreifende Muster einer nach außen gerichteten (Re-)Orientierung der Funktionen fachlicher Formalisierungen und damit verknüpft einer stärkeren Bedeutung von strategisch-ressourcenorientierten Zwecken gegenüber nach innen gerichteten fachlichen Zielsetzungen. Dabei zeigen die Befunde, dass sich dieser Trend zur Außenorientierung – sowie die damit verknüpfte Verschiebung der Zwecksetzung von inhaltlich-sozialarbeitsbezogenen zu strategisch-ressourcenbezogenen Zielen – nicht nur durch die Implementierung neuer, zusätzlicher Instrumente und Verfahren vollzieht, sondern – wie das Beispiel der Qualitätsstandards der Kommune 1 zeigt – auch dadurch, dass Formalisierungen, die zunächst zur Realisierung fachlicher, nach innen gerichtete Funktionen implementierte wurden, im Laufe der Zeit zusätzliche, primär extern orientierte Funktionen zugeschrieben werden. Die fachlichen Formalisierungen erfahren also eine Funktionskonversion (vgl. Abschnitt 13.2).

11.7 Die Bedeutung fachlicher Formalisierungen für die Alltagspraxis im ASD

Angesichts des imperativen Charakters der fachlichen Formalisierungen in den untersuchten ASD scheinen die Basiskräfte wenig Handlungsspielräume bei der Nutzung der (Kern-)Formalisierungen zu haben. Das von den Basis- und den Leitungskräften thematisierte Spektrum faktischer Handlungsoptionen zeigt jedoch ein anderes Bild: Es reicht von Formen der regelkonformen Nutzung über alternative und selektive Nutzungsweisen bis zur Nicht-Nutzung der implementierten Instrumente und Verfahren. Nachfolgend werden zunächst die unterschiedlichen Nutzungsweisen und Umsetzungsformen fachlicher Formalisierungen vorgestellt. Anschließend werden wesentliche Einflussfaktoren auf die Nutzung formalisierter Instrumente und Verfahren in den ASD beschrieben: Dies sind vor allem Funktionszuschreibungen und Beurteilungen der Fachkräfte, deren professionelle Positionierung und die organisationalen Rahmenbedingungen in den ASD.

11.7.1 Nutzungsweisen von fachlichen Formalisierungen im ASD (4)

Die Abbildung 23 gibt einen Überblick über die in den Interviews thematisierten Nutzungsweisen formalisierter Instrumente und Verfahren durch die Basiskräfte. Auch dieses Tableau der Nutzungsweisen basiert auf einer kategorienbezogenen Synopse des empirischen Materials. In Anlehnung an dem Konzept von Gioia et al. (2012) erfolgte auch hier logischen Verdichtung und hierarchischer Strukturierung der rekonstruierten Kategorien (vgl. Abschnitt 9.4.4).

Abb. 23: Thematisierte Nutzungsweisen von fachlichen Formalisierungen

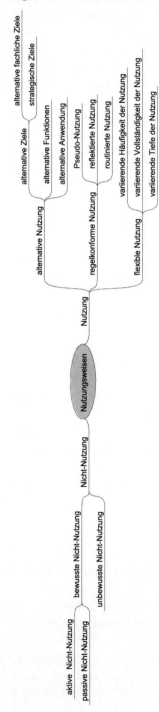

Die einzelnen Kategorien wurden auf Grundlage der in den Interviews codierten Passagen zu Formen der Nutzung von formalisierten Instrumenten und Verfahren im ASD-Alltag gebildet. Die Codes stammen überwiegend aus Basiskräften-Interviews. Sie beziehen sich überwiegend auf Erzählungen der Fachkräfte, häufig in Form von Darstellungen konkreter Fallbeispiele. Einzelne der von den Basiskräften thematisierten Nutzungsweisen wurden zudem auch von befragten Leitungskräften beschrieben. Dass faktisch weitere, in den Interviews nicht thematisierte Handlungsformen in den ASD vorkommen, kann nicht ausgeschlossen werden und wäre in ethnografischen Erkundungen zu klären. Für die einzelnen in Abb. 23 benannten Nutzungsweisen gilt, dass diese in der Praxis häufig verknüpft auftreten. Zudem zeigt das empirische Material, dass einzelne Basiskräfte mit den verschiedenen Instrumenten und Verfahren in unterschiedlicher Weise verfahren. Beeinflusst von (situativen) Kontextbedingungen nutzen die Basiskräfte zudem auch einzelne Formalisierungen unterschiedlich. Es lassen sich somit auf der Basis des empirischen Materials keine Nutzertypen rekonstruieren.

Da den Nutzungsformen nicht die gleichen Abstraktionsprozesse wie bei den Einführungsprozessen zugrunde liegen, werden in Ergänzung der Fallskizzen nachfolgend teilweise exemplarische Interviewpassagen zur Illustration angeführt. Die Beschreibung folgt dem Schaubild von links nach rechts und von unten nach oben. Die Reihenfolge impliziert keine Aussage zur Relevanz der Nutzungsweisen oder gar deren Beurteilung. Formal besteht die grundlegende Differenz zwischen einer Nutzung und der Nicht-Nutzung fachlicher Formalisierungen. Sodann lassen sich unterschiedliche Formen der Nutzung und Nicht-Nutzung differenzieren. De facto sind die Grenzen zwischen diesen Formen der Nicht-/Nutzung häufig fließend bzw. gradualer Natur.

Nicht-Nutzung: Eine Nicht-Nutzung von formalisierten Instrumenten und Verfahren kann bewusst oder unbewusst erfolgen. Eine *unbewusste Nicht-Nutzung* liegt dann vor, wenn Basiskräfte einzelne Instrumente gar nicht kennen oder deren Existenz „vergessen" haben. Besonders in Kommune 3 wurde deutlich, dass einzelne Instrumente den Fachkräften nicht bekannt oder präsent waren. Dabei handelte es sich nicht nur um periphere Instrumente. Vielmehr war teilweise sogar der nach Landesrecht verpflichtend zu nutzende Kinderschutzbogen einzelnen Fachkräften nicht präsent. Der Grund für dieses „Vergessen" lag offensichtlich darin, dass die regionale Leitungsebene das Instrument als zu aufwendig und daher für die ASD-Praxis nicht praktikabel einschätzte und daher dessen Nutzung nicht von den Fachkräften erwartet wurde. Auch in anderen Kommunen stellte sich in den Interviews heraus, dass einzelne Instrumente den Fachkräften nicht bekannt waren. Es liegt in der Natur des Phänomens des „Nicht-Wissens" (vgl. Blom 2009), dass dessen Hintergründe und Formen über den gewählten methodischen Zugang nicht differenziert erfasst werden können. Daneben berichten die Fachkräfte von temporären

Formen des „Vergessens" der Instrumentennutzung. Dies kann etwa geschehen, wenn aufgrund hoher Arbeitsbelastung vergessen wird, eine zunächst auf einem Notizblock erfasste Kinderschutzmeldung in das dafür vorgeschriebene Meldeformular einzutragen sowie weiterzuleiten und statistisch zu erfassen. Solche Fälle bewegen sich im Grenzbereich zwischen Formen der bewussten und unbewussten Nicht-Nutzung.

Es können des Weiteren zwei Formen der *bewussten Nicht-Nutzung* unterschieden werden: Als *passive Nicht-Nutzung* lässt sich die Situation bezeichnen, in der die Fachkräfte (vorgegebene) Instrumente gerne nutzen würden, dies aber aufgrund fehlender zeitlicher Ressourcen nicht realisieren können. Dieser Nutzungstyp, der in allen Fallstudien-Kommunen anzutreffen ist, kann weiter differenziert werden in eine temporäre Ausprägung, in der ein „Rückstau" offener formalisierungsbezogener Aufgaben besteht („Bugwelleneffekt"), der aber nach und nach abgearbeitet wird, und in eine absolute Ausprägung, in der eine nachholende Aufarbeitung aufgeschobener Formalisierungs-Nutzungen nicht (mehr) als realistische Option gesehen und daher nicht mehr angestrebt wird. Für Formen der passiven Nicht-Nutzung lässt sich weiter eine Differenzierung dahingehend treffen, ob dennoch eine Priorisierung erfolgt, also aktiv abgewogen wird, welche Fälle bearbeitet werden und die Bearbeitung welcher Fälle dem Ressourcendruck geopfert wird. Weiter kann die Entscheidung für eine (selektive) Nicht-Nutzung unterschiedlich reflektiert und elaboriert erfolgen.

Eine *aktive Nicht-Nutzung* liegt dagegen dann vor, wenn sich die Basiskraft bewusst gegen die Einhaltung von Prozessvorgaben oder für die Nutzung von Instrumenten entscheidet. Diese Option besteht formal zunächst bei den fachlichen Formalisierungen, deren Nutzung in das fachliche Ermessen der Fachkräfte gestellt ist, also freiwillig ist. Im Falle verbindlich zu nutzender und hinsichtlich ihrer Nutzung kontrollierter Instrumente und Verfahren ist eine bewusste Nicht-Nutzung dagegen voraussetzungsvoll. Dennoch erfolgen auch bei verbindlichen und kontrollierten fachlichen Formalisierungen in einem nennenswerten Umfang Nicht-Nutzungen. Diese setzen die Möglichkeit der vorgelagerten Entscheidung über die Fallkonstitution voraus. Vor allem im Kinderschutz berichten die Basiskräfte, dass zunächst eine Entscheidung darüber getroffen wird, ob eine Meldung als Gefährdungsmeldung einzuschätzen ist. Erst danach, sofern eine Gefährdung nicht ausgeschlossen werden kann, werden die Verfahren und Instrumente zur Einschätzung der Meldung (auf deren Basis die Fallkonstitution eigentlich erfolgen sollte) und zur weiteren Gefährdungsabschätzung genutzt.

> Erste Einschätzung ist ja beispielsweise, man bekommt ein Telefonat und wie stufe ich es überhaupt ein. Mache ich daraus überhaupt eine Kindeswohlgefährdung oder stufe ich das einfach so ein, dass ich keine Kindeswohlgefährdung daraus mache, also kein Standardprozess (…). Das ist so das erste. (BK 18)

> Wenn ich eine Meldung bekomme, muss ich natürlich als Sozialarbeiter abschätzen, ist es eine Kindeswohlgefährdung. Wenn jemand drauf besteht und sagt, da ist eine Kindeswohlgefährdung, muss ich das sowieso da nach dem Prozedere machen. Ansonsten, wenn ich eine Meldung reinbekomme, werte ich natürlich, ist das eine Gefährdung. Das muss ich ja erstmal für mich so sortieren. (BK 17)

Allerdings ist eine vorgelagerte Fallselektion nicht immer möglich, etwa wenn externe Meldungen über eine zentrale Stelle eingehen und zur Bearbeitung an Fachkräfte verteilt werden. Den Einfluss unterschiedlicher Zugangswege für die Entscheidungsfreiheit der Basiskräfte hinsichtlich der Fallkonstitution zeigt nachfolgende Passage:

> Der Kinderschutzbogen kommt entweder von außen, dann ist er schon da, dann wird der bearbeitet. Punkt. Also da werde ich nicht sagen naja, wie ist das denn da mit der Einschätzung (…). Wenn er hier ist, wird er standardisiert, abgearbeitet. Jeder Bogen! Aber (…) wenn hier im Krisendienst etwas aufläuft, dann frage ich natürlich nach: Was ist da los? Also da frage ich, ob es hier eine Kindeswohlgefährdung ist. Und ich schätze es ein, bevor ich immer den Bogen rausziehe. (BK 27)

Insofern handelt es sich bei der (idealtypischen) bewussten Nicht-Nutzung von verbindlich vorgesehenen fachlichen Formalisierungen (realtypisch) überwiegend um Formen der selektiven Nutzung, also einer situativen Einschätzung und Entscheidung, ob eine Nutzung erfolgt oder nicht.

Selektive Nutzung: Ob Verfahren befolgt und Instrumente genutzt werden, ist die grundlegende Entscheidung selektiver (Nicht-)Nutzung. Wie beschrieben ist diese Entscheidung bei imperativ gestalteten fachlichen Formalisierungen durchaus voraussetzungsreich. Flexible fall- und situationsabhängige Entscheidungen über die Nutzung von Instrumenten und Verfahren werden aber auch bei freiwilligen Instrumenten getroffen und dann in der Regel fachlich begründet.

Weitere Dimensionen einer selektiven Nutzung stellen die *variierende Vollständigkeit und Tiefe* der Nutzung dar. Der Aspekt der Vollständigkeit verweist darauf, ob beispielsweise alle Bereiche oder Elemente eines Instruments genutzt werden, das heißt, ob in der Hilfeplanung auch zu jedem vorgegebenen Zielbereich tatsächlich Ziele formuliert werden oder ob alle Skalen eines Kinderschutzbogens Anwendung finden. Die Dimension der Tiefe bzw. Detailliertheit der Nutzung weist dagegen auf Variationsmöglichkeiten bei der Ausführlichkeit der Nutzung hin, beispielsweise wie differenziert einzelne diagnostische Aspekte in den entsprechenden Bögen festgehalten werden. Eine fall- und/oder situationsabhängige Anpassung dieser beiden Ausprägungen der Nutzung von formalisierten Instrumenten und Verfahren stellt in den Kommunen eine verbreitete Strategie zur Regulierung des Arbeitsaufwands dar. Sie ermöglicht es den Basiskräften, einerseits der Verpflichtung zur Nutzung der fachlichen Formalisierungen gerecht zu werden, andererseits aber diese Nutzung an die Einschätzung des Falls und an die vorhandenen zeitlichen Ressourcen anzupassen.

> Ich schreibe das da rein, was mir wichtig erscheint, und so ist es eigentlich auch gedacht. Es muss nicht zwangsläufig wirklich jeder Punkt (...) Körperliche Entwicklung: Da steht dann normal und dann reicht das aber auch. (...) Das ist ja eben auch so bei Standardisierung, da wird geguckt, ist der [Anamnesebogen] drin? Alles klar, weiter! Und nicht welche Qualität. (BK 10)

> Also die Bögen haben ja so eine Eigenschaft, dass sie sozusagen alles erfassen wollen. Und wenn mir eine Schule eine 8a-Meldung macht, muss ich nicht unbedingt abchecken, wie ist der Schlafplatz des Kindes. (BK 25)

Eine gewisse Selektivität ist dabei nicht selten konzeptionell in standardisierten Instrumenten angelegt, etwa wenn Kinderschutzbögen modular aufgebaut sind oder eine Mindestanzahl von Zielbereichen in Hilfeplanformularen vorgesehen ist. Entsprechend wird eine fallangemessene Variation der Bearbeitungsbreite auch von Vorgesetzten erwartet[349]. Für die formale Differenzierung unterschiedlicher Nutzungsweisen von fachlichen Formalisierungen zeigt die Vielfalt an Dimensionen, auf die sich eine selektive Nutzung beziehen kann, dass die Differenz zwischen (minimaler) Nutzung und Nicht-Nutzung marginal sein kann.

Regelkonforme Nutzung: Auch für eine formal „regelkonforme" Einhaltung von Verfahrensstandards und Verwendung von Instrumenten können verschiedene Nutzungsformen differenziert werden. Einerseits berichten die befragten ASD-Akteure aller Ebenen von Formen der *routinierten Bearbeitung* formalisierter Instrumente und Verfahren.

---

[349] Zur Detailliertheit der Nutzung liefert die Studie von Ackermann (2017) weitergehende Befunde. So analysiert Ackermann die Bearbeitung eines Kinderschutzbogens, bei dem bei manchen Aspekten nur das Vorliegen eines Merkmals mittels eines gesetzten Häkchens angezeigt wird, während bei anderen Merkmalen zudem eine Erläuterung formuliert wird. Auch Ackermann beschreibt Formen der selektiven Nutzung von Instrumenten im Kinderschutz als verbreitete Praxis. Über die Erkenntnisse der vorliegenden Studie hinausgehend gelangt er durch seinen ethnografischen Zugang zudem zu der Erkenntnis, dass neben einer selektiven Nutzung hinsichtlich formaler Aspekte (ob, wie breit, wie tief) zudem eine gegenstandbezogene Selektion der unzähligen Aspekte, die einen Fall ausmachen, erfolgt. Die Fachkräfte steuern hierdurch die Konstruktion von Fällen und plausibilisieren ihr eigenes Handeln. Ackermann spricht entsprechend von einer „Konstruktivität und Kontingenz der Fallkonstruktion: Immer wären auch noch ganz andere Schriftstücke, Formulierungen, Referenzrahmen und mithin Selektionen möglich gewesen" (ebd., S. 218).

> Dass man das alles automatisch macht: Man kuckt da gar nicht mehr groß rein. Man hat auch gar nicht die Zeit dafür, da vielleicht alles nochmals genau nachzulesen und da zu gucken, ob man sich da wirklich genau nach diesem Standardprozess verhält. (BK 18)

Routine im Umgang mit den fachlichen Formalisierungen wird dabei einerseits positiv als Element einer kompetenten Praxis gerahmt, andererseits wird die Gefahr eines unreflektierten Abarbeitens gesehen. Insofern impliziert auch eine routinisierte Nutzung unterschiedliche Dimensionen und Effekte – etwa in Abhängigkeit von den in Frage stehenden Funktionen: Während eine routinisierte Praxis den Zweck der nachvollziehbaren Dokumentation erfüllen kann, steht sie einer reflektierten Fallarbeit möglicherweise im Wege. Die Befragten thematisieren dabei verschiedene Risiken einer unreflektierten Fallbearbeitung. Dazu zählt nicht nur die Gefahr, der Komplexität der Fälle nicht gerecht zu werden, sondern auch, für die Arbeit im ASD wichtige Kompetenzen zu „verlernen".

> Ich kann quasi das Gehirn so ein bisschen ausstellen. (...) Es kann halt eben auch eine Menge Kreativität im Kopf verloren gehen, weil man einfach abschaltet und sagt: Ich bin das ja jetzt durchgegangen und damit habe ich meine Aufgabe erledigt und Feierabend und strenge meine grauen Zellen halt eben vielleicht nicht mehr so an. (TL 16)

Ebenso können formalisierte Instrumente und Verfahren aber auch zur Förderung einer reflexiven Praxis dienen, etwa wenn sie dazu zwingen (sollen), die Komplexität von Fällen (im Kinderschutz) oder die Unterschiedlichkeit von Sichtweisen (in Hilfeplanungsprozessen) wahrzunehmen, zu dokumentieren und in sozialpädagogische Entscheidungen einzubeziehen.

> Also was klar ist: Ich habe ein konkretes Formular, das ich nutzen muss, um Informationen, die bei mir ankommen, in dem festzuhalten, Informationen die ich habe. (...) Also das ist schon eine deutliche Veränderung und die ist insgesamt ja nicht negativ, sondern die hilft ja auch für vieles, sich da nochmals klarer auch zu sein. (BK 29)

Somit bilden Routine und Reflexivität keinesfalls (nur) Endpunkte eines Kontinuums (vgl. Abschnitt 2.3.5), sondern stehen in einem komplexen Wechselverhältnis, sodass sich viele der regelkonformen Nutzungsweisen fachlicher Formalisierungen nicht entlang eines simplem bipolaren Kontinuums einordnen lassen. Formen einer *reflektierten Nutzung* stehen in einem engen Verhältnis zu selektiven Nutzungsweisen, weil die Angemessenheit der Nutzung von Instrumenten oder einzelner Items im konkreten Einzelfall hinterfragt und – gegebenenfalls verneint – wird. Entsprechende Abwägungsprozesse sind in den exemplarischen Falldarstellungen vieler befragter Basiskräfte präsent – etwa ob im Rahmen eines Hausbesuchs aufgrund schulischer Schwierigkeiten dennoch auch der Kühlschrank („formulargemäß") zu inspizieren ist.

Schließlich lassen sich reflexive und routinierte Umgangsweisen sowohl auf den Prozess der Einhaltung bzw. Nutzung formalisierter Instrumente und Verfahren als auch auf den Umgang mit den über diese fachlichen Formalisierungen generierten Einschätzungen beziehen. So besteht im Kinderschutz grundsätzlich eine Tendenz zur (routinisierten) Nutzung formalisierter Instrumente und Verfahren – schon aus Gründen der Absicherung. Diese bezieht sich nicht nur auf die Anwendung der Instrumente, sondern auch teilweise auf die Einschätzungen, die mithilfe der Instrumente generiert werden. Dabei folgen manche Fachkräfte offensichtlich bereitwillig den „Ergebnissen" solcher Instrumente, die nicht als Dokumentation einer subjektiven Entscheidung, sondern als objektive, durch den „Quasi-Akteur Einschätzungsbogen" definierte Tatsache anzusehen sind: „Wenn der Bogen sagt, es liegt eine Kindeswohlgefährdung vor, dann werde ich dementsprechend handeln müssen. Und dann handele ich dementsprechend" (BK 26). Ähnlich zeigt die nachfolgende Passage, wie durch die Fachkraft (subjektiv) vorgenommene Einwertungen im Prozess der Arbeit mit einem formalisierten Instrument zu objektiven Wahrheiten werden:

> Also wenn es eine drei ist, ist es eine drei. // I: Und da würden Sie auch nicht auf die Idee kommen, davon abzuweichen? // Nee! // I: Und aus welchem Grund? // Ich denke dafür bin ich einfach zu sehr auf Sicherheit bedacht. (BK 18)

Eine ganz andere Form der formal regelkonformen Nutzung liegt in einer von der eigentlichen Fallarbeit entkoppelten Abarbeitung der formalen Vorgaben. In solchen Fällen der *Pseudo-Nutzung* werden Instrumente und Verfahren genutzt, weil dies die Vorgaben verlangen, auch wenn die Nutzung angesichts der vorliegenden Fallkonstellation ganz offensichtlich überflüssig ist. Gerade im Kinderschutz berichten die Fachkräfte immer wieder davon, dass Standardverfahren – aus Gründen der Absicherung, weil Vorgesetzte dies verlangen oder aus Gewohnheit – abgearbeitet werden, auch wenn feststeht, dass kein Kinderschutzfall vorliegt und dass die zeitaufwendige Nutzung der formalisierten Instrumente und Verfahren daher fachlich-inhaltlich überflüssig ist.

> Ganz klar, dass das Verfahren wie es vorgegeben ist, natürlich eingehalten wird! Die Standards halt eben eingehalten werden. (...) Es gibt Familien, da gibt es ewig Meldungen, da gibt es auch noch Anschwärzungen von Nachbarn, manche kennen die Mitarbeiter schon ohne Ende gut. Dann haben sie trotzdem das Produkt Kindeswohlgefährdung. Und auf dem Papier haben sie eine Kindeswohlgefährdung, aber in der Realität haben sie vielleicht gar keine. Aber das Produkt haben sie trotzdem durchlaufen. (TL 16)

Solche Pseudo-Nutzungen erfolgen dann, wenn die oben beschriebenen vorgelagerten Prozesse der Fallselektion nicht möglich sind. Eine weitere, ebenfalls weit verbreitete Form der Pseudo-Nutzung besteht in der zweckfreien Vervielfältigung von Dokumentationsaufgaben. So geben zahlreiche Fachkräfte an, die eigene Arbeit grundsätzlich und lückenlos über Aktenvermerke zu dokumentieren. Die Dokumentationsfunktion formalisierter Instrumente wird daher als eine zusätzliche und inhaltlich überflüssige Aufgabe beurteilt.

> Wir sind eine Verwaltung. Wir sind eine Behörde. Aber nichtsdestotrotz müssen wir gucken und aufpassen, was unsere inhaltliche Arbeit ist, und dass wir einfach nicht die Kapazität haben, die Dinge immer nochmal und nochmal zu verschriftlichen. Wenn das ein guter Vermerk ist, aus dem das auch hervorgeht, ist das ein Standard. Das andere [gemeint ist die Nutzung formalisierter Instrumente; A.M.] ist aus meiner Sicht eine Fleißarbeit. (TL 22)

Während in Fällen der Pseudo-Nutzung den formalen Regeln entsprochen wird, werden die inhaltlichen Intentionen der Formalisierungsnutzung verletzt. Daher sind Pseudo-Nutzungen gleichzeitig – weil sie von der Fallarbeit abgekoppelt sind – auch Formen einer devianten bzw. alternativen Nutzung.

Alternative Nutzung: Daneben thematisieren die Befragten verschiedene (weitere) Formen der alternativen Nutzung fachlicher Formalisierungen. In diesem Fall werden die Instrumente und Verfahren zwar genutzt, aber nicht wie formal vorgesehen. Alternative Nutzungsweisen können sich auf die Art und Weise der Nutzung beziehen. Ein Beispiel für *alternative Anwendungen* ist die „Vergabe" von Instrumenten, die formal von den MitarbeiterInnen des ASD zu bearbeiten sind, an Akteure außerhalb des ASD – etwa Leistungserbringer oder Eltern. Eine ASD-Fachkraft berichtet entsprechend: „Okay, also ich habe ihn einmal benutzt, aber ich gebe oft Helfern den Auftrag den [Kinderschutzbogen; A.M.] auszufüllen. Weil die näher dran sind" (BK 25). Mit solchen Veränderungen der Nutzungsweise kann auch eine veränderte Zielsetzung einhergehen. Wenn beispielsweise ein Kinderschutzbogen den Eltern zum Ausfüllen mitgegeben wird, dann geschieht dies in der Regel nicht zur Gefährdungseinschätzung (originärer Zweck), sondern um Eltern für Gefährdungen zu sensibilisieren, Fortschritte im Hilfeverlauf zu erfassen oder eine (vermeintlich objektive und daher emotional weniger belastende) Gesprächsbasis zu schaffen.

> Also ich habe positive Erfahrungen insofern damit gemacht, wenn man sich mit den Eltern zusammen hinsetzt, um den auszufüllen, weil die oftmals überhaupt nicht verstehen, warum wir hier eine Gefährdung sehen und sie nicht. (TL 28)

Auch wenn ein Kinderschutzbogen als Diagnoseinstrument für die Hilfeplanung (von Fällen jenseits des Gefährdungsbereichs) genutzt wird, stellt dies eine Form der Nutzung zur Verwirklichung alternativer fachlicher Ziele dar (vgl. BK 14; Abschnitt 11.3.5). Eine alternative Nutzung kann auch der Realisierung *strategischer Ziele* dienen, etwa wenn über fachliche Formalisierungen die eigene Leistungsfähigkeit dargestellt werden soll. So steht beispielsweise eine Fachkraft aus eben diesem Grund Plänen zu einer umfassenden elektronischen Erfassung der Arbeitsleistung befürwortend gegenüber:

> Damit auch mal andere Leute sehen, was wir hier eigentlich alles so machen. (…) Von daher finde ich das [gemeint ist die Einführung einer Fachsoftware; A.M.] gut. (…) Das wird ja auch irgendwann mal ausgewertet: Wer wie viele Fälle hat und so. Ja, von daher: gute Sache! (BK 11)

Ebenfalls strategisch, wenn auch mit *fachlicher Zielsetzung*, ist die Instrumentalisierung der Signalwirkung von Instrumenten im Kinderschutz. So werden in den ASD Kinderschutzbögen genutzt, um – wie bereits beschrieben – jugendamtsintern Erziehungshilfen unterhalb der Gefährdungsschwelle durchzusetzen, gerade in Diensten mit restriktiver Gewährungspraxis (vgl. TL 28; Abschnitt 11.3.4 vgl. auch LK 21). Zudem werden Kinderschutzbögen in Fallakten lanciert um fachliche Ziele in familiengerichtlichen Verfahren zu realisieren:

> Weil ich weiß, das ist ein Code, den inzwischen auch die Richter verstehen: Hier wurde ein Kinderschutzbogen ausgefüllt und in diesen und jenen Bereichen sind eindeutig Auffälligkeiten, die auf eine Kindeswohlgefährdung hinweisen. Dann bediene ich damit einen Code sozusagen, der auch da in der Fachwelt angekommen ist, und weiß, ich könnte zwar auch in meinem Bericht schreiben, aber irgendwie gehen da nochmal andere Antennen an. (BK 25)

Eine weitere Form der Nutzung fachlicher Formalisierungen für *alternative Zielsetzungen* stellen Um-Funktionalisierungen dar. Eine – auch in der Literatur – verbreitete dokumentierte Form solcher Um-Funktionalisierungen ist die Nutzung von Instrumenten, die Entscheidungen unterstützen oder generieren sollen, zur nachträglichen Dokumentation und Legitimation von Entscheidungen (vgl. z. B. Gillingham 2009; Ackermann 2017). Diese Nutzugsform vereint mehrere „Abweichungen" von den formalen Regeln der Nutzung. Zum ersten erfüllen die fachlichen Formalisierungen alternative Funktionen, zum zweiten wird die Reihenfolge der vorgegebenen Arbeitsschritte verlassen, zum dritten impliziert diese Um-Nutzung spezifische Selektionen in der Nutzung, durch die das eigene Handeln plausibilisiert und legitimiert werden soll. Während ethnografische Studien im Kinderschutz regelmäßig auf diese Form der devianten Nutzung verweisen, wurden sie in den Interviews zum Kinderschutz eher indirekt angesprochen. So führt eine Leitungskraft zur Handhabung bzw. der von den Fachkräften erwarteten Umgangsweise mit formalisierten Entscheidungsinstrumenten im Kinderschutz aus: „Zuerst wird in Handlung gegangen, dann erst wird dokumentiert, was passiert ist" (LK 21).

Zudem ergeben sich *alternative Funktionalisierungen* als Folge anderer Nutzungsweisen. Besonders wenn einer Nutzung fachlicher Formalisierungen zunächst ein Prozess der Fallselektion vorgeschaltet wird, ändert sich die Funktion dieser Formalisierungen. Für den Bereich des Kinderschutzes wurden hierfür bereits verschiedene Beispiele vorgestellt. Ebenso werden im Bereich der Hilfeplanung Entscheidungen darüber, welche Hilfe die richtige ist, von den Fachkräften auch jenseits von formalen Verfahrensvorgaben und unabhängig von der Nutzung diagnostischer Instrumente getroffen.

> Also ich schreibe nicht erst die [Anamnese; A.M.] und überleg mir dann was ich für eine Hilfe brauche. Das weiß ich eigentlich schon vorher im Kopf, weil – ja okay, außer ich habe jetzt eine neue Familie – (...) weil ich die Familien näher kenne, weil ich die kenne und dann ist es eigentlich eine klare Sache. (BK 11)

Die Interviews legen dabei nahe, dass die Fachkräfte situativ entscheiden, mit welcher Funktion sie die zur Verfügung stehenden formalisierten Instrumenten und Verfahren nutzen (in beiden Arbeitsfeldern).

> Manchmal mache ich das [gemeint ist die Nutzung des Anamnesebogens; A.M.] wirklich nur, um das nochmals abgesichert zu haben. Also manchmal weiß ich das [welche Hilfe geeignet ist; A.M.] schon im Vorhinein, da weiß ich ganz genau, es geht hier um eine individuelle Unterstützung oder es geht hier um eine Gruppe und so weiter. Und dann haben wir das vorher schon besprochen und dann mache ich das [die Anamnese; A.M.] eher zusätzlich. Manchmal nehme ich es [das Anamneseinstrument, A.M.] auch wirklich mit in diesem Rahmen als Diagnostik-Prozedere (...). Also insofern ist das nicht nur für die Prüfung (...), sondern schon auch richtungsweisend: Welche Hilfe könnte geeignet sein. Dafür nutze ich das dann auch. (BK 14)

Schließlich zeigen die Befunde, dass nicht nur einzelne Instrumente anders als vorgegeben genutzt werden, sondern auch ganze Verfahren. So geht aus den nachfolgenden Ausführungen hervor, dass von der formal vorgeschriebenen Reihenfolge der Verfahrensschritte und Entscheidungspunkte des Hilfeplanverfahrens – gut begründet – abgewichen wird:

> In dem Moment, in dem ich es [den Hilfevorschlag; A.M.] den Eltern vorstelle, habe ich eigentlich schon ein Fachgespräch – habe ja noch nicht den [Anamnesebogen; A.M.] ausgefüllt – wo ich sage: die brauchen auf jeden Fall eine Hilfe. Ich muss das bewilligt bekommen. Wo ich das schon mal abchecke, ob ich das auch wirklich be-

willigt bekomme, bevor ich den Eltern sage: ‚Stellen sie doch bitte einen Antrag'. Also ich gehe den umgekehrten Weg. Denn was macht das für einen Sinn, wenn ich die Hilfe jetzt erkenne, sage den Eltern: ‚Stellen sie bitte einen Antrag' und dann wird mir im Fachgespräch das Ganze abgelehnt. (...). Ich zäume das Pferd dann halt von der anderen Seite auf. (BK 18)

Anwendungsformen: Neben bzw. quer zu den unterschiedlichen Nutzungsweisen zeigen Vergleiche der Ausführungen der Befragten zur Nutzung formalisierter Instrumente und Verfahren eine große Variationsbreite in der konkreten Anwendung. Die Anwendungsformen der fachlichen Formalisierungen sind meist nicht konkret bestimmt und liegen daher auch formal überwiegend im Ermessen der Fachkräfte. Da diese Anwendungsweisen zur Beantwortung von Fragen der Institutionalisierung und Kopplung fachlicher Formalisierungen nur mittelbar relevant sind, wird auf eine systematische Aufarbeitung dieser Formen der Umsetzung verzichtet. Stattdessen soll die Bandbreite der Nutzungsweisen anhand weniger Beispiele verdeutlicht werden.

Im Bereich des Kinderschutzes zeigen die Erzählungen der Basiskräfte folgende Formen der Anwendung von Erfassungs- und Einschätzungsbögen von Gefährdungen im Rahmen von Hausbesuchen:

- Die Bögen werden mit den Eltern beim Hausbesuch Punkt für Punkt durchgegangen.
- Die Bögen dienen als Leitfäden beim Hausbesuch, wobei die „Befunde" später eingetragen werden.
- Die Bögen dienen als Orientierung zur Vorbereitung eines Hausbesuchs, wobei relevante Aspekte handschriftlich notiert werden.
- Die Bögen finden vor dem Hausbesuch keine Anwendung und dienen nur zu späteren – gegebenenfalls kollektiven – Erfassung der Eindrücke und Urteilsbildung.

Teilweise werden die Anwendungsformen dabei situativ an die Interaktionssituation vor Ort angepasst. Ähnlich vielfältig ist die Nutzung von Instrumenten im Bereich der Hilfeplanung. Für das Beispiel der Ausfertigung von schriftlichen Hilfeplänen für die am Hilfeplanungsprozess Beteiligten wurden nachfolgende Nutzungsformen berichtet:

- Die Fachkräfte machen sich während der Hilfeplankonferenz handschriftliche Notizen zu relevanten Punkten (Ziele, Aufgaben, Fristen etc.). Später wird auf dieser Basis unter Nutzung der entsprechenden Formulare ein Hilfeplandokument erstellt und den Beteiligten zur Unterzeichnung zugesandt.
- Das Hilfeplandokument wird bereits vor der Hilfeplankonferenz erstellt. Sich im Laufe der Hilfeplankonferenz ergebende Anpassungen werden direkt im Anschluss an die Sitzung eingearbeitet und das Dokument den Beteiligten noch vor Ort zur Unterschrift (und ggf. auch zur Kenntnisnahme) vorgelegt.
- Daneben wird davon berichtet, dass Fachkräfte im Anschluss an die Hilfeplanungskonferenz Blanko-Unterschriften unter Hilfeplandokumente einholen, die dazugehörigen Hilfepläne aber erst später (auf der Basis von während der Sitzung festgehaltenen Notizen) anfertigen.

11.7.2 Einflussfaktoren auf die Nutzung fachlicher Formalisierungen im ASD (5)

Beim Vergleich der diversen thematisierten bzw. rekonstruierten Hintergründe der Nutzungsweisen und Nutzungsformen unterschiedlicher formalisierter Instrumenten und Verfahren durch die verschiedenen Basiskräfte in den ASD zeigen sich – trotz aller Differenzen im Detail – gewisse Regelmäßigkeiten. So lässt sich die Nutzung von fachlichen Formalisierungen einzelfallübergreifend als das Resultat des Zusammenwirkens der in Abbildung 24 dargestellten Einflussfaktoren und Zusammenhänge rekonstruieren[350]:

Zum einen werden die Nutzungsweisen der Fachkräfte von den organisationalen Rahmenbedingungen und hier insbesondere von den formalen Regeln zur Nutzung, den realisierten Kontrollstrategien sowie den konkreten Anreizstrukturen beeinflusst. Zum anderen wirken auch persönliche Faktoren, vor allem die Fachlichkeitsverständnisse und Gewohnheiten der Basiskräfte, auf die Nutzung von Instrumenten und Verfahren.

---

350 Da in diesem und dem nachfolgenden Unterkapitel im Wesentlichen bereits vorgestellte Themen und Perspektive um die Achsen Funktionen und Beurteilungen fachlicher Formalisierungen sowie organisationale Einflussfaktoren auf deren Nutzung re-gruppiert werden, wird mit dem Ziel unnötige Redundanzen zu vermeiden weitgehend auf Belegzitate aus den Interviews verzichtet.

Abb. 24: Einflussfaktoren auf die Nutzung fachlicher Formalisierungen

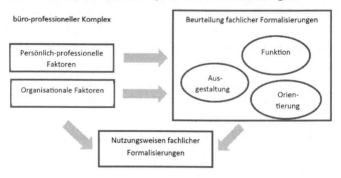

Anhand des empirischen Materials lassen sich zwei Wege des Einflusses dieser Elemente des büro-professionellen Komplexes auf die Nutzungsweisen von fachlichen Formalisierungen differenzieren: Organisationale Rahmenbedingungen sowie professionelle Selbstverständnisse und Routinen fließen einerseits in die Beurteilung von fachlichen Formalisierungen durch die Basiskräfte ein (rechte Seite Abb. 24). Die Einschätzungen konkreter Instrumente und Verfahren durch die Fachkräfte resultieren aus einer Relationierung der Ausgestaltung dieser Formalisierungen, deren Funktion sowie den bereits erwähnten organisationalen Nutzungsregeln und personalen Aspekten. Andererseits zeigen die Thematisierungen von Nutzungsweisen in den Interviews, dass organisationale Rahmenbedingungen und persönliche Faktoren auch unmittelbar, das heißt jenseits von Prozessen der Beurteilung fachlicher Formalisierungen, handlungswirksam sind – indem sie beispielsweise direkt in die Situationsdefinitionen der Fachkräfte einfließen (linke Seite Abb. 24). Da beide Einflussfaktoren unabhängig voneinander wirken, zeigen die Basiskräfte auch Nutzungsweisen, die ihrer Beurteilung der fachlichen Formalisierungen widersprechen, etwa wenn sie Instrumenten und Verfahren nutzen, obgleich sie diese für ungeeignet halten.

Hinter der Differenzierung dieser beiden Wege der Beeinflussung liegen unterschiedliche kognitive Ebenen bzw. Thematisierungsweisen in den Interviews. Die Befunde zu den Elementen und Inhalten der Beurteilung (und damit auch zu den indirekten, über die Beurteilung vermittelten Einflüssen des büro-professionellen Komplexes) basieren auf Interviewpassagen, in denen formalisierte Instrumente und Verfahren beschrieben und beurteilt werden. Die Befunde zu den Handlungsweisen und deren Grundlagen (und damit auch zu den direkten Einflüssen des büro-professionellen Komplexes) basieren dagegen auf Thematisierungen von Nutzungsweisen, häufig in Form von Fallerzählungen.

Im Zentrum der nachfolgenden Darstellung stehen Beurteilungen fachlicher Formalisierungen durch die Basiskräfte. So werden die Struktur und Inhalte der Beurteilungen sowie mit Funktionen, Fachlichkeitsverständnissen, Routinen und institutionellen Gehalten die Grundlagen der Beurteilungen vorgestellt. Erst danach erfolgt eine Beschreibung direkter Einflüsse des büro-professionellen Komplexes auf die Nutzungsweisen fachlicher Formalisierungen.

Beurteilungen von fachlichen Formalisierungen: Die Basiskräfte in den untersuchten ASD konstatieren insgesamt eine deutliche Ausweitung des Umfangs administrativer Tätigkeiten[351]. Diesen allgemeinen Bürokratisierungs- und Formalisierungstrend beurteilen die Fachkräfte relativ einheitlich als problematisch, da er die zeitlichen Ressourcen für die „eigentliche ASD-Arbeit" – deren Inhalt von den einzelnen Fachkräften sehr unterschiedlich definiert wird – limitiert. Diese übergreifende Beurteilung fungiert jedoch eher als Hintergrundorientierung und ist nur lose mit den Beurteilungen und den Nutzungsweisen konkreter formalisierter Instrumente und Verfahren verknüpft. Die Basiskräfte verfügen in der Regel nicht über eine übergreifende Positionierung zu fachlichen Formalisierungen, aus der sich ihr alltagspraktisches Handeln verstehend nachvollziehen lässt. So werden konkrete Instrumente und Verfahren von den Basiskräften zwar teilweise als Elemente übergreifender Formalisierungstrends angesehen, eine solche Verknüpfung erfolgt jedoch keinesfalls durchgängig[352].

Die Basiskräfte nehmen differenzierte Einschätzungen und Beurteilungen konkreter Instrumenten und Verfahren vor. Dabei werden die vorhandenen Instrumente und Verfahren einerseits einzeln beurteilt, besonders wenn diese nicht zu komplexen fachlichen Formalisierungen (vgl. Abschnitt 11.6.3) integriert sind. Die Beurteilung der einzelnen Formalisierungen erfolgt andererseits entlang unterschiedlicher Beurteilungsbereiche (z. B. Funktionen), wobei jeweils verschiedene Merkmale der Instrumente und Verfahren in den Blick genommen werden. Dies hat zur Folge, dass nicht nur einzelne Formalisierungen von verschiedenen Basiskräften unterschiedlich beurteilt werden, sondern dass auch die Urteile einzelner Fachkräfte widersprüchlich ausfallen können.

Aus dem empirischen Material lassen sich Relationierungen der nachfolgenden Elemente als Basis der Beurteilungen der Basiskräfte rekonstruieren (vgl. Abb. 24):

---

351 Für die Ausweitung des Formularwesens in den ASD führen vor allem ältere Basiskräfte zahlreiche Gründe an. Die Zunahme von Formularen und Formalisierungen wird u. a. als Effekt der mit Einführung des SGB VIII begonnenen Ausdifferenzierung von Hilfen, mit einer kontinuierlichen Ausweitung der Aufgaben der ASD, mit Kostensteigerungen in den ASD, mit gesellschaftlichen Standardisierungs- und Kontrolltrends oder mit gestiegenen Informationsinteressen Dritter (z. B. politische Akteure, Öffentlichkeit) begründet.

352 Auch auf der Ebene der Fachkräfte wird teilweise nicht scharf und durchgängig zwischen fachlichen Standards wie kollektive Entscheidungen, Fachlichen Formalisierungen (formalisierten Instrumenten und Verfahren) sowie dem Formularwesen differenziert.

- Als relevant erachtete (inhaltliche und formale) Eigenschaften der Instrumente und Verfahren, beispielsweise die konkreten Items eines Erhebungsbogens, die Art der Erfassung, die Länge des Instruments, organisationale Nutzungsregeln etc.
- Die jeweils fokussierten Funktionen der formalisierten Instrumente und Verfahren.
- Die professionellen Orientierungen der Fachkräfte, vor allem deren Fachlichkeitsverständnis und deren Routinen.

Je nachdem, welche Eigenschaften formalisierter Instrumente und Verfahren im Blick auf welche Funktionen vor dem Hintergrund welcher persönlichen und organisationalen Rahmenbedingungen aufgerufen werden, fallen die Einschätzungen der Fachkräfte unterschiedlich aus. Entsprechend ambivalent gestalten sich die Einschätzungen im empirischen Material. Dies zeigt exemplarisch die nachfolgende Synopse der thematisch zusammengefassten Einzelbeurteilungen des Melde- und Ersteinschätzungsbogens durch die Basiskräfte der Kommune 3 (vgl. Tab. 16).

Tab. 16: Einschätzungen zum Melde- und Ersteinschätzungsbogen der Kommune 3

Pro	Contra
Gibt Orientierung für die Fallarbeit (z. B. Vollständigkeit, Ganzheitlichkeit)	Ist nicht zuverlässig Ist unvollständig (zu kurz) Ist zu weit (zu umfangreich)
Erleichtert Zusammenarbeit/Übergaben durch Strukturierung (z. B. durch Quantifizierung)	Quantifizierungen sind fachlich unangemessen (Objektivierungsillusion)
Fokussierung auf relevante Aspekte	Fokussierung auf irrelevante Aspekte
Objektivierung von Gefühlen	Keine Objektivierung (Objektivierungsillusion)
Zwang zur Selbstreflexion	[unreflektiertes Abarbeiten durch andere[353]]
Fachliche Entscheidungsbasis	Ist von Entscheidungspraxis abgekoppelt (unnötige Arbeit)
Notwendige Dokumentation	Ist zusätzliche (Dokumentations-)Arbeit
Gibt Sicherheit und Entlastung	Unsicherheit, wann und wie der Bogen auszufüllen ist
Erzwingen fachliche Standards (z. B. Vier-Augen-Prinzip)	Falsche Prioritätensetzung (Bögen statt kollektiver Austausch)
Rechtliche Absicherung	Gibt keine rechtliche Sicherheit

---

[353] Während sich die vorgestellten Einschätzungen ausnahmslos auf die eigene Arbeit der Basiskräfte mit dem Instrument beziehen, wird das Risiko des unreflektierten Abarbeitens, von den Basiskräften selbst nicht gesehen. Risiken einer unreflektierten Abarbeitung sehen demgegenüber die befragten Leitungskräfte, besonders die Teamleitungen.

Viele der in Tabelle 16 aufgelisteten Einzelaspekte wurden dabei mehrfach, d. h. von mehreren Fachkräften thematisiert. Einzelne Fachkräfte führten im Laufe des Interviews (mitunter wohl begründet) sich direkt entgegenstehende Pro- und Contra-Einschätzungen an, was die Ambivalenz der Urteile bzw. des Gegenstandes unterstreicht. In der Tabelle sind jeweils gegenläufige Beurteilungen bezüglich desselben Funktionsbereichs bzw. Aspekts des Instruments in derselben Zeile dargestellt. Dabei zeigt sich, dass zu fast allen Funktionen/Aspekten widersprüchliche Einschätzungen bei den Befragten herrschen. Besonders die fachlich-inhaltliche Beurteilung (Funktion der fachlichen Optimierung) variiert deutlich in Abhängigkeit von den jeweiligen Arbeitsweisen und Fachlichkeitsverständnissen der befragten Basiskräfte. So beurteilen manche Befragte die vorgegebenen Items des Instruments als hilfreich und ausreichend, während das Instrument von anderen Basiskräften als zu differenziert oder zu undifferenziert beschrieben wird. Entsprechend wird auch der Umfang der Tools ambivalent beurteilt. Dasselbe gilt für die Ausrichtung des Instruments: Während die Fokussierung auf das Kind und seine Lebensumstände einigen Fachkräften als angemessen gilt, wird dieser Fokus von anderen Fachkräften als wenig zielführend angesehen, da in der Praxis andere Aspekte (z. B. psychische Erkrankungen von Eltern oder Dynamiken problematisch verlaufender Kinderschutzfälle) nicht eingefangen werden. Des Weiteren werden Elemente des Instruments hinsichtlich verschiedener Funktionen unterschiedlich beurteilt. So wird die Nutzung von Quantifizierungen bei der Beurteilung als Rationalisierungsstrategie gewürdigt, die es erlaubt, sich bei Fallberatungen oder Fallübergaben schnell ein Bild von einem Fall zu machen. In fachlicher Hinsicht werden diese Quantifizierungen aber als simplifizierend, unangemessen und Objektivität nur suggerierend zurückgewiesen. Wie die Tabelle zeigt, sehen andere Fachkräfte dagegen sehr wohl ein fachliches Potenzial zur Objektivierung von Beobachtungen oder Gefühlen. Auch hinsichtlich der Effekte des Instruments gelangen die Befragten zu unterschiedlichen Einschätzungen. Während der Bogen aufgrund seiner organisationalen Einbettung als Garant für eine Durchsetzung klassischer fachlicher Standards, wie dem Vier-Augen-Prinzip, gilt, wird diese Funktion von anderen Fachkräften auf der Basis gegenläufiger Erfahrungen (Gegenzeichnung des Beurteilungsbogens zwischen Tür und Angel ohne fachlichen Austausch) negiert. Stattdessen wird konstatiert, dass die Zunahme von fachlichen Formalisierungen eine Verschiebung der Prioritäten von Inhalten und kollegialen Handlungsformen zu Formalien impliziere. Schließlich wird der Melde- und Einschätzungsbogen in Relation zu eigenen Handlungsroutinen in unterschiedlicher Weise beurteilt. Dient er als Reflexions- und Entscheidungsinstrument, fällt das Urteil positiver aus, als wenn das Instrument lediglich zur Dokumentation anderweitig realisierter Reflexionen und Entscheidungen eingesetzt wird. In diesem Fall wird er als unnötige Mehrarbeit beschrieben. Ebenso gilt der Bogen jenen Fachkräften, die ihre Arbeit umfassend in Form von Aktenvermerken dokumentieren, lediglich als überflüssige Arbeitsverdopplung, während der Bogen ohne anderweitige Dokumentationsformen als Strategie zur Rationalisierung der Dokumentation gewürdigt wird.

Ähnlich ambivalent fallen die Beurteilungen für die anderen im Rahmen dieser Studie analysierten formalisierten Instrumente und Verfahren aus. Bei dem Melde- und Prüfbogen der Kommune 3 handelt es also sich weder um ein besonders differenziert beurteiltes noch um ein außerordentlich strittiges Instrument. Die Tabelle gibt vielmehr die für Instrumente und Verfahren in dieser Studie typische Variationsbreite der Einschätzung der Fachkräfte wieder. Zwar wird von den einzelnen Fachkräften nie das gesamte Tableau der Beurteilungen aufgerufen, mehrdimensionale Urteile sind bei den befragten Basiskräfte aber üblich – und zwar für nahezu alle thematisierten Formalisierungen. Dabei stellt das Verhältnis zwischen fachlichen oder administrativen Rationalisierungsfunktionen einerseits und etablierten Handlungsroutinen andererseits einen Hauptgrund für divergierende Urteile dar. Die formalisierten Instrumenten und Verfahren werden entweder als eine zu begrüßende Rationalisierung gewürdigt, durch welche die sozialpädagogische Arbeit inhaltlich optimiert wird (z. B. durch wissenschaftliche oder kollektive Evidenzbasierung) bzw. notwendige Verwaltungsabläufe effizienter gestaltet werden können, oder sie werden als eine den eigenen Fachlichkeitsverständnissen und Arbeitsweisen entgegenstehende Modernisierung beschrieben, die die Qualität der sozialpädagogischen und sozialadministrativen Arbeit unterminiert und die letztlich lediglich die disponible Zeit der Fachkräfte und damit die Möglichkeiten dafür „gute ASD-Arbeit" zu leisten limitiert.

Funktionszuschreibungen der Basiskräfte: Die Urteile der Fachkräfte beschränken sich jedoch nicht auf fachliche und administrative Rationalisierungsfunktion. So zeigt die kategorienbezogene Synopse der Funktionszuschreibungen der Basiskräfteinterviews, ein ähnlich vielfältiges Bild, wie dies auch für die Leitungskräfte im Abschnitt 11.6.2 beschrieben wurde. In Abbildung 25 sind die Funktionsbereiche dargestellt, auf die sich die Urteile der Basiskräfte der untersuchten ASD beziehen. Wie im vorherigen Abschnitt schon angedeutet, zeichnen sich die Funktionsbereiche aus der Perspektive der Basiskräfte dadurch aus, dass diese nicht grundsätzlich positiv beurteilt werden. So werden einzelne Funktionen eher negativ oder ambivalent beurteilt bzw. positive beurteilten Funktionen stehen negativ beurteilte Dysfunktionen gegenüber.

Abb. 25: Funktionen fachlicher Formalisierungen aus der Perspektive der Basiskräfte

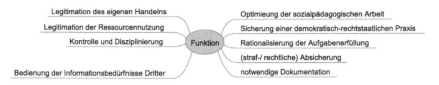

Die von den Leitungskräften vorgebrachten, nach innen gerichteten Funktionen zur Begründung der Einführung von fachlichen Formalisierungen werden auch von den Basiskräften als relevante Funktionen benannt. Die konkreten Aufgaben und Funktionen, das heißt die aus dem Material gebildeten Kategorien, auf denen die Rekonstruktion der Funktionsbereiche basiert, sind für die nach innen gerichteten Funktionen bei Leitungs- und Basiskräften weitgehend identisch. So beschreiben auch die Basiskräfte fachliche Formalisierungen als Entscheidungsbasis, Orientierungshilfe, Strukturierung der Fallarbeit, Objektivierungsinstrument und sehen in diesen das Potenzial, die sozialpädagogische Arbeit zu optimieren. Zudem werden Formalisierungen als Strategien zur Sicherung einer demokratisch-rechtsstaatlichen Praxis (z. B. Gleichbehandlung, AdressatInnenbeteiligung) und zur Rationalisierung der Aufgabenerledigung angesehen. Diese Funktionszuschreibungen werden durch eigene Erfahrungen aber auch durch Verweise auf die Herkunft der Instrumente und Verfahren plausibilisiert, wobei der Beteiligung erfahrener Fachkräfte an der Entwicklung mehr Bedeutung zugemessen wird als einer wissenschaftlichen Begleitung. Die Einzelaspekte, die diese Funktionen konstituieren, sind dabei in den Basiskräfteinterviews insgesamt konkreter formuliert als in den Leitungskräfteinterviews. Häufig werden die Funktionen auch durch Erzählungen konkreter Fallgeschichten verdeutlicht.

Divergenzen zwischen Leitungs- und Basiskräften bestehen vor allem dahingehend, dass Letztere die Funktion der Absicherung deutlich weiter fassen. Neben einer etwaigen strafrechtlichen Absicherung unterstreichen die Basiskräfte vor allem die Funktion der Vermeidung von Gefährdungen. Die Fachkräfte möchten – unter anderem durch fachliche Formalisierungen – verhindern, dass Kinder zu Schaden kommen – und zwar um der Kinder Willen. (Straf-)Rechtliche Konsequenzen für die eigene Person werden dagegen weniger problematisiert. Während ein Potenzial von fachlichen Formalisierungen zur inhaltlichen Absicherung und Fundierung der Arbeit durchaus gesehen wird, wird ein Beitrag zur strafrechtlichen Absicherung von den Basiskräften eher skeptisch eingeschätzt. Eine weitere Differenz zwischen Leitungs- und Basiskräften betrifft die Dokumentationsfunktion. Diese wird von den Basiskräften – auch ohne Optimierungsperspektive – als eine eigenständige Funktion formalisierter Instrumente beschrieben. Zudem wird der Dokumentation auch unter den Aspekten der Rationalisierung und der Aufgabenerledigung großes Gewicht beigemessen, was angesichts des Umfangs, den Dokumentation im Arbeitsalltag von ASD-MitarbeiterInnen einnimmt, wenig verwundert (vgl. Kapitel 8).

Die nach innen, auf die fachliche Arbeit gerichteten Funktionen fachlicher Formalisierungen sehen die Basiskräfte nicht widerspruchsfrei. Mit formalisierten Instrumenten und Verfahren verknüpfte Dysfunktionalitäten werden unter anderem in Relation zu den präferierten Arbeitsweisen der Befragten sowie zu den Erfahrungen betreffend die Praktikabilität der Instrumente und Verfahren bestimmt. Daneben werden auch inhaltliche Vorbehalte formuliert. Differenzierten Instrumenten wird etwa vorgeworfen, dass sie den Blick auf die Gesamtsituation verstellen oder sogar von dem im Einzelfall Spezifischen und Wesentlichen ablenken können. Zudem werden fachliche Formalisierungen als überflüssige Ausweitung oder Verdopplung von Dokumentationsaufgaben beschrieben. Vor allem aber verweisen die Basiskräfte auf neue Unsicherheiten, die durch fachliche Formalisierungen entstehen, besonders bei Fragen hinsichtlich der Anwendung (wann, wie, wozu).

Eine organisationale Steuerungsfunktion wird fachlichen Formalisierungen aus der Perspektive der Basiskräfte (anders als bei den Leitungskräften) nicht zugeschrieben. Stattdessen thematisieren die Fachkräfte einerseits die Befriedigung von Informationsbedürfnissen Dritter bzw. übergeordneter Stellen (u. a. zu Steuerungszecken) sowie eine „Kontrolle und Disziplinierung" durch übergeordnete Stellen als Funktionen fachlicher Formalisierungen. Die insgesamt ambivalente Funktion der Kontrolle und Disziplinierung bezieht sich sowohl auf die fachliche Arbeit als auch auf finanzielle Ressourcen. Als AdressatInnen der über formalisierte Instrumente und Verfahren realisierten Kontrolle – die als Element eines übergreifenden gesellschaftlichen Kontroll-Trends beschrieben wird – sehen die Basiskräfte nicht nur sich selbst, sondern auch die AdressatInnen.

Nach außen orientierte Funktionen spielen für die Basiskräfte – zumal im Vergleich zu den Leitungskräften – eine geringe Rolle. Zudem werden auf Legitimation abzielende Funktionen aus der Perspektive der Basiskräfte gegenüber übergeordneten Positionen innerhalb der Organisation formuliert. So erfüllen fachliche Formalisierungen für die Fachkräfte nicht die Funktion der Außendarstellung gegenüber ASD-externen Akteuren. Vielmehr soll die eigene Arbeit gegenüber KollegInnen und Leitungskräften im ASD dargestellt und begründet werden. Eine weitere, eng mit der Funktion der Legitimation verknüpfte Funktion liegt in der Nutzung bzw. Instrumentalisierung von fachlichen Formalisierungen zur Durchsetzung eigener (fachlicher) Interessen. So werden formalisierte Instrumente und Verfahren – wie im vorherigen Abschnitt schon beschrieben – von den Fachkräften dazu genutzt, eigene Entscheidungen und Handlungen ex post zu begründen und zu rechtfertigen oder aber um Leistungen (auch gegen die formalen organisationalen Regeln) durchzusetzen – etwa indem die Signalwirkung von Kinderschutzbögen strategisch-instrumentell genutzt wird.

Bei der Funktion, die Informationsbedürfnisse Dritter zu bedienen, verschwimmen schließlich die Grenzen zwischen fachlichen und anderen Formalisierungen. Die Informationsinteressen über- oder beigeordneter Stellen aus dem politisch-administrativen System sowie der Öffentlichkeit beschreiben die Basiskräfte als einen Hauptgrund für die zunehmende Expansion von Formalisierungen im ASD. Diese Informationsbedürfnisse werden teilweise als legitim angesehen – beispielsweise Informationen zu Steuerungszwecken, zur Begründung oder zur administrativen Bearbeitung des Ressourcenverbrauchs. Andere Informationsinteressen – wie der Wunsch politischer Akteure, unverzüglich über problematisch verlaufende Kinderschutzfälle unterrichtet zu werden – werden als menschlich nachvollziehbar, aber fachlich unbegründet zurückgewiesen. Schließlich wird die konkrete Umsetzung von Aufgaben, die der Generierung von Informationen für Dritte dienen – beispielsweise nicht kompatible Erfassungssysteme oder Statistiken – als einem effektiven und effizienten Arbeiten im ASD entgegenstehend beschrieben. Indirekt thematisieren die Fachkräfte damit auch Managerialisierungstendenzen. So bringen sie vor, dass eine Tendenz zur Produktion von (vermeintlich steuerungsrelevanten) Zahlen bestehe, die wenig mit den tatsächlichen Arbeitsabläufen in den ASD zu tun haben, wobei sich diese Tendenz durch die Expansion von Formalisierungen ständig ausweite und folglich der Aussagewert administrativ generierter Daten zunehmend sinke.

Fachlichkeitsverständnisse und Routinen: Die Einschätzungen und Beurteilungen fachlicher Formalisierungen durch die der Basiskräfte resultieren aus der Relationierung der (potenziellen) Funktion mit weiteren Faktoren, vor allem den Fachlichkeitsverständnissen und deren Arbeitsroutinen der Befragten[354]. Besonders Einschätzungen, die sich auf die inhaltlichen bzw. nach innen gerichteten Funktionen beziehen, stehen in einem engen Zusammenhang mit den jeweils vertretenen Fachlichkeitsverständnissen. Hierzu zählen etwa methodisch-konzeptionelle Orientierungen und Vorlieben, fachliche Zielsetzungen oder auch Funktionszuschreibungen an den ASD. Jenseits konkreter Posi-

---

354 Daneben wird die Beurteilung (und Nutzung) von fachlichen Formalisierungen von weiteren Faktoren moderiert. So zeigen die empirischen Befunde, dass beispielsweise das Teamklima oder die wahrgenommene eigene Position in einem Team indirekt auf die Beurteilung und Nutzung von formalisierten Instrumenten und Verfahren wirken, weil sie die Selbstverpflichtung/das Commitment gegenüber offiziellen und inoffiziellen Regeln in ASD-Teams beeinflussen. Auf eine Integration indirekt wirkender Faktoren sowie auf eine Berücksichtigung individueller Aspekte der Fachkräfte (z. B. Berufserfahrung, Qualifikation, Konfliktbereitschaft) wird im Folgenden verzichtet, da diese jenseits des zentralen Fokus dieser Studie liegen.

tionierungen, beispielsweise zu bestimmten Formen der Erfassung von als relevant erachteter Aspekte der Fallarbeit, oszillieren die Selbstpositionierungen der Basiskräfte zwischen der Einschätzung, dass fachliche Formalisierungen die Basis oder zumindest ein zentrales Element professioneller, im Sinn von guter, Sozialer Arbeit im ASD darstellen und der Position, dass fachliche Formalisierungen einer guten Sozialen Arbeit abträglich sind. Dabei dominieren differenzierende, häufig auch ambivalente Positionierungen zum Verhältnis von Fachlichkeit und Formalisierung, wie nachfolgendes knappes Statement zeigt: „Also die Professionalität steckt da ja mit drin – wenn sie gut gemacht ist, diese Standardisierung. (lacht) Dann ja, sonst nicht" (BK 15). Welchem Pol konkrete Instrumente und Verfahren zuzurechnen sind, wird in der Regel von deren Ausgestaltung und der antizipierten Funktion abhängig gemacht.

Werden fachliche Formalisierungen als Basis professioneller ASD-Arbeit beschrieben, so wird vor allem die Herausforderung thematisiert, Formalisierungen „richtig" zu nutzen. Besonders die Formulierung von Hilfeplänen, also die Nutzung eines wenig standardisierten Instruments, wird von den Fachkräften als Herausforderung beschrieben. Hierfür werden unterschiedliche Gründe vorgebracht. So wird beispielsweise der Anspruch, dass die Sichtweisen und Ziele unterschiedlicher Beteiligter (Eltern, Kinder/Jugendliche, ASD-Fachkräfte etc.) differenziert ausgewiesen werden sollen, als herausfordernd beschrieben. Dasselbe gilt für die (in einigen Kommunen vertretene) Anforderung, messbare Ziele zu formulieren. Auch dass der Hilfeplan verschiedene Funktionen erfüllt, da er geleichzeitig als Arbeitsgrundlage mit den AdressatInnen und Leistungserbringern, wie auch als Begründung für Hilfeleistungen gegenüber über- und beigeordneten Stellen im Jugendamt fungiert, führt zu Umsetzungsproblemen. Die Fachkräfte thematisieren also primär fachliche Anforderungen, die aus dem Umstand resultieren, dass Hilfeplanformularen relativ gering standardisiert sind. Bei stärker standardisierten Instrumenten werden inhaltliche Umsetzungsschwierigkeiten in der Regel als inhaltliche und formale Mängel der Instrumente thematisiert (z. B. inhaltliche Unangemessenheit, falscher Fokus, fehlende Praktikabilität).

> Alles was in dem Bogen steht (...), ist wichtig zu wissen. Das ist schon klar. Aber Menschen funktionieren ja nicht chronologisch. Das tun die nicht (...). Wenn ich die heute frage, dann erzählen die mir morgen was anderes zu ihrer Lebenssituation. Und deshalb ist es für mich eine Schreibarbeit. (BK 27)

Daneben benennen die befragten Fachkräfte verschiedene übergreifende Spannungsfelder im Verhältnis von fachlichen Formalisierungen und professioneller ASD-Arbeit. So wird inhaltlich argumentiert, dass formalisierte Instrumente und Verfahren einzelfall- und adressatInnenbezogenen, interaktiven (sozialpädagogischen) Arbeitsinhalten und/oder individuellen und intuitiven Arbeitsweisen („Bauchgefühl"), die die Befragten als konstitutiv für gute ASD-Arbeit ansehen, entgegenstehen. Gerade bei fachlich-inhaltlichen Beurteilungen positionieren sich die Fachkräfte nicht einseitig, sondern unterstreichen die Notwendigkeit einer Balance unterschiedlicher Orientierungen. Entsprechend führt eine Basiskraft zum Verhältnis von Formalisierungen und Formen des intuitiven Arbeitens aus: „Also das ist für mich auch Professionalität. Also nicht nur nach Prozessen, sondern auch das Bauchgefühl, das gehört mit dazu" (BK 11). Ähnlich meint eine andere Fachkraft:

> Und mit der Standardisierung ist es so: Es ist ein wichtiger Faktor, aber er darf nicht die Oberhand gewinnen. Es ist so, man erlebt das, es gibt Kollegen die stur den Hilfeplan abarbeiten, aber da passiert inhaltlich nicht viel. Also die Tiefe, warum wir das jetzt machen und auch dieses ‚haben wir uns verstanden', das geht völlig verloren. Also es soll ein Grundraster sein, an dem ich mich orientiere. Aber ebenso wichtig ist das freie Gespräch, das freie Aushandeln. Und wenn das andere [die Formalisierung; A.M.] überhand gewinnt, dann geht das Menschliche, also so dieser Beziehungsaspekt, verloren. Und das wäre fatal in unserem Bereich! Da unterscheiden wir uns halt von anderen Berufsgruppen. (BK 3)

Zudem wird ressourcenbezogen bemängelt, dass die Bearbeitung formalisierter Instrumente und Verfahren – besonders zu Dokumentationszwecken – Arbeitszeit bindet, die für die „eigentliche ASD-Arbeit" fehlt.

> Ein großer Faktor ist schon der Verwaltungsaufwand. Dass man hier alles dokumentieren muss (…). Und das nimmt schon ganz viel Zeit auch weg, wo dann nicht mehr so viel Zeit für den Menschen an sich auch bleibt. (BK 4)

> Die andere Seite, die mir jetzt gerade so hochkommt (lacht) ist, dass wir hier eigentlich gar nicht zum Arbeiten kommen, weil man muss alles immer ausfüllen so. Also dass das enorm viel Zeit in Anspruch nimmt, das alles auszufüllen. (BK 15)

Dabei kritisieren die Fachkräfte, dass die als zentral angesehene sozialpädagogische Arbeit zunehmend zur Nebensache wird, wie es nachfolgende Interviewpassage zeigt:

> Wir dokumentieren uns ja zum Teil auch zu Tode. Das ist auch ein Problem, ein deutsches Problem. (…) Wir dürfen halt nicht vergessen, dass wir auch Pädagogen sind und eben auch einen pädagogischen Auftrag haben und mit den Menschen auch arbeiten müssen. (…) Indem wir den ganzen Tag auch noch dokumentieren, was wir tun und nebenbei arbeiten wir mit Menschen. Das heißt, wenn ich das [die Dokumentation] immer noch machen muss, dann wird mir die Zeit mit dem Menschen eben ein Stück weit genommen. (TL 16)

Die Beurteilung fachlicher Formalisierungen ist in diesem Kontext davon abhängig, was als „eigentliche ASD-Arbeit" angesehen wird. Hier wird von manchen Fachkräften relativ eng lediglich direkt AdressatInnen-bezogene Interaktionsarbeit berücksichtigt, während andere Fachkräfte den Charakter des ASD als Teil der Kommunalverwaltung unterstreichen und entsprechend ein büroprofessionelles Selbstverständnis stark machen, das neben der adressatInnenbezogenen Interaktionsarbeit auch administrative Tätigkeiten als originäre und legitime Aspekte der ASD-Arbeit einschließt. Auch diese Position lässt sich weiter differenzieren. So wird eine Kombination aus administrativen und adressatInnenbezogenen sowie zwischen beratend-helfenden und Hilfen koordinierenden Arbeitsanteilen überwiegend als für die ASD-Arbeit typisch bzw. persönlich präferierte Arbeitsweise beschrieben. Allerdings gibt es auch Basiskräfte, die gerade administrativ-koordinierende Funktionen des Fallmanagements als höherwertig beurteilen und (daher) persönlich bevorzugen.

> Also ich sehe da eher meine Position, da den Überblick zu behalten, mich fortzubilden, um die Strukturen der Familie interpretieren zu können, um dann eine geeignete Hilfe zu installieren oder vernünftige Entscheidungen zu treffen. Das sehe ich eher als unseren Job. Wir müssen draufgucken, finde ich, wenn wir prozessverantwortlich sind, und nicht mittenrein gehen. (BK 10)

Das Verhältnis zwischen fachlichen Formalisierungen und guter fachlicher ASD-Arbeit wird von den Fachkräften entlang zahlreicher Konkretisierungen differenziert relationiert. Dabei sind die fachlichen Positionierungen der Basiskräfte sowohl auf abstrakter als auch auf konkreter, direkt instrumenten- bzw. verfahrensbezogener Ebene selten eindeutig. Vielmehr sehen sich die Befragten in einem Spannungsfeld, wobei fachliche Formalisierungen einerseits als wichtig, hilfreich und gut eingeschätzt werden, obgleich sie gleichzeitig diverse Schwierigkeiten bereiten.

Verknüpft mit den Fachlichkeitsverständnissen, aber auch in hohem Maße durch die lokalen Organisationskulturen geprägt, sind die Arbeitsroutinen der Fachkräfte, also die Art und Weise, wie die verschiedenen im ASD anfallenden Aufgaben erledigt werden. In der Kommune 3 zeigte sich beispielsweise eine ausgeprägte und durchgängige Realisierung von Dokumentationsaufgaben in der Form klassisch-bürokratischer Aktenführung. Dokumentiert wird also in der Handakte in Form von Aktenvermerken – unabhängig von fachlichen Formalisierungen. Die Dokumentationsfunktion von formalisierten Instrumenten wird daher als unnötige Arbeitsverdopplung kritisiert.

> Da haben sich Leute Gedanken gemacht, und wirklich alles, was um eine Familie abfragt werden kann, in einen Bogen gepresst (…). Es ist nicht möglich. Und ich habe ja trotzdem noch die Vermerke parallel. (BK 14)

> Ich bin ja verpflichtet, diesen Aktenvermerk zu machen. Ich muss ja einen Vermerk zum Beratungsgespräch machen, das muss ja dokumentiert werden. Und gleichzeitig müsste ich nochmal die Daten filtern. (BK 25)

Zu ähnlichen Einschätzungen gelangen auch Fachkräfte der anderen Kommunen, sofern diese ebenfalls alternative Dokumentationspraktiken ausgebildet haben. Konflikte zwischen fachlichen Formalisierungen und eingespielten Routinen der Fachkräfte sind im Bereich der Dokumentation am deutlichsten, bleiben aber nicht auf diesen Bereich beschränkt. Die Fachkräfte berichten ebenso von eingespielten Entscheidungsabläufen, die durch neue formale Vorgaben konterkariert werden. So werden formalisierte Verfahren des kollektiven Austauschs (z. B. Fallteams) – also in ihrem Ablauf, ihrer konzeptionellen Ausrichtung und ihrer personellen Zusammensetzung formalisierte Settings – als etablierten und langjährig bewährten Kooperations- und Reflexionsroutinen entgegenstehend beschrieben (vgl. z. B. BK 25).

Schließlich problematisieren die befragten Basiskräfte eine stetige Zunahme von Formalisierungen. Selbst wenn viele der konkreten formalisierten Instrumente und Verfahren überwiegend positiv beurteilt werden, wird die Formalisierungsdynamik insgesamt von den befragten Fachkräften überwiegend kritisch gesehen. Unbeschadet der inhaltlich-qualitativen Einschätzung führt die beständige Ausweitung von Formalisierungen zu einer für die Fachkräfte problematischen Verknappung zeitlicher Ressourcen.

> Das sind so Strukturen, die jetzt eben neu geschaffen wurden, mit mehr Formularen, mit Computerprogrammen, die man noch zusätzlich bedienen muss. Dass da auch zeitlich mehr in diese Sachen investiert werden müssen. Und dass da eben für den Kinderschutz und auch für andere Bereiche neue Formulare entwickelt wurden, die auch auszufüllen sind. Ich denke, das ist für mich einsichtig – gerade auch beim Kinderschutz, dass man eine Absicherung dadurch auch hat – aber es ist natürlich auch ein Zeitfaktor, weil es einfach auch mit Zeit verbunden ist, diese Sachen auszufüllen. Genauso auch das [Fachsoftware]-Programm, wo einfach auch ganz viel Zeit mit reingeht. (BK 17)

Offensichtlich können eben diese kumulativen Effekte zu einem von den konkreten Instrumenten und Verfahren teilweise abgekoppelten „Kippen" der Gesamtbeurteilung von Formalisierungen im ASD führen.

Erfahrung und institutioneller Gehalt: Werden die einzelfallübergreifenden Strukturen der Beurteilungen der Leitungskräfte und der Basiskräfte miteinander verglichen, so zeigen sich deutliche Unterschiede. Die Beurteilungen der Basiskräfte wurden – anders als die Beurteilungen der Leitungskräfte – als Relationierung von Funktionen mit Fachlichkeitsverständnissen und mit Arbeitsroutinen rekonstruiert. Dies verweist darauf, dass der institutionelle Gehalt von fachlichen Formalisierungen aufseiten der Basiskräfte in anderer Art und

Weise, als in Abschnitt 11.6 für die Leitungskräfte beschrieben, zur Geltung kommt. Die Beurteilungen der Fachkräfte sind zudem insgesamt differenzierter und ambivalenter.

Die Beurteilungen der Basiskräfte stützen sich stark auf persönliche Nutzungserfahrungen und unterscheiden sich damit von den Beurteilungsgrundlagen der Leitungskräfte, die (in der Regel) nicht über diese Erfahrungen aus der Alltagspraxis verfügen (können). Durch Basiskräfte erfolgt auch keine strategische Instrumentalisierung der institutionellen Gehalte fachlicher Formalisierungen gegenüber (externen) Dritten. In die Organisation gerichtete Instrumentalisierungen – etwa eine strategische Nutzung der Signalwirkung von Kinderschutzbögen – basieren dagegen nicht auf dem institutionellen Gehalt der entsprechenden Instrumente, sondern auf organisationalen Relevanzsetzungen. Persönliche Erfahrungen im Umgang mit formalisierten Instrumenten und Verfahren reduzieren also offensichtlich die Bezugnahme auf den zugeschriebenen institutionellen Gehalt bei der Beurteilung und Einschätzung dieser fachlichen Formalisierungen.

Trotz der offensichtlichen Perspektiv- und Erfahrungsdifferenz der Akteure nehmen Basis- und Leitungskräfte aber ähnliche Funktionszuschreibungen vor: Die formalisierten Instrumente und Verfahren sollen die rechtliche Absicherung erhöhen, objektivere Einschätzungen ermöglichen und sind daher modern, professionell und „gut". Dies legt nahe, dass die diesen fachlichen Formalisierungen zugeschriebenen Funktionen – auf einer abstrakten Ebene – institutionell bestimmt sind, während die konkreten Beurteilungen zugeschrieben (Leitungskräfte) und/oder erfahrungsbasiert (Basiskräfte) erfolgen können.

Zudem legen die Befunde zu den Referenzpunkten, auf die hin die formalisierten Instrumente und Verfahren beurteilt werden, nahe, dass Leitungs- und Basiskräfte von ähnlichen Zielen und Funktionen des ASD ausgehen sowie ähnliche Normen zur Beurteilung guter Sozialer Arbeit im ASD teilen. Auch Funktionszuschreibungen an den ASD und Beurteilungskriterien guter ASD-Arbeit sind also offensichtlich institutionell bestimmt. Während sich die Leitungskräfte direkt und abstrakt auf diese Funktionen und Ziele bei der Begründung von fachlichen Formalisierungen beziehen, haben die – teilweise erfahrungsbasierten – Einschätzungen der Basiskräfte ebenfalls diese Funktionen und Ziele zum Bezugspunkt. Daher nennen beide Gruppen ähnliche Funktionsbereiche (z. B. fachliche Optimierung, administrative Rationalisierung, Absicherung). Da die Urteile der Akteure verschiedener Ebenen auf unterschiedlichen Grundlagen (institutionelle Gehalte und/oder Erfahrung etc.) beruhen, fallen diese jedoch auseinander. Der eher unmittelbare – durch Erfahrungen moderierte – Bezug der Basiskräfte auf institutionelle Gehalte von fachlichen Formalisierungen kann somit Unterschiede in den Funktionszuschreibungen und Beurteilungen zwischen den VertreterInnen unterschiedlicher Hierarchieebenen und Funktionen im ASD plausibilisieren.

11.7.3 Der (direkte) Einfluss des büro-professionellen Komplexes auf die Nutzungsweisen

Es wäre zu erwarten, dass die Beurteilungen von fachlichen Formalisierungen im Allgemeinen und vor allem von konkreten Instrumenten und Verfahren – also die im vorherigen Unterkapitel vorgestellten komplexen Relationierungen von Funktionen bzw. Zwecken, Ausgestaltungen der Formalisierungen sowie Fachlichkeitsverständnissen und Arbeitsroutinen – spezifische Nutzungsweisen zur Folge haben: Skeptische Einschätzungen legen eher Formen der Nicht-Nutzung nahe; Vorbehalte gegen bestimmte Funktionen plausibilisieren alternative Nutzungen; Kritik an der inhaltlichen Ausgestaltung wiederum lässt selektive Nutzungsweisen angemessen erscheinen. In der Gesamttendenz korrespondieren die thematisierten Handlungsweisen der Basiskräfte gegenüber fachlichen Formalisierungen mit den formulierten Einschätzungen und Urteilen. Allerdings determinieren die Beurteilungen keinesfalls die Nutzungsweisen der Fachkräfte. Vielmehr lassen sich – neben den Beurteilungen – organisationale Rahmenbedingungen und persönliche Faktoren als weitere Einflussfaktoren auf die Nutzung formalisierter Instrumente und Verfahren bestimmen.

Diese Einflüsse des büro-professionellen Komplexes sind dabei mehr als lediglich moderierende Faktoren. Zwar interagieren organisationale und persönliche Faktoren mit den Beurteilungen der Fachkräfte, sie haben jedoch auch das Potenzial, die Urteile der Fachkräfte außer Kraft zu setzten. Dies hat zur Folge, dass die Basiskräfte – teilweise situativ, teilweise strukturell – Nutzungsweisen formalisierter Instrumente und Verfahren realisieren, die ihren Beurteilungen mehr oder weniger deutlich entgegenstehen. Dabei folgt die Verhältnisbestimmung zwischen Beurteilungen und weiteren Einflussfaktoren keinem simplen Kausalitätsmuster, das heißt: selbst bei gleichgerichteter Beurteilung und denselben Rahmenbedingungen zeigen die Fachkräfte unterschiedliche Nutzungsweisen. Auch diese Zusammenhänge werden in der Regel nicht in den Interviews versprachlicht, sondern werden in den Brüchen zwischen Interviewpassagen der Reflexion über Instrumente und Verfahren und in Erzählungen aus dem Arbeitsalltag thematisierten Nutzungsweisen deutlich.

Aus dem empirischen Material der untersuchten ASD lassen sich nachfolgende direkte (weitere) Einflussfaktoren auf die Nutzung von fachlichen Formalisierungen identifizieren: Einen großen Einfluss auf das Handeln der Basiskräfte hat die organisationale Einbettung der Instrumente und Verfahren, also die organisationalen Regeln und die Kontrolle der Nutzung. Müssen fachliche Formalisierungen verbindlich genutzt werden und wird deren Nutzung kontrolliert, so werden sie auch eher genutzt. Die organisationalen Regeln bestimmen unter anderem die Spielräume für selektive Formen der (Nicht-)Nutzung. Dies gilt besonders, wenn die Nutzung von formalisierten Instrumenten und Verfahren mit der Realisierung von Kernaufgaben im ASD verknüpft ist. Werden beispielsweise Hilfen nur gewährt, wenn zuvor bestimmte Formulare genutzt wurden oder müssen zur kollektiven Gefährdungseinschätzung bestimmte Instrumente genutzt werden, so führt dies eher zur Nutzung der entsprechenden Instrumente. Unter solchen imperativen Bedingungen erfolgt die Nutzung relativ unabhängig von der Beurteilung der Basiskräfte. Die (fachliche) Einschätzung der Basiskräfte wirkt hier eher auf die Art und Weise der Nutzung – beispielsweise auf die Bearbeitungstiefe.

Zudem berichten die befragten Fachkräfte davon, dass sie die vorgeschriebenen Instrumente und Verfahren – ebenfalls relativ unabhängig von deren Beurteilung – aus Gewohnheit nutzen. Solche routinisierten Nutzungsweisen werden vor allem für Instrumente und Verfahren berichtet, die bereits lange Zeit verpflichtend in den ASD zu nutzen sind.

Einen großen Einfluss auf die Nutzungsweisen fachlicher Formalisierungen haben die Arbeitsbedingungen in den ASD. Auch diese stellen ein wesentliches Element des organisationalen Rahmens dar. Besonders die Fallbelastung bzw. die verfügbaren zeitlichen Ressourcen üben einen – von den Beurteilungen relativ unabhängigen – Einfluss auf die Nutzung fachlicher Formalisierungen aus. So sehen sich viele Fachkräfte dazu gezwungen, aufgrund von Zeitmangel bestimmte Instrumente und Verfahren nicht, erst verspätet oder auch selektiv (oberflächlich) zu nutzen, obgleich sie die Instrumente und Verfahren positiv beurteilen und daher gerne (intensiver) nutzen würden. Allerdings können knappe zeitliche Ressourcen auch zu einer verstärkten Nutzung von fachlichen Formalisierungen führen. Wenn etwa die Basiskräfte auf den eigenen Zeitmangel durch eine rasche Installation von Erziehungshilfen reagieren, die dann durch externe Leistungserbringer erbracht werden, dann kann dieser Rückzug auf ein Fallmanagement zu einer verstärkten oder auch intensiveren Nutzung von formalisierten Instrumenten und Verfahren führen. Dies ist besonders dann der Fall, wenn die Schnittstelle zu den externen Leistungserbringern durch formalisierte Instrumente und Verfahren überbrückt werden soll – beispielsweise durch differenzierte Zielvorgaben in Hilfeplänen sowie detaillierte Wirkungskontrollen.

Einen völlig anderen Effekt haben knappe finanzielle Ressourcen. Dieser organisationale Einflussfaktor legt ebenfalls eine verstärkte, jedoch eher strategische Nutzungsweise nahe, die von den (inhaltlichen) Beurteilungen der Instrumente und Verfahren abgekoppelt ist. Einen Sonderfall solcher strategischen Nutzungen von fachlichen Formalisierungen stellt die kollektive Produktion von Kinderschutzfällen unter Nutzung der dafür vorgesehenen Formulare in der Kommune 3 dar. Die in dieser Kommune praktizierte Verknüpfung eines fachlichen Instruments zur Meldungserfassung und Risikoeinschätzung mit organisationalen Steuerungsaufgaben – hier der Personalbemessung – führt zu einer massiven Ausweitung der Nutzung des entsprechenden formalisierten Instruments. Diese ist jedoch von der fachlichen Fallarbeit und den Beurteilungen der Basiskräfte weitgehend entkoppelt. Sie resultiert dagegen wesentlich aus dem Umstand, dass angestrebte Steigerungen der personalbemessungsrelevanten Kinderschutzfallzahlen nur unter Nutzung des formal vorgegebenen Melde- und Einschätzungsbogens möglich sind. Allerdings gibt es eben auch Fachkräfte, die sich diesem Druck nicht beugen und nicht bereit sind fachlich unbegründete Kinderschutzfälle zu produzieren.

11.7.4 Resümee zur Nutzung von fachlichen Formalisierungen

Insgesamt zeigen die empirischen Befunde, dass den imperativen formalen Regeln zur Nutzung von formalisierten Instrumenten und Verfahren im ASD ein breites Spektrum von Nutzungsweisen durch die Basiskräfte gegenübersteht. Dabei werden die formalen Regeln auf vielfältige Art und Weise umgesetzt, aber auch unterlaufen. Die Nicht-Nutzung verpflichtender Instrumente und Verfahren, stellt dabei lediglich eine – und keinesfalls die bedeutendste – Art der Entkopplung dar. Häufiger sind dagegen Formen der selektiven und alternativen Nutzung. Die vielfältigen Nutzungsweisen lassen sich auch als Strategie des Umgangs der Basiskräfte mit Ambivalenz in ihren Alltagspraxen beschreiben. So stellen die fachlichen Formalisierungen in den Augen der Fachkräfte ambivalente Gegenstände dar, die entlang unterschiedlicher Kriterien differenziert und meist ambivalent beurteilt werden. Mit den vorgestellten Nutzungsweisen prozessieren die Fachkräfte die den Instrumenten und Verfahren innewohnende Ambivalenz ihrer Alltagspraxis. Wie konkrete Instrumente und Verfahren dabei genutzt werden, ist von zahlreichen Faktoren abhängig. Während sich die Einflussfaktoren bestimmen und ausdifferenzieren lassen, folgt deren Zusammenspiel keinem linearen Kausalitätsmuster. Insofern verweist auch die Nutzung von fachlichen Formalisierungen auf die für Dienstleistungsorganisationen typische Komplexität (vgl. Hasenfeld 1992; 2010).

Teil III
Diskussion der Ergebnisse

Ziel dieser Studie ist es, die Institutionalisierung fachlicher Formalisierungen verstehend zu erklären, also offenzulegen, wie und warum sich ein Bedeutungsgewinn von fachlich begründeten formalisierten Instrumenten und Verfahren in der Sozialen Arbeit vollzieht. In diesem abschließenden dritten Teil der Arbeit werden die zur Bearbeitung dieser Forschungsfrage generierten Erkenntnisse nochmals gesichert und vor dem Hintergrund der theoretischen Rahmung diskutiert (Kapitel 12–14). Bei dieser theoriebezogenen Re-Analyse bzw. Reformulierung der Erkenntnisse kann es nicht darum gehen, alle zusammengetragenen und generierten Einsichten dieser Studie nochmals aufzurufen. Vielmehr werden Einzelaspekte herausgegriffen und aus neo-institutionalistischer Perspektive beleuchtet. Die Arbeit endet mit einer abschließenden Bestimmung des Wesens der Institutionalisierung fachlicher Formalisierungen in der Sozialen Arbeit sowie einer allgemeinen Einordnung der Befunde (Kapitel 15).

12. Die Makroperspektive: Zur Institutionalisierung fachlicher Formalisierungen im *Feld* der ASD

Sowohl die bereits vorliegenden empirischen Befunde, besonders aus den Studien zur Evaluation des Bundeskinderschutzgesetzes (BKiSchG) von 2012 (vgl. Pluto et al. 2016; Albrecht et al. 2016), als auch die Ergebnisse der im Rahmen der vorliegenden Studie durchgeführten Onlinebefragung der Jugendämter zeigen eine flächendeckende Verbreitung von fachlichen Formalisierungen im Bereich der Bearbeitung von Kinderschutzfällen in den ASD. Durch den doppelten Fokus der Onlinestudie auf die Felder Kinderschutz und Hilfeplanung liegen zudem bundesweite empirische Befunde zu formalisierten Instrumenten und Verfahren im Bereich der Hilfeplanung nach SGB VIII vor. Fachliche Formalisierungen in diesem Feld sind zwar weniger verbreitet als im Kinderschutz, dennoch kann mit einem Verbreitungsgrad von 82% bei Instrumenten und 63% bei Verfahrensstandards von einer weiten Diffusion gesprochen werden. Werden die aktuellen Ergebnisse mit den Befunden älterer Studien verglichen, so zeigt sich eine hohe Formalisierungsdynamik. Besonders eindrücklich lässt sich diese für das Feld des Kinderschutzes nachvollziehen (vgl. z. B. Sann 2010; Albrecht et al. 2016). Für den Bereich der Hilfeplanung fehlen entsprechende Vergleichsdaten. Die Nebeneinanderstellung der Studienergebnisse und der Befunde des DJI-Projekts „Jugendhilfe und Sozialer Wandel" deuten aber zumindest auf eine Ausweitung der Dokumentationsanforderungen in der Hilfeplanung hin (vgl. Gadow et al. 2013).

Mit der im Rahmen der vorliegenden Studie durchgeführten quantitativen Erhebung ist es möglich, die Struktur dieses Formalisierungstrends zu bestimmen. Mit Blick auf die Ausgestaltung und organisationale Einbettung von Instrumenten und Verfahren zeigt sich zunächst, dass die Vorgaben zur Nutzung fachlicher Formalisierungen in den meisten Ämtern eher imperativ – also mit rigiden Verbindlichkeitsregeln und Kontrollen – gestaltet sind. Des Weiteren verdeutlichen die empirischen Befunde Unterschiede zwischen den beiden Arbeitsfeldern Kinderschutz und Hilfeplanung. Diese beziehen sich sowohl auf die Verbreitung als auch auf die Ausgestaltung (Standardisierungsgrad) sowie auf die organisationale Einbettung (Verbindlichkeit und Kontrolle) der Instrumenten und Verfahren: Entlang der verschiedenen Dimensionen ist der Kinderschutz stärker formalisiert als die Hilfeplanung – von der beschriebenen „Abweichung" bei der Kontrolle von Instrumenten im Kinderschutz abgesehen (vgl. Abschnitt 10.2.4). Insofern hat sich die Differenzierung zwischen den

Bereichen Kinderschutz und Hilfeplanung – auch wenn sie von der praktischen, in der Regel integrierten Prozessierung von Fällen im ASD-Alltag abstrahiert – als analytisch sinnvoll erwiesen, zumal sich Unterschiede zwischen den beiden Feldern auch in den qualitativen Analysen – besonders in der Kommune 3 – bestätigt haben. Schließlich verweisen die Befunde der Onlinestudie auf unterschiedliche Steuerungsphilosophien, wobei in den untersuchten Ämtern bürokratische und managerielle gegenüber professionellen Orientierungen dominieren. Mit diesem Befund schließt die Onlinestudie an eine lange Tradition von Studien zur Organisation und Steuerung sozialer Dienste an (vgl. z. B. die Beiträge in Otto 1991).

12.1 Der Diffusions-Prozess: Kontinuierlicher Wandel mit Folgen

Während schon die quantitativen Befunde auf eine große Verbreitung von formalisierten Instrumenten und Verfahren in den ASD verweisen, legen die Ergebnisse der Fallstudienuntersuchungen nahe, dass die in der quantitativen Befragung erhobenen Befunde nur die „Spitze des Eisbergs" in Sachen fachlichen Formalisierungen in den ASD abbilden. So zeigen die Fallstudien, dass in den ASD zahlreiche formalisierte Instrumente und Verfahren existieren, die gegebenenfalls zu komplexen Formalisierungen zusammengefasst sind und die unterschiedlich ausgestaltet und organisational eingebettet sind. Mit der Onlinebefragung wurde lediglich erhoben, ob entsprechende Instrumente und Verfahren vorhanden und wie die am stärksten formalisierten unter diesen organisational eingebunden sind. Dabei ist anzunehmen, dass nicht unbedingt – wie erbeten – Angaben zu den am höchsten formalisierten Instrumenten und Verfahren gemacht wurde, sondern zu den aus Sicht der Befragten „wichtigsten" fachlichen Formalisierungen, also zu dem, was in dieser Studie als Kern-Formalisierungen bezeichnet wird. Diese zeichnen sich in der Regel dadurch aus, dass sie im Rahmen von Schlüsselprozessen der ASD-Arbeit verbindlich zu nutzen sind. Des Weiteren zeigt die qualitative Teilstudie, dass in den ASD auch Typen von fachlichen Formalisierungen von Bedeutung sind, die in der Onlinebefragung nicht berücksichtigt wurden (z. B. Hilfeplanungsformulare oder Strukturierungen von Fallbesprechungen). Es ist anzunehmen, dass in den ASD der Onlinestudie – ebenso wie in den Fallstudienkommunen – zahlreiche weitere Instrumente und Verfahren vorliegen, die andere Funktionen haben, anders ausgestaltet sind und für die abweichende Regeln zur Nutzung gelten. Die Befunde der Onlinestudie legen somit lediglich einen Ausschnitt des Formalisierungsgeschehens in den ASD frei.

Die qualitativen Fallstudien machen deutlich, dass die ASD Schauplatz einer doppelten – feldbezogenen wie intraorganisationalen – Formalisierungsdynamik sind: So ist nicht nur im Feld der ASD ein Formalisierungstrend zu verzeichnen, vielmehr korrespondiert dieser mit einer Expansion von formalisierten Instrumenten und Verfahren in den einzelnen ASD. Es verfügen nicht nur immer mehr ASD über fachlichen Formalisierungen, sondern die einzelnen ASD haben auch immer mehr unterschiedliche dieser Formalisierungen implementiert. Im Prozessmodell zur Institutionalisierung von fachlichen Formalisierungen in den Fallstudien-ASD wurde diese Entwicklung in den Phasen der Konsolidierung sowie der Differenzierung beschrieben (vgl. Abb. 22). Für diese Phasen konnte gezeigt werden, dass die Zunahme von Formalisierungen im Wesentlichen auf parallelen Prozessen des „Layering" und der „Conversion" beruht (vgl. Streeck/Thelen 2005). Im Fall der Überlagerung werden vorhandene fachliche Formalisierungen durch neue, bedeutendere ergänzt – in der Kommune 2 etwa die freiwillige Arbeitshilfe zum Kinderschutz durch verbindliche Kinderschutzstandards. Im Fall der Konversion werden der Status, die Funktion und die Bedeutung bestehender Instrumente und Verfahren verändert – ein Beispiel hierfür ist die Transformation von zunächst freiwillig nutzbaren Arbeitshilfen in verbindlich zu nutzende Instrumente und Verfahren in der Kommune 3.

Die Implementierung von formalisierten Instrumenten und Verfahren in den untersuchten ASD – besonders die der Kern-Formalisierungen – lässt eher sich als ein evolutionärer Prozess der (Weiter-)Entwicklung von Vorhandenem, denn als einen scharfen Bruch beschreiben. Insofern verläuft die Implementierung von fachlichen Formalisierungen in der Regel im Modus eines transformativen bzw. konvergenten Wandels (vgl. Greenwood/Hinings 1996). Allerdings weisen die Befunde auf ein kontinuierliches Anwachsen der Zahl und der Bedeutung von formalisierten Instrumenten und Verfahren in den ASD, sodass vor allem über kumulative Effekte eine Intensivierung der Formalisierung der ASD-Praxis erfolgt. Es vollzieht sich jedoch kein harter Bruch (displacement), wenngleich Akteure in der Kommune 1 die Integration von vorhandenen Instrumenten und Verfahrenen in die neu entwickelten Qualitätsstandards subjektiv als Bruch wahrgenommen haben (vgl. ebd.). Insgesamt lässt sich der Wandel in den Kommunen demnach als kontinuierlicher und inkrementeller Wandel bezeichnen, der im Effekt jedoch deutliche Verschiebungen – nicht nur der Arbeitsweisen, sondern auch der Inhalte und Prioritäten in den ASD – zur Folge hat. Mit Streeck und Thelen (2005) handelt es sich also um eine „reproduction by adaption", die jedoch in der Konsequenz eine „gradual transformation" darstellt (vgl. Abschnitt 4.3.1).

Für eine die Kontinuität unterstreichende Charakterisierung des Veränderungsprozesses spricht nicht zuletzt ein Blick in die Geschichte der sozialen Dienste (vgl. Kapitel 7). Seit im Mittelalter Formen der öffentlichen Fürsorge institutionalisiert wurden, kamen zur Unterstützung und Kontrolle der ArmenhelferInnen, FürsorgerInnen und schließlich der SozialarbeiterInnen formalisierte Instrumente zum Einsatz und wurden Prozessstandards formuliert. Die Apostrophierung der aktuellen Formalisierungsprozesse als tiefgreifender Wandel, wie sie sowohl im sozialpädagogischen Fachdiskurs als auch in den Interviews erfolgt und der ja auch – etwa für das Feld des Kinderschutzes – klar empirisch belegt ist (vgl. Kapitel 7, 8, 10), verweist auf zwei Aspekte: Zum einen vollziehen sich Formalisierungstrends im Feld der sozialen Dienste in Wellenbewegungen, wobei die aktuelle Welle auf eine Phase folgte, in der nicht Formalisierungen, sondern Nutzerorientierung, Beteiligung, Interaktion und Reflexion als Standards professionellen Handelns galten. Anfang der 1990er-Jahre fanden diese auch Eingang in die Gesetzgebung der Kinder- und Jugendhilfe (vgl. Abschnitt 6.4 & 7.7). Zum anderen erfolgt aktuell offensichtlich eine besondere Intensivierung und quantitative Expansion fachlicher Formalisierungen, die einen Level erreicht haben, das von vielen Feldakteuren als Zäsur wahrgenommen wird. Der Wandel im Feld der ASD lässt sich demnach als eine kontinuierliche Entwicklung beschreiben, die eine Schwelle erreicht hat, in der eine übersteigerte Kontinuität zur Diskontinuität wird.

12.2 Die Institutionalisierung: Ein professioneller Selbstversuch

Als ein bedeutender Auslöser von Modernisierungsprozessen im Feld der Kinder- und Jugendhilfe gelten rechtliche Entwicklungen. Für Formalisierungen im Kinderschutz wurden diese von Albrecht et al. (2016) als direkte Impulsgeber ermittelt und auch in der Onlinebefragung – in der die rechtliche Entwicklung nicht erhoben wurde – haben ASD-Akteure diese mehrfach in den entsprechenden Kommentarfeldern ergänzt. Das Gleiche gilt für die mediale Aufmerksamkeit gegenüber dem Kinderschutzhandeln der Jugendämter. Sowohl rechtliche Entwicklungen als auch die mediale Aufmerksamkeit für den Kinderschutz werden zudem auf breiter Ebene in der sozialpädagogischen Fachdiskussion aufgegriffen. Insofern ist davon auszugehen, dass diese Impulse nicht (nur) direkt auf die Feldakteure wirken, sondern auch vermittelt über ihre Präsenz in den fachlichen Diskursen der Sozialen Arbeit bzw. Kinder- und Jugendhilfe. Ferner werden in der Onlinebefragung unterschiedliche, aus der Profession stammende Impulse – Empfehlungen, Konzepte, Beratungen und Modellprojekte – als die zentralen Auslöser für die Implementierung von fachlichen Formalisierungen in den ASD benannt. Ebenfalls große Bedeutung wird den Konzepten übergeordneter Stellen, beispielsweise der Ministerien oder der Kommunalen Spitzenverbände, zugeschrieben. Diese repräsentieren nicht unbedingt fachliche Perspektiven der „Profession" Soziale Arbeit, sondern auch rechtlich-administrative Positionen. Der spezifische büro-professionelle Charakter der ASD spiegelt sich also auch in den zentralen Impulsgebern für Modernisierungsprozesse wider. In der Onlinebefragung gibt zudem über ein Drittel der Befragten Kontakte zu anderen Kommunen als für die Implementierung fachlicher Formalisierungen impulsgebend an. Insofern legen die quantitativen Befunde sowie die Aufarbeitung des Diskussions- und des Forschungsstandes nahe, dass sich die Institutionalisierung von fachlichen Formalisierungen und die damit verknüpften Homogenisierungsprozesse wesentlich auf die von DiMaggio und Powell (1983) herausgearbeiteten Mechanismen institutioneller Isomorphie zurückführen lassen:

1) *Umweltzwänge*, beispielsweise die beschriebenen rechtlichen Entwicklungen im Kinderschutz oder auch politische Entscheidungen, die vor allem in eher verwaltungs- und politikwissenschaftlich orientierten Studien zur Modernisierung der Verwaltung benannt werden (vgl. Grohs 2010; Krone et al. 2009; Bogumil et al. 2007).
2) *Normativer Druck*, von den Professionen forciert, also Konzepte angemessenen professionellen Handelns, wobei die Aufarbeitung des Diskussionsstands verdeutlicht, dass in den zentralen Diskursarenen – z. B. im Kinderschutz oder in der Diagnostik – modernisierte und damit formalisierungsoffene Positionen zwar nicht hegemonial sind, aber doch dominieren (vgl. Abschnitt 7.9).
3) Die Relevanz, die die Befragten der Onlinebefragung den Kontakten zu anderen Kommunen zuweisen, legt schließlich nahe, dass auch *mimetische Nachahmungen* vermeintlich fortschrittlicher Dienste – möglicherweise verknüpft mit Prozessen des Modellernens (vgl. Chandler/Hwang 2015) – einen Einfluss auf Entscheidungen zur Implementierung von fachlichen Formalisierungen im ASD haben.

Vor allem in jüngeren neo-institutionalistischen Arbeiten gilt „institutionelle Komplexität", also die Existenz und Wirkung unterschiedlicher Rationalitäten in einem Feld, als wichtiger Erklärungsfaktor für Prozesse institutionellen Wandels (vgl. Greenwood et al. 2011; Micelotta et al. 2017; Abschnitt 4.2.3). Sowohl die Felder, in denen Soziale Arbeit agiert – besonders die Kinder- und Jugendhilfe (vgl. Kapitel 6) – als auch die relevanten Fachdiskurse (vgl. Kapitel 7 & 8) weisen sich durch einen hohen Grad an institutioneller Komplexität aus, die die hohe Modernisierungsdynamik erklären kann. So handelt es sich bei der Sozialen Arbeit um einen Sektor, der sich durch zahlreiche Schnittstellen zu anderen Sektoren auszeichnet, wenn nicht sogar als ein Element anderer Sektoren oder Felder anzusehen ist (vgl. Abbott 1995). Dies gilt zunächst für die strukturelle Ebene: Hier sind Felder wie beispielsweise die Schulsozialarbeit,

Klinische Sozialarbeit im Krankenhaus oder Sozialarbeit im Strafvollzug Elemente anderer gesellschaftlicher Sektoren bzw. Systeme, die von anderen Professionen und deren Logiken dominiert werden.

Des Weiteren ist die Soziale Arbeit damit betraut, „Probleme" zu bearbeiten, die in anderen Sektoren generiert werden, beispielsweise materielle Armut oder Erziehungsprobleme (vgl. Bommes/Scherr 1996). Schließlich agiert die Soziale Arbeit in diversen „issue fields" (vgl. Hoffman 1999), bearbeitet also zusammen mit anderen Professionen gesellschaftliche Aufgaben und Problemlagen, wodurch Themenfelder konstituiert werden, die quer zu gesellschaftlichen Sektoren, wohlfahrtsstaatlichen Systemen oder organisationalen Feldern liegen. Beispiele hierfür sind die Arbeit am Übergang von der Schule in Ausbildung und Beruf (vgl. Mairhofer 2017) oder der Kinderschutz (vgl. Mairhofer/ Pooch i. E.). Das Aufeinandertreffen unterschiedlicher Rationalitäten im Feld des organisierten Kinderschutzes beschreiben u. a. Bode und Turba (2014) (vgl. Abschnitt 8.9)[355]. Der Schutz von Kindern und Jugendlichen vor Gefahren für deren Wohl gilt dabei zwar als eine Kernaufgabe der ASD, gleichzeitig wird Kinderschutz in zunehmenden Maße als eine gesamtgesellschaftliche Aufgabe beschrieben (vgl. z. B. BMFSFJ 2015) und auch faktisch sind zahlreiche Akteure neben der Kinder- und Jugendhilfe im Kinderschutz aktiv (z. B. Familiengerichte, Polizei, Justiz, Medizin). Neben dem ASD und weiteren Akteuren der Kinder- und Jugendhilfe kommt vor allem der Medizin eine zentrale Rolle im Kinderschutz zu. Das Engagement der Medizin im Kinderschutz ist einerseits historisch begründet, andererseits wird es aktuell - sowohl national wie international - forciert[356]. Im Bereich des Kinderschutzes erfolgt demnach eine Verschiebung der Grenzen professioneller bzw. disziplinärer Zuständigkeiten (vgl. Abbott 1995), in deren Folge eher medizinisch-naturwissenschaftliche Rationalitätskriterien und Arbeitsmodi - etwa die Nutzung formalisierter Instrumente und Verfahren - an Bedeutung gewinnen. Auch der mit der Institutionalisierung von formalisierten Instrumenten und Verfahren verknüpfte institutionelle Wandel geht demnach mit einer Veränderung der Akteurskon-

---

355 Die institutionelle Komplexität des issue fields Kinderschutz führt, wie Studien belegen, zu besonderen Herausforderungen der Kinderschutzarbeit. Diese werden noch verstärkt, da das Feld des Kinderschutzes auch Austragung von Konflikten um Zuständigkeiten und Deutungshoheit ist, gerade zwischen der Sozialen Arbeit und der Medizin (vgl. Bohler/ Franzheld 2010; 2013; Klatetzki 2014).
356 Beispiele für eine Stärkung der Rolle der Medizin im Kinderschutz sind - auf nationaler Ebene - vor allem der Aufbau und Ausbau der eher medizinisch orientierten Frühen Hilfen (vgl. Renner/Sann 2010) sowie - international - die Konzipierung von Kinderschutz als „Public Health Problem" (vgl. WHO 2013). Im Zuge des (politisch etwa mit dem „Gesetz zur Kooperation und Information im Kinderschutz" (KKG) von 2012 weiter forcierten) Ausbaus von Kooperationsbeziehungen kollidieren Sichtweisen und fachliche Rationalitäten von Sozialer Arbeit und Medizin (vgl. Mairhofer/Pooch i.E.).

stellationen und Grenzen des Feldes einher (vgl. z. B. Greenwood et al. 2002; Suddaby/Greenwood 2001; Abschnitt 4.3).

Die institutionelle Komplexität von Feldern der Sozialen Arbeit bezieht sich nicht nur auf die strukturelle Ebene konkreter Zuständigkeiten, Regulationen und Praxen, sondern prägt auch die Ebene fachlicher Diskurse. Dabei sind zunächst selbst genuin sozialpädagogische Diskurse aufgrund des interdisziplinären Charakters der Wissenschaft Sozialer Arbeit (vgl. Pfaffenberger 2004) in der Regel multiperspektivisch und multiparadigmatisch (vgl. Sahle 2002). Umso mehr gilt dies für auf issue fields bezogene Diskurse, wie den zum Kinderschutz. Auch hier nehmen aktuell Positionen aus dem psychologischen und medizinischen Bereich eine gewichtige Stellung ein und bestimmen nicht nur medizinbezogene oder allgemeine Diskurse, sondern beanspruchen auch Deutungsmacht für Fragen des angemessenen sozialarbeiterischen Handelns im Kinderschutz und der sozialpädagogischen Professionalität. Im Kontext der vorliegenden Studie ist dabei vor allem relevant, dass diese stärker naturwissenschaftlich orientierten medizinischen und psychologischen Perspektiven eine Präferenz für formalisierte Instrumente und Verfahren zeigen. Diese werden daher auch für die sozialpädagogische Praxis als angemessen bestimmt. Es erfolgt somit auch eine Neubestimmung des kulturell-kognitiven sowie des normativen Bezugsrahmens des Kinderschutzes und damit der Sozialen Arbeit. Diese Orientierung wurde in den Fallstudien darin deutlich, dass in den Modellprojekten einschlägiger Institute, ungerichtete Optimierungswünsche auf formalisierte Instrumente und Verfahren fokussiert wurden. Zudem zeigt sich diese Orientierung auch in sozialpädagogischen Fachdiskursen – und ist, wie die Interviews zeigen, auch in den von den Akteuren der Fachpraxis rezipierten fachlichen Diskursen (nicht nur der Leitungsebene) klar vernehmbar.

Auf die Fachpraxis der Sozialen Arbeit bzw. der Kinder- und Jugendhilfe wirken demnach je nach Arbeitsfeld variierende Umwelteinflüsse. Dabei werden viele Impulse, wie politische Diskussionen oder rechtliche Entwicklungen, vermittelt über professionelle Instanzen von den Praxisakteuren aufgenommen – beispielsweise in Form von Stellungnahmen, Empfehlungen oder Veranstaltungsinhalten. Eher praxisorientierte sowie auf konkrete Instrumente und Verfahren bezogene fachliche Diskurse heben dabei vor allem die Vorteile fachlicher Formalisierungen heraus. Diese werden sowohl in sozialpädagogisch-fachlicher als auch in rechtlich-administrativer und ökonomisch-managerieller Hinsicht als gewinnbringende Rationalisierungen der ASD-Arbeit beschrieben (vgl. Abschnitt 2.1 & 7.9).

Professionelle Akteure und Instanzen – aus Verbänden, Hochschulen und einschlägigen Instituten – fungieren demnach als zentrale institutionelle Akteure im Feld der Kinder- und Jugendhilfe. Sie leisten vielfältige Formen des institutional work zur Verbreitung und Legitimierung von fachlichen Formalisierungen als normale, angemessene und als besonders rational geltende Elemente der Praxis Sozialer Arbeit (vgl. Suddaby/Greenwood 2001). Somit bestimmen sie maßgeblich den institutionellen Gehalt von fachlichen Formalisierungen. Neben dieser allgemeinen Theoretisierungsarbeit leisten VertreterInnen der Profession zudem Übersetzungsarbeit, indem sie rechtliche Entwicklungen oder Optimierungsziele der Fachpraxis auf formalisierte Instrumente und Verfahren hin orientieren. Schließlich leisten sie Praxisentwicklungsarbeit, indem sie konkrete Instrumente und Verfahren entwickeln, evaluieren und Fachkräfte für die Nutzung fachlicher Formalisierungen in Aus- und Weiterbildungen qualifizieren. Professionelle Akteure realisieren damit unterschiedliche Formen des discursive work, political work, cultural work und technical work zur Institutionalisierung fachlicher Formalisierungen in der Sozialen Arbeit (vgl. Lawrence/Suddaby 2006; Perkman/Spicer 2008; Abschnitt 4.2.4).

Die Ergebnisse dieser Studie legen nahe, dass auch viele leitungsverantwortliche Akteure in den ASD modernisierte Fachlichkeitsverständnisse, die sozialpädagogischen Begründungen fachlicher Formalisierungen häufig zugrunde liegen, teilen. So zeigen die Befunde der Onlinebefragung, dass fachliche Formalisierungen von den befragten Akteuren hinsichtlich ihres fachlichen Potenzials (Qualität, fachliche Optimierung und Effizienz) überwiegend positiv beurteilt werden (vgl. Kapitel 8). Weniger eindeutig fallen die Urteile zu deren Beitrag zur Kostenkontrolle und zur Legitimierung der ASD-Arbeit aus. Besonders die Homogenität der individuellen Einschätzungen, also die hohen Korrelationen zwischen den verschiedenen Beurteilungsdimensionen und der Beurteilung der unterschiedlichen Instrumenten und Verfahren legen nahe, dass die Einschätzungen weniger durch konkrete Erfahrungen, sondern eher institutionell geprägt sind. Das heißt, die Beurteilungen beruhen eher auf unhinterfragten Annahmen darüber, welche Funktionen und Nutzen fachliche Formalisierungen haben, wobei diese Annahmen verbreitete gesellschaftliche Rationalitätsmythen repräsentieren (vgl. Abschnitt 5.2).

Hinweise auf eine institutionelle Prägung der Perspektiven der Leitungskräfte geben auch die qualitativen Fallstudien (vgl. Abschnitt 11.1 f.). Auch dort wird (zunächst) vor allem das fachliche Potenzial von fachlichen Formalisierungen unterstrichen – selbst dann, wenn dieses faktisch noch nicht realisiert werden kann, wie das Beispiel der nicht-funktionierenden Fachsoftware in der Kommune 1 zeigt. Demgegenüber fallen die Beurteilungen der Basiskräfte – die naheliegenderweise stärker von Erfahrung geprägt sind – deutlich differenzierter und ambivalenter aus (vgl. Abschnitt 11.5). Differenziert abwägende Einschätzungen werden in den Leitungskräfteinterviews dagegen vielfach erst im Verlauf der Interviews geäußert. Dies kann als Hinweis darauf gesehen werden, dass zunächst institutionell geprägte Denk- und Deutungsmuster wirken, die erst durch diskursive Irritationen und damit evozierte Reflexionen aufgebrochen werden (vgl. Abschnitt 9.4.3). Für eine solche Interpretation spricht auch, dass dennoch – im Falle allgemeiner Positionierungen – regelmäßig „Rückfälle" in schematisch befürwortende Argumentationsmuster stattfinden.

Fachliche Formalisierungen lassen sich auf Basis der Befunde dieser Studie daher als „rationalisierte Elemente" im Sinne von Meyer und Rowan (1977) bestimmen, die – auf verbreiteten gesellschaftlichen Rationalitätsmythen beruhend – nicht nur wegen ihres faktischen Potenzials zur Erreichung des Organisationszwecks eingeführt werden, sondern auch, weil sie gemeinhin als nützlich, sinnvoll und notwendig gelten. Die Annahmen und Einschätzungen zu fachlichen Formalisierungen sind also institutionell geprägt bzw. es wird auf institutionelle Gehalte rekurriert. In diesem Fall bedürfen die Beurteilungen nicht zwingend eines direkten Nachweises, vielmehr ist der Glaube an die spezifischen Qualitäten dieser Elemente offensichtlich ein unhinterfragter Teil der kulturellen Ordnung des Feldes. Fachliche Formalisierungen haben demnach im untersuchten Feld der Sozialen Arbeit einen bedeutenden Grad der Institutionalisierung erreicht (vgl. auch Zucker 1977). Diese Institutionalisierung wird dabei wesentlich von professionellen Akteuren in Wissenschaft und Praxis der Sozialen Arbeit vorangetrieben und ist daher als professioneller Selbstversuch zu qualifizieren.

13. Eine Mikrofundierung: Zur Institutionalisierung fachlicher Formalisierungen in der *Organisation* ASD

Im vorherigen Kapitel waren die Hintergründe und Prozesse der Diffusion und Institutionalisierung von fachlichen Formalisierungen im Sektor der Kinder- und Jugendhilfe bzw. im Feld der sozialen Dienste Gegenstand der Diskussion. Der Bedeutungsgewinn dieser Formalisierungen wurde dabei als eine Form des institutionellen Wandels beschrieben – ähnlich wie die Einführung von (Qualitäts-)Managementkonzepten in ökonomischen und gemeinnützigen Organisationen (vgl. z. B. Westphal et al. 1997; Süss 2009; Hafner 2009). In diesem Kapitel wird der Bedeutungsgewinn von fachlichen Formalisierungen mit Blick auf die Prozesse in den ASD betrachtet. Die Diffusion formalisierter Instrumente und Verfahren im Feld der ASD wird demnach aus einer Mikroperspektive als Prozess des Organisationswandels analysiert.

13.1 Zum Implementierungs-Sensemaking: Institutionelle Einflüsse hier wie dort

In Modellen zur (organisationsbezogenen) Erklärung institutioneller Wandlungsprozesse gelten Umweltveränderungen – wie technologischer, rechtlicher, sozialer oder ökonomischer Wandel – als die zentralen auslösenden Faktoren für Veränderungsprozesse in Organisationen und Feldern (vgl. z. B. Tolbert/ Zucker 1996; Greenwood et al. 2002). Neben diesen externen Auslösern werden zudem häufig organisationsinterne Aspekte, vor allem Akteure oder Akteurskonstellationen, als relevante Kräfte bei Institutionalisierungsprozessen benannt (vgl. Greenwood/Hinings 1996). Auch in den Fallstudien wurden diverse exogene, ebenso verschiedene endogene Faktoren rekonstruiert, wobei einzelnen Koordinations- und Leitungskräften eine herausragende Rolle als „Change Agent" zugewiesen wurde. Dabei zeigte die Analyse deutlich, dass die Implementierung von fachlichen Formalisierungen nur aus der Interaktion zwischen externen Umweltimpulsen und dem organisationalen Sensemaking der verantwortlichen Akteure angemessen beschrieben werden kann (vgl. Weick et al. 2005; Abschnitt 5.3.3). Wie in Abschnitt 11.6.1 differenziert dargestellt, erlangten die unterschiedlichen Umweltimpulse erst dadurch organisationale Relevanz dass sie einerseits von den verantwortlichen Akteuren aufgegriffen und als relevant angesehen wurden und dass andererseits fachliche Formalisierungen als eine angemessene Reaktion auf die Umweltimpulse angesehen wurden.

Dabei lassen sich in den Fallstudien-Kommunen zwei Prozesse unterscheiden. Vor allem bei frühen Entwicklungen führten Interessen aus dem ASD sowie dessen direktem Umfeld der Kommunalverwaltung und ihrer Organe zu ungerichteten Veränderungsimpulsen, die in Praxisentwicklungsprojekten auf formalisierte Instrumente und Verfahren hin orientiert wurden. Hier fungierten Modellprojekte als Garbage Can, in denen die Interessen der ASD-Akteure mehr oder weniger zufällig auf vorhandene Lösungen bzw. Lösungsideen – eben fachliche Formalisierungen – trafen (vgl. Cohen et al. 1972; Abschnitt 4.3.3). Bei späteren Entwicklungen, also nachdem fachliche Formalisierungen bereits zum Repertoire der Arbeitsstrukturen im ASD gehörten, wurden Umweltimpulse von verantwortlichen Akteuren im ASD zum Anlass für die Etablierung von neuen formalisierten Instrumenten und Verfahren genommen. Hier war die Implementierung fachlicher Formalisierungen das Resultat eines institutionell geprägten Sensemaking der verantwortlichen Leitungsakteure (vgl. Weick et al. 2005; Abschnitt 4.5.5). So wurden formalisierte Instrumente und Verfahren als rationale, angemessene und naheliegende Reaktion auf unbestimmte Umwelterwartungen angesehen, während alternative Reaktionsmöglichkeiten nicht in Erwägung gezogen wurden. Diese Einschätzung basierte einerseits auf der Überzeugung der Leitungsakteure in das fachliche Potenzial von fachlichen Formalisierungen, andererseits auf der Annahme, dass diese Formalisierungen von den relevanten Umweltakteuren als rationale und angemessene Reaktion anerkannt werden.

Die von DiMaggio und Powell (1983) rekonstruierten Mechanismen hinter Prozessen der institutionellen Isomorphie – sozialer Zwang, normativer Druck und mimetische Anpassung – die zweifelsohne in den Fallstudien-Kommunen wirksam waren, basieren demnach – sofern kein Zwang durch unmittelbare Vorgaben mächtiger Akteure erfolgt – zuvorderst auf Prozessen des Sensemaking und können daher nicht in der Weise determinierend sein, wie DiMaggio und Powell (1983) dies beschreiben (vgl. Abschnitt 4.3.4). Zudem werden rationalisierte Elemente nicht nur aufgegriffen und eingeführt, weil diese Legitimität gegenüber der organisationalen Umwelt versprechen, sondern auch und vor allem deshalb, weil die verantwortlichen Akteure selbst an die Rationalitätsmythen hinter den rationalisierten Elementen glauben (vgl. Meyer/Rowan 1977). Fachliche Formalisierungen besitzen demnach offensichtlich ein hohes Maß an kognitiver Legitimität aufseiten der verantwortlichen ASD-Akteure, das durchaus mit dem Mainstream des praxisorientierten Fachdiskurses in der Kinder- und Jugendhilfe korrespondiert. Zudem wird formalisierten Instrumenten und Verfahren das Potenzial zur Überzeugung Dritter, und demnach auch pragmatische und normative Legitimität zugeschrieben (vgl. Suchman 1955; Abschnitt 4.2.2).

Die spezifische Interaktion zwischen institutionellem Gehalt und organisationalem Sensemaking wird auch darin deutlich, dass nicht nur auf explizite Erwartungen, sondern bereits auf „erwartete Erwartungen" – quasi in vorauseilendem Gehorsam – mit der Entwicklung von fachlichen Formalisierungen reagiert wurde. So waren, besonders in der Kommune 2 (vgl. Abschnitt 11.2.2), nicht veränderte rechtliche Regulierungen und auch nicht unbedingt formalisierungsorientierte Interpretationen rechtlicher Regelungen im Fachdiskurs, sondern schon die Diskussion um mögliche rechtliche Veränderungen ein relevanter Anlass (unter anderen) für die Beschäftigung mit und die Entwicklung von fachlichen Formalisierungen. Insofern lässt sich auf Basis des empirischen Materials auch in den ASD eine für rechtliche Initiativen nicht unübliche Wirkkraft und Verselbständigungstendenz identifizieren (vgl. Edelman 1992; Kelly/Dobbin 1998; Abschnitt 4.4.4).

Auch wenn Sensemaking als unausweichlicher und kontinuierlicher Prozess in Organisationen konzipiert ist (vgl. Weick et al. 2005; Abschnitt 4.3.3), so zeigen die empirischen Ergebnisse dieser Studie dennoch deutlich, dass die Intensität des auf fachliche Formalisierungen bezogenen Sensemaking in allen Kommunen von den in der Organisation zur Verfügung stehenden Ressourcen wie Stabstellen oder freigestellte MitarbeiterInnen abhängig war. Freie Ressourcen führten eher zur Entwicklung und Implementierung von fachlichen Formalisierungen. Dieser Zusammenhang lässt sich weiter fundieren und konkretisieren: So zeigt der Vergleich zwischen den Kommunen, explizit zwischen der Kommune 2 und der Kommune 3, dass die Entwicklung von formalisierten Instrumenten und Verfahren auf der Ebene erfolgt, auf der Stabstellen für übergreifende Aufgaben eingerichtet werden. Ungebundene Ressourcen – die englischsprachige Organisationsforschung spricht von „organisational slack" – also Ressourcen, die der Organisation zur Verfügung stehen, aber nicht zur Erreichung des originären Organisationszwecks benötigt werden, waren auch in den Fallstudienkommunen eine wichtige Voraussetzung für organisationale Modernisierungsprozesse. „Slack provides a source of funds for innovation that would not be approved in the face of scarcity" (Cyert/March 1963, S. 278 f.).

13.2 Zum Orientierungs-Shift: Legitimation durch Optimierung

Mit den Impulsen zur Entwicklung von rationalisierten Elementen verknüpft sind die Ziele der Implementierung und die hinter diesen stehenden Orientierungen. Auch hier lassen sich – analog zu exogenen und endogenen Impulsen –

nach außen auf die Organisationsumwelt sowie nach innen auf die organisationalen Arbeitsprozesse fokussierende Funktionen und Orientierungen unterscheiden. Im Falle der Außenorientierung werden fachliche Formalisierungen implementiert, um damit Umwelterwartungen zu entsprechen und den ASD und seine Arbeit zu legitimieren. Entsprechend sollen formalisierte Instrumente und Verfahren dazu beitragen, den ASD positiv nach außen darzustellen, aktiv Außenbeziehungen zu gestalten, externen Kontrollen und Kritik zu entgehen oder die eigene Ressourcenausstattung zu verbessern, kurzum, die eigenen Handlungsmöglichkeiten auszuweiten. Bei der Innenorientierung steht dagegen eine Optimierung der ASD-Praxis im Zentrum, beispielsweise durch eine Verringerung von Unsicherheiten, die Qualifizierung von Entscheidungsprozessen oder durch eine Vereinfachung der Dokumentation.

Wie in Abschnitt 11.5 beschrieben werden mit der Implementierung von fachlichen Formalisierungen grundsätzlich sowohl nach innen als auch nach außen orientierte Zwecke verfolgt. Dabei zeigt die vergleichende Analyse der Orientierungsdimensionen zwei zentrale Aspekte: Zum einen stehen die beiden Orientierungen nicht unverbunden nebeneinander, sondern werden von den verantwortlichen ASD-Akteuren regelmäßig miteinander verknüpft. Das heißt: Selbst bei einer konsequenten, strategischen Außenorientierung werden dennoch auch positive Auswirkungen auf die Binnenprozesse des ASD erwartet und angestrebt. Ebenso wird bei einer klaren Fokussierung auf eine Gestaltung der Arbeitsprozesse im ASD auch auf (nicht intendierte) externe Effekte verwiesen. Vor allem aber wird angestrebt, externen Erwartungen an den ASD durch Veränderungen der internen Arbeitsabläufe im ASD zu entsprechen. Das Ansehen des ASD, das Gelingen von Kooperationsbeziehungen oder die Ressourcenausstattung des ASD etc. sollen also durch eine Optimierung der Binnenprozesse im ASD erhöht werden. Diese Optimierung der Binnenprozesse in den ASD wiederum soll über die Einführung von fachlichen Formalisierungen erreicht werden (vgl. Abb. 26).

Abb. 26: Orientierungen der Leitungskräfte

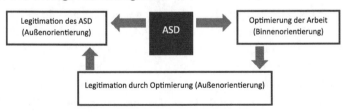

Dabei zeigen die Befunde, dass diese „Legitimation durch Optimierung" in unterschiedlichem Maße strategisch erfolgen kann. Einerseits wird eine Optimierung interner Prozesse explizit mit dem Ziel in Angriff genommen, hierdurch Außenwirkungen zu erzielen. Dies ist etwa der Fall, wenn in Kommune 2

ein neues Hilfeplanverfahren implementiert wird, um dadurch die Angriffsfläche für Kritik durch externe Kontrollorganisationen zu verringern (vgl. Abschnitt 11.2.3 f.). Andererseits werden Außeneffekte als quasi selbstverständliche Konsequenzen einer durch fachliche Formalisierungen optimierten Praxis angesehen (vgl. Kommune 1; Abschnitt 11.1.4). Diese unterschiedlichen Orientierungen verweisen auf unterschiedliche Grade der Transzendierung des institutionellen Gehalts von fachlichen Formalisierungen. Während im Fall von eher strategischen Orientierungen der institutionelle Gehalt fachlicher Formalisierungen reflektiert und gezielt genutzt wird, wirkt dieser im anderen Fall hinter dem Rücken der Leitungsakteure, d. h. die Annahme, dass fachliche Formalisierungen rational, sinnvoll und angemessen sind, wird von den ASD-Akteuren unhinterfragt akzeptiert und daher positive Außeneffekte als eine quasi natürliche Konsequenz der Nutzung solcher Formalisierungen erwartet. Dass indes immer – also auch bei einer strategischen Orientierung – auch von positiven Auswirkungen der Instrumente und Verfahren auf die Arbeitsprozesse im ASD ausgegangen wird, verweist darauf, dass sich die verantwortlichen ASD-Akteure den institutionellen Gehalten fachlicher Formalisierungen nie völlig entziehen können. Die Akteure stehen also nicht außerhalb der institutionellen Ordnung und ihrer Rationalitätsmythen, sondern sind in diese Ordnung – mehr oder weniger tief – eingebettet, wie dies etwa auch das Konzept der „embedded agency" nahelegt (vgl. Holm 1995; Abschnitt 4.2.4). Gleichzeitig untermauern die Ergebnisse dieser Studie jene Positionen, die sich gegen eine dichotome Gegenüberstellung von strategischem Akteurshandeln und institutioneller Determinierung aussprechen. So zeigen die empirischen Befunde aus den Fallstudien-Kommunen, dass die Einflüsse der institutionellen Ordnung nicht absolut, sondern vielmehr graduell bestimmbar sind. Diese Einflüsse lassen sich schwerlich als Determination bestimmen, vielmehr legen die Befunde – auch jene zur Verarbeitung von Umweltimpulsen im Abschnitt 13.1 – eine institutionelle Strukturierung der Wahrnehmung und des Denkens der ASD-Akteure nahe (vgl. Abschnitt 4.2.4).

Zum anderen zeigt die vergleichende Analyse der Gesamtprozesse der Implementierung von formalisierten Instrumenten und Verfahren in den ASD eine Tendenz der Verschiebung der Orientierung der verantwortlichen Leitungsakteure von Zwecken im ASD (z. B. Optimierung der Arbeit) zu Referenzpunkten außerhalb des ASD (z. B. Legitimation). Diese Re-Orientierung im zeitlichen Verlauf lässt sich sowohl innerhalb als auch zwischen den Diensten identifizieren. Die Befunde der Fallstudien bestätigen die These, dass „early adopters" Innovationen vor allem zum Zweck der technischen Optimierung – also mit einer nach innen gerichteten Orientierung – implementieren, während „late adopters" vor allem Prototypen zur Legitimierung – also nach außen gerichtet – einführen (vgl. Tolbert/Zucker 1983; Westphal et al. 1997). Auch die untersuchten ASD implementieren formalisierte Instrumente und Verfahren zunächst mit einer nach innen, auf eine Unterstützung und Optimierung der sozialarbeiterischen Praxis orientierten Zwecksetzung – häufig als optional nutzbare Arbeitshilfen. Später eingeführte Instrumente und Verfahren sind dagegen eher auf Funktionen außerhalb der Organisation gerichtet; sie sollen beispielsweise Kooperationen verbessern oder externe Informationsbedürfnisse befriedigen. Interessanterweise erfolgt eine solche „Funktionskonversion" auch für einzelne Instrumente. Besonders deutlich zeigt sich dies an den Qualitätsstandards der Kommune 1, die zunächst als Instrumente zur Qualifizierung der ASD-Arbeit implementiert werden, aber im Laufe der Zeit so institutionalisiert sind, dass sie – ohne dass dies intendiert war – den ASD in der Außendarstellung als besonders fortschrittlich erscheinen lassen und von externen Akteuren sogar als Basis für die Ressourcenbemessung des ASD akzeptiert werden.

Wie in Abschnitt 11.5 beschrieben geht diese Außenorientierung in allen ASD mit einer deutlich imperativeren Gestaltung der fachlichen Formalisierungen einher. Die Instrumente und Verfahren sollen also einerseits in steigendem Maße den ASD nach außen legitimieren, andererseits wird gleichzeitig durch rigidere Regelungen zur Verbindlichkeit und verstärkte Kontrollen angestrebt, eine höhere organisationale Relevanz der Instrumente und Verfahren auf der Handlungsebene durchzusetzen. So geben vor allem die Akteure der mittleren Leitungsebene – also die Team- und Gruppenleistungen – der untersuchten ASD an, dass sich ihre Funktion mit der Ausweitung und der imperativeren Ausgestaltung von fachlichen Formalisierungen deutlich verändert hat. Anstelle der fachlichen Begleitung und Beratung gewinnen Funktionen der Kontrolle, besonders auch der Kontrolle der Einhaltung von Verfahrensstandards und der Nutzung von formalisierten Instrumenten, an Bedeutung. Da in den ASD auf eine gezielte Implementierung (z. B. Schulungen) der fachlichen Formalisierungen verzichtet wurde, verleiht den Formalisierungen vor allem diese Kontrolle praktische Relevanz. Allerdings verweist vor allem Zucker (1977) darauf, dass direkter Zwang und Kontrolle eher de-institutionalisierend wirken, da sie verhindern, dass rationalisierte Elemente als selbstverständlich angesehen und akzeptiert werden. Geäußerte Vorbehalte oder Ambivalenzen gegenüber fachlichen Formalisierungen aufseiten der Basiskräfte lassen sich möglicherweise auch auf diese Kontrollen zurückführen. Immerhin erfolgen diese nicht nur im Modus bürokratischer Kontrolle, also der routinemäßigen Einbindung der Überprüfung der Regeleinhaltung in den Arbeitsprozess, sondern werden auch als persönliche (tayloristische) Einzelkontrolle von den Basiskräften wahrgenommen (vgl. Edwards 1981; Abschnitt 2.3.2 f.).

Die Parallelität von Außenorientierung und imperativerer Ausgestaltung ist vor allem deshalb erstaunlich, als sie verbreiteten Annahmen zu Kopplungsprozessen in Organisationen entgegensteht. So wird – trotz zahlreicher korrigierender Detailbefunde – seit Meyer und Rowan (1977) von einem Trade off zwischen Außenorientierung und einer festen Kopplung von Formal- und Aktivitätsstruktur ausgegangen: Da die institutionellen Umwelterwartungen (auch) auf Zwecke ausgerichtet sind, die jenseits des originären Organisationszwecks liegen, stehen Umwelterwartungen einer Realisierung des Organisationszwecks in der Regel entgegen. Daher stellt die Entkopplung der an Umwelterwartungen orientierten Formalstruktur von der an den Organisationszwecken orientierten Aktivitätsstruktur ein probates Mittel des Umgangs mit diesem Trade-off dar. Gerade dies geschieht in den untersuchten ASD jedoch nicht – zumindest nicht auf der Ebene der Leitungs- und Koordinationskräfte. Dies lässt sich abermals daraus erklären, dass die verantwortlichen Akteure in den Organisationen einerseits selbst vom fachlichen Potenzial der fachlichen Formalisierungen überzeugt sind und daher keinen Anlass für lose Kopplungen sehen; andererseits ist gerade die enge Kopplung ein Element, das von der Umwelt erwartet wird: Externe Anspruchsgruppen wollen nicht wissen, dass den ASD-Fachkräften gegebenenfalls wertvolle Hilfemittel zur Verfügung stehen, sie wollen die Gewissheit, dass diese zweckmäßigen Hilfemittel immer genutzt werden. Die relevante Frage lautet folglich weniger, ob und wie eine Organisation Ent-/Kopplungen vornimmt, sondern wo und wie diese erfolgen (vgl. dazu Kapitel 14).

13.3 Zum institutional work: Strukturierung hier und Kontingenz dort

Wichtige Anstrengungen des institutional work zur Institutionalisierung von fachlichen Formalisierungen in der Sozialen Arbeit sowie im Feld der ASD erfolgen durch Akteure der Profession in Wissenschaft und Verbänden und liegen somit außerhalb des empirischen und systematischen Blickfeldes dieser Studie. Weniger weitreichend und nicht direkt auf das Feld und seine Diskurse bezogen realisieren jedoch auch die Akteure in den ASD verschiedene Formen des institutional work. Auf der Basis der Darstellungen in diesem Kapitel lassen sich für Leitungsakteure in den ASD vier Typen des mit der Institutionalisierung von fachlichen Formalisierungen in den ASD verknüpften institutional work identifizieren. Diese sind teilweise (eher) nach innen, teilweise (eher) nach außen gerichtet und lassen sich in weitere Unterformen ausdifferenzieren (vgl. Abb. 27).

- *Interpretations-Arbeit* (I.A.): Die – mehr oder weniger stark institutionell geprägte – Wahrnehmung und Interpretation interner und externer Erwartungen mit Blick auf fachliche Formalisierungen sowie die darauf bezogenen Entscheidungen als Akte organisationalen Sensemaking.

- *Gestaltungs-Arbeit* (G.A.): Die Initiierung und Mitwirkung in Kontexten, in denen fachliche Formalisierungen entwickelt werden. Diese Entwicklungsarbeit kann in externen Entwicklungskontexten (z. B. durch die Teilnahme an Praxisentwicklungsprojekten externer professioneller Instanzen) oder in internen Entwicklungskontexten (z. B. durch die Etablierung und Mitwirkung an Workshops oder Gremien im ASD) erfolgen.
- *Legitimations-Arbeit* (L.E.): Die Darstellung von fachlichen Formalisierungen und ihrer Potenziale und Effekte gegenüber diversen Anspruchsgruppen bzw. die Nutzung dieser Formalisierungen zur (organisationspolitischen) Durchsetzung von ASD-Interessen.
- *Kontroll-Arbeit* (K.A.): Vor allem Akteure der mittleren Leitungsebene haben die Funktion, die Einhaltung von auf formalisierte Instrumente und Verfahren bezogene Regelungen, mithin die Nutzung fachlicher Formalisierungen durch die Basiskräfte zu kontrollieren.

Abb. 27: Institutional work der ASD-Akteure

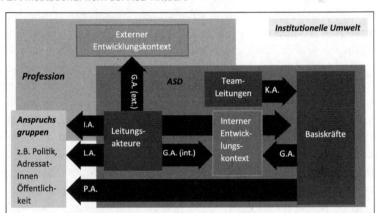

Interpretations- und Gestaltungsarbeit zielen vor allem auf die Etablierung bzw. Implementierung von fachlichen Formalisierungen in den ASD ab, sind also eine Form des „creating institutions" nach Lawrence/Suddaby (2006). Kontrollarbeit zielt demgegenüber auf eine Aufrechterhaltung der organisationalen Ordnung ab („maintaining institutions"; ebd.)[357]. Legitimationsarbeit kann dagegen zur Realisierung beider Zwecke erfolgen.

---

357 Die Differenzierung in Arbeiten zur Etablierung und zu Bewahrung von fachlichen Formalisierungen ist – wie die gesamte Darstellung zu Formen des institutional work – stark schematisiert und damit simplifiziert. So kann z. B. auch Gestaltungsarbeit zur Aufrechterhaltung der institutionalisierten Regeln nötig sein, um zu verhindern, dass diese veralten, d. h. einen „Drift" erleiden und damit an Bedeutung verlieren (vgl. Streeck/Thelen 2005).

Bei den Basiskräften lassen sich mit Blick auf die Institutionalisierung fachlicher Formalisierungen in den ASD zwei Hauptformen des institutional work bestimmen:

- *Gestaltungs-Arbeit* (G.A.): Auch Basiskräfte wirken durch die Teilnahme an externen, vor allem aber an internen Entwicklungskontexten bei der Konzeption und Ausgestaltung von fachlichen Formalisierungen in den ASD mit.
- *Praxis-Arbeit* (P.A.): Vor allem aber setzen die Basiskräfte fachliche Formalisierungen in ihrer Alltagspraxis – auf vielfältige Weise – um und bestimmen damit letztlich den Grad der Institutionalisierung der rationalisierten Elemente.

Auch das institutional work aufseiten der Basiskräfte bezieht sich einerseits auf die Etablierung (G.A.), andererseits auf die Erhaltung bzw. Re-Produktion der institutionalisierten organisationalen Struktur. Die Befunde zu den Nutzungsweisen und Nutzungsformen in Abschnitt 11.6 verdeutlichen dabei, dass die Basiskräfte die institutionellen Elemente keinesfalls nur passiv umsetzten und die organisationale Ordnung damit lediglich reproduzieren. Vielmehr realisieren die Fachkräfte mit Formen der Nicht-Nutzung sowie der selektiven, alternativen und regelkonformen Nutzung ein breites Spektrum von Handlungsweisen[358]. Diese Nutzungsweisen sind maßgeblich durch die Beurteilungen der Fachkräfte bestimmt. Die Beurteilungen wiederum sind einerseits institutionell bestimmt (z. B. Annahmen zu Funktionen von Instrumenten und Verfahren); andererseits fließen in sie aber auch persönliche und organisationale Prägungen mit ein. Insofern entsprechen sie weitgehend dem Konzept der „Handlungsorientierung" im Akteurszentrierten Institutionalismus (vgl. Mayntz/Scharpf 1995), nehmen also auf das Handeln der Akteure Einfluss, determinieren dieses aber nicht und sind von weiteren Faktoren beeinflusst[359]. Mit diesem praxis-

---

[358] Auf Basis der unterschiedlichen Nutzungsweisen ließen sich weitere Formen des institutional work – als Sub-Formen der Praxis-Arbeit – ausdifferenzieren. So betreiben die Basiskräfte etwa „Bestätigungs-Arbeit", wenn sie die Instrumenten und Verfahren in ihrer Praxis so nutzen, da die Bedeutung und die den Formalisierungen zugeschriebenen Potenziale (re-)produziert werden. In anderen Fällen betreiben sie „Relativierungs-Arbeit", wenn sie fachliche Formalisierungen nicht nutzen oder durch die Art der Nutzung deren institutionellen Gehalt unterminieren.

[359] Die von DiMaggio und Powell (1983) formulierten Mechanismen institutioneller Isomorphie bzw. die von Scott identifizierten Elemente von Institutionen lassen sich im Grunde auch auf die individuelle Ebene der Basiskräfte beziehen. So konstituieren der von den Professionen ausgeübte normative Druck in Form von Fachlichkeitsverständnissen sowie institutionalisierten Annahmen zu fachlichen Formalisierungen (kulturell-kognitive Elemente), die subjektive Beurteilung der Basiskräfte. Diese interagieren mit persönlichen

bezogenen institutional work (vgl. Smets et al. 2017) der Basiskräfte erfolgen Transformation sowie Übersetzungs- und Editierprozesse, durch die der institutionelle Gehalt von fachlichen Formalisierungen – etwa in den Augen von Leitungskräften oder externer Beobachter – sowie die realen Konsequenzen fachlicher Formalisierungen in der Organisationspraxis und schließlich auch im Leben der AdressatInnen definiert werden. Das Verhältnis zwischen diesem basalen Enactment institutionalisierter Elemente in den Alltagspraxen der Fachkräfte (Aktivitätsstruktur) und den formalen organisationalen Regeln (Formalstruktur) steht im Zentrum von Kapitel 14. Zuvor wird jedoch die Gestaltungsarbeit in den Blick genommen.

13.4 Zur Beteiligung der Basiskräfte: Tayloristische Demokratisierung

Ein zentrales Element der Analyse des mit den fachlichen Formalisierungen verknüpften Organisations- und Professionswandels ist eine Verlagerung von Macht von den professionellen Fachkräften zur Organisation. Diese beruht wesentlich auf der über formalisierte Instrumenten und Verfahren realisierten Kontrolle der zuvor im Einflussbereich der professionellen Fachkräfte stehenden Unsicherheitszonen an den sensiblen Organisationsgrenzen zu den AdressatInnen und wichtigen KooperationspartnerInnen (vgl. Beckmann et al. 2009). Im Abschnitt 5.2.1 wurde ausgeführt, dass diese „Entmachtung" der Professionellen nicht einseitig durch die Organisation bzw. deren Leitung erfolgt (vgl. Freidson 1983, 1984). Vielmehr wird diese „managerialistische Übernahme" durch die Profession möglich gemacht, da es die Profession ist, die mit fachlichen Formalisierungen jene Instrumente entwickelt und bereitstellt, die als organisationale bzw. managerialistische Koordinations- und Kontrollinstrumente genutzt werden (können). Dieser Argumentation liegt die verbreitete Annahme zugrunde, dass fachliche Formalisierungen im Wesentlichen in den „Laboren" der Wissenschaft, also durch Akteure der Profession (bzw. Disziplin) an Hochschulen, Instituten und Verbänden – besonders im Kontext der Entwicklung einer evidenzbasierten Sozialen Arbeit – entstehen (vgl. Ponnert/Svensson 2016; Abschnitt 5.2.1).

Diese Darstellung aktueller Modernisierungsprozesse in der Sozialen Arbeit ist nun insofern nicht unzutreffend, als Akteuren aus Hochschulen, staatlichen Stellen und Instituten bei der Entwicklung von fachlichen Formalisierungen in den Beispiel-Kommunen eine zentrale Rolle zukommt. Es waren Praxisent-

---

und organisational geprägten Gewohnheiten (als Mimikry-Äquivalent) und mit organisationalem Zwang.

wicklungsprojekte eben dieser Akteure, in denen unterschiedliche Impulse und Interessen auf formalisierte Instrumente und Verfahren hin orientiert wurden. Dabei spielten Fragen der Evidenzbasierung zunächst keine Rolle. Stattdessen wurden die Entwicklung und Optimierung konsensbasierter Instrumente und Verfahren angestrebt (vgl. Abschnitt 7.9.3). Die verantwortlichen ASD-Akteure zeigten dabei ein großes Vertrauen in die wissenschaftliche Expertise der die Projekte steuernden Akteure und folgten bereitwillig deren (de facto sozialtechnologischen) Rationalitätsverständnissen. Entsprechend wurden in den externen Entwicklungskontexten die zentralen Rahmenbedingungen für die Entwicklung der fachlichen Formalisierungen gelegt, die –mit der Institution Profession verknüpft – von den ASD-Akteuren nicht hinterfragt wurden (vgl. Abschnitt 11.6.3).

An der inhaltlichen Füllung des extern gesetzten Rahmens wurden – besonders bei den frühen Kern-Formalisierungen – in allen Kommunen Basiskräfte beteiligt – eine Strategie, die auch von anderen Projekten zur Entwicklung von formalisierter Instrumente und Verfahren berichtet wird (vgl. z. B. Kindler/Reich 2007). Von den (beteiligten) Fachkräften wurde die Mitwirkung an diesen internen Entwicklungskontexten als Möglichkeit der Mitgestaltung der eigenen Arbeitsbedingungen, teilweise auch als Form der basisdemokratischen Organisationsgestaltung geschätzt. Entsprechend wurde der Rückgang der Mitwirkungsmöglichkeiten für Basiskräfte in den vergangenen Jahren als eine Form der Verschiebung an Macht von den Fachkräften zur Organisationsleitung gesehen (vgl. Abschnitt 11.5). Wird die Entwicklung von fachlichen Formalisierungen jedoch aus der Perspektive der Debatten um den Taylorismus betrachtet, so liegt eine ganz andere Folgerung nahe: Dann ist die Mitwirkung von Basiskräften an der Entwicklung fachlicher Formalisierungen nämlich als eine selbstinitiierte Entmachtung und Unterwerfung der Basiskräfte zu interpretieren (vgl. Abschnitt 2.3.2 f.).

Hinter dem für den Taylorismus zentralen Prinzip der Trennung von Kopf- und Handarbeit steht eine klare Verschiebung der Machtverhältnisse in Organisationen. Indem Arbeitsprozesse durch das Management unter Zuhilfenahme „wissenschaftlicher Methoden" (Arbeitszeit- und Bewegungsstudien) effizient entworfen werden und den ArbeiterInnen genau die durchzuführenden Arbeitsschritte vorgegeben werden, geht die Definitionsmacht dafür, welche Arbeitsschritte notwendig und „richtig" sind sowie welches Arbeitspensum erwartet werden kann, von den Beschäftigten auf das Management über. Durch die Festschreibung idealer bzw. richtiger Arbeitsprozesse entsteht ein Orientierungspunkt (Benchmark), gegenüber dem das konkrete Arbeitshandeln von Mitarbeitenden als richtig oder falsch beurteilt werden kann. Es wird also ein „objektiver" Bezugspunkt zur Kontrolle und Beurteilung angemessenen Arbeitshandelns geschaffen. Grundlage der manageriellen Vermessung und Planung optimaler Arbeitsprozesse und damit Basis zur Durchsetzung der reellen

Subsumption der Arbeit sind indes sorgfältige Analysen bewährter Arbeitspraxen (vgl. Taylor 1911; Abschnitt 2.3.2).

Eben diese Enteignung der ArbeiterInnen von dem Wissen um die angemessene Umsetzung von Arbeitsaufgaben vollziehen die Fachkräfte in den ASD selbst, indem sie ihr auf langjähriger Erfahrung sowie Aus- und Weiterbildungen basierendes Wissen zur Umsetzung der Aufgaben und Arbeitsprozesse in den ASD in die Entwicklung konsensbasierter formalisierter Instrumente und Verfahren einbringen. Dabei wird den entwickelten Instrumenten und Verfahren als Ergebnis der Zusammenführung und Verdichtung der Expertise vieler kompetenter Fachkräfte eine besondere Rationalität zugesprochen. Demgegenüber wird die individuelle, inkorporierte Kompetenz der einzelnen Fachkraft gegenüber den fachlichen Formalisierungen als Resultat kollektiver Expertise abgewertet. Vor allem aber wird die von den professionellen Fachkräften entäußerte und in fachlichen Formalisierungen materialisierte Expertise als Organisationstechnik zur Koordination und Kontrolle der Arbeitsabläufe im ASD und damit auch zu einem Instrument der Kontrolle der MitarbeiterInnen durch die Organisation bzw. deren Leitung eingesetzt (vgl. Abschnitt 5.2.1 f.). Die professionellen Fachkräfte wirken demnach aktiv und engagiert an der Entwicklung organisationaler Strukturen mit, die ihr eigenes Praxishandeln unterstützen, aber auch einschränken. Zudem sind sie an der Entwicklung jener Kriterien beteiligt, entlang derer die Angemessenheit bzw. Richtigkeit des eigenen Handelns durch Dritte beurteilt wird.

Dabei zeigen die Basiskräfte in den untersuchten ASD so gut wie kein Problembewusstsein für Formen der Kontrolle ihrer Arbeit (vgl. Abschnitt 2.3.2 f.). So wurden Fragen der Kontrolle mithilfe von fachlichen Formalisierungen durch die Basiskräfte in den Interviews nicht proaktiv thematisiert. Ein Desinteresse der Fachkräfte zeigt sich auch gegenüber den mit der Einführung von Fachsoftware verknüpften Kontrollmöglichkeiten. Das Kontrollpotenzial durch EDV wird lediglich von Leitungsakteuren thematisiert[360]. Obgleich die Kontrolle der Arbeit als solche nicht reflektiert wird, werden die Konsequenzen, die aus der Verpflichtung zur Nutzung von fachlichen Formalisierungen folgen sehr wohl problematisiert: Die Basiskräfte in den ASD sehen sich als Objekte organisationaler Regulierung und Steuerung. Die eigene Beteiligung an der Grundlage dieser Kontrolle und Regulierung wird jedoch nicht gesehen.

---

360 Allerdings wurden Kontrollaspekte nicht nur nicht aktiv von den befragten Basiskräften thematisiert und offen codiert, sondern auch der Fokus der (Re-)Analysen des Materials lag primär auf Fragen der Einschätzung, Beurteilung und Nutzung fachlicher Formalisierungen sowie auf deren Hintergründe und nicht auf den Kostrollaspekten. Dementsprechend besteht Anlass zu der Annahme, dass bei einer gezielten Fahndung nach Hinweisen auf Erfahrungen der Kontrolle der Arbeit im Rahmen einer entsprechend fokussierten Re-Analyse des Materials differenziertere Befunde generiert werden könnten.

Vielmehr führt die Beteiligung bzw. das Wissen um die Beteiligung kompetenter KollegInnen an der Entwicklung von formalisierter Instrumenten und Verfahren zu einer Ausweitung der „zones of indifference" (Barnard 1938; vgl. Abschnitt 2.3.2), also einer Ausweitung der Akzeptanz von Begrenzungen der eigenen Handlungsspielräume durch fachliche Formalisierungen und der damit verbunden Kontrolle der eigenen Arbeit durch die Organisation bzw. deren Leitung.

14. Das Phänomen der (Ent-)Kopplung: Zur Institutionalisierung fachlicher Formalisierungen in der ASD-*Praxis*

Das Praxishandeln der Fachkräfte in den untersuchten ASD zeichnet sich durch eine große Variationsbreite von Nutzungsweisen formalisierter Instrumente und Verfahren aus, obgleich die Nutzung vieler der in den ASD vorgehaltenen Formalisierungen verpflichtend ist, kontrolliert wird und die Basiskräfte vielen der Instrumente und Verfahren wohlwollend gegenüberstehen. Aus neo-institutionalistischer Perspektive lassen sich diese Variationen der Arbeitspraxen als Formen der (Ent-)Kopplung analysieren. Damit rückt das für Institutionalisierungsprozesse typische Auseinanderfallen von Homogenisierungsprozessen auf der Ebene der formalen Implementierung (Formalstruktur) einerseits und Differenzierungsprozessen in den Alltagspraxen (Aktivitätsstruktur) andererseits in den Blick (vgl. Abschnitt 4.4.5).

14.1 Perspektiven der (Ent-)Kopplung: Wer (ent-)koppelt?

In der neo-institutionalistischen Diskussion werden Prozesse der Entkopplung vor allem mit Blick auf den kollektiven Akteur Organisation diskutiert. Bei der Mikroanalyse der Institutionalisierung von fachlichen Formalisierungen in den ASD wird dagegen das Handeln individueller Akteure in den Blick genommen. Aus dieser Perspektive wird nicht nur die Komplexität von Entkopplungsprozessen deutlich. Werden unterschiedliche Akteursgruppen in der Organisation differenziert betrachtet, so lassen sich auch Kontroversen der Theoriediskussion aufklären.

In den Abschnitten 4.3.4 und 4.4.2 wurde auf den vermeintlichen Widerspruch hingewiesen, dass Organisationen einerseits institutionell geprägt sind und daher aus dem Glauben an gesellschaftliche Rationalitätsmythen heraus rationalisierte Elemente implementieren, andererseits aber diese Mythen transzendieren und daher rationalisierten Elemente nur zeremoniell einführen und die Formal- und Aktivitätsstruktur entkoppeln. Werden die ASD als Organisation in den Blick genommen, scheint genau dies zu geschehen: Fachliche Formalisierungen werden von der Organisation bzw. den ASD unter anderem aufgrund ihres institutionellen Gehalts implementiert – weil sie übergreifenden gesellschaftlichen Rationalitätsmustern folgen und (daher) verbreiteten Annahmen zu rationalen professionellen und organisationalen Praxen entsprechen. Auf der Ebene der Alltagspraxis werden diese Formalisierungen aber nicht konsequent umgesetzt, weil diese einer gelingenden Dienstleistungsarbeit im Wege stehen. Entsprechend entkoppelt die Organisation bzw. der ASD die Formal- und Aktivitätsstruktur.

Diese – etwas überzeichnete – Darstellung macht deutlich, dass eine angemessene Analyse von Institutionalisierungs- und Entkopplungsprozessen eine Betrachtung unterschiedlicher Akteursgruppen verlangt. Damit lässt sich der vermeintliche Institutionalisierungs-Entkopplungs-Widerspruch durch die Handlungen unterschiedlicher Akteursgruppen auflösen: Die verantwortlichen Akteure der Leitungsebene implementieren fachliche Formalisierungen, wobei sie mehr oder weniger stark vom institutionellen Gehalt fachlicher Formalisierungen beeinflusst sind. Da sie dem institutionellen Gehalt fachlicher Formalisierungen (mehr oder weniger stark) folgen, streben sie eine feste Kopplung der Instrumente und Verfahren mit den Praxen der Fachkräfte an. Daher werden diese mit imperativen Nutzungsregeln belegt, deren Einhaltung auch kontrolliert wird. Selbst wenn die Implementierung von fachlichen Formalisierungen aus strategischen Motiven heraus erfolgt, wird deren Umsetzung in der Praxis angestrebt. Entsprechend verfolgen die für die Implementierung verantwortlichen Akteure keine Strategien der Entkopplung. Relativierungen der Nutzungsregeln sowie vor allem heterogene Nutzungsweisen und damit faktische Entkopplungen erfolgen dagegen auf der Ebene der Teamleitungen und vor allem im Rahmen der Alltagspraxen der Basiskräfte. Diese Akteure nehmen die implementierten Instrumente und Verfahren als Elemente der Organisationsstruktur wahr, zu der sie sich auf vielfältige Weise verhalten. Der institutionelle Gehalt von fachlichen Formalisierungen wirkt dabei durchaus auch auf die Basiskräfte. Er interagiert jedoch mit den inhaltlichen Anforderungen und weiteren Rahmenbedingungen der ASD-Arbeit. Wie bereits beschrieben äußert sich diese „gebrochene" Wirkung institutioneller Einflüsse darin, dass die Basiskräfte (und tendenziell auch die Gruppenleistungen) formalisierte Instrumenten und Verfahren deutlich ambivalenter und auch differenzierter beschreiben und beurteilen als die Leitungsakteure, die sich relativ klar und konsistent gegenüber den fachlichen Formalisierungen positionieren. Die Entkopplungen sind somit eine Folge des Prozessierens der fachlichen Formalisierungen unter den gegebenen Rahmenbedingungen der Alltagspraxis durch die Fachkräfte. Sie erfolgen teilweise strategisch, teilweise unbewusst oder ungewollt.

Mit Blick auf die Gesamtorganisation erfolgt also tatsächliche eine Entkopplung von Formal- und Aktivitätsstruktur, weil die rationalisierten Elemente der Realisierung des Organisationszwecks (unter den gegebenen Rahmenbedingungen) im Wege stehen. Solche Entkopplungen erfolgen aber nicht im Zuge einer strategischen Implementierung mit dem Ziel der Herstellung einer Legitimationsfassade. Vielmehr sind Entkopplungen ein Effekt der intraorganisationalen Differenzierung und des Zusammenwirkens der Handlungen von Akteuren unterschiedlicher Ebenen. Die Entkopplung von Formal- und Aktivitätsstruktur mit Blick auf rationalisierte Elemente ist somit ein Effekt eher loser Kopplungen zwischen den Akteursgruppen bzw. Hierarchieebenen innerhalb der Organisation (vgl. Orton/Weick 1990). Da die unterschiedlichen Gruppen unterschiedliche Funktionen erfüllen und sich unterschiedliche Aufgaben zu bewältigen haben, sind unterschiedliche Perspektiven auf fachliche Formalisierungen wenig erstaunlich. Entsprechend können auch Entkopplungen in der Organisation wenig verwundern.

Im Detail lässt sich diese Analyse weiter ausdifferenzieren. So handeln die Leitungsakteure – wie beschrieben – in unterschiedlichem Maße strategisch gegenüber institutionellen Erwartungen. Damit verknüpft variiert auch die innerorganisationale Einbettung fachlicher Formalisierungen, bis hin zum Verzicht auf Nutzungskontrollen. Zudem kann das Fehlen expliziter Implementierungsstrategien (z. B. Schulungen) als Entkopplung begünstigende, lediglich symbolische Übernahme angesehen werden (vgl. Bromley/Powell 2012). Dennoch erfolgt keine (strategische) Entkopplung. Sofern Leitungsakteure strategisch bezogen auf fachliche Formalisierungen agieren, richtet sich diese Strategie nach außen auf die Umweltakteure und nicht nach innen in die Organisation. Nach innen gerichtet setzten die Akteure der oberen Leitungsebene vielmehr einen Rahmen, der Entkopplungen (durch Akteure niedrigerer Hierarchieebenen) mehr oder weniger begünstigt.

Anders verhalten sich die Akteure der mittleren Leitungsebene. Diese nehmen durchaus aktiv Entkopplungen vor:

1) Sie regulieren den Informationsfluss zwischen Leitungs- und Basiskräften und geben beispielsweise die Vorgaben zur Nutzung von Instrumenten nicht weiter.
2) Sie passen aktiv die Nutzungsregeln an und raten beispielsweise den Basiskräften von der Nutzung verbindlich vorgegebener Instrumente und Verfahren ab.
3) Sie schaffen Unsicherheitszonen, indem sie keine Kontrollen durchführen.

Auch dieses institutional work der Teamleitungen lässt sich durch die spezifische Position und durch die Aufgaben der Akteure erklären, welche die Orientierungen und Motive der Leitungsebene kennen, gleichzeitig aber auch mit den Anforderungen der Praxis vertraut sind. Faktisch stellen diese Verhaltensweisen der Gruppenleitungen aber keine Entkopplungen der Formal- und Aktivitätsstruktur dar, sondern konstituieren ebenfalls nur Rahmenbedingungen für das Handeln der Basiskräfte, die diese intermediären Regeln auch umgehen können. Beispielsweise wenn sie gegen das Anraten oder die Vorgaben der Teamleitungen dennoch fachliche Formalisierungen in ihrer Alltagspraxis nutzen.

Da fachliche Formalisierungen „Werkzeuge" für die sozialpädagogische Praxis sind, ist die Alltagspraxis der Basiskräfte die entscheidende Ebene für die Realisierung von Entkopplungen. Indem die Fachkräfte in ihrer Dienstleistungsarbeit den Organisationszweck verwirklichen, agieren sie auf der für die Bestimmung der Aktivitätsstruktur der Organisation maßgeblichen Ebene. Zudem realisiert sich die für den Zustand der Institutionalisierung maßgebliche Beeinflussung von Denk- und Handlungsmustern sowie die soziale bzw. gesellschaftliche Relevanz fachlicher Formalisierungen auf dieser Ebene (vgl. Zucker/ Tolbert 1996). Insofern ist für praxisbezogene Instrumente und Verfahren eine Bestimmung von Entkopplungen nur durch eine Analyse der Praxisebene – in Relation zur Leitungsebene bzw. den formalen Organisationsregeln – möglich.

14.2 Formen der (Ent-)Kopplung: Was wird (ent-)koppelt?

Aus den beschriebenen Mechanismen organisationaler Entkopplungsprozesse folgt mit Blick auf die Alltagspraxen der Basiskräfte, dass diese nicht in statischer Weise von den Formalstrukturen abgekoppelt sind. Die Entkopplungen, sofern sie stattfinden, sind ein Effekt der Bewältigung der Anforderungen des Arbeitsalltags unter der Bedingung der Bereitstellung und/oder Vorgabe zur Nutzung fachlicher Formalisierungen. Wie vor allem in Abschnitt 11.7.1 beschrieben, zeigen die Befunde ein breites Spektrum von thematisierten Nutzungsweisen formalisierter Instrumente und Verfahren durch die Basiskräfte in den ASD. Dieses reicht von einer regelkonformen Nutzung, die mehr oder weniger reflektiert erfolgen kann, bis zu mehr oder minder intendierten und bewussten Formen der Nicht-Nutzung. Dazwischen liegt ein breites Feld von selektiven Nutzungsweisen und Formen der Nutzung für alternative Zwecke. Dementsprechend bestehen unterschiedliche Kopplungsverhältnisse zwischen den fachlichen Formalisierungen als Elementen der organisationalen Formalstruktur und der Aktivitätsstruktur des praktischen Alltagshandelns der Fachkräfte. Die Fachkräfte realisieren damit vielfältige Formen des institutional work des „creating, maintaining and disrupting institutions" (Lawrence/ Suddaby 2006, S. 215). Wie in Kapitel 11.6 differenziert beschrieben, ist diese Heterogenität der Formen des institutional work ein Effekt des Zusammenwirkens diverser persönlicher, organisationaler sowie situativer Faktoren.

Die Nutzungsweisen der Basiskräfte und damit die Kopplungsverhältnisse sind dabei keinesfalls lediglich als Entscheidungsakt der Basiskräfte zu sehen. Ebenso bedeutend erfolgen selektive, alternative Formen der (Nicht-)Nutzung aus Unwissenheit und aufgrund fehlender zeitlicher Ressourcen. Meyer (2010) bestimmt bewusste Entkopplungen als Konstrukt einer realistischen Perspektive und stellt ihr eine phänomenologische Erklärung gegenüber, der zufolge

Entkopplungen darauf zurückzuführen sind, dass es nicht gelingen kann, abstrakten und überhöhten Idealen in der Realität zu entsprechen. Die empirischen Befunde dieser Studie verweisen darauf, dass es sich nicht (nur) um unterschiedliche epistemologische Perspektiven, sondern es sich – wie dies auch Lim und Tsutsui (2012) und Cole (2012) für den Umgang mit internationalen Übereinkommen beschreiben – um unterschiedliche Muster der Praxis handelt. Dabei erfolgen bei einzelnen ASD-Kräften Entkopplungen nach beiden Modi. Die Befunde stützen somit den Vorschlag von Chandler und Hwang (2015), die Bewusstheit institutionellen Handelns („mindfulness") als Kontinuum zu bestimmen.

Hinsichtlich der Typen der (Ent-)Kopplung ist zunächst zu konstatieren, dass auf einer allgemeinen Ebene enge Kopplungen zwischen der Formal- und Aktivitätsstruktur dominieren. Nicht-Nutzungen von (verbindlich vorgebgeben) Instrumenten und Verfahren, also definitive *Policy-Practice-Entkopplungen* sind eher selten. Die vorgegebenen Instrumente und Verfahren werden von den Basiskräften also überwiegend genutzt. Unterhalb dieser allgemeinen Betrachtung zeigen die Befunde jedoch ein breites Spektrum von Formen der partiellen Entkopplung aufgrund selektiver Nutzungsweisen. Dabei werden die unterschiedlichen fachlichen Formalisierungen zwar genutzt bzw. eingehalten, aber möglichweise nicht in der Intensität, wie dies formal vorgegeben ist. Es handelt sich also überwiegend um *selektive Kopplungen* im Sinne von Pache und Santos (2013), bei denen lediglich Elemente der rationalisierten Instrumente umgesetzt werden bzw. die formalisierten Instrumente und Verfahren als „tool kit" zur Bewältigung der jeweiligen Aufgaben im ASD dienen. Das Ausmaß dieser selektiven Entkopplungen, also der Grad der Abweichung, kann besonders für formalisierte Instrumente nicht klar bestimmt werden. Dies liegt nicht nur an dem qualitativen Zugang dieser Studie, der keine Häufigkeitsaussagen zulässt. Vielmehr lässt sich ein einzelfallübergreifendes „Idealmaß" für die Breite und Tiefe der Bearbeitung von formalisierten Instrumenten nicht bestimmen. Stattdessen müssen Art und Umfang der Nutzung in Abhängigkeit von den Konstellationen der jeweiligen Fälle immer variieren. Aus diesem Grund legen auch die entsprechenden formalen Regeln, also die Konzepte zur Nutzung der Instrumente, selektive Nutzungsweisen wie Modularisierungen nahe. Teilweise wird von Leitungskräften sogar kritisiert, dass die Basiskräfte Instrumente und Verfahren zu differenziert nutzen.

Des Weiteren verweisen die alternativen Nutzungsweisen auf Formen der *Zweck-Mittel-Entkopplung*. Die formal implementierten Instrumente und Verfahren werden dabei zwar genutzt, aber nicht zu den Zwecken, für die sie implementiert wurden. Anders als im Entkopplungs-Konzept von Bromley und Powell (2012) bzw. Bromley et al. (2012) widersprechen die alternativen Ziele der Formalisierungs-Nutzung in den ASD aber nicht grundsätzlich den Organisationszielen. Neben Formen der alternativen Nutzung zur Realisierung strategischer (mikropolitischer) Ziele erfolgt auch eine Umwidmung von Instrumenten und Verfahren zur Umsetzung alternativer fachlicher Organisationsziele. Die Ziel-Mittel-Entkopplung kann dabei gleichzeitig eine *Re-Kopplung* bzw. eine reversive Kopplung von Formal- und Aktivitätsstruktur implizieren (vgl. Snellman 2011). Dies ist etwa der Fall, wenn ein formal vorgeschriebenes Instrument, das in der entsprechenden Organisationseinheit auf Anraten der lokalen Leitungsakteure kaum genutzt wird, von einzelnen Basiskräften dennoch eingesetzt wird, aber zur Realisierung alternativer Ziele. In diesem Fall erfolgt also eine Zweck-Mittel-entkoppelte Re-Kopplung von Formal- und Aktivitätsstruktur.

Für die bislang beschriebenen, auf das Verhältnis von formulierten und realisierten Umgangsweisen von fachlichen Formalisierungen bezogenen Formen der Kopplung sind übergeordnete Leitungsstrukturen und -akteure weniger relevant. Anders verhält es sich, wenn – wie von Bromley und Powell (2012) vorgeschlagen – auch die Implementierung von rationalisierten Elementen, die nicht (primär) der Verfolgung des Organisationszwecks dienen, als eine Form der Zweck-Mittel-Entkopplung angesehen wird. In den untersuchten ASD wurden verschiedene Instrumente und Verfahren implementiert, die Funktionen jenseits der originären Zwecke des ASD bzw. der Kinder- und Jugendhilfe erfüllen. Dabei handelt es sich überwiegend um Formalisierungen, die (anstelle des originären Organisationszwecks) Informationsbedürfnisse übergeordneter und beigeordneter Stellen befriedigen sollen, beispielsweise amtliche Statistiken, Informationsinteressen politischer Akteure oder auch anderer Abteilungen (z. B. Wirtschaftliche Jugendhilfe, Revision). Bei vielen dieser Formalisierungen handelt es sich nicht um fachliche Formalisierungen im Sinne dieser Studie. Fachliche Formalisierungen wurden in Kapitel 2 ja definiert als methodische Instrumente und Verfahren, denen die Funktion zugeschrieben wird, die Praxis Sozialer Arbeit zu optimieren. Damit wird qua Definition ein Bezug zum Organisationszweck vorausgesetzt.

Allerdings kommen in den Kommunen fachliche Formalisierungen zum Einsatz, die – neben fachlichen Funktionen – auch oder sogar primär Funktionen jenseits des Organisationszwecks erfüllen. Ein Beispiel hierfür ist die Wirkungsevaluation in der Kommune 3, die zwar auch Daten zur fachlichen Reflexion, Optimierung und Planung der Aufgaben im ASD liefern soll, deren Hauptzweck (und Hauptgrund der Implementierung) aber in der Generierung verlässlicher Daten für die Kommunikation mit externen Akteuren besteht. Ähnlich zielt auch die Einführung von Fachsoftware im ASD in der Kommune 1 eher auf die Generierung von Daten zu Steuerungszecken und für interkommunale Vergleiche als auf eine Optimierung der Dienstleistungen im ASD. Ein weiteres Beispiel stellt die Umwidmung des Melde- und Prüfbogens in der Kommune 3 dar. Das Instrument dient zu allererst als fachliche Basis für die Gefährdungseinschätzung und deren Dokumentation im Kinderschutz. Diese auf den Organisationszweck bezogene Kernfunktion wird ergänzt um eine administrative Funktion, indem das Instrument als Grundlage für die Zählung von Kinderschutzfällen und schließlich als Basis der Personalbemessung fungiert. Es erfolgt demnach auf übergeordneter Ebene eine doppelte Entkopplung des Instruments vom Organisationszweck, jedoch ohne dass das Instrument auf der Handlungsebene der Basiskräfte formal von seiner fachlichen Kernfunktion entkoppelt wird. Die Dysfunktionalitäten dieser Nutzung fachlicher Instrumente zu Steuerungszecken lassen sich folglich auch als Effekt inkongruenter Kopplungen mit divergierenden Zwecken bestimmen. Schließlich zeigen die Befunde für zahlreiche weitere Instrumente – besonders in der Kommune 2 – dass diese zwar „offiziell" der Umsetzung fachlicher ASD-Aufgaben dienen, jedoch – ganz im Sinne von Bromley et al. (2012) – in nicht unbedeutendem Umfang auch zur Realisierung externer (Legitimations-)Ziele genutzt werden oder sogar primär hierfür implementiert wurden.

Schließlich lässt sich die in allem Fallstudien-Kommunen beobachtbare Verschiebung der Orientierung von endogenen zu exogenen Funktionen (vgl. Abschnitt 13.2) als eine Form der schleichenden Zweck-Mittel-Entkopplung bestimmen – die, wie mehrfach erwähnt – paradoxerweise mit einer stärker imperativen Ausrichtung der fachlichen Formalisierungen einhergeht, also mit Anstrengungen zur Durchsetzung festerer Kopplungen von Formal- und Aktivitätsstruktur im ASD. Diese konträren Ausrichtungen begünstigen ganz offensichtlich jene Inkonsistenzen und Ambivalenzen, die die Fachkräfte durch eine Vielzahl von situativen Ent- und Rekopplungen der fachlichen Formalisierungen in ihren Alltagspraxen bearbeiten bzw. zu bewältigen suchen.

15. Fazit und Ausblick

In diesem abschließenden Kapitel wird zunächst die leitende Forschungsfrage dieser Studie nach dem Wesen der Institutionalisierung fachlicher Formalisierungen in sozialen Diensten – sowie die nachgeordneten Teilfragen danach wie uns warum formalisierte Instrumenten und Verfahren implementiert und genutzt werden – beantwortet. Anschließend werden die empirischen Befunde in einen weiteren Kontext gestellt und es wird nach den Konsequenzen der Institutionalisierung fachlicher Formalisierungen gefragt.

15.1 Gebrochene und polyvalente Institutionalisierung

Formen der Ent- und Rekopplung sind ein konstitutives Element der Institutionalisierung von fachlichen Formalisierungen in sozialen Diensten. Der Bedeutungsgewinn dieser Formalisierungen im ASD lässt sich daher als gebrochene Institutionalisierung bestimmen. Dabei erfolgen auf allen Ebenen – so bei der Implementierung wie bei der Nutzung – Bezugnahmen auf heterogene Zwecke und Erwartungen. Die Institutionalisierung fachlicher Formalisierungen – als Prozess, wie als Zustand – zeichnet sich also zudem durch ein hohes Maß an Polyvalenz aus. Entsprechend lässt sich eine gebrochene und polyvalente Institutionalisierung fachlicher Formalisierungen in den sozialen Diensten als Ergebnis dieser Studie festhalten.

Diese Institutionalisierung zeichnet sich – aus der Makroebene betrachtet – durch einen offensichtlichen Siegeszug formalisierter Instrumente und Verfahren in den Feldern der Sozialen Arbeit aus. Auf der Ebene der Formalstruktur wurden fachliche Formalisierungen in zahlreichen Diensten und Einrichtungen der Sozialen Arbeit implementiert. Zudem zeigen die Befunde – nicht nur der quantitativen Studie – dass diese Formalisierungen auch über ein hohes Maß an kognitiver Legitimität verfügen: Sie gelten vielen Akteuren der Sozialen Arbeit als normale, angemessene und rationale Form der Gestaltung sozialarbeiterischer Dienstleistungsprozesse. Dieser institutionelle Gehalt kann als die zentrale Basis, mithin als Grund für die Implementierung formalisierter Instrumente und Verfahren in Organisationen des sozialen Sektors gelten, da er das organisationale Sensemaking und damit auch die Interpretation von Erwartungen und Handlungsanforderungen an die Dienste auf fachliche Formalisierungen hin orientiert, wobei diese Fokussierung auf Formalisierungen durch einflussreiche Umweltakteure – auch aus der Profession der Sozialen Arbeit – unterstützt wird (Frage nach dem „Warum" der Implementierung). Dabei zeigen die Mikroanalysen der Implementierungsprozesse – trotz ähnlicher Prozessverläufe und Handlungsformen – eine große Vielfalt von Orientierungen und Zwecksetzungen der verantwortlichen Leitungsakteure, die auf unterschiedliche Einflüsse der institutionellen Ordnung bzw. auf einen unterschiedlich festen Glauben an die Rationalitätsmythen, auf denen fachliche Formalisierungen basieren, verweisen (Frage nach dem „Wie" der Implementierung). Diese Polyvalenzen setzen sich in den ASD fort, in denen – unterhalb der Ebene übergreifender Homogenisierungsprozesse – unterschiedliche Fachlichkeits- und Organisationsverständnisse wirksam sind, die sich vor allem in unterschiedlichen organisationalen Einbettungen formalisierter Instrumente und Verfahren zeigen.

Da fachliche Formalisierungen ein auf die Handlungspraxis der ASD-Basiskräfte bezogenes rationalisiertes Element darstellen, ist die Relevanz dieser Formalisierungen für das Alltagshandeln der Basiskräfte der primäre Bezugspunkt zur Bestimmung der Institutionalisierung. Nur mit Blick auf die Ebene der alltäglichen professionellen Praxen der Basiskräfte lässt sich die Frage beantworten, ob fachliche Formalisierungen tatsächlich ein prägendes und handlungsleitendes Element der sozialen Wirklichkeit sind oder ob sie eben nur diffundiert und oberflächlich implementiert, aber nicht institutionalisiert sind (vgl. Colyvas/Jonsson 2011; Abschnitt 4.3.2). Die Handlungsebene ist durch eine Vielfalt von Nutzungsweisen und Nutzungsformen formalisierter Instrumente und Verfahren geprägt. Der polyvalente Charakter von fachlichen Formalisierungen setzt sich hier fort. Die Diversität der auf diese Formalisierungen bezogenen Handlungsweisen, mithin die vielfältigen Formen der Kopplung mit der Handlungspraxis, markieren eine Brechung des vermeintlich übergreifenden Institutionalisierungstrends. Auf der relevanten Ebene der Alltagspraxen im ASD herrscht nicht Homogenität, sondern Heterogenität (Frage nach dem „Wie" der Nutzung). Diese Vielfalt erschöpft sich nicht in der Frage ob formalisierte Instrumente und Verfahren genutzt werden oder nicht. Vielmehr liegt die eigentliche Diversität unterhalb dieser Schwelle. Hier zeigen die empirischen Befunde ein breites Spektrum selektiver, alternativer und unterschiedlich reflektierter Nutzungsweisen und Zwecksetzungen.

Die Nutzungsweisen der Basiskräfte lassen sich auf divergente persönliche, organisationale und situative Faktoren zurückführen. Diese Faktoren, wie Fachlichkeitsverständnisse oder Funktionszuschreibungen an fachliche Formalisierungen, sind institutionell geprägt, verweisen also ebenfalls auf übergreifende gesellschaftliche Rationalitätsmythen. Diese werden aber regelmäßig auf der Basis konkreter Erfahrungen transzendiert. Entsprechend fallen die Einschätzungen der Basiskräfte zu formalisierten Instrumenten und Verfahren deutlich ambivalenter aus als die Positionierungen der Leitungskräfte. Zudem sind die Abwägungen der Fachkräfte ungleich komplexer, was deren Ambivalenz weiter erhöht. Hinsichtlich des Handelns interagieren diese ambivalenten

Einschätzungen situativ mit den Handlungsanforderungen der Fallarbeit und den organisationalen Rahmenbedingungen (Frage nach dem „Warum" der Nutzungsweise). Die Basiskräfte thematisieren – in Anhängigkeit von den konkreten Instrumenten und Verfahren, Rahmenbedingungen und Fallkonstellation – variierende Nutzungsweisen, die mit den (in der Regel ambivalenten) Beurteilungen allenfalls lose gekoppelt sind. Letztlich verweisen diese Befunde auf idiosynkratischen Nutzungsweisen, mit denen die Basiskräfte die als komplex und hochgradig ambivalent wahrgenommenen Handlungsanforderungen der ASD-Praxis zu bewältigen suchen. Hinter den diversen Formen des institutional practice work der Basiskräfte, stehen demnach identifizierbare Faktoren, deren situative Kombination aber keinen festen Regeln folgt. Zumindest konnten aus dem empirischen Material keine stabilen, konkreten und linearen Kausalitätsketten rekonstruiert werden, die einem (mehrdimensionalen) Wenn-dann-Muster folgen. Somit sind keine konkreten verallgemeinerbaren Aussagen (oder gar Vorhersagen) zu den Gründen für Unterschiede bei den Kopplungsverhältnissen von Formal- und Aktivitätsstruktur und damit letztlich auch zu einem „objektiven" Institutionalisierungsgrad von fachlichen Formalisierungen in der Sozialen Arbeit möglich.

Dieses Ergebnis hat auch Konsequenzen für die Reflexions- und Planungsebene der Fachpraxis der Sozialen Arbeit. Ein Technologiedefizit sozialer Dienstleistungen ist demnach nicht nur in den Charakteristika der „Kernoperation" Interaktion und des „Rohmaterials" Mensch begründet (vgl. Abschnitt 1.3), es besteht zudem ein Technologiedefizit aufseiten der Fachkräfte, deren Handlungsweisen (vermutlich nicht nur hinsichtlich der Nutzung von fachlichen Formalisierungen) unter den gegebenen Handlungsbedingungen, die durch Komplexität und Ambivalenz geprägt sind, nicht verlässlich vorhergesagt und damit technologisch gesteuert werden können – eben auch nicht durch formalisierte Instrumenten und Verfahren. Somit kann schließlich auch ein Technologiedefizit fachlicher Formalisierungen konstatiert werden, da weder das Handeln der Fachkräfte noch die angestrebten Veränderungen aufseiten der AdressatInnen, gezielt und verlässlich durch diese Formalisierungen gesteuert werden können.

15.2 Institutionalisierung im Kontext

Das Ergebnis der gebrochenen und polyvalenten Institutionalisierung von fachlichen Formalisierungen in den sozialen Diensten wurde unter Rückgriff auf und anschließend an neo-institutionalistische Überlegungen formuliert und kontextualisiert. Aus diesem Theoriebezug folgt, dass Befunde jenseits eines institutionalistisch orientierten Erkenntnisinteresses ins Hintertreffen geraten.

Ebenso führt die enge Fokussierung auf die Institutionalisierung fachlicher Formalisierungen zu einer Vernachlässigung der Einordung von formalisierten Instrumenten und Verfahren im Relevanzsystem der ASD-Akteure. Diese beiden Leerstellen werden im Folgenden – thesenartig – (an-)gefüllt.

Kontinuierliche Homogenisierung schafft neue Disparitäten

Im Feld der Sozialen Arbeit erfolgt, wie es auch die Befunde der vorliegenden Studie zeigen, eine deutliche Expansion von standardisierten Instrumenten und Verfahren, die dabei helfen sollen, die Arbeit der Fachkräfte zu optimieren. Es steigt also die Anzahl der sozialen Organisationen, die solche Formalisierungen für verschiedene Aufgaben eingeführt haben. Gleichzeitig zeigt die Studie, dass zur Umsetzung der verschiedenen Aufgaben in sozialen Diensten zunehmend mehrere verschiedene Formalisierungen genutzt werden.

Diese Expansion fachlicher Formalisierungen führt einerseits dazu, dass soziale Einrichtungen ähnlicher werden, denn sie nutzen ähnliche Dienstleistungstechnologien. Gleichzeitig entsteht mit der Einführung von formalisierten Instrumenten und Verfahren ein Kriterium, anhand dessen sich die sozialen Organisationen unterscheiden lassen. Diese Unterscheidung kann entlang zahlreicher Dimensionen erfolgen: ob Formalisierungen für bestimmte Aufgaben genutzt werden oder nicht, wie die genutzten Instrumenten und Verfahren aussehen, welche Funktionen sie haben, ob sie genutzt werden müssen (oder können) und schließlich auch, wie – in welcher Weise und zu welchem Zweck – die Basiskräfte die Instrumente und Verfahren dann tatsächlich nutzen.

Fachliche Formalisierungen werden somit zu einem neuen, an Bedeutung gewinnenden Kriterium der Distinktion zwischen den Diensten. Da die Nutzung fachlicher Formalisierungen – wie in Kapitel 3 aufgezeigt – durchaus Effekte auf die Qualität der Dienstleistungsarbeit haben kann, entsteht somit eine zusätzliche Dimension, die zu einer ungleichen Behandlung der BürgerInnen im Kontakt mit sozialen Diensten führen kann. Paradoxerweise liefert also ein Trend, der auch mit dem Ziel der Gleichbehandlung der AdressatInnen und der Sicherung von Mindeststandards (innerhalb der Dienste) begründet wird, die Basis dafür, dass die Wahrscheinlichkeit von unterschiedlichen Interventionserfahrungen innerhalb sowie vor allem zwischen verschiedenen sozialen Diensten noch steigt. Die Standardisierung der Praxis hat somit das Potenzial für eine De-Standardisierung der Dienstleistungsqualität sowie eine Steigerung der Heterogenität der Ergebnisse. Damit kann sie zu einer Zunahme von Ungleichheit im Vollzug sozialer Interventionen beitragen (vgl. Bode 2004; 2005).

Eine entgrenzte Profession als Triebfeder der Modernisierung

Der Bedeutungsgewinn von fachlichen Formalisierungen in der Sozialen Arbeit wurde in Abschnitt 5.2 als Element und Ausdruck eines grundlegenden Professionswandels beschrieben. Als Materialisierung wissenschaftlichen Wissens und kollektiver professioneller Erfahrung gelten fachliche Formalisierungen als Garanten einer effektiven, effizienten und rationalen sozialpädagogischen Praxis. Entsprechend kann es nicht verwundern, dass professionelle Akteure die Einführung von formalisierten Instrumenten und Verfahren – in externen und internen Entwicklungskontexten, also bei Akteuren in Instituten oder Landesbehörden sowie Leitungskräfte in den lokalen sozialen Diensten – vorantreiben. Interessant ist indes, wie dieses veränderte Professionsverständnis durch die verantwortlichen Akteure prozessiert wird. Hier zeigen die Befunde, dass die Grundannahmen des modernisierten Fachlichkeitsverständnisses offensichtlich wie eine Brille wirken, durch die organisationsexterne wie interne Erwartungen und Anforderungen gesehen, interpretiert und schließlich in Handlungen (Implementierung von fachlichen Formalisierungen) umgesetzt werden.

Das modernisierte Professionsverständnis und entsprechend der Einsatz von fachlichen Formalisierungen zielen auf eine Rationalisierung und damit auf eine Optimierung der sozialpädagogischen Praxis; sie fokussieren also auf professionelle Arbeitsprozesse in sozialen Organisationen. Eben diese Instrumente und Verfahren werden jedoch – und zwar in zunehmender Weise – auch dazu genutzt, nicht-fachliche Ziele zu erreichen und externen (meist) nicht-sozialpädagogischen Erwartungen zu entsprechen, sie werden also nach außen gerichtet genutzt. Dies verdeutlicht, dass der Professionswandel in der Sozialen Arbeit nicht auf eine spezifische sozialpädagogische Fachlichkeit gerichtet ist, sondern eine Konkretisierung gesamtgesellschaftlicher Rationalisierungsprozesse darstellt, in der die Eigenlogiken unterschiedlicher (Wert-)Sphären zunehmend nivelliert werden (vgl. z. B. Habermas 1981). Insofern impliziert der gesamtgesellschaftliche Rationalisierungstrend ein Prokrustesbett für alle gesellschaftlichen Sphären, eben auch für die Soziale Arbeit. Ein Effekt der Universalisierung einer instrumentellen Rationalität ist indes, dass deren sektorale Ausformungen – im Feld der Sozialen Arbeit in Form objektivistischer und sozialtechnologischer Rationalitäten – auch Akteure außerhalb der Sozialen Arbeit „überzeugen" können.

Unterhalb dieser abstrakten Erklärung lässt sich der Bedeutungsgewinn von fachlichen Formalisierungen auch als Effekt einer doppelten Entgrenzung der Profession bestimmen: Einerseits erfolgt eine Ausweitung der Praxisbezüge, in deren Folge die Zusammenarbeit unterschiedlicher System und Sektoren sowie Organisationen und Professionen verlangt wird und daher externe Erwartungen sowie an diese anschlussfähige Rationalitäten handlungsrelevant werden (vgl. Santen/Seckinger 2003). Andererseits öffnet sich die Profession auch auf der konzeptionellen Ebene – unter anderem als Effekt der zunehmenden Kooperationsbezüge und keinesfalls immer freiwillig – zunehmend gegenüber „fremden professionellen Kulturen". Für den Kinderschutz wurde auf Bezüge zur Medizin verwiesen. Konzepte der Wirkungsorientierung schließen an den Mainstream der US-amerikanischen, quantitativen Sozialforschung an, und zur Steigerung der organisationalen Potenz unterzieht sich die Profession bereitwillig einem managerialistischen „Selbstversuch" (Schnurr 2005, S. 239)

Die Umstände bzw. die konkreten Anlässe, unter denen die Modernisierungsprozesse in der Sozialen Arbeit erfolgen, sind somit keinesfalls selbstgewählt. Vielmehr liegen deren Ursachen häufig in den Veränderungen gesellschaftlicher Struktur und Kultur weit ab des sozialen Sektors (vgl. Bode 2012; 2013). Die Art und Weise, wie auf Modernisierungsanlässe reagiert wird – unter anderem eben auch durch die Implementierung von fachlichen Formalisierungen als Strategie zur Legitimation und/oder Optimierung – sind jedoch keineswegs extern erzwungen, sondern verweisen auf eine breite kognitive Verankerung, sprich: Institutionalisierung, modernisierter Fachlichkeitsverständnisse bei den verantwortlichen professionellen Akteuren.

Nutzungsweisen fachlicher Formalisierungen sind kontingente Bewältigungsversuche

Schon das Implementierungs-Handeln der verantwortlichen Leitungskräfte ist zwar institutionell (gleich-)gerichtet, dennoch in hohem Maße von Kontingenz geprägt. Diese bezieht sich auf die Wahrnehmung und Interpretation potenzieller Modernisierungsimpulse, die grundsätzliche Orientierung sowie vor allem auf die Art und Weise der Umsetzung, Ausgestaltung und organisationalen Einbettung von Formalisierungen. Um ein Vielfaches kontingenter ist das auf formalisierte Instrumente und Verfahren bezogene Handeln der Basiskräfte. Für dieses Praxishandeln lassen sich zwar überindividuelle Einflussfaktoren bestimmen – besonders organisationale Nutzungsregeln und Kontrollen, persönliche Routinen und Fachlichkeitsverständnisse, die Eigenschaften der infrage stehenden Instrumenten und Verfahren, die zur Verfügung stehenden Ressourcen und nicht zuletzt die Spezifika des Einzelfalls – wie diese aber in konkreten Handlungssituationen verknüpft und fachliche Formalisierungen daher konkret genutzt werden, lässt sich aufgrund der Vielfalt der potenziell relevanten Aspekte und der kontingenten Bezugnahme auf einzelne Dimensionen dieser Faktoren nicht bestimmen. Den Nutzungsweisen von formalisierten Instrumenten und Verfahren liegt folglich ein kontingentes individuelles Sensemaking der Fachkräfte zugrunde.

Diese Nutzungsweisen lassen sich funktional als Versuche der Basiskräfte rekonstruieren, mit den Herausforderungen, Unsicherheiten und Ambivalenzen, des sozialpädagogischen Arbeitsalltags – einschließlich der mit den fachlichen Formalisierungen verknüpften Herausforderungen – umzugehen. Zu diesen mit der Nutzung fachlicher Formalisierungen verbundenen Anforderungen zählen beispielsweise spezifische fachliche Kompetenzanforderungen (z. B. Analysefähigkeit oder schriftsprachliche Eloquenz) sowie der Umgang mit Unsicherheiten bezogen darauf, wann und wie die Instrumente und Verfahren in den Arbeitsprozessen zu nutzen sind. Schließlich weisen die Fachkräfte auf zahlreiche inhaltliche Ambivalenzen und Herausforderungen hin, etwa wenn vorgegebene Kategorien nicht zur Spezifik des Einzelfalls passen und daher irgendwie „passend gemacht" werden müssen oder wenn die objektivistische Logik der Instrumente nicht so recht zum interaktiven und intuitiven Charakter sozialer Dienstleistungen passen will. Dann wird versucht, mittels fachlicher Formalisierungen das eigene Bauchgefühl „auch ein bisschen (zu) objektivieren" (BK 17). Auch für die Anwendungsebene lässt sich also ein Prokrustesbett der Formalisierung bestimmen, wenn formalisierte Instrumente und Verfahren dazu nötigen, Fälle in einer bestimmten, vorgegebenen Weise zu bearbeiten.

Bei den beispielhaft benannten Herausforderungen der Arbeit mit fachlichen Formalisierungen handelt es sich nun nicht um neue Ambivalenzen und Unsicherheiten. Vielmehr werden offensichtlich typische inhaltlich-fachliche Herausforderungen der sozialpädagogischen Arbeit auf die Ebene der Nutzung formalisierter Instrumente und Verfahren verlagert oder verdoppelt. Insofern sind die mit fachlichen Formalisierungen verknüpfte Ambivalenzen und Unsicherheiten wenig erstaunlich. Es ist jedoch festzuhalten, dass es eben auch durch formalisierte Instrumenten und Verfahren nicht möglich ist, die für die Soziale Arbeit konstitutiven Paradoxien und Ambivalenzen zu überwinden – obgleich gerade das erwartet bzw. erhofft wird – sowohl von den ProponentInnen des Fachdiskurses, von den für die Implementierung verantwortlichen Leitungsakteuren in den Praxisorganisationen als auch von zahlreichen Fachkräften an der Basis.

Weil auch fachliche Formalisierungen die Komplexität und Ambivalenz der sozialpädagogischen Praxis nicht handhabbar machen können, sondern diese Herausforderungen nur transformieren und duplizieren, wundert es wenig, dass die Basiskräfte ein breites Repertoire von Nutzungsweisen fachlicher Formalisierungen an den Tag legen, mittels deren sie versuchen, die Herausforderungen ihres Arbeitsalltags und der Vorgaben zur Nutzung von formalisierten Instrumenten und Verfahren zu bewältigen. Dabei verhalten sich die Basiskräfte in vielfältiger Weise gegenüber fachlichen Formalisierungen, die sie sich kreativ aneignen, die sie pflichtbewusst umsetzen oder denen sie sich unreflektiert unterwerfen. Diese Strategien der Alltagsbewältigung implizieren dabei nicht selten akrobatische Verrenkungen, um formale Anforderungen, Erwartungen von Vorgesetzten, Anforderungen der Einzelfälle sowie das eigene professionelle Selbstverständnis „unter einen Hut" zu bekommen.

Legal, illegal ... egal?

Die Nutzungsweisen der Basiskräfte bewegen sich in breiten Korridoren der ordnungsgemäßen und der devianten Nutzung, wobei die Grenzen des Erlaubten unscharf sind. So ist die kreative und reflektierte Ausnutzung von Anwendungsmöglichkeiten jenseits der Grenzen des formal Zulässigen möglicherweise eher im „Sinne des Erfinders" der Instrumente und Verfahren, als deren unreflektierte, möglicherweise von der Fallarbeit völlig entkoppelte Abarbeitung. Auf der formalen Ebene dagegen zählt – inhaltlichen Einschätzungen mitunter völlig entgegengesetzt – lediglich die Umsetzung, beispielsweise das Vorhandensein eines (irgendwie) ausgefüllten Bogens in der Akte. Noch komplexer gestalten sich evaluative Beurteilungen auf der inhaltlichen Ebene – also bezogen auf Fragen danach, welche Nutzungsweisen im Allgemeinen oder im Einzelfall fachlich geboten sind.

Auf Basis des empirischen Materials dieser Studie sind keine Aussagen darüber möglich oder angestrebt, ob etwa im Einzelfall oder in aggregierter Form die aus Sicht der Basiskräfte sinnvollen und auch überzeugend begründeten Abweichungen von den formalen Vorgaben für die Erledigung der ASD-Aufgaben dienlicher sind als ein routiniertes Abarbeiten der definierten Standards. Aus der Eigenlogik der Organisation problematisch erscheinen vor allem Formen der Nicht-Nutzung und der nicht-regelkonformen Nutzung von verbindlichen zu nutzenden Instrumenten und Verfahren. Die empirische Bandbreite ist jedoch deutlich größer und zeigt Nutzungsweisen, die zwar den formalen Vorgaben zuwiderlaufen, jedoch sowohl organisational als auch fachlich angemessen und sinnvoll erscheinen, etwa eine flexible Anpassung der Formalisierungsnutzung an die Spezifik von Einzelfällen oder die Nutzung des fachlichen Potenzial formalisierter Instrumente und Verfahren zur Umsetzung alternativer fachlicher Ziele. Hier dürfte das „deviante" Handeln der Fachkräfte vielfach dem entsprechen, was Luhmann (1999) als „brauchbare Illegalität" bezeichnet hat: Verletzungen formaler Erwartungen, die dazu beitragen den Organisationszweck zu erfüllen.

Die Breite an Nutzungsweisen jenseits der formalen Vorgaben zeigt, dass die Fachkräfte nicht bereit oder in der Lage sind, die formalen Vorgaben umzusetzen. Insofern kann die Regelabweichung als eine Form des „Deviant Social Work" (Carey/Foster 2011; vgl. Abschnitt 2.3.2) charakterisiert wird. Allerdings legen die Begründungen der befragten Fachkräfte nahe, dass die gewählten Nutzungsweisen nur teilweise fachlich-inhaltlich begründet sind. Teilweise erfolgen sie auch zu Zwecken des Selbstschutzes oder der Profilierung. Die Fachkräfte bilden also sowohl hinsichtlich der Ursachen – von bewusster bis zu unvermeidliche Abweichung – als auch bezüglich der Motives – zwischen ethischer und fachlicher Verpflichtung einerseits und Egoismus andererseits – die gesamte Breite dessen ab, was im Diskurs um öffentliche Dienste unter dem

Stichwort der „street-level divergence" (Gofen 2014; vgl. Lipsky 1980; Abschnitt 2.3.2) thematisiert wird.

Auch wenn es demnach im Einzelfall kaum möglich ist, die Angemessenheit einer Nutzungsweise zu beurteilen, geschweige denn verallgemeinernde Aussagen zur Beurteilung der Nutzungsweisen zu treffen, so ist die Art und Weise der Nutzung alles andere als egal – eben weil sie Effekte auf die Qualität und das Ergebnis des Dienstleistungsprozesses und damit das Leben der AdressatInnen hat. Die Frage ist demnach, ob sich Kriterien zur Einschätzung des Bedeutungsgewinns von fachlichen Formalisierungen jenseits der Fallstricke der Wirkungsforschung (vgl. Abschnitt 2.4.7) identifizieren lassen.

Fachliche Formalisierungen sind im ASD „mit-relevant"

Der Weg zu einer solchen Beurteilung der Expansion und Intensivierung von Formalisierungen der Praxis der Sozialen Arbeit führt, dies mag paradox erscheinen, über eine Relativierung der Bedeutung von fachlichen Formalisierungen in den sozialen Diensten. Durch den Studienfokus auf die Institutionalisierung fachlicher Formalisierungen gerieten in dieser Studie alle Aspekte der ASD-Praxis, die nicht (direkt) mit formalisierten Instrumenten und Verfahren zu tun haben, in den Hintergrund. Unbeschadet dessen lieferte die empirische Untersuchung zahlreiche Hinweise zu Themen, die die Akteure in den ASD für besonders wichtig erachten. Wird an dieser Stelle also (abermals) ein Schritt zurück getreten, so lässt sich der Bedeutungsgewinn von Formalisierungen auch in Relation zu anderen Aspekten der Leitungs- und Dienstleistungspraxis im ASD diskutieren.

Die Antworten der befragten ASD-Akteure auf die einleitende Frage der Interviews nach den aktuell zentralen persönlichen und organisationalen Herausforderungen geben zahlreiche Hinweise zu den Relevanzsetzungen der ASD-Akteure und den vordringlichen Themen in den sozialen Diensten. Obgleich diese Frage nur durch eine Erzählung der Berufsbiografie von der Vorstellung des Erkenntnisinteresses und damit von einer klaren Fokussierung auf fachliche Formalisierungen getrennt war – das Thema Standardisierungen also explizit „geprimed" wurde – thematisierten die Befragten Leitungs- und Basiskräfte primär Herausforderungen, die nicht oder nur indirekt mit den fachlichen Formalisierungen in Verbindung stehen.

Deutlich dominiert – über alle Hierarchieebenen hinweg – die Herausforderung, unter den gegebenen Bedingungen Kindern und Jugendlichen ein „gutes" bzw. „gedeihliches" Aufwachsen zu ermöglichen. Dieses Ziel wurde regelmäßig konkretisiert durch die Aufgabe, einerseits Kinder und Jugendliche zu fördern, zu unterstützen und vor Gefahren für ihr Wohl zu schützen, andererseits Familien zu fördern, zu begleiten, zu unterstützen und auch in ihren „Eigenheiten" zu akzeptieren. Die Herausforderungen bei der Umsetzung dieses genuin sozialpädagogischen Ziels (vgl. § 1 SGB VIII) werden als vielfältig und häufig belastend erlebt. So beschreiben die Fachkräfte unter anderem die Anforderung, eine gesunde Balance zwischen der Förderung der Familien bzw. der Eltern und dem Schutz des Kindes zu erreichen. Dieses Ziel werde, so die Befragten durch eine zunehmende gesellschaftliche Kontroll- und Risikovermeidungsorientierung erschwert. Zudem beschreiben die befragten Fachkräfte ungenügende zeitliche und finanzielle Ressourcen als Hürde für die Realisierung ihrer fachlichen Ziele. Während Leitungsakteure eher auf Personalfluktuation, unbesetzte Stellen oder Einstellungsstopps verweisen, beschreiben die Basiskräfte eher die (eigene) Fallbelastung als Hindernis für das Erreichen der Ziele[361]. Einig sind sich die Akteure aller Hierarchieebenen dagegen in der Einschätzung, dass fehlende finanzielle Mittel der Realisierung genuiner ASD-Aufgaben im Wege stehen. Zuspitzend thematisieren Basiskräfte zudem das Problem, dass notwendige Hilfen aufgrund einer zu starken Fokussierung auf Ressourcen nicht gewährt werden – und dies unabhängig von der objektiven Haushaltslage der Kommunen. Diese Herausforderungen fasst eine Leitungskraft wie folgt zusammen: „Mit knappen Finanzen noch das Bestmögliche herauszukriegen und auf der anderen Seite auch der Belastung auf Dauer standzuhalten, das psychisch zu verkraften" (TL 9).

Als weitere Herausforderung nennen die befragten ASD-Akteure aktuelle sozialstaatliche Entwicklungen, so die Zunahme von Aufgaben, die dem ASD zugewiesen werden oder die aufgrund der Verantwortungsverweigerung anderer Stellen beim ASD als letztverantwortlicher Stelle „landen" sowie die bereits mehrfach erwähnte Ausweitung von Kooperationsbeziehungen. Zudem erschweren allgemeine gesellschaftliche Entwicklungen zu Familienkonstellationen zunehmend die Arbeit in den ASD. Die Befragten verknüpfen hier regelmäßig übergreifende Entwicklungen wie gesellschaftliche Spaltungsprozesse, eine steigende (Arbeitsplatz-)Unsicherheit oder Migrationsbewegungen mit konkreten Veränderungen aufseiten der AdressatInnen, wie beispielsweise eine Zunahme psychischer Erkrankungen – „fast jede Mutter hat eine Borderline-Geschichte" (BK 11) – oder eine Erosion von Familienverhältnissen und elterlichen Erziehungskompetenzen. Weiter werden teambezogene Herausforderungen thematisiert. Während die Basiskräfte eher mit der eigenen Position im Team verknüpfte Themen, Teamdynamiken sowie „Probleme" mit Vorgesetzten als herausfordernd beschreiben, nennen die Leitungskräfte die Gestaltung von Teamkulturen und Teamstrukturen sowie eine inhaltliche wie moralische

---

[361] Dabei ist die subjektiv wahrgenommene bzw. thematisierte Belastung durch die Zahl der eigenen Fälle auch in dieser Studie relativ unabhängig von der objektiven Fallzahl der ASD-Akteure, die in den untersuchten ASD im Bereich zwischen 25 Fällen der Erziehungshilfe und 15 Beratungsfällen (also 40 Fällen) und über 120 Fällen lag.

Unterstützung der Fachkräfte und deren Qualifizierung als wichtige Herausforderung. Schließlich werden von den Befragten auch Formalisierungen als Herausforderung beschrieben, insbesondere ein allgemeiner Bürokratisierungstrend sowie eine deutliche Zunahme von formalisierten Instrumenten und Verfahren vor allem zur Dokumentation.

Wie unschwer zu erkennen ist, interagieren – auch aus Sicht der Befragten – die benannten Aspekte eng miteinander. So verschärfen zusätzliche Aufgaben oder problematischere Fallkonstellationen die Ressourcensituation in den Diensten. Deren negative Folgen sollen wiederum durch Strategien der Teamentwicklung und der Qualifizierung abgefedert werden. In ähnlicher Weise stellen die Befragten auch mehr oder weniger deutlich Verknüpfungen zwischen den zentralen Herausforderungen der ASD-Arbeit und fachlichen Formalisierungen her. Auf die verbreitete Argumentation, dass die Expansion von formalisierter Instrumenten und Verfahren – besonders zur Dokumentation – zunehmende mehr Ressourcen bindet, die für die „eigentliche ASD-Arbeit" fehlen, wurde bereits mehrfach verwiesen, ebenso darauf, dass auch der gesellschaftliche Kontrolltrend häufig mit fachlichen Formalisierungen verknüpft wird – wobei diese sowohl als Instrumente zur Kontrolle der Fachkräfte in der Organisation als auch der AdressatInnen durch die Organisation beschrieben werden. Schließlich weisen die Erzählungen der Befragten darauf hin, dass fachliche Formalisierungen auch zur Ressourcensteuerung genutzt werden oder Formalisierungen eine Folge der Expansion der Aufgaben und der Kooperationen sind.

Somit lässt sich an dieser Stelle resümieren, dass fachliche Formalisierungen zwar ein relevanter Aspekt der ASD-Arbeit sind – und zwar für Akteure aller Hierarchieebenen –, dass sie (und die mit diesen verknüpften Herausforderungen) aber nur einen Aspekt der ASD-Arbeit darstellen – und zwar nicht den zentralen! Formalisierungen sind für die Akteure vor allem wichtig, weil sie mit zentralen Aufgaben und Herausforderungen der ASD-Arbeit verknüpft sind: Von Akteuren der Leitungsebene werden sie nach außen orientiert zur Ausweitung der Ressourcenausstattung und Sicherung der Handlungsspielräume der Dienste genutzt sowie nach innen als Strategie zur Optimierung der Arbeitsabläufe angesehen. Gerade die Innenperspektive verdeutlicht jedoch den Status bzw. die Relevanz von fachlichen Formalisierungen: Diese sollen die Fachkräfte unterstützen und die Arbeit rationalisieren – sie sind aber immer nur ein Weg zur Optimierung. Bedeutender sind in den Augen der Leitungskräfte Strategien der Qualifizierung von MitarbeiterInnen. Ähnlich lässt sich die Relationierung auf der Ebene der Basiskräfte bestimmen: Da fachliche Formalisierungen als Element der Bearbeitung von ASD-Kernaufgaben vorgesehen sind, sind sie in der Praxis der ASD-Basiskräfte sehr präsent. Sie werden von den Basiskräften teilweise als hilfreiche Krücke, teilweise als lästiges Ärgernis angesehen – dementsprechend werden sie auch vielfältig genutzt. Sie bestimmen aber nicht die Praxis. Vielmehr werden sie einerseits, neben anderem (z. B. Intuition und Erfahrung), als ein Aspekt guter ASD-Arbeit angesehen und gelten andererseits, neben anderem (z. B. fehlenden Ressourcen), als Herausforderung und Hürde für Umsetzung der Ziele des ASD.

Fachliche Formalisierungen sind in den Praxisorganisationen der Sozialen Arbeit somit „mit-relevant". Sie sind unbestrittener Teil der professionellen Praxen, aber sie nehmen keine herausragende Stellung ein und stehen auch nicht im Zentrum des Interesses der professionellen Fachkräfte.

Der Spagat wird immer größer

Was bedeutet dieser Status der „Mit-Relevanz" unter den aktuellen Bedingungen im ASD? Die auf fachliche Formalisierungen bezogenen aktuellen Entwicklungen in den sozialen Diensten zeichnen sich durch zwei miteinander verschränkte Dynamiken aus:

- Einerseits erfolgt eine *Expansion* von fachlichen Formalisierungen und weiteren, mit der Sozialen Arbeit verknüpften, wenn auch nicht unbedingt fachlich-methodischen Formalisierungen. Diese Expansion auf der strukturellen Ebene impliziert einen Bedeutungsgewinn auf der kulturell-kognitiven Sinnebene.
- Andererseits lässt sich eine *Funktionskonversion* konstatieren, da fachliche Formalisierungen zunehmend für nach innen oder nach außen gerichtete Legitimations- und Steuerungszwecke funktionalisiert werden. Diese wird in der Regel über die Generierung von vermeintlich objektiven und neutralen Kennzahlen (Fallzahlen, Fallkosten etc.) realisiert.

Diese Dynamiken sind wesentlich durch die Profession selbst forciert. Innerorganisational lassen sie sich als das Resultat eines institutionell geprägten Sensemaking der Leitungsakteure bezogen auf die (endogenen und exogenen) Anforderungen an die ASD rekonstruieren. Die Leitungsakteure nutzen fachliche Formalisierungen also, um wahrgenommenen Anforderungen gerecht zu werden, wobei diese Formalisierungen – was die Mit-Relevanz impliziert – nicht die einzige Steuerungsstrategie der Leitungsakteure darstellen. Dennoch führt dieses Leitungshandeln zu einer Expansion und damit unweigerlich auch zu einem Bedeutungsgewinn von formalisierten Instrumenten und Verfahren in den ASD – auch für die Basiskräfte.

Diese Bedeutung wird weiter erhöht, indem den fachlichen Formalisierungen zunehmend mehr Funktionen zugeschrieben werden. Die Instrumente und Verfahren gewinnen insbesondere dadurch an Bedeutung, dass die originären fachlichen Funktionen zunehmend durch Legitimations- und Steuerungsfunktionen ergänzt werden. Diese manageriellen Funktionen sind gerade für die

Leitungskräfte wichtig – es handelt sich schließlich um Funktionen, die sind mit Blick auf die Aufgaben des Leitungspersonals und auf die spezifischen Herausforderungen von Leitungshandeln faktisch von besonderer Relevanz sind. Allerdings – und hierfür dürfte nicht unbedeutend sein, dass es sich bei den Leitungskräften durchgängig um Professionelle der Sozialen Arbeit handelt – sind eben auch diese spezifischen Leitungsaufgaben nur mit-relevant und stehen neben fachlichen Ziele, die auch für die Leitungskräfte grundlegend sind. Der Charakter der Mit-Relevanz zeigt sich schließlich auch darin, dass sich die Leitungsakteure (ebenso wie bei Fragen der fachlichen Optimierung) auch bei manageriellen Aufgaben nicht alleine auf formalisierte Instrumente und Verfahren verlassen, sondern auch andere Strategien (z. B. Öffentlichkeitsarbeit, politische Agitation, persönliche Vertrauensbildung) nutzen.

Deutlich komplexer gestalten sich die Verhältnisse auf der Ebene der Basiskräfte. Diese sehen sich zunächst mit einer quantitativen und qualitativen Expansion von formalisierten Instrumenten und Verfahren konfrontiert. Das heißt einerseits, dass in den Diensten immer mehr unterschiedliche Formalisierungen eingeführt werden (quantitative Dimension), andererseits diesen Formalisierungen auch immer mehr Bedeutung verliehen wird – etwa dann, wenn die Nutzung verlangt und kontrolliert wird, womit deren organisationale Relevanz unterstrichen wird (qualitative Dimension). Somit gewinnt in der Praxis ein Element (fachliche Formalisierungen) an Bedeutung und wird mit immer mehr Aufgaben verknüpft, das nicht im Zentrum der subjektiven Relevanzsetzung der Basiskräfte steht. Aufgrund der Aufgabenzuschreibung muss das Element dennoch in die Alltagspraxis integriert werden. Diese Integrationsleistung ist auf zwei Ebenen angesiedelt: Einerseits müssen die formalisierten Instrumente und Verfahren praktisch genutzt werden, was zeitliche Ressourcen bindet. Dabei impliziert die Mit-Relevanz, dass diese Ressourcen gegebenenfalls von Aufgaben abgezogen werden müssen, die subjektiv als relevanter angesehenen werden. Damit entsteht andererseits eine Spannung zwischen jenen Aspekten der ASD-Praxis, die in den Augen der Fachkräfte als besonders relevant gelten, und den mit-relevanten fachlichen Formalisierungen. Diese im empirischen Material sehr präsente Ambivalenz muss von den Fachkräften auf der Sinnebene rationalisiert, also ausgeglichen werden. Damit bietet diese Konstellation eine weitere – sozialpsychologische – Erklärung für die Ambivalenz der Positionierungen der Fachkräfte gegenüber fachlichen Formalisierungen: Da diese Formalisierungen faktisch eine hohe Relevanz in der ASD-Arbeit einnehmen, die einerseits nicht mit der subjektiven Relevanzsetzung korrespondiert, andererseits nur bedingt durch kreative Nutzungsweisen relativiert werden kann, entsteht eine kognitive Dissonanz (vgl. Heider 1946; Festinger 1957; Frey/Benning 1997)[362].

Mit dem Ziel, diese Ambivalenzen wieder auszubalancieren, vollziehen die Fachkräfte verschiedene kognitiv-argumentative Verrenkungen. Dabei liefert die im modernisierten Professionalitätsverständnis institutionalisierte Annahme der Angemessenheit und Rationalität fachlicher Formalisierungen eine Basis für solche Rationalisierungen. Diese werden aber brüchig und kontingent angesichts praktischer Umsetzungserfahrungen, was zu neuen Ambivalenzen führt. Denn bei diesem Spagat zwischen zugestandener und faktischer Relevanz bzw. eigentlichen Aufgaben und organisationalen Anforderungen ist zu berücksichtigen, dass – wie beschrieben – die verbreitete Annahme, fachliche Formalisierungen seien dazu in der Lage, den Herausforderungen des ASD-Arbeitsalltags zu begegnen, unzutreffend ist, da die maßgeblichen Unsicherheiten und Ambivalenzen jenseits der „Einsatzmöglichkeiten" von formalisierten Instrumenten und Verfahren liegen.

Der aus der Mit-Relevanz fachlicher Formalisierungen resultierende Spagat zwischen Formalisierungen und den inhaltlichen Aufgaben der ASD-Arbeit wird dabei umso weiter und damit „schmerzhafter", je mehr die formalisierten Instrumente und Verfahren an Relevanz gewinnen. Somit sollte die Spannung mit der Zuschreibung weiterer, nicht-fachlicher Funktionen noch ansteigen. Faktisch erfolgt jedoch ein Bruch, da die manageriellen Zielsetzungen jenseits der Relevanzsetzungen der Basiskräfte liegen. Das heißt konkret: Die Verknüpfung von sozialpädagogisch-fachlichen Formalisierungen mit manageriellen Zwecken führt zu einer Entkopplung der Nutzung der formalisierten Instru-

---

[362] Bereits Heider (1946) geht in seiner Balance-Theorie davon aus, dass Beziehungen zwischen kognitiven Elementen balanciert oder unbalanciert sein können, wobei Individuen nach ausbalancierten Relationen streben, um kognitive Dissonanzen zu vermeiden. Der Inhalt solcher Beziehungen kann über Ähnlichkeit, Kausalität oder Wertrelationen (sentimental-relations) hergestellt werden. Die Struktur zwischen Kognitionen lässt sich nach der Balance-Theorie aus der Analyse von Triaden ablesen. Dabei ist nicht die Art der Relation zwischen den Kognitionen, sondern deren Vorzeichen (positiv versus negativ) relevant. Balanciert, und daher als angenehm und konsistent empfunden, werden solche Strukturen, bei denen das Produkt der Vorzeichen positiv ausfällt (vgl. Herkner 1991, S. 252). Heider (1946) formuliert die Balance-Theorie ursprünglich für das Verhältnis von zwei Personen (Person: P und Other: O) zu einem Objekt (X). Das Grundmuster zum Verhältnis zwischen drei Elementen lässt sich aber auf alle kognitiven Elemente ausweiten (vgl. Herkner 1991; Fischer/Wiswede 2002). Da fachliche Formalisierungen als eine Einheit wahrgenommen werden, also in einem positiven Verhältnis zu sich selbst stehen, provoziert das beschriebene Verhältnis zwischen einer großen organisationalen sowie einer geringen subjektiven Bedeutung entsprechende Dissonanzen. Ebenso wie die gleichzeitige Wahrnehmung positiver und negativer Aspekte fachlicher Formalisierungen. Noch deutlicher wird die Imbalance, wenn die Fachkräfte dazu gezwungen werden, gegen ihre Einstellung zu handeln (vgl. Frey/Benning 1997, S. 147 ff.; Herkner 1991; Bohner 2002; Fischer/Wiswede 2002).

mente und Verfahren von den Alltagspraxen und damit auch von der fachlichen Relevanzsetzung der Basiskräfte: Es werden Wirkungsevaluationen bedient oder geforderte Formulare (strategisch) ausgefüllt, ohne dass diese Bezüge zu den tatsächlichen Arbeitsprozessen haben. Es werden fallunabhängige Hilfeplanziele formuliert, nur um den Erwartungen externer oder übergeordneter Stellen zu genügen und Konflikte zu vermeiden. Es werden Dokumentationen vervielfacht, um organisationalen Anforderungen zu genügen. Es werden strategisch Diagnosen und Kinderschutzfälle konstruiert, um gewünschte Hilfeleistungen durchzusetzen, oder es werden zeitintensiv Kinderschutzbögen ausgefüllt, nur um Fallzahlen für die Personalbemessung zu generieren, auch wenn feststeht, dass keine Gefährdung vorliegt.

Doch auch diese Entkopplung der Bedienung von Formalisierungen von der eigentlichen Fallarbeit produziert Spannungen und fordern einen weiteren, auf einer anderen Ebene liegenden Spagat von den Basiskräften – quasi einen Spagat zweiter Ordnung. So sind die Formalisierungen – trotz ihrer Nutzung für nicht-fachliche Ziele und der sich darauf beziehenden Entkopplungen von der Praxis – gleichzeitig auch Element der sozialpädagogischen Praxis – und zwar wiederum auf der Handlungsebene und auf der Ebene fachlicher Deutungen und Selbstverständnisse. Dieselben formalisierten Instrumente und Verfahren, die bezogen auf managerielle Funktionalisierungen von der Praxis entkoppelt sind, kommen in fachlichen Anwendungskontexten mit der Fallarbeit gekoppelt zum Einsatz. Somit ist die Funktionskonversion fachlicher Formalisierungen in besonderer Weise dazu geeignet, die Komplexität und die Ambivalenz der ASD-Praxis auf Kosten der Handlungssicherheit der Fachkräfte weiter zu erhöhen.

Somit lässt sich die Positionierung der ASD-Akteure gegenüber fachlichen Formalisierungen wie folgt zusammenfassen Die Leitungskräfte schätzen fachliche Formalisierungen relativ konsistent ein. Diese werden in der Regel relativ einheitlich als rational, hilfreich etc. beschrieben und zwar sowohl zur Realisierung fachlicher als auch zur Umsetzung managerieller Ziele. Diese konsistente kognitive Konstellation wird besonders im Argumentationsmuster der „Legitimation durch Optimierung" deutlich (vgl. Abschnitt 13.2). Anders gestaltet sich die Situation auf der Ebene der Basiskräfte. Hier werden fachliche Formalisierungen als Element eines ganzheitlichen Praxiszusammenhangs einerseits wegen ihrer fachlichen Funktionen – auf vielfältige Art und Weise – zur Realisierung der Arbeitsaufgaben genutzt, andererseits Aufgrund von externen Informationserwartungen und manageriellen Funktionen – von der Praxis entkoppelt – lediglich bedient. Obgleich auch die Einschätzung des fachlichen Optimierungs- und Rationalisierungspotenzials ambivalent eingeschätzt wird, besteht dennoch ein positiver Bezug von fachlichen Formalisierungen zu den originären Aufgaben des ASD. Im Falle managerieller oder auch instrumenteller Funktionen besteht eben dieser Bezug zum Organisationszweck des ASD nicht. Dies erzeugt Spannungen und Unsicherheiten bei den Basiskräften.

Der Bedeutungsgewinn fachlicher Formalisierungen als partielles Goal Displacement

Diese Befunde lassen sich verdichten in der Diagnose, dass der aktuelle – über eine Expansion und Funktionskonversion – gestützte strukturelle und kognitive Bedeutungsgewinn fachlicher Formalisierungen in den sozialen Diensten ein partielles Goal Displacement zur Folge hat, wobei die Parzellierung als ein Effekt des Merkmals der Mit-Relevanz anzusehen ist.

Der Begriff des „Goal Displacement" geht auf Michels (1911) zurück, der damit eine Tendenz in Organisationen beschreibt, einmal gesetzte (grundlegende) Ziele im Laufe der Zeit durch alternative (instrumentelle) Ziele zu ersetzen. Bromley und Powell (2012) würden von einer Zweck-Mittel-Entkopplung im Zeitverlauf sprechen. Michels entwickelte dieses Konzept in einer Analyse der SPD, die das ursprüngliche Ziel einer sozialistischen Gesellschaft zunehmend durch das Ziel parteipolitischen (Wahl-)Erfolgs ersetzt hat. Merton (1957) greift das Konzept in seinen Studien zur Bürokratie auf und bezeichnet damit die Verselbstständigung von bürokratischen Regeln. Er beschreibt damit die für Organisationen typische Tendenz, dass formale Regeln zum Selbstzweck werden und in ihrer Handlungsrelevanz für die Organisationsmitglieder die eigentlichen Ziele bzw. den ursprünglichen Organisationszweck verdrängen (vgl. Abschnitt 2.3.4).

In den ASD sind mit dem strukturellen und kognitiven Bedeutungsgewinn und insbesondere mit der Verselbstständigung der zu Steuerungszwecken instrumentalisierten fachlichen Formalisierungen von der sozialarbeiterischen Fallarbeit die wesentlichen Grundlagen für ein Goal Displacement gegeben. Werden lediglich fachliche Formalisierungen in den Blick genommen, so ist es möglich, die aktuellen Entwicklungen in den ASD prägnant als „Goal Displacement" zu klassifizieren. Wird – wie in diesem Abschnitt geschehen – jedoch ein „Schritt zurück" getreten und werden die Formalisierungen im Kontext, das heißt in Relation zu weiteren Themen in den ASD, betrachtet, so zeigt sich, dass eine Verselbstständigungsdiagnose unvollständig und damit unterkomplex ist. Sie übersieht, dass die Zielverschiebung nur partiell ist: Für die Ebene der Leitungsakteure gilt nämlich, dass unbeschadet verbreiteter managerieller Orientierungen weiterhin auf die übergeordnete Bedeutung sozialpädagogisch-fachlicher Organisationsziele insistiert wird. Gleichzeitig relativieren die Leitungskräfte zumindest partiell die Bedeutung von formalisierten Instrumenten und Verfahren zur Realisierung sowohl von fachlichen als auch von managerieren Zwecken. Auf der Ebene der Basiskräfte steht einem umfassenden Goal Displacement entgegen, dass die Verselbstständigung fachliche Formalisierungen nur partieller Natur ist, weil die Formalisierungen eben auch bewusst zur Realisierung des ursprünglichen, sozialpädagogischen Organisationszwecks genutzt werden – und zwar teilweise auf eine Art und Weise, die organisational so gar nicht vorgesehen ist. Dies unterstreicht die Dominanz des originären sozialpädagogischen Organisationszwecks für das Handeln der Fachkräfte.

Anstelle eines alle Akteure entlastenden Goal Displacement erfolgt in den sozialen Diensten eine halbierte Zielverschiebung und Verselbstständigung: Einerseits verselbstständigen sich die fachlichen Formalisierungen partiell und werden zum Selbstzeck, andererseits wird gleichzeitig vehement an den originären Organisationszielen festgehalten – jedoch ohne der Verselbstständigung fachlicher Formalisierungen entgegenzuwirken. Dies führt zu Spannungen, die von den ASD-Akteuren einen herausfordernden Spagat verlangen – auf der strukturellen Ebene (z. B. Ressourcen) wie auch auf der kognitiven Sinnebene. Dieser äußert sich in den Interviews dieser Studie in durchgängig widersprüchlichen Positionierungen der ASD-Akteure zu fachlichen Formalisierungen. Diese Ambivalenzen wurden in der Analyse – wegen des Fokus auf Institutionalisierungsprozesse – zwar nicht hervorgehoben oder gar explizit herauspräpariert, sie sind jedoch in nahezu jeder Interviewpassage des Kapitels 11 zu finden.

15.3 Die Irrationalität der Rationalisierung

In Abschnitt 5.2 wurden fachliche Formalisierungen als eine Form der Re-Rationalisierung der Sozialen Arbeit beschrieben. Professionelles Handeln als typisch moderne Form der Bearbeitung gesellschaftlicher Probleme durch die einzelfallbezogene Anwendung wissenschaftlichen Wissens soll durch fachliche Formalisierungen rationalisiert und auf ein höheres Rationalitätsniveau gehoben werden. Die Rationalisierung durch fachliche Formalisierungen impliziert einen Professionswandel der Sozialen Arbeit in dem sozialtechnologische Orientierungen an Bedeutung gewinnen. Dieser Professionswandel realisiert sich über einen Organisationswandel, in dem managerialistische Denk- und Handlungsmuster in sozialen Organisationen Einzug halten und fachliche Formalisierungen als Organisationstechniken implementiert werden.

Ob die mit dieser Re-Rationalisierung verknüpften Hoffnungen in fachlicher Hinsicht erfüllt werden, ob also die durch formalisierte Instrumente und Verfahren angestrebte Steigerung der Planbarkeit, Berechenbarkeit, Effizienz und Kontrolle tatsächlich auch zu fachlichen Optimierung der Sozialen Arbeit führt, ist nicht Gegenstand dieser Studie. Die in Kapitel 3 zusammengetragenen Befunde zu den Auswirkungen von Formalisierungen auf den Prozess und das Ergebnis der Dienstleistungsproduktion stimmen eher skeptisch. Die Einschätzungen der im Rahmen der vorliegenden Studie interviewten Fachkräfte zeigen dagegen ein ambivalentes Bild. Jenseits von „Wirkungen" verweisen die professionellen Akteure sowohl auf fachliche Potenziale fachlicher Formalisierungen als auch auf Behinderungen professioneller, problemorientierter Praxen. Während die Einschätzungen der direkten fachlichen Effekte fachlicher Formalisierungen somit zumindest widersprüchlich sind, verweisen die Analysen des vorhergehenden Abschnitts auf ein grundsätzliches Problem der aktuellen Entwicklung. In den sozialen Diensten wird angestrebt, durch fachliche Formalisierungen sowohl die fachliche sozialpädagogische Arbeit als auch die organisationale Steuerung zu rationalisieren. Dieses Unterfangen, führt zum einen zu einer Expansion formalisierter Instrumente und Verfahren in den sozialen Diensten, zum anderen impliziert es eine Funktionalisierung fachlicher Formalisierungen für nicht-fachliche Zwecke der Steuerung und Legitimation (Funktionskonversion).

Diese doppelte Transformation impliziert einen doppelten Bedeutungsgewinn von fachlichen Formalisierungen in den sozialen Diensten: Einerseits gewinnen formalisierte Instrumente und Verfahren strukturell an Bedeutung für die Fachpraxis, da immer mehr zeitliche Ressourcen auf die Nutzung bzw. Umsetzung dieser Formalisierungen investiert werden. Andererseits gewinnen die fachlichen Formalisierungen auch auf der kognitiven Ebene an Bedeutung, da sie – aufgrund ihrer strukturellen Bedeutung sowie der zahlreichen mit ihnen verknüpften Funktionen – subjektiv als immer wichtiger werdender Aspekt der ASD-Arbeit angesehen werden. Es erfolgt also – auf der Struktur- wie auf der Sinnebene – eine Verschiebung der Relevanzstrukturen zugunsten fachlicher Formalisierungen. Dieser Bedeutungsgewinn und die damit verknüpfte Relevanzverschiebung vollziehen sich aber nur partiell. Es erfolgt also eine Verselbstständigung der mit Steuerungsfunktionen aufgeladenen fachlichen Formalisierungen von den originären Zwecken der Fachpraxis. Gleichzeitig aber bleiben dieselben Formalisierungen mit ihren fachlichen Funktionen weiterhin relevante Elemente eben dieser Fachpraxis.

Diese Konstellation führt zu einer systematischen Einschränkung der Problemlösungsfähigkeit der Sozialen Arbeit, da nicht-fachliche Ziele – also nicht auf die Bearbeitung gesellschaftlicher Herausforderungen und Problemkonstellationen bezogene Zielsetzungen – strukturell und kognitiv gegenüber fachlichen Funktionen an Bedeutung gewinnen. Einerseits binden nicht-fachliche Funktionen ohnehin knappe Ressourcen, die zur Realisierung der genuin sozialpädagogischen Organisationszwecke (Hilfe und Kontrolle) fehlen. Andererseits führt die Sinnverschiebung in den ASD zu Verunsicherungen und Ambivalenzen hinsichtlich des Status, der Funktionen und Aufgaben fachlicher Formalisierungen, welche die Handlungssicherheit der Fachkräfte reduzieren. Dies wird besonders an dem Spagat und den Verrenkungen deutlich, die die Fachkräfte zur Ausbalancierung widerstreitender fachlicher und managerieller

Anforderungen in ihrer Fachpraxis aufwenden. Dabei kann nicht ausgeschlossen werden, dass bei einer fortlaufenden Relevanzverschiebung, also einer weiteren Expansion und Instrumentalisierung fachlicher Formalisierungen, die fachliche Perspektive immer weiter untergraben wird und es zu einem „echten" Goal Displacement im Sinne von Merton (1957) kommt.

Die doppelte Relevanzverschiebung und das damit einhergehende (partielle) Goal Displacement werden damit zum Prokrustesbett der Sozialen Arbeit. Nicht primär, weil die Wertsphäre der Profession erodiert und „fremde" Rationalitäten an Bedeutung gewinnen; nicht nur, weil die für professionelles Handeln konstitutiven Freiräume zur situativen, partizipativen und einzelfallbezogenen Wissensapplikation eingeschränkt werden und schließlich auch nicht deshalb, weil die AdressatInnen unter Fallkategorien subsummiert und sozialtechnologisch prozessiert werden; sondern weil sich die Soziale Arbeit nichtfachliche und extern gesetzte Relevanzkriterien auferlegt, die einerseits in Konkurrenz zu den eigenen fachlichen Zielen stehen. Der mit fachlichen Formalisierungen verknüpfte Bedeutungsgewinn nicht-fachlicher Relevanzkriterien ist es, der einen weiten Spagat und allerlei Verrenkungen erfordert und sich damit als jenes unpassende Bett charakterisieren lässt, in das Prokrustes seine Gäste zwängte. Und wie die Gäste den Besuch bei Prokrustes eher selten überlebten, steht auch die Soziale Arbeit in der Gefahr, ihre eigenen Ziele zunehmend zu verlieren.

Wenn die mit der Einführung und Verbreitung von fachlichen Formalisierungen angestrebte Rationalisierung der Sozialen Arbeit also zu den beschriebenen Relevanzverschiebungen führt, welche dazu geeignet sind, das Problemlösungspotenzial der Sozialen Arbeit reduzieren, dann sind die mit fachlichen Formalisierungen verknüpften Rationalisierungsprozesse letztlich irrational. Es ist nämlich irrelevant, wie rational, effizient, transparent oder wie auch immer die Arbeitsprozesse der Sozialen Arbeit sind, wenn diese nicht darauf gerichtet sind, die originären gesellschaftlichen Aufgaben und Funktionen der Sozialen Arbeit zu realisieren – also die Anliegen und Probleme der AdressatInnen bzw. der die Soziale Arbeit beauftragenden Gesellschaft zu bearbeiten und zu lösen. Werden die Ressourcen und Energien sozialer Einrichtungen und Dienste stattdessen durch organisational evozierte Ambivalenzen gebunden oder auf nicht-fachliche Ziele gelenkt – und so das Potenzial zur Realisierung der originären gesellschaftlichen Funktionen geschwächt – so riskiert die Soziale Arbeit (zurecht) nachhaltige Legitimationsverluste – paradoxer Weise gerade dadurch, dass sie sich solcher Strategien (Formalisierungen) bedient, die eine hohe gesellschaftliche Legitimität besitzen und daher von der Umwelt erwartet und honoriert werden.

Was also tun? Es wäre inkonsequent, hier Lösungsvorschläge für diese Dilemmata zu präsentieren. Schließlich beruhen nicht wenige der in dieser Studie thematisierten „Probleme" auf dem Fehlschluss, Wissenschaft sei dazu berufen, die Praxis durch Rezepte aus dem Elfenbeinturm zu rationalisieren. Stattdessen ist die vorliegende Studie von der Hoffnung getragen, Akteuren aus Wissenschaft und Praxis einen Resonanzboden für selbstkritische Reflexionen sowie für die Entwicklung selbstverantworteter lokaler Lösungen zur Realisierung ihrer originären fachlichen Funktionen zu bieten. Hinsichtlich der Realisierungschancen solcher Bemühungen scheint jedoch Skepsis angebracht. Immerhin basieren die in dieser Studie analysierten Entwicklungen in nicht unbedeutendem Maße auf in unserer Kultur tief verwurzelten Rationalitätsmythen. Diesen etwas entgegenzusetzten, dürfte nur geringe Erfolgsaussichten haben.

Literatur

Aas, Katja F. (2004): From narrative to database – Technological change and penal culture. In: Punishment & Society 6, H. 4, S. 379–393.
Abbott, Andrew (1981): Status and Status Strain in the Professions. In: American Journal of Sociology 86, H. 4, S. 819–835.
Abbott, Andrew (1992): Professional Work. In: Hasenfeld, Yeheskel (Hrsg.): Human services as complex organizations. Newbury Park: Sage, S. 145–162.
Abbott, Andrew (1995): Boundaries of Social Work or Social Work of Boundaries? In: Social Service Review 69, H. 4, S. 545–562.
Abrahamson, Eric (1991): Managerial fads and fashions: The diffusion und rejection of innovations. In: Academy of Management Review 16 (3), S. 586–612.
Abrahamson, Eric (1996): Management fashion. In: Academy of Management Review 21, H. 1, S. 254–285.
Achinger, Hans (1963): Der soziale Rechtsstaat und die sich wandelnde Gesellschaft. In: Deutscher Beamtenbund (Hrsg.): Sozialer Rechtsstaat – Weg oder Irrweg? Bad Godesberg: Deutscher Beamtenverlag, S. 67–80.
Ackermann, Timo (2012): Aus Fehlern lernen im Kinderschutz. In: Thole, Werner/Retkowski, Alexandra/Schäuble, Barbara (Hrsg.): Sorgende Arrangements. Kinderschutz zwischen Organisation und Familie. Wiesbaden: Springer VS, S. 121–142.
Ackermann, Timo (2017): Über das Kindeswohl entscheiden. Eine ethnographische Studie zur Fallarbeit im Jugendamt. Bielefeld: transcript.
Ackroyd, Stephen (1996): Organization Contra Organizations: Professions and Organizational Change in the United Kingdom. In: Organization Studies 17, H. 4, S. 599–621.
Adler, Paul S./Borys, Bryan (1996): Two Types of Bureaucracy: Enabling and Coercive. In: Administrative Science Quarterly 41, H. 1, S. 61–89.
Adler, Sabine (2004): Strukturiertes kollegiales Fallverstehen als Verfahren sozialpädagogischer Analyse und Deutung. In: Heiner, Maja (Hrsg.): Diagnostik und Diagnosen in der Sozialen Arbeit – ein Handbuch. Berlin: DV, S. 317–331.
[AFET] Bundesverband für Erziehungshilfe e.V. u. a. (2009): Offener Brief zum Entwurf eines Kinderschutzgesetzes. (03.06.2009). Online verfügbar unter: http://www.dijuf.de/tl_files/downloads/2010/Offener_Brief_Kinderschutzgesetz_03.06.2009.pdf/zuletzt geprüft 05/2017.
[AGJ] Arbeitsgemeinschaft für Kinder- und Jugendhilfe (AGJ) (2008): Stellungnahme zum Referatsentwurf eines Bundesgesetzes zur Verbesserung des Kinderschutzes (Bundeskinderschutzgesetz – BKiSchG) und Referatsentwurf eines Fünften Gesetzes zur Änderung des Bundeszentralregistergesetzes. Berlin.
[AGJ] Arbeitsgemeinschaft für Kinder- und Jugendhilfe (AGJ) (2010): ASD – mehr als Kinderschutz! Ziele, Aufgaben, Methoden, Werte und Orientierung im Hinblick auf die Kinder- und Jugendhilfe. Berlin.
[AGJ] Arbeitsgemeinschaft für Kinder- und Jugendhilfe (AGJ) (2014): Kernaufgaben und Ausstattung des ASD – Ein Beitrag zur fachlichen Ausrichtung und zur Personalbemessungsdebatte. Berlin.
Ahlemann, Ulrich von (1986): Korporatismus. In: Mickel, Wolfgang W. (Hrsg.): Handlexikon zur Politikwissenschaft. Bonn: Bundeszentrale für Politische Bildung, S. 265–267.
Aiken, Michael/Hage, Jerald (1966): Organizational Alienation: A Comparative Analysis. In: American Sociological Review 31, H. 4, S. 497–507.
Aiken, Michael/Hage, Jerald (1968): Organizational Interdependence and Intra-Organizational Structure. In: American Sociological Review 33, H. 6, S. 912–930.
Albert, Gert (2009): Weber-Paradigma. In: Kneer, Georg/Schroer, Markus (Hrsg.): Handbuch Soziologische Theorien. Wiesbaden: VS Verl., S. 517–553.

Alberth, Lars/Bühler-Niederberger, Doris (2015): Invisible children? Professional bricolage in child protection. In: Children and Youth Services Review 57, S. 149–158.
Alberth, Lars/Bühler-Niederberger, Doris/Eisentraut, Steffen (2014): Wo bleiben die Kinder im Kinderschutz? Die Logik der Intervention bei Sozialarbeitern, Ärzten und Hebammen. In: Doris Bühler-Niederberger/Lars Alberth/Steffen Eisentraut (Hrsg.): Kinderschutz. Wie kindzentriert sind Programme, Praktiken, Perspektiven? Weinheim: Beltz Juventa, S. 26–61.
Alberth, Lars/Eisentraut, Steffen (2012): Eine interaktionistische Perspektive auf Standardisierungsprozesse in der Kinder- und Jugendhilfe: Professionelles Handeln bei Kindeswohlgefährdung. In: Zeitschrift für Sozialreform 58, H. 4, S. 427–449.
Albrecht, Maria/Lattwein, Svenja/Urban-Stahl, Ulrike (2016): Der Hausbesuch im Kontext des Schutzauftrags bei Kindeswohlgefährdung. In: neue praxis H. 2/16, S. 107–124.
Albus, Stefanie/Greschke, Heike/Klingler, Birte/Messmer, Heinz/Micheel, Hein-Günter/Otto, Hans-Uwe/Polutta, Andreas (2009a): Elemente wirkungsorientierter Jugendhilfe: Erkenntnisse der wissenschaftlichen Evaluation des Bundesmodellprojekts. In: Institut für Soziale Arbeit (ISA) (Hrsg.): Praxishilfe zur wirkungsorientierten Qualifizierung der Hilfen zur Erziehung. Münster (Wirkungsorientierte Jugendhilfe, 9), S. 24–60.
Albus, Stefanie/Greschke, Heike/Klingler, Birte/Messmer, Heinz/Micheel, Hein-Günter/Otto, Hans-Uwe/Polutta, Andreas (2009b): Fazit der Evaluation zum Bundesmodellprogramm „Wirkungsorientierte Jugendhilfe". In: Institut für Soziale Arbeit (ISA) (Hrsg.): Praxishilfe zur wirkungsorientierten Qualifizierung der Hilfen zur Erziehung. Münster (Wirkungsorientierte Jugendhilfe, 9), S. 6–7.
Albus, Stefanie/Greschke, Heike/Klingler, Birte/Messmer, Heinz/Micheel, Hein-Günter/Otto, Hans-Uwe/Polutta, Andreas (2010): Abschlussbericht der Evaluation des Bundesmodellprogramms „Qualifizierung der Hilfen zur Erziehung durch wirkungsorientierte Ausgestaltung der Leistungs-, Entgelt- und Qualitätsvereinbarungen nach §§ 78a ff. SGB VIII". ISA Planung und Entwicklung GmbH. Münster (Wirkungsorientierte Jugendhilfe, 10).
Alheit, Peter (1999): Grounded Theory. Ein alternativer methodologischer Rahmen für qualitative Forschungsprozesse. Göttingen. Online verfügbar unter http://www.fallarchiv.uni-kassel.de/pdf/alheit_grounded_theory_ofas.pdf (Abfrage: 10/2010).
Althans, Birgit (2011): Sozialpädagogische Diagnose und die Debatte um Kindeswohlgefährdung. In: Zeitschrift für Sozialpädagogik 9, H. 1, S. 83–110.
Amado, Angela Novak/McAnally, Patricia L./Linz, Mary Hubbard (1989): History and Effectiveness of Case Management in the United States. In: Hubbard Linz, Mary/McAnally, Patricia L./Wieck, Colleen A. (Hrsg.): Case management. Historical, current, & future perspectives. Cambridge MA: Brookline Books, S. 1–20.
Ames, Anne (2008): Arbeitssituation und Rollenverständnis der persönlichen Ansprechpartner/-innen nach § 14 SGB II. Hans Böckler Stiftung. Online verfügbar unter http://www.boeckler.de/pdf_fof/S-2007-982-4-1.pdf. Zuletzt geprüft 03/2009.
Arnold, Jens/Hermsen, Thomas/Löcherbach, Peter (2009): „Praxistext bestanden!" – Case Management in der Kinder- und Jugendhilfe. In: Löcherbach/Peter, Mennemann, Hugo/Hermsen, Thomas (Hrsg.): Case Management in der Jugendhilfe. München: Reinhardt, S. 124–153.
Arnold, Jens/Hermsen, Thomas/Löcherbach, Peter/Missler, Particia/Monzer, Michael (2012): Wirkungsanalyse des Fallmanagements in der Eingliederungshilfe (WiFEin). Zwischenbericht Oktober 2011.
Artz, Philipp/Paz Martínez, Laura de/Lamberty, Jennifer (2014): Kinderschutz und Hilfen zur Erziehung. Ergebnisse zur Umsetzung des § 8a SGB VIII in der Praxis der Jugendämter in Rheinland – Pfalz im Jahr 2013. Ministerium für Integration, Familie, Kinder, Jugend und Frauen RLP, Mainz.
Ashby, W. Ross (1956): Introduction to Cybernetics. London: Chapman and Hall.
Assadi, Anahita/Lundin, Martin (2018): Street-level bureaucrats, rule-following and tenure: How assessment tools are used at the front line of the public sector. In: Public Administration 96, H. 1, S. 154–170.

Baader, Meike Sophie (2015): Vulnerable Kinder in der Moderne in erziehungs- und emotionsgeschichtlicher Perspektive. In: Andresen, Sabine/Koch, Claus/König, Julia (Hrsg.): Vulnerable Kinder. Interdisziplinäre Annäherungen. Wiesbaden: Springer VS, S. 79–101.

Bachert, Robert/Pracht, Arnold (2004): Basiswissen Controlling und operatives Controlling. Controlling und Rechnungswesen in Sozialen Unternehmen. Weinheim, München: Juventa.

Badura, Bernhard/Gross, Peter (1976): Sozialpolitische Perspektiven. Eine Einführung in Grundlagen und Probleme sozialer Dienstleistungen. München: Piper.

Baethge, Martin (2011): Die Arbeit in der Dienstleistungsgesellschaft. In: Evers, Adalbert/Heinze, Rolf G./Olk, Thomas (Hrsg.): Handbuch Soziale Dienste. Wiesbaden: VS Verl., S. 35–61.

[BAGLJA] Bundesarbeitsgemeinschaft Landesjugendämter (2015): Qualitätsmaßstäbe und Gelingensfaktoren für die Hilfeplanung gemäß § 36 SGB VIII. Mainz.

Baines, Donna/Charlesworth, Sara/Turner, Darrell/O'Neill, Laura (2014): Lean social care and worker identity: The role of outcomes, supervision and mission. In: Critical Social Policy 34, H. 4, S. 433–453.

Baines, Donna/van den Broek, Diane (2017): Coercive Care: Control and Coercion in the Restructured Care Workplace. In: The British Journal of Social Work 47 (1), S. 125–142.

Baird, Christopher/Wagner, Dennis (2000): The Relative Validity of Actuarial- and Consensus-Based Risk Assessment Systems. In: Children and Youth Services Review 22, H. 11/12, S. 839–871.

Baird, Christopher/Wagner, Dennis/Caskey, Rod/Neuenfeldt, Deborah: Structured Decision Making System. An Evaluation of Its Impact on Child Protection Services. Hrsg. v. The Michigan Department of Social Services. Children's Research Center. Online verfügbar unter www.nccdglobal.org/sites/default/files/publication_pdf/mi_1995 _sdm_eval_full.pdf (Abfrage: 01/2015).

Banks, Sarah (2011): Ethics in an age of austerity: Social work and the evolving New Public Management. In: Journal of Social Intervention: Theory and Practice 20, H. 2, S. 5–23.

Barnard, Chester I. (1938): The Functions of the Executive. Cambridge, MA: Harvard University Press.

Bastian, Pascal (2011): Der Nutzen psychologisch-klassifikatorischer Diagnoseinstrumente in Frühen Hilfen. Münster: Westfälische Wilhelms-Universität.

Bastian, Pascal (2012): Die Überlegenheit statistischer Urteilsbildung im Kinderschutz – Plädoyer für einen Perspektivwechsel hin zu einer angemessenen Form sozialpädagogischer Diagnosen. In: Marthaler, Thomas (Hrsg.): Rationalitäten des Kinderschutzes. Wiesbaden: Springer VS.

Bastian, Pascal (2014): Der praktische Vollzug professioneller Urteilsbildung im Kinderschutz zwischen Interpretation und Klassifikation. In: Bühler-Niederberger, Doris/Alberth, Lars/Eisentraut, Steffen (Hrsg.): Kinderschutz. Wie kindzentriert sind Programme, Praktiken, Perspektiven? Weinheim: Beltz Juventa, S. 138–154.

Bastian, Pascal (2016): Die digitale Transformation von Urteils- und Diagnoseverfahren in der Sozialen Arbeit. In: Sozialmagazin, H. 1–2/16, S. 92–97.

Bastian, Pascal/Schrödter, Mark (2014): Professionelle Urteilsbildung in der Sozialen Arbeit. In: Soziale Passagen 6, H. 2, S. 275–297.

Bastian, Pascal/Schrödter, Mark (2015): Fachliche Einschätzung bei Verdacht auf Kindeswohlgefährdung. In: neue praxis, H. 3/15, S. 224–242.

Battilana, Julie/Leca, Bernard/Boxenbaum, Eva (2009): How Actors Change Institutions: Towards a Theory of Institutional Entrepreneurship. In: Academy of Management Annals 3, H. 1, S. 65–107.

Bauer, Rudolph (2012): Von der Liebestätigkeit zur Dienstleistung. Vom Verein zum Sozialunternehmen. In: Sozialmagazin 37, H. 10, S. 34–47.

Baur, Nina (2008): Das Ordinalskalenproblem. In: Fromm, Sabine/Baur, Nina (Hrsg.): Datenanalyse mit SPSS für Fortgeschrittene. Ein Arbeitsbuch. 2. Aufl. Wiesbaden: VS Verl., S. 279–289.

Baur, Nina/Florian, Michael J. (2009): Stichprobenprobleme bei Online-Umfragen. In: Jackob, Nikolaus/Schoen Harald/Zerback, Thomas (Hrsg.): Sozialforschung im Internet. Methodologie und Praxis der Online-Befragung. Wiesbaden: VS Verl., S. 109–128.

Beck, Ulrich (1986): Risikogesellschaft. Auf dem Weg in eine andere Moderne. Frankfurt a. M.: Suhrkamp.

Beck, Ulrich/Bonß, Wolfgang (1989): Verwissenschaftlichung ohne Aufklärung? Zum Strukturwandel von Sozialwissenschaft und Praxis. In: Beck, Ulrich/Bonß, Wolfgang (Hrsg.): Weder Sozialtechnologie noch Aufklärung? Analysen zur Verwendung sozialwissenschaftlichen Wissens. Frankfurt a. M.: Suhrkamp, S. 7–45.

Becker-Ritterspach, Florian A. A./Becker-Ritterspach, Jutta C. E. (2006): Isomophie und Entkopplung im Neo-Institutionalismus. In: Senge Konstanze/Hellmann Kai-Uwe (Hrsg.): Einführung in den Neo-Institutionalismus. Wiesbaden: VS Verl., S. 102–117.

Beckmann, Christof (2009): Qualitätsmanagement und Soziale Arbeit. Wiesbaden: VS Verl.

Beckmann, Christof/Otto, Hans-Uwe/Schrödter, Mark (2009): Management und Profession. In: Grunwald, Klaus (Hrsg.): Vom Sozialmanagement zum Management des Sozialen? Eine Bestandsaufnahme. Baltmannsweiler: Schneider-Verl. Hohengehren, S. 15–41.

Beckmann, Christoph/Otto, Hans-Uwe/Schaarschuch, Andreas/Schrödter, Mark (2007): Qualitätsmanagement und Professionalisierung in der Sozialen Arbeit. Ergebnisse einer Studie zu organisationalen Bedingungen ermächtigender Formalisierung. In: Zeitschrift für Sozialreform 53, H. 3, S. 275–296.

Behrend, Olaf (2007): „… das geht zu Lasten eigener Emotionalität" – Instrumente der Kundensteuerung in Arbeitsverwaltungen aus Sicht von Arbeitsvermittlern. In: Ludwig-Mayerhofer, Wolfgang/Behrend, Olaf/Sondermann, Ariadne (Hrsg.): Fallverstehen und Deutungsmacht. Akteure in der Sozialverwaltung und ihre Klienten. Opladen: Budrich, S. 97–117.

Bell, Daniel (1973): The Coming of Post-Industrial Society: A Venture in Social Forecasting. New York: Basic Books.

Bellmann, Johannes/Waldow, Florian (2012): Standards in historischer Perspektive – Zur vergessenen Vorgeschichte outputorientierter Steuerung im Bildungssystem. In: Zeitschrift für Pädagogik 58, H. 2, S. 139–142.

Benford, Robert D./Snow, David A. (2000): Framing Processes and Social Movements: An Overview and Assessment. In: Annual Review of Sociology 26, S. 611–639.

Berger, Peter L./Berger, Brigitte/Kellner, Hansfried (1987): Das Unbehagen in der Modernität. Frankfurt a. M.: Campus.

Berger, Peter L./Luckmann, Thomas (1966/1977): Die gesellschaftliche Konstruktion der Wirklichkeit. 5. Aufl. Frankfurt a. M.: Fischer.

Berger, Ulrike/Offe, Claus (1984): Das Rationalisierungsdilemma der Angestelltenarbeit. In: Offe, Claus (Hrsg.): Arbeitsgesellschaft. Strukturprobleme und Zukunftsperspektiven. Frankfurt a. M., New York: Campus, S. 271–290.

Berle, Adolf Augustus/Means, Gardiner (1932): The Modern Corporation and Private Property. New Brunswick, London: Transaction Publishers.

Berrick, Jill D./Peckover, Sue/Pösö, Tarja/Skivenes, Marit (2015): The formalized framework for decision-making in child protection care orders: A cross-country analysis. In: European Journal of Social Policy 25, H. 4, S. 366–378.

Bevan, Gwyn/Hood, Christopher (2006): What's measured is what matters: Targets and gaming in the English public health care system. In: Public Administration 84, H. 3, S. 517–538.

Bévort, Frans/Suddaby, Roy (2016): Scripting professional identities: how individuals make sense of contradictory institutional logics. In: Journal of Professions and Organization 3, H. 1, S. 17–38.

Bhattacharyya, Onil/Reeves, Scott/Zwarenstein, Merrick (2009): What Is Implementation Research? In: Research on Social Work Practice 19, H. 5, S. 491–502.

Bilstein, Johannes/Ecarius, Jutta (Hrsg.) (2009): Standardisierung – Kanonisierung. Erziehungswissenschaftliche Reflexionen. Wiesbaden: VS Verl.

Bjerregaard, Toke/Jonasson, Charlotte (2014): Managing Unstable Institutional Contradictions: The Work of Becoming. In: Organization Studies 35, H. 10, S. 1507–1536.
Blau, Peter M./Scott, Richard W. (1971): Professionale und bürokratische Orientierung in Formen der Organisation – dargestellt am Beispiel der Sozialarbeiter. In: Otto, Hans-Uwe/Utermann, Kurt (Hrsg.): Sozialarbeit als Beruf. Auf dem Weg zur Professionalisierung? München: Juventa, S. 125–139.
Blaug, Ricardo (1995): Distortion of the Face to Face: Communicative Reason and Social Work Practice. In: British Journal of Social Work 25, H. 4, S. 423–439.
[BLJA] Bayerisches Landesjugendamt (Hrsg.) (2001): Sozialpädagogische Diagnose: Arbeitshilfe zur Feststellung des erzieherischen Bedarfs. München: BLJA.
[BLJA] Zentrum Bayern Familie und Soziales – Bayerisches Landesjugendamt (BLJA) (2008): Hilfeplan. Aufstellung, Mitwirkung, Zusammenarbeit. Arbeitshilfe für die Praxis der Hilfe zur Erziehung. München: BLJA.
[BLJA] Zentrum Bayern Familie und Soziales – Bayerisches Landesjugendamt (BLJA) (2009): Sozialpädagogische Diagnose. Arbeitshilfe zur Feststellung des erzieherischen Bedarfs. Neuaufl. München: BLJA.
Blom, Björn (2009): Knowing or Un-knowing? That is the Question. In: Journal of Social Work 9, H. 2, S. 158–177.
Blomberg, Staffan (2008): The specialisation of needs-assessment in Swedish municipal care for older people: the diffusion of a new organisational model. In: European Journal of Social Work 11, H. 4, S. 415–429.
Blomberg, Staffan/Petersson, Jan (2010): The Increasing Importance of administrative Practices in the Shaping of the Welfare State. In: Social Work & Society 8, H. 1, S. 70–81.
Blomgreb, Maria/Waks, Caroline (2015): Coping with contradictions: hybrid professionals managing institutional complexity. In: Journal of Professions and Organization 2, H. 2, S. 78–102.
Blumer, Herbert (1971): Social Problems as Collective Behavior. In: Social Problems 18, H. 3, S. 298–306.
Blüml, Herbert/Lillig, Susanna (2006): Wie ist die Fallbearbeitung zu dokumentieren? In: Heinz Kindler, Heinz/Lillig, Susanna/Blüml, Herbert/Meysen, Thomas/Werner, Annegret (Hrsg.): Handbuch Kindeswohlgefährdung nach § 1666 BGB und Allgemeiner Sozialer Dienst (ASD). München: DJI, 45/1–45/5.
[BMAS] Bundesministerium für Arbeit und Soziales (2015): Sozialbudget 2014. Berlin. Online verfügbar unter http://www.bmas.de/SharedDocs/Downloads/DE/PDF-Publikationen/a230-14-sozialbudget-2014.pdf?__blob= publicationFile&v=2 (Abfrage: 10/2016).
[BMFSFJ] Bundesministerium für Familie, Senioren Frauen und Jugend (1998): Zehnter Kinder- und Jugendbericht. Bonn.
[BMFSFJ] Bundesministerium für Familie, Senioren Frauen und Jugend (2002): Elfter Kinder- und Jugendbericht: Berlin.
[BMFSFJ] Bundesministerium für Familie, Senioren Frauen und Jugend (2004): Gesetzesbegründung zum Gesetz zur Weiterentwicklung der Kinder- und Jugendhilfe (KICK). Berlin.
[BMFSFJ] Bundesministerium für Familie, Senioren Frauen und Jugend (2013): 14. Kinder- und Jugendbericht. Berlin.
[BMFSFJ] Bundesministerium für Familie, Senioren Frauen und Jugend (2014): Kinder- und Jugendhilfe. Achtes Buch Sozialgesetzbuch. Berlin.
[BMFSFJ] Bundesministerium für Familie, Senioren Frauen und Jugend (2015): Evaluation des Bundeskinderschutzgesetzes. Bericht der Bundesregierung. Berlin.
[BMFSFJ] Bundesministerium für Familie, Senioren Frauen und Jugend (2016): Begründung zum Entwurf eines Gesetzes zur Stärkung von Kindern und Jugendlichen vom 06.07.2016. Berlin. Online verfügbar unter http://kijup-sgbviii-reform.de/2016/07/28/gesetzesmaterialien-synopsen/ (Abfrage 02/2017).
[BMFSFJ] Bundesministerium für Familie, Senioren Frauen und Jugend (2017): 15. Kinder- und Jugendbericht. Berlin.

[BMFSFJ] Bundesministerium für Familie, Senioren Frauen und Jugend/Bundesministerium für Umwelt, Naturschutz, Bau und Reaktorsicherheit (BMUB) (2014): Förderrichtlinie Modellprogramm „JUGEND STÄRKEN im Quartier". ESF-Förderperiode 2014 bis 2020. Berlin.

[BMJFG] Bundesministerium für Jugend, Familie und Gesundheit (1972): Dritter Jugendbericht. Bonn.

Bode, Ingo (2004): Disorganisierter Wohlfahrtskapitalismus. Die Reorganisation des Sozialsektors in Deutschland, Frankreich und Großbritannien. Wiesbaden: VS Verl.

Bode, Ingo (2005): Desorganisation mit System. In: Berliner Journal für Soziologie 15, H. 2, S. 219–239.

Bode, Ingo (2012): Managerialismus gegen Kindeswohlgefährdung? In: Marthaler, Thomas (Hrsg.): Rationalitäten des Kinderschutzes. Wiesbaden: Springer VS, S. 175–201.

Bode, Ingo (2013): Die Infrastruktur des postindustriellen Wohlfahrtsstaats. Organisation, Wandel, gesellschaftliche Hintergründe. Wiesbaden: Springer VS.

Bode, Ingo (2015): A ‚world culture' of institutional ambiguity? Comparing the reorganization of hospital care in Germany and Mexico. In: Current Sociology 63, H. 3, S. 411–431.

Bode, Ingo/Turba, Hannu (2014): Organisierter Kinderschutz in Deutschland. Strukturdynamiken und Modernisierungsparadoxien. Wiesbaden: Springer VS.

Bodewes, Wynand E. J. (2002): Formalization and innovation revisited. In: European Journal of Innovation Management 5, H. 4, S. 214–223.

Boeßenecker, Karl-Heinz (2000): Der Stellenwert des Sozialmanagement innerhalb der Debatte um die Ökonomisierung Sozialer Arbeit. In: Lindenberg, Michael (Hrsg.): Von der Sorge zur Härte. Kritische Beiträge zur Ökonomisierung sozialer Arbeit. Bielefeld: Kleine, S. 13–32.

Bogumil, Jörg/Grohs, Stephan/Kuhlmann, Sabine/Ohm, Anna K. (2007): Zehn Jahre Neues Steuerungsmodell. Eine Bilanz kommunaler Verwaltungsmodernisierung. Berlin: Ed. Sigma.

Böhle, Fritz (2011): Interaktionsarbeit als wichtige Arbeitstätigkeit im Dienstleistungssektor. In: WSI Mitteilungen, H. 9, S. 456–461.

Böhle, Fritz/Glaser, Jürgen/Büssing, André (2006): Interaktion als Arbeit – Ziele und Konzept des Forschungsverbundes. In: Böhle, Fritz/Glaser, Jürgen (Hrsg.): Arbeit in der Interaktion – Interaktion als Arbeit. Wiesbaden: VS Verl., S. 25–41.

Bohler, Karl Friedrich/Franzheld, Tobias (2010): Der Kinderschutz und der Status der Sozialarbeit als Profession. In: sozialer sinn 11, H. 2, S. 383–391.

Bohler, Karl Friedrich/Franzheld, Tobias (2013): Problematische Professionalität der Sozialen Arbeit im Kinderschutz. In: Becker-Lenz, Roland (Hrsg.): Bedrohte Professionalität. Aktuelle Gefahren und Einschränkungen für Soziale Arbeit. Wiesbaden: Springer VS, S. 189–212.

Bohner, Gerhard (2002): Einstellungen. In: Stroebe, Wolfgang/Jonas, Klaus/Hewstone, Miles R. C. (Hrsg.) (2002): Sozialpsychologie. Berlin u. a.: Springer VS, S. 265–319

Böhnisch, Lothar/Lösch, Hans (1973): Das Handlungsverständnis des Sozialarbeiters und seine institutionelle Determination. In: Otto, Hans-Uwe/Schneider, Siegfried (Hrsg.): Gesellschaftliche Perspektiven der Sozialarbeit. Neuwied: Luchterhand, S. 21–40.

Bohnsack, Ralf (2010): Rekonstruktive Sozialforschung. Einführung in qualitative Methoden. 8. Aufl. Opladen: Budrich.

Boltanski Luc, Thévenot Laurent (1991). De la justification. Paris: Gallimard.

Bommes, Michael/Scherr, Albert (1996): Exklusionsvermeidung, Inklusionsvermittlung und/ oder Exklusionsverwaltung. Zur Gesellschaftstheoretischen Bestimmung Sozialer Arbeit. In: neue praxis, H 2/96, S. 107–123.

Bonazzi, Giuseppe (2014): Geschichte des organisatorischen Denkens. Wiesbaden: Springer VS.

Bond, Gary R./Evans, Lisa/Salyers, Jane/Williams, Jane/Kim, Hea-Won (2000): Measurement of Fidelity in Psychiatric Rehabilitation. In: Mental Health Services Research 2, H. 2, S. 75–87.

Bonvin, Jean-Michel (2009): Der Capability Ansatz und sein Beitrag für die Analyse gegenwärtiger Sozialpolitik. In: Soziale Passagen 1, H. 1, S. 8–22.
Bordin, Edward S. (1979): The generalizability of the psychoanalytic concept of the working alliance. In: Psychotherapy: Theory, Research & Practice 16, H. 3, S. 252–260.
Bosnjak, Michael/Tuten, Tracy L. (2001): Classifying Response Behaviors in Web-based Surveys. Journal of Computer-Mediated Communication, 6 (3).
Bostelaar, René A./Rape, Rudolf (Hrsg.) (2008): Case-Management im Krankenhaus. Hannover: Schlütersche.
Bourdieu, Pierre (1997): Verstehen. In: Bourdieu, Pierre (Hrsg.): Das Elend der Welt. Zeugnisse und Diagnosen alltäglichen Leidens an der Gesellschaft. Konstanz: UVK, S. 779–822.
Böwer, Michael (2012): Kindeswohlschutz organisieren. Weinheim, Basel: Beltz Juventa.
Böwer, Michael/Wolff, Stephan (2011): Führung in Zeiten enger(er) Kopplung. In: Göhlich, Michael/Weber, Susanne/Schiersmann, Christiane/Schröer, Andreas (Hrsg.): Organisation und Führung. Wiesbaden: VS Verl., S. 143–152.
Bozeman, Barry (1993): A Theory Of Government "Red Tape". In: Journal of Public Administration Research and Theory 1993, H. 3, S. 273–304.
Bozeman, Barry/Su, Xuhong (2015): Public Service Motivation Concepts and Theory: A Critique. In: Public Administration Review 75, H. 5, S. 700–710.
Brack, Ruth/EnitH-CH (Hrsg.) (2002): Minimalstandards für die Aktenführung in der Sozialarbeit. Vorschlag zur Vereinheitlichung der Erfassung von Merkmalen zu Klient- bzw. Beratungsdaten. Luzern: Interact Verl.
Brack, Ruth/Geiser, Kaspar (2009): Einführung. In: Brack, Ruth/Geiser, Kaspar (Hrsg.): Aktenführung in der Sozialarbeit. Vorschläge für die klientenbezogene Dokumentation als Beitrag zur Qualitätssicherung. 4. Aufl. Bern: Haupt Verl., S. 14–23.
Brake, Anna/Weber, Susanne (2009): Internetbasierte Befragung. Unter Mitarbeit von 413–434. In: Kühl, Stefan/Strodtholz, Petra/Taffertshofer, Andreas (Hrsg.): Handbuch Methoden der Organisationsforschung. Quantitative und Qualitative Methoden. Wiesbaden: VS Verl.
Braverman, Harry (1974): Labor and Monopoly Capital. New York: Monthly Review Press.
Broadhurst, Karen/Hall, Christopher/Peckover, Sue/Pithouse, Andrew/White Sue/Wastell David (2010): Children's services in the iron cage of performance management: street level bureaucracy and the spectre of Švejkism. In: International Journal of Social Welfare 19, H. 3, S. 310–320.
Brodkin, Evelyn Z. (2011): Policy Work: Street-Level Organizations Under New Managerialism. In: Journal of Public Aministration Research and Theory 21, Supplement 2, S. 1253–1277.
Brodkin, Evelyn Z./Majmundar, Malay (2008): Organizations and exclusion: An inquiry into bureaucratic proceduralism and welfare exits (National Poverty Center Working Paper 08-05). Online verfügbar unter http://www.npc.umich.edu/publications/working_papers/?publication_id=155& (Abfrage 11/2013).
Brodkin, Evelyn Z./Majmundar, Malay (2010): Administrative Exclusion: Organizations and the Hidden Costs of Welfare Claiming. In: Journal of Public Administration Research and Theory 40, H. 4, S. 827–848.
Bromley, Patricia/Hwang, Hokyu/Powell, Walter W. (2012): Decoupling revisited: Common pressures, divergent strategies in the U. S. nonprofit sector. In: M@n@gement 15, H. 5.
Bromley, Patricia/Meyer, John W. (2017): "They Are All Organizations": The Cultural Roots of Blurring Between the Nonprofit, Business, and Government Sectors. In: Administration & Society 49, H. 7, S. 939–966.
Bromley, Patricia/Orchard, Charlene D. (2016): Managed Morality: The Rise of Professional Codes of Conduct in the U.S. Nonprofit Sector. In: Nonprofit and Voluntary Sector Quarterly 45, H. 2, S. 351–374.
Bromley, Patricia/Powell, Walter W. (2012): From Smoke and Mirrors to Walking the Talk: Decoupling in the Contemporary World. In: Academy of Management Annals 6, S. 483–530.

Brönstrup, Horst (1991): Tätigkeitsprofile und sozialarbeiterischer Alltag. In: Otto, Hans-Uwe (Hrsg.): Sozialarbeit zwischen Routine und Innovation. Professionelles Handeln in Sozialadministrationen. Berlin, New York: W. de Gruyter, S. 115–138.

Brown, Andrew D./Ainsworth, Susan/Grant, David (2012): The Rhetoric of Institutional Change. In: Organization Studies 33, H. 3.

Brown, Andrew D./Toyoki, Sammy (2013): Identity Work and Legitimacy. In: Organization Studies 34, H. 7, S. 875–896.

Brunsson, Nils/Jacobsson, Bengt (2005): The Contemporary Expansion of Standardization. In: Brunsson Nils/Jacobsson, Bengt (Hrsg.): A world of standards. Oxford: Oxford Univ. Press, S. 1–17.

Brunsson, Nils/Rasche, Andreas/Seidl, David (2012): The Dynamics of Standardization: Three Perspectives on Standards in Organization Studies. In: Organization Studies 33, H. 5–6, S. 613–625.

Brunsson, Nils/Sahlin-Andersson, Kerstin (2000): Constructing Organizations: The Example of Public Sector Reform. In: Organization Studies 21, H.4, S. 721–746.

Bryman, Alan (1988): Quantity and quality in social research. London: Unwin Hyman.

Buchanan, Bruce (1975): Red-Tape and the Service Ethic: Some Unexpected Differences Between Public and Private Managers. In: Administration & Society 6, H. 4, S. 423–444.

Buestrich, Michael/Burmester, Monika/Dahme, Heinz-Jürgen/Wohlfahrt, Norbert (2008): Die Ökonomisierung sozialer Dienste und sozialer Arbeit. Entwicklung, theoretische Grundlagen, Wirkungen. Baltmannsweiler: Schneider Hohengehren.

Bühler-Niederberger, Doris/Alberth, Lars/Eisentraut, Steffen (2014): Einleitung – theoretische Positionierung und Ausblick auf die Beiträge. In: Bühler-Niederberger, Doris/Alberth, Lars/Eisentraut, Steffen (Hrsg.): Kinderschutz. Wie kindzentriert sind Programme, Praktiken, Perspektiven? Weinheim: Beltz Juventa, S. 7–25.

Bundesregierung (2015): Evaluation des Bundeskinderschutzgesetzes. Bericht der Bundesregierung. Berlin.

Bundesvereinigung der kommunalen Spitzenverbände (mit Unterstützung der Arbeitsgemeinschaft für Kinder- und Jugendhilfe – AGJ und des Deutschen Vereins für öffentliche und private Fürsorge) (2009): Empfehlungen zur Festlegung fachlicher Verfahrensstandards in den Jugendämtern bei Gefährdung des Kindeswohls. Online verfügbar unter http://www.deutscher-verein.de/05-empfehlungen/empfehlungen_archiv/2009/pdf/Kinderschutz_Endfassung.pdf (Abfrage: 02/2011).

Bundesverwaltungsamt (Deutsches CAF-Zentrum) (2006): Common Assessment Framework. Verbesserung der Organisation durch interne Qualitätsbewertung. Online verfügbar unter http://www.verwaltung-innovativ.de/cln_162/SharedDocs/Publikationen/DE/caf__broschuere__2006,templateId=raw,property=publicationFile.pdf/caf_broschuere_2006.pdf (Abfrage: 06/2009).

Burkova, Olga/Kamp, Max/Tönnissen, Frank (2008): Computergestützte Falldokumentation in den Kompetenzagenturen und anderswo. In: Deutsche Gesellschaft für Luft- und Raumfahrt (DLR) (Hrsg.): Werkstattbericht 2008. Kompetenzagenturen: Strukturen · Erfahrungen · Ergebnisse, S. 22–31.

Burnham, James (1941): The Managerial Revolution. New York: John Day Co.

Burns, Tom (1961): Micropolitics: Mechanisms of Institutional Change. In: Administrative Science Quarterly 6, H. 3, S. 257–281.

Burton, Judith/van den Broek, Diane (2009): Accountable and Countable: Information Management Systems and the Bureaucratization of Social Work. In: British Journal of Social Work 39, S. 1326–1342.

Buttner, Peter (2006): Soziale Arbeit studieren. Das Studium und seine Einbettung in die Hochschullandschaft. In: Blätter der Wohlfahrtspflege 153, H. 2, S. 43–46.

Buttner, Peter (2007): Die Fachbereiche Sozialwesen und die Soziale Arbeit – Diversifizierung und Strukturwandel. In: Buttner, Peter (Hrsg.): Das Studium des Sozialen. Aktuelle Entwicklungen in Hochschule und sozialen Berufen. Berlin: Eigenverl. DV, S. 313–331.

Byford, Sarah et al/UK700 Group (2000): Cost-effectiveness of intensive v. standard case management for severe psychotic illness: UK700 case management trial. In: British Journal of Psychiatry 176, S. 537-543.

Carey, Malcom (2008): The Quasi-Market Revolution in the Head. Ideology, Discourse, Care Management. In: Journal of Social Work 8, H. 4, S. 341-362.

Carey, Malcom/Foster, Victoria (2011): Introducing 'Deviant' Social Work: Contextualising the Limits of Radical Social Work whilst Understanding (Fragmented) Resistance within the Social Work Labour Process. In: British Journal of Social Work 41, H. 3, S. 576-593.

Cevolini, Alberto (2014): Zahlen, Zahlenverhältnisse, Zahlensucht. In: Cevolini, Alberto (Hrsg.): Die Ordnung des Kontingenten. Beiträge zur zahlenmäßigen Selbstbeschreibung der modernen Gesellschaft. Wiesbaden: Springer, S. 9-37.

Challis, David (1990): Case Management: Problems and Possibilities. In: Allen, Isobel (Hrsg.): Care Managers and Care Management. London: Policy Studies Institute, S. 9-22.

Challis, David/Chessum, Rosemary/Chesterman, John/Luckett, Rosemary/Woods, Bod (1988): Community Care for the Frail Elderly: An Urban Experiment. In: British Journal of Social Work 18, S. 13-30.

Challis, David/Davies, Bleddyn (1980): A New Approach to Community Care for the Elderly. In: British Journal of Social Work 10, H. 1, S. 1-18.

Chandler, David/Hwang, Hokyu (2015): Learning From Learning Theory: A Model of Organizational Adoption Strategies at the Microfoundations of Institutional Theory. In: Journal of Management 41, H. 5, S. 1446-1476.

Chassé, Karl August/Wensierski, Hans-Jügen von (Hrsg.) (1999): Praxisfelder der sozialen Arbeit. Eine Einführung. Weinheim, München: Juventa.

Chelli, Mohamed/Gendron, Yves (2013): Sustainability Ratings and the Disciplinary Power of the Ideology of Numbers. In: Journal of Business Ethics 112, S. 187-203.

Child, John (1972): Organizational Structure, Environment and Performance: The Role of Strategic Choice. In: Sociology 6, H. 1, S. 1-22.

Clarke, John (1996): After social work? In: Parton, Nigel (Hrsg.): Social theory, social change and social work. London: Routledge, S. 36-60.

Clarke, John/Newman, Janet (1997): The managerial state. Power, politics and ideology in the remaking of social welfare. London: Sage.

Clarke, John/Newman, Janet/Smith, Nick/Vidler, Elizabeth/Westmarland, Louise (2007): Creating citizen-consumers. Changing publics & changing public services. London: Sage.

Cloutier, Charlotte/Langley, Ann (2013): The Logic of Institutional Logics: Insights From French Pragmatist Sociology. In: Journal of Management Inquiry 22, H. 4, S. 360-380.

Cnaan, Ram A. (1994): The New American Social Work Gospel: Case Management of the Chronically Mentally Ill. In: British Journal of Social Work 24, S. 533-557.

Cohen, Michael D./March, James G./Olson, Johan P. (1972): A Garbage Can Model of Organizational Choice. In: Administrative Science Quarterly 17, H. 1, S. 1-25.

Cole, Wade M. (2012): Human Rights as Myth and Ceremony? Reevaluating the Effectiveness of Human Rights Treaties, 1981-2007. In: American Journal of Sociology 117, H. 4, S. 1131-1171.

Colyvas, Jeanette A./Jonsson, Stefan (2011): Ubiquity and Legitimacy: Disentangling Diffusion and Institutionalization. In: Sociological Theory 29, H. 1, S. 27-53.

Corbin, Juliet/Strauss, Anselm L. (1990): Grounded Theory Research: Procedures, Canons and Evaluative Criteria. In: Zeitschrift für Soziologie 19, H. 6, S. 418-427.

Corley, Nicole A./Kim, Irang (2016): An Assessment of Intervention Fidelity in Published Social Work Intervention Research Studies. In: Research on Social Work Practice 24, H. 1, S. 53-60.

Creswell, John W. (1995): Research design: qualitative and quantitative approaches. Thousand Oaks: Sage.

Crossland, John (2016): Translating case management in a service for older people in Berlin. In: European Journal of Social Work 19, H. 1, S. 62-77.

Crozier, Michel/Friedberg, Erhard (1993): Die Zwänge kollektiven Handelns. Über Macht und Organisation. Frankfurt a. M.: Hain.
Cyert, Richard M./March, James G. (1963): A Behavioral Theory of the Firm. Englewood Cliffs, NJ: Prentice-Hall.
Czerner, Frank (2012): Novellierungsgesetze vom KICK bis zum BKiSchG – Optimierung des staatlichen Schutzauftrages bei (vermuteter) Kindeswohlgefährdung? In: Marthaler, Thomas (Hrsg.): Rationalitäten des Kinderschutzes. Kindeswohl und soziale Interventionen aus pluraler Perspektive. Wiesbaden: Springer VS, S. 47–78.
D'Adrande, Amy/Benton, Amy/Austin, Michael J. (2005): Risk and Safety Assessment in Child Welfare: Instrument Comparisons. Berkeley: BASSC.
D'Aunno, Thomas (1992): The Effectiveness of Human Service Organizations. In: Hasenfeld, Yeheskel (Hrsg.): Human services as complex organizations. Newbury Park, CA: Sage, S. 341–361.
Dahme, Hans-Jürgen (2008): Organisations- und Professionswandel im sozialen Dienstleistungssektor. In: Sozialer Fortschritt, H. 1, S. 9–14.
Dahme, Hans-Jürgen/Wohlfahrt, Norbert (2009): Zwischen Ökonomisierung und Teilhabe. In: Teilhabe 48, H. 4, S. 164–171.
Dahme, Heinz-Jürgen/Kühnlein, Gertrud/Wohlfahrt, Norbert/Burmester, Monika (2005): Zwischen Wettbewerb und Subsidiarität. Wohlfahrtsverbände unterwegs in die Sozialwirtschaft. Berlin: Ed. Sigma.
Dahme, Heinz-Jürgen/Schütter, Silke/Wohlfahrt, Norbert (2008): Lehrbuch Kommunale Sozialverwaltung und Soziale Dienste. Grundlagen, aktuelle Praxis und Entwicklungsperspektiven. Weinheim: Juventa.
Day, Sophie/Lury, Celia/Wackeford, Nina (2014): Number ecologies: numbers and numbering practices. In: Distinktion: Scandinavian Journal of Social Theory 15, H. 2, S. 123–154.
Deegener, Günther (2014): Risiko- und Schutzfaktoren des Kinder- und Jugendhilfesystems bei Prävention und Intervention im Kinderschutz. Lengerich: Pabst Science.
Deegener, Günther/Körner, Wilhelm (2006): Risikoerfassung bei Kindesmisshandlung und Vernachlässigung. Lengerich: Pabst Science.
DeHart-Davis, Leisha (2009): Green Tape: A Theory of Effective Organizational Rules. In: Journal of Public Administration Research and Theory 19, H. 2, S. 361–384.
DeHart-Davis, Leisha/Davies, Randall S./Mohr, Zachary (2015): Green Tape and Job Satisfaction: Can Organizational Rules Make Employees Happy? In: Journal of Public Administration Research and Theory 25, H. 3, S. 849–876.
Denzin, Nomran K. (1970): The Research Act in Sociology: A Theoretical Introduction to Sociological Methods. Chicago Ill.: Aldine Publisher Co.
Derber, Charles (1982): Managing Professionals. Ideological Proletarization and Post-Industrial Labor. In: Theory and Society 12, H. 3, S. 309–341.
Deutscher, Ruth (1978): Methoden der Sozialarbeit. In: Deutscher, Ruth/Fieseler, Gerhard/Maòr, Harry (Hrsg.): Lexikon der sozialen Arbeit. Stuttgart: Kohlhammer, S. 138–139.
Devlieghere, Jochen/Roose, Rudi (2018): Electronic Information Systems: In search of responsive social work. In: Journal of Social Work 18, H. 6, S. 650–665.
Dewe, Bernd (2005): Perspektiven gelingender Professionalität. In: neue praxis, H. 3, S. 257–266.
Dewe, Bernd (2009): Reflexive Sozialarbeit im Spannungsfeld von evidenzbasierter Praxis und demokratischer Rationalität – Plädoyer für die handlungslogische Entfaltung reflexiver Professionalität. In: Becker-Lenz, Roland/Busse, Stefan/Ehlert, Gudrun/Müller, Silke (Hrsg.): Professionalität in der Sozialen Arbeit. Standpunkte, Kontroversen, Perspektiven. Wiesbaden: VS Verl., S. 89–109.
Dewe, Bernd/Ferchhoff, Wielfried/Scherr, Albert/Stüwe, Gerd (1992): Professionelles soziales Handeln. Weinheim, München: Juventa.
Dewe, Bernd/Ferchhoff, Wielfried/Scherr, Albert/Stüwe, Gerd (1995): Professionelles soziales Handeln. Soziale Arbeit im Spannungsfeld zwischen Theorie und Praxis. Weinheim: Juventa.

Dewe, Bernd/Ferchhoff, Wielfried/Stuwe, Gerd (1993): Sozialarbeit und Berufswissen. In: Pfaffenberger, Hans/Schenk, Manfred (Hrsg.): Sozialarbeit zwischen Berufung und Beruf. Münster, Hamburg: Lit Verl., S. 189-204.
Dewe, Bernd/Otto, Hans-Uwe (2001): Wissenschaftstheorie. In: Otto, Hans-Uwe/Thiersch, Hans/Böllert, Karin (Hrsg.): Handbuch Sozialarbeit, Sozialpädagogik. 2. Aufl. Neuwied: Luchterhand, S. 1966-1979.
Dewe, Bernd/Otto, Hans-Uwe (2005): Reflexive Sozialpädagogik. In: Werner Thole (Hrsg.): Grundriss Soziale Arbeit. Ein einführendes Handbuch. 2. Aufl. Wiesbaden: VS Verl., S. 179-198.
Dewe, Bernd/Otto, Hans-Uwe (2010): Reflexive Sozialpädagogik. Grundstrukturen eines neuen Typs dienstleistungsorientierten Dienstleistungshandelns. In: Thole, Werner (Hrsg.): Grundriss soziale Arbeit. Ein einführendes Handbuch. 3. Aufl. Wiesbaden: VS Verl., S. 197-217.
[DGCC] Deutsche Gesellschaft für Care- und Case Management (2009): Rahmenempfehlungen zum Handlungskonzept Case-Management. Heidelberg: Economica.
Dick, Penny (2015): From Rational Myth to Self-Fulfilling Prophecy? Understanding the Persistence of Means–ends Decoupling as a Consequence of the Latent Functions of Policy Enactment. In: Organization Studies 36, H. 7, S. 897-924.
Diefenbach, Thomas (2009): New Public Management in Public Sector Organizations: The Dark Side of Managerialistic "Enlightment". In: Public Administration 87, H. 4, S. 892-909.
Dieterich, Marina/Irving, Claire B./Park, Bert/Marshall, Max (2010): Intensive case management for severe mental illness. In: Cochrane Database of Systematic Reviews 10 (Art. No.: CD007906).
[DIJuF] Deutsches Institut für Jugendhilfe und Familienrecht (2011): Rechtliche Analyse zur Machbarkeit möglicher Zuständigkeitsverschiebungen im Bereich der beruflichen Eingliederung/Jugendsozialarbeit für junge Menschen. Heidelberg.
Dilger, Corvin/Kreidenweis, Helmut (2012): IT von unten. In: Sozialmagazin 37, H. 1, S. 18-22.
DiMaggio, Paul J. (1988): Interest and agency in institutional theory. In: Zucker, Lynne G. (Hrsg.): Institutional patterns and culture. Cambridge, MA: Ballinger Publishing Company, S. 3-22.
DiMaggio, Paul J./Powell, Walter W. (1983): The iron cage revisted: Institutional isomorphism and collective rationallity in organizational fields. In: American Sociological Review 48, H. 2, S. 147-160.
Diodor von Sizilien (1827): Historische Weltbibliothek. Bd. 1/Übersetzt von Julius Friedrich Wurm. Stuttgart: Metzler'sche Buchhandlung.
[DJI] Deutsches Jugendinstitut (2009): Stellungnahme zum Entwurf eines Bundesgesetzes zur Verbesserung des Kinderschutzes (BKiSchG). München.
Dobbin, Frank/Sutton, John R./Meyer, John W./Scott, Richard W. (1993): Equal Opportunity Law and the construction of internal labour markets. In: American Journal of Sociology 99, H. 2, S. 396-427.
Dobson, Douglas/Cook, Thomas J. (1980): Avoiding type III errors in program evaluation: results from a field experiment. In: Evaluation and Program Planning 3, H. 4, S. 269-273.
Dollinger, Bernd (2007): Reflexive Professionalität. Analytische und normative Perspektiven sozialpädagogischer Selbstvergewisserung. In: neue praxis 37, H. 2, S. 136-151.
Dresing, Thorsten/Pehl, Thorsten (2010): Transkription. In: Mey, Günter/Mruck, Katja (Hrsg.): Handbuch Qualitative Forschung in der Psychologie. Wiesbaden: VS Verl., S. 723-733.
[DST] Deutscher Städtetag (2003): Strafrechtliche Relevanz sozialarbeiterischen Handelns. Empfehlungen zur Festlegung fachlicher Verfahrensstandards in den Jugendämtern bei akut schwerwiegender Gefährdung des Kindeswohls. Online verfügbar unter http://www.dijuf.de/tl_files/downloads/2010/andere_downloads/Empfehlungen_Staedtetag%28akuteKindeswohlgefaerdung%29.pdf (Abfrage: 10/11).

[DST] Deutscher Städtetag/Arbeitsgemeinschaft für Jugendhilfe (AGJ) (1999): Hinweise und Empfehlungen zur Steuerung der Jugendhilfe. Gemeinsame Empfehlungen. Berlin.

Duncan, Barry L./Miller, Scott D. (2009): Treatment Manuals Do Not Improve Outcomes. In: Norcross, John C./Beutler, Larry E./Levant, Ronald F. (Hrsg.): Evidence-based practices in mental health. Debate and dialogue on the fundamental questions. 5. pr. Washington, DC: American Psychological Association, S. 140–149.

Dunkel, Wolfgang/Weihrich, Margit (2012): Interaktive Arbeit – das soziologische Konzept. In: Dunkel, Wolfgang/Weihrich, Margit (Hrsg.): Interaktive Arbeit. Theorie, Praxis und Gestaltung von Dienstleistungsbeziehungen. Wiesbaden: Springer, S. 29–59.

Dustin, Donna (2007): The McDonaldization of Social Work. Aldershot: Ashgate.

[DV] Deutscher Verein für Öffentliche und Private Fürsorge (2000): Empfehlungen und Arbeitshilfe für den Ausbau und die Verbesserung der Zusammenarbeit der Kinder- und Jugendhilfe mit der Schule. In: Nachrichtendienst, 80 (10).

[DV] Deutscher Verein für Öffentliche und Private Fürsorge (DV) (2005): Die Sozialpädagogische Diagnose im kommunalen Sozialdienst. Berlin: DV.

[DV] Deutscher Verein für Öffentliche und Private Fürsorge (DV) (2006): Empfehlungen des Deutschen Vereins zur Weiterentwicklung der Hilfeplanung nach § 36 SGB VIII. Berlin.

Edelman, Lauren B. (1992): Legal Ambiguity and Symbolic Structures: Organizational Mediation of Civil Rights Law. In: American Journal of Sociology 97, H. 6, S. 1531–1576.

Edelman, Lauren B./Fuller, Sally Riggs/Mara-Drita, Iona (2001): Diversity Rhetoric and the Managerialization of Law. In: American Journal of Sociology 106, H. 5, S. 1589–1641.

Edelman, Lauren B./Uggen, Christopher/Erlanger, Howard S. (1999): The Endogeneity of Legal Regulation: Grievance Procedures as Rational Myth. In: American Journal of Sociology 105, H. 2, S. 406–454.

Edwards, Richard (1981): Herrschaft im modernen Produktionsprozess. Frankfurt a. M., New York: Campus.

Egelund, Tine (1996): Bureaucracy or professionalism? The work tools of child protection services. In: International Journal of Social Welfare 5, S. 165–174.

Eger, Frank (2008): Wie Jugendämter entscheiden. Ursachen einer veränderten Inanspruchnahme von Hilfen zur Erziehung. Wiesbaden: VS Verl.

Eisenstadt, Shmuel N. (1980): Cultural Orientations, Institutional Entrepreneurs, and Social Change: Comparative Analysis of Traditional Civilizations. American Journal of Sociology, 85, H. 4, S. 840–869.

Ellis, Kathy (2011): 'Street-level Bureaucracy' Revisited: The Changing Face of Frontline Discretion in Adult Social Care in England. In: Social Policy & Administration 45, H. 3, S. 221–244.

Ellis, Kathy/Davis, Ann/Rummery, Kirstein (1999): Needs Assessment, Street-level Bureaucracy and the New Community Care. In: Social Policy & Administration 33, H. 3, S. 262–280.

Engelke, Ernst/Borrmann, Stefan/Spatscheck, Christian (2014): Theorien der Sozialen Arbeit. Eine Einführung. 6. Aufl. Freiburg im Breisgau: Lambertus.

Enggruber, Ruth (2010): Von der „sozialpädagogisch orientierten Berufsbildung" zur „beruflichen Qualifizierung Jugendlicher mit besonderem Förderbedarf" – methodische Konsequenzen. In: Michel-Schwartze, Brigitta (Hrsg.): „Modernisierungen" methodischen Handelns in der Sozialen Arbeit. Wiesbaden: VS Verl., S. 135–172.

Enteman, Willard F. (1993): Managerialism. The emergence of a new ideology. Madison, WIS: University of Wisconsin Press.

Erath, Peter/Balkow, Kerstin (2016): Soziale Arbeit. Eine Einführung. Stuttgart: Kohlhammer.

Espeland, Wendy Nelson (1998): The struggle for water. Chicago Ill.: University of Chicago Press.

Etzion, Dror (2014): Diffusion as Classification. In: Organization Science 25, H. 2, S. 420–437.

Euteneuer, Matthias/Hammerschmidt, Peter/Uhlendorff, Uwe (2014): Sozialpädagogische Probleme und soziale Innovation – Ein zeitgeschichtlich-konstruktiver Forschungsansatz. In: Zeitschrift für Sozialpädagogik 12, H. 4, S. 377–401.

Evans, Tony (2009): Managing to be professional? Team managers and practicioners in mondernised social work. In: Harris, John und White, Vicky (Hrsg.): Modernising social work. Critical considerations. Bristol: Policy Press, S. 145–163.

Evans, Tony/Harris, John (2004): Street-Level Bureaucracy, Social Work and the (Exaggerated) Death of Discretion. In: British Journal of Social Work 34, H. 6, S. 871–895.

Evetts, Julia (2003): The Sociological Analysis of Professionalism. In: International Sociology 18, H. 2, S. 395–415.

Evetts, Julia (2011): A new professionalism? Challenges and opportunities. In: Current Sociology 59, H. 4, S. 406–422.

Evetts, Julia (2013): Professionalism: Value and ideology. In: Current Sociology 61, H. 5–6, S. 778–796.

Ewers, Michael (1996): Case Management. Anglo-amerikanische Konzepte und ihre Anwendbarkeit im Rahmen der bundesdeutschen Krankenversorgung. Discussion Paper P96_208. Wissenschaftszentrum Berlin. Berlin. Online verfügbar unter http://bibliothek.wz-berlin.de/pdf/1996/p96-208.pdf (Abfrage: 05/2014).

Farrell, Catherine/Morris, Jonathan (2003): The 'Neo-Bureaucratic' State: Professionals, Managers and Professional Managers in Schools, General Practices and Social Work. In: Organzation 10, H. 1, S. 129–156.

Fegert, Jörg M./Ziegenhain, Ute/Fangerau, Heiner (2010): Problematische Kinderschutzverläufe. Weinheim: Juventa.

Fendrich, Sandra/Pothmann, Jens/Tabel, Agathe (2016): Monitor Hilfen zur Erziehung 2016. Arbeitsstelle Kinder- und Jugendhilfestatistik (AKJStat). Dortmund.

Fendrich, Sandra/Tabel, Agathe (2016): Expansion und Ausdifferenzierung der Heimerziehung. In: KomDat 19, H. 2, S. 8–12.

Festinger, Leon (1957): A Theory of Cognitive Dissonance. Stanford: Stanford University Press.

Finis-Siegler, Beate (2009): Ökonomik Sozialer Arbeit. 2. Aufl. Freiburg: Lambertus.

Fischbach, Stefanie (2011): Auf dem Weg zur Professionalisierung? Die ‚Verbetriebswirtschaftlichung' Sozialer Arbeit am Beispiel einer Behinderteneinrichtung. München, Mering: Rainer Hampp Verl.

Fischer, Lorenz/Wiswede, Günter (2002): Grundlagen der Sozialpsychologie. München, Wien: Oldenbourg.

Fixsen, Dean L./Blase, Caren A./Naoom, Sandra F./Wallace, Frances (2009): Core Implementation Components. In: Research on Social Work Practice 19, H. 5, S. 531–540.

Fixsen, Dean L./Naoom, Sandra F./Blase, Caren A./Friedman, R. M./Wallace, Frances (2005): Implementation Research: A Synthesis of the Literature. Louis de la Parte Florida Mental Health Institute Publication 231. Tampa, FL: University of South Florida.

Flad, Carola/Schneider, Sabine/Treptow, Rainer (2008): Handlungskompetenz der Jugendhilfe. Eine qualitative Studie zum Erfahrungswissen von Fachkräften. Wiesbaden: Deutscher Universitäts-Verlag.

Flexner, Abraham (1915): Is social work a profession? In: National Conference of Charities and Corrections (Hrsg.): Proceedings of the National Conference of Charities and Corrections. New York: National Conference of Charities and Corrections, S. 576–590.

Flick, Uwe (2006): Qualitative Sozialforschung. 4. Aufl. Reinbek: Rowohlt-Taschenbuch-Verl.

Flick, Uwe (2008): Triangulation. Eine Einführung. 2. Aufl. Wiesbaden: VS Verl.

Flick, Uwe (2014): Triangulation als Rahmen für die Verknüpfung qualitativer und quantitativer Forschung. In: Mey, Günter/Mruck, Katja (Hrsg.): Qualitative Forschung. Wiesbaden: Springer, S. 185–191.

Fligstein, Neil (2001): Social Skill and the Theory of Fields. In: Sociological Theory 19, H. 2, S. 105–120.

Flösser, Gaby (1991): Administrative Routinen und professionelle Identität. In: Otto, Hans-Uwe (Hrsg.): Sozialarbeit zwischen Routine und Innovation. Professionelles Handeln in Sozialadministrationen. Berlin, New York: W. de Gruyter, S. 81–114.

Flösser, Gaby (1994): Soziale Arbeit jenseits der Bürokratie. Über das Management des Sozialen. Neuwied u. a.: Luchterhand.

Flückiger, Christoph/Del Re/A. C./Wampold, Bruce E./Symonds, Dianne/Horvath, Adam O. (2012): How Central Is the Alliance in Psychotherapy? A Multilevel Longitudinal Meta-Analysis. In: Journal of Consulting Psychology 59, H. 1, S. 10–17.

Flynn, Norman (2002): Explaining the New Public Management: The importance of context. In: Ferlie, Ewan/McLaughlin, Kate/Osborne, Stephen P. (Hrsg.): New public management. Current trends and future prospects. London: Routledge, S. 57–76.

Flynn, Rob (1999): Managerialism, professionalism and quasi-markets. In: Exworthy, Mark/Halford, Susan (Hrsg.): Professionals and the new managerialism in the public sector. Buckingham: Open Univ. Press, S. 18–36.

Fook, Jan/Ryan, Martin/Hawkins, Linette (1997): Towards a Theory of Social Work Expertise. In: British Journal of Social Work 27, S. 399–417.

Forbes, Daniel P. (1998): Measuring the Unmeasurable: Empirical Studies of Nonprofit Organization Effectiveness from 1977 to 1997. In: Nonprofit and Voluntary Sector Quarterly 27, H. 2, S. 183–202.

Fossestøl, Knut/Breit, Eric/Andreassen, Tone Alm/Klemstal, Lars (2015): Managing institutional complexity in public sector reform: Hybridization in front-line service organizations. In: Public Administration 93, H. 2, S. 290–206.

Franklin, Jack L./Solovitz, Brenda/Masson, Mark/Clemens, Jimmie R./Miller, Gary E. (1987): An Evaluation of Case Management. In: American Journal of Public Health 77, H. 6, S. 674–678.

Freidson, Eliot (1983): The Reorganization of the Professions by Regulation. In: Law and Human Behavior 7, H. 2–3, S. 279–290.

Freidson, Eliot (1984): The changing nature of professional control. In: Annual Review of Sociology 10, H. 1, S. 1–20.

Freidson, Eliot (2001): Professionalism. The third logic. Cambridge: Policy Press.

Frey, Dieter/Benning, Elke (1997): Die Theorie der kognitiven Dissonanz. In: Frey, Dieter Greif Siegfried (Hrsg.): Sozialpsychologie. Weinheim: Psychologie Verlags Union, S. 147–158.

Friedland, Roger/Alford, Robert R. (1987/1991): Bringing Society Back In: Symbols, Practices, and Institutional Contradictions. In: Powell, Walter W./DiMaggio, Paul J. (Hrsg.): The new institutionalism in organizational analysis. Chicago, Ill.: Univ. of Chicago Press, S. 232–263.

Fuller, Richard C./Myers, Richard R. (1941a): The Natural History of a Social Problem. In: American Sociological Review 6, H. 3, S. 320–329.

Fuller, Richard C./Myers, Richard R. (1941b): Some Aspects of a Theory of Social Problems. In: American Sociological Review 6, H. 1, S. 24–32.

Funk, Tobias (2008): Typen der Case-Management-Kritik. In: Soziale Arbeit 57, H. 9, S. 350–356.

Gadow, Tina/Peucker, Christian/Pluto, Liane/Santen, Eric van/Seckinger, Mike (2013): Wie geht's der Kinder- und Jugendhilfe? Empirische Befunde und Analysen. Weinheim: Beltz Juventa.

Galuske, Michael (2007a): Methoden der Sozialen Arbeit. Weinheim, München: Juventa.

Galuske, Michael (2007b): Case Management und aktivierender Sozialstaat. In: Soziale Arbeit, H. 11–12, S. 409–417.

Galuske, Michael/Müller, C. Wolfgang (2012): Handlungsformen in der Sozialen Arbeit. In: Thole, Werner (Hrsg.): Grundriss Soziale Arbeit. Wiesbaden: VS Verl., S. 587–610.

Gambrill, Eileen (2001): Social Work: An Authority-Based Profession. In: Research on Social Work Practice 11, H. 2, S. 166–175.

Gambrill, Eileen/Shlonsky, Aron (2000): Risk Assessment in Context. In: Children and Youth Services Review 22, H. 11–12, S. 813–837.

Gängler, Hans (2002): „Nicht ohne einander" Disziplin und Profession im Prozess der Formierung der Sozialen Arbeit als Wissenschaft. In: Schulze-Krüdener, Jörgen/Homfeld, Hans G./Merten, Roland (Hrsg.): Mehr Wissen – mehr Können? Baltmannsweiler: Schneider Verl. Hohengehren, S. 3–28.

Garrett, Paul Michael (2005): Social work's 'electronic turn': notes on the deployment of information and communication technologies in social work with children and families. In: Critical Social Policy 25, H. 4, S. 529–553.

Garrow, Eve/Grusky, Oscar (2013): Institutional Logic and Street-Level Discretion: The Case of HIV Test Counseling. In: Journal of Public Administration Research and Theory 23, H. 1, S. 103–131.

Gartner, Alan/Riesman, Frank (1978): Der aktive Konsument in der Dienstleistungsgesellschaft. Zur politischen Ökonomie des tertiären Sektors. Frankfurt a. M.: Suhrkamp.

Garud, Raghu/Hardy, Cynthia/Maguire, Steve (2007): Institutional Entrepreneurship as Embedded Agency: An Introduction to the Special Issue. In: Organization Studies 28, H. 7, S. 957–969.

Gawer, Annabelle/Phillips, Nelson (2013): Institutional Work as Logics Shift: The Case of Intel's Transformation to Platform Leader. In: Organization Studies 34, H. 8, S. 1035–1071.

Gedrath, Volker/Schröer, Wolfgang (2012): Die Sozialgesetzgebung und die Soziale Arbeit im 20. Jahrhundert. In: Thole, Werner (Hrsg.): Grundriss Soziale Arbeit. Wiesbaden: VS Verl., S. 863–882.

Geiser, Kaspar (2009): Klientenbezogene Aktenführung und Dokumentation in der Sozialarbeit. In: Brack, Ruth/Geiser, Kaspar (Hrsg.): Aktenführung in der Sozialarbeit. Vorschläge für die klientenbezogene Dokumentation als Beitrag zur Qualitätssicherung. 4. Aufl. Bern: Haupt Verl., S. 27–54.

Geißler, Karlheinz A./Hege, Marianne (1999): Konzepte sozialpädagogischen Handelns. Ein Leitfaden für soziale Berufe. 9. Aufl. Weinheim: Beltz.

Geron, Scott M./Chassler, David (1994): Guidelines for Case Management Practice Across the Long-term Care Continuum. CCCI – Connecticut Community Care, Inc.

Giddens, Anthony (1986): The constitution of society. Outline of the theory of structuration. Berkeley u. a.: University of California Press.

Gillingham, Philip (2009): The use of assessment tools in child protection: an ethnomethodological study. PhD thesis, School of Nursing and Social Work, The University of Melbourne. Online verfügbar unter http://hdl.handle.net/11343/35144 (Abfrage: 05/2015).

Gillingham, Philip (2011a): Computer-based Information Systems and Human Service Organisations: Emerging Problems and Future Possibilities. In: Australian Social Work 64, H. 3, S. 299–312.

Gillingham, Philip (2011b): Decision-making tools and the development of expertise in child protection practitioners: are we're just breeding workers who are good at ticking boxes'? In: Child and Family Social Work 16, S. 412–421.

Gillingham, Philip/Humphreys, Cathy (2010): Child Protection Practitioners and Decision-Making Tools: Observations and Reflections from the Front Line. In: British Journal of Social Work 40, H. 8, S. 2598–2616.

Gillwald, Katrin (2000): Konzepte sozialer Innovation. WZB Discussion Paper P00-519. Berlin. Online verfügbar unter http://skylla.wz-berlin.de/pdf/2000/p00-519.pdf (Abfrage: 04/2015).

Gioia, Dennis A./Corley, Kevin G./Hamilton, Aimee L. (2012): Seeking Qualitative Rigor in Inductive Research: Notes on the Gioia Methodology. In: Organizational Research Methods 16, H. 1, S. 15–31.

Gissel-Palkovich, Ingrid (2006): Case Management. Chancen und Risiken für die Soziale Arbeit und Aspekte seiner Implementierung in soziale Organisationen. In: Brinkmann, Volker (Hrsg.): Case Management. Organisationsentwicklung und Change Management in Gesundheits- und Sozialunternehmen. Wiesbaden: Gabler, S. 89–116.

Gissel-Palkovich, Ingrid (2011): Lehrbuch Allgemeiner Sozialer Dienst – ASD. Rahmenbedingungen, Aufgaben und Professionalität. Weinheim: Juventa.
Gissel-Palkovich, Ingrid (2012a): Case Management im ASD. In: Merchel, Joachim (Hrsg.): Handbuch Allgemeiner Sozialer Dienst (ASD). München: Ernst Reinhardt Verl., S. 208–216.
Gissel-Palkovich, Ingrid (2012b): Case Management benötigt mehr Begriffs- und Inhaltsklarheit! – Versuch einer Klärung. In: Case Management 9, H. 1, S. 4–12.
Gissel-Palkovich, Ingrid/Mäder, Marion/Schubert, Hubert/Stegt, Julia (2010): Der Allgemeine Soziale Dienst (ASD) im Wandel – ein Praxisvergleich. Abschlussbericht [auszugweise]. Kiel/Köln. Online verfügbar unter http://www.asd-projekt.de/ (Abfrage: 01/2012).
Gissel-Palkovich, Ingrid/Mäder, Marion/Schubert, Hubert/Stegt, Julia (2010x): Der Allgemeine Soziale Dienst (ASD) im Wandel – ein Praxisvergleich. 3. Skizzierung der Ergebnisse. Kiel/Köln. Online verfügbar unter http://www.asd-projekt.de/ (Abfrage: 01/2012).
Gissel-Palkovich, Ingrid/Mäder, Marion/Schubert, Hubert/Stegt, Julia (2010y): Der Allgemeine Soziale Dienst (ASD) im Wandel – ein Praxisvergleich. Teil 1: Das Projektdesign. Kiel/Köln. Online verfügbar unter http://www.asd-projekt.de/ (Abfrage: 01/2012).
Gissel-Palkovich, Ingrid/Schubert, Herbert (2015): Der Allgemeine Soziale Dienst unter Reformdruck: Interaktions- und Organisationssysteme des ASD im Wandel. Baden-Baden: Nomos.
Gissel-Palkovich, Ingrid/Schubert, Hubert (2010): Gelingende Praxis des ASD im Spannungsfeld zwischen Organisation und Interaktion. In: standpunkt: sozial, H. 2, S. 43–51.
Glaser, Barney G./Strauss, Anselm L. (2005): Grounded theory. Strategien qualitativer Forschung. Bern: Huber.
Gläser, Jochen/Laudel, Grit (2006): Experteninterviews und qualitative Inhaltsanalyse. Als Instrumente rekonstruierender Untersuchungen. 2. Aufl. Wiesbaden: VS Verl.
Gofen, Anat (2014): Mind the Gap: Dimensions and Influence of Street-Level Divergence. In: Journal of Public Administration Research and Theory 24, H. 2, S. 473–493.
Goffman, Erving (1974): Frame Analysis. An Essay on the Organization of Experience. Boston: Northeastern University Press.
Gorz, André (1994): Ökonomische Rationalität und Lebenswelt. In: Honneth, Axel (Hrsg.): Pathologien des Sozialen. Die Aufgaben der Sozialphilosophie. Frankfurt a. M.: Fischer Taschenbuch Verlag, S. 235–259.
Gottschalk, Oliver A. (1944): Standardization of Procedures. In: Public Administration Review 4, H. 4, S. 287–297.
Gouldner, Alvin W. (1957): Cosmopolitans and Locals: Towards an Analysis of Latent Social Roles – I. In: Administrative Science Quarterly 2, H. 3, S. 281–306.
Graefe, Irene (2011): Längst mehr als ein Modell: Case Management in Speyer. In: Healthcare Journal, H. 2, S. 15–17.
Green, Sandy Edward (2004): A rhetorical theory of diffusion. In: Academy of Management Review 29, H. 4, S. 653–669.
Green, Sandy Edward/Li, Yuan/Hohria, Nitin (2009): Suspended in self-spun webs of significance: A rhetorical model of institutionalization and institutionally embedded agency. In: Academy of Management Journal 52, H. 6, S. 11–36.
Greenwood, Royston/Díaz, Amalia Magán/Li, Stan Xiao/Lorente, José Céspedes (2010): The Multiplicity of Institutional Logics and the Heterogeneity of Organizational Responses. In: Organization Science 21, H. 2, S. 521–539.
Greenwood, Royston/Hinings, C. R. (1996): Understanding radical organizational change: Bringing together the old and the new institutionalism. In: Academy of Management Review 21, H. 4, S. 1022–1054.
Greenwood, Royston/Lachman, Ran (1996): Change as an Underlying Theme in Professional Service Organizations: An Introduction. In: Organization Studies 17, H. 4, S. 563–572.
Greenwood, Royston/Meyer, Renate E. (2008): A Celebration of DiMaggio and Powell (1983). In: Journal of Management Inquiry 17, H. 4, S. 258–264.

Greenwood, Royston/Micelotta, Evelyn R./Raynard, Mia/Kodeih, Farah/Lounsbury, Michael (2011): Institutional Complexity and Organizational Responses. In: The Academy of Management Annals 5, H. 1, S. 317-371.
Greenwood, Royston/Oliver, Christine/Sahlin, Kerstin/Suddaby, Roy (2008): Introduction. In: Greenwood, Royston/Oliver, Christine/Sahlin, Kerstin/Suddaby, Roy (Hrsg.): The SAGE handbook of organizational institutionalism. Los Angeles, CA: Sage, S. 1-46.
Greenwood, Royston/Suddaby, Roy (2006): Institutional entrepreneurship in mature fields: The Big Five accounting firms. In: Academy of Management Journal 49, H. 1, S. 27-48.
Greenwood, Royston/Suddaby, Roy/Hinings, C. R. (2002): Theorizing Change: The Role of Professional Associations in the Transformation of Institutionalized Fields. In: Academy of Management Journal 45, H. 1, S. 58-80.
Grohs, Stephan (2007): Reform der Jugendhilfe zwischen neuer Steuerung und Professionalisierung. Eine Bilanz nach 15 Jahren Modernisierugsdiskurs. In: Zeitschrift für Sozialreform 53, H. 3, S. 247-274.
Grohs, Stephan (2010): Modernisierung kommunaler Sozialpolitik. Anpassungsstrategien im Wohlfahrtskorporatismus. Wiesbaden: VS Verl.
Grohs, Stephan/Bogumil, Jörg (2011): Management sozialer Dienste. In: Evers, Adalbert/ Heinze, Rolf G./Olk, (Hrsg.): Handbuch Soziale Dienste. Wiesbaden: VS Verl., S. 299-314.
Habermas, Jürgen (1981a): Theorie des kommunikativen Handelns. Bd. 1: Handlungsrationalität und gesellschaftliche Rationalisierung. Frankfurt a. M.: Suhrkamp.
Habermas, Jürgen (1981b): Theorie des kommunikativen Handelns. Bd. 2. Zur Kritik der funktionalistischen Vernunft. Frankfurt a. M.: Suhrkamp.
Habermas, Jürgen (1994): Faktizität und Geltung. Beiträge zur Diskurstheorie des Rechts und des demokratischen Rechtsstaats. 4. Aufl. Frankfurt a. M.: Suhrkamp.
Hafner, Sonja J. (2009): Sisyphus und Machiavelli bei der Arbeit. Ganzheitliche Produktionssysteme zwischen Mythen und Realitäten. Mering: Rainer Hampp Verl.
Hall, Richard H. (1963): The Concept of Bureaucracy: An Empirical Assessment. In: American Sociological Review 69, H. 1, S. 32-40.
Hall, Richard H. (1968): Professionalization and bureaucratization. In: American Sociological Review, S. 92-104.
Hallett, Tim (2010): The Myth Incarnate. Recoupling Processes, Turmoil, and Inhabited Institutions in an Urban Elementary School. In: American Sociological Review 75, H. 1, S. 52-74.
Hamilton, Gordon (1940): Theory and Practice of Social Case Work. New York: Columbia University Press.
Hammerschmidt, Peter (2012): Geschichte der Rechtsgrundlagen der Sozialen Arbeit bis zum 20. Jahrhundert. In: Thole, Werner (Hrsg.): Grundriss Soziale Arbeit. Wiesbaden: VS Verl., S. 851-861.
Hammerschmidt, Peter/Uhlendorff, Uwe (2012): Zur Entstehungsgeschichte des ASD – von den Anfängen bis in die 1970er Jahre. In: Merchel, Joachim (Hrsg.): Handbuch Allgemeiner Sozialer Dienst (ASD). München: Ernst Reinhardt Verl., S. 10-31.
Hansbauer, Peter (2012): Sozialpädagogische Institute und ihre Funktion für Forschung, Evaluation und Beratung. In: Thole, Werner (Hrsg.): Grundriss Soziale Arbeit. Wiesbaden: VS Verl., S. 1205-1215.
Hansen, Eckhard (2005): Das Case/Care Management. Anmerkungen zu einer importierten Methode. In: neue praxis, H. 2, S. 107-125.
Hansen, Eckhard (2006): Das Case/Care Management. Anmerkungen zu einer importierten Methode: Qualitätssicherung und -management in der Sozialen Arbeit. In: Galuske, Michael/Thole, Werner (Hrsg.): Vom Fall zum Management. Neue Methoden der Sozialen Arbeit. Wiesbaden: VS Verl., S. 17-36.
Hansen, Eckhard (2009): Das Case Management als "Art of the State". In: neue praxis, H. 2, S. 507-522.
Hansen, Eckhard (2011): Das Care/Case Management. Nationale Entwicklungslinien in Großbritannien, Schweden und Deutschland. In: neue praxis, H. 4, S. 353-384.

Hansen, Flemming (2010): Standards in der sozialen Arbeit. Berlin: DV.
Hard, Gabriele (1991): Sozialbürokratie und Sozialreform. In: Otto, Hans-Uwe (Hrsg.): Sozialarbeit zwischen Routine und Innovation. Professionelles Handeln in Sozialadministrationen. Berlin, New York: W. de Gruyter, S. 17-50.
Harnach, Viola (2011): Psychosoziale Diagnostik in der Jugendhilfe. Grundlagen und Methoden für Hilfeplan, Bericht und Stellungnahme. 6. Aufl., Weinheim: Juventa.
Harriman, Norman F. (1928): Standards and Standardization. New York: McGraw-Hill.
Harris, John (1998): Scientific Management, Bureau-Professionalism, New Managerialism: The Labour Process of State Social Work. In: British Journal of Social Work 28, S. 839-862.
Harris, John (2003): The social work business. London, New York: Routledge.
Harris, John/Borodkina, Olga/Brodtkorb, Elisabeth/Evans, Tony/Kessl, Fabian/Slettebø, Tor (2015): International travelling knowledge in social work: an analytical framework. In: European Journal of Social Work 18, H. 4, S. 481-494.
Hartley, Jean F. (1983): Ideology and Organizational Behavior. In: International Studies of Management & Organization 13, H. 3, S. 7-34.
Hartwig, Luise/Teuber, Kristin (Hrsg.): Hilfeplanung - reine Formsache? München: Sozialpädagogisches Institut im SOS-Kinderdorf.
Haselmann, Sigrid (2010): Die neue Hilfeplanung in der Psychiatrie - Soziale Arbeit zwischen alten Spannungsfeldern und aktuellen Kontroversen. In: Brigitta Michel-Schwartze (Hrsg.): „Modernisierungen" methodischen Handelns in der Sozialen Arbeit. Wiesbaden: VS Verl., S. 231-278.
Hasenfeld, Yeheskel (1972): People-processing Organizations: An Exchange Approach. In: American Sociological Review 37, H. 3, S. 256-263.
Hasenfeld, Yeheskel (1983): Human service organizations. Englewood Cliffs, N.J.: Prentice-Hall.
Hasenfeld, Yeheskel (1987): Power in Social Work Practice. In: Social Service Review 61, H. 3, S. 469-438.
Hasenfeld, Yeheskel (Hrsg.) (1992): Human services as complex organizations. Newbury Park, CA.: Sage.
Hasenfeld, Yeheskel (2010): Introduction. In: Hasenfeld, Yeheskel (Hrsg.): Human services as complex organizations. 2. ed. Los Angeles: Sage, S. 1-5.
Hasenfeld, Yeheskel (2010a): The Attributes of Human Service Organizations. In: Hasenfeld, Yeheskel (Hrsg.): Human services as complex organizations. 2. ed. Los Angeles: Sage, S. 9-32.
Hasenfeld, Yeheskel (2010b): Worker-Client-Relations. In: Hasenfeld, Yeheskel (Hrsg.): Human services as complex organizations. 2. ed. Los Angeles: Sage, S. 405-425.
Hasenfeld, Yeheskel (2010c): Organizational Forms as Moral Practices. In: Hasenfeld, Yeheskel (Hrsg.): Human services as complex organizations. 2. ed. Los Angeles: Sage, S. 97-114.
Hasenfeld, Yeheskel/English, Richard A. (1974): Introduction - Human Service Organization: A Conceptional Overview. In: Hasenfeld, Yeheskel/English, Richard A. (Hrsg.): Human service organizations. A book of readings. Ann Arbor: Univ. of Michigan Press, S. 1-32.
Hasse, Raimund/Krücken, Georg (2005): Neo-Institutionalismus. 2. Aufl. Bielefeld: Transcript-Verl.
He, Hongwei/Brown, Andrew D. (2013): Organizational Identity and Organizational Identification: A Review of the Literature and Suggestions for Future Research. In: Group & Organization Management 38, H. 1, S. 3-35.
Heider, Fritz (1946): Attitudes and Cognitive Organization. In: The Journal of Psychology. 21, S. 107-112.
Heiner, Maja (2004): PRO-ZIEL Basisdiagnostik. Ein prozessbegleitendes, zielorientiertes, multiperspektivisches und dialogisches Diagnoseverfahren im Vergleich. In: Heiner, Maja (Hrsg.): Diagnostik und Diagnosen in der Sozialen Arbeit - ein Handbuch. Berlin: DV, S. 218-238.

Heiner, Maja (2010): Diagnostik in der Sozialen Arbeit: Zielsetzung, Gegenstand und Dimensionen. In: Archiv für Wissenschaft und Praxis der sozialen Arbeit 41, H. 4, S. 14–28.

Heiner, Maja (Hrsg.) (2004): Diagnostik und Diagnosen in der Sozialen Arbeit – ein Handbuch. Berlin: DV.

Heiner, Maja/Schrapper, Christian (2010): Diagnostisches Fallverstehen in der Sozialen Arbeit. Ein Rahmenkonzept. In: Schrapper, Christian (Hrsg.): Sozialpädagogische Diagnostik und Fallverstehen in der Jugendhilfe. 2. Aufl. Weinheim, München: Juventa, S. 201–221.

Heintz, Bettina (2007): Zahlen, Wissen, Objektivität: Wissenschaftssoziologische Perspektiven. In: Andrea Mennicken und Hendrik Vollmer (Hrsg.): Zahlenwerk. Wiesbaden: VS Verl., S. 65–85.

Heinze, Rolf G./Schmid, Josef/Strünck, Christoph (1997): Zur politischen Ökonomie der sozialen Dienstleistungsproduktion. In: Kölner Zeitschrift für Soziologie und Sozialpsychologie 49, H. 2, S. 242–271.

Heite, Catrin (2008): Soziale Arbeit im Kampf um Anerkennung. Professionstheoretische Perspektiven. Weinheim: Juventa.

Helfferich, Cornelia (2011): Die Qualität qualitativer Daten. Manual für die Durchführung qualitativer Interviews. 4. Aufl. Wiesbaden: VS Verl.

Hering, Sabine/Münchmeier, Richard (2005): Geschichte der sozialen Arbeit. 3. Aufl. Weinheim: Juventa.

Herkner, Werner (1991): Lehrbuch Sozialpsychologie. Bern u. a.: Huber.

Herz, Marcus/Johansson, Thomas (2012): 'Doing' Social Work: Critical Considerations on Theory and Practice in Social Work. In: Advances in Social Work 13, H. 3, S. 527–540.

Hielscher, Volker/Nock, Lukas/Kirchen-Peters, Sabine/Blass, Kerstin (2013): Zwischen Kosten, Zeit und Anspruch. Das alltägliche Dilemma sozialer Dienstleistungsarbeit. Wiesbaden: Springer.

Hillmeier, Hans (2004): Sozialpädagogische Diagnose. Eine Arbeitshilfe des Bayerischen Landesjugendamtes. In: Heiner, Maja (Hrsg.): Diagnostik und Diagnosen in der Sozialen Arbeit – ein Handbuch. Berlin: DV, S. 203–217.

Hillmeier, Hans (2005): Evaluation der Sozialpädagogischen Diagnose-Tabellen des Bayerischen Landesjugendamtes. In: Verein für Kommunalwissenschaften e.V. (Hrsg.): Diagnostik in der Kinder- und Jugendhilfe. Berlin: Verein f. Kommunalwissenschaften, S. 118–126.

Hillmeier, Hans/Sauter, Robert (2001): Einführung. In: Bayrisches Landesjugendamt (BLJA) (Hrsg.): Sozialpädagogische Diagnose: Arbeitshilfe zur Feststellung des erzieherischen Bedarfs. München: Bayerisches Landesjugendamt, S. 3–6.

Hinte, Wolfgang/Treeß, Helga (2014): Sozialraumorientierung in der Jugendhilfe. Theoretische Grundlagen, Handlungsprinzipien und Praxisbeispiele einer kooperativ-integrativen Pädagogik. 3. Aufl. Weinheim: Juventa.

Hirsch, Paul M./Lounsbury, Michael (2015): Toward a More Critical and "Powerful" Institutionalism. In: Journal of Management Inquiry 24, H. 1, S. 96–99.

Hochschild, Arlie Russel (1979): Emotion Work, Feeling Rules, and Social Structure. In: American Journal of Sociology 85, H. 3, S. 551–575.

Hoffman, Andrew J. (1999): Institutional evolution and change: Environmentalism and the U.S. chemical industry. In: Academy of Management Journal 42, H. 3, S. 351–371.

Höjer, Staffan/Forkby, Torbjörn (2011): Care for Sale: The Influence of New Public Management in Child Protection in Sweden. In: British Journal of Social Work 41, H. 1, S. 93–110.

Holm, P. (1995): The dynamics of institutionalization: Transformation processes in Norwegian fisheries. In: Administrative Science Quarterly 40, H. 3, S. 398–422.

Homburg, Vincent/Pollitt, Christopher/van Thiel, Sandra (2007): Introduction. In: Christopher Pollitt, Sandra van Thiel und Vincent Homburg (Hrsg.): New public management in Europe. Adaptation and alternatives. Basingstoke: Palgrave Macmillan, S. 1–9.

Honnard, Ron (1985): The Chronically Mental Ill in the Community. In: Marie Weil und James M. Karls (Hrsg.): Case management in human service practice. San Francisco: Jossey-Bass Publishers.

Hood, Christopher (1991): A public management for all seasons? In: Public Administration 69, H. 1, S. 3-19.
Hood, Christopher (2006): Gaming in Targetworld: The Targets Approach to Managing British Public Services. In: Public Administration Review 66, H. 4, S. 515-521.
Hood, Christopher/Dixon, Ruth/Wilson, Deborah (2009): 'Managing by Numbers': the Way to Make Public Services Better? ESRC Public Services Programme. Oxford.
Hopf, Christel (1978): Pseudo-Exploration – Überlegungen zur Technik qualitativer Interviews in der Sozialforschung. In: Zeitschrift für Soziologie 7, H. 2, S. 97-115.
Horvath, Adam O. (2001): The Aliance. In: Psychotherapy 38, H. 4, S. 365-372.
Horvath, Adam O./Symonds, Dianne (1991): Relationship Between Working Alliance and Outcome in Psychotherapy: A Meta-Analysis. In: Journal of Consulting Psychology 38, H. 2, S. 139-149.
Howe, David (1992): Child abuse and the bureaucratisation of social work. In: The Sociological Review 40, H. 3, S. 491-508.
Høybye-Mortensen, Matilde (2015): Decision-Making Tools and Their Influence on Caseworkers' Room for Discretion. In: British Journal of Social Work 45, H. 2, S. 600-615.
Hübsch, Franziska (2012): Die Bedeutung informeller Kommunikation im Allgemeinen Sozialen Dienst. In: Sorgende Arrangements: Kinderschutz zwischen Organisation und Familie. Wiesbaden: VS Verl., 175-186.
Hugman, Richard (2009): But Is It Social Work? Some Reflections on Mistaken Identities. In: British Journal of Social Work 39, H. 6, S. 1138-1153.
Huuskonen, Saila/Vakkari, Pertti (2015): Selective Clients' Trajectories in Case Files: Filtering Out Information in the Recording Process in Child Protection. In: British Journal of Social Work 45, S. 792-808.
Huxley, Peter (1993): Case Management and Care Management in Community Care. In: British Journal of Social Work 23, S. 365-381.
Hwang, Hokyu/Colyvas, Jeanette A. (2010): Problematizing Actors and Institutions in Institutional Work. In: Journal of Management Inquiry 20, H. 1, S. 62-66.
Hwang, Hokyu/Powell, Walter W. (2009): The Rationalization of Charity: The Influences of Professionalism in the Nonprofit Sector. In: Administrative Science Quarterly 54, S. 268-298.
[IFSW] International Ferderation of Social Workers (2014): Global Definition of Social Work. Online verfügbar unter: http://ifsw.org/get-involved/global-definition-of-social-work/ (Abfrage: 01/2018).
Intagliata, James (1982): Improving the Quality of Community Care for the Chronically Mentally Disabled: The Role of Case Management. In: Schizophrenia Bulletin 8, H. 4, S. 655-674.
[ISS] Institut für Sozialarbeit und Sozialpädagogik e.V. (Hrsg.) (2010): „Was stärkt den ASD?" Organisationsanforderungen und Lösungskonzepte. ISS. Frankfurt a. M.
[ISA] Institut für Soziale Arbeit (Hrsg.) (1994): Hilfeplanung und Betroffenenbeteiligung. Münster: Votum-Verl.
Jacob, Margaret I. (1958): Co-operation Between Social Workers in Hospitals and Family Agencies. In: Social Work 3, H. 4, S. 78-85.
Jacobsson, Bengt (2005): Standardization and Expert Knowlege. In: Brunsson, Nils/Jacobsson, Bengt (Hrsg.): A world of standards. Reprinted. Oxford: Oxford Univ. Press, S. 40-49.
Jahn, Detlef (2015): Diffusion. In: Wenzelburger, Georg/Zohlnhöfer, Reimut (Hrsg.): Handbuch Policy-Forschung. Wiesbaden: Springer VS, S. 247-276.
Janatzek, Uwe (2011): Case Management, Software und Soziale Arbeit. Ein kurzer Versuch einer kritischen Übersicht. München: AVM.
Jansen, Till/Vogd, Werner (2013): Polykontexturale Verhältnisse – disjunkte Rationalitäten am Beispiel von Organisationen. In: Zeitschrift für theoretische Soziologie, H. 1, S. 82-81.
Jessop, Bob (1986): Der Wohlfahrtsstaat im Übergang vom Fordismus zum Postfordismus. In: Prokla 16, H. 4, S. 4-33.

Jessop, Bob (1996): The transistion to post-Fordism and the Schupeterian workfare state. In: Burrows, Roger/Loader, Brian (Hrsg.): Towards a post-Fordist welfare state? Reprinted. London: Routledge, S. 13–37.

Jessop, Bob (2003): Governance and Metagovernance: On Reflexivity, Requisite Variety, and Requisite Irony. Department of Sociology, Lancaster University. Online verfügbar unter http://www.lancs.ac.uk/fass/sociology/papers/jessop-governance-and-metagovernance.pdf (Abfrage: 10/2011).

Jones, Bryan D. (1999): Bounded Rationality. In: Annual Review of Political Sciences 2, 297–321.

Jones, Chris (2001): Voices Form the Front Line: State Social Work and New Labor. In: British Journal of Social Work 31, S. 547–562.

Jordan, Erwin (2001): Zwischen Kunst und Fertigkeit: Sozialpädagogisches Können auf dem Prüfstand. In: Bayerisches Landesjugendamt (BLJA) (Hrsg.): Sozialpädagogische Diagnose: Arbeitshilfe zur Feststellung des erzieherischen Bedarfs. München: Bayerisches Landesjugendamt, S. 84–94.

Jordan, Erwin/Sengling, Dieter (1994): Jugendhilfe. Einführung in Geschichte und Handlungsfelder, Organisationsformen und gesellschaftliche Problemlagen. 3. Aufl. Weinheim: Juventa.

Juhila, Kirsi/Pösö, Tarja/Hall, Christopher/Parton, Nigel (2003): Introduction: Beyond a Universal Client. In: Hall, Christopher/Juhila, Kirsi/Parton, Nigel/Pösö, Tarja (Hrsg.): Constructing clienthood in social work and human services. Interaction, identities, and practices. London: Jessica Kingsley Publ., S. 11–24.

Kalberg, Stephen (1980): Max Weber's Types of Rationality: Cornerstones for the Analysis of Rationalization Processes in History. In: American Journal of Sociology 85, H. 5, S. 1145–1179.

Kallinikos, Jannis/Hasselbladh, Hans/Marton, Attila (2013): Governing social practice. In: Theory and Society 42, S. 395–421.

Kallio, Johanna/Kouvo, Antti (2015): Street-level Bureaucrats' and the General Public's Deservingness Perceptions of Social Assistance Recipients in Finland. In: Social Policy & Administration 49, H. 3, S. 316–334.

Kane, Rosalie A. (1985): Case management in Health care Settings. In: Weil, Marie/Karls, James M. (Hrsg.): Case management in human service practice. San Francisco: Jossey-Bass Publishers, S. 170–203.

Kathöfer, Sven/Kowol, Uli/Kotthaus, Jochem (2012): Wie schätzen Jugendämter ihren kommunikativen Auftritt ein? Eine Studie im Kontext „Fremdmelder von Kindeswohlgefährdungen". In: Sozialmagazin 37, H. 6, S. 17–25.

Katz, Elihu (1999): Theorizing Diffusion: Tarde and Sorokin Revisited. In: Annals of the American Academy of Political and Social Science 566, H. 1, S. 144–155.

Katz, Elihu/Levin, Martin L./Hamilton, Herbert (1963): Traditions of research on the diffusion of innovation. In: American Sociological Review 28, H. 2, S. 237–252.

Kaufmann, Franz-Xaver (1973): Zum Verhältnis von Sozialarbeit und Sozialpolitik. In: Otto, Hans-Uwe/Schneider, Siegfried (Hrsg.): Gesellschaftliche Perspektiven der Sozialarbeit. Neuwied: Luchterhand, H. 1, S. 87–104.

Kaufmann, Jean-Claude (1999): Das verstehende Interview. Konstanz: UVK Univ.-Verl.

Kegelmann, Jürgen (2007): New Public Management. Möglichkeiten und Grenzen des Neuen Steuerungsmodells. Wiesbaden: VS Verl.

Kelle, Udo/Kluge, Susann (2010): Vom Einzelfall zum Typus. Fallvergleich und Fallkontrastierung in der qualitativen Sozialforschung. 2. Aufl. Wiesbaden: VS Verl.

Keller, Reiner (2013): Zur Praxis der Wissenssoziologischen Diskursanalyse. In: Keller, Reiner/Truschkat, Inga (Hrsg.): Methodologie und Praxis der Wissenssoziologischen Diskursanalyse. Wiesbaden: VS Verl., S. 27–68.

Kelly, Erin/Dobbin, Frank (1998): How affirmative action became diversity management. In: American Behavioral Scientist 41, H. 7, 960–984.

Kern, Anja/Laguecir, Aziza/Leca, Bernard (2018): Behind Smoke and Mirrors: A Political Approach to Decoupling. In: Organization Studies 39, H. 4, S. 543–564.
[KGSt] Kommunale Gemeinschaftsstelle für Verwaltungsvereinfachung (1975): Organisation des Jugendamtes: Allgemeiner sozialer Dienst. KGSt-Bericht 6/1975. Köln.
[KGSt] Kommunale Gemeinschaftsstelle für Verwaltungsvereinfachung (1978): Ziele der Sozial- und Jugendhilfe. KGSt-Bericht 18/1978. Köln.
[KGSt] Kommunale Gemeinschaftstelle für Verwaltungsvereinfachung (1993): Das Neue Steuerungsmodell. KGSt-Bericht 5/1993. Köln.
[KGSt] Kommunale Gemeinschaftstelle für Verwaltungsvereinfachung (1994): Outputorientierte Steuerung der Jugendhilfe. 9/1994. Köln.
Kieser, Alfred (2006): Managementlehre und Taylorismus. In: Kieser, Alfred/Ebers, Mark (Hrsg.): Organisationstheorien. 6. Aufl. Stuttgart: Kohlhammer, S. 93–132.
Kindler, Heinz (2003): Ob das wohl gut geht? Verfahren zur Einschätzung der Gefahr von Kindesmisshandlung und Vernachlässigung im ASD. In: Diskurs 13, H. 2, S. 8–18.
Kindler, Heinz (2007): Empirische gestützte Diagnostik und Intervention bei Kindeswohlgefährdung. In: Sommerfeld, Peter/Hüttemann, Matthias (Hrsg.): Evidenzbasierte Soziale Arbeit. Baltmannsweiler: Schneider Verl. Hohengehren, S. 92–114.
Kindler, Heinz (2014): Die Rolle von Verfahren im Kinderschutz. In: Bühler-Niederberger, Doris/Alberth, Lars/Eisentraut, Steffen (Hrsg.): Kinderschutz. Wie kindzentriert sind Programme, Praktiken, Perspektiven? Weinheim: Beltz Juventa, S. 119–137.
Kindler, Heinz (2015): Qualitätsindikatoren für den Kinderschutz in Deutschland. Nationales Zentrum Frühe Hilfen (NZFH). Köln (Beiträge zur Qualitätsentwicklung im Kinderschutz, 6).
Kindler, Heinz/Baird, Christopher (2003): Risikoeinschätzung bei Kindeswohlgefährdung. Heinz Kindler interviewt Chris Baird. In: Diskurs 13, H. 2, S. 24–41.
Kindler, Heinz/Lillig, Susanna (2005): Der Schutzauftrag der Jugendhilfe unter besonderer Berücksichtigung von Gegenstand und Verfahren zur Risikoeinschätzung: Bedeutung für Ausgestaltung und Inhalt von Vereinbarungen mit Trägern der freien Jugendhilfe nach § 8a Abs. 2 SGB VIII. München: DJI.
Kindler, Heinz/Reich, Wulfhild (2007): Einschätzung von Gefährdungsrisiken am Beispiel der weiterentwickelten Version des Stuttgarter Kinderschutzbogens. In: Verein für Kommunalwissenschaften e.V. (Hrsg.): Kinderschutz gemeinsam gestalten: § 8a SGB VIII – Schutzauftrag der Kinder- und Jugendhilfe Verein für. Berlin: Verein f. Kommunalwissenschaften, S. 63–94.
Kindler, Heinz/Suess, Gehard (2010): Forschung zu Frühen Hilfen. In: Ilona Renner, Alexandra Sann und NZFH (Hrsg.): Forschung und Praxisentwicklung früher Hilfen. Modellprojekte begleitet vom Nationalen Zentrum Frühe Hilfe. Köln: BZgA, S. 11–38.
Kirkpatrick, Ian (2006): Taking Stock of the Managerialism in English Social Services. In: Social Work & Society 4, H. 1, S. 14–24.
Kirkpatrick, Ian/Ackroyd, Stephen/Walker, Richard (2005): The new managerialism and public service professions. Change in health, social services and housing. Basingstoke, Hampshire: Palgrave.
Kitenge, G./Govender, I. (2015): Nurses' monitoring of the Road to Health Chart at primary healthcare level in Makhado, Limpopo province. In: South African Family Practice 55, H. 3, S. 275–280.
Klatetzki, Thomas (2006): Der Stellenwert des Begriffs „Kognition" im Neo-Insitutionalismus. In: Senge, Konstanze/Hellmann, Kai-Uwe (Hrsg.): Einführung in den Neo-Institutionalismus. Wiesbaden: VS Verl., S. 48–61.
Klatetzki, Thomas (2012): Professionelle Organisationen. In: Apelt, Maja/Tacke, Veronika (Hrsg.): Handbuch Organisationstypen. 1. Aufl., Wiesbaden: VS Verl., S. 165–183.
Klatetzki, Thomas (2014): Inobhutnahme als Prozess sozialer Problembearbeitung. In: sozialer sinn, H. 1, S. 109–135.

Klees, Esther/Wiesner, Reinhard (2014): Zur Verantwortung in der Kinderschutzarbeit. Risiken fachlichen Handelns bei der Gefährdungseinschätzung. In: Sozialmagazin, H. 6, S. 84–95.
Kleve, Heiko (2007): Case Management in Deutschland. In: Soziale Arbeit, H. 11–12, S. 403–408.
Klie, Thomas (2011): Case Management und Soziale Dienste. In: Evers, Adalbert/Heinze, Rolf G./Olk, Thomas (Hrsg.): Handbuch Soziale Dienste. Wiesbaden: VS Verl., S. 499–512.
Köckeritz, Christine/Dern, Susanne (2012): Umsetzung von § 8 a SGB VIII (Schutzauftrag) in Baden-Württemberg. Abschlussbericht. KVJS. Online verfügbar unter http://www.kvjs.de/fileadmin/dateien/kvjs-forschung/Schutzauftrag-Abschluss-lang.pdf (Abfrage: 06/2013).
Kodeih, Farah/Greenwood, Royston (2014): Responding to Institutional Complexity: The Role of Identity. In: Organization Studies 35, H. 1, S. 7–39.
Kolbe, Christian (2012): Irritationen im Zwangskontext – Interaktionen im SGB II. In: WSI Mitteilungen, H. 3, S. 198–205.
König, Michael (1999): Selbstverständnis der evangelischen Jugendsozialarbeit von 1949–1960. In: Bundesarbeitsgemeinschaft Evangelische Jugendsozialarbeit (BAG EJSA) (Hrsg.): Evangelische Jugendsozialarbeit im Wandel der Zeit. Münster: Votum-Verl., S. 118–123.
Kotthaus, Jochem (2010): Kindeswohl und Kindeswille in der Jugendhilfe. Zur Beteiligung von Kindern an Entscheidungen in den erzieherischen Hilfen am Beispiel von Fremdunterbringungen entsprechend § 33 SGB VIII. 2007. Münster: Monsenstein und Vannerdat.
Kraatz, Matthew S./Block, Emily S. (2008): Organizational Implications of Institutional Pluralism. In: Greenwood, Royston/Oliver, Christine/Sahlin, Kerstin/Suddaby, Roy (Hrsg.): The SAGE handbook of organizational institutionalism. Los Angeles, CA: Sage, S. 243–275.
Krause Hansen, Hans (2015): Numerical operations, transparency illusions and the datafication of governance. In: European Journal of Social Theory 18, H. 2, S. 203–220.
Krauß, E. Jürgen (1996): Methoden der Sozialarbeit/Sozialpädagogik. In: Kreft, Dieter/Mielenz, Ingrid (Hrsg.): Wörterbuch soziale Arbeit. 4. Aufl. Weinheim: Beltz, S. 296–399.
Kreft, Dieter/Lukas, Helmut (1991): Perspektivenwandel in der Jugendhilfe? In: neue praxis, H. 1, S. 68–77.
Kreft, Dieter/Weigel, Hans-Georg (2012): Einleitung. In: Institut für Sozialarbeit und Sozialpädagogik e.V. (Hrsg.): Vernachlässigte Kinder besser schützen. Sozialpädagogisches Handeln bei Kindeswohlgefährdung. 2. Aufl. München: Ernst Reinhardt Verl., S. 11–16.
Kreidenweis, Helmut (2005): Die Hilfeplanung im Spiegel ausgewählter Software Produkte. Expertise. München: DJI.
Kreidenweis, Helmut (2008): Wem und wozu nutzt Fachsoftware für die Soziale Arbeit? In: Forum Sozial, H. 4, S. 21–24.
Kreidenweis, Helmut (2010): Software für die Soziale Arbeit. In: Case Management: Sonderheft Software, S. 16–19.
Kreidenweis, Helmut (2011): IT-Handbuch für die Sozialwirtschaft. Baden-Baden: Nomos.
Kreidenweis, Helmut/Halfar, Bernd (2010): IT-Report für die Sozialwirtschaft 2010. Eichstätt: Kath. Univ. Eichstätt-Ingolstatdt.
Krieger, Wolfgang (1994): Der Allgemeine Sozialdienst. Rechtliche und fachliche Grundlagen für die Praxis im ASD. Weinheim: Juventa.
Kriener, Martina (2001): Beteiligung als Gestaltungsprinzip. In: Birtsch, Vera/Münstermann, Klaus (Hrsg.): Handbuch Erziehungshilfen. Münster: Votum-Verl., S. 128–148.
Kristiansen, Mads Bøge/Dahler-Larsen, Peter/Ghin, Eva Moll (2019): On the Dynamic Nature of Performance Management Regimes. In: Administration & Society 51, H. 6., S. 991–1013.
Krone, Sirikit/Langer, Andreas/Mill, Ulrich/Stöbe-Blossey, Sybille (2009): Jugendhilfe und Verwaltungsreform. Zur Entwicklung der Rahmenbedingungen sozialer Dienstleistungen. Wiesbaden: VS Verl.
Kuckartz, Udo (2014): Mixed Methods. Methodologie, Forschungsdesigns und Analyseverfahren. Wiesbaden: Springer VS.

Kuckartz, Udo/Rädiker, Stefan/Ebert, Thomas/Schehl, Julia (2013): Statistik. Eine verständliche Einführung. Wiesbaden: VS Verl.
Kühl, Stefan/Strodtholz, Petra/Taffertshofer, Andreas (2009): Qualitative und quantitative Methoden der Organisationsforschung – ein Überblick. In: Kühl, Stefan/Strodtholz, Petra/Taffertshofer, Andreas (Hrsg.): Handbuch Methoden der Organisationsforschung. Quantitative und Qualitative Methoden. Wiesbaden: VS Verl., S. 13–27.
Kuhlmann, Carola (2004): Zur historischen Dimension von Diagnostik am Beispiel von Alice Salomon. In: Heiner, Maja (Hrsg.): Diagnostik und Diagnosen in der Sozialen Arbeit – ein Handbuch. Berlin: DV, S. 11–25.
Kunstreich, Timm (1978): Die alltäglichen „heimlichen" Methoden in der Sozialarbeit – Identitätsprobleme von Sozialarbeitern und soziologische Phantasie. In: neue praxis, H. 4, S. 348–352.
Kunstreich, Timm (1980): Rationalisierung als Disziplinierungsstrategie. In: Müller, Siegfried/Otto, Hans-Uwe (Hrsg.): Sozialarbeit als Sozialbürokratie? Zur Neuorganisation sozialer Dienste. Neue Praxis Sonderheft 5. Neuwied: Luchterhand, S. 190–196.
Küster, Ernst-Uwe/Schoneville, Holger (2010): Qualifizierung für die Soziale Arbeit. Auf der Suche nach Normalisierung, Anerkennung und dem Eigentlichen. In: Thole, Werner (Hrsg.): Grundriss Soziale Arbeit. Wiesbaden: VS Verl., S. 823–847.
Lambert, Michael J./Barley, Dean E. (2001): Research summary on the therapeutic relationship and psychotherapy outcome. In: Psychotherapy 38, H. 4, S. 357–361.
Landes, Benjamin (2010): Organisationsmodelle und Personal. In: Institut für Sozialarbeit und Sozialpädagogik e.V. (Hrsg.): Der Allgemeine Soziale Dienst. Aufgaben, Zielgruppen, Standards. München: Ernst Reinhardt Verl., S. 139–150.
Landes, Benjamin/Keil, Eva (2012): Organisatorische Verortung des ASD. In: Merchel, Joachim (Hrsg.): Handbuch Allgemeiner Sozialer Dienst (ASD). München: Ernst Reinhardt Verl., S. 34–46.
Langer, Andreas (2007): Dienstleistungsstrukturen in der Sozialen Arbeit zwischen Verwaltungsreform und Professionalisierung. In: Zeitschrift für Sozialreform 53, H. 3, S. 223–247.
Larbi, George A. (1999): The New Public Management Approach and Crisis States. (United Nations Research Institute for Social Development: UNRISD Discussion Paper No. 112). Genf, New York: Eigenverlag.
Larson, Magali Sarfatti (1977): The Rise of Professionalism. Berkeley u. a.: University of California Press.
Lash, Scott (2001): Technological Forms of Life. In: Theory, Culture & Society 18, H. 1, S. 105–120.
Lau, Thomas/Wolff, Stefan (1981): Bündnis wider Willen – Sozialarbeiter und ihre Akten. In: neue praxis. H. 3, S. 199–214.
Laulik, Sarah/Allam, Jayne/Browne, Kevin D. (2015): The Use of the Child Abuse Potential Inventory in the Assessment of Parents involved in Care Proceedings. In: Child Abuse Review 24, H. 5, S. 332–345.
Lawrence, Thomas B. (2008): Power, Institutions and Organizations. In: Greenwood, Royston/Oliver, Christine/Sahlin, Kerstin/Suddaby, Roy (Hrsg.): The SAGE handbook of organizational institutionalism. Los Angeles, CA: Sage, S. 170–197.
Lawrence, Thomas B./Dover, Graham (2015): Place and Institutional Work. Creating Housing for the Hard-to-house. In: Administrative Science Quarterly 60, H. 3, S. 371–410.
Lawrence, Thomas B./Leca, Bernard/Zilber, Tammar B. (2013): Institutional Work: Current Research, New Directions and Overlooked Issues. In: Organization Studies 34, H. 8, S. 1023–1033.
Lawrence, Thomas/Suddaby, Roy (2006): Institutions and Institutional Work. In: Clegg, Stewart/Hardy, Cynthia/Lawrence, Thomas/Nord, Walter R. (Hrsg.): The Sage handbook of organization studies. London: Sage, S. 215–254.

Lawrence, Thomas/Suddaby, Roy/Leca, Bernard (2011): Institutional Work: Refocusing Institutional Studies of Organization. In: Journal of Management Inquiry 20, H. 1, S. 52–58.
Leggewie, Heiner (1994): Globalauswertung von Dokumenten. In: Boehm, Andreas/Mengel, Andreas/Muhr, Thomas (Hrsg.): Texte verstehen: Konzepte, Methoden, Werkzeuge. Konstanz: UVK Univ.-Verl., S. 177–182.
Leicht, Kevin T./Fennell, Mary L. (2008): Institutionalism and the Professions. In: Greenwood, Royston/Oliver, Christine/Sahlin, Kerstin/Suddaby, Roy (Hrsg.): The SAGE handbook of organizational institutionalism. Los Angeles, CA: Sage, S. 431–448.
Leitner, Hans/Campe, Maren (2007): Verfahren zur Abklärung von Gefährdungssituationen für Kinder in ihren Familien. Fachstelle Oranienburg: Kinderschutz im Land Brandenburg und Start gGmbH. Online verfügbar unter http://www.fachstelle-kinderschutz.de/cms/upload/Publikationen/Studien/Bericht_Risikoabschaetzung.pdf (Abfrage: 10/2014).
Leon Festinger (1957): A Theory of Cognitive Dissonance. Stanford, CA: Stanford University Press.
Lepsius, M. Rainer (2013): Institutionalisierung politischen Handelns. Analysen zur DDR, Wiedervereinigung und Europäischen Union. Wiesbaden: Springer.
Lessenich, Stephan (2008): Die Neuerfindung des Sozialen. Der Sozialstaat im flexiblen Kapitalismus. Bielefeld: Transcript-Verl.
Lévi-Strauss, Claude (1966): he savage mind. Chicago Ill.: Univ. of Chicago Press.
Levy, David/Scully, Maureen (2007): The Institutional Entrepreneur as Modern Prince: The Strategic Face of Power in Contested Fields. In: Organization Science 28, H. 7, S. 971–991.
Lex, Tilly/Reißig, Birgit/Gaupp, Nora (2006): Kompetenzagenturen – Ergebnisse des Case Managements. In: INBAS GmbH – Regiestelle Kompetenzagenturen (Hrsg.): Gebündelte Kompetenzen für berufliche Integration. Offenbach: INBAS, S. 121–129.
Ley, Thomas (2010): „Unser Schreibzeug arbeitet mit an unseren Gedanken." Oder: Zur Konstruktion des sozialpädagogischen Falles in computerisierten Arbeitsumgebungen. In: Cleppien, Georg/Lerche, Ulrike (Hrsg.): Soziale Arbeit und Medien. Wiesbaden: VS Verl, S. 219–233.
Ley, Thomas/Seelmeyer, Udo (2008): Professionalism and Information Technology: Positioning and Mediation. In: Social Work & Society 6, H. 2, S. 338–351.
Ley, Thomas/Seelmeyer, Udo (2014): Dokumentation zwischen Legitimation, Steuerung und professioneller Selbstvergewisserung. In: Sozial Extra, H. 4, S. 51–55.
Liebold, Renate/Trinczek, Rainer (2009): Experteninterview. Unter Mitarbeit von 32–56. In: Kühl, Stefan/Strodtholz, Petra/Taffertshofer, Andreas (Hrsg.): Handbuch Methoden der Organisationsforschung. Quantitative und Qualitative Methoden. Wiesbaden: VS Verl.
Lillrank, Paul (2003): The Quality of Standard, Routine and Nonroutine Processes. In: Organization Studies 24, H. 2, S. 215–233.
Lillrank, Paul/Miukko, Matti (2004): Standard, routine and non-routine processes in health care. In: International Journal of Health Care Quality Assurance 17, H. 1, S. 39–46.
Lim, Alwyn/Tsutsui, Kiyoteru (2012): Globalization and Commitment in Corporate Social Responsibility: Cross-National Analyses of Institutional and Political-Economy Effects. In: American Sociological Review 77, H. 1, S. 69–98.
Link, Jürgen (2013): Versuch über den Normalismus. Wie Normalität produziert wird. 5. Auflage. Göttingen: Vandenhoeck & Ruprecht.
Linton, Ralph (1936): The Study of Man. New York: Appleton.
Lipsky, Michael (1980): Street-level bureaucracy. Dilemmas of the individual in public services. New York: Sage.
Löcherbach, Peter (2003): Einsatz der Methode Case Management in Deutschland: Übersicht zur Praxis im Sozial- und Gesundheitswesen. Vortrag auf dem Augsburger Nachsorgesymposium am 24.05.2003. Online verfügbar unter www.pantucek.com/seminare/cm_materialien/CM_Praxis.pdf (Abfrage: 10/2015).

Löcherbach, Peter (2008): Aller Anfang ist schwer: Der Case Management-Ansatz – und was die Jugendämter damit anfangen (können). In: Landschaftsverband Rheinland – Landesjugendamt (Hrsg.): Jugendhilfe Report 4/2008, S. 5–11.

Löcherbach, Peter/Mennemann, Hugo/Hermsen, Thomas (Hrsg.) (2009): Case Management in der Jugendhilfe. München: Ernst Reinhardt Verl.

Lok, Jaco (2010): Institutional logics as identity projects. In: Academy of Management Journal 53, H. 6, S. 1305–1335.

Lounsbury, Michael (2008): Institutional rationality and practice variation: New directions in the institutional analysis of practice. In: Accounting, Organizations and Society 33, H. 3, S. 349–361.

Lounsbury, Michael/Hirsch, Paul M. (2008): Editors' Introduction. In: Journal of Management Inquiry 17, H. 4, S. 257.

Lowy, Louis (1988): Case Management in der Sozialarbeit. In: Mühlfeld, Claus/Oppl, Hubert/Weber-Falkensammer, Hartmut/Wendt, Wolf Rainer(Hrsg.): Soziale Einzelhilfe. Frankfurt a. M.: Diesterweg, S. 31–39.

Luborsky, Lester/Diguer, Louis/Seligman, David A./Rosenthal, Robert/Krause, Elizabeth D./Johnson, Suzanne et al. (1999): The Researcher's Own Therapy Allegiances: A "Wild Card" in Comparisons of Treatment Efficacy. In: Clinical Psychology 6, H. 1, S. 95–106.

Luborsky, Lester/Rosenthal, Robert/Diguer, Louis/Andrusyna, Tomasz P./Bermann, Jeffrey S./Levitt, Jill T. et al. (2002): The Dodo Bird Verdict Is Alive and Well – Mostly. In: Clinical Psychology 9, H. 1, S. 2–12.

Ludwig-Mayerhofer, Wolfgang/Sondermann, Ariadne/Behrend, Olaf (2007): „Jedes starre Konzept ist schlecht und passt net' in diese Welt". Nutzen und Nachteil der Standardisierung der Beratungs- und Vermittlungstätigkeit in der Arbeitsvermittlung. In: Prokla 37, H. 148, S. 369–381.

Luhmann, Niklas (1973): Formen des Helfens im Wandel gesellschaftlicher Bedingungen. In: Otto, Hans-Uwe/Schneider, Siegfried (Hrsg.): Gesellschaftliche Perspektiven der Sozialarbeit. Neuwied: Luchterhand, H. 1, S. 21–43.

Luhmann, Niklas (1977): Funktion der Religion. Frankfurt a. M.: Suhrkamp.

Luhmann, Niklas (1986/2004): Strukturelle Defizite: Bemerkungen zur systemtheoretischen Analyse des Erziehungssystems. In: Luhmann, Niklas (Hrsg.): Schriften zur Pädagogik. Frankfurt a. M.: Suhrkamp, S. 91–110.

Luhmann, Niklas (1999): Funktionen und Folgen formaler Organisation. Mit einem Epilog 1994. 5. Aufl. Berlin: Duncker & Humblot.

Luhmann, Niklas/Schorr, Karl Eberhard (1999): Reflexionsprobleme im Erziehungssystem. 2. Aufl. Frankfurt a. M.: Suhrkamp.

Lukes, Steven (2005): Power. A radical view. 2nd ed. Houndmiles: Palgrave Macmillan.

Lymbery, Mark (1998): Care Management and Professional Autonomy: The Impact of Community Care Legislation on Social Work with Older People. In: British Journal of Social Work 28, S. 683–878.

Machado-da-Silva, Clóvis L./Guarido Filho, Edson R./Rossoni, Luciano (2006): Organizational Fields and the Structuration Perspective: Analytical Possibilities. In: Brazilian Administration Review 3, H. 2, S. 32–56.

Macsenaere, Michael/Knab, Eckhart (2004): Evaluationsstudie erzieherischer Hilfen (EVAS). Eine Einführung. Freiburg im Breisgau: Lambertus.

Macsenaere, Michael/Paries, Gabriele (2006): Wirkungsorientierte Steuerung im Dialog: Mehr Einblick, Übersicht und Effizienz im Bereich der Hilfen zur Erziehung. In: Das Jugendamt 79, H. 3, S. 113–119.

Macsenaere, Michael/Paries, Gabriele/Arnold, Jens (2009): EST! Evaluation der Sozialpädagogischen Diagnose-Tabellen. Abschlussbericht. Mainz: Institut für Kinder- und Jugendhilfe gGmbH (IKJ). Online verfügbar unter http://www.blja.bayern.de/imperia/md/content/blvf/bayerlandesjugendamt/familie/abschlussbericht.pdf (Abfrage: 09/2010).

Maguire, Steve/Hardy, Cynthia (2009): Discourse and deinstitutionalization: The decline of DDT. In: Academy of Management Journal 52, H. 1, S. 148–178.

Mair, Johanna/Mayer, Judith/Lutz, Eva (2015): Navigating Institutional Plurality: Organizational Governance in Hybrid Organizations. In: Organization Studies 36, H. 6, S. 713–739.
Mairhofer, Andreas (2014): Nutzerorientierung in der Sozialen Arbeit. Münster, Berlin: Lit Verl.
Mairhofer, Andreas (2017): Angebote und Strukturen der Jugendberufshilfe. Eine Forschungsübersicht. München: DJI.
Mairhofer, Andreas/Pooch, Marie-Theres (i. E.) Kinderschutz in Deutschland. Forschungsstand und Perspektiven. München: DJI.
Malik, S. Dolly/Wilson, Donald O. (1995): Factors Influencing Engineers' Perceptions of Organizational Support for Innovation. In: Factors Influencing Engineers' Perceptions of Organizational Support 12, H. 3, S. 201–218.
Mamier, Jasmin/Pluto, Liane/Santen, Eric van/Seckinger, Mike (2003): Institutionenbefragungen am Beispiel von Jugendamtserhebungen – Ein Feldbericht. In: Otto, Hans-Uwe/ Oelerich, Gertrud/Micheel, Heinz-Günter (Hrsg.): Empirische Forschung und soziale Arbeit. Ein Lehr- und Arbeitsbuch. München: Luchterhand/Ernst Reinhardt Verl., S. 307–325.
Mamier, Jasmin/Seckinger, Mike/Pluto, Liane/Santen, Eric van/Zink, Gabriela (2002): Organisatorische Einbettung von Jugendhilfeaufgaben in der Kommunalverwaltung. In: Sachverständigenkommission 11. Kinder- und Jugendbericht (Hrsg.): Strukturen der Kinder- und Jugendhilfe. Eine Bestandsaufnahme. Band 1 der Materialien zum 11. Kinder- und Jugendbericht. München: DJI, S. 265–318.
Mannino, Fortune V./Rooney, Herbert L. (1965): An Intake Policy for Referrals to a Psychiatric Clinic. In: Social Work 10, H. 2, S. 79–82.
March, James G./Olsen, Johan P. (1984): The New Institutionalism: Organizational Factors in Political Life. In: American Political Sciences Review 78, S. 734–749.
Marrs, Kira (2010): Herrschaft und Kontrolle in der Arbeit. In: Voß, G. Günter/Wachtler, Günther/Böhle, Fritz (Hrsg.): Handbuch Arbeitssoziologie. Wiesbaden: VS Verl., S. 331–356.
Marsh, Jeanne Cay/Angell, Beth/Andrews, Christina M./Curry, Ashley (2012): Client-Provider Relationship and Treatment Outcome: A Systematic Review of Substance Abuse, Child Welfare, and Mental Health Services Research. In: Journal of the Society for Social Work and Research 3, H. 4, S. 233–267.
Marshall, Max (1996): Case management: a dubious practice. Underevaluated and ineffective, but now government policy. In: British Medical Journal 312, S. 523.
Marshall, Max/Gray, Alastair/Lockwood, Austin/Green, Rex (1998): Case management for people with severe mental disorders. In: Cochrane Database of Systematic Reviews 2 (Art. No.: CD000050.).
Marshall, Thomas H. (1949/1992): Staatsbürgerrechte und soziale Klassen. In: Marshall, Thomas H. (Hrsg.): Bürgerrechte und soziale Klassen. Zur Soziologie des Wohlfahrtsstaates. Frankfurt a. M.: Campus, S. 31–94.
Marx, Arnold J./Test, Mary Ann/Stein, Leonard I. (1973): Extrahospital management of severe mental illness. In: Archives of General Psychiatry 29, S. 505–511.
Marx, Karl (1844/1968): Ökonomisch-philosophische Manuskripte aus dem Jahre 1844. In: Marx Engels Werke (MEW), Ergänzungsband 1. Berlin (Ost): Dietz.
Marx, Karl (1867/1969): Das Kapital, Bd. 1. In: Marx Engels Werke (MEW), Bd. 23. Berlin (Ost): Dietz.
Marx, Karl (1858/1983): Grundrisse der Kritik der politischen Ökonomie. In: Marx, Karl/ Engels, Friedrich: Werke. Bd. 42. Berlin (Ost): Dietz.
Mas-Expósito, Laia/Amador-Campos, Juan Antonio/Gómez-Benito, Juana/Lalucat-Jo, Lluís (2014): Depicting current case management models. In: Journal of Social Work 14, H. 2, S. 133–146.
Matarese, Maureen T./Caswell, Dorte (2017): 'I'm Gonna Ask You about Yourself, so I Can Put It on Paper': Analysing Street-Level Bureaucracy through Form-Related Talk in Social Work. In: British Journal of Social Work 48, H. 3, S. 714–733.

Matuschek, Ingo/Arnold, Katrin/Voß, Gerd Günter (2007): Subjektivierte Taylorisierung. Organisation und Praxis medienvermittelter Dienstleistungsarbeit. München: Hampp.

Maurer, Marcus/Jandura, Olaf (2009): Masse statt Klasse? Einige kritische Anmerkungen zu Repräsentativität und Validität von Online-Befragungen. In: Jackob, Nikolaus/Schoen, Harald/Zerback, Thomas (Hrsg.): Sozialforschung im Internet. Methodologie und Praxis der Online-Befragung. Wiesbaden: VS Verl., S. 61–73.

Mayntz, Renate/Scharpf, Fritz W. (1995): Der Ansatz des akteurszentrierten Institutionalismus. In: Mayntz, Renate/Scharpf, Fritz W. (Hrsg.): Gesellschaftliche Selbstregelung und politische Steuerung. Frankfurt a. M.: Campus, S. 39–72.

Mayring, Philipp (2002): Einführung in die qualitative Sozialforschung. Eine Anleitung zu qualitativem Denken. 5. Aufl. Weinheim: Beltz-Verl.

McCallum, Katherine E./Boccaccini, Marcus T./Bryson, Claire N. (2017): The Influence of Risk Assessment Instrument Scores on Evaluators' Risk Opinions and Sexual Offender Containment Recommendations. In: Criminal Justice and Behavior 44, H. 9, S. 1213–1235.

McDonald, Catherine (2006): Institutional Transformation: The Impact of Performance Measurement on Professional Practice in Social Work. In: Social Work & Society 4, H. 1, S. 25–39.

McGregor, Douglas (1971): Der Mensch im Unternehmen. Düsseldorf: ECON.

McNeece, C. Aaron/Thyer, Bruce A. (2004): Evidence-Based Practice and Social Work. In: Journal of Evidence-Based Social Work 1, H. 1 , S. 7–25.

McPherson, Chad Michael/Sauders, Michael (2013): Logics in Action. Managing Institutional Complexity in a Drug Court. In: Administrative Science Quarterly 58, H. 2, S. 165–196.

Mehta, Judith (2013): The discourse of bounded rationality in academic and policy arenas: pathologising the errant consumer. In: Cambridge Journal of Economics 37, S. 1243–1261.

Mendoza, Natasha S./Rose, Roderick A./Geiger, Jennifer M./Cash, Scottye J. (2016): Risk assessment with actuarial and clinical methods: Measurement and evidence-based practice. In: Child Abuse and Neglect 61, H. 1, S. 1–12.

Merchel, Joachim (1994): Von der psychosozialen Diagnose zur Hilfeplanung. In: Jordan, Erwin/Schrapper, Christian/Institut für Soziale Arbeit (Hrsg.): Hilfeplanung und Betroffenenbeteiligung. Münster: Votum-Verl., S. 44–63.

Merchel, Joachim (1999): Zwischen „Diagnose" und „Aushandlung": Zum Verständnis des Charakters von Hilfeplanung in der Erziehungshilfe. In: Peters, Friedhelm (Hrsg.): Diagnosen – Gutachten – hermeneutisches Fallverstehen. Rekonstruktive Verfahren zur Qualifizierung individueller Hilfeplanung. Frankfurt a. M.: IGFH, S. 73–96.

Merchel, Joachim (2004): Pädagogische Dokumentation zwischen Etikettierung und Ausweis fachlichen Handelns. In: Henes, Heinz/Trede, Wolfgang (Hrsg.): Dokumentation pädagogischer Arbeit. Grundlagen und Methoden für die Praxis der Erziehungshilfen. Frankfurt a. M.: IGFH, S. 15–41.

Merchel, Joachim (2005): „Standards" – unklarer Begriff und unklare Interessen. In: Blätter der Wohlfahrstpflege, H. 5, S. 178–182.

Merchel, Joachim (2008): Trägerstrukturen in der Sozialen Arbeit. Eine Einführung. 2. Aufl. Weinheim: Juventa.

Merchel, Joachim (2013): Qualitätsentwicklung in der örtlichen Kinder- und Jugendhilfe. Orientierungshilfe zur Umsetzung der Regelungen in §§ 79, 79a SGB VIII. Münster, Köln: Landschaftsverband Rheinland und Landschaftsverband Westfalen-Lippe.

Merchel, Joachim (2013): Qualitätsmanagement in der Sozialen Arbeit. Weinheim: Juventa.

Merton, Robert K. (1957): Social theory and social structure. Glencoe, IL: Free Press.

Merton, Robert K./Kendall, Patricia L. (1946): The Focused Interview. In: American Journal of Sociology 51, H. 6, S. 541–557.

Messer, Stanley B./Wampold, Bruce E. (2006): Let's Face Facts: Common Factors Are More Potent Than Specific Therapy Ingredients. In: Clinical Psychology 9, H. 1, S. 21–25.

Messmer, Heinz (2007): Jugendhilfe Zwischen Qualität und Kosteneffizienz. Wiesbaden: VS Verl./GWV Fachverlage GmbH.

Metzner, Franka/Pawlis, Silke (2011): Zum Einsatz von Risikoinventaren bei Kindeswohlgefährdung. In: Körner, Wilhelm/Deegener, Günther (Hrsg.): Erfassung von Kindeswohlgefährdung in Theorie und Praxis. Lengerich: Pabst, S. 251-277.

Meuser, Michael/Nagel, Ulrika (1991): ExpertInneninterviews – vielfach erprobt, wenig bedacht. In: Garz, Detlef (Hrsg.): Qualitativ-empirische Sozialforschung. Konzepte, Methoden, Analysen. Opladen: Westdt. Verl., S. 441-471.

Meuser, Michael/Nagel, Ulrika (1994): Expertenwissen und Experteninterview. In: Hitzler, Ronald/Hitzler-Honer-Maeder (Hrsg.): Expertenwissen. Die institutionalisierte Kompetenz zur Konstruktion von Wirklichkeit. Opladen: Westdt. Verl., S. 180-192.

Mey, Günter/Mruck, Katja (2010): Grounded-Theory-Methodologie. In: Mey, Günter/Mruck, Katja (Hrsg.): Handbuch Qualitative Forschung in der Psychologie. Wiesbaden: VS Verl., S. 614-626.

Meyer, John W. (2000): Globalization. Sources and Effects on National States and Societies. In: International Sociology 15, H. 2, S. 233-248.

Meyer, John W. (2008): Reflections on Institutional Theories of Organizations. In: Greenwood, Royston/Oliver, Christine/Sahlin, Kerstin/Suddaby, Roy (Hrsg.): The SAGE handbook of organizational institutionalism. Los Angeles, CA: Sage, S. 788-809.

Meyer, John W. (2010): World Society, Institutional Theories, and the Actor. In: Annual Review of Sociology 36, S. 1-20.

Meyer, John W./Boli, John/Thomas, George M. (2005): Ontologie und Rationalisierung im Zurechnungssystem der westlichen Kultur. In: Krücken, Georg (Hrsg.): John W. Meyer: Weltkultur. Frankfurt a. M.: Suhrkamp, S. 17-46.

Meyer, John W./Boli, John/Thomas, George M./Ramirez, Francisco O. (1997): World Society and the Nation-State. In: American Journal of Sociology 103, H. 1, S. 144-181.

Meyer, John W./Bromley, Patricia (2013): The Worldwide Expansion of "Organization". In: Sociological Theory 31, H. 4, S. 366-389.

Meyer, John W./Jepperson, Ronald R. (2000): The "Actors" of Modern Society: The Cultural Construction of Social Agency. In: Sociological Theory 18, H. 1, S. 100-120.

Meyer, John W./Rowan, Brian (1977): Institutionalized Organizations: Formal Structure as Myth and Ceremony. In: American Journal of Sociology 83, H. 2, S. 340-363.

Meysen, Thomas (2006): In welcher straf- und haftungsrechtlichen Verantwortung stehen die MitarbeiterInnen des ASD bei einer Kindeswohlgefährdung? In: Kindler, Heinz/Lillig, Susanna/Blüml, Herbert/Meysen, Thomas/Werner, Annegret (Hrsg.): Handbuch Kindeswohlgefährdung nach § 1666 BGB und Allgemeiner Sozialer Dienst (ASD). München: DJI, 37/1-37/4.

[MGFFI] Ministerium für Generationen, Familie Frauen und Integration Landes NRW (2010): Kindeswohlgefährdung – Ursachen, Erscheinungsformen und neue Ansätze der Prävention. Düsseldorf.

Micelotta, Evelyn/Lounsbury, Michael/Greenwood, Royston (2017): Pathways of Institutional Change: An Integrative Review and Research Agenda. In: Journal of Management 43, H. 6, S. 1885-1910.

Michaels, Ronald E./Dubinsky, Alan J./Kotabe, Masaaki/Lim, Chea Un (1988): The effects of organizational formalization on organizational commitment and work alienation in US, Japanese and Korean industrial salesforces. In: European Journal of Marketing 30, H. 7, S. 8-24.

Michaels, Ronald E./Dubinsky, Alan J./Kotabe, Masaaki/Un Lim, Chae (1996): The effects of organizational formalization on organizational commitment and work alienation in US, Japanese and Korean industrial salesforces. In: European Journal of Marketing 30, H. 7, S. 8-24.

Micheel, Hein-Günter (2013): Methodische Aspekte der Wirkungsforschung. In: Gunther Graßhoff (Hrsg.): Adressaten, Nutzer, Agency. Akteursbezogene Forschungsperspektiven in der Sozialen Arbeit. Wiesbaden: Springer, S. 181-193.

Michels, Robert (1911): Zur Soziologie des Parteiwesens in der modernen Demokratie. Leipzig: Klinkhardt.

Michel-Schwartze, Brigitta (Hrsg.) (2009): Methodenbuch Soziale Arbeit. Basiswissen für die Praxis. 2. Aufl. Wiesbaden: VS Verl.

Michel-Schwartze, Brigitta (2010): Einleitung: Modernisierungen methodischen Handelns in der Sozialen Arbeit: sozialpolitischer Imperativ, Steuerungsprozesse, Wirkungen. In: Michel-Schwartze, Brigitta (Hrsg.): „Modernisierungen" methodischen Handelns in der Sozialen Arbeit. Wiesbaden: VS Verl., S. 7-30.

Mierendorff, Johanna/Ostner, Ilona (2014): Kinder im Wohlfahrtsstaat: Leitbilder der aktuellen Sozialpolitik. In: Bühler-Niederberger, Doris/Alberth, Lars/Eisentraut, Steffen (Hrsg.): Kinderschutz. Wie kindzentriert sind Programme, Praktiken, Perspektiven? Weinheim: Beltz Juventa, S. 200-221.

Miles, Matthew B./Huberman, Alan M./Saldaña, Johnny (2014): Qualitative data analysis. A methods sourcebook. Edition 3. Los Angeles, London, New Delhi, Singapore, Washington DC: Sage.

Miller, Joel/Maloney, Carrie (2013): Practitioner Compliance With Risk/Needs Assessment Tools: A Theoretical and Empirical Assessment. In: Criminal Justice and Behavior 40, H. 7, S. 716-736.

Milner, Joel S. (1980): Child Abuse Potential Inventory: Manual. Webster, NC: Psytec.

Mintzberg, Henry (1992): Die Mintzberg-Struktur. Organisation effektiver gestalten. Landsberg/Lech: Verl. Moderne Industrie.

Moher, David/Liberati, Alessandro/Tetzlaff, Jennifer/Altman, Douglas G./PRISMA Group (2009): Preferred Reporting Items for Systematic Reviews and Meta-Analyses: The PRISMA Statement. In: Annals of Internal Medicine 151, H. 4, S. 264-269.

Mohr, Simon (2015): Soziale Arbeit als Profession – eine Organisationsanalyse. In: neue praxis, H. 4, S. 400-419.

Mohr, Simon (2017): Abschied vom Managerialismus. Das Verhältnis von Profession und Organisation in der Sozialen Arbeit. Universität Bielefeld.

Möhring-Hesse, Matthias (2008): Verbetriebswirtschaftlichung und Verstaatlichung. In: Zeitschrift für Sozialreform 54, H. 2, S. 141-160.

Moldaschl, Manfred (2010): Organisierung und Organisation von Arbeit. In: Voß, G. Günter/ Wachtler, Günther/Böhle, Fritz (Hrsg.): Handbuch Arbeitssoziologie. Wiesbaden: VS Verl., S. 263-299.

Montagna, Paul D. (1968): Professionalization and bureaucratization in large professional organizations. In: American Journal of Sociology 74, S. 138-145.

Monteiro, Pedro/Nicolini, Davide (2015): Recovering Materiality in Institutional Work: Prizes as an Assemblage of Human and Material Entities. In: Journal of Management Inquiry 24, H. 1, S. 61-81.

Moore, Elon H. (1934): How Accurate are Case Records? In: Social Forces 12, H. 4, S. 498-507.

Moore, Stephen T. (1990): A Social Work Practice Model of Case Management: The Case Management Grid. In: Social Work 35, H. 5, S. 444-448.

Moore, Stephen T. (1992): Case Management and the Integration of Services: How Service Delivery Systems Shape Case Management. In: Social Work 37, H. 5, S. 418-423.

Morris, Robert (1977): Caring for vs. caring about people. In: Social Work 22, H. 5, S. 353-359.

Mörschel, Inka C./Beyer, Liane/Institut für Arbeitswissenschaft und Technologiemanagement der Universität Stuttgart (2004): Dienstleistungs-Check auf Standardisierbarkeit. Stuttgart. Online verfügbar unter http://www.service-standards.com/fokusthemen/checkliste/DL-Check_Standardisierbarkeit_Bericht.pdf (Abfrage: 07/2011).

Moxley, David P. (1989): The practice of case management. Newbury Park: Sage.

Mruck, Katja/Mey, Günter (2000): Qualitative Sozialforschung in Deutschland. In: Forum: Qualitative Sozialforschung 1, H. 1, Art. 4.

Mueser, Kim/Bond, Gary R./Drake, Robert E./Resnick/Sandra G. (1998): Models of Community Care for Severe Mental Illness: A Review of Research on Case Management. In: Schizophrenia Bulletin 24, H. 1, S. 37-74.

Mühlmann, Thomas (2016): Mehr Personal in Jugendämtern. In: KomDat 19, H. 2, S. 5–8.
Mühlum, Albert (1981): Sozialarbeit und Sozialpädagogik. Ein Vergleich. Frankfurt a. M.: DV.
Mühlum, Albert (2001): Sozialpädagogik und Sozialarbeit. Ein Vergleich. Berlin: DV.
Mullen, Edward J./Bellamy, Jennifer L./Bledsoe, Sarah E. (2007): Evidenzbasierte Praxis in der Sozialen Arbeit. In: Peter Sommerfeld und Matthias Hüttemann (Hrsg.): Evidenzbasierte Soziale Arbeit. Baltmannsweiler: Schneider Verl. Hohengehren, S. 10–26.
Mullen, Edward J./Shlonsky, Aron/Bledsoe, Sarah E./Bellamy, Jennifer L. (2005): From concept to implementation: challenges facing evidence-based social work. In: Evidence & Policy 1, H. 1, S. 61–84.
Müller, Burkhard K. (2005): Methoden. In: Otto, Hans-Uwe/Thiersch, Hans/Böllert, Karin (Hrsg.): Handbuch Sozialarbeit, Sozialpädagogik. 3. Aufl. München, Basel: Ernst Reinhardt Verl., S. 1194–1204.
Müller, C. Wolfgang (2005): Methoden: Geschichte. In: Otto, Hans-Uwe/Thiersch, Hans/Böllert, Karin (Hrsg.): Handbuch Sozialarbeit, Sozialpädagogik. 3. Aufl. München, Basel: Ernst Reinhardt Verl., S. 1205–1210.
Müller, Hans-Peter (2012): Rationalität, Rationalisierung, Rationalismus. Von Weber zu Bourdieu? In: Maurer, Andrea/Schimank, Uwe (Hrsg.): Die Rationalitäten des Sozialen. Wiesbaden: VS Verl./Springer Fachmedien Wiesbaden GmbH, S. 43–64.
Müller, Inge (2006): Case Management in dern Jugendmigrationsdiensten am Beispiel des Diakonischen Werkes in Hessen und Nassau. In: Case Management, H. 2, S. 93–98.
Müller, Regine (2010): „Child Protection Service" im Vergleich. Ein Modell der wohlfahrtsstaatlichen Verortung der Fachkrräfte im Kinderschutz. In: Müller, Regine/Nüsken, Dirk (Hrsg.): Child Protection in Europe. Münster: Waxmann, S. 31–54.
Müller, Siegfried (1978): Sozialarbeiterisches Alltagshandeln zwischen Hilfe und Kontrolle – Aspekte einer gesellschaftlichen Funktionsbestimmung der Sozialarbeit/Sozialpädagogik. In: neue praxis, H. 4, S. 342–348.
Müller, Siegfried/Otto, Hans-Uwe (1980): Gesellschaftliche Bedingungen und Funktionsprobleme der Organisation sozialer Arbeit im Kontext staatlichen Handelns. In: Müller, Siegfried/Otto, Hans-Uwe (Hrsg.): Sozialarbeit als Sozialbürokratie? Zur Neuorganisation sozialer Dienste. Neue Praxis Sonderheft 5. Neuwied: Luchterhand, S. 5–29.
Mumby, Dennis K./Thomas, Robyn/Martí, Ignasi/Seidl, David (2017): Resistance Redux. In: Organization Studies 38, H. 9, S. 1157–1183.
Münchmeier, Richard (2013): Geschichte der Arbeit mit Jugendlichen. In: Kaiser, Yvonne/Spenn, Matthias/Freitag, Michael/Rauschenbach, Thomas/Corsa, Mike (Hrsg.): Handbuch Jugend. Evangelische Perspektiven. Opladen u. a.: Budrich, S. 215–222.
Münder, Johannes (2016): SGB-VIII-Reform – einige Anmerkungen zum Arbeitsentwurf (AE) –. Berlin. Online verfügbar unter http://kijup-sgbviii-reform.de/2016/07/28/themenuebergreifende-stellungnahmen/ (Abfrage: 05/2017).
Münnich, Schasch (2011): Interessen und Ideen: Soziologische Kritik einer problematischen Unterscheidung. In: Zeitschrift für Soziologie 40, H. 5, S. 371–387.
Munro, Eileen (2010): The Munro Review of Child Protection. Part One: A Systems Analysis. London.
Munro, Eileen (2011a): The Munro Review of Child Protection – Interim Report: The Child's Journey. London.
Munro, Eileen (2011b): The Munro Review of Child Protection. Final Report: A child-centred system. London.
Naylor, C. David (2002): Putting evidence into practice. The American Journal of Medicine 113, S. 161–163.
Neidhardt, Friedhelm (1994): Einleitung. Öffentlichkeit, öffentliche Meinung, soziale Bewegung. In: Neidhardt, Friedhelm (Hrsg.): Öffentlichkeit, öffentliche Meinung, soziale Bewegungen. Opladen: Westdt. Verl., S. 7–41.

Nelson, G./Aubry, T./Lafrance, A. (2007): A review of the literature on the effectiveness of housing and support, assertive community treatment, and intensive case management interventions for persons with mental illness who have been homeless. In: American Journal of Orthopsychiatry 77, H. 3, S. 350–361.

Nerdinger, Friedemann/Blickle, Gerhard/Schaper, Niclas (2011): Arbeits- und Organisationspsychologie. 2nd ed. Berlin, Heidelberg, New York: Springer.

Netting, F. Ellen (1992): Case Management: Service or Symptom? In: Social Work 37, H. 2, S. 160–164.

Neuberger, Christa (2004): Dokumentation in der Hilfeplanung – Rekonstruktion aus fallbezogenen Perspektiven. In: Henes, Heinz/Trede, Wolfgang (Hrsg.): Dokumentation pädagogischer Arbeit. Grundlagen und Methoden für die Praxis der Erziehungshilfen. Frankfurt a. M.: IGFH, S. 157–173.

Neuberger, Oswald (1995): Mikropolitik. Der alltägliche Aufbau und Einsatz von Macht in Organisationen. Stuttgart: Enke.

Neuffer, Manfred (1993): Case Management – alte Fürsorge im neuen Kleid? In: Soziale Arbeit 42, H. 1, S. 10–15.

Neuffer, Manfred (2007): Case Management: soziale Arbeit mit Einzelnen und Familien. 3. Aufl. Weinheim/München: Juventa.

Neuffer, Manfred (2009): Case Management. Soziale Arbeit mit Einzelnen und Familien. 4. Aufl. Weinheim: Juventa.

Neuffer, Manfred (2011): Einzelfall- und familienbezogene Methoden der Sozialen Arbeit. In: Schröer, Wolfgang/Schweppe, Cornelia (Hrsg.): Enzyklopädie Erziehungswissenschaft Online. Fachgebiet Soziale Arbeit. Weinheim, Basel: Juventa.

Nevo, Isaac/Slonim-Nevo, Vered (2011): The Myth of Evidence-Based Practice: Towards Evidence-Informed Practice. In: British Journal of Social Work 41, S. 1176–1197.

Newman, Janet/Clarke, John (1994): Going About Our Business? The managerialization of Public Services. In: Clarke, John/Cochrane, Allan/McLaughlin, Eugene (Hrsg.): Managing social policy. London: Sage, S. 13–31.

Nodes, Winfried (2007): Masterstudiengänge für die Soziale Arbeit. München, Basel: Ernst Reinhardt Verl.

Noordegraaf, Mirko (2007): From "Pure" to "Hybrid" Professionalism: Present-Day Professionalism in Ambiguous Public Domains. In: Administration & Society 39, H. 6, S. 761–785.

Noordegraaf, Mirko (2016): Reconfiguring Professional Work: Changing Forms of Professionalism in Public Services. In: Administration & Society 48, H. 7, S. 783–810.

Noordegraaf, Mirko/Abma, Tineke (2003): Management by Measurement? In: Public Administration 81, H. 4, S. 853–871.

Novotna, Gabriela (2014): Competing institutional logics in the development and implementation of integrated treatment for concurrent disorders in Ontario: A case study. In: Journal of Social Work 13, H. 3, S. 260–278.

Oechler, Melanie (2009): Dienstleistungsqualität in der Sozialen Arbeit. Eine rhetorische Modernisierung. Wiesbaden: VS Verl.

Oelerich, Gertrud/Kunhenn, Jacqueline (2015): Fachkräfte in den erzieherischen Hilfen. Studien- und Ausbildungsgänge zur Umsetzung des Fachkräftegebotes in erlaubnispflichtigen (teil-)stationären Hilfen zur Erziehung. Wuppertal: Bergische Universität Wuppertal.

Oelschlägel, Dieter (2004): Zum Politischen in der Gemeinwesenarbeit. In: Sozialmagazin 29, H. 4, S. 40–45.

Oevermann, Ulrich (1996): Theoretische Skizze einer revidierten Theorie professionellen Handelns. In: Combe, Arno/Helsper, Werner (Hrsg.): Pädagogische Professionalität. Frankfurt a. M.: Suhrkamp, S. 70–182.

Oevermann, Ulrich (2000): Dienstleistungen der Sozialbürokratie aus professionstheoretischer Sicht. In: von Harrach, Eva-Marie/Loer, Thomas/Schmidtke, Oliver (Hrsg.): Verwaltung des Sozialen. Formen der subjektiven Bewältigung eines Strukturkonflikts. Konstanz: UVK, S. 57–78.

Oevermann, Ulrich (2001): Die Struktur sozialer Deutungsmuster – Versuch einer Aktualisierung. In: sozialer sinn, H. 1, S. 35–81.

Oevermann, Ulrich (2009): Die Problematik des Arbeitsbündnisses und der Dynamik von Übertragung und Gegenübertragung in der professionalisierten Praxis von Sozialarbeit. In: Becker-Lenz, Roland/Busse, Stefan/Ehlert, Gudrun/Müller, Silke (Hrsg.): Professionalität in der Sozialen Arbeit. Standpunkte, Kontroversen, Perspektiven. 1. Aufl. Wiesbaden: VS Verl./GWV Fachverlage GmbH, S. 113–142.

Offe, Claus (1984): Das Wachstum der Dienstleistungsarbeit: Vier soziologische Erklärungsansätze. In: Offe, Claus (Hrsg.): Arbeitsgesellschaft. Strukturprobleme und Zukunftsperspektiven. Frankfurt a. M., New York: Campus, S. 291–318.

Oliva, Hans (2001): Case Management in der Suchtkranken- und Drogenhilfe. Baden-Baden: Nomos (Schriftenreihe des Bundesministeriums für Gesundheit und Soziale Sicherung, 139).

Oliva, Hans/Görgen, Wilfried/Schlanstedt, Günter/Schu, Martina/Sommer, Lisa (2001): Case Management in der Suchtkranken- und Drogenhilfe. Ergebnisse des Kooperationsmodells nachgehende Sozialarbeit – Modellbestandteil Case Management. Gesellschaft für Forschung und Beratung im Gesundheits- und Sozialbereich mbH (FOGS). Köln. Online verfügbar unter http://www.fogs-gmbh.de/fileadmin/pdf_downloads/cm_endbericht.pdf (Abfrage: 12/2014).

Oliver, Christine (1991): Strategic Responses to Institutional Processes. In: Academy of Management Review 16, H. 1, S. 145–179.

Olk, Thomas (1986): Abschied vom Experten. Sozialarbeit auf dem Weg zu einer alternativen Professionalität. München: Juventa.

Organ, Dennis W./Greene, Charles N. (1981): The Effects of Formalization on Professional Involvement: A Compensatory Process Approach. In: Administrative Science Quarterly 26, H. 2, S. 237–252.

Orlikowski, Wanda J. (1992): The Duality of Technology: Rethinking the Concept of Technology in Organizations. In: Organization Science 3, H. 3, S. 398–427.

Orlikowski, Wanda J. (2000): Using Technology and Constituting Structures: A Practice Lens for Studying Technology in Organizations. In: Organization Science 11, H. 4, S. 404–428.

Ortmann, Günther (2005): Organisation, Profession, bootstrapping. In: Klatetzki, Thomas/Tacke, Veronika (Hrsg.): Organisation und Profession. Wiesbaden: VS Verl.

Orton, J. Douglas/Karl E., Weick (1990): Loosely Coupled Systems: A Reconceptualization. In: Academy of Management Review 15, H. 2, S. 203–223.

Otto, Hans-Uwe (2007): What works? Zum aktuellen Diskurs um Ergebnisse und Wirkungen im Feld der Sozialpädagogik und Sozialarbeit Berlin: Arbeitsgemeinschaft für Kinder- und Jugendhilfe (AGJ).

Otto, Hans-Uwe (Hrsg.) (1991): Sozialarbeit zwischen Routine und Innovation. Professionelles Handeln in Sozialadministrationen. Berlin, New York: W. de Gruyter.

Otto, Hans-Uwe/Scherr, Albert/Ziegler, Holger (2010): Wieviel und welche Normativität benötigt die Soziale Arbeit? In: neue praxis, H. 2, S. 137–163.

Ouchi, William G. (1979): A Conceptual Framework for the Design of Organizational Control Mechanisms. In: Management Science 25, H. 9, S. 833–848.

Pache, Anne-Claire/Santos, Filipe (2010): When words collide: The internal dynamics or organizational responses to conflicting institutional demands. In: Academy of Management Review 35, H. 3, S. 455–476.

Pache, Anne-Claire/Santos, Filipe (2013): Inside the hybrid organizations: Selective coupling as an organizational response to conflicting institutional logics. In: Academy of Management Journal 56, H. 4, S. 972–1001.

Palinkas, Lawrence A. (2014): Causality and Causal Inference in Social Work: Quantitative and Qualitative Perspectives. In: Research on Social Work Practice 24, H. 5, S. 540–547.

Palmer, Ted (1995): Programmatic and Nonprogrammatic Aspects of Successful Intervention: New Direction for Research. In: Crime & Delinquency 40, H. 1, S. 100–131.
Pandey, Sanjay K./Scott, Patrick G. (2002): Red Tape: A Review and Assessment of Concepts and Measures. In: Journal of Public Administration Research and Theory 12, H. 4, S. 553–580.
Pantucek, Peter (2005): Pseudoprofessionalisierung und Ambivalenz. In: Widersprüche, H. 96, S. 75–98.
Pantucek, Peter/Röh, Dieter (Hrsg.) (2009): Perspektiven Sozialer Diagnostik. Über den Stand der Entwicklung von Verfahren und Standards. Wien: Lit. Verl.
Parry, Noel/Parry, José (1979): Social work, professionalism and the state. In: Parry, Noel/Rustin, Michael/Satyamurti, Carole (Hrsg.): Social work, welfare and the state. London: Arnold, S. 21–47.
Parsons, Talcott (1939): The professions and social structure. In: Social Forces 17, H. 4, S. 457–467.
Parton, Nigel (2008): Changes in the Form of Knowledge in Social Work: From the 'Social' to the 'Informational'? In: British Journal of Social Work 38, H. 2, S. 253–269.
Patton, Michael Q. (1990): Qualitative evaluation and research methods. Beverly Hills: Sage.
Pemer, Frida/Skjølsvik, Tale (2018): Adopt or Adapt? Unpacking the Role of Institutional Work Processes in the Implementation of New Regulations. In: Journal of Public Administration Research and Theory. 28, H. 1, S. 138–154.
Perkmann, Markus/Spicer, Andre (2008): How are management fashions institutionalized? The role of institutional work. In: Human Relations 61, H. 6, S. 811–844.
Perlinski, Marek/Blom, Björn/Morén, Stefan (2013): Getting a sense of the client: Working methods in the personal social services in Sweden. In: Journal of Social Work 13, H. 5, S. 508–532.
Perrow, Charles (1967): A Framework for the Comparative Analysis of Organizations. In: American Sociological Review 32, H. 2, S. 194–208.
Perrow, Charles (1979): Complex Organizations: A Critical Essay. New York: Random House.
Perrow, Charles (1991): A society of organizations. In: Theory and Society 20, S. 725–762.
Peters, Helge (1973): Die politische Funktionslosigkeit der Sozialarbeit und die „pathologische" Definition ihrer Adressaten. In: Otto, Hans-Uwe/Schneider, Siegfried (Hrsg.): Gesellschaftliche Perspektiven der Sozialarbeit. Neuwied: Luchterhand, H. 1, S. 151–164.
Petr, Christopher G./Walter, Uta M. (2009): Evidence-based practice: a critical reflection. In: European Journal of Social Work 12, H. 2, S. 221–232.
Petry, Ulrike (2013): Die Last der Arbeit im ASD. Belastungen und Entlastungen in der Sozialen Arbeit. Weinheim: Beltz-Juventa.
Peukert, Reinhard/Goldbach, Harald/Vorbach, Ernst-Uwe (2006): Pro und Kontra: der Integrierte Behandlungs- und Rehabilitationsplan (IBRP) und die Hilfeplankonferenz (HPK). In: Psychiatrische Praxis 33, S. 3–5.
Pfadenhauer, Michaela (2006): Crisis or Decline? Problems of Legitimation and Loss of Trust in Modern Professionalism. In: Current Sociology 54, H. 4, S. 565–578.
Pfaffenberger, Hans (1991a): Methoden der Sozialarbeit/Sozialpädagogik. In: Schwendtke, Arnold/Bleidick, Ulrich (Hrsg.): Wörterbuch der Sozialarbeit und Sozialpädagogik. 3. Aufl. Heidelberg: Quelle & Meyer, S. 207–209.
Pfaffenberger, Hans (1991b): Methodeninnovation. In: Schwendtke, Arnold/Bleidick, Ulrich (Hrsg.): Wörterbuch der Sozialarbeit und Sozialpädagogik. 3. Aufl. Heidelberg: Quelle & Meyer, S. 206–207.
Pfaffenberger, Hans (2004): Entwicklung der Sozialarbeit/Sozialpädagogik zur Profession und zur wissenschaftlichen und hochschulischen Disziplin. In: Mühlum, Albert (Hrsg.): Sozialarbeitswissenschaft. Wissenschaft der Sozialen Arbeit. Freiburg im Breisgau: Lambertus, S. 73–90.
Pfaffenberger, Hans (2009): Gibt es eine Sozialarbeitswissenschaft? In: Birgmeier, Bernd/Mührel, Eric (Hrsg.): Die Sozialarbeitswissenschaft und ihre Theorie(n). Positionen, Kontroversen, Perspektiven. 1. Aufl. Wiesbaden: VS Verl./GWV Fachverlage GmbH, S. 17–26.

Pfau-Effinger, Birgit/Ochs, Ralf/Eichler, Melanie (2008): Ökonomisierung, Pflegepolitik und Strukturen der Pflege älterer Menschen. In: Evers, Adalbert/Heinze, Rolf G. (Hrsg.): Sozialpolitik. Ökonomisierung und Entgrenzung. Wiesbaden: VS Verl./GWV Fachverlage GmbH, S. 83–98.

Pfeiffer, Sabine (2010): Technisierung der Arbeit. In: Voß, G. Günter/Wachtler, Günther/Böhle, Fritz (Hrsg.): Handbuch Arbeitssoziologie. Wiesbaden: VS Verl., S. 231–261.

Phillips, Catherine R. (2019): The Computer Social Worker: Regulatory practices, regulated bodies and science. In: Qualitative Social Work 18, H. 3, 443–457.

Phillips, Nelson/Lawrence, Thomas/Hardy, Cynthia (2004): Discourse and Institutions. In: Academy of Management Review 29, H. 4, S. 635–652.

Pierce, Jon L./Delbecq, Andre L. (1977): Organization Structure, Individual Attitudes and Innovation. In: The Academy of Management Review 2, H. 1, S. 27–37.

Pithouse, Andrew/Hall, Christopher/Peckover, Sue/White, Sue (2009): A Tale of the Two CAFs: The Impact of Electronic Common Asessment Fragework. In: British Journal of Social Work 39, H. 4, S. 599–614.

Pluto, Liane (2007): Partizipation in den Hilfen zur Erziehung. Eine empirische Studie. 1. Aufl. München: DJI.

Pluto, Liane/Gadow, Tina/Seckinger, Mike/Peukert, Christian (2012): Gesetzliche Veränderungen im Kinderschutz – empirische Befunde zu § 8a und § 72a SGB VIII. Perspektiven verschiedener Arbeitsfelder. München: DJI.

Pluto, Liane/Gargert, Nicola/Santen, Eric van/Seckinger, Mike (2007): Kinder- und Jugendhilfe im Wandel. Eine empirische Strukturanalyse. München: DJI.

Pluto, Liane/Santen, Eric van/Peucker, Christian (2016): Das Bundeskinderschutzgesetz in der Kinder- und Jugendhilfe. Empirische Befunde zum Stand der Umsetzung auf kommunaler Ebene. München: DJI.

Podsakoff, Philip M./Williams, Larry J./Todor, William D. (1986): Effects of Organizational Formalization on Alienation among Professionals and Nonprofessionals. In: Academy of Management Journal 29, H. 4, S. 820–831.

Poferl, Angelika/Schröer, Norbert (2014): Wer oder was handelt? Zum Subjektverständnis der hermeneutischen Wissenssoziologie. Eine Einleitung. In: Poferl, Angelika/Schröer, Norbert (Hrsg.): Wer oder was handelt? Zum Subjektverständnis der hermeneutischen Wissenssoziologie. Wiesbaden: Springer VS, S. 1–22.

Poksinska, Bozena (2007): Does Standardization Have a Negative Impact on Working Conditions? In: Human Factor and Ergonomics in Manufacturing 17, H. 4, S. 383–394.

Pollitt, Christopher (1990): Managerialism and the public services. The Anglo-American experience. Oxford: Basil Blackwell.

Pollitt, Christopher (2007): The New Public Management: An Overview of Its Current Status. In: Administratie si Management Public, H. 8, S. 110–115.

Pollitt, Christopher/Bouckaert, Geert (2005): Public management reform. A comparative analysis. 2. ed., reprint. Oxford: Oxford Univ. Press.

Pollitt, Christopher/Bouckaert, Geert (2011): Public management reform. A comparative analysis/new public management, governance, and the Neo-Weberian state. 3. ed. Oxford: Oxford Univ. Press.

Pollitt, Christopher/Dan, Sorin (2011): The impacts of the new public management in Europe: A meta-analysis. COCOPS Research Report. Online verfügbar unter http://www.cocops.eu/wp-content/uploads/2012/03/WP1_Deliverable1_Meta-analysis_Final.pdf (Abfrage: 04/12).

Pollitt, Christopher/Dan, Sorin (2013): Searching for Impacts in Performance-Oriented Management Reform. In: Public Performance & Management Review 37, H. 1, S. 7–32.

Polutta, Andreas (2011): Wirkungsorientierte Steuerung sozialer Dienste. In: Dahme, Heinz-Jürgen/Wohlfahrt, Norbert (Hrsg.): Handbuch Kommunale Sozialpolitik. 1., Aufl. Wiesbaden: VS Verl., S. 372–382.

Polutta, Andreas (2014): Wirkungsorientierte Transformation der Jugendhilfe. Ein neuer Modus der Professionalisierung Sozialer Arbeit? Wiesbaden: Springer.

Ponnert, Lina/Svensson, Kerstin (2016): Standardisation – the end of professional discretion? In: European Journal of Social Work 19, H. 3-4, S. 586-599.
Porst, Rolf (2014): Fragebogen. Ein Arbeitsbuch. 4. Aufl. Wiesbaden: VS Verl.
Pothmann, Jens/Wilk, Agathe (2012): Kinderschutz im Dialog. Empirische Einblicke in Beratungs- und Entscheidungssettings in Teamstrukturen am Beispiel des ASD. In: Sorgende Arrangements: Kinderschutz zwischen Organisation und Familie. Wiesbaden: VS Verl., S. 155-173.
Powell, Walter W. (1991): Expanding the Scope of Institutional Analysis. In: Powell, Walter W./DiMaggio, Paul J. (Hrsg.): The new institutionalism in organizational analysis. Chicago, Ill.: Univ. of Chicago Press, S. 183-203.
Powell, Walter W./Colyvas, Jeanette A. (2008): Microfoundations of Institutional Theory. In: Greenwood, Royston/Oliver, Christine/Sahlin, Kerstin/Suddaby, Roy (Hrsg.): The SAGE handbook of organizational institutionalism. Los Angeles, CA: Sage, S. 276-298.
Powell, Walter W./DiMaggio, Paul J. (Hrsg.) (1991): The new institutionalism in organizational analysis. Chicago, Ill.: Univ. of Chicago Press.
Power, Michael (2004): Counting, control and calculation: Reflections on measuring and management. In: Human Relations 57, H. 6, S. 765-783.
Pugh, Derek S./Hickson, David J./Hinings, C. R./Turner, C. (1968): Dimensions of Organization Structure. In: Administrative Science Quarterly 13, H. 1, S. 65-195.
Pugh, Derek S./Hickson, David J./Hinings, C. R./Turner, Charles (1969): The Context of Organization Structures. In: Administrative Science Quarterly 14, H. 1, S. 91-114.
Ramus, Tommaso/Vaccaro, Antonio/Brusoini, Stefano (2017): Institutional Complexity in Turbulent Times: Formalization, Collaboration, and the Emergence of Blended Logics. In: Academy of Management Journal 60, H. 4, S. 1253-1284.
Rauschenbach, Thomas (1999): Das sozialpädagogische Jahrhundert. Weinheim, München: Juventa.
Rauschenbach, Thomas (2010): Wo steht die Kinder- und Jugendhilfe? In: neue praxis, H. 1, S. 25-38.
Rauschenbach, Thomas/Treptow, Rainer (1984): Sozialpädagogische Reflexivität und gesellschaftliche Rationalität. Überlegungen zur Konstitution sozialpädagogischen Handelns. In: Müller, Siegfried/Otto, Hans-Uwe/Peter, Hilmar/Sünker, Hans (Hrsg.): Handlungskompetenz in der Sozialarbeit, Sozialpädagogik. Bd. 2. Bielefeld: ajz d+v. S. 21-71.
Reay, Trish/Hinings, C. R. (2005): The Recomposition of an Organizational Field: Health Care in Alberta. In: Organization Studies 26, H. 3, S. 351-384.
Reich, Wulfhild/Luksaczyk, Peter/Kindler, Heinz (2009): Evaluation des Diagnoseinstrumentes zur Gefährdungseinschätzung des Kindeswohls. In: Nachrichtendienst des Deutschen Vereins 89, H. 2, S. 63-68.
Reichertz, Jo (1988): Verstehende Soziologie ohne Subjekt? – die objektive Hermeneutik als Metaphysik der Strukturen. In: Kölner Zeitschrift für Soziologie und Sozialpsychologie 40, H. 2, S. 207-222.
Reid, William J./Kenaley, Bonnie Davis/Colvin, Juliane (2004): Do some interventions work better than others? A review of comparative social work experiments. In: Social Work Research 28, H. 2, S. 71-81.
Reis, Claus (2009): Case Management als „praktizierte Dienstleistungstechnologie". In: Case Management. Sonderheft Beschäftigungsförderung, S. 22-26.
Reis, Claus/Kolbe, Christian (2005): Vom Case Management zum „Fallmanagement". Zur Praxis des Case Managements in der Sozialhilfe und der kommunalen Beschäftigungsförderung am Vorabend von Hartz IV. 1. Aufl. Frankfurt a. M.: Fachhochschul-Verl.
Remmel-Faßbender, Ruth (2002): Case Management – eine Methode der Sozialen Arbeit. In: Löcherbach, Peter/Klug, Wolfgang/Remmel-Faßbender, Ruth/Wendt, Wolf Rainer (Hrsg.): Case-Management. Fall- und Systemsteuerung in Theorie und Praxis. Neuwied: Luchterhand, S. 63-89.

Remmel-Faßbender, Ruth (2007): Case Management in der Jugendhilfe – der Versuch einer Bestandsaufnahme. In: Hermsen, Thomas/Macsenaere, Michael (Hrsg.): Wirkungsforschung in der Kinder- und Jugendhilfe. St. Ottilien: EOS Verl., S. 261–283.

Renner, Ilona/Sann, Alexandra (2010): Forschung und Praxisentwicklung Früher Hilfen. In: Renner, Ilona/Sann, Alexandra (Hrsg.): Forschung und Praxisentwicklung früher Hilfen. Modellprojekte begleitet vom Nationalen Zentrum Frühe Hilfe. Köln: BZgA, S. 6–10.

Retkowski, Alexandra (2012): „Was kann die Mutter tatsächlich?" – Kinderschutz in Verhandlung zwischen Team und Leitung im Allgemeinen Sozialen Dienst. In: Marthaler, Thomas (Hrsg.): Rationalitäten des Kinderschutzes. Kindeswohl und soziale Interventionen aus pluraler Perspektive. Wiesbaden: Springer VS, S. 219–234.

Retkowski, Alexandra/Schäuble, Barbara (2012): Inszenierung kindlicher Lebensräume – Beziehungen im Kinderschutz. In: Thole, Werner/Retkowski, Alexandra/Schäuble, Barbara (Hrsg.): Sorgende Arrangements. Kinderschutz zwischen Organisation und Familie. Wiesbaden: Springer VS, S. 237–247.

Rice, Deborah (2012): Street-Level Bureaucrats and the Welfare State: Toward a Micro-Institutionalist Theory of Policy Implementation. In: Administration & Society 45, H. 9, S. 1038–1062.

Richmond, Mary E. (1917): Social Diagnosis. New York: Sage.

Richmond, Mary E. (1922): What is Social Case Work? An introductionary description. New York: Sage.

Ritzer, George (1995): Die McDonaldisierung der Gesellschaft. Frankfurt a. M.: Fischer.

Ritzer, George (2006): Die McDonaldisierung der Gesellschaft. 4. Aufl. Konstanz: UVK-Verlagsges.

Robinson, Gwen (2003): Technicality and Indeterminancy in Probation Practice: A Case Study. In: British Journal of Social Work 33, H. 5, S. 593–610.

Robinson, Sandra L./Greenberg, Jerald (1998): Employees behaving badly: Dimensions, determinants and dilemmas in the study of workplace deviance. In: Trends in organizational behavior 5, H. 1, S. 1–30.

Rogers, Everett M. (1983): Diffusion of Innovations. New York: Free Press.

Rogowski, Steve (2012): Social Work with Children and Families: Challenges and Possibilities in the Neo-Liberal World. In: British Journal of Social Work 42, H. 5, S. 921–940.

Rosenfeld, Raymond A. (1984): An expansion and application of Kaufman's model of red tape: The case of community development block grants. In: Western Political Quarterly 37, S. 603–620.

Rosenzweig, Saul (1936): Some implicit common factors in diverse methods of psychotherapy. In: American Journal of Orthopsychiatry 6, H. 3, S. 412–415.

Rothmann, Jack/Mizrabi, Terry (2014): Balancing Micro and Macro Practice: A Challenge for SocialWork. In: Social Work 59, H. 12, S. 91–93.

Rüb, Friedbert W. (2004): Vom Wohlfahrtsstaat zum „manageriellen Staat"? Zum Wandel des Verhältnisses von Markt und Staat in der deutschen Sozialpolitik. In: Czada, Roland/Zintl, Reinhard (Hrsg.): Politik und Markt. PVS Sonderheft 34/2003. 1. Aufl. Wiesbaden: VS Verl., S. 256–299.

Rueede, Dominik/Kreutzer, Karin (2015): Legitimation work within a Cross-Sector Social Partnership. In: Journal of Business Ethics 128, S. 39–48.

Ruppert, Alfred (2017): Vermessung und Quantifizierung im Hochschulsektor. Wiesbaden: Springer.

Sachße, Christoph/Tennstedt, Florian (1981): Zur Einführung: Von der Armutspolitik zur fachlichen Sozialarbeit. In: Sachße, Christoph/Tennstedt, Florian (Hrsg.): Jahrbuch der Sozialarbeit 4. Geschichte und Geschichten. Reinbek: Rowohlt, S. 11–43.

Sachße, Christoph/Tennstedt, Florian (1998): Geschichte der Armenfürsorge in Deutschland. Bd. 1: Vom Spätmittelalter bis zum 1. Weltkrieg. 2. Aufl. Stuttgart u.a: Kohlhammer.

Sahle, Rita (2002): Paradigmen der Sozialen Arbeit. In: Archiv für Wissenschaft und Praxis der sozialen Arbeit, H. 4, S. 42–74.

Sahlin, Kerstin/Wedlin, Linda (2008): Circulating Ideas: Imitation, Translation and Editing. In: Greenwood, Royston/Oliver, Christine/Sahlin, Kerstin/Suddaby, Roy (Hrsg.): The SAGE handbook of organizational institutionalism. Los Angeles, CA: Sage, S. 218–242.

Sahlin-Andersson, Kerstin/Engwell, Lars (2002): The expansion of management knowledge. Carriers, flows, and sources. Standford, CA: Stanford Business Books.

Salomon, Alice (1926): Soziale Diagnose. Berlin: Carl Heymann Verl.

Sandfort, Jodi R. (2010): Human Service Organizational Technology. Improving Understanding and Advancing Research. In: Hasenfeld, Yeheskel (Hrsg.): Human services as complex organizations. 2. ed. Los Angeles: Sage, S. 269–290.

Sann, Alexandra (2010): Kommunale Praxis Früher Hilfen in Deutschland. Teiluntersuchung 1: Kooperationsformen. Hrsg. v. Nationales Zentrum Frühe Hilfen (NZFH). Köln.

Sapey, Bob (1997): Social Work Tomorrow: Towards a Critical Understanding of Technology in Social Work. In: British Journal of Social Work 27, S. 803–814.

Schaarschuch, Andreas (1994): Soziale Dienstleistungen im Regulationszusammenhang. In: Widersprüche, H. 52, S. 73–89.

Schaarschuch, Andreas (1996): Dienst-Leistung und Soziale Arbeit. In: Widersprüche, H. 59, S. 87–97.

Schaarschuch, Andreas (1999): Theoretische Grundelemente Sozialer Arbeit als Dienstleistung. In: neue praxis, H. 6, S. 543–558.

Schaarschuch, Andreas (2000): Gesellschaftliche Perspektiven sozialer Dienstleistung. In: Müller, Siegfried/Sünker, Heinz/Olk, Thomas/Böllert, Karin (Hrsg.): Soziale Arbeit. Gesellschaftliche Bedingungen und professionelle Perspektiven. Neuwied: Luchterhand, S. 165–177.

Schaefer, Marion/Schmid-Sroka, Doris (2004): Implementierung und Evaluation eines Case Management für chronisch kranke Patienten in öffentlichen Apotheken. Kurzfassung des Endberichtes. Institut für Klinische Pharmakologie/Charité Berlin. Augsburg.

Schäuble, Barbara (2012): Kommunikation von Zukunftserwartungen im Kinderschutz – Interaktionen als Orte der Zukunftsgestaltung. In: Marthaler, Thomas (Hrsg.): Rationalitäten des Kinderschutzes. Kindeswohl und soziale Interventionen aus pluraler Perspektive. Wiesbaden: Springer VS, S. 237–248.

Schimank, Uwe (2010): Max Webers Rationalisierungsthese – differenztheoretisch und wirtschaftssoziologisch gelesen. In: Maurer, Andrea (Hrsg.): Wirtschaftssoziologie nach Max Weber. Gesellschaftstheoretische Perspektiven und Analysen der Wirtschaft. 1. Aufl. Wiesbaden: VS Verl., S. 226–247.

Schimank, Uwe/Volkmann, Ute (2008): Ökonomisierung der Gesellschaft. In: Maurer, Andrea (Hrsg.): Handbuch der Wirtschaftssoziologie. Wiesbaden: VS Verl./GWV Fachverlage GmbH, S. 382–393.

Schimke, Hans-Jürgen (1994): Der Hilfeplan als Teil eines rechtsstaatlichen Entscheidungsverfahrens. In: Jordan, Erwin/Schrapper, Christian/Institut für Soziale Arbeit (Hrsg.): Hilfeplanung und Betroffenenbeteiligung. Münster: Votum-Verl., S. 26–43.

Schimke, Hans-Jürgen (2012): Berichte/Dokumentation/Aktenführung. In: Merchel, Joachim (Hrsg.): Handbuch Allgemeiner Sozialer Dienst (ASD). München: Ernst Reinhardt Verl., S. 256–264.

Schmid, Martin/Schu, Martina (2011): Forschung zu Case Management: Stand und Perspektiven. In: Wendt, Wolf Rainer/Löcherbach, Peter (Hrsg.): Case Management in der Entwicklung. Stand und Perspektiven in der Praxis. 2. Aufl. Heidelberg: Medhochzwei-Verl., S. 261–273.

Schmidt, Vivien A. (2008): Discursive Institutionalism: The Explanatory Power of Ideas and Discourse. In: Annual Review of Political Sciences 11, S. 303–326.

Schnurr, Stefan (1998): Jugendamtsakteure im Steuerungsdiskurs. In: neue praxis, H. 4, S. 362–382.

Schnurr, Stefan (2005): Managerielle Deprofessionalisierung? In: neue praxis, H. 3, S. 238–242.

Schnurr, Stefan/Slettebø, Tor (2015): Programmes crossing borders: the international travelling of programmes in social work. In: European Journal of Social Work 18, H. 4, S. 583–598.

Schön, Donald A. (1983): The reflective practitioner. How professionals think in action. New York: Basic Books.

Schone, Reinhold (2012): Einschätzung von Gefährdungsrisiken im Kontext möglicher Kindeswohlgefährdung. In: Merchel, Joachim (Hrsg.): Handbuch Allgemeiner Sozialer Dienst (ASD). München: Ernst Reinhardt Verl., S. 265–273.

Schone, Reinhold/Gintzel, Ullrich/Jordan, Erwin/Kalscheuer, Mareile/Münder, Johannes (1997): Kinder in Not. Vernachlässigung im frühen Kindesalter und Perspektiven sozialer Arbeit. Münster: Votum-Verl.

Schrapper, Christian (2004): Sozialpädagogische Diagnostik zwischen Durchblick und Verständigung. In: Heiner, Maja (Hrsg.): Diagnostik und Diagnosen in der Sozialen Arbeit – ein Handbuch. Berlin: DV, S. 40–54.

Schrapper, Christian (2005): Voraussetzungen für gemeinsame gestaltete Entwicklungsprozesse als Bedingung für eine Kultur der Verständigung. In: Schrapper, Christian/ Modellprogramm Fortentwicklung des Hilfeplanverfahrens (Hrsg.): Innovation durch Kooperation. Anforderungen und Perspektiven qualifizierter Hilfeplanung in der Zusammenarbeit freier und öffentlicher Träger der Jugendhilfe. München: DJI, S. 50–56.

Schrapper, Christian (2010): Diagnose oder Dialog? In: Schrapper, Christian (Hrsg.): Sozialpädagogische Diagnostik und Fallverstehen in der Jugendhilfe. 2. Aufl. Weinheim, München: Juventa, S. 9–12.

Schrapper, Christian (2012): Kinder vor Gefahren für ihr Wohl schützen – Methodische Überlegungen zur Kinderschutzarbeit sozialpädagogischer Fachkräfte in der Kinder- und Jugendhilfe. In: Institut für Sozialarbeit und Sozialpädagogik e.V. (Hrsg.): Vernachlässigte Kinder besser schützen. Sozialpädagogisches Handeln bei Kindeswohlgefährdung. 2. Aufl. München: Ernst Reinhardt Verl., S. 58–102.

Schrapper, Christian (2014): Heimerziehung als Exempel für Macht und Missbrauch in Institutionen. Die Auseinandersetzung mit der Heimerziehung in den 1950/60er Jahren in Westdeutschland. In: Macht und Missbrauch in Institutionen. Wiesbaden: Springer VS, S. 43–70.

Schrapper, Christian (2016): Reform des SGB VIII – Stand: Arbeitsentwurf vom 23.8.2016. Grundsätzliche Anmerkungen zu veränderten Begriffen und zur Neuregelung der Hilfeplanung. Online verfügbar unter http://kijup-sgbviii-reform.de/2016/07/28/prinzipien-grundsatzdiskussionen/ (Abfrage: 05/2012).

Schrapper, Christian/Sengling, Dieter/Wickenbrock, Wilfried (1987): Welche Hilfe ist die Richtige? Historische und empirische Studien zur Gestaltung sozialpädagogischer Entscheidungen im Jugendamt. Frankfurt a. M.: DV.

Schrauth, Michael (2012): Case Management meets Pierre Bourdieu. Eine kritische Untersuchung. Hamburg: Diplomica Verl.

Schreyögg, Georg (2008): Organisation. Grundlagen moderner Organisationsgestaltung. 5. Auflage. Wiesbaden: Gabler.

Schrödter, Mark (2007): Soziale Arbeit als Gerechtigkeitsprofession. Zur Gewährleistung von Verwirklichungschancen. In: neue praxis, H. 01/07, S. 3–28.

Schrödter, Mark (2009): Formalisierte Diagnostik ja, aber richtig! In: Pantucek, Peter/Röh, Dieter (Hrsg.): Perspektiven Sozialer Diagnostik. Über den Stand der Entwicklung von Verfahren und Standards. Wien: Lit Verl., S. 57–77.

Schrödter, Mark/Ziegler, Holger (2007): Was wirkt in der Kinder- und Jugendhilfe? Internationaler Überblick und Entwurf eines Indikatorensystems von Verwirklichungschancen. (Wirkungsorientierte Jugendhilfe, 2). Online verfügbar unter http://www.wirkungs-orientierte-jugendhilfe.de/seiten/material/wojh_schriften_heft_2.pdf (Abfrage: 05/2010).

Schulz, Bernd (2011): Jugendmigrationsdienste. In: Sozialmagazin 36, H. 7–8, S. 24–28.

Schutz, Alfred (1981): Der sinnhafte Aufbau der sozialen Welt. Eine Einleitung in die verstehende Soziologie. 2. Aufl. Frankfurt a. M.: Suhrkamp.

Schütze, Fritz (2000): Schwierigkeiten bei der Arbeit und Paradoxien des professionellen Handelns. In: Zeitschrift für qualitative Bildungs-, Beratungs- und Sozialforschung 1, H. 1, S. 49–96.

Scott, W. Richard (1965): Reactions to Supervision in an Heteronomous Professional Organization. In: Administrative Science Quarterly 10, H. 1, S. 65–81.

Scott, W. Richard (1987): The Adolescence of Institutional Theory. In: Administrative Science Quarterly 32, H. 4, S. 493–511.

Scott, W. Richard (1991): Unpacking Institutional Arguments. In: Powell, Walter W./DiMaggio, Paul J. (Hrsg.): The new institutionalism in organizational analysis. Chicago, Ill.: Univ. of Chicago Press, S. 164–182.

Scott, W. Richard (1994): Conceptualizing Organizational Fields. Linking Organizations and Societal Systems. In: Derlien, Hans-Ulrich/Gerhardt, Uta/Scharpf, Fritz W. (Hrsg.): Sytemrationalität und Partialinteresse. Baden-Baden: Nomos, S. 203–221.

Scott, W. Richard (1995): Institutions and organizations. London: Sage.

Scott, W. Richard (2001): Institutions and organizations. Ideas and interests. Los Angeles: Sage.

Scott, W. Richard (2008a): Institutions and organizations. Ideas and interests. 3. ed. Los Angeles: Sage.

Scott, W. Richard (2008b): Lords of the Dance: Professionals as Institutional Agents. In: Organization Studies 29, H. 2, S. 219–238.

Scott, W. Richard/Meyer, John W. (1991): The Organiszation of Societal Sectors: Propositions and Early Evidence. In: Powell, Walter W./DiMaggio, Paul J. (Hrsg.): The new institutionalism in organizational analysis. Chicago, Ill.: Univ. of Chicago Press, S. 108–140.

Scott, William G./Hart, David K. (1991): The Exhaustion of Managerialism. In: Society 28, H. 3, S. 39–48.

Seckinger, Mike/Gragert, Nicola/Peucker, Christian/Pluto, Liane (2008): Arbeitssituation und Personalbemessung im ASD. Ergebnisse einer bundesweiten Online-Befragung. München: DJI. Online verfügbar unter http://www.dji.de/bibs/64_9515_ASD_Bericht.pdf (Abfrage: 11/2010).

Seckinger, Mike/Pooch, Marie-Theres/Mairhofer, Andreas (2018): Kindeswohl und Kinderschutz zwischen Unbestimmtheit, Kontingenz und Ambivalenzen. In: Betz, Tanja/Bollig, Sabine/Joos, Magdalena/Neumann, Sascha (Hrsg.): Gute Kindheit. Wohlbefinden, Kindeswohl und Ungleichheit. Weinheim: Juventa, S. 116–130.

Seithe, Mechthild (2010): Schwarzbuch Soziale Arbeit. Wiesbaden: VS Verl.

Selznick, Philip (1957): Leadership in Administration. New York u. a.: Harper and Row.

Senge, Konstanze (2011): Das Neue am Neo-Institutionalismus. Der Neo-Institutionalismus im Kontext der Organisationswissenschaft. 1. Aufl. Wiesbaden: VS Verl.

Seo, Myeong-Gu/Creed, W. E. Douglas (2002): Institutional Contradictions, Praxis, and institutional change: A Dialectical Perspective. In: Academy of Management Review 27, H. 2, S. 222–247.

Sewell, William H. (1991): A Theory of Structure: Duality, Agency and Transformation. In: American Journal of Sociology 98, H. 1, S. 1–29.

Shaw, Ian/Bell, Margaret/Sinclair, Ian/Sloper, Patricia/Mitchell, Wendy/Dyson, Paul et al. (2009): An Exemplary Scheme? An Evaluation of the Integrated Children's System. In: British Journal of Social Work 39, S. 613–626.

Sheppard, Michael (1995): Care management and the new social work. A critical analysis. London: Whiting and Birch.

Shlonsky, Aron/Wagner, Dennis (2005): The next step: Integrating actuarial risk assessment and clinical judgment into an evidence-based practice framework in CPS case management. In: Children and Youth Services Review 27, H. 4, S. 409–427.

Sieben, Barbara (2009): Der linguistic turn in der Managementforschung. In: Diaz-Bone, Rainer/Krell, Gertraude (Hrsg.): Diskurs und Ökonomie. Diskursanalytische Perspektiven auf Märkte und Organisationen. Wiesbaden: VS Verl.

Sierwald, Wolfgang/Wolff, Mechthild (2008): Beteiligung in der Heimerziehung – Sichtweisen von Jugendlichen und Perspektiven für die Praxis. In: Sozialpädagogisches Institut im SOS-Kinderdorf e.V. (Hrsg.): Kinderschutz, Kinderrechte, Beteiligung. München: Sozialpädagogisches Institut im SOS-Kinderdorf, S. 160–176.

Simic, Paul (1995): What's in a word! From social 'worker' to care 'manager'. In: Practice: Social Work in Action 7, H. 3, S. 5–18.

Simon, Herbert A. (1944): Decision-Making and Administrative Organization. In: Public Administration Review 4, H. 1, S. 16–30.

Simon, Herbert A. (1972): Theories of bounded rationality. In: MacGuire, C. B./Radner, Roy/Arrow, Kenneth J./Marschak, Jacob (Hrsg.): Decision and Organization. Amsterdam: North-Holland Publ., S. 161–176.

Simon, Herbert A. (1976): Administrative Behavior. 3. Aufl. London: Free Press.

Simon, Herbert A. (1995): Rationality in Political Behavior. In: Political Psychology 16, H. 1, S. 45–61.

Simon, Herbert A./Smithburg, Donald W./Thompson, Victor A. (1950): Public Administration. New York: A. A. Knopf.

Skillmark, Mikael/Agevall Gross, Lotta/Kjellgren, Cecilia/Denvall, Verner (2019): The pursuit of standardization in domestic violence social work: A multiple case study of how the idea of using risk assessment tools is manifested and processed in the Swedish social services. In: Qualitative Social Work 18, H. 3, S. 458–474.

Skillmark, Mikael/Oscarsson, Lars (i. E.): Applying standardisation tools in social work practice from the perspectives of social workers, managers, and politicians. A Swedish case study. In: European Journal of Social Work.

Sluka, Jana/Sieber, Alexandra (2014): Nutzen von Risikoeinschätzungsbögen in den Jugendämtern in Westfalen-Lippe – auch im Vergleich mit den Niederlanden. In: Jugendhilfe aktuell, H. 3, S. 48–51.

Smets, Michael/Aristidou, Angela/Whittington, Richard (2017): Towards a practice-driven institutionalism. In: Greenwood, Royston/Oliver, Christine/Lawrence, Thomas B./Meyer, Renate E. (Hrsg.): The Sage handbook of organizational institutionalism. 2. Aufl. London: Sage, S. 384–411.

Smith, Lucinda/Newton, Richard (2007): Systematic Review of Case Management. In: Australian and New Zealand Journal of Psychiatry 41, H. 1, S. 2–9.

Snellman, Kaisa (2011): Battles in boardrooms: The diffusion of shareholder value rhetoric and practice in Finland, 1990–2005. Department of Sociology, Stanford University. Stanford.

Snow, David A./Benford, Robert D. (1988): Ideology, Frame Resonance, and Participant Mobilization. In: Klandermans, Bert/Kriesi, Hanspeter/Tarrow, Sidney (Hrsg.): International Social Movement Research: From Structure to Action. Greenwich, CT: JAI Press, S. 197–218.

Snow, David A./Rochford, E. Burke/Worden, Steven K. Benford/Robert D. (1986): Frame Alignment Processes, Micromobilization, and Movement Participation. In: American Sociological Review 51, H. 4, S. 464–481.

Solomon, Phyllis (1992): The Efficacy of Case Management Services for Severely Mentally Disabled Clients. In: Community Mental Health Journal 28, H. 3, S. 163–180.

Sommer, Jörn/Will, Anne-Kathrin (2008): Evaluation des Eingliederungsprogramms „Programm 18 des Kinder- und Jugendplans: Eingliederung junger Menschen mit Migrationshintergrund". Abschlussbericht. Hrsg. v. Bundesministerium für Familie, Senioren, Frauen und Jugend (BMFSFJ). Berlin.

Spiegel, Hiltrud von (2006): Methodisches Handeln in der Sozialen Arbeit. Grundlagen und Arbeitshilfen für die Praxis/mit 25 Arbeitshilfen. 2. Aufl. München: Ernst Reinhardt Verl.

Spillane, James P./Parise, Leigh M./Sherer, Jennifer Z. (2011): Organizational routines as coupling mechanisms: Policy, school administration, and the technical core. In: American Educational Research Journal 48, H. 3, S. 586–619.

Spratt, Trevor/Nett, Jachen/Bromfield, Leah/Hietamäki, Johanna/Kindler, Heinz/Ponnert, Lina (2015): Child Protection in Europe: Development of an International Cross-Comparison Model to Inform National Policies and Practices. In: British Journal of Social Work 45, H. 5, S. 1508–1525.
Statistisches Bundesamt (2014): Statistiken der Kinder- und Jugendhilfe. Gefährdungseinschätzungen nach § 8a Absatz 1 SGB VIII. 2013. Wiesbaden.
Statistisches Bundesamt (2016a): Statistiken der Kinder- und Jugendhilfe. Einrichtungen und tätige Personen (ohne Tageseinrichtungen für Kinder). 2014. Wiesbaden.
Statistisches Bundesamt (2016b): Statistiken der Kinder- und Jugendhilfe. Vorläufige Schutzmaßnahmen. 2014. Wiesbaden.
Statistisches Bundesamt (2016c): Statistiken der Kinder- und Jugendhilfe. Gefährdungseinschätzungen nach § 8a Absatz 1 SGB VIII. 2015. Wiesbaden.
Statistisches Bundesamt (2018): Statistiken der Kinder- und Jugendhilfe. Gefährdungseinschätzungen nach § 8a Absatz 1 SGB VIII. 2017. Wiesbaden.
Staub-Bernasconi, Silvia (1995): Das fachliche Selbstverständnis Sozialer Arbeit – Wege aus der Bescheidenheit. Soziale Arbeit als „Human Rights Profession". In: Wendt, Wolf Rainer (Hrsg.): Soziale Arbeit im Wandel ihres Selbstverständnisses. Beruf und Identität. Freiburg im Breisgau: Lambertus, S. 57–105.
Staub-Bernasconi, Silvia (2004): Wissen und Können – Handlungstheorie und Handlungskompetenz in der Sozialen Arbeit. In: Mühlum, Albert (Hrsg.): Sozialarbeitswissenschaft. Wissenschaft der Sozialen Arbeit. Freiburg im Breisgau: Lambertus, S. 27–62.
Staub-Bernasconi, Silvia (2007): Soziale Arbeit als Handlungswissenschaft. Systemtheoretische Grundlagen und professionelle Praxis – ein Lehrbuch. Bern: Haupt.
Staw, Barry M./Epstein, Lisa D. (2000): What Bandwagons Bring: Effects of Popular Management Techniques on Corporate Performance, Reputation, and CEO Pay. In: Administrative Science Quarterly 45, S. 523–556.
Stöbe-Blossey, Sybille (2008): Verwaltungsmodernisierung im Jugendamt – Was hilft dem Kinderschutz? (IAQ-Report 2008-02). Online verfügbar unter http://www.iaq.uni-due.de/iaq-report/2008/report2008-02.pdf (Abfrage: 03/2014).
Stoebe, Wolfgang (2014): Strategien zur Einstellungs- und Verhaltensänderung. In: Jonas, Klaus/Stoebe, Wolfgang/Hewstone, Miles R. C. (Hrsg.): Sozialpsychologie. 6. Aufl. Berlin, Heidelberg: Springer, S. 232–268.
Stone, Diane (2012): Transfer and translation of policy. In: Policy Studies 33, H. 3, S. 483–499.
Stork, Remi (2007): Kann Heimerziehung demokratisch sein? Eine qualitative Studie zum Partizipationskonzept im Spannungsfeld von Theorie und Praxis. Weinheim: Juventa.
Strang, David/Meyer, John W. (1993): Institutional conditions for diffusion. In: Theory and Society 22, S. 487–511.
Strang, David/Soule, Sarah A. (1998): Diffusion in Organizations and social movements: From Hybrid Corn to Poison Pills. In: Annual Review of Sociology 24, S. 265–290.
Strauss, Anselm/Corbin, Juliet (1991): Grounded theory. Grundlagen qualitativer Sozialforschung. Weinheim: Beltz Psychologie Verl.-Union.
Streeck, Wolfgang/Thelen, Kathleen (2005): Institutional Change in Advanced Political Economies. In: Streeck, Wolfgang/Thelen, Kathleen (Hrsg.): Beyond Continuity: Institutional Change in Advanced Political Economies. Oxford: Oxford Univ. Press, S. 3–39.
Strehler, Marion (2005): In Kooperation Adressatenbeteiligung gestalten und sichern. In: Schrapper, Christian/Modellprogramm Fortentwicklung des Hilfeplanverfahrens (Hrsg.): Innovation durch Kooperation. Anforderungen und Perspektiven qualifizierter Hilfeplanung in der Zusammenarbeit freier und öffentlicher Träger der Jugendhilfe. München: DJI, S. 57–64.
Strobel, Bettina/Liel, Christoph/Kindler, Heinz (2008): Validierung und Evaluierung des Kinderschutzbogens. Ergebnisbericht. München: DJI.

Strübing, Jörg (2010): Grounded Theory – ein pragmatistischer Forschungsstil für die Sozialwissenschaften. In: Maschke, Sabine/Stecher, Ludwig (Hrsg.): Enzyklopädie Erziehungswissenschaft Online. Fachgebiet Methoden der empirischen erziehungswissenschaftlichen Forschung, Wissenschaftstheoretische Grundlagen, Methodologie. Weinheim, Basel: Juventa.

Struhkamp Munshi, Gerlinde (2007): Evidenzbasierte Ansätze in kinder- und jugendbezogenen Dienstleistungen der USA. Eine Recherche. München: DJI.

Suchman, Marc C. (1995): Managing Legitimacy: Strategic and Institutional Approaches. In: Academy of Management Review 20, H. 3, S. 571–610.

Suddaby, Roy (2006): What Grounded Theory ist not. In: Academy of Management Journal 49, H. 4, S. 633–642.

Suddaby, Roy/Elsbach, Kimberly D./Greenwood, Royston/Meyer, John W./Zilber, Tammar B. (2010): Organizations and their institutional environment: Bringing meaning, values, and culture back in: Introduction to the special research forum. In: Academy of Management Journal 53, H. 6, S. 1234–1240.

Suddaby, Roy/Greenwood, Royston (2001): Colonizing knowledge: Commodification as a dynamic of jurisdictional expansion in professional service firms. In: Human Relations 54, H. 7, S. 933–953.

Suddaby, Roy/Greenwood, Royston (2005): Rhetorical Strategies of Legitimacy. In: Administrative Science Quarterly 50, H. 1, S. 35–67.

Suddaby, Roy/Viale, Thierry (2011): Professionals and field-level change: Institutional work and the professional project. In: Current Sociology 59, H. 4, S. 423–442.

Süss, Stefan (2009): Die Institutionalisierung von Managementkonzepten. Diversity-Management in Deutschland. 1. Aufl. München: Hampp.

Sveningsson, Stefan/Alvesson, Mats (2003): Managing managerial identities: Organizational fragmentation, discourse and identity struggle. In: Human Relations 56, H. 10, S. 1163–1193.

Tashakkori, Abbas/Teddlie, Charles (1998): Mixed methodology. Combining qualitative and quantitative Approaches. Thousand Oaks: Sage.

Taylor, Frederick W. (1911): Scientific Management. New York: Harper and Row.

Tenhaken, Wolfgang (2012): Unterstützung des beruflichen Handelns durch den Einsatz von Informationstechnologien. In: Merchel, Joachim (Hrsg.): Handbuch Allgemeiner Sozialer Dienst (ASD). München: Ernst Reinhardt Verl., S. 297–306.

Tennstedt, Florian (1992): Die Spitzenverbände der Freien Wohlfahrtspflege im dualen Wohlfahrtsstaat. Ein historischer Rückblick auf die Entwicklung in Deutschland. In: Soziale Arbeit 41, H. 10–11, S. 342–356.

Test, Mary Ann/Stein, Leonard I. (1978): community treatment of the chronic patient: research overview. In: Schizophrenia Bulletin 4, H. 3, S. 350–364.

Thiel, Sandra van/Leeuw, Frans L. (2002): The performance paradox in the public sector. In: Public Performance & Management Review 25, H. 3, S. 267–281.

Thole, Werner (Hrsg.) (2010): Grundriss soziale Arbeit. Ein einführendes Handbuch. 3. Aufl. Wiesbaden: VS Verl.

Thomas, Robyn/Davies, Annette (2005): Theorizing the Micro-politics of Resistance: New Public Management and Managerial Identities in the UK Public Services. In: Organization Studies 26, H. 5, S. 683–702.

Thompson, John B. (1991): Ideology and Modern Culture: Critical Social Theory in the Era of Mass Communication. Stanford: Stanford Univ. Press.

Thornicroft, Graham (1991): The concept of case management for long-term mental illness. In: International Review of Psychiatry 3, S. 125–132.

Thornton, Particia H./Ocasio, William (1999): Institutional Logics and the Historical Contingency of Power in Organizations: Executive Succession in the Higher Education Publishing Industry, 1958–1990. In: American Journal of Sociology 105, H. 3, S. 801–843.

Thornton, Particia H./Ocasio, William (2008): Institutional Logics. In: Greenwood, Royston/Oliver, Christine/Sahlin, Kerstin/Suddaby, Roy (Hrsg.): The SAGE handbook of organizational institutionalism. Los Angeles, CA: Sage, S. 97–129.

Thornton, Patricia H./Ocasio, William/Lounsbury, Michael (2012): The institutional logics perspective. A new approach to culture, structure and process. Oxford: Univ. Press.

Thyer, Bruce A. (2008): The Quest for Evidence-Based Practice?: We Are All Positivists! In: Research on Social Work Practice 18, H. 4, S. 339-345.

Thyer, Bruce A./Pignotti, Monica (2011): Evidence-Based Practices Do Not Exist. In: Clinical Social Work 39, S. 328-333.

Tilcsik, András (2010): From ritual to reality: Demography, ideology, and decoupling in a post-communist government agency. In: Academy of Management Journal 53, H. 6, S. 1474-1498.

Timmermans, Stefan/Epstein, Steven (2010): A World of Standards but not a Standard World: Toward a Sociology of Standards and Standardization. In: Annual Review of Sociology 36, S. 69-89.

Tolbert, Pamela S./Zucker, Lynne G. (1983): Institutional Sources of Change in the Formal Structure of Organizations: The Diffusion of Civil Service Reform, 1880-1935. In: Administrative Science Quarterly 28, H. 1, S. 22-39.

Tolbert, Pamela S./Zucker, Lynne G. (1996): The Institutionalization of Institutional Theory. In: Clegg, Stewart/Hardy, Cynthia/Nord, Walter R. (Hrsg.): Handbook of organization studies. London: Sage, S. 175-190.

Townley, Barbara (2002): The role of competing rationalities in institutional change. In: Academy of Management Journal 45, H. 2, S. 163-179.

Trevithick, Pamela (2008): Revisiting the Knowledge Base of Social Work: A Framework for Practice. In: British Journal of Social Work 38, H. 6, S. 1212-1237.

Trisch, Oliver (2015): Kinderrechte – eine Einführung in die Entstehung der UN-Kinderrechtskonvention und ihre Umsetzung in Deutschland sowie Anknüpfungspunkte für die Jugendsozialarbeit. In: Kooperationsverbund Jugendsozialarbeit (Hrsg.): Menschenrechte und Jugendsozialarbeit. Die UN-Kinderrechtskonvention im Blick. Berlin, S. 6-17.

Turba, Hannu (2012): Grenzen „begrenzter Rationalität" – Politisch-administrative Steuerungsambitionen im Kinderschutz. In: Marthaler, Thomas (Hrsg.): Rationalitäten des Kinderschutzes. Kindeswohl und soziale Interventionen aus pluraler Perspektive. Wiesbaden: Springer VS, S. 79-104.

Turba, Hannu (i. E.): In bester Ordnung? Kontrollwachstum in und durch Organisationen. In: Apelt, Maja/Bode, Ingo/Hasse, Raimund/Meyer, Renate E./von Groddeck, Victoria/Winkelsmann, Uwe/Windeler, Arnold (Hrsg.): Handbuch Organisationssoziologie. Wiesbaden: Springer VS.

Türk, Klaus (1989): Neuere Entwicklungen in der Organisationsforschung. Ein Trendreport. Stuttgart: Enke.

Uhlendorff, Uwe (2012): Sozialpädagogisch-hermeneutische Diagnosen in der Jugendhilfe. In: Thole, Werner (Hrsg.): Grundriss Soziale Arbeit. Wiesbaden: VS Verl., S. 707-718.

Ullrich, Carsten G. (1999): Deutungsmusteranalyse und diskursives Interview. In: Zeitschrift für Soziologie 28, H. 6, S. 429-447.

Urban, Ulrike (2004): Professionelles Handeln zwischen Hilfe und Kontrolle. Sozialpädagogische Entscheidungsfindung in der Hilfeplanung. Weinheim: Juventa.

Urban-Stahl, Ulrike (2009): Nicht ob, sondern inwiefern: Soziale Arbeit braucht die Debatte um eine Legitimation von sozialer Kontrolle. In: Widersprüche 31, H. 113, S. 77-88.

Put, Claudia E. van der/Assink, Mark/van Boekhout Solinge, Noëlle F. (2017): Predicting child maltreatment: A meta-analysis of the predictive validity of risk assessment instruments. In: Child abuse & neglect 73, S. 71-88.

Santen, Eric van (1998): „Output" und „Outcome" der Implementierung Neuer Steuerung. In: neue praxis, H. 1, S. 36-48.

Santen, Eric van (2004): Was wissen wir über das, was wir tun. In: KomDat Jugendhilfe, H. 3, S. 4.

Santen, Eric van/Seckinger, Mike (2003): Kooperation: Mythos und Realität einer Praxis. Eine empirische Studie zur interinstitutionellen Zusammenarbeit am Beispiel der Kinder- und Jugendhilfe. München, Opladen: DJI/Leske und Budrich.

Wieringen, Marieke van/Groenewegen, Peter/van Broese Groenou, Marjolein I. (2017): 'We're all Florence Nightingales'. Managers and nurses colluding in decoupling through contingent roles. In: Journal of Professions and Organization 4, H. 3, S. 241–260.

Vec, Miloš (2012): Alle Weltorte streben nach Standardisierung. Vereinheitlichung und Vereinheitlichungskritik in historischer Perspektive. In: Assmann, Heinz-Dieter (Hrsg.): Normen, Standards, Werte – was die Welt zusammenhält. Baden-Baden: Nomos, S. 11–33.

Verein für Kommunalwissenschaften e.V. (Hrsg.) (2005): Diagnostik in der Kinder- und Jugendhilfe. Vom Fallverstehen zur richtigen Hilfe. Berlin: Verein f. Kommunalwissenschaften.

Viglione, Jill/Rudes, Danielle S./Taxman, Faye S. (2015): Misalignment In Supervision: Implementing Risk/Needs Assessment Instruments In Probation. In: Criminal Justice and Behavior 42, H. 3, S. 263–285.

Vinter, Robert D. (1974): Analysis of Treatment Organizations. [zuerst: 1963, Social Work 8, S. 3–15]. In: Hasenfeld, Yeheskel/English, Richard A. (Hrsg.): Human service organizations. A book of readings. Ann Arbor: Univ. of Michigan Press, S. 33–50.

Vogel, Martin Rudolf (1960): Das Jugendamt im gesellschaftlichen Wirkungszusammenhang: Ein Forschungsbericht. Frankfurt a. M.: DV.

Vogel, Rick (2012): Framing and counter-framing new public management: The case of Germany. In: Public Administration 90, H. 2, S. 370–392.

Vormbusch, Uwe (2012): Die Herrschaft der Zahlen. Zur Kalkulation des Sozialen in der kapitalistischen Moderne. Frankfurt a. M.: Campus.

Voß, G. Günter (2012): Subjektivierte Professionalität. Zur Selbstprofessionalisierung von Arbeitskraftunternehmern und arbeitenden Kunden. In: Dunkel, Wolfgang/Weihrich, Margit (Hrsg.): Interaktive Arbeit. Theorie, Praxis und Gestaltung von Dienstleistungsbeziehungen. Wiesbaden: Springer, S. 353–386.

Wabnitz, Reinhard J. (2010): Die rechtlichen Rahmenbedingungen für die Arbeit des ASD. In: Institut für Sozialarbeit und Sozialpädagogik e.V. (Hrsg.): Der Allgemeine Soziale Dienst. Aufgaben, Zielgruppen, Standards. München: Ernst Reinhardt Verl., S. 31–56.

Wakefield, Jerome C. (1994): Social Work and Social Control: A Reply to Austin. In: Social Service Review 68, H. 3, S. 440–453.

Walgenbach, Peter (2006): Die Strukturationstheorie. In: Kieser, Alfred/Ebers, Mark (Hrsg.): Organisationstheorien. 6. Aufl. Stuttgart: Kohlhammer, S. 403–426.

Walgenbach, Peter/Meyer, Renate E. (2008): Neoinstitutionalistische Organisationstheorie. Stuttgart: Kohlhammer.

Waters, Malcom (1989): Collegiality, Bureaucratization, and Professionalization: A Weberian Analysis. In: American Journal of Sociology 94, H. 5, S. 945–972.

Wazlawik, Martin (2013): Kinderschutz und Soziale Arbeit – Handeln in der Krise oder krisenhaftes Handeln? In: Böllert, Karin/Alfert, Nicole/Humme, Mark (Hrsg.): Soziale Arbeit in der Krise. Wiesbaden: Springer, S. 109–120.

Webb, Stephen A. (2001): Some considerations on the validity of evidence-based practice in social work. In: British Journal of Social Work 31, H. 1, S. 57–79.

Weber, Klaus/Glynn, Mary Ann (2006): Making Sense with Institutions: Context, Thought and Action in Karl Weick's Theory. In: Organization Studies 27, H. 11, S. 1639–1660.

Weber, Max (1922/1980): Wirtschaft und Gesellschaft. Tübingen: Mohr.

Weber, Max (1920/1986): Gesammelte Aufsätze zur Religionssoziologie. Bd. 1. 8. Aufl. Tübingen: Mohr.

Weick, Karl E. (1976): Educational Organizations as Loosely Coupled Systems. In: Administrative Science Quarterly 21 (1), S. 1–19.

Weick, Karl E. (1986): Der Prozeß des Organisierens. 2. Aufl. Frankfurt a. M.: Suhrkamp.

Weick, Karl E. (1995): Sensemaking in organizations. Thousand Oaks, CA: Sage.

Weick, Karl E./Sutcliffe, Kathleen M./Obstfeld, David (2005): Organizing and the Process of Sensemaking. In: Organization Science 16, H. 4, 409–241.

Weil, Marie/Karls, James M. (1985): Historical Orgins and Recent Developments. In: Weil, Marie/Karls, James M. (Hrsg.): Case management in human service practice. San Francisco: Jossey-Bass Publishers, S. 1–28.
Wellinger, Ann (1991): Kompetenzprofile und Handlungsorientierungen. In: Otto, Hans-Uwe (Hrsg.): Sozialarbeit zwischen Routine und Innovation. Professionelles Handeln in Sozialadministrationen. Berlin, New York: W. de Gruyter, S. 51–80.
Wendt, Peter-Ulrich (2017): Lehrbuch Methoden der Sozialen Arbeit. 2. Aufl. Weinheim, Basel: Beltz-Juventa.
Wendt, Wolf Rainer (1991): Die Handhabung der sozialen Unterstützung. Eine Einführung in das Case Management. In: Wendt, Wolf Rainer (Hrsg.): Unterstützung fallweise. Case-Management in der Sozialarbeit. Freiburg im Breisgau: Lambertus, S. 11–55.
Wendt, Wolf Rainer (1992): Das Unterstützungsmanagement als Muster in der methodischen Neuorientierung von Sozialarbeit. In: Soziale Arbeit 41, H. 2, S. 44–50.
Wendt, Wolf Rainer (2005): Helfertraining und Akademisierung – Grundlinien der Ausbildungsgeschichte. In: Thole, Werner (Hrsg.): Grundriss Soziale Arbeit. Ein einführendes Handbuch. 2. Aufl. Wiesbaden: VS Verl. S. 805–822.
Wendt, Wolf Rainer (2007): Der Anspruch an Rationalität in der Sozialen Arbeit. In: Sommerfeld, Peter/Hüttemann, Matthias (Hrsg.): Evidenzbasierte Soziale Arbeit. Baltmannsweiler: Schneider Verl. Hohengehren, S. 75–90.
Wendt, Wolf Rainer (2010a): Case Management im Sozial- und Gesundheitswesen. Eine Einführung. 5. Aufl. Freiburg im Breisgau: Lambertus.
Wendt, Wolf Rainer (2010b): Von der Verfahrensweise zum Gestaltungsprogramm: Das Case Management ist auch nicht mehr das, was es einmal war. In: Michel-Schwartze, Brigitta (Hrsg.): „Modernisierungen" methodischen Handelns in der Sozialen Arbeit. Wiesbaden: VS Verl., S. 113–134.
Wendt, Wolf Rainer (2011): State of the art: das entwickelte Case Management. In: Wendt, Wolf Rainer/Löcherbach, Peter (Hrsg.): Case Management in der Entwicklung. Stand und Perspektiven in der Praxis. 2. Aufl. Heidelberg: Medhochzwei-Verl., S. 1–37.
Westphal, James D./Gulati, Ranjay/Shortell, Stephen M. (1997): Customization or conformity? an institutional and network perspective on the content and consequences of TQM adoption. In: Administrative Science Quarterly 42, S. 366–394.
Westphal, James D./Zajac, Edward J. (2001): Decoupling Policy from Practice: The Case of Stock Repurchase Programs. In: Administrative Science Quarterly 46 (2), S. 202–228.
White, Sue/Hall, Chris/Peckover, Sue (2009): The Descriptive Tyranny of the Common Assessment Framework: Technologies of Categorization and Professional Practice in Child Welfare. In: British Journal of Social Work 39, S. 1197–1217.
White, Vicky (2009): Quiet challenges? Professional practice in modernised social work. In: Harris, John/White, Vicky (Hrsg.): Modernising social work. Critical considerations. Bristol: Policy Press, S. 129–144.
[WHO] World Health Organization (2013): European report on preventing child maltreatment. Copenhagen: WHO.
Wiesner, Reinhard (2003): Vier Jahre Neuregelung des Paragraphen 78 a ff. SGB VIII. In: Sozialpädagogisches Institut im SOS-Kinderdorf e.V. (Hrsg.): Qualitätsentwicklung und Qualitätswettbewerb. München: Sozialpädagogisches Institut im SOS-Kinderdorf, S. 6–21.
Wiesner, Reinhard (2005): Rechtliche Grundlagen der Intervention bei Misshandlung, Vernachlässigung und sexuellem Missbrauch. In: Deegener, Günther/Körner, Wilhelm (Hrsg.): Kindesmisshandlung und Vernachlässigung. Ein Handbuch. Göttingen u. a.: Hogrefe-Verl., S. 282–300.
Wiesner, Reinhard (2006): Gesetzgeberische Absichten zur Verbesserung des Schutzes von Kindern und Jugendlichen vor Gefahren für ihr Wohl durch das Kinder- und Jugendhilfeweiterentwicklungsgesetz (KICK). In: IKK-Nachrichten, H. 1–2, S. 4–8.
Wiesner, Reinhard (2009): Aufgaben der Schiedsstellen nach § 78 SGB VIII – Intentionen des Gesetzgebers. In: Bundesverband für Erziehungshilfe (Hrsg.): 10 Jahre Schiedsstellen nach SGB VIII. Hannover: AFTE Veröffentlichung, S. 35–40.

Wiesner, Reinhard (2016): Reform oder Rolle rückwärts? Zu den Ankündigungen des BMFSFJ hinsichtlich der Weiterentwicklung des Kinder- und Jugendhilferechts. Online verfügbar unter http://kijup-sgbviii-reform.de/2016/07/28/themenuebergreifende-stellungnahmen/ (Abfrage: 05/2017).
Wilson, John (1973): Introduction to Social Movements. New York: Basic Books.
Witzel, Andreas (1982): Verfahren der qualitativen Sozialforschung. Überblick und Alternativen. Frankfurt a. M.: Campus.
Witzel, Andreas (2000): Das problemzentrierte Interview. In: Forum: Qualitative Sozialforschung 1, H. 1, Art. 22.
Wolff, Nancy/Helminiak, Thomas W./Morse, Gary A./Calsyn, Robert J./Klinkenberg, W. Dean/Trusty, Michael L. (1997): Cost-Effectiveness Evaluation of Three Approaches to Case Management for Homeless Mentally Ill Clients. In: American Journal of Psychiatry 145, H. 3, S. 341–348.
Wolff, Reinhart/Flick, Uwe/Ackermann, Timo/Biesel, Kay (2013): Aus Fehlern lernen – Qualitätsmanagement im Kinderschutz. Leverkusen: Budrich.
Wolff, Stephan (1983): Die Produktion von Fürsorglichkeit. Bielefeld: AJZ-Druck und Verl.
Wolff, Stephan (2000): Dokumenten- und Aktenanalyse. In: Flick, Uwe/von Kardorff, Ernst/Steinke, Ines (Hrsg.): Qualitative Forschung. Reinbek: Rowohlt, S. 502–513.
Wolff, Stephan/Böwer, Michael (2010): Der ASD und seine Binnenwelten: Über Tiefenstrukturen und ‚Erfindungen' im Management Allgemeiner Sozialer Dienste. In: Institut für Sozialarbeit und Sozialpädagogik e.V. (Hrsg.): „Was stärkt den ASD?" Organisationsanforderungen und Lösungskonzepte. Frankfurt a. M., S. 12–20.
Wollmann, Helmut (2002): Verwaltungspolitische Reformdiskurse und -verläufe im internationalen Vergleich. In: König, Klaus (Hrsg.): Deutsche Verwaltung an der Wende zum 21. Jahrhundert. Baden-Baden: Nomos, S. 489–522.
Wooten, Melissa/Hoffman, Andrew J. (2008): Organizational Fields. In: Greenwood, Royston/Oliver, Christine/Sahlin, Kerstin/Suddaby, Roy (Hrsg.): The SAGE handbook of organizational institutionalism. Los Angeles, CA: Sage, S. 130–147.
Ybema, Sierk/Horvers, Martha (2017): Resistance Through Compliance. The Strategic and Subversive Potential of Frontstage and Backstage Resistance. In: Organization Studies 38, H. 9, S. 1233–1251.
Zeitz, Gerals/Mittal, Vikas/McAulay, Brain (1999): Distinguishing adoption and entrenchment of management practices: A framework for analysis. In: Organization Studies 20, H. 5, S. 741–776.
Ziegler, Holger (2006): Evidenzbasierte Soziale Arbeit. In: Schweppe, Cornelia/Sting, Stefan (Hrsg.): Sozialpädagogik im Übergang. Weinheim: Juventa, S. 139–155.
Ziegler, Holger (2010): Wirkungsorientierung als Herausforderung der Profession. In: Macsenaere, Michael/Hiller, Stephan/Fischer, Klaus (Hrsg.): Outcome in der Jugendhilfe gemessen. Freiburg im Breisgau: Lambertus, S. 193–197.
Ziegler, Holger (2016): Evidenzbasierte Praxis – Chancen und Risiken der Wirkungsforschung. In: Unsere Jugend 68, H. 5, S. 224–231.
Ziguras, Stephen J./Stuart, Geoffrey W. (2000): A Meta-Analysis of the Effectiveness of Mental Health Case Management Over 20 Years. In: Psychiatric Services 51, H. 11, S. 1410–1421.
Zilber, Tammar B. (2002): Institutionalization as an Interplay Between Actions, Meanings and Actors: The Case of a Rape Crisis Center in Israel. In: Academy of Management Journal 45, H. 1, S. 234–254.
Zilber, Tammar B. (2006): The Work of the Symbolic in Institutional Processes: Translations of Rational Myths in Israeli Hi-Tech. In: Academy of Management Journal 49, H. 2, S. 279–301.
Zucker, Lynne G. (1977): The Role of Institutionalization in Cultural Persistanence. In: American Sociological Review 42, H. 5, S. 726–743.
Zucker, Lynne G. (1983): Organizations as Institutions. Research in the Sociology of Organizations 2, S. 1–47.

Verzeichnis der Abbildungen und Tabellen

Abbildungen[363]

Abb. 1: Die Struktur des Konstrukts fachlicher Formalisierungen	97
Abb. 2: In dieser Studie berücksichtigte Perspektiven auf die Institutionalisierung fachlicher Formalisierungen im ASD	190
Abb. 3: Konzept der empirischen Untersuchung	339
Abb. 4: Verbreitung formalisierter Instrumente und Verfahren	387
Abb. 5: Standardisierungsgrad der Instrumente	389
Abb. 6: Verbindlichkeitsgrad der Nutzung der Instrumente	390
Abb. 7: Kontrollgrad der Nutzung der Instrumente	391
Abb. 8: Erfolgsmessung und Steuerung in der Hilfeplanung	393
Abb. 9: Ausgestaltung von Prozessvorgaben	394
Abb. 10: Überprüfung der Einhaltung von Prozessvorgaben	396
Abb. 11: Kontrolle der Instrumentennutzung und der Einhaltung von Prozessvorgaben	398
Abb. 12: Case Management bei Ämtern mit Prozessformalisierungen in der Hilfeplanung	399
Abb. 13: Fachsoftware im Kinderschutz (n=150) und in der Hilfeplanung (N=130)	401
Abb. 14: Zentrale externe Impulse für die Einführung und Gestaltung von fachlichen Formalisierungen	410
Abb. 15: Beurteilung des Beitrags zur Steigerung der fachlichen Qualität	411
Abb. 16: Beurteilung des Beitrags zur Steigerung der Effizienz	413
Abb. 17: Beurteilung des Beitrags zur Kostensenkung	415
Abb. 18: Beurteilung des Beitrags zur Legitimation der Arbeit	416
Abb. 19: Dimensionen der Institutionalisierung von fachlichen Formalisierungen im ASD	514
Abb. 20: Impulse für die Implementierung fachlicher Formalisierungen	516
Abb. 21: Funktionen fachlicher Formalisierungen aus der Perspektive der Leitungskräfte	528
Abb. 22: Konsolidierungs- und Differenzierungsprozesse in den ASD	536
Abb. 23: Thematisierte Nutzungsweisen von fachlichen Formalisierungen	542
Abb. 24: Einflussfaktoren auf die Nutzung fachlicher Formalisierungen	554
Abb. 25: Funktionen fachlicher Formalisierungen aus der Perspektive der Basiskräfte	559
Abb. 26: Orientierungen der Leitungskräfte	583
Abb. 27: Institutional work der ASD-Akteure	587

---

363 Bei allen Abbildungen handelt es sich um eigene Grafiken, denen gegebenenfalls eigene Analysen oder eigene Berechnungen zugrunde liegen.

Tabellen[364]

Tab. 1: Ideologie des Managerialismus	206
Tab. 2: Arbeitsinhalte im ASD	293
Tab. 3: Wichtige Impulsgeber für Entwicklungen im ASD	300
Tab. 4: Repräsentativität der Stichprobe hinsichtlich der Art der Gebietskörperschaft	349
Tab. 5: Kategoriensystem der Online-Befragung	352
Tab. 6: Verhältnis zwischen Verbindlichkeits- und Kontrollgrad für Instrumente beider Arbeitsfelder	392
Tab. 7: Verhältnis zwischen Verbindlichkeits- und Kontrollgrad für Prozessstandards	397
Tab. 8: Prozessstandards bei Jugendämtern mit und ohne Case Management	400
Tab. 9: Standardisierungsdichte bei den Jugendämtern	403
Tab. 10: Ausgestaltung von Verfahrensstandards in den Arbeitsfeldern	404
Tab. 11: Kontrollmuster in den Jugendämtern	406
Tab. 12: Zentrale Impulsgeber für die Implementierung von fachlichen Formalisierungen in der Kommune/im ASD	408
Tab. 13: Mittelwerte und Standardabweichungen der Beurteilungen fachlicher Formalisierungen	417
Tab. 14: Struktur der Ergebnisse der Onlinebefragung	421
Tab. 15: Kern-Formalisierungen in den drei Kommunen der Fallstudien	511
Tab. 16: Einschätzungen zum Melde- und Ersteinschätzungsbogen der Kommune 3	556

---

364 Sofern in der Legende nicht anders angegeben (Abb. 1–3), handelt es sich bei den Tabellen um eigene Daten und/oder Berechnungen.